HANDBUCH DER
LANDESKUNDE SIEBENBÜRGENS

SCHRIFTEN ZUR LANDESKUNDE SIEBENBÜRGENS
ERGÄNZUNGSREIHE ZUM SIEBENBÜRGISCHEN ARCHIV
IM AUFTRAG DES ARBEITSKREISES FÜR SIEBENBÜRGISCHE LANDESKUNDE
HERAUSGEGEBEN VON
PAUL PHILIPPI, GÜNTHER H. TONTSCH, GEORG WEBER

BAND 19

HANDBUCH DER LANDESKUNDE SIEBENBÜRGENS

Eine physikalisch-statistisch-topographische Beschreibung dieses Landes

von
EDUARD ALBERT BIELZ

Unveränderter Nachdruck
der Ausgabe Hermannstadt 1857

ALS FESTGABE FÜR ERNST WAGNER
ZUM 75. GEBURTSTAG

im Auftrag des
Arbeitskreises für Siebenbürgische Landeskunde
mit einer Einführung versehen und herausgegeben von

KONRAD GÜNDISCH

1996
BÖHLAU VERLAG KÖLN WEIMAR WIEN

Gedruckt mit Unterstützung der
Heimatgemeinschaft der Deutschen aus Hermannstadt e. V.,
der Heimatortsgemeinschaft Bistritz und der
Siebenbürgisch-Sächsischen Stiftung.

Die Druckvorlage stellte die Bibliothek des
Siebenbürgen-Instituts in Gundelsheim/Neckar zur Verfügung.

Die Deutsche Bibliothek – CIP-Einheitsaufnahme:

Bielz, Eduard Albert: Handbuch der Landeskunde Siebenbürgens;
eine physikalisch-statistisch-topographische Beschreibung dieses Landes /
von Eduard Albert Bielz. –
Unveränd. Nachdr. der Ausg. Hermannstadt, 1857;
als Festgabe für Ernst Wagner zum 75. Geburtstag /
im Auftr. des Arbeitskreises für Siebenbürgische Landeskunde
mit einer Einf. vers. und hrsg. von Konrad Gündisch. –
Köln ; Weimar ; Wien : Böhlau, 1996
(Schriften zur Landeskunde Siebenbürgens ; Bd. 19)
ISBN 3-412-12495-8
NE: Gündisch, Konrad [Hrsg.]; GT

© 1996 by Böhlau Verlag GmbH & Cie, Köln
Alle Rechte vorbehalten
Satz: Kraus PrePrint, Landsberg a. Lech
Druck: Strauss Offsetdruck GmbH, Mörlenbach

ISBN 3-412-12495-8

Einführung

Von Konrad Gündisch

Der vorliegende Nachdruck soll die reichhaltige Information eines vor fast 140 Jahren erschienenen und seltenen Werkes der wissenschaftlichen und der an Siebenbürgen interessierten Öffentlichkeit vermitteln und seine forschungsgeschichtliche Bedeutung herausstellen. Gleichzeitig will der Arbeitskreis für Siebenbürgische Landeskunde mit dieser Veröffentlichung das Werk seines langjährigen Vorsitzenden Dr. Ernst Wagner ehren, das in mancherlei Hinsicht in der Tradition von Eduard Albert Bielz steht. Denn für beide gilt das Urteil von Josef Capesius über die Leistung von Bielz, die

> „einen wesentlichen Teil von dem [bildet], was unser Verein erstrebt und erreicht hat, und [...] zugleich von allgemeinem Standpunkt betrachtet ein gut Stück sächsischer Kulturarbeit in diesem Land dar[stellt]."[1]

Unter höchst unterschiedlichen historischen Gegebenheiten und in forschungsgeschichtlich relativ weit auseinanderliegenden Entwicklungsphasen haben der am 4. Februar 1827 in Hermannstadt geborene Eduard Albert Bielz und der am 17. April 1921 in Wallendorf bei Bistritz geborene Ernst Wagner wesentlich zum Fortschritt der wissenschaftlichen Landeskunde Siebenbürgens beigetragen. Beide standen nicht hauptberuflich im Dienst dieser Wissenschaft, beide haben sich ehrenamtlich und in ungewöhnlichem Maße in den Vereinen für siebenbürgische Landeskunde engagiert, beide haben ihr Augenmerk ganz besonders auf die historische Geographie und Statistik dieser Region gerichtet und, jeweils zu ihrer Zeit, Standardwerke für diesen Forschungsbereich erarbeitet. Das eine wird hier im Nachdruck vorgelegt und ist inzwischen selbst eine Geschichtsquelle geworden, das andere ist vor knapp zwanzig Jahren erschienen und ist zum wichtigsten Nachschlagewerk der heutigen Siebenbürgenforschung geworden.[2]

*

---

[1] J[osef] Capesius: Eduard Albert Bielz. Rede zur Eröffnung der Generalversammlung am 28. Dezember 1898. Sonderdruck aus: Verhandlungen und Mitteilungen des Siebenbürgischen Vereines für Naturwissenschaften zu Hermannstadt (fortan: Verh. u. Mitt.) 48 (1898), S. 1.

[2] Ernst Wagner: Historisch-statistisches Ortsnamenbuch für Siebenbürgen. Mit einer Einführung in die historische Statistik des Landes (= Studia Transylvanica, Band 4). Köln, Wien: Böhlau Verlag 1977.

Eduard Albert Bielz[3] absolvierte 1848 die Hermannstädter Rechtsakademie und hat, nach einem kurzen militärischen Intermezzo als österreichischer Leutnant (1848-1850), die Beamtenlaufbahn eingeschlagen. Er fing als Bezirksamtskonzipist in Deva (1850-1851) an, wechselte als Finanzbezirksamtskommissär nach Hermannstadt (1851-1867), wo er zum Sekretär der k. u. Finanzdirektion (1867-1869) aufstieg, wurde 1869 in das Budapester Statistische Landesbureau berufen, dort 1871 als Erster Ministerial-Sekretär zum stellvertretenden Amtsvorstand ernannt, und kehrte schließlich 1873 als Schulinspektor nach Hermannstadt zurück. Als Bielz 1878 wegen der Erblindung an beiden Augen in Pension ging, wurde er mit dem Titel eines königlichen Rates ausgezeichnet.

Während seiner zahlreichen Reisen, die ihn durch ganz Siebenbürgen führten (die erste größere unternahm er 1841, als 15jähriger; 1853 begleitete er den Naturfoscher Ferdinand Schur auf einer botanischen Rundfahrt; 1859/1860 wirkte er bei der Übersichtsaufnahme des Landes durch die Geologische Reichsanstalt mit), während der Feldzüge durch weite Teile der Monarchie, die er als Soldat mitmachte, schließlich während seiner Mitwirkung an den Grenzbegehungen zu Rumänien in den Ost- und Südkarpaten (1869, 1874-1876) betätigte sich E. A. Bielz als leidenschaftlicher, von seinen Begleitern gelegentlich auch belächelter Sammler von Tieren, Pflanzen und Mineralien. Mehrere hat er erstmals beschrieben, so daß 21 Weichtier-, sechs Käfer- und drei Pflanzenarten sowie ein Mineral (das Bielzit) seinen Autorennamen tragen.[4] Seine materialreichen, wenngleich nicht streng wissenschaftlich gesichteten Sammlungen[5] hat E. A. Bielz später den Naturalienkabinetten in Hermannstadt,

---

[3] Zu Leben und Werk von E. A. Bielz vgl. vor allem C a p e s i u s: a.a.O., aus dem sich auch alle späteren biographischen Arbeiten inspirieren, die Hermann A. H i e n z: Schriftsteller-Lexikon der Siebenbürger Deutschen. Bio-bibliographisches Handbuch für Wissenschaft, Dichtung und Publizistik, Band 5 (= Schriften zur Landeskunde Siebenbürgens, Band 7/V). Köln, Weimar, Wien 1995, S. 144f. nennt. Hinzuweisen ist auch auf die von Erna B e d e u s v o n S c h a r b e r g, geb. Bielz, verfaßten Erinnerungen an ihren Großvater, 35 Typoskriptseiten, die sich im Privatbesitz von Frau Ingrid von Friedeburg-Bedeus befinden und für die Erstellung dieser Einführung freundlicherweise zur Verfügung gestellt worden sind.

[4] Friedrich G ü n d i s c h, Hans B a r t h: Eduard Albert Bielz (1827-1898). In: Hans B a r t h (Hg.): Von Honterus zu Oberth. Bedeutende siebenbürgisch-deutsche Naturwissenschaftler, Techniker und Mediziner. Bukarest 1980, S. 246f.

[5] C a p e s i u s: a.a.O., S. 9; vgl. auch das umstrittene Urteil von C. R o s e t t i-B ă l ă n e s c u: Despre neprezența marmotei în Carpații românești [Über das Nicht-Vorhandensein des Murmeltieres in den rumänischen Karpaten]. In: Ocrotirea naturii 17 (1973), 2, S. 211-216 (zitiert nach Klaus N i e d e r m a i e r: Zur Geschichte der Naturwissenschaftlichen Forschungen in Siebenbürgen. In: Ernst W a g n e r, Heinz H e l t m a n n (Hgg.): Naturwissenschaftliche Forschungen über Siebenbürgen I (= Siebenbürgisches Archiv, Band 14). Köln, Wien 1979, S. 3), der Bielz als „Amateur-Naturforscher" einstuft, ihm „phantastischen

Klausenburg, Jassy und Budapest übergeben sowie zahlreiche Präparate an zeitgenössische Botaniker, Zoologen, Mineralogen und Geologen versandt.

Als Reisender lernte er wie kein anderer Siebenbürgen kennen, sein Hermannstädter Professor, der Rechtshistoriker Joseph Andreas Zimmermann, sowie seine Beamtentätigkeit machten ihn mit der historisch-politischen Entwicklung und der Verwaltung des Landes vertraut, als Sammler erwarb er sich als Autodidakt erhebliche naturwissenschaftliche Kenntnisse. Bald erwies sich E. A. Bielz als „bewandert in allen Zweigen der Naturkunde und auf das Genaueste vertraut mit Allem was sein Vaterland betrifft", wie die österreichischen Gelehrten Franz Ritter von Hauer und Guido Stache anerkennend vermerken.[6]

Eduard Albert Bielz hat zahlreiche Bücher und Aufsätze veröffentlicht[7], die ihn als vielseitigen Forscher ausweisen, als Geologen und Mineralogen, als Zoologen und Botaniker, als geschichtlichen Landeskundler und Statistiker. Als „klassisch gewordene Arbeiten"[8] werden jene über die siebenbürgischen Wirbeltiere und über die Weichtiere (Mollusken) gewertet.[9]

Eine intensive ehrenamtliche Tätigkeit hat E. A. Bielz in den wissenschaftlichen Vereinen der Siebenbürger Sachsen entfaltet: Er war 30 Jahre lang Ausschußmitglied, zeitweise Vorstands-Stellvertreter des Vereins für siebenbürgische Landeskunde, Sekretär (1852-1874) und Vorstand (1874-1898) des Siebenbürgischen Vereins für Naturwissenschaften zu Hermannstadt sowie Redakteur der Vereinszeitschrift „Verhandlungen und Mitteilungen" (1852-1870) und Vorstand-Stellvertreter des Siebenbürgischen Karpathenvereins. In diesen Eigenschaften hat er die organisatorischen Voraussetzungen und die publizistischen Rahmenbedingungen geschaffen, unter denen sich die siebenbürgische Landeskunde in der zweiten Hälfte des 19. Jahrhunderts entfalten konnte.

Dilletantismus" sowie „fehlenden Ernst und wissenschaftliche Kompetenz" vorwirft. Hingegen betrachtet Emil P o p: Die vorbereitende Etappe des naturwissenschaftlichen Vereins von Hermannstadt. In: Studii și comunicări. Muzeul Brukenthal 15 (1970), S. 11, die wissenschaftlichen Arbeiten von Bielz als bis heute grundlegende Werke.

[6] Franz Ritter v o n H a u e r, Guido S t a c h e: Geologie Siebenbürgens. Wien 1863, Vorrede S. V.

[7] Vgl. das Werkverzeichnis in Joseph T r a u s c h, Friedrich S c h u l l e r, Hermann A. H i e n z: Schriftsteller-Lexikon der Siebenbürger Deutschen, Band 4 (Nachdruck der Ausgabe Hermannstadt 1902 als Schriften zur Landeskunde Siebenbürgens, Band 7/IV). Köln, Wien 1983, S. 44-48, und im Anhang von G ü n d i s c h, B a r t h: a.a.O., S. 258-263.

[8] N i e d e r m a i e r: a.a.O., S. 55.

[9] Fauna der Wirbeltiere Siebenbürgens, eine systematische Aufzählung und Beschreibung der in diesem Lande vorkommenden Säugetiere, Vögel, Amphibien und Fische. Hermannstadt ^{1}1856, ^{2}1888 (Sonderdruck aus Verh. u. Mitt. 38, 1880); Fauna der Land- und Süßwasser-Mollusken Siebenbürgens. Hermannstadt ^{1}1860, ^{2}1867.

Die Verdienste von Eduard Albert Bielz fanden Anerkennung in der Wahl zum korrespondierenden oder Ehrenmitglied folgender wissenschaftlicher Institutionen und Vereine: Wiener geologische Reichsanstalt, Berliner Gesellschaft für Erdkunde, Germanisches Nationalmuseum Nürnberg, Académie d'archéologie Bruxelles, Société malacologique de Belgique, Ungarische Akademie der Wissenschaften, Siebenbürgisch-ungarischer Museumsverein (Erdélyi Múzeum Egyesület), siebenbürgisch-rumänischer Kulturverein ASTRA, Siebenbürgischer Karpathenverein. 1896 wurde er zum Ehrendoktor der Philosophischen Fakultät der Universität Klausenburg promoviert.

*

Ernst Wagner[10] absolvierte 1940 das Gymnasium, konnte jedoch erst neun Jahre später seine Berufsausbildung beginnen. Dazwischen liegen „Völkisches Dienstjahr", Tätigkeit als Jugendführer für Nordsiebenbürgen der Deutschen Jugend des Volksbundes der Deutschen in Ungarn, Wehrdienst, Kriegsgefangenschaft, Tätigkeit als Landarbeiter, dann als Flüchtlingslehrer in Oberösterreich. Das sind Stichworte, die die Verstrickungen und die „Tragik dieser Generation"[11] beleuchten, die sich vom Nationalsozialismus mißbrauchen ließ und von diesem geopfert worden ist. Die Auseinandersetzung mit diesen Jahren, die Suche nach einer neuen Standortbestimmung haben Wagners Hinwendung zur Geschichte der Siebenbürger Sachsen bestimmt.

Beruflich war Ernst Wagner – nach dem Studium an der Landwirtschaftlichen Hochschule Stuttgart-Hohenheim (1949-1952) und der Promotion zum Doktor der Agrarwissenschaften (1954) – als wissenschaftlicher Assistent in Stuttgart-Hohenheim (bis 1956), als Mitarbeiter, ab 1960 als Geschäftsführer der Deutschen Gesellschaft für Landentwicklung (1957-1975) und als Geschäftsführendes Vorstandsmitglied der Birger Forell-Stiftung (1976-1988) erfolgreich tätig.

Als Wissenschaftler hat sich Wagner in seinem eigentlichen Fachgebiet[12] und ganz besonders in der siebenbürgischen Landeskunde profiliert, ein Forschungsbereich, in den er sich systematisch und akribisch eingearbeitet hat.

---

[10] Zur Biographie Ernst Wagners vgl. vor allem Walter König: Laudatio anläßlich der Verleihung des Siebenbürgisch-Sächsischen Kulturpreises an Dr. Ernst Wagner am 18. Mai 1986 in Dinkelsbühl. In: Zeitschrift für Siebenbürgische Landeskunde 10 (1987), S. 120-126, und Ders.: Profunder Kenner der siebenbürgischen Landeskunde. Dr. Ernst Wagner wird 70. In: Siebenbürgische Zeitung vom 15. April 1991.

[11] König: Laudatio, a.a.O., S. 121.

[12] Neben über einem Dutzend Aufsätzen die Buchveröffentlichungen: Die Entwicklung des ländlichen Fortbildungs- und Berufsschulwesens in Südwestdeutschland bis zum Ende des 2. Weltkrieges. Dissertation Hohenheim 1954; Jugend auf dem Land. Ergebnisse einer wissenschaftlichen Erhebung über die Lebenslage der westdeutschen Landjugend. München ^{1}1957, ^{2}1958 (mit Ulrich Planck).

Genauigkeit, Zuverlässigkeit, ein ausgewogenes Urteil und ein schnörkelloser Stil zeichnen seine zahlreichen Aufsätze und Buchveröffentlichungen aus. Schwerpunkte bilden: Quellenveröffentlichungen zur Geschichte Siebenbürgens als Grundlage vorurteilsloser Auseinandersetzung und weiterführender Forschung[13]; Beiträge zur Wirtschafts- und Sozialgeschichte[14], zur Geschichte von Wallendorf und von Bistritz, zur Zeitgeschichte, zur Genealogie und Familienforschung[15]; ein mehrmals aufgelegter und auch ins Englische übersetzter Überblick über die „Geschichte der Siebenbürger Sachsen"[16]; langjährige Forschungen zur historischen Statistik und Geographie, die von seinem bisherigen Hauptwerk, dem „Historisch-statistischen Ortsnamenbuch für Siebenbürgen" gekrönt werden.

Ehrenamtlich engagierte sich Dr. Ernst Wagner in zahlreichen Institutionen und Verbänden, die sich allgemein mit Fragen der Vertriebenen und Flüchtlinge und im besonderen mit der Kultur und Geschichte der Siebenbürger Sachsen sowie mit deren Integration in Deutschland befassen. Die Liste der Institutionen, in denen er Ämter nicht nur eingenommen, sondern mit viel Energie und Einsatz ausgefüllt hat, ist lang: Vorstandsmitglied (seit 1962) und Vorsitzender (1986-1988) der Gesellschaft zur Förderung der Inneren Kolonisation, Aufsichtsratsmitglied der Gesellschaft für Agrarentwicklung (1965-1983), Sekretär und Vorstandsmitglied der Deutschen Sektion der Forschungsgesellschaft für das Weltflüchtlingsproblem (1983-1989), Mitglied des Kulturausschusses des Bundes der Vertriebenen (seit 1984), Mitglied der Sektion Wissenschaft und Bildung der Stiftung Ostdeutscher Kulturrat (seit 1983), Mitglied des wissenschaftlichen Beirats des Instituts für donauschwäbische Geschichte und Landeskunde (seit 1988), Mitglied des Bundesvorstandes der Landsmannschaft der Siebenbürger Sachsen in Deutschland (1977-1989), Mitglied des Stiftungsrates der Siebenbürgisch-Sächsischen Stiftung (seit 1979), Stellvertreter (1973-1979, 1983-1989) und Vorsitzender (1972-1984) des Vereins Siebenbürgisches Museum, Zweiter (1982-1984) und Erster Vorsitzender des Siebenbürgisch-Sächsischen Kulturrates (1984-1989), Geschäftsführer der Heimatortsgemeinschaft Bistritz (1975-1987). In Anerkennung dieses ungewöhnlichen Einsatzes wurde Wag-

---

[13] Quellen zur Geschichte der Siebenbürger Sachsen 1191-1975 (= Schriften zur Landeskunde Siebenbürgens, Band 1). Köln, Wien ¹1977, ²1981; Urkunden-Regesten aus dem Archiv der Stadt Bistritz in Siebenbürgen (= Schriften zur Landeskunde Siebenbürgens, Band 11/I-III). Köln, Weimar, Wien 1986, 1995.

[14] Unter anderen: Zur Geschichte des siebenbürgisch-sächsischen Landwirtschaftsvereins und der siebenbürgisch-sächsischen Landwirtschaft in den Jahren 1845-1940. In: Wagner, Heltmann (Hgg.): a.a.O., S. 197-293.

[15] Siebenbürgische Nachkommen des Exulanten Paul Regius. Familien- und sozialgeschichtliche Studie. Mit Beiträgen von Bertram Regius. In: Balduin Herter (Hg.): Siebenbürgische Familien im sozialen Wandel (= Siebenbürgisches Archiv, Band 27). Köln, Weimar, Wien 1993, S. 153-418; Familienbuch der Scholtes und Rottmann aus Bistritz in Siebenbürgen. Neustadt an der Aisch 1993.

[16] 1. Auflage 1981; 6. durchgesehene und erweiterte Auflage Thaur bei Innsbruck, 1990.

ner unter anderen mit dem Siebenbürgisch-Sächsischen Kulturpreis (1986) und mit dem Bundesverdienstkreuz am Bande des Verdienstordens der Bundesrepublik Deutschland ausgezeichnet (1983).

Als Gründungs- und Vorstandsmitglied (1962-1970) des Arbeitskreises für Siebenbürgische Landeskunde, vor allem aber als dessen Vorsitzender (1970-1984) und Stellvertretender Vorsitzender (1984-1989) hat er wesentlich dazu beigetragen, daß dieser Verein, dessen Vorgänger im Jahre 1840 gegründet worden ist, sich zu einer wissenschaftlichen Institution entwickelt hat, dessen maßgeblich von ihm vorangetriebene Publikationstätigkeit (vier wissenschaftliche Buchreihen, zwei Zeitschriften) und dessen Jahrestagungen allgemeine Anerkennung in der Fachwelt gefunden haben. Wagners besonderes Engagement in dieser kleinen „Akademie der Wissenschaften" der Siebenbürger Sachsen[17] wurde durch seine Ernennung zum Ehrenmitglied (1991) besonders anerkannt und soll auch mit der vorliegenden Festgabe gewürdigt werden.

*

Das „Handbuch der Landeskunde Siebenbürgens" von Eduard Albert Bielz gehört zu einer beachtlichen Reihe von Versuchen, die natürliche Beschaffenheit, die Bevölkerungsverhältnisse, die Geschichte und Kultur Siebenbürgens systematisch zu beschreiben und einer möglichst breiten Öffentlichkeit nahezubringen.

Eine erste Darstellung dieser Art veröffentlichte der Humanist Georg Reicherstorffer[18]. Sie war gering an Umfang, jedoch groß in der Wirkung, da sie von den zeitgenössischen Gelehrten gelesen und die daraus entnommenen Informationen in deren eigenen Arbeiten weitergegeben worden sind.[19] Umfassender ist die „Neue Beschreibung des Landes Siebenbürgen", die Johannes Tröster 1666 veröffentlicht hat[20]: Sie faßt die damaligen Kenntnisse über Siebenbürgen zusammen – auch die fehlerhaften Darstellungen, wie die „dakische" Herkunftssage der Siebenbürger Sachsen – und bietet eine Fülle von Angaben, die für die historische Geographie, aber auch ethnographisch und ortsgeschichtlich bedeutsam sind. Trösters Landesbeschreibung wurde bis ins 19. Jahr-

---

[17] Karl Kurt Klein: Saxonica Septemcastrensia. Forschungen, Reden und Aufsätze aus vier Jahrzehnten zur Geschichte der Deutschen in Siebenbürgen. Marburg 1971, S. 7.

[18] Chorographia Transylvaniae, quae Dacia olim appellata, aliarumque provinciarum et regionum succinta descriptio et explicatio. Viennae 1550, 53. S.

[19] Adolf Armbruster: Der Donau-Karpatenraum in den mittel- und westeuropäischen Quellen des 10.-16. Jahrhunderts. Eine historiographische Imagologie (= Studia Transylvanica, Band 17). Köln, Wien 1990, S. 174-176.

[20] Das Alt- und Neu-Teutsche Dacia. Das ist: Neue Beschreibung des Landes Siebenbürgen. Unveränderter Nachdruck der Ausgabe Nürnberg 1666. Mit einer Einführung von Ernst Wagner (= Schriften zur Landeskunde Siebenbürgens, Band 5). Köln, Wien 1981.

hundert verwendet und mehrfach kompiliert.[21] Die ersten wissenschaftlich überzeugenden Zusammenfassungen der Kenntnisse über Siebenbürgen haben im 18. Jahrhundert der ungarische Gelehrte Benkő József[22] und der Siebenbürger Sachse Michael Lebrecht[23] publiziert. Eingehend informiert dann die „Geographie" von Lucas Joseph Marienburg[24] über die naturräumlichen, demographischen und wirtschaftlichen Verhältnisse des Landes, mit wichtigen Exkursen in die Geschichte, Staatsverfassung, Verwaltungsordnung und kirchliche Organisation. Dieses Buch ist als eigentlicher Vorgänger des vorliegenden Werkes von Eduard Albert Bielz anzusehen und wurde erst von diesem auch „endgültig überholt"[25], wenngleich in der Zwischenzeit noch ein umfassendes, als Lehrbuch konzipiertes „Handbuch" von Joseph Heinrich Benigni von Mildenberg[26] und ein nach Stichworten alphabetisch geordnetes Nachschlagewerk von Ignaz Lenk von Treuenfeld[27] erschienen waren.

Bielz rechtfertigt im Vorwort sein „Unternehmen" – mit Blick auf das zwanzig Jahre zuvor erschienene Buch Benignis von Mildenberg – mit dem wissenschaftlichen Fortschritt und mit der völligen Neugestaltung der Verfassung und Verwaltung des Landes. Diese erfolgte nach der Revolution von 1848-1849: Zunächst wurden noch im August 1849 sechs Militärdistrikte mit 36 Bezirkshauptmannschaften eingerichtet, dann erfolgte – durch die Verordnung des Innenministeriums vom 4. Juni 1854 – eine administrative Gliederung in zehn Kreise mit 79 Bezirken, die die alte Einteilung in Komitate, Stühle und Distrikte nicht mehr berücksichtigte. Doch wurde diese Maßnahme durch das Oktoberdiplom Kaiser Franz Josephs von 1860 wieder rückgängig gemacht und der alte Zustand wiederhergestellt, der bis zur ungarischen Komitatseinteilung von 1876 bestehen blieb.[28] Das 1857 veröffentlichte Handbuch von Bielz berücksichtigt also eine nur sechs Jahre lang gültige Verwaltungsgliederung (die

---

[21] Ebenda, Einführung Wagner, S. V-VII über die Herkunftstheorie (mit weiterführender Literatur) und S. VIII-X über „Tröster als Geograph".

[22] Transsilvania sive magnus Transsilvaniae Principatus olim Dacia mediterranea dictus, Band 1-2. Viennae ¹1777-1778, ²1788, ³1824. Vgl. dazu mit weiterführenden Literaturhinweisen Niedermaier: a.a.O., S. 15 und 39.

[23] Versuch einer Erdbeschreibung des Großfürstenthums Siebenbürgen. Hermannstadt ¹1789, ²1801.

[24] Geographie des Großfürstenthums Siebenbürgen. Nachdruck [der zweibändigen Ausgabe Hermannstadt 1813] mit einer Einführung herausgegeben von Ernst Wagner (= Schriften zur Landeskunde Siebenbürgens, Band 12). Köln, Wien 1987.

[25] Ebenda, Einführung Wagner, S. VII.

[26] Handbuch der Statistik und Geographie des Großfürstenthums Siebenbürgen. Hermannstadt 1837.

[27] Siebenbürgens geographisch-topographisch-statistisch-hydrographisch- und orographisches Lexikon, 4 Bände. Wien 1839.

[28] Wagner: Ortsnamenbuch, a. a.O., S. 38f., unter Bezugnahme auf Bielz: Handbuch, S. 32 und 401.

auch auf einer Karte wiedergegeben ist, die sich für den Nachdruck leider graphisch wenig eignet) und hat allein aus diesem Grund dokumentarischen Wert. Diesen Wert haben auch die Angaben zur „Statistischen Landeskunde", denn sie basieren auf der im Sommer 1850 durchgeführten Volkszählung, die erstmals die Gesamtbevölkerung des Landes einschließlich der Militärgrenze erfaßte, nach einheitlichen Kriterien durchgeführt wurde und eine „bis dahin unbekannte Zuverlässigkeit"[29] erreicht hat. Ernst Wagner hat in seinem „Ortsnamenbuch" die Ergebnisse dieser Volkszählung aufgrund der vorliegenden Veröffentlichung von Bielz ausgewertet.

Der einleitende „Geschichtliche Überblick" besticht durch seine klare Gliederung und die präzise, unvoreingenommene Aussage, die die wesentlichen Entwicklungsstränge berücksichtigt und sich nicht ethnozentristisch auf die Siebenbürger Sachsen beschränkt, sondern allen Völkern und Glaubensgemeinschaften dieses Landes gerecht wird. Subjektiv wird Bielz nur in der Schilderung der selbsterlebten Revolution von 1848-1849, die er mit gewisser Berechtigung als „unseeligen Bürgerkrieg" verdammt.

Bei der Darstellung der „Physikalischen Landeskunde" läßt Bielz kein Detail außer acht. Hier spürt man, daß er nicht Angelesenes wiedergibt, sondern aus der Fülle des Wissens schöpft, das er auf den zahlreichen Siebenbürgen-Fahrten durch eigene Anschauung vertieft hat. Die Angaben vermitteln den Wissensstand seiner Zeit und erfassen nicht nur alle geographisch relevanten Daten, sondern auch die oft selbst erstmals erschlossenen Kenntnisse über die Flora und Fauna Siebenbürgens.

Die „Statistische Landeskunde" beschränkt sich nicht auf Zahlenangaben. Eingehend werden die Schulanstalten des Landes geschildert, mit genauen und informative Angaben über die Unterrichtsversorgung der einzelnen Volks- und Religionsgruppen, über die Organisation des Schulwesens und über die Lehrgegenstände. Im Kapitel „Bildungsanstalten" werden auch die Kulturvereine des Landes vorgestellt, mit genauen Angaben über deren Ziele, Organisation und Mitgliederzahl. Dieses Kapitel berücksichtigt allerdings fast ausschließlich die Institutionen der Siebenbürger Sachsen; die ungarischen werden kaum, die rumänischen gar nicht erwähnt. Spannend ist die Lektüre über die „Moralische Cultur", mit interessanten Einblicken in die damalige „Criminalstatistik". Unerwartet hoch ist die Vielzahl und Vielfalt der damals begangenen Straftaten, interessant sind die zahlenmäßigen Angaben über die Täter, deren Alter, Geschlecht, „Civilstand", Religionszugehörigkeit und Rückfälligkeit. Relativ gering ist die Zahl der von siebenbürgisch-sächsischen „Lutheranern" begangenen Verbrechen. Eine Fundgrube für den Wirtschaftsgeschichtler sind die ausführlichen und präzisen Daten über Landwirtschaft, Bergbau, Industrie, Handel, Verkehr, Münzen, Maße und Gewichte, die im Kapitel „Materielle Cultur" präsentiert werden. Äußerst informativ sind die Angaben über die Verfassung und Verwaltung des Landes, mit treffenden Defini-

---

[29] Wagner: Ortsnamenbuch, a.a.O., S. 49; zum folgenden vgl. Anm. 25.

tionen der jeweiligen Behörden, ihrer Bedeutung und ihrer Befugnisse. Sie sind aufgrund der eigenen Erfahrungen und in der Sprache der Zeit verfaßt, bieten aber einen selten klaren Einblick in diese schwierige Materie. Dieser Teil des „Handbuches" kann bis heute als Nachschlagewerk zur Institutionengeschichte Siebenbürgens dienen.

Der dritte Teil „Topographische Landeskunde" beschreibt die einzelnen Kreise, Bezirke und Ortschaften. Die Mehrsprachigkeit der Ortsnamen wird berücksichtigt (die rumänischen sind in der damals gebräuchlichen kyrillischen Schrift wiedergegeben), ihre Einwohnerzahl wird aufgrund der Volkszählung von 1850 genannt.

Dieses wissenschaftliche „Hauptwerk" von Eduard Albert Bielz sei „ohne Nachfolge" geblieben, schreibt Josef Capesius 1898 in seinem Nachruf. „Freilich" – fährt er fort – „fehlt es auch am Nachfolger, der das gesamte Material der Landeskunde derartig beherrschte" und betrachtet es „geradezu [als] eine Hauptaufgabe unseres Vereines, die heutigen Forschungsergebnisse zu einer Gesamtdarstellung zu vereinigen."[30]

Dieser Nachfolger fand sich in der Person von Ernst Wagner, der 1977 – 120 Jahre nach dem „Handbuch" – die einschlägigen Forschungsergebnisse eines Jahrhunderts in seinem „Historisch-statistischen Ortsnamenbuch für Siebenbürgen" zusammengefaßt hat.

Dessen erster, überblickartiger Teil geht einleitend auf die Siedlungsstruktur und Ortsnamenkunde Siebenbürgens ein, schildert dann präzise die Entwicklung der politischen und kirchlichen Einteilungen des Landes und bietet schließlich eine umfangreiche Darstellung der historischen Statistik Siebenbürgens, mit Hinweisen auf die vorhandenen Quellen und Vorarbeiten (unter anderen auf das Handbuch von Bielz) sowie mit zuverlässigen Angaben über die Bevölkerungsentwicklung und -gruppen, über das Schulwesen und die kulturellen Einrichtungen sowie über die Entwicklung der Wirtschaft und ihrer wichtigsten Zweige.

Ein Nachschlagewerk ist der zweite Teil geworden, ein tabellarisches Verzeichnis der siebenbürgischen Ortschaften, die nach den historischen Verwaltungs- und Gebietseinheiten gegliedert sind und, neben den wichtigsten Namensformen (in deutscher, rumänischer, ungarischer, lateinischer Sprache und, gegebenenfalls, in siebenbürgisch-sächsischer Mundart), die erste urkundliche Nennung, die aktuelle Zugehörigkeit zu den rumänischen Kreisen (judeţe) und unentbehrliche statistische Daten zur Gemarkungsgröße (im Jahre 1910) sowie zur Bevölkerungszahl (aufgrund der Ergebnisse der Volkszählungen von 1786, 1850, 1880, 1910, 1930, 1956, 1966) aller siebenbürgischen Ortschaften enthalten. Weiterführende Literaturhinweise, erläuternde Anmerkungen und ein Register ergänzen das Werk.

---

[30] Capesius: a.a.O. S. 14.

Es ist keineswegs selbstverständlich, aber für seine hohe wissenschaftliche Qualität kennzeichnend, daß Wagners „Ortsnamenbuch" – das in einer Zeit erschienen ist, in der aufgrund der umstrittenen Verordnungen der Bukarester Regierung offiziell nur noch die rumänischen Ortsnamen gebraucht werden durften – von allen Seiten gelobt worden ist: In Österreich als „ein umfassendes Handbuch der historischen Statistik Siebenbürgens, wie man es sich immer schon gewünscht hat", das „Ordnung, Übersichtlichkeit und Klarheit und vor allem ein dringend benötigtes Maß an Objektivität" einbringt[31], in Rumänien als „eine statistische Enzyklopädie Siebenbürgens [...] von einer beispielhaften Genauigkeit"[32], in Ungarn als „bahnbrechende Arbeit", die „in der wichtigsten wissenschaftlichen Werkstatt der siebenbürgischen Sachsen" ausgearbeitet worden sei.[33]

Diese „Werkstatt" ist der Arbeitskreis für Siebenbürgische Landeskunde, den Dr. Ernst Wagner als Forscher und als Vorsitzender zu allgemeiner wissenschaftlicher Anerkennung geführt hat, und dem der Verein auch darum zu bleibendem Dank verpflichtet ist.

---

[31] Max Demeter Peyfuss in: Österreichische Osthefte 21 (1979), S. 56f.
[32] Al[exandru] Zub in: Anuarul Institutului de istorie şi arheologie „A. D. Xenopol" din Iaşi 17 (1980), S. 807f.
[33] Ambrus Miskolczy in: Acta Historica Academiae Scientiarum Hungaricae 26 (1980), S. 461-465.

Tabula gratulatoria

Dr. Ernst Wagner zum 75. Geburtstag

Richard ACKNER, Neubrandenburg

Reinhard BERGER, Liechtenstein

Karin BERTALAN, Öhringen

Gustav BINDER, Feucht

Otto K. BINDER, Wuppertal

Helga BITTO, Gundelsheim

Martin BOCK, Leutersberg

Wolfgang BONFERT, Saarbrücken

BUND DER VERTRIEBENEN, Bonn

Georg BURZ, Geretsried

Vasile CIOBANU, Hermannstadt

Ruth CZETTO, Lauffen

Günter DRESSNANDT, München

Horst EICHHORN, Ingolstadt

Karl EISENBURGER, Wüstenrot

Helga FESSLER, Haßmersheim

Christoph FICHTNER, Bederkesa

Hugo FLEISCHER, Leutkirch

Albert Imre FÖRSTER, Filderstadt

Wilhelm FOLBERTH, Eppstein

FORSCHUNGSINSTITUT FÜR GESELLSCHAFTSWISSENSCHAFTEN DER RUMÄNISCHEN AKADEMIE, Hermannstadt

Kurt FRANCHY, Wiehl

Fritz FRANK, Linz

Peter FRANZ, Kempston

FREUNDE UND FÖRDERER DER SIEBENBÜRGISCHEN BIBLIOTHEK, Gundelsheim

Peter GÄRTNER, Schweinfurt

Michael GALZ, Gundelsheim

Berta GLIENKE, Lauffen

Hans H. GOGESCH, Buxheim

Karlheinz GRAFFI, Baesweiler

Anna und Konrad GÜNDISCH, Oldenburg

Gustav GÜNDISCH, Gundelsheim

Herman VAN DER HAEGEN, Leuven

HAUS DES DEUTSCHEN OSTENS, München

HEIMATGEMEINSCHAFT DER DEUTSCHEN AUS HERMANNSTADT, Heilbronn

HEIMATHAUS SIEBENBÜRGEN, Gundelsheim

HEIMATORTSGEMEINSCHAFT BISTRITZ

Ute HEISER, Heilbronn

Heinz HELTMANN, St. Augustin

Ortwin HEROLD, Köln

Balduin HERTER, Mosbach

Hermann A. HIENZ, Krefeld

Irmgard HÖRNSTEIN, Gundelsheim

Günter VON HOCHMEISTER, Germering

INSTITUT FÜR DONAUSCHWÄBISCHE GESCHICHTE UND LANDESKUNDE, Tübingen

Haino Uwe KASPER, Brühl

Helmut KELP, Heidelberg

Wolfgang KESSLER, Herne

Konrad KLEIN, Gauting

Walter KLEMM, Geretsried

Werner KLEMM, Detmold

Walter KÖNIG, Reutlingen

Anneliese und Harald KRAMER, Wenzenbach

Michael KRONER, Oberasbach

KULTURSTIFTUNG DER DEUTSCHEN VERTRIEBENEN, Bonn

Rolf KUTSCHERA, Esslingen

LANDSMANNSCHAFT DER SIEBENBÜRGER SACHSEN IN DEUTSCHLAND, München

Rainer LEHNI, Waiblingen

Zsolt K. LENGYEL, München

Samuel LIEBHART, Homburg/Saar

Jost LINKNER, Wels

Hanni und Michael MARKEL, Nürnberg

MARTIN-OPITZ-BIBLIOTHEK, Herne

Edith MAURER, Gundelsheim

Nils H. MĂZGĂREANU, Nürnberg

Stefan MĂZGĂREANU, Nürnberg

Hans MESCHENDÖRFER, München

Familie MILLIM-HAMMER, Moosburg

Horst MOEFERDT, Dischingen

Paul NIEDERMAIER, Hermannstadt

Johann PETRI, Heilbronn

Peter PFAU, Gundelsheim

Paul PHILIPPI, Hermannstadt

Georg PILLER, Mühlacker

Wolfgang PLEIMES, Rösrath

Klaus POPA, Meschede

Alfred PROX, Blaubeuren

Christian REINERTH, Heilbronn

Andrea RENNER, Bad Wimpfen

Tabula gratulatoria

Gisela RICHTER, Gundelsheim

Martin RILL, Erlenbach

Harald ROTH, Mosbach

Walter ROTH, Dortmund

Annemie SCHENK, Lorsch

Adelheid SCHMIDT, Heilbronn

Erika und Eckbert SCHNEIDER, Rastatt

Michael SCHULLER, Ulm

Hans SCHUNN, Augsburg

SIEBENBÜRGEN-INSTITUT, Gundelsheim

SIEBENBÜRGISCHE BIBLIOTHEK, Gundelsheim

SIEBENBÜRGISCHES MUSEUM, Gundelsheim

SIEBENBÜRGISCH-SÄCHSISCHE STIFTUNG, München

SIEBENBÜRGISCH-SÄCHSISCHER KULTURRAT, Gundelsheim

Silke SPIELER, Bonn

Herta und Wolfgang STEINER, Gundelsheim

Andreas STEINHAUSER, Oedheim

STIFTUNG GERHART-HAUPTMANN-HAUS, Düsseldorf

STUDIUM TRANSYLVANICUM, München und Gundelsheim

Ludwig Johann STURM, Heßdorf

Marius TATARU, Heilbronn

Viktor Andreas THOMAE, Puchheim

Georg TINNES, Wiehl

Günther H. TONTSCH, Hamburg

Gerald VOLKMER, Nieder-Olm

Renate und Georg WEBER, Münster

Stefan WELLMANN, Laakirchen

Ulrich Andreas WIEN, Bad Bergzabern

Beate WILD, Bad Wimpfen

Joachim WITTSTOCK, Hermannstadt

Volker WOLLMANN, Obrigheim

Krista ZACH, München

Harald ZIMMERMANN, Tübingen

HANDBUCH

der

LANDESKUNDE SIEBENBÜRGENS

eine

physikalisch - statistisch - topographische

BESCHREIBUNG

dieses Landes

von

E. A. BIELZ,

Mitglied des Vereins für siebenbürgische Landeskunde und des siebenbürg. Vereins für Naturwissenschaften zu Hermannstadt, des zoologisch-botanischen Vereins in Wien, des entomologischen Vereins zu Stettin, der Gesellschaft ungarischer Aerzte und Naturforscher in Pesth; Correspondent der k. k. geologischen Reichsanstalt u. s. w.

HERMANNSTADT 1857.

Druck und Verlag von S. Filtsch.

Vorwort.

Seit dem Erscheinen des letzten umfassendern statistisch-geographischen Werkes über Siebenbürgen, dem Handbuche der Statistik und Geographie dieses Grossfürstenthums von J. H. Benigni v. Mildenberg (Hermannstadt 1837.) sind beinahe zwanzig Jahre verstrichen. Es müssten nicht jene bedeutungsvollen Ereignisse der jüngsten Vergangenheit über unser Vaterland hereingebrochen sein, um auch die beste derartige Arbeit in einer so langen Reihe von Jahren veralten zu lassen.

Wenn aber, wie bei uns, die socialen Verhältnisse von Grund aus sich änderten, Verfassung und Verwaltung eine von der frühern so ganz verschiedene Einrichtung erhielten, dabei in diesem Zeitraume die immer fortschreitende Wissenschaft der natürlichen Erscheinungen auch über unser Land manches Licht verbreitete, in vielen Zweigen unserer Landeskunde die fleissigen Forschungen der letzten Jahre schöne Entdeckungen machten und endlich bezüglich anderer Zweige auch von Seite der obersten Staatsverwaltung selbst die wichtigsten Vorarbeiten veranlasst wurden, so lag wohl die Veranlassung nicht ferne, mit Berücksichtigung dieser Veränderungen, Erhebungen und wissenschaftlichen Fortschritte den Versuch zu einer Darstellung der physikalisch-statistisch-topographischen Verhältnisse unsers Landes in ihrer neuesten Gestaltung zu wagen.

Dieses Unternehmen förderten zunächst die schätzenswerthen Beiträge in dem Archive des Vereins für siebenbürgische Landeskunde und in den Verhandlungen des siebenbürgischen Vereins für Naturwissenschaften, in den Mittheilungen aus dem Gebiete der Statistik herausgegeben von der k. k. Direktion der administrativen Statistik und einigen andern Werken und Zeitschriften, dann die selbstständigen Arbeiten von J. C. Schuller*), Dr. J. Söllner**), G. Binder***), D. Teutsch†), L. Köváry††), K. Benkö†††) u. a.; dass es aber gerade dem Verfasser möglich ward, diese Arbeit zu liefern, dankt er vor Allem der Zuvorkommenheit, Aufmunterung und liebevollen Unterstützung seines hochgeehrten Lehrers, Herrn J. C. Schuller, dann der Herrn Dr. J. Kellermann, Dr. G. Müller, L. Reissenberger, J. L. Neugeboren, J. Michaelis, Fr. Voss, V. Kaestner u A. Sie und Alle, welche das Unternehmen in irgend einer Richtung förderten, wollen dieses geringe Zeichen der Anerkennung nicht verschmähen!

Und so möge denn dieser Versuch mit allen Mängeln einer ersten Arbeit auf neuem Felde einer günstigen Aufnahme sich erfreuen Was hier gegeben wird, wenn auch oft nicht in schönem Gewande, und oft nicht so ganz erschöpfend und umfassend, wurde doch mit dem aufrichtigen Streben nach Wahrheit, Richtigkeit und Klarheit geboten und es wolle daher der Arbeit, wie dem Verfasser, eine nachsichtige Beurtheilung zu Theil werden.

Hermannstadt im September 1856.

Der Verfasser,

---

*) Umrisse und kritische Studien zur Geschichte von Siebenbürgen, Hermannstadt, Hochmeisterische Buchhandlung 1840 und 1851.
**) Statistik des Grossfürstenthums Siebenbürgen. I. Band, Hermannstadt, Hochmeisterische Buchhandlung 1846—1856.
***) Uebersicht der Erdkunde mit besonderer Berücksichtigung Siebenbürgens, Kronstadt, Druck und Verlag von J. Gött, 1844.
†) Abriss der Geschichte Siebenbürgens (als Anhang des vorigen Werkes v. Binder), dann: Geschichte der Siebenbürger Sachsen für das sächsische Volk. Kronstadt, J. Gött 1852—1856.
††) Erdély Statistikája. Kolozsvártt, Tiltsch János tulajdona, 1847. und: Erdély földe ritkaságai. Kolozsvártt, Tiltsch János. 1853.
†††) Csík, Gyergyó és Kászon. Kolozsvártt, Baráné és Steinnál bizományban, 1853.

Inhaltsübersicht.

Einleitung. *Seite*

1. Namen des Landes 1
2. Geschichtlicher Ueberblick:
    a) Siebenbürgens älteste Geschichte . . . 1
    b) Siebenbürgen als ungarische Provinz . . . 2
    c) Siebenbürgen unter eigenen Fürsten . . . 7
    d) Siebenbürgen unter der österreichischen Regierung
        bis auf die neueste Zeit 10
    e) Die neueste Zeit 12

Erster Theil. Physikalische Landeskunde.

3. Geographische Lage 33
4. Grenzen 33
5. Gestalt des Landes 33
6. Grösse Siebenbürgens 33
7. Allgemeine Bodenbeschaffenheit 34
8. Erhebung des Bodens 37
9. Gewässer 41
    a) Flüsse 42
    b) Stehende Gewässer 44
10. Klimatische Verhältnisse 47
11. Geognostische Beschaffenheit des Landes . . . 50
12. Die Mineralien Siebenbürgens 55
13. Mineralquellen 68
14. Die Vegetation des Landes 74
15. Die Fauna Siebenbürgens 97
    a) Säugethiere 97
    b) Vögel 101
    c) Reptilien 114
    d) Fische 115
    e) Insekten 118
    f) Arachniden 125
    g) Crustaceen 125
    h) Würmer 126
    i) Weichthiere 126
    k) Anzahl der Thiere und Vertheilung derselben auf die
        einzelnen Klassen 134
    l) Nutzen und Schaden der einheimischen Thiere . 125

Zweiter Theil. **Statistische Landeskunde.**

A. Bevölkerungsverhältnisse.

		Seite
16.	Verschiedenheit der Bewohner Siebenbürgens nach der Nationalität und Sprache	139
17.	Religionsverschiedenheit der Bevölkerung	144
18.	Ausmittelung der Volkszahl	146
19.	Effektive Bevölkerung	148
20.	Einheimische Bevölkerung	150
21.	Relative Volkszahl	152
22.	Sexualverhältnisse	154
23.	Altersklassen der Bevölkerung	157
24.	Verhältnisse der Bevölkerung nach dem Civilstande	158
25.	Verhältniss der Nationalitäten zur Gesammt-Bevölkerung	159
26.	Vertheilung der verschiedenen Religionsgenossen auf die Bevölkerung	161
27.	Wohnorte und Vertheilung der Bevölkerung in dieser Beziehung	163
28.	Bewegung der Bevölkerung:	
	a) Trauungen	167
	b) Geburten	176
	c) Sterbfälle	187

B. Cultursverhältnisse.

a. Geistige Cultur:

29.	Ueber die intellectuelle und ästhetische Cultur Siebenbürgens im Allgemeinen	199
30.	Unterrichtsanstalten	200
	a) Volksschulen	201
	b) Realschulen	204
	c) Gymnasien	208
	d) Hohe Schulen	217
	e) Höhere Mädchenschulen	224
31	Erziehungsanstalten	226
32.	Bildungsanstalten	230

b. Moralische Cultur:

33.	Sittlichkeitsverhältnisse Siebenbürgens im Allgemeinen und nach den Resultaten der Criminal- und Polizeistatistik	238

c. Materielle Cultur:

34.	Die landwirthschaftlichen Verhältnisse	244
	a) Produktive und unproduktive Bodenfläche	244
	b) Vertheilung des produktiven Bodens auf die Hauptculturgattungen	246
	c) Bewirthschaftungsmethoden	247
	d) Landwirthschaftliche Erzeugnisse	248
	e) Verbrauchsmengen der landwirthschaftlichen Bodenerzeugnisse	256

		Seite
f) Die Viehzucht		261
g) Animalische Produkte		267
h) Landwirthschaftliche Nebenbeschäftigungen		268
i) Zustand der Landwirthschaft in Siebenbürgen		271

35. Der Bergbau 272
    a) auf Metalle und Erze 262
    b) auf Erden und Steine 278
    c) auf Salze 279
    d) auf fossile Brennstoffe 281
36. Die Industrie als:
    a) Veredlung der Bergbauprodukte . . . 282
    b) Veredlung der Rohstoffe, welche die Landwirthschaft liefert 286
    c) andere Künste, Gewerbe und Fabriksunternehmungen 290
37. Der Handel 291
38. Verkehrsverhältnisse
    a) Schiffahrt 294
    b) Strassen 295
    c) Posten 296
    d) Telegraphen 297
39. Münz-, Mass- und Gewichtssystem 297

C. Verfassung.

40. Staatsform und Grundgesetze 298
41. Titel und Wappen 299
42. Der Hofstaat 299
43. Beirath der Krone und Landesregierung . . . 300

D. Verwaltung.

44. **Centralbehörden.** Centralleitung Siebenbürgens durch die obersten Staatsbehörden 301
45. **Landesbehörden.** Die politische Landesverwaltung . 313
    a) Die Statthalterei 313
    b) Die Kreisbehörden 317
    c) Die Bezirksämter 325
    d) Die politische Geschäftsführung der Stadtmagistrate 332
    e) Der Wirkungskreis der Gemeinde-Vorstände bei der politischen Verwaltung 332
46. Die Polizeibehörden des Landes 333
47. Die Gerichtsbehörden Siebenbürgens:
    a) Das Oberlandesgericht 336
    b) Die Gerichtshöfe erster Instanz . . . 337
    c) Die städtisch-delegirten Bezirksgerichte . . 342
    d) Die Bezirksämter als Bezirksgerichte . . 343
    e) Wirksamkeit der Polizeibehörden im Gerichtsverfahren 346
    f) Mitwirkung der Gemeindevorsteher bei der Gerichtspflege 347
    g) Die Staatsanwaltschaften 349
    h) Die Advokaten 349

	Seite
48. Die Finanzverwaltung Siebenbürgens	351
a) Die Finanz-Landes-Direction	354
b) Die Derselben in Absicht auf die direkte Besteuerung unterstehenden-Organe (Kreisbehörden, Bezirks- und Steuer-Aemter)	357
c) Die Finanz-Bezirks-Direktionen	361
d) Die Zollverwaltung	363
e) Die Einhebung der Weg-, Brücken und Wassermauthen	364
f) Die Verzehrungssteuer-Einhebung und Verwaltung	364
g) Die Verwaltung des Tabakmonopols	365
h) Die Verwaltung des Stempel- und Taxgefälles, dann der unmittelbaren Gebühren	365
i) Die Verwaltung des Salzgefälles	366
k) Die Staatsgüterverwaltung	367
l) Die Finanzwache	367
m) Die Finanzcassen	368
n) Das Grundsteuerprovisorium	369
o) Die Lottoverwaltung	371
p) Das Münzwesen	381
q) Die Finanzprocuratur	372
48. Die Bergbehörden	373
a) Die Berg-, Forst- und Salinen-Direktion	373
b) Die Oberbergbehörde	376
c) Die Berghauptmannschaft und die Bergcommissariate	377
49. Die Baubehörden	377
50. Die Verwaltungsbehörden des Communicationswesens	379
51. Die Medicinalverwaltung	380
52. Die Kirchenverwaltung	301
a) Geistliche Verwaltung der römisch-katholischen Kirche	301
b) Verfassung und Verwaltung der griechisch-katholischen Kirche	384
c) Die geistliche Verfassung der griechisch-orientalischen Kirche	385
d) Kirchenverfassung und Verwaltung der evangelisch-lutherischen Glaubensgenossen	387
e) Geistliche Verwaltung der evangelisch-reformirten Glaubensgenossen	391
f) Geistliche Verfassung der Unitarier	393
g) Geistliche Verfassung der mosaischen Glaubensgenossen	394
53. Die Verwaltung der Schul- und Unterrichtsanstalten	395
54. Die Landescontrollsbehörde	395
55. Die Behörden für Handel und Gewerbe	396
56. Die Militärverwaltung Siebenbürgens	397

Dritter Theil. Topographische Landeskunde.

57. Eintheilung des Landes	401
I. Kreis Hermannstadt	401
1. Bezirk Mühlbach	403

Seite
- 2. Bezirk Reussmarkt 404
- 3. „ Orlath 406
- 4. „ Hermannstadt 407
- 5. „ Leschkirch 409
- 6. „ Freck 410
- 7. „ Marktschelken 412
- 8. „ Mediasch 413
- 9. „ Elisabethstadt 415
- 10. „ Schässburg 416
- 11. „ Gross-Schenk 418
- 12. „ Agnethlen 419

II. Kreis Kronstadt 419
- 1. Bezirk Reps 421
- 2. „ Fogaras 422
- 3. „ Sárkány 424
- 4. „ Törzburg 425
- 5. „ Marienburg 426
- 6. „ Kronstadt 427
- 7. „ Hoszszufalu 428
- 8. „ Sepsi-Szent-György 429
- 9. „ Barátos 431
- 10. „ Kézdi-Vásárhely 432

III. Kreis Udvarhely 434
- 1. Bezirk Baroth 435
- 2. „ Kozmás 436
- 3. „ Csík-Szereda 437
- 4. „ Gyergyó-Szent-Miklós 439
- 5. „ Szitás- (Székely-) Keresztur . . . 441
- 6. „ Székely-Udvarhely 442

IV. Kreis Maros-Vásárhely 445
- 1. Bezirk Maros-Vásárhely 446
- 2. „ Makfalva 448
- 3. „ Mezö-Madaras 450
- 4. „ Záh 452
- 5. „ Radnóth 453
- 6. „ Dicsö-Szent-Márton 454

V. Kreis Bistritz 456
- 1. Bezirk Görgény-Szent-Imre 457
- 2. „ Sächsisch-Regen 458
- 3. „ Teckendorf 459
- 4. „ Gross-Schogen 461
- 5. „ Bistritz 462
- 6. „ Borgo-Prund 463
- 7. „ Bethlen 464
- 8. „ Lechnitz 465
- 9. „ Rodna 466
- 10. „ Naszod 466

VIII

			Seite
VI. Kreis Deés			468
1. Bezirk	Magyar-Lápos		469
2. "	Kápolnok-Monostor		470
3. "	Nagy-Somkút		471
4. "	Retteg		473
5. "	Semesnye		475
6. "	Deés		476
7. "	Szamos-Ujvár		478
8. "	Mócs		479
VII. Kreis Szilágy-Somlyó			480
1. Bezirk	Tasnád		481
2. "	Zovány		482
3. "	Szilágy-Somlyó		484
4. "	Szilágy-Cseh		485
5. "	Zilah		487
6. "	Hidalmás		488
VIII. Kreis Klausenburg			490
1. Bezirk	Válaszút		491
2. "	Klausenburg		492
3. "	Bánffi-Hunyad		494
4. "	Gyalu		496
5. ,	Thorda		497
6. "	Bágyon		499
IX. Kreis Karlsburg			500
1. Bezirk	Tövis		501
2. "	Nagy-Enyed		502
3. "	Blasendorf		504
4. "	Karlsburg		505
5. "	Algyógy		509
6 "	Abrudbánya		510
X. Kreis Broos			512
1. Bezirk	Nagy-Halmágy		513
2. "	Körösbánya		514
3. "	Illye		516
4. "	Maros-Solymos		517
5. "	Déva		519
6. "	Vajda-Hunyad		521
7. "	Hátzeg		523
8. "	Púj		525
9. .,	Broos		527

Alphabetisches Ortschaftsregister und zwar:

a) Deutsches Ortsregister	530
b) Ungarisches Ortsregister	537
c) Romänisches Ortsregister	577

Einleitung.

§. 1. Namen des Landes.

Siebenbürgen hat so viele Namen, als es Nationalitäten bewohnen, daher ausser dem deutschen, vorzüglich den ungrischen Erdély oder Erdélyország (Waldland) und den romänischen Ardjál. Dazu kommt noch die lateinische Benennung Transsilvania.

§ 2. Geschichtlicher Überblick.

I. Siebenbürgens älteste Geschichte.

Aus einer Angabe des alten Schriftstellers Herodot, worin zugleich des Flusses Maris und des Goldreichthums unsers Landes gedacht wird, geht hervor, dass die ältesten Bewohner Siebenbürgens die Agathyrsen waren.

Ihnen folgten die den Römern lange sehr furchtbaren Dacier im Besitze des Landes, welche bei dem jetzigen Dorfe Várhely (Gredistje) nächst Hátzeg ihre Hauptstadt Zarmizegethusa hatten und wahrscheinlich die Stammväter unserer Romänen (Walachen) sind. Der berühmteste König derselben Decebalus nahm sich nach der Besiegung durch den römischen Kaiser Trajan (105 nach Chr.) das Leben und Dacien wurde eine Prowinz der Römer, welche es 168 Jahre lang behaupteten, zahlreiche Colonien (namentlich in der Nähe der Erz- und Salzlager) anlegten und an der Stelle des zerstörten Zarmizegethusa die neue Hauptstadt Ulpia Trajana erbauten. Durch die heranstürmende Völkerwanderung bedrängt, zog der römische Kaiser Aurelian seine Colonisten im J. 273 über die Donau zurück und so endete die Herrschaft der Römer in Siebenbürgen, von der noch zahlreiche Strassen, Ruinen, Inschriften und Münzen bis auf den heutigen Tag Zeugniss geben.

Nach dem Abzuge der Römer hausen Gothen, Hunnen, Gepiden und Avaren hintereinander im Lande und bei dem Einfalle der Magyaren in Ungarn (894) erscheint es unter der Herrschaft der Petschenegen. Mit der Besiegung des Petschenegen-Häuptlings Gyula durch seinen Neffen, den ersten christlich-apostolischen König von Ungarn, Stefan I., im Jahre 1003 wurde Siebenbürgen eine ungarische Provinz.

II. Siebenbürgen als ungarische Provinz.

König Stefan verbreitete das Christenthum im Lande, gab ihm einen eigenen Statthalter (Woiwoden) und gründete das Bisthum von Weissenburg, dem heutigen Karlsburg.

Nach dem Tode dieses später heilig gesprochenen Königs entstanden unter seinen Nachfolgern Thronstreitigkeiten bis im Jahre 1141 Geisa II. zur Regierung gelangte.. Er berief (1141 bis 1161) deutsche Ansiedler aus Flandern und vom Niederrhein in die „Wüste jenseits des Wa!des", welche er ihnen zum unbeschränkten Eigenthum unter eigner volksthümlicher Verwaltung mit unmittelbarer Unterstellung unter den König verlieh.

Schon im Jahre 1191 erscheint die vom Nachfolger Geisas, Bela III., gestiftete hermannstädter Probstei, zu welcher aber nur ein Theil der deutschen Ansiedler gehörten, während der andere Theil unter dem Bisthum von Weissenburg verblieb.

Nach dem Tode Belas (1196.) gab es wieder Streitigkeiten um den erledigten Thron, bis denselben 1205 Andreas II. bestieg. Durch seinen missglückten Kreuzzug nach Palästina (1217) erregte er Unzufriedenheit im Lande, so dass er sich endlich (1222) bewogen fand, in der sogenannten goldenen Bulle, die Freiheiten des ungarischen Adels zu regeln, welcher dadurch von Abgaben enthoben, aber zum Kriegsdienste auf eigene Kosten verpflichtet wurde. Diese Urkunde bildete bis zum Jahre 1848 die Grundlage der Verfassung des ungarischen Reiches und der ungrischen Komitate Siebenbürgens und bestimmte auch, dass die Ansiedler nach den ihnen bei ihrer Einwanderung verliehenen Rechten behandelt werden sollten.

Wichtiger war aber für die deutschen Einwanderer Siebenbürgens (die sogenannten Sachsen) der ihnen im Jahre 1224 von König Andreas verliehene Freibrief, das andreanische Privilegium, welcher ihre Selbständigkeit bis auf die neueste Zeit erhalten hat. Durch diesen Freibrief wurden ihre früher erhaltenen Rechte neuerdings bestättiget, alle Ansiedler von Broos bis Draas zu einem Volke in der Hermannstädter Provinz unter einem eigenen, dem Könige unmittelbar untergeordneten Grafen mit durchgängiger Rechtsgleichheit vereinigt und ihnen das unbeschränkte Eigenthumsrecht auf ihren Boden gewährleistet. Ihre Richter und Geistliche sollten sie sich selbst wählen und den Letztern, nicht dem Bischofe, den Zehnten geben. Zum Zeichen ihrer Einheit hatten die Sachsen nur ein Siegel mit der ehrenvollen Umschrift: Sigillum provinciae cibiniensis ad retinendam coronam zu führen. Von Zöllen und den Plackereien des damaligen Münzwechsels waren sie befreit und durften dreimal im Jahre aus den königlichen Gruben unentgeltlich Salz holen; auch wurde ihnen ein Gebirgswald, der nachherige Fogarascher Distrikt, zum Geschenke gemacht. — Dafür aber mussten sie eine jährliche Steuer von 200 Mark Silber, den spätern Martinszins, zahlen und wenn der König selbst zu Felde zog inerhalb des Reiches 500, ausserhalb desselben 100, dann im letztern Falle, wenn bloss ein Grosser des Reiches Feldherr war, 50 Mann zum Heere stellen; ferner den König, wenn er auf einem Feldzuge zu ihnen kam, dreimal und den Woiwoden, wenn er im Auftrage des Königs ihr Gebiet durchreisete, zweimal bewirthen.

Aber auch die von seinen Vorfahren begonnene Colonisation des Landes setzte König Andreas II. fort. Das durch die Einfälle der Kumaner entvölkerte Burzenland*) vergabte er 1211 den deutschen Rittern, welche dort zahlreiche Burgen erbauten und deutsche Ansiedler ins Land zogen. Bald aber wurden die deutschen Ritter übermüthig und wollten sich vom ungarischen Reiche unabhängig machen. Da widerrief der König seine Schenkung und vertrieb die Ritter 1225 aus dem Burzenlande, die deutschen Ansiedler aber blieben zurück und erhielten später mit der gleichzeitig im Nordosten Siebenbürgens erscheinenden deutschen Colonie von Bistritz dieselben Rechte, wie der hermannstädter Gau, unter einem eignen Grafen.

So wie nun die Südgrenzen des Landes durch deutsche Ansiedler geschützt waren, sehen wir zu derselben Zeit und zu demselben Zwecke im Osten Siebenbürgens die Szekler, wahrscheinlich Nachkommen der Petschenegen, alle gleich frei unter dem vom Könige eingesetzten Grafen, nur zum Kriegsdienste und zur Entrichtung der Ochsensteuer verpflichtet.

Unter dem Sohne und Nachfolger Andreas II., dem Könige Bela IV., fielen die Mongolen in Ungarn und Siebenbürgen ein, wurden zwar im J. 1242 am Sajo geschlagen, verheerten aber auf ihrem Rückzuge das Land, wobei auch Weissenburg und der blühende deutsche Bergflecken Rodna zerstört wurde. Die spätern Regierungsjahre dieses Königs waren durch fortwährende innere und äussere Kriege bezeichnet.

Als darauf Stefan V. (1270) den Thron bestieg, schenkte er den Szeklern wegen ihrer bewiesenen Tapferkeit den Aranyoscher Stuhl und gründete durch deutsche Ansiedler Klausenburg.

Während der 18 jährigen Regierung seines Sohnes Ladislaus II., welcher den Beinamen Kumanier wegen Begünstigung dieses Volkes erhielt, gerieth das Reich in grosse Verwirrung. Innere Unruhen und ein Einfall der Tartaren, die Bistritz zerstörten, aber bei Torotzko von den Szeklern geschlagen wurden, führten sie herbei, und noch im Laufe derselben wurde Ladislaus 1290 von einem Kumanenhäuptling ermordet.

---

*) So hiess und heisst in der volksthümlichen Sprache die Umgegend von Kronstadt, während die von Bistritz das Nösnerland, die von Hermannstadt, Leschkirch, Grossschenk, Reps und Fogarasch das Altland, die Gegend von Broos, Mühlbach und Reussmarkt der Unterwald, die von Kézdi-Vásárhely die Háromszék, von Csíkszereda der Csík, von Gyergyo-Szent-Miklos die Gyergyó, der jetzige Kreis von Szilágy-Somlyó die Szilágyság, der Bezirk von Barot mit dem östlichen Theile des Udvarhelyer Bezirkes Erdővidék und der innere, waldlose hügelige und sumpfige Theil des Landes zwischen dem Marosch und Szamosch die Mezőség hiesst und zum Theil noch gegenwärtig also genannt wird.

1*

Mit Andreas III. bestieg nun der letzte Sprosse des arpadischen Königsstammes den Thron. Er liess 1291 den ersten siebenbürgischen Landtag zur Herstellung der Ordnung im Lande abhalten.

Nach dem Tode desselben (1301) war Ungarn und Siebenbürgen wieder durch 10 Jahre ein Schauplatz des Bürgerkrieges, während dessen für einige Zeit die höchste Gewalt in unserm Lande der Woiwode Ladislaus eigenmächtig besass, so wie er auch willkührlich Medwisch und Schelken von der Hermannstädter Provinz trennte. Torotzko, Thorda (Thorenburg), Deés und Szék waren zu dieser Zeit von Deutschen bewohnt.

Es bestieg darauf 1310 ein Urenkel Stefan V., Karl Robert, aus dem französischen Königshause Anjou den Thron. Er hatte zwar auch noch mehrere zum Theil unglückliche Kriege zu führen, erhob aber doch die königliche Macht in Ungarn auf eine noch nie gekannte Höhe und führte als Ablösung des beim Münzwechsel hervorgehenden Schlagschatzes (lucrum camerae) eine ordentliche Steuer nach Porten (Thoren) ein, der auch der Adel unterworfen war.

Während der Regierung seines Sohnes Ludwig I. von 1342 bis 1382 erreichte der ungrische Staat seine grösste Ausdehnung und höchste Blüthe. Ausser Dalmatien kamen noch Serwien, Bosnien, die Moldau, Walachei und Bulgarien, dann 1370 auch Polen dazu. Da erschienen die osmanischen Türken in Europa, bedrohten im Osten das Reich und setzten sich nach einer unglücklichen Schlacht des Königs gegen sie (1366) an dessen Grenzen fest.

Wenn gleich zu dieser Zeit auch innere Partheikämpfe in Siebenbürgen entstanden, so befestigten sich doch dessen, in fortschreitender Entwickelung begriffenen Rechtszustände. Die Hermannstädter Provinz erscheint schon 1302 in 7 Stühle getheilt, an deren Spitze später ein vom König ernannter Königsrichter und ein vom Volke gewählter Bürgermeister und Stuhlsrichter standen. Auch jede Ortschaft hatte ihren Richter (Graf, Gräf oder Hann), von denen sich einige in der Folge zum Nachtheile ihrer Stammesgenossen erblich machten und sich adelige Vorrechte aneigneten. Viermal im Jahre fanden Stuhlsversammlungen, dann für allgemeine Angelegenheiten und zur Entscheidung schwieriger Rechtsfälle Volkstage (Confluxe) in Hermannstadt aus Richtern und würdigen Männern der grössern Ortschaften statt. König Ludwig bestätigte den Sachsen im Jahre 1366 den andreanischen Freibrief. Die alte Satzungen der Zünfte, von denen 17 mit 24 Gewerben 1386 in den sieben Stühlen bestanden, wurden erneuert und verbessert. Zum Schutze des Reiches entstand die Festung Landskron bei Talmatsch und es fielen die Besitzungen der Abtei Kerz der hermannstädter Provinz zu. Die beiden vom Woiwoden Ladislaus davon abgetrennten Stühle Medwisch und Schelken bleiben zwar unter ihrem eigenen Grafen (dessen Würde später an den Grafen der Szekler fiel), doch standen sie, wie die selbständigen Gane von Bistritz und Kronstadt, von denen der Erstere im Jahre 1366. der Letztere 1353 die Freiheiten der hermannstädter Provinz vom Könige in eigenen Handfesten erhielten, unter dieser in ihrer Eigenschaft als Obergerichtshof. Klausenburg erscheint nun als blühende sächsische Stadt und Hermannstadt, Kronstadt und Bistritz als Hauptstappelplätze des orientalischen Welthandels.

Wie die Freiheiten der Sachsen kräftigten sich, während der Regierung Ludwigs auch die Rechte des ungrischen Adels in Siebenbürgen. Er wurde von der Bewirthung des Woiwoden und andern Leistungen freigesprochen und wegen häufiger Kriegsdienste von der Ablösung des Schlagschatzes (lucrum camerae) 1366 gänzlich enthoben, so dass derselbe von dieser Zeit an, ausser dem Kriegsdienste, zu keiner andern Steuer verpflichtet war. Noch im Jahre 1342 hatte der Adel auch die Gerichtsbarkeit über seine Unterthanen erhalten, welche der Mehrzahl nach aus den, in diesem Jahrhunderte häufiger aus der Walachei und den Grenzbirgen in das flache Land (mit Ausnahme des Sachsenlandes) einwandernden Walachen bestanden.

Die Szekler erscheinen jetzt ebenfalls in Stühle und nach ihrem Unterschiede im Kriegsdienste in drei Standesklassen (Primores, Primipili und Plebeji oder Pixidarii) getheilt, von denen die beiden erstern Klassen in der Folge einen Adel bildeten, durch welchen die ursprüngliche Gleichheit dieses Volkes zu Grunde ging.

Ungarn, Szekler und Sachsen versammelten sich in dieser Zeit schon häufiger zu gemeinsamen Berathungen auf eigenen Landtagen.

Nach dem Tode Ludwigs I. (1382) entstanden wieder Thronstreitigkeiten, innerer und äusserer (mit den Türken) Krieg, welche auch mit der Thronbesteigung seines Schwiegersohnes des deutschen Kaisers Siegmund von Brandenburg (1387) ihr Ende nicht erreichten. In diesen Zerwürfnissen sahen sich nun die Völkerschaften Siebenbürgens genöthigt, ihre Rechte selbst zu schützen und zu vertheidigen. Die Sachsen befestigten ihre Städte und verstärkten die Bewachung der Grenze, die unterthänigen Bauern erhoben sich 1437 gegen ihre Grundherrn, erzwangen dadurch ihre Freizügigkeit und veranlassten zugleich den ungrischen Adel sich mit den Sachsen und Szeklern in Kapolna zu einem Schutz- und Trutzbündnisse (Union) gegen innere und äussere Feinde zu vereinigen.

Den Sachsen bestättigte der König, wenn er auch seine Aufmerksamkeit wenig dem Lande zuwenden konnte, den andreanischen Freibrief, vereinigte 1399 die alten deutschen Gemeinden Winz (Alvincz) und Burgberg (Borberek) mit der hermannstädter Provinz, verlieh alle Freiheiten der letztern an Bistritz, Kronstadt und Klausenburg, befreite die Stühle Medwisch und Schelken von der Gerichtsbarkeit des Szeklergrafen, unter die sie im Laufe der Zeit gerathen waren, und bereitete dadurch die spätere Vereinigung der deutschen Gaue Siebenbürgens vor. — Unter König Siegmund erscheinen 1417 zuerst einzelne Zigeunerhorden im Lande.

Siegmund starb 1437 und unter seinem Eidam Albrecht von Oestreich, der schon nach zwei Jahren dem Reiche ebenfalls durch den Tod entrissen wurde, verwüsteten Türkeneifälle das Land, gegen welche die Sachsen sich nur zum Theil durch die Festigkeit ihrer Städte und Burgen schützen konnten, so dass sich viele derselben namentlich vom flachen Lande unter den Schutz mächtiger ungrischer Adeligen stellten, deren Unterthanen sie später trotz königlicher Drohbriefe auch blieben.

Nach seinem Tode wurden durch die von Seite der Stände veranlasste Wahl Königs Wladislaus von Polen auf den ungrischen Thron neuerdings Streitigkeiten um denselben hervorgerufen, dazu kamen auch Türkenkriege, welche ungeachtet des glänzenden Sieges des berühmten und tapfern siebenbürgischen Woiwoden, Johann Hunyádi, an der Cserna (1442) mit dem Untergange des ungrischen Heeres bei Warna (1444) und des Königs Tod endigten.

Auf Wladislaus folgte 1445 Albrechts nachgeborner Sohn Ladislaus V. (Posthumus), der aber wegen seiner Minderjährigkeit die Regierung erst 1453 antrat. Mittlerwaile war Johann von Hunyádi Reichsverweser und dessen Sohn, Mathias Corvinus, wurde nach dem Tode des Königs durch den ungrischen Reichstag (1458) auf den Thron berufen.

Während Mathias im innern des Reiches die Wissenschaften pflegte und Gerechtigkeit gegen das Volk übte, machte er sich durch Befestigung seiner Macht dem Adel verhasst, der im Jahre 1476 einen durch das schnelle Erscheinen des Königs im Lande und die Bestrafung der Rädelsführer bald unterdrückten Aufstand erregte. Aber auch nach Aussen war Mathias in Kriege verwickelt, so dass er unserm Lande, wo die steten Türkeneinfälle sich mehrten, wenig Aufmerksamkeit widmen konnte und dessen Völker sich 1459 zu einer neuen Union genöthiget sahen. Durch diese Vereinigung war es denn den Siebenbürgern auch möglich 1479 unter ihrem Woiwoden Stefan Báthori mit Hilfe des Bans von Grosswardein die glänzende Schlacht auf dem Brodfelde bei Broos gegen 40,000 Türken unter Ali-Bey zu liefern, wobei 30,000 derselben erschlagen wurden.

Mathias starb 1490. Unter dessen schwachem Nachfolger Wladislaus II. von Böhmen ging das Reich dem Verfalle entgegen. Häufige Türkeneinfälle und der Bauernaufstand der sogenannten Kurutzen verwüsteten dasselbe. Sein ihm 1516 noch als Knabe in der Regierung folgender Sohn Ludwig II. konnte die eingetretenen innern Zerwürfnisse, welche durch die Verbreitung der Reformation noch gesteigert wurden, nicht bewältigen. Da fielen die Türken unter Soliman 200,000 Mann stark in Ungarn ein, der junge König lieferte ihnen am 26 August 1526 bei Mohács mit 24000 Mann eine Schlacht, in welcher diese in kaum zwei Stunden der Uebermacht der Türken unterlagen und der König selbst umkam. Die Türken verwüsteten darauf Ungarn und das Land zerfiel in Partheiungen, während deren Siebenbürgen sich von demselben gänzlich lostrennte, indem sein Woiwode Johann Zápolya sich die Regierung von Ungarn anmasste und, wenn auch von dem durch die Stände gewählten Könige, Ferdinand von Oesterreich, geschlagen, mit Hilfe der Türken 1538 im Frieden von Grosswardein die Abtretung von Siebenbürgen und eines Theiles von Ungarn an ihn unter der Bedingung erwirkte, dass nach seinem Tode Alles wieder an Ferdinand fallen solle.

III. Siebenbürgen unter eignen Fürsten.

Die Trennung Siebenbürgens von Ungarn dauerte aber auch nach dem schon 1540 erfolgten Tode Johann Zápolya's fort. Es wurde nämlich seinem letzten Willen zu Folge, dem Grosswardeiner Vertrage entgegen, dessen wenige Wochen alter Sohn, Johann Siegismund, zum Könige ausgerufen, behauptete sich durch Hilfe der Türken, welche 1541 in Ungarn einfielen und einen Theil davon mit der Festung Ofen auf mehr als ein Jahrhundert besetzten, gegen einen Jahrestribut von 10,000 Dukaten im Besitze von Siebenbürgen und einigen Theilen Ungarns und wurde auf dem Landtage von Thorda, wo auch die drei ständischen Nationen ihre Union erneuerten, 1541 als rechtmässiger Herrscher unter der Vormundschaft seiner Mutter Isabella, einer polnischen Prinzessin, anerkannt.

Während dieser Zeit verbreitet sich die Reformation in Siebenbürgen, indem Luthers Lehre mit seinen Schriften 1519 durch Kaufleute aus Leipzig nach Hermannstadt gebracht, hier durch die Bemühungen des Sachsengrafen, Markus Pempflinger, und ungeachtet der Drohungen Johann Zápolya's schon 1529 als die allein Giltige anerkannt wurde. In Kronstadt führte die Reformation Johann Honterus 1542 ein und es nahm sie bald darauf, trotz des Entgegenwirkens von Seite des siebenbürgischen Bischofs, Johann Statilius, die ganze sächsische Nation an, so dass schon 1545 in Medwisch eine Synode abgehalten wurde. Auch die Ungarn und Szekler traten bald der Augsburger Confession bei, später aber gewann doch das Helvetische Bekenntniss unter ihnen mehr Anhänger und es trennten sich auf der Synode in Enyed (1564) die beiden Kirchen förmlich von einander.

Gleichzeitig wurde durch den Leibarzten Joh. Siegismunds, Georg Blandrata, und den Klausenburger Prediger, Franz Davidis, auch die Lehre Socins im Lande verbreitet und als unitarische Kirche neben der römisch-katholischen, Augsburgischen und Helvetischen Confession auf dem Landtage zu Maros-Vásárhely 1571 zur vierten recipirten (gleichberechtigten) Religion erhoben.

Kurz vorher wurden vom Fürsten Verhandlungen mit dem Wiener Hofe wegen Abtretung der Regierung gepflogen, es erfolgte die zeitweilige Besetzung des Landes durch den kaiserlichen Feldherrn Kastaldo und die Entfernung der Fürstinn aus demselben, bald darauf aber eine Empörung gegen die österreichischen Truppen und die Wiedereinsetzung Isabellas in die Regierung, zu deren Bewerkstelligung neuerdings die Türken zu Hilfe kommen mussten.

J. Siegismund starb unterdessen 1571 und die siebenbürgischen Stände wählten sich den Stefan Báthori von Somlyó zum Fürsten, welchen auch der deutsche Kaiser und der Sultan bestättigten. Stefan Báthori wurde aber schon 1575 König von Polen und trat die Regierung Siebenbürgens an seinen Bruder Christof Báthori ab. Unter der fünfjährigen Herrschaft des Letztern wurde zwar der Friede nach Aussen nicht gestört, aber es erhob sich im Innern durch die Einberufung der Jesuiten und die von Geldverlegenheit der Regierung hervorgerufene Abnahme einer Zehntquarte von dem grössten Theile der sächsischen Pfarrer Unzufriedenheit.

Auf Christof Báthori folgte 1581 sein von den Ständen gewählter, unmündiger Sohn Siegmund in der Regierung, während unterdessen der würdige Gubernator Johann Gezzi das Land verwaltete. In dieser Zeit wurde die Gesetzsammlung das „eigene Landrecht" (die Statuten) der Sachsen (1583) von Stefan Báthori, der sich die Oberaufsicht in Siebenbürgen vorbehalten, bestättiget. Als der siebzehnjährige Siegmund Báthori 1588 von den Ständen für mündig erklärt war, musste er die Jesuiten verbannen, knüpfte darauf mit dem deutschen Kaiser Rudolf Unterhandlungen wegen Ueberlassung der Regierung an und trat sie auch 1598 gegen die schlesischen Herzogthümer Oppeln und Ratibor und einen Jahresgehalt von 50,000 Thaler ab. Die Stände huldigten dem Kaiser, bald kam aber Siegmund wieder ins Land und liess sich zum Fürsten ausrufen. Indem er nun wieder mit Rudolf unterhandelte, übergab er die Regierung dem Kardinal Andreas Báthori, der zwar im März 1599 von den Ständen anerkannt, aber schon im Oktober desselben Jahres von seinem Gegner, dem Woiwoden der Walachei Michael, bei Schellenberg geschlagen, auf der Flucht in den Csiker Gebirgen durch seinen Diener getödtet wurde. Michael ward darauf vom Sultan als Fürst von Siebenbürgen bestättiget, musste aber schon im folgenden Jahre, durch den kaiserlichen Feldherrn Georg Basta bei Miriszlo geschlagen, das Land verlassen, welches zwar Anfangs dem Kaiser huldigte als aber der zur Uebernahme der Regierung bestimmte Erzherzog Maximilian nicht erschien, neuerdings Siegmund Báthori auf den Thron berief und ihm zum dritten Male Treue gelobte. Der Kaiser enannte hierauf den Woiwoden der Walachei Michael zum Statthalter, der mit Hilfe des kaiserlichen Feldherrn Basta Siegmund bei Goroszlo schlug und das Land verwüstete, später aber selbst durch Bastas Truppen erschlagen wurde. Siegmund kam mit türkischen und tartarischen Hilfstruppen nach Siebenbürgen und wurde auch von einem Theile der Bevölkerung anerkannt, trat aber 1602 das Land zum letztenmal am Kaiser Rudolf ab.

Mit der grausamen Verwaltung Bastas, zu der noch Pest und Hungersnoth sich gesellten, unzufrieden, rief ein Theil der Adeligen 1603 Moses Székely zum Fürsten aus; dieser fiel aber schon in demselben Jahre in der Schlacht bei Rosenau gegen den walachischen Feldherrn Georg Rátz. Darauf wählten die Adeligen und Szekler den Stefan Boeskai zum Fürsten, die Sachsen wurden mit Waffengewalt zur seiner Anerkennung gezwungen, und so huldigte ihm das Land 1605 in Mediasch, während Basta mit seinen Truppen abzog.

Bocskai starb schon 1606 und sein Nachfolger der alte Siegmund Rákotzi, legte 1608 die Regierung freiwillig nieder. Es wählte nun das Land den schwelgerischen Tyrannen, Gabriel Báthori, zum Fürsten, der nach der blutigen Unterdrückung einer durch seine Grausamkeit hervorgerufenen Verschwörung mehrerer Adeligen 1610 gewaltsam Hermannstadt besetzte, den Rath gefangen nahm und die Stadt für sein Eigenthum erklärte; darauf nach einem siegreichen Zuge in die Walachei das durch seinem Stadtrichter Michael Weiss tapfer vertheidigte Kronstadt 1611 und 1612 dreimal vergebens belagerte und endlich mit dieser Stadt 1613 unter Bestättigung ihrer Freiheiten Frieden schloss. Ueber seine misglükten Züge erbittert hatte er 1611 die sächsische Nation des Landesverrathes schuldig erklärt und die Zehnten der Geistlichen eingezogen, welche dieselben nur durch unentgeltliche Abtretung der an Christof Báthori gegen Pacht überlassenen Quarte an den Fiskus (1612) zurückerhalten konnten.

Das Land kündigte endlich, seiner Grausamkeiten müde, dem Gabriel Báthori 1613 den Gehorsam auf. Dieser wurde auf der Flucht in Grosswardein ermordet und es wählten die Stände den schon von der Pforte zum Fürsten ernannten Gabriel Bethlen von Iktar. Unter ihm kehrte das Land zur Ruhe und Ordnung zurück, und die Wissenschaften erfreuten sich wieder eines kräftigen Schutzes, indem der Fürst die höhere Lehranstalt in Weissenburg, welche später nach Enyed verlegt wurde, stiftete, an dieselbe deutsche Lehrer berief und sie mit Gütern reichlich dotirte. Leider starb G. Bethlen schon 1629.

Nach seinem Tode musste seine Gemahlin Katharina von Brandenburg gezwungen abdanken und es wurde zuerst Stefan Bethlen, dann Georg Rákotzi I. zum Fürsten erhoben. Die Habsucht und Gewaltthätigkeit des Letztern erregten Unruhen, die er aber glücklich bekämpfte.

Unter seinem Sohne und Nachfolger (1648) Georg Rákotzi II. entstand das Gesetzbuch der „Approbaten" oder die von Fürst und Ständen anerkannte Sammlung der noch giltigen Landtagsbeschlüsse (1653), dem sich später (1669) auf gleiche Art entstanden, die „Compilaten" als zweiter Theil anschlossen, während die unter der österreichischen Regierung gefassten Landtagsbeschlüsse unter dem Titel „Novellarartikel" den dritten Theil dieser Gesetzsammlung bilden.

Durch einen gegen den Willen der Türken unternommenen unglücklichen Feldzug gegen Polen hatte sich Rákotzi die Gunst der Pforte verscherzt und musste 1657 abdanken. Die Stände wählten Franz Rhédei zu seinem Nachfolger, als aber Rákotzi 1658 sich wieder erhob, trat Rhédei freiwillig zurück. Die Türken fielen jedoch verwüstend ins Land und setzten Achatius Barcsai zum Fürsten ein, den nach dem Abzuge des türkischen Haupheeres Rákotzi in Hermannstadt belagerte. Die Türken entsetzten Hermannstadt 1660 und schlugen Rákotzi, welcher an seinen Wunden starb, bei Gyalu.

Statt des unthätigen Barcsai, beriefen die Stände 1661 **Johann Kemény** ohne Zustimmung der Türken zur Regierung. Die Türken fielen daher aufs Neue ins Land und machten, da Barcsai erschlagen worden, **Michael Apafi** zum Fürsten, während Kemény 1662 in der Schlacht bei Gross-Alisch fiel.

Diese Streitigkeiten brachten Siebenbürgen an den Rand des Verderbens und veranlassten gleich wie die drückende türkische Oberhoheit das Land 1686 mit dem gegen die Türken siegreichen Leopold I. von Oesterreich ein Bündniss zu schliessen, das es im folgenden Jahre mit dessen Feldherrn Karl von Lothringen erneuerte. Siebenbürgen wurde dadurch unter österreichischen Schutz und die Oberhoheit des ungrischen Königs und römischen Kaisers Leopold I., welchen die Stände auf dem Landtage von Fogarasch 1688 feierlich anerkannten, gestellt.

Apafi I. starb 1690; Kaiser Leopold verschob jedoch die Bestättigung seines schon zum Nachfolger erwählten Sohnes Michael Apafi II. Unterdessen fiel Emerich Tököly, der auch einige Anhänger im Lande hatte, mit Türken und Tartaren in Siebenbürgen ein, schlug die kaiserlichen Generale bei Zernest, ward von seiner Parthei zum Fürsten ausgerufen, aber auch bald aus dem Lande vertrieben. Da erliess der Kaiser nach Einvernehmung der Stände den 4 Dezember 1691 die unter dem Namen des **leopoldischen Diploms** bekannte Urkunde, welche den Grundvertrag Siebenbürgens mit dem österreichischen Kaiserhause bildete und die Achtung und Beschützung der Rechte der drei ständischen Nationen der Ungarn, Szekler und Sachsen gewährleistete. Ein Regierungsrath (Gubernium) leitete seit 1692 die Verwaltung des Landes und zur bessern Besorgung seiner Angelegenheiten in Wien wurde 1694 die siebenbürgische Hofkanzlei errichtet. Apafi II. entsagte 1696 der Regierung zu Gunsten des Kaisers und die Türken erkannten nach Prinz Eugens Siege bei Zenta 1699 die neue Ordnung der Dinge an.

IV. Siebenbürgen unter der österreichischen Regierung bis auf die neueste Zeit.

In Ungarn erhoben sich aber die Unzufriedenen unter Anführung eines Enkels Georgs Rákotzi II., Franz Rákotzi, als Kurutzen, verbreiteten später den Aufstand auch über Siebenbürgen, wo Rákotzi 1704 zum Fürsten ausgerufen wurde. Die Aufständischen fochten mit abwechselndem Glücke gegen die kaiserlichen Feldherrn, welche endlich nur auf die befestigten sächsischen Städte zurückgedrängt waren, verwüsteten das Land, verbrannten die Vorstädte von Schässburg und nahmen Bistritz ein. Leopold I. starb 1705; sein ihm in der Regierung folgender Sohn **Josef I.** versuchte den Aufstand durch Güte zu beschwichtigen, was ihm aber nicht gelang, sondern nur die Zahl der Rebellen vermehrte, welche sich nun Conföderirte nannten und fasst den ganzen ungrischen Adel auf ihrer Seite hatten. Dem kaiserlichen Feldherrn

Rabutin gelang es endlich 1707 den Aufstand zu bewältigen, er hatte aber eine furchtbare Pest im Gefolge. Erst der Friede von Szathmár (1711) stellte die völlige Ruhe im Lande her, wodurch Allen, die bis zur bestimmten Zeit zur gesetzlichen Ordnung zurückkehrten, Verzeihung zusichert und die Rechte Siebenbürgens ausdrücklich bestättiget wurden. Josef I. starb noch in demselben Jahre. Dessen Bruder und Nachfolger Karl VI. baute an der Stelle des zerfallenen Weissenburg die Festung Karlsburg und bestimmte es zum Sitze des wiederhergestellten und mit reichen Einkünften dotirten römisch-katholischen Bisthums, während das Oberhaupt der zu Ende des 17 Jahrhunderts gestifteten griechisch-unirten Kirche, der Bischof von Fogarasch, das Dominium Blasendorf (1738) erhielt. Als oberste Gerichtsbehörde der Ungarn und Szekler und in einigen Fällen auch für die Sachsen setzte der Kaiser 1715 die königliche Gerichtstafel in Maros-Vásárhely ein und vereinigte 1733 die Gespanschaften Mittel-Szolnok, Kraszna, Zarand und den Distrikt Kövár (partes regni Hungariae reapplicatae) mit Siebenbürgen, dessen Handelsverbindungen mit der Walachei er schon 1718 durch die Anlegung einer Kunststrasse im Rothenthurmer Passe befördert hatte.

Auf dem Landtage in Hermannstadt (1722) wurde von den siebenbürgischen Ständen die pragmatische Sanction, wodurch Kaiser Karl für den Fall als die männliche Linie des österreichischen Hauses aussterben sollte, auch dem weiblichen Zweige die Nachfolge in der Regierung seiner zu einem untheilbaren Ganzen vereinigten Staaten sicherte ,. angenommen und so gelangte nach seinem Tode (1740) seine älteste Tochter Maria Theresia auf den Thron.

Wenngleich während ihrer Regierung in schwere Kriege verwickelt, worin auch die Söhne Siebenbürgers zahlreich mitkämpften, wirkte die grosse Kaiserinn— seit 1737 mit Franz von Lothringen vermählt — doch sehr wohlthätig für das Land durch die Errichtung eines Berggerichtes in Zalathna (1744), die Regelung der Landessteuer (1755), die Abschaffung der Tortur (1768), die Gründung eines Waisenhauses in Hermannstadt (1770), die Einführung von Normalschulen (1774) u. s. w.

Die deutsche Bevölkerung wurde durch die gestattete Einwanderung deutscher Familien aus Oesterreich und Kärnthen (Landler) 1755 dann aus Baden-Durlach und dem Breisgau 1742 und 1770 vermehrt, und die Kaiserinn inscribirte der sächsischen Nation den Fogarascher Distrikt mit Ausnahme des Schlosses für 206,000 Gulden auf 99 Jahre. Das Land, 1765 zum Grossfürstenthum erhoben, erhielt 1762—66 in der neuerrichteten Militärgrenze eine Schutzwehr gegen das Ausland.

M. Theresia starb 1780 und ihr schon früher zum Mitregenten angenommener Sohn Josef II., dieser grosse, seinem Jahrhunderte weit vorangeschrittene, für Freiheit und Aufklärung begeisterte Regent unternahm den Versuch die vielen Völker seines ausgedehnten Reiches zu einem gleichförmigen Ganzen umzugestalten und ihre Wohlfahrt auf neue Grundlagen zu bauen, zu welchem Behufe nicht nur für alle Provinzen das Toleranzedikt erlassen, sondern auch die alte Verfassung Siebenbürgens dadurch gänzlich abgeändert wurde, dass der Kaiser dessen alte Eintheilung in das Ungarn-, Szekler- und Sachsenland 1784 aufhob, das ganze Gebiet in 12 Comitate und diese ein Jahr später in 3 Bezirke eintheilte. Die deutsche Sprache sollte nach Verlauf von 3 Jahren die alleingiltige (diplomatische) Sprache sein und jeder derselben unkundige Beamte entlassen werden. Es wurde die Einrichtung der Zünfte abgeschafft, das Verhältniss des Unterthanen gegen die Grundherrn wohlthätig geregelt, dann das Land zur gerechten Vertheilung der Steuern ausgemessen und Volkszählungen angeordnet, welche aber bei den bedrückten Walachen der südwestlichen Comitate den Glauben erzeugten, sie sollten kriegspflichtige und daher freie Menschen werden. Hiedurch entstand, als sie sich in ihren Hoffnungen getäuscht sahen, ein Aufruhr gegen den Adel (1780), der aber mit Waffengewalt und durch die Hinrichtung der Anführer Horra und Klotschka bald gedämpft wurde.

Unterdessen brach 1788 ein Türkenkrieg aus. Der Kaiser zog selbst ins Feld, holte sich aber dadurch eine Krankheit, welche vergrössert durch den Kummer über das Misslingen seiner Organisirungspläne 1790 seinen Tod herbeiführte, nachdem er wenige Wochen früher seine Verfassungsänderungen widerrufen und die alten Verhältnisse, mit Ausnahme des in Kraft erhaltenen Toleranz-Ediktes und der Verordnungen über die Verhältnisse der Grundherrn zu den Unterthanen, hergestellt hatte.

In der Regierung folgte nun Josefs Bruder Leopold II. Dieser berief 1790 einen Landtag nach Klausenburg zur Organisirung der Landtage, auf welchem nebenbei aber auch in der Verfassung der 3 Nationen Vieles geändert, die Sachsen zu Gunsten der Mitnationen in vieler Beziehung verkürzt, zugleich aber die Freizügigkeit der Hörigen hergestellt und gegen den Willen der Ungarn und Szekler die lateinische als diplomatische Sprache anerkannt wurde.

Leopold starb schon 1792 und sein Sohn Franz II. (nach der Ablegung des deutschen Kaisertittels Franz I.) bestieg den Thron. Unter seiner Regierung wurde zwar das Reich in die unseeligen Franzosenkriege verwickelt, nach deren Beendigung (1815) aber genoss es zwanzig Jahre hindurch der wohlthätigsten Ruhe und verfassungsmässigen Entwickelung, die auch unter der milden Regierung seines Sohnes Ferdinand bis zum Jahre 1848 ununterbrochen fortdauerte und der Wohlfahrt des Reiches so förderlich war.

Die neueste Zeit.

Siebenbürgen erscheint nun als integrirender Theil der österreichischen Monarchie mit einer ständischen Verfassung in 3 Verwaltungsgebiete (das Land der Ungarn, Szekler und Sachsen) getheilt unter einem eignen Gubernium als oberste Verwaltungsbehörde, welcher die Beamten der Kreise (Comitate, Stühle, Distrikte) des Landes untergeordnet sind. Das Gubernium besteht aus Mitgliedern der drei ständischen Nationen, welche zu den höhern Bedienstungen in gleicher Anzahl nach den vier recipirten (gleichberechtigten) Religionen vom Landtage gewählt und vom Fürsten bestättiget werden, und als Mittelbehörde zwischen ihm und dem Fürsten fungirt die siebenbürgische Hofkanzlei in Wien, während ihm als Hilfsbehörden die Landesbaudirektion und Landesbuchhaltung zur Seite stehen. Der Landtag vom Fürsten einberufen und aus den von ihm bestimmten Mitgliedern (Regalisten), aus Deputirten der 3 ständischen Nationen und der königlichen Freistädte und Taxalorte, aus den Oberbeamten der ungrischen Comitate und Distrikte dann der Szeklerstühle, endlich aus dem Gubernium und der k. Gerichtstafel zusammengesetzt, entwirft und ändert die Gesetze, welche aber erst nach der vom Fürsten erhaltenen Bestättigung in Kraft treten, — bestimmt die Grösse der Abgaben und die Aushebung der Soldaten, erledigt die Beschwerden und Gesuche der Landesstände oder einzelnen Nationen, Kreise, Gemeinden und Privaten, soweit sie vor denselben gehören, wählt die Candidaten und erstattet die Vorschläge an Se. Majestät zur Besetzung der sogenanten Cardinalämter (Hofkanzler, Gouverneur, Ständepräsident, Gubernialräthe und Landesrichter, Protonotarii), entscheidet über Streitigkeiten bezüglich der Landesgrenzen und reinen Fiskalgüter, dann das Eigenthums- und Veräusserungsrecht der Letzteren und verhandelt endlich jene Rechtsstreite und Rechtsfälle, welche vor sein Forum gehören. Nur die Ungarn, Szekler und Sachsen sind ständische Nationen und haben als solche das Recht Mitglieder des Landtages zu werden und wichtigere Aemter zu bekleiden, die übrigen geduldeten Nationen (Walachen, Armenier u. s. w.) nur in so weit, als sie sich zu einer der erstern bekennen. Bezüglich der persönlichen und Standesrechte gibt es eine grosse Verschiedenheit; durchgängige Rechtsgleichheit besteht nur bei den Sachsen, diese ist durch einige Adelige und Unterthanen im Lande der Szekler schon gestört, aber in dem der Ungarn hat nur der Adelige Rechte, da nur dieser höhere Aemter bekleiden und Grundbesitz erwerben kann, in welcher Beziehung blos in einigen freien Städten und Marktflecken dieses Verwaltungsgebietes theilweise ein Unterschied besteht. Der Adel ist ausserdem frei von Abgaben und Kriegsdiensten, besitzt aber kein volles Eigenthumsrecht auf seine liegenden Besitzungen, indem diese von ihm nicht verkauft werden dürfen und beim Aussterben einer Familie an den Fürsten zurückfallen, welcher daher im Lande der Ungarn beträchtliche Güter (Domänen) besitzt.

Das Land der Ungarn umfasst den nördlichen und westlichen Theil, dann die Mitte des Landes mit ungefähr 657·7 ☐ Meilen und zerfällt in 11 Comitate (Hunyád, Zaránd, Unter-Alba, Ober-Alba, Kockelburg, Thorda, Kolos, Doboka, Inner-Szolnok, Kraszna und Mittel-Szolnok) dann 2 Distrikte (Kövár und Fogaras).

Das Land der Szekler begreift den Osten den Landes und eine Parzelle am Einflusse des Aranyos in den Marosch mit etwa 206·2

☐ Meilen in sich, getheilt in fünf Stühle (Udvarhely mit den Filialen Keresztur und Bardotz, der aus den Stühlen Sepsi, Kézdi, Orbai und dem Filialstuhle Miklosvár zusammengesetzte Háromszéker Stuhl, der aus den Stühlen Ober- und Unter Csík und den Filialen Gyergyó und Kászon bestehende Csiker Stuhl, die Stühle Maros und Aranyos).

Das Sachsenland mit einem beiläufigen Flächenraum von 190 q. ☐ Meilen, aus dem Hermannstädter Complexe und dem Burgenlande im Süden, dann dem Nösnerlande im Nordwesten des Landes zusammengesetzt, bildet 9 Stühle, (Hermannstadt, Mediasch, Schässburg, Reps, Grossschenk, Leschkirch, Reussmarkt, Mühlbach und Broos) und 2 Distrikte (Kronstadt und Bistritz).

Die **siebenbürgische Militärgrenze** erstrekt sich vom Eisernenthor-Passe im Südwesten Siebenbürgens durch den Hunyáder und Unter-Albenser Comitat, Brooser und Hermannstädter Stuhl, Fogarascher und Kronstädter Distrikt, Háromszéker, Udvarhelyer und Csiker Stuhl, Koloscher und Dobokaer Comitat und Bistritzer Distrikt, wo sie im Nordwesten des Landes an der Grenze der Bukovina endet. Ausserdem gehören dazu noch einige im Innern des Landes liegende Ortschaften des Thordaer Comitats und Aranyoser Stuhls. Ihre Gesammtbevölkerung beträgt 190,000 Seelen, sie gehört vier Infanterie-Regimentern (I Walachen, Stab Orlat; II Walachen, Stab Naszod; — I Szekler, Stab Csikszereda; II Szekler, Stab Kézdi-Vásárhely) und einem Cavallerie-Regiment (Szekler-Husarenregiment, Stab Sepsi Szt. György) an und umfasst 100 ☐ Meilen.

Die **politische Verwaltung** in Lande der Ungarn besorgen die Comitats- und Distrikts-Officiolate und Versammlungen der Comitate und Distrikte (Markal-Congregationen). An der Spitze der Comitate steht der Obergespan (Föispán) und der Distrikte der Oberkapitän (Fökapitány), welche auf Empfehlung des Landtages vom Fürsten ernannt werden. Mitglieder der Markal-Congregation, welche sich in der Regel viermal des Jahres, bei ausserordentlichen Fällen aber, so oft es die Umstände erfordern, auf Veranlassung des Oberbeamten oder seines Stellvertreters versammelt, sind alle im Comitate oder Distrikte possessionirten Edelleute; — und es gehören zu den Gegenständen ihrer Verhandlung: die Candidation der Beamten (mit Ausnahme des Oberbeamten) und der Landtagsdeputirten, so wie die Ertheilung der Instruktion an die Letztern, — die ihr verfassungsmässig zugewiesenen gerichtlichen Angelegenheiten, dann die politischen und ökonomischen Gegenstände, zu deren Erledigung ihre Miteinwilligung oder Berathschlagung erforderlich ist. Die Beschlüsse und Expeditionen werden im Namen der Markal-Congregation, unter ihrem öffentlichen Siegel mit der Unterschrift des Notärs ausgefertigt und über ihre gesammten Verhandlungen vollständige Protokolle für die politischen und Justizgegenstände abgesondert geführt, vor deren Verlesung, Billigung und Unterfertigung durch den Vorsitzer (den Oberbeamten oder dessen Stellvertreter) und Notär die Congregation sich nicht auflösen darf. Die Berichte über die gefassten Beschlüsse müssen sammt den Protokollen dem Gubernium vorgelegt werden.

Dem Oberbeamten steht das Officiolat in der Besorgung der Verwaltungsangelegenheiten zur Seite und jeder Comitat ist nach seinem Umfange in mehr oder weniger Zirkel, dann jeder Zirkel in Bezirke (Processus) eingetheilt. Dem Zirkel steht in den urspünglich siebenbürgischen Comitaten ein Oberrichter (Föbiró) und dem Processe ein Unterrichter (Szolgabiró) vor. Der im Range älteste Oberrichter ist in Abwesenheit oder Verhinderung des Oberbeamten des Comitats dessen Stellvertreter, während jedem Oberrichter hauptsächlich zur Besorgung der polizeilichen Angelegenheiten im Zirkel ein Vicegespan (Alispán) beigegeben ist. In den Distrikten besteht als zweiter Beamter und in vorkommenden Fällen Stellvertreter des Oberbeamten an der Stelle der Oberrichter und Vicegespäne ein Vicekapitän. Die ämtlichen Ausfertigungen, die Leitung des Archivs und der Kanzlei besorgt der Obernotär mit den ihm beigegebenen Vicenotären und Kanzleibeamten. — Die Einnahme der Contribution ist das Geschäft der Steuereinnehmer, deren für jeden Zirkel einer angestellt ist, mit den ihm beigegebenen Rektifikationskommissären und Exaktoren. Die Stationalkommissäre besorgen die Bequartirung und Verpflegung des Militärs. Für das Bauwesen ist ein eigener Ingenieur nebst mehreren Wegkommissären, für das Forstwesen ein Waldinspektor angestellt. Den öffentlichen Gesundheitszustand überwacht der Comitats- oder Distrikts-Physikus mit den ihm beigegeben Wundärzten und Hebammen.

In den zu den sogenannten Partibus reapplicatis gehörigen Comitaten ist die Organisation des Officiolates der in Ungarn gleich d. h. es sind unter dem Obergespan für jeden Zirkel mit dem Wirkungskreise des Oberrichters in den übrigen Comitaten Vicegespäne und neben diesen noch Oberrichter (hier Judices nobilium genannt) angestellt, und stimmt nur bezüglich der unteren Beamten mit den in den übrigen Theilen des ungrischen Verwaltungsgebietes in Siebenbürgen überein.

Den Oberbeamten ernennt der Landesfürst, und die Perceptoren auf den Vorschlag der Congregation das Gubernium, die übrigen Beamtenstellen werden alle zwei Jahre auf die Art besetzt, dass von dem Oberbeamten für jede Stelle geeignete Individuen aus jeder im Comitate (Distrikte) in Ausübung stehenden recipirten Religion vorgeschlagen, von denselben durch Stimmenmehrheit in der Markal-Congregation drei Candidaten gewählt, und diese Vorschläge durch das Gubernium der a. h. Confirmation unterlegt werden.

In den Szeklerstühlen hat die Organisation der politischen Verwaltung viele Æhnlichkeit mit jener von den ungrischen Comitaten und Distrikten. Als erster Beamter fungirt in jedem der fünf Hauptstühle ein vom Landesfürsten ernannter Oberkönigsrichter (Fökirálybiró) mit demselben Wirkungskreise, wie die Obergespäne, und es steht auch ihm die aus den Szeklern aller 3 Ordnungen (Primores, Primipili und Pixidarii, von den letztern jedoch nur Abgeordnete aus jedem Dorfe) gebildete Stuhlscongregationen und das Stuhlsofficiolat zur Seite. Unter dem Oberkönigsrichter besorgen die Vicekönigsrichter (Alkirálybiró) die Verwaltungsgeschäfte, von denen die

Stühle Csík und Háromszék je einen, Udvarhely für den Hauptstuhl drei und für den Filialstuhl Bardotz einen, der Stuhl Maros drei und Aranyos einen hat. Unter den Vicekönigsrichtern stehen die Unterrichter (Dullo) und die übrigen Beamten mit gleicher Benennung und Beschäftigung, wie im Lande des Ungarn. — Die Besetzung der Beamtenstellen findet bei den Szeklern aus dem Primoren und Primipilen auf gleiche Art, wie bei den Ungarn, jedoch mit dem Unterschiede statt, dass die Candidaten nicht vom Oberbeamten vorgeschlagen werden.

Die politische Verwaltung des Sachsenlandes unterscheidet sich wesentlich von jener im Lande der beiden andern Nationen. An der Spitze der sächsischen Nation steht nämlich eine gemeinschaftliche Oberbehörde, die Universität mit unmittelbarer Unterordnung unter den Fürsten, deren Vorsteher, der Graf (Comes nationis saxonicae), von der sächsischen Nation frei gewählt und von Fürsten bestättiget, zugleich einer der Räthe des Guberniums ist. Dem Comes stehen zur Berathung und Beschliessung (unter Vorbehalt der landesfürstlichen Genehmigung) der allgemeinen Nationalangelegenheiten 22 Deputirte der 11 Kreise (von jedem Kreise zwei) zur Seite (die Universität), welche zu diesem Zwecke gewählt werden und sich in der Regel einmal im Jahre auf mehrere Wochen in Hermannstadt versammeln, in ausserordentlichen Fällen aber vom Comes auch zum zweitemale einberufen werden können. Zur Besorgung der currenten Geschäfte hat er eine eigne Comitialkanzlei. Die Nationaleinkünfte besorgt die Nationalkasseverwaltung und die Prüfung der öffentlichen Rechnungen der Kreise und Gemeinden das Comitial-Revisorat, beide mit unmittelbarer Unterordnung unter den Comes.

Unter dieser allgemeinen Nationalbehörde ist die politische Verwaltung in den einzelnen Stühlen und Distrikten den Magistraten und Stuhlsämtern übertragen, deren Oberleitung im Allgemeinen und insbesondere in politischen Beziehung dem ersten Stuhls- oder Distriktsbeamten anvertraut ist, welcher in Hermannstadt, Mediasch, Schässburg, Grossschenk und Reps Bürgermeister, in Kronstadt und Bistritz Oberrichter, in Leschkirch, Mühlbach, Reussmarkt und Broos Königsrichter heisst. Zweiter Beamter und eigentlicher Leiter der gerichtlichen Angelegenheiten ist der Stuhls- oder Distriktsrichter, zwischen welchem und dem Oberbeamten in Grosschenk und Reps noch ein Königsrichter besteht. Die Polizeiverwaltung im Kreise und zugleich die ökonomischen Geschäfte des Vorortes besorgt der Stadthann, der eigentlich Gemeindebeamter, nur im Kronstädter und Bistritzer Distrikte zugleich ein Oberbeamter des Kreises ist. — In Hermannstadt, Schässburg, Kronstadt, Mediasch, Bistritz, Mühlbach und Broos steht den Oberbeamten noch ein Senat von einer verschiedenen Anzahl Magistratsräthen zur Seite, welche in gemeinschaftlichen Sitzungen über die allgemeinen Angelegenheiten des Kreises zu berathen und entscheiden haben, dann auch mit der Inspektion der zum Stuhle oder Distrikte gehörigen Ortschaften und der einzelnen untergeordneten

Verwaltungszweige (Zunftwesen, milde Stiftungen, Militäreinquartierung u. s. w.) beauftragt sind. Ein Obernotär und ein Vicenotär besorgen mit dem ihnen beigegebenen Kanzleipersonale die ämtlichen Ausfertigungen und die übrigen Kanzleigeschäfte. Die Vertheilung und Einhebung der Landesabgaben kommt den Steuereinnehmern, welche den Rang der Magistratsräthe und Sitz im Senate haben, mit den ihnen beigegebenen Rektifikationskommissären und Contributionsexactoren zu. Die Stuhls- und Gemeindekasse des Vorortes (Allodialkasse) ist einem eignen Kassier (Allodialperceptor) und Controllor übertragen und für die Grundbuchs- und Pupillarverwaltung, das Armen- und Kirchenwesen, die Marktpolizei, die Ueberwachung des öffentlichen Gesundheitsstandes, das Bau- und Forstwesen sind eigne Beamte angestellt. — Dabei kommt den Bürgern in den Städten und Märkten, dann den Grundeigenthümern der freien Gemeinden auch ein Antheil an der öffentlichen Verwaltung zu, welchen sie durch die Genanntschaften (äusserer Rath, Stadt- und Marktcommunität), Altschaften, Stuhls- und Distriktsversammlungen ausüben. So gebührt der Kommunität des Hauptortes in Gemeinschaft mit der Kreisversammlung das Wahlrecht zu den ambulanten Beamtenstellen (Bürgermeister, Königs-, Stadt-, Stuhls- und Distrikts-Richter, in Bistritz und Kronstadt auch Stadthann) des Kreises, zu welchem Zwecke jede freie Ortschaft des Stuhls oder Distrikts zwei, die Communität des Hauptortes aber soviele Deputirte, als die übrigen Ortschaften zusammen, abordnet. Den Stadthann in den meisten Kreisen (Bistritz und Kronstadt ausgenommen), den Stadthauptmann in Kronstadt und den Orator (Communitätsvormund) wählen sich die Communitäten der Vororte allein. Die Wahl, deren Resultat der a. h. Bestättigung vorgelegt wird erfolgt alle zwei Jahre durch Stimmenmehrheit aus drei vom Comes vorgeschlagenen Candidaten. Bei Erledigung einer Notärs- oder Fiskalsstelle bringt der Magistrat oder das Stuhlsamt die geeigneten Individuen dem Comes zur Bestättigung in Antrag. Die mindern Dienstesstellen besetzen die Magistrate und Stuhlsämter selbst. Ebenso wählen sich die übrigen freien Ortschaften ihr Amt und ihre Altschaft unter Aufsicht des Ortsinspektors und deren Wahl wird durch den Magistrat oder das Stuhlsamt bestättigt.

Auch die in dem Gebiete der Ungarn und Szekler liegenden **königlichen Freistädte und sonstigen Taxalortschaften** haben eine eigenthümliche, von den Comitats-, Stuhls- und Distriktsbehörden unabhängige Verwaltung, welche häuptsächlich in folgenden Rechten bestehet:

1) ihre eignen Obrigkeiten zu haben und aus ihrem Mittel selbst zu wählen,

2) der gerichtlichen Unabhängigkeit von dem Kreise, zu welchem sie nach der Landeseintheilung gehören,

3) der Strafgerichtsbarkeit mit den für die mindern Gerichtsstellen des Landes im Allgemeinen bestehenden Einschränkungen,

4) ihrer eignen innern Organisation, soweit sie den Landesgesetzen nicht zuwiderläuft,

5) auf die Verlassenschaft der erblos oder ohne letztwillige Verfügung mit Tod abgehenden Bürger,

6) als adelige Personen, collective genommen, betrachtet zu werden,

7) durch eigne Deputirte sich auf den Landtagen vertreten zu lassen.

Königliche Freistädte sind im Lande der Ungarn: Karlsburg, Klausenburg, Szamosujvár und Elisabethstadt; im Szeklerlande: Maros-Vásárhely und es gehören ausser denselben noch zu den Taxalortschaften im Lande der Ungarn die Oppida nobilium: Thorda, Déés und Nagy-Enyed, und die Marktfleken: Abrudbánya, Vizakna, Vajda-Hunyád, Hátzég, Ziláh, Szék und Kolos; — im Lande der Szekler die Marktflecken: Kézdi-Vásárhely, Sepsi-Szent-György, Udvarhely, Illyefalva, Beretzk, Csikszereda und Oláhfalu.

Die **Gerichtsverwaltung** Siebenbürgens umfasst die höchsten und allgemeinen Justizstellen und die Nationalgerichte der ständischen Nationen. Die höchste richterliche Gewalt ist in den Händen des Landesfürsten, der in letzter Instanz die nach dem gesetzlichen Rechtszuge vor seinen Thron gebrachten wichtigern bürgerlichen und peinlichen Rechtsfälle, insbesondere über die nicht in Folge des Standrechtes gefällten Todesurtheile entscheidet und sich auch das Begnadigungsrecht ausschliessend vorbehalten hat. Seine Entscheidungen erfolgen durch die k. siebenbürgische Hofkanzlei in Wien, als Centralstelle für alle Gegenstände der siebenbürgischen Landesverwaltung. — Im Lande ist die oberste Gerichtsbehörde und zugleich letzte Instanz in minder wichtigen Angelegenheiten für alle drei Nationen und die Taxalorte das Gubernium und seine Entscheidung muss immer der Apellation an den a. h. Hof vorausgehen. Zu den allgemeinen Gerichtsbehörden im Lande gehört ferner des zeitweise auf besondere landesfürstliche Anordnung zusammentretende Productional-Forum, welches aus dem Gubernium, der k. Gerichtstafel und den Kreis-Oberbeamten zusammengesetzt ist, aber nur über Streitigkeiten zwischen dem k. Fiskus und andern Corporationen oder Individuen in Bezug auf die eigentlichen Kammergüter zu verhandeln hat. — Die k. Gerichtstafel endlich fungirt theils als erste Instanz, hauptsächlich aber als Apellationshof in bedeutendern Rechtsangelegenheiten der Ungarn und Szekler, vor welchen auch die sächsischen Comunitäten (keineswegs aber einzelne sächsische Private) in einigen Criminalfällen zu erscheinen haben. Von der k. Tafel geht der Apellationszug an das Gubernium.

Als untere oder Nationalgerichtsstellen bestehen bei den **Ungarn**:

1. Das Herrschaftsgericht (Forum dominale), welches der Grundherr als gesetzmässiger Richter seiner Unterthanen durch den dazu

bestimmten herrschaftlichen Beamten abhalten lässt und vor dem die Beschwerden der Unterthanen gegen einander und Auswärtiger gegen die Unterthanen abgethan werden. Nur in dem sogenannten Tridualgerichte über Feld- und Waldprävarikanten, welche auf der That ertappt wurden, kann der Grundherr nicht selbst Gericht halten, sondern es müssen dazu fremde Richter berufen werden und wenn ein Unterthan über einen Edelmann Beschwerde oder gegen einen solchen Process zu führen hat, muss ihn sein Grundherr vor der betreffenden Behörde vertreten, da ihm diess selbst zu thun untersagt ist.

2. Die Filialversammlung (Sedria i. e. Sedes judicaria filialis) unter dem Vorsitze des Kreisoberrichters aus sieben geschwornen Beisitzern, einem Vicenotär und einer unbestimmten Anzahl von geeigneten Edelleuten *) gebildet und bestimmt, alle bürgerlichen und strafrechtlichen Angelegenheiten der Unterthanen, welche vor den Herrschaftsgerichten nicht geschlichtet werden konnten, zu entscheiden.

3. Die Partialversammlung (Sedria partialis) ebenfalls unter dem Vorsitze des Kreisoberrichters aus zwölf geschwornen Beisitzern, dem Notär und mehreren Edelleuten bestehend zur Beilegung der Rechtsstreite adeliger Personen, deren Hauptgegenstand den Werth von 100 fl. nicht übersteigt.

4. Die Comitats- oder Distriktsversammlung (Sedria generalis seu marchalis) unter dem Vorsitze des Oberbeamten aus zwölf von einer Versammlung zur andern gewählten geschwornen Beisitzern und dem Obernotär zusammengesetzt, für alle von den Herrschaftsgerichten, Filial- und Partialversammlungen weiter appellirten Rechtsstreite, für die Grenzstreite zwischen Gutsbesitzern oder Gemeinden des Kreises, die Strafverhandlungen bezüglich der adeligen Personen des Kreises, die sogenannten Klagrechtsstreite (processus quaerulosi) und alle Rechtsangelegenheiten, welche nicht ausdrücklich der Entscheidung einer höhern Behörde vorbehalten sind, oder bezüglich welcher die Wahl der Gerichtsstelle nach den Gesetzen dem Kläger frei steht. Von der Comitats- (Distrikts-) Versammlung geht sodann der weitere Rechtszug in allen Angelegenheiten, welche nach den Gesetzen noch zur weitern Appellation geeignet sind, an die k. Gerichtstafel, das k. Gubernium oder den a. h. Hof.

Die Gerichtsverfassung der Szekler stimmt bezüglich der Einrichtung und des Wirkungskreises der auch bei ihnen bestehenden Herrschaftsgerichte, Filial-, Partial- und General-Stuhlsversammlungen, dann bezüglich des Instanzenzuges mit der der Ungarn im Allgemeinen überein, nur stehen die Szekler in einigen Angelegenheiten (Widerspruch gegen Nationen, Vernachlässigung der Mandate, Giltigkeit der Privilegien) unmittelbar unter der k. Gerichtstafel als erste Instanz. —

---

*) Die Beiziehung von Edelleuten findet statt, um die Zahl von 7 Richtern mit Inbegriff des Vorsitzenden, ohne deren Anwesenheit keine rechtliche Entscheidung gefällt werden darf, zu ergänzen.

Eine von der der beiden andern Nationen ganz verschiedene, durch ihre eigenthümlichen Municipalgesetze begründete Gerichtsverfassung haben die Sachsen, bei welcher im Allgemeinen nur drei Instanzen bestehen:

1. Das aus dem Stuhlsrichter (in Kronstadt und Bistritz dem Distriktsrichter) mit den ihm beigegebenen Gerichtssekretären bestehende Stuhls- (Distrikts-) Gericht, als reine Gerichtsbehörde und erste Instanz für alle bürgerlichen und peinlichen Rechtsangelegenheiten (für Letztere jedoch nur in inquisitorischer Beziehung).

2. Der Magistrat oder das Stuhlsamt dessen Zusammensetzung bereits oben besprochen wurde.

3. Die Nationsuniversität, von welcher der Appellationszug unmittelbar an das Gubernium und den a. h. Hof geht, wobei jedoch überall die sächsischen Municipalgesetze zur Grundlage der Entscheidung dienen. — Von diesem gewöhnlichen Rechtszuge finden jedoch auch einige Abweichungen statt, indem mehrere freie sächsische Märkte eine eigne Gerichtsbarkeit haben, von welcher der Instanzenzug unmittelbar an den Magistrat oder das Stuhlsamt geht, — und einige den Comitaten einverleibte sächsische Ortschaften (wie Sächsisch-Regen), wo das sächsische Municipalrecht gilt, von den Ortsgerichten an sächsische Magistrate und von diesen an die Nationsuniversität appellirt wird; — indem ferner die sächsischen Theilämter in Erbschaftsangelegenheiten richterliche Entscheidungen in erster Instanz fällen und Cridalprozesse unmittelbar von dem Magistrate oder Stuhlsamte eingeleitet werden; — dann in Criminalprozessen das Stuhlsgericht die Untersuchung führt, der Magistrat (das Stuhlsamt) das Urtheil fällt und Appellationen dagegen nicht an die Universität, sondern gerade an das Gubernium gehn, welches auch alle auf zehn- oder mehrjährige Haft lautende Urtheile der Magistrate zu bestättigen hat, während Todesurtheile (ausser im standrechtlichen Verfahren) Sr. Majestät zur Bestättigung unterbreitet werden müssen, und endlich Grenzstreitigkeiten zwischen Gemeinden verschiedener Kreise unmittelbar vor die Universität gehören. Uebrigens übt die sächsische Nation in corpore und einzelne Publica in den ihnen verliehenen adeligen Besitzungen auch die grundherrlichen Rechte, mithin das Herrschaftsgericht, unter dem Vorsitze des Ortsinspectors aus und die dem sächsischen Boden einverleibten Nationalbesitzungen stehen in politisch-gerichtlichen Angelegenheiten sämmtlich unter dem Hermannstädter Magistrat.

Die Taxalortschaften und die freien Ortschaften in den ungrischen Kreisen haben eigene, nach ihren besondern Privilegien und ungrischen, szeklerischen oder sächsischen Justiznormen eingerichtete Gerichtsbarkeit, woher der Rechtszug bezüglich der Taxalorte unmittelbar an die obersten Landesgerichtsstellen, bezüglich der übrigen freien Ortschaften aber, wenn bei denselben das sächsische Municipalrecht gilt, an den nächsten sächsischen Magistrat, sonst an die **Comitats- (Distrikts-) Versammlung geht.**

Zu den in Siebenbürgen im Gebrauche stehenden **Gesetzbüchern** gehört:

1. Das auch in Ungarn giltige, von Stefan Verböcz auf Befehl Königs Wladislaw II verfasste Decretum tripartitum.

2. Die auf Veranlassung Georg Rakotzi's I veranstaltete, und unter seinem Sohne Georg R. II auf dem Landtage vom 15 März 1653 mit Gesetzeskraft betheilte Sammlung der Landtagsbeschlüsse vom Jahre 1540 angefangen unter dem Titel: Approbatae Constitutiones Regni Transsilvaniae et partium Ungariae eidem adnexarnm.

3. Die unter Michael Apafi I ausgearbeitete und unterm 4 März 1669 landtäglich bestättigte Sammlung der Gesetze von 1653 bis 1669 als: Compilatae Constitutiones Regni Transsilvaniae et partium Ungariae eidem adnexarum.

4. Die Zusammenstellung der Landtagsartikel von den Jahren 1743, 1747, 1751, 1752, 1754, 1755, 1759, 1790 und 1792 unter dem gemeinschaftliche Titel: Novellares articuli. (Die Landtagsartikel von 1669 bis 1743 sind nicht gesammelt worden.)

Diese Gesetze gelten, in soweit nicht die einzelnen Nationen eigenthümliche Vorschriften haben, als Richtschnur für sämmtliche Gerichtsbehörden. Für die einzelnen Nationen gelten:

5. Die Instruktion für die k. Gerichtstafel (Instructio pro tabula regia judiciaria Transsilvaniae) bestättigt am 6 August 1777 von der Kaiserinn Maria Theresia, welche das Verfahren für die ungrische und Szekler-Nation bei diesem ihrem Appellationsgerichtshofe vorschreibt.

6. Die Statuten oder das Eigen Landrecht der Sachsen, welches ihre 1583 in einen Codex zusammengefassten und in demselben Jahre vom Könige von Polen und Fürsten von Siebenbürgen, Stefan Báthori, feierlich bestättigten Municipalgesetze entfällt.

7. Die Gewohnheitsrechte der Szekler, welche in dem (jedoch keine Autorität besitzenden) Werke: A' nemes Székely nemzetnek constitutioji, privilegiumai és a' joszág leszállását tàrgyazó némely törvényes itéletei több hiteles levéltárakból egybe szedve. Pesten 1818. erscheinen.

Ausserdem wird von den sächsischen Gerichten bei Strafverhandlungen das österreichische Strafgesetzbuch von 1803 benützt und es werden in den k. Freistädten, Taxalorten und den andern freien Ortschaften durch langen Gebrauch eingeführte, oder durch besondere Privilegien bestättigte Lokalstatuten, in sofern sie den Landesgesetzen nicht zuwiederlaufen, beobachtet.

Die **Finanzverwaltung** Siebenbürgens gehört je nachdem sie die allgemeinen Landeseinkünfte (direkte Steuer, Contribution) oder die Kameraleinkünfte betrift, entweder in den Wirkungskreis des unter Aufsicht des Guberniums damit betrauten Oberlandescommissariats, welches zugleich als Militär-Marsch- und Verpflegsbehörde fungirt, oder des k. Thesaurariates, der Gefällen-Landesbehörde, in Hermannstadt. Die direkte Steuer, wie sie unter der Kaiserinn M. Theresia 1754 geregelt wurde, besteht in der Kopfsteuer (taxa capitis) und in der Besitzthumssteuer (taxa facultatum) mit verschiedenen Abstufungen nach der Person des Steuerträgers, dann den besondern Verhältnissen des Ortes, Grundbesitzes, Vermögens und Bodens. Das jährliche Gesammterträgniss der direkten Steuer beträgt nicht einmal 1 1/2 Millionen Gulden, wovon fast zwei Drittheile den Beitrag des Landes zum Militär-Etat ausmachen, der grösstentheils durch Naturallieferungen an das k. k. Militär entrichtet wird, während der Ueberschuss auf Salarien und andere allgemeine Landesbedürfnisse zu verwenden ist, zu denen jedoch auch das Kameralärar bedeutende Beiträge leistet. Die den einzelnen Kreisen und Taxalorten zugeschriebene Steuerquote wird in denselben durch die unter Aufsicht der politischen Verwaltungsbehörde jährlich von eigenen Beamten (Rectificationscommissären) vorgenommene Steuerberichtigung (Rectification) auf die einzelnen Steuerträger umgelegt und in den Dörfern von den Ortsrichtern, in den Städten und Märkten von den Steuereinsammlern eingehoben und an die Steuereinnehmer (Perceptoren) abgeführt, welch' Letztere die Abrechnung (den Comput) mit dem Militär über die in die Kontribution einzurechnenden Naturalienlieferungen zu besorgen und die eingezahlten Steuerbeträge an die Provinzialkassa in Hermannstadt abzuliefern haben. Die Grösse des Contributionsbetrages wird vom Landtage bestimmt. —

Zu den Kameral- oder Fiskal-Einkünften gehören:

1. Die Erträgnisse der Staatsgüter (Domänen).

2. Die Erzeugnisse des Bergbaues und zwar sowohl die Einkünfte aus den auf ärarische Rechnung betriebenen (besonders Salz und Gold), als der Zehnten von den Privatgewerken, welche auf Gold, Silber, Kupfer oder Quecksilber bauen.

3. Das Münzregal.

4. Der der Kammer zugefallene Theil des Zehntens im Sachsenlande und im Lande der Ungarn.

5. Das Zoll- oder Dreissigst-Gefälle unter einen eignen, dem Thesaurariat untergeordneten Inspectorate in Hermannstadt.

6. Die Martinssteuer, welche die sächsische Nation im jährlichen Betrage von 6000 fl. neben der Contribution zu entrichten hat, und die nicht in die Provinzial-, sondern Kameralkassa einfliesst.

7. Der Census cathedraticus der sächsischen Geistlichkeit.

8. Das Postgefälle.

9. Das Lottogefälle und:

10. Andere kleinere Abgaben und Zuflüsse als: von gefundenen Schätzen ein Drittheil, die Taxen für verliehene Privilegien u. s. w. —

Diese Kameral- oder Fiskal-Einkünfte verwaltet das der k. k. allgemeinen Hofkammer unterstellte Thesaurariat mit einem Vorstand (Thesaurarius), welcher zugleich Gubernialrath ist, und mehreren Räthen für die verschiedenen Geschäftsabtheilungen dann dem entsprechenden Unterpersonale.— Zu den Thesaurariatsräthen gehört auch der Fiscaldirektor, welcher die Rechte des Fiskus vor den Gerichtsbehörden zu vertheidigen und seinen ordentlichen Wohnsitz bei der Gerichtstafel in Maros-Vásárhely hat. Die Kassageschäfte besorgt eine eigne Kameralkassa, dann die Rechnungssachen und zum Theil auch die Kontrolle die beiden Buchhaltungen für das Kameral- und Bergwesen. Die Leitung und Verwaltung des Postgefälles (Oberpostverwaltung), des Lotto (Lottoverwaltung), des Forstwesens (Oberwaldamt), des Salzwesens (Salinendirectorat) und des Zollgefälles (Dreissigstinspectorat) besorgen eigne vom Thesaurariate abhängige Landesbehörden mit ihren unterstehenden Aemtern. Die Verwaltung der Zehentgeschäfte ist in sieben Kreise eingetheilt, denen je ein Oberzehntner und ein (im Mediascher und Schässburger Kreise zwei) Vicezehntner vorstehen. Die Domänen Déva, Zalathna und Vajda-Hunyád, die beiden Letztern mit starkem Bergbaubetriebe, haben eigene Herrschaftsverwaltungen und in Karlsburg ist eine Münze mit einem Münzmeister an der Spitze.

Die **Militärverwaltung** ist im Ganzen, wie in den übrigen Provinzen der Monarchie, auch in Siebenbürgen organisirt, nur muss in Fällen, wo das Land mitzuwirken oder Lasten zu tragen hat, dann Einleitungen zum Schutze des Landes zu treffen sind, der kommandirende General im Einvernehmen mit dem Gubernium handeln. Dagegen aber ist die Stelle des kommandirenden Generals die einzige hohe Landeswürde, zu deren Erlangung das siebenbürgische Indigenat nicht nöthig ist und auf deren Besetzung die Landesstände keinen Einfluss haben. Auch zur Bekleidung der Stellen vom Beamten der Militäradministration und der Officierschargen in den siebenbürgischen Feld- und Grenzregimentern sind nicht nur die Eingebornen allein befähigt, doch wird auf dieselben vorzugsweise Bedacht genommen.

Unter der Oberleitung des Generalkommando stehen als besondere Militärbehörden im Lande:

1. Das Festungskommando in Karsburg, die Schlosskommanden in Klausenburg, Kronstadt, Maros-Vásárhely, Fogarasch und Déva, dann die Platzcommanden in den Garnisonsorten.

2. Die Militärgrenzkommanden, welche in den Grenzregimentsbezirken mit dem Regimentskommando vereint und ausserdem noch im Rothenthurm und zu Kronstadt bestehen, haben die Aufsicht über die Bewachung des Grenzkordons und über den militärischen und politisch-polizeilichen Dienst in den Contumazen zu besorgen.

3. Die Contumazämter zu Vulkan, Rothenthurm, Törzburg, Tömösch, Bodza, Oitoz, Csikgyimes und Tölyes mit mehreren untergeordneten Rastellposten.

4. Die Fortifikations- und Geniedirektion.

5. Die Montursökonomiekommission.

6. Das Fuhrwesensdepot.

7. Das Beschäl und Remontirungsdepartemant.

8. Die feldärztliche Direction und

9. das Feldsuperiorat.

Ausserdem kommt dem Generalkommando auch noch die oberste Leitung des ganzen Militärgrenzbezirks in militärischer, ökonomischer, politischer und gerichtlicher Beziehung [*]) nach den Verwaltungsgrundsätzen zu, welche in den a. h. sanktionirten Grenzregulamenten vom 24 März 1764 (für die Szekler) und vom 12 November 1766 (für die Walachen) enthalten sind. In dem Bezirke jedes der fünf oben (Seite 14) angeführten siebenbürgischen Grenzregimenter[**]) ist der Oberste und Regimentskommandant zugleich Chef der gesammten Verwaltung und nur bei dem Szeklerhusaren-Regimente besteht die Ausnahme, dass in Ortschaften, wo auch Grenzer der Infanterieregimenter wohnen, die Polizeiverwaltung dem Infanteriekommandanten zusteht. Jedes Infanterieregiment ist in zwölf Compagnien — das Husarenregiment in acht Eskadronsbezirke eingetheilt, in welchen der Hauptmann und beziehungsweise der Premier-Rittmeister die specielle Verwaltung leitet. In Geistlichen Angelegenheiten unterstehen die Grenzer dem Clerus der Provinzialisten ihrer Confession. Für die Leitung des Sanitätswesens ist in jedem Regimentsbezirke ein Regimentsarzt mit d n nöthigen Wundärzten, Thierärzten und Hebammen angestellt. Die ökonomischen und Rechnungsgeschäfte leitet der Regiments-Rechnungsführer. Die Rechtspflege übt der Regiments-Auditor, welchem in den Szekler-Regimentern und im ersten Walachen-Regimente eigne Grenzadvokaten (Grenzprokuratoren) zur Vertretung der Realrechtsangelegenheiten der Grenzer vor den Provinzialgerichten beigegeben sind. Der Oberlehrer leitet die Schulangelegenheiten, das Lehrerpersonale und den Unterricht in den gesammten Militärschulen des Regimentsbezirkes. Ein eigner Offizier besorgt die Bauangelegenheiten und überwacht das dazu bestimmte Handwerkerpersonale.

---

[*]) In gerichtlicher Beziehung mit der Beschränkung, dass die Realangelegenheiten der Szekler und der Grenzer in den gemischten Ortschaften des ersten Walachen-Regiments den Provinzialbehörden nach einem eignen a. h. Regulament vom Jahre 1825 zustehen.

[**]) Bei der Organisirung der siebenbürgischen Militärgrenze wurde auch ein walachisches Dragonerregiment errichtet, aber schor 1770 wieder aufgelöst und zum Theil den beiden walachischen Grenz-Infanterie-Regimentern, zum Theil dem Szeklerhusarenregimente einverleibt.

Die Grenzer selbst stehen in rein militärischen Angelegenheiten unter den allgemeinen Dienstes- und Disciplinarvorschriften der österreichischen Armee. Sie schaffen sich ihre Montur und die Husaren auch die Dienstpferde selbst an, erhalten die Bewaffnung vom Aerar, für die Kordonsbewachung, ihre Hauptbeschäftigung in Friedenszeiten, die tägliche Löhnung und für die Dienstleistungen im Felde oder auch im Frieden ausserhalb des Regimentsbezirkes die volle Verpflegung der Linientruppen, während sie Friedens-Dienste im Innern des Regimentsbezirks unentgeltlich leisten müssen. — In bürgerlicher Beziehung haben sie über ihr bewegliches Besitzthum das volle Eigenthumsrecht, welches rücksichtlich des Grundbesitzes dadurch zu einem blossen Nutzniessungsrecht eingeschränkt wird, dass die Militärpflicht daran haftet und derselbe ihre Erfüllung bedingt. Der Grenzer ist persönlich militärdienstpflichtig und kann nur mit Erlaubniss der vorgesetzten Behörde in einen andern Stand übertreten, dafür ist er aber von allen Staatsabgaben befreit und leistet nur einen Beitrag zu den allgemeinen Landesarbeiten.

Am ausgebreitetsten ist der Bezirk des ersten Walachen-Regiments, welcher sich an der Südgrenze des Landes vom Hunyáder Comitate bis zum Kronstädter Distrikte erstrekt, an diesen schliesst sich der Bezirk des zweiten Szekler-Regiments im Háromszéker Stuhl und dem zu Udvarhely gehörigen Filialstuhle Bardotz im Südosten des Landes an; nördlich desselben an der Ostgrenze zieht sich der Bezirk des ersten Szekler-Regiments durch den Csikerstuhl und den zu demselben gehörigen Filialstuhl Gyergyó hin, nördlich vom Bezirke des ersten Szekler-Regiments an der Ostgrenze des Dobokaer und Koloscher Comitats, und in dem zum Bistritzer Distrikte gehörigen Rodnaer Bezirke befindet sich das zweite Walachen-Regiment.

Im Bezirke des ersten Walachen-Regiments bewohnen die Grenzer einen rein militärischen Marktflecken, 16 rein militärische und 65 mit Provinzialisten gemischte Dörfer; in jenem des zweiten Walachen-Regiments 44 rein-militärische Dörfer; in dem des ersten Szekler-Regiments einen rein militärischen Marktflecken und 50 mit Provinzialisten gemischte Dörfer; in dem des zweiten Szekler-Regiments einen rein militärischen Marktflecken und gemeinschaftlich mit Provinzialisten zwei Märkte und 99 Dörfer. Das Szeklerhusarenregiment liegt zerstreut in zwei Marktflecken und 152 Dörfern der beiden Szeklerregimenter und des ersten Walachen-Regiments und zählt ausserdem im Hunyáder, Unteralbenser und Thordaer Comitate, dann im Aranyoscher Stuhle einen Marktflecken, welcher blos von Grenzern bewohnt wird, dann 5 Märkte und 20 Dörfer, in welchen diese mit Provinzialisten gemischt sind.

Ausser diesen Grenzsoldaten hatte Siebenbürgen auch zu den Feldtruppen der k. k. österreichischen Armee sein Contingent durch Ergänzung der Infanterie-Regimenter № 31, 51 und 62, dann des Husarenregiments № 2 zu stellen, welche ganz wie die übrigen

Linien-Regimenter der Armee organisirt und wie die ungrischen Regimenter ausgerüstet waren. Die Ergänzung derselben erfolgte in der Regel durch freie Werbung, im Nothfalle und in Kriegszeiten durch eine wenig geregelte und oft sehr willkührliche Rekrutenstellung von Seiten des Landes.

In frühern Zeiten gehörte auch zur Hauptvertheidigungskraft Siebenbürgens die sogenannte Insurrektion, welche theils eine Generalinsurrektion, theils eine Partialinsurrektion war. Die Erstere war ein Hauptaufgebot aller waffenfähigen Männer des Landes, bei welcher nur die ganz unentbehrlichen zu Hause bleiben durften,— die Partial-Insurrektion dagegen nur der Aufruf eines Theiles der Waffenfähigen und Wehrpflichtigen zum Kriegsdienste. Die Insurrektionspflichtigen mussten sich vollständig ausrüsten und zweimonatliche Verpflegung auf den Sammelplatz mitbringen, erhielten dagegen bei längerer Dienstzeit ihren Unterhalt theils vom Aerar, theils aus der zu diesem Zwecke eigends ausgeschriebenen Landescontribution. Die Einführung der stehenden Heere hat jedoch die Nothwendigkeit dieser Militärmacht beseitigt und die Siebenbürger genügen ihrer Kriegspflicht durch Stellung der nöthigen Rekruten zu den Feldtruppen und durch Subsidien für den Unterhalt der Armee.

Die frühere **geistliche Verwaltung** des Landes nach den einzelnen Confessionen speciell hier anzugeben wäre überflüssig, weil sich darin mit Ausnahme des durch die neuern Urbarialverhältnisse aufgehobenen Zehntens wenig geändert hat, dagegen verdienen die von dem gegenwärtigen Unterrichtssysteme wesentlich verschiedenen frühern, nun grösstentheils abgeänderten **Schuleinrichtungen** Siebenbürgens hier eine nähere Würdigung. Für den Volksunterricht im Lande hatte schon die grosse Kaiserinn Maria Theresia durch Einführung der sogenannten Normalschulen gesorgt, deren Leitung im Provinzialgebiethe ein eigner Oberinspektor, in der Militärgrenze das Generalkommando führte. Hauptschulen bestehen im Provinzialgebiethe in Hermannstadt zwei (eine davon im Theresianischen Waisenhause), zu Klausenburg, Kronstadt, Karlsburg, Blasendorf, Szilágy-Somlyó, Udvarhely, Csik-Somlyó und Maros-Vásárhely je eine nebst 14 Trivialschulen; in den Bergwerksdistrikten zwei Hauptschulen zu Zalathna und Nagyág nebst 14 Trivialschulen; in der Militärgrenze vier Oberschulen in Csikszereda, Kézdi-Vásárhely, Orlat und Naszod nebst 19 Trivial- und deutschen Gemeindeschulen. Ausser in Hermannstadt, wo den Mädchenunterricht die Ursuliner-Nonnen besorgen, ist bei den Hauptschulen im Provinziale, welche nicht von Klostergeistlichen besorgt werden, ein eigner Lehrer für den Mädchen-Unterricht aufgestellt. In der Militärgrenze bestehen zu Csikszereda, Kézdi-Vásárhely und Naszod abgesonderte Mädchenschulen mit eigends besoldeten Mädchenlehrerinnen. In den Trivialschulen erhalten die Kinder beiderlei Geschlechts gemeinschaftlichen Unterricht. Die Lehramtscandidaten werden an den Hauptschulen theoretisch uud praktisch unterrichtet und die vorzüglichsten derselben aus der Militärgrenze werden auf Staatskosten nach Wien, Lemberg oder Laibach zur Anhörung eines pädagogischen Lehrkurses gesandt. Diese Normalschulen, welche bis auf einige Gemeindeschulen aus dem Staatsfonde unterhalten werden, sind zwar zunächst nur für Kinder der katholischen Religion bestimmt, doch haben auch die Kinder anderer Religionsgenossen zu denselben freien Zutritt.

Am besten geregelt und am weitesten verbreitet war der **Volksunterricht** in Siebenbürgen von jeher unter den Glaubensgenossen der augsburgischen Confession, namentlich den Sachsen. Jeder Ort hat seine Volksschule, bei welcher nach der Zahl der Schulkinder einer oder mehrere Schullehrer angestellt sind und den Unterricht unter der Oberaufsicht des Ortspfarrers besorgen. In den Städten und Hauptorten sind an den höhern Lehranstalten die untern Klassen zur Erwerbung der Elementarkenntnisse für Knaben eingerichtet und an mehreren dieser Lehranstalten erhalten auch die künftigen Schullehrer ihre theoretische und praktische Ausbildung, während für die Kinder weiblichen Geschlechts abgesonderte Mädchenschulen bestehen.

In der Regel ist auch bei den übrigen Religionsgenossen mit jeder Pfarre eine Volksschule verbunden, aber dieselbe leidet meistens an wesentlichen Mängeln, welche theils durch die Unfähigkeit der Lehrer, theils durch Mangel an Mitteln, theils durch Unzweckmässigkeit der Lehrmethode herbeigeführt werden.

Für die besondere **Ausbildung** der jungen **Grenzer** und der Kinder männlichen Geschlechts der Feldtruppen sorgen die Grenzererziehungshäuser zu Kézdivásárhely, Naszod und Orlat und die Knabenerziehungshäuser der beiden Linieninfanterieregimenter № 31 zu Hermannstadt und № 51 zu Szamos-Ujvár.

Eigene **Bürgerschulen** bestehen an den Gymnasien zu Hermannstadt und Kronstadt und ausserdem sorgen in diesen beiden Städten Sontagsschulen für die Ausbildung der jungen Handwerker.

Im **Forstwesen** wird bei dem k. Oberwaldamte in Hermannstadt theoretischer und praktischer Unterricht ertheilt, dessen Hauptzweck es ist, angehende Forstbeamte für den Kameraldienst vorzubereiten und in der trefflich eingerichteten **Bergschule** zu Nagyág (Szekeremb) erhalten junge Bergleute den niedern, aber sehr praktischen technischen Unterricht.

Von den **Gelehrtenschulen** sind hier zunächst die Vorbereitungsschulen (Gymnasien) zu erwähnen. Die **römisch-katholischen** Glaubensgenossen haben zehn niedere Gymnasien mit drei Grammatikal und zwei Humanitätsklassen zu Hermannstadt, Karlsburg, Bistritz, Csik-Somlyó, Kánta bei Kézdi-Vásárhely, Maros-Vásárhely, Szilágy-Somlyó, Udvarhely und Zalathna, dann eine Anstalt mit drei Grammatikalklassen der P. P. Franziskaner zu Szárhegy. — Die griechisch-unirten Glaubensgenossen haben ein gut eingerichtetes Gymnasium zu Blasendorf mit drei Grammatikal- und zwei Humanitätsklassen. — Die Reformirten besitzen niedere Vorbereitungsschulen, in welchen in der lateinischen Sprache und den Anfangsgründen der mathematischen und historischen Wissenschaften Unterricht ertheilt wird, zu Broos, Ziláh, Thorda, Salzburg und Kézdi-Vásárhely; dann bestehen auch an ihren Collegien (von diesen später) Vorbereitungsschulen, in welchen der Unterricht der Zöglinge den fähigsten unter den ältern Studirenden übertragen ist, die sich dadurch zugleich für das Lehrfach praktisch ausbilden. — Bei den Glaubensgenossen der augsburgischen Confession ist ebenfalls für den wissenschaftlichen Unterricht gut gesorgt. In den Vororten der kleinern Stühle und mehreren Marktflecken bestehen Vorbereitungsschulen, in welchen die Knaben den nöthigen Unterricht in den Grammatikalklassen erhalten und sich zum Beziehen eines der fünf Gymnasien von Hermannstadt, Mediasch, Schässburg, Kronstadt oder Bistritz vorbereiten. Die Einrichtung dieser Gymnasien ist von der in jenen der übrigen Glaubensgenossen sehr verschieden, indem sie meist vier Grammatikalklassen, vier Humanitätsklassen und zwei philosophische Jahrgänge haben, daher eigentlich den Namen von Lyceen verdienen. Sie stehen, wie die mindern Schulanstalten der sächsischen Nation, unter der Aufsicht des Ortspfarrers (Stadtpfarrers) mit der unmittelbaren Leitung eines Rektors, dem in der Regel auch ein Conrektor beigegeben ist. Diesen stehen die Lehrer unter der Benennung von Lektoren, Collaboratoren, Adjunkten zur Seite, welche aus den von den Universitäten nach vollendeter Ausbildung zurückkehrenden Candidaten der Theologie bestehen, die ihre Dienstlaufbahn als Professoren an den Gymnasien beginnen müssen um stufenweise zum Prediger- und Pfarramte vorzurücken. Mit den Gymnasien sind auch Elementarklassen zur Vorbereitung der Knaben für den Besuch des Gymnasiums, dann Schullehrer-Seminarien verbunden, in welch' Letztern die ärmern Studirenden Wohnung am Gymnasium und zum Theile auch die Kost aus milden Stiftungen gegen die Verpflichtung erhalten, ein eignes Amtskleid zu tragen und bei Leichenbegängnissen, Kirchenfeierlichkeiten u. s. w. um eine kleine Vergütung Dienste zu leisten (zu singen und zu musiciren). — Die unitarischen Religionsgenossen haben niedere Gymnasien, an welchen blos Unterricht in den Grammatikalklassen ertheilt wird, zu Klausenburg, Thorda, Torotzko und Szitás-Keresztur. Die Oberaufsicht über dieselben führen die aus den angesehenern Beamten und Edelleuten dieser Confession gewählten Inspektoren-Curatoren. Die Leitung des Unterrichts besorgt der Rektor mit den ihm zur Seite stehenden Hilfslehrern. — Die griechisch nicht unirten Glaubensgenossen haben zur gelehrten Ausbildung ihrer Jünglinge kein ihrer Confession angehöriges Lehrinstitut in Siebenbürgen und es sind daher diejenigen ihrer jungen Leute, welche nach einer höhern Ausbildung streben, genöthigt, diese an den Schulanstalten anderer Religionsgenossen zu suchen.

Nach Vollendung der Studien an diesen Vorbereitungsschulen besuchen die siebenbürgischen Jünglinge welche sich dem öffentlichen Dienste widmen wollen, die Rechtsakademie der sächsischen Nation in Hermannstadt, das katholische Lyceum in Klausenburg, die reformirten Collegien zu Nagy-Enyed, Klausenburg, Maros-Vásárhely und Udvarhely, dann das unitarische Collegium zu Klausenburg, und es gehen darauf die Studirenden des juridischen Lehrcurses noch zur praktischen Ausbildung in der Rechtswissenschaft und dem Prozessgange an die k. Gerichtstafel in Maros-Vásárhely.

An der Rechtsakademie in Hermannstandt, welche im Jahre 1844 errichtet wurde und aus den Einkünften der sächsischen Nation dotirt ist, werden von vier Professoren, von denen einer abwechselnd die Direction der Anstalt zu führen hat, in zwei Jahreskursen vorgetragen: die obligaten Lehrfächer: der allgemeinen Encyclopädie und Litteraturgeschichte der Rechts- und politischen Wissenschaften, der siebenbürgischen Rechtsgeschichte, Diplomatik, Encyclopädie der politischen Wissenschaften, Politik, Polizeiwissenschaft, Statistik, des Natur-, Staats- und Völkerrechts, des römischen Rechts, der Finanz- und Comptabilitätswissenschaft, des siebenbürgischen Staats-, Kirchen- und Strafrechts, österreichischen und siebenbürgischen Bergrechts, siebenbürgischen Privatrechts, ungrischen Civil-Prozesses, des Privatrechts und Civil-Prozesses der Siebenbürger Sachsen, der praktischen Sprach- und Vortragsübungen in ungrischer Sprache, des ungrischen Geschäfts- und Rechtsstyls und der ungrischen Gerichtspraxis, — ferner als unobligat: Österreichisches Privat-, Straf- und Wechselrecht, dann österreichischer Civilprozess.

Das Lyceum in Klausenburg besteht aus zwei Fakultäten, der philosophischen und juridischen, und einem medicinisch-chirurgischen Institute. Die philosophische Fakultät hat sechs Professoren und ist in zwei Jahreskurse eingetheilt, in welchen theoretische und praktische Philosophie, Mathematik, Physik, Naturgeschichte, Geschichte, Technologie, Rural-Oekonomie und Comptabilitätswissenschaft vorgetragen werden. An der juridischen Fakultät ertheilen ebenfalls in zweijährigem Studienkurse fünf Professoren, davon zwei (die für Naturgeschichte und Technologie, dann Rural-Oekonomie und Comptabilitätswissenschaft) der philosophischen Fakultät, im Natur-, Staats-, Völker-, Kriminal- und römischen Rechte, in der vaterländischen Gesetz- und Rechtskunde, in den politischen Wissenschaften und dem Geschäftsstyle Unterricht. Das medicinisch-chirurgische Institut zählt für die Lehrstühle der Chirurgie, allgemeinen Pathologie und Klinik, dann der speciellen Therapie, Pathologie und Klinik, endlich der Thierarzneikunde und medicinischen Polizei sieben Professoren und einen Adjuncten, darf jedoch keine höhern akademischen Würden ertheilen, weswegen die Studirenden, welche diese zu erlangen wünschen, ihre Studien an der Universität in Wien oder auf einer andern Universität der Monarchie vollenden müssen. Mit diesem Institute ist auch eine Unterrichtsanstalt für Hebammen vereinigt. — Das Lyceum steht unter der Aufsicht des katholischen Landesbischofs als Oberdirektors und unter der Leitung eines abwechselnd aus den Professoren gewählten Prodirektors; der Religionslehrer ist zugleich Prediger der Studirenden katholischer Religion und mit dem Lyceum steht das Seminariar des h. Josef und ein adeliges Convict in Verbindung, deren Zöglinge theils Stiftungen geniessen, theils von ihren Familien daselbst auf eigne Kosten untergebracht sind.

Unter den vier reformirten Collegien ist das vorzüglichste sowohl durch den Umfang und die Art des Unterrichts dann die Zahl der Studirenden, als durch die Reichhaltigkeit seiner Dotation und seine mannigfaltigen wissenschaftlichen Apparate (Bibliothek, Münz- und Naturaliensammlung u. s. w.) das Bethlenische Collegium zu Nagy-Enyed. Die Oberaufsicht über dasselbe führt einer der angesehensten Adeligen der helvetischen Confession als Oberinspektor-Curator, dem zwei andere verdiente Männer gleichen Standes als Inspektoren-Curatoren zur Seite stehen. Sieben Professoren ertheilen Unterricht in der Philosophie, Mathematik, Physik, Chemie, Naturgeschichte und Thierarzneikunde, in der Statistik, in der allgemeinen und vaterländischen Geschichte, in der lateinischen Philologie und Rhetorik, der deutschen Sprache, dem römischen und vaterländischen Rechte, der Diplomatik den politischen Wissenschaften, der Theologie und Kirchengeschichte. Das Collegium ist in einem weitläufigen und soliden Gebäude untergebracht, in welchem auch die mannigfaltigen und sehenswürdigen litterärischen und Kunstsammlungen zum Gebrauche der Lehrer und Schüler aufgestellt sind. Eine bedeutende Anzahl ärmerer Studirenden erhält ausser dem Unterrichte auch ihren Unterhalt aus den Fonds des Collegiums. — Die übrigen drei reformirten Collegien, welche von geringerem Umfange als das Vorige sowohl bezüglich der Lehrgegenstände und Lehrmittel, als der Anzahl der Studirenden sind, stehen ebenfalls unter einem Oberinspektor-Curator und zwei Inspektoren-Curatoren aus dem reformirten Adel, und es zählt das zu Klausenburg und Maros-Vásárhey fünf, jenes zu Udvarhely drei Professoren. Diese ertheilen an den beiden erstern Lehranstalten in den philosophischen, theologischen und juridischen Wissenschaften,— an der Letztern nur in der Philosophie und Theologie, jedoch nicht in solcher Ausdehnung, wie am Collegium zu Nagy-Enyed, Unterricht.

Das unitarische Collegium zu Klausenburg umfasst ausser den Elementar- und Grammatikalklassen, in welchen die ältern Studirenden Unterricht ertheilen, noch die philosophischen und theologischen Studien, über welche der Rektor selbst nebst drei andern Professoren Vorlesungen halten.

Zu erwähnen sind hier noch die drei theologischen Lehranstalten der Römisch-katholischen zu Karlsburg, der Griechisch-unirten zu Blasendorf und der Griechisch-nichtunirten zu Hermannstadt. — An der Erstern ertheilen unter der Leitung des Grossprobsten als Prodirektor sechs Professoren Unterricht in der Philosophie, Mathematik, Physik, Geschichte, Moral- und Pastoraltheologie, Dogmatik, Polemik, Hermeneutik, Exegese und Kirchengeschichte und die dort studirenden jungen Kleriker sind in zwei abgesonderten Seminarien für den Sekular- und Regularklerus untergebracht. — Das bischöfliche Lyceum in Blasendorf, ebenfalls mit einem Seminar für junge Geistliche verbunden, steht unter dem Prodirektorate des Dompropstes und hat zwei Fakultäten, die philosophische und theologische. An der Erstern lesen fünf Professoren über theoretische und praktische Philosophie, Mathematik, Physik, Geographie, Geschichte und Religionslehre; an der theologischen Fakultät tragen vier Professoren die Moral- und Pastoraltheologie, Dogmatik, Kirchengeschichte, das Bibelstudium, die hebräische und griechische Sprache vor. — Die bischöfliche theologische Lehranstalt in Hermannstadt ist eben in der Organisirung begriffen.

Die Theologen der übrigen Confessionsverwandten erwerben sich ihre höhere Fachbildung meist ausser dem Lande. Von den Reformirten beziehen diejenigen Candidaten der Theologie, welche sich nicht mit dem auf einem Collegium Siebenbürgens erworbenen Kenntnissen begnügen und unmittelbar nach geendigtem Lehrkurse im Stande der niedern Geistlichkeit ihr Fortkommen suchen, die protestantisch-theologische Lehranstalt in Wien oder ausländische Universitäten, um sich für das Lehrfach und das Pfarramt weiter ausbilden. — Die Theologen der evangelisch-lutherischen Confession beziehen nach vollendeten philosophischen Studien fast durchgehends Universitäten Deutschlands (Berlin, Leipzig, Halle u. s. w.) und nur wenige die theologische Lehranstalt in Wien. Zur Erlangung der mindern geistlichen Bedienstungen auf dem Lande genügt jedoch bei diesen Religionsgenossen die Absolvirung der bei ihrem fünf höhern Gymnasien bestehenden Schullehrer-Seminarien. — Bei den Unitariern erhalten an ihrem Collegium zu Klausenburg auch die meisten Theologen die Ausbildung und nur wenige derselben besuchen zur Vervollkommnung in den Berufswissenschaften ausländische Universitäten.

Soviel über den frühern Stand des Unterichtswesens in Siebenbürgen; über die frühere Stufe der Kunstbildung in diesem Lande, über seine ehemaligen Kunst- und wissenschaftlichen Institute und Sammlungen werden wir am besten bei der Darstellung der gegenwärtigen Verhältnisse Siebenbürgens in dieser Beziehung zu sprechen Gelegenheit haben.

Diess ist in Kürze das Bild unsers Landes *) mit Ende des Jahres 1847 und als im März 1848 die Revolution in Wien ausbrach, fanden die gährenden Elemente in Ungarn und der schon längst der deutschen Oberhoheit abholde Theil seiner Bevölkerung die gewünschte

---

*) Wenn wir dabei die Schilderung einzelner Einrichtungen und Anstalten, welche in der Folge theils eingingen, theils wesentliche Veränderungen erlitten, weiter ausführten, als es in dieser historischen Uebersicht nöthig gewesen wäre, so geschah dieses hauptsächlich aus dem Grunde, um uns später auf dieselbe beziehen zu können und dadurch Wiederholungen zu vermeiden.

Gelegenheit, das Band, welches Ungarn an Österreich fesselte zu lockern, um es ein Jahr später ganz zu lösen. Der in demselben Jahre (1848) in Klausenburg zusammengetretene siebenbürgische Landtag, auf welchem schon längst der magyarische Einfluss überwog, proklamirte die völlige Vereinigung Siebenbürgens mit Ungarn, das Widersterben der Gutgesinnten konnte den Gang der Ereignisse nicht hindern und so wurde das Land in den unseeligen Bürgerkrieg verwickelt, aus welchem es aber schon im August 1849 die siegreichen Waffen des rechtmässigen Herrschers, unsers nach der Thronentsagung seines Oheims und der Resignation seines Vaters am 2 December 1848 in der Regierung gefolgten glorreichen Kaisers Franz Josef I und dessen mächtigen Verbündeten, des Kaisers von Russland, befreiten. Siebenbürgen erhielt sofort eine von seiner frühern ganz abweichende provisorische Verfassung und Verwaltung *), an deren Stelle nun diejenige getreten ist, welche wir im zweiten Theile dieses Buches ausführlich darstellen werden.

*) Das Land wurde in die 6 Militärdistrikte von Hermannstadt, Karlsburg, Klausenburg, Retteg (später zu Bistritz), Udvarhely zu Maros-Vásárhely und Fogarasch (später mit dem von Hermannstadt vereinigt) eingetheilt, von denen jeder in mehrere Bezirke und diese wieder in Unterbezirke zerfielen. An der Spitze jedes Militärdistriktes stand ein General oder höherer Stabsoffizier als Distrikts-Commandant mit einem ihm beigegebenen Civilcommissair, Adjunkten und Arzt, dann einer entsprechenden Anzahl von Concipisten, Manipulationsbeamten und zugetheilten Offizieren. Die Bezirke standen ganz unter Civiladministration und wurden von einem Bezirkscommissair mit dem ihm zugewiesenen Adjunkten, einem oder mehreren Concipisten und dem nöthigen Personale für den Manipulationsdienst verwaltet. Die Unterbezirke leitete ein Unterbezirkscommissär mit einem bis zwei Adjunkten. Zur Vollstreckung des Dienstes und zur Versehung der mindern Dienerposten bei diesen politischen Behörden wurde das Corps der Distriktsdragoner errichtet, welches theils aus berittener, theils aus unberittener Mannschaft bestand, die den Aemtern nach Bedarf zugewiesen war. — Die Justizpflege wurde später ebenfalls wieder aufgenommen und zuerst nur die Strafgerichtsbarkeit, erst nach längerer Zeit auch die bürgerliche Rechtspflege ausgeübt. — Zur Einhebung der Staatsabgaben wurden eigene landesfürstliche Steuerämter am Sitze jedes Bezirkscommissariats und mit der Einführung der indirekten Steuern auch höhere Finanzverwaltungsbehörden errichtet.

Erster Theil.

Physikalische Landeskunde.

---

§. 3. Geographische Lage.

Nach den neuesten Bestimmungen liegt Siebenbürgen zwischen $40°2'$ bis $44°16'$ der östlichen Länge von der Insel Ferro, und zwischen $45°16'$ bis $47°42'$ der nördlichen Breite.

§. 4. Grenzen.

Gegen Norden und zum Theil auch gegen Westen grenzt Siebenbürgen an das Königreich Ungarn, im Südwesten an das Temescher Banat und die romanisch-banater Militärgrenze, gegen Süden an die Walachei, gegen Osten an die Moldau und endlich im Nordosten noch an das Herzogthum Bukowina.

Diese Grenzen kann man grösstentheils als **natürliche** bezeichnen, indem sie fast ihrer ganzen Länge nach von den das Land umgebenden Gebirgszügen gebildet werden. Sie haben eine Länge von ungefähr 190 Meilen, von welcher 8 Meilen gegen die Bukowina, 34 Meilen gegen die Moldau, 60 Meilen gegen die Walachei, 14 Meilen gegen das Banat und die Militärgrenze, dann 74 Meilen gegen Ungarn fallen.

§. 5. Gestalt des Landes.

Die Gestalt Siebenbürgens bildet ein Trapezium, dessen längste, in der Mitte etwas nach innen ausgebuchtete Seite gegen Süden fällt; ihr gegenüber liegt im Norden die weit kürzere Parallelseite, an welche sich die Westseite rechtwinkelig und die Ostseite schiefwinkelig anlegen.

§. 6. Grösse Siebenbürgens.

Während in frühern Zeiten die Angaben über den Flächeninhalt Siebenbürgens sehr verschieden waren und zwischen 734[*]) und 1114 Geviertmeilen schwankten, hat man jetzt ziemlich allgemein die Be-

---

[*]) Wobei die Längenmeile zu 4800, statt 4000 Klaftern gerechnet wurde, also eigentlich 880.8 ☐ M.

stimmung von Lenk *) angenommen, welche auch von der Direktion der administrativen Statistik im k. k. Handelsministerium allen ämtlichen Berechnungen zu Grunde gelegt wird und so lange als die verhältnissmässig richtigste gelten muss, bis uns die vollendete trigonometrische Vermessung des Landes eine Genauere liefern wird.

Nach dieser Bestimmung beträgt der Flächeninhalt unsers Landes 1054·79 österreichische oder 1102·78 geographische Quadratmeilen.**)

§ 7. Allgemeine Bodenbeschaffenheit.

Siebenbürgen ist ein Hochland, welches zu dem Gebirgssysteme der Karpathen gehört und in dem Stromgebiete der Donau liegt, indem dessen Hauptflüsse derselben entweder unmittelbar oder mittelbar zuströmen. Seine niedrigsten Punkte liegen schon mehr als 530 Fuss über das adriatische Meer erhoben, während die es umgebenden Ebnen Ungarns und der Walachei nur 100 bis 300 Fuss Seehöhe erreichen.

Nicht nur an der Grenze, sondern auch mehr oder weniger tief im Innern des Landes liegen Gebirge, die ihre Ausläufer in zahlreichen, vielverzweigten Bergreihen aussenden, zwischen welchen meist sehr enge Thäler, aber keine ausgebreiteten Ebenen sich befinden.

Nur die Thäler der Hauptflüsse sind stellenweise erweitert, wie wir dieses vom Marosch bei Gyergyó-Szent-Miklos, Maros-Vásárhely, Karlsburg und Broos; vom Alt bei Csikszereda, Kronstadt, in seinem Nebenthale des Zibin bei Hermannstadt; vom Szamos bei Bistritz und Déés; vom Aranyos bei Thorda u. s. w. sehen können.

Die Höhe dieser Thäler nimmt im Allgemeinen gegen Osten zu, wenn gleich die Gebirge nicht in eben dem Masse nach dieser Richtung zu steigen, so dass die beiden grössten Flüsse des Landes (Marosch und Alt), welche dort ihren Ursprung haben, keineswegs auf den höchsten Gebirgen Siebenbürgens entspringen.

Die Gebirge des Landes, welche wie bereits oben erwähnt, dem Systeme der Karpathen angehören, machen eine abgesonderte Gruppe derselben aus und schliessen sich im Norden und Nordosten an die Ausläufer der Zentralkarpathen und Beskiden (der Theil der Karpathen, welcher Mähren, Schlesien und Galizien von Ungarn trennt) an.

Die siebenbürgischen Karpathen bilden selbst mehrere Hauptketten, welche wir nach Lenk mit dem Namen des nördlichen, östlichen,

---

*) Ignatz Lenk von Treuenfeld, k. k. Feldmarschallieutenant, schrieb ein geographisch-, topographisch-, statistisch-, hydrographisch- und orographisches Lexikon von Siebenbürgen. Wien 1839, 4 Bde.

**) 100 öster. = 104·55 geogr. Quadrat-Meilen.

südlichen und westlichen Höhenzweiges bezeichnen können, da sie auf oder an diesen Grenzen des Landes liegen, und jeder derselben zerfällt wieder in mehrere Gebirgszüge. So besteht:

1. Der nördliche Höhenzweig:

a) aus dem Laposcher-Gebirgszuge vom Ausflusse des Vereinigten Samosch mit dem Gebirge Czibles bis zum Sattel des Gebirgsweges von Romuli in die Marmarosch und;

b) aus dem Rodnaer Gebirgszuge vom Ende des Laposcher Gebirgszuges um die nordöstliche Landspitze herum bis zum Borgoer Passe.

2. Der östliche Höhenzweig besteht:

a) aus dem Gyergyoer Gebirgszuge vom Borgoer Passe bis zum Gebirge Lohavas an der Altquelle, wo er sich:

b) südöstlich in den Csiker Gebirgszug bis zum Berge Büdös theilt, an welchen sich das Háromszéker Gebirge zwischen dem Alt und Feketeügyfluse anreiht, und:

c) südwestlich in den Hargittaer Gebirgszug bis zum Strassensattel von Oláhfalu verzweigt, an welchen sich beim Gebirge Ostoros in nordwestlicher Richtung das Görgényer und südlich mit der Ausdehnung bis gegen Sepsi-Szent-György das Hermányer oder besser Baroter Gebirge anschliest; dann:

d) aus dem Beretzker Gebirgszuge vom Flusse Uszpatak bis zum Flusse Nagy-Puska an der südöstlichen Landesgrenze.

3. Der südliche Höhenzweig besteht:

a) aus dem Bodzaer Gebirgszuge vom Flusse Nagy-Puska bis zum Gebirgssattel Predjalutz (Altschanz-Pass);

b) aus dem Burzenländer Gebirgszuge von da bis zum Gebirge Fontina Rontschi (westlich vom Königsstein) mit dem nördlichen Ausläufer des Perschaner Bergzuges von Alt-Tohan bis einschlüssig den Geister-Wald;

c) aus dem Fogarascher Gebirgszuge vom Gebirge Fontina Rontschi bis zum Durchbruche des Altflusses beim Rothenthurm-Pass;

d) aus dem Zibin-Gebirgszuge vom Rothenthurmpass bis zum Gebirgssattel Poján a Mujeri,

e) aus dem Paringul-Gebirgszuge vom genannten Gebirgssattel südlich bis zum Durchbruche des vereinigten Schielflusses beim Vulkan-Passe mit dem nördlichen Ausläufer des Sebescheller Gebirges;

f) aus dem **Vulkaner** Gebirgszuge vom Ausflusse des Schiel bis zur dreifachen Grenze von Siebenbürgen, dem Banate und der Walachei, woran sich nördlich gegen das Innere des Landes;

g) das **Hatzeger** oder Strell-Gebirge anschliesst.

4. Der **westliche** Höhenzweig endlich besteht:

a) aus dem Cserna-Gebirgszuge vom Triplex confinium bis zum Ausflusse des Marosch;

b) aus dem **Erzgebirge** mit dem Knotenpunkte des Basaltberges Detunata, durch seine westlichen Ausläufer die Wasserscheiden zwischen dem Marosch und weissen Körösch, dann diesem Flusse und dem Aranyos darstellend;

c) aus dem **Bihárer** Gebirgszuge, welcher die Grenze gegen Ungarn zwischen dem Ausflusse des weissen und reissenden Körösch bildet und mit seinem Hauptausläufer gegen Osten die Flussgebiete des kleinen Samosch und Aranyos scheidet;

d) aus dem **Kraznaer** Bergzuge zwischen dem Ausflusse des reissenden Körösch und vereinigten Samoschflusses*)

Von diesen Gebirgen sind aber in der Regel nur die höchsten Spitzen oder, wo dieses die geognostische Beschaffenheit (Kalk-, Trachit-Gebirge u. s. w.) mit sich bringt, schroff und felsig, im Uebrigen bilden sie meist sanft abgerundete Kuppen nnd Rücken, die, soweit es ihre absolute Höhe gestattet, zum Anbau, zu Wiesen und Waldwuchs geeignet sind.

Ueber die **Gangbarkeit** unserer Gebirge müssen wir noch erwähnen, dass, wenn auch schon die absolute Höhe der meisten die Communikation mit den Nachbarprovinzen der Monarchie und namentlich dem Auslande erschwert, es doch eine hinreichende Anzahl von Einsattelungen und Flussdurchbrüchen gibt, welche dieselbe möglich machen.

Diese Communikationswege nach Aussen (Pässe) wurden schon grösstentheils durch Kunst zu bequemen Handels- und bezüglich des Auslandes Zollstrassen hergestellt und wir müssen darunter namentlich im Norden den Kraznaer und Láposcher Pass mit den Strassen über Szilágy-Somlyo und Nagy-Somkut nach Ungarn; im Osten den Rodnaer und Borgoer Pass mit den Strassen nach der Bukowina, den Belborer, Tölgyeser, Almásmezöer, Gyimeser nnd Oitozer Pass als Strassen in die Moldau; im Süden den Bodzauer, Altschanzer, Tömöscher, Törzburger, Brázaer, Rothenthurmer, Duscher und Vulkaner Pass

---

*) Vergleiche mit den vorgeschlagenen Abänderungen: Georg Binder, die Höhenverhältnisse Siebenbürgens in den Sitzungsberichten der kaiserl. **Akademie der Wissenschaften in Wien, VI Band S. 602—655.**

als Strassen in die Walachei; im Westen den Eisernthorpass in die Militärgrenze, den Dobraer Pass ins Banat, den Zámer, Halmágyer und Bánfi-Hunyáder Pass nach Ungarn erwähnen.

Unter diesen Pässen sind jedoch der Belborer, Almásmezőer, Altschanzer, Brazaer, Duscher und Vulkaner für Wägen theils gar nicht, theils nur sehr schwer zu benützen.

§. 8. Erhebung des Bodens.

Die tiefste Senkung des siebenbürgischen Hochlandes ist im Südwesten beim Ausflusse des Maroschflusses, wo dessen Flussbett etwa 550 Fuss über dem adriatischen Meer erhoben ist, während des Landes höchster Punkt, der Berggipfel Negoi, im Fogarascher Gebirgszuge bis zu 8046' sich erhebt. Zwischen diesen beiden Endpunkten erleiden die Thäler, Berge und Hochgebirge des Landes hinsichtlich ihrer absoluten und relativen Höhe mannigfache Abstufungen. Die vorzüglichsten gemessenen Höhen-Punkte Siebenbürgens lassen sich nach ihrer Erhebung über das adriatische Meer, soweit es die vorhandenen Hilfsmittel gestatten*), in aufsteigender Ordnung und im Wiener Fussmasse folgenderweise übersichtlich darstellen:

A. Ortschafts- und Thalhöhen.

559.$_{52}$' Dobra, Marktplatz.
620.$_{88}$' Déva, Wasserspiegel des Marosch.
694.$_{28}$' Karlsburg, Thalfläche „ „
742.$_{90}$' Broos, Marktplatz.
785.$_{50}$' Mühlbach, „
811.$_{72}$' Nagy-Enyed, Marktplatz.
816.$_{10}$' Déés, Thalfläche des vereinigten Samosch.
848.$_{90}$' Szamos-Ujvár, Thalfläche des kleinen Samosch.
882.$_{80}$' Maros-Ludas, „ „ Marosch.
923.$_{72}$' Maros-Vásárhely, Marktplatz.
935.$_{84}$' Kleinpold, Thalfläche des Zekesch.
955.$_{36}$' Arbegen, Thalfläche des Weissbaches.
955.$_{57}$' Bethlen, „ „ grossen Samosch.

---

*) Siehe in dieser Beziehung besonders:

1) L. Reissenberger. Uebersicht aller bis noch theils trigonometrisch, theils barometrisch genessenen Höhenpunkte Siebenbürgens (Verhandlungen und Mittheilungen des siebenbürg. Vereins für Naturwissenschaften 1 Band S. 27 u. f, III Pd. S. 2 u f.)

2) Georg Binder. Einige Höhenbestimmungen in Háromszék (Obige Verhandlungen II Bd. S. 44.) und die in der Anmerkung S. 36 erwähnte Arbeit.

962.76' Mediasch, Thalfläche der grossen Kockel.
964.20' Thorda, „ des Aranyos.
979.00' Teckendorf, Marktplatz.
1014.65' Marktschelken, Thalfläche des Weissbaches.
1015.30' Reussmarkt, Marktplatz.
1021.60' Hátzeg, „
1080.00' Bistritz, „
1097.40' Kelementelke, Thalfläche der kleinen Kockel.
1102.71' Schässburg, Marktplatz.
1114.70' Wasserfläche des Altflusses bei seinem Austritte aus Siebenbürgen am Rothenthurm-Pass.
1166.10' Kis-Bun, Thalfläche der kleinen Kockel.
1177.51' Sächsisch-Reen, Marktplatz.
1192.00' Klausenburg, „
1216.50' Freck, Thalfläche.
1221.90' Gross-Pold, Marktplatz.
1274.30' Salzburg, Thalfläche des Weissbaches.
1299.90' Zalathna, Marktplatz.
1321.50' Hammersdorf, Thalfläche des Zibin.
1360.00' Fogarasch, „ „ Alt.
1372.80' Hermannstadt, Marktplatz.
1381.50' Leschkirch, „
1403.66' Grossau, Thalfläche des Zibin.
1447.40' Orlat, Zibinsthal.
1458.00' Reps, Marktplatz.
1468.30' Zood, Thalfläche des Baches.
1507.54' Udvarhely, Marktplatz.
1525.70' Grossschenk, „
1670.70' Olasztelek, Thalfläche des Vargyas.
1689.35' Michelsberg, „ des dortigen Baches.
1709.80' Sepsi-Szent-György, Marktplatz.
1710.00' Gurariu, Zibinsthal.
1768.52' Bükszád, Thalfläche des Alt.
1768.90' Szelistje, „
1780.20' Kézdi-Vásárhely, Marktplatz.
1800.60' Kovászna, Thalfläche.
1808.40' Zeiden, Marktplatz.
1837.40' Topánfalva, „
1839.00' Kronstadt, „

1877.35' Beretzk, Marktplatz.
1915.50' Abrudbánya, Thalfläche.
2245.19' Nagyág, Bergort, (Szekeremb).
2265.60' Csik-Szereda, Thalfläche des Alt.
2477.20' Szent-Domokos, „ „ „
2519.22' Gyergyo-Szent-Miklos, Marktplatz.
2718.40' Oláhfalu, oberer Theil des Dorfes.

B. Berg- und Gebirgshöhen.

1592.10' Scholtener Berg, südwestlich von Scholten.
1626.00' Salzburger Berg, nordwestlich von Hermannstadt.
1873.90' Strassensattel zwischen Szetschel und Grosspold auf der Wasserscheide des Alt und Marosch.
1886.16' Berg Bidbe Wasserscheide zwischen der grossen und kleinen Kockel bei Bogeschdorf.
1914.50' Hammersdorfer Berg.
1938.70' Hohe Scheide, Strassensattel bei Vledény (Perschaner Bergzug).
2274.78' Virányer Stein bei Pintak.
2304.27' Galgenberg bei Schässburg.
2469.80' Koppe bei Mehburg.
2804.66' Höchster Punkt des Oitoz-Passes.
2851.36' Berg Magura, südlich von Unter-Vácza (Erzgebirge).
2860.56' Höchster Punkt des Strassensattels beim Marosch-Ursprung.
2959.90' Vurfu Kuratului, nordwestlich von Hátzeg (Cserna-Gebirge).
3009.65' Judenberg bei Zalathna.
3189.48' Vurfule mare, südlich von Preszaka bei Zalathna (Erzgebirge).
3253.16' Tömöscher Pass, höchster Punkt der Strasse über den Predjal.
3392.29' Haito, nördlich von Nagyág (Erzgebirge).
3509. 4' Vàrhegy bei Krizba (Perschaner Bergzug).
3578.98' Berg Büdös.
3769.80' Strassensattel zwischen Gyergyo-Alfalu und Sofalva (Hargitta-Gebirge).
3777.90' Bodoki-havas (Háromszéker Gebirge).
3782.22' Höchster Strassenpunkt des Borgoer Passes bei Tihutza.
3835.86' Piatra Csáki, nordwestlich von Benedek bei Tövis (Erzgebirge).
3877.20' Pilisketetei bei Bikfalva (Bodzauer-Gebirge).
3999.18' Vulkán, östlich von Abrudbánya (Erzgebirge).
4090.58' Zeidner Berg (höchster Punkt des Perschaner Bergzuges).
4093.04' Csetrás, nordwestlich von Nagyág (Erzgebirge).

4151.60' Götzenberg, südlich von Heltau (Zibinsgebirge).
4265.46' Korabia, nordwestlich von Zalathna (Erzgebirge).
4306.70' Ruszka, auf der Grenze zwischen Siebenbürgen und der banater Militärgrenze (Cserna-Gebirge).
4327.50' Dimbo, nördlich von Zalathna (Erzgebirge).
4144.98' Ivanest, südlich von Sugág (Zibinsgebirge).
4500.60' Gutin, (Laposch-Gebirge).
4925.50' Kukakhegy, südwestlich von Tusnád (Baroter-Gebirge).
5038.62' Gogosa bei Borgo (Rodnaer Gebirge.).
5098.20' Csiljános, südlich von Kovászna (Beretzker Gebirge).
5176.20' Nagy-Sándor und Nemere, nördlich vom Oitoz-Passe (Beretzker Gebirge).
5201.88' Lapul, (Laposcher Gebirge).
5255.10' Godjan, südöstlich von Sebeschell. (Sebescheller Gebirge).
5549.46' Pracsbe, westlich von Zood, (Zibinsgebirge).
5573.26' Hargitta (der Rakoser Theil).
5627.00' Mezei-havas (Görgényer Gebirge).
5641.80' Lakotzás bei Zabola (Beretzker Gebirge).
5649.80' Galbinu, Cordonsposten, (Kammhöhe des Zibinsgebirges).
5681.14' Nagy-hagymás, nordöstlich von Szent-Domokos (Csiker Geb.).
5723.10' Schulergebirge, südlich von Kronstadt.
5755.98' Muntyele mare, nördlich von Lupsa (Erzgebirge).
5756.34' Czibles (Laposcher Gebirge).
5828.40' Bihár (höchster Punkt des gleichnamigen Gebirgszuges).
6034·10' Piatra alba, Grenzadler (Fogarascher Gebirge).
6092.20' Tatarul, südlich von Portschescht, (Fogarascher Gebirge).
6217.20' Csukás (Bodzauer Gebirge).
6219.50' Geuschoare (Zibinsgebirge).
6498.90' Klobutschet,   „
6517.70' Surian, südlich von Broos (Sebescheller Gebirge).
6611.50' Paringul, Triangulirungspyramide.
6725.90' Gebirgssteig Skara (Kammhöhe des Fogarascher Gebirges).
6782.10' Negovan mare (Zibinsgebirge).
6783.30' Schwarze Kuppe (Djalu stirpu oder D. negru).
6937.50' Vurfu Petri, südlich von Várhely (Cserna Gebirge).
7101.00' Königstein, Piatra Krajului, (Burzenländer Gebirge).
7159.68' Kühhorn (Injou, Ünökö) nördlich von Rodna.
7168.65' Fromoasze am Ursprung des Zibin.
7259.40' Surul (Fogarascher Gebirge).

7482.₅₀' Budislav, südöstlich vom Surul.
7670.₀₀' Sklävoi (mittlere Bergspitze der Paringulkette).
7701.₁₀' Olán, östlich vom Budislav.
7850.₆₀' Vurfu Ourla, südlich von Ober-Vist (Fogarascher Gebirge).
7854.₆₀' Retjezat (höchster Punkt des Strellgebirges).
7951.₈₀' Butschetsch (höchster Punkt des Burzenländer Gebirges).
7961.₁₀' Vunetura Butianu südlich von Arpásch (Fogarascher Gebirge).
8046.₁₂' Negoi (höchster Punkt des Fogarascher und überhaupt des Siebenbürger Karpathen-Gebirges) südlich von Kerczeschoare.

Aus der vorstehenden Uebersicht ergibt sich nun: dass die Thäler Siebenbürgens eine mittlere Höhe von etwa 1400 Fuss haben, und somit um 1100 bis 1300 Fuss höher sind, als die benachbarten Ebenen von Ungarn, der Walachei und Moldau; dann dass die Berge des Mittellandes sich in den tiefsten Gegenden um 400 bis 800, in den höher gelegenen Gegenden Siebenbürgens um 700 bis 1300 Fuss über die zunächst gelegenen Thalflächen erheben, während die Hochgebirge nach ihrer absoluten Höhe selbst verschieden, sich auch in dieser Beziehung ungleich verhalten. So erhebt sich der Butschetsch um 5424, der Negoi und Retyezat um mehr als 6500 Fuss über die nahen Thalebenen, wo hingegen diese relative Höhe der übrigen Gebirge des Landes weit geringer ist und im östlichen Höhenzweige nur 2800 bis 3600, im westlichen höchstens 3 bis 4000 und im nördlichen 4000 bis 5400 Fuss beträgt.

Wenn nun für unsere Breitegrade die Grenze des ewigen Schnees mit 8200 Fuss absoluter Höhe angenommen wird, so folgt daraus, dass unsere höchsten Gebirgsspitzen zwar noch nicht in jene Region fallen, aber doch dieselbe nahezu erreichen; und wirklich finden wir auch in einigen Schluchten am Nordabhange des Negoi und Butianu Schneefelder, welche nie schmelzen.

§. 9. Gewässer.

Bei der Verschiedenheit der Erhebung des Bodens Siebenbürgens sind, wie leicht einzusehen, auch dessen Bewässerungsverhältnisse sehr verschieden, wenn sie auch nicht mit der Tiefe der Lage in gleichem Verhältnisse stehen. Im Gegentheile haben wir gerade die Beobachtung zu machen Gelegenheit, dass die tiefern Theile des Landes (das niedere Hügelland) wasserarm sind, ja in manchen Jahren wahren Mangel an diesem unentbehrlichen Lebenselemente leiden. Am besten bewässert ist das Mittelgebirge (besonders das bewaldete) und die ihm zunächst liegenden Thallandschaften, woraus hervorgeht, dass selbst unsere grössern Flüsse in das niedere Bergland gelangt, dort nur langsam an Wassermenge zunehmen und daher selbst bei einem längern Laufe durch das Land für die Schiffahrt noch wenig nutzbar werden.

A. Flüsse.

Unsere Flüsse haben mit sehr wenigen Ausnahmen im Lande selbst ihren Ursprung, fliessen in den verschiedensten Richtungen aus demselben, aber alle dem schwarzen Meere zu. Zu den Hauptflüssen Siebenbürgens gehören ihrer Grösse nach:

1. Der **Marosch** (Sächsisch: Mieresch; ungrisch: Maros; romanisch: Mureschu). Derselbe entspringt an der Westseite des Ausläufers vom Lohavas, welcher das Gyeryoer mit dem Hargittaer und Görgényer Gebirge verbindet, etwa 1 1/2 Stunden südöstlich vom Dorfe Vásláb, nimmt seinen Lauf zuerst nordwestlich und nördlich, dann von Gyergyo-Toplicza angefangen in einer grossen Krümmung westlich, dann südwestlich und südlich, und wieder westlich bis er bei Zám das Land verlässt.

Er nimmt von den grössern Flüssen des Landes den Nyárád, Aranyos, die vereinigten Kockeln, den Ampoi, Mühlbach, Strell und Csernafluss auf und führt sie der Theiss zu.

Die Länge seines Laufes in Siebenbürgen beträgt etwa 56 Meilen und sein Flussgebiet nimmt (nach Lenk) 248 Geviertmeilen ein. Die gewöhnliche Breite beträgt bei Sächsisch-Reen 35, bei Maros-Ujvár 50, von Maros-Porto bis zur Grenze von Ungarn 60 bis 70 Klaftern. Die kleinste Tiefe beträgt zwischen Maros-Ujvár und Maros-Porto 2, von da bis zur Grenze 3 Schuh und die grösste Tiefe auf der erstern Strecke 10 bis 12 auf der letztern 12 bis 15'. Der mittlere Wasserstand ist dabei aber (in der Nähe von Karlsburg) um 4, der höchste um 8 Schuh höher, als der niedrigste.

Der Fall des Marosch beträgt zwischen der Grenze und Karlsburg 12, zwischen Karlsburg und Maros-Vásárhely 16 Schuh auf eine Meile und die Schnelligkeit seines Laufes bei Maros-Ujvár gegen 1. 6' Schuh in einer Sekunde.

2. Der **Alt** (Ungrisch und romanisch Olt) entspringt nordöstlich vom Marosch in dem von der Berggruppe des Lohavas und Nagyhagymás nördlich von Szent-Domokos gebildeten Engthale an der südlichen Grenze des Gyergyoer Gebirges nimmt seinen Lauf südlich, wendet sich beim Einfalle des Feketeügy nächst Kökös nordwestlich und wird durch den Perschaner Bergzug bis Agostonfalva nach Norden gedrängt, wendet sich von da nach Passirung des Engpasses von Rákos südwestlich und westlich, und fliesst dann südlich beim Rothenthurmpasse hinaus durch die Walachei in die Donau, nachdem er im Lande noch am Feketeügy, Weidenbach, Burzen, Homorod, zahlreichen Bächen des Fogarascher Gebirges und dem Zibinflusse die bedeutendsten Zuflüsse erhalten hat.

Die Länge seines Laufes beträgt 40 Meilen und sein Flussgebiet erstreckt sich über 218 Quadratmeilen. Seine Breite macht bei Sepsi-Szent-György 12, bei Héviz 26, bei Fogarasch 40, bei Freck 45 bis

50 Klaftern aus. Die geringste Tiefe hat bei Héviz 2, zwischen Fogarasch und dem Ausflusse aus dem Lande 4; die höchste am erstern Orte 8, auf der letztern Strecke 12 bis 15 Fuss. Der Fall ist zwischen dem Rothenthurm und Fogarasch 25.9 Schuh, zwischen Fogarasch und Reps (Héviz) 21. 7′ zwischen diesem Orte und Bükszád 22. 8′ auf eine Meile und dabei die Schnelligkeit bei mittlerm Wasserstande 2 Schuh in einer Sekunde.

3. Der **Samosch** (Ungrisch: Szamos) besteht aus dem östlichen Theile oder **grossen Samosch**, welcher nordöstlich von Rodna entspringt und einen 34 Meilen langen Lauf zurücklegt, dann dem westlichen Theile oder **kleinen Samosch**, welcher aus zwei bei Gyalu sich vereinigenden Flüssen (dem warmen und kalten Samosch), die beide im Bihárer Gebirge ihren Ursprung haben, gebildet wird, und dessen Lauf eine Länge von 33 Meilen hat. Der grosse und kleine Samosch bilden nach ihrem Zusammenflusse bei Déés den nun nach einem Laufe von etwa 20 Meilen in nordwestlicher und nördlicher Richtung nach Ungarn ausfliessenden **vereinigten Samosch**, und ihr Flussgebiet enthält 248 Quadratmeilen.

Die Breite des grossen Samosch beträgt bei Naszod 24, bei Bethlen 40 bis 50 Klaftern; die des kleinen Samosch bei Klausenburg 15 bis 16, bei Válaszut 24 Klaftern und endlich, die des vereinigten Samosch gegen 60 Klaftern. Dabei hat der grosse Samosch die geringste Tiefe von 2 und die höchste von 10 Schuh; einen Fall von 28. 5′ Schuh auf die Meile zwischen Déés und Bethlen, und eine Schnelligkeit von 1. 8′ Fuss in einer Sekunde; der kleine Samosch dagegen zwischen Klausenburg und Déés ein Gefälle von 43 Schuh auf die Meile und daher auch eine grössere, wenngleich noch nicht bestimmte Schnelligkeit.

4. Der **Aranyos** (Goldfluss) entspringt im Biharer Gebirge und fällt nach einem Laufe von 13 Meilen bei Vajdaszeg in den Marosch, hat eine Breite von 16 bis 18 Klaftern nächst Topánfalva und von 26 Klaftern bei Thorda, beim erstern Orte eine mittlere Tiefe von 2, bei letzterm von 5 Schuh, endlich zwischen Thorda und dem Einflusse in den Marosch einen Fall von 14 Fuss auf die Meile.[*]

5. Zu den grössern Flüssen des Landes gehören dann noch die beiden (grosse und kleine) **Kockeln** (ungrisch: Küküllö, romanisch: Tirnava), der **Feketeügy**, die **Burzen**, der **Homorod**, der **Zibin**, die **Mühlbach** (ungrisch und romanisch: Sebes), die beiden **Schiel**, die **Strell**, die **Cserna**, der weisse **Körösch**, der reissende **Körösch**, die **Krazna**, der **Laposch**, die **Bistritz**, welche aber an Grösse und Bedeutsamkeit für den Verkehr, den vier erstgenannten bedeutend nachstehen, so dass wir eine detaillirte Beschreibung derselben für unsere Zwecke überflüssig halten.

---

[*] Siehe J. Söllner, Statistik des Grossfürstenthums Siebenbürgens. Hermannstadt, Steinhausen 1848. 1. 2. und einige Bogen der 3 Lieferung.

Ausserdem sind neben den genannten, zahlreiche Flüsse des Landes, wenn auch nicht durch Grösse und commerzielle Bedeutung, doch durch den Umstand merkwürdig, dass sie im Sande ihres Bettes bald in grösserer, bald kleinerer Menge Goldkörner führen.*)

Durch namhaftere **Wasserfälle** zeichnen sich aus: der Bullabach oberhalb Kerczeschoare; der Arpaschbach, welcher nahe bei seinem Ursprung in verschiedenen Absätzen einen Fall von etwa 30 Klafter Höhe bildet; der Zibin etwa 2 Stunden oberhalb von Gurariu; der Nagyáger Bach, welcher bei Bánpatak einen der schönsten Wasserfälle des Landes darstellt, indem er einen steilen Felsen von etwa 60 Klaftern Höhe hinabstürzt; ein Zufluss des kleinen Arányos bei Ober-Vidra, der Bach von Ponor nordwestlich von N. Enyed, von Livádzel am Vulkanpasse, und noch viele andre.

Eine andere Merkwürdigkeit mehrerer unserer Flüsse besteht in den sogenannten **Fluss-Schwinden** d. i. Stellen, an welchen deren Wasser eine Strecke weit unter der Erde läuft. Dazu gehören der Vargyas bei der Almáser Höhle, der Banyitza Bach, der durch die Höhle Tschetatje boli bei Petroseny im ungrischen Schielthale durchfliesst, der walachische Schiel nahe bei dem Rastellposten Kimpu-Schirului, wo er in der engen Felsenschlucht Skoku (d. h. Rinne) in dem Steingerölle seines Flussbettes verschwindet, der Bach bei Ponor westlich von Unter-Vidra, der Tömeschbach (Száraz-Tömös) bei Kronstadt u. s. w.

B. Stehende Gewässer.

1. Seen. Wenn auch die grossen, klaren Seen des Salzburgischen, der Schweiz und Oberitaliens unsern Thälern fehlen, so haben wir doch in kleinerm Massstabe auf unsern Gebirgen die bekannten Meeraugen (romanisch: Jaesere) der Karpathen.

Der grösste und zugleich am tiefsten (nur 2967.32' Fuss hoch) gelegene dieser Seen ist der St. **Annensee** am nördlichen Ende des Háromszéker Gebirges westlich vom Büdös. Derselbe liegt in einer kraterförmigen Einsenkung des Gebirges von einem Waldkranze aus Fichten und Buchen umgeben, hat eine eiförmige Gestalt, einen Umfang von einer Viertelmeile oder 2385 Schritten, aber nur eine Tiefe von 6 Klaftern und keinen sichtbaren Abfluss. Sein Wasser ist klar und trinkbar, aber von keinen Fischen, sondern nur von Fröschen, Kröten und Wassermolchen (Triton) bewohnt.

An hochgelegenen Seen, deren klares Wasser selten mehr als 6—7° R. Wärme hat und deren Abflüsse gewöhnlich ansehnliche Gebirgsbäche bilden, ist besonders der südliche Höhenzweig reich. Auf dem Strellgebirge an der Südseite des Retyezát sind auf einer kleinen Strecke 6 grössere und mehrere kleinere solcher Seen, welche meistens von

---

*) Siehe C v. Zechentmayer. Die goldführenden Flüsse Siebenbürgens (Verh. und Mitth. des sieb. Vereins für Naturwissenschaften III Bd. S. 101.

der genannten Gebirgsspitze aus gesehen werden können, in einer Höhe von mehr als 6000 Fuss. An der Ostseite des Paringul sind ebenfalls in derselben Höhe einige Seen dieser Art. Auf dem Zibinsgebirge bilden die Quellen des Zibins (der grosse und kleine Jäser) solche Seen, von denen der erstere 6345. 8' Fuss hoch liegt und eine Länge von etwa 80 (bei einer Breite von 30) Klaftern hat. Im Fogarascher Gebirge hat fast jede der höchsten Spitzen unter ihrem Gipfel einen oder mehrere Seen; der Frecker Jäser oder Teufelskessel am Olán liegt 6438. 9' Fuss, der See an der Gebirgsspitze Albie östlich vom Negoi, dem der Gebirgsbach Valye doamni entströmt, 5868. 3' Fuss, der Bullateich an der Westseite des Vunatura Butianu 6446. 2' Fuss, der Gemseteich (Jaesere Keprereze) an der Südseite der ebengenannten Gebirgsspitze sogar 7092. 8' Fuss über dem adriatischen Meere.

Dergleichen Seen finden sich dann auch auf dem Butschetsch und den Rodnaer Gebirgen (Quelle der goldenen Bistritz, Stoul, Teu-Mucsed u. s. w. Ob dieselben aber Fische besonders Forellen enthalten, kann nicht mit Bestimmtheit angegeben werden, doch wird es behauptet[*]) und ist auch um so wahrscheinlicher als deren Ausflüsse in ihrer unmittelbaren Nähe daran nicht arm sind.

Der Piritskeer See auf dem Gyergyoer Gebirge soll ausgetrocknet und durch einen Bergsturz im Jahre 1837 östlich von Bekás am Almásmezöer Passe ein grosser, forellenreicher See (Verestó genannt) entstanden [**]) sein.

2. Teiche. An Teichen ist besonders das bergige Mittelland zwischen dem Marosch und Samosch (Mezöség) reich. Sie bilden theils durch das geringe Gefälle verursachte Ansammlungen der Thalwässer und sind daher zusammenhängend, theils abgerissene Ausfüllungen kesselförmiger Vertiefungen dieser Diluvialgebilde. Sie sind stellenweise frei, stellenweise mit Schilf, Rohr und Wasserpflanzen bewachsen; dienen einigen Teichfischen (Karpfen, Schleien, Karauschen und Bitterlingen), dann Tausenden von Wasserhühnern, Tauchern und Enten zum Aufenthalte. — Zu den grössten dieser Teiche gehören der Czéger oder Hodoscher (von Hoda, das Wasserhuhn), der Szarvasto zwischen den Dörfern Czege und Gyeke, dann die Teiche bei Uzdi-Szent-Péter, Záh, Tohát, Mezö-Madaras u. s. w. — Kleinere Teiche der zweiten Art finden sich durch das ganze Land zerstreut, doch nirgends einer von besonderer Ausdehnung.

Erwähnung verdienen hier noch die Salzteiche, welche sich in der Nähe der zahlreichen Salzstöcke des Landes meist durch Einstürzen alter Gruben gebildet haben, nun eine bald mehr bald weniger gesättigte Salzsoole enthalten und in der neuesten Zeit

---

[*]) Siehe bezüglich der Seen des Retyezat. Benkö. Transsylvania I Bd. S. 137.
[**]) Benkö Károly. Csik, Gyergyó és Kászon leirások. Klausenburg 1853. S. 33.

theilweise zu Soolenbädern benützt werden; wie bei Thorda, Salzburg, Kolos u. s. w. Zwischen Szamosfalva und Apahida bei Klausenburg befindet sich eine zusammenhängende Reihe solcher Teiche.

3. **Sümpfe und Moräste.** Sümpfe und Moräste von bedeutender Ausdehnung gibt es in unserm Lande nicht. Stellenweise versumpfte Wiesen haben aber unsere Thäler um so mehr aufzuweisen, als auf deren Entwässerung noch an sehr wenigen Orten Etwas verwendet wurde. Auch bilden an einigen Stellen verlassene Flussbette kleinere Sümpfe, wie am Alt, Marosch u. s. w.

Moore in beschränkterm Umfange finden sich besonders um die Sauerquellen von Borszék, Kovászna (der sogenannte Höllenmarast, ungrisch Pokolsár), Csik-Tusnád, am Büdös, beim Kerolyer Sauerbrunnen u. s. w. Der Moor von Borszék und Kovászna ist von den vielen Kalkbestandtheilen ganz weiss gefärbt, so dass an letzterm Orte damit selbst Häuser geweisst werden, während der von Tusnád von der Menge des darin enthaltenen Eisenoxydes ganz ochergelb aussieht.

4. **Quellen.** Wenn es uns hier auch zu weit führen würde, die zahlreichen Quellen trinkbaren Wassers verschiedener Qualität, an welchen Siebenbürgen nur an sehr wenigen Orten Mangel leidet, näher zu besprechen und wir die Mineralquellen des Landes einer spätern Berücksichtigung vorbehalten, so sind es hauptsächlich drei Arten derselben, welche auch bei uns vorkommen und hier nicht mit Stillschweigen übergangen werden können, wir meinen die **intermittirenden**, die **Schlammquellen** und die **Quellen mit Gasausströmung**.

Zu den Erstern gehören das Gespreng (eine Quelle) bei Kronstadt, welche an dem Bergausläufer westlich von der Stadt aus einer Kalkfelsenspalte entspringt in unbestimmten Zeiträumen ganz zu fliessen aufhört und dann wieder jahrelang fortfliesst; eine Quelle bei Pocsága nordöstlich von Nagy-Enyed, welche nach längern oder kürzern Zeiträumen und auch dann nur kurze Zeit fliesst; eine andre bei Barot, welche 2 bis 3 Tage vor einem Regen an Wasser abnimmt; noch eine andere bei Egeres nördlich von Klausenburg u. s. w.[*)]

Unter den **Schlammquellen** sind besonders die von Scholten, dann die bei den sogenannten Reussener Teichen, südöstlich von Ladamos merkwürdig. Am letztgenannten Orte im Weissbachthale findet man mehrere 3—30 Fuss hohe, halbkugelige und kegelförmige Schlammhügel, welche bald auf ihrem Gipfel, bald an der Seite ein blaugraues, sodahältiges Schlammwasser von 9° (Reaum) Wärme ergiessen, durch dessen Niederschlag sie selbst gebildet wurden und ziemlich bedeutende Strecken ihrer Umgebung überschlämmt sind.

---

*) Siehe Kövári László: Erdély statistikája (Klausenburg 1847.) und Erdély földe ritkaságai (Klausenburg 1853).

Quellen mit **Ausströmung** von brennbarem Gase (Schwefelwasserstoffgas) befinden sich bei **Baassen** nördlich von Mediasch, und östlich davon bei **Klein-Sarosch**, dann besitzt diese Eigenschaft auch die Heilquelle von **Gyógy**.

§. 10. Klimatische Verhältnisse.

Das Klima Siebenbürgens muss, wie schon aus der in den vorigen Abschnitten §. 7 und 8, entwickelten Bodenbeschaffenheit hervorgehet, in den einzelnen Landestheilen ein sehr verschiedenes sein. Im Allgemeinen aber kann es ein gemässigtes genannt werden, indem die ihm nach seiner geographischen Breite zukommende höhere Temperatur durch die im Süden liegenden Hochgebirge, durch die östliche Lage und die beträchtliche Erhebung über das Meer bedeutend abgekühlt wird.

Im Einzelnen wechselt das Klima des Landes nach der Höhe, der Richtung und Oeffnung der Thäler, ihrer Nähe an dem Hochgebirge und dem Waldreichthume der sie umgebenden Berge. Denn mit der Höhe eines Ortes nimmt bekanntlich dessen Temperatur ab, indem die Luft dünner wird und dadurch eine Wärmebindung stattfindet; — die nach Süden und Westen gerichteten Thäler sind wärmer, als die nach entgegengesetzter Richtung gelegenen und darunter haben wieder die im Norden von höhern Gebirgen abgeschlossenen und nach Süden geöffneten eine höhere Temperatur, als die, bei denen durch davor liegende Gebirge der Zutritt der Südwinde verwehrt ist, oder welche von den kühlen Luftströmen der nahen Hochgebirge und ausgedehnter Wälder bestrichen werden. Wir können nach diesen Verhältnissen **sechs** verschiedene Abstufungen des siebenbürgischen Klimas unterscheiden, von denen aber nur die beiden erstern auch in horizontaler, die übrigen mehr nur in vertikaler Richtung deutlich hervortreten. Die **Erste** lässt den **Weinstock**, nicht nur gedeihen, sondern ein geniessbares theilweise vorzügliches Erzeugniss liefern, in diese Stufe gehören: Das **Maroschthal** von Maros-Vásárhely bis zur ungrisch-banater Grenze mit dem untern Theile der beiden Kockelthäler, dem Weiss- und Zeckeschthale; das **Samoschthal** bis Bistritz einerseits und Klausenburg andererseits; dann die zwischen beiden Thalgebieten in der Mitte des Landes liegende Mezöség. In der **zweiten** Stufe gedeiht noch vollkommen der **Mais** und **Waizen**, was in allen Theilen des Landes bis zu 2500 Fuss absoluter Höhe stattfindet. Die **dritte** Stufe des Klima begreift diejenigen Landestheile, wo der Mais und Waizen nicht mehr gedeihen, bis zum Ende des Anbaues der Cerealien überhaupt, das mit der obern Grenze der Eichen- und Hainbuchenregion bei 3500 Fuss über dem Meere zusammenfällt. Als **vierte** Stufe bezeichnen wir die, welche vom obern Ende der Eichen- bis zum Aufhören der Laubholz-(Rothbuchen-) Region bei 4000 bis 4500 Fuss, als **fünfte** die bis zum Ende der Baumgrenze (Krummholz. Pinus mughus Scop.) bei 6000 bis 6800 Fuss, und endlich als **sechste** und letzte Stufe die von dort hinauf über **die Region der Alpenkräuter** sich erstreckt.

Bei einer verhältnissmässig niederen Lage haben einige Landesstriche durch das Zusammentreffen der übrigen oben erwähnten Bedingungen ein kälteres Klima. Hieher gehört das Altthal seiner ganzen Länge nach, das obere Maroschthal, die Samoschthäler ober Bethlen und Klausenburg, die Kockelthäler ober Udvarhely, das Aranyos-Thal ober Thorda, das Ampoly-Thal u. s. w.

Wenn wir die wenigen speciellen Beobachtungen über die **mittlere Jahrestemperatur***) einzelner Ortschaften in Siebenbürgen mit einander vergleichen, so ergibt sich, nach Reduction der durch die Beobachtung gefundenen Mittelwerthe auf den Meeresspiegel, dass unser Land unter und nahe an der Isothermenkurve von 9° Reaum. liegt, indem Karlsburg eine mittlere Jahreswärme von 8.2550°, Schässburg**) von 7.930°, Hermannstadt von 7.790°, Klausenburg von 7.175° besitzt.

Eine nicht geringe Verschiedenheit findet in der mittlern **Temperatur der Jahreszeiten** statt, in welcher Beziehung bei den oben genannten Beobachtungsorten sich nachstehende Verhältnisse ergeben:

	Klausenburg,	Hermannstadt,	Karlsburg.	Schässburg.
Winter	— 2.4400	— 1.760	— 1.8200	— 0.5250
Frühling	-|- 7.1560	-|- 7.9230	-|- 8.1350	-|- 7.4550
Sommer	-|-15.3080	-|-16.1950	-|-16.2810	-|-14.7910
Herbst	-|- 9.0890	-|- 8.3570	-|- 9.7060	-|- 9.2810

Am gleichmässigsten ist demnach bei uns die Temperatur im Herbste vertheilt und wir haben auch in der Regel einen langen und warmen Herbst, der sich öfters ohne Frost bis in den Dezember hinein erstreckt. Sehr selten sind dagegen günstige Frühjahre, indem der Winter sich oft bis in den Mai hineinzieht, und dann plötzlich einer übergrossen Hitze weicht. Dafür tritt aber oft in den Wintermonaten (Dezember, Jänner, Februar) ein so mildes Wetter ein, dass die Bäume zu grünen beginnen. Bei dem auf den Winter so schnell erfolgenden Sommer sind, indem die Hochgebirge noch Schnee bedeckt, die Morgen noch sehr kühl, während die Mittagshitze schon einen hohen Grad erreicht, daher ergibt sich oft an demselben Tage die bedeutende Temperatursdifferenz von 8 bis 14° Reaum. Die höchste Sommerwärme im Schatten steigt bei uns von 25 bis 32°, während die grösste Winterkälte auf 12 bis 26° Reaum.***) fällt.

---

*) Siehe über die meteorologischen Verhältnisse auch **Söllners** Statistik Seite 219 bis 240 und L. **Reissenberger**, Uebersicht der im Jahre 1851 in Hermannstadt gemachten meteorologischen Beobachtungen (Verhandlungen und Mittheilungen des sieb. Vereins für Naturwissenschaften III Band S. 130.

**) Es wurden hier die mehrjährigen Beobachtungen in dem etwa 2 1/2 Meile südöstlich gelegenen Dorfe Erkeden zu Grunde gelegt

***) In Hermannstadt war sie am 23. Jänner. 1850: — 26 4 R.

Der mittlere **Luftdruck** (Barometerstand) beträgt in Klausenburg etwa 27.742 Wiener Zoll, in Karlsburg 27.676", in Schässburg etwa 27.750" und in Hermannstadt 27.513".

Die **Regenmenge**, welche im Allgemeinen zunimmt, je mehr sich ein Land dem Aequator, der Meeresküste oder Hochgebirgen nähert, wird in Siebenbürgen nicht so sehr in den erstern beiden Beziehungen, als vielmehr in der Letztern bedeutende Veranlassung zu Schwankungen finden. In Karlsburg beträgt sie nach einem dreijährigen Durchschnitte etwa 17, in Klausenburg nach einem zwölfjährigen Durchschnitte etwa 21, in Hermannstadt nach einem fünfjährigen Durchschnitte 23.521 Zoll. Im ganzen Lande sind die Sommerregen (in den Monaten Juni, Juli und August) am häufigsten, die Schneeniederschläge aber im Allgemeinen so gering, dass wir selbst in engen Thälern von Schneeverwehungen nichts zu leiden haben. Ebenso haben wir in der Ebne seltener **Nebeltage**, am meisten noch im untern Moroschthal; häufiger dagegen sind diese im Gebirge.

Die **Winde**, in der Regel von der Richtung der Thäler nicht wenig abhängig, zeigen demnach natürlich in den einzelnen Landestheilen grosse Verschiedenheit. In Klausenburg (Samoschthal) ist der Ost- und Westwind, in Karlsburg (Maroschthal) der West- und Südwestwind, im untern Altthale der West- und Nordwestwind, in Hermannstadt (Zibinsthal) der Nord- besonders Nordwestwind, dann der Südostwind und reine Südwind am häufigsten. Der Letztere insbesondere unter dem Namen des Talmatscher oder Rothenthurmwindes bekannt, dürfte in seinen Erscheinungen mit dem Schweitzer Föhn zu vergleichen sein, indem er in der Regel mit grosser Heftigkeit weht und eine auffallend hohe Temperatur hat, wodurch im Sommer eine drückende Hitze, im Winter ein rasches Schmelzen des Schnees und Eises erzeugt wird, so dass das Zibinsthal oft in der Mitte des Winters von Schnee und Eis entblöst ist, während hinter der es nördlich begrenzenden und jenem Winde den Zutritt verwehrenden Bergkette (bei Stolzenburg u. s. w.) noch tiefer Schnee liegt.

Gewitter und **Stürme** sind in Siebenbürgen im Ganzen nicht zahlreich, so dass man im Durchschnitte an den meisten Orten des Landes jährlich nicht mehr als 10 bis 14 der Erstern und etwa doppelt so viel der Letztern zählen kann, ja das in beiden Beziehungen hervorragende Jahr 1851 hatte in Hermannstadt nur 15 Gewitter und 31 Stürme aufzuweisen. Die Gewitter sind häufig mit Hagel begleitet, doch richten beide selten grossen und nie ausgebreiteten Schaden an, und auch allgemeine Ueberschwemmungen gehören im Lande zu den grössten Seltenheiten. Die meisten Gewitter ereignen sich im Monate Juni und Juli, seltner im August; und in den Monaten März und April, dann im November kommen die zahlreichsten Stürme vor.

Nordlichter sind bei uns eine seltene Erscheinung, desto häufiger aber können hier, wie auch anderwärts, besonders in der ersten Hälfte des Monats November Sternschnuppen und Feuerkugeln beobachtet werden.

Ein schöner Meteoritenfall fand am 4. September 1852 bei Mezö-Madaras in der Nähe von Maros-Vásárhely statt, wo über 30 Steine von 1/2 bis 10 Pfund, ein Stück sogar von 18 Pfund Schwere gefunden wurden. *)

Der Einfluss der erörterten klimatischen Verhältnisse auf die Gesundheit und Lebensdauer des Menschen zeigt sich in Siebenbürgen im Allgemeinen sehr günstig. Doch unterliegen wegen raschen Temperaturwechsels namentlich Fremde in den tiefer gelegenen Landesstrichen häufigen Fiebern, und die höhern Gebirgsgegenden erzeugen nicht selten Kretine, so wie die grossen Gebirgsthäler im Fogarascher Gebirge, bei Rodna, Zood, Gurariu, — dann einzelne Gegenden des Mittellandes (Gross-Kopisch, Tobsdorf bei Mediasch) häufig Kröpfe hervorbringen.

Wenn wir den Einfluss des siebenbürgischen Klimas auf die Viehzucht und Pflanzenkultur ins Auge fassen, ergibt sich, dass die ungünstigen kalten Frühlinge ebenso nachtheilig auf einzelne Zweige derselben einwirken, als die warmen andauernden Herbste andere Zweige begünstigen. So wollen namentlich die Bienen in den meisten Theilen des Landes nicht recht gedeihen, die veredelten Pferde arten leicht in den zwar kräftigen und ausdauernden aber kleinen Gebirgsschlag aus, die eingeführten Schafe gehen bald in die einheimische Race mit grober Wolle über. Dagegen gedeihet der Mais vortrefflich, der Weinstock liefert ein vorzügliches Erzeugniss, das Kernobst und einige Arten des Steinobstes zeichnen sich durch Menge und Güte ihres Erträgnisses aus.

§. 11. Geognostische Beschaffenheit des Landes.

Die Siebenbürgen in einem grossen Halbringe von Nordosten nach Süden und Westen umgebenden Hochgebirge bestehen in ihren Hauptgruppen aus Urgestein (Glimmerschiefer und Gneis), an welche sich in manigfaltigen Verzweigungen und wechselnder Mächtigkeit die Uebergangsgebirge, die verschiedenen Flötzgebirge, die Tertiärgebilde, das Diluvialland und die neuesten Bildungen des Alluviums angeschlossen haben. Diese normalen Formationen sind durch die theilweise sehr ausgebreiteten plutonischen Gebilde, welche ansehnliche Gebirgszüge von Porphyren und Trachyten und mächtige Kegel von Ba-

---

*) Dr. Knöpflers Berichte darüber in den Verhandlungen und Mittheilungen des sieb. Vereins für Naturwissenschaften III Band S. 155 u. IV Bd. S. 19.

salten bilden, durchbrochen und haben sowohl in jenen Formationen selbst, als auch in dem sie zu jener Zeit noch theilweise bedeckenden Urmeere bedeutende Veränderungen hervorgebracht, indem sie den Zustand der allgemeinen Auflösung und Wasserumgebung in den der Erhärtung und Trockenlegung verwandelten und Tausenden von Meeresbewohnern ihre Lebensbedingungen entzogen, während sie zahlreiche neue Geschlechter von Pflanzen und Thieren des festen Landes ins Dasein riefen.

Wenn wir nun auf die specielle Betrachtung der geognostischen Verhältnisse unsers Landes nach den einzelnen Gruppen und Formationen der normalen und dann der plutonischen Bildungen übergehen, so finden wir:

I. Von den normalen Bildungen:

A. Die Gruppe der **Ur-** oder **Schiefergebirge**, hauptsächlich als Glimmerschiefer und Gneis in bedeutender Mächtigkeit auftretend, breite Bergrücken mit hervortretenden Felskämmen oder zackige Gipfel mit schroffen Thaleinschnitten bilden. Aus jenen beiden Felsarten, welche noch häufig Hornblende, Chloritschiefer, Thonschiefer, Kieselschiefer und Urkalk einschliessen, besteht der grösste Theil unserer eigentlichen Hochgebirge indem sie das Rodnaer-, Fogarascher-, Zibin-, Paringul-, Vulkan-, Strell-, Cserna- und Bihár-Gebirge, dann den Hauptstock des Krazna- und Laposch-Gebirges zusammensetzen.— Thonschiefer kommt am rechten Maroschufer nördlich von Déva bei Kémend und Arany, dann bei Offenbánya, Szent-Domokos und an andern Orten meist jedoch mit dem Glimmerschiefer wechsellagernd vor. Der Urkalk erscheint eingelagert an vielen Stellen des Glimmer- und Thonschiefergebirges. Von Metallen führen diese Gebirge besonders Kupfer (bei Szent-Domokos, Veczel, Déva); Eisen (bei Toroczko, Macskamezö, Gyalár, Hatzasel); Blei u. zw. meist silberhältiges (bei Rodna, Kis-Muncsel, Zernest und Pojana moruluj).

B. Die Gruppe der **Grauwacke** und der **Steinkohlen** (Schwarzkohlen) oder die Uebergangsgebirge haben in Siebenbürgen einen sehr untergeordneten Charakter und lassen sich selten, die Steinkohlengruppe bis nun gar nicht nachweisen.

C. Die **Zechsteinbildung** ist kaum durch einige Spuren am Götzenberg bei Michelsberg und Heltau, dann bei Resinár vertreten; während die **Keuper-, Muschelkalk-** und **Buntsandsteinbildung** (Triasgruppe) nach den bisherigen Beobachtungen in unserm Lande gar nicht vorkömmt.

D. Dagegen findet die **Juragruppe** in Siebenbürgen eine mächtige Verbreitung, bald als **Leiaskalk** ansehnliche Gebirgskuppen (Königsstein, Székelykö, Piatra Csáki, Csukás, Ecsémtetei u. s. w.)

bildend, bald als **Karpathensandstein** mit Mergelschiefern und Conglomeraten ganze Bergreihen darstellend, unter denen einzelne Spitzen (Butschetsch) eine auffallende Höhe erreichen.

Den Leiaskalk charakterisiren bei Zaizon, Pürkerecz, Hoszufalu, Apacza, Kronstadt, Zernest und Krakko zahlreiche Arten mit dem Muttergesteine dicht verwachsener Korallen, dann einzelne Arten von Terebratula bei Kronstadt, Zaizon und Sárd. In dem mit diesem Kalke verbundenen Sandsteine finden sich bei Kronstadt (am Schnekenberge, Kapellenberge und Raupenberge) mehrere Arten von Ammoniten und Belemniten, dann in einem ähnlichen kohlenführenden Sandsteine dieser Formation bei Michelsberg ebenfalls Ammoniten. Merkwürdig ist der dieser Gruppe angehörige, durch Chloriterde mehr oder weniger grün gefärbte **Karpathensandstein** durch seinen fast gänzlichen Mangel an organischen Einschlüssen und die weite Verbreitung in Siebenbürgen. Wir begegnen ihm an der nördlichen Grenze des Landes, wo er sich über Déés bis Doboka einerseits und Bistritz andrerseits herabzieht, im Erzgebirge, dann von Felmern und Galacz über Persán und Kronstadt um die ganze südöstliche Landesspitze herum über Kézdi-Vásárhely bis an den Vargyas und Sepsi-Szent-György ins Land hereingreifend.

Der Leiaskalk findet sich am mächtigsten im Burzenländer-Gebirge, sowie in der ganzen Länge des Perschauer Bergzuges und den ihm am rechten Altufer bei Rákos entgegenstehenden und bis zum Hargittagebirge sich hinaufziehenden Felsenbergen (Tepej, Felsen bei Homorod-Almás), tritt dann zwischen dem Sebeseller-, Paringul-, Vulkan- und Strellgebirge, im Csernagebirge von Vajda-Hunyád bis Runk, in ausgedehnter Verbreitung im Erzgebirge (Kecskekö, Székelykö, Piatra Csáki u. s. w.) und am Bihár-Gebirge, weniger mächtig im Laposch-Gebirge, dann aber wieder ausgebreiteter im Gyergyoer- und Csiker-Gebirge (bei Borszék, Szent-Domokos u. s. w.) auf und zeichnet sich durch die zahlreichen darin befindlichen Höhlen aus. Die grösste davon ist die Almáscher-Höhle bei Homorod-Almás und die Csetate Boli bei Petroseny im Schielthale *). Kleinere Höhlen finden sich am Vulkanpasse, bei Runk, Csikmo, die Höhle (Pestere) bei Törzburg, bei Ober-Komana im Berge Piatra Cserbului, am Piatra-Csáki, in der Thordaer Felsenspalte, bei Gyertyános und Toroczko-Szent-György u. a. a. Orten. Erwähnung verdienen noch die beiden Eishöhlen von Skerisoara zwischen Abrudbánya und Offenbánya, und von Borszék, deren nähere Beschreibung wir uns jedoch für den dritten Abschnitt vorbehalten.

C. Zur **Kreidegruppe** gehöret in Siebenbürgen der Sandstein mit den Gosauversteinerungen bei Szászcsor, Grediste (im Sebeseller-Gebirge), Kis-Muncsel, Kis-Aranyos (Vidra), und die Kreidemergel von Girelsau und Alzen.

---

*) Die grosse Knochenhöhle an der Nord-Westseite des Bihárgebirges (Hudje ismeilor, Vucsásze) gehört nähmlich schon dem benachbarten Königreiche **Ungarn an.**

D. Die **Molasse** (Tertiärbildung) durch die darin befindlichen grossen und mächtigen **Salzstöcke**, dann zahlreiche **Braunkohlen- und Petrefakten-Lager** ausgezeichnet, nimmt den ganzen mittlern Theil Siebenbürgens ein und bildet die vielverzweigten Hügelreihen im Innern des Landes, die sich grösstentheils 500 bis 1000 Fuss über die zunächst gelegenen Thäler erheben.

Die **Salzstöcke** sind in den Gruben von Maros-Ujvár, Thorda, Salzburg, Parajd, Déésakna, Kolos und Szék (die beiden Letztern gegenwärtig aufgelassen) erschlossen, aber bei einer Teufe von 200 bis 500 Fuss noch nicht durchfahren und treten an mehreren Stellen, wie bei Parajd, dann bei Bilak und Szerethfalva nächst Bistritz zu Tage.

Grössere **Braunkohlenlager** haben wir bei Holbak, an mehreren Stellen in der Nähe des Vulkánpasses, bei Sommerburg, Oláh-Köbles, Köpecz und an andern Orten.

Von den **Versteinerungen** haben wir, den ältern (eocenen) Bildungen dieser Gruppe, dem Grobkalke, angehörig, ansehnliche Lager bei Porcsest, Sárd, Krakko, Kolos-Monostor, zwischen Klausenburg und Bánffi-Hunyád und südlich von letzterm Orte, dann nördlich von Déés bei Szurdok, Magyar-Lápos, Stoikafalva u. s. w. Die meisten dieser Lager enthalten eine ungeheure Menge von Austerschalen (Ostrea und Anomia), einzelne davon auch ganze Berge von Nummuliten (wie das bei Nagy-Kapus). Im Lager von Porcsest und Kolosmonostor finden sich dagegen zahlreiche Arten von ein- und zweigehäusigen Schalthierpetrefakten und Echinodermen, dann am erstern Orte noch Tausende von Zähnen und Knochenfragmenten grosser vorweltlicher Fisch- und Reptilienarten *). Ebenso verbreitet, wie die Versteinerungen der eocenen Bildung finden wir, besonders im westlichen Theile Siebenbürgens die jungtertiären (miocenen und pliocenen) Ablagerungen von Petrefakten. An der Spitze steht hier das Lager von Ober-Lapugy südlich von Dobra, sowohl wegen der Menge der Arten von Meerconchylien, Foraminieren und Korallen (darunter einige ganz neue, wie: Neritina Scharbergiana, Cyprea Hörnesi, Cerithium Neugeboreni u. s. w.), als auch besonders wegen der guten Erhaltung derselben. In beiden Beziehungen übertrifft dieser einzige Fundort selbst die zahlreichen berühmten Petrefaktenlager des Wiener-Beckens. Würdig stehen Lapugy zur Seite die Lager von Ribitze bei Körösbánya, Al-Pestes bei Vaida-Hunyád und Korod bei Klausenburg, das Letztere besonders durch das massenhafte Vorkommen von Pectunculus polyodonta, Pecten maximus und Cardium Kübeckii ausgezeichnet. Erwähnung verdienen noch die Petrefaktenlager von Szakadat, Árapatak, Rákosd u. s. w.

---

*) Siehe die Verzeichnisse hierüber in den Verhandlungen des sieb. Vereins für Naturwissenschaften I Band Seite 153—174. und Archiv des Vereins für sieb. Landeskunde. IV Band Seite 228.

Ausgezeichnet sind auch die in grossen Platten brechenden Sandschiefer von Szakadat, im Thalheimer Graben, bei Heltau, Topánfalva, Oláh-Lápos, Lápos-Bánya, im walachischen Schielthale und andern Orten, durch die darin sich findenden Pflanzenabdrücke; — dann die von Szakadat, Topánfalva und im Thalheimer Graben auch durch die eingeschlossenen Fischskelette.

Merkwürdig ist die Tertiärformation in Siebenbürgen noch durch die darin vorkommende Sandsteinkugelbildung*) (am Berge Felek bei Klausenburg; bei Szakadat, Girelsau, Moichen, Kastenholz und Thalheim nächst Hermannstadt; bei Holzmengen, Hochfeld, Sachsenhausen, Eulenbach und Ziegenthal im Leschkircher Bezirke; bei Klosdorf, Zutendorf, Kreutz, Meschendorf, Kaissd und im Schleifengraben nächst Schässburg u. s. w.) und die goldführenden Sandlager (bei Oláh-Pián, Rekite, Czebe in Körösbányaer Bezirke, Csikmo, Guraszáda und vielen andern Orten besonders in der Nähe des Erzgebirges).

E. Das Aufgeschwemmte oder Diluvialgebilde ist in Siebenbürgen besonders im Mittellande mächtig entwickelt, bald kalkige oder thonige Mergellager mit mehr oder weniger schieferiger oder derber Struktur und häufig mit sandigen Straten abwechselnd, bald ganze Hügelreihen von feinerm oder gröberm Sande bildend, nicht selten mit Einschlüssen zarter Conchylien oder Stücken und dünnen Schnüren verkohlten Holzes, dann Knochen riesenmässiger Landsäugethiere als: Mammuthe, Tapire, zweier Arten Rhinozerosse, des Hippotheriums, des vorweltlichen Pferdes, mehrerer Hirscharten und zweier Arten von Urochsen.

F. Das Angeschwemmte oder Alluvium erfüllt, wie überall, so auch in Siebenbürgen die Thalsohlen der Ebnen mit seinen Schuttablagerungen, zeichnet sich durch mehrere noch ganz unbenützte Torflager (am Berge Büdös, bei Borszék, am Valje Korbi im Frecker Bezirke, bei Bürkös, Abtsdorf u. s. w.), durch die Tuff- und Sinterbildungen besonders an Mineralquellen (bei Rodna der Dombhát, bei Borszék, Baaszen u. s. w.), die Raseneisenstein-Bildungen an vielen Orten (besonders beim Tusnáder Bade, am Büdös u. s. w.) aus.

Hierher muss auch die jetzt noch vor sich gehende Bildung des Halbopals beim Kérolyer Sauerbrunnen gerechnet werden, welcher oft noch weich und gallertartig, oft schon mehr oder weniger erhärtet mit Einschlüssen von Eicheln, Haselnüssen, Blättern, Stückchen Holz u. s. w. angetroffen wird.

II. Plutonische Bildungen. Massengesteine.

Es gehören zu ihnen die Gruppen des Granits, Grünsteins, Porphyrs, Basalts und der Vulkanischen Gebilde.

---

*) Siehe herüber Akner's Arbeit in den Verh. und Mith. des sieb Vereins für Naturwissenschaften IV Jahrg. S. 35.

A. Der **Granit** mit seiner Abänderung dem **Syenite**, findet sich an vielen Orten des Landes ins Urgebirge eingelagert oder dasselbe durchsetzend, jedoch nirgends in beträchtlicher Ausdehnung.

B. Der **Grünstein** findet sich im nördlichen Siebenbürgen im Láposch-Gebirge bei Kapnik und Oláhláposbánya; dann in der Gebirgsgruppe des Czibles, mit Erzlagerstätten von Gold, Silber, Kupfer und Blei und bildet zersteute Kuppen im Erzgebirge mit Gold- und Silbergängen bei Vulkoi, Bráza, Nagyág, Csertés, Toplicza, Füzes, Tresztia, Kajanel, Fcricsel, Herczegány, Valyc Ursului, Zdraholz, Ruda, Ober-Lunkoi, Czebe, Karács u. s. w.

Der **Serpentin**, ebenfalls zu dieser Gruppe gehörig, kommt in verschiedenen Abänderungen bei Resinár, Sietz, Malomviz, im Runker Thale bei Vaida-Hunyád u. s. w. vor.

C. Die Gruppe des **Porphyrs** besonders in seinen Abänderungen als Augitporphyr und Mandelstein findet sich an verschiedenen Stellen des Erzgebirges, des Cserna und Laposchgebirges, bildet den Berg Sátor bei Stoikafalva und einen Berg bei Nagy-Kapus zwischen Klausenburg und Bánfi-Hunyád.

D. Aus der Gruppe des **Basaltes** ist hauptsächlich der Trachyt, theils massig, theils in Conglomeraten besonders im östlichen Theile des Landes in mächtiger Ausdehnung verbreitet, vom Borgoer Passe angefangen das ganze Gyergyoer und Hargittaer mit dem Görgényer und Baroter Gebirge zusammensetzend, dann die Berge Rosály und Gutin im Láposchgebirge und den Kegel von Csicso mit dem berühmten Mühlsteinbruche, kleinere Kuppen bei Rodna im Norden, dann bei Offenbánya, Verespatak und Nagyág, den Schlossberg bei Déva und den Berg, auf welchen die Burg von Sommerburg steht, bildend, und stellenweise gediegenes Gold einschliessend bei Oláh-Láposbànya, Verespatak, Faczebaj, Bucsum, Abrudbánya u. s. w.)

Der eigentliche **Basalt** tritt am mächtigsten hervor in dem Hauptstock des Erzgebirges, dem Berge Detunata, dann in einzelnen Kuppen bei Telek und Cserbel in der Nähe von Vaida-Hunyád, bei Lesnek, Héviz und Reps.

E. Zur Gruppe der **Vulkane** müssen wir unbedingt unsern Berg Büdös im Háromszéker-Gebirge mit seinen Trachyten, Bimssteinen, eingesunkenen Kratern, Schwefellagern und Schwefelausströmungen rechnen.

§. 12. Die Mineralien Siebenbürgens.

Der Reichthum Siebenbürgens an Schätzen des Mineralreiches ist schon zu sehr bekannt, als dass darüber im Allgemeinen noch Etwas erwähnt werden müsste, desto fühlbarer ist aber das Bedürfniss nach einer gedrängten und klaren Uebersicht der siebenbürgischen Vorkommnisse aus diesem Naturreiche, da die frühern Angaben in dieser Beziehung theils mangelhaft, theils schon zu sehr veraltet, und von J. M. Akners Mineralogie von Siebenbürgen mit geognostischen Andeutungen (Hermannstadt. 1847) nur die beiden ersten Hefte erschienen sind. Wir wollen daher versuchen, diese Uebersicht in folgenden Zeilen nach dem chemischen Systeme (der Einfachheit und leichtern Unterbringung auch der nicht krystallisirten Formen wegen) mit nachstehender Anordnung unter Weglassung der seltenen, bei uns nicht vorkommenden, dann der gasförmigen Grundstoffe zu geben.

I Klasse	II Klasse. Metalle		III Klasse
Metalloide	1 Ordnung Leichte Metalle	2 Ordnung Schwere Metalle	Organische Verbindungen
Gruppe: 1 Schwefel. 2 Kohle. 3 Kiesel.	4 Kalium. 5 Natrium. 6 Ammonium. 7 Calcium. 8 Barium. 9 Strontium. 10 Magnium. 11 Alumium.	12 Titan. 13 Eisen. 14 Mangan. 15 Kobalt. 16 Nickel. 17 Kupfer. 18 Wismuth. 19 Blei. 20 Tellur.	21 Zinn. 22 Zink. 23 Chrom. 24 Antimon. 25 Arsen. 26 Quecksilb. 27 Silber. 28 Gold. 29 Platin.
			30 Salze. 31 Erdharze.

Erste Klasse. Metalloide.

Erste Gruppe. Schwefel.

Der Schwefel findet sich gediegen in schönen, wenn auch kleinen Krystallen bei Kapnikbánya und in Drusenräumen der Manganblende von Nagyág, dann mehr oder weniger mit Erde gemengt als feinkörniger Niederschlag oder als Concretionen in mächtigen Lagern am Berge Büdös, hier auch aus Erdspalten in Gasform ausströmend; endlich als Bestandtheil der Mineralquellen von Reps, Torja am Büdös, und Szombathfalva bei Udvarhely.

Zweite Gruppe. Kohle.

Sie ist bei uns in folgenden Formen vertreten als:

    1. Graphit im Glimmerschiefer bei Michelsberg derb und eingesprengt, dann bei Resinár, Zood, Sebesel und Offenbánya.
    2. Anthracit bei Michelsberg.
    3. Braunkohle seltener in Steinkohle übergehend bei Holbak, am Fusse der Berges Girgán beim Vulkanerpasse, bei Nyiresfalva (Meszteaka), Czebe, Brád, Oláh-Köblös, Limba, Oláh-Telke, Ka-

rács, Kajanel, Ribicze, Homorod-Szent-Márton (mit Quarzkrystallen durchsetzt), Felsö-Rákos, Altorja, Weisskirch bei Schässburg und an vielen andern Orten der Tertiärgebilde und zerstreut im Diluvium.

4. Torf am Büdös, bei Borszék, an der Valje Korbi im Frecker Bezirke, bei Bürkös, Abtsdorf u. s. w.

Dritte Gruppe. Kiesel.

I. Familie des Quarzes

mit den zahlreichsten Formen als:

1. **Bergkrystall**, frei krystallisirt von der grössten Reinheit aber klein in einem bituminösen Mergelschiefer bei Osdola und Kovászna, in regelmässigen Doppelpyramiden aber unrein im Porphyre von Verespatak, dann in grossen Säulenkrystallen in den Drusenräumen der Bergwerke von Offenbánya, Verespatak, Nagyág, Kapnik u.s.w. im Porphyre und in den Urgesteinen.

2. **Amethyst** bei Porkura, Offenbánya, Verespatak, Nagyág, Kapnik, Oláh-Láposbánya, Boicza im Erzgebirge u. s. w.

3. **Gemeiner Quarz.** Er bildet einen grossen Bestandtheil der Urgebirge und findet sich in denselben eingelagert und als Geschiebe im Diluvium, dann in verschieden gefärbten Abänderungen, wie: als **Rosenquarz** bei Nagyág und Kristjor, **Prasem** bei Cseb und Nagyág, **Avanturin** im Faczebajer Gebirge bei Zalathna, **Eisenkiesel** bei Gyalár, Toroczko, Tekerö u. s. w.

4. **Chalcedon** häufig im Erzgebirge bei den Dörfern Almás und Bálsa, bei Tekerö, Csertés, Tataresd, Valje-Brád, Ácsucsa, Krecsunesd, Thorda und Toroczko (hier tropfsteinartig auf Eisenstein); dann im Láposch-Gebirge bei Oláh-Láposbánya, Kapnik und Kötelesmezö; ferner in verschiedenen Farbenabänderungen, wie: als **Carniol** an mehreren der obergenannten Orte, **Plasma** bei Felsö-Gáld, **Heliotrop** bei Cseb, Acsucsa, Ober-Vácza, Herczegány und Toroczko.

5. **Feuerstein** bei Batiz-Pojána, Oláh-Láposbánya, Brád, Bálsa, Tataresd, Válja und andern Orten.

6. **Hornstein** theils auf Gängen, theils als Geschiebe in den verschiedensten Theilen des Landes.

7. **Jaspis** auf Gängen im Erzgebirge und Láposchgebirge, dann als Geschiebe durch das ganze Land zerstreut.

8. **Kieselschiefer** bei Oláh-Láposbánya, Kovászna, Igény; dann als Geschiebe.

9. **Achat** an den meisten bei 4. genannten Fundorten meist im Diluvium als Geschiebe.

II. Familie des Opals

in mehreren Formen und zwar als:

1. **Hyalit** auf gemeinem Opal bei Acsucsa, Halmágyer Bezirks, und beim Kérolyer Sauerbrunnen nächst Lövete.

2. **Gemeiner Opal** bei Tataresd, Halmágy, Acsucsa, Tekerö, Toroczko, beim Kérolyer Sauerbrunnen*) und an andern Orten.
3. **Halb- und Holzopal** neben den genannten Orten vorzüglich bei Beszarabasza und Prevalény.

Zweite Klasse. Metalle.

Erste Ordnung. Leichte Metalle.

Vierte Gruppe. Kalium.

1. **Das salpetersauere Kali, der Salpeter.** Ueberall als Anflug in und an alten Mauern, dann im östlichen Theile des Landes bei Szent-Lélek, Felsö-Torja, Száraz-Ajta, Kozmás, Szépviz.

Fünfte Gruppe. Natrium.

1. **Das Chlornatrium oder Kochsalz** in Siebenbürgen in ungeheuerer Ausdehnung und Mächtigkeit in der Molasse verbreitet, und theils als **Steinsalz** in den noch im Betriebe stehenden und aufgelassenen Gruben zu Salzburg, Maros-Ujvár, Thorda, Kolos, Szék, Déesakna, Parajd, dann zu Tage liegend oder nur leicht mit Dammerde bedeckt zwischen Bilak und Szeretfalva, ferner bei Sofalva, Sajo-Udvarhely, Pintak, Somkerék, Weisskirch, Kaila, Szász-Nyires, in der Nähe von Bistritz, dann bei Alsó- und Felsö-Sofalva und Szováta nächst Parajd, endlich bei Homorod-Szent-Márton, Szent-Pál, Keményfalva, Kincses, Pata und andern Orten; theils als Salzquellen im ganzen Inner-Lande zerstreut vorkommend **).
2. **Das salpetersauere Natron** und
3. **das kohlensauere Natron** in den Mineralquellen von Kis-Czég, Reps, Sibo u. s. w.

Siebente Gruppe. Calcium.

Dieses Metall bildet in seinen Verbindungen zahlreiche Abänderungen von Mineralien, welche bei uns in folgenden Arten vertreten sind:

1. **Flussspath** bei Kapnik (hier besonders schön die violete kugelige Form) und Stanisza.
2. **Anhydrit** bei Kapnik.
3. **Gyps** und zwar schön kristallisirt bei Nagyág, Csikmo und Szaszcsor, als Gypsspath (Marienglas) und theilweise Fasergyps bei Offenbánya, Déva, Thorda; derb bei Dobring, Grosspold, Vármezö, Jegeristje und andern Orten.

---

*) Hier kömmt er auch noch ganz weich und gallertartig, dann mit Einschlüssen jetzt lebender Pflanzen (Eicheln, Haselnüsse und Blätter) und Thiere (Gehäuse der Helix strigella) vor.

**) Siehe das vollständige Verzeichniss der Orte, wo Salzquellen und Spuren vorkommen, in den Verhandlungen und Mittheilungen des sieb. Vereins für Naturwissenschaft V. Jahrgang Nr. 3.

4. **Pharmakolith** (Arseniksauerer Kalk) bei Nagyág auf andern Formen des Arseniks und bei Zalathna in einem eisenhaltigen Thone.

5. **Kohlensauerer Kalk.** Derselbe erscheint in zwei Hauptformen, als Kalkspath und Arragonit.

a) **Kalkspath** mit zahlreichen Arten, wie:

aa) **Krystallisirter Kalkspath** häufig in Drusenräumen, dann bei der grossen Verbreitung des Kalkes als Gebirgsgestein in allen gebirgigen Theilen des Landes anzutreffen und wie leicht begreiflich besonders in den Bergwerken aufgeschlossen, daher wir auch die schönsten Kalkspathkrystalle von Nagyág, Offenbánya, Zalathna, Boicza, Kapnik, Rodna u. s. w. kennen.

bb) **Faseriger Kalk** besonders als Tropfstein in den Höhlen von Almás, Runk, Pestere, Ober-Kómána u. s. w.

cc) **Körniger Kalk oder Marmor** besonders schön weiss, oder rosenroth, feiner und gröber körnig im Zuge des Fogarascher, Rodnaer und Strell-Gebirges in Glimmerschiefer eingelagert, dann bei Szárhegy, Szent-Domokos und vielen andern Orten.

dd) **Dichter Kalk oder Kalkstein** in allen bereits im geognostischen Theile erwähnten durch ihn gebildeten Gebirgen.

ee) **Kalktuff und Sinter** besonders in den Höhlen und bei den Mineralquellen z. B. Borszék, Rodna, Ober-Vácza u. s. w. sich auch noch gegenwärtig bildend.

ff) **Kalkerde oder Kreide** bei Alzen, Girelsau, in dem Steinmilchloch auf dem Schulergebirge bei Kronstadt, in der Höhle Csetatje boli und an andern Orten.

b) **Arragonit** im Erzgebirge bei Zalathna, Nagyág, Offenbánya, dann bei Toroczko als Eisenblüthe, in der Thordaer Schlucht, am Büdös, in einer Höhle am Berge Djalu Poppi bei Rodna, bei Poplaka und an andern Orten.

Achte Gruppe. Barium.

1. **Schwerspath** (Schwefelsaurer Baryt) bei Kapnik, Oláh-Láposbánya, Verespatak, Offenbánya, Nagyág, und andern Bergwerken des Erzgebirges, dann im Trachyte des Schlossberges von Déva

2. **Witherit** bei Vaida-Hunyád.

Neunte Gruppe. Strontium.

1. **Cölestin** im Gyps von Dobring.
2. **Strontianit** (Kohlensaurer Strontian) als Nieren im Diluvium durch das ganze Land verbreitet.

Zehnte Gruppe. Magnium.

1. **Bittersalz** (Schwefelsauere Magnesia) bei Verespatak und Mühlbach, dann in den Quellen von Tür, Ölve, Novály.

2. **Bitterspath** (Braunspath, Bitterkalk) bei Nagyág, Kapnik, Rodna und auch andern Orten.

3. **Talk** bei Zalathna, Offenbánya, Cserbel, Lunkoi, Beszarabasza, Rodna, Oláh-Láposbánya, Kapnik, beim Ojtoz-Passe, in der Thordaer Schlucht und als: Topfstein am Berge Oslea im walachischen Schielthale.

4. **Speckstein** bei Verespatak, Zalathna.

5. **Serpentin** bei Malomwiz, Sietz und am Berg Oslea im Schielthale, bei Resinár, Kis-Bánya, Oláh-Láposbánya, Toroczko, Vajda-Hunyád im RunkerThale (lichtgelb).

6. **Augit** in mehreren Formen als:
    a) **Diopsid** bei Malomwiz und Sietz im Serpentin.
    b) **Augit** bei Nagy-Almás, Cseb, Tekerö, und andern Orten im Erzgebirge, dann auf dem Freithum bei Reps.
    c) **Smaragdit** bei Resinár und Talmatsch.
    d) **Bronzit** im Serpentin von Resinár.

7. **Chrysolith** (Olivin) im Basalte bei Reps, dann an mehreren Punkten im Erzgebirge wie bei Bucsesd, Preszaka, Muncsel u. s. w.

8. **Hornblende** mit den Abänderungen:
    a) **Gemeine und basaltische Hornblende** bei Heltau, Zood, Szelistje, Ober-Sebes, Nagyág, Ploczka, Szelcsova, Száraz- und Nagy-Almás und verschiedenen andern Orten des Erzgebirges, bei Kapnik, Oláh-Láposbánya, Ditro, Szent-Domokos, Reps.
    b) **Tremolit** bei Zood, Ober- und Unter-Sebes und Szárhegy im körnigen Kalke.
    c) **Strahlstein** bei Zood, Talmacsel, Toplicza, auf dem Kelemen-Havas, auf dem Paringul. — Bei Szelistje asbestartig mit eingesprengtem Magneteisen.
    d) **Asbest** bei Gyalár, Runk und Neugredistje, dann im Serpentin von Resinár und vom Berge Oslea.

Eilfte Gruppe. Alumium.

I. Familie des Korundes.

1. **Saphir** oder **Rubin** im Goldseifenwerk von Oláhpián.

II. Familie des Alaunes.

1. **Schwefelsauere Thonerde** (Feder-Alaun) am Berge Büdös bei Al- und Fel-Torja, bei Kovászna, Dálnok, Szászcsor, Kerczesoara, Unter-Sebes, Porcsesd, Zood, Gurariu, Offenbánya, Nagyág, Csertés, Zovány u. s. w.

III. Familie. Spinelle.

1. **Spinell** bei Oláh-Pián im Goldseifenwerk und als kleine blaue vierseitige Säulen am Berge Büdös.

IV. Familie Zeolithe.

1. **Analzim** im Mandelstein bei Gross- und Klein-Almás, dann Porkura im Erzgebirge.

2. **Natrolith** im Basalte und den Mandelsteinen von Gross- und Klein-Almás, Tekerő, Füzes, Pojána, Cserbel, Boicza, Krecsunesd, Herczegány, Beszarabasza und andern Orten des Erzgebirges, dann bei Kapnik, Oláh-Láposbánya und auf dem Freithum bei Reps.

3. **Stilbit** an den meisten Fundorten des Natroliths, dann bei Zalathna, Balsa, Porkura, Felső-Vácza.

4. **Heulandit** an den meisten Fundorten des Stilbits besonders bei Krecsunesd, dann im Lunkojer und Kajáner Thal, bei Ober- und Unter-Vácza, und bei Nyirmező.

5. **Epistilbit** im Trachyte des Calvarienberges von Nagyág, dann im Mandelsteine von Unter-Vácza.

6. **Chabasit** bei Czebe im Grünsteinporphyr, dann bei Pojana, Tekerő.

7. **Laumontit** im Grünsteinporphyre von Mogura im Erzgebirge, dann in Klüften des Hornblendegesteins bei Zood.

V. Familie. Thone.

1. **Disthen** in mehreren Farbenabänderungen und zwar: a) blau als **Cyanit** bei Gurariu, Resinár, Ober- und Unter-Sebes, Valje-Vinczi, Toplicza bei Vaida-Hunyád, auf dem Berge Piricske, als Geschiebe bei Oláhpián, — b) gelbgrau als **Rhätizit** bei Ober-Sebes, — c) schwarzgrau als **Silimanit** im Glimmerschiefer des ganzen Zibinsgebirges, auf seinen Kämmen mit den ihn begleitenden Granaten ausgewittert in den Wegen liegend.

2. **Cimolit** (weisser Thon) bei Szind nächst Thorda.

3. **Kaolin, Porzellanerde**, bei Déva, Neustadt nächst Kronstadt, Boicza, Krecsunesd, Kristjor, Zalathna, Nagyág im Erzgebirge, bei Parva nächst Rodna, Kapnik, Sommerburg.

4. **Polirschiefer** bei Déva, in den Weingärten von Klausenburg, im Kossbach bei Reps.

5. **Trippel** bei Déva.

6. **Grünerde** in vielen Stellen des Erzgebirges, dann bei Oláh-Láposbánya im Porphyr.

7. **Walkererde** bei Offenbánya, Toroczko, Karlsburg, Nagy-Bár, Oláh-Láposbánya, Kovászna, Neustadt nächst Kronstadt, Mühlbach, Sommerburg, Talmatsch und im Thalheimer Graben unweit Hermannstadt.

8. **Bolus** bei Verespatak, Nagyág, Donnersmarkt, Alsó-Rákos am Berg Tepej, bei Felső-Torja.

9. **Steinmark** bei Zalathna, Füzes, Tresztia, Tekerő und andern Orten des Erzgebirges, dann bei Tusza und Kapnik.

10. **Bildstein** bei Nagyág.

VI. Familie Feldspathe.

1. **Adular** im Zoodthale südöstlich von Hermannstadt.
2. **Gemeiner Feldspath** als Gemengtheil der meisten Felsarten, dann schön krystallisirt am Berge Tepei bei Alsó-Rákos, bei Szent-Domokos, Kapnik, Oláh-Láposbánya, Valje-Vinczi, im Almáser Thale bei Nagyág, bei Déva, Sebesel u. s. w.
3. **Glasiger Feldspath** im Trachyt des Berges Csicso bei Déés, dann bei Vácza, Tekerö und im Csetrasgebirge bei Nagyág.
4. **Dichter Feldspath, Felsit,** als Gemengtheil des Gneises, Granits, Porphyrs.
5. **Albit** im Zibinsgebirge und stellenweise im Fogarascher Gebirge, bei Vidra u. s. w.
6. **Labrador** angeblich im Basalte bei Reps.
7. **Leucit** an mehreren Punkten des Erzgebirges bei Boicza, Tekerö, Mihelyen, dann bei Reps und am Berge Büdös im Basalte und Mandelstein.
8. **Obsidian** im Erzgebirge bei Glod, Cserbel, Valje-Brád im Trachyt des Berges Csicso, bei Csik-Szent-Imre u. s. w.
9. **Pechstein** bei Nagyág, Tekerö, Mittel-Almás, Tataresd, Zám, Valje-Brád im Erzgebirge, dann im Porphyr bei Lövete.
10. **Perlstein** bei Felsö-Torja am Büdös.
11. **Bimstein** am Berge Büdös bald mehr, bald weniger porphyrartig.

VII. Familie. Granate.

1. **Turmalin** (gemeiner schwarzer Schörl) bei Heltau, Michelsberg und Zood, Offenbánya, Valye-Vintzi, Mogos.
2. **Staurolith** bei Zood, Ober- und Unter-Sebes im Glimmerschiefer.
3. **Granat** im Glimmerschiefer des Zibins- und Fogarascher-Gebirges, dann bei Rodna, Oláh-Láposbánya, Ködör, Meregyó, Szolcsva (sehr gross, fast faustgross, aber unrein), Oláh-Pián im Goldseifen (klein aber sehr rein) und andern Orten.
4. **Idokras** (Vesuvian) bei Ober-Vácza im Magneteisenstein.
5. **Epidot** (Pistacit) bei Ober-Sebes, Rodna, dann sandartig bei Muska.

VIII. Familie. Glimmer.

1. **Zweiaxiger Glimmer** als Gemengtheil des Gneises und Glimmerschiefers überall wo die Letztern vorkommen, besonders gross bei Zood, Rodna und andern Orten; als **Lepidolit** bei Talmatsch, Resinár.
2. **Einaxiger Glimmer** im Trachyte bei Torja und Bükszád am Büdös, dann bei Nagyág und Kuretj im Porphyr.
3. **Chlorit** als Chloritschiefer an vielen Stellen des südlichen Höhenzweiges z. B. bei Michelsberg, Resinár, Zood; ferner bei Toplicza nächst Gyalár, Rodna, am Oitozer Passe; als gemeiner Chlorit bei Unter-Rákos, Csertes und als Chloriterde bei Krakko.

IX. Familie. Edelsteine.

1. Zirkon im Goldseifen von Oláh-Pián.
2. Topas bei Porcsesd, und im Glimmerschiefer auf dem Gebirge Batrina bei Gurariu.

Zweite Ordnung. Schwere Metalle.

Zwölfte Gruppe. Titan.

1. Anatas angeblich bei Rodna.
2. Rutil bei Oláhpián.

Dreizehnte Gruppe. Eisen.

1. Gediegenes Eisen und zwar als Meteoreisen. Einer der merkwürdigsten Meteoritenfälle war der von Mezö-Madaras am 4. September 1852, wo das grösste Stück 18 ℔ wog*).
2. Magneteisen bei Topánfalva, Ober-Vácza, Toplicza, Alun, Kazanest, bei Szelistje im Orlater Bezirke, dann als Magnetsand bei Oláhpián und am Berge Hargitta.
3. Eisenoxyd (Rotheisenerz und zwar als:
    a) Eisenglanz bei Magyar-Hermány auf dem Berge Pap-Homloka, dann bei Gyalár, Toroczko.
    b) Faseriger Rotheisenstein (Glaskopf) bei Gyalár, Toroczko, Kebele-Pojána, Lövéte.
    c) Röthel (rother Thoneisenstein) bei Zalásd, Alsó-Rákos, Muska, Felsö-Torja u. s. w.
4. Eisenoxydhydrat (Brauneisenerz) bei Gyalár und Umgebung (Telek, Runk, Batrina) Toroczko, Kebele-Pojána, Offenbánya, im Csiker-Gebirge bei Dánfalva, Madaras, Szent-Tamás; im Baroter-Gebirge bei Magyar-Hermány, Bardocz, Füle, Száldobos, Bibarczfalva, Lövete. Als Ocher am Berg Büdös, beim Tusnáder Bade, bei Offenbánya, Toroczko und andern Orten. Als Eisennieren bei Michelsberg, Valje, Sona, Reps, Birthelm. Als Bohnerz bei Heltau. Als Rasenerz in einem mächtigen Lager bei Oláh-Láposbánya, dann auch andern Orten. Als Thoneisenstein im Schielthale.
5. Magnetkies bei Zalathna, Nagyág, Macsesd, Tusnád.
6. Hexaedrischer Eisenkies (Schwefeleisen) in allen Bergwerken oft in bedeutender Menge und an vielen andern Orten. Dessen Zersetzung, der Eisenvitriol, bei Nagyág, Szászcsor, Kovászna und anderwärts.
7. Strahlkies (Prismatischer Eisenkies) bei Nagyág, Zalathna, Offenbánya, Tusnád, Rodna und andern Orten.

---

*) Siehe die Anmerkung auf Seite 50.

8. **Vivianit** (phosphorsaueres Eisenoxyd, Eisenblau) in Hermannstadt (in der Saggasse beim Brunnengraben), Nagyág, Verespatak, Neu-Gredistje.
9. **Grüneisenstein** (wasserhaltiges Phosphor-Eisenoxyd) beim Sebeseller Eisenwerke.
10. **Spatheisenstein** (kohlensaueres Eisenoxydul) in einem 180 Fuss mächtigen Lager bei Macskamezö und Oláh-Láposbánya, dann bei Gyalár, Toroczko und am Berge Tepej bei Alsó-Rákos.
11. **Arsenik-Schwefel-Eisen** (Arsenikkies, Mispikel) bei Resinár im Thonschiefer, Nagyág, Zalathna, Kapnik.
12. **Skorodit** mit Pharmakolit bei Nagyág.
13. **Würfelerz** bei Offenbánya und Toroczko-Szent-György auf Kupfergängen.
14. **Menakan** (titansaueres Eisenoxydul) bei Toplicza nächst Vaida-Hunyád im Chloritschiefer.
15. **Ilmenit** (Axotores Eisenerz) Oláhpián, Kelnek, Hammersdorf.
16. **Nigrin** bei Oláhpián, im Aranyosfluss, bei Neppendorf.

Vierzehnte Gruppe. Mangan.

1. **Manganit** (Manganoxydhydrat) bei Nagyág, Offenbánya, Gyalár, Sebesel.
2. **Manganglanz** (Schwefelmangan) bei Nagyág, Kapnik.
3. **Wad** (Brauner Eisenrahm) bei Gyalár, Toroczko, Margineny im Brauneisenstein.
4. **Manganspath** (kohlensaueres Manganoxydul) bei Nagyág, Kapnik, Offenbánya, Boicza, Füzes, Rodna.
5. **Kiesel-Mangan** bei Kapnik.
6. **Partschin** (nach Haidinger) findet sich in 1—2 Linien grossen Geschieben und Krystallbruchstücken im Rutilsande von Oláhpián.

Fünfzehnte Gruppe. Kobalt.

1. **Speisskobalt** (Arsenikkobalt) bei Nagyág, Ober-Vácza.
2. **Erdkobalt** bei Nagyág.
3. **Kobaltblüthe** angeblich bei Nagyág.

Sechszehnte Gruppe. Nickel.

1. **Kupfernickel** (Roth-Arseniknickel) bei Zalathna im Rusinaer Gebirge.
2. **Nickelocher** (Arseniksaueres Nickeloxyd) mit der vorigen Art in einem eisenhältigen Thone.

Siebenzehnte Gruppe. Kupfer.

1. **Gediegen Kupfer** bei Szent-Domokos, Déva, Veczel, seltner bei Nagyág, Kapnik, Kazanest, Kristjor und im Feritscheller Gebirge bei Pojána.

2. Rothkupfererz (Kupferoxydul) bei Szent-Domokos, Offenbánya, Kazanest.
3. Malachit bei Szent-Domokos, Toroczko-Szent-György, Offenbánya, Kazanest, Ruda, Illye, Déva, Gyalár.
4. Kupferlasur bei Szt.Domokos, Offenbánya, Tekerő, Kazanest.
5. Buntkupfererz an fast allen Fundorten von Nr. 3, dann bei Vargyas, Pojana und Ober-Vácza.
6. Kupferkies mit wenigen Ausnahmen an allen oben genannten Fundorten der übrigen Kupfererze, dann bei Zalathna, Verespatak, Csertes, Füzes, Nagy-Almás, Boicza, Oláh-Láposbánya, Rodna und Resinár.
7. Fahlerz mit verschiedenem Silbergehalte bei Zalathna, Verespatak, Topánfalva, Offenbánya, Nagyág, Csertes, Kajanel, Kapnik.
8. Zinnkies (Schwefelkupferzinn) bei Vargyas.

Achtzehnte Gruppe. Wismuth.

1. Gediegen Wismuth bei Zalathna mit Zinkblende und Schwefelkies im Hornstein.
2. Wismuthglanz (Schwefelwismuth) bei Zalathna im Faczebajer Gebirge.

Neunzehnte Gruppe. Blei.

1. Gediegen Blei im Goldseifenwerk Oláhpián sehr selten.
2. Bleigummi (Bleioxyd-Aluminat) bei Nagyág.
3. Weissbleierz (Kohlensaures Bleioxyd) bei Zalathna im Botescher Gebirge, bei Offenbánya und Rodna.
4. Pyromorphit (Phosphorsaures Bleioxyd mit Chlorblei) bei Zalathna und Kapnik.
5. Gelbbleierz (Molybdänsaures Bleioxyd) bei Offenbánya.
6. Bleiglanz (Schwefelblei) bei Zalathna, Offenbánya, Nagyág, Csertes, Toplicza, Füzes, Porkura, Illye, Roskány, Boicza, Trestja, Kajanel, Szelistje, Zdraholz, Kristjor, Neu-Gredistje, Toroczko, Kisbánya, Oláh-Láposbánya, Batiz-Pojána, Kapnik, Rodna, Hollo, Gyergyó-Szent-Miklos (Bekénylaka), Bereczk (Luptyánpatak), Zernest, Pojána morului, Margineny und andern Orten.
7. Bournonit (Radelerz) bei Nagyág, Kapnik u. Offenbánya.
8. Blättertellur (Tellurblei, Nagyáger-Erz) bei Nagyág in Manganspath, Kalkspath, und Quarz auf Gängen im Porphyr und Sandsteinconglomerat.

Zwanzigste Gruppe. Tellur.

1. Gediegen Tellur bei Zalathna im Faczebajer Gebirge auf Lagerstätten im Sandstein, sehr selten bei Tekerő und Stanisza.
2. Schrifterz (Tellursilbergold) bei Offenbánya auf Quarzdrusen im Porphyr.
3. Weisstellur (Tellursilberblei) bei Nagyág in Begleitung von Blättererz.

Ein und zwanzigste Gruppe. Zinn.

Ausser dem wegen des überwiegenden Kupfergehaltes in der 17. Gruppe aufgeführten Zinnkiese kommt in Siebenbürgen kein Mineral dieser Gruppe vor.

Zwei und zwanzigste Gruppe. Zink.

1. **Galmei** (Kieselzink) bei Nagyág.
2. **Zinkspath** (Kohlensaures Zinkoxyd) bei Nagyág.
3. **Zinkblende** (Schwefelzink) in verschiedenen Farben bei Zalathna, Offenbánya, Nagyág, Kapnik, Rodna, Oláh-Láposbánya, Füzes, Boicza, Csertes, Porkura, Macsesd, Kis-Muncsel, Vorcza, Herczegány, Tresztia, Zdraholz, Kristjor, Margineny.

Drei und zwanzigste Gruppe. Chrom.

Von den Verbindungen dieses Metalles ist bis nun noch keine in Siebenbürgen entdeckt worden.

Vier und zwanzigste Gruppe. Antimon.

1. **Antimonblüthe** (Weissspiessglanzerz) bei Nagyág, Toplicza und Csertes.
2. **Grauspiessglanzerz** (Antimonglanz, Schwefelantimon) bei Kapnik, Oláh-Láposbánya, Offenbánya, Nagyág, Csertes, Füzes, Toplicza, Macsesd, Kristjor, Lupsa, Kis-Bánya; — und als **Federerz** bei Nagyág, Csertes, Toplicza, Ruda, Kapnik.
3. **Rothspiessglanzerz** (Antimonblende) bei Kapnik, Oláh-Láposbánya und Válaszut.

Fünf und zwanzigste Gruppe. Arsen.

1. **Gediegen Arsenik** bei Zalathna, Nagyág und Kapnik.
2. **Arsenikblüthe** (Arsenige Säure) bei Zalathna und Nagyág.
3. **Realgar** bei Nagyág, Kapnik, Oláh-Láposbánya, Csertes.
4. **Auripigment** bei Kapnik, Oláh-Láposbánya, Nagyág, Porkura, Boicza.

Anmerkung. Siehe auch Gruppe 15. № 1 und Gruppe 16. № 1. und 2.

Sechs und zwanzigste Gruppe. Quecksilber.

1. **Gediegen Quecksilber** bei Zalathna in dem Gebirge Dumbrava und Baboja, dann nach alten Angaben bei Lemhény, Esztelnek und im Hargitta-Gebirge.
2. **Zinnober** (Schwefelquecksilber) an den vorigen Orten des Quecksilbers und bei Ruda (Zdraholz).

Sieben und zwanzigste Gruppe. Silber.

1. **Gediegen Silber** bei Kapnik, Zernest, Zalathna, Offenbánya, Nagyág, Kajanel, Boicza, Herczegány, Toplicza, Kis-Muncsel, Csertes, Porkura.
2. **Antimonsilber** im Fatzebajer Gebirge bei Zalathna, dann bei Kis-Bánya.
3. **Eukairit** (Selenkupfersilber) in Nagyág mit Bleiglanz krystallinisch auf Quarzdrusen.
4. **Silberglanz** (Schwefelsilber, Glaserz) bei Kapnik, Toplicza, Nagyág und im Feritscheller Gebirge bei Pojána.
5. **Antimonsilberglanz** (Sprödglaserz) bei Offenbánya, Boicza, Szelistje, Herczegány, Ruda, Kristjor und Kapnik.
6. **Rothgültigerz** bei Zalathna, Offenbánya, Bucsum, Csertes, Füzes, Toplicza, Kristjor, Ruda, Zdraholz.

Acht und zwanzigste Gruppe. Gold.

1. **Gediegen Gold** in den Gruben bei Verespatak, Zalathna, Bucsum, Offenbánya, Tekerö, Porkura, Nagyág, Csertes, Füzes, Macsesd, Toplicza, Herczegány, Boicza, Stanisza, Kajanel, Trestja, Kristjor, Szelistje, Ruda, Karács, Czebe, Kis-Muncsel, Oláh-Láposbánya, Kapnik; — dann als Waschgold in fast allen Flüssen des Landes *) und in mehreren Seifenwerken, wie bei Oláhpián u. s. w.

Neun und zwanzigste Gruppe. Platin.

1. **Gediegen Platin** sehr spärlich im Seifenwerke von Oláhpián im Goldsande und wahrscheinlich mit dem Letztern auch weiter im Lande verbreitet **).

Dritte Klasse. Minerale organischer Verbindungen.

Dreissigste Gruppe. Salze.

Die Gruppe der natürlichen organischen Salze, wozu der Honigstein und Humboldtit gehören, ist in Siebenbürgen durch keinen Repräsentanten vertreten.

---

*) Siehe in den Verhandlungen und Mittheilungen des siebenb. Vereins für Naturwissenschaft III Jahrg. S. 161. das Verzeichniss aller Flüsse und Orte des Landes, wo Gold gewaschen wurde, mit Angabe des Gehaltes.

**) S. Sitzungsberichte der k. Akademie der Wissenschaften math. naturw. Klasse IX. Band, Seite 462.

Ein und dreissigste Gruppe. Erdharze.

1. **Bernstein** bei Rekitte nächst Mühlbach, Weisskirch im Repser Bezirke, Glimboake, Leschkircher Bezirks, hier auf Aekern des Bergzuges am Altflusse ziemlich reine Stückchen von Haselnussgrösse.
2. **Scheererit** angeblich in der Braunkohle bei Szakadat.
3. **Retinasphalt** soll im Graben Pereu viilor bei Sebesell vorkommen.
4. **Erdwachs** (Ozokerit) am östlichen Abhange des Berges Nagy-Sándor beim Oitozer Passe.
5. **Erdpech** bei Osdola in den Klüften des Farkashegy schlakkig, dann erdig in einem grauen Thone und im Kalkspath bei Zalathna, ferner bei Oláhpián und Petersdorf nächst Mühlbach und in den Salzgruben von Thorda und Salzburg.
6. **Erdöl** im Thale Sósmezö beim Oitozer Passe.

Dieses sind in systematischer Reihenfolge die Mineralien, welche bis jetzt in Siebenbürgen aufgefunden wurden und es dürfte überflüssig sein, hier noch eine Uebersicht derselben nach ihrer Nutzbarkeit und technischen Anwendung zu geben, da wir in dieser Beziehung nur Bekanntes zu liefern in der Lage wären und die unberechenbaren Schätze, welche unser Land an nutzbaren Mineralien enthält, schon aus einer genauern Würdigung der eben gegebenen Aufzählung hervorleuchten.

§. 13. Mineralquellen.

Der Mineralreichthum Siebenbürgens zeigt sich auch in seinen zahlreichen und mannigfaltigen **Mineralquellen** und auch in dieser Beziehung wird kaum irgend ein zweites Land in Europa dem Unsrigen gleichkommen. Wir haben hier kalte und warme, geschwefelte und gashältige, alkalische und salzige Mineralwässer in grösster Anzahl, unter denen bezüglich ihrer Menge die kalten und davon wieder die Kochsalzquellen und Säuerlinge den ersten Platz einnehmen.

A. Kalte Mineralquellen.

1. **Kochsalzquellen.** Dieselben bilden mehrere zusammenhängende Reihen im Innern des Landes und sind stellenweise, besonders um die Steinsalzgruben von Maros-Ujvár, Kolos und Parajd, dann südlich von Bistritz dichter gruppirt. Ihrem Ursprunge nach gehören sie sämmtlich der Tertiärformation an. Ausser dem vorwiegenden Gehalte an Kochsalz, dessen Auflösung in den einzelnen Quellen sehr verschieden ist und zwischen 4 und 30 o/o wechselt, enthalten dieselben noch eine beträchtliche Menge anderer Mineralsalze, wie es die nachstehende Uebersicht der wenigen, bis noch chemisch-analysirten **Wasser dieser Art am besten darthut:**

Ort der Salzquelle oder des Salzwassers.	Chemische Bestandtheile									
	Salzsaures Natron	Schwefelsaures Natron	Salzsaure Magnesia	Kohlensaure Magnesia	Salzsaurer Kalk	Kohlensaurer Kalk	Schwefelsaurer Kalk	Jodnatrium	Bromnatrium	Kohlensaures Eisenoxydul
	in einem Wiener Pfund Wasser sind enthalten Grane										
1. Salzburg, Aszony- u. Verestó, Teiche, wo gebadet wird *).	437.00	71.50	52.00	—	15.00	—	8.50	2.25	Spur	Spur
2. Baassen und zwar: a) Kaltes Bad mit -|- 10° Reaum. Temperatur **) .	455.00	54.00	41.00	—	11.00	—	6.00	1.90	—	„
b) Kirchenbad mit -|- 12° Reaum. Temperatur nach B. (nach Stenner ***) .	364.00 (250.04	45.00 1.95	33.00 39.29	2.67	9.00 31.33	4.91	5.00 —	1.50 0.61	0.28	? 0.05)
c) Steinbad (Felsenquelle) mit -|- 11° R. Temperatur nach Binder . . . . (nach Stenner) . . .	367.00 (238.35	63.00 1.56	31.00 54.08	4.29	13.00 16.57	3.56	3.00 —	1.50 0.50	0.21	Spur 0.06)

*) Nach Dr. S. Pataki's Analyse in seiner: Descriptio physico-chemica aquarum mineralium M. P. Transsilvaniae jussu Exc. Regii Gubernii Pestini 1820.
**) Nach der Analyse des Herrn Apotheker F. Binder in Heltau.
***) Nach P. F. Stenner's, die Heilquellen von Baassen. Kronstadt 1846.

Die zahlreichen Salzquellen Siebenbürgens alle namentlich hier anzuführen, verbietet uns der Raum dieser Zeilen und wir müssen auf das vollständige Verzeichniss in des Herrn D. Czekelius Arbeit über die Verbreitung des Steinsalzes und der Salzquellen in Siebenbürgen*) verweisen. Nach diesem Verzeichnisse sind bei 275 Orten unsers Landes ausser 40 Punkten mit anstehendem Steinsalze, 192 gefasste Salzbrunnen, deren Benützung zu häuslichen Zwecken den betreffenden Gemeinden unter gefällsämtlicher Controle gestattet ist, und 593 Salzquellen, dann noch eine grössere Anzahl von Salzteichen, Salzmooren und Salsen d. h. Orte wo das Salz auswittert und nur Salzpflanzen fortkommen. Zu Bädern werden benützt die Salzteiche von Salzburg, Thorda, Szamosfalva und Sós-Szent-Márton, dann die Quelle von Rohrbach bei Grossschenk.

2. **Säuerlinge (Sauerbrunnen).** An Mineralquellen dieser Art ist besonders der östliche Theil des Landes mit seinen ausgebreiteten Trachytgebilden reich. Die bekannten Säuerlinge von Korond, Farkaslaka, Szitás-Keresztur und Szombatfalva bei Udvarhely, vom Bade Homorod bei Oláhfalu, von Lövete und dem nahen Bade Károly, auf dem Farkasmező nächst Homorod-Almás, von Felsö-Rákos, Száldobos, Hermány, Kis-Baczon, Bibarczfalva, Zalány und Zalány-Üvegcsür, Bükszád, Málnás, Bodok, Árkos, Nagy-Ajta, Hidvég, Elöpatak, Sepsi-Szt.-György, Zajzon, Bikfalva, Zagon, Petöfalva, Hatolyka, Sárfalva, Kézdi-Almás, Csomortány, Beláfalva, Polyán, Felsö-Torja und am Berge Büdös, von Jakabfalva, Kászon-Altiz, Kászon-Ujfalu, vom Bade bei Csik-Tusnád, von Kozmás, Csik-Szent-Simon, Szent-Király, Zsögöd, Taplocza, Rákos, Szent-Mihály, Gyergyó-Alfalu, Szárhegy, Remete, Ditro-Várhegy, Borszék und Belbor bilden eine fast ununterbrochene Reihe im Osten Siebenbürgens, während die drei Quellen von Rodna mit der Quelle des nahen Szent-György, dann die Quelle von Stoikafalva bei Magyar-Lápos und von Remete bei Nagy-Somkut im Norden, endlich die Quellen von Bozés, Bánpatak, Kémend, Boholt und Veczel am untern Marosch im Südwesten des Landes abgesonderte Gruppen bilden.

Der Gehalt dieser Quellen, in soweit selbe bisher untersucht wurden, ergibt sich aus nachstehender Uebersicht **). Es sind enthalten an chemischen Bestandtheilen in einem Wiener Pfund Wasser:

---

*) Verhandlungen und Mittheilungen des siebenb. Vereins für Naturwissenschaften V Band, Seite 39 bis 56.

**) Es sind diesen Angaben, wo es nicht ausdrücklich anders bemerkt wurde, die Analysen von Dr. Bélteki in seinem: Conspectus aquarum mineralium M. P. Transsilvaniae. Vindobonae 1818 — zu Grunde gelegt und dabei auch die neuern Untersuchungen benützt worden.

Der Quelle von	Kohlensaures Gas	Kohlensaures Natron	Kohlensaurer Kalk	Kohlensaure Bitterde	Kohlensaures Eisen	Schwefelsaures Natron	Salzsaures Natron	Thonerde	Kieselerde	Extraktivstoff	Schwefelwasserstoffgas	Temperatur
	Kub. Zoll	Grane										-|-° Rm
1 Borszék:												
a) Hauptqelle	56.27	18.80	12.52	5.26	0.17	1.75	0.65	0.87	0.87	—	—	7.31
b) Lobogo	55.13	15.30	13.20	4.51	0.44	1.32	0.83	—	0.44	—	—	7.39
2 Rodna:												
a Dombhatquelle	41.66	23.14	10.12	4.61	0.81	2.17	6.51	—	0.09	0.02	—	10.00
b) Valje vinulu, (Bôrvölgy)	27.85	5.43	1.99	1.45	0.99	1.35	0.81	—	—	0.36	—	8.00
c) Valje urszului (Medvepatak)	50.90	0.38	0.18	—	0.54	0.36	—	—	—	0.18	—	7.00
3 Szent-György bei Rodna	27.12	15.54	11.54	5.06	0.72	1.26	26.02	—	0.18	—	Spur	11.00
4 Stoikafalva	43.56	7.84	4.57	6.25	—	21.20	19.71	1.74	0.87	0.43	—	8.50
5 Kémend	51.30	2.20	4.84	5.18	0.13	1.43	0.60	—	0.11	—	—	11.05
6 Veczel	24.00	5.28	5.28	1.54	—	1.10	0.88	0.22	—	0.22	—	
7 Zaizon, Ferdinandsquelle (N.d. vom Kronstädter Magistrate veranlass:en Analyse	39.38	20.22	7.04	1.68	0.23	0.30	9.39	—	0.25 Kieselsäure	-	3.83 Jodnatrium	
8 Szombatfalva bei Udvarhely	24.68	1.54	5.73	2.64	0.04	0.88	0.22	1.30	0.22	—	—	
9 Korond (Arcsu) bei Parajd	28.18	0.88	4.84	1.76	0.22	1.32	0.33	0.33	0.11	—	—	10.00
10 Bad Homorod bei Oláhfalu:								Stcis. Kalk				
a) obere Quelle	28.58	4.02	1.26	0.98	0.43	1.26	0.98	0.43	0.61	—	—	8.00
b) untere Quelle	55.21	5.36	3.09	1.08	0.66	1.40	1.40	0.70	0.56	—	—	8.50
11 Lövete die Hámorquelle	50.54	4.40	3.08	1.76	0.53	3.98	3.08	—	0.12	—	—	
12 Bad Kéruly oder Kéroly b. Lövete	35.39	4.40	3.66	0.08	0.17	0.08	1.12	—	0.73	—	—	8.50
13 Quelle v m Farkasmező bei Homorod-Almás	30.34	0.88	1.32	0.88	0.22	0.66	0.22	—	0.66	—	—	
14 Száldobos	55.24	2.64	2.30	1.54	0.52	0.82	0.66	—	0.82	—	—	9.05
15 Elöpatak	15.41	10.54	14.06	1.46	0.26	1.12	1.09	1.56	—	9.54	—	12.00
16 Sepsi-Szt.György (nach Dr.Pataki's Analyse)	40.96	17.20	12.80	5.60	0.80	1.40	—	—	0.20	—	—	11.00
17 Bodok	49.24	31.82	4.39	2.41	0.02	3.07	1.09	—	—	—	—	10.00
18 Polyán bei Kézdi-Vásárhely	49.24	14.71	6.59	1.30	0.87	2.19	1.33	—	0.21	—	—	
19 Jakabfalva (Kozmáser Bezirks)	52.80	21.12	7.04	3.51	0.88	5.28	1.98	—	0.21	—	—	9.00
20 Csik-Szent Király (d.Quelle Borsáros)	24.11	3.05	1.32	0.05	0.87	1.76	0.44	0.44	—	—	—	10.00
21 Rákos nördl. von Csik-Szereda	35.24	4.62	5.39	1.54	0.52	1.32	0.66	0.44	—	0.22	—	

Ausser diesen eben genannten Quellen gibt es aber noch eine Merge Säuerlinge im Bereiche unserer Trachitformation, welche noch ungekannt und ungenannt dahinfliessen, und auch an den angegebenen Orten tritt selten eine Sauerquelle nur vereinzelt auf, sondern meisst sind ihrer Mehrere beisammen. Bessere Badeeinrichtungen bestehen bei Rodna, Borszék, Elöpatak und Zaizon, aber auch beim Bade Arcso nächst Korond, bei dem von Szombatfalva, dem Bade Homorod und Kéroly, dem vom Csik-Tusnád, Stoikafalva und andern ist durch Fassung der Quelle, Anlage von Bassins, Wärmvorrichtungen und hölzernen Gebäuden für die Bequemlichkeit und Unterkunft der Badegäste mit bescheidenern Anforderungen mehr oder weniger gesorgt.

3. **Alaunquellen** gibt es mehrere im Lande. Einige davon befinden sich am Berge Büdös, wurden jedoch, wie die bei Szilágy-Somlyó, noch nicht näher untersucht. Die Bekannteste, die von Zovány bei Szilágy-Somlyó, enthält in einem W. Pfund Wasser nach Dr. Bélteki:

Alaun (Schwefelsaure Thonerde)	$71._{22}$ Gran
Kohlensauren Kalk	$12._{73}$ „
Schwefelsaure Bittererde	$9._{18}$ „
Schwefelsaures Eisen	$3._{16}$ „
Salzsaure Bittererde	$0._{54}$ „
Extraktivstoff	$0._{85}$ „

4. Von **Schwefelquellen** haben wir verschiedene Arten in Siebenbürgen, die sich besonders durch ihren Gehalt an Schwefelwasserstoffgas (Hydrothiongas) oder an schweflichtsaurem Gase von einander unterscheiden. Zu denen der erstern Art gehören die Quellen von Reps, Sibo, Szombatfalva und die Szejke genannte Quelle bei Korond, zu der letztern Art die Quelle von Lázárfalva, die Sombor genannte Quelle bei Torja, die Bugyogó genannte Quelle bei Málnás, alle drei um den Berg Büdös herum, endlich die Quelle des Höllenmorastes bei Kovászna. Badeeinrichtungen bestehen in Reps, Szombatfalva und Kovászna.

Von den erstern Quellen haben wir über die zu **Reps** blos eine mangelhafte Analyse, nach welcher in einem Wiener Pfunde Wasser $1._1$ Gran Hydrothiongas, $1._7$ Gr. schwefelsaurer Kalk, 4 Gr. kohlensaurer Kalk, 1 Loth salzsaures Natron und eine Spur von Eisen enthalten sein sollen, — und über die Koronder Schwefelquelle ist auch nicht einmal so viel bekannt. Dagegen sind nach Dr. Bélteki's Analyse nachstehende Bestandtheile in einen W. Pfunde Wasser von der Quelle bei:

	Sibó	und	Szombatfalva:
Schwefelwasserstoffgas	$24._{37}$ Kub. Zoll.	—	Eine unbestimmte Menge
Kohlensaures Gas	$3._{48}$ „		$25._{17}$ Kub. Zoll.
Salzsaures Natron	$90._{10}$ Gran.		$11._{06}$ Gran
Kohlensaures „	— „		$3._{08}$ „
Schwefelsaures „	$81._{92}$ „		— „
Kohlensaurer Kalk	$1._{08}$ „		$2._{20}$ „
Kohlensaure Bittererde	$3._{06}$ „		$0._{22}$ „
Eisenoxyd	$0._{10}$ „		$0._{08}$ „
Schwefel	— „		$0._{86}$ „
Kieselerde	— „		$0._{14}$ „
Temperatur	$+ 11^o$ Reaum.		$+ 9^o$ Reaum.

Die Schwefelquellen der zweiten Art verhalten sich hinsichtlich ihrer chemischen Bestandtheile in einem Wiener Pfunde Wasser nach Dr. Bélteki's Untersuchungen auf folgende Weise:

	Lázárfalva,	Torja,	Málnás,	Kovászna
Schweflichtsaures Gas allein	—	Eine grosse, jedoch unbestimmte Quantität.	22.46 Kub.Z.	—
dtto mit kohlensaurem Gase gemischt	38.52 K.Z.	—	—	31.74 K.Z.
Schwefelsaurer Kalk	5.29 Gran	3.26 Gr.	3.30 Gr.	3.34 Gran
Salzsaurer Kalk	— „	0.99 „	— „	— „
Schwefelsaures Natron	— „	2.20 „	0.88 „	2.86 „
Salzsaures Natron	3.10 „	0.87 „	1.32 „	1.10 „
Schwefelsaure Magnesia	— „	1.32 „	1.32 „	0.99 „
Salzsaure Magnesia	2.20 „	— „	— „	— „
Schwefelsaures Eisen	— „	— „	0.66 „	0.88 „
Kohlensaures Eisen	0.25 „	0.11 „	— „	— „
Thonerde	— „	— „	1.10 „	— „
Extraktivstoff	3.08 „	1.20 „	0.88 „	0.22 „
Erdharz	Spuren	— „	— „	— „
Temperatur -|- Grad Reaum:.	9.	15.	10.	

5. **Bitterwässer** sind in Siebenbürgen bei Kis-Czég, Ölves, Kérö nächst Szamos-Ujvár, Kis-Sármás und Novály nächst Kis-Czég, dann Tür in der Nähe von Blasendorf, von denen aber nur die beiden ersten näher bekannt und untersucht sind. An chemischen Bestandtheilen enthält nach Bélteki im einem Wiener Pfunde die Quelle von:

	Kis-Czég,	Ölves
Kohlensaures Gas	2.64 Kub. Zoll	Unbestimmt.
Schwefelsaures Natron	115.44 Gran	— Gr.
Salzsaures Natron	11.80 „	1.77 „
Schwefelsaure Magnesia	— „	112.38 „
Kohlensaure Magnesia	2.18 „	3.04 „
Kohlensauren Kalk	1.31 „	1.84 „
Thonerde	0.87 „	0.65 „
Extraktivstoff	0.87 „	0.43 „
Temperatur -|- Grad R.:	9.	11.

6. **Sodawasser** enthalten die Schlammquellen von Scholten und an den Reussener Teichen, dann wahrscheinlich auch die Mineralquelle von Jegenye im Klausenburger Bezirke.

B. Warme Mineralquellen.

Unter den warmen Mineralquellen unsers Landes sind die am genauesten erforschten die von Alsó-Vácza, Algyógy und Kis-Kalán im südwestlichen Theile von Siebenbürgen, bei welchen auch mehr oder weniger gute Badeeeirichtungen bestehen. Quellen von hoher Temperatur sind noch bei Bábolna und Kis-Rápolt im Gyogyer Bezirke mit 20º R. Temperatur und ähnlicher Beschaffenheit, wie die von Al-Gyógy, dann bei Gyergyó-Toplicza am Zusammenflusse des Topliczaer Baches mit dem Marosch von 22 1/2º R., dann die Quelle Fontina Doamnilor bei Zernest, ohne dass uns hierüber Näheres bekannt wäre. Die drei erstgenannten Thermen verhalten sich aber bezüglich ihrer Temperatur, dann der Zusammensetzung eines Wiener Pfundes Wasser folgendermassen:

1. Alsó-Vácza, eine Schwefeltherme mit der Temperatur von -|- Grad Reaum. 25—25 1/2. enthält:

Schwefelwasserstoffgas	14.11	Kub. Zoll
Schwefelsauren Kalk	2.65	Gran
Salzsaures Natron	3.19	„
Salzsaure Magnesia	3.30	„

2. Die warmen Säuerlinge Al-Gyógy u. Kis-Kalán mit der Temperatur von -|- Grad Reaum. 24   24 haben:

Kohlensaures Gas	15.85	Kub. Z.	10.57	K. Z.
Kohlensauren Kalk	3.08	Gran	2.33	Gran
Kohlensaure Magnesia . . .	3.54	„	2.64	„
Kohlensaures Natron . . .	7.18	„	2.64	„
Salzsaures Natron	0.88	„	1.10	„
Schwefelsaures Natron . . .	—	„	1.59	„
Kieselerde	0.66	„	—	„

Bei Kalán sowohl, als bei Gyógy, sind mehrere Quellen und am letztern Orte enthält die sogenannte Quelle des Fürsten Apafi ausser den oben angeführten Bestandtheilen noch eine unbestimmte Quantität von schwefelsaurem Natron und kohlensaurem Eisen.

Hierher gehört auch der zum Baden benützte Säuerling von Csik-Tusnád mit 18—20º R. Wärme, welcher kohlensaures Gas, Chlorkalium, Chlornatrium, kohlensaures Natron, kohlensauren Kalk, kohlensaure Bittererde, kohlensaures Eisenoxydul, Thonerde und Kieselerde in noch unbestimmter Menge enthält.

§. 14. Die Vegetation des Landes.

Die geographische Lage Siebenbürgens, sein Klima und seine nach Zusammensetzung und Erhebung in vertikaler Richtung so verschiedene Bodenbeschaffenheit haben unserer Flora eine so eigenthümliche Mannigfaltigkeit verliehen, wie wir sie kaum in einem Lande gleicher Ausdehnung wiederfinden. Wir sehen hier Pflanzen der Alpen, des Balkans und des Kaukasus mit denen Mitteleuropas vereinigt, an den Salzteichen die Gewächse des Meeresstrandes, auf den Hochgebirgen die des hohen Norden, an den sonnigen Rebenhügeln solche, welche die Wärme des Südens schwer vermissen, blühen. Da wir jedoch vollständige Aufzählungen und Beschreibungen wenigstens eines Theiles unserer Pflanzen (der Gefässpflanzen) in den Werken von

Dr. F. C. Baumgarten*), und Dr. F. Schur **) besitzen, so würde es hier zu weit führen ein ausführliches Verzeichniss derselben zu liefern. Wir beschränken uns daher darauf anzugeben, dass nach Dr. Schur's Sertum bisher 3248 Arten phanerogamer Pflanzen und 71 Gefässkryptogamen (Equisetaceen, Lycopodiaceen, Farne u.s.w.), dann nach dem 4-ten Bande von Dr. Baumgarten's Enumeratio, nach L. Ritter von Heufler's Kryptogamen des Arpaschthales und den Arbeiten von Dr. Schur und Professor M. Fuss 340 Arten Moose, 279 Arten Flechten, 10 Arten Characeen, 290 Arten Algen und beiläufig 3000 Arten Pilze, (wobei nämlich die unendlich zahlreichen Arten von Brandpilzen kaum berücksichtiget sind), — also im Ganzen über 7200 Pflanzenarten in Siebenbürgen aufgefunden wurden, von welchen nur 206 Arten im Grossen angebaut werden, die übrigen aber völlig wild vorkommen.

Diese vertheilen sich folgendermassen auf die einzelnen Familien Gattungen und Arten:

A. Dicotyledoneae.

	Familien.	Gattungen.	Arten.		Familien.	Gattungen.	Arten.
1	Ranunculaceae	20	136	25	Geraniaceae	2	20
2	Paeoniaceae	2	5	26	Balsamineae	1	1
3	Acteaceae	1	1	27	Oxalideae	1	3
4	Berberideae	1	1	28	Zygophylleae	1	1
5	Nymphaeaceae	2	3	29	Rutaceae	2	2
6	Papaveraceae	3	11	30	Diosmeae	1	1
7	Fumariaceae	2	11	31	Papilionacae	34	185
8	Cruciferae	53	170	32	Caesalpineae	1	2
9	Cistineae	1	11	33	Staphileaceae	1	1
10	Violarieae	1	26	34	Evonymeae	1	3
11	Resedaceae	1	4	35	Rhamneae	2	6
12	Droseraceae	2	4	36	Sumachineae	2	2
13	Polygaleae	2	7	37	Amygdaleae	6	26
14	Sileneae	13	84	38	Spiraeaceae	1	11
15	Alsineae	19	69	39	Dryadeae	13	64
16	Spergulaceae	2	6	40	Rosaceae	2	33
17	Elatineae	2	4	41	Pomacea	8	19
18	Lineae	2	13	42	Oenothereae	3	16
19	Malvaceae	6	15	43	Circaeaceae	1	3
20	Tiliaceae	1	6	44	Hydrocaryes	2	1
21	Hypericineae	1	10	45	Myriophyllae	1	2
22	Acerineae	1	4	46	Hippurideae	1	1
23	Hyppocastaneae	1	1	47	Callitrichineae	1	6
24	Ampelidae	1	1	48	Ceratophylleae	1	4
	Zusammen	140	603		Zusammen	89	413

*) Enumeratio Stirpium M. Transsilvaniae Principatus indigenarum auctore J. C. Baumgarten Wien 1814 und 16 (3 Bände). — Der 4-te Band, die Gefässkryptogamen enthaltend. Hermannstadt 1854.

**) Sertum florae Transsilvaniae auctore Dr. F. Schur. Hermannstadt 1853 als Beilage des IV Jahrganges der Verhandlungen und Mittheilungen des siebenb. Vereins für Naturwissenschaften.

Familien.	Gattungen.	Arten.	Familien.	Gattungen.	Arten.
49 Lythrarieae	2	4	94 Scrophularieae	1	7
50 Tamariscinae	1	1	95 Anthirhineae	8	26
51 Philadelphicae	1	1	96 Veroniceae	1	40
52 Cucurbitaceae	7	11	97 Orobancheae	3	15
53 Portulaceae	2	3	98 Rhinanthaceae	7	40
54 Telephiaceae	1	1	99 Labiatae	40	129
55 Illecebreae	3	5	100 Verbenaceae	1	1
56 Polycarpeae	1	1	101 Acanthaceae	1	1
57 Scleranthaceae	1	7	102 Lentibulariae	2	6
58 Crassulaceae	3	26	103 Primulaceae	13	33
59 Saxifrageae	2	45	104 Globularieae	2	2
60 Crassularieae	1	8	105 Plumbagineae	2	5
61 Umbelliferae	67	143	106 Plantagineae	2	17
62 Hederaceae	2	2	107 Amaranthaceae	1	6
63 Adoxeae	1	1	108 Phytolaceae	1	1
64 Corneae	1	2	109 Chenopodeae	15	51
65 Lorantheae	2	2	110 Polygoneae	4	39
66 Lonicereae	2	7	111 Thymeleae	2	5
67 Sambuceae	1	3	112 Santalecae	1	8
68 Viburneae	1	2	113 Eleagneae	1	1
69 Rubiaceae	5	42	114 Aristolochieae	2	4
70 Valerianeae	3	16	115 Empetreae	1	1
71 Dipsaceae	5	23	116 Euphorbiaceae	3	38
72 Echinopsideae	1	5	117 Urticeae	1	3
73 Compositae	93	407	118 Cannabineae	3	4
74 Ambrosiaceae	1	2	119 Arctocarpeae	1	1
75 Campanulaceae	9	50	120 Morineae	1	4
76 Vaccinieae	2	4	121 Ulmaceae	1	8
77 Ericineae	5	8	122 Juglandeae	1	1
78 Rhododendreae	4	6	123 Plataneae	1	2
79 Pyroleae	3	6	124 Celtideae	1	1
80 Monotropeae	1	2	125 Cupuliferae	5	18
81 Ligustreae	1	1	126 Betulineae	3	11
82 Fraxineae	2	3	127 Salicineae	2	45
83 Syringeae	1	4	128 Taxineae	1	1
84 Asclepiadeae	2	2	129 Cupressineae	3	8
85 Apocineae	1	3	130 Abietineae	4	12
86 Gentianeae	6	39	Zusammen:	142	595
87 Menyantheae	2	2	Familie 1 bis 24:	140	603
88 Polemoniaceae	1	1	„ 25 „ 48:	89	413
89 Convolvulaceae	2	6	„ 49 „ 93:	284	1014
90 Cuscutineae	1	3			
91 Boragineae	18	56	Summe der Dicoty-		
92 Verbasceae	1	22	ledonen. . .	655	2625
93 Solaneae	12	26			
Zusammen:	284	1014			

B. Monocotyledoneae.

	Familien.	Gattungen.	Arten.
131	Hydrocharideae	2	2
132	Butomeae	1	1
133	Potameae	3	21
134	Lemnaceae	2	6
135	Alismaceae	2	4
136	Juncagineae	2	3
137	Najadeae	2	2
138	Aroideae	2	4
139	Orontiaceae	1	1
140	Sparganoideae	1	3
141	Typhaceae	1	3
142	Orchideae	23	58
143	Irideae	4	26
144	Narcisseae	3	5
145	Asparagineae	6	11
146	Parideae	1	1
147	Dioscoreae	1	1
148	Tulipaceae	4	10
149	Asphodeleae	10	56
150	Hemerocallideae	4	8
151	Colchicaceae	4	8
152	Junceae	3	33
153	Gramineae	67	225
154	Cyperaceae	20	131
	Summe der Monocotyledonen	169.	623

C. Acotyledoneae:

a) A. vasculares

	Familien.	Gattungen.	Arten.
155	Equisetaceae	1	12
156	Lycopodiaceae	2	10
157	Salvineae	1	1
158	Isoeteae	1	1
159	Marsiliaceae	2	2
160	Ophioglosseae	2	4
161	Osmundaceae	1	1
162	Polypodiaceae	14	40
	Zusammen:	24	71

b) A. vasculares incompletae.

	Familien.	Gattungen.	Arten.
163	Andreaceae	1	3
164	Sphagneae	1	4
165	Bryaceae	60	280
166	Jungermanniaceae	15	40
167	Marchantiaceae	3	6
168	Riccineae	3	7
	Zusammen:	83	340

c) A. cellulares.

	Familien.	Gattungen.	Arten.
169	Characeae	2	10
170	Verrucariaceae	5	25
171	Graphideae	4	10
172	Limborieae	4	12
173	Lecanorineae	1	22
174	Umbilicarieae	3	16
175	Parmeliaceae	6	40
176	Calycieae	2	16
177	Coniocarpicae	1	3
178	Sphaerophoreae	1	2
179	Lecideaceae	2	90
180	Cladoniaceae	3	25
181	Ramalmeae	4	12
182	Usneaceae	4	6
183	Diatomaceae *)		
184	Nostochineae *)		
185	Oscillatorieae *)	25	90
186	Confervideae *)		
187	Ulvaceae *)		
188	Cryptococceae**	15	200
189	Hymenomycetes	50	1000
190	Lycoperdiaceae	60	259
191	Sphaeriacei	30	400
192	Mucorini	56	300
193	Mucedinei	60	300
194	Byssacei	10	80
195	Tubercularii	30	150
196	Uredinei	40	400
197	Praeformativi	10	62
198	Leprariacei	5	30
	Zusammen:	433	3551

*) Diese Familien sind noch nicht erforscht, es dürften aber beiläufig die angegebene Anzahl von Gattungen und Arten vorkommen.

**) Die Gattungen und Arten können hier, wie bei den folgenden Familien, wegen Mangel an speciellen Forschungen nicht mit Bestimmtheit angegeben werden, dürften aber annäherungsweise soviel betragen. Von den unzähligen Arten aus der Familie der Präformativi wurden schon beiläufig die angeführte Anzahl gesammelt.

Hieraus ergibt sich nachfolgende Uebersicht unserer Flora:

Dicotyledonen	. .	2625 Arten)	zusammen 3248 Arten	Phanero-
Monocotyledonen	.	623 „)		gamen
Acotyle-	(vasculares	71 „)		
doneae	(„incompletae	340 „ } zusammen 3962 „	Kryptoga-
	(cellulares	3551 „)		men

Summe der siebenbürgischen Pflanzen 7210 Arten.

Es verhält sich demnach die Anzahl der Phanerogamen zu der der Kryptogamen wie 1 : 1.2236; die der Dikotyledonen zu der der Monokotyledonen wie 1 : 0.2382, oder es machen die Letztern kaum 1/4 der Erstern aus. Dabei beträgt die Anzahl der Compositen mehr als 1/6 der Dicotyledonen, während die andern artenreichern Familien dieser Pflanzenabtheilung (Papilionaceen, Cruciferen, Umbelliferen, Ranunculaceen und Labiaten) nur 1/16 bis 1/20 derselben ausmachen. Von den Monocotyledonen nehmen die Gramineen, ihrer Zahl nach fast 1/3 der ganzen Abtheilung, den ersten Rang ein und nur die Cyperaceen mit nahe zu 1/5 der Artenzahl erreichen noch einige Bedeutsamkeit. Die Anzahl der wahren Alpenpflanzen d. h. derjenigen, welche sich nur bei einer absoluten Höhe von mehr als 6800' finden, machen über 1/12 unserer Flora *) aus und die eigentlichen (phanerogamen) Wasserpflanzen betragen etwa 1/27 der Landpflanzen.

Von diesen Pflanzen gehören Siebenbürgen und theilweise auch den zunächst angrenzenden Ländern eigenthümlich an:

Thalictrum peucidanifolium Griesb. et Schenk in der Ebene um Hermannstadt.

Hepatica angulosa Lam. bei Kronstadt, Szent-Domokos, Borszék, Malomviz-Szuszeny u. a. O. vorzüglich auf Leiaskalk.

Ranunculus crenatus W. Kit. auf Hochgebirgen bei 7000' am schmelzenden Schnee.

Ranunculus polyphyllus W. Kit. in Teichen bei Déva und Karlsburg.

Ranunculus carpathicus Herbich in Vorgebirgen allgemein verbreitet.

Helleborus purpurascens W. Kit. im Gesträuche des Hügellandes.

Delphinium fissum W. Kit. in der Thordaer Schlucht und am Kapellenberge bei Kronstadt.

Delphinium alpinum W. Kit. am Königsstein.

Aconitum moldavicum Hacquet im Gesträuche der Vorgebirge.

Aconitum toxicum Rchb. im Hargitta-Gebirge.

Paconia tenuifolia L. bei Záh auf der Mezöség.

Nuphar sericeum Lang im Marosch bei Sächsisch-Reen.

---

*) Es wurden dieser Berechnung blos die Phanerogamen zu Grunde gelegt.

Barbarea Kayseri Schur im Zibinsgebirge bei 6000' Höhe.
Arabis glareosa Schur auf Hochgebirgen im feuchten Steingerölle.
Arabis procurrens W. Kit. an Felsen im südlichen Vorgebirge.
Cardamine rivularis Schur auf feuchten Grasplätzen der Vorgebirge.
Dentaria glandulosa W. Kit. in Vorgebirgswäldern.
Hesperis runcinnata W. Kit. an Feldrainen und in Wäldern des Mittellandes.
Hesperis Kladnii Schur auf dem Arpascher Gebirge.
Erysimum Wittmanni Zaw. auf den Burzenländer und Rodnaer Gebirgen.
Erysimum angustifolium Ehrh. auf sandigen Aeckern bei Alsó-Rákos und auf der Mezöség.
Alyssum tortuosum W. Kit am Dévaer Schlosse und bei Ponor-Ohaba.
Alyssum argenteum Wittm. an Felsen bei Hidegszamos, Kis-Muncsel und Vaida-Hunyád.
Alyssum murale W. Kit. an Felsen des Dévaer Schlossberges.
Alyssum repens Bmg. (A. Rochelii Andrz.) an Felsen des Szurul und Schulergebirges.
Viola heterophylla Bertol. auf Voralpenwiesen.
Bánffia petraea Bmg. auf den Kalkfelsen der Burzenländer Gebirge und des Ecsémtetei bei Szent-Domokos.
Gypsophila arenaria W. Kit. auf den Hügeln der Mezöség.
Dianthus compactus W. Kit. auf den Voralpen der Fogarascher, Burzenländer und Rodnaer Gebirge.
Dianthus bannaticus Heuff. im Altthale und Hermannstädter Becken.
Dianthus trifasciculatus Kit. auf sonnigen Hügeln des Mittellandes.
Dianthus nitidus W. Kit. an Kalkfelsen des Hátzeger und Paringulgebirges.
Dianthus Henteri Heuff. im Zoodthale am Falkenstein.
Dianthus callizonus Schott et Kotschy auf dem Königsstein.
Dianthus serotinus W. Kit. an sandigen Hügeln bei Reps und Kronstadt und am rothen Berge bei Mühlbach.
Dianthus petraeus W. Kit. am Piatra Csáki und den nächsten Kalkgebirgen.
Silene Lerchenfeldiana Bmg. am Kolczu Brázi im Fogarascher Gebirge und am Paringul.
Silene parviflora Ehrh. an sonnigen Berglehnen bei Thorda, Kolos, Klausenburg und Bachnen.
Silene longiflora Ehrh. an trocknen sandigen Bergen bei Hermannstadt, Schässburg, Thorda und Klausenburg.
Silene Cserei Bmg. (S. saponariaefolia Schott) im Vorgebirge, dann an den Weinbergen bei Szent-Benedek, Maros-Solymos und Kecskedaga.

Silene dinarica Spr. an Kalkfelsen des Burzenländer und Fogarascher Gebirges.
Lychnis Sigerii Bmg. auf dem Kühhorn bei Rodna.
Silenanthe Zawadzkii Herbich auf dem Ecsémtetei bei Szent-Domokos und den Rodnaer Gebirgen.
Arenaria procera Spr. an sonnigen Bergen bei Hermannstadt und am Vulkanpasse.
Arenaria pendula W. Kit. an Felsen der Vorgebirge.
Cerastium tetragonum Bmg. an Bächen der Frecker Gebirge.
Cerastium transsilvanicum Schur in der alpinen Region des Fogarascher Gebirges.
Hypericum alpinum W. Kit auf Grasplätzen der Gebirge.
Geranium alpestre Schur (G. silvaticum Bmg.) in Gebirgswaldungen.
Genista procumbens W. Kit. am Berge Tepej bei Alsó-Rákos und am Hargittagebirge.
Melilotus macrorhiza Pers. auf Salzboden bei Salzburg und in der Gegend von Udvarhely.
Lathyrus Hallersteinii Bmg. im Gesträuche der Vorgebirge.
Orobus transsilvanicus Spr. auf bergigen Grasplätzen im Mittellande.
Orobus laevigatus W. Kit. bei Klausenburg.
Orobus ochroleucus W. Kit. in Gebirgswäldern bei Lövete und Borszék.
Cytisus leucanthus W. Kit. in Bergwäldern fast des ganzen Landes.
Cytisus bannaticus Griesb. auf den Hügeln bei Hammersdorf.
Cytisus elongatus W. Kit. bei Maros-Némethi und Roskány im Devaer, dann Batrina im Vaida-Hunyáder Bezirke.
Cytisus Rochelii Wierzb. einzeln an Hügeln bei Grossscheuren.
Rhamnus tinctoria W. Kit. bei Klausenburg und Hammersdorf.
Potentilla chrysocraspeda Lehmann auf Gebirgswiesen allgemein verbreitet.
Waldsteinia geoides Wild. in schattigen Bergwäldern an vielen Orten.
Rubus agrestis W. Kit. am Hargittagebirge.
Poterium polygamum W. Kit. auf trocknen Grasplätzen bei Nagy-Enyed.
Crataegus nigra W. Kit. in Bergwäldern bei Déva und Vaida-Hunyád.
Sicyos angulatus L. bei Bistritz.
Scleranthus dichotomus Schur bei Gurariu.
Scleranthus collinus Schur bei Porcsest.
Scleranthus uncinnatus Schur auf Fusssteigen in Gebirgen von 5000 bis über 7000′ Höhe.
Scleranthus neglectus Rochel am schmelzenden Schnee auf Hochgebirgen.
Sedum glaucum W. Kit. auf Sandplätzen und Kalkfelsen häufig.

Sempervivum Heuffelii Schott am Königsstein.
Sempervivum blandum Schott ebendaselbst.
Saxifraga luteo-viridis Schott et Kotschy auf dem Fogarascher, Burzenländer, Rodnaer und Láposch-Gebirge, dann auf den Kalkfelsen des Piatra Csáki.
Saxifraga Rocheliana Sternb. auf den Kalkfelsen der Thordaer Schlucht.
Saxifraga cymosa W. Kit. auf den höchsten Gebirgen über 7000'.
Saxifraga heucherifolia Griesb. an Gebirgsbächen.
Saxifraga carpathica Rchb. in Felsspalten auf dem Rodnaer und Fogarascher Gebirge.
Chrysosplenium glaciale Schur an den Quellen der Hochgebirge.
Seseli rigidum W. Kit. an den Kalkfelsen des Piatra Csáki.
Seseli gracile W. Kit. in der Thordaer und Toroczkoer Schlucht auf Kalk.
Peucedanum arenarium W. Kit. am Kapellenberge bei Kronstadt und in den Dévaer Weingärten.
Heracleum palmatum Bmg. in Schluchten des Fogarascher, Burzenländer und Paringul-Gebirges.
Laserpitium marginatum W. Kit. auf dem Gebirge Czibles dann den Rodnaer und Burzenländer Gebirgen.
Asperula capitata Kit. auf dem Königsstein.
Galium infestum W. Kit. auf Saatfeldern.
Cephalaria transsilvanica Schrad. auf dem Berge Tepej und der Mezöség.
Cephalaria radiata Schur bei Hammersdorf und Neudorf nächst Hermannstadt.
Scabiosa flavescens Griesb. an den Tertiärhügeln um Hermannstadt.
Scabiosa bannatica W. Kit. bei Dobra und Maros-Némethi, dann auch zwischen den Kockeln.
Scabiosa lancifolia Heuff. (Sc. silvatica Bmg.) in Gebirgswäldern des ganzen Gebietes.
Echinops exaltatus Schrad. in Weinbergen und Wäldern nächst Hermannstadt.
Centaurea Kotschyana Heuff. auf den Arpascher, Rodnaer und Szent-Domokoscher Gebirgen.
Centaurea atropurpurea W. Kit. an sonnigen Hügeln.
Centaurea coriacea W. Kit. an Ackerrändern.
Centaurea Schwarzenbergiana Schur auf den Bergwiesen bei Kolos.
Cirsium pannonicum De C. auf Waldwiesen bei Hermannstadt.
Cirsium furiens Griesb. an sonnigen Hügeln und Wegrändern.
Cirsium pauciflorum W. Kit. auf dem Szent-Domokoscher, Fogarascher und Zibinsgebirge.
Carduus candicans W. Kit. in der Thordaer Schlucht, bei Maros-Némethi und Darlocz.
Carduus collinus W. Kit. bei Déva.

Carduus glaucus Bmg. auf Kalk in den Fogarascher, Csiker und Toroczkoer Gebirgen.
Telekia speciosa Bmg. in Gebirgsschluchten des ganzen Gebietes.
Conyza alata Bmg. (Inula glabra Bess.) in der Thordaer Schlucht und bei Hammersdorf und Neudorf nächst Hermannstadt.
Artemisia Baumgartenii Bess. auf den Fogarascher, Burzenländer und Rodnaer Gebirgen.
Achillea lingulata W. Kit. auf allen Hochgebirgen, besonders des nördlichen Höhenzuges.
Anthemis carpathica Wild. auf den Hátzeger, Fogarascher, Burzenländer und Rodnaer Gebirgen über 6000' Höhe.
Anthemis macrantha Heuff. in subalpinen Gebirgswäldern.
Anthemis tenuifolia Schur auf allen Hochgebirgen über 6000' Höhe.
Gymnocline macrophylla Bmg. in Vorgebirgswäldern des Hátzeger und Erzgebirges.
Leucanthemum rotundifolium W. Kit. im Nadelholz-Gesträuche der Gebirge.
Aronicum carpathicum Fuss. in Gebirgsschluchten.
Tephroseris Fussii Griesb. auf dem Götzenberge bei Michelsberg.
Senecio carpathicus Herbich auf allen Hochgebirgen bei 7000'.
Senecio auronitens Schur auf Wiesen, an Wegen und in Wäldern häufig.
Senecio glaberimus Roch. auf Grasplätzen des Retjezat, Paringul, Fogarascher Gebirges und Czibles über 7000' Höhe.
Senecio umbrosus W. Kit. an Bergen des Mittellandes.
Crepis rigida W. Kit. an trocknen Berglehnen.
Hieracium Csereianum Bmg. am Czibles und Burzenländer Gebirge.
Hieracium ramosum W. Kit. in Bergwäldern des nordöstlichen Landestheiles.
Hieracium foliosum W. Kit. in Vorgebirgswäldern des nördlichen Höhenzuges.
Hieracium lanatum W. Kit. auf dem Hátzeger, Bihárer und Rodnaer Gebirge.
Phyteuma tetramerium Schur im Gesträuche der Vorgebirge.
Campanula Hostii Bmg. auf Bergwiesen bei Deva.
Campanula abietina Griesb. in der Tannenregion aller unsrer Gebirge.
Campanula Wanneri Roch. an Felsen des Fogarascher Gebirges.
Campanula carpathica L. im Burzenländer und Rodnaer Gebirge, dann bei Borszék und Szent-Domokos auf Kalk.
Campanula transsilvanica Schur (C. thyrsoidea Bmg.) auf den höchsten Spitzen des Rodnaer und Burzenländer Gebirges.
Campanula spatulata W. Kit. auf den Kalkfelsen der Bodzauer Gebirge.

Campanula graminifolia W. Kit. auf dem Kalkkegel Piatra arsze des Bihárgebirges.
Rhododendron myrtifolium Schott et Kotschy auf allen unsern Gebirgen bei 6000' Höhe und darüber.
Bruckenthalia spiculifolia Rchb. im Vorgebirge des südlichen Höhenzuges.
Syringa Josikaea Jacq. an Felsen bei Nagy-Sebes im Bánffi-Hunyáder Bezirke.
Gentiana phlogifolia Schott et K. auf den Arpascher Gebirgen, dann am Königsstein und Ecsémtetei.
Swertia alpestris Bmg. auf dem Rodnaer Gebirge Koronjis.
Swertia punctata Bmg. im Fogarascher und Zibinsgebirge bei 7000' Höhe.
Onosma arenarium W. Kit. an sonnigen Berglehnen bei Hermannstadt, Leschkirch, Schässburg, Déva und a. Orten.
Cerinthe alpina Kit. im Fogarascher Gebirge.
Pulmonaria rubra Schott et K. in Vorgebirgswäldern.
Symphytum cordatum W. Kit. an feuchten Stellen im Vorgebirge.
Linaria transsilvanica Schur auf dem Königsstein.
Veronica foliosa W. Kit. auf dem Berge Bilak bei Sárd, auf den Heuwiesen bei Klausenburg und auch an andern Orten.
Veronica Bachofeni Heuff. im Vorgebirge des südlichen Höhenzuges.
Veronica Baumgartenii K. et S. auf Hochgebirgen über 7000'.
Melampyrum saxosum Bmg. auf den Kalkfelsen der Vorgebirge.
Pedicularis pratensis Griesb. bei Hermannstadt auf feuchten Wiesen.
Salvia transsilvanica Schur (S. nemorosa Bmg.) an sonnigen Bergen des Mittellandes.
Thymus comosus Heuff. sehr häufig im Vorgebirge.
Primula carpathica Fuss in Schluchten des Fogarascher Gebirges.
Soldanella pusilla Bmg. auf dem Zibins- und Fogarascher Gebirge bei 6500' Höhe.
Plantago uliginosa Bmg. (P. gentianaides Sm.) an feuchten Stellen der Hochgebirge des südlichen Höhenzweiges.
Plantago Schwarzenbergiana Schur an den Salzteichen bei Thorda.
Atriplex mucronata W. Kit. auf Salzboden bei Salzburg, Thorda, Kolos, Déésakna u. s. w.
Polygonum arenarium W. Kit. auf sandigen Stellen bei Kolos und Thorda.
Euphorbia virgata W. Kit. auf Aeckern u. trocknen Bergwiesen.
Euphorbia lucida W. Kit. auf Weideplätzen.
Carpinus carpinizza Kit. in Bergwäldern.
Carpinus intermedia Wierzb. in Vorwäldern des Fogarascher Gebirges.

Betula oycoviensis Bess. auf einem Moore bei Borszék.
Salix Kitaibeliana W. auf den Fogarascher Gebirgen.
Populus repanda Bmg. am Altufer auf dem Freithum von Reps.
Ruppia obliqua Schur in den Salzteichen von Salzburg, Szamosfalva, Thorda u. s. w.
Arum alpinum Schott et K. in der Krummholzregion des Fogarascher Gebirges.
Orchis elegans Heuff. (O. palustris Bmg.) auf feuchten Wiesen bei Hermannstadt.
Cephalanthera ochroleuca Bmg. in schattigen Bergwäldern bei Schässburg.
Crocus iridiflorus Heuff. im Gesträuche der Hügel und Bergregion.
Iris uniflora Grsb. an sonnigen Bergen bei Grossscheuren und Hammersdorf.
Iris arenaria W. Kit. bei Thorda.
Iris hungarica W. Kit. bei Klausenburg, Schässburg und in der Umgebung von Hermannstadt.
Scilla praecox Schott et K. oberhalb der Baumgrenze auf dem Fogarascher und Zibinsgebirge.
Scilla Kladnii Schur auf dem Fogarascher Gebirge.
Allium ochroleucum W. Kit. auf den Burzenländer und Rodnaer Gebirgen.
Allium xanthicum Grsb. auf dem Fogarascher Gebirge.
Allium ammophilum Heuff. bei Grossscheuren, Hahnenbach und am rothen Berge bei Mühlbach.
Allium atropurpureum W. Kit. bei Kolos und Klausenburg.
Czekelia transsilvanica Schur am Kapellenberge bei Kronstadt und am Kaczanyas bei Vaida-Hunyád.
Bulbocodium ruthenicum Byr. auf den Heuwiesen von Klausenburg.
Colchicum pannonicum Grsb. auf Wiesen der Ebene und des Hügellandes, bei uns wahrscheinlich durchgehends das C. autumnale L. vertretend.
Pycreus pannonicus P. B. in Sümpfen des Hügellandes.
Carex dacica Heuff. auf dem Fogarascher Gebirge.
Carex transsilvanica Schur (C. Halleriana Ass.) in den Weinbergen von Michelsberg.
Trichodium transsilvanicum Schur auf d. Arpascher Gebirgen.
Sesleria rigida Heuff. mit der Varietät S. Bielzii: Schur. auf Hochgebirgen über 7000 Fuss, die Letztere besonders auf dem Kühhorn bei Rodna.
Sesleria filifolia Heuff. auf Kalk in den Fogarascher Gebirgen.
Sesleria Heufleriana Schur ebendaselbst.
Avena carpathica Host auf Grasplätzen der Voralpen im Rodnaer Gebirge.
Avena sesquitertia Bmg. auf Wiesen des Fogarascher Gebirges.
Poa tremula, subtilis und media, Festuca flaccida und

Aira elegantissima Schur von Dr. Schur ohne eine nähere Bezeichnung des Standortes als siebenbürgische Pflanzen beschrieben.
Alopecurus laguriformis Schur auf den Arpascher Gebirgen.

Zu den Pflanzen, welche wir mit Südwesteuropa (den Alpen, dem Littorale, Italien, Frankreich und den Pyrenäen) gemein haben, gehören: Clematis erecta nnd flammula, Callianthemum coriandrifolium, Isopyrum thalictroides, Aconitum Stoerkeanum und pyrenaicum, Paeonia officinalis und corallina, Fumaria parviflora, Nasturtium pyrenaicum, Arabis auriculata, ciliata und bellidiflora, Hesperis tristis, Sisymbrium Columnae und junceum, Draba ciliaris, Biscutella laevigata und saxatilis, Lepidium hirtum und ruderale, Aethionema saxatilis, Cardaria Draba, Dianthus collinus, Silene gallica, italica und livida, Linum narbonense, Althaea hirsuta und pallida, Hibiscus trionum, Hypericum Richeri, Geranium macrorhizon und pyrenaicum, Tribulus terrestris, Ruta graveolens, Cytisus Laburnum und hirsutus, Trifolium resupinatum, strictum und hybridum, Medicago Gerardi, Coronilla Emerus, Hippocrepis unisiliquosa, Ervilia monantha und pisiformis, Vicia Gerardi, hybrida, lutea und lathyroides, Lathyrus sativus und hirsutus, Orobus luteus und albus, Rhamnus saxatilis, Frangula Wulfenii, Rhus cotinus, Potentilla inclinata und caulescens, Aremonia agrimonioides, Corrigiola littoralis, Paronychia capitata, Sedum Fabaria, Sempervivm globiferum und arachnoideum, Saxifraga Burseriana, caesia, retusa, hypnoides, petraea und Hostii, Bupleurum Gerardi und caricifolium, Angelica sylvestris, Chaerophyllum odoratum, Rubia tinctorum, Vaillantia pedemontana, Galium rubrum, Valeriana carinata, Scabiosa Scopolii, Xeranthemum annuum, Centrophyllum lanatum, Centaurea nervosa, variegata und paniculta, Cirsium montanum, Erigeron Villarsii, Solidago alpestris, Buphthalmum salicifolium und grandiflorum, Inula hybrida, Carpesium cernuum, Artemisia tanacetifolia, Achillea moschata und magna, Anthemis nobilis, Chrysanthemum montanum, Aronicum glaciale, Hieracium amplexicaule und sabaudum, Rhodotamnus Chamaecistus, Fraxinus Ornus, Chlora perfoliata, Heliotropium europaeum, Omphalodes verna, Anchusa angustifolia und Barrelieri, Nonnea nigricans, Onosma echioides, Cerinthe aspera und minor, Echium italicum und violaceum, Hyoscyamus albus, Scrophularia vernalis und glandulosa, Digitalis ferruginea, Linaria dalmatica, Paederota Bonarota, Veronica orchidea, peregrina und Cymbalaria, Salvia Sclarea, Orvala lamioides, Scutellaria peregrina, Phleboanthe Laxmanni, Acanthus mollis, Primula integrifolia, Plantago Tabernemontani, sericea, pumila, Cynops und Psyllium, Aristolochia pallida, Euphorbia salicifolia und silvatica, Mercurialis ovata, Quercus cerris, Corylus tubulosa, Orchis variegata nnd latiflora, Iris sambucina, Fritillaria montana, Lilium pyrenaicum, Lloydia serotina, Asphodeline lutea, Ornithogalum pyrenaicum, Allium paniculatum, Carex pyrenaica, Michelii und hordeistichos, Pollinia Gryllus, Phalaris canariensis, Crypsis schoenoides, Antitragus aculeatus, Apera interrupta, Stipa capillata, Lasiagrostis Calamagrostis, Oreochloa disticha, Avena setacea und nuda, Eragrostis pilosa, Lappago racemosa, Diplachne serotina, Triticum villosum etc.

Dagegen streifen aus dem fernen Osten und Südosten (aus Russland, dem Kaukasus, Kleinasien, Griechenland und dem Balkangebiethe) zu uns herüber: Thalictrum elatum, Aquilegia glandulosa, Cimicifuga foetida, Sinapis orientalis, Erucastrum elongatum, Alyssum rostratum, Lepidium sativum, Crambe Tataria, Viola collina, Dianthus virgineus, Silene compacta, multiflora und tatarica, Linum nervosum, Acer tataricum, Trifolium diffusum, Oxytropis uralensis, Astragalus galegiformis und dasyanthus, Amygdalus nana, Spiraea ulmifolia und chamaedryfolia, Saxifraga hieracifolia, Lophosciadium Barrelieri, Heracleum flavescens, Galium rivale, Centaurea ruthenica und orientalis, Carduus hamulosus, Chrysocoma villosa, Artemisia scoparia und monogyna, Achillea pectinata, Ligularia sibirica, Senecyllis glauca, Senecio erraticus, Tragopogon undulatus, Phyteuma canescens, Syringa vulgaris*), Anchusa achroleuca, Salvia betonicaefolia, Nepeta ucrainica, Thymus graveolens, Phlomis tuberosa, Statice tatarica und Gmelini, Plantago cucullata, Halimocnemis Volvox, Polygonum arenarium, Crocus veluchensis, Gladiolus imbricatus, Iris sibirica und caespitosa, Hemerocallis flava, Allium sibiricum, Melica altissima und Andere.

Von den nutzbaren Pflanzen gedeihen theils von selbst in Siebenbürgen, theils werden als solche kultivirt:

A. Forstgewächse und zwar:
a) zu Bau- und Zimmerholz.

Mehrere der bei uns vorkommenden 9 Arten Eichen besonders die Traubeneiche (Quercus robur L.) und die Stieleiche (Q. pedunculata Ehrh.) überall in der Ebene bis ins Vorgebirge und nur im südwestlichen Theile des Landes stellenweise durch die behaarte Eiche (Q. pubescens Wild.), seltner durch die Zerreiche (Q. cerris L.) vertreten; — die Buche (Fagus silvatica L.) und die Hainbuchen (Carpinus betulus L., C. intermedia Wierzb., C. Carpinizza Host. und C. duinensis Scop.) im Berglande und Vorgebirge; — die Fichte, Rothtanne (Picea excelsa Link.) und die Weiss- oder Edeltanne (Abies pectinata De C.) werden wie selbe meistens gemischt nur im Gebirge von 2500 bis 6000′ Seehöhe vorkommen, so auch ohne Unterschied hauptsächlich dort verwendet, dann als halbbearbeiteter und am meisten geschätzter Handelsgegenstand in dem ganzen Lande verführt. — Die gemeine Kiefer, Föhre (Pinus silvestris L.) bei Talmacsel und am Oitozer Passe, — die Zirbelkiefer (Pinus cembra L.) am Retjezat und auf den Rodnaer Gebirgen, — die Schwarzkiefer (Pinus Laricio Poir.),— die Lärche (Larix europaea De C.) am Bucsecs, am Székelykő bei Toroczko, und auf den Bistritzer Gebirgen,— der Eibenbaum (Taxus baccata L.) werden dort, wo sie stellenweise vorkommen, in ihrer Anwendung im Grossen, von der Fichte und Weisstanne nicht unterschieden, doch findet Letzterer bisweilen

---
*) An den Kalkfelsen des Berges Kaczanyas nächst Vaida-Hunyád gewiss wahrhaft wild und nicht blos verwildert, was auch schon der Umstand beglaubigen dürfte, dass wir in Siebenbürgen unter gleichen Verhältnissen eine zweite eigenthümliche Art (S. Josikaea) besitzen.

auch als Werkholz zu Drechslerwaaren Anwendung. — Die **Erlen** (Alnus glutinosa L., incana De C. und hybrida R. Br.), die beiden erstern Arten besonders häufig im Hátzeger und Schielthale, bei Bistritz, im südlichen Theile des Udvarhelyer und im östlichen und westlichen Theile des Kronstädter Kreises), dann die grössern der 35 bei uns vorkommenden **Weidenarten** (besonders Salix alba und fragilis L.) werden auch in einigen Gegenden, wo Mangel an andern Holzarten ist, zum Bauen verwendet; dasselbe gilt von den grossen **Birken** (Betula alba L. und pendula Schk.), dann von unsern 5 Arten **Linden** (Tilia argentea Desf., parvifolia Ehrh., intermedia De C., grandifolia Ehrh., cordifolia Rchb. und obliqua Host.), der gemeinen **Esche** (Fraxinus excelsior L.) und der **Zitter-** und Schwarzpappel (Poputus tremula und nigra L.).

b) Zu Werk- und Nutzholz.

Ausser den im vorigen Absatze genannten Baumarten, welche man bei uns meistens auch als Werk- und Nutzholz verwendet, müssen hierher gerechnet werden:

Die **Ahornarten** (Acer campestre, platanoides und Pseudoplatanus L.) in vielen Gegenden des Landes in der Hügel- bis in die Vorgebirgsregion, — die **Rüsterarten** (bei uns 8) besonders Ulmus campestris L., — die **Maulbeer-, Birnen-, Aepfel-, Pflaumen-** und **Kirschbäume** ausser der Benützung ihrer Früchte, — der **Wallnussbaum** (Juglans regia L.), von dem früher in einigen Gegenden des Landes (bei Déva, Hammersdorf u. s. w.) ganze Wäldchen standen, sämmtlich zu Tischlerarbeiten.— Die **Kornelkirsche** (Cornus mascula L.) besonders bei Déva, Reps, Schässburg u. s. w. zu Drechslerwaaren. Ebenso der **Zwerg-Wachholder** (Juniperus nana L.), die **Zwergkiefer** (Pinus Mughus Scop.), welche auf allen unsern Hochgebirgen von 6000' bis 7000' Höhe vorkommen;— der **wollige Schneeball** bei uns Zwelk (Viburnum Lantana L.) an sonnigen Hügeln; — die **Tamariske** (Myricaria germanica Desv.) an Flussufern; — der **tartarische Ahorn** (Acer tartaricum L.) an Hügeln besonders im Mittellande (Schwarzer Hartreigel bei uns genannt); — die **Pimpernuss** (Staphylea pinnata L.) — der gemeine **Hartriegel** (Ligustrum vulgare L.); — die **Steinweichsel** (Prunus Mahaleb L.), die bei Vaida-Hunyád und Malomviz vorkömmt, zu Pfeifenröhren; — der gemeine **Holler** (Sambucus nigra L.) zu Drechslerarbeiten. Die **Korbweide** (Salix viminalis L.) und die schmalblätterige **Weide** (Salix angustifolia Wulf.) zu Korbflechtereien; — die **Birken** (Betula alba L. und pendula Schkh.) zu Fassreifen, dann wie die grössern **Beifussarten** (Artemisia vulgaris, campestris etc.) zu Besen; — die **Haseln** (Corylus avellana L.) zu Zäunen und Fassreifen;— die **Schlehen** (Prunus spinosa L.) zu Zaunaufsätzen und Hecken.

c) Zu Brennholz nach der Güte in folgender Ordnung:

Ahorn, Hainbuchen, Buchen, Eichen, Eschen, Rüster, Linden, Birken, Robinien (Akazien), Lärchen, Föhren, Weisstannen und Fichten, Pappeln, Erlen, endlich Weiden.

d) zu lebenden Hecken:

Die Weissdorne (Crataegus Oxyacantha L. und monogyra Jacq);— der Schlehendorn (Prunus spinosa L.); — die Rosen (Rosa canina L. dumetorum Thuill., collina Jacq. etc.) — die Pfaffenkäppchen (Evonymus europaeus L., latifolius L. und verrucosus Scop.); — die Kreuzdorne (Rhamnus cathartica L. und tinctoria W. Lit.); — die Hainbuche, Liguster, Hasel, Weiden, die Brombeeren (Rubus), und Waldreben (Clematis Vitalba L.) u. s. w.

B. Fabricksgewächse und zwar:

a) zu Harz, Pech, Terpentin, Kienruss:

Die Fichte, Weisstanne, Föhre und Lärche, — von denen jedoch bei uns nur die beiden Erstern zu Pech und Harz benützt werden.

b) zu Theer (hier Birkenöl genannt)
Die Birken.

c) zur Essigerzeugung

Die Aepfel und Birnen (Pyrus comunis und malus L.) besonders die wilden, welche in manchen Gegenden ganze Wälder bilden;

d) zur Oelbereitung werden benützt:

Die Wallnüsse, und der Samen der Sonnenblume (Helianthus annuus L.), des Leines (Linum perenne L.), des hier noch selten gebauten Rapses (Brassica Napus L.), der Kürbisse (Cucurbita pepo L.) und des Hanfes (Cannabis sativa L.);

e) zu chemischen Producten können dienen
und zwar zu:

Pottasche die Buchen, Eichen, Rüstern, Rainfarn (Tanacetum vulgare), Beifuss (Artemisia), Disteln, Gänsefuss- und Meldearten (Chenopodiaceen) u. s. w.

Soda die meisten Salzqflanzen, nämlich das Salzkraut (Salsola herbacea und Kali) der Meerstrands-Wegerich (Plantago maritima) und die Meerstrands-Sternblume (Aster Tripolium L.).

Kleesalz der gemeine Sauerklee (Oxalis acetosella L.), der in allen Vorgebirgswäldern ungemein häufig ist, und der an allen Wiesenrainen gemeine Sauerkleeampfer (Rumex acetosella L.).

Zucker der weisse Ahorn (Acer Pseudoplatanus L.) und die besonders bei Hermannstadt und Klausenburg schon häufig gebaute Runkelrübe (Beta vulgaris L.)

Stärkemehl der Weizen (Triticum vulgare) und die Kartoffel (Solanum tuberosum L.)

f) zum Gerben sind zu verwenden:

Die Blätter und zum Theil Stengel der gemeinen Heide (Calluna vulgaris L. im Vorgebirge bei Zood, Zalathna, Bánffi-Hunyád), der Heidel- und Preisselbeere (Vaccinium myrtillus und Vitis Idaea L.

in allen Vorgebirgen sehr häufig), des Heideckers (Tormentilla erecta L. auf allen Aeckern), des Nattern-Knöterichs (Polygonum bistorta L. auf Wiesen besonders des Vorgebirges häufig), der Sumpfspieren (Spirea ulmaria L. und denudata Hayne an Wassergräben und Gebirgsbächen) der Wasserschwertlilie (Iris Pseudacorus L.), dann besonders des nur im südwestlichen Theile Siebenbürgens vorkommenden Sumachs (Rhus Cotinus L., hierlands Skumpie genannt). — Die Rinde der Eichen, Erlen, Birken, Fichten, Tannen, Hainbuchen, Rosskastanien u. s. w. hierlands besonders, wenn auch nicht sehr zum Vortheile der Forstkultur, beliebt.— Die Galläpfel und Knoppern der Eichen, von denen die Letztern seit etwa 20 Jahren*) in Siebenbürgen auffallend selten geworden sind.

g) zu Farbstoffen. Es dienen hiezu und zwar als:

1. Rothe Farbe: Die Wurzeln des Krapps (Rubia tinctorum L.), welcher besonders bei Kronstadt, Schässburg und im Hátzeger Thale jedoch nicht häufig gebaut wird, des färbenden Waldmeisters (Asperula tinctoria L.), der bei Talmatsch an der Landskrone wild wächst, des rötheartigen Labkrautes (Galium rubioides L) auf Bergwiesen an mehreren Orten; des Ackersteinsamens (Lithospermum arvense L.) auf Aeckern nicht selten, der rothen Rübe (Beta hortensis Mill.). Die Blüthen des Ackermohnes (Papaver rhoeas L.) und der Gichtrose (Paeonia officinalis L.), von denen der Erstere auf Aeckern sehr häufig vorkommt, die Letztere ebenso häufig in Gärten gezogen wird. Die Beeren des Ligusters und der in Gärten besonders der Weingegenden häufig gebauten Kermespflanze (Phytolacea decandra). — Eine schöne hellrothe Farbe geben auch die an der Sonne gedörrten Blätter des Dostens (Origanum vulgare), wenn sie mit den Blättern des wilden Apfelbaumes gemischt in Wasser geweicht werden, und es wird dieselbe auch von unsern romänischen Hausfrauen meistens zum Färben der Schafwolle, dann von den Armeniern zum Färben des rothen Corduanleders benützt.

2. Gelbe Farbe: Die Wurzeln und das Holz des Sauerdorns (Berberis vulgaris), der bei Reps, A. Rákos, Kronstadt, Schässburg, Déva, V. Hunyád u. s. w. häufig wild wächst. Die Stengel und Blüthen des Färberwaues (Reseda luteola L.), bei Mühlbach, Broos, Kronstadt und a. O. nicht selten, des Dostens, Feldmajorans (Origanum vulgare L.), des Färberginsters (Genista tinctoria L.), beide auf troknen Bergwiesen häufig, des gelben Labkrautes (Galium verum L.) ebenso häufig an gleichen Orten, — der Färber-Hundskammille (Anthemis tinctoria L.) an sonnigen Hügeln,— der Färberscharte (Serratula tinctoria L.) auf Waldwiesen und Aeckern,— des Johanniskrautes (Hypericum per-

---

*) Bei Mühlach und Hermannstadt wurden im Jahre 1836 zum letztenmale Knoppern in reichlicher Menge beobachtet. Sollte sich vielleicht das sie erzeugende Insekt, durch geänderte klimatische Verhältnisse veranlasst, aus unserer Gegend verloren haben? —

foratum L.) an Rainen*). Die reifen Früchte des färbenden Kreuzdorns (Rhamnus tinctoria W. K.). Die Rinde des wilden Apfelbaumes und die Blätter des Glaskrautes (Parietaria officinalis) mit Alaun versetzt, die Rinde des Weissdorns (Crataegus Oxyacantha). Die Schalen (Zwiebelhüllen) des Zwiebels (Allium Cepa L.).

3. Grüne Farbe: Die unreifen Früchte des gemeinen Kreuzdorns (Rhamnus cathartica L.), welcher überall im Lande, und des färbenden Kreuzdorns (Saftgrün), welcher bei Klausenburg, Hammersdorf und wahrscheinlich auch noch an einigen andern Orten Siebenbürgens wild wächst; das Kraut der Küchenschelle (Pulsatilla vulgaris), des Glaskrautes (Parietaria officinalis), welches besonders in den Szeklerbezirken benützt wird, und anderer Pflanzen.

4. Blaue Farbe: Die Blätter des Färberwaid (Isatis tintoria L.), welcher bei Alsó-Rákos am Tepej, bei Solymos und Maros–Némethi nächst Déva, am Székelykö bei Toroczko, am Schulergebirge bei Kronstadt, am Ecsémtetei bei Szt. Domokos wild vorkommt, aber bei uns noch nicht industriell benützt wird, indem statt seiner die Rinde der Esche und die Heidelbeeren im Gebrauche stehen.

5. Braune Farbe. Dazu wird die Rinde der Birken und das Laub des Dostens bei uns verwendet.

6. Schwarze Farbe. Hiezu dient auf dem Lande die Erlenrinde und das Birkenlaub mit Alaun oder an einigen Orten dem Wasser der Säuerlinge versetzt.

h) zu Manufakturarbeiten als:

1. Für Gespinnste der Bast des Flachses, Hanfes und der grossen Nessel (Urtica dioica L.), von denen die Letztere aber bei uns noch gar nicht angewendet, der Hanf durch das ganze Land, der Flachs vorzüglich bei Kronstadt, Karlsburg und Déés gebaut wird.

2. Für Geflechte das Roggen- und Weizenstroh (Strohhüte, Strohkörbe und Fussmatten), das Kolbenrohr (Typha latifolia und argustifolia) zu Rohrdecken und Tragkörben (Zeckern), die Weiden und Haselstauden wie bereits erwähnt.

3. Für Schuhmacherarbeiten die Rinde der Linden.

4. Für Schnitzwaaren z. B. Löffel, Spindeln, Troge, Heugabeln und Rechen, Leitern, Schlitten, Wägelchen u. s. w. werden verschiedene Holzarten von den Zigeunern benützt.

5. Für Fassbinderarbeiten Eichen und Fichten zu Dauben, Haseln und Birken zu Reifen, Weiden zum Binden der Reife, Kolbenrohr zum Verstopfen der Fugen.

6. Zum Abreiben und Poliren des Holzes der Schachtelhalm (Equisetum hiemale L.), dann zum Scheuren von Metallgefässen das Zinnkraut (Equisetum arvense und palustre L.).

7. Ausser zum Brennen und Dachdecken in der Mezöség und den angrenzenden Theilen des Landes wird das Schilfrohr (Phragnites comunis Trin.) noch zum Verrohren der Zimmer behufs des Anwurfes, zu Weberkämmen u. s. w. verwendet.

---

*) Dieses färbt auch die Milch der Kühe, welche davon fressen, roth und erzeugte hierlands den Aberglauben vom behexten, oder von Wieseln, Vipern u. s. w. gebissenen Euter derselben.

i) **Zum Rauchen:**

Der Tabak (Nicotiana Tabacum L.) und der Bauerntabak) (Nicotiana rustica L.). Der Erstere gedeiht besonders gut bei Blasendorf, Sepsi-Szent-György, Batiz nächst Vaida-Hunyád, Fogaras und Maros-Vásárhely; der Letztere wird nun aber seit Einführung des Tabakmonopols (1851.) im Lande wenig gezogen.

C. Nahrungsgewächse und zwar:

a) Cerealien als:

Mais (Zea Mays L.), die in Siebenbürgen unter dem Namen Kukurutz am meisten gebaute Getreideart, wird hauptsächlich im Déeser Kreise und dem nordwestlichen Theile des Bistritzer Kreises am reichlichsten kultivirt.

Weizen (Triticum vulgare L.), als Hauptgetreide der Deutschen vorzüglich im Hermannstädter und Kronstädter Kreise, dann den deutschen Bezirken des Bistritzer Kreises gebaut.

Roggen (Secale cereale L.) verhältnissmässig am stärksten im S. Szent-Györgyer, Kozmáser, Csikszeredaer, Gyergyo-Szent-Mikloser und Fogarascher Bezirke kultivirt.

Hafer (Avena sativa L.) findet in der Nähe von Klausenburg, dann im Leschkircher und Agnethler Bezirke den stärksten Anbau.

Gerste, die gemeine und sechszeilige, (Hordeum vulgare L. und hexastichon L.) am meisten im Kronstädter und Marienburger Bezirke erzeugt, wo sie zu Malz und Grütze verwendet wird.

Spelt (Triticum spelta L.), besonders an den Kockeln gebaut und als Pferde-, Schwein- und Geflügelfutter verwendet.

Hirse (Panicum miliacium L.) mit der grössten Erzeugungsmenge im Hermanstädter Kreise dann besonders in der Gegend von Kronstadt.

Haidekorn (Polygonnm fagopyrum L.) im westlichen Theile des Kronstädter Kreises, im Bistritzer und Udvarhelyer Kreise am häufigsten angebaut.

b) Küchenpflanzen als:

aa. Wurzeln, Knollen und knollige Wurzelstöcke der gelben Rübe (Daucus Carota L.), Petersilie (Petroselinum sativum Hoffm.), Sellerie (Apium graveoles L.), Pastinak (Pastinaca sativa L.), seltner Zuckerwurzel (Sium sisarum L.), der rothen Rübe (Beta hortensis), Steckrübe (Brassica rapa L.), Kohlrübe (Brassica oleracea L.), Rettige (Raphanus sativus L.), Kartoffeln (Solanum tuberosum L.) in verschiedenen Formen.

bb. Zwiebeln: Gemeine Zwiebel (Allium Cepa L.), seltner Schalotten (A. ascalonicum L), Pori (A. porrum L.), Knoblauch (A. sativum L.), Schnittlauch (A. Schoenoprasum L.)

cc. Blätter-, Sprossen- und Blumengemüse: Kraut und Kohl (Brassica oleracea L. et var.), Spinat und Gartenmelde (Spinacia oleracea L. und Atriplex hortensis L.), Feld- und Gartensauerampfer (Rumex acetosa und scutatus L.), Kerbel (Arthriscus cerefolium Hoffm.), Dragon bei uns Bertram (Artemisia dracumculus L.), Spargel (Asparagus officinalis L.) in vielen Gegenden wild und Hopfen (Humulus lupulus L.) als Sprossen, Blumenkohl (Brassica oleracea L. var.), Dill (Anetum graveolens L.) und Saturei (Satureja hortensis L.)

dd. **Frucht- und Samengemüse und Gewürze:** Gartenbohnen (Phaseolus vulgaris L., nanus und multiflorus L.), Erbsen (Pisum arvense und sativum L.) Linsen (Ervum Lens L.), — Gurken (Cucumis sativus L.), Melonen (Cucumis Melo L.) am besten in der Gegend von Maros-Vásárhely, Wassermelonen (Cucurbita citrullus L.) ebenda und besonders auch bei Klausenburg, Kürbisse (Cucurbita Pepo, Melopepo L. und Maxima Doch.),— Paradiesäpfel (Solanum Lycopersicum L.) und Pfefferoni, Paprika (Capsicum annuum L.), — Fenchel (Foeniculum officinale L.) in Gärten gezogen, Kümmel (Carum carvi L.) als Samen von den Zigeunern auf dem Felde gesammelt und zum Verkaufe gebracht, — weisser und schwarzer Senf (Sinapis alba L. und Brassica nigra L.) nicht selten auf Feldern angebaut,— **Wachholderbeeren** (Juniperus nana und comunis L.) von den gebirgsanwohnenden Romänen für unsere Küchen geliefert und von den Szeklern zu einem wohlschmeckenden gebrannten Geiste (Fenyöviz) verwendet und in Handel gebracht, — **Hopfen** auf Hecken und Gartenzäunen wildwachsend, nicht selten und mit gutem Erfolge zur Biererzeugung gebraucht, ohne dass bis nun auf dessen Kultur etwas verwendet worden wäre,—Mohn, dessen Same fast nur bei den Armeniern und Szeklern zu Speisen verwendet wird.

ee. **Essbare Schwämme: Trüffeln** (Tuber cibarum Sibth.) sehr selten,— gelbe Keulenmorchel, Zingenbart (Clavaria flava Pers.) in Wäldern, — **Speisemorchel** (Morchella esculenta Pers.) im Kronstädter Kreise und einzelnen Gegenden des Mittellandes z. B. bei Schässburg, seltner die **Faltenmorchel** (Helvella esculenta Pers.),— **Leberpilz** (Polyporus hepaticus Huds.) an alten Eichen und Buchen im Spätsommer, — **Herrnpilz** (Boletus edulis Bull., romänisch Munetertsch) in allen Laubwäldern häufig, — **essbarer Faltenpilz**, gelber Pfifferling (Cantharellus cibarius Fr.) im Herbste in Wäldern,— **Champignon** (Agaricus campestris L., romänisch Tschipertsch) auf Viehtriften, Brachäckern u. s. w.,— **gewimperter Blätterpilz** (Agaricus ciliacitus L.) in Birkenwäldern der Vorgebirge, — **wohlschmekkenden Blätterpilz** (Agaricus deliciosus L.) in Nadelwäldern, — **gemeiner Pfifferling** (Agaricus piperatus Scop.) in Wäldern, — **Nagelschwamm** (Colybia esculenta Wolf.) auf Grasplätzen in Wäldern.

Von den Küchenpflanzen im Allgemeinen muss jedoch bemerkt werden, dass dieselben nur in und um die Städte und Märkte gebaut oder bezüglich der wild vorkommenden gesammelt und zum Verkaufe gebracht werden, da die Bewohner des flachen Landes in Siebenbürgen (mit Ausnahme der Deutschen) meist sehr wenig Bedürfnisse in dieser Beziehung haben und daher auch mit der Kultur sich nicht viel abzugeben pflegen, ausser sie gehören wie der Paprika, Zwiebel, das Kraut mit dem dazu nöthigen Dill und Saturei, die Hülsenfrüchte u. s. w. zu ihrer nationalen Nahrung.

c) **Obstarten** und zwar:

aa. **Kernobst: Aepfel, Birnen** und **Quitten**, von denen besonders die beiden erstern Gattungen durch Kultur fortwährend vervielfältiget werden,—**Mispeln** (Mespillus germanica L.) in der Gegend von Klausenburg in Gärten und hier zu Markte gebracht.

bb. **Steinobst: Zwetschken, Pflaumen, Kirschen, Weichseln, Pfirsiche, Aprikosen, Marillen** in Gärten kultivirt. **Schlehen** (Prunus spinosa L.) und **Kornelkirschen** wild, jedoch nur die Letztern in einigen Gegenden (Mühlbach, Nagy-Enyed) zum Genusse auf den Markt gebracht.

cc. **Schalobst: Wallnüsse** in verschiedenen Sorten mit härterer und zarterer Schale, bedeutender oder geringerer Grösse (bei Broos von Hühnereigrösse), — **Kastanien** nur in einigen Gegenden des nördlichen Theiles vom Déeser und Szilágy-Somlyoer Kreise in grösserer Menge erzeugt, — **Haselnüsse** in bedeutender Menge in den Gesträuchen der Hügel- und Vorgebirgsregion und meist von Zigeunern für den Verkauf gesammelt.

dd. **Beerenobst: Weintrauben**, ausser den eigentlichen Weingegenden des Marosch- und Kockelthales sammt Nebenthälern noch fast überall im Lande, soweit es die klimatischen Verhältnisse zulassen, theils in Wein, theils in Hausgärten gezogen und selbst als wilde Traube (Vitis labrusca) des untern Maroschthales noch geniessbar. Die **Heidel-** und **Preisselbeeren** (Vaccinium Myrtillus und Vitis idaea) in Vorgebirgen und bis über die Mittelgebirgsregion hinaus. Es wird jedoch nur die erstere Art gesammelt und zu Markte gebracht. Die **Himbeeren** und **Brombeeren** (Rubus idaeus L., dann R. vulgaris W. et N., hirtus W. Kit., fructicosus L., saxatilis Leb.) in Vorgebirgen, die erstere Art überall in der Nähe derselben, die letztern Arten (besonders R. satalitis L.) nur im westlichen Theile des Kronstädter Kreises verkäuflich.— Die **Erdbeeren** als Wiesen-Erdbeeren (Fragaria collina Ehrh.) und Walderdbeeren (Fr. vesca L.) überall zu Markte gebracht. — Die **Stachelbeeren** (Ribes grossularia und R. uva crispa) dann die **Johannisbeere** (Ribes rubrum L.) in Gärten und nur in Städten zum Verkaufe ausgeboten. — Die **Maulbeere** (Morus nigra L. und alba L.) häufig einzeln gehalten, jedoch nicht als Verkaufsartikel vorkommend.— Die **Berberitze** (Berberis vulgaris L.) wild an mehreren Orten z. B. bei Vaida-Hunyád, Déva, Repš, Kronstadt, Schässburg, u. s. w. dann in Gärten; jedoch nur die kernlose Sorte Schässburgs als Handelsobject vorkommend.

d) Futterkräuter:

Die sämmtlichen wild wachsenden Weidepflanzen hier aufzuzählen, würde zu weit führen, wir beschränken uns daher auf die im Grossen angepflanzten Futterkräuter, weil sie auch dazu beitragen, ein Bild des Standes unserer Landeskultur zu geben. Es sind dies: Kartoffeln, Mais, Sau- und Pferdebohnen (Faba vulgaris Mönch und equina Rchb.), Kürbisse, Eicheln, Bucheckern zur Schweinemastung. — Sämmtliche Cerealien und die meisten Hülsenfrüchte zum Geflügelfutter. — Hafer, Gerste, Spelt, Mais, Luzerne, Esparsette, Klee, Wicken, Buchweizen und das deutsche Borstengras (Setaria germanica L. hier Panik genannt) zum Pferdefutter. — Runkelrüben zur Mastung des Rindviehes.

e) Arzneipflanzen und zwar:

aa. Zusammenziehende (adstringirende) Mittel: Eichenrinde, Eicheln, (Eichelkaffee), Galläpfel, Heidecker (Tormentilla erecta L.), Benediktenkraut (Geum urbanum L.), Salbei (Salvia officinalis L. in Gärten), Grüne Wallnussschalen, Bruchweiden- (Salix fragilis L.) Rinden.

bb. Bittere Mittel: Enzianwurzel (bei uns von Gentiana punctata und lutea), Tausendguldenkraut (Erythraea centaurium L.), Bitterklee (Menyanthes trifoliata L.), bittere Kreuzblume (Polygala amara L.) als rein bittere Stoffe.

Calmuswurzel (Acorus calamus L.), Wermuth (Artemisia absinthium L.), Rainfarn (Tanacetum vulgare L.), Farnkrautwurzel (Aspidium filix mas.) als gewürzhaft-bittere Stoffe.

Löwenzahnkraut- und Wurzel (Taraxacum officinale Moench.), Erdrauch (Fumaria officinalis L.), Andorn (Marrubium vulgare L.) als auflösend-bittere Stoffe.

Isländisches Moos (Cetraria islandica L.) und Huflattigblätter (Tussilago farfara L.) als schleimig-bittere Stoffe.

cc. Aromatische Mittel: Wurzel der Angelica (Archangelica officinalis L.) und des Baldrians (Valeriana officinalis L.), dann Kamillen (Matricaria chamomilla L.), Kümmel, Thymian, Majoran, Pfefferminze und Krauseminze, Mellisse, Lawendel, Rosmarin in Gärten Raute (Ruta graveolens L.) in Weingärten bei Mediasch und Schässburg; Holler (Sambucus nigra L.), Schafgarben (Achillea millefolium L.), das Oel vom Fenchel- und Dillsamen und vom Thymian, das Rosenwasser u. s. w.

dd. Geistige Mittel: Wein und Weingeist.

ee. Narkotische (betäubende und schlafmachende) Mittel: Stechapfelkraut, Bilsenkraut, Belladonakraut- und Wurzel, Mohn, Pfirsichkerne Bitterwandeln, Hopfen, Hanf, Pfingstrosenwurzel als rein- und bitter-narkotische Stoffe. — Rother Fingerhut (in Gärten) gefleckter Schierling, Eisenhut, Tabak, Bittersüss, Giftlattich, Mutterkorn als: scharf narkotische Stoffe.

ff. Scharfe Mittel: Blüthen des Wohlverlei (Arnica montana L.), Stiefmütterchen (Viola tricolor L.), der Hundslilie (Convallaria polygonatum L.) als rein scharfe Stoffe.— Das Kraut des Stiefmütterchens und die Wurzel der Hundslilie in grössern Gaben zugleich brechenerregend. —

Löffelkraut (Cochlearia officinalis L.), Senf, Seidelbast (Daphne Mezereum L.), die Wurzel des Alants (Inula helenium L.) als **gewürzhaftscharfe** Stoffe.

Die schwarze und weisse Nieswurz (Helleborus niger L. bei uns selten, häufiger dagegen H. purpurascens W. Kit., und Veratrum album L.) als **ätzend-scharfe** Stoffe.

Die Wurzeln der Zaunrübe (Bryonia alba L.) und des Purgirkrauts (Gratiola officinalis L.), das Oel der bei uns häufig in Gärten gebauten Springkörner (Ricinus comunis L.) als **abführend-scharfe** Stoffe.

Die Zwiebeln und Samen der Zeitlose (bei uns wahrscheinlich ausschliesslich die neue Art Colchicum pannonicum Griesb. et Schenk) als **Auswurf befördernder, scharfer Stoff**.

gg. **Natürliche Balsame und Harze:** Bärlappsamen (Lycopodium clavatum L.), Wachholderbeeren (Juniperus nana und comunis), Fichtenharz.

hh. **Oele und Fette:** Leinöl, Hanföl, Nussöl, Kürbiskernöl u.s.w.

ii. **Schleimige Mittel:** Eibischkraut- und Wurzel (Althaea officinalis L.) Malwen (Malva vulgaris F. borealis etc.), Klettenwurzel (Lappa major Gaertn. und tomentosa Lam.), Queckenwurzel (Triticum repens L.), Königskerzen (Verbascum thapsus und phlomoides L.), Salep (Knollen der Orchis morio L.), Schleim der Quittenkerne.

kk. **Zuckerstoffe:** Lakritzen (Glycyrhiza glabra L. hie und da in Gärten, Gl. echinata L. selten an einigen Orten des Landes wild). Möhrensaft (Daucus carota L.), Engelsüss (Polypodium vulgare L.) und der Zucker aus Runkelrüben u. s. w.

ll. **Planzensalze:** Kleesalz, Weinstein.

f) **Giftgewächse:**

Mehr oder weniger alle Ranunculaceen, Paeoniaceen und Papaveraceen, besonders: die Waldrebe (Clematis vitalba L.), die gelbe Wiesenraute (Thalictrum flavum L.) die Windröschen (Anemone nemorosa und ranunculoides L.), die Küchenschellen (Pulsatilla vulgaris, patens, pratensis, alba Rchb.), die Adonisarten (Adonis aestivalis und vernalis L.) die Hahnenfussarten (Ranunculus acris, sceleratus, bulbosus L. etc.), die Feigwurz (Ficaria ranunculoides L.), die Sumpfdotterblume (Caltha palustris L.), die Nieswurzarten (bei uns am häufigsten Helleborus purpurrascens W. Kit.), die Akleiarten (Aquilegia vulgaris L. etc.), die Sturmhutarten (Aconitum napellus Auct., camarum Jacq., moldavicum Hacqet, Anthora L. etc.), die Pfingstrose (Paeonia officinalis L. bei Wolkendorf im Kronstädter Bezirke und auf Vorgebirgswiesen bei Rodna wild), das Christopfskraut (Actaea spicata L.), die Mohnarten (Papaver somniferum, hybridum, Rhoeas L. etc.), das Schöllkraut (Chelidonium majus L.). — Die Veilchenarten (Viola tricolor, hirta, canina, palustris, odorata L. etc.) und der Sonnenthau (Drosera rotundifolia L.).— Von den Schmetterlingsblüthlern die Schoten des Goldregens (Cytisus Laburnum L.), wild der am Gebirge Paringul sich findet, und die Kronwicke (Coronilla varia L). — Die Pimpernuss (Staphylea pinnata L.).—

Die Spindelbaumarten (Evonymus europaeus, verrucosus und latifolius L.), die Kreuzdorne (Rhamnus cathartica L. etc.) und der Faulbaum (Frangula vulgaris Rchb.) — Die Traubenkirsche (Padus vulgaris Mill.), dann die Kerne der Kirschen, Pflaumen, Pfirsiche, Apricosen etc., wegen der in ihrer braunen Samenhaut enthaltenen Blausäure. — Die Zaunrüben (Bryonia alba und dioica L.) — Das Milzkraut (Chrysosplenium alternifolium L.) und der Mauerpfeffer (Sedum acre L.) — Viele Doldengewächse als: der Wassernabel (Hydrocotyle vulgaris L.), die Meisterwurzarten (Astrantia major L., und carniolica Wulf.), der Wasserschierling (Cicuta virosa L.) der Merk (Sium latifolium L.), die röhrige Rebendolde (Oenanthe fistulosa L.), der Wasserfenchel (Phelandrium aquaticum L.), die Hundspetersilie (Aethusa Cynapium L.), die Kümmelsilge (Selinum carvifolium L.), der unächte Bärenklau (Heracleum Spondylium L.) der grosse Klettenkerbel (Anthriscus silvestris Hoffm.), der berauschende und knollige Kalberkropf (Chaerophyllum temulum und bulbosum L.)— von Letzterm wird jedoch die knollige Wurzel durch Kultur geniessbar—, der gefleckte Schierling (Conium maculatum L.). — Die Beeren des Epheu (Hedera Helix L.), des gemeinen Geissblattes (Lonicera Xylosteum L.) und des gemeinen Schneeballs (Viburnum opulus L.).— Der Attich (Sambucus Ebulus L.).— Der Wassserhanf (Eupatorium cannabium L.), das gemeine Berufkraut (Erigeron acris L.) der Giftlattich und wilde Lattich (Lactuca virosa und Scariola L.). — Die Rosmarinhaide (Andromeda polifolia L.), die niederliegende Azalee (Azalea procumbens L.), das Alpenröschen (bei uns hauptsächlich die neue Art Rhododendron myrtifolium Schott et Kotschy), der Sumpfporst (Ledum palustre L.). — Der Hundswürger (Cynanchum Vincetoxicum L) und die Winden (Convolvulus arvensis und sepium L.). — Die Nachtschatten und das Bittersüss (Solanum nigrum L., villosum Lam., miniatum etc.,— dann S. dulcamara L.), ferner die Blasenkirsche (Physalis Alkekengi L.), die Tollkirsche (Atropa Belladonna L.), die Alraunwurzel (Mandragora officinalis L.), die tollkirschenartige Scopoline (Scopolina atropioides Schut.) das schwarze, weisse und bleiche Bilsenkraut (Hyoscyamus niger L., albus L. und pallidus Kit.), die Tabakarten, der Stechapfel (Datura stramonium L.). — Das Purgirkraut (Gratiola officinalis L.), die Fingerhutarten (Digitalis lutea L., grandiflora Lam etc.), das gelbe Lövenmaul (Linaria vulgaris Mill., genistaefolia Mill. etc.), das Läusekraut (Pedicularis silvatica L. palustris L. etc. , der Hahnenkamm (Rhinanthus minor Ehrh, hirsutus Lam etc.). — Das Fettkraut (Pinguicula vulgaris L., leptoceras Rchb. und flavescens Floerk.) auf Gebirgen. — Das Schweinsbrod (Cyclamen europaeum L.) selten bei Lázárfalva und am Oitoz-Passe. — Die Haselwurz (Asarum europaeum L.) und die Osterluzei (Aristolochia pallida W. Kit. und Clematitis L.. — Die zahlreichen Arten der Wolfsmilch (Euphorbia) und das Bingelkraut (Mercurialis perennis L., annua L. und ovata Hoppe). — Der Hanf (Canabis sativa L.) und der Hopfen (Humulus lupulus L.). — Der Eibenbaum (Taxus baccata L.) und der Sadebaum (Juniperus sabina L.). — Die Froschlöffelarten (Alisma Plantago L. natans L. und parnassifolia L.) — Die Aronswurzel (Arum maculatum L., intermedium Schur und alpinum Schott et Kotschy) und die Drachenwurz (Calla palustris L.).— Die Wasserschwertlilie (Iris Pseudacorus L.).— Die gemeine Narzisse (hier meist Narcissus radiiflorus Slsb.). — Die Einbeere (Paris quadrifolia L.). — Die Tulpe (Tulipa sylvestris L.) und besonders die kultivirte T. Gesneriana L. — Die Schachblumen (Frittilaria Meleagris L. und montana Hoppe). — Die Zeitlose (bei uns Colchicum pannonicum Griesb.) und die Germerarten (Veratrum album L., Lobelianum Bernh. und nigrum L.). Der Taumellolch (Lolium temulentum L.).

Wir sehen hieraus, dass Siebenbürgen eine hinreichende Anzahl nutzbarer Gewächse (die Giftpflanzen gehören, da die meisten Arzneimittel sind, ebenfalls hieher) besitzt, zum Anbau einer noch grössern Menge aber bei dem trefflichen Gedeihen der Vorhandenen um so mehr Gelegenheit bietet, als das Land an kulturfähigem, aber noch unbenütztem Boden nichts weniger als Mangel leidet.

§. 15. Die Fauna Siebenbürgens.

Zum Theil dieselben Ursachen, die der Flora Siebenbürgens eine solche Mannigfaltigkeit und Eigenthümlichkeit verliehen, vielleicht auch die Letztere selbst, und wahrscheinlich noch andere Einflüsse gaben auch der Thierwelt unsers Landes einen sehr eigenthümlichen Charakter, welcher in den höhern Thierklassen schon durch einzelne Züge angedeutet, in den niedern um so schärfer hervortritt. Da wir jedoch kein vollständiges, dem gegenwärtigen Standpunkte der Naturgeschichte angemessenes Verzeichniss der Thiere unsers Landes besitzen, so müssen wir hier wieder etwas ausführlicher sein und, soweit es der Raum gestattet und uns die Hilfsmittel zu Gebothe stehen (was jedoch bei dem grössern Theile der niedern Thiere in beiden Beziehungen sehr wenig der Fall ist, eine möglichst genaue Aufzählung der in Siebenbürgen beobachteten Thiere in Folgendem liefern.

Erste Abtheilung. Wirbelthiere.

A. Säugethiere.

a) Handflügler (Fledermäuse). Chiroptera.

1. Die grosse Hufeisennase (Rhinolophus ferrum equinum L.) in Thürmen (Reussmarkt, Déva, Hermannstadt) und selten in der Almáser Höhle.
2. Die kleine Hufeisennase (Rh. Hipposiderus Bechst.) bei Déva sehr selten.
3. Die gemeine Fledermaus (Verpertilio murinus L.) in altem Gemäuer im ganzen Lande nicht selten und unsere grösste Art.
4. Die Speckmaus (Vesperugo noctula Daub.) bei Dobra, Hermannstadt selten.
5. Die Zwergfledermaus (V. pipistrellus Buff.) bei Hermannstadt nicht selten.

6. Die **Wasserfledermaus** (V. Daubentonii Leisl.) bei Hermannstadt.
7. Die **spätfliegende Fledermaus** (V. serotinus Daub.) bei Hermannstadt.
8. Die **Schreibers-Fledermaus** (V. Schreibersii Natt.) in der Almáser Höhle häufig.
9. Die **langohrige Fledermaus** (Plecotus auritus L.) bei Hermannstadt nicht selten.

b) Fleischfresser. Carnivora.

aa. Insektenfresser. Insectivora.

1. Der **gemeine Igel** (Erinaceus europeus L.) überall im Gesträuche und in Gärten des Mittellandes.
2. Die **Wasserspitzmaus** (Sorex fodiens Gm.) in Gebirgsgegenden bei Szelistje.
3. Die **gemeine Spitzmaus** (S. vulgaris L.) bei Karlsburg.
4. Die **Zwergspitzmaus** (S. pygmaeus Pall.) bei Hammersdorf nächst Hermannstadt und Nagy-Enyed.
5. Die **weisszähnige Spitzmaus** (S. leucodon Herm.) bei Hermannstadt.
6. Die **gewimperte Spitzmaus** (S. araneus L.) bei Hermannstadt häufig.
7. Der **Maulwurf** (Talpa europaea L.) auf Wiesen, in Gärten und Wäldern durch sein Wühlen nicht wenig lästig.

bb. Raubthiere. Ferae.

1. Der **braune Bär** (Ursus arctos L.) in den Wäldern des Mittel- und Hochgebirges besonders im Norden des Landes noch häufig genug.
2. Der **Dachs** (Meles taxus Schreb.) in Wäldern des Vorgebirges und Hügellandes nicht häufig.
3. Der **Fuchs** (Canis vulpes L.) sehr häufig im Gesträuche und in lichten Wäldern besonders des Hügellandes.
4. Der **Wolf** (C. lupus L.) schon früher in Wäldern des Vorgebirges und Hügellandes nicht selten, hat sich in den letztern Jahren zu nicht geringem Schaden des Viehstandes bis in die Gesträuche der Ebene ausgebreitet.
5. Der **Haushund** (C. familiaris L.), wie überall, auch bei uns der treue Begleiter des Menschen in allen Lebensverhältnissen. Auf dem Lande werden meist nur Formen des grossen Pommers (C. f. villaticus pomeranus) und im nördlichen Siebenbürgen am häufigsten die ganz weisse Spielart gehalten.
6. Die **Wildkatze** (Felis catus L.) in Bergwäldern nicht häufig.
7. Die **Hauskatze** (F. domestica Brhs.) als Hausthier, wie sonst, auch bei uns in mehreren Farbenvarietäten gezogen.
8. Der **Luchs** (F. lynx L.) in den Gebirgswäldern noch hie und da in Siebenbürgen, so in letztern Jahren mehrmahls bei Michelsberg nächst Hermannstadt erlegt.

9. Der Iltis (Mustela putorius L.) in den Höfen auf dem Lande noch häufig genug.

10. Das Hermelin (M. erminea L.) auf Feldern in hohlen Bäumen und Steinhaufen, wohl auch in Mühlen nicht sehr selten.

11. Das kleine Wiesel (M. vulgaris L.) an denselben Aufenthaltsorten, wie das Hermelin, aber häufiger und mehr in der Nähe der menschlichen Wohnungen.

12. Der Hausmarder (M. foina Bechst.) in Steinhaufen und altem Gemäuer auf Dörfern und in Städten jedoch ziemlich selten.

13. Der Edelmarder (M. martes L.) in hohlen Bäumen der Gebirgswälder nicht häufig.

14. Das Nörzwiesel (M. lutreola L.) wurde im August 1854 von Herrn F. W. Stetter bei Dedács am Marosch erlegt, wo es in den Uferbuhnen sich aufhielt, und kommt wahrscheinlich auch an den Teichen der Mezöség vor.

c) Nagethiere. Glires.

1. Das gemeine Eichhörnchen (Sciurus vulgaris L.) nicht selten in Wäldern (besonders Eichenwäldern) und bei uns fast durchgehends die dunkel-graubraune Varietät.

2. Der gemeine Siebenschläfer (Myoxus glis L.) in Laubwäldern.

3. Der Gartenschläfer (M. dryas Schreb.) in Baumgärten des Hügellandes, bei Hermannstadt am alten Berge und an einigen andern Orten schon beobachtet.

4. Der Haselschläfer (M. avellenarius L.) im Hasel- und Eichengesträuche nicht selten.

5. Das Zieselchen (Spermophilus citillus L.) lebt in Erdlöchern an sonnigen Bergen nach Art der Hamster und ist auch, wie dieser, dem Getreide sehr schädlich, bei uns jedoch besonders in den letztern Jahren äusserst selten.

6. Das Murmelthier (Arctomys marmotta L.?). Ob die bei uns auf den Hátzeger Gebirgen vorkommende und vor einigen Jahren auch auf dem Fogarascher Gebirge erlegte Art das Murmelthier der Alpen (A. marmotta L.) oder das polnische Murmelthier (A. Bobac Schreb.) ist, kann ich nicht mit Bestimmtheit angeben, da es mir nicht gelungen ist, ein Exemplar zur Untersuchung zu erhalten, — doch würde ich meinen, dass wir eher die letztere Art in Siebenbürgen haben.

7. Die Wasserratte (Hypudaeus amphibius L.) an den Gewässern der Gebirgsschluchten und die Varietät (H. terrestris L.) in feuchten Gärten (bei Hermannstadt im Lazareth).

8. Die Feldmaus (H. arvalis Pall.), das schädlichste Nagethier durch seine starke Verbreitung auf den Getreidefeldern.

9. Die Gebirgswühlmaus (H. glareola Schreb.) auf den Vorgebirgen des südlichen Höhenzuges unter umgefallenen Baumstämmen nicht selten.

10. Die Wanderratte (Mus decumanus Pall.) überall in Städten nnd Dörfern nur zu häufig.

11. Die Hausratte, schwarze Ratte (M. rattus Z.) auch bei uns von der vorigen Art fast gänzlich verdrängt.

12. Die Hausmaus (M. musculus L.) in den Häusern nur zu bekannt. In der letztern Zeit wird auch die weisse Blendlingsform häufig zum Vergnügen gezogen.

13. Die Waldmaus (M. sylvaticus L.) den Wäldern, Gärten und Feldern schädlich.

14. Die Brandmaus (M. agrarius Pall) auf Wiesen und in Gärten besonders bei Holzwerk nicht häufig.

15. Die Zwergmaus (M. minutus Pall.) auf Getreidefeldern in einigen Gegenden des Vorgebirges vom südlichen Höhenzuge stellenweise nicht selten.

16. Der Hamster (Cricetus frumentarius Pall.) auf Getreidefeldern durch Einschleppen der Vorräthe schädlich, doch bei uns nicht besonders häufig.

17. Der Blindmoll (Spalax typhlus Pall.). Dieses merkwürdige Thier, das nach Art der Maulwürfe lebt, haben wir mit Russland gemein, es kommt aber nur selten im Mittellande Siebenbürgens z. B. bei Nagy-Enyed, Salzburg u. s. w. vor.

18. Der Biber (Castor fiber L.) einst, wie noch gegenwärtig in Ungarn und im Banate, auch bei uns zu Hause, ist jetzt hier, wenn auch vielleicht noch nicht ganz ausgerottet, doch gewiss sehr selten.

19. Der gemeine Hase (Lepus timidus Ant.) häufig auf Feldern und im Gesträuche.

20. Der Alpenhase (L. variabilis Pall.) auf den Hátzeger Gebirgen schon beobachtet, aber wahrscheinlich auch auf den Fogarascher und den andern Hochgebirgen vorkommend.

21. Das Kaninchen (L. cuniculus L.) in Städten und seltner auch auf dem Lande als Hausthier gehalten.

22. Das Meerschweinchen (Cavia cobaja Pall.) wird als Hausthier zum Vergnügen auch bei uns gezogen.

d) Vielhufer. Multungula.

1. Das Wildschwein (Sus scrofa L.) als Bewohner unserer Gebirgswälder nicht selten.

2. Das zahme Schwein (S. scrofa domestica) bei uns als nützliches Hausthier in grosser Anzahl und vorzüglich in 4 Varietäten gehalten: im Schielthale eine kleine Form, welche dem Wildschweine sehr nahe steht, dann das gemeine zahme Schwein (S. s. d. vulgaris), das türkische Schwein (S. s. d. turcica) hierlands Mongolitze genannt und selten das chinesische Schwein (S. s. d. sinensis).

e) Einhufer. Solidungula.

1. Das Pferd (Equus caballus L.). Das siebenbürgische Pferd, welches sich in seiner reinen Raçe nicht so sehr durch Grösse, als

durch schöne Gestalt, Muth, Ausdauer und Genügsamkeit auszeichnet, ist schon längst über den Grenzen unsers engern Vaterlandes rühmlichst bekannt. — Die Bastarde vom Pferd und Esel (das Maulthier und der Maulesel) sind in Siebenbürgen selten und werden auch leicht durch den kleinen Gebirgsschlag unsers Pferdes, welcher denselben Dienst als Saumthier leistet, ersetzt.

2. Der Esel (E. asinus L.) in Siebenbürgen nicht sehr häufig als Lastthier.

f) Wiederkäuer. Ruminantia.

1. Das Reh (Cervus capreolus L.) ist in Vorgebirgswäldern noch nicht selten.
2. Der Edelhirsch (C. elephas L.) mit dem Vorigen jedoch weit seltner.
3. Der Damhirsch (C. dama L.) in einigen herrschaftlichen Thiergärten z. B. A. Szombat, Fogarascher Bezirks.
4. Die Gemse (Capella rupicapra L.) auf allen unsern Hochgebirgen, welche eine Kammhöhe von mehr als 6000 Fuss haben, stellenweise noch in grössern Rudeln.
5. Die Hausziege (Capra hircus L.) als nützliches Hausthier durchs ganze Land, doch nirgends in grössern Heerden gehalten.
6. Der Steinbock (C. ibex L.) soll einzeln auch noch gegenwärtig auf unsern höchsten Gebirgsspitzen vorkommen.
7. Das Schaf (Ovis aries L.) in Heerden als Hausthier vorzüglich in der Nähe der Gebirge gehalten.
8. Das Rind (Bos taurus L.), mit der ungrischen und nur im Nordosten des Landes mehr mit der moldauischen Raçe verwandt, ist unser Rind eine der Haupterwerbsquellen des Landmannes, der aus seiner Zucht bei der hinreichenden Menge der Weideplätze ohne grosse Mühe erheblichen Gewinn zieht.
9. Der Büffel (B. bubalus L.) wird besonders von den Bewohnern der deutschen Marktflecken und der Dörfer in der Nähe der grössern Städte, dann den Gutsbesitzern als geschätztes Milchthier, seltener als Zugthier gehalten und kommt auch als gelbweisser Blendling in der Nähe von Fogarasch vor.
10. Der Auerochs (B. urus L.) noch vor 60 Jahren ein freier Bewohner unserer Wälder, namentlich im Osten des Landes, ist in Siebenbürgen gänzlich ausgerottet.

B. Vögel.

a) Raubvögel. Rapaces.

aa. Geier. Vulturini.

1. Der graue Geier (Vultur cinereus Temk) und
2. der weissköpfige Geier (V. fulvus Gm.) kommen beide in Siebenbürgen überall auf Aas, vorzüglich auf Plätzen wo Schafe, Schweine oder Kälber weiden, vor; der Letztere erscheint jedoch meist nur im Sommer in der Ebene.

3. Der **Geieradler**, Lämmergeier (Gypaëtus barbatus L.) auf den Hochgebirgen des Hátzeger, Fogarascher und Radnaer Zuges.

bb. **Falken. Accipitrini.**

1. Der **Königsadler** (Aquila imperialis Bechst.) im Vorgebirge selten.
2. Der **Steinadler** (A. chrysaëtus L.) vom Vorgebirge bis in die Ebene, jedoch ebenfalls nicht häufig.
3. Der **Schreiadler** (A. naevia Bechst.) im südwestlichen Theile des Landes nicht selten.
4. Der **Zwergadler** (A. pennata Gm.) im Szamoschthale bei Rodna.
5. Der **Seeadler** (Haliaetas albicilla L.) bei Déva und nächst Rodna beobachtet.
6. Der **Fischadler** (Pandion haliaetos L.) an der Strell bei Piski.
7. Der **Würgfalke** (Falco laniarius Bechst.) hält sich mehr im Osten des Landes auf und musste ehemals dem Türkischen Kaiser als Tribut zur Jagd geliefert werden.
8. Der **Wanderfalke** (F. peregrinus Bech.) lebt im Hochgebirge und erscheint meist nur auf dem Zuge in der Ebne.
9. Der **Baumfalke** (F. subbuteo L.) weilt als Zugvogel vom Frühling bis in Herbst bei uns.
10. Der **Zwergfalke** (F. aesalon Gm.) erscheint nur im Winter in Siebenbürgen.
11. Der **rothfüssige Falke** (F. rufipes Bech.) ist auf dem Zuge nicht selten zu sehen und nistet auch namentlich im südlichen Theile unsers Landes.
12. Der **Thurmfalke** (F. tinunculus L.) nistet häufig auf hohen Thürmen und in steilen Felsen.
13. Der **gelbzehige Thurmfalke** (F. cenchris Bech.) in der Gegend von Hermannstadt z. B. im Rothenthurmpasse jedoch nicht häufig.
14. Die **gemeine Gabelweihe** (Milvus regalis Bech.) in Gebirgsgegenden..
15. Der **schwarzbraune Milan** (M. ater L.) wie der Vorige aber seltener.
16. Der **Taubenfalke** (Astur palumbarius L.) nicht selten als Standvogel.
17. Der **Sperber** (A. nisus L.) bei uns ebenfalls als Standvogel, jedoch seltner als der Vorige.
18. Der **Mäusebussard** (Buteo vulgaris Bech.) im ganzen Lande als Standvogel häufig.
19. Der **Rauhfussbussard** (B. lagopus L.) erscheint nur im Winter bei uns.
20. Der **Wespenbussard** (Pernis apivorus L.) im Walde Branisch bei Hermannstadt und in der Gegend von Leschkirch.
21. Die **Rohrweihe** (Circus aeruginosus Bech.) in sumpfigen Gegenden.

22. Die Wiesenweihe (C. ineraceus Bst.) auf feuchten Wiesen.
23. Die Kornweihe (C. cyaneus L.) auf Getreidefeldern.
24. Die blasse Weihe (C. pallidus Tem.) bei Hermannstadt auf Aeckern selten.

cc. Eulen. Strigidae.

1. Der grosse Uhu (Bubo maximus Bech.) in Bergwäldern nicht selten.
2. 2. Die Waldohreule (Otus verus Bech.) als Zugvogel in Wäldern.
3. Die Sumpfohreule (O. brachyotus L.) in hohlen Bäumen der Sumpfgegenden als Zugvogel.
4. Die Zwergohreule (Scops vera Aut.) bei Nagy-Enyed schon mehrmals erlegt.
5. Die Schleiereule (Strix flammea L.) auf Thürmen und in altem Gemäuer nicht selten.
6. Der Baumkauz (Ulula aluco L.) häufig in Wäldern und Baumgärten.
7. Die Habichtseule (Surnia macroura M. et W.) in Gebirgswäldern, woher sie im Winter bis in die Ebene herabsteigt, nicht selten.
8. Der Steinkauz (S. noctua Retz.) bei uns sehr selten.
9. Der rauhfüssige Kauz (S. dasypus Bech.) ebenfalls nur selten in Siebenbürgen.
10. Der Zwergkauz (S. pygmaea Bech.) in Wäldern und Baumgärten der südwestlichen Landestheile nicht häufig.

b) Klettervögel. Scansores.

aa. Spechte. Picidae.

1. Der Grünspecht (Picus viridis L.) in Bergwäldern.
2. Der Grauspecht (P. canus Gm.) überall in Eichenwäldern nicht selten.
3. Der Schwarzspecht (P. martius L.) in den Fichtenwäldern des Hochgebirges häufig.
4. Der weissrückige Buntspecht (P. leuconotus Bech.) in Gebirgswäldern, wo alte Buchenbestände mit Nadelholz untermischt sind, nicht selten.
5. Der grosse Buntspecht (P. major L.) nicht selten in Laubwäldern.
6. Der mittlere Buntspecht (P. medius L.) in Wäldern und Baumgärten unsere häufigste Art.
7. Der Grasspecht (P. minor L.) stellenweise nicht selten.
8. Der dreizehige Buntspecht (P. tridactylus L.) selten in den Rodnaer und den westlichen Grenzgebirgen gegen Ungarn.
9. Der Wendehals (Iynx torquilla L.) als Zugvogel in Laubwäldern und Baumgärten.

cc. **Kuckucke. Cuculidae.**

1. Der gemeine Kuckuck (Cuculus canorus L.) als Zugvogel in allen unsern Landwäldern häufig.

cc. **Eisvögel. Halcyonidae.**

1. Der gemeine Eisvogel (Alcedo ispida L.) an den klaren Gewässern der Vorgebirgsschluchten nicht selten, im Winter an die Flüsse der Ebene herabkommend.
2. Der Bienenfresser (Merops apiaster L.) an einigen Orten des Mittellandes (Nagy-Enyed, Kleinschelken u. s. w.) nicht selten und in steilen Bergwänden auch brütend.
3. Die Blaurake, Mandelkrähe (Coracias garrula L.) als Zugvogel in den ebenen Theilen des Landes mitunter nicht selten.

c) Singvögel. **Passeres.**

aa. **Zahnschnäbler. Dentirostres.**

1. Der grosse Würger (Lanius excubitor L.) als Stand- und Strichvogel.
2. Der schwarzstirnige Würger (L. minor L.) als Zugvogel.
3. Der rothrükige Würger (L. collurio L.) als Zugvogel, wie die beiden Vorigen, nicht selten.
4. Der graue Fliegenschnäpper (Muscicapa grisola L.) nicht häufig.
5. Der Halsband-Fliegenschnäpper (M. albicollis Tmk.) in Laubwäldern häufig.
6. Der schwarzrückige Fliegenschnäpper (M. atricapilla L. = M. luctuosa Tmk.) weit seltner als der Vorige.
7. Der kleine Fliegenschnäpper (M. parva Bech.) in verschiedenen Gegenden des Landes, besonders am Rande sumpfiger Waldwiesen im Mittelgebirge des westlichen Höhenzuges.

bb. **Pfriemenschnäbler, eigentliche Sänger Subulirostres.**

1. Die weisse Bachstelze (Motacilla alba L.) überall an Flüssen gemein.
2. Die schwefelgelbe Bachstelze (M. sulphurea Bech.) in Gebirgsgegenden nicht selten.
3. Die gelbe Bachstelze (M. flava L.) im Berg- und Hügellande.
4. Die citronengelbe Bachstelze (M. citreola Pall.). Dieser, dem östlichen Russland angehörige Vogel wurde an den Salzteichen von Szamosfalva nächst Klausenburg erlegt.
5. Der Richards-Pieper (Anthus Richardi Bech.) erscheint bisweilen im südlichen Theile des Landes am Marosch auf dem Zuge.
6. Der Wasserpieper (A. aquaticus L.) als Zugvogel.

7. Der **Uferpieper** (A. littoralis) wurde an Sümpfen bei Kis-Kalán beobachtet.
8. Der **Wiesenpieper** (A. pratensis L.) auf feuchten Wiesen nicht selten.
9. Der **Baumpieper** (A. arboreus L.) nicht selten in Berggegenden.
10. Der **Pirol**, die **Goldamsel** (Oriolus galbula L.) lebt und brütet als Zugvogel bei uns.
11. Die **Mistel-Drossel** (Turdus viscivorus L.) gemein als Zug- und Strichvogel, besonders in Eichenwäldern.
12. Die **Singdrossel** (T. musicus L.) gemein in Hecken am Rande der Weingärten und Laubwälder.
13. Die **Wachholderdrossel** (T. pilaris L.) in Gebirgswäldern, nur auf dem Zuge in der Ebene.
14. Die **Weindrossel** (T. iliacus L.) in Laubwäldern seltner.
15. Die **Ringdrossel** (T. torquatus L.) in Gebirgswäldern.
16. Die **Amsel** (T. merula L.) in Gärten und Hecken am Rande der Weingärten und in Wäldern.
17. Die **Steindrossel** (Petrocichla saxatilis L.) in Gebirgsschluchten, in der Gegend von Déva und Nagyág auch brütend.
18. Die **Blaudrossel** (P. cyanea L.) bei Offenbánya.
19. Der **Wasserstaar** (Cinclus aquaticus Bech.) an klaren Gebirgsbächen häufig.
20. Der **Alpenflühvogel** (Accentor alpinus L.) auf den höhern (namentlich Hátzeger) Gebirgen, woher er im Winter in die Felsenparthieen der Bergregion herabsteigt.
21. Der **graukehlige Flühvogel** (A. modularis L.) einzeln im Sommer und Winter als Standvogel in Siebenbürgen.
22. Der **weissbauchige Steinschmätzer** (Saxicola oenanthe L.) erscheint mit Ende März bei uns, um uns im October wieder zu verlassen.
23. Der **braunkehlige Steinschmätzer** (S. rubetra L.) als Zugvogel.
24. Der **schwarzkehlige Steinschmätzer** (S. rubicola L.) ebenfalls ein Zugvogel.
25. Die **Nachtigal** (Sylvia luscinia L.) bei uns selten, häufiger dagegen:
26. Der **Sprosser** (S. philomela Bech.)
27. Das **Rothkehlchen** (S. rubecula L.) überwintert zum Theil in Siebenbürgen und kömmt sehr häufig im Frühlinge auf dem Zuge zu uns.
28. Das **Blaukehlchen** (S. suecica) und
29. das **Wolf'sche Blaukehlchen** (S. Wolfii Br.) beide im südwestlichen Siebenbürgen.
30. Das **Gartenrothschwänzchen** (S. phoenicurus L.) und
31. das **Hausrothschwänzchen** (S. tithys L.) als Zugvögel.
32. Die **Klappergrasmücke** (S. curruca L.) und
33. die **graue Grasmücke** (S. cinerea Bech.),
34. die **Gartengrasmücke** (S. hortensis Penn.) und

35. das **Schwarzkäppchen** (S. atricapilla Briss.), als Bewohner unserer Gebüsche und Hecken, ebenfalls nur während der Sommerszeit.
36. Die **Rohrdrossel** (S. turdoides Meyer),
37. der **Rohrsänger** (S. arundinacea Lath.),
38. der **Sumpfrohrsänger** (S. palustris Bechst.),
39. der **Heuschreckensänger** (S. locustella Lath.) und
40. der **Schilfsänger** (S. phragmitis Bechst.) leben und nisten in der Nähe der Gewässer zwischen Schilf und Rohr.
41. Der **Gartenlaubsänger** (S. hypolais L.),
42. der **Waldlaubsänger** (S. sibilatrix Bechst.),
43. der **Fitis-Sänger** (S. trochilus L.),
44. der **kleine Weidensänger** (S. rufa Lath.) und
45. **Natterer's Laubsänger** (S. Nattereri Tem.) kommen in Laubwäldern und bei uns vorzüglich in grosser Gesellschaft auf dem Zuge vor, wo der Letztgenannte im Jahre 1854 bei Déva erlegt wurde.
46. Das **gelbköpfige Goldhähnchen** (Regulus cristatus Koch) und
47. das **feuerköpfige Goldhähnchen** (Reg. ignicapillus Brehm.) leben in Nadelholzwäldern und kommen beide im Winter in Gesellschaft der Meisen zu uns.
48. Der **Zaunkönig** (Troglodytes parvulus Koch), der bekannte bewegliche Bewohner unserer Zäune und Hecken.

cc. Kegelschnäbler. Conirostres.

a. Körnerfresser. Granivorae.

1. Die **Kohlmeise** (Parus major L.) sehr häufig als Strichvogel, Sommers in Wäldern, Winters in Gärten.
2. Die **Tannenmeise** (P. ater L,) in Nadelwäldern.
3. Die **Blaumeise** (P. coeruleus L.) häufig in Laubwäldern und Baumgärten.
4. Die **Sumpfmeise** (P. palustris L.) im Rohr, an Fluss- und Teichufern.
5. Die **Trauermeise** (P. sibiricus Gm = P. lugubris Zett) im südwestlichen Siebenbürgen bei Körösbánya, Déva und Vajda-Hunyád an wilden felsigen Orten, welche theilweise mit Gestrüpp bewachsen sind, woher sie im Winter einzeln und familienweise in die Gärten kommt.
6. Die **Schopfmeise** (P. cristatus L.) erscheint nur in den höher gelegenen Tannen- und Fichtenwäldern und kömmt nie in die Ebene herab.
7. Die **Bartmeise** (P. biarmicus L.) im Schilfe auf den Teichen der Mezöség zwischen Klausenburg und Maros-Vásárhely.
8. Die **Beutelmeise** (P. pendulinus L.) in Siebenbürgen selten, brütet in den Maroschauen bei Karlsburg.
9. Die **Schwanzmeise** (P. caudatus L.) in allen unsern Laubwäldern häufig.

10. Die Haubenlerche (Alauda cristata L.) an Wegrainen und Feldern häufig.
11. Die Feldlerche (A. arvensis L.) auf Aeckern ebenfalls nicht selten.
12. Die Baumlerche (A. arborea L. = A. nemorea Gm.) im Gesträuche des Berglandes.
13. Der Schneesporner (Plectrophanes nivalis L.) im Winter im Hochgebirge des westlichen Höhenzuges beobachtet.
14. Der Goldammer (Emberiza citrinella L.) und
15. der Grauammer (E. miliaria L.) beide häufig im Gesträuche und in Gärten.
16. Der Rohrammer (E. schoeniclus L.) im Schilfe an Flüssen.
17. Der Ziepammer (E. cia L.) in einzelnen Gegenden des südwestlichen Siebenbürgens, z. B. bei Déva, wo er auch brütet.
18. Der Fichtenkreuzschnabel (Loxia curvirostra L.) in Nadelwäldern nicht häufig.
19. Der gemeine Kernbeisser (Coccothraustes vulgaris Pall.), dann:
20. der Gimpel (Fringilla pyrhula L.) und
21. der Grünling (F. chloris L.) häufig als Strichvögel.
22. Der Girlitz (F. serinus L.) selten im westlichen Theile des Landes, z. B. bei Topánfalva.
23. Der Haussperling (F. domestica L.) und
24. der Feldsperling (F. montana L.) die bekannten gemeinen Standvögel.
25. Der Stieglitz (F. carduelis L.) als Standvogel,
26. der Zeisig (F. spinus L.) als Strichvogel, und
27. der Hänfling, Leinfink (F. linaria L.) als Zugvogel nicht minder bekannt.
28. Der Bluthänfling (F. cannabina L.) als Strichvogel.
29. Der Bergfink (F. montifringilla L.) als Zugvogel und
30. der gemeine Fink (F. caelebs L.) als Standvogel im ganzen Lande häufig.
31. Der Canarienvogel (F. canaria L.) wird häufig als Stubenvogel gehalten und gewöhnlich durch inländische Zucht vermehrt.

b. Beerenfresser. Baccivorae.

1. Der Seidenschwanz (Bombycilla garrula L.) besucht uns im Winter, aus dem Norden kommend, häufig in grösserer Gesellschaft.

dd. Rabenartige Vögel. Corvinae.

1. Der gemeine Staar (Sturnus vulgaris L.) als Zugvogel häufig.
2. Der rosenfarbige Viehvogel, die Rosendrossel (Pastor roseus L.) kommt aus Asien und Afrika öfters auf dem Zuge zu uns.

3. Der **Rabe** (Corvus corax L.) als Standvogel in Wäldern nicht selten.

4. Die **Nebelkrähe** (C. cornix L.) Sommers und Winters sehr häufig bei uns.

5. Die **Rabenkrähe** (C. corone L.) weit seltener als die Vorige.

6. Die **Dohle** (C. monedula L.) häufig und gewöhnlich gesellig.

7. Die **Saatkrähe** (Sitocorax frugilegus L.) in einigen Gegenden des Landes, z. B. am Marosch nicht selten, anderwärts weniger häufig.

8. Der **Tannenhäher** (Nucifraga caryocatactes L.) in Nadelwäldern der Gebirge nicht selten.

9. Der **Eichelhäher** (Garrulus glandarius L.) als Stand- und Strichvogel in Laubwäldern und Baumgärten häufig.

10. Die **Elster** (Pica caudata Briss.) als Standvogel stellenweise häufig, in einzelnen Gegenden des Landes aber fast ganz fehlend.

11. Die **Alpenkrähe** (Pyrrhocorax alpinus Cuv.) und

12. die **Steindohle** (Fregilus graculus L.) als seltene Bewohner unserer höchsten Gebirge.

ee. Dünnschnäbler. Tenuirostres.

1. Der **Blauspecht** (Sitta europaea L.) häufig als Standvogel in Laubwäldern und Gärten.

2. Der **Baumläufer** (Certhia familiaris L.) als Strichvogel mit dem Vorigen.

3. Der **Mauerläufer** (Tichodroma muraria L.) an steilen Felswänden und Kirchthürmen in einzelnen Gegenden des Landes, z. B. bei Kronstadt, und vor einigen Jahren auch bei Hermannstadt, als Strichvogel.

4. Der **gemeine Wiedehopf** (Upua epops L.) als Zugvogel im ganzen Lande häufig.

ff. Spaltschnäbler. Fissirostres.

1. Die **Rauchschwalbe** (Hirundo rustica L.) auf Dörfern und in Städten häufig.

2. Die **Hausschwalbe** (H. urbica L.) in Häusern der Städte weit seltener als Erstere.

3. Die **Uferschwalbe** (H. riparia L.) an hohen Flussufern der Ebene.

4. Die **Thurmschwalbe** (Cypselus apus L.) bei uns in alten Eichenwäldern (daher Waldschwalbe genannt), häufig genug sich durch ihr Geschrei bemerkbar machend.

5. Der **Alpensegler** (C. melba L.) auf dem Zuge in Gesellschaft der vorigen Art beobachtet.

6. Die **Nachtschwalbe**, der **Ziegenmelker** (Caprimulgus europaeus L.) in Wäldern nicht selten.

d. Taubenartige Vögel. Columbae.

1. Die **Ringeltaube** (Columba palumbus L.) in Vorgebirgs-Wäldern nicht selten.
2. Die **Holztaube** (C. oenas Gm.) auf Feldern und in Wäldern häufig.
3. Die **Haustaube** (C. livia Briss.) als Hausthier und häufig verwildert.
4. Die **Turteltaube** (C. turtur L.) als Zugvogel in unsern Laubwäldern nicht selten.
5. Die **Lachtaube** (C. risoria L.) aus der Türkei als Stubenthier auch zu uns eingewandert.

e. Hühner. Gallinae.

aa. Feldhühner. Tetraonidae.

1. Der **Auerhahn** (Tetrao urogallus L.) in Hochgebirgswäldern noch nicht selten.
2. Das **Mittelhuhn** (T. medius Leisl.) sehr selten.
3. Das **Birkhuhn** (T. tetrix L.) selten.
4. Das **Haselhuhn** (T. bonasia L.) häufig in Bergwäldern.
5. Das **Schneehuhn** (Lagopus alpinus Nils.) auf den Hátzeger — und wahrscheinlich auch auf andern Hochgebirgen.
6. Das **Rebhuhn** (Perdix cinerea Briss.) häufig auf Feldern und im niedern Gesträuche.
7. Die **Wachtel** (Coturnix dactylisonans Mayer) auf Wiesen und Feldern als Zugvogel.

bb. Fasanen. Phasianidae.

1. Der **Pfau** (Pavo cristatus L.) auf Hühnerhöfen selten gehalten.
2. Der **gemeine Fasan** (Phasianus colchicus L.) noch seltener, wie der Vorige, als Hausvogel.
3. Der **Truthahn** (Meleagris gallopavo L.) als Hausvogel, doch wegen der sorgfältigen Pflege, die er erfordert, nicht allgemein verbreitet.
4. Das **Perlhuhn** (Numida meleagris L.) auf Hühnerhöfen in Städten.
5. Das **Haushuhn** (Gallus domesticus L.) in den verschiedenen Varietäten das unentbehrliche Geflügel unserer Haus- und Landwirthschaften.

f. Stelzvögel. Grallae.

aa. Hühnerstelzen. Alectorides.

1. Der **grosse Trappe** (Otis tarda L.) erscheint nicht selten truppweise auf unsern Feldern und brütet auch in mehreren Gegenden, z. B. bei Hermannstadt, Broos.

2. Der **Zwergtrappe** (O. tetrax L.) selten im Mittellande.
3. Das **Sandhuhn** (Glareola pratincola L.) truppweise auf dürren Wiesen und sandigen Flussufern, jedoch nur in einigen Gegenden des Landes.

bb. Wasserhühner (Fulicariae.)

1. Das **schwarze Wasserhuhn** (Fulica atra L.) auf allen stehenden Teichen häufig, in ungeheurer Menge aber auf denen der Mezöség.
2. Das **grünfüssige Rohrhuhn** (Gallinula chloropus L.) häufig als Zugvogel auf Sümpfen und Teichen.
3. Die **Wasserralle** (Rallus aquaticus L.) nicht selten an Sümpfen als Zugvogel.
4. Das **gefleckte Sumpfhuhn** (Ortvgometra porzana L.) als Zugvogel an Sümpfen.
5. Das **kleine Sumpfhuhn** (O. pusilla L.), wie das Vorige, aber seltener.
6. Der **Wachtelkönig** (Crex pratensis Bechst.), auf Wiesen und Feldern häufiger Zugvogel.

cc. Steppenpfeifer. (Charadriadae.)

1. Der **Dickfuss** (Oedicnemus crepitaus Temk.) auf dem Zuge am Marosch bei Déva einmal erlegt.
2. Der **Goldregenpfeiffer** (Charadrius pluvialis L.) und
3. der **kleine Regenpfeifer** (Ch. minor M. & W.) als Zugvögel, besonders häufig auf dem Durchzuge im Frühjahr und Herbste.
4. Der **Austernfischer** (Haematopus ostralegus L.) selten auf dem Durchzuge an unsern grossen Flüssen.
5. Der **schwarzflügliche Strandreiter** (Himantopus rufipes Bechst.) erscheint auf dem Zuge nicht selten bei uns.
6. Der **gehäubte Kiebitz** (Vanellus cristatus M. & W.) häufig auf Sumpfwiesen und an Teichen, wo er auch brütet.
7. Der **gefleckte Kiebitz** (V. squatarola L.) kommt auf dem Zuge bisweilen zu uns.

dd. Schnepfen. Scolopacidae.

1. Die **Waldschnepfe** (Scolopax rusticola L.) häufig als Zugvogel, in unsern Vorgebirgswäldern brütend.
2. Die **Mittelschnepfe** (S. major L.) seltener als der Vorige.
3. Die **Heerschnepfe** (S. gallinago L.) häufig in Sumpfgegenden.
4. Die **Moorschnepfe** (S. gallinula L.) eben so häufig an gleichen Orten.
5. Der **grosse Brachvogel** (Numenius arquatus L.) auf Brachfeldern in der Nähe von Gewässern während des Zuges selten.
6. Der **kleine Brachvogel** (N. phaeopus L.) selten.
7. Der **dünnschnäblige Brachvogel** (N. teruinostris Vieill.) bisweilen auf dem Zuge an den Bruchufern, z. B. am Marosch bei Déva.

8. Der **Kampfhahn** (Machetes pugnax L.) auf dem Zuge nicht selten auf feuchten Wiesen.
9. Der **bogenschnäblige Strandläufer** (Tringa subarquata Cuv.) auf dem Zuge an Flussufern.
10. Der **Alpenstrandläufer** (T. alpina L.) nicht selten in den südlichen Vorgebirgen.
11. Der **isländische Strandläufer** (T. islandica Gm.) auf dem Zuge.
12. Der **schwarzschwänzige Sumpfläufer** (Limosa aegocephala L.) auf dem Zuge im Gesträuche nahe bei Sümpfen nicht selten.
13. Der **rothe Sumpfläufer** (L. rufa Bechst.) wie der Vorige.
14. Der **grünfüssige Wasserläufer** (Totanus glottis L.) an Flüssen.
15. Der **Teichwasserläufer** (T. stagnatilis Bechst.) an Sümpfen nicht selten.
16. Der **rothfüssige Wasserläufer** (T. calidris L.) selten auf dem Zuge.
17. Der **Waldwasserläufer** (T. glareola L.) an Sümpfen im Gesträuche.
18. Der **getüpfelte Wasserläufer** (T. ochropus L.) an Flussufern.
19. Der **Flussuferläufer** (T. hypoleucus L.) auf dem Zuge.
20. Der **Säbelschnäbler** (Recurvirostra avocetta L.) erscheint ebenfalls bisweilen auf dem Zuge bei uns.

ee. Reiherartige Stelzvögel. Ardeadeae.

1. Der **weisse Löffelreiher** (Platalea leucorodia L.) auf dem Zuge oft in grösserer Gesellschaft.
2. Der **grüne Ibis** (Ibis falcinellus L.) auf dem Zuge nicht selten, in manchen Jahren sogar häufig.
3. Der **Kranich** (Grus cinerea Bechst.) erscheint jetzt nur selten auf dem Zuge in unserer Gegend.
4. Der **graue Reiher** (Ardea cinerea L.) häufig an den grössern Teichen und nistet auf Bäumen im Vorgebirge, z. B. in Also-Szombat bei Fogarasch, in zahlreicher Gesellschaft.
5. Der **Purpurreiher** (A. purpurea L.) in einigen Gegenden häufiger noch als der Vorige.
6. Der **grosse Silberreiher** (A. alba L.) sehr selten.
7. Der **kleine Silberreiher** (A. garzetta L.) weniger selten.
8. Der **Rallenreiher** (A. comata L.) auf dem Zuge.
9. Die **grosse Rohrdommel** (A. stellaris L.) in Sümpfen und an Schilfufern häufig.
10. Die **Zwergrohrdommel** (A. minuta L.) an gleichen Orten nicht selten.
11. Der **Nachtreiher** (A. nycticorax L.) auf Teichen und Sümpfen, besonders aber auf dem Zuge häufig.

g. Schwimmvögel. Palmipedes.

aa. Entenartige Schwimmvögel. Anatidae.

1. Der **Höckerschwan** (Cygnus olor L.) erscheint einzeln oder in kleiner Gesellschaft bisweilen auf dem Zuge an unsern grossen Flüssen (Marosch, Alt u. s. w.)
2. Der **Singschwan** (C. musicus Bechst.) seltener als der Vorige auf dem Zuge.
3. Die **Saatgans** (Anser segetum L.) auf dem Zuge.
4. Die **Graugans** (A. cinereus M. & W.) die Stamm-Mutter der Hausgans, wie die Vorige, jedoch häufiger.
5. Die **Brandente** (Anas tadorna L.) sehr selten auf dem Zuge.
6. Die **Bisamente** (A. moschata L.) als Hausthier in einigen Hühnerhöfen.
7. Die **Stockente** (A. boschas L.), von welcher unsere zahme Ente stammt, als Standvogel auf unsern Teichen und grössern Flüssen.
8. Die **Krickente** (A. crecca L.) unsere kleinste und häufigste Art.
9. Die **Knäkente** (A. querquedula L.) häufig.
10. Die **Schnatterente** (A. strepera L.) selten.
11. Die **Spiessente** (A. acuta L.) ebenfalls selten.
12. Die **Pfeifente** (A. penelope L.) zeigt sich auch nur bisweilen in unserm Lande.
13. Die **Löffelente** (A. clypeata L.) ist bei uns eine der häufigsten unter den grössern Wildenten und soll auch hier brüten.
14. Die **Lachente** (A. rutila Poll) sehr selten auf dem Zuge am Marosch.
15. Die **Sammtente** (Oidemia fusca L.) selten.
16. Die **Tafelente** (Fuligula ferina L.) nicht sehr selten auf dem Zuge.
17. Die **Reiherente** (F. cristata Raj.) kommt nicht selten aus dem Norden auf dem Zuge zu uns.
18. Die **Schellente** (F. clangula L.) wie die Vorige.
19. Die **weissäugige Ente** (F. leucophthalma Bechst.) kommt ebenfalls zuweilen auf unsere Gewässer.
20. Die **Bergtauchente** (F. marila L.) im Winter auf dem Zuge.
21. Die **Kolbentauchente** (F. rufina Poll.) erscheint in Siebenbürgen sehr selten auf den Teichen der Mezöség und bei Klausenburg.
22. Die **weissköpfige Tauchente** (F. leucocephala Lath.) kommt ebenfalls nur sehr selten auf dem Zuge zu uns.
23. Der **grosse Sägetaucher** (Mergus merganser L.) und
24. der **langschnäblige Sägetaucher** (M. serrator L.) erscheinen auch nur selten auf dem Zuge in Siebenbürgen, — dagegen
25. der **weisse Sägetaucher** (M. albellus L.) sehr häufig.

bb. **Ruderfüssler. Pelecanidae.**

1. Der **Kormoran** (Carbo cormoranus M. & W.) erscheint in strengen Wintern auch in unsern Gegenden.
2. Der **Zwergscharbe** (C. pygmaeus Pall.) kommt in Siebenbürgen öfters vor.
3. Der **gemeine Pelikan** (Pelecanus onocrotalus L.) nicht sehr selten auf dem Zuge an unsern grössern Flüssen und gewöhnlich in kleinen Gesellschaften.
4. Der **kraushälsige Pelikan** (P. crispus Feldegg) erscheint bisweilen einzeln auf dem Zuge am Marosch.
5. Der **weisse Tölpel** (Sula alba Meyer) sehr selten und einzeln auf dem Zuge.

cc. **Sturmvögel. Procellariae.**

1. Die **Sturmschwalbe** (Talassidroma pelagica L.) kam einzeln im Frühlinge 1840 bei einem Eisgange auf den Marosch.

dd. **Mövenartige Schwimmvögel. Laridae.**

1. Die **Sturmmöve** (Larus canus L.) auf dem Zuge zuweilen an unsern Flüssen.
2. Die **Lachmöve** (L. ridibundus L.) kommt auf dem Zuge häufig auf unsern Gewässern vor.
3. Die **dreizehige Möve** (L. tridactylus L.) erscheint bisweilen im Winter auf unsern Teichen und Flüssen.
4. Die **gemeine Raubmöve** (Lestris parasiticus L.) einmal im Jahre 1850 bei Hermannstadt erlegt.
5. Die **breitschwänzige Raubmöve** (L. pomarinus Tem.) äusserst selten.
6. Die **gemeine Seeschwalbe** (Sterna hirunda L.) auf dem Zuge und auch als Standvogel bei uns.
7. Die **weissflügelige Seeschwalbe** (St. leucoptera Temm.) auf dem Zuge selten.
8. Die **schwarze Seeschwalbe** (St. nigra L.) wie die Vorige aber häufiger.
9. Die **kleine Seeschwalbe** (St. minuta L.) ebenfalls nicht sehr selten.

ee. **Taucher. Colymbidae.**

1. Der **Eistaucher** (Colymbus glacialis L.) im Winter auf dem Zuge sehr selten.
2. Der **schwarzkehlige Seetaucher** (C. arcticus L.) erscheint häufiger als der Vorige bei uns.
3. Der **rothkehlige Seetaucher** (C. septemtrionalis L.) äusserst selten.
4. Der **Haubentaucher** (Podiceps cristatus L.) nicht selten, besonders auf dem Zuge, aber auch als Standvogel auf den Teichen der Mezöség.

5. Der graukehlige Steissfuss (P. subcristatus Mayer) seltener.
6. Der gehörnte Steissfuss (P. cornutus L.) ebenfalls nur selten in Siebenbürgen.
7. Der geöhrte Steissfuss (P. auritus L.) häufig auf dem Zuge und auch als Standvogel auf den Teichen der Mezöség.
8. Der kleine Steissfuss (P. minor L.) wie der Vorige nicht selten.

C. Reptilien.

a. Schildkröten. Chelonii.

1. Die Fluss - Schildkröte (Emys europaea Schneider) nicht selten in Sümpfen und langsam fliessendem Wasser.

b. Eidechsen. Sauria.

1. Die grüne Eidechse (Lacerta viridis Daud.) an sonnigen Bergen im Gesträuche.
2. Die gemeine Eidechse (L. agilis L.) auf Wiesen und Feldern überall gemein.
3. Die Mauereidechse (L. muralis L.) an steinigen warmen Abhängen des Vorgebirges häufig.
4. Die Blindschleiche (Angvis fragilis L.) in Wäldern der Hügelregion und des Vorgebirges häufig.

c Schlangen. Ophidia.

aa. Giftlose. Innocua.

1. Die schwarzgrüne Natter (Coluber atrovirens Schinz.), unsere grösste Schlange (wird bis 6 Fuss lang), die aber nur selten in Gebirgsgegenden, z. B. am Vulkaner Passe, bei Zaizon, vorkömmt.
2. Die glatte Natter (Coronella laevis Merr.) im Vorgebirge und an steinigen Orten des Mittellandes häufig.
3. Die Ringelnatter (Tropidonotus natrix L.) unsere gemeinste Art nicht nur am Wasser, sondern auch in altem Gemäuer in Städten.
4. Die gewürfelte Natter (T. tessellatus Fitz.) fand ich in einer Sumpfgegend am Szamos bei Klausenburg.

bb. Ottern (giftige). Viperina.

1. Die gemeine Viper (Pelias berus L.) in Gebirgsgegenden, z. B. im Zibinsgebirge, am Praesbe, bei Szent - Domokos, Borszék, Rodna und wahrscheinlich auch anderwärts nicht selten, — aber auch im Hügellande, z. B. auf den Heuwiesen von Klausenburg, bei Hammersdorf u. s. w. vorkommend.

d. Lurche. Batrachia.

aa. Froschlurche. Ecaudata.

1. Der **Laubfrosch** (Hyla arborea L.) in Gärten und Hecken häufig.
2. Der **braune Grasfrosch** (Rana temporaria L.) in Wäldern sehr häufig.
3. Der **grüne Wasserfrosch** (R. esculenta L.) gemein in allen Gewässern.
4. Die **Teichunke** (Pelobates fuscus Laur.) in Gärten am Wasser selten.
5. Die **Feuerkröte** (Bombinator igneus Merr.) in allen Pfützen und Gräben sehr gemein.
6. Die **gemeine Kröte** (Bufo cinereus Schneid.) in Gärten, auf Aeckern und in Kellern häufig.
7. Die **veränderliche Kröte** (B. variabilis Gm.) nicht selten im Frühjahr in stehendem Wasser und in alten Mauern.
8. Die **Kreuzkröte** (B. calamita L.) soll auch in Siebenbürgen vorkommen.

bb. Molche. Caudata.

1. Der **gefleckte Salamander** (Salamandra maculata Laur.) in Gebirgswäldern häufig und besonders nach Regen hervorkriechend.
2. Der **grosse Wassermolch** (Triton palustris L.) in allen stehenden Gewässern und feuchten Kellern und Gärten gemein.
3. Der **gefleckte Wassermolch** (T. punctatus Merr.) im stehenden Wasser häufig.
4. Der **feuerbauchige Wassermolch** (T. alpestris Laur.) in Gebirgsgegenden nicht häufig, so z. B. im Gebirgsteiche Lakutz oberhalb Kerczesoara.

D. Fische *)

a. Grätenfische. Ostacantha.

aa. Stachelflosser. Acanthopterygii.

a. Barsche. Percoidei.

1. Der **gemeine Barsch** (Perca fluviatilis L.) in den grössern Flüssen Alt, Harrbach u. s. w.
2. Der **Streber** (Aspro vulgaris Cuv.) häufig im Zibin, Alt, Marosch und andern Flüssen.

---

*) Siehe die Uebersicht der Fische Siebenbürgens von E. A. Bielz in den Verhandlungen und Mittheilungen des siebenbürgischen Vereins für Naturwissenschaften, IV. Jahrg. S. 172.

3. Der Zingel (A. Zingel L.) nicht selten im Alt beim Rothenthurmpasse.
4. Der Kaulbarsch (Acerina cernua L.) sehr selten im Marosch bei Déva.

b. Panzerwangen. Trigloidei.

1. Der gemeine Kaulkopf (Cottus gobio L.) in klaren Gebirgsbächen durchs ganze Land.

bb. Weichflosser. Malacopterygii.

a. Lachse. Solmonii.

1. Der Huchen (Salmo hucho L.) im Schiel beim Vulkanpasse, im Altfluss beim Rothenthurmpasse und im Marosch bei Gyergyo Szent-Miklos.
2. Die gemeine Bachforelle (Salar Ausonii Cuv.) in allen steinigen, klaren Gebirgsbächen und vielleicht in mehreren unserer Alpenseen.
3. Die Aesche (Thymallus vexillifer Ag.) in Gebirgsbächen.

b. Weissfische. Cyprinoidei.

1. Der gemeine Karpfen (Cyprinus carpio L.) in allen grössern langsam-fliessenden und besonders schlammigen Flüssen und in Teichen.
2. Die Karausche (Carassius vulgaris Cuv.) in Teichen selten.
3. Der Giebel (C. gibelio Gm.) lebt wie der Vorige, aber in weit grösserer Verbreitung.
4. Der chinesische Goldfisch (C. auratus L.) zur Zierde in Gläsern und selten in Gärten gehalten.
5. Der gemeine Bitterling (Rhodeus amarus L.) gemein in ruhigen Flüssen und stehenden Gewässern, bei Hermannstadt selbst in Strassen- und Wiesengräben.
6. Die gemeine Barbe (Barbus vulgaris Cuv.) häufig in allen Flüssen der Ebene.
7. Leonhard's Afterbarbe (Pseudobarbus Leonhardi E. A. Bielz) in allen Bächen und Flüssen der Ebene bis in's Vorgebirge, unter dem Namen Semmling bei uns allgemein bekannt.
8. Der gemeine Gründling (Gobio fluviatilis Ag.) gemein in allen Flüssen und Bächen der Ebene.
9. Die gemeine Schleie (Tinca chrysitis Ag.) wie überall auch bei uns in Teichen und stillfliessendem Gewässer gemein.
10. Leukart's Brassen (Abramis Leukarti Heck.) bei Kronstadt in langsam fliessenden Bächen selten.
11. Die Zope (A. ballerus L.) soll ebenfalls in Siebenbürgen vorkommen.
12. Der Näsling (Chondrostoma nasus L.) nicht selten in allen grössern Flüssen, in einigen sogar häufig.

13. Der Döbel (Squalius dobula L.) in langsam fliessenden Bächen nirgends selten, im Zibin bei Hermannstadt sogar häufig.
14. Der Gängling (Idus melanotus Heckel.) selten, soll im Szamos bei Deés häufiger vorkommen.
15. Die Rothfeder (Leuciscus rutilus L.) in den grössern Flüssen : Alt, Marosch u. s. w. selten.
16. Das Rothauge (Scardinius erytrophthalmus L.) ebenfalls nur selten in langsam fliessendem Wasser und in Teichen.
17. Der Ukelei (Alburnus lucidus Heckel.) nicht selten und gewöhnlich in grosser Gesellschaft seiner Art in der Ebene bis ins Vorgebirge.
18. Die Alandblecke (A. bipunctatus L.) besonders den klaren Gebirgsbächen mit steinigem Grunde angehörend.
19. Die Pfrille (Phoxinus Marsilii Heck.) an einigen Orten (bei Zoodt, Heltau, Rodna) in klaren Gebirgsbächen.
20. Der gemeine Steinbeisser (Acanthopsis taenia L.) häufig in allen klaren steinigen Gebirgsbächen.
21. Die Bartgrundel (Cobitis barbatula L.) in Bächen nicht selten.
22. Der Schlammbeisser (C. fossilis L.) häufig in allen stehenden Gewässern und selbst in Wiesengräben.

c. Hechte. Esocini.

1. Der gemeine Hecht (Esox lucius L.) in den grössern Flüssen und Teichen der Ebene.

d. Welse. Silurini.

1. Der gemeine Wels (Silurus glanis L.) an sandigen Stellen unserer Hauptflüsse nicht selten.

a. Schellfische. Gadoidei.

1. Die gemeine Aalraupe (Lota vulgaris Cuv.) liebt mehr die grössern klaren Gebirgsbäche und kommt im Herbste zur Paarungszeit in die Flüsse der Ebene.

cc. Kahlbäuche. Apodes.

1. Der gemeine Aal (Muraena angvilla L.) soll nach frühern Angaben in Siebenbürgen vorkommen, doch wurde dies in der neuern Zeit aus dem Grunde bezweifelt, weil der Aal auch in der Donau nicht gefunden wird.

b) Knorpelfische. Chondropterygii.

aa. Freikiemer. Eleutherobranchii.

a. Störe. Sturiones.

1. Der Hausen (Acipenser huso L.) im Alt und Marosch auf dem Zuge selten.

2. Der **Stör** (A. sturio L.? — an A. Güldenstaedtii Brand.) wie der Vorige.
3. Der **Sterlet** (A. ruthenus L.) im Alt selten, im untern Marosch sehr häufig.

bb. **Haftkiemer. Pectinibranchii.**

a. Rundmäuler. Cyclostomi.

1. Das **Flussneunauge** (Petromyzon fluviatilis L.) selten in Flüssen.
2. Der **gemeine Querder** (Ammoecetes branchialis L.) in kleinen schlammigen Bächen sehr selten.

Zweite Abtheilung. Gliederthiere.

Die grosse Zahl der Gliederthiere nach Ordnungen und Familien namentlich hier aufzuzählen, würde einmal zu weit führen, dann aber auch aus dem Grunde keine vollständige Uebersicht der Fauna unsers Landes aus dieser Abtheilung des Thierreiches uns gewähren können, weil nicht nur mehrere Klassen derselben (die Krebse, Crustacea; Spinnen, Arachnidae, und Gliederwürmer, Annulata) in Siebenbürgen noch gar nicht untersucht, sondern auch aus der noch übrigen Klasse der Insekten mehrere Ordnungen nicht speciell erforscht worden sind. Es dürfte daher am angemessendsten seyn, von den Letztern diejenigen Arten hervorzuheben, welche uns entweder ganz eigenthümlich sind, oder wesentlich zur Charakteristik unsers Landes beitragen.

A. Insekten Insecta.

a. Käfer. Coleoptura L.

Die Gesammtzahl der **Käfer** Siebenbürgens wird sich auf mehr als 3000 Arten belaufen, von denen nach den bisherigen Entdekkungen und Untersuchungen *) hier schon 2600 Arten wirklich aufgefunden wurden. Als seltenere und grösstentheils Siebenbürgen eigenthümliche Arten verdienen davon erwähnt zu werden:

Cicindela chiloleuca Fischer an den Salzteichen von Déva, Salzburg, Baassen, Thorda, Szamosfalva bei Klausenburg, Kolos etc. — sonst nur in Sibirien.

Nebria Heegeri Dahl an Quellen und Bächen des Fogarascher Gebirgszuges unter Steinen; N. **Reichii** Dahl an gleichen Orten, wie die Vorige, im Hatzeger- und Zibinsgebirge und mit jener nur in Siebenbürgen und im Banate zu finden; N. **Fussii** Bielz im Laposcher und Rodnaer Gebirge die Stelle der beiden vorigen Arten vertretend und bisher Siebenbürgen eigenthümlich; dann N. **trans-**

---

*) Siehe in dieser Beziehung besonders die Arbeiten in den Verhandlungen des siebenbürgischen Vereins für Naturwissenschaften.

silvanica Kollar auf Hochgebirgen über 6500 Fuss unter Steinen und ausser Siebenbürgen nur noch im Banate; endlich N. carpathica Fuss auf dem Zibins- und Paringul-Gebirge über 7000' Höhe.

Carabus planicollis Fuss. Diese Zierde unserer Käferfauna kommt selten im Vorgebirge des Fogarascher- und Zibinszuges vor und soll auch im Banate schon gefunden worden sein. C. Kollari Dahl nur dem gebirgigen südwestlichen Theile Siebenbürgens mit dem Banate angehörend; C. Rothii Koll. auf Feldern und in Gärten im mittlern südlichen Theile des Landes, dann in der Walachei, im Südosten und Norden Siebenbürgens von den beiden Folgenden, südwestlich vom Vorigen vertreten; C. Hampei Parreys nördlich von Klausenburg stellenweise, dann bei Kronstadt; C. Zavadzkyi Dejean im Norden Siebenbürgens, im nordöstlichen Theile Ungarn's und in der Bukovina; C. comptus Frivaldzki bei Gyalu; C. Lippii Dahl bei Déva und ausserdem noch im Banate und in der Walachei; C. Sacheri Zav. auf dem Gebirge Rotunda bei Kapnikbánya, sonst noch in der Bukovina und Nordost-Ungarn; C. carpathicus Kuenburg im Vorgebirge des südlichen Höhenzuges, dann im Banate; C. montivagus Pall. bei Klausenburg, Mediasch und Déva, sonst nur noch im Banate; C. graniger Dahl dem südwestlichen Theile Siebenbürgens und dem Banate eigenthümlich; C. sylvestris var. transsilvanicus Koll. auf allen unsern Hochgebirgen über 6500 Fuss Höhe.

Lebia cyathigera Rossi bei Klausenburg und Déva, Siebenbürgen mit Italien gemeinschaftlich angehörend.

Daptus Kominekii Bielz in der salzigen Erde bei Déva, uns eigenthümlich. Die Thiere dieser Gattung kommen sonst nur in Spanien, Süd-Frankreich, Italien, Südrussland etc. vor.

Ophonus mendax Dej. an den Salzteichen bei Déva, sonst in Italien und Südfrankreich; O. Meletii Heer bei Hermannstadt, sonst in der Schweiz.

Harpalus cupreus Dej. auf Salzlokalitäten bei Déva, Salzburg, Hammersdorf, ausserdem in Südfrankreich zu Hause.

Stenolophus nigricollis Bielz an Sümpfen und Wassergräben bei Hammersdorf, Stolzenburg (Reussener Teiche) und Klausenburg.

Bradycellus obsoletus Dej. in feuchter Erde an den Salzteichen von Salzburg und Szamosfalva, sonst in Frankreich.

Amara saphyrea Zgl. bei Déva.

Omaseus cophosioides Dahl bei Déva, sonst nur im Banate.

Steropus madidus F. im Rodnaer Gebirge; St. cordatus Letzn. auf dem Rodnaer und Czibles-Gebirge, ausserdem in Schlesien; St. rufitarsis Koll. Siebenbürgen eigenthümlich und namentlich im Zibinsgebirge (Praesbe bei Zoodt) vorkommend.

Platysma Findelii Dahl unter Steinen der Gebirge von 4000—7000 Fuss; Pl. latibula Sturm sehr selten im Zibinsgebirge.

Cophopus cylindricus Herbst bei Hermannstadt in der Ebene.

Pterostichus fossulatus Dahl & var. **Klugii** Dahl in Gebirgen bei 4000 Fuss, besonders im Süden des Landes; **Pt. Heydenii** Heer, wie der Vorige, aber weit häufiger, sonst in der Schweiz; **Pt. Kokeilii** Miller auf dem Kühhorn bei Rodna; **Pt. interruptestriatus** Bielz mit dem Vorigen, dann auch im Fogarascher Gebirge.

Abax Schüppelii Dahl bei Schässburg, Klausenburg, Déva u. s. w., dann im Banate.

Pogonus luridipennis Germar bei Szamosfalva und Kolos; **P. iridipennis** Nicolai und **P. riparius** Dej. überall an Salzteichen.

Calathus metallicus Dahl auf Gebirgen von 5000 — 7000 Fuss, sonst nur im Banate.

Trechus Longhii Crist. einmal bei Csáki-Gorbo gefangen; **P. procerus** Putzeys auf dem Kühhorn - und Fogarascher-Gebirge bei 7000 Fuss Höhe, dann sehr selten auf dem Praesbe bei 5000 Fuss; **T. latus** Putz. in Schluchten des Zibinsgebirges (Götzenberg, Praesbe); **T. bannaticus** Putz. auf allen Hochgebirgen bei 7000 Fuss Höhe sehr häufig.

Peryphus transsilvanicus Bielz in feuchten Schluchten des Hügellandes im nördlichen Siebenbürgen und bei Schässburg.

Bembidium bilunulatum Bielz an Flussufern.

Hydroporus cuspidatus Kze. im Salzwasser bei Kolos; **H. nigrolineatus** Steven wie der Vorige bei Salzburg, Szamosfalva und Déva, sonst in Russland; **H. obliquesignatus** Bielz bei Klausenburg (vielleicht mit dem in der Türkei vorkommenden H. blandus Frivatdzky's identisch.)

Hydrobius aeneus Germ. im Salzwasser von Déva, Thorda, Kolos, Szamosfalva, — sonst in Russland.

Silpha oblonga Dahl bei Hermannstadt selten, häufiger bei Klausenburg und Bistritz, dann in Ungarn; **S. alpicola** Küster (S. Souverbii Kirby) auf Hochgebirgen des südlichen Höhenzuges bei 6500—7000 Fuss, dann noch im Banate und in Frankreich.

Catops arenarius Hampe im Sande an Wasserrissen des Hammersdorfer Mittelberges.

Bythinus Chaudoiri Hochhuth unter abgefallenem Laube bei Hermannstadt, sonst in Russland.

Deleaster adustus Bielz an Flüssen bei Boitza, Zoodt, Michelsberg, Klausenburg, Csaki-Gorbo.

Corticus tuberculatus Germ. unter Buchen- und Fichtenrinde im südlichen Höhenzuge, ausserdem im Banate.

Pycnomerus sulcicollis Germ. in faulem Holze am Fogarascher Gebirge und bei Hermannstadt.

Symbiotes troglodytes Hampe im jungen Walde bei Hermannstadt unter fauler Eichenrinde sehr selten, dann **S. pygmaus** Hampe an gleicher Stelle, wie der Vorige, aber etwas häufiger; beide Arten sonst nur bei Wien.

Dermestes latissimus Bielz unter Steinen und abgefallenem Laube, dann an ausfliessendem Baumsafte am Götzenberg und Praesbe, so wie bei Klausenburg selten.

Attagenus pantherinus Ahrens in den Löchern von Erdbienen am Hammersdorfer Berge und bei Kerz.

Orphilus glabratus F. auf blühender wilder Möhre (Daucus carota) bei Hermannstadt.

Byrrhus regalis Dahl in Gebirgsgegenden unter Steinen, bei beträchtlicherer Höhe ganz kahl und erzglänzend.

Morychus transsilvanicus Suffrian auf den Rodnaer Gebirgen bei 7000 Fuss Höhe.

Simplocaria carpathica Hampe am Gebirge Praesbe im Moose alter Baumstämme.

Oryctes grypus Ill. in ganz Siebenbürgen den hier nicht vorkommenden O. nasicornis L. vertretend.

Pentodon monodon F. in der Ebene bei Bistritz.

Ateuchus pius F. Dieser Käfer des südlichen Littorales und Südeuropa's ist bei uns nur äusserst selten.

Anoxia orientalis Lap. bei uns nur selten, häufig dagegen in der Walachei.

Homaloplia transsilvanica Bielz an sonnigen Berglehnen auf Blüthen, auch in Ungarn.

Amoecius transsilvanicus Fuss im Fogarascher Gebirge.

Eurythyrea carniolica Herbst bei Hermannstadt auf blühenden Bäumen.

Anthaxia signaticollis Krynicki auf Waldwiesen bei Hermannstadt.

Dima elateroides Charp. unter abgefallenem Laube bei Heltau und Michelsberg.

Tillus pallidipennis Bielz bei Schässburg und Fogarasch sehr selten, kommt auch im Banate vor.

Platyscelis gages? Fischer in der Thordaer Felsenschlucht unter Steinen.

Opatroides punctulatus F. bei Fogarasch.

Acanthopus caraboides Petagna am Dévaer Schlossberge unter Steinen.

Allecula aterrima Dj. auf Blumen.

Xylophilis bisbipustulatus Hampe (X. amabilis Sahlbg.) bei Gyalu.

Lydus trimaculatus F. bei Hermannstadt.

Cantharis collaris Fabr. auf dem Zackelsberge bei Grossscheuren, sonst nur in Sibirien.

Zonitis caucasica Pall. in der Umgebung von Hermannstadt auf Blumen nicht selten.

Sitaris humeralis F. an gleichen Orten, wie die Vorige, aber seltener.

Brachytarsus tessellatus Schh. an alten Zäunen bei Hammersdorf.

Rhynchites hungaricus F. bei Klausenburg; Rh. crinitus Ziegler bei Mediasch und Schässburg.

Mesagroicus obscurus Schönherr an sandigen Orten bei Hermannstadt.

Cleonus albiventris Schh. auf salzigem Boden bei Déva häufig, anderwärts seltener.

Phytonomus mehadiensis Dahl in Gebirgsgegenden nicht selten.

Otiorhynchus hungaricus Germ. in Berggegenden besonders im nördlichen Siebenbürgen; O. obsidianus Germ. bei Bistritz, dann in den Rodnaer- und Csiker-Gebirgen; O. opulentus Küenburg, O. granulosus Küenburg, und O. Kollari Germ. sämmtlich im Laposcher Gebirge; O. Bielzii Küster im Fogarascher- und Zibinsgebirge, dann im Banate auf Pflanzen und unter Steinen in Schluchten; O. longiventris Küster im Fogarascher-, Zibins-, Paringul- und Rodnaer-Gebirge in Schluchten auf Petasites, — in beträchtlicherer Höhe (7000 Fuss) ganz ohne Haarbekleidung unter Steinen; O. Fussii Küster stellenweise durch's ganze Land auf Nesseln (Michelsberg, Klausenburg, Bistritz, Csiker- und Fogarascher-Gebirge); O. dives Dahl nur im südlichen Siebenbürgen und im Banate auf Nesseln in Vorgebirgen; O. populeti Schh. auf Rohr bei Dobra; O. denigrator Schh. unter Grasbüscheln der Kalkfelsen des Kecskekö, der Thordaer-Schlucht und bei Toroczko.

Lixus canescens Schh. auf blühender Crambe tatarica bei Hammersdorf und Grossscheuren, sonst nur in Russland.

Tychius sparsutus Ol., sonst in Spanien, hier auf Waldwiesen.

Trachodes aterrimus Hampe im Gebirge unter Steinen.

Baridius memnonius Schh. an den Wurzeln der Crambe tatarica bei Hammersdorf und Grossscheuren häufig und für dieselben, wie es scheint, sehr schädlich.

Camptorhinus statua F. unter loser Eichenrinde bei Csáki-Gorbo einmal gefangen.

Acalles denticollis Grm. an alten Erlen bei Hermannstadt.

Centorhynchus Aubéi Schnh. auf Wiesen bei Hermannstadt und Klausenburg.

Corticaria macularis Fuss unter Baumrinden bei der Glashütte von Kerczesoare.

Hamaticherus miles Bon. bei Hermannstadt selten.

Phymatodes humeralis Dej. auf eichenen Weinbergsstangen bei Hammersdorf.

Callidium hungaricum Herbst nächst Klausenburg einmal gefangen; C. castaneum Redt. ebenfalls nur einmal bei Hermannstadt angetroffen.

Clytus capra Grm. (C. sibiricus Dej.) bei Hermannstadt und Klausenburg nicht selten.

Dorcadion bilineatum Küster im südlichen Siebenbürgen, wie im Banate; D. Murrayi Küster, wie der Vorige, aber nicht so sehr verbreitet; D. cruciatum F. bei Hermannstadt äusserst selten.

Saperda Seidlii Froehlich wurde schon mehrmals bei Hermanstadt gefangen.

Tetrops bipunctata Zubkoff auf Wallnussblättern bei Hermannstadt und Klausenburg selten, häufiger bei Mediasch.

Phytoecia argus F. in der Umgebung von Hermannstadt selten.

Rhagium rufiventre Grm. auf einem alten Buchenstocke am Praesbe einmal gefangen.

Leptura rufipennis Muls. ziemlich selten in Vorgebirgs-Gegenden; L. bisignata Dej. stellenweise im Vorgebirge auf Schirmpflanzen; L. (Grammoptera) nigroflava Fuss im Zibinsgebirge bei 5000'.

Clythra chalybaea Grm. am Schlossberg bei Déva auf Gesträuche.

Chrysomela juncorum Suffr. im Vorgebirge auf Luzula maxima und auf Senecio radiiflorus.

Haltica melanostoma Redt. auf der Blüthe der Luzula maxima im Vorgebirge des südlichen Höhenzuges.

Argopus discolor Bielz auf den Heuwiesen bei Klausenburg an Clematis integrifolia.

Endomychus thoracicus Charp. an Schwämmen alter Buchen im Vorgebirge.

b) Aderflügler. Hymenoptera L.

Die Aderflügler haben sich in Siebenbürgen noch sehr wenig einer wissenschaftlichen Beobachtung erfreut; nur einige dürftige Angaben *) über diese gewiss in mehr als 950 Arten bei uns vorkommende Insektenordnung, zu welcher auch eines der nützlichsten Insekten die Biene gehört, finden wir in vaterländischen Werken darüber. Wir können daher auch leider nicht einmal soviel mit Bestimmtheit angeben, ob die in unsern Wäldern in hohlen Bäumen nicht selten vorkommende und eine Menge des besten Honigs erzeugende wilde Biene dieselbe Art sei, wie die als Hausthier Gezogene.

c) Schmetterlinge. Lepidoptera L.

Von Schmetterlingen kommen in Siebenbürgen gegen 1600 Arten vor; schon das in dieser Beziehung am besten durchforschte Erzgebirge beherbergt ihrer nahe an Tausend.**) Davon müssen als Seltenere hervorgehoben werden:

Limenitis aceris, lucilla; Hesperia lavaterae; Zygaena Emma Franzenau, peucedani mit der Varietät acacus var. maculis 5 vel 6, Stenzii; Deilephila galii, lineata; Liparis rubea; Gastropacha taraxaci, dumeti, catax; Euprepia matronula, luctifera;

---

*) Verhandlungen des siebendürgisch. Vereins für Naturwissenschaften. IV. Jahrgang. S. 141 und 213.
**) Siehe ebendaselbst I. Jahrgang. S. 54 und III. Jahrgang. S. 181.

Acronycta alni; Bryophila ereptricula; Kymatophora xanthoceros, diluta; Agrotis rectangula, multangula, saucia, cinerea, nagyagensis Franzenau; Amphipyra livida, dilucida, fugax, lucipeta; Noctua candelisequa, depuncta, musiva; Hadena cespitis, satura, adusta, convergens, Dahlii; Phlogophora scita; Polia saliceti, polymita; Apamea imbecilla; Mamestra furva; Orthosia rubricosa, munda, lota, nitida; Caradrina gloreosa, lenta, bilinea; Leucania comma; Nonagria sparganii; Xanthia sulfurago; Cosmia cuprea, subtusa; Cerastes serotina; Cleophana hyperici, anthirini; Cuculia fraudatrix, Abends auf Disteln im Gyogyer Bade, sonst im Ural; Plusia modesta, deaurata, orichalcea, bractea, circumflexa, jota; Heliothis ononis, peltigera, armigera; Anthophila caliginosa; Platypteryx hamula; Enomos adspersaria, dentaria; Geometra smaragdaria; Boarmia selenaria; Amphidasis hispidaria; Cabera pendularia.

Unter den andern bemerkenswerthen Schmetterlingen kömmt der Apollo (Doritis apollo L.) nur sehr local und vereinzelt (in einem Gebirgsthale bei Rodna) vor; das grosse Nachtpfauenauge (Saturnia pyri L.) ist fast im ganzen Lande, der Todtenkopf (Acherontia atropos L.) besonders bei Hermannstadt häufig; der Oleanderschwärmer (Deilephila nerii L.) findet sich bei Klausenburg auf Oleander; der Ligusterschwärmer (Sphinx ligustri L.) bei Hermannstadt auf persischem Flieder. Die Seidenraupe (Bombyx mori L.) wird nur zum Vergnügen von Kindern gezogen, da die von der erhabenen Fördererin vaterländischer Cultur, Freiin Rosalia von Josika, in Klausenburg und Csaki-Gorbo gemachten grossartigen Anlagen zur Seidenzucht durch die jüngste Revolution und den bald darauf erfolgten Tod der edlen Gründerin zu Grunde gingen.

d) Fliegen. Diptera L.

Ueber die Fliegen Siebenbürgens, deren sich im Lande gegen 1500 Arten vorfinden dürften, lässt sich ans Mangel an speciellen Daten wenig sagen. Nur soviel glauben wir hier anführen zu müssen, dass die berüchtigte, dem Viehe so gefährliche Kolumbatscher Mücke (Simulia maculata Meigen) in manchen Jahren auch den südwestlichen Theil von Siebenbürgen (bei Hátzég, Vajda-Hunyád, Déva u. s. w.) besucht [*]) und dort einigen, wenn auch nicht bedeutenden Schaden anrichtet.

e) Netzflügler. Neuroptera L.

Zur wissenschaftlichen Erforschung dieser wenig artenreichen Insektenordnung, die uns etwa 350 Species bieten könnte, ist erst

---

[*]) Siehe W. Stetter's, die Kolumbaczer Fliegen bei Déva, Dobra und in den Roskányer Voralpen in A. Kurz Magazin. II. Band. 1tes Heft. Kronstadt 1846.

der Anfang gemacht worden,*) der uns aber noch nichts besonders Bemerkenswerthes gezeigt hat.

f) Gradflügler. Orthoptera L.

Die Gradflügler sind noch weniger artenreich als die vorige Ordnung, und dürften bei uns durch kaum über 200 Species vertreten seyn; aber auch schon die oberflächliche Beobachtung derselben hat zu der Ueberzeugung geführt, dass Siebenbürgen nebst mehreren nicht allgemein verbreiteten Arten (Mantis religiosa am Dévaer Schlossberge, bei Marktschelken, Grossscheuren, Mühlbach), auch einen ganz neuen Grashüpfer, Thamnotrizon transsilvanicus Fischer**) beherberge. Auch darf hier nicht übergangen werden, dass uns die Wanderheuschrecke (Acridium migratorium L.) auch in den letzten Jahren, so 1846 und 1847, mehrmals heimgesucht und in einigen Theilen des Landes nicht unerheblichen Schaden angerichtet hat.

g) Schnabelkerfe, Wanzen. Hemiptera L.

Für die Erforschung der siebenbürgischen Arten dieser Ordnung, welche nach beiläufiger Schätzung sich über 500 Arten belaufen dürften, sind schon mehrere Schritte gethan worden, ***) welche neben einigen sehr interessanten Vorkommnissen auch auf die Entdeckung der neuen Randwanze (Gampsocoris transsilvanica Fuss) führten ****).

B. Spinnen. Arachnidae.

Die zahlreichen, oft ausgezeichnet schönen Thiere dieser Klasse, von denen wir gegen 500 Arten in Siebenbürgen zählen könnten, haben hier leider noch keinen Sammler und Beobachter gefunden. So können wir auch nicht einmal die uns gemachte Angabe, dass der in diese Klasse gehörige südeuropäische Scorpion (Scorpio europaeus L.), der schon im angrenzenden Banate so häufig ist, auch im südwestlichen Siebenbürgen vorkomme, als begründet ansehen.

C. Krebsthiere. Crustacea.

Auch über die siebenbürgischen Crustaceen sind wir nicht in der Lage mehr anzuführen, als dass ihrer in unserm Lande über

---

*) C. Fuss Notizen und Beiträge zur Insektenfauna Siebenbürgens in den Verhandl. und Mittheilungen des sieb. Vereins für Naturwissenschaften IV. Jahrgang. Seite 207.
**) Ebendaselbst Seite 40.
***) C. Fuss Beitrag zur Hemipterenfauna Siebenbürgens, Verhandlung. und Mittheilungen des siebenbürgisch. Vereins für Naturwissenschaften. IV. Jahrgang. S. 44, und G. Mayr Beiträge zur Insektenfauna, ebenda Seite 142.
****) Ebendaselbst III. Jahrgang, Seite 73.

400 Arten leben werden, unter denen der gemeine Flusskrebs (Astacus fluviatilis F.) als gesuchtes Nahrungsmittel, — der Blattfuss (Apus cancriformis Leach) in einigen Sümpfen (bei Fogarasch, Schässburg) lebend, und der in den Salzteichen von Salzburg, Thorda u. s. w. vorkommende Büschelfüsser (Artemia salina Lam.) ihrer merkwürdigen Gestalt wegen Erwähnung verdienen.

D. Würmer. Vermes. (Annulata et Entozoa Cuv.)

Sie mögen in Siebenbürgen in der doppelten Artenzahl der vorigen Thierklasse vorkommen. Am bemerkenswerthesten ist hierunter unstreitig der Blutegel, (bei uns grösstentheils Hirudo officinalis Sav.), der in der letztern Zeit zum Nachtheile des Landesbedarfes einen starken Ausfuhrartikel nach Frankreich bildete.

Dritte Abtheilung. Schleimthiere.

Von den vier Klassen dieser Abtheilung erwähnen wir hier vor den Andern die der:

Weichthiere. Molluska.

Die Land- und Süsswassermollusken Siebenbürgens, schon seit mehreren Jahren der Gegenstand eifriger Forschung, bieten soviel Eigenthümliches, in andern Ländern nicht Vorkommendes dar, dass wir die sämmtlichen, ohnehin nicht zahlreichen (161) Arten vollständig hier aufführen wollen.

I. Gasteropoda Cuv. Schnecken.

a. Pulmonacea. Lungenathmer.

aa. Limacina. Naktschneken.

I. Arionschnecken. Arion Fer. 4 Arten, als:

1. Arion empiricorum Fer. und zwar: die Varietät „ater," in Gärten an feuchten Stellen untern Steinen und Holzwerk, die Varietät „fuscus" unter faulem Rohr und Laub in Sumpfgegenden; — 2. A. albus F. in schattigen Vorgebirgswäldern an feuchten Plätzen; — 3. A. subfuscus Drap. im Fogarascher Gebirge auf Steinen und Holz; — 4. A. hortensis F. in Gärten.

II. Eigentliche Naktschnecken. Limax Fer. 3 Arten, darunter die letzte Siebenbürgen eigenthümlich:

1. Limax cinereus Müll. in Gärten bei Hermannstadt; — 2. L. agrestis L. in Gärten und auf Feldern an Holzwerk, Pflan-

zen und faulen Früchten; — 3. L. cocrulans M. Bielz auf dem Laposcher -, Fogarascher - und Zibinsgebirge unter faulem Holz und Steinen.

bb. Helicea. Heliceen.

I. Von Helicophanten nur eine Art : **Daudebarida (Helicophanta) brevipes** Dr. im Zibinsgebirge unter Steinen.

II. **Glasschnecken. Vitrina** Dr. 3 Arten:

1. **Vitrina pellucida** Dr. in Gärten und Laubwäldern bei Hermannstadt, Michelsberg, Klausenburg etc.; — 2. V. **diaphana** Dr. unter faulem Laub und Holzwerk bei Heltau, im sogenannten Paradieswalde; — 3. V. **elongata** Dr. unter Steinen und feuchtem Laub im Vorgebirge bei Michelsberg, Rodna, am Kereszthegy, Fogarascher Gebirge u. s. w.

III. **Bernsteinschnecken. Succinea** Dr. 5 Arten:

1. **Succinea putris** L. an Sümpfen und Flussufern; — 2. S. **Pfeifferi Rossm.** an gleichen Stellen, jedoch weniger verbreitet als die Vorige; — 3. S. **ochracea** De Betta auf dem Moore von Borszék an Pflanzen; — 4. S. **oblonga** Dr. in Gärten an feuchten und schattigen Stellen; — 5. S. **minuta** M. Bielz beim Kérolyer Bade an Holzwerk am Bache.

IV. **Schnirkelschnecken. Helix** L. 42 Arten, davon eine (Nro. 36) Siebenbürgen eigenthümlich und mehrere (Nro. 5, 19, 33, 34, 38 und 42) ihm nur mit wenigen angrenzenden Ländern gemeinsam angehörig:

1. **Helix rupestris** Dr. an Kalkfelsen häufig; — 2. H. **pygmaea** Dr. unter abgefallenem Laube im jungen Walde bei Hermannstadt; — 3. H. **ruderata** Stud. im Fogarascher - und Zibinsgebirge unter faulen Baumrinden; — 4. H. **rotundata** Müll. unter Steinen und Ziegeln an alten Mauern in Hermannstadt; — 5. H. **solaria** Menke in Wäldern unter fauler Baumrinde und abgefallenen Blättern; — 6. H. **alliaria** Müll. (glabra Stud.) an der Repser Burg, am Berge Kaczanyas bei V. Hunyad u. a. O. unter Steinen und abgefallenem Laube; — 7. H. **cellaria** Müll. bei Hermannstadt, im Steinbruche von Déés (sehr gross) u. a. a. O. unter faulen Blättern; — 8. H. **nitens** Mich. im Vorgebirge bei Rodna, am Tömöscher Pass u. s. w. unter Laub; — 9. H. **nitidula** Dr. an gleichen Orten wie die Vorige; — 10. H. **nitida** Müll. an feuchten Stellen, Wassergräben und Flüssen bei Hermannstadt, Klausenburg, Kerz, Tömösch u. s. w.; — 11. H. **hyalina** Fer. im Vorgebirge unter Strauchwerk, faulen Blättern und Moos; — 12. H. **crystallina** Dr. in Wäldern besonders des Vorgebirges unter faulem Holze; — 13. H. **hydati-**

na Rossm. wie die Vorige, aber seltener; — 14. H. nitidosa Pf. am Tömöscher Pass, bei V. Hunyád und Kerczesoara; — 15. H. umbrosa Partsch. bei Michelsberg in Wäldern am Götzenberg unter Laub; — 16. H. carthusiana Müll. bei den Klausenburger Weingärten und bei Szamosfalva nächst Klausenburg, beim Wassider Wirthshaus hinter Stolzenburg und bei Kerz im Grase; — 17. H. fruticum Müll. in niedergelegenen Gärten am Wasser und auf feuchten Wiesen bei Hermannstadt, Klausenburg, Korneczel, Kerz, Also-Szombath, Ponor im Pujer Bezirke, Kis-Kend und am Hondorfer Berge, — verschiedene Varietäten (weiss, weiss mit braunem Band, rothbraun und rothbraun mit dunklem Band); — 18. H. incarnata Müll. in den Gärten an den Stadtmauern von Hermannstadt unter Gesträuche häufig, dann bei Talmatsch; — 19. H. vicina Rossm. im Gebüsch und unter Farnkraut besonders des Vorgebirges bei Michelsberg, Zoodt, Gurariu, Kerczesoara, A. Szombath, Tömösch und Borszék; — 20. H. strigella Dr. unter Gesträuch und faulem Laub aus der Ebene bis in's Vorgebirge überall häufig; — 21. H. circinata Stud. im Gesträuche des Vorgebirges selten; — 22. H. sericea Dr. im Gesträuche und unter dem abgefallenen Laube der Eichenwälder bei Zoodt, Michelsberg, Heltau; — 23. H. rubiginosa Z. überall auf feuchten Wiesen und an Wassergräben häufig; — 24. H. hispida L. unter abgefallenem Laube bei Michelsberg am Götzenberge, dann auf den Heuwiesen bei Klausenburg; — 25. H. bidens Chemn. und zwar die grössere Varietät unter abgefallenem Laube bei Rodna, Görgény-Szt. Imre (Berg Kereszthegy), im Steinbruche von Déés, bei Schässburg, Mediasch, Michelsberg und Gurariu; die kleinere Varietät an sumpfigen, rohrigen Stellen im jungen Walde bei Hermannstadt, bei Grossscheuren, Kerz und am Hondorfer Berge nördlich von Elisabethstadt; — 26. H. leucozona Z. unter abgefallenem Laube im Gesträuche bei Rodna, Déés, A. Szombath und Schässburg; dann die kleinere Varietät H. ovirensis Rossm. bei Birthhälm; — 27. H. fulva Z. in Wäldern unter Baumrinden und im Moose : Wald Branisch bei Hermannstadt, Pojananyamczului und Kerczesoara im Fogarascher Gebirge, Berg Kereszthegy; — 28. H. aculeata Müll. in Wäldern und im Gesträuche unter Moos und abgefallenem Laub bei Hermannstadt im jungen Walde, Heltau, Hammersdorf, auf der Burg von Szaszcsor; — 29. H. obvia Z. an sonnigen Berglehnen auf Pflanzen und am Gesträuche in vielen Gegenden des Landes, bei Talmatsch auch die ganz weisse Varietät (H. ericetorum Mül. kommt dagegen bei uns nicht vor) ; — 30. H. instabilis Z. an sonnigen Bergen bei Thorda, Toroczko, Klausenburg, Talmatsch und einigen andern Orten; — 31. H. costulata Z. an sonnigen, mit kleinem Grase und Thymian bewachsenen Berglehnen weit verbreitet; — 32. H. candidula Stud. wie die Vorige, zu der unsere Form vielleicht nur als Varietät gehört, bei Perschan und Ditro; — 33. H. faustina Z. in felsigen Vorgebirgsgegenden und ausnahmsweise auch an der Burgmauer von Schässburg, steigt im Fogarascher Gebirge bis zu 7000 Fuss Höhe hinan. Sie ändert in Grösse, Gestalt und Farbe sehr ab (H. Charpentieri Scholz, sativa Z., associata Z.), am bemerkenswerthesten ist die ganz weisse, bänderlose Varietät (H. citrinula Z.), welche selten zwischen den übrigen vorkommt. Die hornbraune Form wurde bei uns früher fälschlich für H. cornea Dr. gehalten; — 34. H. banatica Partsch im Vorgebirge des südlichen und westlichen Höhenzuges unter Laub und Steinen; — 35. H. arbustorum L. überall im Vorgebirge, besonders in der Tannenregion am Wasser; — 36. H. aethiops M. Bielz auf dem Fogarascher Hochgebirge am Olán, Negoi und vom Bullateiche bis fast auf die Spitze des Vunatura Butianu, seltener auf dem Czibles, also von 5500 bis 7800 Fuss; — 37. H. pulchella Müll. mit der aller Wahrscheinlichkeit nach nur als Varietät zu derselben gehörigen H. costata Müll. in Gärten und Wäldern unter Laub; — 38. H. triaria Friv. am Rothenthurmpasse, dann an Kalkfelsen bei Toroczko und Krakko unter abgefallenem Laube; — 39. H. personata Lam. im Vorgebirge durchs ganze Land; — 40. H. vindobonensis C. Pfr. (austriaca Mgl.) mit der Varietät, H. expallescens Fer., in der Ebene an Feldrainen die mit Gesträuch bewachsen sind; — 41. H. pomatia L. in Gärten und Weinbergen überall; — 42. H. lutescens Zgl. wie die Vorige, jedoch weniger verbreitet, stellenweise mit ihr gemeinschaftlich vorkommend, stellenweise (wie an der Burg in Schässburg, im Einsiedlergraben hinter Hammersdorf) jene vertretend.

V. **Vielfrassschnecken, Bulimus Bruguière, 6 Arten,** eine davon (Nro. 4) uns ausschliesslich angehörend.

1. Bulimus obscurus Müll. unter abgefallenem Laube in der Ebene bis in's Vorgebirge; — 2. B. montanus Dr. im Vorgebirge unter Steinen, steigt bis über 7000 Fuss Höhe hinauf; — 3. B. detritus Müll. bei Marienburg und am Kapellenberge nächst Kronstadt unter Steinen im Gesträuch, die ganz weisse Abänderung; — 4. B. apenninus Jan im Steinbruche bei Déés und bei Romosz; — 5. B. reversalis E. A. Bielz mit mehreren Varietäten bei Rosenau, Törzburg, Tömösch nächst Kronstadt, beim Cordonsposten Pojana nyamczului im Fogarascher Gebirge und auf dem Terkö bei Szent-Domokos; — 6. B. tridens Müll. in verschiedenen Abänderungen durch das ganze Hügelland verbreitet.

VI. **Die Achatschnecke, Glandina lubrica Müll.,** überall an schattigen Orten unter abgefallenem Laubwerk.

VII. **Windelschnecke, Pupa Dr., 10 Arten:**

1. Pupa frumentum Dr. an sonnigen Berglehnen und Kalkfelsen; — 2. P. secale Dr. an Kalkfelsen bei Poplaka, Petrosz im Pujer Bezirke, am Tömöscher Pass, am Gebirge Piatra arsze des Bihárer Höhenzuges; — 3. P. avenacea Brug. überall an Kalkfel-

sen der Liasformation; — 4. P. dolium Dr. bei Hammersdorf, Michelsberg und V. Hunyad unter abgefallenem Laube selten; — 5. P. doliolum Brug. an denselben Orten und bei Resinar häufig; — 6. P. muscorum L. bei Hermannstadt, Hammersdorf, Michelsberg, Talmatsch, Kerz, Schässburg, Gyergyo - Toplicza und wahrscheinlich noch vielen andern Orten im Grase und an Steinen; — 7. P. triplicata Stud. die Varietät: monodon m. am Berge Kecskekö bei Krakko; — 8. P. minutissima Hartm. bei Hermannstadt, Talmatsch und an der Szaszcsorer Burg im Moose und an Ziegeln und Steinen; — 9. P. truncatella L. Pfr. am Berge Kaczanyas bei V. Hunyad; — 10. P. biplicata Mich. bei Csáki - Gorbo, Rodna, am Bade Kéroly und am Kereszthegy unter der Rinde fauler Baumstämme.

VIII. Wirbelschnecken, Vertigo Müll., 4 Arten:

1. Vertigo Venetzii Charp. im jungen Walde bei Hermannstadt unter Moos; — 2. V. antivertigo Dr. auf der Fleischerwiese bei Hermannstadt; — 3. V. pygmaea Dr. auf der Fleischerwiese und an der Leschkircher Strasse bei Hermannstadt, dann bei Mediasch im Grase; — 4. V. pusilla Müll. im Moose auf der Burgruine von Szaszcsor.

IX. Von Baleen, Balea Prideaux, die zwei uns eigenthümlichen Arten:

1. Balea livida Menke an Kalkfelsen bei Kronstadt und im Bihárgebirge, und 2. B. glauca E. A. Bielz an den Kalkfelsen des Terkö bei Szent - Domokos.

X. Schliessmundschnecken, Clausilia Dr., 26 Arten, darunter 10 (Nro. 5, 6, 7, 8, 9, 10, 13, 20, 22 und 25) uns eigenthümlich:

1. Clausilia laminata Mont. (bidens Dr.) unter abgefallenem Laube im Gesträuche des Hügellandes mit mehreren Verietäten, davon C. ungulata Z. an Kalkfelsen bei Thorda und V. Hunyad; — 2. C. fimbriata Mühlf. im Fogarascher Gebirge, ihre Varietäten C. saturata Z. auch bei Michelsberg und Ponor, und C. cerata Rossm. im jungen Walde bei Hermannstadt, bei Michelsberg, Zoodt und Resinar; — 3. C. marginata Z. an der Burg von Szaszcsor, bei Resinar, Michelsberg, Talmatsch, am Rothenthurmpass, bei OberSebes, Kerczesoara, Törzburg, am Berg Tepej bei Rákos und nächst dem Kérolyer Sauerbrunnen, — 4. C. orthostoma Mke. (taeniata Rossm.) unter faulen Baumrinden in Laubwäldern besonders im Vorgebirge; — 5. C. Fussiana E. A. Bielz am Königsstein und Piatra mare bei Kronstadt; — 6. C. livens E. A. Bielz in der Nähe der Höhle Pestere bei Zernest an Kalkfelsen; — 7. C. plumbea Rossm. bei Törzburg, Rosenau, Kronstadt, dann bei Romosz; — 8. C. regalis M. Bielz beim Tömöscher Passe; — 9. C. Bielzii Pfr. an Kalkfelsen bei V. Hunyad und Toroczko, dann am Kecskekö;

— 10. C. elegans E. A. Bielz am südlichen Abhange des Königssteins am Gebirgsbache Dumbrovicsoare an Kalkfelsen; — 11. C. filogrona Z. bei Toroczko, V. Hunyad, Talmatsch, Boicza, Tömösch unter abgefallenem Laube; — 12. C. pagana Rossm. an Kalkfelsen bei Petrosz an der Strell und bei V. Hunyad; — 13. C. concilians A. Schmidt auf der Burgruine von Szaszcsor unterm Gesträuche; — 14. C. pumila Z. unter abgefallenem Laube im Hügellande des südlichen Siebenbürgens die Varietät C. pusilla Z. zum Theil mit der Stammart gemeinschaftlich; — 15. C. rugosa Dr. an vielen Orten des Landes besonders in steinigen Gegenden; — 16. C. densestriata Ziegl. eine schöne Varietät mit grober Streifung (C. latestriata A. Schm.) in Wäldern unter Moos, Steinen und losen Baumrinden besonders im Vorgebirge, die bauchigere Form entspricht der Varietät von C. plicatula, für welche auch unsere Schnecke gehalten wurde; — 17. C. plicatula Dr. nur in der am Königsstein vorkommenden Varietät, C. fontana Schm., bei uns vertreten; — 18. C. plicata Dr. in vielen Formen, wozu auch die von uns früher irrthümlich für C. similis Rossm. gehaltene gehört, sehr weit verbreitet, besonders schön bei Déés im Steinbruch, dann in der Riesenform (var. major Rossm.) am Fusse des Gebirges Czibles; — 19. C. cana Held unter Laub, an Felsen und Baumstämmen besonders im Vorgebirge, aber auch im Mittellande an vielen Orten häufig; auch die von uns früher als C. macilenta Rossm. und vetusta Z. bestimmten Formen gehören dieser Art an; — 20. C. montana Pfr. in Wäldern, besonders im Vorgebirge bis in die Tannenregion unter Laub, faulem Holz und losen Baumrinden; — 21. C. fallax Rossm. im Vorgebirge unter Laub weniger verbreitet als die Vorige; — 22. C. critica E. A. Bielz unter losen Baumrinden und faulem Holz im Vorgebirge besonders der Tannenregion, steigt im Hochgebirge mit C. fimbriata am höchsten hinauf; — 23. C. stabilis Pfr. beim Tömöscher Passe unter Laub; — 24. C. elata Z. im Vorgebirge unter Laub, besonders im Süden und Osten des Landes, die Varietät C. virescens E. A. B. im Gebirge unter Steinen; — 25. C. procera E. A. Bielz am Fusse des Gebirges Czibles unter Steinen; — 26. C. turgida Zgl. in der Nähe des Bergwerkes Balán bei Szent-Domokos und bei Rodna, dann bei Hidegszamos nächst Gyalu unter abgefallenem Laube.

cc. Limnaeacea. Schlammschnecken.

I. Scheibenschnecken, Planorbis Müll., 14 Arten mit einer (Nro. 2) uns Eigenthümlichen:

1. Planorbis corneus Dr. überall in Sümpfen und Teichen häufig; — 2. P. similis M. Bielz in Wiesengräben bei Hermannstadt, Kerz, Dobra; — 3. P. contortus Müll. im todten Alt am Freithum bei Reps und am Rothenthurmpass; — 4. P. marginatus Müll. bei Hermannstadt, Korneczel, Stolzenburg in den Reussner Teichen, Mediasch und an vielen andern Orten im stehenden Was-

ser; — 5. P. carinatus Müll. bei Hermannstadt, Reps u. a. O. (P. tenerimus M. Bielz ist wahrscheinlich nur das Junge dieser Art); — 6. P. spirorbis Müll. bei Hermannstadt, Freck, Reps und sonst in stehenden Gewässern; — 7. P. leucostoma Mich. bei Hermannstadt und Reps; — 8. P. septemgyratus Z. Teiche bei Salamon nächst Csáki-Gorbo und auf dem Freithum bei Reps; — 9. P. vortex Müll. in den stehenden Gewässern auf dem Freithum bei Reps; — 10. P. hispidus Müll. unter den Erlen, an der Leschkircher Strasse und im Reissbach bei Hermannstadt; — 11. P. cristatus Dr. und 12. P. imbricatus Dr. in den Teichen auf dem Hammersdorfer Berge; 13. P. (Segmentina) nitidus Müll. in Wassergräben, besonders solchen, welche mit Wasserlinsen bewachsen sind, bei Hermannstadt, Reps u. a. O.; — 14. P. complanatus Dr. im Reissbache bei Hermannstadt und im todten Altflussbette am Freithum bei Reps.

II. Eigentliche Schlammschnecken, Limnaeus Dr., 11 Arten:

1. Limnäus auricularius Dr. in einem ausgetrockneten alten Zibinsflussbette bei Hammersdorf und in den Tümpeln der Ziegelscheunen bei Hermannstadt; — 2. L. ampullaceus Rossm. im Weiher des Fettinger'schen Gartens bei Hermannstadt; — 3. L. ovatus Dr. im Reissbach bei Hermannstadt und in den Reussener Teichen; — 4. L. vulgaris Pfr. bei Hermannstadt in Wassergräben. Ebendaselbst unter den Erlen in einer alten Sandgrube eine schöne Varietät mit wulstig umgeschlagenem Rande (L. expansilabris E. A. Bielz); — 5. L. pereger Dr. in Wassergräben bei Hermannstadt, Zoodt, Dobra u. a. a. O.; — 6. L. minutus Dr. bei Hermannstadt im Lazareth und hinter der Schwimmschule; — 7. L. stagnalis Müll. überall in grössern stehenden Gewässern häufig; — 8. L. speciosus Z.? am Freithum bei Reps; — 9. L. palustris Müll. in Strassengräben, Sümpfen und Teichen der Ebene, die merkwürdige Varietät L. distortus Rossm. in einem Strassengraben bei Hammersdorf; — 10. L. fuscus Pfr. bei Hermannstadt in Sümpfen und Gräben; — 11. L. silesiacus Scholz bei Hermannstadt in Wiesengräben und in den Reussener Teichen, — die von uns früher als L. elongatus? aufgeführte Form gehört wohl als Varietät zur Letztgenannten.

III. Blasenschnecken, Physa Dr., die zwei Arten:

1. Physa hypnorum Dr. bei Hermannstadt in Wiesengräben und 2. P. fontinalis Dr. in dem todten Altflussbette bei Boicza am Rothenthurmpasse.

dd. Auriculacea. Ohrschnecken.

I. Die zarte Acme lineata Dr. auf der Ruine Landskron bei Talmatsch unter Moos; und

II. Die kleinste Zwerghornschnecke, Carychium minimum Müll., unter feuchtem Moose und abgefallenen Blättern in Gärten und Wäldern bei Hermannstadt, Michelsberg und Almaschken nächst Mediasch.

ee. Operculata. Deckelschnecken.

I. Von den Kreismundschnecken, Cyclostoma Dr., nur die uns mit dem Banate und der Walachei eigenthümliche C. costulatum Ziegl. unter abgefallenen Blättern im Gesträuche bei den Weingärten von Mühlbach, Talmatsch und Birthelm.

b) Pectinibranchia. Kammkiemer.

I. Sumpfschnecken, Paludina Lam., 2 Arten:

1. Paludina impura Dr. im verlassenen Altflussbette am Rothenthurmpasse und bei Mediasch, und 2. P. Troschelii Paasch (P. transsilvanica E. A. Bielz) am Freithum bei Reps und bei Dobra in mit Rohr bewachsenen Teichen.

II. Die Siebenbürgen eigenthümliche Steinmetzschnecke, Lithoglyptus tener M. Bielz, an Holzwerk im Altflusse bei der Rothenthurmer Contumaz.

III. Von Kammschnecken, Valvata Müll., bis nun nur eine Art: V. obtusa Pf. im Reissbache bei Hermannstadt.

IV. Ebenso auch nur die eine Schwimmschnecke, Neritina transversalis Z., an Steinblöcken im Alt beim Rothenthurmpass und im Szamos bei Déés.

c) Cyclobranchiata. Kreiskiemer.

Hievon kommt nur die einzige Gattung der Napfschnecken, Ancylus Geoffr., mit den beiden Arten A. fluviatilis Müll., an rauhen Steinen in schnellfliessenden Bächen (Szamos bei Klausenburg, Görgénybach, Zoodbach, Zalásder Bach bei V. Hunyad u. a. m.), und A. lacustris Dr. an Schilfblättern in Teichen bei Hermannstadt, vor.

II. Acephala Cuv. Muscheln.

a) Najades Lam. Flussmuscheln.

I. Teichmuscheln, Anodonta Lam., 6 Arten:

1. Anodonta cygnea L. im Reissbach und Zibin bei Hermannstadt, in einem verlassenen Bette des Altflusses bei Gierlsau und im herrschaftlichen Fischteiche in Also-Szombat; — 2. A. cellensis Pf. in einem Teiche von ansehnlicher Grösse bei Also-Venicze; — 3. A. rostrata Kokeil mit der vorigen bei Also-Venicze; — 4. A.

anatina L. im Reissbach bei Hermannstadt; — 5. **A piscinalis** Nils. in einem nun ausgetrockneten Teiche am Zibin bei Hammersdorf und im todten Alt beim Rothenthurm; — 6. **A. complanata** Z. mit der Vorigen beim Rothenthurm.

II. Flussmuscheln, Unio Brug., 4 Arten:

1. **Unio pictorum** Lam. im Reissbache und in einem Gartenteiche vor dem Elisabeththor bei Hermannstadt; — 2. **U. ater** Nils. im Szamos bei Szurdok und im Altfluss bei Also-Venicze; — 3. **U. crassus** Retzius im Nadoschbache bei Klausenburg und im Altflusse bei Marienburg, Also-Venicze, Reps, Also - Szombat und Boicza; — 4. **U. batavus** Lam. in mehreren Varietäten im todten Alt bei Girelsau und Boicza, im Reissbach bei Hermannstadt, im Harrbach bei Kastenholz und Rothberg, im Glod bei Also - Szombat, im Peterder Bach in der Thordaer Felsenschlucht u. s. w.

b) Herzmuscheln, Cardiacea Cuv.

I. Kreismuscheln, Cyclas Brug., 3 Arten:

1. **Cyclas cornea** Pf. in Wassergräben bei Hermannstadt, Reps und Marienburg; — 2. **C. lacustris** Dr. im Reissbach und Schwimmschulgraben bei Hermannstadt; 3. **C. calyculata** Dr. in schlammigen Gräben bei den Ziegelscheunen von Hermannstadt.

II. Erbsmuscheln, Pisidium Pf., 4 Arten:

1. **Pisidium obliquum** Pf. bei Kerz und in der Nähe des Gesprenges bei Kronstadt; — 2. **P. obtusale** Pf. in einem Strassengraben zwischen Hermannstadt und Hammersdorf; — 3. **P. fontinale** Pf. mit der Varietät : P. roseum Scholz in Wiesengräben bei Hermannstadt; — 4. **P. milium** Held in Wiesen- und Strassengräben bei Hermannstadt.

Die übrigen drei Ordnungen der Abtheilung der **Schleimthiere** gehören theils ausschliesslich dem Meere an, wie die Strahlthiere (Radiata) und der grösste Theil der Polypen, theils wurden sie in Siebenbürgen fast gar nicht beobachtet, wie die Süsswasser-Polypen und Infusorien, so dass wir hier auch nichts weiter über dieselben anzugeben haben.

Wenn wir nun die in Siebenbürgen vorkommenden Thiere übersichtlich zusammenfassen, so erhalten wir folgende Verhältnisszahlen:

Säugethiere . 67 Arten
Vögel . . 265 „
Reptilien . . 22 „
Fische . . 39 „

Wirbelthiere : 393 Arten.

Die Wirbelthiere, wie jenseits: . . . . **393 Arten**

Käfer . . . . 3000*)	
Aderflügler . . 950	
Schmetterlinge . 1600	
Fliegen . . . 1500	Insekten: 8100
Netzflügler . . 350	
Gradflügler . . 200	
Wanzen . . . 500	
Spinnen beiläufig 500	Gliederthiere: 9800 Arten.
Krebsthiere „ 400	
Würmer „ 800	

Weichthiere, als einzige gezählte Klasse der Schleimthiere 161 Arten.

Gesammtzahl der Thiere Siebenbürgens : 10,354 Arten.

Ueber den unmittelbaren**) **Nutzen** und **Schaden** unserer einheimischen Thiere lassen sich folgende allgemeine Daten geben:

I. Von den **Säugethieren** werden benützt:

  A. Die **Kräfte und Dienste**, und zwar : a) zum **Lasttragen** die der Pferde und selten bei uns der Esel; — b) zum **Ziehen** : Pferde, Ochsen und Büffelochsen, seltener von beiden Letztern auch die Kühe; — c) zum **Reiten**: Pferde; — d) zur **Jagd** : Hunde.

  B. Die **Körperstoffe**, welche uns liefern :

    a) **Nahrungsmittel**, und zwar : 1. **Fleisch**: Rindvieh, Büffel, Schweine, Schafe, Ziegen; dann als Wildpret: Hasen, Rehe, Gemsen, Wildschweine, Hirsche. — 2. **Milch** und die Produkte davon (Butter und Käse): von Kühen, Büffelkühen, Schafen und Ziegen. — 3. **Fett** von Schweinen.

    b) **Arzneimittel** das Fett als Talg und Schweinefett, dann Bärenfett, Dachsfett u. s. w. (obwohl Letztere meist das Schweinefett ersetzen muss).

    c) **Kleidungsstoffe** und zwar: 1. **Pelzwerk** von Eichhörnchen, Hamstern, Mardern, Iltissen, Luchsen, Wildkatzen, Bären, Wölfen, Füchsen, Hunden, Kaninchen, Schafen, Kälbern u. s. w. — 2. **Leder** aus den Häuten von Rindern, Büffeln, Pferden, Schafen, Ziegen, Schweinen, Hunden; dann Rehen, Gemsen und Hirschen. — 3. **Haare** die Wolle der Schafe und Ziegen zu Kleidern u. s. w., dann zu Hüten dieselbe und die Haare der Hasen, Kaninchen und Hunde.

---

*) Wie bereits erwähnt, ist diese Zahlenangabe, wie die der übrigen Insektenordnungen nur annähernd richtig.

**) Das heisst denjenigen, welchen sie dem Menschen gewähren, gegenüber dem mittelbaren Nutzen, welchen sie im Haushalte der Natur ausüben.

d) Verschiedene Geräthschaften und Stoffe zu Waaren: 1. Die Haare und Borsten von Pferden, Kühen, Rehen und Gemsen, Schweinen, Eichhörnchen u. s. w. zu Polstern, Haarsieben, Bürsten, Pinseln u. a. m. — 2. Knochen, Hörner und Hufe von Pferden, Rindern, Büffeln, Schafen, Ziegen zu Drechsler-, Kammacher- und Messerschmied-Arbeiten, dann insbesondere noch zum Beinschwarz, zum Leim und zum Düngen. — 3. Fett, besonders von Rindern, Schafen und Schweinen zur Licht- und Seifenfabrikation und als Hilfsstoff bei vielen Gewerben und Erzeugnissen. — 4. Die Gedärme der Schaafe, Schweine u. s. w. zu Saiten und Würsten. — 5. Die Blasen und Zwerchfelle der Rinder, Schweine u. s. w. zum Verbinden, und Letztere besonders zu Laternen und Fenstern auf dem Lande. — 6. Das Blut zur Klärung in der Zuckerbereitung und zur Erzeugung des Berlinerblaues.

C. Die Auswürfe als Düngmittel und der Harn noch ausserdem zum Färben.

Der Schaden der Säugethiere ist im Verhältniss zum Nutzen nur gering und erstreckt sich hauptsächlich auf die Vertilgung nutzbarer Hausthiere durch die Raubthiere (Bären, Wölfe, Füchse, Iltisse, Marder, Wiesel), durch Benagen und Zerstören der Pflanzenanlagen (Hasen, Maulwürfe u. s. w.) und Verzehren von Nahrungsvorräthen (Ratten, Mäuse). Obwohl kein Säugethier giftig ist, so gefährden doch wuthkranke Hunde, Wölfe und Katzen, dann das milzkranke Rindvieh das Leben der Menschen.

II. Von den einheimischen **Vögeln** gewähren uns Nutzen:
a) Als Nahrungsmittel durch ihr Fleisch ausser den Hausvögeln noch die Hühnervögel und viele Sing-, Sumpf- und Wasservögel; dann durch ihre Eier ebenfalls die Hausvögel. (Von wilden Vögeln werden die Eier, mit Ausnahme der der Wildenten, in Siebenbürgen gar nicht gegessen).
b) Durch ihre Federn: zum Schreiben die Gänse und Truthühner, zum Zeichnen die Raben, zur Bettfüllung die Gänse, Enten und Hühner.
c) Durch die Aufzehrung von Aas und Wegfangen von Mäusen viele Raubvögel, dann die Raben, Krähen, Störche und Reiher.
d) Durch Vertilgung von Insekten so wie deren Eier, Larven und Puppen die Fliegenschnäpper, Singvögel, Staare, Spechte, Schwalben u. a.

Der Schaden, den die Vögel anrichten, beschränkt sich auf die Vertilgung einiger nützlicher Thiere (durch Raubvögel und, an Fischen, Wasser- und grössere Sumpfvögel) und die Aufzehrung von Kulturpflanzen und deren Samen. Doch gleicht sich der in letzterer Beziehung von unsern kleinen Singvögeln (Sperlingen u. s. w.) angerichtete Schaden erwiesener Massen mit ihrem oben erwähnten Nutzen aus.

III. Die **Reptilien** bieten uns dagegen nur einen geringen Nutzen durch die als Speise dienenden Froschfüsse (Froschkeulen), da die sonst als beliebtes Nahrungsmittel bekannten Flussschildkröten bei uns fast gar nicht gegessen werden, und die Benützung des Natternfettes durch abergläubige Landleute hier nicht in Betracht kommt. Aber ebenso sind auch unsere Reptilien, mit Ausnahme der giftigen Viper, unschädliche Thiere.

IV. Unsere **Fische** können alle als nützlich angegeben werden, da sämmtliche Arten ein gesuchtes, gewissen Religionsgenossen zur Fastenzeit unentbehrliches Nahrungsmittel bilden.

V. Bei den **Insekten** dagegen tritt die Schädlichkeit in den Vordergrund, da nur äusserst wenige uns einen unmittelbaren Nutzen gewähren, wie die Biene durch ihr Honig und Wachs, die spanischen Fliegen und Ameisen als Arzneimittel, dann die Gallwespen und der Seidenwurm durch ihre Produkte.

Dafür ist der Schaden der Insekten auch bei uns sehr beträchtlich und zwar schaden:

A. Den Menschen selbst die Thierparasiten (Läuse und Flöhe), von Schmetterlingen der Processionsspinner; von Zweiflüglern die gemeinen Fliegen, Stechfliegen, Stechmücken und Kriebelmücken, Blind- und Regenbremsen; von Aderflüglern Wespen, Hornissen und Bienen; von Halbflüglern die Bettwanzen.

B. An hauswirthschaftlichen Thierstoffen von Käfern die Speckkäfer, Pelzkäfer, Kabinetkäfer (bei uns Anthrenus scrophulariae) und Kräuterdiebe (Ptinus fur); von Schmetterlingen der Schmalzzünsler, dann die Pelz-, Kleider- und Tapetenmotte; — von Zweiflüglern die Brech-, Fleisch- und Käsefliege; von Gradflüglern die Schaben (Blatta orientalis).

C. An Pflanzen und zwar deren:
   a) Wurzeln die Larven der Laubkäfer (bei uns besonders Melolontha vulgaris und Hippocastani, Rhizotrogus solstitialis, aequinoctialis und assimilis, Anisoplia austriaca und bromicola, Phyllopertha horticola, Omaloplia transsilvanica und ruricola, Serica holosericea u. s. w.) und des Saatenschnellkäfers (Agriotes segetis); — von Schmetterlingsraupen die der Graseule (Xylina grammis), Wintersaateule (Agrotis segetum), Saatmotte (Scopula frumentalis) u. a.; — von Zweiflüglern die Larven der Zwiebel-, Kohl- und Lattichfliege (Athomya ceparum, brassicae und lactucarum), der Rosen-Nacktfliege (Psila rosae) und Kohl-Walzenfliege (Ocyptera brassicaria), der

Wiesenschnacke u. a.; von Gradflüglern die Maulwurfs-Grille.

b) **Stengel und Holzstamm** zerstören die echten Holz- oder Borkenkäfer (bei uns Bostrichus typographus und villosus, dann Hylastes ater und palliatus an Fichten und Tannen, — Dendroctomus piniperda an Kiefern, — Bostrichus dispar und Xyloterus domesticus an Buchen, — Bostrichus monographus und Platypus cylindricus an Eichen, — Hylesinus fraxini an Eschen, — Eccoptogaster pruni, rugulosus, pygmaeus und multistriatus an Obst- namentlich Zwetschkenbäumen), mehrere Arten von Agrilus und Ptilinus pectinicornis an Buchen; von Bockkäfern Aromia moschata an Weiden; Prionus coriarius, Hamaticherus heros, Callidium variabile, Rhagium mordax u. a. Eichen; Morimus tristis Buchen, Isarthron luridum Fichten u. s. w.; — ferner von Schmetterlingen die Glasflügler (Sesia) an Pappeln und Zitterpappeln, der Weidenbohrer (Cossus ligniperda) an Weiden, — endlich mehrere Arten Holzwespen.

c) **Pflanzenblätter, junge Triebe und Augen** der Pflanzen zernagen von Käfern fast alle Laubkäfr, dann unter den Blattkäfern die zahlreichen Arten der Erdflöhe, der Erlenblattkäfer, Pappelblattkäfer u. s. w. endlich viele Arten von Rüsselkäfern; — von Schmetterlingsraupen alle, welche auf Culturpflanzen leben; — von Aderflüglern mehrere Arten Blattwespen; — von Halbflüglern die Pflanzenläuse und mehrere Arten Schildläuse; — von Gradflüglern die Zugheuschrecken, Feld- und Hausgrillen.

d) **Pflanzensamen und Früchten** sind verderblich viele Arten von Rüsselkäfern und von Schmetterlingen besonders mehrere Arten von Wicklern und Motten.

VI. Die **Spinnen** können mehr als nützliche Thiere betrachtet werden, da sie viele Fliegen vertilgen und noch keine Art bei uns als wirklich schädlich erfunden wurde. Auch dient das Gewebe mehrerer Arten bei Wunden als blutstillendes Mittel.

VII. Von den **Krebsthieren** wird auch bei uns der Flusskrebs bekanntermaßen als beliebtes Nahrungsmittel geschätzt.

VIII. Unter den **Würmern** ist der Blutegel als Heilmittel hinreichend bewährt.

IX. Als Nahrungsmittel sind von den **Weichthieren** die Weinbergsschnecken (Helix pomatia) und die Flussmuscheln (Unio crassus, batavus, pictorum) in der Fastenzeit an einigen Orten gewissen Glaubensgenossen beliebt und daher in dieser Beziehung als nützlich zu betrachten, während die grossen Landschnecken (Helix pomatia, lutescens) und die Nacktschnecken durch ihre Gefrässigkeit in Gärten und Weinbergen zugleich nicht unbeträchtlichen Schaden anrichten.

Zweiter Theil.

Statistische Landeskunde.

A. Bevölkerungs-Verhältnisse.

§. 16. Verschiedenheit der Bewohner Siebenbürgens nach der Nationalität und Sprache.

Unter den Siebenbürgen bewohnenden verschiedenartigen Völkerstämmen nehmen ihrer überwiegenden Mehrzahl nach die **Walachen** oder **Romänen** (Rumunen, Ostromanen), die **Ungarn** mit den **Szeklern** und die **Deutschen** (Sachsen) den ersten Rang ein. In bedeutender Anzahl sind noch vorhanden **Zigeuner** und **Juden**, weniger **Armenier** und **Slaven**, — und nur einzeln **Griechen** und andere Nationalitäten.

1. Die **Walachen** (von ihnen selbst Rumunen, in der ämtlichen Geschäftssprache Romänen, und von den neuesten östreichischen Statistikern Ostromanen genannt), der zahlreichste Volksstamm im Lande, sind ein Mischvolk aus germanischen (altgothischen), romanischen und slavischen Elementen, über dessen Abstammung und Sprache noch sehr verschiedene Ansichten herrschen, unter denen wohl diejenige die meiste Wahrscheinlichkeit für sich hat, dass diese Nation die Abkommen der dacischen Urbewohner des Landes bilden, welche unter der Herrschaft der Römer romanisirt worden seien und in dem spätern Verkehre mit slavischen Völkerschaften auch von diesen einen Theil ihrer Volksthümlichkeit und Sprache angenommen hätten. Das Vorkommen derselben gerade in den Ländern, welche ehemals den Namen Dacien führten, und die nachgewiesene Verwandtschaft ihrer Sprache mit der Gothischen macht diese Annahme ebenso erklärlich, als die anderthalbhundertjährige Herrschaft der Römer über Dacien die Beziehungen ihrer Sprache zur Lateinischen, dann der Umstand, dass ihre ersten Kirchenbücher slavisch und ihre ersten Kirchenlehrer Slaven waren, die Beziehungen der Letztern zum slavischen Idiome begreiflich.

Dem sei nun, wie es wolle, so ist doch soviel gewiss, dass wir die Walachen nicht nur als die zahlreichsten, sondern auch als die ältesten der gegenwärtigen Bewohner Siebenbürgens zu betrachten haben, indem alle andern Nationsgenossen des Landes nachweislich in einer spätern Zeit einwanderten, während die siebenbürgischen Walachen wohl später noch Zuzüge aus den Nachbarländern erhielten, aber die Einwanderung der Nation, als solche, durch keine Thatsachen der Geschichte nachgewiesen werden kann.

Wie das Volk selbst, so ist auch seine Sprache aus den berührten verschiedenen Elementen zusammengesetzt. Als Schriftzeichen wurden ehedem die Cyrillischen benützt, an deren Stelle in der neuern Zeit zum Theil die lateinischen Buchstaben getreten sind.

2. Die Ungarn (Magyaren) und Szekler, welche bisher immer als abgesonderte Nationen Siebenbürgens aufgeführt wurden, müssen wir jetzt um so mehr vereinigt betrachten, als an ihrer gleichen Abstammung nun Niemand mehr zweifelt, und die politischen Gründe gefallen sind, welche diese durch dieselbe Nationalsprache, durch Körperbau, Charakter, Sitten, Gebräuche und Sagen ein Ganzes bildenden Völkerschaften trennten. Wie zahlreiche Völkerschaften von dem Ort ihrer Ansiedelung, so hatten unzweifelhaft auch die in den Stühlen wohnenden Ungarn den Namen „Szekler" von dem Wohnsitze erhalten.

Das Stammland der Ungarn soll in der kleinen Bucharei gewesen sein, woher sie an die Ufer des Irtisch und ums Jahr 600 nach Christus an die Nordküste des Kaspischen Sees zogen. Zu Anfang des 9ten Jahrhunderts brachen sie gegen das schwarze Meer zu auf und am Ende desselben Jahrhunderts lagerten sie sich nach der dem deutschen Kaiser Arnulf wider das grossmährische Reich geleisteten Hülfe unter ihrem Führer Arpad zwischen der Theiss, Körös und Maros. Von hier aus eroberten sie nach und nach nebst den zu Ungarn gehörigen Ländertheilen auch Siebenbürgen. Die weitern Schicksale der Ungarn und der stammverwandten Szekler in unserm Lande, wo sie später abgesonderte ständische Nationen bildeten, sind aus der in der Einleitung gegebenen geschichtlichen Uebersicht bekannt.

Die Sprache der Ungarn muss als eine Ursprache angesehen werden, da die Abstammung von einer der bekannten Sprachen oder auch nur die nähere Verwandtschaft zu einer derselben nicht nachgewiesen wurde. Als Schriftzeichen dienen der ungarischen Sprache die lateinischen Lettern.

3. Von den Deutschen Siebenbürgens ist der grösste Theil (die Sachsen) im 12ten Jahrhunderte unter König Geisa II., dann im 13ten Jahrhunderte unter den deutschen Rittern (1211) und nach den Mongoleneinfällen (1241) in das Land eingewandert. Die ersten Zuzüge unter Geisa's Regierung siedelten sich noch in der Nähe des Erzgebirges bei Karlsburg und Mühlenbach an, die spätern drangen schon tiefer ins Land und setzten sich bei Hermannstadt, Leschkirch und Grossschenk fest, auch die Bistritzer Colonie muss um diese Zeit entstanden sein, denn ein Jahrhundert darauf, zur Zeit des Mongoleneinfalles in Siebenbürgen erscheint, der Bergflecken Rodna schon als ein blühender volkreicher Ort.

Die Burzenländer Ansiedlung erfolgte erst zu Anfang des 13ten

Jahrhunderts durch die von den deutschen Rittern an sich gezogenen deutschen Einwanderer.

Der Zweck dieser Ansiedlungen, die Bevölkerung und Cultivirung „der Wüste jenseits des Waldes" und die Vertheidigung der Grenzen des ungarischen Reiches gegen die umlagernden asiatischen Horden geht ebenso klar aus der Geschichte hervor, als, dass die deutschen Einwanderer ihre Aufgabe erfüllten, durch die Rechte, die sie erhielten, und den Schutz, den sie von der Regierung genossen, unzweifelhaft wird.

Aus welchen Theilen Deutschlands diese Einwanderer nach Siebenbürgen kamen, ist zwar nicht urkundlich festgestellt, doch sprechen ihre ursprüngliche Benennung „Flandrenser", ihre Sitten, Rechtsgewohnheiten und vor allem die Mundart ihrer Sprache dafür, dass sie, d. h. die Bewohner der sogenannten Hermannstädter Provinz, theils vom Niederrhein, theils vom Mittelrhein aus der Gegend zwischen der Mosel und Maas ins Land kamen. — Die Bistritzer Colonie ist dagegen, wie schon die Sprache zeigt, jedenfalls andern Ursprungs und dürfte diesen mit den deutschen Ansiedlern Nordungarns, namentlich der Zips gemein haben. Ebenso sind die Deutschen des Burzenlandes, der Verschiedenheit ihrer Mundart zu Folge, auch aus einer andern Gegend Deutschlands, als die beiden früher genannten Ansiedlungen, eingewandert.

Mit diesen drei grössern Colonien ist die Reihe der deutschen Einwanderungen für eine längere Zeit geschlossen, und wir treffen die Erstere schon wenige Jahre darauf (1224) als ein für sich bestehendes staatliches Ganze (Provincia cibiniensis) organisirt, dem nicht viel später auch die beiden andern Ansiedelungen sich anschlossen.

Diese drei Colonien vereint erscheinen uns dann unter dem Namen der Sachsen als die dritte ständische Nation im Lande. Ihre Sprache, wenn auch keine sächsische oder niedersächsische, ist doch die mit der Letztern verwandte Plattdeutsche aus der Gegend des Niederrheins, namentlich mit der von Köln und seiner Umgegend zunächst verwandt. Zur Schriftsprache hat sich jedoch die Mundart der siebenbürger Sachsen nicht emporgeschwungen, denn sie bedienen sich im Lesen und Schreiben der hochdeutschen Sprache.

Ausser den Sachsen kamen später in geringerer Anzahl noch andere deutsche Ansiedler ins Land, so unter der Kaiserin Maria Theresia einige Tausend protestantische Kärnther, die Baden-Durlacher nach Mühlbach, die Oberösterreicher (Landler) nach Grossau und Neppendorf, und zuletzt im Jahre 1846 einige hundert Familien aus Würtenberg. Diese behielten aber grösstentheils ihre Trachten, Sitten und Gewohnheiten und meist auch ihre Mundart bei.

4. Die Zigeuner, muthmasslich Abkömmlinge der hindostanischen Tschandale und in Siebenbürgen hauptsächlich unter des ungarischen Königs Siegmund Regierung (1417 bis 1437) eingewandert, hatten früher bis zum Jahre 1588 ein gemeinsames Oberhaupt (Vaiwoda) im Lande, und auch jetzt führen die von ihnen erwählten **Oberhäupter der einzelnen Familien und Ansiedlungen diesen Titel.**

Sie haben seit der Conscription vom Jahre 1850/1 fast durchgehends feste Wohnplätze. Bei den Städten angesiedelt leben die Zigeuner meist von Musik, vom Trödelhandel, Zimmerausweissen, von Schuhflickerei und kleinern Schmiedearbeiten, und sind ausserdem auch zur Verrichtung der Scharfrichters- und Abdeckersdienste verpflichtet. Auf den Dörfern sind sie unentbehrlich als Schmiede, Wagner, Schuster und Kesselflicker, und finden daneben auch bei der Feldarbeit, durch Verfertigung von Besen und Holzwaaren, Sammeln von Arzneikräutern u. s. w. noch hinreichenden Erwerb. Im Erzgebirge bietet ihnen auch die Goldwäscherei einen für ihre geringen Bedürfnisse ausreichenden Nahrungszweig.

Ihre Nationalsprache sprechen unsere Zigeuner weniger als das Walachische, wozu sie wohl zum Theil durch Annahme der griechisch-nicht-unirten Religion veranlasst sein mögen.

5. Schon ursprünglich aller Wahrscheinlichkeit nach aus Polen nach Siebenbürgen eingewandert, haben sich die Juden seit der Revolution wieder von dorther (aus Galizien und der Bukovina) im Lande beträchtlich vermehrt. Früher war ihnen nur Karlsburg als gesetzlicher Wohnort angewiesen, und nur in einzelnen Comitatsorten (Langenthal, Náznánfalva, Entradam, Bethlen, Fogarasch, Tasnád, Szilágy-Somlyo, Naprád, Hidalmás u. s. w.) kamen sie noch in grösserer Anzahl vor, während sie vom Sachsenboden und aus den Szeklerstühlen fern gehalten wurden. Seit dem Jahre 1849 haben sie sich jedoch überall weiter ausgebreitet und finden neben Kram- und Hausirhandel, besonders in der Branntweinbrennerei eine ausgiebige Erwerbsquelle.

Als Umgangssprache dient den Juden in Siebenbürgen hauptsächlich die Deutsche; dass sie sich aber nebstbei, als zu ihrem Handel und Wandel unentbehrlich, auch die übrigen Landessprachen in vorzüglichem Grade anzueignen wussten, versteht sich wohl von selbst.

6. Die Armenier unsers Landes, aus dem zwischen Russland und der Pforte getheilten Turkomanien stammend, sind nach der Unterjochung ihres Landes durch die Persier im 15ten Jahrhundert ausgewandert, waren früher in der Moldau angesiedelt, woher sie im Jahre 1671 nach Siebenbürgen kamen. Sie erhielten hier Privilegien und Wohnsitze im Szépviz, Gyergyo-Szent-Miklos, Remete, Déés u. a. O., breiteten sich einzeln Handel treibend nach und nach übers ganze Land aus uud bauten 1726 Elisabethstadt und 1738 Szamos-Ujvár.

Ihre eigenthümliche, dem indo-germanischen Stamme angehörige Sprache sprechen zwar noch die meisten Armenier, doch lernten sie auch die Sprache der Nationen, unter denen sie lebten, so dass die Ungarische vorzüglich ihre Umgangssprache wurde; auch übersetzten sie nicht selten ihre Namen ins Ungarische oder Deutsche.

7. Unter den Slaven sind vor allem die Bulgaren zu erwähnen, welche unter Kaiser Leopold ins Land kamen, zuerst in **Alvinz, dann in Karlsburg, Hermannstadt und Déva sich ansiedelten,**

aber später fast ganz in den andern Nationalitäten aufgingen. Nur in Déva erhielt sich die sogenannte Bulgarenstadt bis auf den heutigen Tag.

In bedeutenderer Anzahl sind noch die Slowaken und Ruthenen im Lande vorhanden, aber nirgends in grösserer Menge beisammen; so wie auch die übrigen Angehörigen der grossen Slavenfamilie als: Böhmen, Polen, Kroaten u. s. w. nur einzeln und zerstreut vorkommen. Die Servier haben ihre nationale Sebstständigkeit verloren und sich in kirchlicher Beziehung den Sachsen, in sonstiger Beziehung den Walachen angeschlossen.

8. Die Zahl der Griechen, welche sich als Kaufleute auch in Siebenbürgen (namentlich in Kronstadt) niederliessen, ist hier sehr gering und weit kleiner als man früher glaubte*), da viele ihnen früher zugezählte walachische Familien, aus leicht einleuchtenden Gründen bei der letzten Volkszählung sich gerne ihren zur nationalen Selbstständigkeit gelangten zahlreichen Stammesgenossen zuweisen liessen.

Auch die wirklichen Griechen sprechen, neben der neugriechischen, vorzüglich die walachische Sprache.

9. Die übrigen sporadisch im Lande vorkommenden Nationen: Italiener, Franzosen, Engländer u. s. w. machen zusammen nur einige Hundert Köpfe aus.

Ueber die Verbreitung der Nationen Siebenbürgens in den einzelnen Landestheilen muss schlüsslich noch Nachstehendes bemerkt werden**). Die Walachen haben den ganzen Norden, Westen und mittlern Theil des Landes inne und kommen mit den übrigen Nationen gemischt noch überall, mit Ausnahme des östlichen Theiles des Udvarhelyer und Kronstädter Kreises (der Gyergyó, Csik u. z. Th. Háromszék) in beträchtlicher Anzahl vor. Die Ungarn bewohnen als Szekler den Udvarhelyer und zum Theil den Maros-Vásárhelyer und Kronstädter Kreis in compakter Masse, dann in bedeutender Anzahl den Kreis Szilágy-Somlyo und die Städte, Marktflecken und Taxalorte im ehemaligen Lande der Ungarn, endlich zerstreut das übrige Land. Die Deutschen bilden die grosse Sprachinsel des Hermannstädter Kreises, nehmen noch den mittlern Theil des Kronstädter und das Zentrum des Bistritzer Kreises ein und machen endlich einen bemerkenswerthen Theil mehrerer Ortschaften im Blasendorfer Bezirke, sowie der Bewohnerschaft von Klausenburg, Karlsburg, Broos, Fogarasch und Sárkány aus. Die Zigeuner sind so ziemlich gleichmäs-

---

*) Von den 771 Bewohnern Siebenbürgens verschiedener Nationalität, welche nach Abschlag der den obigen Nationen (Nro. 1—7 bei der letzten Conscription Zugezählten von der Gesammtbevölkerung des Landes noch übrig bleiben, können die Griechen kaum die Hälfte, also wenig über 300 Seelen betragen.

**) Eine förmliche Abgrenzung der Sprachgebiete, wie sie z. B. J. Hain in seiner Statistik des österreichischen Kaiserstaates auch bezüglich Siebenbürgens versucht hat, lässt sich bei dem Ineinandergreifen der Nationalitäten schwer geben.

sig über das ganze Land, ohne irgendwo den beträchtlichern Theil einer Ortschaft zu bilden, verbreitet, finden sich aber unstreitig in überwiegender Anzahl in den von Deutschen bewohnten Landesstrichen vor. Das Vorkommen der übrigen Nationen wurde schon oben berührt.

§. 17. Religionsverschiedenheit der Bevölkerung.

Kaum irgend ein zweites Land in Europa, gewiss aber keines von gleicher Ausdehnung bewohnen Anhänger so verschiedener Confessionen, als Siebenbürgen. Denn hier herrscht äusserst selten in einem Wohnorte nur ein Religions-Bekenntniss, in den meisten derselben, selbst wenn es nur kleine Dörfer sind, bestehen zwei, oft drei und vier Glaubenspartheien neben einander, und in den Städten geht die religiöse Spaltung noch weiter. Mag diese Religionsverschiedenheit immerhin den Kultus erschweren und die Kosten desselben, namentlich in kleinen Gemeinden unnöthig erhöhen, möge dieselbe auch andere Uebelstände zur Folge gehabt haben und noch haben, so bleibt doch soviel gewiss, dass während andere Länder durch Religionskriege erschüttert wurden, in Siebenbürgen, in dieser Beziehung wenigstens, Friede und Duldung herrschte.

Bis zum Anfange des 16ten Jahrhunderts gab es bei uns nur Katholiken, griechisch-nicht-unirte Glaubensgenossen und einige Juden im Lande. Da wurde im Jahre 1519 die Lehre Luthers mit seinen Schriften durch einige sächsische Kaufleute nach Siebenbürgen gebracht, in Hermannstadt durch die Bemühungen des Grafen der Sachsen, Markus Pempflinger, und in Kronstadt durch die des Johann Honterus schnell verbreitet, endlich im Jahre 1545 auf der Synode in Mediasch von der ganzen sächsischen Nation angenommen.

Die Ungarn und ein Theil der Szekler traten zwar auch bald der Augsburger Confession bei, später aber gewann doch das Helvetische Glaubekenntniss unter ihnen eine grössere Ausbreitung und im Jahre 1564 trennten sich auf der Synode von Nagy-Enyed die Anhänger beider Kirchen förmlich von einander, so dass die Sachsen das Augsburgische Bekenntniss beibehielten, die protestantischen Ungarn und Szekler die Lehre Calvins wählten.

Zu derselben Zeit wurde auch die Lehre Socins durch den Leibarzten des Königs Johann Siegmunds, Georg Blandrata, und den Klausenburger Prediger, Franz Davidis, im Lande verbreitet, fand namentlich unter den Ungarn und Szeklern viele Anhänger und erhielt auf dem Landtage in Maros-Vásárhely 1571 unter dem Namen der unitarischen[*] Religion mit der Augsburger und Helvetischen Confession die Rechte der Katholischen.

Die grösste Verbreitung und die meisten Bekenner im Lande hat die griechische Religion, welche sich in die beiden Con-

---

[*] Weil sie die heil. Dreifaltigkeit nicht anerkennt.

fessionen der unirten und nicht-unirten Griechen theilt. Diese Spaltung wurde durch die Bemühungen des Kardinals Kolonitsch und der Jesuiten Hevenes und Bárány herbeigeführt, welche eine Bekehrung der griechischen Glaubensgenossen des Landes zur katholischen Kirche anstrebten und auch wirklich den griechischen Bischof Theophilus II. 1697 veranlassten im Namen seiner Gläubigen einen Vertrag (Union) zu schliessen, wodurch zwar eine Vereinigung beider Kirchen über einige Lehren der Religion zu Stande kam, dieselben jedoch um so mehr auch hinfort noch getrennt blieben, als nebst den den Griechen gestatteten Abweichungen *) vom katholischen Ritus (namentlich der Beibehaltung des julianischen Kalenders), hauptsächlich die nationale Verschiedenheit der Anhänger beider Kirchen diese Trennung beförderten.

Ausser den obigen sechs christlichen Glaubensbekenntnissen kommt nun im Lande auch noch die mosaische Religion vor, der die sämmtlichen Juden angehören.

Die Nationen Siebenbürgens nehmen an diesen Religionsbekenntnissen auf nachstehende Weise Theil:

1. Zu den Katholiken gehören der grösste Theil der Szekler, die Armenier, einige Ungarn und wenige Deutsche. Ihre Hauptsitze sind im Udvarhelyer und Szilágy-Somlyoer Kreise, dann im östlichen Theile des Maros-Vásárhelyer und Kronstädter Kreises, endlich in den grossen Städten Klausenburg, Hermannstadt und Kronstadt, sowie in Karlsburg, Elisabethstadt und Szamos-Ujvár.

2. Der griechisch-unirten Kirche sind zugethan etwas mehr als die Hälfte der walachischen Landesbevölkerung, dann viele Zigeuner und einzelne Angehörige der andern Nationen, mit Ausnahme der Ungarn, Szekler und Deutschen. Ihre Bekenner kommen vorzüglich im Norden, Westen und mittlern Theil des Landes (im Bistritzer, Déeser, Szilágy-Somlyoer, Klausenburger, Karlsburger und Maros-Vásárhelyer Kreise) vor; während:

3. Die Anhänger des griechisch-nicht-unirten Glaubensbekenntnisses, zu denen die andere Hälfte der Walachen, die Mehrzahl der Zigeuner, dagegen fast keine andern Nationsgenossen gehören, am zahlreichsten den ganzen Süden des Landes (den Karlsburger, Brooser, Hermannstädter und Kronstädter Kreis) bewohnen.

---

*) Die Griechen, welche sich mit der katholischen Kirche vereinigten (unirten), erkannten den Papst als ihr geistliches Oberhaupt an und erklärten sich für die Lehre vom Fegefeuer und, dass der heilige Geist vom Vater und dem Sohne ausgehe. Dafür aber behielten sie sich vor, auch Verehelligte zu Priestern zu weihen, das Abendmahl in beiden Gestalten zu nehmen, Ehen auch dem Bande nach zu trennen, Gebräuche der griechischen Kirche und den julianischen Kalender beizubehalten. Ein wichtiger Moment der Trennung der griechisch-unirten von der katholischen Kirche ist auch der, dass sie sich nicht dem Bischof von Siebenbürgen (d. h. dem römisch-katholischen in Weissenburg) unterordneten, sondern ihren eigenen Bischof in Fogarasch, später Blasendorf, erhielten, dem in der letzten Zeit auch ein zweiter zu Szamos-Ujvár zur Seite gestellt wurde.

4. Zu der **helvetischen** (reformirten) Religion zählen sich die Mehrzahl (fast 3/4) der Ungarn und beinahe die Hälfte der Szekler, dann einige Zigeuner und sehr wenig andere Nationsgenossen. Ihr Verbreitungsbezirk fällt in den Szilágy-Somlyoer, Klausenburger und Maros-Vásárhelyer Kreis, in den westlichen Theil des Udvarhelyer und östlichen Theil des Kronstädter Kreises.

5. Der **Augsburger** Confession gehören die überwiegend grösste Anzahl der Deutschen und nur einzelne Ungarn und andere Nationalitäten an. Ihre Bekenner sind daher vorwiegend im Hermannstädter Kreise, dann im mittlern Theile des Bistritzer und Kronstädter Kreises zu Hause.

6. Zu dem **unitarischen** Religionsbekenntnisse sind ein grosser Theil der Szekler und viele Ungarn zu zählen. Seine Anhänger halten sich in grösserer Anzahl im östlichen Theile des Maros-Vásárhelyer und Kronstädter Kreises, im Szitás-Kerszturer, Udvarhelyer und Baroter Bezirke des Udvarhelyer Kreises und im Thordaer und Bágyoner Bezirke des Klausenburger Kreises, dann noch im Karlsburger Kreise und zerstreut im übrigen Lande auf.

7. Der **mosaischen** Religion gehören mit sehr geringer Ausnahme alle Juden an und es fällt daher auch ihre Verbreitung mit der dieser Nation zusammen.

Bemerkenswerth ist hier noch im Allgemeinen, dass die **Zigeuner** allen im Lande in Ausübung stehenden Confessionen nach ihrem bezüglichen Aufenthaltsorte angehören, am wenigsten noch den Katholiken und Lutheranern; doch sind namentlich in der Gegend von Bistritz auch viele derselben dem letztern Glaubensbekenntnisse zugethan. — Die **Armenier**, welche sich bei ihrer Ankunft in Siebenbürgen zum schismatischen armenischen Glauben bekannten und hier gegen Ende des 17. Jahrhunderts zur römisch-katholischen Kirche übertraten, erhielten dabei die Bewilligung die Messe armenisch lesen zu lassen. Dieserwegen werden sie zwar noch hin und wieder als eigene Confession angeführt, gehören aber streng genommen zu den römischen Katholiken.

§ 18. Ausmittelung der Volkszahl.

Zur Ausmittelung der Volkszahl Siebenbürgens sind zwar schon frühe Anstalten getroffen worden, diese waren aber von einander so verschieden, verfolgten so verschiedene Zwecke, geschahen in so ungleichen Zeiträumen und nach so verschiedenen Grundsätzen und meist so unvollständig, dass die dadurch erzielten Resultate für sich allein wenig Anhaltspunkte zu wissenschaftlichen Forschungen und statistischen Vergleichungen darbieten. Die ersten, zum Zwecke der Steuerumlage vollzogenen Volkszählungen wurden in den Jahren 1698, 1703, 1718 und 1721 auf Veranlassung der siebenbürgischen Stände unternommen; sie waren aber so unvollständig und mangelhaft und gelangten ebensowenig zur Oeffentlichkeit, als die Conscription, welche zu Folge eines Landtagsbeschlusses vom Jahre 1750 vorgenommen wurde, und auf welche sich das Steuergesetz vom Jahre 1754 gründete. Bald darauf wurde in den Jahren 1761, 1766 und 1771 die Bevölkerung durch die Geistlichkeit ermittelt und es sind auch die allgemeinen Ergebnisse dieser Ermittelung vom zweiten Jahre bekannt geworden.

Auf diese Erhebungen folgten nun die im Jahre 1786 und 1787 auf Befehl des Kaiser Josef vollzogenen zwei Conscriptionen, und im Jahre 1794 eine von der Provinzial - Landesbuchhaltung auf Grund der Steuertabellen gemachte Zusammenstellung, welche bis auf die neueste Zeit herab die Grundlage der weitern Berechnungen bildeten.

Eine neuere Erhebung der Volkszahl geschah zwar auch in den Jahren 1829 bis 1831; sie war jedoch unvollständig, weil sie mehrere Bezirke nicht umfasste, und ungenau, indem mehrere Ortschaften unter verschiedenen und oft auch unter demselben Namen doppelt gezählt worden waren. Doch sollen die Daten dieser, in Folge der hohen Hofdekrete Zahl 1179/1823 und 13/1825, dann der Gubernialverordnung Zahl 6677/1829 gemachten Aufnahmen*), durch spätere Erhebungen ergänzt und berichtigt und mit Hinzurechnung des in der ganzen Monarchie wahrgenommenen Perzentenzuwachses auch den Angaben der k. k. Direktion der administrativen Statistik über die Bevölkerung Siebenbürgens zu Grunde liegen.

Von den Jahren 1835 bis 1839 wurden dann in Folge höherer Weisung durch die einzelnen Jurisdiktionen des Landes Populationstabellen eingesendet, aus welchen im letztgenannten Jahre von der Landesbuchhaltung ein Bevölkerungsausweis zusammengestellt ward.

Diese Behelfe und die von der römisch-katholischen und griechisch-unirten Diöcese herausgegebenen Schematismen bildeten nun die Grundlage aller in dieser und späterer Zeit erschienenen Angaben über die Volkszahl Siebenbürgens. Da ordnete nach hergestellter Ruhe im Lande und nach Einführung der Seite 32 erwähnten provisorischen Verwaltung das k. k. Militär- und Civil-Gouvernement unterm 2-ten April 1850**), sowie dies auch in Ungarn, Croatien, Slavonien und im Banate geschah, eine allgemeine Volkszählung in Siebenbürgen

---

*) Dieselbe erschien lithografirt im Jahre 1851 unter dem Titel: „Consignatio statistico-topographica singul rum in M. Principatu Transsilvaniae existentium locorum, civitatum, item et oppidorum ut ecclesiarum, ad nutum B. Decretorum aulicorum sub Nro 1179 anni 1823, Nro 13 anni 1825 et guberniali sub Nro 6677 anni 1829 emanatorum, juxta altissime praescriptum formulare e submissis per Jurisdictiones tabularibus conspectibus ordine alphabetico efformata.

**) Enthalten im Landesgesetzblatte für Siebenbürgen Jahrgang 1850. Stück V Nro 26. — Es wurde bei jedem Orte erhoben: Seine Eingenschaft (als Stadt, Markt u. s. w.), die Zahl der Häuser und Wohnpartheien, die

nach denselben Grundsätzen an, welche schon seit frühern Zeiten bei den Aufnahmen der erbländischen Provinzen unserer Monarchie massgebend waren. Diese Volkszählung wurde auch noch in demselben Sommer in Angriff genommen und im Beginne des Verwaltungsjahres 1850 durch die zu diesem Zwecke eigens ausgesendeten Militär-Offiziere unter Mitwirkung der politischen Behörden durchgeführt. Mögen immerhin die Resultate dieser Volkszählung, namentlich auch bezüglich Siebenbürgens, wo sie nicht geringe Schwierigkeiten und viele Vorurtheile zu bekämpfen hatte, nicht in jeder Beziehung verlässlich sein, so ist sie doch die erste, welche nach festen Grundsätzen, möglichst gleichzeitig und schleunig durchgeführt wurde und muss in Ermangelung neuerer Daten auch uns zur Grundlage aller nachfolgenden über die Bevölkerungsverhältnisse dienen. Es machte nur der Umstand schwierige Combinationen und Berechnungen nothwendig, dass die politische Eintheilung, nach welcher die Ergebnisse dieser Volkszählung zusammengestellt wurden von der jetzigen sowohl, als der frühern Landeseintheilung gänzlich abweicht.

§. 19. Effective Bevölkerung.

Bei einer Volkszählung ergibt sich nach Abschlag der aus dem Lande **abwesenden** Bevölkerung, jedoch noch mit Zuzählung der im Lande sich aufhaltenden Fremden, seine **effective** oder **anwesende Volkszahl.**

Nach der letzten zu Anfang des Verwaltungs Jahres 1851 vorgenommenen Conscription stellte sich nun die Zahl der anwesenden Bevölkerung Siebenbürgens auf **2,074,202** Seelen *) heraus. Vergleichen wir diese Zahl mit den frühern Angaben in dieser Beziehung, namentlich den Berechnungen der k. k. Direktion der administrativen Statistik, welche:

1. für das Jahr 1843= 2,118,578 und
2. „ „ „ 1846= 2,193,944 Seelen angeben, so erscheint uns hieraus entweder ein, durch die letzten Revolutionsjahre herbeigeführter Rückgang in der Bevölkerung unsers Landes hervor-

---

einheimische Bevölkerung nach dem Geschlechte der Nationalität, Religion, dem Stande (nach der persönlichen Eigenschaft und Beschäftigung nur in den bezüglichen individuellen Aufnahmsbögen und Ortsübersichten, daher diese auch nicht bekannt wurden), nach dem Alter des männlichen Geschlechtes in den einzelnen Altersklassen vom 17 bis 26 Jahre, dann die von der einheimischen Bevölkerung Abwesenden nach dem Geschlechte, ferner die dazu kommenden Fremden aus diesem Kronlande, aus andern Kronlandern und dem Auslande nach dem Geschlechte; die Summe der anwesenden Bevölkerung nach dem Geschlechte, dann die Zahl der Pferde und des Rindviehes.

*) Soviel zu Folge der ämtlichen Angabe im allgemeinen Reichsgesetzblatte für das Jahr 1854. Stück LI. Nro. 141; — dagegen nach den Mittheilungen aus dem Gebiete der Statistik herausgegeben von der k. k. Direktion der administrativen Statistik Jahrgang 1853, 1 Heft, und **J. Hain's Handbuch der Statistik nur 2,073,737 Seelen.**

zugehen, oder es waren jene Berechnungen offenbar etwas zu hoch. Dasselbe Verhältniss ergibt sich auch aus der Vergleichung mit der Berechnung Dr Söllner's für die Volkszahl des Jahres 1844, welcher diese in seiner Statistik von Siebenbürgen Seite 274 für das genannte Jahr mit 2,155110 Seelen angibt. Da jedoch die Anzahl der in den Revolutionsjahren 1848/9 auf ausserordentliche Weise ums Leben gekommenen Personen der treugebliebenen Parthei nach ämtlichen Erhebungen nur 6112 Individuen [*]) beträgt, so steht dieselbe, wenn wir auch noch dazu das Doppelte davon auf Rechnung des als Folge des Krieges ausgebrochenen Typhus und des Verlustes der Insurgenten und der k. k. Armee an Eingebornen, somit die gesammten ausserordentliche Todesfälle dieser beiden Jahre auf 18000 Personen annehmen,— durchaus noch in keinem so ungünstigen Verhältnisse zu dem durchschnittlichen jährlichen Ueberschusse der Gebornen über die Gestorbenen im Lande, dass daraus nur ein Stillstehen, geschweige denn ein Rückwärtsschreiten der Bevölkerung Siebenbürgens vom Jahre 1846 bis 1850 gefolgert werden könnte. Wir müssten daher, wollten wir das Resultat der letzten Volkszählung als unbedingt richtig anerkennen, jedenfalls sowohl die von der k. k. Direktion der administrativen Statistik, als von Dr Söllner gemachten Berechnungen über die Volkszahl Siebenbürgens für zu hoch ansehen. Es ist aber die durch die letzte Conscription ermittelte Volkszahl, wie es bereits allgemein anerkannt ist, jedenfalls zu niedrig; weil wir jedoch keine sicherere Grundlage zur Ermittelung der Grösse unserer Bevölkerung haben und die frühern Erhebungen, worauf die k. k. Direktion der administrativen Statistik in Ermangelung verlässlicherer Daten ihre Berechnungen stützen musste, wie bereits oben bemerkt wurde, unvollständig und ungenau waren, — da ferner die ausserordentlichen Ver-

---

[*]) Es dürfte nicht unpassend sein, die darüber veröffentlichten Details hier in folgender Uebersicht zu geben:

A) Durch Urtheil revolutionärer Behörden und aufgestellte Blutgerichte, sowie durch Standrecht wurden hingerichtet   449 Personen.
B) Auf Befehl einzelner Insurgenten-Anführer ohne formelles Urtheil fanden den Tod   769   „
C) Bei feindlichen Ueberfällen einzelner Ortschaften sind durch die Insurgenten umgekommen und zwar:
a. aufgehängt 31
b. erschossen 709
c. auf sonstige Weise ermordet . 2871   zusammen 3611   „
D) Während des Kampfes mit Insurgentenhaufen sind aus dem Stande der Landesbevölkerung (ohne die Verluste des k. k. Militärs) geblieben . . . 1283   „

Zusammen 6112   „

Diese Gesammtzahl der erwähnten Opfer, von welchen beinahe die Hälfte im jetzigen Karlsburger und Klausenburger Kreise fielen, theilt sich:

1. Dem Geschlechte und Alter nach:
 a) in männliche Personen 5680
 b) „ weibliche „ 363
 c) „ Kinder 69

 Zusammen 6112

2. Nach der Nation in:
 a) Romänen 5405
 b) Sachsen 510
 c) Ungarn 304
 d) Sonst. Nationen 93

 Zusammen 6112

luste der Jahre 1848/9 sich ziffermässig nicht angeben lassen und schwerlich jemals mit Genauigkeit ermittelt werden können, so werden wir am sichersten gehen, wenn wir das Resultat der letzten Volkszählung zur Grundlage nehmen, den dabei unterlaufenen Rechnungsfehler, der nach J. Hain für Siebenbürgen beiläufig 5 1/2 Percent beträgt, berichtigen und nach dem Grundsatze „dass nach Jahren starker Verluste sich die Volksmenge um so schneller wieder zu ersetzen pflege", (statt wie gewöhnlich 8/10 bis 9/10) 1 Percent *) als jährlichen Zuwachs der Bevölkerung Siebenbürgens in den letzten vier Jahren annehmen.

Diesemnach würde sich die effective Bevölkerung unsers Landes für das Jahr 1855 auf 2,276093 Seelen berechnen lassen und nach den einzelnen Kreisen im Vergleiche mit der durch die letzte Conscription ermittelten Volkszahl folgendermassen vertheilen:

		Bevölkerung nach der Volkszählung von 1850/1	mit dem Percentenzuschlage für 1855
1.	Hermannstädter Kreis	320266	350456
2.	Kronstädter „	274709	301597
3.	Udvarhelyer „	174127	191174
4.	Maros-Vásárhelyer „	194533	213577
5.	Bistritzer „	178344	195804
6.	Dééser „	193793	212764
7.	Szilágy-Somlyoer „	174086	191128
8.	Klausenburger „	178891	196406
9.	Karlsburger „	172335	189207
10.	Brooser „	213118	233980
	Zusammen	2,074202	2,276093

Nachdem aber die durch die letzte Volkszählung ermittelte Bevölkerungszahl allen ämtlichen Angaben zur Grundlage dient, so wollen wir dieselbe auch in diesem Werke beibehalten. Es wird übrigens Jeder, dem es darum zu thun ist, die Bevölkerung für das Jahr 1855 auf Grund der angegebenen Zahl unter Zuschlag des muthmasslichen Zählungsfehlers von 5 1/2 Percent mit Hinzurechnung des jährlichen Wachsthumes von 1 Percent sich sehr leicht selbst berechnen können.

§. 20. Einheimische Bevölkerung.

Wenn wir von der gefundenen Gesammtbevölkerung des Landes die in demselben vorhandenen Fremden abschlagen, dagegen die abwesenden Eingebornen dazu ziehen, erhalten wir dessen einhei-

---

*) Siehe den folgenden § 28 über das Wachsthum der Bevölkerung.

mische Bevölkerung. Diese stellte sich nach der letzten Volkszählung folgendermassen heraus:

Die Gesammtzahl der anwesenden Bevölkerung betrug 2074202
Davon abgeschlagen die Fremden,
und zwar: a. aus der Monarchie*): 41678
b. „ dem Auslande: . 524 zusammen 42202,
bleibt als anwesende einheimische Bevölkerung die Zahl von: 2032000
Dazu gerechnet die abwesenden Eingebornen mit: 30379
Ergibt sich die Gesammtzahl der einheimischen Bevölkerung zu . . . , . . . 2062379
Seelen, darunter 1026727 männlichen und 1035652 weiblichen Geschlechts.

Wir wollen nun diese Zahlen zum Anlasse einiger Betrachtungen nehmen, ohne ihre muthmassliche Veränderung bis auf die Gegenwart zu berücksichtigen; denn diese Veränderungen lassen sich begreiflicherweise nicht durch Verhältnisszahlen berechnen, indem ganz andere Ursachen im Jahre 1855 einen grössern oder geringern Zuzug von Fremden und bezüglich Abzug von Einheimischen bedingen konnten, als im Jahre 1850.

Wenn wir daher einerseits das Verhältniss der abwesenden einheimischen zur gesammten einheimischen Bevölkerung als Massstab für die Beweglichkeit der Bewohner und deren Verkehrsthätigkeit, — und andrerseits das Verhältniss der anwesenden Fremden zur gesammten einheimischen Bevölkerung als einen Massstab für die Leichtigkeit, in einem Lande seinen Erwerb zu finden, ansehen wollen, so ergeben sich aus den obigen Zahlen mehrere interessante Thatsachen:

1. Unter je 10,000 Individuen der gesammten einheimischen Bevölkerung waren 147 Personen abwesend.

2. Auf je 10,000 Individuen der gesammten einheimischen Bewohner Siebenbürgens entfielen 204 Fremde und zwar 202 Personen aus Siebenbürgen und den übrigen Kronländern der Monarchie, dagegen nur 2 Ausländer.

3. Lässt sich aus den obigen Zahlen (204—147) erkennen, dass die Fremden die abwesenden Einheimischen nur um 57 überstiegen.

Es kann daher hieraus entnommen werden, dass in Siebenbürgen die Beweglichkeit seiner Bewohner sowohl, als ihre Verkehrs-

---

*) Es muss hier übrigens ein für allemal bemerkt werden, dass ausser den Fremden aus der Monarchie (sowie unter den abwesenden Einheimischen) jedesmal auch die Bewegung der Bevölkerung Siebenbürgens im Lande selbst enthalten ist.

thätigkeit den andern Kronländern der Monarchie*) und dem Auslande gegenüber nur eine sehr geringe sei, während es auf der andern Seite den Eingebornen noch ein Leichtes sein müsse, im Lande selbst ihren Erwerb zu finden.

Interessant ist es, hier schlüsslich noch die Beweglichkeit unserer Landesbevölkerung nach dem Geschlechte zu berücksichtigen. Es waren nämlich von 30379 abwesenden Einheimischen des Jahres 1850 männlichen Geschlechtes 20156, dagegen nur 10223 Frauen, oder es entfallen auf 1000 von der Heimat Abwesende des weiblichen — 1970 oder beinahe doppelt soviel des männlichen Geschlechtes, wozu wohl in dem bezeichneten Jahre hauptsächlich die stärkeren Truppenaushebungen ihren Theil beigetragen haben mögen. Hiedurch ergibt sich nun aber jedenfalls auch bei uns die Thatsache, dass die weibliche Bevölkerung viel seltner die Heimath verlässt, als die Männliche. Dieses gilt hier aber zunächst nur vom Geburtsorte. Wollen wir das Verhältniss der beiden Geschlechter bezüglich ihrer Entfernung aus dem Lande berücksichtigen, so geben uns die obigen Zahlen, zusammengestellt mit dem anwesenden Fremden, wenigstens annäherungsweise einen Aufschluss. Denn von den 41678 anwesenden Fremden aus der Monarchie, wozu, wie gesagt, auch die nicht an ihrem Geburts- oder beständigen Aufenthaltsorte befindlichen Siebenbürger gehören, waren männlich 21812, weiblich 19866. Wenn wir nun hievon die Hälfte auf abwesende Einheimische (10906 männliche, 9933 weibliche) rechnen, so wird diese Zahl, verglichen mit der Gesammtzahl der abwesenden Einheimischen ergeben, dass von denselben beiläufig auf 9250 männliche nur 290 weibliche Personen, oder auf 1000 der Erstern 32 der Letztere wirklich ausser Landes sich befinden.

§ 21. Relative Volkszahl.

Das Verhältniss der Bewohner eines Landes zu seiner Bodenfläche wird die Dichte der Bevölkerung, dann die Zahl der auf eine Geviertmeile des Flächeninhaltes entfallenden Bewohner die relative Bevölkerung genannt und allgemein zur Bezeichnung der Volksdichte gebraucht. Es wird hier immer die gesammte Bodenfläche mit der Bevölkerung verglichen, obwohl es richtiger wäre, nur den culturfähigen Boden in Betracht zu ziehen, wodurch sich das Verhältniss natürlich ganz anders herausstellt.

Nehmen wir nun im ersten Falle die anwesende Bevölkerung Siebenbürgens, wie sie durch die letzte Conscription ermittelt wurde, als 2074202 Seelen an und stellen sie mit dem Gesammtflächeninhalte des Landes von 1054.79 österreichischen ☐ Meilen zusammen, so ent-

---

*) In Nieder-Oesterreich, welches in dieser Beziehung unter allen Kronländern unsers Kaiserstaates obenan steht, entfallen auf 10000 Individuen der gesammten einheimischen Bevölkerung 399 Abwesende und 2480 Fremde (2305 aus der Monarchie und 175 des Auslandes), daher die Fremden die abwesenden Einheimischen um 2081 übersteigen.

fallen davon auf 1 österreichische Geviertmeile **1966** Seelen, oder es hat Siebenbürgen eine ebenso starke relative Bevölkerung. Wenn wir jedoch die von uns für das Jahr 1855 berechnete Volkszahl mit 2276093 Seelen zur Grundlage der Berechnung nehmen, so steigt die relative Bevölkerung auf 2157 Individuen * .

Vergleichen wir dagegen die Volkszahl Siebenbürgens blos mit seinem culturfähigen Boden **), so ergibt sich für das Jahr 1851 eine relative Bevölkerung von 2556 und für 1855 von 2806 Seelen.

Diese Volksdichte ist aber auf die einzelnen Kreise des Landes sehr ungleich vertheilt, wie die nachstehende Uebersicht für 1851 zeigt. Es hat nämlich der Kreis:

1. Hermannstadt mit 131.2 ☐ M. und 320266 Einwohnern 2441
2. Kronstadt „ 128.1 „ „ „ 274709 „ 2144
3. Udvarhely „ 138.8 „ „ „ 174127 „ 1254
4. Mar. Vásárhely „ 67.7 „ „ „ 194533 „ 2873
5. Bistritz „ 128.5 „ „ „ 178344 „ 1390
6. Déés „ 87.8 „ „ „ 193793 „ 2207
7. Szilágy-Somlyo „ 71.5 „ „ „ 174086 „ 2434
8. Klausenburg „ 90.8 „ „ „ 178891 „ 1970
9. Karlsburg „ 74.0 „ „ „ 172335 „ 2329
10. Broos „ 136.7 „ „ „ 213118 „ 1559

Seelen relative Bevölkerung.

Dieses, bezüglich einzelner Kreise so äusserst ungünstige Verhältniss ergibt sich auch dann noch, wenn wir die unproduktive

*) Die übrigen Kronländer unserer Monarchie verhalten sich ebenfalls nach der Volkszählung vom Jahre 1850/1 in dieser Beziehung folgendermassen:
1. Ungarn   mit 3265.45 ☐ M. und 7,864262 Einwohn. hat 2408 rel. Bevölk.
2. Gal. u. Krakau „ 1420.52 „ „ „ 4,555477 „ „ 3207 „ „
3. Böhmen „ 943.95 „ „ „ 4,499900 „ „ 4672 „ „
4. Militärgränze „ 609.52 „ „ „ 1,009109 „ „ 1656 „ „
5. Banat „ 544.81 „ „ „ 1,426221 „ „ 2618 „ „
6. Tirol „ 522.87 „ „ „ 819706 „ „ 1644 „ „
7. Venetianische „ 433.87 „ „ „ 2,281732 „ „ 5259 „ „
8. Steiermark „ 408.71 „ „ „ 1,006971 „ „ 2466 „ „
9. Mähren „ 403.80 „ „ „ 1.799838 „ „ 4457 „ „
10. Lombardie „ 392.15 „ „ „ 2,725740 „ „ 6951 „ „
11. Niederöstreich „ 361.50 „ „ „ 1,538047 „ „ 4253 „ „
12. Kroat. u. Slavon. 332.74 „ „ „ 868456 „ „ 2610 „ „
13. Dalmatien mit 232.41 „ „ „ 393715 „ „ 1694 „ „
14. Oberöstreich „ 217.77 „ „ „ 706316 „ „ 3243 „ „
15. Bukowina „ 189.69 „ „ „ 380826 „ „ 2008 „ „
16. Kärnthen „ 187.94 „ „ „ 319224 „ „ 1698 „ „
17. Krain „ 181.38 „ „ „ 465956 „ „ 2558 „ „
18. Küstenland „ 144.61 „ „ „ 508016 „ „ 3513 „ „
19. Salzburg „ 130.38 „ „ „ 146007 „ „ 1120 „ „
20. Schlesien „ 93.57 „ „ „ 458586 „ „ 4687 „ „

Siebenbürgen ist daher wohl der Grösse nach das dritte in der Reihe der österreichischen Kronländer, dabei aber eines der am schwächsten bevölkerten, indem nur Salzburg, Tirol, die Militärgrenze, Dalmatien und Kärnthen eine geringere relative Volkszahl haben.

**) Nach den Mittheilungen der k. k. Direktion der administrativen Statistik Jahrg. 1853 Heft 1=811.2 ☐ Meilen.

Bodenfläche *) in Abrechnung bringen, indem sich in diesem Falle für den Kreis:

1. Hermannstadt mit 100.9 ☐ Meil. produktiven Bodens 3174
2. Kronstadt „ 98.5 „ „ „ „ 2788
3. Udvarhely „ 106.7 „ „ „ „ 1632
4. Maros-Vásárhely „ 52.5 „ „ „ „ 3719
5. Bistritz „ 98.6 „ „ „ „ 1808
6. Déés „ 67.5 „ „ „ „ 2871
7. Szilágy-Somlyo „ 54.9 „ „ „ „ 3171
8. Klausenburg „ 69.8 „ „ „ „ 2562
9. Karlsburg „ 56.9 „ „ „ „ 3028
10. Broos „ 105.1 „ „ „ „ 2027

Seelen als die relative Bevölkerung ergeben. Hiedurch leuchtet auf den ersten Blick ein, dass die Volksdichte auch bei uns so ziemlich in einem gleichen Verhältnisse mit der Produktionsfähigkeit des Bodens stehe und z. B. unsere, sogenannte „Mezöség" durchaus nicht mit den Pusten Ungarns zu vergleichen sei (was übrigens aus schon die nähere Bekanntschaft mit derselben lehrt), indem von den Kreisen Maros-Vásárhely und Déés, in welchen die Mezöség beinahe ganz liegt, jener die grösste, dieser wenigstens mehr als eine mittlere relative Bevölkerung hat.

§. 22. Sexualverhältnisse.

Auch in Siebenbürgen werden, wie überall, mehr männliche, als weibliche Kinder geboren und demungeachtet überwiegt nach den Zählungsergebnissen stets das weibliche Geschlecht das männliche an der Zahl. Die Ursache hievon lässt sich in der grössern Sterblichkeit des männlichen Geschlechtes während der ersten Lebensjahre, in den Verlusten während der Kriegszeiten und den lebensgefährlichen Beschäftigungen, welche fast ausschliesslich dem männlichen Geschlechte zufallen, endlich in der Auswanderungslust finden, welche den Mann leichter, als das Weib, der Heimath entführt. Dieses Uebergewicht des weiblichen Geschlechtes ist immer in grossen Städten und industriellen Bezirken am bedeutendsten, weil in jenen der Bedarf an weiblichen Dienstbothen grösser ist, in diesen zu gewissen Arbeiten nur weibliche Individuen verwendet werden. Dasselbe nimmt jedoch im Allgemeinen (besonders auch in unserer Monarchie) von Norden nach Süden und von Westen nach Osten ab, so dass es zuletzt in das entgegengesetzte Verhältniss übergehen kann. Auch ist bei den romanischen Volkstämmen dieses Verhältniss immer weniger auffällig, so dass bei denselben meist ein Gleichgewicht beider Geschlechter oder selbst ein Uebergewicht des männlichen über das weibliche Geschlecht wahrgenommen wird.

---

*) Blos annäherungsweise nach dem Durchschnitte von 811.2 : 1054.79☐ Meilen berechnet.

Es unterliegt jedoch das Verhältniss der beiden Geschlechter zu einander in einer längern Reihe von Jahren Schwankungen, welche sich zum Theil aus der Verschiedenheit der Aus- und Einwanderungen, aus der Einreihung zum Militär und der Entlassung von demselben erklären lassen, — aber im Allgemeinen eine Tendenz zur Herstellung des Gleichgewichtes beider Geschlechter zeigen.

Zur Begründung obiger Thatsachen werden die nachstehenden Zahlenverhältnisse dienen. Es waren nach der letzten Volkszählung von der anwesenden Bevölkerung in Siebenbürgen:
1028807 männliche,
1045395 weibliche Individuen und es entfielen daher bei uns auf 10,000 männliche nur 10,161 weibliche Personen, ein Verhältniss das allerdings dem Gleichgewichte beider Geschlechter sehr nahe kömmt und sich nach den obigen Grundsätzen durch unsere südöstliche Lage, das Vorwiegen der romänischen Bevölkerung, die geringe Zahl grosser Städte und den niedern Stand unserer Industrie leicht erklären lässt.

Das Verhältniss der beiden Geschlechter zu einander stellt sich aber in der nordwestlichen Hälfte des Landes (den Kreisen Bistritz, Déés, Szilágy-Somlyo, Klausenburg, Karlsburg und Broos), wo die romänische Bevölkerung überwiegt, gegenüber der südöstlichen Landeshälfte (den Kreisen Hermannstadt, Kronstadt, Udvarhely und Maros-Vásárhely), wo die deutsch-ungrische Bevölkerung in der Mehrzahl ist, auch in einer, dieser Nationalitätsverschiedenheit entsprechenden andern Weise dar, indem auf 10,000 männliche in dem erstern Theile des Landes nur 10,034, dagegen im zweiten Theile 10,151 weibliche Individuen kommen. Ja in dem Klausenburger, Szilágy-Somlyoer und Déeser Kreise war sogar das männliche Geschlecht im Jahre 1850 um etwas überwiegend.

Betrachten wir die Geschlechtsverschiedenheit in Kronstadt, Klausenburg und Hermannstadt, wie sie sich durch die letzte Volkszählung herausstellt, so finden wir auch hier die Thatsache bestättiget, dass in grössern Städten das weibliche Geschlecht in einem bedeutend höhern Masse das männliche überwiege, als auf dem flachen Lande, denn es hatte:

1. **Kronstadt** ohne die dazu gehörigen Prädien unter 21581 Einwohnern 10310 Personen männlichen und 11271 weiblichen Geschlechts und es stellte sich daher hier das Verhältniss der Männer zu den Frauen wie 10,000 : 10,932 heraus oder es überstieg das weibliche des männliche Geschlecht in Kronstadt um über 8 % mehr, als sonst durchschnittlich im Lande.

2. **Klausenburg** mit 19346 Bewohnern, davon 9292 des männlichen und 10054 des weiblichen Geschlechts. Es verhielt sich daher hier das Erstere zum Zweiten wie 10000 : 10820 oder es überstieg das Uebergewicht des weiblichen über das männliche Geschlecht um mehr als 6 % den durchschnittlichen Ueberschuss im Lande

3. **Hermannstadt** von seinen 16268 Einwohnern 7636 Individuen männlichen und 8632 weiblichen Geschlechts. Hier ist der Ueberschuss des weiblichen Geschlechtes am auffallendsten, denn es stellt sich das Verhältniss des männlichen Geschlechts dazu wie 10,000 : 11,304 heraus und es war daher in Hermannstadt der Ueberschuss des weiblichen über das männliche Geschlecht um mehr denn eilf % stärker als durchschnittlich in Siebenbürgen.

Für den Umstand, dass auch die blühendere Industrie den Ueberschuss des weiblichen Geschlechtes in einem Orte oder einer Gegend vergrössere, liefert uns der Marktflecken **Heltau**, der fast nur von seinen Tuchmanufakturen lebt, einen Beleg; denn daselbst waren im Jahre 1850 unter 3349 Bewohnern 1478 männlichen und 1871 weiblichen Geschlechts, oder es stellt sich das Verhältniss beider Geschlechter, wie 10,000 : 12659 heraus, daher ein, im Verhältniss zum Landesdurchschnitte um mehr als 24 % grösserer Ueberschuss des weiblichen Geschlechtes.

Zum Vergleiche, wie sich diese Verhältnisse auf dem flachen Lande und ohne Hinzutritt bedeutender Industrie gestalten, mögen das grosse durchaus romänische Gebirgsdorf **Pojana** im Reussmärkter Bezirke, der beinahe rein sächsische Marktflecken **Bootsch** (Bátos) im Sächsisch-Reener Bezirke, und der fast ganz ungarische (szeklerische) Ort **Szárhegy** im Gyergyo-Szent-Mikloser Bezirke dienen:

	Einwohnerzahl	davon männlich—weiblich		Verhältniss des männlichen zum weiblichen Geschlecht wie 10,000 zu
1. Pojana	4029	2039	1990	9759
2. Bootsch	2026	1030	996	9670
3. Szárhegy	2661	1354	1307	9579

Es war daher in diesen Orten überall das männliche Geschlecht überwiegend, welches zwar in den übrigen Ortschaften nicht immer, aber doch häufig genug der Fall sein muss, um das Gleichgewicht des entgegengesetzten Verhältnisses beider Geschlechter in den Städten und meisten Märkten bis zu dem Grade wieder herzustellen, wie es der Durchschnitt des Landes zeigt.

Bezüglich der Veränderungen, welche das Verhältniss der beiden Geschlechter zu einander in verschiedenen Zeiträumen erleidet, wollen wir noch die folgende Zusammenstellung der Ergebnisse der Josephinischen Conscription vom Jahre 1786, der Berechnung der k. k. Direktion der administrativen Statistik für 1846 und der Volkszählung vom Jahre 1850 liefern.

Volkszahl	davon männlich—weiblich		Verhältniss des männlichen zum weibl. Geschlechte wie 10,000 zu
1786= 1,546,129	797022	759107	9524
1846= 2,193944	1084244	1109700	10235
1850= 2,074202	1028807	1045395	10161

Es hat sich also das weibliche Geschlecht in Siebenbürgen, wenn wir nur die beiden Volkszählungen von 1786 und 1850 berücksichtigen, von beinahe 2.80,0 unter der Zahl des Männlichen, binnen 64 Jahren (nach verschiedenen Schwankungen) auf 1.6 Percent über die Zahl des Letztern erhoben, ist aber, wenn wir der Berechnung vom Jahre 1846 ebenfalls Glauben schenken, in den letztern 4 Jahren wieder um mehr als 0.7 Perzent zurückgegangen, so dass sich eben hierin wieder das auch sonst beobachtete Streben nach der Herstellung des Gleichgewichtes beider Geschlechter erkennen liesse.

§. 23. Altersklassen der Bevölkerung.

Die Kenntniss der Vertheilung der Bevölkerung eines Landes auf die einzelnen Altersklassen ist nicht nur zur Bestimmung der Wehrkraft desselben, sondern auch für staats- und volkswirthschaftliche Zwecke wünschenswerth. Denn diese Vertheilung bestimmt ebensowohl die Steuer-, als Produktionskraft des Landes, welche bis zu einem gewissen Alter wächst und dann wieder abnimmt, — und dient ausserdem auch zur Erklärung vieler Erscheinungen in den Geburts- und Sterblichkeitsverhältnissen, in der Zahl der unehelichen Geburten und Häufigkeit der Verbrechen, wozu jede Altersklasse eine bestimmte Stärke des Hanges zeigt, u. s. w.

Die Ausmittelung der Volkszahl nach den einzelnen Altersklassen, schon durch den Umstand erschwert, dass Einzelne ihr Alter selbst nicht genau wissen oder es absichtlich falsch angeben, ist aber um so schwieriger, als bei den Conscriptionen in unserer Monarchie (und so auch bei der im Jahre 1850 in Siebenbürgen) nur die einheimische männliche Bevölkerung zu militärischen Zwecken nach einigen Altersklassen, also unvollständig, nachgewiesen wurde und dabei auch noch die zu Kriegsdiensten gänzlich Untauglichen (Krüppel, Blöde u. s. w.) ausgeschlossen blieben.

Wenn uns daher auch dataillirtere Nachweisungen der Alterklassen fehlen, so wollen wir doch die durch die letzte Volkszählung in dieser Beziehung gebotenen Daten um so weniger unberücksichtigt lassen, als auch schon aus denselben mehrere der oben für die Wichtigkeit der Specialisirung der Bevölkerung nach Alterklassen angeführten Thatsachen abgeleitet werden können.

Es ergaben sich aber bei der letzten Volkszählung folgende Verhältnisse in den durch dieselbe nachgewiesenen **Altersklassen der einheimischen männlichen Bevölkerung:**

Im Alter von 17 Jahren standen: 18197 Individuen oder 0.0177
„ „ „ 18 „ „ 12782 „ „ 0.0124
„ „ „ 19 „ „ 15757 „ „ 0.0153
„ „ „ 20 „ „ 11381 „ „ 0.0111
„ „ „ 21 „ „ 10947 „ „ 0.0107
„ „ „ 22 „ „ 10695 „ „ 0.0104
„ „ „ 23 „ „ 10574 „ „ 0.0102
„ „ „ 24 „ „ 13279 „ „ 0.0130
„ „ „ 25 „ „ 11992 „ „ 0.0117
„ „ „ 26 „ „ 10124 „ „ 0.0099
Zusammen 125728 „ „ 0.1224

der gesammten einheimischen männlichen Bevölkerung, welche wie oben nachgewiesen wurde, 1026727 Individuen betrug.

§. 24. Verhältnisse der Bevölkerung nach dem Civilstande.

Die Ermittelung des Civilstandes der Bevölkerung d. h. der Zahl der Ledigen, Verheiratheten, Verwittweten und Geschiedenen ist nicht nur im wissenschaftlichen, sondern auch im staatlichen Interesse zu wissen nöthig, weil der Verheirathete in der Regel die Gesetze mehr achtet und daher mehr zur Aufrechthaltung der Ordnung beiträgt, weil er einem regelmässigen Erwerbe obliegt und sich einer längern Lebensdauer erfreut, als der Unverheirathete.

Die Conscription vom Jahre 1850 lieferte in dieser Beziehung folgende Zahlen für das Verhältniss der einheimischen Bewohner Siebenbürgens nach dem Civilstande:

Es waren von der einheimischen Bevölkerung							
ledig		verheirathet		verwittwet		zusammen	
männlich	weiblich	männlich	weiblich	männlich	weiblich	männlich	weiblich
561419	508127	431900	434877	33408	92648	1026727	1035652
1069546		866777		126056		2062379	

Diesemnach befanden sich unter 10000 Personen:
1. männlichen Geschlechts: 4207 Verheirathete
2. weiblichen Geschlechts: 4199 „
3. überhaupt: . . 4204 „   und es kamen
auf 10000 ledige Individuen schon 8104 verheirathete, ein Verhältniss, wie es sich so günstig schwerlich in einem zweiten Lande Europa's

und, auch in unserer Monarchie günstiger nur noch im Banate herausstellte; — ein Beveis wie leicht es in Siebenbürgen noch wird, sich hinreichenden Erwerb zu verschaffen, um einen eigenen Hausstand zu gründen; aber auf der andern Seite auch, wie gering bei dem grössern Theile der Bevölkerung die Bedürfnisse noch sein müssen, um dieses zu ermöglichen.

Auffallend muss es dabei erscheinen, dass die Zahl der weiblichen, die der männlichen Verheiratheten im Lande um nahezu 3000 übersteigt. Dieser Umstand findet jedoch theils darin seine Erklärung, dass getrennt lebende oder geschiedene Eheleute ihren Civilstand nicht immer richtig angeben und häufig auch die Militärfrauen dem Civile zugezählt werden, theils und hauptsächlich ist er aber dadurch zu erklären, dass bei der Zählung viele Männer (namentlich diesmal nach der Revolution und den bald darauf erfolgten starken Truppenaushebungen) abwesend waren, die gar nicht eingezählt wurden.

Auch die grosse Zahl der Verwittweten, die wohl überall bedeutenden Schwankungen unterliegt, muss Befremden erregen, denn sie betrug bei uns 1/6 der Verheiratheten. Dabei kamen auf 1000 Wittwer 2773 Wittwen. Dieser Ueberschuss der Letztern über die Erstern kömmt wohl auch sonst in geringerm Grade häufig vor und wird im Allgemeinen durch die grössere Sterblichkeit des männlichen Geschlechtes, das höhere Alter desselben bei der Verehelichung und den Umstand erklärt, dass mehr Wittwer als Wittwen wieder zur Ehe schreiten. Bei uns muss aber diesmal die Ursache der bedeutenden Mehrzahl der Wittwen auch in dem letzten Bürgerkriege, dessen Schauplatz Siebenbürgen war, gesucht werden.

§. 25. Verhältniss der Nationalitäten zur Gesammt-Bevölkerung.

Die verschiedenen, in Siebenbürgen vorkommenden Völkerstämme sind zwar schon oben (§. 16.) besprochen worden, wir müssen hier aber nochmals auf dieselben zurückkommen, weil jetzt nach der Bestimmung der Volkszahl des Landes auch das Zahlenverhältniss der einzelnen Nationsgenossen zu einander und zur Gesammtbevölkerung dargestellt werden kann.

Die einheimische Bevölkerung (mit Einschluss der Abwesenden jedoch ohne die Fremden), welche wir im §. 20 nach der letzten Volkszählung zu 2062379 Seelen ermittelten, vertheilt sich nun hinsichtlich ihrer **Nationalität** in folgender Weise:

1227276 Walachen (Romänen) *)
 536011 Magyaren (Ungarn und Szekler),
 192482 Deutsche (sammt Sachsen),
  78923 Zigeuner,
  15573 Juden,
   7600 Armenier,
   3743 Slaven,
    771 Individuen verschiedener Nationalität (Griechen Italiener u. s. w.)

Es entfallen somit auf je 1000 Bewohner Siebenbürgens
 596 Romänen,
 261 Ungarn und Szekler,
  93 Deutsche,
  38 Zigeuner,
   7 Juden,
   3 Armenier,
   2 Slaven.

Ueber die einzelnen Kreise des Landes sind diese Natinalitäten folgendermassen verbreitet:

1. Im **Hermannstädter Kreise** machen die Romänen 0.54, die Deutschen 0.33, Die Zigeuner 0.07, die Ungarn 0.03 und die übrigen Nationen (Slaven, Juden, Armenier, Italiener) zusammen ebenfalls nur 0.03 aus.

2. Im **Kronstädter** Kreise betragen die Romänen 0.44, die Ungarn (und Szekler) 0.40, die Deutschen 0.14, die Zigeuner 0.01, und die andern Nationen ebenfalls 0.01

3. Der **Udvarhelyer** Kreis zählt unter seinen Bewohnern 0.85 Ungarn (Szekler), 0.11 Romänen, 0.01 Zigeuner, 0.01 Armenier und 0.01 verschiedener Nationalität.

4. Der **Maros-Vásárhelyer** Kreis hat 0.53 Ungarn (meist Szekler), 0.41 Romänen, 0.03 Zigeuner und 0.03 Bewohner anderer Nationalität.

5. Der **Bistritzer** Kreis besitzt unter seiner Bevölkerung 0.59 Romänen, 0.22 Deutsche, 0.11 Ungarn, 0.05 Zigeuner und 0.03 anderer Nationalität.

6. Von den Bewohnern des **Dééser** Kreises sind 0.80 Romänen, 0.13 Ungarn, 0.04 Zigeuner, 0.01 Armenier und 0.02 verschiedener Nationalität.

7. Unter der Bevölkerung des Kreises **Szilágy-Somlyó** sind 0.66 Romänen, 0.30 Ungarn, 0.02 Zigeuner, 0.01 und 0.01 anderer Nationalität.

---

*) Es bilden diese Zahlen die entsprechenden, auf die ämtlich mit 2074202 Seelen bestimmte Volkszahl reducirten Werthe der bezüglichen, für die Gesammtbevölkerung von 2073737 Seelen geltenden Zahlenangaben.

8. Im **Klausenburger** Kreise sind 0.60 Romänen, 0.33 Ungarn, 0.02 Zigeuner, 0.01 Deutsche, 0.01 Juden und 0.03 anderer Nationalität.

9. Der **Karlsburger** Kreis hat 0.85 Romänen, 0.08 Ungarn, 0.03 Zigeuner, 0.01 Deutsche und 0.03 verschiedener Nationalität.

10. Im **Brooser** Kreise endlich befinden sich 0.90 Romänen 0.04 Ungarn, 0.04 Zigeuner und 0.02 verschiedener Nationalität.

Es ergibt sich hieraus, dass in zweien unter den zehn Kreisen des Landes (Udvarhelyer und Maros-Vásárhelyer) die Romänen von den Ungarn übertroffen und in dem Kronstädter Kreise von den Letztern beinahe im Gleichgewichte gehalten werden, in allen übrigen Kreisen aber die entschiedene Mehrzahl der Bewohnerschaft bilden, ja im Brooser Kreise diese fast ausschliesslich ausmachen. Nur im Hermannstädter Kreise erreichen die Deutschen und im Bistritzer die Deutschen mit den Ungarn 3/5 der romänischen Bevölkerung, während in den Kreisen Szilágy-Somlyó und Klausenburg die andern Nationen zusammen wenig mehr als die Hälfte, im Deéser Kreise sogar nur 1/4 der Romänen ausmachen. Im Kronstädter Kreise tritt dagegen das Verhältniss ein, dass die an sich überwiegende romänische Bevölkerung, wenn man die beträchtliche Anzahl der hier lebenden Deutschen zu den Ungarn schlägt, von diesen beiden Nationalitäten vereint um mehr als 1/10 an Zahl übertroffen wird.

§. 26. Vertheilung der verschiedenen Religionsgenossen auf die Bevölkerung.

Ebenso, wie wir im vorigen §. das Zahlenverhältniss der Nationalitäten zur Gesammtbevölkerung Siebenbürgens auseinandergesetzt haben, müssen wir nun auch die Art der Vertheilung der verschiedenen Religionsgenossen auf die Bevölkerung unsers Landes näher ins Auge fassen. Wenn bei uns auch das Religionsbekenntniss in der Regel in einem nahen Verhältnisse zur Nationalität steht, so zeigen sich doch in numerischer Beziehung auffallende Differenzen, welche das Uebergreifen der Confessionen auf andere Nationen nahe an den Tag legen, ohne dass man das Zahlenverhältniss der einzelnen Confessionen zu den Nationen mit ziffermässiger Genauigkeit angeben könnte, weil eine Scheidung der Bevölkerung in dieser Beziehung aus den summarischen Conscriptionsübersichten nicht entnommen werden kann[*]).

---

[*]) Dieses Verhältniss liesse sich zwar aus den individuellen Aufnahmsbögen jeder Familie zusammenstellen, doch wäre diese Aufgabe nicht viel geringer, als eine neue Volkszählung des Landes selbst, deren Vornahme wohl Niemand einem Einzelnen zumuthen wird.

Hinsichtlich des Religionsbekenntnisses vertheilt sich die einheimische Bevölkerung nach der letzten Volkszählung in folgender Weise. Es sind:

648410 unirte Griechen*),
638017 nichtunirte Griechen,
295790 Protestanten helvetischer Confession,
219721 römische Katholiken**),
198851 Protestanten augsburger Confession,
46016 Unitarier oder Socinianer,
15574 Anhänger der mosaischen Religion.

Auf je 1000 Bewohner entfallen sonach:

314 unirte Grichen,
310 nichtunirte Griechen,
143 Protestanten helvetischer Confession,
107 Katholiken,
97 Protestanten augsburger Confession,
22 Unitarier,
7 Juden.

In den einzelnen Kreisen findet dagegen folgende Vertheilung der verschiedenen Religionsgenossen statt:

1. Im Hermannstädter Kreise sind: 0.47 nichtunirte Griechen, 0.31 Protestanten augsb. Conf., 0.15 unirte Griechen, 0.04 Katholiken, 0.02 Protestanten helvetischer Confession und 0.01 der übrigen Religionsgenossen.

2. Im Kronstädter Kreise befinden sich 0.40 nichtunirte Griechen, 0.19 Protestanten augsb. Conf., 0.18 Katholiken, 0.11 unirte Griechen, 0.09 Protestanten helvetischer Confession, 0.02 Unitarier, 0.01 anderer Confession.

3. Im Udvarhelyer Kreise gehören 0.64 den Katholiken, 0.14 den Protestanten helvetischer Confession, 0.12 den Unitariern, 0.07 den unirten und 0.04 den nichtunirten Griechen an.

4. Der Maros-Vásárhelyer Kreis hat 0.36 Protestanten helvetischer Confession, 0.25 nichtunirte Griechen, 0.19 unirte Griechen, 0.10 Katholiken und 0.09 Unitarier.

5. Die Bewohner des Bistritzer Kreises zerfallen in 0.50 Griechisch-Unirte, 0.25 Protestanten augsburger Confession, 0.13 nichtunirte Griechen, 0.09 Protestanten helvetischer Confession und 0.03 Katholiken.

---

*) Bezüglich der Grösse dieser Zahlenangaben gilt ebenfalls die in der Anmerkung Seite 160 gemachte Bemerkung.

**) Davon 4336 armenischen Ritus. (Nach dem Schematismus des Clerus der röm. kath. Diöcese Siebenbürgens für das Jahr 1855).

6. Von den Einwohnern des Déeser Kreises sind 0.66 griechisch-unirt, 0.19 griechisch-nichtunirt, 0.10 reformirt, 0.04 katholisch und 0.01 jüdisch.

7. Im Szilágy-Somlyoer Kreise befinden sich 0.61 unirte Griechen, 0.27 Reformirte, 0.06 nichtunirte Griechen, 0.04 Katholiken und 0. 2 Juden.

8. Der Klausenburger Kreis zählt 0.47 unirte Griechen, 0.22 Reformirte, 0.15 nichtunirte Griechen, 0.09 Katholiken, 0.05 Unitarier, 0.01 Lutheraner und 0.01 Juden.

9. Von den Bewohnern des Karlsburger Kreises sind 0.51 griechisch-nichtunirt, 0.16 griechisch-unirt, 0.09 katholisch, 0.02 reformirt, 0.01 lutherisch, 0. 1 jüdisch.

10. Im Brooser Kreise machen die nichtunirten Griechen 0.75, die unirten Griechen 0.18, die Protestanten helvetischer Confession 0. ., die Katholiken 0.12, die Protestanten augsburger Confession 0. . aus.

Es ist also dem Voranstehenden zufolge in 4 Kreisen (Karlsburg, Broos, Hermannstadt und Kronstadt) oder im Süden und Südwesten des Landes das griechisch-nichtunirte Glaubensbekenntniss, und ebenfalls in 3 Kreisen (Klausenburg, Szilágy-Somlyó, Déés und Bistritz) oder im Nordwesten und Norden Siebenbürgens die griechisch-unirte Religion vorherrschend; dann ein Kreis überwiegend römisch-katholisch (Udvarhely) im mittlern Osten und einer der Mehrzahl nach reformirt (Maros-Vásárhely) im Zentrum des Landes.

In zweiter Reihe nehmen die **Augsburger-Confessions-Verwandten** in 3 Kreisen (Hermannstadt, Kronstadt und Bistritz), die **Protestanten helvetischer Confession** ebenfalls in 3 Kreisen (Udvarhely, Szilágy-Somlyó und Klausenburg), die **unirten Griechen** endlich (im Kreise Karlsburg und Broos) und die **nichtunirten Griechen** (im Kreise Maros-Vásárhely und Déés) nur in je 2 Kreisen eine hervorragende Stellung ein.

Diesemnach werden daher die Seite 145 und 146 gemachten Bemerkungen über die Verbreitung der einzelnen Glaubensgenossen im Lande zum Theil auch durch ihr numerisches Verhältniss zu den übrigen Religionsverwandten in dem betreffenden Landestheile bestättiget.

§. 27. Wohnorte und Vertheilung der Bevölkerung in dieser Beziehung.

Die Nachweisung der Zahl und Art der verschiedenen Wohnorte, dann der Vertheilung der Bevölkerung nach denselben ist aus verschiedenen Gründen wünschenswerth, wenn auch das Verhältniss der städtischen zur ländlichen Bevölkerung eines Landes noch keinen verlässlichen Massstab für die Beurtheilung der Civilisation und des Wohlstandes desselben darbiethet. In den Städten, besonders den grössern, sind nämlich fast sämmtliche populationistische Verhältnisse von denen der ländlichen Bevölkerung (wie wir dies auch schon §. 22. bezüglich der Vertheilung der beiden Geschlechter gesehen haben), sehr verschieden; dann ist auch in der Regel in den Städten die Industrie und der Reichthum des Landes concentrirt, und nur ausnahmsweise sind, vorzüglich in Bergwerksdistrikten (Nagyág, Verespatak, Toroczko etc.) oder in den zum Landwirthschaftsbetriebe minder geeigneten Gebirgsgegenden (Heltau, die sieben Dörfer bei Kronstadt, Oláhfalu u.s.w.) industrielle Orte von Bedeutung, welche sich nicht den Rang einer Stadt erworben haben. Auf der andern Seite aber kommt der landwirthschaftliche Betrieb einiger Städte jenem des ganzen Landes gegenüber kaum in Betracht, ist bezüglich der grössern Städte (Hermannstadt, Kronstadt, Klausenburg) nur unbedeutend, und wird auch in den kleinern Städten nie in einer solchen Ausdehnung betrieben, um den ganzen innern Bedarf decken zu können.

Nach der letzten Conscription waren in Siebenbürgen 25 **Städte** (d. i. 11 königl. freie und 14 Municipal-Städte), 65 **Märkte**, 2684 **Dörfer** und 70 **Prädien**, daher zusammen 2844 Wohnorte. Wenn wir nun dagegen die Angabe der k. k. Direktion der administrativen Statistik in den Tafeln zur Statistik unserer Monarchie für das Jahr 1846 mit 11 Städten, 78 Marktflecken und 2586 Dörfern, zusammen 2675 Wohnorten nehmen, so erscheint diese bedeutende Zunahme zwar auffallend, findet aber ihre Erklärung sehr leicht darin, dass bei der letzten Volkszählung viele Marktflecken und Taxalorte oder Oppida Nobilium als Städte, mehrere bedeutende Dörfer als Märkte und die volkreichern Prädien als Dörfer aufgenommen wurden,— ein Vorgang, welcher nicht unbedingt missbilligt werden könnte, wenn er mit gehöriger Consequenz und nach gleichen Grundsätzen durchgeführt worden wäre.

Dieses Ergebniss der Volkszählung wurde zum Theil durch spätere Erhebungen berichtiget und so weiset, das mit der neuen politischen Landeseintheilung im Landesregirungsblatte für 1854, II. Abth. IV. St., Nr. 23 veröffentlichte Ortschaftsverzeichniss 2701 Gemeinden nebst 166 Prädien (Attinenzen) aus, wobei (wenn wir die obige Zahl der Städte und Märkte mit 90 beibehalten) 2611 Dörfer verbleiben.

Betrachten wir das Verhältniss der Wohnorte zum Flächenraume des Landes, so kommt auf 42.$_{16}$ österreichische ☐ Meilen **eine Stadt** (nach dem Begriffe der neuen Conscription) und auf 16.$_{21}$ ☐ Meilen **ein Marktflecken**; dagegen entfallen aber 2.$_4$ **Dörfer** und 2.$_7$ Wohnorte auf 1 ☐ Meile *).

---

*) Bezüglich der Vertheilung der **Städte** stehen in unserer Monarchie nur die Militärgrenze, das Banat und die Bukovina, bezüglich der **Märkte** Schlesien, die Bukovina und Militärgrenze, dann bezüglich der **Dörfer** das Banat, das Venetianische und die Bukovina, endlich bezüglich der auf den gleichen Flächenraum entfallenden Ortschaften überhaupt nur Ungarn und Tirol mit Vorarlberg ungünstiger als Siebenbürgen.

Nachdem nun ferner bei der letzten Conscription in Siebenbürgen 419,916 Häuser, und 498,717 Wohnpartheien (Familien) mit 2,074202 Seelen gefunden wurden, so entfallen auf die ☐ Meile 39 Häuser und auf je eine Gemeinde (nach der Bestimmung der oben erwähnten ämtlichen Berichtigung, sammt den dazu gehörigen Attinenzen) im Durchschnitte 155 Häuser mit 184 Wohnpartheien und 768 Einwohnern,— daher auf ein Haus nahezu 1.2 Wohnpartheien mit 5 Seelen,— endlich auf eine Wohnparthei (Familie) nur 4 Individuen *).

Diese Verhältnisse sind natürlich in den grössern Städten und industriellen Orten gegenüber dem flachen Lande sehr verschieden, so kommen z. B. auf 1 Haus durchschnittlich in Hermannstadt 1.7 Wohnpartheien und 8 Einwohner, in Kronstadt 1.6 Wohnpartheien und 7 Einwohner, in Klausenburg 1.5 Wohnpartheien und 6 Einwohner.

Die verschiedenen Arten der Wohnorte vertheilen sich auf die zehn Kreise in nachstehender Weise:

Kreis	König. freie	Muni- cipal-	Über- haupt	Markt- flecken	Dör- fer	Prä- dien	Zusammen Ort- schaf- ten	Ge- mein- den
		Städte						
1. Hermannstadt	5	1	6	13	258	6	283	277
2. Kronstadt	1	.	1	10	205	30	246	216
3. Udvarhely	.	1	1	4	195	36	236	200
4. M. Vásárhely	1	.	1	4	284	6	295	289
5. Bistritz	1	1	2	5	229	6	242	236
6. Déés	1	1	2	3	335	1	341	340
7. Szil.-Somlyó	.	3	3	3	259	14	279	265
8. Klausenburg	1	1	2	6	246	13	267	254
9. Karlsburg	1	4	5	11	173	26	215	189
10. Broos	.	2	2	6	427	28	463	435
Zusammen	11	14	25	65	2611	166	2867	2701

*) Auf gleichem Flächenraume haben von den Kronländern der Monarchie Salzburg, die Militärgrenze, Tirol mit Vorarlberg und Kärnthen eine geringere Anzahl von Häusern, dagegen finden sich der Häuserzahl nach im Durchschnitte nur im Venetianischen, im Banate und in der Bukovina mehr grosse Ortschaften. Dabei sind durchschnittlich die Ortschaften im Venetianischen, im Banate, in der Lombardie, in Ungarn, in Siebenbürgen und in Galizien am stärksten, — in Kärnthen, Oberösterreich, der Bukovina, in Krain und Salzburg am wenigsten bevölkert. — Während aber Niederösterreich, die Lombardie und Militärgrenze verhältnissmässig die meisten Bewohner auf ein Haus zählen, kommt in Siebenbürgen unter allen Kronländern der Monarchie die geringste Anzahl von Bewohnern auf ein Haus, — ein Verhältniss, welches wohl nur die niedere Stufe der Bauart unserer meisten Häuser beurkundet. Wie klein Dieselben besonders in einigen Theilen des Landes sind, geht daraus hervor, dass bei der letzten Volkszählung im ehemaligen Fogarascher Distrikte (den Bezirken Freck, Fogarasch und Sárkány) auf ein Haus nicht einmal eine Wohnparthei kam.

Es ergibt sich diesemnach bezüglich der durchschnittlichen Grösse der Bevölkerung einer Gemeinde in den einzelnen Kreisen eine bedeutende Verschiedenheit; denn während dieselbe, wie oben berechnet wurde, in Siebenbürgen überhaupt durchschnittlich 768 Seelen beträgt, kommen im Kreise:

1. Hermannstadt 1156 Einwohner
2. Kronstadt 1271 „
3. Udvarhely 871 „
4. Maros-Vásárhely 673 „
5. Bistritz . . 759 „
6. Déés . . 570 „
7. Szilágy-Somlyó 657 „
8. Klausenburg . 704 „
9. Karlsburg . 911 „
10. Broos . . 490 „ auf eine Gemeinde und

es zählen demnach die Kreise Kronstadt, Hermannstadt und Karlsburg die meisten grossen Ortschaften.

Wollen wir nun aus den Eingangs berührten Gründen das Verhältniss der städtischen zur Land-Bevölkerung betrachten, so werden wir einfach die Einwohnerzahl der Städte der übrigen Volkszahl des Landes entgegenzustellen haben; und, wenn auch der (namentlich bei uns noch schwankende) Name „Stadt" allein hier noch nicht als specifisches Merkmal gelten kann, wo es viele kleine Städte gibt, welche von Marktflecken und selbst Dörfern an Volkszahl übertroffen werden, so sind doch gerade bei uns die eigenthümlichen Verhältnisse der Städte so sehr auf die Letztern beschränkt und selbst die volksreichen Landgemeinden mit sehr geringen Ausnahmen so ganz den landwirthschaftlichen Beschäftigungen zugethan, dass die Grösse der Bevölkerung allein bei uns nicht als Kriterium für die Unterscheidung jener Begriffe gelten kann.

Es hatten nun nach der letzten Volkszählung:

A) die 11 königlichen Freistädte und zwar:
1. Kronstadt sammt den
   Walkmühlen (Dirszte) mit 25269 Einwohnern
2. Klausenburg . . . „ 19346 „
3. Hermannstadt . . „ 16268 „
4. Maros-Vásárhely . . „ 9127 „
5. Schässburg . . . „ 7962 „
6. Bistritz . . . „ 5578 „
7. Karlsburg . . . „ 5551 „
8. Mediasch . . „ 5337 „
9. Mühlbach . . . „ 4624 „
10. Szamos-Ujvár . . „ 4229 „
11. Elisabethstadt . . „ 2195 „

zusammen: 105486,

B) die 14 Municipalstädte und zwar:

1. Thorda mit 7768 Einwohnern
2. Sächsisch-Reen „ 4771 „
3. Déés „ 4355 „
4. Zilah „ 4294 „
5. Broos „ 4207 „
6. Szilágy-Somlyó „ 3639 „
7. Salzburg (Vizakna) „ 3515 „
8. Udvarhely „ 3489 „
9. Nagy-Enyed „ 3072 „
10. Tasnád „ 2971 „
11. Abrudbánya „ 2236 „
12. Vajda-Hunyad „ 1950 „
13. Tövis „ 1744 „
14. Blasendorf „ 1095 „

zusammen . . 49,106,
dazu, wie jenseits, die Einwohner der k. Freistädte mit: 105,486;

also sämmtliche 25 Städte Siebenbürgens im Ganzen: 154,592 Seelen (anwesende) Bevölkerung, welche, wenn wir sie der übrigen Landesbevölkerung vom 1,919610 Seelen entgegenhalten, 8 o/o oder 1/12 derselben beträgt. Diese Zahl (8 o/o=1/12) wird daher auch ohneweiters als das Verhältniss der **städtischen** zur **ländlichen** Bevölkerung angesehen werden können.

§. 28. Bewegung der Bevölkerung.

Die Darstellung der Bevölkerungs-Bewegung umfasst die Nachweisung der jährlich stattgefundenen Trauungen, Geburten und Sterbfälle nach ihren verschiedenen Momenten, und kann um so verlässlichere Daten biethen, als die Seelsorger der verschiedenen Confessionen schon seit einer längern Reihe von Jahren die vorgeschriebenen diesfälligen Matrikeln zu führen verpflichtet sind. Wenn hiebei nun wohl auch mitunter Unrichtigkeiten unterliefen und noch unterlaufen, so sind sie doch nie so beträchtlich als die bei den allgemeinen Volksaufnahmen gemachten Fehler. Nur bezüglich der jüdischen Ehen sind die Angaben unvollständig und, bis auf die der neuesten Zeit, minder verlässlich.

A. Trauungen.

Die Statistik der Trauungen hat zu berücksichtigen: die Trauungsziffer d. i. das Verhältniss der jährlich geschlossenen Ehen zur Gesammt-Bevölkerung, das **Alter der Heirathenden** das **Verhältniss der ersten zu den wiederholt geschlossenen Ehen** und **die Dauer der Ehen.**

a) Trauungsziffer.

Die Anzahl der jährlich stattgefundenen Trauungen getheilt durch die im nämlichen Jahre beobachtete Grösse des Bevölkerungsstandes, auf welchen diese Trauungen sich beziehen, ergibt die **absolute Trauungsziffer**, welche natürlich nur erst als Mittelzahl aus einer Reihe von Jahres-Beobachtungen ihre Geltung erlangt.

Die Trauungsziffer für Siebenbürgen wird sich nun folgendermassen berechnen lassen:

Jahr	Anzahl der Trauungen	Bevölkerung derselben Zeit	Trauungsziffer
Jährlicher Durchschnitt von 1839 bis 1843*)	16741	1911545	0.00876
1843**)	18910	2118578	0.00892
1846**)	18386	2193944	0.00838
1851***)	20660	2074202	0.00996
Zusammen	74697	8298269	0.03602
Jahresdurchschnitt	18674	2074567	0.00900

Es entfallen also im Mittel mehrjähriger Beobachtungen auf eine Volkszahl von 100000 Seelen jährlich 900 Trauungen, eine Zahl, welche in den conscribirten Kronländern unserer Monarchie nur in der Militärgrenze, in Galizien und der Bukovina sich günstiger herausstellt und die Trauungsziffer der Monarchie, (ohne die ungarischen Länder) mit 837, beträchtlich übersteigt. Hiezu haben nun vorzüglich die letzten Jahre nach der Revolution mitgewirkt, und es lässt sich auch hieraus schon erkennen, wie nach jenen Jahren starker Verluste die neu und zahlreicher geöffneten Erwerbsquellen zur Eingehung von Heirathen und damit mittelbar zur schnellern Ergänzung der Bevölkerung einluden.

Die Grösse unserer Trauungsziffer gegenüber derjenigen der andern Kronländer ist aber nicht zufällig, sondern hängt mit dem in der Monarchie sich aussprechenden Gesetze zusammen, dass die **Trauungsziffer im Allgemeinen in der Richtung von Osten gegen Westen und von Süden nach Norden abnehme**, während das Uebergewicht des weiblichen Geschlechtes über das Männliche (§ 22) gerade in dieser Richtung zunimmt; wornach das

---
*) Nach Söllner's Statistik S. 319.
**) Nach den Tafeln der Statistik von der k. k. Direktion der administrativen Statistik.
***) Nach den von der Geistlichkeit eingeschickten Ausweisen.

Gleichgewicht beider Geschlechter und das Uebergewicht des männlichen Geschlechtes sich als, die Eingehung von Ehen begünstigende Verhältnisse zu erkennen geben. Es wird jedoch auch das obige Gesetz durch einflussreichere Umstände, als: das Alter der Heirathenden, die allgemeine Sterblichkeit, die Grösse der Bedürfnisse (Civilisation), den Werth der unentbehrlichsten Lebensbedürfnisse und den Erwerbsertrag, die Sittlichkeit und die Gesetzgebung nicht wenig modificirt.

Häufig wird auch das Verhältniss der Bewohner eines Landes zu den in einem Jahre vorgefallenen Trauungen, welches man erhält, wenn die Volkszahl durch die Zahl der Trauungen getheilt wird, — als Trauungsziffer angenommen, wornach bei uns auf 112 Bewohner eine Trauung entfallen würde, während sich dieses Verhältniss in unserer Monarchie im Durchschnitte wie 119.1 zu 1 herausstellt.

Die Trauungsziffer grösserer Städte, welche gegenüber der ländlichen Bevölkerung überhaupt in statistischer Beziehung viele Eigenthümlichkeiten zeigen, ist in der Regel dort, wo sie für das Land bedeutend war, eine geringere,—dagegen dort höher, wo sie für das Land minder gross sich zeigte. Es sollten daher jener, sonst beobachteten Thatsache zu Folge Kronstadt, Klausenburg und Hermannstadt mit ihrer Trauungsziffer hinter dem jährlichen Durchschnitte von 900 für das ganze Land zurückbleiben. Die einzigen uns in dieser Beziehung zu Gebote stehenden Beobachtungen des Jahres 1851 für Klausenburg und Hermannstadt bestättigen jedoch bei uns die allgemeine Giltigkeit jener Regel nicht; indem Klausenburg für das genannte Jahr 224 Trauungen nachweist, welche bei einer Einwohnerzahl von 19346 Seelen die Trauungsziffer von 1158 ergeben, dann Hermannstadt mit 16268 Bewohnern für dasselbe Jahr bei 285 Trauungen sogar die Trauungsziffer 1752 erreichte und diese also hier, wie dort, die allgemeine Trauungsziffer des Jahres 1851 von 900 bedeutend überstieg. Zur Erklärung dieser Erscheinung müssen wir vor Allem auf die folgenden Erörterungen über den Einfluss der Religionsverschiedenheit auf die Trauungsziffer verweisen und hier nur bemerken, dass von den in Klausenburg Getrauten die bei weitem grössere Mehrzahl den Katholiken, dagegen in Hermannstadt den Lutheranern angehörte.

Die Religionsverschiedenheit der Bevölkerung, welche sonst keinen wesentlichen Einfluss auf die Grösse der Trauungsziffer ausübt, wird bei uns um so mehr eine Aenderung derselben herbeiführen, als sie hier in der Regel auch einem nationalen Unterschiede begegnet. Wenn nun auch die Scheidung der Trauungen nach der Nationalität aus Mangel verlässlicher Daten unthunlich wird, so kann das Religionsbekenntniss der Getrauten, welches von den betreffenden Seelsorgern stets mit Genauigkeit ermittelt und einmatrikulirt wurde, uns doch einige Anhaltspunkte zu Untersuchungen bieten.

Nach Söllner waren unter den 16741 im Durchschnitte der Jahre 1839 bis 1843 getrauten Paaren:

Griechisch-unirt 5966 (Trauungsziffer 978, eine Ehe auf 103 Personen)
„ nicht-un. 4147 („ 709, „ „ „ 141 „)
Reformirt 2217 („ 877, „ „ „ 114 „)
Katholisch 2150 („ 1063, „ „ „ 94 „)
Lutherisch 1858 („ 939, „ „ „ 107 „)
Unitarisch 463 („ 806, „ „ „ 124 „)

Zu Folge der von der Geistlichkeit verfassten Ausweise für das Verwaltungs-Jahr 1851 zeigte sich dagegen folgende Vertheilung der 20660 getrauten Paare auf die einzelnen Confessionen:

Griechisch-unirt 6959 (Trauungsziffer 1073, eine Ehe auf 93 Personen)
„ nicht-un. 5733 („ 898, „ „ „ 111 „)
Reformirt 2815 („ 952, „ „ „ 105 „)
Katholisch*) 2349 („ 1103**), „ „ 94 „)
Lutherisch 2176 („ 1094, „ „ „ 91 „)
Unitarisch 432 („ 938, „ „ „ 106 „)
Juden 122 („ 783, „ „ „ 127 „)
Militärparteien 74***) — — —

Wir ersehen hieraus, dass, nächst den nur im letzten Jahre berücksichtigten Juden, die griechisch-nicht-unirte Religionspartei in beiden, bezüglich der einzelnen Verhältnisszahlen sich ziemlich gleichbleibenden Zeitabschnitten die geringste Trauungsziffer aufzuweisen haben,— ein Umstand, der nur in der ärmlichen und gedrückten Lage beider Glaubensparteien seine Erklärung finden kann, da die Juden auch nach der neuesten Gesetzgebung noch nicht die volle Staatsbürgerschaft geniessen und die nichtunirten Griechen meist den armen, von Viehzucht lebenden Gebirgsdörfern angehören. Wollen wir jedoch die obigen Ziffern auf die Nationalitäten beziehen, wie es bei uns nicht anders sein kann, so wird das Mittel aus der Trauungsziffer der Reformirten, Katholiken und Unitarier uns diejenige der Ungarn, — das Mittel aus der der Katholiken und Lutheraner uns annähernd ****) die Trauungsziffer der Deutschen, —

---

*) Dabei waren jedoch 24 gemischte Ehen, dann 57 Paare dem armenischen Ritus angehörig. Vergleichen wir die Letztern mit der Zahl der Anhänger des armenischen Ritus, 4336, so ergibt sich bei denselben die hohe Trauungsziffer von 1312 oder es entfällt bei ihnen schon auf 76 Personen eine Ehe.

**) Es wurden hiebei auch die später angegebenen 74 Militärehen, als grösstentheils dem römisch-katholischen Glauben angehörig, dazugezählt.

***) Siehe die vorstehende Anmerkung für die Trauungsziffer der Katholiken.

****) Weil die bei weitem grössere Mehrzahl (mehr als 3/4) den Lutheranern angehört und sich daher die Ziffer der Deutschen mehr, als der Durchschnitt ergibt, zu der dieser Confession Angehörigen sich neigen wird.

endlich das Mittel der beiden griechischen Confessionen uns die der Romänen darstellen können.

Diesemnach war die Trauungsziffer bei den:

1. **Ungarn:** 1839—1843 = 915 oder 1 Trauung auf 100 Einwohner
1851 = 997 „ 1 „ „ 102 „
Mittel: 956 „ 1 „ „ 106 „

2. **Deutschen:** 1839—43 = 1001 oder 1 Trauung auf 100 Einwohner
1851 = 1098 „ 1 „ „ 92 „
Mittel: 1049 „ 1 „ „ 96 „

3. **Romänen:** 1939—43 = 843 oder 1 Trauung auf 122 Einwohner
1851 = 985 „ 1 „ 202 „
Mittel: 914*) „ 1 „ „ 112 „

Es ergibt sich daher aus Vorstehendem, dass die Nationalitätsverschiedenheit auch bei uns einen ziemlich bedeutenden Einfluss auf den Belang der Trauungsziffer ausübe.

Die Trauungsziffer ändert übrigens, wie bereits oben bemerkt wurde, nach dem Wechsel der Ursachen, welche ihre Grösse bestimmen, jährlich ab. Ist nämlich die **Sterblichkeit** eines Jahres sehr gross, so wächst dadurch auch die Anzahl der Trauungen, indem theils die durch den Tod gelösten Ehen wieder zu ersetzen sind und die Volkszahl (in diesem Falle der Divisor) kleiner wird, theils von den Ueberlebenden viele selbstständig werden und zur Ehe gelangen.— So wie die Sterblichkeit wirken auch die Durchschnittspreise der **Verbrauchsgegenstände** und die grössere oder geringere **Leichtigkeit, seinen Erwerb zu finden**, auf die Trauungsziffer verändernd ein; in dem Jahre ungewöhnlicher Theuerung, selbst wenn die Arbeitslöhne in gleichem Verhältnisse mit dem Betrage der Bedürfnisse steigen, eine niedrigere Trauungsziffer ergeben und auch Kriegsjahre und Jahre gewaltsamer Staatsumwälzungen, weil da in der Regel die Gewerbe stocken, dieselbe verringern. — Da mit der fortschreitenden Cultur die Grösse der Bedürfnisse steigt, so wird, wie man diess auch schon bei den grössern Städten sieht, die Trauungsziffer auch mit der Zeit bis zu einem gewissen Grade abnehmen. Diese Abnahme wird übrigens auch schon durch die jährliche Zunahme der Bevölkerung und die Verminderung der Sterblichkeit bedingt. Gewöhnlich geht aber mit der Abnahme der Trauungsziffer neben den erfreulichen Folgen die Vermehrung der unehelichen Kinder Hand in Hand.

---

*) Es darf jedoch hiebei nicht übersehen werden, dass von den Romänen vor dem Jahre 1848 mehr als 4/5 Unterthanen waren, und daher früher schon aus diesem Grunde keine so günstige Trauungsziffer haben konnten, als nach dieser Zeit.

b) **Alter der Heirathenden.**

Da durch späteres Heirathen die Zahl der Geburten und dadurch mittelbar auch die Sterblichkeit vermindert, in der Regel die Verwendung grösserer Sorgfalt auf die physische und psychische Erziehung der Kinder veranlasst und die Möglichkeit herbeigeführt wird, ehe man zur Verehelichung schreitet, den Erwerb zu sichern, — so ist auch die Kenntniss des **Alters der Heirathenden** in statistischer Beziehung höchst wünschenswerth. Ebenso wichtig ist es zu wissen, welche Altersklassen beider Geschlechter mit einander in Verbindung treten, weil die Dauer der Ehen und ihre Fruchtbarkeit davon abhängig sind.

Zur Beleuchtung der in Siebenbürgen in dieser Beziehung bestehenden Verhältnisse können wir in Nachstehendem die Uebersichten der Jahre 1843*) und 1851**) liefern.

1. Alter der getrauten Männer

Jahr	bis 24	24 bis 30	30 bis 40	40 bis 50	50 bis 60	über 60
			J a h r e			
1843	11047	4571	1979	883	306	81
1851	10841	5251	2563	1204	586	215
zusammen	21888	9822	4542	2087	892	296
Durchschnitt	10944	4911	2271	1043	446	148

2. Alter der getrauten Frauen

Jahr	bis 20	20 bis 24	24 bis 30	30 bis 40	40 bis 50	über 50
			J a h r e			
1843	11475	4190	1816	894	388	104
1851	7906	5605	3892	1918	962	377
zusammen	19381	9795	5708	2812	1350	481
Durchschnitt	9690	4897	2854	1406	675	240

*) Nach Dr. Söllner's Statistik Seite 318.
**) Nach den Eingaben der Geistlichkeit an die h. k. k. Statthalterei.

Es heiratheten demnach im Durchschnitt jener beiden, in ihren Verhältnissen so verschiedenen Jahren, dass wir sie fast als die Extreme der Schwankungen in dieser Beziehung und daher das Mittel daraus als der Wahrscheinlichkeit um so näher liegend betrachten können,

von den Männern:	von den Frauen:
im Alter bis zum 24 Jahre 55. 4 o|o	im Alter bis zum 20 Jahre 49. 0 o|o
„ „ vom 24 bis 30 „ 25. 0 o|o	„ „ vom 20 bis 24 „ 25. 3 o|o
„ „ „ 30 „ 40 „ 11. 5 o|o	„ „ „ 24 „ 30 „ 14. 2 o|o
„ „ „ 40 „ 50 „ 5. 2 o|o	„ „ „ 30 „ 40 „ 7. 0 o|o
„ „ „ 50 „ 60 „ 2. 2 o|o	„ „ „ 40 „ 50 „ 3. 2 o|o
„ „ über 60 „ 0. 7 o|o	„ „ über 50 „ 1. 2 o|o

oder es traten von den Männern 4/5 vor dem zurückgelegten 30. Jahre und von den Frauen mehr als 3/4 vor dem 24. Jahre in die Ehe. Siebenbürgen gehört also in die Reihe derjenigen Kronländer unserer Monarchie, wo die frühzeitigen Heirathen Regel sind, und rechtfertigt sehr den Grundsatz, dass im österreichischen Kaiserstaate im Osten und Süden das jugendliche Alter bei den Verehelichungen viel stärker betheiligt ist, als im Westen und Norden; ein Umstand der nicht nur durch das Klima bedingt wird, sondern auch mit der Grösse der Trauungsziffer und den Ursachen, welche auf die letztere Einfluss üben, im Zusammenhange steht. Es wird daher auch in grössern Städten in spätern Jahren geheirathet, als auf dem Lande, weil dort die Zeit der Selbständigkeit später eintritt und grössere Vorsicht zur Eingehung einer Ehe erfordert wird. Ebenso werden die Altersverhältnisse der Heirathenden, wie die Trauungsziffer, mit der Zeit Veränderungen erleiden und mit der Abnahme der Trauungsziffer wird auch der Zeitpunkt der Verehelichung weiter hinausgerückt werden, d. h. es werden die Trauungen meist in den höhern (den mittlern) Altersklassen vorkommen.

c) Erste und wiederholte Ehen.

Es ist in mehreren Beziehungen nicht nur die Zahl der männlichen und weiblichen Individuen, welche überhaupt zur Ehe gelangen, wissenswerth, sondern auch, wieviel davon zum erstenmal, und wieviel wiederholt sich verheiratheten.

In Ermangelung mehrjähriger Daten in dieser Beziehung müssen wir uns auf die Mittheilung der fürs Jahr 1851 gemachten Beobachtungen beschränken, nach welchen unter der Gesammtzahl von 20660 stattgefundenen Trauungen bei:

14369 Paaren beide Theile ledig,
2814 „ „ „ verwittwet,
2117 „ Wittwer mit ledigen Bräuten und bei
1360 „ Ledige mit Wittwen vorkamen. Es waren

also 0.70 Paare der ersten, 0.14 der zweiten, 0.10 der dritten und 0.06 der vierten Art, oder es heiratheten im fraglichen Jahre unter 10 Männern mehr als 3 und unter 10 Frauen mehr als 2 zum wiederholten Male. Daraus kann nun hervorgehen, dass auch in Siebenbürgen der Stand der Getrauten in einer gewissen Beziehung zur

Trauungsziffer und dem Alter der Getrauten stehe; indem sonst von 10 zum ersten Male verheiratheten Männern nur 2 und von 11 zum ersten Male verheiratheten Frauen 1 zum zweitenmal heiratheten, und die Beobachtung gemacht wurde, dass dort, wo die Trauungsziffer gross ist und die ersten beiden Altersklassen der Heirathenden sehr überwiegend sind, mehr Ehen zwischen Verwittweten (wiederholte Ehen) stattfinden, als in den Ländern, welche eine kleine Trauungsziffer haben und in welchen die spätern Altersklassen der Heirathenden stärker vertreten sind. Auch weisen die grössern Städte in der Regel eine geringere Zahl erster Ehen, und dabei mehr wiederholte Heirathen aus.

d) Mittlere Dauer der Ehen.

Wenn man die Zahl der bestehenden Ehen durch die jährlich stattfindenden Trauungen theilt, so erhält man die mittlere Dauer der Ehen. Wir erhalten nach den Ergebnissen des Jahres 1851 (da uns von frühern Jahren, bis auf die Josefinische Conscription, keine Zählung der Vereheligten vorliegt) und zwar die durch die Volkszählung gefundene Zahl der Verheiratheten von 866777 halbirt, als die Anzahl der Ehen angenommen, dann getheilt durch die in diesem Jahre vorgefallenen Trauungen $\frac{433388}{20660} = 20.9$ Jahre als die mittlere Dauer der Ehen in Siebenbürgen. Diese Zahl ist zwar nur annähernd richtig, weil sie nicht das Mittel aus mehrjährigen Beobachtungen ist, doch jedenfalls genauer und wahrscheinlicher als die, welche Dr. Söllner *) auf Grund der Josefinischen Conscription offenbar zu hoch mit 22.8 Jahren berechnete, da die Beobachtung gemacht wurde, dass die Dauer der Ehen in umgekehrtem Verhältnisse zur Grösse der Trauungsziffer stehe, also dort kleiner sei, wo diese gross ist. Nachdem nun Siebenbürgen in der Trauungsziffer den beiden conscribirten Kronländern Galizien (mit 949) und der Bukovina (mit 917) am nächsten steht, und das erstere Land eine mittlere Dauer der Ehen von 20.01, das Letztere von 19.06 Jahren hat, so kann die oben gefundene Ziffer von 20.9 Jahren mit ziemlicher Bestimmtheit als die richtige angenommen werden, welche sich auch durch mehrfache Beobachtungen wenig ändern wird.

Bezüglich der Dauer der Ehen zeigen nun die grössern Städte gewöhnlich auch einen Unterschied gegenüber der Durchschnittsziffer des Landes und so auch bei uns. Klausenburg hatte nach der letzten Volkszählung 7110 verheirathete Personen, mitthin 3555 Ehen, und im Jahre 1851 dabei 224 Trauungen; es wäre daher hier die Dauer der Ehen gleich 15.8 Jahren. Hermannstadt dagegen würde bei 5198 Verheiratheten (2599 Ehen) und in demselben Jahre 285 Trauungen (ganz unwahrscheinlich) die niedere Dauer von nur 9.1 Jahren haben. Im Durchschnitte der Jahre 1839 bis 1845 hatte Hermannstadt jedoch **) 137 Trauungen und diese bezogen auf

---
*) Statistik Seite 326.
**) Archiv des Vereins für siebenb. Landeskunde, neue Folge (1853.) I. Band S. 217.

die beiläufige Zahl der Ehen dieser Stadt vom Jahre 1839 zu 2962*) gäbe eine mittlere Dauer der Ehen von 21.6 Jahren. Wenn wir nun aus dieser letztgefundenen und der obigen Zeit für die Dauer der Ehen in Hermannstadt das Mittel, als die wahrscheinliche Ziffer dafür, annehmen, so erhalten wir 15.3 Jahre**), welche Zahl jedenfalls weit richtiger sein wird, und uns zeigt, wie mislich es sei, aus einer einzigen Beobachtung schon Folgerungen zu ziehen.

c) Auflösung der Ehen.

Ueber die Art der Auflösung der Ehen, welche theils durch den Tod, theils durch Scheidung erfolgen kann, haben wir die Daten des Jahres 1851, die wir hier um so weniger übergehen wollen, als sich aus denselben schon einige interessante Vergleiche ergeben. Es werden dieselben, nur Daten eines einzigen Jahres, wohl noch zu keinen Folgerungen berechtigen, aber immer für spätere Beobachtungen als Anhaltspunkte bei den daraus zu ziehenden Schlüssen dienen können.

Art der Auflösung der Lhe.	Die Auflösung erfolgte (1851) im							Im Ganzen wurden aufgelöst
	1 bis 10	11 bis 20	21 bis 30	31 bis 40	41 bis 50	51 bis 60	61 bis 70	
	Jahre ihre Dauer							
1. durch Scheidung	3	10	2	1	.	.	.	16
2. durch den Tod	571	347	418	434	358	175	20	2323
Zusammen	574	357	420	435	358	175	20	2339

Diesemnach waren im Jahre 1851 unter 1000 aufgelösten Ehen 993 auf natürliche Weise durch den Tod und nur 7 durch Scheidung getrennt worden, und es erfolgte die Auflösung durch den Tod unter 100 Ehen bei 24 im ersten Decennium, bei 16 im zweiten,

---

*) Im Jahre 1851 kamen auf 16268 Seelen in Hermannstadt 2599 Ehen, das Verhältniss war also 1: 0.16. Dieses Verhältniss auf die Volkszahl von Hermannstadt, welche durch die hier stadtgefundene Zählung vom Jahr 1839 mit 17890 Seelen ermittelt wurde, gibt obige Zahl der Ehen.

**) Zur Vergleichung diene die mittlere Dauer der Ehen in folgenden Städten der Monarchie:
In Gratz ist sie 15.17 Jahre | In Brünn ist sie 21.52 Jahre
» Prag » » 16 77 » | » Troppau » » 21.67 »
» Wien » » 16.77 » | » Salzburg » » 22.20 »
» Linz » » 21.38 » | » Lemberg angewendet, 23.35 »

17 im dritten, 18 im vierten, 16 im fünften, 8 im sechsten und nur 1 im siebenten Jahrzehend. Weitere Vergleichungen lassen sich aus dieser blos einjährigen Beobachtung nicht anstellen, und auch die Angestellten haben begreiflicherweise nur annähernd einige allgemeine Geltung.

B. Geburten.

Bisher wurden bei uns, wie in der ganzen Monarchie, nur die Zahlen der Gebornen ohne Rücksicht, wie viel davon Zwillinge, Drillinge u. s. w. waren, angegeben, so dass die Zahlen etwas grösser sind, als die der Geburten. Die Nachweisungen der Gebornen haben übrigens dieselbe Verlässlichkeit, wie die der Trauungen, da sie auf Grundlage der von den Seelsorgern der verschiedenen Confessionen geführten vorgeschriebenen Kirchenmatrikeln verfasst wurden.

Bei der statistischen Betrachtung der Geburten haben wir nun zu berücksichtigen: das **Verhältniss derselben zur Bevölkerung** (die Geburtsziffer), das **Sexualverhältniss der Gebornen**, die **Zahl der unehelichen Geburten und der Todtgebornen**, endlich das **Verhältniss der einfachen zu den mehrfachen Geburten**, dann **der ehelichen Geburten zu den in derselben Zeitperiode geschlossenen Ehen (eheliche Fruchtbarkeit)**.

a) Geburtsziffer.

Das Verhältniss der Anzahl in einem Jahre geborner Kinder zu der Grösse des Bevölkerungsstandes desselben Jahres nennt man die **absolute Geburtsziffer oder Fruchtbarkeit der Bevölkerung**, welche gefunden wird, wenn man die erstere Zahl durch die Letztere theilt. Wir haben in dieser Beziehung die folgenden Daten aus denselben Jahren und den nämlichen Quellen, wie für die Trauungen:

Jahr	Zahl der Gebornen**)	Bevölkerung derselben Zeitepoche	Geburtsziffer
Durchschnitt der Jahre 1839 bis 1843	65590	1,911545	0.03431
1843 *)	67525	2,118578	0.03187
1846	69663	2,193944	0.03175
1851	78252	2,074202	0.03772
Zusammen	281030	8,298269	0.13565
Durchschnitt	70257	2,074567	0.03391

*) Wir haben hier, wie S. 148 und 168, nur die von k. k. Direktion der administrativen Statistik für die Civilbevölkerung Siebenbürgens (ohne die dazu gehörige Militärgrenze) ermittelten Zahlen benützt, weil dieselben uns zu Vergleichungen mit unsern jetzigen Bevölkerungsverhältnissen und den auch von Dr. Söllner für die Civilbevölkerung meist abgesondert und vollständiger gemachten Berechnungen angemessener erschienen.

**) Es wurden hiebei, wenigstens in den letzten 3 Beobachtungsjahren, die Todtgebornen immer mit einbegriffen.

Die von uns in diesem Durchschnitte gefundene Geburts=
ziffer von 3391, oder 1 Geburt auf 29.5 Bewohner, ist auffallend
niedrig *) und widerstreitet geradezu dem für unsere Monarchie aufgestellten Grundsatze, dass dieselbe in gleichem Verhältnisse mit
der Trauungsziffer stehe, also nach Osten und Süden zunehme. Ein
ähnliches Verhältniss wurde in Dalmatien beobachtet und dort durch
die geringe Sterblichkeit erklärt, wir werden daher bei Betrachtung
der Letztern nochmals auf diesen Gegenstand zurückkommen.

Die Uebereinstimmung der Geburts- mit der Trauungsziffer liesse
sich übrigens daraus erklären, dass nahezu die nämlichen Ursachen
auf die Grösse beider einwirken und zwar auf die der Geburtsziffer
insbesondere die Sterblichkeit und die deren Grösse bestimmenden
Ursachen, der Preis der Lebensbedürfnisse und deren Erwerbbarkeit,
die Vertheilung der Bevölkerung nach Altersklassen und deren Beschäftigung, dann die Volksdichte nebst andern minder belangreichen
Einflüssen.

Bezüglich der grössern Städte stimmen dann wieder
unsere Verhältnisse mit der für die Monarchie gemachten Beobachtung
überein, dass nämlich in diesen die Geburtsziffer grösser, als
auf dem flachen Lande sei, — ein Umstand, der hier, wie dort,
durch die grössere Sterblichkeit, die gewöhnlich zahlreichern unehelichen Geburten, den leichtern Erwerb und die stärkere Vertretung
der industriellen Arbeiterklasse seine Begründung findet. Klausenburg
zeigte bei 810 Geburten im Jahre 1851 die Geburtsziffer von 4108
und Hermannstadt bei 1263 Geburten sogar von 7763, freilich
sind diese Zahlen als die Ergebnisse einer einzigen Beobachtung noch
von keinem besondern Belang, können aber mit der Geburtsziffer
desselben Jahres für das ganze Land verglichen jedenfalls den obigen
Grundsatz nur bekräftigen.

Was wir oben Seite 170 über die Verschiedenheit der Trauungsziffer nach dem Religionsbekenntnisse und bezüglich der Nationalität sagten, gilt in Siebenbürgen auch für die Geburtsziffer, denn
nach Dr. Söllners Statistik hatten im Durchschnitte der sechs Jahre
1838 bis 1843, jährlich 65733 Geburten stattgefunden, davon entfielen auf die:

Unirten Griechen	21050	(Geburtsziffer 3448,	eine Geburt auf 29 Einw.)
Nichtunirten „	20168	(„	3571, „ „ „ 28 „)
Reformirten	9357	(„	3846, „ „ „ 26 „)
Katholiken	7790	(„	3846, „ „ „ 26 „)
Lutheraner	6019	(„	3030, „ „ „ 33 „)
Unitarier	1349	(„	2723, „ „ „ 37 „)

---

*) Zum Vergleiche die Geburtsziffer der Jahre 1839 bis 1847: in den
conscribirten Kronländern unserer Monarchie überhaupt 4001, — in der
Bukovina 4669, der Militärgrenze 4588, Triest sammt Gebiet 4504,
Galizien 4425, Lombardie 4217, Niederöstreich 4000, Venedig 3958,
Tirol 3224, Dalmatien 3086, Salzburg 2985.

Im Jahre 1851 kommen von den 78252 Geburtsfällen dieses Jahres auf die:

Unirten Griechen	24085	(Geburtsziffer 3714,	eine Geburt auf 27 Einw.)
Nichtunirten „	23012	(„	3668,	„	„ „ 27 „)
Reformirten	11497	(„	3887,	„	„ „ 23 „)
Katholiken	9693	(„	4484*)	„	„ „ 22 „)
Lutheraner	7994	(„	4020,	„	„ „ 25 „)
Unitarier	1469	(„	3192,	„	„ „ 31 „)
Juden	542	(„	3480,	„	„ „ 28 „)
Militärfamilien	60	—	—		—

Es stehen also bezüglich der Geburtsziffer in beiden Zeitperioden die Unitarier am weitesten zurück und auch die übrigen Religionsgenossen reihen sich nicht in derselben Ordnung, wie bei den Trauungen, woraus folgt, dass die Religion (bezüglich bei uns Nationalität) in einer andern Art auf die Erstere, als auf die Letztern Einfluss nehme. Wenn wir hier wieder die Durchschnitte der Ziffer der Katholiken, Reformirten und Unitarier für die **Ungarn**, das Mittel aus der Ziffer der Katholiken und Lutheraner für die **Deutschen**, endlich das Mittel aus der Ziffer der unirten und nichtunirten Griechen für die **Romänen** nehmen, so erhalten wir folgende Geburtsziffern für diese Nationen:

1. **Ungarn:** 1838—43 = 3472 oder 1 Geburt auf 29 Personen
   1851 = 3854 „ 1 „ „ 25 „
   Mittel: 3663 „ 1 „ „ 27 „
2. **Deutsche:** 1838—43 = 3438 „ 1 „ „ 29 „
   1851 = 4252 „ 1 „ „ 23 „
   Mittel: 3845 „ 1 „ „ 26 „
3. **Romänen:** 1838—43 = 3509 „ 1 „ „ 28 „
   1851 = 3691 „ 1 „ „ 27 „
   Mittel: 3600 „ 1 „ „ 27 „

Die Nationalität übt also bei uns allerdings auch auf die Geburtsziffer einen Einfluss aus, wenngleich dieser hier in einem viel geringern Grade, als bei der Trauungsziffer, zu erkennen ist.

Die Geburtsziffer ist übrigens, wenn auch in minderm Grade, als die der Trauungen, Schwankungen unterworfen, und, wie Nothjahre, Revolutionen, Kriege u. s. w. eine Verminderung derselben herbeiführen, so zeigen die darauf folgenden Jahre in der Regel eine sehr hohe Geburtsziffer, die den frühern erlittenen Verlust zu ersetzen pflegt. Es haben jedoch auch einzelne Jahre eine auffallend hohe Geburtsziffer, ohne dass dieselbe, wie gewöhnlich durch die Grösse der Trauungs- und Sterblichkeitsziffer oder durch, die eben erwähnten Ursachen der früher Verminderung erklärt werden könnte. Man glaubt daher annehmen zu dürfen, dass es Jahre besonderer Fruchtbarkeit, wie in der Natur überhaupt, so auch für die Re-

---

* Mit Rücksicht auf die ebenfalls zu den Katholiken gezählten Militärgeburten.

produktionsfähigkeit der Menschen gebe, zumal auch die verschiedene Jahreszeit auf die Anzahl der Geburten einen Einfluss ausübe.

Es ist eine bekannte Thatsache, dass überall **mehr Knaben als Mädchen** geboren werden. Das Verhältniss beider Geschlechter zu einander war in der österreichischen Monarchie ziemlich beständig, wie 100 zu 105 bis 106 und nur die ungleiche Anzahl der unehelich und todtgebornen Kinder brachte einen Unterschied hervor, wobei man die Beobachtung machte, dass die Ueberzahl der Knaben bei den Ehelichen und Todtgeborenen grösser sei, als bei den Unehelichen und Lebendgebornen.

In Siebenbürgen stellte sich das Verhältniss folgendermassen heraus:

Jahr	Zahl der Geburten	Davon waren		Verhältniss wie 100 zu:
		männlich	weiblich	
Durchschnitt der Jahre 1839 bis 1843	65590	33851	31739	106.6
1843	67525	34639	32886	105.3
1846	69662	35710	33953	105.1
1851	78252	40540	37712	107.5
Zusammen	281030	144740	136290	424.5
Durchschnitt	70257	36185	34072	106.1

Wir haben also auch in dieser Beziehung in Siebenbürgen das günstigere Verhältniss für uns und werden den Grund bald in den folgenden beiden Abschnitten von der Zahl der unehelichen Geburten und der Todtgebornen finden.

Die **Städte** zeigen bezüglich des Verhältnisses der Gebornen nach den beiden Geschlechtern wieder die merkwürdige Abweichung, dass hier die Unterschiede weit geringer sind, als auf dem Lande. In unsern beiden grössern Städten **Klausenburg** und **Hermannstadt** zeigten im Jahre 1851 (leider besitzen wir nur von diesem Jahre die Beobachtung) sogar das ganz besondere Verhältniss, dass bei den in diesem Jahre gebornen Kindern gerade das **weibliche** Geschlecht überwog. Es waren nämlich in **Klausenburg** unter den 810 im genannten Jahre gebornen Kindern 403 Knaben und 407 Mädchen, und ebenso in **Hermannstadt** unter 1263 Gebornen desselben Jahres 630 männlichen und 633 weiblichen Geschlechts.

Wie für dieses abweichende Verhältniss der Städte, gegenüber dem Lande, so hat man für die Grösse des Sexualverhältnisses der Geburten überhaupt und insbesondere auch für das vorherrschende

Uebergewicht des männlichen Geschlechtes noch keinen hinreichenden Erklärungsgrund gefunden. Es wurden zwar die Kräftigkeit der beiden Geschlechter, die ungleiche Propagationsfähigkeit, das Alter und der Altersunterschied der Eltern, die ungleiche Lebensweise, die Verschiedenheit des Klima's, des Bodens und der Nationalität u. s. w. als Ursachen angegeben, — können jedoch insgesammt diese Erscheinung nicht genügend aufklären.

c) Die ehelichen und unehelichen Geburten.

Das Verhältniss der unehelichen zu den ehelichen Geburten, zwar nicht unbedingt ein Massstab für die Moralität eines Volkes, ist für ein Land doch sehr wichtig, weil die grössere Sterblichkeit der unehelichen Kinder, dann der Umstand, dass sie in der Regel nicht jene Sorgfallt in der physischen und moralischen Erziehung geniessen, als die ehelichen Kinder, dieselben als ein Uebel für den Staat erscheinen lassen.

Leider machte man aber die bedauerliche Beobachtung, dass die Zahl der unehelichen Geburten, wie fast überall in unserer Monarchie, so auch in Siebenbürgen von Jahr zu Jahr im Steigen begriffen ist. Zum Beweise mögen die nachstehenden Beobachtungsziffern dienen, welche uns zugleich die absolute Verhältnisszahl für Siebenbürgen im Durchschnitte mehrerer Jahre berechnen lassen:

Jahr	Ehelich			Unehelich			Im Ganzen		
	männlich	weiblich	zusammen	männlich	weiblich	zusammen	männlich	weiblich	zusammen
1839 bis 1843	32999	30936	63935	852	803	1655	33851	31739	65590
1843	33628	31931	65559	1011	955	1966	34639	32886	67525
1846	34647	32950	67597	1063	1003	2066	35710	33953	69663
1851	38897	36253	75150	1643	1459	3102	40540	37712	78252
Summe	140171	132070	272241	4569	4220	8789	144740	136290	281030
Durchschnitt	35043	33017	68060	1142	1055	2197	36185	34072	70257

Es entfallen somit in diesem mehrjährigen Durchschnitte bei uns auf 10000 neugeborene Kinder 9687 eheliche und nur 313 uneheliche, daher auf 100 der Erstern nur 3 der Letztern[*]. In diesem günstigen Verhältnisse dürfte sich unzweifelhaft der Einfluss unserer hohen Trauungsziffer aussprechen, welcher in andern Ländern nicht selten durch Einwirkungen grösserer Intensität verwischt wird.

---

[*] In den conscribirten Kronländern der Monarchie betrug des Verhältniss der unehelichen Geburten zur Zahl der Neugeborenen 1071 : 10000, dabei waren in Kärnten mehr als ein Drittheil,—in Steiermark, Triest und Niederösterreich fast ein Viertheil der Neugeborenen uneheliche Kinder.

Die Anzahl der unehelichen Geburten ist aber in den grössern Städten immer weit bedeutender, als auf dem Lande. So waren im Jahre 1851 in Klausenburg bei 810 Geburten 76, oder unter 100 mehr als 9 unehelich, — Hermannstadt dagegen zählte unter 1263 Gebornen nur 89 oder unter 100 nur 7 uneheliche Kinder; — noch immer sehr günstige Verhältnisse gegenüber andern Hauptstädten der Monarchie*).

Auf die verschiedenen Confessionen vertheilen sich die ehelichen und unehelichen Geburten folgendermassen:

Confession	Jahr	Einzeln			Zusammen		
		ehelich	unehelich	im Ganzen	ehelich	unehelich	im Ganzen
Griechisch-unirt	1839—42	20721	239	20960	44201	664	44865
	1851	23480	425	23905			
Griechisch-nichtunirt	1839—42	19854	223	20076	42348	574	42922
	1851	22494	351	22845			
Reformirt	1839—42	9006	404	9410	19863	943	20806
	1851	10857	539	11396			
Katholisch	1839—42	7087	472	7559	15767	1321	17088
	1851	8680	849	9529			
Lutherisch	1839—42	5731	183	5914	12771	415	13186
	1851	7040	232	7272			
Unitarisch	1839—42	1261	66	1327	2667	113	2780
	1851	1406	47	1453			
Jüdisch	1851	534	3	537	534	3	537
Militär	1851	60		60	60		60
Im Ganzen:					138211	4033	142244

Die obigen Summen ergeben im Durchschnitte für die:
Griechisch-unirt. bei 22432 Geburten 22100 eheliche und 332 uneheliche
Gr. nicht-unirten „ 21461 „ 21174 „ „ 287 „
Reformirten „ 10403 „ 9932 „ „ 471 „
Katholiken „ 8544 „ 7884 „ „ 660 „
Lutheranern „ 6593 „ 6386 „ „ 207 „
Unitariern „ 1390 „ 1334 „ „ 56 „
Juden „ 537 „ 534 „ „ 3 „

*) Im Durchschnitte der Jahre 1830 bis 1847 waren in Gratz fast 2/3, in Klagenfurt mehr als die Hälfte, in Wien nahezu die Hälfte, in Prag und Lemberg 4/9 der neugeborenen Kinder uneheliche.

Hiernach stellt sich das Verhältniss der ehelichen zu den unehelichen Kindern heraus bei den:

Unirten Griechen	wie	100 :	1.5
Nichtunirten Griechen	„	100 :	1.5
Reformirten	„	100 :	4.7
Katholiken	„	100 :	8.3
Lutheranern	„	100 :	3.3
Unitariern	„	100 :	4.2
Juden	„	100 :	0.5

Diese Verhältnisszahlen auf die Nationalitäten angewandt, werden für die **Romänen** auf 100 eheliche Geburten 1.4 uneheliche
Deutschen „ „ „ (etwa) 4.0 „
Ungarn „ „ „ 5.7 „
ergeben und, da bei Letztern die hohe Ziffer der Katholiken den Ausschlag gibt, so werden die meisten unehelichen Geburten im Lande überhaupt in den Udvarhelyer Kreis (unter die Szekler) fallen.

d) Die Todtgeborenen.

Ein Kind nennt man dann **todtgeboren**, wenn es lebensfähig, aber todt zur Welt kommt. Es können daher hieher weder diejenigen Kinder gerechnet werden, welche unreif zur Welt kommen, noch jene, welche unmittelbar nach der Geburt sterben. Da jedoch einerseits häufig unmittelbar nach der Geburt gestorbene Kinder den todtgeborenen zugezählt, andrerseits ebenso oft todte Geburten verschwiegen werden, sind die diesfälligen Angaben gewöhnlich minder zuverlässig. — Uebrigens wurde im Allgemeinen in unserer Monarchie die Beobachtung gemacht, dass im **Süden und Osten am häufigsten Todtgeborene vorkommen und ihre Zahl unter den unehelichen Geburten weit grösser ist, als unter den Ehelichen.**

Die diesfälligen Aufschreibungen liefern uns für Siebenbürgen folgende Zahlen der Todtgeborenen.

Jahr	Summe der Geborenen			Todtgeborene			Es bleiben daher Lebendgeborene		
	eheliche	uneheliche	im Ganzen	eheliche	uneheliche	im Ganzen	eheliche	uneheliche	im Ganzen
1843	65559	1966	67525	493	38	531	65066	1928	66994
1846	67597	2066	69663	353	59	412	67244	2007	69251
1851	75150	3102	78252	599	656	1255	74551	2446	76997
Zusammen	208306	7134	215440	1445	753	2198	206861	6381	213242
Durchschnitt	69435	2378	71813	481	251	732	68954	2127	71081

Auf diese Weise kommen bei uns durchschnittlich auf 10,000 Geborene überhaupt die sehr geringe Zahl von 102 Todtgeborenen, dabei aber auf ebensoviel eheliche Geburten erst 69 und auf 1000 uneheliche schon 106 Todtgeborene oder es werden bei den Letztern mehr als 1/10 todtgeboren.

Hinsichtlich des Geschlechtes scheint bei den Todtgeborenen das männliche Geschlecht auch hier weit mehr vorzuwiegen, als bei den Geburten überhaupt. Denn im Jahre 1851 waren unter den 599 ehelichen Todtgeborenen 352 männlich und 247 weiblich, dann unter den unehelichen 384 männlich und 272 weiblich, wornach auf 100 Mädchen bei den Erstern 142 und bei den Letztern 141,— dagegen bei den Geborenen überhaupt (S. 179) nur 107.5 Knaben kamen.

Nach den einzelnen Religionsbekenntnissen vertheilten sich die Todtgeborenen im Jahre 1851 wie folgt:

Confession	Ehelich			Unehelich			Im Ganzen		
	männlich	weiblich	zusammen	männlich	weiblich	zusammen	männlich	weiblich	zusammen
Griechisch-unirt	54	35	89	56	35	91	110	70	180
Griech. nichtunirt	43	37	80	46	41	87	89	78	167
Reformirt	32	14	46	37	18	55	69	32	101
Katholisch	35	35	70	50	44	94	85	79	164
Lutherisch	182	122	304	189	129	318	371	251	622
Unitarisch	5	3	8	5	3	8	10	6	16
Jüdisch	1	1	2	1	2	3	2	3	5
Zusammen	352	247	599	384	272	656	736	519	1255

In diesem Jahre fielen also von den Todtgeborenen 50 o|o den Lutheranern, 14 o|o den unirten Griechen, je 13 o|o den nichtunirten Griechen und Katholiken, 8 o|o den Reformirten, 1.5 o|o den Unitariern und 0.5 o|o den Juden zu. Wenn wir nun auch diese Zahlen, als Ergebnisse eines einzelnen Jahres, noch nicht zur Herleitung allgemeiner Grundsätze über das Verhältniss, in welchem die einzelnen Confessionen (bezüglich Nationen) beiden todten Geburten betheiligt sind, benützen können und wollen, so geht doch soviel auch daraus schon mit Gewissheit hervor, dass jährlich mehr als ein Drittheil der Todtgebornen auf die lutherischen Deutschen (die Sachsen) entfallen. Dieser Umstand, möge er eine natürliche Folge volksthümlicher Einflüsse sein, — möge er in sträflicher Weise durch eigenthümliche Gebräuche und Vorurtheile absichtlich herbeigeführt werden, erklärt für sich allein schon hinreichend die geringe Propagationsfähigkeit dieser Nation.

Verhältniss der einfachen zu den mehrfachen Geburten.

Wir haben schon im Eingange der Betrachtungen über die Geburtsverhältnisse der Bevölkerung Siebenbürgens (Seite 176) bemerkt, dass unsere Zahlen dafür eigentlich etwas zu gross seien, indem wir nicht die Zahl der Geburten, sondern die der Gebornen zum Massstabe der Berechnungen nähmen.

Wollen wir nun die wahre Zahl der Geburten ermitteln, so müssen wir von den Geborenen die Zwillinge, Drillinge und Mehrlinge in Abschlag bringen, oder, mit andern Worten, das Verhältniss der einfachen zu den mehrfachen Geburten aufsuchen. Es liegen uns jedoch zu diesem Zwecke nur die Daten des Jahres 1851 vor und, da wir dieselben noch nicht zur Ableitung von allgemeinen Verhältnisszahlen benützen können, so mögen sie hier nur als Material für spätere Forscher eine Stelle finden.

1. Lebend Geborene des Jahres 1851.

Confession	Eheliche überhaupt	darunter Zwillinge	darunter Drillinge	darunter Mehrlinge	Uneheliche überhaupt	darunter Zwillinge	darunter Drillinge	darunter Mehrlinge	Zusammen überhaupt	darunter Zwillinge	darunter Drillinge	darunter Mehrlinge
Griech. unirt	23480	472	9	.	425	17	.	.	23905	489	9	.
Gr. nichtunirt	22494	434	8	1	351	4	.	.	22845	438	8	1
Reformirt	10857	183	.	.	539	12	.	.	11396	195	.	.
Katholisch	8680	188	2	1	849	14	.	.	9529	202	2	1
Lutherisch	7040	180	4	.	232	1	.	.	7272	181	4	.
Unitarisch	1406	17	.	.	47	.	.	.	1453	17	.	.
Jüdisch	534	8	.	.	3	.	.	.	537	8	.	.
Mil. Parteien	60	6	9	.	.	.	.	.	60	6	9	.
Summe	74551	1488	32	2*)	2446	48	.	.	76997	1536	32	2

2. Todtgeborene des Jahres 1851.

Confession	Eheliche überhaupt	darunter Zwillinge	darunter Drillinge	darunter Mehrlinge	Uneheliche überhaupt	darunter Zwillinge	darunter Drillinge	darunter Mehrlinge	Zusammen überhaupt	darunter Zwillinge	darunter Drillinge	darunter Mehrlinge
Griech. unirt	89	4	3	.	91	6	1	.	180	10	4	.
Gr. nichtunirt	80	7	.	.	87	10	.	.	167	17	.	.
Reformirt	46	5	.	.	55	16	.	.	101	31	.	.
Katholisch	70	.	.	.	94	34	4	.	164	54	4	.
Lutherisch	304	34	1	.	318	18	.	.	622	2	1	.
Unitarisch	8	.	.	.	8	2	.	.	16	2	.	.
Jüdisch	2	.	.	.	3	.	.	.	5	.	.	.
Mil. Parteien	.	.	.	.	.	.	.	.	.	.	.	.
Summe	599	50	4	.	356	86	5	.	1255	136	9	.

*) Davon wurden 2 Knaben und 3 Mädchen von einer katholischen Mutter im April, dann 1 Knabe und 3 Mädchen von einer griechisch-nichtunirten Mutter im Mai geboren.

Unter sämtlichen 78252 im Jahre 1851 geborenen Kindern waren also 1672 Zwillinge, 41 Drillinge und 2 Mehrlinge. Wenn wir nun die Zahl der Zwillinge **einmal**, die der Drillinge **zweimal** und die der Mehrlinge so oft als sie Stücke enthalten je —1 von jener Gesammtzahl der Geborenen abschlagen, bleibt uns die Anzahl der Geburten (für 1851 mit 76491) — und wenn wir weiters die Gesammtzahl der als Zwillinge, Drillinge und Mehrlinge geborenen Kinder (1851=3435) von der Anzahl der Geborenen überhaupt abziehen, so bleiben uns die einfachen Geburten (1851 mit 74817). Es verhält sich diesemnach im Jahre 1851 die Zahl der Geborenen zu der der Geburten wie 100 zu 97, dann die Zahl der einfachen zu den mehrfachen Geburten (im Ganzen 1715) wie 100 zu 2.

f) Eheliche Fruchtbarkeit.

Für die Bezeichnung der **ehelichen Fruchtbarkeit**, welche eigentlich die durch eine längere Reihe von Beobachtungen ermittelte Durchschnittszahl der auf eine Ehe entfallenden Kinder darstellen sollte, wird, in Ermangelung solcher Beobachtungen, das, dieselbe annähernd ausdrückende **Verhältniss der ehelichen Geburten zu den in derselben Zeitperiode geschlossenen Ehen** gebraucht, welches sich ergibt, wenn man die Zahl der ehelichen Geburten durch die in demselben Zeitraume geschlossenen Trauungen theilt. Siebenbürgen weist in diesem Sinne folgende Ziffern für die eheliche Fruchtbarkeit aus:

Zeitperiode	Anzahl der ehelichen Geburten	Anzahl der Trauungen	Eheliche Fruchtbarkeit
Durchschnit der Jahre 1839 bis 1843	63935	16741	Es kommen auf: 100 Ehen 382 Kinder
1843	65559	18910	„ „ 346 „
1846	67597	18386	„ „ 367 „
1851	75150	20660	„ „ 363 „
Zusammen	272241	74697	400 „ 1458 „
Durchschnitt	68060	18674	100 „ 364 „

Es wäre also in Siebenbürgen 3.6 die Ziffer der ehelichen Fruchtbarkeit, und als solche so niedrig, wie in keinem einzigen der conscribirten Kronländer der Monarchie, bei welchen dieselbe zwischen 3.7 und 4.8 schwankt.

In den grössern Städten ist die eheliche Fruchtbarkeit gewöhnlich geringer, als auf dem Lande, weil dort die bedeutendere Menge der unehelichen Geburten den Dividend (die Zahl der ehelichen) herabdrückt. Klausenburg bestättigt schon nach dem einzigen Ergebnisse des Jahres 1851 diese Beobachtung, denn es ergibt das Verhältniss der im genannten Jahre dort vorgekommenen ehelichen Geburten von 734 zu den Trauungen desselben Jahres mit 224 die Ziffer von 3.3 für die eheliche Fruchtbarkeit dieser Stadt. Hermannstadt dagegen hat im Jahr 1851 mit 1174 ehelichen Geburten und 285 Trauungen die auffallend hohe Ziffer 4.1 der ehelichen Fruchtbarkeit, welche sich aber nach den Ergebnissen früherer Jahre *) nur auf 3.2 beläuft und daher ebenfalls nur zu Gunsten jener Thatsache spricht.

Nach der Religionsverschiedenheit stellt sich die eheliche Fruchtbarkeit auf nachstehende Weise dar:

	Eheliche Geburten		Trauungen		Eheliche Fruchtbarkeit
	1839-42	1851	1839-43**)	1851	
Griechisch-unirte	20721	23569	5966	6959	
	44290		12925		3.4
Gr. nicht-unirte:	19854	22574	4147	5733	
	42428		9880		4.3
Reformirte:	9006	10903	2217	2815	
	19909		5032		3.9
Katholiken:	7087	8750	2150	2349	
	15837		4499		3.5
Lutheraner:	5731	7344	1858	2176	
	13075		4034		3.2
Unitarier:	1261	1414	463	432	
	2675		895		3.0
Juden:	—	536	—	122	4.1

Schliessen wir wieder, wie gewöhnlich, vom Religionsbekenntnisse auf die Nationalität, so ergibt sich aus obigen Zahlen die eheliche Fruchtbarkeit für die Deutschen mit 3.3, für die Ungarn

---

*) Im Durchschnitte der sieben Jahre 1839 bis 1845 wurden in Hermannstadt jährlich 608.8 Kinder (darunter 173.4 uneheliche, mithin 433.4 eheliche) geboren und 136.6 Paare getraut, daher ist für diese Zeitperiode die Ziffer der ehelichen Fruchtbarkeit = 433.4 : 136.6 = 3.2. (Vergleiche L. Reissenberger's „zur Kenntniss der Volksbewegung in Hermannstadt", — Archiv des Vereins für siebenb. Landeskunde neue Folge 2 Heft. 1853).

** Dieser Durchschnitt dürfte um etwas Weniges höher sein, als der der Jahre 1839 bis 1842. Da jedoch Dr. Söllner die bei den einzelnen Confessionen in jenem Zeitraume getrauten Paare nicht für jedes Jahr

mit 3.5, für die **Romänen** mit 3.9 und für die **Juden** mit 4.4. Diese Zahlen stehen auch der Wahrscheinlichkeit nahe; nur ist dabei auffallend die so geringe Ziffer der griechisch-unirten Romänen, welche auch die der Nation selbst tiefer herabdrückt. Wir können als Grund davon nur etwa den annehmen, dass es im nördlichen Siebenbürgen den Unirten schwerer werden müsse, als im südlichen Theile des Landes den Nicht-unirten, ihre Kinder aufzuerziehen *).

C. Sterbfälle.

Die Sterbfälle werden in statistischer Beziehung nach der **Sterblichkeitsziffer**, der **Todesart der Verstorbenen**, dann den **Sexual- und Altersverhältnissen** der Letztern in Betrachtung zu ziehen sein und es können die diesfälligen Ergebnisse dieselbe Zuverlässigkeit haben, als bei den Trauungen und Geburten, indem die Nachweisungen der Verstorbenen von den Seelsorgern mit derselben Genauigkeit geführt werden.

a) Sterblichkeitsziffer.

Das Verhältniss der jährlichen Sterbfälle zu der Grösse des Bevölkerungsstandes desselben Jahres oder den bei der Theilung der Erstern durch die Letztere gewonnenen Quotienten nennt man die **absolute Sterblichkeits- oder Mortalitätsziffer**. Es wurde bezüglich derselben in unserer Monarchie eben die Beobachtung, als bei der Trauungs- und Geburtsziffer gemacht, dass sie nämlich in **der Richtung von Osten gegen Westen und von Süden gegen Norden abnehme.** — Sehen wir nun welche Resultate die diesfälligen Aufschreibungen für Siebenbürgen ergeben. Es waren diese wie folgt:

Jahr	Zahl der Verstorbenen	Bevölkerung derselben Zeitepoche	Sterblichkeitsziffer
Durchschnitt der Jahre 1839 bis 1843	50091	1,911545	0.02620
1843	50273**)	2,118578	0.02373
1846	47995	2,193944	0.02187
1851	54983	2,074202	0.09858
Zusammen	203343	8,298269	0.09838
Durchschnitt	50835	2,074598	0.02459

abgesondert, sondern nur summarisch nachweist, so konnten wir auch den Durchschnitt der Jahre, für welche die Ziffer der ehelichen Geburten gilt, nicht liefern. Es wird also auch die so berechnete Ziffer der ehelichen Fruchtbarkeit um 1—2 Zehntheile zu nieder sein.

*) Im Süden des Landes dürften bei den Deutschen, von denen selbst die ärmern in der Regel wenigstens einen (meist romänischen) Dienstbothen haben, dann bei der in diesem Landestheile in grösserem Aufschwunge befindlichen Viehökonomie viel mehr romänische Kinder und junge Leute, als es im Norden möglich ist, ihre Unterbringung und Auferziehung finden.

**) Wie der vorige Durchschnitt nach Dr. Söllner und, wegen der spätern Vergleichungen, ohne Militär.

Diese im Durchschnitte gefundene Sterblichkeitsziffer für Siebenbürgen von jährlich 2459 auf 100,000 Einwohner oder 1 Todesfalle auf 40.8 Lebende entspricht nun dem in unserer Monarchie gefundenen Grundsatze gar nicht, indem wir nach unserer südöstlichen Lage eine sehr hohe Ziffer haben sollten und diese bei uns gerade sehr niedrig ist*). Es tritt daher hier wieder, das auch schon bei den Geburten bemerkte Verhältniss ein und wird auch auf das Letztere in entsprechender Weise zurückgewirkt haben. Wir können daher in Siebenbürgen, wie in Dalmatien, die geringe Sterblichkeitsziffer als Ursache der kleinen Geburtsziffer ansehen.

Die Sterblichkeit ist übrigens in den grössern Städten durchgängig bedeutender als auf dem Lande. Es starben nämlich in Klausenburg 1851 im Ganzen 486 Personen, welches eine Sterblichkeitsziffer von 251 auf 10,000 Einwohner ergibt, dann im Durchschnitte der Jahre 1839 und 1840 **) jährlich 703, welche bei der mittlern Bevölkerung jener Zeit von 24626***) Seelen die Ziffer von 285 ausmachen, so dass wir für diese Stadt die durchschnittliche Ziffer von 268 erhielten. In Hermannstadt erreichte aber dieselbe im Iahre 1851 bei 820 Todesfällen die auffallende von Höhe 504, und betrug im Durchschnitte der Jahre 1839 bis 1845 (nach der in der 1. Anmerkung S. 186 angegebenen Quelle) bei 465.5 Sterbfällen noch 260, daher im Mittel beider Beobachtungsepochen 382 ****). Bezüglich der Sterblichkeitsverhältnisse haben wir auch von Kronstadt die Daten aus den Jahren 1840 bis 1843, dann 1846 *****), welche im Mittel eine jährliche Sterblichkeit von 866 Seelen oder mit Bezug auf die durchschnittliche Bevölkerung der Stadt in jener Zeit (nach Söllner 23515 Einwohner) die Sterblichkeitsziffer von 368 finden lassen.

---

*) In den conscribirten Kronländern machte die Sterblichkeitsziffer nach den Ergebnissen der Jahre 1830 bis 1847 überhaupt 3287 aus, schwankte dabei in den einzelnen Provinzen zwischen 7002 und 3800, und nur Dalmatien hatte die auffallend geringe Ziffer von 2219, welche man jedoch durch den Mangel einer hinreichend genauen Aufschreibung erklären wollte.

**) Siehe Satellit, Beilage der Kronstädter Zeitung, Nr. 22. 1842.

***) Nach Dr. Söllner's Statistik S. 393.

****) Satellit 1841 Nr. 26, 1842 Nr. 21, 1843 Nr. 22—23, 1844 Nr. 16—17 1847 Nr. 26.

***** Zum Vergleiche die Sterblichkeitsziffer folgender Städte der conscribirten Kronländer:

Lemberg	557	Venedig	394	Troppau	337
Zara	479	Mailand	389	Insbruck	526
Wien	448	Brünn	369	Klagenfurt	513
Prag	398	Laibach	348		
Linz	394	Graz	316		

Der Einfluss der Religions- und Nationalitäts-Verschiedenheit auf die Sterblichkeit erhellet aus folgenden Zifferangaben. Es kamen vor von sämmtlichen im Durchschnitte der Jahre 1838 bis 1843 sich ereigneten Todesfällen bei den:

Griech. unirt. 15773 (Sterblichkeitsziffer: 2584, ein Todesf. auf 38 Lebende)
„ nicht-un. 13617 („ „ 2411, „ „ „ 41 „)
Reformirten 6855 („ „ 2817, „ „ „ 35 „)
Katholiken 6144 („ „ 3033, „ „ „ 33 „)
Lutheranern 5276 („ „ 2656, „ „ „ 38 „)
Unitariern 1057 („ „ 2117, „ „ „ 47 „)

Dagegen fielen im Jahre 1851 von sämmtlichen 54143 Sterbfällen (ohne das Militär) auf die:

Griech. unirt. 17055 (Sterblichkeitsziffer: 2630, ein Todesf. auf 38 Lebende)
„ nicht-un. 15780 („ „ 2465, „ „ „ 40 „)
Reformirten 7147 („ „ 2416, „ „ „ 41 „)
Katholiken 6761 („ „ 3077, „ „ „ 32 „)
Lutheraner 6224 („ „ 3129, „ „ „ 32 „)
Unitariern 1031 („ „ 2240, „ „ „ 44 „)
Juden 145 („ „ 931, „ „ „ 107 „)

Im Mittel beider Beobachtungsperioden haben daher die **Katholiken** die höchste Sterblichkeitsziffer mit 3055 oder 1 Todesfall auf 32, nach ihnen kommen die Lutheraner mit 2892 und bezüglich 35; dann die **Reformirten** und **Griechisch-Unirten**, Erstere mit 2616, Letztere mit 2609 und beide mit einem Todesfall auf 38 Lebende; ferner die **Griechisch-Nichtunirten** mit 2438 und 40, endlich die **Unitarier** mit 2178 und bezüglich 1 Todesfall auf 45 Lebende. Die ganz abnorme Sterblichkeitsziffer der **Juden** im Jahre 1851 mit 931 oder 1 Todesfall auf 107 Lebende kann nur durch ungenaue und unvollständige Aufschreibungen erklärt werden.

Wenden wir nun, wie bisher, die für die verschiedenen Religionsparteien gefundenen Zahlen auf die bezüglichen Nationalitäten an, so erhalten wir für die:

1. **Deutschen** die Sterblichkeitsziffer v. 2973 oder 1 Todesf. auf 33.5 Leb.
2. **Ungarn** „ „ „ „ 2616 „ 1 „ „ 36.5 „
3. **Romänen** „ „ „ „ 2523 „ 1 „ „ 39.0 „

Es ergibt sich hieraus der gegenseitige Zusammenhang der Trauungs-, Geburts- und Sterblichkeitsziffer sehr deutlich; denn die **Deutschen**, welche die höchste Trauungs- und Geburtsziffer haben, stehen auch in der Sterblichkeit obenan und ihnen folgen die Ungarn und Romänen in der Reihenfolge der Grösse jener Ziffern auch in der Stärke der Mortalität.

Die Sterblichkeitsziffer ist übrigens, wie die Ziffer der Trauungen und Geburten Schwankungen unterworfen, welche sowohl durch die physische Beschaffenheit des Landes oder Landestheiles, als auch durch die Stufe der Civilisation, auf welcher die Bewohner desselben stehen bedingt werden. Denn dort, wo die Temperatur gleichförmig ist*) und eine ergiebige Fruchtbarkeit den Mangel in Nothjahren minder empfindlich macht, dann dort, wo die Bevölkerung mehr aufgeklärt und vorurtheilsfrei ist, werden auch Epidemien in weit geringerer Stärke auftreten, als wo die entgegengesetzten Verhältnisse vorkommen. In dieser Beziehung wird daher auch in unserer Monarchie der Norden und Westen in Epidemie-Jahren weniger zu leiden haben, als der Süden und Osten.

Es wurde übrigens bezüglich der **Sterblichkeit im Allgemeinen die Beobachtung gemacht, dass nach Jahren, in welchen sie sehr gross war, solche zu folgen pflegen, die sich durch eine sehr geringe Mortalität auszeichnen**, und diese Thatsache dadurch erklärt, dass in den ersteren Jahren, eine beträchtliche Anzahl alter und schwächlicher Personen, deren Absterben sich unter gewönlichen Umständen auf mehrere Jahre vertheilt haben würde, schneller dem Tode verfielen und daher eben durch ihr bereits erfolgtes Ableben in den folgenden Jahren die Sterblichkeitsziffer vermindert wurde, wenn nicht etwa eine neue Epidemie wieder eine Abweichung von diesem Gange der Verhältnisse herbeiführte.

b) Todesarten.

Ueber die **Todesart** der in Siebenbürgen Verstorbenen haben wir mehr oder weniger vollständige Nachweisungen sowohl aus frühern Jahren, als auch insbesondere vom Jahre 1851. Wenn nun auch nicht verkannt werden kann, dass die diesfälligen Angaben nicht ganz verlässlich sein werden, weil einerseits bei uns (man kann es sagen) die Mehrzahl der Verstorbenen gar nicht ärztlich untersucht wurde, andrerseits bei Vielen, wie auch sonst, die nächste Ursache des Todes zweifelhaft oder gar nicht zu bestimmen ist, dann auch bei vielen Todesfällen ihre Ursache absichtlich verschwiegen oder falsch angegeben wird, so werden wir doch an ihnen einige Anhaltspunkte zu statistischen Betrachtungen finden.

Wir liefern in Folgendem die Ergebnisse der Jahre 1839 bis 1843 (nach Dr. Söllner's Statistik), des Jahres 1846 (nach den Tafeln der Statistik von der k. k. Direktion der administrativen Statistik) und des Jahres 1851 (nach den Nachweisungen der Geistlichkeit) über die Vertheilung der Todesfälle in Siebenbürgen auf die einzelnen **Todesarten:**

---

*) Es wurde in dieser Beziehung auch bei uns schon die Beobachtung gemacht, dass im Herbste, wo die Temperatur in Siebenbürgen am gleichförmigsten ist, weit weniger Todesfälle, als in den andern Jahreszeiten vorkommen, von denen sich besonders der bei uns sehr unstäte Winter, dann die Monate März und April durch eine grosse Mortalität auszeichnen.

A.) Todesfälle durch Krankheiten.

Jahr	Gewöhnliche Krankheiten	Epidemien	Blattern	Zusammen
1839	40876	427	698	42001
1840	45579	1273	1460	48312
1841	46988	1676	2468	51132
1842	49712	1001	5921	56634
1843	44588	795	4294	49677
1846	45679	794	899	47372
1851	59417	1643	3046	54106
Zusammen	322839	7609	18786	349234
Durchschnitt	46119	1087	2684	49890

B.) Durch gewaltsame Todesarten.

Jahr	Selbstmord	Hundswuth	Verunglückt	Ermordet	Hingerichtet	Zusammen
1839	22	12	458	47	5	544
1840	52	13	353	59	1	478
1841	40	21	392	66	3	522
1842	45	13	438	63	3	562
1843	42	11	484	56	3	596
1846	63	10	478	66	6	623
1851	82	17	682	96	.	877
Summe	346	97	3285	453	21	4202
Durchschnitt	49	14	469	65	3	600

Wir müssen hier vor allem Andern bemerken, dass bei der Tabelle der an Krankheiten Verstorbenen des Jahres 1851 noch die Rubriken: „Ortskrankheiten (mit 1590)", „zu Folge schwerer Entbindung (mit 231 Müttern und 326 Kindern)" und „Cholera (mit 155)" berücksichtiget erscheinen; wir haben jedoch, weil in den Nachweisungen der frühern Jahre nicht so genau unterschieden und die beiden erstern

Todesarten zu den gewöhnlichen Krankheiten, die Letztere zu den Epidemien gerechnet wurde, diese Rubriken auch zusammengezogen. Dasselbe gilt in der zweiten Tabelle der gewaltsamen Todesarten, von welchen im Jahre 1851 noch die Rubriken „Erschlagen (mit 61)", dann die der „unbekannten Ursachen (mit 119)" vorkommen, von uns jedoch, wie es wahrscheinlich auch in den frühern Jahren geschah, und zwar die Erschlagenen unter den Ermordeten und, die aus „unbekannter Ursache gewaltsam ums Leben kamen unter den Verunglückten einbegriffen wurden.

Wenden wir uns nun nach dieser Vorauslassung zur Betrachtung der Ergebnisse jener Nachweisungen selbst, so ersehen wir daraus, dass von den Krankheiten, welche den Tod herbeizuführen pflegen, die Epidemien, zumal wenn wir auch die Cholera dazu rechnen, ebenso in starker Zunahme begriffen sind, als die Blattern. In ersterer Beziehung machen sich wohl im Jahre 1851 noch die Folgen des kurz vorhergegangenen Krieges geltend, wie auch später der benachbarte Kriegsschauplatz seinen Einfluss geübt haben wird. Die Zunahme der Blattern muss aber jedenfalls dem traurigen Umstande zugeschrieben werden, dass die Vaccination bei uns noch nicht in der gehörigen Weise durchgeführt wurde; denn die rasche Abnahme der Zahl an Blattern Verstorbener nach dem Jahre 1843*) muss nur als eine natürliche Folge des in diesem Jahre stattgehabten starken Grassirens der Krankheit angesehen werden, welches in den zahlreichen davon Befallenen die Disposition dazu auslöschte und überhaupt, wie dies bei den Blattern bekannt ist, für mehrere Jahre das Contagium verminderte und den Krankheitsverlauf gelinder auftreten liess.

Das Verhältniss der im Durschnitte des angeführten Zeitraumes gewaltsamer Weise ums Leben gekommenen 600 Personen zu den an Krankheiten Gestorbenen 49890, wie 1 zu 83, muss noch immer sehr mässig genannt werden, wenn es auch in den letzten Jahren in Zunahme begriffen ist.

Die Todesarten selbst verhalten sich ihrer Zahl nach so zu einander, dass unter 10,000 an Krankheiten Verstorbenen:

924 an gewöhnlichen Krankheiten
 21 „ Epidemien
 54 „ Blattern starben, dann unter 1000 auf gewaltsame Weise ums Leben gekommenen Personen:
 82 durch Selbstmord
 23 „ Hundswuth
782 „ Unglücksfälle
108 „ Mord und Todschlag
  5 „ Hinrichtung — ihren Tod fanden.

---

*) Im Jahre 1845 kamen nach den Tafeln der Statistik sogar nur 594 Todesfälle an Blattern vor.

c) **Sexualverhältniss der Verstorbenen.**

Dass die Sterblichkeit auch in Siebenbürgen bei dem **männlichen Geschlechte grösser sei**, als bei dem Weiblichen, lässt sich schon deshalb voraussetzen, weil ungeachtet auch bei uns, wie überall, mehr Knaben als Mädchen geboren werden, dennoch unter den Lebenden das weibliche Geschlecht durchschnittlich überwiegt. Wenn auch nicht zu verkennen ist, dass schon durch Auswanderung, Uebertritt in den Militärstand und andere Ursachen das Uebergewicht des männlichen Geschlechtes vermindert wird, so lassen doch auch die Ueberzahl der todtgeborenen Knaben, die grössere Theilnahme des männlichen Geschlechtes an anstrengenden und lebensgefährlichen Arbeiten (Holzfällen, Bergbau, Schiffahrt u. s. w.), die im Allgemeinen weniger geregelte Lebensweise der Männer und andere Umstände diese **grössere Sterblichkeit des männlichen Geschlechtes** sehr leicht erklären, — obgleich auch in einzelnen Jahren, besonders wenn Epidemien herrschen, mitunter das Gegentheil stattfinden kann.

In Nachstehendem geben wir die Resultate der diesfälligen Aufschreibungen in Siebenbürgen, die uns zu den vorstehenden Behauptungen berechtigten:

Jahr	Gesammtzahl der Verstorbenen	Davon waren		Daher war das Verhältniss des weiblichen zum männlichen Geschlechte
		männlich	weiblich	
1839	42545	21913	20632	wie 100 zu 106.2
1840	48790	25260	23530	„ „ „ 107.1
1841	51654	26395	25259	„ „ „ 104.5
1842	57196	28776	28420	„ „ „ 101.3
1843	50273	25815	24458	„ „ „ 105.5
1846	47995	24488	23507	„ „ „ 104.1
1851	54983	28328	26655	„ „ „ 106.3
Summe	353436	180975	172461	„ 700 „ 735.3
Durchschnitt	50490	25853	24637	„ 100 „ 105.0

Wir ersehen daher hieraus, dass das Verhältniss der weiblichen zu den männlichen Verstorbenen, welches sich nach den einzelnen Jahren sehr verschieden zeigte und im Durchschnitte wie 100 zu 105 herausstellte, im Jahre 1842 sich nahezu gleich war und eben in diesem Jahre auch, nach der Seite 191 gegebenen Tabelle der Todesarten durch Krankheiten, die höchste Zahl der an Epidemien und Blattern Verstorbener vorkömmt.

Die überwiegende Sterblichkeit des männlichen Geschlechtes ist jedoch, sowie nach der Zeit, auch nach der Örtlichkeit sehr verschieden, im Allgemeinen aber dort am grössten, wo das männliche Geschlecht überhaupt am stärksten vertreten ist.

d) Altersverhältnisse der Verstorbenen.

Durch die Nachweisungen der Altersverhältnisse der Verstorbenen, wenn diese mit der gehörigen Genauigkeit durch eine längere Reihe von Jahren zusammengestellt wurden, erfährt man unter Beihilfe guter Volks- und Geburtslisten die **Absterbe-Ordnung** der Bevölkerung eines Landes oder die Gesetzmässigkeit, mit welcher eine **bestimmte Anzahl Lebendgeborener von Jahr zu Jahr um eine gewisse Zahl durch den Tod solange vermindert wird, bis Alle verstorben sind.** Dass der Zweck, die Absterbe-Ordnung oder die Wahrscheinlichkeit zu ermitteln, welche jeder Lebende einer Altersklasse hat, in jede der höhern Klassen zu gelangen, — eine der wichtigsten Aufgaben der Statistik sei, geht schon daraus hervor, dass von derselben in vielen Fällen (wie z. B. bei den Lebensversicherungsanstalten u. s. w.) eine unmittelbare praktische Anwendung gemacht werden kann.

Die Daten zur Ermittelung der Absterbe-Ordnung für Siebenbürgen werden uns die nachstehenden Aufschreibungen liefern:

Alter der Verstorbenen	Zeitperiode						Summe	Durchschnitt
	1839	1840	1841	1842	1843	1851		
Von der Geburt bis 1 Jahr	10109	10609	10146	13087	11219	13462	68632	11438
1 bis 4 Jahre	5982	7628	8709	9480	7632	7456	46887	7814
4 bis 10 Jahre	3641	5184	6514	5751	4490	3178	28758	4793
10 bis 20 Jahre	3255	3659	4088	3693	3427	3647	21769	3628
20 bis 30 Jahre	2732	2815	3273	3343	3192	4177	19531	3255
30 bis 40 Jahre	2889	3142	3366	3617	3433	4107	20554	3592
40 bis 50 Jahre	3059	3383	3476	3776	3560	4467	21721	3620
50 bis 60 Jahre	3392	3977	3901	4472	4128	4697	24567	4094
60 bis 70 Jahre	3617	4275	4157	4777	4287	4558	25671	4278
70 bis 80 Jahre	2469	2764	2703	3209	3134	3480	17759	2959
80 bis 90 Jahre	1085	1062	1018	1368	1417	1328	7278	1213
90 bis 100 Jahre	265	252	244	525	305	337	1928	321
über 100 Jahre	50	40	59	99	49	61	358	59
unbekannt	.	.	.	.	.	28	28	28
Im Ganzen	42545	48790	51654	57196	50273	54983	305441	50907

Es waren nun nach dieser Zusammenstellung im Durchschnitte der 6 Beobachtungsjahre unter 1000 Sterbfällen:

Von der Geburt bis zum 1. Jahre 224
Vom 1. bis 4. „ 153
„ 4. „ 10. „ 94⎱ 165
„ 10. „ 20. „ 71⎰
„ 20. „ 30. „ 64⎱ 134
„ 30. „ 40, „ 70⎰
„ 40. „ 50. „ 71⎱ 151
„ 50. „ 60. „ 80⎰
„ 60. „ 70. „ 84⎱ 143
„ 70. „ 80. „ 59⎰
„ 80. „ 90. „ 23⎱ 29
„ 90. „ 100. „ 6⎰

Von mehr als 100 Jahren 1 vorgekommen*).

Benützen wir die erhaltenen Zahlen zur Ermittelung der Wahrscheinlichkeit, welche jeder Lebende einer Altersklasse **bei uns** hat, in eine höhere Klasse zu gelangen, so finden wir,—da im Durchschnitte der Jahre 1839 bis 1843 dann 1851 jährlich 70959 Kinder **) lebend geboren wurden, dagegen nach vorstehender Tabelle der Altersverhältnisse der Verstorbenen vor dem zurückgelegten 1. Lebensjahre jährlich im Durchschnitte 11438 Kinder starben, — dass 59521 ein Jahr alt wurden. Es bezeichnet daher das Verhältniss 59521 : 70959 = 0.8388 die Wahrscheinlichkeit ***), welche ein lebend geborenes Kind in Siebenbürgen hat, ein Jahr alt zu werden, wornach in der Regel unter 10000 lebend geborenen Kindern bei uns nur 1612 im Laufe des ersten Lebensjahres sterben.

---

*) In den sämmtlichen conscribirten Kronländern waren dagegen im Durchschnitte der Jahre 1839 bis 1847 unter 1000 Sterbfällen:
318.3 bis zum 1-ten Lebensjahre
138.9 vom 1. bis 4. „
106.4 „ 4. „ 20. „
117.3 „ 20. „ 40. „
142.0 „ 40. „ 60. „
147.2 „ 60. „ 80. „
29.3 „ 80. „ 100. „
0.6 in einem Alter von mehr als 100 Jahren erfolgt.

**) Diese Zahl wurde bezüglich der Jahre 1839 bis 1843 aus dem (Seite 183) gefundenen Verhältnisse von 102 todtgeborenen auf 10000 lebendgeborene Kinder nach Abschlag des entsprechenden Betrages der Eltern von der Gesammtzahl im Durchschnitte jener Jahre Geborenen gefunden.

***) Dieselbe war in den Erbländern unserer Monarchie von 1830 bis 1847 $=0.7405$ oder es starben dort von je 10,000 lebend Geborenen 2595 im Laufe des ersten Lebensjahres.

Nach derselben Tabelle waren in jenem Zeitraume im Alter von 1, 2 und 3 Jahren 7814 Kinder gestorben oder es erreichten 51707, das 4. Lebensjahr, es ist somit in Siebenbürgen die Wahrscheinlichkeit eines einjährigen Kindes, vier Jahre alt zu werden, $51707 : 59521 = 0.8687$ und jene eines lebend gebornen Kindes (bei der Geburt), vier Jahre alt zu werden: $0.8588 \bowtie 0.8687 = 0.7286$ oder erreichen dieses Alter unter 10000 gewöhnlich 2714 Kinder nicht mehr.

Auf dieselbe Weise berechnet, ergibt sich die Wahrscheinlichkeit bei uns:

10 Jahre alt zu werden:
  a) für ein vierjähriges Kind zu 0.9073
  b) „   „ neugebornes „   „ 0.6610

20 Jahre alt zu werden:
  a) für ein zehnjähriges Kind zu 0.9226
  b) „   „ neugebornes „   „ 0.5698 *)

30 Jahre alt zu werden:
  a) für einen 20jährigen Menschen zu 0.9248
  b) „ ein neugebornes Kind zu 0.4714

40 Jahre alt zu werden:
  a) für einen 30jährigen Menschen zu 0.9102
  b) „ ein neugebornes kind „ 0.4290

50 Jahre alt zu werden:
  a) für einen 40jährigen Menschen zu 0.9006
  b) „ ein neugebornes Kind „ 0.3863

Die weitere Berechnung dieser Wahrscheinlichkeit ein höheres Alter zu erreichen für die späteren Altersklassen kann füglich nicht stattfinden, weil bei denselben die Abnahme der Verhältnisszahl nicht so rasch erfolgt, als es sein sollte, und daher als ganz gewiss anzunehmen ist, dass in den Sterberegistern bei den früheren Altersklassen Auslassungen stattfanden, wie dies auch in andern Theilen der Monarchie beobachtet wurde. Die obigen Zahlen werden also wohl im Verhältniss zu einander ziemlich bestimmt, aber an und für sich noch bei weitem nicht richtig sein können.

Es lässt sich aber vor Allem sowohl aus dem Verhältnisse, in welchem die Kinder bis zum ersten Lebensjahre an der Zahl der Verstorbenen überhaupt Theil nehmen, als auch aus der eben berechneten Wahrscheinlichkeit eines lebend gebornen Kindes, das Alter von einem Jahre zu erreichen, die bedeutende Sterblichkeit erkennen, welcher die Kinder von der Geburt bis zum ersten Lebensjahre unterliegen. **Die Kindersterblichkeit,** wie diese starke Hinfälligkeit der ersten Lebensmonate im Allgemeinen genannt wird, macht im Durch-

---

*) In den conscribirten Kronländern der Monarchie erreichten unter 10,000 Lebendgebornen das Alter von 20 Jahren und zwar in:
Kärnten 6161, Krain 6045, Steiermark 5984, Tirol 5818, Küsten-

schnitte der conscribirten Kronländer unserer Monarchie*) das Verhältniss von 2595 auf 10000 Verstorbene überhaupt aus, schwankt dort zwischen 3544 (in Niederösterreich) und 1732 (in Krain) und ist also bei uns mit 1612 noch weit geringer. Diese Verschiedenheit wird gewöhnlich durch den Einfluss der physischen Beschaffenheit des Landes (daher wohl auch der seiner Bewohner) auf die Kindersterblichkeit erklärt, wobei zugleich beobachtet wurde, dass die verschiedene Intensität andrer Einflüsse (wie namentlich der Temperatur) innerhalb desselben Landes auch eine beträchtliche Verschiedenheit der Kindersterblichkeit hervorbringe.

In den grössern Orten ist aber die Kindersterblichkeit überhaupt bedeutender als auf dem flachen Lande, wenn nicht die Findelhäuser durch die auf das Land in Verpflegung gegebenen unehelichen Kinder die entgegengesetzte Erscheinung (wie in Wien, Prag, Graz und Mailand) herbeiführen.

Aus vollständigen und genauen Nachweisungen über die Geborenen, dann über die Altersklassen der Verstorbenen und der fixirten (lebenden) Bevölkerung liesse sich die wahrscheinliche **mittlere Lebensdauer** jeder einzelnen Altersklasse berechnen. In Ermangelung solcher Nachweisungen begnügt man sich aber mit der annäherungsweisen Ausmittelung der Lebenserwartung für die Neugeborenen, indem man diese dadurch berechnet, dass man die Summe des Quotienten aus' der lebenden Bevölkerung und der Zahl der jährlich Geborenen, dann aus der lebenden Bevölkerung und der Zahl der jährlich Gestorbenen halbirt, und diese Zahl als die Anzahl der Jahre bezeichnet, innerhalb welcher die Bevölkerung abstirbt, und die also die wahrscheinliche Lebensdauer jedes neugebornen Kindes ausdrückt. Zur Erzielung eines gleichen Verhältnisses wird die lebende Bevölkerung immer gleich 100000 angenommen und durch die Geburts- und bezüglich Sterblichkeitsziffer getheilt. Es bezeichnen also, mit Rücksicht auf die Seite 176 erhaltene Geburtsziffer und die Seite 187 ermittelte Sterblichkeitsziffer 1/2 (100,000 : 3391 + 100,000 : 2450)=35.15**) Jahre die wahrscheinliche Lebensdauer eines neugeborenen Kindes in Siebenbürgen nach dem Durchschnitte der Jahre 1839—1843, 1843, 1846 und 1851.

---

    land 5767, Oberösterreich 5664, Schlesien 5660, Salzburg 5581, Mähren 5368, Lombardie 5240, Galizien 5117, Venedig 5063, Militärgrenze 4967, und es wurde aus dieser Reihenfolge das Gesetz abgeleitet, dass in den Alpenländern eine grössere Anzahl Lebendgeborener das Alter erreiche, wo der Mensch in der Regel ein nützliches Mitglied des Staates geworden ist, oder zu werden beginnt, als im Süden und Osten der Monarchie, — ein Gesetz das auch durch die von uns gefundene Ziffer nur noch bekräftiget wird.

*) Nach der in der Anmerkung Seite 195 gegebenen Uebersicht.

**) Diese Ziffer ist im Verhältnisse zum Durchschnitte der conscribirten Kronländer (während der Jahre 1830—47) mit 27.74 gewiss sehr hoch, und es hat von den Letztern nur Dalmatien mit 38.23 eine höhere Ziffer der mittlern Lebensdauer als Siebenbürgen, welchem nur noch Kärnten mit 31.77., Krain 31.28 und Oberösterreich 31.42 nahe kommen.

Aus der Berechnung der wahrscheinlichen Lebensdauer für die einzelnen Kronländer unserer Monarchie wurden die Thatsachen gefunden, dass: 1. Die mittlere Lebenserwartung bei der Geburt für das männliche Geschlecht kleiner sei, als für das weibliche (26.41 gegen 29.13 Jahre). 2. Die mittlere Lebensdauer von Westen nach Osten und von Norden nach Süden abnehme. 3. Diese Mittelzahl nach der Zeit und den einzelnen Kronländern mehr oder weniger grossen Schwankungen unterliege. 4. In den grössern Städten die mittlere Lebensdauer fast durchgängig kleiner, als in dem betreffenden Kronlande sich zeige. Wir müssen diese Thatsachen hier anführen, ohne, bei dem Mangel mehrjähriger Beobachtungen, auch ihre Bestättigung in Siebenbürgen nachweisen zu können.

D. Zu- und Abnahme (Wachsthum) der Bevölkerung.

Die Volkszahl, an sich veränderlich, ist in dieser Beziehung einer gewissen Gesetzmässigkeit, dem Resultate gleichzeitig wirkender Kräfte, unterworfen, welche man kurz das **Bevölkerungsgesetz** nennt. Diese Veränderung der Volkszahl gibt sich nun als eine **stetige Zu- oder Abnahme** kund, als deren Hauptquellen man bei uns, wie in der Monarchie überhaupt, das Verhältniss der gleichzeitig Geborenen und Verstorbenen, den Betrag der Ein- und Auswanderung und, da die Civilbevölkerung meist für sich allein betrachtet wurde, die Einreihung in das Militär und die Entlassung aus dem Militärverbande ansehen kann.

Von diesen Grundursachen der Veränderung der Volkszahl übt die **Zahl der Geborenen und Verstorbenen** den grössten Einfluss darauf aus und man nennt die dadurch hervorgebrachten Veränderungen auch die **natürliche**, gegenüber der **zufälligen**, von andern Einwirkungen herrührenden **Zu- oder Abnahme der Bevölkerung**. Als Massstab für die wirkliche Zu- oder Abnahme der Bevölkerung kann man (nach Hain) das geometrische Verhältniss der jährlichen Zu- oder Abnahme zur mittlern Volkszahl für den nämlichen Zeitraum nehmen und es die **relative Zu- oder Abnahme** nennen. Man erhält diese relative (jährliche) Veränderung der Volkszahl indem man die Zählungsergebnisse zweier Jahre von einander abzieht und die erhaltene Differenz durch die Anzahl der Jahre, um welche die beiden Zählungen von einander abstehen, theilt. So ist z. B. die anwesende Gesammt-Bevölkerung Siebenbürgens durch die Zählung des Jahres 1786 mit 1,546129 und durch die des Jahres 1851 mit 2,074202 Seelen ermittelt worden. Es ist also 2,074202 — 1,546129 = 528073 der 65jährige, oder 8124 der mittlere jährliche Zuwachs und 1810165 die mittlere Volkszahl für diesen Zeitraum; — daher die relative Bevölkerungszunahme in Siebenbürgen 8124 : 1810165 = 0.00448 oder in Percenten der Volkszahl 0.448 betrug, d. h. es haben hier 100 Bewohner in jenem 65jährigen Zeitraume jährlich um 0.448 zugenommen.

Dieses Zunahme-Verhältniss ist aber offenbar zu niedrig und deutet wieder nur darauf hin, dass die bei der letzten Conscription ermittelte Volkszahl Siebenbürgens um Vieles zu klein sein müsse, denn schon der Ueberschuss der im Durchschnitte der Jahre 1839 bis 43, dann 1843, 1846 und 1851 vorgefallenen Geburten über die gleichzeitigen Sterbfälle (Siehe Seite 176 und 187) auf die mittlere Bevölkerungszahl derselben Zeit bezogen, (70257-50835=19422 : 207567= 0.00938) gibt einen jährlichen Zuwachs von 0.936 Percent. Nach Dr. Söllner*) beträgt aber der jährliche Zuwachs der Bevölkerung Siebenbürgens auf Grund der Josephinischen Conscription bis zum Jahre 1843 berechnet 0.683 und nach dem, im Durchschnitte der Jahre 1830 bis 1833, 1834 bis 1837, 1838 bis 1843 sich ergebenen Ueberschusse der Geburten über die Sterbfälle 0.870 Percent.

Nehmen wir nun das Mittel aus diesen vier Berechnungen als die annäherungsweise richtigste Ziffer für das Verhältniss der Volkszunahme in Siebenbürgen an, so wird diese 0.734 Percent betragen**). Dieselbe kann um so verlässlicher sein, als die Ein- und Auswanderungen (wie wir Seite 151 gesehen haben) so ziemlich in gleichem Verhältnisse stehen und an sich schon unbedeutend, auch keinen besondern Einfluss auf die Zunahme der Bevölkerung ausüben werden. Auch die Einreihung ins Militär und der Austritt von denselben dürfte bei der grossen natürlichen Zunahme der Volkszahl auf ihre Vergrösserung wenig einwirken.

Wenn wir nun auf Grund der Josephinischen Conscription mit diesem ermittelten Zunahmepercent der Bevölkerung Siebenbürgens deren Grösse für das Jahr 1850 berechnen (1546129 × 0.734 =11348, 64 × 11348 = 726272 + 1546129 = 2272401) so erhalten wir schon eine bedeutend höhere Volkszahl (nämlich 2272401), als sie durch die letzte Zählung ermittelt wurde, und doch ist diese so berechnete Grösse derselben, die geringste, die wir als wahrscheinlich annehmen können.

B. Culturverhältnisse.

a. Geistige Cultur.

§. 29. Ueber die intellectuelle und ästhetische Cultur Siebenbürgens im Allgemeinen.

Weit entfernt von den Hauptsitzen geistiger und ästehtischer Bildung fand der Siebenbürger im Allgemeinen so wenige Anregung zu wissenschaftlicher und künstlerischer Thätigkeit, war durch die man-

---

*) Statistik Seite 369 und 370.
**) Dieselbe machte im conscribirten Ländercomplexe im Mittel der Jahre 1839 bis 1847 durchschnittlich im Jahre 0.998 Percent aus, wobei die Ziffer der einzelnen Kronländer zwischen 0.307 (Triest sammt Gebiet) oder 0.321 Percent (Oberösterreich) und 1.751 Percent (Bukovina) schwankte; während sich in derselben Zeitperiode im Salzburgischen sogar eine Abnahme von 0.219 Percent zeigte.

gelhaften Communikationsverhältnisse so von allem Verkehre geistigen Lebens und Strebens abgeschnitten und durch die innern und äussern Kriege der frühern Jahrhunderte, dann durch die fortwährenden Parteikämpfe bis auf die neueste Zeit herab so sehr zur ängstlichen Wahrung seiner materiellen Interessen an die Scholle gefesselt, dass es uns nicht wundern darf, wenn hier in dieser Beziehung im Allgemeinen noch viel weniger, als anderwärts, geleistet wurde.

Wenn demungeachtet Wissenschaften und Künste auch in Siebenbürgen von jeher eifrige Verehrer und tüchtige Vertreter fanden und die Litteratur- und Kunstgeschichte auch eine Mehrzahl von Siebenbürgern nennen kann, welche sich durch tiefes gründliches Forschen, geniale Auffassung und vollendete Darstellung einen ehrenvollen Ruf auch jenseits der Grenzen ihres engern Vaterlandes erworben haben, so müssen wir ihr Verdienst nur um so mehr würdigen, als sie sich selbst den mächtigen Einflüssen der Verhältnisse und der ihren Bestrebungen so feindlichen Umgebung entreissen konnten.

Wie es aber leicht begreiflich ist, war das Feld geistiger und künstlerischer Thätigkeit, auf welcher sich diese Männer bewegten, nicht sehr vielseitig und umfassend. Vaterländische Rechtskunde und Geschichte waren, durch die Landesverhältnisse begünstigt, die Hauptfächer litterarischer Thätigkeit; dazu kam etwas Sprachforschung, Landeskunde und Naturgeschichte.

Für die Pflege und Entfaltung der Wissenschaft und Künste brachten die deutschen Einwanderer ihre Empfänglichkeit aus dem Vaterlande mit und verbreiteten sie im Lande, wenn gleich der künstlerische Sinn hier meist nur auf die Befriedigung materieller Bedürfnisse gerichtet werden musste.

Eine weitere Ausführung dieses Gegenstandes möge aber der Litteratur- und Kunstgeschichte unsers Landes anheimfallen, die Statistik berühren nur die Erforschung und Darstellung ihrer Beförderungsmittel: der **Unterrichts-, Erziehungs- und Bildungsanstalten.**

§. 30. Unterrichtsanstalten.

Die **Unterrichts-** oder **Lehranstalten** unterscheiden sich ihrer Eigenschaft nach in **niedere, mittlere** und **hohe Schulen,** dann wieder in **öffentliche Schulen,** welche vom Staate selbst errichtet und unterhalten werden, und **Privatschulen,** welche von Privaten, Gemeinden oder Corporationen gegründet und durch eigene Fonde, Beiträge ihrer Gründer oder besondere ihnen zugewiesene Einkünfte erhalten werden. Die Letztern stehen unter der Verantwortung ihrer Unternehmer, es übt aber auch über dieselben die Schulbehörde die Aufsicht aus. Hinsichtlich der Befähigung des Lehrpersonales sind sie an die allgemeinen Vorschriften gebunden, können jedoch staatsgiltige Zeugnisse nur dann ausstellen, wenn ihnen der Charakter der Oeffentlichkeit eigends ertheilt wurde. Das Lehrpersonale ist theils weltlich, theils betheilen sich auch häufig Welt- und Klostergeistliche am Unterrichte.

A. Niedere oder Volksschulen.

Da der Elementarunterricht in den Volksschulen diejenigen Kenntnisse und Fertigkeiten zu umfassen hat, welche jeden Bewohner eines wohlgeordneten Staates befähigt, seine religiösen nnd bürgerlichen Rechte und Pflichten selbstständig auszuüben, so wird der Umfang und Erfolg dieses Unterrichts, dann das Verhältniss, in welchem die schulfähige Jugend daran wirklich Theil nimmt, den richtigsten Massstab zur Beurtheilung des Standes der geistigen Bildung eines Volkes darbieten.

Umfasst der Unterricht an Volksschulen als Lehrgegenstände nur Lesen, Schreiben und Religionslehre, so werden dieselben Trivialschulen genannt, dehnt sich derselbe aber auch auf Sprachlehre und Arithmetik oder, wie es nicht selten vorkömmt, selbst auf Elementar-Geometrie, Naturgeschichte, Physik, Mechanik, Zeichnen u. s. w. aus, so nennt man sie Hauptschulen.

Ueber den Stand des Volksschulwesens in Siebenbürgen vor dem Jahre 1849 haben wir schon in der Einleitung Seite 26 und 27 berichtet. Nach der Herstellung der Ruhe und gesetzlichen Ordnung im Lande liess es sich die Regierung, wie in den andern Kronländern, so auch bei uns vorzüglich angelegen sein, den Unterricht überhaupt, und insbesondere den Volksunterricht zu regeln und zu heben.

Mit dem Jahre 1851 stellte sich nun der Volksunterricht nach den ämtlichen Erhebungen [1]) folgendermassen dar:

| Confession | Volksschulen im Jahre 1851 ||||||||||
| | Haupt- | Trivial- | Mädchen- | Zusammen | Unterrichtssprache |||||
	Schulen				Deutsch	Ungarisch	Romänisch	Gemischt [2])	Zusammen
Katholisch	18	266	2	286	19	249	.	18	286
Lutherisch	17	257	187	461	436	21	4	.	461
Reformirt	7	551	5	563	.	563	.	.	563
Unitarisch	3	112	1	116	.	116	.	.	116
Griechisch-unirt	1	370	.	371	.	.	371	.	371
Griechisch-nicht-unirt	1	366	.	367	.	.	367	.	367
Im Ganzen	47	1362	195	2164	455	949	742	18	2164

[1]) Mittheilungen aus dem Gebiete der Statistik Jahrgang 1852 u. 1853, 1 Heft, — Statistischer Schematismus der evangelischen Glaubensgenossen in Siebenbürgen für d. J 1851 und Hain's Statistik.
[2]) Romänisch-Ungrisch.

Es entfallen diesemnach bei den:

Katholiken	auf 760	Einwohner	1	Volksschule
Lutheranern	„ 431	„	1	„
Reformirten	„ 525	„	1	„
Unitariern	„ 396	„	1	„
Griechisch-Unirten	„ 1748	„	1	„
„ Nichtunirten	„ 1738	„	1	„

oder nach den Nationalitäten je eine Volkschule auf:
423 Deutsche, — 571 Ungarn *) und 1634 Romänen.

Einen richtigern Massstab zur Beurtheilung des wahren Zustandes des Volksunterrichtes in Siebenbürgen, als diese Vergleichungen, gewährt die Zusammenstellung der für den Volksunterricht geeigneten Kinder mit der Zahl jener, welche an demselben wirklich Antheil nehmen. Als schulfähig sind aber nach den gesetzlichen Bestimmungen die Kinder im Alter von 6 bis 12 Jahren anzusehen und es stellt sich ihr Verhältniss zu den schulbesuchenden im Jahr 1851 auf nachstehende Weise heraus:

Confession	Schulfähige Kinder**)	Schulbesuchende Kinder**)	Verhältniss der schulfähigen zu den schulbesuchenden Kindern wie:
Katholiken	12517	10228	1000 zu 817
Lutheraner	11328	11194	„ „ 988
Reformirte	16860	12999	„ „ 771
Unitarier	2621	1991	„ „ 756
Griechisch-unirte	38937	25376	„ „ 652
Griechisch-nichtunirte	36335	18930	„ „ 521
Zusammen	118655	80718	„ „ 680***)

*) Sammt Armeniern und Slaven. Bei den Zigeunern und Juden kann von einem eigentlichen Volksschulunterrichte noch keine Rede sein.
**) Es wurde die Vertheilung derselben nach den einzelnen Confessionen auf Grund der Hauptsummen in den Mittheilungen aus dem Gebiete der Statistik Jahrg. 1853 Heft 1. berechnet, da uns keine andern Einzelangaben dafür zu Gebote standen, als der Schematismus der evangelischen Kirche für das Jahr 1851, in welchem jedoch die Zahl der schulbesuchenden Kinder augenfällig zu hoch mit 29648 (15970 Knaben und 13678 Mädchen) angegeben wurde und zwar nach Abschlag der auf die höhern Lehranstalten Entfallenden.
***) Dieses Verhältniss ist, verglichen mit den Ergebnissen in den conscribirten Kronländern der Monarchie, gar nicht ungünstig, da wir nur Niederösterreich, Oberösterreich und Salzburg, Tyrol, Mähren u. Schlesien, Böhmen und Steiermark nachstehen, aber eine höhere Ziffer als alle Uebrigen haben, welche zwischen 136 (Dalmatien) und 595 (Lombardie) schwanken.

Von 1000 schulfähigen Kindern würden demnach im Jahre 1851 in Siebenbürgen 320 oder nahezu ein Drittheil ohne Unterricht geblieben sein, ein Verhältniss, dass sich in den letzten 4 Jahren gewiss sehr zu Gunsten des Landes geändert hat, da namentlich für den Unterricht der griechisch-nichtunirten Glaubensgenossen in dieser Zeit sehr viel geschehen ist.

Auf die einzelnen Confessionen ist die Zahl der schulbesuchenden Kinder und bezüglich das Verhältniss derselben zu denen, welche keinen Unterricht geniessen, sehr ungleich vertheilt, denn bei den:

Lutheranern	waren unter 1000 Kindern	12,
Katholiken	„ „ „ „	183,
Reformirten	„ „ „ „	229,
Unitarien	„ „ „ „	244,
Unirten Griechen	„ „ „ „	348,
Nichtunirten „	„ „ „ „	479,

welche im schulfähigen Alter standen und die Volkschulen nicht besuchten.

Vergleichen wir nun die Zahl der die Volksschulen besuchenden Kinder der einzelnen Confessionsverwandten mit der Zahl der Letztern selbst, wie sie durch die neueste Volkszählung ermittelt wurde (Seite 162), so entfielen bei den

Lutheranern	auf 17.7	Einwohner 1 Kind,
Katholiken	„ 21.4	„ „ „
Reformirten	„ 22.8	„ „ „
Unitariern	„ 23.6	„ „ „
Unirten Griechen	„ 25.5	„ „ „
Nichtunirten „	„ 33.7	„ „ „

welches die Volksschulen besuchte.

Nach den gesetzlichen Bestimmungen über den Volksunterricht soll jedoch mit dem Besuche der Volksschulen vom 6. bis 12. Jahre derselbe noch keineswegs geschlossen sein, sondern es wurde auch die Errichtung von **Wiederholungsschulen** angeordnet *) und die Knaben und Mädchen, welche den Elementarschulen entwachsen sind, zu deren Besuche bis zur Vollendung des 15 Lebensjahres verpflichtet. Der Unterricht wird an Sonn- und Feiertagen von den Seelsorgern und Lehrern der Volksschulen ertheilt, daher diese Wiederholungsschulen auch **Sonntagsschulen** heissen.

Auf dem Lande sind sämmtliche Kinder bis zu dem bestimmten Alter, in den Städten und überhaupt, wo Gewerbtreibende sich finden, die Lehrjungen bis zum Ende der Lehrzeit (ohne Rücksicht

---

*) Zu Folge allerhöchster Entschliessung vom 16 September 1826.

auf ihr Alter) zum Besuche der Sonntagsschulen verpflichtet, und es
wurden davon durch das Gesetz nur jene Kinder enthoben, welche
fortlaufenden häuslichen Unterricht geniessen, dann die Knaben, welche
aus den Elementarschulen in die Realschulen und Gymnasien eintreten.

Der Unterricht in den Wiederholungsschulen soll aber nicht
nur eine Wiederholung des in den Volksschulen Gelernten umfassen,
sondern eine entsprechende Fortbildung der Schüler durch erweiterten Vortrag der Lehrgegenstände und namentlich durch Anleitung zur
Verfassung der im bürgerlichen Leben vorkommenden Aufsätze enthalten.

Der Besuch dieser Sonntagsschulen ist in Siebenbürgen im
raschen Aufschwunge begriffen, denn während im Jahre 1849 nur 3
derselben mit 81 Schülern bestanden, zählte das Land im Jahre 1851
im Ganzen 10,648 Kinder, welche die Wiederholungsschulen besuchten. Wenn wir die Letztern zu den Schülern der Volksschulen zählen, so entfallen im Lande überhaupt auf 1000 Einwohner 44 schulbesuchende Kinder.

B. Mittelschulen.

Aus den Volksschulen tritt die grösste Mehrzahl der Jugend
unmittelbar in die landwirtschaftliche oder gewerbliche Thätigkeit ein
und ist nur noch, wie bereits erwähnt wurde, bis ins 16 Lebensjahr
zum Besuche der Sonntagsschulen verpflichtet. Der übrige Theil der
männlichen Jugend aber, welcher eine höhere wissenschaftliche Ausbildung anstrebt, besucht nun die Vorbereitungsschulen (Realschulen oder Gymnasien) für die höhern Lehranstalten (technische Institute und Universitäten). Weil aber mit dem Besuche der Realschulen und Gymnasien in der Regel der Unterricht nicht abgeschlossen
ist, sondern dieselben nur, als Mittelglied zwischen den Volksschulen
und den höhern Lehranstalten, zu den Letztern vorbereiten sollen,
heissen sie Mittel- oder Vorbereitungsschulen.

a) Realschulen.

Während die Gymnasien in der Regel zu Lebenskreisen führen, für welche die nöthige Fachbildung an den Universitäten (oder
den sie vertretenden Akademien) gewonnen wird und diese Lebenskreise es gestatten und erheischen, dass eine lange Reihe von Jahren,
welche dem Eintritte in die Fachstudien vorangeht, (unterstützt von
sämmtlichen allgemeinen Wissenschaften und besonders den klassischen
Litteraturen) rein und ausschliesslich dem Zwecke der allgemein humanen Bildung gewidmet wird, sind im Fortschritte der modernen Kultur auch andere, für die Gesellschaft nicht minder wichtige Lebenskreise zur Entwickelung und Geltung gelangt, welche dringend ihre
Vorbereitungsschulen fordern. Diese Letztern sind daher, indem sie
zunächst aus den materiellen Bedürfnissen hervorgingen, auch vorzugsweise durch dieselben beherrscht und gezwungen, bei Voranstellung
der Fachbildung die allgemeine Bildung mehr oder weniger zurück-

zusetzen. Es ergiebt sich sonach als Zweck der Realschulen, ausser einer allgemeinen Bildung, welche sie ohne wesentliche Benützung der alten klassischen Sprachen und Litteraturen zu geben suchen, sowohl einen mittleren Grad der Vorbildung für die gewerblichen Beschäftigungen, als auch die Vorbereitung zu den technischen Lehranstalten zu gewähren *).

Die Realschulen zerfallen in **Unter-** und **Oberrealschulen**. Die Erstern (auch Bürgerschulen genannt) bereiten auf die Letztern vor und bezwecken zugleich eine selbstständige Bildung für die niedern Kreise der städtischen und ländlichen Gewerbe; sie behandeln die Lehrgegenstände vorherrschend in populärer Weise und bestehen, wenn sie vollständig sind, aus drei theoretischen und einem praktischen Jahrescurse **). Die Oberrealschule setzt den an der Bürgerschule begonnenen Unterricht in mehr wissenschaftlicher Weise fort und vollendet die auf Grundlage der modernen Litteratur zu gebende allgemeine humane Bildung als specielle Vorbereitungsschule der technischen Lehranstalten.

Zu den obligaten Lehrgegenständen der Unter- und Oberrealschulen gehören: Religionslehre, Muttersprache, andere lebende Sprachen, Geschichte und Geographie, Mathematik, Naturgeschichte und Naturlehre, Zeichnen; — ausserdem in der Unterrealschule noch Technologie, Waarenkunde und Kalligraphie, welche Letztere jedoch nach Bedürfniss auch an der Oberrealschule zu lehren ist. Der praktische Jahrgang der Unterrealschule hebt aus den von Mathematik und Naturwissenschaften abhängigen praktischen Fächern diejenigen heraus, welche für die einfachern Fälle des Maschinen- und Bauwesens, dann des Handels- und Gewerbsbetriebes besonders wichtig sind.

Wir haben in Siebenbürgen gegenwärtig drei **deutsche Realschulen**, eine zu **Hermannstadt*****) mit drei Klassen, von denen die Letzte in zwei Abtheilungen getheilt ist, — eine zu **Kronstadt** mit drei Klassen und eine zu **Schässburg** mit 2 Klassen ****); alle stehen unter der Direktion der dortigen evangelischen Obergymnasien. Die Lehrgegenstände der beiden ersten Anstalten nach dem Lehrplane des Schuljahrs 1853/4, so wie die für jeden Derselben gewidmete wöchentliche Stundenzahl zeigt die folgende, den bezügli- Schulprogrammen entnommene Uebersicht:

---

*) Siehe den Entwurf der Organisation der Gymnasien und Realschulen in Oesterreich vom Jahre 1849.

**) Nach den Bedürfnissen der gewerblichen Stände, den Orts- und Landesverhältnissen kann die Unterrealschule auch nur aus zwei Klassen, einer theoretischen und einer praktischen, bestehen und mit der Volksschule in Verbindung treten.

***) Diese trat schon im Jahre 1842 ins Leben, während die Kronstädter Realschule 1845 errichtet wurde.

****) Siehe in dieser Beziehung die Bemerkung auf Seite 214 über die mit den Gymnasien vereinigten Lehranstalten.

Lehrgegenstände *)	A. Kronstädter Realschule In der Klasse			B. Hermannstädter Realschule In der Klasse			
	I.	II.	III.	I.	II.	III. a.	III. b.
	Stundenzahl			Stundenzahl			
Religion	2	2	2	2	2	2 †)	
Deutsche Sprache	4	5	3	5	5	3	
Geographie und Geschichte	2	2	3	4	4	3+1	
Arithmetik und Geometrie	5	5	3	5	6	6	6
Naturgeschichte	2	2	.	2	2	.	
Chemie	.	.	.	.	.	4	
Physik	2	2**)	.	.	3	3	
Zeichnen	4	4	4	4	4	4	
Kalligraphie	2	2	2	2	2	.	
Technologie	.	.	5	.	.	2	
Waarenkunde	.	.	2	.	.	2	
Buchhaltung	.	.	.	.	2	2	
Ungrische Sprache	4	3	3	.	.	.	
Wöchentliche Stundenzahl im Ganzen	27	27	27	24	30	31	32

Ausser diesen Lehrgegenständen erhielten die Schüler der beiden Realschulen auch im Gesang und Turnen, gleichwie die Studierenden am Gymnasium, Unterricht.

Die Lehrmittelsammlungen der beiden Gymnasien werden auch von den Realschulen benützt, nur in Hermannstadt hat die Letztere ein eigenes chemisches Laboratorium sammt Apparaten und Sammlungen ***)

---

*) Von den Lehrgegenständen wurden an der Hermannstädter Realschule Technologie, Waarenkunde und Buchhaltung nur vom Schuljahr 1853/4 angefangen gelehrt, dafür aber die früher nach Hiesers Elementen der Bauwissenschaften vorgetragene Baukunst, die abgesondert behandelte physische Geographie und die unobligate ungrische Sprache weggelassen.

†) Die in der Mitte stehenden Zahlen bedeuten die gemeinschaftlich von beiden Klassenabtheilungen besuchten Stunden.

**) Im zweiten Semester wurde auch statt der Naturgeschichte (also in 4 Stunden) Physik gelehrt.

***) Die Errichtung desselben wurde im Schuljahre 1852/3 durch Schenkungen der hermannstädter Sparkasse (1851 = 1130 fl. und 1853 = 150 fl. CM.) möglich gemacht. Es besteht aus zwei an einander stossenden Zimmern im Gymnasialgebäude, von denen das eine als Vor-

Das Lehrerpersonale bestand an der Hermannstädter Realschule im Jahre 1851/2 aus 4 ordentlichen und 2 ausserordentlichen, — im Jahre 1853/4 aus 5 ordentlichen Professoren. Die Kronstädter Realschule zählte im Jahre 1852/3 auser 2 ordentlichen noch 3 ausserordentliche (welch' Letztere zugleich auch am Gymnasium unterrichteten), im Jahre 1853/4 dagegen 3 ordentliche und 3 ausserordentliche Professoren.

Die Vertheilung der Realschüler auf die einzelnen Klassen, dann nach der Religion und Nationalität ist aus folgender Uebersicht zu entnehmen:

A Realschule in Hermannstadt:

Klasse	Schuljahr	Gesammtzahl der Schüler	Nach der Religion				Nach der Nationalität			
			Lutherisch	Katholisch	Reformirt	Griech. nicht unirt	Deutsch	Ungrisch	Romänisch	Anderer
I.	1852/3	63	45	13	5	.	58	5	.	.
	1853/4	82	66	8	5	3	74	5	3	.
II.	1852/3	49	34	14	.	1	43	2	1	3*)
	1853/4	48	35	4	4**)	1	43	4	1	.
III.	1852/3	25	17	6	.	2	23	.	2	.
	1853/4	31	14	15	.	2	28	1	1	1***)
Im Ganzen	1851/2	106†)	81	23	.	2	101	2	2	1***)
	1852/3	137	96	33	5	3	124	7	3	4
	1853/4	161	115	31	9	6	145	10	5	1

lesesaal und zu kleinen Versuchen, das andere zu grössern Arbeiten dient. Der Vorlesesaal enthält mehrere Kästen für die Verbrauchsmaterialien, die Geräthschaften und Reagentien, einige Arbeitstische und einen Windofen. Im Zimmer für die grösseren Arbeiten finden sich nebst dem Ofen zwei Kästen für Geräthschaften, Präparate uud Schaustücke und ein Schrank mit einer in den Schornstein mündenden Röhre zur Entwickelung der schädlichen Gase und Dämpfe. Ausser den eignen Apparaten benützt das chemische Laboratorium auch die physikalischen Instrumente des Gymnasiums.

*) Darunter 2 Armenier und 1 Dalmatiner. **) Dabei 1 Unitarier.

***) Armenier. †) Davon besuchten 53 die erste, 47 die zweite und 6 die dritte Klasse.

B. Realschule in **Kronstadt**.

Klasse	Schuljahr	Gesammtzahl der Schüler	Nach der Religion					Nach der Nationalität			
			Lutherisch	Katholisch	Reformirt	Griech. nicht unirt		Deutsch	Ungrisch	Romänisch	Anderer
I.	1852/3	54	36	3	2	13		38	3	9	4*)
	1853/4	54	35	1	7	11		36	7	5	6
II.	1852/3	41	32	4	1	4		36	1	2	2
	1853/4	25	18	2	1	4		20	1	1	3
III.	1852/3	20	18	.	.	2		18	.	2	.
	1853/4	14	12	1	.	1		13	.	.	1
Im Ganzen	1852/3	115	86	7	3	19		92	4	13	6
	1853/4	93	65	4	8	16		69	8	6	10

  Die Zahl der Realschüler war diesemnach an der Hermannstädter Anstalt in stetiger Zunahme, an der Kronstädter dagegen in Abnahme begriffen. Es wurde der letztere Umstand dadurch erklärt, dass nach der neuen provisorischen Gewerbeordnung die Aufnahme von Lehrlingen auch mit geringern Schulkenntnissen ermöglicht sei und daher ärmere (und zum Theil auch wenigere einsichtsvolle) Eltern zur Ersparung des Schulgeldes und der Bücher ihre Kinder früher aus der Schule nähmen.
  Die **Erhaltungskosten** beider Anstalten werden, in so weit sie nicht durch die Schulgelder ihre Bedeckung finden, aus den städtischen Allodialkassen bestritten. Von der Entrichtung des Schulgeldes waren eine beträchtliche Anzahl von Schülern befreit. Stehende Stipendien bestehen noch keine, doch wurden mehrere Schüler von der k. k. Statthalterei mit Handstipendien monatlicher 5 fl. CMze betheilt

       b) **Die Gymnasien.**

  Eine allgemeine höhere Bildung unter wesentlicher Benützung der alten klassischen Sprachen und ihrer Litteratur zu gewähren und dadurch zugleich für das Universitätsstudium vorzubereiten, ist der Hauptzweck eines Gymnasiums. **)

---

 *) Sämmtlich Griechen.
 **) Wir glaubten hier diese und die nachfolgenden Definitionen, welche dem Organisationsentwurfe der österreichischen Gymnasien entnommen wurden, vorausschicken zu müssen, um dadurch die sehr veränderte Einrichtung der bisher in Siebenbürgen bestandenen Mittel- und so genannten Gelehrtenschulen zu bezeichnen.

Das vollständige Gymnasium besteht aus acht Klassen, deren jede einen Jahreskurs bildet, und zerfällt in das Unter- und Obergymnasium von je vier Klassen; äusserlich bildet es jedoch ein ungetheiltes Ganzes unter gemeinsamer Leitung. Das Untergymnasium bereitet auf das Obergymnasium vor, hat aber, indem es die Lehrgegenstände zu einem relativen Abschlusse führt und mehrere davon in vorherrschend populärer Weise und praktischer Richtung behandelt, ein für sich abgeschlossenes Ganzes von allgemeiner Bildung zu ertheilen, welche für viele Lebensverhältnisse erwünscht und ausreichend ist und zugleich als Vorbereitung für die Ober-Realschulen und weiters auch für die technischen Institute dienen kann. — Das Obergymnasium setzt diesen Unterricht in mehr wissenschaftlicher Weise fort und ist die specielle Vorbereitungsschule der Universität.

Die Gymnasien gliedern sich weiter, je nach dem sie vom h. k. k. Unterrichtsministerium das Recht erhielten Maturitätsprüfungen abzuhalten und von den Staatsbehörden anzuerkennende Zeugnisse auszustellen oder nicht, in öffentliche und Privatgymnasien. Ferner gibt es Staatsgymnasien, welche ganz und in jeder Beziehung unter der Leitung der Staatsbehörden stehen und ganz oder grösstentheils aus öffentlichen Fonden erhalten werden; — dann andere Gymnasien, welche mit oder ohne Unterstützung aus Staatsmitteln durch Corporationen, Gesellschaften oder einzelne Personen erhalten und geleitet werden, jedoch ebenfalls die gesetzlich vorgeschriebene Einrichtung haben müssen.

Obligate Lehrgegenstände an den Gymnasien sind: Religion, lateinische, griechische und deutsche Sprache, Geographie und Geschichte, Mathematik, Physik, Naturgeschichte und philosophische Propädeutik. Als unobligat müssen dabei aber noch gelehrt werden: die Muttersprache der Mehrzahl der Schüler, die andern Landessprachen und Kalligraphie, ferner nach Bedürfniss und Möglichkeit andere lebende Sprachen (Französich, Englisch), Gesang und Gymnastik.

In Siebenbürgen bestehen gegenwärtig ein vollständiges katholisches Staatsgymnasium *) und 24 andere öffentliche Gymnasien (darunter 14 Ober- und 9 Untergymnasien), von denen jedoch zwei (die katholischen Untergymnasien zu Szilágy-Somlyó und Bistritz) noch uneröffnet blieben; die Übrigen sind schon sämmtlich nach dem neuen Organisationsplane eingerichtet **). Der Standort, die Klassenzahl, die Confession, Vortragssprache, Anzahl und Verhältnisse der Professoren und Schüler dieser Lehranstalten sind aus der folgenden Tabelle ersichtlich:

---

*) Dieses wurde aber erst im Schuljahre 1854/5 an der Stelle des früher bestandenen katholischen Gymnasiums in Hermannstadt errichtet, welches in den Schuljahren 1851—3 nur aus 4 und im Jahre 1853/4 aus 7 Klassen bestand.

**) Unter diesen wurde das griechisch-nichtunirte Untergymnasium zu Kronstadt und das katholische Untergymnasium zu Csík-Somlyó erst im Schuljahre 1852/3, dann das katholische Untergymnasium in Karlsburg im Jahre 1853/4 eröffnet, und das katholische Untergymnasium in Udvarhely trat erst im Jahre 1852/3 als achtklassiges Obergymnasium ins Leben.

Standort der Gymnasien	Klassen	Confession	Unterrichtssprache	Zahl der Direktoren, Professoren und Lehrer im Schuljahr 1851/2	1852/3	1853/4	Im Durchschnitte d. Schuljahre 1851— vertheilten sich d. Lehrer in: ordentliche geistliche	weltliche	Supplenten, Nebenlehrer geistliche	weltliche	Zusammen geistliche
Hermannstadt	8	Luther.	Deutsch	14	14	15	.	11	.	3	.
	4. 7	Kathol.	„	9	12	14	4	1	2	5	6
Klausenburg	8	„	Ungrisch	16	16	16	12	.	1	3	13
	8	Reform.	„	14	14	17	3	2	.	10	3
	8	Unitar.	„	12	12	15	2	3	8	.	10
Kronstadt	8	Luther.	Deutsch	16	16	16	.	11	1	4	1
	4	Kathol.	D. u. Ung	7	10	10	6	1	.	3	6
	4	Gr. n. un.	Romän.	.	8	7	2	4	.	1	2
Maros-Vásárhely	8	Reform.	Ungrisch	17	17	17	2	14	.	1	2
	4	Kathol.	„	6	6	6	4	2	.	.	4
Udvarhely	8	Reform.	„	13	15	12	2	5	.	6	2
	4. 8	Kathol.	„	7	11	11	8	2	.	.	8
Schässburg	8	Luth.	Deutsch	15	15	14	.	12	.	3	.
Mediasch	8	„	„	12	12	12	.	10	.	2	.
Bistritz	8	„	„	9	9	9	.	9	1	2	1
Blasendorf	8	Gr. unirt	Romän.	11	12	12	12	.	.	.	12
Zilah	8	Reform.	Ungrisch	17	17	17	1	7	.	9	1
Nagy-Enyed	4	„	„	6	6	8	2	4	.	1	2
Broos	4	„	„	5	5	6	1	1	1	3	2
Szitás-Keresztur	4	Unitar.	„	7	5	5	2	4	.	.	2
Torda	4	„	„	7	7	7	3	.	4	.	7
Csík-Somlyó	4	Kathol.	„	.	6	6	4	2	.	.	4
Karlsburg	4	„	„	.	.	9	6	2	.	1	6
Im Ganzen				220	245	261	76	107	18	57	94	16

Anzahl der Schüler			Im Durchschnitte der Schuljahre 1851—4 vertheilten sich die Schüler auf die:												
Im Schuljahre			Gymnasialklassen			Nationalitäten				Confessionen					
1851/2	1852/3	1853/4	Unter-	Ober-	Überhaupt	Deutsche	Ungarn	Romänen	Andere	Katholisch	Lutherisch	Reformirt	Unitarisch	Gr. unirt	Gr. n. unirt	Jüdisch
200	235	252	163	66	229	181	15	33	.	30	158	8	1	5	27	.
144	184	267	166	32	198	51	43	99	5	92	.	4	.	24	78	.
161	215	189	119	69	188	4	89	94	1	89	2	1	.	87	8	1
123	130	177	76	67	143	3	136	4	.	15	6	120	.	2	.	.
70	109	108	43	53	96	5	89	1	1	10	7	6	72	1	.	.
167	185	206	141	45	186	132	34	20	.	9	142	11	1	.	23	.
51	77	70	66	.	66	13	37	16	.	43	.	6	.	2	15	.
.	51	82	67	.	67	.	.	67	.	.	.	.	.	2	65	.
199	268	269	161	84	245	.	245	.	.	11	.	218	16	.	.	.
41	57	77	58	.	58	4	37	17	.	40	.	1	.	16	1	.
126	141	159	92	50	142	2	139	1	.	5	.	136	1	.	.	.
55	82	106	59	22	81	2	78	1	.	78	.	.	.	1	2	.
110	121	123	92	26	118	108	5	5	.	3	105	6	.	1	3	.
65	88	114	73	16	89	79	5	5	.	9	71	1	1	4	2	1
71	130	100	84	16	100	94	5	1	.	9	85	4	.	1	1	.
207	245	264	175	64	239	2	2	232	3	4	.	2	.	208	25	.
69	75	80	46	29	75	.	73	2	.	3	.	70	.	2	.	.
92	72	106	90	.	90	5	83	.	2	7	3	78	1	.	.	1
55	80	43	59	.	59	2	54	3	.	12	1	39	4	1	2	.
51	132	140	108	.	108	.	107	1	.	1	.	7	100	.	.	.
38	49	60	49	.	49	1	48	.	.	5	1	12	31	.	.	.
.	62	144	103	.	103	.	103	.	.	103	.	.	.	.	.	.
.	.	39	39	.	39	13	13	13	.	26	.	1	.	7	5	.
.095	2798	3175	2129	639	2768	701	1440	615	12	604	581	731	228	364	257	3

Es besitzen demnach in Siebenbürgen die:

Katholiken	3	Ober- und	4	Untergymnasien
Lutheraner	5	„ „	—	„
Reformirten	4	„ „	2	„
Unitarier	1	„ „	2	„
Unirten Griechen	1	„ „	—	„
Nichtunirten Griechen	—	„ „	1	„

Die Confession der Anstalt schliesst jedoch den Besuch von Schülern anderer Confessionen durchaus nicht aus und wir sehen in der vorstehenden Tabelle, dass nur an einem einzigen Gymnasium die Schüler blos einem Religionsbekenntnisse angehören.

Der Vortragssprache nach wurde an:

14 Gymnasien ungrisch
 6 „ deutsch,
 2 „ romänisch,
 1 Gymnasium deutsch und ungrisch gelehrt.

Am meisten wurden jedoch verhältnissmässig die deutschen Gymnasien besucht, indem sie im Durchschnitte der Schuljahre 1851 bis 1854 jährlich 920 Schüler zählten, während mehr als die doppelte Anzahl ungrischer Gymnasien nur 1237 Schüler besuchten. An sich war aber die Frequenz beim reformirten Obergymnasium in Maros-Vásárhely am stärksten, wenngleich ihm das griechisch-unirte Obergymnasium zu Blasendorf und das lutherische Obergymnasium zu Hermannstadt darin sehr nahe kamen.

Was nun den Besuch der Gymnasien im Allgemeinen anbelangt, so ist derselbe in Siebenbürgen in bedeutender Zunahme begriffen, denn die Schülerzahl hatte im Schuljahre 1853/4 gegen jene vom Jahre 1851/2 um ein ganzes Drittel zugenommen. Dabei erscheinen äusserst wenige Privatschüler (3 bis höchstens 9 in einem Jahre) eingeschrieben, die übrigen sind sämmtlich öffentliche Schüler. Von der Gesammtzahl der Letztern entfielen 77 o/o auf die Obergymnasialklassen *). Auffallend ist dabei die Erscheinung am reformirten und besonders am unitarischen Obergymnasium zu Klausenburg, indem am erstern die Anzahl der Schüler der 4 obern jener der 4 Unterklassen beinahe gleich, am Letztern sogar jene höher als diese war. Diese Thatsache findet sehr leicht darin ihre Erklärung, dass das unitarische Obergymnasium das einzige dieser Confession im Lande ist und wie jenes der Reformirten, die Schüler der zahlreichern Untergymnasien gleicher Coufession zur Fortsetzung ihrer Studien aufnehmen muss.

---

*) In der gesammten Monarchie war dieses Verhältniss 1851 wie 63 o/o zu 37 o/o.

Die relative Frequenz der Gymnasien oder das Verhältniss der Zahl der Gymnasialschüler zu der der Gesammtbevölkerung unsers Landes (2074202 : 2768) stellt sich zu 748 heraus und übertrifft also bezüglich der Kronländer der Monarchie die von Salzburg, Tirol, Schlesien, Ungarn, der Lombardie und Venedig *).

Nach der Nationalität der Gymnasialschüler war die absolute und relative Freqenz der Gymnasien in Siebenbürgen bei den:

Deutschen 25 o/o, oder bezüglich 1 Gymnasialschüler auf 274 Einwohner
Magyaren 52 o/o, „ „ 1 „ „ 372 „
Romänen 22 o/o, „ „ 1 „ 1995 „
andern Nationen 1 o/o, „ „ 1 „ 8884 „

Hinsichtlich der Confession dagegen ergab sich in Siebenbürgen die absolute und relative Frequenz der Gymnasien für die:

Katholiken   wie 22 o/o, oder 1 Schüler auf 363 Einwohner
Lutheraner   „   21 o|o   „   1 „   „ 342 „
Reformirten   „   26 o|o   „   1 „   „ 404 „
Unitarier   „   8 o|o   „   1 „   „ 201 „
Unirten Griechen   „   13 o|o   „   1 „   „ 1781 „
Nichtunirten „   „   9 o|o   „   1 „   „ 2482 „
Juden   „   1 o|o   „   1 „   „ 5191 „

An den einzelnen Gymnasien sind übrigens die Schüler nach dem Glaubensbekenntnisse, wie bereits oben erwähnt wurde und aus der gegebenen Tabelle zu ersehen ist, sehr verschieden vertheilt, fast nirgends gibt es nur Schüler einer Religion und bisweilen sind nicht einmal die Schüler der Confession, welcher das Gymnasium angehört, an demselben am zahlreichsten vorhanden (man vergleiche die katholischen Gymnasien in Hermannstadt und Klausenburg). Dagegen ist die Vertheilung der Nationalitäten durch die Unterrichtssprache der Gymnasien weit mehr bedingt und es bildet ohne Ausnahme an allen Lehranstalten jene Nationalität die Mehrzahl der Schüler, in deren Sprache die Vorträge gehalten werden.

Approbirt wurden an sämmtlichen Gymnasien Siebenbürgens in den Maturitätsprüfungen am Schlusse der Schuljahre 1851 bis 1854 je 64, 85 und 89 **) Schüler, im Vergleiche mit dem Ergebnisse in den übrigen Kronländern jedenfalls eine nicht unbeträchtliche Anzahl.

---

*) Siehe die Zeitschrift für die österreichischen Gymnasien von Seidl etc. 1853 u. 1854. XII. Heft.

**) Die beiden letzten, der Zeitschrift für die österr. Gymnasien entnommenen Zahlen sind etwas zu gering, weil dabei die Daten einiger Gymnasien fehlen.

Wenden wir uns nur zun Betrachtung der Verhältnisse des
Lehrpersonales, so müssen wir hier vor Allem bemerken, dass die
Direcktoren der Gymnasien immer in der Zahl der Lehrer einbegriffen
wurden, weil sie nicht nur nach dem Organisationsplane ebenfalls
Vorträge zu halten verpflichtet sind, sondern dieses bei uns auch durchgehends, wie früher schon, thaten. Bezüglich ihrer Stellung (als ordentliche, dann Supplenten und Nebenlehrer), sowie ihrem Stande nach
wurden die Lehrer schon in der obigen Tabelle gehörig unterschieden
und es kömmt nur noch zu bemerken, dass unter den Professoren
geistlichen Standes 15 **Ordenspriester** waren, und zwar 12
dem Orden der **frommen Schulen** (Piaristen) am katholischen
Obergymnasium in Klausenburg, 2 dem der **Franziskaner** am
katholischen Untergymnasium in Csiksomlyó und 1 dem der **Basilianer** am griechisch-unirten Gymnasium in Blasendorf angehörten.

Als **ausserordentliche Lehrgegenstände** kamen, neben den durch den Organisationsplan vorgeschriebenen, an den siebenbürgischen Gymnasien vor, und zwar: Am lutherischen Gymnasium in
Hermannstadt magyarische und französische Sprache, dann, wie auch
an dem dortigen katholischen Gymnasium, Turnen; — am reformirten
Gymnasium zu Klausenburg romänische Sprache und Kalligraphie; —
am gr. unirten Gymnasium in Blasendorf magyarische Sprache; —
am lutherischen Gymnasium zu Bistritz magyarische Sprache und Musik und an dem zu Mediasch Turnen.

Eine Eigenthümlichkeit vieler siebenbürgischen Gymnasien besteht darin, dass mit ihnen unter derselben Leitung **Elementarschulen**, gewöhnlich mit 3 Klassen, vereinigt sind, so bei sämmtlichen lutherischen Obergymnasien, dann bei den reformirten Obergymnasien zu Udvarhely und Zilah, bei dem unitarischen Obergymnasium
zu Klausenburg und bei den Untergymnasien dieser Glaubensgenossen
zu Sz. Keresztur und Thorda.

Ebenso sind unter derselben Direktion mit den fünf lutherischen Obergymnasien auch **Seminarien für Landschullehrer
und Prediger** *), dann mit dem unitarischen und reformirten Obergymnasium in Klausenburg und dem reformirten Obergymnasium in Udvarhely ebenfalls **geistliche Seminarien** verbunden und bei dem unitarischen Untergymnasium zu Sz. Keresztér besteht eine eigne **Vorbereitungsklasse** für Geistliche und Lehrer, welche in das Seminar
ihrer Glaubensgenossen zu Klausenburg eintreten oder dort Prüfung ablegen wollen.

In **Schässburg** ist mit dem lutherischen Obergymnasium
ausserdem gegenwärtig auch eine zweiklassige **Unterrealschule**
vereinigt. Da bei dieser jedoch die meisten Lehrgegenstände von den
Schülern vereint mit denen des Gymnasiums und Seminars angehört

---

*) Dafür besteht aber auch an den meisten derselben neben dem Direktor noch ein Vicedirektor (Conrektor).

werden und ihr Bestand noch wenig gesichert ist, glaubten wir bei Betrachtung der siebenbürgischen Realschulen von ihrer nähern Würdigung abgehen zu können *).

An Lehrmittelsammlungen besitzen alle siebenbürgischen Gymnasien grössere oder kleinere Bücher- und Landkartensammlungen, fast alle auch kleine Naturalien- und physikalische Kabinete, und viele derselben noch Münz- und andere Sammlungen. Die bedeutendsten Bibliotheken und Sammlungen haben die lutherischen Obergymnasien in Hermannstadt und Kronstadt und das reformirte Obergymnasium in Klausenburg; die Lehrmittelsammlungen der reformirten Gymnasien in Nagy-Enyed und Udvarhely, welche früher ebenfalls zu den ersten des Landes gehörten, wurden dagegen im letzten Bürgerkriege verwüstet, am letztern Orte erhielt sich aber die namhafte Bibliothek.

Was die Bestreitung der **Erhaltungskosten** der siebenbürgischen Gymnasien anbelangt, so finden dieselben theils in den Aufnahmsgebühren und Schulgeldern der Schüler, theils in Stiftungen, Fonden und Beiträgen der Gründer ihre Bedeckung. Bei den **katholischen** Gymnasien bestreitet der Studienfond die Ausgaben, bei den lutherischen werden sie, wenn Stiftungen **) und Beiträge aus städti-

---

*) Im Schuljahre 1853/4 wurde in der I. Klasse Religion 2 Stunden, deutsche Sprache 6 St., Geographie und Geschichte 6 St, Mathematik, Naturgeschichte und Zeichnen je 4 St., dann Kalligraphie u. Gesang je 2 Stunden gelehrt. Bei der II. Klasse kamen zu denselben Lehrgegenständen in derselben Stundenvertheilung noch 4 St. Physik dazu und Turnen war in beiden Klassen unobligat.
Schüler waren in der I. Klasse 41, in der II. Klasse 18, zusammen 59, darunter 53 Lutheraner und Deutsche, dann 6 nichtunirte Griechen und Romänen. Von dieser Schülerzahl fielen jedoch 22 schon im Laufe des Schuljahres ab.

**) Hier müssen wir vor allen Andern der Hauptstiftung für die evangelisch-deutschen Schulanstalsen in Siebenbürgen erwähnen, welche die gesetzmässigen Vertreter der sächsischen Nation in ihrer Sitzung vom 22. August 1850 (U. Z. 1280. 1850) aus Anlass der bevorstehenden politisch-gerichtlichen Organisation des Landes und der damit verbundenen Auflösung der Nationsuniversität als politisch-gerichtlichen Oberbehörde der Nation, bezüglich Einstellung der diesfälligen Verwaltungskosten widmete, und die unterm 16. August 1851 die landesfürstliche Bestättigung erhalten hat. Die Bestimmungen dieser Widmung sind folgende:

I. Zur gleichmässigen Unterstützung der als öffentliche bestehenden evangelisch-sächsischen Gymnasien in Hermannstadt, Schässburg, Kronstadt, Médiasch und Bistritz, deren Professoren, Director u. der mit der unmittelbaren Beaufsichtigung und Leitung betraute Schulrath der Augsburgischen Confession zugethan sein sollen, deren sonstige Einrichtung aber mit der Einrichtung der Gymnasien im Erzherzogthume Oesterreich unter der Enns übereinstimmen muss, werden alljährlich aus dem sächsischen National-Vermögen 25,000 Gulden in Conv. Münze an das evangelische Oberconsistorium, oder an den evangelischen Oberkirchenrath zu dem Ende ausgezahlt, damit jedes der genannten fünf öffentlichen Gymnasien 5000 Gulden in Conv. Münze erhalte.

schen Kassen nicht zureichen, zum grössten Theile durch die Kirchenkassen gedeckt. Die reformirten Gymnasien bestreiten ihre Kosten meist aus Stiftungen, die unitarischen aus Stiftungen und Gemeindebeiträgen. Das griechisch-unirte Gymnasium zu Blasendorf findet die Bedeckung seiner Auslagen ausschliessend in dem ihm eigenen Basilianer-Fonde und das griechisch-nichtunirte zu Kronstadt in Beiträgen der dortigen gr. n. u. Gemeinde namentlich den Mitgliedern des romänischen Handelsstandes.

Aufnahmsgebühren wurden von den eintretenden Schülern im Jahre 1851 nur an den protestantischen Obergymnasien zu Schässburg, Mediasch, Bistritz, Udvarhely, Maros-Vásárhely und Zilah eingehoben; im Jahre 1852 bestanden sie nur noch zu Mediasch, Bistritz, Udvarhely und Szitás-Keresztur, und 1853 am reformirten Gymnasium zu Klausenburg und dem griechisch-nichtunirten Gymnasium zu Kronstadt.

II. Zur Unterstützung der, den vollständigen Gymnasialstudien sich widmenden Jünglinge nachstehender Consistorialkreise oder Orte werden Stipendien, eines mit je 150 fl. CMze gewidmet und zwar für Broos vier, Mühlbach acht, Reussmarkt vier, Leschkirch drei, Grossschenk acht, Reps sechs, zusammen dreissig drei Stipendien mit 4950 fl. CM. Diese Stipendien verleiht das betreffende Domestical-Consistorium. Die Gesuche sind mit einem Obergymnasial-Imatriculations Zeugnisse zu belegen, armen Jünglingen ist, bei übrigens gleicher Befähigung u. gleichem Fleisse, der Vorzug zu geben. Das Domestical-Consistorium unterlegt dem Oberconsistorium einen speciellen Ausweis, worauf die Auszahlung aus der Nationalcassa verfügt werden wird. Melden sich nicht hinreichende Bewerber, so wird das Oberconsistosium über den entfallenden Betrag zum Besten der, aus solchen Kreisen oder Orten studirenden Seminaristen, und im Ermangelungsfalle überhaupt zum Besten der Seminarien verfügen.

III. Zur gleichmässigen Unterstützung der an den Gymnasialorten zu errichtenden Seminarien werden dem Oberkirchenrathe aus dem National-Vermögen jährlich 7000 fl. CM. ausgezahlt.

IV. Zur Unterstützung der Seminaristen und zwar in gleichem Verhältnisse an allen Seminarien, werden 40 Stipendien, jedes mit 50 fl. CMünze systemisirt, deren Gesammtbetrag jährlich mit 2000 fl. CM. aus dem Nationalvermögen an den Oberkirchenrath zur Abführung an jene Domestical-Consistorien auszuzahlen ist, wo sich die Seminarien befinden, und durch welche die Seminaristenstipendien verliehen werden sollen.

V. Zur Unterstützung der Hauptvolksschulen in Broos, Mühlbach, Reussmarkt, Leschkirch, Grossschenk und Reps werden mit Emporhaltung des den betreffenden Domestical-Consistorien zustehenden Rechtes innerhalb der, durch den ministeriellen Entwurf gezogenen Schranken, die Einrichtung dieser Schulen zu bestimmen, folgende jährliche Beträge aus dem Nationalvermögen, auszahlbar an den O erkirchenrath systemisirt und zwar für Broos 1500 fl. Mühlbach 2000 fl., Reustmarkt 750 fl., Leschkirch 750 fl., Grossschenk 1500 fl., Reps 1500 fl., zusammen 8000 fl. CM.

VI. Zur Unterstützung endlich solcher armer deutschen Volksschulen, welche die Gemeinden aus eigenen Mitteln nicht entsprechend er-

Die Entrichtung des Schulgeldes findet an allen Gymnasien, mit Ausnahme der sämmtlichen katholischen Anstalten und des griechisch-nichtunirten Gymnasiums, statt, schwankt jedoch im jährlichen Betrag von 1 bis zu 10 fl. CM. Dabei sind aber auch eine beträchtliche Anzahl der Schüler von demselben befreit.

An den meisten Gymnasien bestehen **Stipendien** in verschiedenen Beträgen baaren Geldes oder in Beköstigung und am reformirten Obergymnasium in Klausenburg auch ein Convikt, wo 20 Schüler die gänzliche Verpflegung erhalten.

C. Hohe Schulen.

In so ferne die höchsten wissenschaftlichen Lehranstalten die sämmtlichen vier Kathegorien, worin die Lehrgegenstände gewöhnlich eingetheilt werden (theologische, juridische, medicinisch-chirurgische und philosophische Fakultät), oder wenigstens die Mehrzahl derselben umfassen, heissen sie vollständige oder unvollständige **Universitäten**. Den unvollständigen Universitäten stehen aber, wie diess in Oestreich häufig der Fall ist, nur mit einzelnen Fakultätsstudien ausgerüstete Anstalten zur Seite. Diese nennt man, wenn sie aus der juridischen Lehrabtheilung bestehen, **Rechtsakademien**, ausserdem gibt es noch **medicinisch-chirurgische und theologische Anstalten.**

---

halten können, werden dem Oberkirchenrathe aus dem Nationalvermögen jährlich 3050 fl. in Conv. Münze zur beliebigen Verwendung ausgezahlt.

VII. Zu allen vorgenannten Schulanstalten müssen, wenn sie es ansuchen, alle Zöglinge, ohne Rücksicht auf Confession und Nation zugelassen werden.

VIII. Der Oberkirchenrath hat jährlich einen umfassenden Schulbericht, nebst Rechnungslegung abzufassen und den Domestical-Consistorien mitzutheilen.

IX. Die vorspecificirten Widmungsbeträge sind von jenem Augenblicke an zu den angedeuteten Zwecken flüssig, in welchem die beiden Nationalkassen aufhören werden, die sogenannten Contingente und sonstigen Verwaltungskosten zu bestreiten; nämlich mit dem Beginn der neu zu organisirenden politischen und gerichtlichen Landes-Verwaltung, indem wir eben jene, alsdann in den Nationalkassen zurückbleibenden Beträge, zu den obgedachten Schulzwecken bestimmt haben. — Auch ist es unser ernster Wille, dass obige Bestimmungen sammt und sonders bei ansonstiger Nullität des Ganzen, genau so ins Leben treten und immerdar eingehalten und beobachtet werden mögen, wie wir sie im Obigen ausgesprochen haben. Sollten jedoch Zeit und Umstände in der Folge eine theilweise Abänderung dennoch wünschenswerth oder nothwendig machen, so dürfen diese Umänderungen nur durch den Oberkirchenrath einverständlich entweder mit der Nations-Universität, als dem legalen Organ der ganzen Nation, oder in Folge mit den sächsischen Volksvertretern jener Zeit, als unsern einstigen Nachfolgern unter der ausdrücklichen Bedingung jedoch geschehen und beschlossen werden, dass die in dieser Urkunde bestimmten Beträge auf eine dem Geiste dieser Richtung entsprechende Weise lediglich zu Schulzwecken verwendet werden mögen.

Eine **Rechtsakademie** besteht nun auch in Siebenbürgen zu Hermannstadt *). Sie wurde im Jahre 1844 als sächsische Nationalanstalt errichtet und mit 2970 fl. CM. jährlich aus der Nationalkasse dotirt, wovon die Gehalte der 4 ordentlichen Lehrer zu 800, 750, 700 und 400 fl., der Lohn des Dieners mit 120 fl. und ebensoviel Quartiergeld und das Schreib-, Beleuchtungs- und Beheizungspauschale des jeweiligen Rektors mit 80 fl. CM. bestritten wurden. Zur Einrichtung einer Fachbibliothek widmete die Nation durch 10 Jahre den jährlichen Betrag von 200 fl. und systemisirte auch 10 Stipendien jährlicher 80 fl. aus der Nationalkassa.

Dieselbe wurde im Jahre 1851 durch Uebernahme ihrer Leitung und Erhaltung von Seite der Staatsverwaltung eine k. k. Rechtsakademie, und wenn auch ihrer vollständigen Organisirung noch entgegengesehen wird, so ist sie schon ganz wie die übrigen k. k. Rechtsakademien eingerichtet, von denen sie die meisten in der Zahl der vorgetragenen Lehrfächer übertrifft.

Bis zum Jahre 1849 wurde der Unterricht in zwei Jahrgängen ertheilt, nun ist aber auch ein dritter Jahrgang dazugekommen. Die Vorträge, welche durchgehends in deutscher Sprache gehalten werden, können zwar, wie an den andern österreichischen Rechtsakademien und den Universitäten, nach eigner Wahl der Studirenden besucht werden, doch ist der Direktor berechtigt, eine unzweckmässige Collegienauswahl nicht anzunehmen und Abweichungen von dem bestehenden Lektionsplane nur in so ferne zu gestatten, als sie durch besondere Umstände gerechtfertigt erscheinen oder wenigstens sich nur auf Gegenstände beziehen, deren gründliches Verständniss durch diese Abweichung nicht beeinträchtigt wird.

Die gegenwärtige Lektionsordnung **) an der Hermannstädter k. k. Rechtsakademie umfasst folgende Lehrgegenstände und Stundeneintheilung:

Erstes Jahr.

Winter-Semester.
1. Encyclopedie und Litterärgeschichte der Rechts- und Staatswissenschaften, wöchentlich 10 Stunden.
2. Römisches Recht, wöch. 5. St.
3. Theorie der Statistik, österreichische Statistik, dann Statistik der übrigen europ. Staaten w. 10 St.

Sommer-Semester.
1. Römisches Recht, wöchentl. 5 St.
2. Politische Wissenschaften, wöchentlich 10 Stunden.
3. Diplomatik und siebenbürgische Rechtsgeschichte, wöchentlich 5 Stunden.

---

*) Vor dem Jahre 1849 waren auch in Klausenburg 3 Rechtsakademien, davon eine (das r. k. Lyceum) in Verbindung mit der chirurgischen Fakultät, dann in Maros-Vásárhely, Nagy-Enyed und Udvarhely je eine Rechtsakademie (Collegium), welche aber nun eingegangen sind. (Siehe Einleitung Seite 29 und 30.)

**) Sie wurde mit dem Erlasse des h. k. k. Kultusministeriums vom 26. September 1854 Z. 11980/724 festgesetzt.

Zweites Jahr.

Winter-Semester.
1. Oesterreichisches Civilrecht, wöchentlich 10 Stunden.
2. Siebenbürgisch-ungrisches Recht, wöchentlich 5 Stunden.
3. Bergrecht, wöchentlich 5 St.
4. Katholisches Kirchenrecht, wöchentlich 5 Stunden.

Sommer-Semester.
1. Oester. Civilrecht, wöchentl. 5 St.
2. „ Handels u. Wechselrecht, wöchentlich 5 Stunden.
3. Siebenbürgisch-sächsisches Recht, wöchentlich 5 Stunden.
4. Kirchenrecht der akatholischen christlichen Confessionen, wöchentlich 5 Stunden.

Drittes Jahr.

Winter-Semester.
1. Oesterreichisches Strafrecht und Strafverfahren, wöchentl. 10 St.
2. Oester. Civilverfahren w. 5 St.
3. Organismus der öster. Verwaltungsbehörden, öster. Verwaltungsgesetzkunde, wöch. 10 St.
4. Staatsrechnungskunde w. 3 St.

Sommer-Semester.
1. Civilverfahren sammt praktischen Uebungen, wöchentlich 10 St.
2. Oester. Finanzgesetzkunde, wöchentlich 10 Stunden.
3. Staatsrechnungskunde, wöchentlich 3 Stunden.

Von diesen Lehrgegenständen sind alle obligat mit Ausnahme der Staatsrechnungskunde.

Das Lehrerpersonale bestand im Jahre 1851 aus 5 ordentlichen öffentlichen Professoren und 2 Privatdocenten, gegenwärtig halten 4 ordentliche Professoren, 1 ausserordentlicher Professor, 1 Supplent (Adjunkt) und 1 Privatdocent Vorlesungen.

Der Besuch der Anstalt von Seite der Studirenden sowie deren Vertheilung nach Nationalitäten und Confessionen stellte sich in den letzten drei Studienjahren folgendermassen heraus:

Studienjahr.	Eigenschaft der Studirenden	Anzahl	Nationalität der Studirenden					Confession der Studirenden					
			Deutsch	Ungrisch	Román.	Anders	Kathol.	Luther.	Reform.	Unitar.	Gr. unirt	Gr. n. un.	
1851/2	ordentliche	46	22	.	14	.	2	31	.	.	9	4	
	ausserord.	4	.	.	3	1	.	.	.	.	2	2	
	Zusammen	50	22	.	17	1	2	31	.	.	11	6	
1852/3	ordentliche	51	36	8	18	.	12	32	1	.	11	7	
	ausserord.	39	16	.	4	8	22	1	.	.	2	2	
	Zusammen	90	52	8	22	8	34	33	1	.	13	9	
1853/4	ordentliche	75	33	22	20	.	14	30	8	3	15	5	
	ausserord.	57	30	3	13	11	41	1	2	.	11	2	
	Zusammen	132	63	25	33	11	55	31	10	3	26	7	

Die ungewöhnlich starke Zunahme der ausserordentlichen Zuhörer in den letzten Jahren erklärt sich dadurch, dass mit wiederholten Erlässen des h. Finanzministeriums und der h. obersten Controllsbehörde den Steuer- und Kassabeamten die Anhörung der Staatsrechnungskunde und Ablegung der Prüfung aus derselben zur Pflicht gemacht wurde.

Die früher aus der sächsischen Nationalkassa bestrittenen Erhaltungskosten dieser Anstalt hat nun vollständig der Studienfond übernommen. Es werden an ihr aber bis nun weder Aufnahmsgebühren, noch Collegiengelder entrichtet; dabei bestehen 8 Stipendien im Gesammtbetrage von 340 fl.

An Lehrmittelsammlungen besitzt die Rechtsakademie eine Fachbibliothek von rechts- und staatswissenschaftlichen Werken, welche besonders in der letzten Zeit stark vermehrt wurde und gegen 2000 Bände umfassen mag.

Von hohen Schulen besitzt Siebenbenbürgen ausser der k. k. Rechtsakademie in Hermannstadt noch eine k. k. **chirurgische Lehranstalt** in Klausenburg. Dieselbe hat drei Jahreskurse für die Heranbildung von Wundärzten und es ist mit ihr zugleich ein halbjähriger theoretischer und praktischer Curs für Hebammen verbunden.

Die Lehrgegenstände dieser Anstalt sind gegenwärtig: Physik, Botanik, Chemie, Physiologie, Anatomie, Veterinärkunde, allgemeine und specielle Pathologie, Chirurgie, theoretische und praktische Geburtshilfe, welche theils in magyarischer, theils in deutscher Sprache vorgetragen werden; nur für die Hebammen wird die Geburtshilfe auch in romänischer Sprache gelehrt.

Das Lehrpersonale besteht aus 4 Professoren, 2 Supplenten und 2 Asistenten. Die Anzahl der Schüler belief sich im Jahre 1851 auf 53 Schüler, wovon 21 im ersten 24 im zweiten und 8 im dritten Jahrgange standen und 28 Hebammen.

Dem Religionsbekenntnisse nach waren:

	Schüler	Schülerinen
Katholisch	33	13
Reformirt	12	5
Lutherisch	5	5
Unitarisch	2	1
Griechisch–unirt	.	2
„ nichtunirt	1	2

Bezüglich der Nationalität vertheilten sich:

	die Schüler	Schülerinen
In Ungarische	46	15
„ Deutsche	6	9
„ Romänische	1	4

Weder Aufnahmstaxen noch Schulgelder werden von den Schülern und Schülerinnen entrichtet. Die sämmtlichen Schülerinnen der Geburtshilfe erhalten dagegen Verpflegsbeiträge von täglich 12 xr. CM. während der Dauer des Curses, welche als Stipendien angesehen werden können.

Von den Schülern des dritten Jahrganges wurden im Jahre 1851 von 8 frequentirenden 5 als Wundärtzte approbirt und von 28 Schülerinnen 27 als Hebammen diplomirt.

An Lehrmitteln besitzt diese Anstalt ein chemisches Laboratorium, eine Sammlung anatomischer Präparate, chirurgischer und geburtshilflicher Instrumente, ein pharmacologisches Cabinet. Auch bestehen im Carolinen-Landesspitale 3 Kliniken zur Aneignung der praktischen Erfahrungen *), wovon für innere und äussere Krankheiten je 8 Betten und für Gebärende 12 Betten bestimmt sind.

Die Erhaltungskosten dieses chirurgischen Institutes werden, mit Ausnahme der für die klinischen Anstalten, welche bisher dem Spitalsfonde zur Last fielen, aus Staatsmitteln bestritten.

Der chirurgischen Lehranstalt in Klausenburg schliesst sich die **Hebammenschule in Hermannstadt** an, wo von einem graduirten Arzte die Hebammenkandidatinnen in der theoretischen und praktischen Geburtshilfe unterrichtet werden. Sie war früher nur ein Filial-Institut des Klausenburger Lyceums, von welchem auch die Diplome ausgestellt wurden. Seit dem Jahre 1851 ist sie aber als k. k. Lehranstalt der Geburtshilfe selbstständig gemacht worden und wird seinerzeit mit der am Franz-Josephs-Spitale zu errichtenden Klinik für Geburtshilfe vereinigt werden.

Der Curs ist halbjährig und es wird deutsch und nach Erforderniss auch romänisch gelehrt. Seit dem Jahre 1849 ist diese Schule bedeutend in Aufnahme gekommen, denn während früher nur 5 bis 8 Schülerinnen sie besuchten, sind es jetzt in der Regel 20 und mehr. (Im Jahre 1854 waren 18 lauter deutsche Schülerinnen.)

Die Erhaltungskosten werden, so wie früher aus der Provincialkassa, auch gegenwärtig vom Staatsschatze getragen, welchem aber bis jetzt nur der Gehalt des Professors (400 fl.), der Miethzins für's Lokale und einige mindere Ausgaben zur Last fielen.

Die nöthigsten Bücher, Abbildungen, Modelle und Instrumente, welche die Lehrmittel der Anstalt ausmachen, wurden derselben vom gegenwärtigen Professor (Dr. Mikulitsch) geschenkt.

Der Unterricht wird zwar unentgeldlich ertheilt, doch wurde in der letzten Zeit eine Prüfungstaxe von 13 fl. 30 xr. CM. eingeführt, welche theils als Diplomtaxe, theils als Honorar für die Prüfungskommissäre zu gelten hat.

---

*) Ausserdem ist auch hier (wie in Maros-Vásárhely) eine abgesonderte **Klinik für Augenleidende.**

D. Andere Lehranstalten.

An die in den vorstehenden Abschnitten behandelten Volks-, Mittel- und Hochschulen Siebenbürgens schliessen sich noch einige Lehranstalten an, welche keiner dieser Gattungen eingereiht werden können. Es sind diess die **Bergbauschule** in Nagyág (Szekerembe), die **Handlungsschule** in Hermannstadt, die **theologischen** und **pädagogischen** Lehranstalten der einzelnen Confessionen, die **höhere Mädchenschule** in Hermannstadt, dann die verschiedenen Anstalten für **Musik, Zeichenkunst, Kalligraphie, Sprachenkunde, Schwimmen** u. s. w.

Die k. k. **Bergbauschule in Nagyág**, welche unter der Leitung der dortigen k. k. Bergverwaltung steht, umfasst zwei Jahrgänge, worin Mathematik, Physik, Oryktognosie, Geognosie, Bergbaukunst, Markscheidekunst, Bergrecht, dann die Anfangsgründe der Mechanik und montanistischen Rechnungsführung gelehrt werden.

Der Unterricht wird allen Schülern unentgeldlich von zwei k. k. Bergbeamten ertheilt, welche dafür Remunerationen vom Montan-Aerar erhalten. Auch die Kosten für Anschaffung der Schreib- und Zeichenrequisiten, dann der übrigen Erfordernisse werden aus dem Staatsschatze bestritten.

Zur Erleichterung der neu Eintretenden besteht an dieser Anstalt auch eine Vorbereitungsklasse, in welcher ein älterer Bergschüler dieselben unterrichtet.

Im Schuljahre 1851 zählte die Bergschule 28 Schüler, worunter 26 deutsche, 1 Ungar und 1 Romäne. Der Confession nach waren von den Schülern 26 Katholiken, 1 Reformirter und 1 unirter Grieche.

An Lehrmittelsammlungen besitzt die Anstalt die nöthigen geometrischen und Markscheide-Instrumente, mehrere Modelle für den Unterricht über das Grubenwesen und die Aufbereitung der Erze, dann eine oryktognostische und geognostische Sammlung.

Die **Handelsschule** in Hermannstadt wurde beiläufig im Jahre 1825 von der dortigen privilegirten Handlungssocietät errichtet, umfasste anfänglich nur eine Klasse, später auch eine Vorschule, zu welchen im Jahre 1852 noch eine dritte Klasse hinzukam, so dass sie seit ihrer Reorganisirung im Jahre 1853 aus 3 Klassen (zwei Vorschulen und einer Hauptschule) besteht. Jede Klasse hat einen einjährigen Curs im Wintersemester von 3, im Sommer 2 wöchentlichen Doppelstunden. — Die Lehrgegenstände sind in der:

I. Klasse: Allgemeine Geographie, allgemeine Naturgeschichte, Anfangsgründe im Rechnen bis zu der Lehre von den Verhältnisszahlen, gewerbliche Aufsatzlehre.

II. **Klasse:** Einfache Buchhaltung, Waarenkunde, Rechnen (Wiederholung der Lehre von den Brüchen und Decimalen, den benannten Zahlen, den Verhältnissen, der wälschen Praktik, Regel de Tri, Percenten-, Gesellschafts-, Gewinnst-, und Verlusst-Rechnung), Waarenkunde und kaufmännische Aufsatzlehre.

III. **Klasse:** Doppelte Buchführung, Wechselkunde, höhere kaufmännische Rechenkunst und kaufmännischer Briefstyl.

Im Jahre 1854 bestanden drei Lehrer an dieser Anstalt mit den Gehalten von 200, 150 und 120 fl., welche vom Handelsgremium aus der Reihe der Professoren der Realschule am hermannstädter lutherischen Gymnasium ernannt wurden.

Die Schülerzahl betrug in demselben Jahre 55, wovon 16 in der I. Klasse, 20 in der II. Klasse und 19 in der III. Klasse standen.

Die Erhaltungskosten werden, soweit sie nicht durch Schulgelder ihre Bedeckung finden, theils aus dem Gremialfonde, theils von denjenigen Mitgliedern der Handelssocietät bestritten, welche ihre Lehrlinge am Unterrichte Theil nehmen lassen.

Die öffentlichen Prüfungen sind halbjährig. Die Schüler entrichten je nach ihrer Anzahl und der dadurch sich vertheilenden Summe der Erhaltungskosten der Anstalt ein jährliches Schulgeld von 8 bis 12 fl. CMze an die Societätskasse; armen Schülern wird jedoch die Zahlung erlassen und es werden ihnen nach Umständen auch die Schulerfordernisse aus der genannten Kasse verabreicht.

Von **theologischen** Lehranstalten, welche zur Heranbildung des Clerus der verschiedenen Confessionen bestimmt sind, haben wir mehrere in Siebenbürgen.

In Karlsburg bestehet, in unmittelbarer Verbindung mit einem Seminar für die junge Geistlichkeit (wovon später bei den Erziehungsanstalten das Weitere folgen wird) das römisch-katholische bischöfliche Lyceum unter dem Prodirektorate des Grossprobstes mit vier Professoren für Dogmatik, Moral- und Pastoral-Theologie, Pädagogik, Kirchenrecht und Kirchengeschichte, Hermeneutik und Exegese.

Ebenso ist auch in Blasendorf und gleichfalls in Verbindung mit einem Seminar für die junge Geistlichkeit ein griechisch-unirtes bischöfliches Lyceum, an welchem unter dem Prodirektorate des Domprobstes 4 Professoren über Dogmatik, Moral- und Pastoraltheologie, Kirchengeschichte, Bibelstudium, hebräische und griechische Sprache lehren, nachdem die früher mit dieser Anstalt in Verbindung gestandenen philosophischen Studien nun ganz an das neu organisirte vollständige Obergymnasium übergingen.

Am **griechisch-nichtunirten Clerikal-Institute** in **Hermannstadt** lehren unter der unmittelbaren Leitung des Bischofs 4 Professoren die theologischen Wissenschaften und den Kirchengesang in dem Umfange, wie sie die Landgeistlichen dieser Confession benöthigen.

Für die Heranbildung der **reformirten** Geistlichen bestehen die mit den beiden Obergymnasien zu **Udvarhely** und **Klausenburg** vereinigten Seminare, doch suchen die Candidaten der Theologie dieser Confession noch meist eine weitere Ausbildung auf auswärtigen Universitäten.

Die **Unitarier** haben ein mit dem Obergymnasium in Verbindung stehendes theologisches Seminar in **Klausenburg** und eine Vorbereitungsschule dazu an den Untergymnasien in Szitás-Keresztur und Thorda.

Während die Geistlichen der **Lutheraner** in der Regel ihre Ausbildung auf den Universitäten Deutschlands und der protestantisch-theologischen Lehranstalt in Wien erlangen, bestehen zur Ausbildung der Landprediger und Dorfschullehrer die fünf, mit den dortigen Obergymnasien unter derselben Direktion vereinigten Seminarien zu Hermannstadt, Kronstadt, Schässburg, Mediasch und Bistritz. In diesen erhalten die Schüler Unterricht in der Religion, Catechetik, Homiletik, Pädagogik, Psychologie, deutschen Sprache, Geschichte, Naturgeschichte, Physik, Mathematik, im Gesang und in der Musik; je nach der Lokalen-Einrichtung bleiben mitunter einige dieser Lehrfächer aus, oder es wird ein Theil derselben von den Seminaristen zugleich mit den Schülern des Obergymnasiums angehört, während die Vorbildung der Seminaristen theils am Untergymnasium, theils (wie in Hermannstadt) an der Realschule stattfindet.

Alle diese theologischen Lehranstalten können auch als **pädagogische** Schulen angesehen werden, weil die Schüler in der Regel nicht nur theoretischen Unterricht in der Erziehungskunde erhalten, sondern sich darin theils durch öffentlichen, theils Privatunterricht der kleinen Kinder meist auch praktisch ausbilden.

Wir haben hier ferner die **höhere Mädchenschule** in **Hermanstadt** zu berücksichtigen, ein Institut, das noch im Jahre 1834 von seinem jetzigen Vorsteher, **Johann Michaelis**, als Privatanstalt errichtet, im Jahre 1853 mit den in Hermannstadt befindlichen drei lutherischen Elementarschulen *) für die weibliche Jugend unter demselben Direktor vereinigt, jetzt als öffentliche städtische Lehranstalt mit 3 Klassen besteht.

---

*) Diese sind: die in der Oberstadt, in der Unterstadt und in der Josephstadt; — im Schuljahre 1853/4 zählte die Erstere in 3 Klassen 122, die Zweite ebenfalls in 3 Klassen 161, die Dritte in 2 Klassen 37 Schülerinnen.

Ausserdem besteht aber in Hermannstadt auch eine niedere **katholische** Mädchenschule mit 3 Klassen bei den Ursuliner Nonnen und ein Privatlehrer für den höhern Unterricht der **Schülerinnen dieses Glaubensbekenntnisses.**

In dieser höhern Mädchenschule wurde im Schuljahre 1853/4 von 2 ordentlichen und einem ausserordentlichen Lehrer, dann 2 ausserordentlichen Lehrerinnen der Unterricht ertheilt.

Die obligaten Unterrichtsgegenstände der drei Klassen und die Verhältnisse der Schülerinnen sowohl nach den Klassen, als nach ihrer Nationalität und Confession lassen sich folgendermassen übersichtlich darstellen:

| Klasse | Unterrichtsgegenstände | Wöchentliche Stunden | Gesammtzahl der Schülerinnen | deren Vertheilung nach der | | | Vom Schulgelde befreit |
| | | | | Nation | Confession | | |
				nur Deutsche	Lutherisch	Katholisch	
I.	Religion, deutsche Sprache, Rechnen bis zu den einfachen Brüchen, Geschichte und Geographie (mit besonderer Berücksichtigung der Letztern) Naturgeschichte, bürgerliche Aufsatzlehre, declamatorische Uebungen, ästhetisches Lesen.	15	32	32	30	2	3
II.	Religion, deutsche Sprache, Geschichte und Geographie (mit grösserer Berücksichtigung der Erstern), Physik, Rechnen, Seelenlehre.	15	13	13	12	1	0
III.	Religion, deutsche Litteraturgeschichte, vaterländische Geographie und Geschichte, Mythologie, Aesthetik, weibliche Berufs- und Umgangslehre, höhere Stylistik.	15	6	6	4	2	1
	Im Ganzen	45	51	51	46	5	4

In allen drei Klassen wurden ausserdem schriftliche Aufsätze gemacht und Schreibübungen gehalten; auch werden als unobligate Gegenstände noch Zeichnen, Singen, französische Sprache und weibliche Handarbeiten gelehrt.

An Lehrmitteln besitzt die Anstalt noch keine eigenthümlich, sondern benützt die dem Direktor und zugleich ersten Lehrer Gehörigen.

Die Erhaltungskosten werden, ausser einem geringen Zuschusse der Stadtkasse für die vom Schulgelde befreiten Schülerinnen, durchwegs vom Schulgelde bestritten, welches gegenwärtig 14 fl. CM. beträgt. Die unobligaten Fächer werden dagegen besonders honorirt.*) Für den Unterricht in der **Musik**, im **Zeichnen**, in der **Kalligraphie** und in lebenden **Sprachen** (besonders französisch) bestehen, wie bereits erwähnt, an vielen Mittelschulen und andern Lehranstalten eigene Lehrer, dann wird hierin auch an mehreren Orten Privatunterricht ertheilt.

Die **gymnastischen Leibesübungen** werden nicht nur an den lutherischen Obergymnasien, dann an der Kleinkinderbewahranstalt in Klausenburg und den Militär-Erziehungshäusern zu Orlat und Szamos-Újvár gepflegt, indem dieselben dort von eignen Lehrern mit den Schülern vorgenommen werden; sondern es ist auch durch einen Erlass des h. k. k. Unterrichtsministeriums vom 19. Juni 1850 Z. 3003. die in Hermannstadt bestehende Turnanstalt theilweise zu einer Staatsanstalt umgewandelt worden, indem die Staatsverwaltung einen Theil der Erhaltungskosten trägt und dafür eine bestimmte Anzahl von Schülern sämmtlicher Lehranstalten in Hermannstadt unentgeltlichen Unterricht zu erhalten haben.

Hierher müssen auch die **Schwimmschulen** gerechnet werden, wovon wir in Siebenbürgen eine grosse Militärschwimmschule in Hermannstadt **), dann noch zwei Civilanstalten in Kronstadt und Klausenburg haben.

Die Militär-Bildungsanstalten, Kleinkinderbewahranstalten und Waisenhäuser, welche in gewisser Beziehung auch zu den Lehranstalten gerechnet werden müssen, werden wir im folgenden Paragraphen von den Erziehungsanstalten einer nähern Würdigung unterziehen.

§. 31. Erziehungsanstalten.

Diejenigen Institute, in welchen die Zöglinge ihre Verpflegung erhalten, wobei sie den Unterricht entweder an der mit dem Institute selbst verbundenen oder einer andern Lehranstalt geniessen, werden Erziehungshäuser genannt. Der an diesen Erziehungshäusern ertheilte Unterricht erstreckt sich theils nur auf die Lehrgegenstände der Elementarschulen, wie bei den Waisenhäusern und Kleinkinderbewahranstalten; — theils umfasst er auch die Lehrfächer der Gymnasien und theologische Studien, wie an den Convikten und Seminarien, — oder die specielle Ausbildung in den militärischen Erziehungshäusern. Ausserdem bestehen auch mehrere Privat-Erziehungsanstalten, deren Zöglinge entweder im Institute selbst den Elementarunterricht geniessen oder als Privatschüler von eignen Lehrer in den Gegenständen der Gymnasien und Realschulen unterrichtet werden.

---

*) In mehreren Städten (wie in Kronstadt, Mühlbach u. s. w.) erstreckt sich der Mädchen-Unterricht ebenfalls weit über die Gegenstände der Trivialhauptschulen hinaus; es hat sich aber nur die eben Beschriebene den Namen einer höhern Anstalt erworben.

**) In dieser werden jedoch gegen ein angemessenes Honorar auch Civilpersonen und selbst Mädchen im Schwimmen unterrichtet.

Unter die Erziehungsanstalten unsers Landes gehören nun vor Allem die **Waisenhäuser, Kleinkinderbewahranstalten, Seminare** und **Convikte** und die **Militärerziehungshäuser.**
Von **Waisenhäusern** haben wir zwei in Hermannstadt, nämlich das **k. k. Theresianische (katholische)** und das **Waisenhaus der lutherischen Glaubensgenossen.** Das Erstere wurde von der grossen Kaiserin Maria Theresia im Jahre 1770 gestiftet und mit einem bedeutenden Fonde ausgerüstet. In und ausser dem Hause können 402 Waisenkinder und Findlinge untergebracht und erzogen werden. Die Anstalt hat ihre eigne Elementarhauptschule, wo die Stiftlinge beiderlei Geschlechtes, von einander abgesondert, unterrichtet werden; und es gehen dann die fleissigen und bemittelten Knaben zum Besuche des katholischen Gymnasiums über. Mit dem erreichten 15. Lebensjahre hört die Erziehung der Waisen- und Findelkinder an der Anstalt, aber damit noch nicht die weitere Fürsorge der Letztern für die Austretenden auf. Denn für die Knaben, welche sich einem bürgerlichen Gewerbe widmen, werden die Lehr-, Einrichts- und Freisprechungsgelder aus der Waisenhauskasse gezahlt und sie erhalten aus derselben nach ihrer Freisprechung eine vollständige neue Kleidung, dann ausserdem noch, wenn sie ihre Werkstatt einrichten, einen Beitrag von 20 Gulden. Die ausgetretenen Mädchen gehen in Dienste und erhalten, wenn sie heirathen, eine Ausstattung von ebenfalls 20 Gulden aus dem Institutsfonde. — Die Anstalt besitzt in der sogenannten Burgerthorvorstadt Hermannstadts zwei grosse sich gegenüberliegende Gebäude, wo nicht nur die Stiftlinge (mit Ausnahme der Findelkinder bis zum 6. Jahre, welche auf Kosten des Waisenhauses aufs Land in Verpflegung gegeben werden), sondern auch das gesammte Aufsichts-, Lehr- und Verwaltungspersonale untergebracht sind, nebst einer eigenen Kirche und Pfarrre. — Das Aufsichts- und Verwaltungspersonale besteht aus dem Direktor, einem Pfarrer, Rechnungsführer, Controllor, Physikus, Wundarzt, Ausspeiser, vier Aufsehern, einem Portier, einem Hausknecht und fünf Stubenmüttern. Die Schule des Waisenhauses hat unter derselben Direktion, den Pfarrer zum Catecheten, dann vier Knabenlehrer, einen Mädchenlehrer, einen Zeichenlehrer, einen Lehrer der Kalligraphie und eine Arbeitslehrerinn. Im Jahre 1854 befanden sich 317 Knaben und 103 Mädchen in der Erziehung der Anstalt, davon waren im Hause selbst 130 Knaben und 44 Mädchen als Stiftlinge nebst 19 zahlenden Kostknaben, dann in auswärtiger Kost 50 Knaben und 18 Mädchen, auf der Lehre 31 Knaben und ausserdem noch 54 männliche und 29 weibliche Findlinge auf benachbarten Dörfern (Guraro und Poplaka) in Verpflegung. Die Findlinge finden in der Anstalt unbedingte Aufnahme, die Stiftplätze für Waisenkinder werden von der k. k. Statthalterei verliehen.

Das **lutherische Waisenhaus** in Hermannstadt steht unter der Direktion des dortigen evangelischen Lokalconsistoriums mit einem Verwalter an der Spitze. Es wurde aus milden Stiftungen gegründet, worunter sich ein Haus in der Sagthor-Vorstadt und mehrere Grundstücke befinden; zu diesen kam in der letzten Zeit (1854) die Schenkung J. M. der Kaiserin von 500 fl. CM. hinzu. Aus dem Erträgnisse dieser Stiftungen werden zehn Plätze für ganz elternlose Waisenkinder erhalten, die den Unterricht an den lutherischen Elementarschulen bis zum vollendeten 14. Lebensjahre unentgeldlich geniessen, wo sie dann aus der Anstalt entlassen und die Knaben auf ein Handwerk, die Mädchen in Dienst gegeben werden.

Die Errichtung von **Kleinkinderbewahranstalten**, welche den Zweck haben, die noch nicht schulfähigen Kinder dürftiger, mit dem Erwerbe ausser ihrer Wohnung beschäftigter Eltern zu beaufsichtigen, physisch und geistig heranzubilden, meistens auch in den Elementargegenständen zu unterrichten, begann etwa vor 12 Jahren in Siebenbürgen. Die erste dieser Anstalten rief Graf Nikolaus Wesselényi auf seinem Gute zu Sibó bei Zilah ins Leben und bald folgten mehrere Gutsbesitzer seinem rühmlichen Beispiele nach *). Auch bei mehreren Gemeinden und Vereinen fand die Sache Anklang und so entstanden 1845 in Klausenburg und 1846 in Déés, Thorda, Sächsisch-Regen und einigen andern Orten Kleinkinderbewahranstalten. Viele derselben, namentlich die von den Gutsbesitzern errichteten, sind in den Stürmen der letzten Revolution eingegangen oder konnten sich doch in der neuern Zeit nicht zu besonderm Gedeihen emporschwingen.

Zu den Erziehungsanstalten gehören in Siebenbürgen ferners die **Seminarien** und **Convikte**. Es gibt deren im Ganzen 17 im Lande **), wovon die Mehrzahl für die Heranbildung von Geistlichen bestimmt sind, und von uns schon gelegentlich bei den Unterrichtsanstalten erwähnt wurden. Es sind dies die fünf **lutherischen Seminarien** an den Obergymnasien dieser Glaubensgenossen zur Heranbildung von Predigern und Dorfsschullehrern, die beiden Seminarien für **reformirte** Geistliche in Udvarhely und Klausenburg ***), das **unitarische** geistliche Seminar in Klausenburg, die **katholischen** Seminare des jüngern Clerus (Seminarium incarnatae sapientiae) und für die Heranbildung von Knaben für den geistlichen Stand in Karlsburg, das **griechisch-unirte** Seminar in Blasendorf. Weiters gehören hierher das **adelige Convikt** in Klausenburg und die vier katholischen Gymnasialconvikte zu Karlsburg (mit 14 Stiftplätzen), zu Udvarhely (mit 36 Plätzen), zu Csík-Somlyó (mit 31 Plätzen) und zu Maros-Vásárhely mit 20 Plätzen; — endlich das **Mädchen-Erziehungsinstitut** bei den Ursuliner Nonnen in Hermannstadt mit 11 Stiftplätzen.

Von **Militär-Erziehungshäusern**, welche den doppelten Zweck haben, verdienten Militärs die Last der Erziehung ihrer Kinder zu erleichtern, und diese Kinder zu braven Soldaten heranzubilden, — sind zwei für Siebenbürgen bestimmt; nämlich das Obererziehungshaus

---

*) Kővári László, Erdély Statistikája Seite 295.
**) Sie zählten im Jahre 1850 zusammen mehr als 3500 Alumnen.
***) Dieses wurde in der letzten Zeit von Nagy-Enyed hierher übertragen.

in Orlat, welches mit dem Jahre 1856 nach Hermannstadt in das eben im Bau begriffene grosse Gebäude bei der Zuckerfabrick versetzt werden wird, — dann das Untererziehungshaus in Szamos-Újvár.

Das die militärische Ausbildung bezweckende Unterrichtswesen hat in neuester Zeit, wie in Oesterreich überhaupt, so auch in Siebenbürgen eine durchgreifende Umgestaltung *) erfahren, welche nicht nur in der Einheit der Leitung sämmtlicher Anstalten, sondern auch in einer strenge gegliederten Beziehung derselben zu einander besteht. Dieselben theilen sich nun ihrer Bestimmung nach zunächst in Anstalten, welche Unterofficiere, dann solche, welche Officiere für die Armee heranbilden. Zu den Erstern, welche in die Kategorie der Mittelschulen gehören, sind die Unter- und Ober-Erziehungshäuser, dann die Schulcompagnien, — zu den Letztern als böhere Lehranstalten die Kadeten-Institute und Militärakademien zu zählen.

Die Untererziehungshäuser sind Vorbereitungsschulen für die Obererziehungsschulen und Kadeten-Institute; in denselben werden vor Allem Militärwaisen und Söhne verdienter Militärs im Alter von 8 Jahren aufgenommen. Ihre Zahl ist für die Monarchie mit 12 von je 100 Zöglingen festgesetzt. Der Curs umfasst vier Jahrgänge, nach deren Zurücklegung die Zöglinge in die Obererziehungshäuser, oder wenn sie besonders befähigt sind, unmittelbar in die Kadeteninstitute übertreten. Die Unterrichtsgegenstände sind hauptsächlich: deutsche Sprache, Rechnen und Kalligraphie, — dann Religionslehre, Geographie, Naturkunde, Freihandzeichnen, Gymnastik und die Anfangsgründe des Abrichtungsreglements.

Die Militär-Obererziehungshäuser schliessen sich an die Untererziehungshäuser an, und es gibt deren in der Monarchie 12 für je 200 Zöglinge im Alter von 11 bis 14 Jahren. Ausser für die aus den Untererziehungshäusern eintretenden Schüler bestehen hier auch Plätze für Privat-Stiftlinge und Kostzöglinge, welche gegen Zahlung nach entsprechend abgelegter Prüfung unmittelbaar aus dem elterlichen Hause eintreten können. Der Curs hat ebenfalls vier Jahrgänge, in welchen ausser den Lehrgegenständen der Untererziehungshäuser in erweitertem Umfange, noch Nationalsprache, Arithmetik, Geometrie, Geschichte und Dienstreglement, dann Schwimmen hinzukommen. Nach Beendigung des Curses treten die Schüler, welche nicht wegen besonderer Fähigkeiten in ein Kadeteninstitut eingetheilt werden, in eine der Schulcompagnien ein, die zur theoretischen und praktischen Heranbildung von Unterofficieren für die verschiedenen Waffengattungen bestimmt sind.

Durch diese Bestimmungen ist nun auch die bisherige Einrichtung der siebenbürgischen Bildungsanstalten zum künftigen Militär-

---

*) Durch die a. h. Entschliessungen vom 12 Februar, 10. und 23. März 1852.

dienste gänzlich verändert worden. Die bestandenen 5 Regiments-Erziehungshäuser und zwar: für die drei Szekler-Grenzregimenter zu Kézdi-Vásárhely, für das I. Walachen-Grenzregiment zu Orlat und das II. zu Naszód, endlich für die beiden Linienregimenter Nro. 31 zu Hermannstadt und Nro. 51 zu Szamos-Újvár haben zu bestehen auf-aufgehört und es sind an ihre Stelle, wie bereits im Eingange erwähnt wurde, das Militär-Untererziehungshaus zu Szamos-Újvár und das Obererziehungshaus in Orlat (künftig Hermannstadt) getreten.

Mit Ende des Jahres 1852 befanden sich im Ganzen 117 Zöglinge in diesen beiden Erziehungshänsern und zwar in dem zu:

Szamos-Újvár   12 im I., 12 im II., 9 im III., 11 im IV. Jahrgange,
zusammen 44;
dann in dem zu Orlat 19 im I., 18 im II., 18 im III., 19 im IV. Jahrgange,
zusammen 73.

Von Schulcompagnien und höhern Militär-Erziehungsanstalten besitzen wir keine in Siebenbürgen, daher auf eine nähere Berücksichtigung ihrer Einrichtungen hier nicht weiter eingegangen werden kann.

§. 32. Bildungsanstalten.

Zur Aneignung und Verbreitung einer über die der Schule hinausreichende Bildung dienen theils besondere Anstalten, theils Vereine und Gesellschaften zur Beförderung der Wissenschaften, Künste, Gewerbe und Bodenkultur mit ihren Sammlungen für die anschauliche und praktische Belehrung.

Unter den wissenschaftlichen und Kunstanstalten Siebenbürgens verdient unstreitig die des ehemaligen Gouverneurs von Siebenbürgen, Samuel Freiherrn von Bruckenthal, in Hermannstadt den ersten Rang. Eine zahlreiche Gemäldesammlung, geschmückt durch treffliche Werke der vorzüglichsten Meister aus den Kunstschulen Italiens, Deutschlands, der Niederlande und Frankreichs *); eine reiche Münzsammlung, besonders vollständig in der siebenbürgischen Numismatik; ein Mineralienkabinet, dessen Prachtexemplare **)

---

*) Es sind von 15 Sälen des zweiten Stockwerkes in dem auf dem grossen Platze Hermannstadt's befindlichen freiherrlich Bruckenthal'schen Gebäude 5 Säle mit 199 Gemälden italienischer Meister (darunter Stücke von Guido Reni, Salvator Rosa, Carraci, Leonardo da Vince, Corregio u a.) — 5 Säle mit 429 Gemälden der niederländischen Schule (mit Stücken von Anton van Dyk, Brinkmann, Rubens, Wouwermann, Rembrand u. a., — und 5 Säle mit 470 Gemalden der deutschen Schule besetzt (worunter Stücke von Albrecht Dürer, Lukas Kranach, Schinagel, Martin Meytens u. s. w..

**) Darunter 451 Stücke gediegenes Gold in allen Formen und selbst schöne Krystalle, 11 Stücke gediegenes Silber, 21 Stufen gediegenes Tellur, 100 Stufen Schrifttellur, 96 Stufen Weisstellur und 102 Stufen Blättertellur.

von den Erzeugnissen des siebenbürgischen Bergbaues das rühmlichste Zeugniss ablegen; eine geognostische Sammlung mit den herrlichsten Denkmalen der in Siebenbürgen untergegangenen Schöpfungen; eine Sammlung von Antiquitäten der ereignissvollen Geschichte früherer Jahrhunderte und besonders eine in allen Fächern der Litteratur reich ausgestattete Bibliothek von etwa 24000 Bänden beurkunden die hohe wissenschaftliche Bildung und den edeln Sinn des Stifters, durch dessen letztwillige Anordnung *) diese Sammlungen der Besichtigung und Benützung des Publikums freigegeben und mit den nöthigen Geldmitteln zu ihrer Beaufsichtigung, Erhaltung und Vermehrung ausgestattet wurden.

Würdig steht dieser Anstalt die Bibliothek des gewesenen k. k. siebenbürgischen Hofkanzlers, Grafen Samuel Teleki von Szék, zur Seite, welche ebenfalls vom Stifter dem allgemeinen Gebrauche geöffnet, in einem eignen geschmackvoll eingerichteten Gebäude in Maros-Vásárhely zugleich mit einer nicht unbedeutenden Mineraliensammlung aufgestellt ist. Sie soll 60,000 Bände umfassen und es sind in ihr die vorzüglichsten Werke aus allen Fächern der Litteratur (namentlich die alten ungrischen Druckwerke) würdig vertreten.

Die Sternwarte in Karlsburg mit der dabei aufgestellten öffentlichen Bibliothek, welche besonders an Handschriften und alten Druckwerken werthvolle Schätze besitzt, ist ein Institut, durch welches sich der würdige Gründer, der ehemalige katholische Bischof von Siebenbürgen, Graf Ignaz Batthyáni ein bleibendes Denkmal seines Verdienstes um die Pflege und Beförderung der Bildung in Siebenbürgen gesetzt hat.

Die Sammlungen der Lehranstalten wurden bereits erwähnt und es ist nur noch zu bemerken, dass auch viele Familien- und Privatsammlungen im Lande sich befinden, welche reiche Schätze von Naturalien, Alterthümern, Kunstgeständen und Denkmalen der Wissenschaft und Litteratur enthalten.

Zu den Vereinen, deren Thätigkeit auf die Beförderung der Wissenschaften, Künste, Gewerbe und der Bodenkultur gerichtet ist, gehören: der Verein für siebenbürgische Landeskunde, der siebenbürgische Verein für Naturwissenschaften in Hermannstadt, der siebenbürgisch-sächsische Landwirthschaftsverein mit dem damit im Zusammenhange stehenden pomologischen Verein in Grossschenk und Burzenländer Verein zur Hebung der Bienenzucht, dann der Landwirthschaftsverein in Klausenburg, die fünf Vereine zur Beförderung der gewerblichen Thätigkeit in Kronstadt, Hermannstadt, Mediasch, Schässburg und Bistritz, der Verein zur Hebung der deutschen Schulen in

---

*) Nach derselben sollen diese Sammlungen beim Aussterben der männlichen Linie ihres Gründers an das lutherische Gymnasium in Hermannstadt fallen.

Kronstadt und des Volksschulwesens in Schässburg, der Volkschullehrerverein in Hermannstadt, die 16 Lesevereine in verschiedenen Orten des Landes, dann die Musikvereine in Hermannstadt, Mediasch, Thorda, Klausenburg, Schässburg, Birthelm und Fogarasch.

Der **Verein für siebenbürgische Landeskunde** verdankt sein Entstehen mehreren für die Kenntniss ihres Vaterlandes thätigen Deutschen des Landes, welche im Jahre 1840 die Gründung einer Gesellschaft für wissenschaftliche Forschungen in allen Zweigen der Landeskunde beschlossen und sofort einen Aufruf zur Theilnahme an alle für das Wohl ihres Vaterlandes in gleichem Masse sich interessirenden Männer erliessen. Dieser Aufruf fand hinreichenden Anklang und es betheiligten sich soviele Vaterlandsfreunde an der Gesellschaft, dass diese, nachdem die vorgeschlagenen Statuten hohen Orts genehmigt worden waren, schon im Mai 1842 als constituirt in Schässburg zur ersten Generalversammlung zusammentreten konnte, wo die Vereinsthätigkeit sogleich damit begann, Preisaufgaben über mehrere Fächer der Landeskunde auszuschreiben und Urkunden für die Geschichte des Landes sammeln zu lassen. Die Generalversammlungen wurden sofort regelmässig die Woche nach Pfingsten jeden Jahres an verschiedenen, zuvor bestimmten Orten des Landes abgehalten und waren nicht nur eine Vereinigung der wissenschaftlichen Capacitäten des Landes, sondern noch insbesonders ein wahres Volksfest der gebildeten Deutschen. In neuester Zeit wurden dann Zweigvereine (besonders in Hermannstadt, Schässburg und Kronstadt) ins Leben gerufen, die in wissenschaftlicher Richtung die Mitglieder auch ausser der Generalversammlung vereinigten. Als Organ für die Veröffentlichung der Vereinsarbeiten dient das in zwanglosen Heften erscheinende „Vereinsarchiv." — Die Geschäfte werden durch den Vorsteher, die Generalversammlung und einen aus 12 Mitgliedern bestehenden Ausschuss geleitet, welch' Letzterer zur Prüfung der einlangenden wissenschaftlichen Arbeiten in eine historische, eine statistisch-geographische und eine naturwissenschaftliche Sektion von je 4 Mitgliedern getheilt ist. Die von den Vereinsmitgliedern zu leistenden Jahresbeiträge werden zum vierten Theile auf die Bildung eines Reservefondes, dann nach Abrechnung der stehenden Ausgaben, zu Preisen für die Lösung gestellter Fragen, zur Belohnung gelungener Werke, welche dem Vereinszwecke als förderlich u. s. w. verwendet erscheinen. — Da der Verein nach seiner ursprünglichen Bestimmung keine Sammlungen anlegt, so werden alle an denselben gelangenden Druckschriften der Bibliothek des freiherrlich Bruckenthal'schen Museums in Hermannstadt zu Aufbewahrung anvertraut, oder, wenn sie speciell naturhistorischen Inhalts sind, dem siebenbürgischen Verein für Naturwissenschaften in Hermannstadt zur Benützung übergeben. Die Anzahl der Vereins Mitglieder betrug mit Ende des Jahres 1854 im Ganzen 394, darunter 48 correspondirende Mitglieder. Die ordentlichen Mitglieder zahlen zur Bestreitung des Vereinsauslagen jährlich einen Betrag von 2 Gulden CMze.

Im Jahre 1849 trat der **siebenbürgische Verein für Naturwissenschaften zu Hermannstadt** ins Leben, dessen

Zweck die Pflege der Naturwissenschaften mit besonderer Rücksicht auf Siebenbürgen ist. Die Verwirklichung dieses Zweckes erstrebt der Verein durch Besprechung naturwissenschaftlicher Gegenstände in den wöchentlichen Versammlungen, durch Anlegung einer naturwissenschaftlichen Sammlung, durch Anschaffung einschlägiger Zeitschriften und Bücher und durch Veröffentlichung seiner Verhandlungen und der wissenschaftlichen Arbeiten seiner Mitglieder in einer eignen Zeitschrift unter dem Titel: Verhandlungen und Mittheilungen des siebenbürgischen Vereins für Naturwissenschaften in Hermannstadt. — Die Leitung der Vereinsgeschäfte besorgt ein auf drei Jahre gewählter Ausschuss, bestehend aus dem Vorsteher, dessen Stellvertreter, dem Sekretär, Cassier, 6 Conservatoren (2 für Zoologie, 2 für Botanik und 2 für Mineralogie und Geognosie). — Durch zahlreiche Geschenke wurde der Verein in die Lage gesetzt den Grund zu einer Bibliothek und Naturaliensammlung zu legen, welche in der letzten Zeit durch eine vom Verein veranstaltete Subscription auch den Ankauf einer bedeutenden ornithologischen Sammlung erzielte. Derselbe steht mit 22 naturwissenschaftlichen Vereinen des Inn- und Auslandes in Verbindung und zählte mit Ende des Jahres 1854 zusammen 202 Mitglieder, darunter 15 Ehren-, 12 correspondirende und 175 ordentliche Mitglieder, welch' Letztere zur Bestreitung der Vereinsauslagen einen jährlichen Beitrag von 2 fl. zu leisten und die Vereinsschriften mit 1 fl. 12 xr. abzulösen haben.

Der siebenbürgisch-sächsische Landwirthschaftsverein wurde im Jahre 1845 in der Absicht gegründet, die möglichste Verbesserung des Landbaues auf dem Sachsenboden durch Ansiedelung tüchtiger deutscher Landwirthe, Errichtung von Musterwirthschaften, Versuche und Preisaufgaben im Gebiete der Landwirthschaft, Veröffentlichung belehrender Aufsätze und Verbreitung nützlicher Bücher herbeizuführen. Der zur Förderung des Vereinszweckes erforderliche Fond wird aus den Einlagen der Mitglieder aufgebracht, welche bei ihrem Eintritte ein- für allemal 5 fl. CMze zu zahlen haben. — Die Angelegenheiten des Vereins werden theils durch die allgemeinen Versammlungen, welche jährlich zugleich mit dem Vereine für Landeskunde zusammentreten, theils durch eine auf drei Jahre gewählte Oberleitung besorgt, die aus dem Obervorsteher, sechs Beisitzern, einem Hauptkassier und Sekretär besteht und ihre monatlichen Sitzungen in Hermannstadt hält. Ausserdem bestehen noch mehrere Bezirksverwaltungen. Der Verein zählt gegen 1000 Mitglieder.

In mittelbarem Zusammenhange mit dem sieb. sächs. Landwirthschaftsvereine stehet der pomologische Verein in Grossschenk, welcher, durch fühlbaren Mangel an edlen Obstgattungen und den irrationellen Betrieb der Obstbaumkultur veranlasst, im Jahre 1841 zusammentrat und sich die möglichste Förderung der Kenntnisse in der Obstkultur und die Verbreitung edler Obstgattungen zur Aufgabe stellte. Die Erreichung dieses Zweckes wurde in der Errichtung einer Baumschule in Grossschenk angestrebt, wo das Veredeln der Bäumchen und andere Sorgfalt erfordernde Arbeiten die Vereinsmitglieder selbst unter Beiziehung von Schullehrern der umliegenden Ortschaften besorgen. Der nöthige Fond zur Bestreitung der Vereinsauslagen wird aus den Beiträgen der Mitglieder aufgebracht, welche daran für das Jahr 1 Gulden zahlen. Die Leitung der Vereinsangelegenheiten findet durch die jährlich zweimal stattfindende Generalversammlung, dann durch den Direktor, Vicedirektor, Aktuar, Kassier und fünf Ausschussmitglieder statt, welche auf zwei Jahre gewählt werden. Der Verein zählt gegenwärtig etwas mehr als 40 Mitglieder.

Der im Jahre 1844 entstandene **Verein zur Hebung und Förderung der praktischen Bienenzucht in Siebenbürgen** beabsichtigt der abnehmenden Bienenzucht, welche namentlich im sogenannten Burzenlande einen nicht unbedeutenden Erwerbszweig bildete, in der letzten Zeit aber viel von ihrer frühern Ausdehnung verloren hatte, wieder emporzuhelfen. Durch die Errichtung einer Bienenschule wurde den Mitgliedern Gelegenheit geboten, die Vor- und Nachtheile der einzelnen Methoden der Bienenzucht kennen zu lernen; zugleich wurden auch Zöglinge aufgenommen um sie zu erfahrenen Bienenwärtern heranzubilden. Der Verein zählt gegenwärtig etwa 40 Mitglieder, die sich jährlich zweimal versammeln und zur Leitung der Vereinsgeschäfte dann zur Verwaltung des Vereinsvermögens jährlich einen Ausschuss von 4 Mitgliedern wählen. Jedes Mitglied ist verpflichtet in den Versammlungen seine Ansichten und Erfahrungen mündlich und im Falle der Abwesenheit schriftlich mitzutheilen und zur Bestreitung der vorkommenden Auslagen jährlich 30 Kreuzer zu entrichten.

Der **landwirthschaftliche Verein** (der siebenbürger Ungarn) in **Klausenburg** hatte nach kurzem Bestehen im Jahre 1850 *) ganz aufgehört, ist in der letzten Zeit jedoch wieder zusammengetreten, doch fehlen noch nähere Daten über seine gegenwärtige Wirksamkeit.

Von den Vereinen für gewerbliche Thätigkeit ist der im Jahre 1842 gegründete **Kronstädter Gewerbeverein** der bedeutendste. Es bilden ihn ohne Unterschied der Nation und Religion nur solche Künstler und Handwerker, welche das Meisterrecht in Kronstadt besitzen, doch können auch andere für Industrie und Gewerbe sich interessirende Personen an demselben Theil nehmen. Der Verein hält jeden Sonntag seine Zusammenkunft, besitzt nebst einer Bibliothek, eine Sammlung von Zeichnungen, Modellen und Rohprodukten, gründete eine Sonntagsschule zur Heranbildung tüchtiger Gewerbsgenossen und veranstaltet jährlich zur Zeit eines Jahrmarktes eine Gewerbs- und Produktenausstellung. Jedes Mitglied zahlt eine Einrichtungsgebühr von 2 Gulden bei seinem Eintritte und einen monatlichen Beitrag von 10 xr. CM. zur Bestreitung der vorfallenden Auslagen.

---

*) Mittheilungen aus dem Gebiete der Statistik Jahrgang 1853 Heft I.

Alle Verhandlungen und Geschäfte des Vereins leitet ein jährlich gewählter Direktor mit einem Kassier und Aktuar, welchen 12 Ausschussmitglieder zur Seite stehen. Der Verein zählt 12 Ehren- und 290 wirkliche Mitglieder.

Der **Hermannstädter Bürgerverein**, ebenfalls im Jahre 1842 gegründet, hat die Aufgabe, die Gewerbsthätigkeit Hermannstadts zu heben und dadurch Thätigkeit, Bildung und Wohlstand seiner Bürger zu erhöhen, zugleich aber auch die gesellige Unterhaltung der Mitglieder zu fördern. Die wirklichen Mitglieder, 250 an der Zahl, haben allein auf die Verwaltung des Vermögens und die organische Einrichtung des Vereins einen Einfluss; sie zahlen bei ihrem Eintritte eine Einrichtungsgebühr von 2 Gulden, dann einen vierteljärigen Beitrag von einem Gulden zur Deckung der Auslagen. Die Ehrenmitglieder, gegenwärtig 10, welchen bloss die Theilnahme an den Zusammenkünften und Unterhaltungen und der Besuch der Lesekabinets zusteht, haben einen monatlichen Beitrag von 20 Kreuzer zu leisten. Der Verein hat eine Bibliothek, dann eine Sammlung von Modellen und von siebenbürgischen Naturprodukten und Gewerbserzeugnissen. Es werden jährlich zwei Generalversammlungen abgehalten, in welchen für die innere Verwaltung der Vereinsangelegenheiten der Direktor, Vicedirektor, Sekretär, Kassier und Oekonom, dann 12 Ausschussmitglieder auf die Dauer eines Jahres gewählt werden. Ausserdem finden noch wöchentliche Zusammenkünfte und Besprechungen über Industrie, Gewerbe und Handel statt. Der Verein unterhält auch eine Sonntagsschule und besitzt ein eignes Haus in Hermannstadt.

Der im Jahre 1845 gegründete **Mediascher Gewerbeverein** betrachtet als seinen Zweck, den Sinn für Erweiterung der Gewerbethätigkeit zu beleben, die dem zeitgemässen Fortschritt der Gewerbe entgegenstehenden Hindernisse kennen zu lernen und zu beseitigen und überhaupt humane Bildung in bürgerlichen Kreisen zu befördern. Jedes Mitglied, welches Bürger von Mediasch sein soll, hat jährlich einen Beitrag von einem Gulden zu entrichten. Der Verein besitzt ein eignes Haus sammt einer Bibliothek und Restauration und unterhält auch eine Sonntagsschule. Die Verwaltung besorgt der auf ein Jahr gewählte Ausschuss. Es sind 168 wirkliche und 13 Ehrenmitglieder für den Vereinszweck thätig.

Der **Schässburger Gewerbeverein** ebenfalls im Jahre 1845 gegründet, hat die möglichste Vervolkommnung und Beförderung der Gewerbe zum Zwecke, veranstaltet wöchentlich zweimal Vorlesungen über einen gewerblichen Gegenstand und zur Zeit des Sommermarktes in Schässburg eine Gewerbeaustellung. Der Verein besteht aus 111 wirklichen und 6 Ehrenmitgliedern, von denen die erstern meist Gewerbeleute sind. Jedes Mitglied hat eine Eintrittsgebühr von 20 Kreuzer, dann eine monatlichen Beitrag von 10 xr. zu entrichten und ist verpflichtet in die vom Vereine unterhaltene Sonntagsschule seine Lehrlinge zu schicken.

Erst im Jahre 1851 ist der **Bistritzer Gewerbeverein** entstanden und hat sich die Hebung der gewerblichen Kenntnisse zur Aufgabe gestellt. Nebenbei beabsichtigt derselbe aber auch seinen Mitgliedern Gelegenheit zum Austausche ihrer Meinungen und zu geselliger Unterhaltung zu bereiten und dereinst eine Sonntagsschule für Lehrlinge ins Leben zu rufen. Mitglied des Vereins kann jeder werden, der einen jährlichen Beitrag von 3 Gulden leistet. Die Geschäftsleitung führt der auf ein Jahr gewählte Ausschuss mit einem Vorsteher an der Spitze. Die Mitgliederzahl beträgt gegenwärtig über achtzig.

Der **Verein zur Hebung der höhern und niedern deutschen Schulanstalten in Kronstadt** wurde 1843 gegründet und bezweckt durch monatliche Beiträge, welche 20 Kreuzer nicht übersteigen dürfen und in der Sparkassa angelegt werden, die Ansammlung von Kapitalien, deren Interessen zur bessern Besoldung der Lehrer am Kronstädter lutherischen Gymnasium und der niedern Bürgerschule, dann zu sonstigen Schulbedürfnissen, sowie zu Stipendien für talentvolle mittellose Schüler, welche sich dem Lehrstande zu widmen wünschen, dienen sollen. Die Zahl der Mitglieder ist schwankend.

Der **Schässburger Schullehrerverein** hat sich die Hebung des Volksschulwesens zur Aufgabe gemacht und sucht dieses vorzüglich durch Bildung tüchtiger Lehrer zu erreichen, dann durch den Besuch einzelner Volksschulen durch eigens dazu gewählte Mitglieder zugleich die Aneiferung der Lehrer herbeizuführen. Jeder Schulmann und Geistliche kann dem Vereine beitreten und leistet zur Bestreitung der Vereinsauslagen einen jährlichen Beitrag von 40 Kreuzer. Der Verein hält monatliche Sitzungen und wählt jährlich einen Vorstand und Schriftführer. Es sind gegenwärtig etwa 50 Vereinsmitglieder.

Im Jahre 1845 wurde der **Volksschullehrerverein in Hermannstadt** gegründet, dessen Zweck, die wissenschaftliche und sittliche Vervollkommnung der Schullehrer von Hermannstadt und seiner Umgebung und durch diese die Veredlung des Volkes, damit zu erreichen angestrebt wird, dass der Verein eine der Aufgabe desselben entsprechende Bücher- und Musikaliensammlung anlegt, dreimal im Jahre allgemeine Zusammenkünfte und Besprechungen seiner Mitglieder hält und diese sich nach Verabredung besonders in den Sommermonaten und vorzüglich zu Uebungen in der Kirchenmusik auch ausserdem versammeln. Mitglied kann jeder Schullehrer und Geistliche von Hermannstadt und seiner Umgebung werden, der sich verpflichtet einen Jahresbeitrag von 1 fl. 30 xr. (bei armen Schulgehilfen auch weniger) zu leisten. Die Verwaltung besorgt der auf 2 Jahre gewählte Ausschuss, welcher aus einem Vorstand und seinem Stellvertreter, einem Schriftführer, Musikdirektor und Kassier besteht. Der Verein zählt gegenwärtig 30 Mitglieder.

Seit dem Jahre 1841 besteht in Mediasch ein **Verein zur Anschaffung von Lehrmitteln** für den naturwissenschaftlichen Unterricht am Mediascher Gymnasium *), welcher 57 Theilnehmer zählt, die sich zur Zahlung eines jährlichen Beitrages von 40 Kreuzer zu dem Vereinszwecke verpflichten.

In Siebenbürgen bestehen gegenwärtig 20 Lesevereine, welche Belehrung und Unterhaltung theils durch Lecture theils durch geselligen Umgang bezwecken, und ausserdem mehrere sogenannte Casino's, welche keine förmlichen Statuten haben. (Obwohl sich auch von den Leseverinen mehrere „Casino" nennen.) Diese Lesevereine befinden sich in Hermannstadt (der umfangreichste mit 320 Theilnehmern), drei in Klausenburg (adeliges und bürgerliches Casino und Damenleseverein), zwei in Thorda (darunter ein Damenleseverein), zwei in Schässburg, dann je einer in: Mühlbach, Broos, Sächsisch-Regen, Déva, Déés, Szilágy-Somlyó, Tasnád, Zilah, Leschkirch, Marpod, Reps und Fogarasch.

Zur Beförderung der Musik bestanden und bestehen zum Theile noch 7 Musikvereine. Der Musikverein in Hermannstadt, im Besitze eines Vermögens von 2580 Gulden, hat durch zwölf Jahre seines Bestehens namentlich auf den Musikunterricht der Jugend hingewirkt, musste aber in neuester Zeit wegen Mangel ausübender Kräfte und eines entsprechenden Lokales seine Wirksamkeit einstweilen einstellen. — Derjenige zu Mediasch hat sich zur Aufgabe gemacht, die am dortigen Gymnasium studirende Jugend in der Musik auszubilden und liess zu diesem Zwecke jährlich bis zu 24 Studirenden durch einen besoldeten Lehrer Unterricht in der Musik ertheilen. — Ebenso lässt der Musikverein in Thorda in der von ihm errichteten Musikschule über 20 Zöglingen unentgeltlichen Unterricht ertheilen. — Der Orchesterverein in Klausenburg und der Musikverein in Schässburg haben wegen Mangel an Theilnahme noch wenig Thätigkeit entwickeln können. — Die Mitglieder des Fogarascher und Birthälmer Musikvereins, welche ihre eignen Instrumente besitzen, haben sich bloss verbindlich gemacht, bei Kirchenfeierlichkeiten und Leichenbegängnissen mitzuwirken.

In wieweit nun Schiessübungen zur Bildung des Körpers und die gesselligen Freuden eines Schiessstandes auch zur allgemeinen Bildung beitragen, reiht sich den aufgezählten Vereinen auch der unter dem Protectorate Sr. k. k. Hoheit des Herrn Erzherzogs Carl Ludwig stehende bürgerliche Schützenverein in Hermannstadt mit 5 Ehrenmitgliedern und 129 wirklichen Mitgliedern an. Die Letztern haben bei ihrem Eintritte eine Gebühr von 5 Gulden zu entrichten und machen sich verbindlich, am Vereine wenigstens durch 4 Jahre theilzunehmen, dann einen Beitrag und ein Schützenbestes von je 2 Gulden jährlich zu entrichten. Die Schiessstätte ist auch für das Bolzenschiessen eingerichtet, welches gewöhnlich im Winter geübt wird.

---

*) Auch am Hermannstädter lutherischen Gymnasium besteht eine Sammlung von Beiträgen, welche Gönner der Anstalt für die Anschaffung von physikalischen Apparaten beisteuern und worüber vom Direktor der Anstalt jährlich ein Rechenschaftsbericht erstattet wird.

b. Moralische Cultur.

§. 33. Sittlichkeitsverhältnisse Siebenbürgens im Allgemeinen und nach den Resultaten der Criminal- und Polizeistatistik.

Wir müssten bei den ungemein zahlreichen Einflüssen auf den sittlichen Zustand der Bevölkerung, zumal wo diese noch aus so verschiedenartigen Elementen, wie in Siebenbürgen, zusammengesetzt ist, schon von vorne herein darauf verzichten, den sittlichen Charakter der Bewohner eines Landes in seinen einzelnen Erscheinungen zu schildern und uns mit der Angabe jener allgemeinen thatsächlichen Momente begnügen, welche in den wiederholten Aeusserungen des Volkslebens ihre Begründung finden.

Da nun aber das Verhältniss der gegen die Gesetze handelnden Personen zu der Gesammtzahl der Bevölkerung eines Landes den richtigsten Massstab für die moralische Bildung des Einzelnen in diesem Lande darbietet und die Unterscheidung der gesetzwidrigen Handlungen auch eine Grundlage zur Beurtheilung der Richtung, in welcher hauptsächlich jene Bildung sich bereits entwickelt oder noch zu entwickeln hat, so wird die Statistik der Verbrechen und Vergehen keine weitere Begründung ihrer Wichtigkeit in dieser Beziehung bedürfen. Leider aber stehen uns bezüglich Siebenbürgens aus frühern Zeiten nur wenige vereinzelte Daten hierüber zu Gebote, so dass wir nur die einjährigen Verhältnisse von 1853, welche das ganze Land umfassen, zu geben vermögen.

Es waren nun im genannten Jahre bei sämmtlichen k. k. Gerichtsbehörden Siebenbürgens:

wegen Verbrechen   7086
„   Vergehen   230   zusammen 18985 Straffälle
„   Uebertretungen 11669

in Verhandlung, und von den obigen 7086 Untersuchungen wegen Verbrechen 4125, dann von den 11669 Untersuchungen wegen Uebertretungen 9278 im Jahre 1853 zugewachsen.

Im Entgegenhalte mit der Gesammtbevölkerung Siebenbürgens von 2.074,202 Seelen entfällt somit im Jahre 1853:

ein Verbrechen auf   502 *) und
eine Uebertretung auf 223 Einwohner.

---

*) In dieser Beziehung standen von den Kronländern der Monarchie nur das Lombardisch-venetianische Königreich und Dalmatien ungünstiger als Siebenbürgen.

Bei den Untersuchungen wegen Verbrechen waren in:
6566 Fällen die Thäter bekannt, und in
520 Fällen die Thäter unbekannt, es stellte sich sonach das Verhältniss der Strafuntersuchungen mit bekannten zu denen mit unbekannten Thätern wie 13 : 1 heraus.

Von den Untersuchungen wurden erledigt durch:

	Urtheil	Ablassungserkenntniss	überhaupt
1. wegen Verbrechen	1400	3317	4717
2. wegen Vergehen	53	124	177
3. wegen Uebertretungen	4110	2871	6981
zusammen	5563	6312	11875,

und blieben daher am Ende des Jahres vom sämmtlichen 18,985 Straffällen noch in Verhandlung . . . . 7,110.

Es standen nun in Untersuchung wegen Verbrechen 3268 und wegen Vergehen 89 zusammen 3357 Personen, dann wegen Übertretungen 11409 Individuen und wurden:

	von Erstern	von Letztern
1. zu Strafen verurtheilt . . .	2034	4017
2. aus Mangel an Beweisen entlassen .	600	1300
3. für schuldlos erklärt . . .	84	728
zusammen abgeurtheilt . .	2718	6045
Es verblieben daher am Ende des Jahres noch in Untersuchung	639	5364

Bezüglich der persönlichen Verhältnisse der in Untersuchung gestandenen Personen waren:

	männlich	weiblich	zusammen
1. von den wegen Verbrechen Untersuchten	2830	438	3268
2. „ „ „ Vergehen „	79	10	89
3. „ „ „ Uebertretungen „	9535	1874	11409
zusammen	12444	2322	14766

Das Verhältniss der Männer zu den Weibern ist daher bei den Verbrechen wie 6 : 1 *), bei den Vergehen wie 8 : 1, und bei den Übertretungen wie 5 : 1.

Von den wegen Verbrechen untersuchten 3268 Individuen standen im Alter:

1. von 14 bis 18 Jahren 185 männliche ⎫ 241
                                 56 weibliche ⎭

2. von 19 bis 24 Jahren 572 männliche ⎫ 695
                                 123 weibliche ⎭

---

*) Betrachtet man dagegen nur das Geschlechtsverhältniss der verurtheilten 2034 Verbrecher, so stellt sich dasselbe, indem davon 1816 Männer und 218 Weiber waren, wie 8 : 1 heraus.

3. von 25 bis 30 Jahren   745 männliche) 847
                          102 weibliche)

4. von 31 bis 40 Jahren   807 männliche) 922
                          115 weibliche)

5. von 41 bis 60 Jahren   442 männliche) 478
                           35 weibliche)

6. über 60 Jahre . .   76 männliche) 82
                            6 weibliche)

Die meisten Verbrechen werden daher im Alter zwischen 25 und 30 Jahren, dann vom 19. bis 24., vom 31. bis 40. und vom 14. bis 18. Jahre verübt, am seltensten kommen dagegen Verbrecher von mehr als 40 Jahren vor. — Bei den Frauenzimmern ändert sich dieses Verhältniss etwas, indem bei ihnen die meisten Verbrechen im Alter von 19 bis 24 Jahren verübt werden.

Dem Civilstande nach waren von den wegen Verbrechen in Untersuchung gezogenen:

	Männern	Weibern
ledig	934	195
verheirathet . . .	1728	197
verwittwet . . .	168	46
zusammen	2830	438

Nach den verschiedenen Religionen verfielen in Siebenbürgen wegen Verbrechen in Untersuchung:

von 648,410 unirten Griechen . . 1001 Personen
„   638,017 nicht unirten Griechen 979   „
„   295,790 Reformirten . . .   506   „
„   219,721 Katholiken   527   „
„   198,851 Lutheranern . . .   155   „
„   46,016 Unitariern   62   „
„   15,574 Juden   38   „
                      zusammen   3268   „

Es kömmt sonach ein Verbrecher bei den:

Unirten Griechen   auf 647 Personen
Nichtunirten Griechen „ 652   „
Reformirten . . .   „   584   „
Katholiken . . .   „   417   „
Lutheranern . . .   „   1283   „
Unitariern . . . . „   742   „
Juden . . . . .   „   409   „

und wird sich hiernach auch das entsprechende Verhältniss bezüglich der Nationalitäten annährend sehr leicht berechnen lassen.

Bezüglich des wiederholten Rückfalles in die Strafbarkeit waren von den 3268 wegen Verbrechen in Untersuchung gezogenen Individuen:

1. Früher noch nicht abgestraft (männliche 2386) (weibliche 388) zusammen 2774

2. Bereits wegen Uebertretungen oder Vergehen bestraft (männliche 143) (weibliche 23) zusammen 166

2. Bereits einmal wegen Verbrechen bestraft:
männliche 232) weibliche 20) zusammen 252

4. Bereits mehrmals wegen Verbrechen bestraft:
männliche 69) weibliche 7) zusammen 76

Summa 3268

Von den 2830 wegen Verbrechen in Untersuchung gezogenen Individuen männlichen Geschlechts waren demnach 440 oder jeder 6., von den 438 weiblichen Inquisiten 50 oder jeder 8. bereits ein- oder mehreremal bestraft worden.

Betrachtet man die Gesammtzahl der 5833 im genannten Jahre überhaupt zur Kenntniss der Gerichte gelangten Verbrechen nach ihrer Gattung*), so ergibt sich, dass davon Verbrechen:

des Diebstahls	2906,
der schweren körperlichen Beschädigung	491,
der Brandlegung	419,
der verschiedenen Art öffentlicher Gewaltthätigkeit	283,
des Betruges	282,
des Mordes	253,
des Raubes	193,
der Verfälschung öffentlicher Creditspapiere	185,
des Todschlages	143,
der Veruntreuung	140,
der Theilnahme am Diebstahl	98,
des Misbrauches der Amtsgewalt	67,
der Nothzucht	56,
des Kindesmordes	44,
der Vorschubleistung zu Verbrechen	36,

---

*) Es muss hier jedoch im Voraus bemerkt werden, dass in der folgenden Nachweisung mehrere Gattungen von Verbrechen, wie: Hochverrath, Störung der innern Ruhe, Aufruhr und Aufstand, aus dem Grunde nicht vorkommen, weil deren Untersuchung und Bestrafung im Jahre 1853 noch den Kriegsgerichten zustand.

der Verläumdung 24,
der zweifachen Ehe 22,
der Unzucht 22,
der Münzverfälschung 14,
der Religionsstörung 14,
der Abtreibung der Leibesfrucht 14,
der Verleitung zum Missbrauch der Amtsgewalt . . . 9,
der Kindesweglegung 8,
der Schändung 5,
endlich des Zweikampfes 1 waren.

 Es nehmen sonach unter den Verbrechen bei uns die **Diebstähle** der Zahl nach den ersten Platz ein, indem sie fast die Hälfte der sämmtlichen Verbrechen und, wenn wir auch die Veruntreuungen und Theilnehmungen am Diebstahle dazu rechnen, die grössere Hälfte oder **55** o/o sämmtlicher Verbrechen *) ausmachen.

 Von den **Vergehen** entfielen ihrer **Gattung** nach auf: Fahrlässige Tödtungen 99, Vergehen gegen die Pestanstalten 47, Wucher 13, Aufwiegelungen 9, Ehrenbeleidigungen 3, Beleidigungen gesetzlich anerkannter Körperschaften 2, Beschädigungen von Grabstätten 2, leichtsinnige Krida 2, endlich Auflauf 1.

 Unter den **Uebertretungen** waren der **Gattung** nach am zahlreichsten die gegen die Sicherheit des Eigenthums, welche beinahe die Hälfte der Gesammtzahl ausmachten, hierauf folgen die Uebertretungen gegen die körperliche Sicherheit, gegen die Sicherheit der Ehre und des Lebens, gegen die öffentliche Sittlichkeit, gegen öffentliche Astalten, gegen öffentliche Ruhe und Ordnung; die geringste Zahl bilden jene Uebertretungen, welche an sich Verbrechen begründen und nur wegen der persönlichen Eigenschaft der Beschuldigten als Uebertretungen zu bestrafen sind.

 Wenn wir nun auf die **Art der Bestrafung** übergehen so ergibt sich, dass wegen Verbrechen zur **Todesstrafe** im ordentlichen Verfahren Niemand, im standrechtlichen Wege aber 5 Individuen verurtheilt wurden. Zu **Kerkerstrafen** sind dagegen wegen Verbrechen und Vergehen verurtheilt worden und zwar in der Dauer:

  von 10 bis 20 Jahren 11 Individuen
  „ 5 „ 10 „ 47 „

---

*) Dieses Verhältniss ist übrigens an und für sich im Vergleiche mit den übrigen Kronländern der Menarchie noch sehr günstig, indem nur Dalmatien mit 25 o/o weniger, und das Küstenland mit 55 o/o ebensoviele Diebstähle aufzuweisen haben, in allen übrigen Kronländern aber ihre Zahl weit mehr (und zwar von 61 o/o in Tirol bis 79 o/o in Böhmen) beträgt.

von 3 bis 5 Jahren 45 Individuen
„ 1 „ 3 „ 159 „
von 6 Monaten bis zu einem Jahre 257 „
bis zu 6 Monaten und darunter 1015 „

wobei zu bemerken ist, dass vor der Aburtheilung 32 Inquisiten gestorben sind und 77 sich durch die Flucht dem Strafverfahren entzogen.

Bezüglich der Bestrafung der Uebertretungen muss angeführt werden, dass:

1. zu einem höchstens achttägigen Arreste 2050
2. „   „   „   1-monatlichen „   1287
3. „   „   „   3   „   „   312
4. „   „   „   6   „   „   61
5. zu Geldstrafen . . . . . 337 Individuen verurtheilt wurden *)

Die vorstehenden Zahlenangaben sind nun freilich nur von einem Jahre, tragen aber doch schon in vielen Fällen dazu bei, einzelne Beobachtungen über die moralische Cultur der Monarchie auch in unserm Lande zu bestättigen. In der Monarchie hat man aber die Thatsache beobachtet, dass die Zahl der Verbrechen überhaupt seit einer Reihe von Jahren mit der zunehmenden Bevölkerung fast gleichmässig sich mehrte, jene der schweren, mit dem Tode belegten Verbrechen sich jedoch verminderte. Mit Rücksicht auf die Beweggründe der strafbaren Handlungen fällt den aus Gewinnsucht verübten, wie bei uns, so auch in den übrigen Kronländern die überwiegende Mehrzahl zu. Die klimatischen und Nahrungsverhältnisse der Südländer, sowohl slavischer als romanischer Zunge, insbesondere die starke Weinconsummtion erklären theilweise das daselbst häufige Auftreten der aus Rache, heftiger Leidenschaft und Neigung zu gewaltthätigen Handlungen entstehenden Verbrechen, und es ist daher nicht zu wundern, dass auch bei uns die Verbrechen der Brandlegung, des Mordes und Todtschlages eine so bedeutende Menge erreichen. Die Zahl der Übertretungen hat in der Monarchie ebenfalls bedeutend zugenommen, und von denselben stehen, wie bei uns, auch in den andern Kronländern die gegen die Sicherheit des Eigenthums, dann die körperlichen Beschädigungen und Verletzungen der Ehre obenan.

Ueber die Vergehen gegen die Gefällsgesetze, die **Gefälls-Uebertretungen**, deren Untersuchung und Bestrafung den Finanzbehörden zukommt, muss schlüsslich bemerkt werden, dass wir aus dem Grunde keine Nachweisungen darüber liefern können, weil eigne Gefällsgerichte in Siebenbürgen noch nicht in Wirksamkeit sind, und die meisten Straffälle durch die Ablassung vom rechtlichen Verfahren

---

*) Siehe Beitrag zur Statistik der Gerichtspflege in Siebenbürgen im Siebenbürger Bothen v. J. 1851 № 65 und 66.

erledigt wurden. Soviel kann aber mit Bestimmtheit gesagt werden, dass die Mehrzahl Uebertretungen dieser Art bei uns im Verzehrungssteuer-, Salz- und Tabakgefälle, viele noch im Stempel- und Zollgefälle, dagegen nur selten einige in den übrigen Gefällszweigen vorkommen.

Neben diesen Schattenseiten des gesellschaftlichen Lebens stehen aber auch in Siebenbürgen viele ebenso erfreuliche Erscheinnngen der moralischen Cultur, welche sich im Sinn für Sparsamkeit und Wohlthätigkeit, in Offenheit des Charakters, angestammter Gutmüthigkeit, opferwilliger Anhänglichkeit an die Regierung und andern vortheilhaften Eigenschaften genügend zu erkennen geben.

c) Materielle Cultur.

aa) Urproduction.

§. 34. Die landwirthschaftlichen Verhältnisse.

Bei der statistischen Darstellung der landwirthschaflichen Verhältnisse müssen wir nicht blos den Pflanzenbau und die Viehzucht sondern auch die landwirtschaftlichen Nebengewerbe berücksichtigen. Dieselbe hat daher zu umfassen: die Ermittelung des productiven Bodens, die Nachweisung der Culturgattungen, die Erforschung der in Anwendung stehenden Bewirhschaftungsmethoden, die Berechnung der Erzeugungsmengen und des Verbrauches der einzelnen Bodenproducte, den Stand der Viehzucht und die Ermittelung der dadurch gewonnenen animalischen Producte, den Ertrag der landwirtschaftlichen Nebenbeschäftigungen, die Entwickelung des Zustandes der gesammten Landwirthschaft in Siebenbürgen überhaupt und insbesondere mit Rücksicht auf die dabei beschäftigten Individuen und die vorhandenen Beförderungsmittel der Landwirthschaft.

a) Productive und unproductive Bodenfläche.

Die Grösse des zu den verschiedenen landwirthschaftlichen Zwecken verwendeten und nach denselben unterschiedenen Bodens bildet die Grundlage zur Berechnung der meisten auf die Statistik der Landwirthschaft Bezug nehmenden Zahlen, welche um so zuverlässlicher sein werden, wenn die Beträge der einzelnen Bodenflächen auf dem Wege directer und genauer Vermessung gewonnen wurden.

Die durch die letzten Catastral-Operationen (vom Jahre 1851 bis 1854) im Wege rectificirter Schätzungen gewonnene Grösse der **productiven Bodenfläche Siebenbürgens** von 827.555 Geviertmeilen weicht nur wenig von den frühern Angaben in dieser Beziehung (811.168 □ M.) ab *), und es entfallen diesemnach bei uns

---

*) Siehe Seite 154, welche Angaben über die Grösse des productiven Bodens im Folgenden ihre Berichtigung finden.

auf 10,000 Joch Flächenraum 7843 Joch productiven und 2157 Joch unproductiven Bodens. Nach diesem Verhältnisse des productiven zum unproductiven Boden nimmt somit Siebenbürgen unter den Kronländern der Monarchie eine der letzten Stellen ein, indem sich dasselbe nur in Tirol noch ungünstiger (6416 : 3584) herausstellt. Es darf hiebei aber nicht übersehen werden, dass, während in den westlichen Kronländern die Bewohner durch Fleiss und Beharrlichkeit und nicht abgeschreckt durch vielfältig misslungene Versuche dem Boden fast alle für die Landwithschaft benützbaren Stellen bereits abgewonnen und so den Betrag der Unbenützbaren aufs Höchste vermindert haben, noch sehr viel unproductiver Boden bei uns sich findet, der lohnend in productiven umgewandelt werden könnte.

Vergleichen wir aber den Betrag des productiven Bodens mit der Volkszahl Siebenbürgens, so finden wir, dass auf je 1000 Menschen hierlands 3988 Joch productiven Bodens entfallen, — ein Verhältniss, welches nur in wenigen Kronländern der Monarchie (Salzburg, Dalmatien, Kärnten, Militärgränze und Bukovina) günstiger sich vorfindet.

Wenn wir nun nach dem für das ganze Land gefundenen Grösse des productiven Bodens dieselbe für die einzelnen Kreise berechnen, so erhalten wir folgende Uebersicht:

Kreis	Flächenraum in öster. ☐ M.	Productiver	Unproductiver	Auf 1000 Bewohner entfallen productiver Boden
		Boden		
		öster. Joche zu 1600 ☐ Klafter od. 0.0001 ☐ M.		
Hermannstadt	131.2	1029000	283000	3213
Kronstadt	128.1	1004688	276312	3657
Udvarhely	138.3	1088608	299392	6252
Maros-Vásárhely	67.6	530746	145254	2728
Bistritz	128.5	1006257	276743	5642
Déés	87.8	688615	189385	3553
Szilágy-Somlyó	71.5	560774	154226	3221
Klausenburg	90.8	712144	195856	3980
Karlsburg	74.9	580382	159618	3367
Broos	136.7	1072138	294862	5030
Im Ganzen	1054.8	8273352	2274648	3988

Obgleich aber die für die einzelnen Kreise berechnete productive und unproductive Bodenfläche nur annähernd richtig sein wird, — weil wir die bezüglichen Zahlen auf Grund der uns allein zu Gebote stehenden Nachweisungen für die Katastral-Schätzungs-Inspectorate, deren Begrenzung von der jetzigen politischen Eintheilung gänzlich abweicht, ermitteln mussten, — so können die in der obigen Tabelle gegebenen Verhältnisszahlen für die in den einzelnen Kreisen auf je 1000 Bewohner entfallende productive Bodenfläche als so ziemlich verlässlich angesehen werden, wenn man berücksichtigt, dass auch in unserer Monarchie überhaupt diese Zahlen mit jenen der Volksdichte in umgekehrtem Verhältnisse übereinzustimmen pflegen. Es darf nur nicht vergessen werden, dass bei uns vom productiven Boden, wie wir bald sehen werden, das Waldland den grössten Theil einnimmt, wodurch sich das scheinbare Misverhältniss einzelner Kreise (wie z. B. des Udvarhelyer) von selbst aufklärt.

b) Der productive Boden nach den Haupt-Culturgattungen.

Ausser der Theilung des Bodens in productiven und unproductiven müssen wir nun noch dessen Unterscheidung nach den einzelnen Culturgattungen oder die Art seiner Verwendung als Acker, Weingarten, Wiese, Weide, Wald oder Sumpf mit Rohr berücksichtigen.

Nach den letzten Catastral-Operaten war der productive Boden auf die verschiedenen Culturgattungen folgendermassen vertheilt:

Ackerland*) . . .	2.163,063 Joch	und	521 ☐	Klafter
Wiesenland	1,576,147 „	„	110 „	„
Hutweiden	915,151 „	„	340 „	„
Weingärten . . .	46,945 „	„	1374 „	„
Waldland	3.568,008 „	„	1334 „	„
Sumpf mit Rohr . . .	4,036 „	„	787 „	„
Zusammen	8.273,352 „	„	1266 „	„

*) Von dem Ackerlande sind nach dem Bewirthschaftungscurse und ohne Rücksicht auf die kleinern, in wechselnder Menge mit Runkelrüben, Steckrüben, Wicken, Fisolen, Pferde- und Saubohnen, Tabak und Melonen bebauten Felder jährlich bestellt mit:

Weizen .	197,972	Joche	Hirse . .	697	Joch
Halbfrucht .	141,700	»	Erbsen .	78	»
Korn . .	222,465	»	Linsen ,	137	»
Gerste .	59,228	»	Erdäpfel .	1554	»
Hafer . .	271,072	»	Kraut .	46	»
Mais . .	430,560	»	Flachs und)		
Spelte (edle)	963	»	Leinsamen)	1800	»
Futterspelte	20,457	»	Hanf . .	581	»
Haidekorn .	1,842	»	Heu . .	7425	»

Zusammen 1,341,577
Es bleiben daher Brache 821,486 Joche

Siebenbürgen ist daher, entsprechend seiner ungrischen Benennung, am reichsten an Waldland. Neben diesem, nimmt aber auch das Acker- und Wiesenland eine hervorragende Strecke ein. Die Grösse der Hutweiden, welche als eine Schattenseite der landwirthschaftlichen Verhältnisse des Kaiserstaates angesehen wird, ist in Siebenbürgen zwar noch immer beträchtlich genug, erscheint aber mit 1/9 des ganzen productiven Boden im Verhältniss zum Durchschitte der Monarchie (mit 1/7 der productiven Bodenfläche) doch sehr günstig; freilich darf nicht vergessen werden, dass bei uns auch die bedeutende Menge der Brachäcker in Rechnung zu bringen ist und gewiss auch ein grosser Theil des als unproductiv classificirten Bodens mit Recht zu den Hutweiden gezählt werden kann.

Sowie übrigens der Betrag der productiven Bodenfläche einerseits durch Urbarmachung noch nicht benützter Strecken vermehrt, andererseits durch den Strassenbau, die Aufführung von Gebäuden, durch Bergstürtze, Ueberschwemmnngen u. s. w. vermindert wird, so ändert sich auch die Grösse des zu den einzelnen Culturgattungen benützten Bodens durch die Willkühr des Bebauers und die Macht der Umstände.

Die Quantität des zum landwirthschaftlichen Anbaue verwendeten Bodens bestimmt aber allein noch nicht seine Ertragsfähigkeit, sondern es muss dabei auch die Qualität desselben berücksichtiget werden. Diese wird nun, im Allgemeinen ausser von der Lage und den klimatischen Verhältnissen vorzüglich von der chemischen Beschaffenheit des Bodens abhängig, bei uns sowohl in ersterer Beziehung, als auch bei der geognostischen Verschiedenheit der einzelnen Landestheile in Letzterer zahlreiche Abstufungen zulassen und, wenn auch einzelne Theile Siebenbürgens unbedingt zu den fruchtbarsten und gesegnetesten Landstrichen der Monarchie gehören, so kann dieses durchaus noch nicht von dem Lande überhaupt gesagt werden. Auf die Berechnung der mittlern Ertragsfähigkeit werden wir später bei der Darstellung der Erzeugungsmengen der vegetabilischen Bodenprodukte zurückkommen.

c) Die Bewirthschaftungsmethoden.

Es gibt in Siebenbürgen verschiedene Methoden der Bewirthschaftung des productiven Bodens, welche hier im Detail zu erörtern, zu weit führen würde. Denn, obgleich die Bewirthschaftungsmethode überhaupt für ein Zeichen des Fleisses und der Intelligenz des Producenten gelten kann, so wird sie auch durch die gesellschaftlichen Verhältnisse desselben, die Beschaffenheit des Bodens und Klima's, den Belang des Betriebsmittel, die Zahl der zu Gebote stehenden Hilfsarbeiter, die Grösse des Grundbesitzes und durch den Stand der Viehzucht bedingt.

Am meisten verbreitet ist bei uns die Dreifelderwirthschaft, welche darin besteht, dass das gesammte Ackerland einer Gemeinde in drei Theile getheilt wird, wovon man jährlich ein Drittheil für den Anbau von Winter-, das zweite für den Anbau von Sommergetreide benützt und das dritte als Brache unbebaut liegen lässt. Es ist jedoch auch diese Methode selten rein in Anwendung sondern meist in Verbindung mit einer Art der **Fruchtwechselwirthschaft**, welche bisweilen in die sogenannte **freie Wirthschaft** übergeht. Es werden nämlich dabei die Halmfrüchte mit behackten Früchten und Futterkräutern in Abwechselung gebracht, indem ein Jahr Sommerweizen, Hafer u. s. w., im andern entweder Mais mit Kürbissen, Erdäpfeln, Erbsen, Fisolen, Saubohnen, Sonnenblumen, Hanf u. s. w. dazwischen, oder Erdäpfel, Rüben, Wicken, Klee, Hanf und Flachs, Haidekorn u. a. m. gebaut wird, ohne dass man hierin immer eine bestimmte Reihenfolge beobachtet.

d) **Landwirthschaftliche Erzeugnisse.**

aa) Getreidepflanzen.

In Siebenbürgen werden, mit Ausnahme des Reises, alle Getreide-Pflanzen cultivirt, die man in der östreichischen Monarchie und in Europa überhaupt anbaut. Am meisten ist jedoch, wie wir schon aus der in der Anmerkung zur Seite 246 angegebenen Grösse der Anbauflächen für die einzelnen Arten derselben gesehen haben, der Anbau von **Mais**, **Weizen** (theils rein, theils mit Roggen gemischt als Halbfrucht), **Hafer** und **Roggen** oder **Korn** verbreitet. Diesen reihen sich die mehr nur local gebauten Feldfrüchte: Gerste, Spelte, Buchweizen, Hirse und die Hülsenfrüchte an.

Nach den Erhebungen des Grundsteuerprovisoriums wurden in Siebenbürgen jährlich folgende Mengen der einzelnen, im Grossen angebauten Getreidepflanzen erzeugt und die beigesetzten Durchschnittserträgnisse ermittelt:

Getreideart	Anbaufläche		Jährliche Erzeugungsmenge in öst. Metzen	Durchschnitts-Erzeugniss v. 1 Joch in Metz.
	Joche	□Klaft.		
Mais	430,558	1300	6,125,570	14.225
Weizen (rein	197,971	1500	1.957,414	9.900
(Halbfrucht	141,700	400	1.739,509	12.275
Roggen (Korn)	222,465	100	2.861,865	12.850
Gerste	39,227	800	514,099	13.100
Spelte (edle	963	360	8,165	8.475
(Futter-	20,457	300	275,054	13.425
Hafer	271,071	1000	2.965,147	10.925
Heidekorn	4.842	300	46,454	9.575
Hirse	697	.	7,949	11.400
Erbsen	77	800	373	4.875
Linsen	136	1100	907	6.650

Nach den einzelnen Landestheilen sind aber auch die Erzeugungsmengen der verschiedenen Getreidearten sehr ungleich. Mais wird in der grössten Menge im Szilágy-Somlyóer, Klausenburger, Karlsburger, Brooser, Déeser, Bistritzer und zum Theil Hermannstädter Kreise angebaut. Er wurde zuerst im Jahre 1611 in Siebenbürgen bekannt und gewann im Anfange des achtzehnten Jahrhundert die bedeutende Ausbreitung im Lande. Jetzt ist er theils als fester Brei (Mamalige), theils als. Brod (Malai) das Hauptnahrungsmittel der Romänen, somit der Mehrzahl der Landesbewohner und macht den Hauptbestandtheil ihrer Mahlzeiten aus, so dass eine ungünstige Maisernte neben andern localen und temporären Ursachen den wesentlichsten Einfluss auf den Preis der Lebensmittel im Lande zu haben pflegt. Weizen vorzüglich im Hermannstädter und Kronstädter Kreise, dann im südlichen Theile des Déeser und Bistritzer Kreises. Halbfrucht am meisten im Karlsburger, M. Vásárhelyer und Sz. Somlyóer Kreise, dann im südlichen Theile des Déeser und nördlichen Theile des Hermannstädter Kreises. Roggen vorzüglich im Szilágy-Somlyóer, Karlsburger und Kronstädter Kreise, dann im südlichen Theile des Déeser Kreises, wird meist nur zum Malz und Branntweinbrennen verwendet. Gerste, besonders im Kronstädter Kreise (namentlich im östlichen Theile desselben), dann im östlichen Theile des Udvarhelyer Kreises (in der Csik) und im südlichen Theile des Déeser Kreises (Mezöség), dient theils zur Malzbereitung, theis als Grütze (gerollte Gerste) zur Speise, mit welcher, sowie mit Grütze aus Hirse, Heidekorn und Hafer Kronstadt einen ausgebreiteten Handel treibt. — Spelte (Spelz oder Dinkel) und zwar edle Spelte nur im Klausenburger Kreise, Futterspelte vorzüglich im südlichen Theile des Déeser und im nördlichen Theile des M. Vásárhelyer Kreises (Mezöség), dann im Karlsburger, Klausenburger und Hermannstädter Kreise. Hafer wird in allen Theilen des Landes, am wenigsten noch im Karlsburger Kreise, gebaut und wesentlich zum Viehfutter selten aber auch, wie die Gerste, als Brodfrucht verwendet. Heidekorn wird vorzüglich im Kronstädter Kreise und etwas noch im Hermannstädter und Bistritzer Kreise cultivirt und theils als Grütze, theils als eine Art Polenta genossen. Hirse, früher vor der Ausbreitung des Maisbaues weit häufiger angebaut, wird jetzt hauptsächlich nur im östlichen Theile des Kronstädter Kreises und im Hermannstädter Kreise angepflanzt und theils als Grütze zur Nahrung, sonst als Viehfutter benützt. Erbsen werden besonders im östlichen Theile des Kronstädter Kreises, — Linsen im Hermannstädter Kreise und im östlichen Theile des Kronstädter Kreises im Grossen gebaut und, wie die zwischen dem Mais gezogenen Bohnen (Fisolen), zu Speisen verwendet.

Es lässt sich übrigens auch bei uns die Thatsache nicht verkennen, dass dort, wo die Natur einen ergiebigen Boden bietet, der Bewohner für die Erhöhung des Ertragnisses durch Fleiss und rationellen Betrieb weniger sorge, während dem kargeren Boden selbst bei gleicher Volksdichte eine höhere Sorgfalt zugewendet wird. Die grössere Genügsamkeit der Bewohner und ihre geringere geistige Cultur, der Mangel an Communikations-Anstalten, welche den allfälligen Vorrath einer entsprechenden Verwerthung zuführen könnten, — der Mangel an Betriebscapital und arbeitenden Händen sind nebst andern örtlichen Verhältnissen die Erklärungsgründe jener Thatsache, welche um so bedauerlicher erscheint, als in Misjahren die traurigen Folgen mit um so grösserer Intensität hervortreten.

bb) Knollengewächse und Futterpflanzen.

Es kommt von diesen Wirthschaftsgewächsen bei uns vorzüglich der Anbau der Kartoffel, des Krautes, der Rüben, Wicken, Kleearten, des Mischlingsfutters und des deutschen Borstengrases (Paniks) in Betrachtung zu ziehen.

Die Kartoffel, deren Einführung in Siebenbürgen mit vielen Schwierigkeiten zu besiegender Vorurtheile zu kämpfen hatte, hat auch jetzt noch nicht die gewünschte Ausbreitung gefunden. Es werden im ganzen Lande jährlich durchschnittlich nur 1554 Joche angebaut und 99,257 *) östr. Metzen gewonnen. Der Durchschnitts-Ertrag stellt sich dabei zu 63.850 Metzen für ein Joch heraus. Am häufigsten findet der Anbau der Kartoffeln im Hermannstädter, Kronstädter und Szilágy-Somlyóer Kreise, dann im westlichen Theile des Brooser und Karlsburger Kreises statt, und sie werden ausser zur Nahrung noch zum Viehfutter (besonders Schweinemastung) und selten zum Branntweinbrennen verwendet.

Das Kraut wird, ausser im ganzen Lande in Gärten, nach der Ermittelung des Grunsteuerprovisoriums im Hermannstädter Kreise auch auf 46 Jochen im Grossen gebaut, wobei 369,500 Köpfe gewonnen wurden, so dass sich der jährliche Durchschnittsertrag eines Jahres zu 8000 Köpfen herausstellt. Das Gesammterzeugniss Siebenbürgens wird übrigens zu 1.355,176 Metzen veranschlagt. Es wird als Gemüse, theils eingesäuert, theils ungesäuert benützt und nur die Abfälle dienen auch als Viehfutter. Rüben und zwar Runkelrüben werden jährlich 46,982 Metzen erzeugt und theils zu Rohzucker (in der Hermannstädter **) Fabrik), theils zum Füttern des Viehes verwendet. Die Wicken, verschiedenen Kleearten, das Mischlingsfutter und das deutsche Borstengras (Setaria germanica) werden hin und

---

*) Nach den Erhebungen des Grundsteuerprovisoriums. In den Mittheilungen aus dem Gebiete der Statistik wird die jährliche Erzeugungsmenge Siebenbürgens an Kartoffeln zu 473.455 und in Hain's Statistik sogar zu 1.750,000 Metzen angegeben. Es muss hiebei bemerkt werden, dass die Erhebungen des Grundsteuerprovisoriums nur den Anbau im Grossen und für sich allein berücksichtigten, da aber von den Kartoffeln auch einegrosse Menge zwischen dem Mais und in Gärten angebaut wird, so kann man leicht das doppelte bis dreifache Erzeugungsquantum, also 200,000 bis 500,000 Metzen, als wahrscheinlich annehmen.

**) Früher bestand auch in Csáki-Gorbó und in Klausenburg eine Zukkerfabrik.

wieder, jedoch nirgends in bedeutender Ausdehnung als Futterkräuter gebaut, ohne dass aber die Grösse der bezüglichen Anbauflächen oder der Ertrag mit Bestimmtheit angegeben werden könnte. Nachdem jedoch in dem Ausweise der Naturalproduktion des Grundsteuer-Provisoriums unter der Culturgattung „Ackerland" auch 7415 Joche mit Heu bestellt vorkommen, welche 57341.93 Zentner süsses, 1284.85 saures und 5712.57 gemischtes Heu liefern, so können wir jene Bodenfläche und diese Erzeugnissmengen annähernd als für die Gesammtheit der bei uns vorkommenden Futterkräuter giltig betrachten.

cc) Anbau der Handelspflanzen.

Die am meisten im Grossen angebauten Handelspflanzen Siebenbürgens sind: der Flachs, Hanf und Tabak; weniger bedeutend wird der Anbau von Raps, Senf, Zwiebel und türkischem Pfeffer (Paprika) betrieben. Der Krapp zum Färben, Mohn für einige Speisen der Armenier und Szekler und Fenchel werden nur an einigen Orten in Gärten gebaut. Von Hopfen und Kümmel wird der Landesbedarf im wilden Zustande gesammelt und vom Erstern das Gesammterzeugniss auf 53 Zentner berechnet.

Der Flachs wird theils wegen seiner Fasern zu Gespinsten, theils des Samens wegen zur Oelbereitung angepflanzt und zwar in ersterer Absicht besonders bei Kronstadt, wo jährlich auf 275 Joch Ackerland durchschnittlich 508,007 *) Garben (auf einem Joche je 1800 Garben) gewonnen werden, dann bei Karlsburg und Déés; — der Oelbereitung wegen aber ausser bei Déés auch in der Umgegend von Klausenburg im Ganzen 1525 Joch, welche 2901 Metzen Leinsamen abwerfen, so dass das durchschnittliche Jahres-Ertragniss eines Joches Ackerland zu 1.9 Metzen Leinsamen berechnet wurde.

Allgemeiner verbreitet und überhaupt häufiger ist der Anbau des Hanfes, welcher besonders im Hermannstädter und Kronstädter Kreise in grösserer Ausdehnung angebaut wird. Es sind daselbst jährlich bis 581 Joch mit ihm bestellt, welche einen Jahres-Ertrag von 72,691 Garben abwerfen oder jährlich eine Durchschnittserträgniss von 1200 auf einem Joche liefern **). Ausserdem wird der Hanf auch im nördlichen Theile des Bistritzer und Déséer Kreises im Grossen gebaut.

Der Tabak, seit dem Jahre 1850 auch in Siebenbürgen ein Monopolsgegenstand des Staates, unterliegt in dieser Eigenschaft beim Anbau gewissen Beschränkungen, welche theils in der Verpflichtung zur Ablieferung des ganzen Erzeugnisses an das Staatsgefälle und in einer besondern Bewilligung zum Anbau, theils ausnahmsweise für die

---

*) Die Menge des in Siebenbürgen gewonnenen Flachses wurde bis zum Jahre 1851 zu 14,405 Zentner angenommen.

**) Das jährliche Erzeugungsquantum Siebenbürgens an Hanf wurde bis zum Jahre 1851 mit 100,418 Zentner veranschlagt.

frühern Tabakflanzer in der sehr beschränkten und immer weniger zulässigen Erlaubniss zum Tabakbau für den eignen Gebrauch auf höchstens einem Areale von ☐ 70 Klaftern und gegen Entrichtung einer festen Taxe (gegenwärtig 4 Kreuzer von einer ☐ Klafter) an die Staatskasse bestehen. Da nun dieser Anbau zum eignen Gebrauche, bei welchem im Jahre 1853 noch auf 206 Joch 905 ☐ Klaftern 1652 Centner (meist im Hermannstädter, Bistritzer, Deéser und Kronstädter Kreise) erzeugt wurden, dem Gesetze nach immer mehr abnehmen und endlich ganz aufhören soll, so ist er in statistischer Beziehung weniger wichtig. Der Tabakbau fürs Aerar dagegen, dessen Hebung und Verbreitung sich die Staatsverwaltung sehr angelegen sein lässt, ist bei uns aber um so mehr von Bedeutung, weil er nicht nur die Anbaumenge vor der Einführung des Monopols bald erreicht hat, sondern überhaupt ein sehr wichtiger Culturszweig für das Land zu werden verspricht.

Es wurden aber an Tabak fürs Aerar angepflanzt und von demselben eingelösst:

Im Jahre 1851 zusammen 583 Centner
„ „ 1852 „ 2332 „
„ „ 1853 „ 9649 „
„ „ 1854 „ 15324 „

und zwar meist ordinäre Blätter und mittelfeine Gartenblätter. Da nun im Durchschnitte das Erträgniss eines Joches zu 8 Centner angenommen wird, so wären in dem letzten Jahre 1915.5 Joch oder, wenn wir die für den eignen Gebrauch bepflanzte Fläche in demselben Jahre nur zu 184.5 Joch annehmen, in runder Zahl 2100 Joch mit Tabak angebaut gewesen. Am meisten wurde übrigens aus dem Maros-Vásárhelyer und Kronstädter Kreise (besonders dem östlichen Theile desselben), dann aus dem Klausenburger und Szilágy-Somlyóer Kreise, sowie aus dem südlichen Theile des Bistritzer und Deéser Kreises Tabak fürs Aerar eingeliefert.

dd) Gartenbau.

Der Gartenbau hat in Siebenbürgen eine ziemlich beträchtliche Ausdehnung, weil häufig ausser Gemüse und Küchenpflanzen, die mehr nur in der Nähe der Städte einen lohnenden Erwerbszweig bilden, auf dem Lande namentlich in Gebirgsgegenden, wo das ganze liegende Besitzthum des Bewohners um seine Hütte herum sich befindet, auch die wenigen Cerealien neben einigen Obstbäumen in den Garten angebaut werden.

Dagegen tritt wieder bei uns auch der Fall ein, dass gerade solche Gewächse, welche man anderwärts nur in die Gärten anpflanzt, auf dem Ackerlande theils zwischen Mais, theils für sich allein gezogen werden; wie die Fisolen und Erbsen, dann Kürbisse überall im Lande in der erstern Art, — die Wassermelonen bei Klausenburg, Nagy-Enyed u. s. w., die Zuckermelonen in der Gegend von Maros-

Vásárhely, zwischen den Kockeln und bei Blasendorf, wo weite Strekken des Ackerlandes nur mit solchen bebaut sind, auf die zweite Art.

Der Obstcultur wird in Siebenbürgen vorzüglich in den von Deutschen bewohnten Landestheilen eine grössere Sorgfallt zugewendet. Aber auch ausserdem kommt der Anbau der Pflaumenbäume beträchtlich verbreitet vor, um ihr Erträgniss zum Branntwein zu verwenden. Bemerkenswerth sind die Kirschengärten bei Déva und Dobra im Brooser Kreise, bei Heltau und Michelsberg nächst Hermannstadt, bei Kronstadt und im Kreise Szilágy-Somlyó. Die gesammte Obsterzeugung Siebenbürgens wird auf 363,075 Metzen veranschlagt. Ausser den gewöhnlichen Kern- und Seinobstarten, und von Erstern mehrere eigenthümliche Formen, werden auch Wallnüsse in ziemlich bedeutender Menge, weniger Kastanien und auch diese nur klein hervorgebracht.

cc) Der Weinbau.

Der Weinbau ist in Siebenbürgen sehr bedeutend. Von dem productiven Boden sind 46,945 Joche und 1374 ☐ Klaftern diesem Culturszweige gewidmet, welche jährlich 1.027,626 öster. Eimer Wein und zwar 481,934 Eimer besserer Qualität abwerfen, so dass auf ein Joch ein durchschnittlicher Jahresertrag von nahezu 22 Eimern entfällt.

Der meiste Weinbau kommt im Hermannstädter Kreise vor, wo ein Drittheil des ganzen Erzeugnisses hervorgebracht wird. Würdig stehen ihm die Kreise Karlsburg und Szilágy-Somlyó zur Seite, welche jede mehr als ein Fünftel der ganzen Erzeugungsmenge liefern. In abnehmender Ordnung schliessen sich ihnen die Kreise Maros-Vásárhely, Bistritz und Broos an. Am besten gedeiht der Wein aber und die vorzüglichsten Sorten liefern in den Thälern der Marosch und der Kockeln die Orte Babolna, Magyar-Igen, Sárd, Borbánd, Czelna und Boros-Bocsárd im Karlsburger Bezirke, — Bogeschdorf, Birthelm mit den umliegenden Orten Tobsdorf, Gross-Kopisch, Reichesdorf und Meschen im Mediascher Bezirke, dann Mühlbach, mehrere Orte im Enyeder und einige Orte des Blasendorfer, Dicsö-Szent-Mártoner und Radnóther Bezirkes. Auch die Weine des Tasnáder Bezirkes im Szilágy-Somlyóer Kreise sind an mehreren Orten von ausgezeichneter Qualität und sollen den Marosch- und Kockelweinen an Güte wenig nachstehen.

Dass wir übrigens nicht noch mehr vorzüglichere Weine haben, liegt nicht so sehr in dem ungenügenden Vorgange beim Anbau und in der Bereitungsart des Weines, auf welche bei uns mehr Sorgfalt *), als in vielen andern Ländern und weit mehr als auf andere Culturszweige verwendet wird, als vielmehr daran, dass man die Trau-

---

*) Es ist bei uns durchgehends eine Art der deutschen Betriebsmethode in Anwendung, indem nämlich die Reben lang gezogen und in Ringen an die hohen Pfähle gebunden werden. Auch wird der Most nur nach dem Auspressen von den Trähern der Gährung überlassen und nach 5 Monaten vom Lager abgezogen.

ben bei der Weinlese nicht sortirt und mehr auf die Quantität als die
Qualität derselben sieht, daher auch die safthältigern und vieltragenden Sorten stärker anbaut.

Als Nebenproduct des Weines sind noch die **Trä bern** zu
erwähnen, welche zur Branntweinbereitung und Viehmastung verwendet werden.

ee) Das Wiesenland und bie Hutweiden.

Da in Siebenbürgen auf die Bewässerung und Entwässerung
der **Wiesen** nicht viel Mühe verwendet, auch die Düngung häufig
vernachlässigt und selten mehr als zweimal (in vielen Gegenden sogar nur einmal) im Jahre gemäht wird, kann auch der Ertrag an Heu
nicht bedeutend sein, dafür kommt aber auch ein bedeutender Theil
des Heuwuchses dem oft unverhältnissmässig grossen Viehstande zu
Gute und sind auch die in bedeutender Ausdehnung im Lande vorhandenen Hutweiden nicht ohne Heuertrag.

Das Erträgniss an den verschiedenen Arten von Heu lässt
sich auf Grund der Catastral-Erhebungen folgendermassen darstellen:

Die Culturgattung		Jährliches Erzeugniss an:			
Art	Grösse in Jochen	Heu	im Durchschnitte pr. Joch	Grumet	im Durchschnitte pr. Joch
		österreichische Centner			
Wiesenland	1.576,147	18.115,987*)	11.19	4.647,965 †)	2.94
Hutweiden	915,151	3.643,021**)	4.15	139,489 ††)	0.15
Dazu vom Akkerlande	7415	64,340***)	.	.	.
Zusammen	2.498,713	21.823,348	.	4.787,454	.

Wir ersehen hieraus, dass der Durchschnittsertrag an Heu
und Grummet bei uns wirklich auffallend gering ist, denn während in
den andern Kronländern das Wiesenland 30 bis 42 Centner Heu auf

---

*) Davon sind 7.294,627 Centner süsses, 5.212,983 Ct. saures 7.566,250 Ct.
gemischtes Heu und 42,127 Ct. Schilf.
**) Davon sind 580,404 Ct. süsses, 1.043,207 Ct. saures, 2.018,965 Ct.
gemischtes Heu und 444 Ct. Schilf.
***) Davon sind 57,542 Ct. süsses, 1285 Ct. saures, 5713 Ct. gemischtes Heu.
†) Davon sind 2.487,586 Centner süsser, 462,595 Centner saurer und
1.697,984 Ct. gemischter Grumet.
††) Davon sind 76,411 Ct. süsser, 11,550 Ct. saurer und 51,528 Centner
gemischter Grumet.

einem Joche abwirft und der Ertrag des Grumet zu dem des Heues wie 1 : 1/2 bis 3/4 sich verhält; ergibt sich, dass das Erträgniss des Letztern bei uns kaum 1/3 dessen in den andern Kronländern ausmacht und auch der Grumet nur auf 1/5 des Heuerzeugnisses sich beläuft.

Dieser geringe Ertrag ist um so bedauerlicher, als dabei ein sehr grosser Theil unserer productiven Bodenfläche betroffen wird; denn es macht das Wiesenland mit Einschluss der Hutweiden und des vom Ackerlande mit Gras besetzten Theiles nicht weniger als 0.3 des ganzen productiven Bodens Siebenbürgens oder um 343,065 Joche mehr als das Ackerland, nach Abschlag des nur Heuertrag liefernden Theiles, aus. Doch ist das Grasland im Lande sehr ungleich vertheilt, denn nur im südlichen Theile des Brooser, Hermannstädter und Kronstädter Kreise, dann im südöstlichen Theile des Bistritzer Kreises erscheint Ackerland mit Graswuchs und nur im südlichen Theile des Brooser Kreises, im Udvarhelyer Kreise und im nördlichen und östlichen Theile des Bistritzer Kreises übersteigt das Wiesenland, — dann im südlichen Theile des Brooser Kreises und im Udvarhelyer Kreise das Weideland für sich allein schon die Grösse des Ackerlandes.

ff) Die Waldungen.

Es kommen bei uns auf je 10,000 Joch productiven Bodens 4312 Joch und auf 1000 Bewohner 1720 Joch Waldland. Siebenbürgen wäre daher nicht nur im Verhältniss der Grösse des Waldlandes zum productiven Boden, sondern auch im Verhältniss der auf je einen Einwohner entfallenden Waldbestandes das fünfte Land in der Reihe der Kronländer *) der Monarchie und doch gibt es bedeutende Strecken des Landes, welche an Holz wahren Mangel leiden und daher genöthigt sind, Schilf, Rohr, Maisstengel und selbst getrokneten Dünger zur Feuerung und Heitzung zu verwenden. Es ist dies der Fall in dem unter dem Namen „Mezöség" bekannten mittlern Landestheile zwischen dem Marosch- und Szamoschflusse oder im westlichen Theile des Maros-Vásárhelyer, im südwestlichen des Bistritzer, südlichen des Déeser und südöstlichen Theile des Klausenburger Kreises. Auch im nördlichen Theile des Hermannstädter Kreises ist stellenweise das Holz schon spärlich vorhanden, wird aber südlich aus dem noch unerschöpften Vorrathe der Gebirgswaldungen nur leider, wie überall im Lande, nicht mit der gehörigen Wirthschaftlichkeit herbeigeschafft.

---

*) Im Durchschnitte der Monarchie entfallen auf je 10,000 Joch productiven 3537 und auf 1000 Bewohner 918 Joch Waldland. In ersterer Beziehung stehen Tirol, die Bukowina, Kärnthen und Steuermark über Siebenbürgen dann das Banat und lombardisch-venetianische Königreich am weitesten zurück. In letzterer Beziehung übertrifft Salzburg, Kärnthen, die Bukovina und Tirol ebenfalls Siebenbürgen, am weitesten zurück bleibt aber wieder das lombardisch-venetianische Königreich.

Die wirkliche Holzmenge, welche das Waldland Siebenbürgens jährlich liefert, lässt sich nicht mit Genauigkeit angeben. Nach dem Durchschnittsertrage eines Joches Waldland unter Berücksichtigung des gegenwärtigen Zustandes unserer Waldungen kann man aber das Holz, welches hier zu Lande in den verschiedenen Formen und zu den verschiedenen Zwecken benützt wird, bei unserm Waldbestande von 3.568,008 Joch und 1334 ☐ Klaftern, wovon etwa 2.511,524 Joch mit hartem und 1.056,485 Joch mit weichem Holz bewachsen sind, jährlich auf 2.015,539 Klaftern 30 zölliger Scheiterlänge der harten und 1.196,261 Klaftern der weichen Sorte berechnen. Es resultirt dabei ein jährlicher Durchschnittsertrag eines Joches von 0.90 Klaftern und zwar von 1.10 Klaftern beim weichen und 0.75 Klaftern beim harten Holze.

Zu den Nebennutzungen der Waldungen gehört die Benützung der Eichen- und zum Theil auch der Buchenwälder zur Mastung des Borstenviehes, welche bei uns einen bedeutenden Ertrag liefert. Hierher gehört ferner die Benützung der Rinden von Eichen, Fichten, Tannen u. s. w. zur Gerberlohe. Kohlen, Harz, etwas Theer, Birkenöl, Potasche und der Buchenschwam sind ebenfalls Nebenerzeugnisse der Wälder, welche wir gelegentlich noch näher berücksichtigen werden.

e) Verbrauchsmengen der landwirthschaftlichen Bodenerzeugnisse.

Die Untersuchung, ob die Erzeugungsmengen in den einzelnen Theilen des Landes und in welchen dessen Bedarf wirklich decken, ist sehr schwierig, da sowohl in der Quantität als der Qualität des Verbrauches der verschiedenen Bodenproducte eine grosse Verschiedenheit herscht. Im Allgemeinen übt aber auch bei uns die Gewohnheit des Menschen auf den Verbrauch und dadurch mittelbar auf die Erzeugungsmenge einen grossen Einfluss aus und es wird daher auch in denjenigen Theilen Siebenbürgens, wo ausser dem landwirthschaftlichen Betriebe keine andern Erwerbszweige zur ergiebigen Entwickelung gelangt sind, die Consummtionsgrösse in geradem Verhältnisse zur Erzeugungsmenge stehen. Mit der Ergiebigkeit anderweitigen Erwerbes hört aber diese Beschränkung auf und wir sehen daher, dass der Szekler des nördlichen Theiles des Udvarhelyer Kreises und der gebirgsbewohnende Romäne durch seine Viehzucht und Waldwirthschaft den Abgang an Cerealien zu decken vermöge, sowie die Bewohner der Mezöség durch die Benützung des Rohres, Schilfes, der Maisstengel und des Düngers zur widerlich riechenden Heitzung und Bereitung seiner Speisen den Waldmangel vergessen lernt und der Romäne bei hinreichendem Vorrathe an Mais das Weizenbrod der Deutschen leicht entbehret.

Um aber einen gleichförmigen Massstab zur Vergleichung der Erzeugungs- und Verbrauchsmengen zu erhalten, wird, wenn wir zunächst das Bedürfniss der Menschen im Auge halten, bei dem Getreide die Fechsung eines Joches Ackerland, nach der Ernährungsfähigkeit der gewonnenen Getreideart auf Roggen reducirt, als Einheit angenommen und die Nährkraft eines Metzens Roggen gleichgehalten: 0.80 Metzen Mais, 0.82 M. Weizen, 0.90 M. Hülsenfrüchte, 0.92 M. Hirse, 1.23 M. Gerste, 1.57 M. Hafer und 2 Metzen Buchweizen.

Nach diesem Massstabe macht der Ertrag eines Joches Ackerland im Durchschnitte unserer Monarchie 7.34 Metzen und die mittlere jährliche Cerealienconsummtion eines Bewohners 4.4 Metzen Roggen-Aequivalent aus. In Siebenbürgen entfallen dagegen zwar ein Ertrag 8.1 Metzen Roggen-Aequivalent auf ein Joch Ackerland, dabei aber nur eine Verbrauchsmenge von 3.8 bis 4 Metzen Roggen-Aequivalent des eignen Erzeugnisses auf einen Bewohner *) und es erzeugt daher Siebenbürgen eine Menge von Getreide, welche in bessern Jahren den Bedarf der Bewohner vollkommen deckt, aber schon in mittlern Jahren eine Zufuhr von wenigstens 1/5 des Bedarfes aus dem Banate und der Walachei nothwendig macht.

Das Verhältniss des Verbrauches zur eignen Erzeugungsmenge lässt sich auch erkennen, wenn man den Handelsverkehr ins Auge fasst. Wir geben daher in Nachstehendem die Mengen der Cerealien, welche in den fünf Jahren 1844, 1845, 1846, 1747 und 1850 sowohl bei der Einfuhr als Ausfuhr in Siebenbürgen zur Verzollung gelangten und bemerken nur, dass, wenn auch nicht gerade sämmtliche eingeführte Mengen in Siebenbürgen wirklich zur Consummtion gelangten, doch bei der geringen Handelsthätigkeit, den schlechten Communicationsmitteln des Landes und dem Umstande, dass die angrenzenden Kronländer der Monarchie (Banat, Ungarn und Bukovina) theils selbst einen Ueberfluss an Getreide erzeugen, theils ihn auf anderm Wege leichter als durch Siebenbürgen beziehen können, nur ein sehr geringes Quantum der eingeführten Menge weiter verführt werden wird.

Es war aber der Handelsverkehr Siebenbürgens mit Getreide in jenen fünf Jahren (wohl durchgehends nur zwischen dem Lande und der Walachei und Moldau, da bei der Einfuhr aus dem Banate und Ungarn bekanntlich keine Zollbehandlung stattfand) und zwar:

	an Mais,	Hirse,	Roggen,	Reis,	Weizen,	Hülsenfrüchten,
in der Einfuhr	452,636	21,220	13,875	10,463	6164	227
" " Ausfuhr	9	17	27		406	6501

Gerste,	Hafer,	Buchweizen,	Mehl	
3630	87	5	912	} Wiener Centner.
26	223	13	946	

---

*) Siehe Hain Statistik II. Band S. 21 und 44.

Betrachten wir weiters die Verbrauchsmengen der Erzeugnisse des Gartenbaues mit den Erzeugungsmengen *), so finden wir, dass Siebenbürgen damit nicht nur seinen Bedarf zu decken, sondern auch einen Theil an das Ausland (Walachei und Moldau) abzugeben in der Lage sei; denn es wurden in jener fünfjährigen Periode an Gemüse und Küchengewächsen **) in frischem und unzubereitetem Zustande nach Siebenbürgen 182 Wiener Centner eingeführt, dagegen 4565 Centner aus dem Lande dahin ausgeführt.

Bei dem Obste stellt sich dagegen ein ganz anderes Verhältniss heraus, denn es wurde davon, einschlüssig der Südfrüchte und Trauben, im Jahre 1850 allein um den Werth von 45,224 Gulden mehr ein- als ausgeführt. Es machen hieran nun freilich die Südfrüchte (Feigen, Citronen, Pomeranzen, Cibeben) die Hauptrubrik aus, aber auch die Menge der aus der Walachei nach Kronstadt eingeführten frischen Weintrauben, Aepfel und Nüsse und der von dorther nach Hermannstadt gelangenden Winteräpfel ist nicht unbedeutend.

Die Verbrauchsmenge des Weines und der Weintrauben verdient bei der grossen Ausdehnung des Weinbaues in Siebenbürgen in Bezug darauf, wie sie in dem eignen Erzeugnisse ihre Bedeckung findet, eine nähere Berücksichtigung. Wenn wir nämlich die gesammte Erzeugungsmenge des Weines mit der Einwohnerzahl vergleichen, so entfällt zwar auf den Bewohner 1/2, oder auf die Familie mehr als 2 österr. Eimer, und, obgleich dabei auf dem Lande in den Gegenden, wo kein Weinbau ist, fast ausschliessend nur Branntwein getrunken wird, so deckt das Erzeugniss den Bedarf doch noch nicht ganz. Denn nach den Zollausweisen der Jahre 1845, 1846, 1847 und 1850 ***) wurden in Siebenbürgen eingeführt (d. h. in der Einfuhr verzollt):

1. Capwein, französische, deutsche, portugiesische u. a. Weine 55 Ct.
2. Cyperwein, Levantiner u. s. w. . . . . 65 „
3. Moldauische und Walachische Weine . . . 33687 „
4. Champagner und andere Flaschenweine . . . 6609 Fl.
5. Frische Weintrauben aus der Moldau und Walachei . 1100 Ct.

Ausgeführt wurden dagegen aus Siebenbürgen nur 246 Centner Weine und es übersteigt also die Einfuhr die Ausfuhr um ein Beträchtliches.

---

*) Das Durchschnittsverhältniss mit Rücksicht auf die Bewohnerzahl lässt sich in Siebenbürgen nicht geben, weil ganze Nationen an einzelnen Sorten, wie z. B. die Romänen an Gemüse und Küchenkräutern mit Ausnahme des Krautes und Zwiebels fast gar kein Bedürfniss haben.

**) Leider können wir die Arten derselben nicht näher angeben, da sie in den Zollausweisen nur summarisch behandelt werden.

***) Siehe Hain Statistik II. Band S. 21 und 44;

Dass der Ertrag des **Wiesen-** und **Weidelandes** an Heu, Grummet und Grünfutter den Bedarf des bedeutenden Viehstandes Siebenbürgens nicht decke, geht schon daraus hervor, dass nicht nur hunderttausende unserer Schafe und noch vieles Grossvieh in die benachbarten türkischen Provinzen zur Weide getrieben werden müssen, sondern auch daraus, dass ungeachtet Maisstroh und anderes Stroh eine bedeutende Aushilfe zur Überwinterung des Viehes liefern, doch das Viehfutter im Winter immer einen unverhältnissmässigen Preis erreicht und das Vieh unserer Landleute im Frühjahre in einem erbärmlichen Zustande auf die noch lange nicht grünende Weide hinausgetrieben werden muss.

Wenn wir nun den Ertrag des **Waldlandes** mit der Einwohnerzahl Siebenbürgens vergleichen, so entfällt auf den Bewohner ein jährliches Holzquantum von 1.720 Klaftern. Obwohl diese Verbrauchsmenge nicht sehr bedeutend ist, so stehet sie doch über dem Durchschnitte der Monarchie von 1 1/2 Klafter und, wenn auch im Innern des Landes, wo die Waldungen grösstentheils ausgerottet sind und in vielen Fällen wohl Waldboden aber kein Holz vorhanden ist, bei der Mangelhaftigkeit der Communicationen, die das nöthige Brenn- und Bauholz herbeizuschaffen unmöglich machen, nur sehr wenig Holz consummirt wird, so enthalten doch die gebirgigen Theile des Landes noch Wald genug. Es ist daher auch der Bedarf als vollkommen gedeckt anzusehen, und die in letzter Zeit unverhältnissmässig hoch gestiegenen Holzpreise haben keineswegs in einem wirklichen Holzmangel ihren Grund. Freilich darf dabei aber nicht unerwähnt bleiben, dass mit Ausnahme der ziemlich ausgedehnten Staatsforste und einiger städtischer und herrschaftlicher Waldungen, unsere Wälder sich fast gar keiner Bewirthschaftung zu erfreuen haben. Auch die bestehenden Waldweiden, wo das Vieh den Nachwuchs zu Grunde richtet, und die noch vorkommende barbarische Vergrösserung der Gebirgsweiden durch absichtliches Niederbrennen ganzer Waldstrecken sind keine geringe Schattenseite unserer forstwirthschaftlichen Zustände.

Aus dem Verhältnisse der Erzeugungsmenge der einzelnen Bodenproducte zu der Grösse ihres Bedarfes und der Leichtigkeit den Letztern zu decken, ergibt sich nun nicht nur der **Geldwerth der Bodenproduction**, sondern dadurch mittelbar auch der **Werth der productiven Bodenfläche** selbst. Den Geldwerth der landwirthschaftlichen Bodenerzeugnisse mit einiger Genauigkeit zu bestimmen ist sehr schwierig, weil nicht nur die Marktdurchschnittspreise, nach welchen dieser Werth berechnet wird, sehr unsicher sind, sondern auch ungewiss ist, welche Mengen der Erzeugung nach diesen Preisen zu verwerthen sind. Es haben nämlich offenbar die zum eignen Gebrauche der Producenten bestimmten Mengen keineswegs den Werth der verkauften Erzeugnisse und ebenso können auch mangelhafte Communicationsmittel die Verwerthung der Vorräthe oft gänzlich hindern, oder sehr beschränken. Da aber die Grösse der productiven Bodenfläche nicht ganz genau bekannt und die Production jedenfalls grösser ist, als wir sie bei den einzelnen Culturgattungen angaben, so dürfte nicht viel gefehlt sein, wenn man die gesammten Erzeugungsmengen, nach den Durchschnittspreisen verwerthet, in Anschlag bringt.

Es wurde auf diese Art *) der Gesammtwerth der jährlich in Siebenbürgen erzeugten Bodenproducte auf 74.262,000 Gulden CM. berechnet, davon entfallen für ein Joch productiver Bodenflache 9 fl. 27 2/4 xr. **) oder, wenn man den Geldwerth der landwirthschaftlichen Erzeugnisse auf die Einwohnerzahl bezieht, 33 fl. 16 3/4 xr. auf einen Bewohner ***).

Aus diesen Zahlen kann man nun den **Geldwerth der productiven Bodenfläche** unsers Landes annähernd bestimmen, wenn man die Grösse der Betriebskosten und der auf Grund und Boden liegenden Lasten ausmittelt. Die Erstern werden bei uns höher als in den andern Kronländern sein, weil wegen des fühlbaren Mangels an arbeitenden Händen die Taglöhne gross sind, und zwar besonders in den Weingegenden, wo die Bearbeitung des Bodens vorzugsweise durch Menschenhände geschehen muss. Ebenso wirken auch die Volksdichte und die Beschaffenheit der Communicationsmittel auf den Werth des Bodens und zwar bei uns, wo die Volksdichte gering und die Communicationen schlecht, jedenfalls nachtheilig ein, weil davon die Leichtigkeit des Absatzes und der Preis der Erzeugnisse abhängt. Es wird daher in Siebenbürgen mit Berücksichtigung der auf Grund und Boden lastenden Abgaben und, weil mit den Erzeugnissen auf eine verschwenderische Art umgegangen, ein grosser Theil nicht verwerthet und für den Betrieb ein hoher Viehstand unterhalten wird, auch der Reinertrag der Bodenerzeugnisse nur gering sein, und höchstens auf 20 o/o des Roherträgnisses festgestellt werden können †). Nimmt man nun diesen Reinertrag als die 5 o/o-igen Zinsen des Capitalwerthes, so ergibt sich für Siebenbürgen der durchschnittliche Werth eines Joches productiver Bodenfläche zu 38 Gulden und daher für den gesammten productiven Boden der Werth von 298.338,000 Gulden. Dieser Werth wird sich aber jedenfalls bedeutend höher herausstellen, wenn man die in den grössern Complexen des productiven Bodens einbegriffenen Sümpfe, Oeden u. s. w., dann die Flächen, welche Strassen, Wege, Gräben u. s. w. einnehmen in Abzug bringt, und den bedeutend höhern Werth des Bau- und Gartengrundes in den Städten berücksichtiget.

---

*) Siehe Hain's Statistik des öster. Kaiserstaates II. Band S. 85.

**) Von den Kronländern der Monarchie ist dieser Betrag nur in Dalmatien mit 7 fl. 24 xr. noch geringer.

***) In dieser Beziehung steht nur Schlesien mit 28 fl. 25 xr. unter Siebenbürgen.

†) Siehe Hain's Statistik II. Band Seite 89.

f) Die Viehzucht.

Die Viehzucht, welche mit Recht die Seele der Landwirthschaft genannt werden kann, weil sie dem Grundbesitzer die ergiebigsten Mittel zur Benützung des Acker- und Wiesenlandes, nämlich die Zug- oder Tragkraft und den Dünger liefert und ihm überdies auch Nahrungsmittel für sich und seine Arbeiter bietet, — hat sich in Siebenbürgen nicht auf jenen Standpunkt der Entwickelung emporgeschwungen, welcher auch nur für den innern Bedarf genügend wäre, obwohl die Grundbedingungen für eine ausgiebige Entwickelung bei uns hinreichend vorhanden sind und der Viehzucht selbst eine verhältnissmässig grössere Pflege (freilich nur mit der unpractischen und verschwenderischen Benützung der freien Weide) zugewendet wird als dem Ackerlande.

Es kommt aber bei der Betrachtung der Viehzucht auf die Zucht der Pferde, des Rindviehes, der Schafe und Ziegen, des Borstenviehes, des Geflügels, der Bienen und Seidenraupen Rücksicht zu nehmen.

aa) Die Pferdezucht.
(mit Einschluss der Zucht der Maulthiere und Esel)

Das siebenbürger Pferd in der reinen Race gilt als das schönste in der Monarchie und ist wegen seiner Behendigkeit und Ausdauer allgemein geschätzt. Durch die zu frühe Anstrengung der Füllen zur Arbeit und die schlechte Nahrung hat sich aber die ursprüngliche Race sehr verschlechtert. Die Pferdezucht wird übrigens in Siebenbürgen auch durch die Naturverhältnisse besonders begünstigt und hatte sich hier in einer Weise ausgebildet, dass unser Land in dieser Beziehung allen andern Kronländern voranstand. Die letzten Kriegsereignisse und Zeitverhältnisse haben aber die meisten der grossen herrschaftlichen Gestütte aufgelöst und die besten Pferde wurden theils eine Beute des Krieges, theils zur Ergänzung des Armeebedarfes verwendet und verführt. So kam es, dass bei den letzten ämtlichen Erhebungen eine weit geringere Zahl von Pferden in Siebenbürgen aufgefunden wurde, als nach den frühern Nachweisungen hier vorhanden sein musste *). Es wurden nämlich bei der letzten Zählung in Siebenbürgen zusammen nur 142,252 Pferde **) und zwar Füllen bis zu 4 Jahren 29,470, Stutten 54,430, Hengste 2652 und Wallachen 55,700 gefunden.

Am meisten ist die Pferdezucht unter den Deutschen und zum Theil bei den Szeklern verbreitet. Im Hermannstädter und Kronstädter Kreise allein findet sich schon die Hälfte der Gesammtzahl der Pferde

---

*) Benigni gibt deren Zahl in seiner Statistik von Siebenbürgen 1837 zu 350,000 Stück an.

**) Nach Hain's Statistik II. Band Seite 91 wären im Ganzen 150,692 Pferde in Siebenbürgen gewesen.

Siebenbürgens, indem in den übrigen Landestheilen durchschnittlich nur 75 und im Mittel des Landes 135 Pferde, dagegen im Hermannstädter und Kronstädter Kreise, dann in den deutschen Bezirken des Bistritzer Kreises 256 bis 884 Stücke auf die ☐ Meile zu stehen kommen. Auch mit Rücksicht auf die Bewohnerzahl zeigt sich dasselbe Verhältniss, denn während im Durchschnitte des Landes 68 Pferde auf 1000 Einwohner entfallen, kommen davon in den von Deutschen bewohnten Bezirken des Hermannstädter, Kronstädter und Bistritzer Kreises bis 154 auf je 1000 Bewohner.

Als beiläufigen Massstab für den Fortschritt der Pferdezucht lässt sich das Verhältniss der Füllen zu den übrigen Pferden ansehen und dieses ist in Siebenbürgen sehr günstig, denn es kommen nach der obigen Vertheilung bei uns auf 1000 Pferde schon 207 Füllen, also mehr als in allen andern Kronländern mit Ausnahme der Bukovina, dann Kroatien und Slavonien.

Maulthiere und Esel wurden bei der letzten Zählung im ganzen Lande zusammen nur 710 Stücke *) gefunden, wovon die Mehrzahl im Déeser Kreise und im westlichen Theile des Hermannstädter Kreises vorkamen.

Als Beförderungsmittel der Pferdezucht müssen die k. k. Beschäl- und Remontirungsdepartements angesehen werden, wovon auch eines in Siebenbürgen besteht. Die auf Staatskosten angeschafften und unterhaltenen Hengste (Beschäler) werden im Verhältniss zum Bestande der Landpferde jedes Frühjahr in die bestimmten Bezirke vertheilt, um die dort vorfindigen Stutten unentgeltlich zu belegen und dadurch sowohl den Schlag der Landpferde zu veredeln, als auch mittelbar für die Armee taugliche Remonten zu verschaffen. **)

Was nun den Handelsverkehr Siebenbürgens mit Pferden anbelangt, so ist derselbe sehr beträchtlich, und nur Galizien sammt der Bukovina und Ungarn gehen in dieser Beziehung Siebenbürgen voran, denn es gelangten hier in den Jahren 1844 bis 1847 im Ganzen 9472 Pferde zur Einfuhr (9372 über die Donaufürstenthümer) und 5259 Stücke zur Ausfuhr in die Donaufürstenthümer; unter den Letztern ist jedoch die beträchtliche Zahl derer, die über Ungarn nach den deutschslavonischen Kronländern und dem Auslande ausgeführt wurden, nicht einbegriffen.

---

*) Nach Hain's Statistik soll deren Zahl die sehr unwahrscheinliche Höhe von 3190 Stübken erreichen.

**) Es waren vom Jahre 1837 bis 1847 in Siebenbürgen 534 Beschäler ausgestellt, damit wurden zusammen 24,359 Privaten gehörige Stuten belegt, unter diesen wurden 13,518 trächtig, 5569 blieben galt und 5272 unerhoben. Von den trächtigen Stuten wurden 5751 Hengst- und 5422 Stutfüllen erzeugt; — 929 Stuten verwarfen, 440 kamen mit der Frucht um und 976 blieben unerhoben

bb) Die Rindviehzucht.

Wenn durch die Pferdezucht Siebenbürgens der inländische Bedarf so ziemlich gedeckt erscheint, so ist dieses in weit geringerm Grade beim Rindvieh der Fall, da dessen Stand wohl eine bedeutende Ausdehnung, aber dessen Raçe noch keine besondere Verbesserung erlangt hat. Denn es besteht bei uns noch durchgängig eine Art der sogenannten wilden Zucht, wo die Heerden das ganze Jahr mit Ausnahme des Winters im Freien bleiben; der Schlag des Rindviehes, wenn auch den Bessern angehörend, ist meisst klein, und der grosse Aufschwung der Schafzucht ist grösstentheils auf Kosten der des Rindviehes erfolgt. Dabei ist aber in Siebenbürgen auch die, namentlich im Hermannstädter Kreise und der Westhälfte des Kronstädter Kreises ausgebreitete Zucht des Büffels von Belang, welcher als Zugthier durch seine Stärke, dann als Milchthier durch die weisse, fette, wohlschmeckende Milch und Butter und in jeder Beziehung dadurch sich auszeichnet, dass er auch mit schlechter, vom andern Viehe verschmähter Nahrung sich begnügt.

Nach der letzten Zählung des Jahres 1851 waren im Lande zusammen 662,585 Stück Rindvieh und zwar 341,352 Stiere und Ochsen, dann 321,233 Kühe vorhanden und es entfallen demnach auf die Quadratmeile 628 Stücke. Am wenigsten Rindvieh hat dabei der Udvarhelyer Kreis und östliche Theil des Kronstädter Kreises (das Szeklerland), wo nur 340 Stücke auf die Geviertmeile zu stehen kommen; — während der Karlsburger, Brooser und Hermannstädter Kreis, dann der Westen des Kronstädter Kreises den Durchschnitt des Landes weit übertreffen. Die Zahl der Büffel, welche im Lande überhaupt etwa 1/20, dann im Hermannstädter Kreise und dem westlichen Theile des Kronstädter Kreises 1/10 des Rindviehes ausmachen dürfte, lässt sich nicht mit Bestimmtheit angeben, weil sie immer in der des Letztern einbegriffen wurde. In Dieser ist jedoch das Jungvieh nicht enthalten, welches nach den Steuertabellen mit Einschluss der Füllen 132,355 Stücke und, wenn wir die Zahl der Letztern (29,470) in Abzug bringen, noch immer 102,885 Stücke (Junzen und Terzen) ausmacht. Schlagen wir nun diese Zahl zu der oben gegebenen des erwachsenen Rindviehes, so erhöht sich dessen Gesammtsumme auf 765,470 Stücke *), wovon 726 auf eine ☐ Meile und 370 auf je 1000 Bewohner kommen.

Der Handelsverkehr Siebenbürgens mit den Donaufürstenthümern ist beim Rindvieh sehr bedeutend. Es wurden in den Jahren 1844 bis 1847, dann 1850 aus der Moldau und Walachei

	eingeführt	und in diese ausgeführt:
Ochsen und Stiere	21,457	1444
Kühe und Kälber über 1 Jahr	10,723	3700
Kälber unter ein Jahr	151	740
Zusammen	32,331	5884

---

*) Nach Hain's Statistik betrug schon die Zahl des erwachsenen Rindviehes im Jahre 1851 in Siebenbürgen 813,451 Stücke.

Wenn nun auch angenommen werden kann, dass von der Zahl der eingeführten Stücke die Hälfte nicht im Lande verbraucht wurde, so bleibt noch immer eine die Ausfuhr doppelt übersteigende Menge der Einfuhr, welche das unzweideutigste Zeugniss dafür ablegen kann, dass der bedeutende Viehstand Siebenbürgens den Landesbedarf nicht zu decken vermöge.

Auf der andern Seite finden wir aber auch, dass in mehreren Gegenden des Landes und namentlich in den Grenzbezirken das vorhandene Grasland sammt den Hutweiden dem Bedarfe des Viehstandes nicht genügt und die Heerden nach der Moldau und Walachei auf die Weide getrieben werden, deren Benützung den siebenbürgischen Viehökonomen durch eigene Staatsverträge gegen Entrichtung einer bestimmten Steuer gesichert ist. Hier bleiben die Heerden oft nur einen Theil des Jahres, oft mehrere Jahre hintereinander und gehen bisweilen (doch mehr noch die Schafheerden) selbst bis nach Rumelien.

cc) Die Schafzucht.

Die Schafzucht bildet einen der vorzüglichsten Erwerbszweige des siebenbürgischen Landwirthes. Die zahlreichen Schafheerden überwintern grösstentheils in den Donaufürstenthümern unter dem Schutze der bereits im vorigen Abschnitte erwähnten Uebereinkünfte mit den Regierungen der Moldau und Walachei. Von den Raçen sind bei uns selten andere als die beiden innländischen, die Zigai- und Zurkanschafe vertreten, von denen das Erstere feine, kurze, krause Wolle, das Andere lange, grobe Wolle besitzt. Die Zigaiwolle findet einen ziemlich bedeutenden Absatz ins Ausland, die Zurkanwolle wird zu groben Tüchern, Kotzen u. s. w. im Lande verarbeitet. Die Milch der Schafe dient zur Bereitung von Käse (Brinze) und etwas Butter, das Fleisch zum Genusse und Verkaufe; das Fell wird zur gewöhnlichen Winterkleidung des Landmannes verwendet und tausende von Schöpsen werden zur Unschlitterzeugung geschlachtet.

Im Jahre 1851 wurden in Siebenbürgen durch ämtliche Zählungen 905,163 Stück Schafe gefunden, eine Zahl, welche jedenfalls viel zu gering ist, denn das jährliche Wollerzeugniss wurde gleichzeitig mit 124,022 Centner angegeben und dieses setzt, wenn auf ein Schaf jährlich 4 Pfund Wolle gerechnet werden, einen Stand von mehr als 3 Millionen Schafen voraus. Diese bedeutende Differenz lässt sich zum Theil daraus erklären, dass, wie bereits erwähnt wurde, ein grosser Theil unserer Schafe bald längere, bald kürzere Zeit im Auslande (Moldau, Walachei und selbst Bulgarien) auf der Weide sich befindet und die von dorther eingebrachte Wolle als innländisches Weideproduct angerechnet erscheinet. Wir werden daher am wenigsten fehlen, wenn wir die Anzahl unserer Schafe zu 2.250,000 Stücken annehmen.

Nach dieser Annahme kommen daher in Siebenbürgen auf die ☐ Meile 2133, und auf je 1000 Einwohner 1084 Stück Schafe; doch ist dieses Verhältniss in den einzelnen Landestheilen sehr ungleich, denn mehr als 2/5 der ganzen Zahl der Schafe werden im Hermannstädter und im westlichen Theile des Kronstädter Kreises gehalten, während im Udvarhelyer Kreise nur etwa 986 Stücke auf die Geviertmeile zu stehen kommen.

dd) Die Zucht der Ziegen.

Die Ziegen werden in Siebenbürgen im ganzen Lande in ziemlich beträchtlicher Anzahl gezogen, besonders aber in den Bezirken von Hermannstadt, Mediasch, Schässburg, Déés, Vajda-Hunyad und Pui. Im Jahre 1851 betrug ihre Gesammtzahl 158,286 Stück, so dass davon auf die Quadratmeile 150 und auf je 1000 Bewohner 76 Stücke entfallen.

Wenn auch die Ziegen dort, wo sie in die Wälder zur Weide gelangen, bedeutenden Schaden anrichten, so sind sie doch nicht nur der ärmern Classe der Bewohner, welche sich keine Kühe halten können, von grossem Nutzen, indem sie denselben Nahrung und durch ihre Wolle Kleidung verschaffen, sondern bieten auch in ihrem Fette ein ausgezeichnetes Unschlitt zur Kerzenbereitung. Werden die Ziegen im Winter in kalten Ställen gehalten, so haben sie eine sehr feine krause Unterwolle, welche sich zu den schönsten Stoffen eignet, aber bis nun noch nur hin und wieder ausgekämmt und gesammelt wird.

ee) Das Borstenvieh.

Der Reichthum an Eichen- und Buchenwaldungen begünstigt sehr die Zucht der Schweine in Siebenbürgen und es wird derselben auch in einigen Gegenden des Landes eine besondere Sorgfalt gewidmet. Sowie aber die Zahl der Schafe nach den ämtlichen Erhebungen viel zu gering angegeben erscheint, so wird diess auch mit den Schweinen der Fall sein, nur fehlen uns leider die Anhaltspunkte, deren wirkliche Zahl herausfinden zu können. Im Jahre 1851 wurde nun ihre Zahl offenbar zu klein mit 256,900 Stück *) aufgenommen, von denen verhältnissmässig die meisten im Hermannstädter, Mediascher, Frecker, Fogarascher, Kézdi-Vásárhelyer, Dévaer, Vajda-Hunyader, Dicsö-Sz.-Mártoner und Blasendorfer Bezirke sich vorfanden.

Wenn wir aber auch den doppelten Stand des Borstenviehes als wahrscheinlich annehmen, so genügt derselbe dem Landesbedarfe noch bei weitem nicht, denn nach den Handelsverkehrsnachweisungen wurden in den fünf Jahren 1844 bis 1847, dann 1850 zusammen aus

---
*) Hain gibt in seiner Statistik II. Band S. 120 deren Zahl, die wohl nur im Wege der Schätzung gefunden wurde, zu 650,000 Stücken an.

den Donaufürstenthümern 320,369 Stück Schweine eingeführt, dagegen nur 631 Stück ausgeführt. Wurde nun auch ein kleiner Theil der eingeführten Schweine weiter getrieben, so ist doch der weit grössere Theil im Lande selbst verzehrt worden und es werden daher jährlich 1/5 des ganzen eignen Standes (wie er nach den ämtlichen Erhebungen sich herausstellte) oder fast ebensoviel eingeführt, als von diesem jährlich der Schlachtung unterzogen worden sein dürften.

ee) **Die Zucht des Federviehes oder des zahmen Geflügels.**

Die Zucht des **Federviches** ist in Siebenbürgen ziemlich bedeutend und wird besonders in der Nähe der Städte in grösserem Massstabe betrieben. Am weitesten ist die Zucht des **Haushuhnes** verbreitet, von dem selbst in der kleinsten Landwirthschaft einige Stücke nicht fehlen. **Truthühner** werden meist nur auf den grössern Herrschaften, **Tauben**, **Enten** und **Gänse** in und bei den Städten gezogen, die Gänse aber auch durchgehends bei den Szeklern in grösserer Menge. **Perlhühner** und **Bisamenten** dienen mehr zur Zierde grösserer Hühnerhöfe, wo auch höchst selten **Pfauen** und noch seltner **Phasanen** gehalten werden.

Der Landesbedarf ist übrigens durch die eigne Zucht des Geflügels ziemlich gedeckt und nur wenig wird aus den Donaufürstenthümern zugeführt.

ff) **Die Bienenzucht.**

Die **Bienenzucht** wird in Siebenbürgen namentlich in den Bezirken Teckendorf, Kronstadt, Grossschenk, Hermannstadt, Mediasch, Thorda, Déés und Zilah in bedeutender Ausdehnung betrieben und es wird die Gesammtzahl der im Lande vorhandenen Bienenstöcke zu 172,000 Stück *) angegeben. Für die Hebung dieses Industriezweiges hat auch die Regierung mitgewirkt, indem sie die Bienenzucht zwar einer Steuer (3 xr. CM. für den Stock) unterzog, jedoch die Bestimmung festsetzte, dass bei einem Bienenwirthe nur die 10 ersten Bienenstöcke besteuert, die darüber hinausgehende Zahl derselben aber steuerfrei belassen werden solle.

gg **Die Seidenraupenzucht.**

Die Zucht der Seidenraupen, obwohl dieselbe für Siebenbürgen einen sehr bedeutenden Ertrag abwerfen könnte und hier alle Bedingungen zu ihrer ausgedehntesten Betreibung gegeben sind, hat ungeachtet der Bemühungen der Regierung und mehrerer Privaten nicht zur Entwickelung gelangen können **). Der Hauptgrund davon mag

---

*) Von Hain in seiner Statistik II. Band S. 123. Nach den Steuertabellen des Jahres 1853 wurden 28,410 Stöcke versteuert.

**) Das Geschichtliche hierüber siehe in Marienburg's Geographie von Siebenbürgen Seite 64 und Kővári, Erdély Statistikája S. 129.

wohl, ausser in der angestammten Trägheit der Landesbewohner und ihrem Hange am Althergebrachten, besonders darin liegen, dass nicht mehrere Filatorien im Lande bestehen, welche den leichten Absatz der Cocons selbst in kleinen Parthien ermöglichen. Eine solche Filatorie, von der Freiin Rosalia Jó'sika errichtet, befindet sich im Volksgarten zu Klausenburg und eine zweite in Elisabethstadt, dem dortigen Vereine für die Seidenzucht gehörig.

g) Animalische Producte.

Unter den thierischen Producten sind für den Statistiker von Wichtigkeit: das **Fleisch, — Milch, Butter, Schmalz und Käse, — Häute und Felle, Schafwolle, Seidencocons, Honig und Wachs**, endlich **Dünger.**

Die Menge von **Fleisch**, welche man jährlich in Siebenbürgen verzehrt, kann unter der Voraussetzung, dass der Rindviehstand sich bezüglich der Ochsen und Stiere in 5 und bezüglich der Kühe in 10 Jahren, der Stand der Schafe in 6, dann jener der Ziegen und des Borstenviehes in 5 Jahren erneuere und mit Berechnung des Durchschnittsgewichtes jeder einzelnen Viehgattung, wobei ein Ochs durchschnittlich zu 5 Centner, eine Kuh zu 3 Centner, ein Stück Jungvieh zu 1 Centner, ein Schaf zu 1/3, eine Ziege zu 4/5 und ein Schwein zu 1 1/4 Centner im Gewichte angenommen wird, — zu 1.043,928 Centner und zwar 684,728 Centner Rindfleisch, 187,500 Centner Schaffleisch, 9200 Centner Ziegenfleisch und 162,500 Centner Schweinefleisch angenommen werden *). Es wird jedoch der jährliche Verbrauch des Rindfleisches bei uns meist ein geringerer sein, weil das Rindvieh oft unter dem obenangegebenen Mittelgewichte steht, dagegen sich der des Schweinefleisches meist um ein Beträchtliches über jenes Durchschnittsquantum erheben.

Vergleichen wir jene ganze Fleischmenge, die jährlich in Siebenbürgen consummirt wird, mit der Einwohnerzahl unsers Landes, so kommen hier auf einen Bewohner jährlich 50.3 Pfund **) zu verzehren und es wird Siebenbürgen in dieser Beziehung unter den Kronländern der Monarchie nur von Salzburg, Kroatien mit Slavenien und der Militärgränze übertroffen. Der Gesammtwerth der jährlich in Siebenbürgen verbrauchten Fleischmenge kann nach den Marktdurchschnittspreisen auf 8.699,000 Gulden berechnet werden.

Nach annähernden Berechnungen und zum Theil ämtlichen Angaben wird die Menge der jährlich in Siebenbürgen erzeugten Milch zu 336.667,000 Wiener Mass im Werthe von 11.222,000 Gulden, dann die Menge der **Butter, des Schmalzes und der Topfen** zu

---

*) Siehe Hain's Statistik II. Band S. 131.
**) Mit Rücksicht auf die Einwohnerzahl von 2.074,202 Seelen, nach Hain blos 46.8 Pfund.

250,000 Centner, endlich die des **Käses** zu 25,000 Centner, zusammen im Werthe von 2.300,000 Gulden angenommen.

Die Anzahl der **Häute** und **Felle**, welche jährlich in Siebenbürgen zum Verbrauche kommen, werden auf 1.012,172 Stücke berechnet, wovon 15,485 Pferdehäute, 89,758 Ochsenhäute, 61,901 Kuhhäute, 128,378 Jungviehhäute, 663,750 Schaffelle und 52,900 Ziegenfelle sind.

Die Angaben über die jährliche Erzeugungsmenge Siebenbürgens an **Schafwolle** schwanken zwischen 54,000 und 124,000 Wiener Centner und es erklärt sich diese Differenz sehr leicht aus der noch sehr unbestimmten Menge der im Lande vorhandenen oder diesem gehörigen auswärts weidenden Schafheerden.

Was die Menge der im Lande erzeugten **Seidencocons** und der davon gewonnenen Rohseide anbelangt, so kann man gegenwärtig hierüber nicht einmal beiläufige Schätzungen sich erlauben.

An **Honig** werden jährlich bei uns 8420 und an **Wachs** 2680 Wiener Centner gewonnen.

Die Menge des jährlich in Siebenbürgen verwendeten **Düngers** wird auf 163.107,000 Wr. Centner berechnet, und dabei angenommen, dass wenigstens ein Viertheil auf den Weiden verloren gehe. Es würden auf ein Joch zu bedüngendes Acker- und Weinland demnach bei uns etwas über 100 Centner Dünger entfallen.

Auch die andern **Abfälle** und **mindern thierischen Producte**, als Därme, Haare und Borsten, Horn, Klauen, Knochen, Blut, Federn und Federkiele, dann die Eier werden in höchst belangreichen Beträgen gewonnen, es ist jedoch aus Mangel sicherer Anhaltspunkte unmöglich, deren Erzeugungsmengen in Zahlen anzugeben oder ihre Geldwerthe auch nur annäherungsweise zu bestimmen.

h) **Landwirthschaftliche Nebenbeschäftigungen.**

Zu den landwirthschaftlichen Nebenbeschäftigungen, deren Betrachtung uns hier obliegt, gehören die **Jagd** und **Fischerei**, die **Branntwein-** und **Essigerzeugung**, die **Oelbereitung**, **Holzkohlenerzeugung**, das **Kalkbrennen**, die **Ziegelerzeugung**, das **Spinnen** von **Hanf-, Flachs-** und **Schafwollgarnen**, dann die Erzeugung von **Geweben** daraus und von **Geflechten** aus Stroh, Schilf und Holz.

Die **Jagd** ist in Siebenbürgen noch von bedeutendem Ertrage, der durch die Beschränkung der Jagdfreiheit in den letzten Jahren namhaft sich gesteigert hat. Die Gemse auf dem Hatzeger, Fogarascher, Burzenländer und Rodnaer Hochgebirge; — das Reh in allen Vorgebirgswäldern, wo seltner auch Hirsche vorkommen; — das Wildschwein ebendaselbst; — der Hase im Hügelland und in der Ebene; —

die Schnee-, Auer-, Birk- und Haselhühner, von den Grenzen der Schneeregion bis ins Hügelland und die Rebhühner und Wachteln in diesem und in der Ebene; — Wildenten und anderes Wasser- und Sumpfgeflügel an und auf Teichen und Flüssen; — Tauben, Drosseln, Krametsvögel und die vielen andern als Leckerbissen gerühmten kleinern und grössern Vögel sind überall, wo die Örtlichkeit es gestattet oder begünstigt, in grösserer oder geringerer Menge noch hinreichend vorhanden.

Was die reissenden Wildthiere (Bären, Wölfe und zum Theil Füchse und Luchse) anbelangt, so sind sie schwerlich in einem Lande der Monarchie noch häufiger anzutreffen, als in Siebenbürgen. Einen Beweis dafür liefern zum Theil die ämtlichen Nachweisungen über die auf Treibjagden und anderwärts erlegten Raubthiere, wornach:

Im Jahre	Bären	Wölfe	Füchse	Luchse
1845	8	101	unbekannt	—
1846	9	112	„	3
1851	86	398	2378	—
1853 *)	65	685	unbekannt	—
1854	86	771	„	—

im Lande aufgebracht wurden.

Die **Fischerei** wird in Siebenbürgen in grösster Ausdehnung betrieben und zwar, theils verpachtet, theils von den Gemeinden durch bestellte Fischer ausgeübt. Dabei macht man keinen Unterschied zwischen der Art und Grösse der Fische. Zur Fastenzeit, wo beinahe 4/5 der Landesbewohner Fische zu ihrer Nahrung benöthigen, wird selbst des kleinsten Fischchens im Wiesengraben nicht geschont, kein Wunder, daher dass unsere Gewässer fischarm genannt und mehrere hundert Centner eingesalzener Fische jährlich nach Siebenbürgen eingeführt werden müssen **).

---

*) Von den Jahren 1853 und 1854 kennen wir auch die Vertheilung der erlegten Wildthiere nach den einzelnen Kreisen, es kommen nämlich:

auf den Kreis	1853 Bären	1853 Wölfe	1854 Bären	1854 Wölfe
Hermannstadt)	13	111	15	64
Kronstadt)			14	94
Udvarhely)	18	118	17	52
M.-Vásárhely)			—	11
Bistritz)	25	134	29	82
Deés)			1	104
Szilágy-Somlyó)	1	165	—	56
Klausenburg)			—	95
Karlsburg)	8	167	3	14
Broos)			7	199

**) Es sind dies besonders Karpfen aus der Walachei, wovon in den Jahren 1851, 1852 und 1853 durchschnittlich 5 bis 6000 Centner eingeführt wurden.

Zur Fischerei muss auch der Fang von Krebsen und die Erzeugung der Froschkeulen gerechnet werden. Der Erstere wird im ganzen Lande mit nicht weniger Schonung als die Fischerei, die Letztere besonders bei den grössern Städten ausgeübt.

Sehr wichtig war früher für Siebenbürgen als landwirthschaftliche Nebenbeschäftigung die B r a n n t w e i n e r z e u g u n g, denn nicht nur die grosse Menge der Pflaumen, welche man auf dem Lande producirte, sondern auch die Trebern des Weinbauers und bedeutende Mengen von Getreide wurden dazu verwendet, ja selbst der arme Gebirgsbewohner zog es vor, im Winter sich ein wenig schlechten Fusel selbst zu bereiten und oft schon mit warmen Lutter sich die Zeit zu kürzen, als sich ein besseres Getränke fertig zu kaufen. Durch die Einführung der Verzehrungssteuer wurde zwar das viel unnöthige Zeit, Brennmaterial und Getreide vergeudende Verfahren dieser kleinen Brennereien etwas beschränkt, aber die Gestattung, dass jeder Gundbesitzer 2 österreichische Eimer aus eignen Erzeugnissen steuerfrei brennen kann, lässt diese landwirthschaftliche Nebenbeschäftigung noch immer sehr wichtig erscheinen.

Die E s s i g b e r e i t u n g verdient als die vorzüglichste Verwerthung des besonders in einigen Theilen des Landes in grosser Menge vorkommenden wilden Obstes, dann der Obstabfälle und des verdorbenen Weines genannt zu werden.

Ebenfalls grösstentheils als landwirthschaftiche Nebenbeschäftigung wird die O e l b e r e i t u n g, theils aus Leinsamen, theils aus Kürbiskernen, Sonnenblumen- und Hanfsamen betrieben; nur die Verwendung des Rübsamens dazu findet bloss im fabriksmässigen Betriebe statt. Die ganze (nicht fabriksmässige) Erzeugungsmenge kann auf 1200 Centner Leinöl, welches ausser zu Anstreicherarbeit und in den Druckereien auch in bedeutender Menge von den Romänen zur Nahrung verwendet wird, — dann 5000 Centner Rübsamen- und anders Oel im Gesammtwerthe von 124,000 Gulden berechnet werden.

Von grösstem Belange ist in Siebenbürgen die H o l z k o h l e n e r z e u g u n g, weil die Bergwerke und die Montan-Industrie unsers Landes ein sehr bedeutendes Quantum davon erfordern. Die gesammte Erzeugungsmenge wurde im Jahre 1851 auf 246,951 österreichische Metzen veranschlagt, welche, 40 Metzen auf eine Klafter 36-zölliges Holz gerechnet, 6174 Klaftern harten Brennholzes entsprechen und einen Geldwerth von 45,274 Gulden darstellen würden. Es kann diese Angabe aber jedenfalls nur auf die Verbrauchsmenge ausser dem Bergwerksbetriebe sich beziehen, denn, da der jährliche Verbrauch der Bergwerke und Montanindustrie in der Monarchie auf 100 Millionen Metzen berechnet wird und die Erzeugnisse des Bergbaues Siebenbürgens auf Metalle und Erze dem Geldwerthe nach zu 1/15 von denen der ganzen Monarchie angenommen werden können, so würden zu deren Hervorbringung allein schon gegen 6.700,000 Metzen erforderlich sein.

Unter den landwirthschaftlichen Nebenbeschäftigungen sind nun weiters das **Kalkbrennen**, in allen Gegenden, wo Kalkstein sich findet, — das **Ziegelmachen** besonders im Hermannstädter und Kronstädter Kreise, dann im mittlern Theile des Bistritzer Kreises und bei den Städten und Marktflecken, — das Spinnen von **Flachs-** und **Hanfgarnen** und die Erzeugung von Geweben davon, in allen Theilen des Landes, wo der Anbau dieser Culturflanzen in grösserm Masse stattfindet, — das Spinnen von **Wolle** und die Erzeugung von Wollzeugen in allen Theilen des Landes und besonders dort, wo bedeutende Schafheerden gehalten werden, — das **Flechten** von Strohhüten und Holzkörben je nach den örtlichen Verhältnissen, — von Rohrkörben (Zeckern) und Rohrmatten (Rohrdecken) bei den Szeklern von besonderer Bedeutung, ohne dass die Erzeugungsmengen der einzelnen Arten dieser Beschäftigungen oder der Geldwerth, dem sie entsprechen, annäherungsweise berechnet werden könnte.

i) Zustand der Landwirthschaft in Siebenbürgen.

In Siebenbürgen sind, wenn man zugleich auch die Familienglieder der Grundbesitzer und die Hilfsarbeiter dazuzählt, 87 o/o der ganzen Einwohnerschaft oder 1.804,600 Seelen bei dem Betriebe der Landwirthschaft und deren Nebenarbeiten beschäftigt. Es ist daher Siebenbürgen fast ein reines Agriculturland zu nennen und durch seine Ausdehnung, die ungemein günstige Lage und den Bodenreichthum in der That auch vorzugsweise auf den Betrieb der Landwirthschaft angewiesen, obgleich der Letztere im Allgemeinen noch in wenigen Theilen des Landes befriedigend genannt werden kann. Denn ausgedehnte Flächen liegen noch unbebaut und unbenützt und selbst die Bebauten geben nicht einmal die Hälfte, oft nicht ein Drittheil des Erträgnisses, welches sie bei rationeller Benützung abwerfen könnten. Der Viehzucht wird verhältnissmässig eine zu grosse Pflege zugewendet, und dadurch die Bodencultur vernachlässigt, indem durch die ausgedehnten Weiden ein grosser Theil des fruchtbarsten Landes dem Anbau entzogen wird. — Dieser Umstand, in der durch die frühern feudalen Verhältnisse entstandenen und zur Gewohnheit gewordenen Unthätigkeit, welche dem grössern Theile der Landesbewohner inwohnt und ihn das Mass seiner Bedürfnisse auf die äussersten Grenzen beschränken lässt, begründet, hat die Viehzucht mehr begünstigt als den Ackerbau, der eine mannigfaltigere Thätigkeit erfordert. Mit der Auflösung des Unterthanenverbandes ist nun freilich das grösste Hinderniss des Aufschwunges der Landwirthschaft beseitigt, allein die unheilvollen Folgen werden noch lange nachwirken und ihre Einflüsse sich nur allmälig verlieren; denn auch der Umstand wirkt noch störend ein, dass die gewesenen Unterthanen die erlangte Freiheit nicht gehörig zu würdigen und zweckmässig zu benützen verstehen. Die Richtung zum Bessern gibt sich jedoch auch bei uns schon vielseitig kund, und es kommen ihr in der letzten Zeit viele allgemeine und besondere **Beförderungsmittel** helfend entgegen.

Zu den allgemeinen Mitteln, welche die Landwirthschaft einem raschern Aufschwunge entgegenführen, gehören die Hebung der Intelligenz durch Verbesserung des Volksschulwesens, die Erleichterung des Absatzes der landwirthschaftlichen Erzeugnisse durch Vervielfältigung und Verbesserung der Verkehrsmittel, die Ermöglichung den Betrieb zu vervollkommnen und die Selbstständigkeit des kleinen Grundbesitzers zu sichern durch Errichtung von Credits-Anstalten, die Abwendung von Gefahren und von Schaden aus Elementarereignissen und andern Zufällen durch die Errichtung von Versicherungs-Anstalten gegen Feuer, Hagel und Viehseuchen u. a. m. In dieser Beziehung ist in der letzten Zeit auch in Siebenbürgen unendlich viel geschehen und geschieht auch noch fortwährend.

Aber auch an speciellen Beförderungsmitteln der Landwirthschaft fehlt es unserm Lande nicht. Die schon erwähnten landwirthschaftlichen Vereine in Hermannstadt und Klausenburg, der pomologiche Verein in Grossschenk, der Verein für Hebung und Förderung der praktischen Bienenzucht in Kronstadt und der eben im Entstehen begriffene Verein für Seidenzucht in Elisabethstadt können mit Recht hierher gerechnet werden und mit der Zeit durch eine ausgebreitetere Wirksamkeit gewiss auch einen grössern Einfluss in der vorgezeichneten Richtung ausüben.

§. 35. Der Bergbau.

Wenn der Boden Siebenbürgens, wie wir im vorigen Paragraphen gesehen haben, schon in seiner äussern Oberfläche eine unermessliche Quelle des Reichthumes darbietet, so birgt derselbe noch mehr in seinem Innern eine Fülle von Schätzen, die den reichlichen Segen, womit die gütige Natur unser Land bedacht hat, in erhöhtem Masse erkennen lassen. Es sind diess die Schätze des Mineralreiches, welche uns der Bergbau zu Tage fördert.

Dieser bildet daher nächst der Landwirthschaft den wichtigsten Thätigkeitszweig der Bewohner Siebenbürgens und hat mit ihr die Mannigfaltigkeit der Erzeugnisse gemein, indem er nicht nur fasst alle nutzbaren Metalle, sondern auch noch die Menge von Erden, Steinen, mineralischer Brennstoffe und unermessliche Schätze von Steinsalz liefert.

Der siebenbürgische Bergbau wurde, wie es geschichtlich erwiesen ist, schon zur Zeit der Römer und gewiss auch noch früher betrieben, stand damals und später in grossem Flor, obwohl die erschlossenen Bergwerke selten eines rationellen Betriebes sich erfreuten und viele Baue in Folge von Kriegsereignissen und andern Bedrängnissen später verlassen oder aufgegeben wurden, wenn die Erze an Gehalt abnahmen, oder andere sich vorfanden, welche zur Zeit des Betriebes noch nicht beachtet wurden, oder endlich die Mechanik und Chemie der damaligen Zeit es noch nicht verstanden, die vorkommenden Hindernisse zu bewältigen und minder gehaltreiche Erze mit lohnendem Erfolge zu benützen.

In der neuesten Zeit hat jedoch, vorzüglich durch das Beispiel der Regierung in den ärarischen Werken und zeitgemässe Verordnungen der rationelle Betrieb des Bergbaues viel gewonnen, wenn auch der Ertrag nicht immer mit der Zweckmässigkeit des Betriebes in geradem Verhältnisse steht und namentlich die Förderung der edlen Metalle vielen Wechselfällen unterworfen ist.

Die statistische Betrachtung des Bergbaues hat es nun nicht nur mit der Gewinnung der Erze, Mineralien und Fossilien zu thun, sondern auch, weil sich in vielen Fällen keine Trennung machen lässt, mit der Darstellung der Metalle und andrer zum Verkaufe hergerichteter Artikel, welche eigentlich Erzeugnisse des Hütterbetriebes oder besonderer chemischer Processe sind. Sie muss ferner bei uns die Erzeugnisse des Bergbaues in jene der ärarischen und der privaten Erzeugung unterscheiden, indem die Angaben über die gewonnenen Mengen der Erstern verlässlich und vollständig sind, jene der Letztern aber weit hinter der Wirklichkeit zurückbleiben.

a) Metalle und Erze.

aa) Der Goldbergbau.

Der Bergbau auf Gold ist in Siebenbürgen so alt, als die Geschichte des Landes, und so ergiebig, dass ausser Russland kein zweites Land in Europa eine grössere Ausbeute liefert. Die Angaben über die Erzeugungsmengen können hiebei als ziemlich verlässlich angesehen werden, indem die Privatgewerken, welche auf Gold bauen, ebenso, wie die Goldwäscher, gehalten sind, das ganze Erzeugniss entweder in rohem oder aufbereitetem Zustande an die Aerarial-Werke und Aemter gegen volle Entschädigung (nach Abschlag der Frohne) abzuliefern und nur geringe Mengen der Einlösung entgehen werden.

Die nachstehende Tabelle liefert die Goldausbeute Siebenbürgens summarisch für die Jahre 1819 bis 1829 und einzeln für die Jahre 1830 bis 1847, dann für das Jahr 1851. Die Daten für die Jahre 1848 und 1849 wurden nicht geliefert, weil sie aus begreiflichen Ursachen unvollständig sein müssen, und auch für das Jahr 1850 fehlt uns noch eine Zusammenstellung der Ergebnisse.

Es wurden aber an Gold erzeugt im Jahre:

1819 bis 1829 : 26,159 Mark	1835 : 3,390 Mark	1842 : 3,597 Mark
1830 : 2,551 „	1836 : 3,597 „	1843 : 3,531 „
1831 : 3,108 „	1837 : 3,485 „	1844 : 3,763 „
1832 : 2,666 „	1838 : 3,674 „	1845 : 3,999 „
1833 : 2,862 „	1839 : 3,634 „	1846 : 4,087 „
1834 : 3,030 „	1840 : 4,079 „	1847 : 3,820 „
	1841 : 3,878 „	1851 : 3,710 „

daher im jährlichen Durchschnitte jener 30 Jahre 3087 oder im Mittel der zuletzt aufgeführten 10 Jahre 3800 Mark, welche, die Mark im Preise von 365 Gulden 50 xr. gerechnet, den Werth von 1.390,166 Gulden darstellen und 54 o/o des Gesammterzeugnisses der Monarchie ausmachen.

In dem angeführten Zeitraume hat die Erzeugung namentlich in der zweiten Hälfte gegen die erste bedeutend zugenommen und diese Zunahme zeigt sich besonders bei der Aerarial-Erzeugung, denn diese machte, wenn wir die obige Zeit in vier Perioden von 1819 bis 1829, 1830 bis 1835, 1836 bis 1841 und 1842 bis 1847 theilen, während der einzelnen Perioden 19.6 o/o, 23.4 o/o, 26.7 o/o und 28.6 o/o der Gesammt-Erzeugung aus.

Das Gold kommt bei uns theils gediegen und entweder frei auf dem Muttergesteine oder im Sande der Flüsse oder als mechanisches Gemenge unter andern Metallen und Erzen und häufig nur äusserst fein in den Gangarten eingesprengt, — theils chemisch gebunden an Tellur im Tellurglanze und prismatischen Antimonglanze vor; das gediegene Gold ist jedoch nie ganz rein, sondern enthält immer noch chemisch gebundenes Silber.

Die wichtigsten Fundorte sind in Siebenbürgen die Bergwerke von: Zalathna mit seiner Umgebung, namentlich die Gebirge Braza, Fatzebaj und Rusina, Porkura, Stanisa, Abrudbánya, Verespatak (gediegen in Grauwacke), Szekeremb oder Nagyág (Tellurglanz), Ruda, Körösbánya, Kis- und Nagy-Almás, Csertes, Füzesd, Boicza, Offenbánya (Tellurglanz, Gold- und Silberglanz) u. a. m. Die vorzüglichsten Seifenwerke und Wäschereien befinden sich bei Oláh-Pian im Mühlbächer Bezirke *), am Aranyos, Ampoly, Maros, Szamos und vielen kleinern Flüssen des Landes von verschiedener Ergiebigkeit und wechselndem Feingehalte des Goldes.

bb) Der Bergbau auf Silber.

Der eigentliche Silberbergbau ist in Siebenbürgen sehr beschränkt und es wird das Silber meist als Nebenproduct der Gold- oder Bleierzeugung gewonnen. Der Ertrag stellt sich dabei dennoch um so bedeutender heraus, als die Golderzeugung umfangreich ist und die meisten Bleierze einen beträchtlichen Silbergehalt haben.

Die Erzeugungsmenge betrug in dem Jahre:

1819 bis 1829 } : 36,396 Mark	1830 : 3,508 Mark 1831 : 4,596 „ 1832 : 4,700 „	1833 : 4,321 Mark 1834 : 5,431 „ 1835 : 5,805 „

*) Hier wurde das grösste Stück im Jahre 1837 von beiläufig 15 Loth im Gewichte gefunden. Der frühere ärarische Betrieb ist nun seit dem Jahr 1853 eingestellt worden.

1836 : 8,209 Mark 1841 : 7,524 Mark 1845 : 5,713 Mark
1837 : 6,499 „   1842 : 5,881 „   1846 : 6,418 „
1838 : 6,953 „   1843 : 4,982 „   1847 : 5,933 „
1839 : 6,636 „   1844 : 5,926 „   1851 : 4,912 „
1840 : 8,911 „

daher im jährlichen Durchschnitte des ganzen Zeitraumes 4742 oder in dem der letzten 10 Jahre 6284 Mark, welche, die Mark zu 24 Gulden gerechnet, einem Geldwerthe von 150,816 Gulden entsprechen und nahezu 6 % der Erzeugungsmenge der ganzen Monarchie betragen.

Die Erzeugung zeigt der Menge nach eine bedeutende Schwankung und in der letzten Zeit eine entschiedene Abnahme. Das Aerar betheiligte sich dabei jährlich im Durchschnitte kaum mit der Hälfte der Gesammterzeugungsmenge.

Das Silber kommt in Siebenbürgen sehr selten gediegen, meist als Schwefelsilber und in Verbindung mit Blei, Kupfer, Tellur, Arsenik und Antimon vor.

Die vorzüglichsten Fundorte des Silbers sind: Zalathna und Nagyág (mit Tellur- und Fahlerzen, im silberhältigen Blei, mit Arsenik, Antimon und Manganerzen), Kapnikbánya (besonders Fahlerze), Offenbánya (Silberglanz, silberhältige Bleierze), Magura, Abrudbánya, Kis-Banya, Rodna u. s. w., dann überhaupt alle Orte, wo auf Gold und Blei gebaut wird.

cc) Die Quecksilbererzeugung.

Auf Quecksilber wird bis nun in Siebenbürgen nur an einem einzigen Orte (Gebirge Dumbrava bei Zalathna) gebaut, wo es als Zinnober vorkommt. Die jährliche Erzeugungsmenge schwankte in den letzten 20 Jahren zwischen 18 und 85 Centner, daher im Durchschnitte auf ein Jahr etwa 50 Centner im Werthe von 12,025 Gulden (den Preis eines Centners zu 240 fl. 30 xr. gerechnet) entfallen. In der letzten Zeit ist die Erzeugung etwas in Abnahme begriffen, da im Jahre 1851 nur 41 Centner 41 1/2 Pfund sämmtlich in der Privaterzeugung gewonnen wurden.

dd) Der Kupferbergbau

Kupfererze und besonders Kupferkiese, aus denen das meiste Kupfer gewonnen wird, sind in Siebenbürgen nicht eben selten, aber es ist darum der Kupferbergbau im Lande doch nicht ausgebreitet und befindet sich ausschliessend nur in Händen von Privaten.

Die ganze jährliche Erzeugungsmenge schwankte in den letzten 20 Jahren zwischen 800 und 1634 Centner, betrug im Mittel gegen 1200 Centner mit dem Durchschnitspreise von 60 Gulden, also in einem Gesammtwerthe von 72,000 Gulden. — Im Jahre 1851 wurden unter 1024 Centnern Kupfer: 886.75 Centner in Rosetten, 113.40 Centner in Hüttenproducten und 24.50 Centner getieftes Kupfer nur in der Privaterzeugung gewonnen.

Der Erzeugungsmenge des Kupfers nach ist Siebenbürgen das fünfte unter den Kronländern der Monarchie und stehet in dieser Beziehung hinter Ungarn, dem Venetianischen, Tirol und der Bukovina.

Das Kupfer findet sich bei uns in geringer Menge gediegen oder oxydirt (Rothkupfererz), meist als Kupferkies und häufig auch an andre Erze gebunden im Fahlerze, Bournonit, Eukairit u. s. w. Ausserdem wird es auch aus dem Grubenwasser, welches sich aus dem oxydirten Kupferkiese mit schwefelsaurem Kupferoxyde angeschwängert hat (Cementwasser), durch Einlegen von altem Eisen gewonnen (Cementkupfer). Das Hauptkupferwerk Siebenbürgens befindet sich in Balánbánya bei Szent-Domokos im Udvarhelyer Kreise und ausser bei diesem Werke wird nur in sehr geringer Menge noch Kupfer bei Déva und Kazanest erzeugt.

ee) Die Gewinnung von Zink und Zinkblende.

Obwohl Zinkblende in den meisten Bergwerken Siebenbürgens und namentlich in grosser Menge zu Rodna, Kapnikbánya, Offenbánya, Nagyág u. a. sich vorfindet, so wird sie doch weder zur Darstellung des metallischen Zinkes, noch zur Zinkvitriol-Fabrikation verwendet, sondern mit dem tauben Gesteine auf die Halden geworfen.

ff) Blei und Bleiglätte.

Der Bergbau auf Blei wird zwar theils vom Aerar, theils von Privaten in verschiedenen Gegenden Siebenbürgens betrieben, ist aber nirgends von besonderer Ergiebigkeit. Das Gesammterzeugniss schwankte jährlich zwischen 900 und 2500 Centner und kann im Mittel zu 2000 Centner mit dem Durchschnittspreise von 12 Gulden, also dem Gesammtwerthe von 24,000 Gulden angenommen werden. — Es wurden davon im Jahre 1851 durchs Aerar 1790.88 Centner und von Privaten 377.11 Centner zusammen 2167.99 Centner erzeugt.

Die Gewinnung der Bleiglätte ist sehr ungleich und betrug früher bis zu 1200 Centner.

Das Blei kommt meist als Bleiglanz, seltner als Oxyd und in Verbindung mit Säuren als Bleierz vor und ist in der Regel sehr silberreich. Die wichtigsten Fundorte, wo darauf gebaut wird, sind: Rodna, Kis-Muncsel, Neu-Sinka und Pojana Morului, am Berge Paltinul zwischen Hollo und Tölgyes u. a.

gg) Die Eisengewinnung

Nach dem Bergbau auf Gold ist in Siebenbürgen am wichtigsten der auf Eisen, wenn auch weder die erzeugte Menge dem Bedarfe, noch die Qualität des dargestellten Productes den Anforderungen der Consummenten ganz entspricht, und daher sehr viele Eisenwaaren, namentlich Gusswaaren, nach Siebenbürgen eingeführt werden müssen.

Im Durchschnitte der letzten 20 Jahre wurden in Siebenbürgen jährlich im Ganzen 41,388 Centner Roheisen und 1200 Centner Gusseisen erzeugt. Doch sind diese Angaben weit unter der Wirklichkeit, und man schlägt die wirkliche Erzeugungsmenge unsers Landes gegen 25 % höher an. An der gesammten Erzeugung betheiligte sich das Aerar früher mit 50 bis 58 %, gegenwärtig aber mit etwas mehr. Ueberhaupt hat die Eisenerzeugung in Siebenbürgen nicht so rasch zugenommen, wie in den andern Kronländern und wie es zu wünschen gewesen wäre, nur in der neuesten Zeit gibt sich ein grösseres Bestreben nach Aufschwung kund.

Werden die mittlern jährlichen Erzeugungsmengen nach ihrem Geldwerthe betrachtet, und dabei der Preis des Roheisens zu 3 fl. 40 xr. angenommen, so erhalten wir jährlich 151,756 Gulden vom Roheisen und 7500 Gulden vom Gusseisen.

Es stehen aber diese Werthberechnungen ebenso wenig, als die Erzeugungsmengen, mit der Wirklichkeit im Einklange, denn die Eisenproduction des Jahres 1851 betrug in den **Aerarialwerken**:

		im Werthe von
49,899.19 Cent. Roh- und Gusseisen	zu 2 fl. 30 xr.	124,747 fl. 58 xr.
20,316.25 „ Stabeisen . . .	„ 8 „ — „	162,530 „ 1 „
1,891.97 „ Stahl	„ 0 „ — „	18,919 „ 42 „
72,107.41 Centner Eisen im Gesammt-Werthe von		306,197 „ 41 xr.

in der **Privaterzeugung**:

16,314 Ct. Roh- und Gusseisen	zu 4 fl. 40 xr. im Werthe von	76,132 fl.
5,400 „ Stabeisen . . .	„ 7 „ 12 „ „ „	38,880 „
21,714 Centner Eisen im Gesammtwerthe von		115,012 fl.

Das Eisen kommt bei uns theils als Spateisenstein (im Laposcher Gebirge bei Strimbul), theils und am häufigsten aber als Brauneisenstein in unermesslichen Lagern bei Gyalár nächst Vajda-Hunyad, dann bei Toroczkó und vielen andern Orten vor. Am meisten wird darauf gebaut bei Vajda-Hunyad (Gyalár), dann bei Hatzasel, Vácza, Toroczkó, Strimbul, sowie bei Oláhfalu, Magyar-Hermány und nächst dem Bade Kéroly (Kiruly).

hh) **Andere Metalle und Erze.**

Von andern nutzbaren Metallen und Erzen, welche in verschiedenen Kronländern der Monarchie gewonnen werden und in einigen derselben einen wichtigen Erwerbszweig bilden, kommen bei uns auch noch mehrere und zum Theil in bedeutender Menge vor,*) wie: Braunstein, Arsenik, Antimon, Graphit, Schwefel, — ohne dass sie bis nun ein Gegenstand bergmännischer Gewinnung oder hüttenmännischer Bearbeitung geworden wären.

b) **Erden und Steine.**

An nutzbaren **Erden** und **Steinen** ist Siebenbürgen in allen Theilen mehr oder weniger reich. Der **Lehm für Ziegel**, der gemeine **Töpferthon** und geeignetes Materiale für Steingutgeschirr findet sich in hinreichender Menge vor und gerühmt werden im Lande die Töpferwaaren von Thorda, Salzburg, Borgo, dann das Steingut von Görgény, Batiz, Kronstadt. Ebenso finden sich an vielen Orten **Walkererden** und verschiedene **Farberden**, aber nur die Erstern werden in beschränktem Masse verwendet, während die Farberden zum Gebrauche durchgehends von auswärts in den Handel kommen.

In zahlreichen Steinbrüchen werden **Bau- und Bruchsteine**, dann **Mühl-, Schleif- und Wetzsteine** gewonnen; die Bausteine von Sárd und Persány, die Mühlsteine von Csicso-Újfalu, die Schleifsteine von Szakadát u. a. O. haben sich einen ausgebreiteten Ruf im Lande erworben. Die Ausbeute an **Kalksteinen** ist sehr gross, hat aber mehr nur lokales Interesse, weiter verführt wird nur der Kalk von Venitze und Komana im Sárkányer Bezirke, der sich durch besondere Haltbarkeit auszeichnet. **Marmor** findet sich an verschiedenen Orten, von verschiedener Farbe (schön weiss besonders bei Sebes, Árpás und andern Orten des Freckerbezirkes) und Qualität vor, ohne sich noch einer Benützung zu erfreuen. **Dachschiefer** haben wir bei Osdola. **Talk** (zu Federweis) am Berge Oslia beim Vulkanpasse. **Quarz** in den meisten Gebirgsgegenden (Glashütten bei Kerczesoara, Porumbak, Árpás, am Bache Zabrató beim Bodzapasse, bei Zalánypatak, Málnás, Görgény Üvegcsűr, Borszék, Csucsa) und als **Bergkrystall** in Nagyág, Offenbánya, Kapnikbánya u. a. Bergwerken, sowie besonders reine freie Kristalle bei Osdola.

Kreide und besonders **Gips**, kommt, wie wir bereits bei der Aufzählung der Mineralien gezeigt haben, an vielen Orten des Landes vor und wird Letzterer von den Kürschnern häufig benützt. Ebenso finden sich von Edel- und Halbedelsteinen: theils unedle theils

---

*) Siehe im ersten Abschnitte das Verzeichniss der Mineralien und über die unermesslichen Schwefellager am Berge Büdös die Verhandlungen und Mittheilungen des siebenbürgischen Vereins für Naturwissenschaften Jahrgang 1854 Seite 71 und 189 und Jahrgang 1855 S. 103.

edle Granaten, Chalcedone, Jaspise, Karneole, Amethyste mehr oder weniger häufig in verschiedenen Theilen Siebenbürgens, ohne bis nun in den Handel gekommen zu sein.

c) Salze.

Von den Salzen ist die Gewinnung des **Alaunes, Eisen-** und **Kupfervitriols,** dann vor Allem die des **Steinsalzes** von Belang. Alaun findet sich, ausser in einigen Mineralquellen, als Alaunerde in mächtigen Lagern am Büdös, ohne bis nun Gegenstand einer bergmännischen Gewinnung oder fabrikmässigen Erzeugung geworden zu sein. Ebensowenig wird gegenwärtig noch Kupfervitriol aus den Cementwasser gewonnen. Von Eisenvitriol werden dagegen jährlich in Verespatak 50 bis 140 Centner aus Schwefelkiesen dargestellt *).

In den unerschöpflichen **Steinsalzwerken** Siebenbürgens, deren gegenwärtig noch fünf (Maros-Újvár, Thorda, Déésakna, Salzburg und Parajd) im Betriebe stehen **), könnte eine unbegrenzte Menge dieses unentbehrlichen Minerals zu Tage gefördert werden, wenn nicht die Gewinnung dieses Monopolsgegenstandes sich nach dem Bedarfe richten müsste, und es desshalb unzweckmässig wäre, zu grosse Vorräthe anzuhäufen. Die Erzeugungsmenge des Steinsalzes betrug im ganzen Lande in den Jahren:

1819 ⎫			1840 :	997,104 Centner
bis ⎬	: 6.519,117	Centner	1841 :	1.002,475 „
1829 ⎭			1842 :	990,629 „
1830 :	580,558	„	1843 :	817,385 „
1831 :	663,555	„	1844 :	968,611 „
1832 :	771,487	„	1845 :	886.137 „
1833 :	806,966	„	1846 :	1.009,744 „
1834 :	770,706	„	1847 :	1.591,478 „
1835 :	574,281	„	1848 :	935,063 „
1836 :	778,596	„	1849 :	479,493 „
1837 :	947,945	„	1850 :	585,844 „
1838 :	1.080,010	„	1851 :	992,742 „
1839 :	1.183,130	„	1852 :	1.086,477 „

Es erzeugt sonach Siebenbürgen im Mittel ein jährliches Quantum von 820,000 Centner Steinsalz oder 34 o/o der Erzeugungsmenge der ganzen Monarchie, welche, um den Durchschnittspreis von 3 fl. 15 xr. verwerthet, den Betrag von 2.665,000 Gulden darstellen.

---

*) Die Erzeugung des Eisenvitriols in der Chemikalien-Fabrik zu Hermannstadt werden wir später berücksichtigen

**) Die Grube in Szék wurde noch vor längerer Zeit die von Kolo's im Jahre 1853 ausser Betrieb gesetzt.

Von dieser Gesammterzeugung kamen früher (vor 1853) etwa 80 % auf Maros-Újvár, 7 % auf Déésakna, 6 % auf Kolo's, 5 % auf Salzburg und 2 % auf Thorda und gegenwärtig vertheilt sich die Erzeugung von Kolo's auf Thorda und Déésakna.

Von der ganzen Erzeugungsmenge werden aber nur etwa ein Drittheil im Lande selbst verbraucht, das Uebrige aber nach dem Banate, Südungarn, Slavonien, den östlichen Theilen von Kroatien und der Militärgrenze, dann auch nach Servien verführt, wobei als Transportsmittel vorzüglich die Flüsse Marosch, Theiss, Donau und Save benützt werden. Für die Deckung des innern Landes-Bedarfes ist aber auch die Benützung der zahlreichen, oft sehr ergiebigen Salzquellen von Belang, welche den Gemeinden, auf deren Gebiet sich diese Quellen vorfinden, unter gewissen Beschränkungen gestattet ist.

d) Fossile Brennstoffe.

Wenngleich Siebenbürgen mehrere ziemlich bedeutende **Braunkohlenlager** und auch **Torf** in hinreichender Menge besitzt, so ist der Bau auf Kohlen doch höchst unbedeutend und die Gewinnung des Torfes noch gar nicht bekannt; was bei den schon bedeutend hohen und noch immer steigenden Holzpreisen gewiss keine geringe Schattenseite unsers Bergbaues ist. Ausser in dem Lager bei Holbak im Törzburger und dem bei Magyar-Nagy-'Sombor im Hidalmáser Bezirke findet gegenwärtig kein Abbau der Steinkohlen statt, aber auch die Ausbeute dieser beiden Lager ist höchst gering und beschränkt sich, ohne einem grössern Industrie-Unternehmen die Heitzkraft zu bieten, auf die Deckung des geringen Bedarfes einiger Schmiede der nächsten Umgegend *), welche das Vorurtheil gegen den mineralischen Brennstoff zu überwinden vermochten.

Viele Umstände wirken übrigens auch bei uns auf die unbedeutende Gewinnung und Benützung ein, und nicht nur die Abneigung der Bevölkerung gegen das ihr noch unbekannte Brennmaterial und die allerdings etwas grössere Mühe, welche mit der Verwendung fossiler Brennstoffe verbunden ist und die nothwendige künstlichere Einrichtung der Oefen und Rauchfänge, als man sie bei uns gegenwärtig auf dem Lande sieht, — sondern hauptsächlich auch die mangelhaften Communicationen und die Höhe der Frachtkosten bei weitern Entfernungen, welche den Absatz erschweren, stehen bei uns dem ausgiebigern Betriebe von Bergbauunternehmungen auf Steinkohlen hemmend entgegen.

---

*) Die Holbaker Steinkohlen werden meist in Kronstadt verbraucht.

e) Allgemeine Betrachtungen über den Bergbau Siebenbürgens.

Das jährliche **Gesammterträgniss** des siebenbürgischen Bergbaues kann auf 5.500,000 Gulden veranschlagt werden und es gibt dabei, wenn wir von dem als Staatsmonopol einer beschränkten Gewinnung unterliegenden Steinsalze absehen, das Gold den Ausschlag, während noch einige Bedeutung die Production des Eisens und Silbers erreicht. In jenem Geldwerthe ist aber auf den Ertrag der nutzbaren Erden und Steine, dann der fossilen Brennstoffe noch gar keine Rücksicht genommen, welcher auch keineswegs unbedeutend sein kann.

Um die Zahl der beim **Bergbaue beschäftigten Individuen** annähernd zu bestimmen, können wir, ohne uns eine Ueberschreitung zu Schulden kommen zu lassen, ein Zehntel der Bewohnerschaft der Bezirke von Abrudbánya, Karlsburg, Algyógy, Maros-Solymos, Körösbánya, Halmágy und Vajda-Hunyad mit 18,888 Seelen, — dann für die Bergorte Toroczkó, Kis-Bánya, Kapnikbánya, Oláh-Láposbánya, Strimbuly, Rodna, Balánbánya, Oláhfalu u. s. w. sowie für die Salzwerke wenigstens 2500 Personen an Bergleuten mit ihren Familien annehmen. Es würde demnach die Gesammtzahl der in Siebenbürgen beim Bergbau Beschäftigung findenden Personen 21,388 Seelen betragen.

Auch in Siebenbürgen bestehen zur Sicherung der Zukunft der Bergleute und deren Familien und zu ihrer Unterstützung in Krankheitsfällen, sogenannte **Bruderladen**, welche durch Einlagen der Arbeiter und Beiträge der Bergwerksbesitzer gebildet wurden. Die einzelnen Bruderladen besitzen oft ziemlich bedeutende Summen und es machte ihr Vermögensstand bei sämmtlichen Aerarial- und mehreren Privatwerken mit Ende des Jahres 1850 zusammen 239,716 Gulden aus.

Zu den **Beförderungsmitteln** des Bergbaues gehören ausser den besondern Begünstigungen, welche das Berggesetz den Bergbau-Unternehmern einräumt, die zur Heranbildung tüchtiger und verständiger Bergarbeiter eingerichtete Bergschule in Nagyág, dann mittelbar auch, durch ihre auf die Ausbildung der Hilfswissenschaften des Bergbaues gerichtete Thätigkeit, der siebenbürgische Verein für Naturwissenschaften und der Verein für siebenbürgische Landeskunde

§. 36. Die Industrie.

Der grösste Theil der Erzeugnisse, welche die Landwirthschaft und der Bergbau liefern, wird, ehe er zum Gebrauche gelangt, veredelt d. i. einer Werthzunahme zugeführt. Die menschliche Thätigkeit nun, wodurch dieses theils allein, theils mit Beihülfe von Naturkräften oder Maschinen geschieht, nennen wir **Industrie**. Weil aber sowohl die Werthzunahme, welche die Rohstoffe durch jene Veredelung erfahren, eine bedeutende ist, als auch ein grosser Theil der Bevölkerung und zwar meist der intelligentere durch die Industrie Beschäftigung und Nahrung findet, so muss diese für die Statistik von besonderer Wichtigkeit sein. Es ist aber in keinem Theile derselben, als eben bezüglich der Industrie, schwieriger, richtige und vollständige Daten zu erhalten, weil zu viele Interessen sich kreuzen und zu viele Umstände Verheimlichungen oder selbst offenbar falsche Angaben herbeiführen können.

In Siebenbürgen hat sich die gewerbliche Thätigkeit meist auf jene Erzeugnisse beschränkt, welche zur Befriedigung der Bedürfnisse im Lande selbst dienen und wozu die besondern Verhältnisse des Landes die natürlichen Vorbedingungen bilden. Zu einiger Entfaltung gelangte sie nur in den von den Deutschen bewohnten Landesstrichen und in den Städten, blieb aber auch hier durch das beengende Zunftwesen in ihrer fortschreitenden Entwickelung gehemmt und fast allen Neuerungen unzugänglich, so dass sie nach und nach unfähiger geworden ist, mit den fremden Erzeugnissen in Mitbewerb zu treten und sich nun sowohl auf dem einheimischen, als dem Markte in den benachbarten Donauländern mit einem geringen Absatze begnügen muss.

Auf dem Lande überhaupt und selbst in den Gegenden, wohin der Einfluss der deutschen Cultur gelangte, war bei den wenigen Bedürfnissen und der geringen Dichtigkeit der Bevölkerung das Gewerbewesen nicht im Stande sich selbstständig zu entwickeln und man findet in fast allen Dörfen und selbst in den meisten Marktflecken Siebenbürgens gewöhnlich den Betrieb eines Gewerbes mit jenem des Ackerbaues und der Viehzucht eng verknüpft. Das Gewerbe wird dabei nur zu der Zeit ausgeübt, welche die landwirthschaftliche Thätigkeit nicht in Anspruch nimmt. Diese auf der niedrigsten Stufe stehende Theilung der Arbeit wird zum Theil auch dadurch herbeigeführt, dass der gemeine Mann seine geringen Bedürfnisse soviel als möglich selbst zu befriedigen sucht, wodurch der ordentliche Gewerbsmann in seinem Gewerbe beeinträchtigt ist und auf andere Weise seinen Unterhalt sicherstellen muss.

A. Veredlung der Bergbauproducte.

a) Der Metalle.

1. Eisenindustrie. Durch die Abhängigkeit, in welcher sowohl sämmtliche Gewerbe, als auch die Landwirthschaft und der Bergbau von der Gewinnung des Eisens stehen, ist die Eisenindustrie auch für uns der wichtigste Zweig der auf Veredlung der Bergbauproducte gerichteten gewerblichen Thätigkeit, wenngleich leider in Siebenbürgen dadurch der Bedarf an Eisen noch bei weitem nicht gedeckt wird.

Die Eisenerzeugung Siebenbürgens erstreckt sich hauptsächlich auf die Darstellung von Grob- und Streckeisen, einiger ordinärer Gusswaaren, Rohstahl und einiger ordinärer landwirthschaftlicher Werkzeuge wie: Pflugsägen und Pflugscharen, Hauen, Aexten u. s. w. Von unsern 138 *) Eisenwerken haben aber kaum die Hälfte auch Hammerwerke und nur zwei (die ärarischen Vajda-Hunyad und Kudsir) Walzwerke. Die andern erzeugen blos Roheisen (Flossen), welches auf fremden Hämmern verarbeitet wird. Die ärarischen Eisenwerke von Govásdia und Toplitza nächst Vajda-Hunyad, dann von Kudsir und Sebeshely sind nur Hammerwerke, welche aus dem in Gyalár bei Vajda-Hunyad gewonnenen und im Hochofen von Altlimpert verschmolzenen Roheisen Verschleisswaaren herstellen. Die Werke von Vajda-Hunyad sind die grossartigsten und am besten eingerichteten im Lande, beschäftigen 200 Arbeiter und erzeugen ungefähr 30,000 Centner Eisen.

Die Eisenindustrie im engern Sinne (Eisenmanufaktur), welche dem grössten Theile des erzeugten Eisens eine weitere Verarbeitung zukommen lässt, beschäftigt in Siebenbürgen nach den Ausweisen des Jahres 1851 im Ganzen 2208 Schmiede, 5 Feilhauer und Sägeschmiede, 275 Schlosser, 40 Stahlarbeiter und Schwertfeger, 2 Nadler, 38 Büchsenmacher mit 16 Büchsenschäftern und 104 Schleifer. Diese Gewerbe arbeiten fast ausschliessend für den innern Landesbedarf, den sie aber bei weiten nicht ganz zu decken vermögen, denn die grösste Menge der Waaren, welche sie zu erzeugen bestimmt sind, werden von auswärts und namentlich aus den deutsch-erbländischen Kronländern der Monarchie eingeführt.

2. Gold- und Silber. So bedeutend die Erzeugung des Goldes in Siebenbürgen ist, so unbedeutend ist dessen gewerbsmässige Verarbeitung im Lande selbst. Wir haben zwar 79 Gold- und Silberarbeiter, diese beschäftigen sich aber meist nur mit der Reparatur der von Wien und anderwärts neu bezogenen Waaren, oder erzeugen höchstens die gewöhnlichen Gebrauchsartikel: Ringe, Essbestecke aus Silber u. dgl.

Fast die ganze übrige Erzeugungsmenge des siebenbürgischen Bergbaues an Gold und Silber wird vom Münzamte in Karlsburg zur Ausprägung verwendet.

3. Kupfer. Die Verarbeitung des Kupfers findet theils im grossen in den Kupferhämmern, theils durch die Kupferschmiede statt. Von Kupferhämmern sind die bedeutendsten die in Unter-Tömösch, Kronstadt, Hermannstadt, Mühlbach und Orlat. Diese verarbeiteten im

---

*) Davon liegen 14 vom Aerar und 3 von Privaten betriebene im Brooser Kreise, 88 im Karlsburger, 22 im Klausenburger (bei Toroczkó), 6 im Déeser (u zwar im Magyar-Láposer Bezirke), 5 im Udvarh lyer Kreise (je 2 bei Magyar-Hermány und Füle und 1 bei Oláhfalu.)

Jahre 1852 gegen 900 Centner *) meist Rosetten- und altes Bruchkupfer, wenig Plattenkupfer.

Kupferschmiede waren im Jahre 1851 in Siebenbürgen 105 und zwar davon mehr als 4/5 im Hermannstädter und Kronstädter Kreise. Ihr Gewerbe leidet übrigens in letzter Zeit (und dadurch mittelbar auch die Beschäftigung der Kupferhämmer) sehr durch die hohen Preise des Kupfers und die seit der Einführung der Verzehrungssteuer eingetretene bedeutende Abnahme der zahlreichen kleinen landwirthschaftlichen Branntweinbrennereien.

Der Verbrauch des Kupfers durch die Kupfer- und Siegelstecher (von Letztern waren 1851 im Ganzen 9 in Siebenbürgen) ist von keinem Belang.

4. **Blei- und Zinn.** Da das Zinngeschirr und die zinnernen Geräthschaften durch den Gebrauch der Steingut- und Porcelan-Gefässe und die grössere Dauerhaftigkeit der Legirungen bei Hausgeräthen sehr im Werthe verloren haben, ist die Verbrauchsmenge des Zinnes und Bleies sehr gesunken. Nur 9 Zinngiesser und ein Schriftgiesser (in Hermannstadt) finden im Lande durch die Verarbeitung dieser beiden Metalle kaum hinreichenden Erwerb.

Hierher können auch die Arbeiten der Spengler oder Klempfner gerechnet werden, von denen im Jahre 1851 zusammen 57 in Siebenbürgen und zwar 3/5 im Hermannstädter und Kronstädter Kreise sich befanden.

5. **Legirungen.** Die Verwendung von Metalllegirungen ist in industrieller Beziehung bei uns bei weitem nicht von der Bedeutung wie in andern Kronländern der Monarchie, aus welchen die meisten Bronce-, Messing- und Packfong-Waaren bezogen werden. Glocken, Mörser, Leuchter, Bügeleisen und einiges andere gewöhnliche Hausgeräthe verfertigen unsere Glocken- und Gelbgiesser, von denen wir 15 im Lande und zwar mehr als die Hälfte im Hermannstädter und Kronstädter Kreise haben. Mit der Reparatur von Messing- und Bronce-Waaren und der Anfertigung einiger unächter Schmucksachen für die Landleute befassen sich die 22 Gürtler- und Broncearbeiter, welche bei uns vorzüglich im ehemaligen Sachsenlande, ansässig sind.

Die Erzeugung von **geometrischen, physikalischen und optischen Instrumenten** ist in Siebenbürgen noch gar unbedeutend, 11 Mechaniker und 1 Optiker befassen sich meist mit dem Verkaufe und der Reparatur dieser Artikel. Ebenso finden die 10 **Orgelbauer- und Instrumentenmacher**, welche nach der Aufnahme des Jahres 1851 in Siebenbürgen leben, mehr durch Herstellung verdorbener, als Erzeugung neuer Gegenstände ihren Erwerb. Auch das **Uhrmacherei-Gewerbe**, mit welchem 55 Meister im

---

*) Im Jahre 1851 etwa 1250 Centner, davon der Hammer in Unter-Tömösch allein 660 Centner.

Lande sich beschäftigen, erhebt sich nicht über den Verschleiss neuer und die Wiederherstellung verdorbener Uhren.

b) Erden und Steine.

1. **Ziegel.** Die grösste Menge Thonerde wird durch die Bereitung und Verwendung der Ziegeln nutzbar gemacht. Es wirken zu diesem Zwecke in Siebenbürgen 571 kleinere und grössere Ziegelbrennereien, und 686 Maurer verbrauchen das von ihnen erzeugte Materiale.

2. **Thon- und Töpferwaaren.** Die Erzeugung der Töpferwaaren ist einer der ausgebreitetsten Industriezweige Siebenbürgens. Sie beschäftigt 1236 Hafner und 6 Thonwaaren- und Steingut-Fabriken. Kronstadt, Déés, Thorda und Doboka mit ihrer Umgegend sind die Hauptplätze für die Thonwaarenfabrikation im Allgemeinen und die Ortschaften des Borgoer Thales für die Erzeugung ordinärer Thonpfeifen. Von den Steingutfabriken befinden sich 4 im Kronstädter Bezirke, 1 in Görgény und 1 in Batiz bei Vajda-Hunyad.

3. **Glas.** Die Glasbereitung war früher viel bedeutender im Lande, da die ordinären Glaswaaren einen hervorragenden Artikel der Ausfuhr in die benachbarten Donaufürstenthümer bildeten, woher ihn aber die Concurrenz böhmischer Fabrikate bald ganz zu verdrängen droht. Es bestehen gegenwärtig noch 10 Glashütten in Siebenbürgen und zwar: drei im Frecker Bezirke des Hermannstädter Kreises (Kertzesoara, Ober-Porumbak und Ober-Árpás), drei im Sepsi-Szent-Györgyer Bezirke des Kronstädter Kreises (Málnás, Zalánypatak und Zabratópatak beim Bodzaer Passe), zwei im Klausenburger Kreise und je eine bei Borszék und Görgény-Üvegcsür; davon sind aber bereits einige ganz oder theilweise ausser Betrieb.

Zur Glasindustrie sind noch die Glaser und Glashändler zu rechnen von denen 1851 sich in Siebenbürgen 76 befanden.

4. **Steinwaren.** Es werden hier zu Lande nur die ordinärsten Steinwaaren erzeugt. Ausser Mühlsteinen, Thürschwellen und andern behauenen Bausteinen, Leichensteinen, Zesten (Tragbare Backöfen im Hatzeger und Schielthale), Handmühlen, Wassertrögen, u. d. gl. kömmt selten, eine andere Steinarbeit bei unseren Steinmetzen vor, von denen wir 50 im Lande und zwar die Hälfte im Klausenburger Kreise haben.

c) Chemische Fabriken.

Von chemischen Fabriken, die Erzeugnisse des Bergbaues verarbeiten, haben wir die einzige Schwefelsäurefabrik in Hermannstadt, welche ausser der für die dasige Stearinkerzenfabrik und einen geringen Absatz benöthigten Schwefelsäure, noch Eisenvitriol, Glaubersalz und blausaures Kali [*]) erzeugt.

---

[*]) Die Erzeugungsmenge betrug im letzten Jahre 1854/5 an Schwefelsäure 1474 Centner, Eisenvitriol 480 Ct. und Glaubersalz 49 Centner. Die Darstellung des blausauren Kali hat ganz aufgehört.

Hierher kann auch die Erzeugung von Eisenvitriol durch die Gewerken in Verespatak und von Kupfervitriol *) durch das k. k. Münzamt in Karlsburg bei der Gold- und Silberscheidung **) gerechnet werden.

B. Veredlung und Verarbeitung der Rohstoffe, welche die Landwirthschaft liefert.

1. Getreide, Gemüse und Obst. Bei der Veredlung und Verarbeitung dieser landwirthschaftlichen Erzeugnisse, welche meist die Hervorbringung von Speisen und Getränken zum Zwecke haben, sind in Siebenbürgen 4062 Müller, 20 Stärkemacher, 571 Brod- und Weissbäcker, dann 60 Luxus- und Zuckerbäcker, eine Runkelrüben-Zuckerfabrik ***), zwei Essigsieder, 188 Oelmüller †), 77 Bierbrauer und 2399 Branntweinbrennereien (die grosse Zahl der landwirthschaftlichen, nicht gewerbmässigen Brennereien nicht mitgerechnet) mit gewöhnlichen und 156 mit künstlichen Apparaten thätig ††). Es deckt aber die Production dieser Gewerbe weder in qualitativer, noch quantitativer Beziehung den innländischen Bedarf, denn die grössere Menge des im Lande verbrauchten feinen Mehles, des Zuckers und der Zuckerwaaren, dann der Oele, sowie ein grosser Theil des Branntweins wird von auswärts bezogen.

2. Holz- und Forstproducte. Die Verwerthung des Holzes und der übrigen Forstproducte beschäftigt im Lande 62 Potaschesiedereien †††), 520 Sägemüller ††††), 1286 Zimmerleute, 971 Tischler sammt 30 Anstreichern und Lackirern, 776 Wagner, 117 Drechs-

---

*) Jährlich etwa 80 Centner.

**) Etwa 70 Centner im Iahre.

***) In Hermannstadt; die früher in Csáki-Gorbó, Klausenburg und Kronstadt bestandenen sind eingegangen und auch die Hermannstädter Fabrik droht wegen Mangel an hinreichenden Rüben und Höhe der Arbeitslöhne bald einzugehen. Es wurden hier in den Jahren 1846 bis 1848 über 40,000 Centner Rüben verarbeitet und daraus 600 bis 1000 Centner Raffinat- und Candiszucker erzeugt, während die Verarbeitung der Rüben in den letzten Jahren auf 11,000 bis 7000 Centner und damit auch die Zuckererzeugung auf 300 bis 200 Centner gefallen ist.

†) Davon 48 im nördlichen Theile des Déeser Kreises und 73 im westlichen Theile des Kronstädter Kreises.

††) Diese und die folgenden Angaben über den Stand der Gewerbspartheien beziehen sich sämmtlich auf die Erhebungen des Jahres 1851.

†††) Die meisten derselben befinden sich im Udvarhelyer und Kronstädter Kreise und die wichtigsten davon sind in Vargyas (jährliche Erzeugung 1000 Centner), Sepsi-Szent-György (400 Centner), Zágon (200 C.), Erdö-Szent-György (150 C.), Kézdi-Vásárhely und Szitás-Keresztur (je 100 C.).

††††) **Davon 202 in der Osthälfte des Udvarhelyer Kreises.**

ler *), 406 Fassbinder und Böttger sammt 130 Fassziehern, 2213 Holzwaarenverfertiger **) und 2 Holzmanufakturen, 175 Korbflechter ***), 55 Siebmacher und endlich 830 Holzhändler †). Diesen Gewerben reiht sich auch eine in Kronstadt bestehende Buchenschwammfabrik an.

3. **Baumwolle.** Die Baumwolle, obwohl kein Erzeugniss der innländischen Landwirthschaft, gibt doch vielen Händen im Lande bei ihrer Verarbeitung Beschäftigung. Es finden dabei 3 Spinnereien ††) und Manufacturen, zum Theile die 1447 im Lande vorhandenen Weber, 27 Strumpfwirker, 70 Färber (grösstentheils) und 24 Wattamacher ihren Unterhalt, obwohl das Erzeugniss dieser Gewerbe im Verhältniss zum Landesbedarfe noch sehr ungenügend ist, und der Letztere sich daher in der auswärtigen Einfuhr den bei weitem grössten Theil seiner Bedeckung suchen muss.

4. **Flachs und Hanf.** Die Veredlung und Verarbeitung dieser beiden Rohstoffe ist mehr Gegenstand der landwirthschaftlichen Nebenbeschäftigung, als gewerblicher Thätigkeit. Es finden durch Letztere dabei 48 Zwirn- und Wollspinner in und bei Kronstadt, dann 2 Manufacturen, 58 Leinwandbereiter und Bleicher fast durchgehends bei Kronstadt, 2 Posamentirer, ein grosser Theil der bei der Baumwolle genannten 1447 Weber und endlich 238 Seiler, wovon fast der vierte Theil im Kronstädter Kreise, Beschäftigung.

5. **Schafwolle.** Die Schafwollindustrie wird in Siebenbürgen in grossem Umfange betrieben und beschäftigt 257 meist zünftige

---

*) Mit Einschluss der sogenannten Beindrechsler. Unter den Holzdrechslern verdienen die Kronstädter F l a s c h e n d r e c h s l e r eine besondere Erwähnung, welche aus Ahornholz die Csutora-Flaschen verfertigen, die einen ergiebigen Handelsartikel im Lande und Ausfuhrartikel nach den benachbarten Donaufürstenthümern und dem Banate bilden.

**) Darunter 1938 im Karlsburger Kreise und zwar bei den dortigen Gebirgsbewohner (sogenanntern Motzen oder Mokanen).

***) Mehr als die Hälfte davon in der Umgegend von Bistritz.

†) Zumeist im Kronstädter und Klausenburger Kreise, dann vorzüglich im Bezirke von Sächsisch-Reen.

††) Eine davon in Orlat, die andere in Zernest bei Kronstadt. Die Erstere, welche gegenwärtig ihre Arbeiten eingestellt hat, erzeugte im Jahre 1845 mit drei Maschinen von 588 Spindeln und 39 Arbeitern aus 47,445 Wr Pfund roher Baumwolle 40,973 Pfund Garn im Jahre 1846 mit 41 Arbeitern aus 67,617 Pf. roher Baumwolle 60,396 Pf. Garn. — Die Zernester Fabrik mit 8 Maschinen von 960 Spindeln verarbeitete im Jahre 1845 mit 70 Arbeitern 96,000 Pfund, und im Jahre 1846 mit 43 Arbeitern 60,000 Pfund, dann im Jahre 1851 und 1852 mit 36 Arbeitern je 24,000 und 15,663 Pfund rohe Baumwolle, woraus in den erstern beiden Jahren je 80,000 und 52,000, und in den beiden letzten Jahren je 21,148 u. 13,190 Pfund Garn erzeugt wurden.

Wollenweber *), Tuch- und Raschmacher **) und Tuchscheerer, dann 61 grösstentheils nichtzünftige Decken- und Kotzenmacher, die ihr Gewerbe neben der Landwirthschaft betreiben, und 111 Tuch- und Lodenwalker. — Die Wollspinnerei wird theils als Handarbeit, theils durch Handmaschinen und andere Maschinen betrieben; auch sind zwei eigene Wollspinnfabriken (in Kronstadt und Guraro) bei der Erzeugung der Wollgespinnste thätig und eine Dritte (zu Zoodt) im Entstehen begriffen.

Zusatz zu 3, 4 und 5. Es muss hier ein Gewerbe eingeschaltet werden, welches die weitere Verarbeitung der vorzüglich aus den vorbenannten Industriezweigen hervorgehenden Erzeugnisse beschäftigt, — es ist dies das Gewerbe der Schneider, deren man 1851 im Lande 1487 und zwar fast zur Hälfte im Hermannstädter und Kronstädter Kreise zählte.

6. Haare und Borsten. In der Verarbeitung dieser beiden Rohstoffe finden 263 Hutmacher ***), 20 Bürstenbinder, 91 Sattler und 22 Tapezirer in Siebenbürgen ihren Erwerb und mehrere ihrer Erzeugnisse geniessen auch ausser Landes Anerkennung, wenngleich auch eine bedeutende Menge solcher Artikel, welche sie darstellen, besonders der feinern Sorten eingeführt wird.

*) Die ausgebreiteteste Wollenweberzunft ist die von Heltau, welche in den Jahren 1851 und 1852 gegen 11,000 Centner (490,000 Oka) Wolle verarbeitete und daraus etwa 55,000 Stück ordinäres und gerauhtes Gro'tuch von 21 bis 25 Wr. Ellen Länge und 1 siebenb. Elle Breite erzeugte. — Die derselben an Umfang zunächst stehende Kronstädter Wollenweberzunft verarbeitete in denselben zwei Jahren 5187 Centner (248,320 Oka) Wolle zu 16,707 Stück schwarzem und braunem Guniasz- und Haliuatuch, 2472 Stück Glugen (ein eigenthümliches Kleidungsstück der Romänen aus etwa 2 Ellen weissem grobem Tuch, an dessen einem Ende die beiden Ecken umgeschlagen und in der Mitte zusammengenäht sind, so dass das Ganze nun an einem angenähten Riemen getragen und theils als Tasche theils als Kaputze benützt wird), schmales, dünnes Zeketuch 966 Stücke zu je 48 Wr. Ellen und zweiblättrige Decken 1645 Blätter.

**) Die Kronstädter Tuchmacher erzeugten 1851 zusammes 1080 Stück zwei- und dreisiegeliges Tuch je 38 bis 42 Ellen lang und 5/4 bis 8/4 E breit; 792 Stück glatten und 94 quadrillirten Flanell, dann 1200 Stück Tücher für die Armee Die Erzeugung des Jahres 1852 hatte um 400 Stück Armeetücher abgenommen. Die dortigen Raschmacher verfertigten 1851 und 1852 im Ganzen 752 Stück zwei- und dreisiegeliges Tuch und 8117 Stück quadrillirten Flanell und Rasch. — Die Hermannstädter Tuchmacher erzeugten 1851 zusammen 1928 St. Armeetücher, 200 St. Kerntücher, 1200 Stück blauen, mollirten und weissen Flanell, 2500 Stück Tuch und Spaniolet verschiedener Farbe, dann 22 Stück feine Tücher. Die Erzeugungsmenge nahm seither ebenfalls ab.

***) In der Hutmacherei überragt Hermannstadt alle andern Gewerbsorte des Landes.

7. Häute und Felle. Die Häute und Felle bilden sammt den daraus erzeugten Verbrauchsartikeln, einen der wichtigsten Zweige der siebenbürgischen Industrie. Das Rohmaterial kann die einheimische Landwirthschaft, sowie die dazu gehörige Nebenbeschäftigung der Jagd, nicht in hinreichendem Masse aufbringen, und eine bedeutende Menge desselben wird aus dem Auslande herbeigeschafft.

Es verarbeiten aber in Siebenbürgen die Häute und Felle zunächst zu den verschiedenen Arten von **Leder 731** Lohgerber, Corduaner und Weissgerber, wovon namentlich im Kronstädter Kreise, im nördlichen Theile des Deéser und im westlichen Theile des Udvarhelyer Kreises die Mehrzahl sich befindet. Aber auch die Städte: Bistritz, Sächsisch-Reen, Maros-Vásárhely, Klausenburg, dann die Städte und einige Märkte des Hermannstädter Kreises leisten in der Ledererzeugung Bedeutendes.

Unter den mannigfaltigen Verarbeitungen des Leders ist eine der wichtigsten die durch die **Schuhmacher**, von denen wir im Lande zusammen 3481 haben. Sie theilen sich hier in die beiden Zünfte der deutschen Schuster und der Csismenmacher. Kronstadt, Klausenburg, Hermannstadt, Grosschenk und Agnethlen zeichnen sich durch die Ausdehnung dieses Gewerbes besonders aus.

Eine bedeutende Menge Leder verarbeiten ferner die **Riemer**, deren wir in Siebenbürgen 295 zählen.

Minder wichtig ist der Verbrauch dieses Artikels durch die **13 Handschuhmacher** unsers Landes.

Dagegen bilden die **1459 Kürschner** ein sehr wichtiges Gewerbe, weil sie einen unentbehrlichen Bestandtheil der Kleidung von der Mehrzahl unserer Landesbevölkerung (die eigenthümlichen Schafpelze) verfertigen, wozu sie sich das Leder und die Felle selbst bearbeiten. Sowohl zur Verbrämung der Bauernpelze, als zur Erzeugung von feinern Rauchwaaren verwenden sie die Felle vieler Jagdthiere (Füchse, Fischottern, Wölfe, Bären, Marder, Iltisse u. s. w.)

8. Horn und Bein. Diese Artikel werden ausser von den bereits Seite 286 erwähnten **Drechslern** auch noch von **94 Kammachern** verarbeitet und in ziemlicher Menge auch von den Messerschmieden verbraucht.

9. Fleisch. Mit der Erzeugung des Fleisches zum Nahrungsbedarfe befassen sich in Siebenbürgen 1132 selbständige **Fleischhauer**. Eine weitere Verarbeitung des Fleisches, welche aber nur in der letzten Zeit mehr in Aufnahme kam, da früher dieselbe zur innern Hauswirthschaft gehörte, geschieht durch die **Fleischselcher und Würstler.**

10. **Fette, Unschlitt, Wachs.** Die Fette, welche theils als Butter, theils (und bei uns in bedeutender Menge) als Schweineschmalz zum Verbrauche als Nahrungsmittel von der Landwirthschaft und nur in geringer Menge von Gewerbsleuten (Fleischer, Selcher) erzeugt wird, ist hier auch von weniger Belang, als das Unschlitt und die übrigen Fettheile, welche zur Bereitung von Seife und Kerzen dienen.

Das Gewerbe der **Seifensieder**, deren wir in Siebenbürgen im Ganzen 188 zählen, war namentlich in Hermannstadt und Kronstadt von jeher in bedeutendem Aufschwunge und besonders waren die von ihnen erzeugten Unschlittkerzen wegen ihrer Güte auch ausserhalb des Landes berühmt. Zu Denselben liefern die an den südlichen Grenzen liegenden grossen Gebirgsdörfer mit ihren bedeutenden Schafheerden (wie Szelistje, Resinár, die sieben Dörfer des Hosszufaluer Bezirkes u. s. w.) das Rohmaterial in Menge. Dieser Industriezweig wird auch fabriksmässig durch die **Stearinkerzenfabrik** in Hermannstadt betrieben, welche jährlich ausser etwa 1300 Centner Stearinkerzen, noch gegen 1500 Centner Elain-Sodaseife erzeugt.

Hierher gehören auch die **Wachszieher**, zusammen 107 im Lande, welche neben ihrem Gewerbe meist auch die Lebküchlerei ausüben.

C. Andere Künste, Gewerbe und Fabriksunternehmungen.

Wir müssen hier zum Schlusse noch der Künste, Gewerbe und Fabriksunternehmungen gedenken, welche unmittelbar weder mit der Verarbeitung der Rohstoffe, die der Bergbau liefert, noch mit der Veredelung der Erzeugnisse der Landwirthschaft sich beschäftigen und daher auch in keinen der beiden vorigen Abschnitte dieses Paragraphen eingereiht werden konnten.

Es gehören hierher die 14 Papierfabriken und Papiermühlen des Landes, darunter zwei mit Maschinen für endloses Papier (zu Orlat und Ober-Kerz) und zwölf für Hand- oder Schöpfpapier (zu Hermannstadt, Kronstadt, Frek, Borgo, Strugar, Klausenburg, Tartlau, Gelencze, Csík-Szent-Márton, Bogát, Fogaras und Roskány, die beiden Letztern gegenwärtig ausser Betrieb),— 10 Buchdruckereien (5 in Hermannstadt, je zwei in Kronstadt und Klausenburg und 1 in Bistritz) und 2 Steindruckereien (in Hermannstadt[*]) und Klausenburg),— 39 Buchbinder, — 5 Galanteriewaaren-Verfertiger, — 8 Blumenmacher[**]) und 246 Putzmacherinnen.

---

[*]) Die zweite in Hermannstadt bestandene lithographische Anstalt, die älteste im Lande, hat ihre Arbeiten im Jahre 1854 eingestellt.

[**]) Die meisten Derselben verfertigen aus ordinärem Glanzpapier und Flittergold Blumensträusse für die Landleute, welche diese im Brautstande tragen.

§. 37. Der Handel.

Zum Austausche der an den verschiedenen Orten in und ausser einem Lande erzeugten Produkte der Landwirthschaft, des Bergbaues und der Industrie ist der **Handel** bestimmt. Derselbe ist in statistischer Beziehung um so wichtiger, als er nicht nur die mannigfaltigsten Communicationsmittel ins Leben ruft und sie vervielfältigt, sondern auch an und für sich und bei den Letztern eine grosse Anzahl von Personen beschäftigt.

Bezüglich Siebenbürgens lässt sich nun zwar die Gesammtzahl der beim Handel beschäftigten Individuen nicht genau angeben, doch befanden sich hier nach den letztern statistischen Ausweisen 14 Grosshandlungs- und Wechselhäuser und 1384 Handlungen der verschiedenen Art, worunter die gemischten Waarenhandlungen die bei weitem grösste Anzahl ausmachen.

Der Handel ist bei uns, mit Ausnahme der deutschen Städte, grösstentheils in den Händen der Armenier und Juden, hat sich aber bei dem Mangel an grossen Capitalien und bei dem wenig entwickelten Trannsportwesen kaum über die Natur eines einfachen Waarentausches erhoben.

Dagegen ist aber eben dadurch das Marktwesen zu einer besondern Bedeutsamkeit gelangt und es werden jährlich in Siebenbürgen 28 Getreide-, 127 Vieh- und 380 gemischte, zusammen 535 Märkte abgehalten. Die vorzüglichsten sind die gemischten Märkte zu Kronstadt, Hermannstadt, Klausenburg und Szamos-Ujvár, der Pferdemarkt zu Maros-Vásárhely und der Flachsmarkt zu Mediasch.

Die grösste Handlungsthätigkeit sowohl im Innern des Landes als nach dem Auslande entwickelt Kronstadt, und Hermannstadt unterhält den grössten Verkehr mit litterärischen und Kunstsachen.

Im Innern des Landes sind die Tuche und Kotzen, Hafner- und Drechslerwaaren, Leder und Leinwand von Kronstadt, die Hermannstädter Hüte, Tuch- und Lederwaaren, Kerzen und Seife, die Schässburger Leinwand, das Leder und die Korbflechtereien von Bistritz, die Holzwaaren der Bewohner des Erzgebirges (sogenannten Mokanen) und der Szekler, dann Glas, Papier, ordinäre Thonwaaren u.s.w., neben den ausländischen Colonial-, Webe- und Wirkwaaren, Galanterie- und Metallarbeiten, die hervorragendsten Verkehrsartikel.

Der Handelsverkehr Siebenbürgens mit dem Auslande ergibt sich annäherungsweise *) aus der folgenden Nachweisung über die

---

*) Die Zahlen der Nachweisung stellen nämlich nur den Werth der bei den hierländigen Zollämtern zur Verzollung gelangten Waaren, nicht aber den etwaigen Verbrauch an den eingeführten, oder die Erzeugung der ausgeführten Waaren dar; weil die aus dem Auslande bezogenen Waa-

Waaren- Ein- und Ausfuhr*) unsers Landes vom Jahre 1850, wobei der Werth derselben als Maassstab dient:

Waarengattung.	Werth der gesammten Waaren-			
	Einfuhr		Ausfuhr	
	im Verkehr mit dem Auslande nach der Zollbehandlung in Siebenbürgen			
A. natur- und landwirthschaftliche Erzeugnisse	fl.	kr.	fl.	kr.
1. Colonialwaaren	74,618	.	176	.
2. Südfrüchte und Obst	45,240	.	16	.
3. Tabak	4,365	.	430	.
4. Fette Oele zum Genusse und technischen Gebrauch	14,490	.	1,270	.
5. Getreide und andere Feld- und Garten-Erzeugnisse	201,395	.	13,041	.
6. Getränke	47,743	.	4,460	.
7. Fische, Schal- und sonstige Wasserthiere	51,930	.	470	.
8. Geflügel und Wildpret	178	.	64	.
9. Schlacht- und Stechvieh	1,281,490	.	161,980	.
10. Thierische Produkte zum Genusse	14,492	.	132,499	.
11. Zugvieh	75,130	.	51,850	.
12. Brennstoffe und Baumaterialien	2,143	.	56,582	.
13. Sonstige Natur- und landwirthschaftliche Erzeugnisse	17,208	.	28,113	.
zusammen	1,830.872	.	450,951	.

ren, wenn sie an der Grenze oder bei irgend einem Zollamte im Innern des Landes verzollt werden, im innern Verkehre nach den angrenzenden Kronländern der Monarchie (Ungarn, Banat) frei versendet werden können und ebenso die bei den siebenbürgischen Zollämtern zur Austrittsverzollung gelangten Waaren nicht nothwendig in Siebenbürgen erzeugt wurden. Doch lassen unsere mangelhaften Verkehrsverhältnisse, welche den Transitohandel fast unmöglich machen, die Daten jenes Ausweises, den wirklichen Werthen der Aus- und Einfuhr sehr nahe kommen.

*) Nach dem „Ausweise über den Handel von Oesterreich im Verkehre mit dem Auslande im Jahre 1850" zusammengestellt von der Direktion der administrativen Statistik im k. k. Handelsministerium, Wien 1852

Waarengattung.	Werth der gesammten Waaren-			
	Einfuhr		Ausfuhr	
	im Verkehr mit dem Auslande nach der Zollbehandlung in Siebenbürgen			
	fl.	kr.	fl.	kr.
B. Industriegegenstände				
a) Fabrikationsstoffe und Halbfabrikate:				
1. Arznei- und Parfumeriewaaren-Stoffe	5,100	.	15,387	.
2. Chemische Produkte	1,129	.	4,997	.
3. Kochsalz	.	.	. *)	.
4. Farben und Farbstoffe	51,638	.	2,480	.
5. Gummen, Harze, Oele u. s. w zum technischen-Gebrauch . .	2,325	.	200	.
6. Gärbematerialien	1,958	.	.	.
7. Mineralien und Erden	204	.	233	.
8. Edelsteine, echte Perlen, edle Metalle roh	6,070	.	.	.
9. Unedle Metalle roh und halbverarbeitet	200	.	96,032	.
10. Rohstoffe (Schafwolle, Felle, Häute, Pelzwerk u. s. w.) . .	1,556,740	.	241,217	.
11. Garne	164,844	.	2,753	.
zusammen .	1,790,208	.	413,531	.
b) Ganz-Fabrikate:				
1. Fabrikate	20,091	.	1,969,330	.
2. Litterarische u. Kunstgegenstände	2,458	.	10,021	.
zusammen .	22,549	.	1,979,351	.
Haupt-Summe .	3,643,629	.	2,843,833	.

* Das Salz erscheint, als Monopolsgegenstand, natürlich weder in der Einnoch in der Ausfuhr als Verkehrsartikel. Da aber bei demselben überhaupt auf erlaubte Weise gar keine Einfuhr nach Siebenbürgen stattfindet, so ist die Ausfuhr von Seite der Staatsverwaltung von um so höherm Belange; denn diese betrug im Jahre 1850 allein schon nach Ungarn, dem Banate, Kroatien und Slavonien 439,000 Centner, welche, nur im Verkaufspreise Siebenbürgens pr. 5 fl. 15 kr C.M. berechnet, schon den Werth von 1,397,500 Gulden ausmachen. Dieser zu der obigen Summe des Werthes der Waarenausfuhr hinzugeschlagen, lässt dieselbe gegenüber dem Werthe der Einfuhr in einem für unser Land sehr günstigen Lichte erscheinen.

Aus der vorstehenden Nachweisung geht nun sehr leicht hervor, dass für den Handel Siebenbürgens in der **Einfuhr** die Rohstoffe, als Schafwolle, Felle, Häute u. s. w., dann Schlacht-, Stech- und Zugvieh, Fische, Getränke, Getreide und andere Feld- und Gartenfrüchte, welche sämmtlich wohl meist aus den türkischen Provinzen eingehen, ferner Colonial-Waaren, Südfrüchte, Garne, Farbstoffe und Fabrikate, die meist von und über Wien eingeführt werden, — von dem grössten Belange sind; während in der **Ausfuhr** die Fabrikate, die verschiedenen Viehgattungen und thierischen Produkte sowohl zum Genusse, wie als Fabrikationsstoffe (Schafwolle, Felle, Häute), die Brennstoffe und Baumaterialien, unedle Metalle roh und halbverarbeitet, verschiedene Natur- und landwirthschaftliche Erzeugnisse u. s. w. die meiste Bedeutsamkeit haben.

§. 38. Die Verkehrsverhältnisse.

Die Verkehrsmittel dienen nicht nur zur Beförderung der materiellen Thätigkeit des Menschen, indem ohne dieselben einer grossen Anzahl von Gütern aller Tauschwerth fehlen würde, da sie nur mit Kosten, die ihren Werth weit übersteigen, zum Orte des Bedarfes gebracht werden könnten, — sondern sie üben auch auf die intellectuelle Bildung der Bewohner eines Landes einen mächtigen Einfluss aus; daher ihre hohe Bedeutung in statistischer Beziehung.

Zu den Verkehrsmitteln müssen aber nicht nur alle natürlichen und künstlichen Verbindungen zwischen verschiedenen Orten und Gegenden eines Landes (Flüsse, Canäle, Strassen, Eisenbahnen), sondern auch die übrigen Einrichtungen gerechnet werden, welche dieselben ermöglichen. Wir werden daher bei der Betrachtung der Verkehrsverhältnisse unsers Landes die Beschaffenheit der Schiffahrt, der Strassen, der Posten und Telegrafen, des Münzsystems, der Masse und Gewichte zu berücksichtigen haben.

A. Schiffahrt.

Als natürliche Wasserstrassen werden wohl unsere beiden Flüsse Maros und Szamos zum Transporte von Holz, Salz und Getreide benützt, aber es kann dabei wegen des noch ungeregelten Laufes und des häufigen Wassermangels derselben von einer eigentlichen Schiffahrt noch kaum die Rede sein.

Von dem grössten Belange ist hier noch der Maros zur Verfrachtung des Holzes für die Holzhändler von Sächsisch-Reen und die Erzeugung der ärarischen Salztransportschiffe, dann auch zur Versendung des Steinsalzes von Maros-Újvár nach Ungarn, dem Banate, Slavonien, Kroatien und Türkisch-Servien in einer beiläufigen jährlichen Menge von 400,000 bis 500,000 Centner, welch' Letztere auf langen seichten Fahrzeugen geschieht, die dann leer oder mit etwas Getreide u. s. w. beladen durch Pferde thalaufwärts zurückgebracht werden.

B. Strassen.

Die Länge der in Siebenbürgen vorhandenen Fahrstrassen wird auf 1132 Meilen geschätzt, wovon 232 Meilen auf die Reichsstrassen und 900 auf andere Strassen entfallen.

Es können jedoch fast nur die bereits chausseemässig hergestellten Theile der Reichsstrassen als eigentliche Strassen angesehen werden, während die übrigen meist nur mehr oder weniger besser gebahnte Landwege sind. Als Reichsstrassen wurden erklärt: *)

1. Die Banater Strasse, welche von Hermannstadt über Mühlbach, Broos, Deva und Dobra nach Temesvár führt und 21 Meilen 600 Klaftern lang ist. Von derselben zweigt sich ausserhalb Dobra:

2. Die 2 Meilen lange Arader Strasse bis zur Grenze von Ungarn ab.

3. Die Kronstädter Strasse von Hermannstadt über Freck, Fogaras, Sárkány, Kronstadt bis zur Landesgrenze bei Tömös mit 21 Meilen 2157 Klaftern.

4. Die Oitozer Strasse, ausserhalb Kronstadt von der Vorigen ausgehend, führt dieselbe über Maksa, Kézdi-Vásárhely, Bereczk bis zur Landesgrenze beim Oitoz-Passe in einer Länge von 12 Meilen 3700 Klaftern.

5. Die Rothenthurmer Strasse, südlich des Ortes Westen von der Kronstädter Strasse ausgehend, bis zur Landesgrenze am Rothenthurmpasse mit 2 Meilen 3100 Kl.

6. Die Klausenburger Strasse, bei Mühlbach von der Banater Strasse sich abzweigend, geht dieselbe über Karlsburg, Nagy-Enyed, Thorda, Klausenburg, Bánfi-Hunyad bis Feketetó an der ungarischen Landesgrenze mit 24 Meilen 650 Kl. Länge.

7. Die Bistritzer Strasse von Klausenburg über Válaszut, Szamos-Újvár, Déés, Retteg, Bethlen, Magyaros bis Bistritz 15 Meilen 3900 Kl. lang.

8. Die Nagy-Bányaer Strasse von Déés über Kapjon, Nagy-Somkut nach Nagybánya mit einer Ausdehnung von 10 Meilen 2850 Klaftern.

9. Die Bukovinaer Strasse von Hermannstadt über Mediasch, Schässburg, Maros-Vásárhely, Sächsisch-Reen, Bistritz, Borgo-Prund und Tihutza bis zur Grenze der Bukovina mit 36 Meilen 3653 Klaftern Länge.

---

* Mit dem Erlasse des h. Ministeriums für Handel, Gewerbe und öffentliche Bauten vom 18-ten Juni 1850. Z. 2441. (Landesgesetzblatt v. J. 1850. Nro. 105.)

10. Die **Udvarhelyer** Strasse von Schässburg, über Szitás-Keresztur, Udvarhely, Oláhfalu bis Csik-Szereda mit einer Länge von 12 Meilen 1000 Kl.

11. Die **Csiker** Strasse von Kézdi-Vásárhely über Kászon-Újfalu, Csik-Szereda, Gyergyó-Szent-Miklos und Borszék zum Tölgyeser Passe mit einer Länge von 21 7/8 Meilen.

12. Die **Gyimeser** Strasse von Csik-Szereda bis zum Gyimeser Passe 6 Meilen lang.

13. Die **Radnother** Strasse von Maros-Vásárhely über Radnóth und Kecze nach Thorda mit 10 Meilen.

14. Die **Repser** Strasse von Kronstadt über Marienburg, Dák und Reps nach Schässburg 15 Meilen lang.

15. Die **Törzburger** Strasse von Kronstadt über Rosenau, Törzburg bis La Krutsa mit 5 1/2 Meilen.

16. Die **Hatzeger** Strasse von Broos über Hátzeg nach dem Eisernthorpass (gegen Karansebes zu) mit 11 1 2 Meilen Länge.

Ausser diesen Reichsstrassen, von welchen bereits die unter Nro. 1. bis 9. aufgeführten völlig hergestellt sind, gehören noch die Strasse von Kronstadt über Sepsi-Szent-György nach Csik-Szereda, welche sich hier an die nach Gyergyó-Szent-Miklós und Borszék bis zur Landesgrenze beim Tolgyeser Passe führende Reichsstrasse (in einer Länge von 12 1/8 Meilen) anschliesst, dann die Strasse von Makod über Naszód bis Neu-Rodna mit beiläufig 7 3/4 Meilen und einige andere kürzere Strecken zu den sehr gut unterhaltenen, fast durchgehends chausseemässigen Strassen.

C. Posten.

Die Verwaltung der Postanstalten ist in Siebenbürgen, wie in der ganzen Monarchie, Staatsmonopol und wird auch hier als Brief- und Fahrpost betrieben, von denen die Erstere nur zur Beförderung der Schriftenpackete bestimmt ist, die Letztere auch den Transport von Personen, Waaren, Geld- und andere Sendungen besorgt.

Die Fahrpost geht auf allen oben bezeichneten Reichsstrassen mit Ausnahme der Arader, Oitozer, Rothenthurmer und Nagy-Bányaer Strecke, dann den unter Nro. 11 bis 16 aufgeführten Theilen. Die postämtliche Versendung der Briefschaften erfolgt aber nicht nur auch auf den Letztern, sondern nebstbei auch auf noch mehreren andern Routen.

Wir haben in Siebenbürgen im Ganzen 67 Postämter und 10 Postexpeditionen. *)

---

*) Es besorgen nebstbei 6 Privat-Eilfahrtsanstalten den Personenverkehr und Waarentransport und im Mai 1853 wurde auch die Beförderung der Reisenden mit Extrapost auf den Routen von Hermannstadt bis Kossest, Kronstadt und Klausenburg und von Klausenburg bis Tihutza eingeführt.

D. Telegraphen.

Eine Telegraphenlinie, welche aus dem Banate in das Land kömmt, durchzieht dasselbe längst der Banater und Kronstädter Reichsstrasse von der Grenze des Banates bei Kossovitza über Hermannstadt und Kronstadt bis zu jener der Walachei beim Tömöscher Passe in einer Länge von 42 1/2 Meilen und zwar bis Hermannstadt (21 Meilen) mit zwei Dräthen.

Es sind jedoch auf dieser Strecke in Siebenbürgen nur die beiden Telegraphenämter zu Hermannstadt und Kronstadt, von denen das Erstere im April 1853 eröffnet wurde, das Zweite im September 1854 ins Leben trat.

§. 39. Münz-, Mass- und Gewichtssystem

In Siebenbürgen ist nun auch durchgehends das allgemeine österreichische Münz-, Mass- und Gewichtssystem eingeführt.

Es verdient jedoch bezüglich des **Münzwesens** bemerkt zu werden, dass hier noch überall die sogenannte Wiener-Währung neben der Conventions-Münze sehr gebräuchlich ist. — Das Land hat ein eignes k. k. Münzamt zu Karlsburg, welches das Prägezeichen „E" besitzt.

Das Wiener **Längenmass** war hier zu Lande schon seit vielen Jahren eingeführt, nur stand bei den Kaufleuten eine eigne Elle (die Siebenbürger oder kleine Elle von 2 Wiener Fuss Länge) bis in die neueste Zeit im Gebrauche, wo deren weitere Anwendung gesetzlich untersagt wurde.

Die **Hohlmasse** waren aber bis zur Gegenwart von den Österreichischen ganz verschieden. Als Getreidemass diente der Kübel von 4 Vierteln oder 64 siebenbürger Mass, welchem 60 Mass oder 1 1/2 Metzen des Wiener Masses gleichkommen, da die Siebenbürger Mass um 1/15 kleiner war als die Oesterreichische. Als Flüssigkeitsmass war der siebenbürger Eimer von 8 siebenbürger oder 7 1/2 Wiener Mass (die Mass zu 4 Seiteln) in Anwendung, von welchem 5 1/3 einen Wiener Eimer ausmachen. Durch die neuesten Gesetzesbestimmungen[*]) haben aber auch diese Hohlmasse dem Wiener Masse gänzlich weichen müssen.

Unsere **Gewichte** stimmten dagegen wieder mit dem allgemeinen österreichischen Gewichtssysteme überein und nur im Verkehr mit den Donaufürstenthümern und dadurch auch in einigen Grenzortschaften war mitunter die türkische Oka (zu 2 1/4 Wiener Pfund) im Gebrauche.

---

*) Landesgesetzblatt vom J. 1852 Nro. 208.

C. Verfassung.

§. 40. Staatsform und Grundgesetze.

Der österreichische Kaiserstaat, von welchem Siebenbürgen einen Bestandtheil (Kronland) ausmacht, bildet eine selbstständige, untheilbare und unumschränkte kaiserliche Erbmonarchie des a. h. habsburgisch-lothringischen Regentenhauses, dessen Glieder nach dem Rechte der Erstgeburt und Linealerbfolge, und zwar die weiblichen erst nach dem gänzlichen Erlöschen des männlichen Geschlechtes, auf den Thron gelangen.

Ueber die Grossjährigkeit des Thronfolgers, über Vormundschaft und Krönung besteht gegenwärtig noch kein allgemeines Gesetz, die übrigen wesentlichsten Staatsgrundgesetze sind:

1. Die pragmatische Sanction Kaiser Karls VI. v. J. 1724 mit der 1713 vorausgegangenen Declaration über die Untheilbarkeit der Monarchie, die Primogenitur und Linealerbfolge.

2. Das Patent K. Franz I. vom 11. August 1804 über die Erhebung der Monarchie zu einem Erbkaiserthume.

3. Die Verordnung Kaiser Ferdinand I. vom Jahre 1836 über den Titel und das Wappen.

4. Das Patent vom 2. December 1848 betreff der Thronentsagung Kaiser Ferdinand I. und der Verzichtleistung des Erzherzogs Franz Carl.

5. Das Patent S. M. des jetzt regierenden Kaisers Franz Josef I. vom 31. December 1851, womit die frühere Verfassung vom 4. März 1849 ausser Kraft gesetzt und die Grundsätze für die organischen Einrichtungen in den Kronländern des Kaiserstaates bekannt gegeben wurden.

Aus diesen Grundgesetzen ergeben sich folgende Bestimmungen der gegenwärtigen Regierungsverfassung Siebenbürgens:

a.) Dasselbe ist ein untrennbarer Bestandtheil der österreichisch-kaiserlichen unbeschränkten Erbmonarchie.

b.) Die oberste Staatsgewalt vereinigt sich in der Person des Kaisers, als des jeweiligen Landesfürsten, welcher das Prädikat „k. k. apostolische Majestät" führt. Der Kaiser hat den Oberbefehl über die Truppen, entscheidet über Krieg und Frieden, schliesst mit fremden Mächten Verträge ab, ernennt und empfängt die Gesandten, gibt dem Reiche Gesetze, übt das Begnadigungsrecht aus und verleiht Würden, Adel und Orden u. s. w.

c.) Die Selbstständigkeit Siebenbürgens ist, wie die der andern Kronländer, innerhalb der durch die Gesetze festgestellten Beschränkungen gewährleistet. Das Land gehört mit dem ganzen Reiche einem Zoll- und Handelsgebiete an. Es gilt für Siebenbürgen dasselbe bürgerliche und peinliche Recht, dasselbe Rechtsverfahren, wie für die ganze übrige Monarchie, und alle seine Einwohner sind vor dem Gesetze gleich. In der Vertheilung der öffentlichen Lasten besteht kein Unterschied. Jede Art von Unterthänigkeits- und Hörigkeitsverband ist für immer aufgehoben.

§. 41. Titel und Wappen

Der Titel des Kaisers von Oesterreich, als Landesherrn, ist **Grossfürst von Siebenbürgen** (Magnus Princeps Transsilvaniae). Derselbe kommt, nach der neuesten Regulirung (v. Jahre 1836), im grossen kaiserlichen Titel zwischen den Titeln Dux Carnioliae und Marchio Moraviae, im mittlern Titel zwischen Dux superioris et inferioris Silesiae und Marchio Moraviae zu stehen und fehlt in dem kleinern Titel, welcher nur die Königreiche und das Erzherzogthum Oesterreich enthält, begreiflicherweise ganz. — Zum Grossfürstenthume wurde aber Siebenbürgen durch das Patent der Kaiserinn Maria Theresia vom 2 November 1765 erhoben.

Das **Wappen** Siebenbürgens besteht aus einem Schilde, welches durch einen rothen Querbalken in zwei Hälften getheilt ist. Die obere Hälfte zeigt im blauen Felde oben rechts eine goldene Sonne, links einen silbernen wachsenden Mond und unter denselben einen mit ausgebreiteten Flügeln dem rothen Querbalken entsteigenden schwarzen Adler, welcher mit dem Kopfe nach der Sonne zu gekehrt ist. Die untere Hälfte des Schildes führt im goldenen Felde sieben rothe Burgen in zwei Querreihen, oben vier, unten drei. Das ganze Schild wird von einem Fürstenhute bedeckt, der von einer Krone umgeben und oben mit dem bekreuzten Reichsapfel geschmückt ist.

Das landesfürstliche **Siegel** ist jenes des österreichischen Erbkaiserthums, der gekrönte Doppeladler, welcher in der Mitte das Habsburgisch-Lothringische Wappen, bisweilen aber auch das oben beschriebene Landeswappen trägt.

§. 42. Der Hofstaat

Siebenbürgen hat keine eigenen Kron-, Landes- oder Erz- und Erbämter, wie einige andere Kronländer, nimmt daher nur an dem allgemeinen kaiserlichen Hofstaate im Verhältnisse Theil. Zu diesem Hofstaate gehören:

1. die **vier obersten Hofämter** oder Hofstäbe, nämlich:
   a.) das **Obersthofmeisteramt**, welchem das ganze Personale der eigentlichen Hofhaltung, dann die Garden und Hofdienste untergeordnet sind.

b.) Das **Oberstkämmereramt** mit der Oberleitung der k. k. Kämmerer, nebst der Aufsicht über die kaiserlichen Sammlungen und Gebäude.

c.) Das **Obersthofmarschallamt**, welchem die Aufsicht der Hofdiener und der Hofburgwache, die persönlichen Civilangelegenheiten der Glieder des Kaiserhauses; zum Theil auch die Rechtssachen des diplomatischen Corps anheimfallen.

d.) Das **Oberststallmeisteramt** für die Oberleitung des Hofstallwesens, der Gestütte, Reitschulen, Thierärzte u. s. w.

2. Die 8 **Hofdienste** (der Oberst-Küchenmeister, Silberkämmerer, Stabelmeister, Hofjägermeister, dann der Generallhofbaudirektor, Hofbibliothekspräfekt, Hofmusikgraf, Ober-Ceremonienmeister).

3. Die kaiserlichen **Garden**: Arcieren-Leibgarde, Trabanten-Leibgarde, Leibgarde-Gensdarmerie.

4. Die wirklichen **geheimen Räthe**, die k. k. **Kämmerer** und die **Inhaber** der österreichischen **Orden**, welche den Zutritt bei den Hoffesten geniessen. Wir haben zwei **Hausorden**: den Orden des goldenen Vliesses (Toison) und den hochadeligen Sternkreuzorden; dann sechs **Verdienstorden**, wovon der Maria-Theresia-Orden und die Elisabeth-Theresienstiftung bloss für das Militär, die übrigen vier aber: der k. ungarische (adelige) St. Stefans-Orden, der kaiserliche Leopoldorden, der Orden der eisernen Krone und der Franz-Josephs-Orden auch für Civilpersonen bestimmt sind.

An diese Orden reihen sich die **Verdienst- und Ehrenkreuze** und die **Medaillen**, als: das goldene und silberne Verdienst-Ehrenkreuz, von Kaiser Franz I. für die thätige Verwendung während der Befreiungskriege (1815) gestiftet, seine Inhaber gehören zum Hofstaate; nebstbei das aus den eroberten Geschützen ausgeprägte Armeekreuz; das Verdienstkreuz für Feldgeistliche (seit 1801). Die von Kaiser Joseph II. gestiftete (goldene und silberne) Militär-Ehrenmedaille; das Militär-Verdienstkreuz für ausgezeichnete Offiziere (seit 1849); das Verdienstkreuz (für Militär und Civil seit 1850) nach 4 Abstufungen (goldenes und silbernes mit und ohne Krone); die goldene Verdienstmedaille für Kunst und Wissenschaft.

§. 43. Beirath der Krone und Landesregierung.

Der höchste, an der Seite des Monarchen stehende berathende Körper ist der **Reichsrath**.[*] Er wird von den ausgezeichnetsten politischen und diplomatischen Intelligenzen des Kaiserstaates gebildet. Die Reichsräthe sind nächst den Ministern die eigentlichen Räthe

---

[*] Dessen Statut wurde durch das a. h. Patent vom 13-ten April 1851 Reichsgesetzblatt Stück XXIX, Nro. 92.) erlassen.

der Krone und werden vom Kaiser ernannt; an ihrer Spitze steht ein Präsident. Die Berathungen werden unter dem Vorsitze des Kaisers oder des Präsidenten gepflogen und zu denselben nach Umständen auch die Minister oder deren Stellvertreter beigezogen. Ebenso können auch der Präsident oder einzelne Mitglieder des Reichsrathes dem Ministerrathe beigezogen werden.

Alle wichtigen Fragen, sie mögen sich auf was immer für einen Zweig der Gesetzgebung beziehen, werden dem Reichsrathe zur Begutachtung vorgelegt, ohne dass derselbe aber darum auf die Durchführung oder Nichtdurchführung des bezüglichen Gesetzes einen entscheidenden Einfluss auszuüben hat.

Nach den Grundsätzen für die organischen Einrichtungen in den Kronländern*) werden auch der **Statthalterei** und den **Kreisbehörden berathende Ausschüsse** aus dem besitzenden Erbadel, dem grossen und kleinen Grundbesitze, der Industrie und nach Umständen auch aus andern Klassen der Landesbevölkerung mit gehöriger Bezeichnung der Objecte **) und des Umfanges ihrer Wirksamkeit an die Seite gestellt. Ebenso sollen auch bei den **Bezirksämtern** die Vorstände der einbezirkten Gemeinden und Eigenthümer des ausser dem Gemeindeverbande stehenden grossen Grundbesitzes oder deren Bevollmächtigte für Zusammentretungen in ihren Angelegenheiten von Zeit zu Zeit einberufen werden.

D. Verwaltung.

a. Centralbehörden.

§. 44. Die Centralleitung Siebenbürgens durch die obersten Staatsbehörden.

Die **oberste Staatsgewalt** im ganzen Umfange unsers Reiches steht, wie wir schon oben (§. 40.) erwähnt haben, ausschliesslich dem **Kaiser** zu, der sie durch die ihm verantwortlichen Minister und Chefs der Centralhofstellen, dann die denselben untergeordneten Beamten und Bestellten ausüben lässt.

Die diesfälligen Gesetze und Verordnungen ergehen entweder unmittelbar vom Kaiser selbst oder der Kaiser erlässt sie im Einvernehmen des Ministerrathes und nach Anhörung des Reichsrathes.

---

*) A. h. Patent vom 31. Dec. 1851 (Reichsgesetzblatt v. J. 1852. Nro. 4.:)

**) Dazu sollen besonders die Gegenstände der Urproduction, der Industrie, des Verkehrs, Realcredits, Realbesitzes, Sanitätswesens, der Armeeversorgung, der Landesanstalten, Stiftungen, des Volksschulwesens, der Vorspann- und Strassenangelegenheiten u. s. w. gehören.

Alle kommen jedoch aus der **Kanzlei des Monarchen**, die sich in zwei Theile theilt, nämlich in das k. k. **geheime Kabinet** für die Civilangelegenheiten und die **Militär-Centralkanzlei** für die Angelegenheiten des Armee-Obercommando.

Das **geheime Cabinet** übernimmt alle an die Person des Monarchen stylisirten Eingaben und Acten, dieselben mögen von Aemtern, Körperschaften oder Einzelpersonen ausgehen, besorgt die Kabinetsschreiben und andere Befehle des Kaisers an die Minister, Chefs der Centralstellen, an die Statthalter und geheimen Räthe, und hat die dem Kaiser zu eignen Händen überreichten Bittschriften an die verschiedenen obersten Verwaltungsbehörden zur weitern Veranlassung zu vertheilen.

Die **Militär-Centralkanzlei** ist für die Geschäfte des Armee-Obercommando bestimmt, da der Kaiser, wie bereits erwähnt, persönlich den Oberbefehl über seine Armeen führt. Es erfliessen daher directe aus Derselben alle rein militärischen Befehle und Anordnungen, in soweit sie auf Bewegungen, Dislocationen, Operationen und Organisationen der Truppen Bezug nehmen. Es theilt sich die Militär-Centralkanzlei:

a.) in die **General-Adjutantur** für die Leitung der Centralkanzlei selbst, die Ueberwachung des gesammten Dienstes und die Handhabung der bestehenden Vorschriften, alle Personalien der activen Armee und Flotte und die Ordensangelegenheiten und Auszeichnungen;

b.) in die **Organisations-Abtheilung** für die Organisirung der Truppen, ihre Ausbildung, Adjustirung und Ausrüstung, für sämmtliche Reglements- und Dienstvorschriften, endlich für die Angelegenheiten der Militär-Erziehungsanstalten in pädagogisch-wissenschaftlicher Beziehung;

c.) in die **Operationskanzlei** für alle operativen Geschäfte der Armee und Flotte; für die Arbeiten der Befestigungscommission des Reiches, für die Leitung der Geschäfte des Generalquartiermeisterstabes und der dazu gehörigen Corps und Branchen, für die Artillerie-, Genie- und Marine-Gegenstände in Bezug auf ihr rein militärisches Wirken u. s. w.

Unmittelbar unter der Militär-Centralkanzlei stehen die oberste Militär-Verwaltungsbehörde (das Armee-Obercommando), dann in allen rein militärischen Gegenständen und den höhern Personalangelegenheiten die vier Armee-Commandanten des Reiches und der Banus als Militärcommandant von Croatien, Slavonien und Dalmatien.

Die **Centralleitung** der verschiedenen Verwaltungsabtheilungen unsers Landes, wie die der andern Kronländer, besorgen die obersten Staatsbehörden der Monarchie, nämlich: **das Ministerium des kaiserlichen Hauses und der äussern**

Angelegenheiten, des Innern, der Justiz, der Finanzen, für Handel, Gewerbe und öffentliche Bauten; für Cultus und Unterricht; die Oberste Militäradministration (das Armee-Obercommando), die Oberste Polizeibehörde, der Oberste Gerichts- und Cassationshof, endlich die Oberste Rechnungs-Controllsbehörde.

An der Spitze jedes Ministeriums steht ein Minister (in der II. Diätenclasse), dessen Stellvertreter ist der Unterstaatssecretär (III. D. Classe). Die Ministerien sind zum Theil wieder in Sectionen getheilt, welchen ein Sectionschef (IV. D. Cl.) vorsteht. Die Sectionen theilen sich dann in Departements, die von Ministerial- oder Hof-Räthen (V. D. Cl.) geleitet werden. Die Departements zerfallen noch mitunter in Bureaus, denen Sectionsräthe (VI. D. Cl.) vorstehen, und es sind ihnen nach Erforderniss eine Anzahl von Secretären (VII. D. Cl.), Concipisten (VIII. D. Cl.) und Concpets-Adjuncten (IX. D. Cl.) zugetheilt. Zur Besorgung der Kanzlei und Manipulationsgeschäfte bestehen eigne Hilfsabtheilungen mit Directoren, Adjuncten, Officialen, Kanzlisten oder Accessisten und Kanzleipracticanten. Amtsdiener verrichten die mindern Dienste.

1. Das Ministerium des kaiserlichen Hauses und der äussern Angelegenheiten.

Der Wirkungskreis dieser obersten Staatsbehörde, deren Chef zugleich das Präsidium im Ministerrathe *) führt, erstreckt sich bezüglich des kaiserlichen Hauses auf alle Angelegenheiten der a. h. Familie, den Abschluss der diesfälligen Verträge, den Entwurf der dahin einschlägigen Urkunden u. s. w.

Als Ministerium des Aeussern hat Dasselbe die wichtige Aufgabe, die Souveränität des Reiches und den Glanz der kaiserlichen Krone nach aussen zu bewahren. Es umfasst daher sein Wirkungskreis in dieser Hinsicht alle Verhandlungen mit fremden Staaten theils wegen Ausübung der Staatshoheitsrechte gegen Aussen, theils wegen Unterstützung der eignen Unterthanen in fremden Staaten; — daher den Abschluss von Staats-, Handels- und andern Verträgen mit fremden Mächten, — die Ertheilung der nöthigen Instructionen an die im Auslande angestellten diplomatischen Personen Oesterreichs und die Entgegennahme ihrer Berichte, — den Geschäftsverkehr mit den am k. k. Hofe in Wien residirenden auswärtigen Gesandten und mit den auswärtigen Kabineten selbst.

Diesem Ministerium sind unmittelbar untergeordnet: alle k. k. Gesandten in fremden Staaten und in Beziehung auf den diplomati-

---
*) Als Minister-Präsident steht er allein von allen Staats' eamten in der 1 Diätenclasse.

schen Verkehr auch alle Consule und Agenten auf auswärtigen Handelsplätzen, dann das k. k. geheime Haus-, Hof- und Staatsarchiv, der k. k. Hofdolmetsch der orientalischen Sprachen und die k. k. Hof- und Cabinets-Couriere.

2. Das Ministerium des Innern.

Das Ministerium des Innern hat die Aufgabe, die verschiedenartigen Beziehungen der einzelnen Unterthanen als physische und jene der Gemeinden als moralische Personen unter einander und in ihrem Verhältniss zum Staate zu regeln, für die Aufrechthaltung der öffentlichen Ordnung und Sicherheit und für die Beförderung des Gemeinwohles im ganzen Umfange des Reiches zu sorgen und alle in dieser Hinsicht nöthigen Anstalten zu treffen.

Es ist daher dieses Ministerium die oberste politische Verwaltungsbehörde des Reiches und zugleich letzte Instanz in allen politischen Angelegenheiten. Zu seinem Wirkungskreise gehören insbesondere: die Evidenzhaltung der Bevölkerung; die Erhebung und Zusammenstellung statistischer Daten; die Mitwirkung zur Ergänzung, Verpflegung und Einquartirung des Heeres; das Vorspannswesen; die Ueberwachung der Geburts-, Ehe- und Sterberegister; das Sanitätswesen; die Gemeindeangelegenheiten; die Oberaufsicht über die Wohlthätigkeits- und Humanitäts-Anstalten und öffentlichen Institute; die Sorge für die innern Umgrenzungen des Reiches; die Ueberwachung der Presse und Associationen; die Einflussnahme bei den Expropriationen und bei Streitigkeiten über Wasserrechte und Bauten; die Ausübung der landesfürstlichen Lehensrechte; die Unterstützung und Förderung der Landes- und Forstcultur, in welch' letzterer Beziehung demselben die für diese Zwecke bestehenden Anstalten, Gesellschaften und Vereine, sowie insbesondere die k. k. geologische Reichsanstalt und die höhere landwirthschaftliche Lehranstalt zu Ungarisch-Altenburg unterstellt sind.

Als begutachtender und berathender Körper für die Medicinal-Angelegenheiten der ganzen Monarchie ist diesem Ministerium eine ständige Medicinal-Commission zugetheilt.

In Siebenbürgen sind, wie in der ganzen Monarchie, dem Ministerium des Innern unmittelbar untergeordnet alle politischen Behörden d. h. die Statthalterei, die Kreisbehörden, die Bezirksämter und die Gemeindevorstände, welche nach ihrem bestimmten Wirkungskreise die zu den Angelegenheiten dieses Ministeriums gehörigen Verwaltungsgeschäfte im Lande zu besorgen haben, — dann alle Sanitäts-, Humanitäts- und Sicherheits-Anstalten, Vereine u. s. w.

3. Das Ministerium der Justiz.

Die gesammte Rechtspflege sowohl in administrativer, als legislativer Beziehung (mit Ausnahme der Militärgerichtspflege) gehört zum Wirkungskreise des Justizministeriums. Es zerfällt in drei Sectionen.

a.) In die **administrative** Section, welche die geregelte Handhabung der Justizverwaltung, die Oberaufsicht über die Gerichte*), Staatsanwaltschaften, Notare und andere bei der Rechtspflege beschäftigte Personen besorgt und ihre Wechselbeziehungen zu andern Ministerien und Behörden ausländischer Staaten vermittelt. Die Geschäfte dieser Sektion theilen sich wieder in das Referat des obersten Gerichts- und Cassationshofes, in Länder- und Fach-Referate, zu welch' Letztern auch die Redaktion des Reichsgesetz- und Regierungs-Blattes gehört.

b.) In die **legislative** Sektion, zu deren Wirkungskreis die Beurtheilung und Begutachtung aller Gesetzesentwürfe gehört, welche theils durch das Justizministerium selbst zur Entwickelung, Ausbildung und Ergänzung der Gesetzgebung und der Rechtszustände in den einzelnen Kronländern beantragt, theils im Einvernehmen und unter Einflussnahme der übrigen Ministerien erlassen werden müssen.

c.) In die **Organisirungs- und Rechnungs-Section**, welche die Leitung und Durchführung der Organisirungs-Arbeiten, dann die Richtigstellung und Evidenzhaltung des jährlichen Justizvoranschlages zum Geschäftskreise hat.

Dem Justizministerium sind in **Siebenbürgen** unmittelbar untergeordnet: das **Oberlandes- und Landesgericht**, die **Kreisgerichte**, die **gemischten Bezirksämter**, die **Straf- und Gefängnissanstalten** u. s. w.

4. Das Ministerium der Finanzen.

Diesem Ministerium ist die oberste Leitung der Finanz- und Bergwesensangelegenheiten, dann des Grundsteuercatasters anvertraut.

Als **oberste Central-Finanzbehörde** hat es für die hinreichende Bedeckung aller Zweige des Staatsbedarfes, daher für die Regulirung der Staatsausgaben, die Einbringung der Staatseinkünfte, die zweckentsprechende Verwaltung des Staatsvermögens und die fortschreitende Vervollkommnung des Staatshaushaltes zu sorgen. Es sind ihm also in dieser Beziehnng auch die oberste Verwaltung aller direkten und indirekten Abgaben, die Oberleitung des Cassawesens, die Besorgung der Pensions-, Provisions- und überhaupt aller Geld-

---

*) Die Ausübung der richterlichen Gewalt selbst gehört jedoch nicht zum Wirkungskreise des Justizministeriums, sondern wird von den dazu berufenen Gerichtsbehörden selbstständig ausgeübt.

angelegenheiten des Staates zugewiesen und sämmtliche Gefälle (Einkommensquellen) und die für deren Verwaltung bestellten Behörden und Organe des Reiches, dann alle Staatsfabriken (mit Ausnahme der k. k. Porcellanfabrik in Wien, welche dem Handelsministerium untergeordnet ist) und die k. k. Hof- und Staatsdruckerei in Wien unterstellt.

Als **oberste Finanzbehörde** zerfällt das Finanzministerium in drei Sectionen; die **Generaldirection des Grundsteuercatasters** bildet in gewissen Beziehungen die vierte und die **oberste Bergwesens-,** dann **Staatsforst- und Domänenbehörde** die fünfte Section.

Die erste Section des Finanzministeriums hat zu besorgen: die Geschäftsleitung bei dem Ministerium überhaupt und den vertraulichen Schriftenwechsel des Ministers; die Evidenzhaltung aller die Finanzverwaltung betreffenden Ergebnisse; die Zusammenstellung über die Staatseinnahmen und Ausgaben, die Verhandlungen über den Staatsvoranschlag und über die Systemisirung, Sicherstellung und Anweisung des nicht durch das Patronatsrecht begründeten Geldbedarfs der Religions- und Studien-Anstalten, der Wohlthätigkeits- und Crimininalanstalten, des Strassen- und Wasserbaues, der Provinzialstände, der Eisenbahn- und Telegraphen- Anstalten; die Angelegenheiten der Grundentlastung, der Actien- und andern Vereine; alle Militär-Gegenstände ; die Ausgleichungsverhandlungen über Militärleistungen der Kronländer und Zahlungen für Rechnungen des Staates im Auslande; die Auslagen für das Ministerium des Aeussern, für den Hofstaat und die beiden Hoftheater in Wien; die Angelegenheiten der Staatsdruckerei; die Aufnahme von Staatsanlehen und überhaupt alle Creditsoperationen und Börsensachen; alle Systemal- und Organisirungsarbeiten in Cassa- und Verrechnungsgegenständen u. s. w.

Zum Geschäftsumfange der **zweiten Section** gehören: Alle direkten Steuern und die Dienstesbesetzungen bei den Steuerdirectionen und Steuerämtern; die Angelegenheiten der Finanz- Landes- und Bezirksbehörden, ihrer Hilfsämter und der Finanzwache; das Personale und Disciplinare sämmtlicher Finanzprocuraturen; das Tabak- und Pulvermonopol; das Salz-, Lotto-, Tax- und Stempelgefälle; die Abfahrtsgelder und Caducitäten; das Verzehrungssteuergefälle; die Aerarial-Weg-, Brücken- und Wassermauthen; das Zollgefälle; das Münz- und Puncirungswesen, dann die Gold- und Silbereinlösung u. s. w.

Die **dritte Section** begreift in sich: Die Staats- und öffentlichen Fondsgüter in allen Forstangelegenheiten; alle den Cassadienst betreffenden Gegenstände, mit Einschluss der Cautionssachen; die Dicasterialgebäude-Angelegenheiten; die Livree-, Holz- und Kerzendeputate ; die Auslagen für die Sicherheitsbehörden mit Einschluss der Gensdarmerie; die Aerarialvorschüsse an Private und Gemeinden; die Einlösung der verkäuflichen Gewerbe: das Einkommen von geistlichen Dotationen, Verlassenschaften und erledigten Pfründen; die

Stiftungsfonds-Angelegenheiten; Kriegsentschädigungen; alle Verhandlungen über Ruhegenüsse von Beamten, Dienern und deren Wittwen und Waisen, über Erziehungsbeiträge, Abfertigungen, Gnadengaben und Sterbquartale aus Aerarial-Cassen u. s. w.

Die **Generaldirection des Grundsteuercatasters** hat zum Geschäftskreise die Ausführung der Operationen des stabilen Catasters in allen Kronländern, dann das Grundsteuer-Provisorium in denjenigen Kronländern, in welchen die Grundsteuer noch nicht geregelt ist; den technischen Theil der Evidenzhaltung; die periodische Revision des Catasters u. s. w.

Der **obersten Leitung des Bergwesens**, dann der **Aerarial - Montan-, Domänen- und Forstverwaltung** steht zu: Die Verwaltung des Bergregals, der ärarischen Berg- und Hüttenwerke, Salinen und Forste, die Leitung und Ueberwachung der Montan- und Forst-Lehranstalten; die Mitwirkung bei der Ernennung der technischen Beisitzer zu den Berggerichtssenaten bei den Landes- und Kreisgerichten; die Verschleissangelegenheiten der Aerarial-Bergwerksproducte u. s. w.

Dem Finanzministerium unterstehen: die Direction des allgemeinen Tilgungsfondes der verzinslichen Staatsschuld in Wien, die Präfectur des lombardisch-venetianischen Monte in Mailand, die Dicasterial-Gebäude-Direction in Wien, die Lottogefällsdirection in Wien mit den untergeordneten Lottoverwaltungen (darunter eine in Hermannstadt), die Direction der Staatsdruckerei, die Tabakfabrikendirection in Wien mit den untergeordneten Tabak- und Zigarrenfabriken (eine davon in Klausenburg) und Tabak-Einlösämtern (eines in Siebenbürgen zu Maros-Vásárhely) das Centraltaxamt in Wien, die Staats-Centralcassa in Wien mit den ihr zur Seite gestellten Staatshauptkassen und den untergeordneten Landeshaupt- und Sammlungskassen, das Hauptmünzamt in Wien mit den untergeordneten Münzämtern zu Prag, Kremnitz, Carlsburg, Mailand und Venedig, das General-, Land- und Hauptmünzprobieramt und das Hauptpuncirungsamt in Wien, die Finanzlandes- und Steuerdirectionen in den verschiedenen Kronländern mit den untergeordneten Finanzbezirksbehörden, Steuerämtern und verschiedenen Gefällsämtern, die Finanzprocuraturen und Fiscalämter, die Berg-, Forst- und Salinendirectionen mit den untergeordneten Berg-, Forst- und Salzämtern.

5. Das Ministerium für Handel-, Gewerbe und öffentliche Bauten.

Die Aufgabe dieser obersten Staatsbehörde besteht darin, dem vaterländischen Handel und der Industrie einen erhöhten Aufschwung zu geben; ihr Wirkungskreis umfasst:

a.) Das **Consularwesen** in Beziehung auf die Errichtung und Besetzung der österreichischen Consularposten im Auslande und die Verhandlungen wegen Aufstellung fremder Consuln im Kaiserstaate; auf die Beobachtung der Bewegung des österreichischen Seehandels in allen Richtungen und auf die Aufrechthaltung und Verbesserung der Handelsbefugnisse österreichischer Unterthanen auf türkischem Gebiete.

b.) Das Seeschifffahrtswesen d. i. alle Angelegenheiten, welche die Seeschifffahrt, die Seefischerei, See- und Hafenpolizei, Lootsen-Anstalten, Seematrikel, Versorgungs- und Unterstützungsanstalten für Seeleute, alle Personal- und Disciplinar-Gegenstände in Schifffahrtssachen u. s. w. betreffen.

c.) Das Seehandels- und Quarantainewesen d. i. einerseits alle Angelegenheiten des auswärtigen Seehandels, der Intervention bei Handels- und Schifffahrtsverträgen mit fremden Mächten, der Handelsgesellschaften für den Verkehr mit dem Auslande; — andrerseits alle Quarantaineangelegenheiten, als die Anstalten zur Reinigung und Probe und die Reinigungsfrist für Personen, Waaren, Schiffe u. s. w., welche aus Gegenden kommen, wo ansteckende Krankheiten herrschen.

d.) Der Landhandel und die Industrie, und zwar nicht nur alle Anordnungen und Verfügungen über Zölle, Steuern und Gebühren des Handelsverkehrs, über das Münz-, Mass- nnd Gewichtswesen, die Bank- und Creditsanstalten, über die Flussschifffahrt und das Landtransportwesen, sondern auch die anregenden und befördernden Vorkehrungen durch Handels- und Gewerbekammern, Gremien, Innungen, Börsen, Kaufhallen, Gewerbvereine, Industrieausstellungen, Assecuranzanstalten, Sparkassen, Leihanstalten u. s. w.

Hierher gehören daher auch die Angelegenheiten über die Errichtung von Handelshäusern und Fabriken, die Verleihung der Mäkler-, Agenten- und Gewerbbefugnisse, Hausirlizenzen, Privilegien, Patente, Privat-Weg- und Brückenmäuthe u. s. w.

e.) Das Baufach und zwar: sowohl die Gesetzgebung im Baufache, als auch die administrativen und technischen Geschäfte aller Staatsbauten, wie: Voranschläge über Bau-Gelderfordernisse, Würdigung der Bauoperationspläne, Bestimmung der auszuführenden Bauten, Genehmigung von Bauentwürfen und Bauausführungen, Grundeinlösungen, Käufe, Verkäufe, Pacht- und Miethverträge, Leitung der Baubehörden und ihre Personalsachen u. s. w.

f.) Die Communicationsanstalten als Posten, Telegraphen, Eisenbahnen und Strassen, die Normirung der darauf bezüglichen Gesetze und Vorschriften und die Leitung der dafür bestellten Behörden, Aemter und Personen u. s. w.

g.) Die Statistik der gesammten Monarchie.

Dem Handelsministerium sind unmittelbar untergeordnet: die Central-Seebehörde in Triest, die Consulate, Agentien, Hafen- und See-Sanitätsanstalten, die Handels- und Gewerbekammern, die Eisenbahn-Bau- und Betriebsdirectionen, die Landes-Baudirectionen und Kreisbauämter, die Postdirectionen, Postämter und Telegraphenämter; dann mittelbar für die einschlägigen Geschäftszweige auch die Statthaltereien, Kreis- und Bezirksämter.

6. Das Ministerium für Cultus und Unterricht.

Seine Wirksamkeit erstreckt sich:

a.) bezüglich der Cultusangelegenheiten: auf die kirchliche Eintheilung, die Aufrechthaltung der staatlichen Rechte in Kirchensachen, die Bestellung der Geistlichkeit, die Beaufsichtigung und Leitung der geistlichen Bildungsanstalten und Disciplinargegenstände, die Pfarr- und Kirchenbaulichkeiten, die geistlichen Communitäten, Stifte, Klöster, Stiftungen und Fonde.

Unter diesem Ministerium besorgen die Leitung der kirchlichen Angelegenheiten die Erzbischöfe und Bischöfe der römisch-, griechisch- und armenisch-katholischen, dann der griechisch-orientalischen oder nicht-unirten Kirche mit ihren Consistorien und Capiteln, Dechanten, Pfarreien und Localcaplaneien; — die beiden landesfürstlichen Consistorien für die augsburgische und helvetische Confession in Wien und die Oberconsistorien der Augsburger in Hermannstadt und der Calviner in Klausenburg mit ihren Superintendenturen, Decanaten, den Senioraten und Pfarreien; der Superintendent der Unitarier in Klausenburg, zugleich als Präses der beiden Consistorien für die Kirchen- und Schulangelegenheiten dieser Confession, mit den unterstehenden Senioren und Pfarreien; endlich die Oberrabbinate und Rabbinate der Israeliten.

b.) bezüglich des öffentlichen Unterrichtes: auf die unmittelbare Leitung aller Lehr- und Bildungsanstalten der Monarchie (mit Ausnahme der orientalischen Academie, der montanistischen, landwirthschaftlichen, Forstlehr- und Militärbildungsanstalten) d. i. der Universitäten und höhern Bildungsinstitute; Academien der schönen Künste; Veterinär-, Real- und technischen Schulen; aller Staats- und Privat-Erziehungshäuser und Convicte, der Gymnasien und Elementarschulen, der öffentlichen Bibliotheken und andern Bildungsanstalten und zwar sowohl in Beziehung auf den litterarischen Theil und die Disciplin, als auch auf die öconomischen Angelegenheiten. Es verfügt daher über die zu Schul- und Studienzwecken bestimmten öffentlichen Fonds und erlässt die zur Erreichung eines geregelten und bessern Unterrichtes nothwendigen Gesetze und Verordnungen.

7. Das Armee-Obercommando.

Die höchste Militär-Verwaltungsbehörde ist das Armee-Obercommando, welches aus 4 Sectionen besteht, deren Chefs (Generale) sich zu wöchentlichen Conferenzen über wichtigere Angelegenheiten unter dem Vorsitze eines höhern Generals versammeln.

Die Geschäftsgegenstände vertheilen sich folgendermassen auf die einzelnen Sectionen:

I. Section: General-Adjutantur. Sie hat die Evidenzhaltung des Standes der Truppen, alle Personal- und Disciplinarangelegenheiten der Oberofficiere, die Aufnahme der Cadeten u. s. w. zu besorgen. Ihre Agenden zerfallen in 4 Abtheilungen, welche vom zweiten General-Adjutanten des Kaisers und mehreren höhern Officieren der Armee geleitet werden.

II. Section: Operationskanzlei. Diese besorgt unter der Leitung des General-Quartiermeisters der Armee alle operativen auf Organisation und tactische Ausbildung der Truppen und der Flotte bezüglichen Geschäfte, die Fortbildung und Evidenzhaltung der Reglements, die Evidenzhaltung der Kriegsvorräthe, die Befestigungs-Arbeiten, die Leitung der Geschäfte des Generalquartiermeisterstabes und der dazu gehörigen Corps und Branchen, die Entwürfe grosser Truppenconcentrirungen für Waffenübungen und militärische Operationen, Marschdispositionen u. s. w.

III. Section. Die politisch-öconomische und Justiz-Central-Administration. Sie zerfällt unter der Leitung eines Generals in 12 Abtheilungen, denen Theils höhere Stabsoffiziere, theils höhere Staatsbeamten (Ministerialräthe) vorstehen. 1. Abtheilung: Kanzlei- und Manipulationsgeschäfte (Expedit, Registratur u. s. w.) und Herausgabe des Armee-Verordnungsblattes. — 2. Abth. Aufnahme der Officiere in die Invalidenhäuser und Uebertritt derselben in Civilstaatsdienste, Heirathsbewilligungen, Personalien der pensionirten Officiere, Angelegenheiten der Kriegsgefangenen, Recrutirungs-, Conscriptions- und Werbbezirks-Sachen, Deserteurscartels und ähnliche Conventionen mit fremden Staaten, alle das Artillerie-Wesen betreffenden Gegenstände u. s. w. — 3. Abth. Das Beschäl- und Remontirungswesen, das Fuhr- und Packwesen und die Angelegenheiten des Thierarzneiinstitutes. — 4. Abth. Alle Geldunterstüzungs-Angelegenheiten, die Invalidenhäuser, die Personalien der Militär-Wittwen und Waisen, die Kanzleidirections- und Baulichkeitssachen der Militärbehörden und ihrer Amtsgebäude, das Feldpostwesen, die militärischen Kirchenangelegenheiten u. s. w. — 5. Abth. Das Verpflegswesen. — 6. Abth. Alle Monturs- und Ausrüstungsgegenstände. — 7. Abth. Das gesammte Militärsanitätswesen unter Leitung des Oberstfeldarzten der Armee. — 8. Abth. Alle auf die politische, polizeiliche und öconomische Verwaltung der Militärgrenze Bezug nehmenden Gegenstände, das Cordons- und Contumazwesen. — 9. Abth. Alle Angelegenheiten der Marine, des Flotillen- und Pionier-Corps. — 10. Abth. Das fortificatorische und sonstige Militär-Bauwesen. — 11. Abth. Die finanziellen Gegenstände der Armee und zwar: Gebühren, Bequartirungssachen, Rechnungswesen, kriegscommissariatische Controle, Steuer-, Tax- und Stempelsachen, die Erhaltung der Bundesfestungen und Conventionen über die Verpflegung der Truppen im Auslande, Supplenten-Cautionen und Militärbefreiungstaxen, Kriegsschädenverhandlungen,

Personalien der kriegscommissariatischen, Cassa- und Rechnungsbeamten u. s. w. — 12. Abth. Militär-Justizangelegenheiten unter Leitung eines Generalauditors.

IV. **Section: für die Bildungs-Anstalten.** Alle Angelegenheiten der Militär-Erziehungshäuser und Bildungsanstalten mit Einschluss der Militärgrenze und Marine fallen ihr zu.

Dem Armee-Obercommando stehen zur Seite: der **oberste Militärgerichtshof** für alle rein richterlichen Functionen der Militärjustiz (während alle Personal-, Administrations- und Gesetzgebungssachen im Militärjustizfache dem Wirkungskreise der obersten Militäradministration zukommen), welchem das allgemeine Militär-Apellationsgericht, dann in weiterer Unterordnung die Judicia delegata militaria und die Regiments- und Corpsgerichte (Auditoriate) unterstehen; das **Universalkriegszahlamt,** die **General-Artillerie- und Genie-Direction,** der **General-Quartiermeisterstab** für die Vermessungs- und Mappirungsgeschäfte, das **Marine-Obercommando** in Triest und die **Verwaltungsbehörden der Armeecorps-Commanden** (Landesmilitär- oder Reserve-Truppen-Commanden).

8. Die oberste Polizeibehörde.

Dieselbe ist berufen, alle politischen Angelegenheiten des Reiches, in soweit sie sich auf die Erhaltung der Ruhe und Ordnung beziehen, theils selbstständig, theils im Einvernehmen mit dem Ministerium des Innern oder mit den übrigen Ministerien zu leiten; die Presse und Associationen zu überwachen; die Angriffe gegen die öffentliche Ruhe und Sicherheit und die Verletzungen der Person und des Eigenthums, mögen sie vom Zufalle herrühren oder durch menschliche Thätigkeit absichtlich oder unabsichtlich veranlasst werden, hintanzuhalten; bei vorfallenden Störungen der Ordnung und Sicherheit dem Umsichgreifen des Schadens Einhalt zu thun; endlich die Uebertreter des Gesetzes auszuforschen, anzuhalten und den berufenen Behörden zu überliefern.

Alle Polizeidirectionen und Polizeiämter der Monarchie und mittelbar (in Beziehung auf den äussern Dienst) auch die Gensdarmerie-Inspection in Wien, die Gensdarmerie-Regimenter und die Polizeiwachcorps sind der obersten Polizeibehörde untergeordnet.

9. Der oberste Gerichts- und Cassationshof.

Er bildet für den ganzen Umfang des Kaiserstaates die höchste Gerichtsbehörde und zugleich letzte Instanz in allen Rechtsangelegenheiten, gegen dessen Entscheidung es keinen weitern Recurs gibt. Sein Wirkungskreis ist jedoch in so ferne beschränkt, als ihm nicht in allen Rechtsangelegenheiten, sondern nur für gewisse Rechtssachen in letzter Instanz, deren Entscheidung in erster Instanz den Landes- (Kreis-) Gerichten zugewiesen wurde, eine endgiltige Entscheidung zukömmt.

Gleich den untergeordneten Gerichtsbehörden hat auch der oberste Gerichts- und Cassationshof keinen Antheil an der Gesetzgebung, da Letztere dem Justizministerium allein vorbehalten ist, — doch steht es ihm zu, an den Justizminister Anträge und Gutachten zur Erlassung eines mangelnden oder zur Abänderung eines schon bestehenden Gesetzes zu erlassen.

Der oberste Gerichtshof besteht aus einem ersten und zweiten Präsidenten, 5 Senatspräsidenten, 48 Räthen und dem erforderlichen Hilfs- und Kanzleipersonale; auch sind demselben von ihm unabhängige Generalprocuratoren mit der erforderlichen Anzahl von Stellvertretern beigegeben. Das Verfahren bei demselben ist, ausser in einzelnen Straffällen und Nichtigkeitsbeschwerden, nur ein schriftliches. Die Streitfrage wird einem Senate, bestehend aus 3 oder 5 Räthen, vorgelegt und die Entscheidung nach Stimmenmehrheit gefällt.

Ueber den Wirkungskreis des obersten Gerichtshofes kommt noch Folgendes zu bemerken:

a.) Derselbe entscheidet in allen **Civil-Rechtsfällen** in und ausser Streitsachen, bei welchen gegen das Endurtheil des Oberlandesgerichtes recurrirt wurde.

b.) Im **Strafverfahren** wird jedoch von demselben gegen ein Urtheil des Oberlandesgerichtes kein neues Urtheil mehr gefällt, sondern das Erstere entweder bestättigt oder aufgehoben (cassirt).

c.) In **Uebertragungs- (Delegations-) Fällen** hat derselbe darüber abzusprechen, ob die Entscheidung über eine Rechtsfrage, welche einem bestimmten Landesgerichte (Kreisgerichte) zusteht, auf ein anderes übertragen (delegirt) werden soll; ebenso

d.) in **Zuständigkeits- (Competenz-) Fällen** bei einem Zweifel, ob ein Oberlandesgericht in einer bestimmten Rechtssache zur Entscheidung berufen (competent) sei.

e.) Demselben steht endlich auch die Entscheidung über Dienstvergehen sowohl seiner Räthe, als der Räthe der Oberlandesgerichte, der Präsidenten der Landes- und Präses der Kreisgerichte zu.

10. Die oberste Rechnungs-Controllsbehörde.

Dieselbe besteht aus einem Präsidenten, einem Vicepräsidenten, mehreren Hofräthen und Hofcommissionsräthen, dann dem untergeordneten Personale, leitet das Verrechnungswesen der ganzen Monarchie, bearbeitet den Jahresausweis aller Staatsrechnungen und liefert die Uebersicht der Einnahmen und Ausgaben des Staates.

An das mit ihr vereinigte **Central-Rechnungsdepartement** gelangen die Ergebnisse aller Staats-Einnahmen und Ausgaben, die Hauptrechnungsabschlüsse aller Staatsgefälle und die Bilanzen aller Staatscassen.

Der obersten Rechnungscontrollsbehörde unterstehen: Die Staats- Credits- und Central-Hofbuchhaltung, Cameralhauptbuchhaltung, Hofstaatsbuchhaltung, Gefällen- und Domänenhofbuchhaltung, Münz- und Bergwesens- Hofbuchhaltung, Tabak- und Stempelhofbuchhaltung, Post- und Eisenbahnhofbuchhaltung, Lottohofbuchhaltung, Hofkriegsbuchhaltung, Buchhaltung der politischen Fonde, dann die Landesbuchhaltungen (Provincialstaatsbuchhaltungen). Ausserdem haben die grösseren Staatsfabriken und andere wichtige Staatsinstitute eigene Buchhaltungen, welche unmittelbar der obersten Rechnungscontrollsbehörde untergeordnet sind.

b. Landesbehörden.

§. 45. Die politische Landesverwaltung.

Die politische Verwaltung Siebenbürgens besorgt die k. k. Statthalterei in Hermannstadt mit den ihr unterstehenden 10 Kreis- und 79 Bezirksämtern, den selbstständigen Stadtmagistraten und den Gemeindevorständen.

1. Die Statthalterei.

Die Statthalterei ist die oberste Verwaltungsbehörde des Landes für die Geschäfte der politischen und Polizei-Verwaltung überhaupt; für die Angelegenheiten des Cultus und Unterrichts; für Handels- und Gewerbesachen; für die Angelegenheiten der Landescultur und für diejenigen Bausachen, welche nicht zum Geschäftskreise einer andern Landesbehörde gehören. Sie ist in Bezug auf die politische Verwaltung und die Personal-Angelegenheiten unmittelbar dem Ministerium des Innern untergeordnet, untersteht aber auch allen andern Ministerien und Centralstellen, in so ferne die Gegenstände ihres Geschäftskreises denselben zur Leitung zugewiesen sind.

An der Spitze der siebenbürgischen Statthalterei steht der Statthalter*) in der III. Diäten Classe mit 8000 Gulden Gehalt, 8000 fl. Functionszulage und freiem Quartier, welchem ein Vicepräsident in der IV. D. Classe mit 5000 fl. Gehalt beigegeben ist. Weiters besteht die Statthalterei aus einem Hofrathe in der V. D. Classe mit 4000 fl. Gehalt; aus 8 Statthaltereiräthen in der VI. D. Classe, wovon einer den Gehalt von 3000 fl. bezieht, 3 mit

---

*) Gegenwärtig Militär- und Civilgouverneur.

2500 fl. und 4 mit 2000 fl. besoldet sind; aus 9 Statthalterei-secretären in der VIII. D. Classe, davon 4 mit 1400 fl. und 5 mit 1200 fl. Gehalt; aus 12 Concipisten der IX. D. Classe zur Hälfte mit 800 und 700 fl. Gehalt und aus 10 Conceptspractikanten in der XII. D. Classe mit einem Adjutum von 300 fl. für das Conceptfach; dann für den Manipulationsdienst aus einem Director der Hilfsämter in der VIII. Diätenclasse mit 1400 fl. Gehalt; 3 Adjuncten in der IX. D. Classe mit 1000, 900 und 800 fl.; aus 16 Officialen in der X. D. Classe mit 700, 600 und 500 fl. und aus 8 Accessisten in der XII. D. Classe mit 400 und 350 fl. Gehalt; endlich aus der Dienerschaft und zwar: einem Thürhüter mit 400 fl., 9 Amtsdienern mit 300 und 250 fl. und Amtskleidung, 5 Dienersgehilfen mit je 216 fl. Lohn und einem Portier mit 216 fl. Lohn und Livree; dazu kommt für die lithographische Presse ein Drucker mit 400 fl. und ein Gehilfe mit 216 fl. Lohn.

Der Wirkungskreis der Statthalterei*) zerfällt eigentlich in zwei Theile, nämlich in den persönlichen des Statthalters und in den der Statthalterei.

Der Statthalter, als Chef und Präsident der Statthalterei, ist berufen und verpflichtet, alle jene Geschäfte persönlich zu besorgen, welche ihm vom Kaiser oder dem betreffenden Ministerium unmittelbar zugewiesen werden.

Derselbe hat die Geschäftsvertheilung bei der Statthalterei und die Personalzuweisung zu besorgen, alle politische und Fondsbeamten des Landes von der neunten Diätenclasse abwärts zu ernennen, in soferne deren Ernennung nicht dem Geschäftskreise einer andern Behörde, oder, wie bei den Kreiscommissären, dem Ministerium des Innern, und bei den Beamten der Bezirksämter, einer eignen gemischten Commission vorbehalten ist, — und für die höhern Beamtenstellen die Besetzungsvorschläge zu erstatten. Er bewilligt Urlaube: für den Vicepräsidenten und Hofrath auf längstens 6 Wochen, für die Räthe der Statthalterei und Kreisvorsteher bis 3 und für die übrigen Beamten und Diener bis 6 Monate. Er ertheilt Belohnungen und Aushilfen bis zum Betrage von 100 fl. an Beamte und von 50 fl. an Diener, Gehalts- und Lohnvorschüsse, Reise- und Uebersiedelungs-Entschädigungen nach Massgabe der besondern Vorschriften.

Er führt die oberste Leitung der Polizei im Lande und hat seine Aufmerksamkeit unausgesetzt auf Alles zu richten, was sich auf die Erhaltung der Ruhe, Ordnung und Sicherheit bezieht; hat rechtzeitig die geeigneten Massregeln zu ergreifen; um jede Störung der-

---

*) Die Bestimmungen über die Einrichtung und den Wirkungskreis der politischen und Gerichtsbehörden erfolgten im Sinne der a. h. Entschliessung vom 14 September 1852 durch die Minister des Innern, der Justiz und der Finanzen vom 19. Jänner 1853 (Reichsgesetzblatt Stück IV. Nro. 10 vom J. 1853).

selben zu verhindern, oder, falls solche dennoch erfolgt, sie wirksam zu unterdrücken, zu welchem Ende er die Mitwirkung der dazu berufenen Behörden und nöthigenfalls die Unterstützung der bewaffneten Macht in Anspruch zu nehmen hat. Auch soll der Statthalter über alle wichtigern Vorfälle und Wahrnehmungen den einschlägigen höhern Behörden ungesäumt die Anzeige erstatten und dieselben überhaupt in steter Uebersicht der Zustände des Landes erhalten. Er hat die Presse und die damit zusammenhängenden Handelsunternehmungen und Gewerbe, die Vereine, Schauspiele, das Pass- und Fremdenwesen zu überwachen; ertheilt unter Beobachtung der bestehenden Vorschriften die Bewilligung zur Errichtung von Buchdruckereien, Buch-, Kunst- und Musikalienhandlungen, zu Schauspielen und andern öffentlichen Productionen.

Der Statthalter leitet auch den öffentlichen **Baudienst** des Landes insbesondere bezüglich der Prüfung der Bauentwürfe in Absicht auf die Nothwendigkeit der Bauführung, die möglichst vollständige Erreichung des Zweckes derselben und die Beschränkung des Kostenaufwandes; dann bezüglich der Ernennung der Baubeamten und der Displinargewalt über dieselben nach den diesfälligen besondern Bestimmungen.

Die **Statthalterei** dagegen hat zum Wirkungskreise:

a.) In **Angelegenheiten der politischen und Polizeiverwaltung**: Die Entscheidung in höherer Instanz bei Recursen gegen die Verfügungen der Unterbehörden; die Herausgabe des Landesgesetzblattes und die Aufsicht über die Handhabung der Gesetze und Vorschriften in den ihr zugewiesenen Geschäftszweigen; die Lehenssachen nach den diesfälligen Gesetzen; die Untersuchung und Entscheidung über Anmassungen von Adelsgraden und Titeln; Einleitung von Sammlungen für die durch Elementarereignisse beschädigten Bewohner des Landes; Bewilligung der für Lebensrettungen festgesetzten Taglien und von Geldbelohnungen bis zu dem Betrage von 25 fl. für besondere Auszeichnungen bei Feuer-, Wasser- und andern Gefahren; Oberaufsicht über die Straf-, Besserungs-, Wohlthätigkeits- und Humanitäts-Anstalten und alle öffentlichen Institute ihres Verwaltungsgebietes, soweit sie hierin nicht durch besondere Institutionen beschränkt ist; die Oberleitung und Ueberwachung der Gemeinde-Angelegenheiten nach Massgabe der bestehenden Gesetze, dann der Stiftungssachen, soferne ihr Einfluss nicht durch ausdrückliche Bestimmungen der Stiftungsurkunden beschränkt ist.

l.) In **Cultus- und Unterrichtssachen**: Die Besetzung von Curatpfründen, landesfürstlichen und Religionsfondspatronaten, mit einem, 1000 Gulden nicht übersteigenden Jahreserträgnisse und mit Ausnahme der Curat-Beneficien auf Cameralherrschaften und der unter der Finanzverwaltung stehenden Fondsgütern, im Einverständnisse mit dem Ordinariate: die Umpfarrung einzelner Ortschaften im gleichen Einverständnisse; die Austragung der von Brautleuten gegen die Verweigerung der Trauung überreichten Beschwerden, die Dispensation von Ehehindernissen und von der gesetzlichen Wittwenfrist zur Eingehung einer neuerlichen Ehe nach den zur Zeit bestehenden Gesetzen und Vorschriften und in soweit diese Gegenstände zum politischen Wirkungskreise gehören u. s. w. Die Statthalterei leitet und überwacht die Angelegenheiten des Unterrichtes und übt die Aufsicht über alle Civil-Unterrichts- und Erziehungsanstalten aus.

c.) In Handels- und Gewerbe-Angelegenheiten: Die Verleihung der Landesfabriksbefugnisse und der Befugnisse zur Errichtung von Apotheken und für chirurgische Gewerbe, dann zu periodischen Transportsunternehmungen und die Bewilligung zur Abhaltung von Jahrmärkten.

d.) In Angelegenheiten der Landescultur: Die Pflege der staatswirthschaftlichen Interressen in Beziehung auf Ackerbau, Viehzucht und Forstwirthschaft, so wie die Leitung der damit in Verbindung stehenden Anstalten.

e.) In Absicht auf öffentliche Bauten: Die Ueberwachung des Baudienstes im Lande überhaupt, in soweit derselbe ihr zugewiesen ist, dann die Leitung der administrativen Amtshandlungen dieses Dienstzweiges; die Bewilligung zur Wiederherstellung der durch Elementarereignisse zu Grunde gegangenen Aerarial- und Fondsgebäude, zur Aufführung von neuen oder Reparationen von vorhandenen Gebäuden mit oder ohne Umgestaltung oder Vergrösserung derselben, wenn der Bauaufwand im Voranschlage bedeckt ist und den Betrag von 3000 fl. nicht überschreitet; die Gestattung von Kirchen-, Pfarr- und Schulbaulichkeiten, der Errichtung oder Erweiterung von Leichenhöfen, der Beischaffung von Kirchen- oder Schulerfordernissen, wenn die Ausgabe dafür im Concurrenzwege bedeckt werden soll, ein Beitrag vom Aerar oder einem unter der Leitung oder Verwaltung der Statthalterei stehenden öffentlichen Fonde zu leisten ist und dieser Betrag 3000 fl. nicht überschreitet.

f.) In allgemeinen Verwaltungssachen: Die Genehmigung und Bestättigung von Pacht- und Miethverträgen, welche auf Grundlage einer öffentlichen Versteigerung für die Dauer unter 10 Jahren abgeschlossen werden, bis zu einem Miethzinse oder Pachtschillinge von 5000 fl.; die Zugestehung von Fristen zur Zahlung von Pachtschillingen, Miethzinsen und andern Erträgnissen der Fonde und Anstalten bis zur Dauer eines Jahres; die Abschreibung uneinbringlicher, nicht durch Verschulden eines Beamten entstandener Rückstände bis zum Betrage von 1000 fl.; die Nachsichts-Ertheilung für Cassa-Abgänge bis 50 fl., wenn dieselben nicht aus Veruntreuung eines Beamten entstanden, dann für uneinbringliche Rechnungsmängel bis 1000 fl., wenn die Controllsbehörde die Erläuterung des Rechnungslegers für rücksichtswürdig und grundhältig erklärt. In allen vorstehenden Fällen hat jedoch die Statthalterei, wenn der Staatsschatz mittelbar oder unmittelbar betheiligt ist, zuvor mit der Finanz-Landesbehörde das Einvernehmen zu pflegen und ist bezüglich der Bewilligung, Nachsichts-Ertheilung oder Abschreibung an deren Zustimmung gebunden. — Die Statthalterei hat ferner alle Jahres-Voranschläge über Gegenstände, die ihrer Verwaltung, Ueberwachung oder Geschäftsleitung zugewiesen sind, in soferne nicht durch besondere Weisungen etwas Anderes bestimmt wird, zu prüfen und zu genehmigen, oder, wenn sie dem Ministerium vorbehalten sind, mit ihrem Gutachten vorzulegen. — Endlich steht ihr auch für die ihr zugewiesenen Dienstzweige zu: die Annahme und Freigebung von Dienstcautionen; die Pensionirung, Provisionirung und Quiescirung der vom Statthalter oder einer untergeordneten Behörde ernannten Beamten und Diener, dann die Bewilligung der normalmässigen Ruhegenüsse, Abfertigungen, Erziehungsbeiträge und sonstigen Gebühren ihrer Wittwen und Waisen; die Berathung und Entscheidung über die Dienstentlassung von Beamten die von ihr oder unterstehenden Behörden ernannt wurden, u. s. w.

2. Die Kreisbehörden.

Die Kreisbehörden sind für das ihnen zugewiesene Verwaltungsgebiet die politisch-administrativen Oberbehörden und überhaupt für die der Statthalterei zugewiesenen Geschäftszweige zwischen derselben und den ihnen untergeordneten Behörden, Aemtern und Organen die leitenden, überwachenden und vollziehenden Mittelbehörden, soweit nicht besondere Anordnungen eine andere Bestimmung enthalten. Sie sind bezüglich des Geschäftszuges zunächst der Statthalterei, hinsichtlich der Angelegenheiten der directen Besteuerung der Steuer-Landesbehörde untergeordnet und verpflichtet, an diese Behörden Berichte und Anzeigen zu erstatten, deren Aufträge zu befolgen und die von ihnen erlassenen Anordnungen zu vollziehen.

Das Personale einer Kreisbehörde besteht aus: dem **Vorsteher** mit dem Range und Gehalte eines Statthaltereirathes, freier Wohnung im Amtsgebäude oder einem angemessenen Quartiergelde und einer Functionszulage von 500 bis 1000 fl.; einem **stellvertretenden Commissär** mit dem Range und Gehalte eines Statthalterei-Secretärs; zwei bis drei **Commissären zweiter und dritter Classe** in der IX. Diätenclasse mit 900 und 800 fl. Gehalt; **Conceptspracticanten**; einem **Kreisarzte** in der IX. D. Classe mit 600 fl. Gehalt; einem **Secretär** in der X. D. Classe mit 600 oder 700 fl. Gehalt; einem Registranten in der XI. D. Classe mit 500 fl.; Kanzlisten in der XII. D. Classe mit 400 und 350 fl.; dann Amtsdienern mit 250 oder 200 fl. Lohn und Amtskleidung und Gehilfen mit 216 fl. Lohn.

Für die Angelegenheiten der directen Besteuerung sind den Kreisbehörden die **Steuerinspectoren***) und Unterinspecto-

---

*) Die Steuerinspectoren stehen in der IX. Diätenclasse und haben 800,

ren in unmittelbarer Unterordnung unter den Kreisvorsteher, dann nach Erforderniss ein oder mehrere Steuerofficiale und Assistenten beigegeben, deren Dienstesverhältniss durch eine eigne Instruction geregelt ist.

Ausserdem werden zur Besorgung und Hilfeleistung in den Gegenständen des öffentlichen **Baudienstes** den Kreisbehörden **technische Beamte** (Baubeamte) beigegeben, deren Stellung und Wirksamkeit durch besondere Anordnungen bestimmt wird.

Die Ernennung des Kreisvorstehers und des stellvertretenden Commissärs ist Sr. Majestät vorbehalten und es erstattet der Statthalter den Vorschlag dazu an das Ministerium des Innern; die Ernennung der andern Kreiscommissäre und des Kreisarztes steht über den Ternavorschlag des Statthalters dem Minister des Innern zu; die Manipulationsbeamten ernennt über Vorschlag des Kreisvorstehers der Statthalter; die Anstellung der Dienerschaft und die Aufnahme der erforderlichen Diurnisten in dringenden Fällen steht dem Kreisvorsteher zu, doch muss über die Letztere die vorläufige oder nachträgliche Bewilligung des Statthalters eingeholt werden.

Die Steuerinspectoren und Unterinspectoren ernennt das Finanzministerium über den im Wege des Statthalters dahin gelangenden Antrag der Steuerlandesbehörde, die Officiale und Assistenten die Letztere selbst. — Die technischen Beamten werden über den Vorschlag des Statthalters vom Ministerium für Landescultur ernannt.

Was nun den **Wirkungskreis der Kreisbehörde** anbelangt, so muss hier wieder die persönliche Amtsbefugniss des Kreisvorstehers, von dem Geschäftskreise des Kreisamtes unterschieden werden.

Der **Kreisvorsteher**, dem bei öffentlichen Feierlichkeiten im Kreise die dem Repräsentanten des Landesfürsten vorschriftsmässig zustehenden Vorzüge zukommen, leitet die ihm zugewiesenen Beamten und Diener, wie die ganze Geschäftsführung der Kreisbehörde und ist für dieselbe verantwortlich [*]). Er ist ermächtigt dem stellvertretenden Commissär oder einem Steuer- und Baubeamten auf 14 Tage, den übrigen Angestellten der Kreisbehörde auf 4 Wochen Urlaub zu ertheilen. Die Anträge auf ausgedehntere Urlaube, auf Ertheilung von Belohnungen und Aushilfen, wegen Versetzungen in den zeitlichen

---

900 oder 1000 fl.; die ebenfalls in der IX. D. Classe stehenden Unterinspectoren 600 bis 700 fl. Gehalt, die Officiale und Assistenten gehören in den Concretalstatus der Steuerämter des ganzen Landes.

[*]) Im Falle der Abwesenheit oder Verhinderung des Kreisvorstehers hat der stellvertretende Commissär, wenn nicht vom Statthalter eine andere Vorkehrung getroffen wird, die Amtsleitung zu übernehmen und alle dem Vorsteher zukommenden Verpflichtungen zu erfüllen, in welcher Hinsicht ihm auch die Verantwortung für die Geschäftsführung, während der Dauer der Vertretung obliegt.

und bleibenden Ruhestand und wegen Bemessung der Ruhegenüsse für Beamte und Diener der Kreisbehörde, dann wegen Bestimmung der Pensionen, Provisionen und überhaupt der Gebühren für die zurückgebliebenen Angehörigen verstorbener Beamten und Diener, sind der vorgesetzten Behörde zur weitern Verhandlung und bezüglich Entscheidung vorzulegen.

Die **Kreisbehörde** hat die unterstehenden Aemter und Organe in der Besorgung der administrativen Angelegenheiten zu beaufsichtigen, zu belehren und zurechtzuweisen, sie zur pflichtmässigen Geschäftsführung anzuhalten und in der Vollziehung der Gesetze und Anordnungen zu unterstützen, und erforderlichen Falles durch unmittelbares Einschreiten Abhilfe zu schaffen. Es sind aber den Kreisbehörden nicht nur die Bezirksämter und die Magistrate jener Städte, welche keinem Bezirksamte unterstehen, sondern auch die Verwaltungen der Anstalten und Fonde und die für den Sanitäts- und Baudienst bestellten Individuen im Kreise untergeordnet, welche nicht ausdrücklich einer andern administrativen Oberbehörde unterstellt wurden.

a.) **In Angelegenheiten der politischen und Polizeiverwaltung.** Die Kreisbehörde hat im Kreise für die gehörige Kundmachung und Vollziehung der Gesetze, Verordnungen und Verfügungen der Behörden zu sorgen und zu diesem Behufe erforderlichen Falles die gesetzlich zustehenden Zwangsmittel in Anwendung zu bringen. Sie bewilligt den untern politischen Behörden die nöthige Militärassistenz, welche sie von den betreffenden Militär-Commanden in Anspruch zu nehmen berechtigt ist.

Sie hat für die öffentliche Ordnung, Sicherheit und Ruhe im Kreise zu sorgen, zur Beseitigung alles dessen, was sie bedroht, rechtzeitig das Geeignete vorzukehren und jeder Störung derselben unverzüglich mit allen ihr zu Gebote stehenden gesetzlichen Mitteln zu begegnen.

Die Kreisbehörde trägt dafür Sorge, dass die innere Einrichtung der Gemeinden, sowohl jener, die unmittelbar, als jener, welche durch die Bezirksämter ihr unterstehen, sowie ihre Verhältnisse zu einander den Gesetzen gemäss geordnet werden, übt den gesetzmässigen Einfluss auf deren Angelegenheiten aus und entscheidet in erster Instanz über die Streitigkeiten wegen Begrenzung der Gemarkung zwischen den ihr oder den Bezirksämtern untergeordneten Gemeinden.

Derselben steht ausserdem in erster Instanz zu: Die Bewilligung von mildthätigen Sammlungen im Kreise; die Entscheidung über Grundzerstückungen und Abtrennungen, in sofern dazu eine politische Genehmigung erforderlich ist, nach Massgabe der bestehenden Vorschriften; die Bannlegung eines Waldes; die Entscheidung in Fällen der höhern Orts bewilligten Expropriationen über die in Ansehung des Gegenstandes und Umfanges derselben sich ergebenden Streitigkeiten oder Zweifel, in soferne solche nach Massgabe der zu jener Unternehmung, für welche die Expropriation zu erfolgen hat, ertheilten Bewilligung und der bestehenden Gesetze zu beheben sind; die Gestattung des Schwemmens und Flössens auf öffentlichen Wässern, in soweit sie nicht der höhern Behörde vorbehalten ist; die Bewilligung von Waffenpässen und Jagdkarten.

b.) **In kirchlichen Angelegenheiten.** Die Ertheilung von Aufgebotsdispensen in jenen Fällen, in welchen die Kreisbehörde nach den §§. 85 und 86 des allgemeinen bürgerlichen Gesetzbuches dazu berufen ist, dann die Ertheilung des Consenses bei Ehen der Israeliten (§. 124 des allgem. bürgerl. Gesetzbuches), wo solche gesetzlich vorgeschrieben ist, steht der Kreisbehörde in erster Instanz zu.

c.) **In Gewerbesachen.** In Gewerbe- und Handelssachen gehört zum Wirkungskreise der Kreisbehörde: Die Ertheilung der Befugnisse zu Kaffeehäusern, Glashütten, Pottaschesiedereien, Kalk-, Gyps- und Zigelbrennereien, gewerbmässigen Torfstichunternehmungen, dann zur Abhaltung von Wochenmärkten; die Nachsicht von Lehr-, Gesellen-, Servir- oder Wanderjahren, und der Anfertigung von Meisterstücken zur Erlangung eines Handels- und Gewerbebefugnisses oder Meisterrechtes, die Ertheilung von Hausirpässen und die vorschriftsmässige Mitwirkung bei den der Montanbehörde zustehenden Concessionirungen.

d.) **In Bausachen.** Wenn es sich um die Herstellung von Strassen, Brücken und Canälen; um Bewässerungs- und Entwässerungs-Anlagen, um Flussregulirungen und Uferstützbauten, um die Anlegung von Mühlen, Fabriken und sonstigen industriellen Werken am Wasser, oder von Klausen und Rechen, oder überhaupt um Bauführungen handelt, bei denen es auf die Berücksichtigung von Inundations- oder sonstigen öffentlichen Interessen ankommt, steht der Kreisbehörde auf Grundlage der ordnungsmässig gepflogenen Verhandlung die Ertheilung des gesetzlich erforderlichen Bauconsenses zu, in so ferne dieselbe nicht einer höhern Behörde *) vorbehalten ist. Die Kreisbehörde hat ferner in erster Instanz zu entscheiden, wenn in Beziehung auf solche Baulichkeiten oder errichtete Bauwerke dieser Art Beschwerden oder Streitigkeiten vorkommen und der Gegenstand nicht zur gerichtlichen Wirksamkeit gehört.

Den Zustand der öffentlichen Strassen, Brücken und Wege im Kreise hat die Kreisbehörde zu überwachen, ihre Herstellung und Instandhaltung zu veranlassen und dabei wahrgenommene Gebrechen zu beseitigen.

---

*) Zur Anlegung von Strassen, bei welchen eine zwangsweise Enteignung stattfinden, oder welche sich über zwei und mehrere Kreise ausdehnen, oder an die Staatsgrenze führen soll, oder bei welchen überhaupt militärische Rücksichten eintreten, ist die Genehmigung der Statthalterei erforderlich.

Bei Bauführungen, welche auf Kosten des Staatsschatzes oder durch Umlegung auf den ganzen Kreis oder einzelne Gemeinden und Bezirke desselben stattzufinden haben, liegen der Kreisbehörde die mit der Ausführung verbundenen administrativen Amtshandlungen ob.

In Betreff der Bauten für Kirchen, Pfarren und Schulen, der Herstellung von Begräbnissplätzen und dergleichen hat die Kreisbehörde die vorschriftsmässige Verhandlung nach Umständen im Einvernehmen mit den geistlichen Behörden zu pflegen, die Bauprojekte zu veranlassen, die Bauführung, soweit solche nach den hierüber bestehenden Vorschriften in dem Wirkungskreise der Kreisbehörde gelegen ist, anzuordnen, oder dafür die höhere Bewilligung einzuholen und die ordnungsmässige Herstellung des genehmigten Baues zu überwachen. Die Kreisbehörde entscheidet zugleich über Anwendung der bestehenden Concurrenzgesetze auf jede solche Bauführung in erster Instanz, in soweit nicht die Beitragspflicht des Aerars oder eines unter der Verwaltung oder Ueberwachung der Statthalterei stehenden Fondes angesprochen wird.

Nach denselben Grundsätzen ist bei den Concurrenzverhandlungen über die Einrichtung und sonstigen Erfordernisse für Kirchen, Schulen, Leichenhöfe u. s. w. vorzugehen. In Fällen, wo die Kosten für Strassen, Wasserbauten oder andere öffentliche Anstalten und Unternehmungen ganz oder zum Theile im Wege der Concurrenz aufzubringen sind, wird von der Kreisbehörde die Umlegung auf die einzelnen Gemeinden, vom Bezirksamte aber auf die einzelnen Beitragspflichtigen veranlasst.

e.) In Militärangelegenheiten. Der Kreisbehörde liegt nach Massgabe der bestehenden Vorschriften die Oberleitung der Conscription und Recrutirung im Kreise, sowie die Mitwirkung und Anordnung in Angelegenheiten der Vorspannsleistung, der Verpflegung und Einquartirung des Heeres ob.

Sie leitet die Loosung und Abstellung zur Armee, entscheidet über zeitliche Befreiungen vom Kriegsdienste und über die Abstellungen von Amtswegen, und verhandelt mit den betreffenden Militärbehörden über die Entlassung eines Soldaten im Concertations- oder Gnadenwege.

Die Subarrendirungs-Verhandlungen werden von der Kreisbehörde oder in ihrem Auftrage von den unterstehenden politischen Aemtern vorgenommen.

In Fällen gemeinschaftlicher Erhebungen zwischen Militär- und Civilbehörden intervenirt der Kreisvorsteher entweder in eigner Person, oder durch einen ihm untergeordneten hiezu delegirten Beamten.

f.) In Angelegenheiten der directen Besteuerung. In Angelegenheiten der directen Besteuerung hat die Kreisbehörde theils einen überwachenden, theils einen ausübenden Einfluss zu nehmen.

Sie ist verpflichtet die Bezirksämter und die ihr unmittelbar unterstehenden Stadtbehörden in der Erfüllung ihrer instructionsmässigen Obliegenheiten, und die Gemeinden in der denselben durch besondere Vorschriften auferlegten Mitwirkung in Angelegenheit der directen Besteuerung genau zu überwachen. Diese Ueberwachung wird im Wege der schriftlichen Verhandlung, durch eigens vorgenommene Bereisungen, sowie gelegentlich anderer Geschäftsreisen ausgeübt und dabei zugleich Anlass genommen, sich über die Besteuerungsverhältnisse im Kreise, über die Ursachen von Rückständen, über die Klagen wegen ungleichmässiger Steuervertheilung und über das Benehmen und die Geschäftsführung der in Steuersachen verwendeten Bezirksbeamten und Gemeinde-Organe Auskünfte und Nachrichten zu sammeln und dieselben zu weitern Amtshandlungen und Vorlagen zu benützen.

Als ausübendem Amte liegt der Kreisbehörde ob: Die Bemessung der Gebühr rücksichtlich der Hauszins- und Hausclassensteuer, dann der Erwerb- und Einkommensteuer auf Grundlage der von den untern politischen Aemtern vorgelegten Erhebungs-Operate und Anträge, sowie die Erstattung des Vorschlages, ob eine ganze Ortschaft oder welche Theile derselben der Hauszinssteuer zu unterziehen seien; — die Anordnung und Ueberwachung der gesetzlichen Massregeln zur zwangsweisen Einbringung der im Kreise bestehenden Steuer- und andern Gebühren-Rückstände nach Massgabe der Steuerexecutions-Ordnungen; — die Evidenzhaltung der Hauszins-, Erwerb- und Einkommensteuerkataster und die Mitwirkung bei der Ausführung und periodischen Revision des Grundsteuer-Katasters; — die Begutachtung und Vorlage der Gesuche und Recurse wegen Nachsicht, Zufristung oder Herabsetzung der Steuer an die Steuerlandesbehörde und die Einleitung oder Vornahme der Controll-Erhebungen über Elementarschäden, wegen welcher Steuernachsichten in Anspruch genommen werden.

g.) **In gerichtlichen Geschäften.** Die Einflussnahme der Kreisbehörde in Betreff der Justizpflege, worüber ihr kein selbstständiger Wirkungskreis zusteht, ist in der Regel darauf beschränkt, bei der ihr obliegenden Untersuchung und Ueberwachung der bezirksämtlichen Geschäftsgebahrung auch auf den Zustand der Grundbuchführung, des Waisenwesens (insbesondere die Vermögensgebahrung, die Verlassenschaftsabhandlungen), sowie auf den Zustand der Arreste und Verhafteten sorgfältig Bedacht zu nehmen und die darüber gemachten Wahrnehmungen entweder im öffentlichen Interesse, in soweit es in den Bereich ihrer Wirksamkeit gehört, ihren eignen Amtshandlungen zu Grunde zu legen, oder den betreffenden Gerichts- oder höhern Verwaltungsbehörden zur Kenntnissnahme und weitern Verfügung mitzutheilen.

h.) **In allgemeinen Verwaltungssachen.** Die Kreisbehörde verfügt und entscheidet in erster Instanz bezüglich jener Gegenstände im Kreise, welche ihr ausdrücklich zur Vollziehung oder Verwaltung zugewiesen sind, und alle Recurse und Beschwerden, welche gegen die von den untern politischen Aemtern in erster Instanz getroffenen Anordnungen und Entscheidungen an die höhern Behörden ergriffen wurden, müssen der Kreisbehörde vorgelegt werden, damit sie dieselben an die Landesstelle zur Entscheidung leite.

Die Kreisbehörde soll jedoch in Polizei-, Landescultur-, Conscriptions-, Recrutirungs-, Vorspanns- und Bequartirungsangelegenheiten, in soferne das Erkenntniss nicht ausdrücklich der höhern politischen Behörde vorbehalten ist, dann in andern Geschäften, wenn öffentliche Rücksichten eine Verfügung über die eingelangten Recurse oder Beschwerden dringend erheischen, nach Massgabe dieses Erfordernisses die Entscheidung in zweiter Instanz schöpfen. Gegen solche Entscheidungen der Kreisbehörde steht jedoch noch immer der Recurs an die Landesstelle offen.

3. Die Bezirksämter.

Das Bezirksamt ist für den ihm zugewiesenen Bezirk die unterste landesfürstliche Behörde in allen nicht ausdrücklich andern Behörden oder Organen vorbehaltenen Verwaltungs- und Iustizgeschäften, und steht rücksichtlich des Geschäfts- und Instanzenzuges je nach Verschiedenheit der Angelegenheit unter der höhern politischen, Gerichts- oder Steuer-Behörde; es empfängt und vollzieht deren Aufträge und Weisungen und erstattet an dieselben Berichte und Anzeigen.

Das Personale des Bezirksamtes besteht aus dem Bezirksvorsteher (VIII. Diätenclasse mit 1000, 1100 bis 1200 fl. Gehalt, freie Wohnung oder Quartiergeld), aus Adjuncten (IX. D.Classe mit 700 bis 800 fl. Gehalt), Actuaren (XI. D.Classe mit 400 bis 500 fl. Gehalt), Kanzlisten (XII. D.Classe mit 350 bis 400 fl. Gehalt) und Dienern (mit den Bezügen wie bei der Statthalterei und den Kriegsbehörden). Auch werden demselben aus dem Stande der für das Verwaltungsgebiet der Statthalterei und des Oberlandesgerichtes bestimmten Conceptspraktikanten und Auscultanten nach Massgabe des Erfordernisses zugewiesen. Nebstdem wird ein Pauschalbetrag für Diurnen zur Besorgung von bezirksämtlichen Sckreibgeschäften bemessen.

Bei jenen Bezirksämtern, deren Vorsteher die Befähigung zum Richteramte nicht besitzen, ist die judicielle Geschäftsführung, namentlich das Strafrichteramt, die Rechtsprechung in bürgerlichen Rechtsstreiten und jener Zweig der freiwilligen Gerichtsbarkeit, bei dem es auf ein Erkenntniss oder einen Spruch des Gerichtes ankommt, von einem für diesen Dienstzweig befähigten und zu dessen Besorgung bestimmten Adjuncten selbstständig und unter eigener Verantwortung zu versehen *).

Für die Kassa- und Rechnungsgeschäfte des Bezirksamtes haben die bei dem Steueramte mit Cautionsleistung angestellten Be-

---

*) Derselbe erhält dafür eine Zulage von 200 Gulden.

amten die unmittelbare Haftung und Verantwortung; die Beziehungen des Steueramtes zum Bezirksamte und dessen Vorsteher, dann zu den höhern Steuer- und Finanzbehörden ist durch eine besondere Vorschrift geregelt.

Für alle Personal-Angelegenheiten der bei den Bezirksämtern dienenden Beamten, insbesondere für alle nicht einer mindern Behörde zugewiesenen Dienstbesetzungen und Erstattung der Vorschläge zu denselben, für die Bestimmung und Flüssigmachung der Gebühren, für die Ertheilung von Urlauben und für die Ausübung der Strafgewalt wegen Dienstvergehen ist eine aus einer gleichen Anzahl von Räthen der Statthalterei und des Oberlandesgerichtes zusammengesetzte Commission unter dem Vorsitze und der Leitung des Statthalters oder eines von ihm bezeichneten Vertreters desselben bleibend bestellt.

Diese Commission erstattet für die Stellen des Bezirksvorstehers den Ternavorschlag, und für die Adjunctenstellen über den Ternavorschlag der Kreisbehörde den Antrag an das Ministerium des Innern, welches darüber mit dem Ministerium der Justiz das Einvernehmen zu pflegen und zugleich über die Besetzung der Adjuncten zu entscheiden hat, während die Ernennung der Actuare im Wirkungskreise der Commission liegt. Dieselbe hat auch noch ausserdem auf die Zutheilung der erforderlichen Conceptspracticanten und Auscultanten zu den einzelnen Bezirksämtern ihre Aufmerksamkeit zu richten und bezüglich der Zuweisung der Erstern an den Statthalter, bezüglich der der Letztern an den Präsidenten des Oberlandesgerichtes sich zu wenden.

Sie ertheilt auch Remunerationen, Aushilfen und Besoldungs- oder Löhnungs-Vorschüsse an die Beamten und Diener der Bezirksämter mit Beachtung der für diese Zwecke bestimmten Dotationen; ebenso steht ihr die normalmässige Pensionirung, Quiescirung und Versetzung des bezirksämtlichen Personales zu, und nur wenn es sich um einen Bezirksvorsteher oder Adjuncten handelt, wird der Antrag an das Ministerium des Innern erstattet, das mit dem Justizministerium darüber sich ins Einvernehmen zu setzen hat.

Zum persönlichen Wirkungskreise des Bezirksvorstehers gehört die Leitung und Ueberwachung der Geschäftsführung des Amtes in allen seinen Zweigen, und er ist auch für die gesammte Geschäftsführung, insoweit nicht einzelne Zweige gesetzlich davon ausgenommen wurden, verantwortlich. Er hat, wenn er hierin eine Vernachlässigung oder einen Missbrauch wahrnimmt, entweder nach Umständen selbst Abhilfe zu schaffen oder solche bei den höhern Behörden zu erwirken.

Dem Personale des Bezirksamtes gegenüber stehen dem Bezirksvorsteher mit Ausnahme der Degradirung, zwangsweisen Versetzung und Dienstentlassung alle Befugnisse zu, welche nach den bestehenden Vorschriften zur Disciplinar-Autorität eines Amtsvorstandes gehören. In allen Verhinderungsfällen wird seine Stelle von dem im Range nächstfolgenden Conceptsbeamten versehen.

Für die Besetzung der Kanzlisten des Bezirksamtes hat der Vorsteher den Vorschlag an den Kreisvorsteher zu erstatten, welcher dieselben zu ernennen hat. Die Amtsdiener kann aber der Bezirksvorsteher mit Rücksicht auf die diesfalls durch die bestehenden Vorschriften dazu berufenen Militär-Individuen selbst ernennen und ebenso auch Diurnisten in der ihm bewilligten Anzahl aufnehmen.

Der Wirkungskreis des Bezirksamtes ist nach den verschiedenen Geschäftszweigen zu unterscheiden.

a.) In politischer Beziehung überhaupt. Das Bezirksamt hat, in soweit nicht andere Organe dafür bestimmt sind, die unmittelbare Sorge für die Vollziehung der Gesetze, für Aufrechthaltung der Sicherheit, der öffentlichen Ordnung und Ruhe und für die Förderung des Gemeinwohles durch die seiner Aufsicht zugewiesenen Anstalten. Es sorgt für die gehörige Kundmachung der Gesetze und der zur Verlautbarung bestimmten Anordnungen der Behörden innerhalb des Bezirkes nach Massgabe der bestehenden Vorschriften und der erhaltenen höhern Aufträge.

Das Bezirksamt hat ferner zu sorgen, dass in den seiner Amtswirksamkeit angehörenden Geschäftszweigen die gesetzlichen Anordnungen und Verfügungen der Behörden vollzogen werden; es bringt nöthigenfalls die ihm diesfalls zustehenden Zwangsmittel zur Anwendung und leistet andern' zur Handhabung der Gesetze bestellten Behörden, Aemtern und Organen hierzu über deren Einschreiten den gesetzlichen Beistand.

Reichen die ihm zu Gebote stehenden Mittel zur Aufrechthaltung oder Wiederherstellung der Ruhe und Sicherheit oder zum Vollzuge der Gesetze und Anordnungen nicht aus, so hat sich das Bezirksamt wegen der erfordertichen Militärassistenz an die höhere Behörde zu wenden; in dringenden Fällen und wenn Gefahr am Verzuge ist, kann es jedoch diese Assistenz unter eigner Verantwortung des Amtsvorstehers auch unmittelbar requiriren, hat aber hievon sogleich die Anzeige an die höhere Behörde zu erstatten. Ueberhaupt hat das Bezirksamt zur Wahrung seines Ansehens und zur Hintanhaltung von Missachtung die ihm zu Gebote stehenden Mittel in vorkommenden Fällen nach Massgabe der bestehenden Vorschriften in Anwendung zu bringen.

Wenn der Bezirk die Landesgrenze berührt, hat das Bezirksamt, sobald es an den Grenzflüssen, Baulichkeiten oder sonst eine bedenkliche Aenderung wahrnimmt, oder wenn von den die Landesgrenzen bezeichnenden Pfählen oder Grenzzeichen beschädigt, umgestürzt oder hinweggenommen werden oder von selbst zu Grunde gehen, sogleich mit Umsicht die Erhebung zu pflegen und die Anzeige an die vorgesetzte politische Behörde zu erstatten.

b.) **Bezüglich der Sorgfalt gegen Noth, Lebensgefahr und Unfälle.** Dem Bezirksamte liegt die Erstattung der Anträge bezüglich der Massregeln zur Hintanhaltung und Milderung des Nothstandes, dann deren Vollziehung ob, und nur in besonders dringenden Fällen steht ihm die unmittelbare Verfügung diesfälliger Massregeln zu. Es hat namentlich zu wachen und zu sorgen, dass Verletzungen der Person und des Eigenthums vorgebeugt, bei vorfallenden Beschädigungen, vorzugsweise bei einer Feuersbrunst, Ueberschwemmung, Hungersnoth und derlei ausgedehnten Nothfällen dem Umsichgreifen des Schadens Einhalt gethan, den Bedürftigen die möglichste Hilfe gewährt, der Umfang und die Veranlassung des Schadens erhoben, die eingetretenen nachtheiligen Folgen beseitiget und die Gesetzesübertreter zur Untersuchung und Bestrafung gebracht werden. Zu diesem Behufe steht es dem Bezirksamte zu, die übrigen öffentlichen Organe nach Massgabe des ihnen zugewiesenen Geschäftskreises zur schuldigen Mitwirkung zu veranlassen und dabei zu überwachen.

Handelt es sich um Einleitung von Sammlungen oder sonstigen Nothstandsabhilfen in grösserm Masse oder um Lebensrettungstaglien und Belohnungen für ausgezeichnetes Benehmen bei Feuer-, Wasser- und andern Gefahren, so wendet sich das Bezirksamt an die höhere politische Behörde.

Dagegen gehört wieder zum Wirkungskreise des Bezirksamtes die Obsorge für die Armenpflege nach den bestehenden Einrichtungen und Gesetzen, die Ueberwachung und Anhaltung der Gemeinden zur Erfüllung ihrer Verpflichtungen, die Sorge, dass die für Armenpflege und andre derlei wohlthätige Zwecke bestehenden Gemeinde- und Bezirksanstalten gehörig verwaltet und verwendet werden, — dann die Abstellung des Bettelns.

c.) **In Gemeindeangelegenheiten.** Das Bezirksamt überwacht, unterstützt und belehrt die ihm unterstehenden Gemeinden nach Massgabe der Gesetze und Gemeinde-Ordnungen in der Verwaltung der Gemeinde-Angelegenheiten, und entscheidet in denselben über die ihm zugewiesenen Gegenstände. Es pflegt bei Streitigkeiten über Gemeindegrenzen, sofern der Gegenstand nicht zur gerichtlichen Wirksamkeit gehört, die nöthigen Erhebungen und legt solche der vorgesetzten politischen Behörde zur Entscheidung vor. Ihm steht endlich in Absicht auf die Gemeinden, welche demselben unterstehen, über Einvernehmen der Gemeinde die Entscheidung über die Zuständigkeit zur Gemeinde, sowie die Ausfertigung der Heimatscheine zu.

d.) **In Stiftungssachen.** Bei geistlichen und weltlichen (Schul-, Unterrichts-, Wohlthätigkeits-, Bildungs- und Humanitäts-)

Stiftungen liegt dem Bezirksamte die Verpflichtung ob, das Aufsichts-
und Tutelrecht des Staates zu üben, in wieferne dazu nicht besondere
Organe bestimmt sind, oder diese Wirksamkeit der höhern Behörde
vorbehalten ist.

  e.) **In Polizeiangelegenheiten.** Das Bezirksamt trifft
alle Massregeln, welche in Angelegenheiten der Polizeiverwaltung durch
Gesetze oder Weisungen der vorgesetzten Behörden angeordnet werden, oder welche es innerhalb seines Wirkungskreises selbst zu verfügen findet. Es vollführt diese Massregeln entweder unmittelbar oder
mit Zuhilfenahme der dazu besonders berufenen Organe (Sanitäts-,
technische, polizeiliche Organe, Gensdarmerie und andere Wachkörper),
oder durch Verhaltung und Ueberwachung der zur Mitwirkung nach
den ertheilten Weisungen Verpflichteten.

  Es bewilligt die freiwilligen öffentlichen Versteigerungen und
sorgt für die Aufrechthaltung und genaue Erfüllung der in dieser Beziehung bestehenden Vorschriften.

  Dasselbe hat über das Press- und Zeitungswesen und über
die Vereine, welche im Bezirke bestehen oder darin ihre Zwecke
verfolgen, die Aufsicht zu pflegen.

  Dem Bezirksamte liegt die Fremdenpolizei ob, in soferne nicht
die Handhabung derselben andern Organen übertragen wird; namentr
lich die Ueberwachung der Fremden, die Ausfertigung der Wanderbücher und Reiseurkunden nach Massgabe der bestehenden Vorschriften, die Vidirung der Wanderbücher zur Weiterreise und der Hau-
sirpässe, die Ausweisung und Abschiebung von bedenklichen, erwerb-
oder ausweislosen im Bezirke nicht zuständigen Individuen, die Anordnung und Leitung von Streifungen und die Mitwirkung bei denselben,
wenn solche von der höhern Behörde angeordnet werden.

  In Betreff der Sanitätspolizei hat das Bezirksamt mit Beachtung der bestehenden Vorschriften und der höhern Aufträge die Massregeln, welche bei Epidemien, Seuchen u. s. w. nothwendig, oder zur
Wahrung des öffentlichen Gesundheitszustandes überhaupt erforderlich
sind, zu vollziehen und in dringenden Fällen unmittelbar zu verfügen,
sowie die hiezu besonders bestimmten ärztlichen Organe in ihrer
Pflichterfüllung zu überwachen und zu unterstützen. Es steht ihm ferner zu die Ueberwachung der Krankenpflege, des Impfwesens und
der Geburtshilfe, endlich der Kranken-, Seuchen-, Gebär-, Irrenhäu-
ser u. s. w., welche im Bezirke als Gemeinde- oder Bezirksanstalten
bestehen, oder seiner Obsorge besonders zugewiesen werden.

  Das Bezirksamt handhabt die Sittlichkeits-Polizei, es ertheilt
Musik-Lizenzen und die Bewilligung zu Schauspielen und andern Productionen im Bezirke, in wieferne die betreffenden Individuen bereits
mit der gesetzlichen Befugniss versehen sind.

  Es ist verpflichtet für die Reinlichkeit und Strassenpolizei zu
sorgen und die Aufrechthaltung der diesfalls bestehenden Vorschriften
und Einrichtungen zu überwachen.

Das Bezirksamt überwacht das Gesindewesen, vollzieht die Dienstbothenordnungen und die polizeilichen Vorschriften in Betreff der Gesellen, Fabriksarbeiter, Lehrjungen u. s. w.

Ihm liegt die Handhabung der Feuer- und Baupolizei ob, und steht ihm in dieser Beziehung namentlich zu: Die Ertheilung der politischen Bauconsense, in soferne nicht hiezu nach den Bauvorschriften eine höhere Genehmigung erforderlich ist; die Feuerbeschau; Ueberwachung der Löschanstalten, der gehörigen Vorsichten bei Bauführungen, des rechtzeitigen Beziehens und Räumens der Wohnungen aus Sicherheits- und Sanitätsrücksichten u. s. w.

Zur Wirksamkeit des Bezirksamtes gehört die Ausübung der Markt- und Gewerbepolizei und der Satzungs- und gewerblichen Tax-Ordnungen, die Aufsicht über die Zimentirung, über Masse und Gewichte, die Ueberwachung des Zunft- und Innungswesens.

Das Bezirksamt handhabt die Feld-, Forst- und jagdpolizeilichen Vorschriften.

Es entscheidet in erster Instanz, wenn Jemand sich wegen Massregeln oder Verfügungen beschwert, die in Ausübung der Polizei von einem dem Bezirksamte untergeordneten Gemeindevorsteher oder für den einen oder andern Zweig der Polizei bestellten Organe getroffen wurden, sowie über Beschwerden von Durchreisenden wegen Ueberhaltung oder ungebührlicher Behandlung von Seite eines Weg- oder Brückenmauthners, Postmeisters, Gastwirthes, Lohnkutschers, Fuhrmannes, Schiffers und dgl. Es verhandelt und entscheidet ferner in erster Instanz bei Verletzung polizeilicher Vorschriften und Einrichtungen, in soferne dieselben nicht der strafrichterlichen Wirksamkeit vorbehalten sind, oder nicht ausdrücklich andern Behörden zugewiesen werden.

Bei gewaltsamen oder in böser Absicht vorgenommenen Besitzstörungen hat das Bezirksamt Alles vorzukehren, damit die öffentliche Ordnung erhalten und wieder hergestellt und weitere Angriffe hintangehalten werden, mit Vorbehalt des gerichtlichen Einschreitens über die vorgekommenen Besitzstörungsklagen.

f.) In kirchlichen Angelegenheiten. Das Bezirksamt ist verpflichtet für die Unterlassung öffentlicher Religionsübungen von Seite nicht anerkannter Confessionen Sorge zu tragen. — Dasselbe handhabt die Vorschriften in Beziehung auf die Heilighaltung der Sonn- und Feiertage und die Hintanhaltung von Religions- und Gottesdienst-Störungen.

Dem Bezirksamte steht zu: Die Ertheilung von Aufgebots-Dispensen in den Fällen naher Todesgefahr (b. G. B. §. 86.), wo solche gesetzlich den Ortsobrigkeiten zugewiesen ist, dann die Ertheilung der politischen Ehecoṇsense über Einvernehmen der Gemeindevorsteher, in soweit solche erforderlich und nicht ausnahmsweise der höhern Behörde vorbehalten sind; die Einflussnahme in den Angelegenheiten der kirchlichen Vogtei und bei Kirchen- und Pfarrhofbaulichkeiten nach Massgabe der darüber bestehenden Vorschriften; die gesetzliche Amtshandlung bezüglich der Gebühren für die Geistlichkeit und die executive Eintreibung derselben, in soferne sie (wie Sammlungen, Stolagebühren u. s. w.) zur Wirksamkeit der politischen Verwaltung gehören.

g.) Bezüglich des Unterrichtswesens. In Schul- und Erziehungssachen übt das Bezirksamt nach Massgabe der bestehenden Vorschriften das Aufsichtsrecht des Staates aus; es schreitet ein bezüglich der Sammlungen und Schulgelder und verhängt diesfalls die Execution; es verhandelt und entscheidet, in soferne nicht der Gegenstand den höhern Behörden vorbehalten oder besondern Organen zugewiesen ist, über Schulbaulichkeiten, über die Verpflichtung der Beischaffung von Einrichtungsstücken, Geräthschaften, Brennstoff und sonstigen Erfordernissen der Schule; es überwacht die Erhaltung der Schulgebäude und den Schulbesuch, und hat wegen gehörigen Besuches die gesetzlichen Mittel anzuwenden, sowie bei Beschwerden über das Verhalten der Lehrer einzuschreiten; es legt endlich die Schulrechnungen und Schulausweise den höhern Behörden vor.

h.) In Gewerbesachen. Die Verleihung von Handels- und Gewerbebefugnissen steht in erster Instanz dem Bezirksamte und zwar über Einvernehmen der Gemeindevorsteher zu, in soweit nicht die Ertheilung bestimmter Gewerbe- und Handelsrechte einer höhern Behörde vorbehalten ist; ferner die Entscheidung in erster Instanz bei Gewerbestörungen, d. h. bei unbefugter Gewerbeausübung, mangelnder oder überschrittener Concession oder Verhinderung und Störung der Gewerbe-Ausübung der dazu Berechtigten.

i.) In Landesculturangelegenheiten. In Angelegenheiten, welche die Landescultur (den Ackerbau, das Forstwesen, die Jagd und Fischerei) betreffen, überwacht das Bezirksamt im Umfange seines Bezirkes die Aufrechthaltung der bestehenden Vorschriften und Einrichtungen, vollzieht die von den vorgesetzten Behörden erhaltenen Weisungen und entscheidet in vorkommenden Fällen in erster Instanz, wenn die Entscheidung nicht zum gerichtlichen Wirkungskreise gehört, oder ausdrücklich der höhern politischen Behörde vorbehalten ist.

k.) In Bausachen. Das Bezirksamt sorgt in dem Umfange seines Bezirkes nach Massgabe der bestehenden Vorschriften und der ihm zugegangenen höhern Weisungen für die Herstellung und Instandhaltung der Strassen und Brücken; es hat die Aufsicht und Ueberwachung des Zustandes der Wasserwerke (Mühlen, Holzrechen, Klausen, Schwemmen, Schutzbauten u. s. w.) und ihres Einflusses auf Ufer und Gewässer zu führen, um nach Umständen die Einwirkung der höhern oder besonders berufenen Behörden in Anspruch zu nehmen oder in dringenden Fällen geeignete Vorkehrungen zu treffen.

Handelt es sich um Anlegung neuer Strassen im Innern des Bezirkes, wobei Expropriationen oder die Concurrenz mehrerer Gemeinden einzutreten haben, oder die an die Kreis- oder Landesgrenzen zu führen sind, so pflegt das Bezirksamt die darauf abzielenden Verhandlungen und legt solche der höhern politischen Behörde zur weitern Verfügung vor.

l.) **In Militärangelegenheiten.** Bei der Conscription liegt dem Bezirksamte die vorschriftsmässige Mitwirkung ob. Es leistet nach Massgabe der bestehenden Vorschriften und der ihm ertheilten Weisungen seine Mitwirkung bei Rekrutirungen, bei Militärentlassungen im Concertations- oder Gnadenwege, bei Abstellungen von Amtswegen, sowie bei Ueberwachung der Urlauber, der in ihre Heimat entlassenen Reservemänner und Patental-Invaliden und bei Einberufung der Urlauber.

Ihm liegt die Besorgung der auf die Vorspannsleistung und Einquartirung des Heeres bezüglichen Geschäfte *) ob, indem es darauf zu sehen hat, dass nach Massgabe der militärischen Dispositionen und der bestehenden Gesetze und höhern Anordnungen die erforderliche Vorspann und Bequartirung auf die Verpflichteten vertheilt und von diesen geleistet werde; indem es ferner die Gemeindevorsteher oder die von ihnen oder von den Eigenthümern des ausgeschiedenen Besitzes für Einquartirungs- und Vorspannsgeschäfte bestellten Organe in der Ausübung ihrer Wirksamkeit überwacht, erforderlichen Falles unmittelbar die nöthige Abhilfe schafft und über vorkommende Beschwerden entscheidet.

In Angelegenheiten der Verpflegung des Heeres hat das Bezirksamt, in soweit es von den Militär-Organen darum ersucht oder von der höhern Behörde beauftragt wird, seine Mitwirkung zu gewähren.

m.) **In Steuersachen.** Das Bezirksamt hat bei der Ausführung und Revision des allgemeinen Grundsteuer-Katasters mitzuwirken und für die Evidenzhaltung desselben zu sorgen. — Es hat zur Einsammlung und Richtigstellung der Angaben über die Hauszinserträgnisse in jenen Orten, in welchen nicht eigene Organe bestellt sind, und zur Bemessung der Hausclassensteuer bei neuerbauten oder erweiterten, dieser Steuer unterliegenden Gebäuden die nöthigen Einleitungen zu treffen und für die Evidenzhaltung des Gebäude-Classensteuer-Katasters zu sorgen.

Zum Behufe der Bemessung der Erwerbsteuer ist das Bezirksamt verpflichtet, die erforderlichen Erhebungen zu pflegen und seine Anträge zu erstatten. Es hat die Einkommensteuer-Bekenntnisse und Anzeigen zu sammeln und gutächtlich vorzulegen.

---

*) Wenn zur Unterstützung der Bezirksämter an wichtigen Marschstationen, wo sich kein Bezirksamt befindet, besondere Marschcommissäre für Einquartirungs- und Vorspannsgeschäfte bestellt werden, stehen selbe unter dem Bezirksamte.

Ueber die von dem unterstehenden Steueramte *) in den vorgeschriebenen Fristen nachgewiesenen Rückstände an Steuern und Zuschlägen hat das Bezirksamt nach Massgabe der bestehenden Executionsvorschriften das Amt zu handeln. Anträge auf Steuernachlässe, Zufristungen und Herabsetzungen sind der höhern Behörde vorzulegen; es hat jedoch das Bezirksamt über den Umfang der Elementarschäden, für welche zeitliche Steuernachlässe angesprochen werden, die Erhebungen vorzunehmen und an die höhere Behörde zu leiten.

n.) **In Angelegenheiten den Justizpflege.** Der Wirkungskreis der Bezirksämter, als Bezirksgerichte, wird bei der Einrichtung der Gerichtsbehörden näher erörtert werden, hier muss nur soviel erwähnt werden, dass das Bezirksamt in allen Fällen, wo sowohl bei der Civilgerichtsbarkeit in und ausser Streitsachen, als auch bei der Strafgerichtsbarkeit die Amtshandlung des Collegialgerichtes durch seine Vermittelung erleichtert werden kann, es möge sich dabei um den Vollzug von Zustellungen oder gerichtlichen Entscheidungen, Sperren, Inventuren, Schätzungen und Feilbiethungen, Augenscheinen und andern Erhebungen oder sonst um was immer für Acte handeln, dem erwähnten Gerichte hilfreiche Hand zu leisten habe.

Es muss jedoch hier ferner noch bemerkt werden, dass die Bezirksämter nicht immer zugleich auch als Bezirksgerichte fungiren, d. h. **gemischte Bezirksämter** sind, sondern bisweilen bloss für die politische Verwaltung bestellt wurden (**politische Bezirksämter**). Diess ist namentlich der Fall an den Standorten der Gerichtshöfe erster Instanz, welche zugleich als Bezirksgerichte für ihren Standort und den zugehörigen Bezirk fungiren; daher von den **79** Bezirksämtern Siebenbürgens nur 69 gemischte und 10 politische **) Bezirksämter sind.

Von diesen zehn politischen Bezirksämtern haben aber wieder sechs ihre Amtswirksamkeit nur auf die Gemeinden ihres Bezirkes ausser dem Standorte (Landgemeinden) zu beschränken, während die politische Verwaltung ihres Standortes (der Städte Hermannstadt, Kronstadt, Maros-Vásárhely, Bistritz, Klausenburg und Broos) ebenso von den dortigen Magistraten besorgt wird, als in den Städten Mühlbach, Mediasch, Schässburg, Elisabethstadt und Szamos-Újvár, wo gemischte Bezirksämter sich befinden.

---

*) Die Amtshandlungen, welche das Steueramt selbstständig zu verrichten hat, werden bei der Einrichtung der Finanzbehörden besprochen.

**) Die an den Standorten des Landesgerichtes und der Kreisgerichte zu Hermannstadt, Kronstadt, Udvarhely, Maros-Vásárhely, Bistritz, Déés, Zilah, Klausenburg, Karlsburg und Broos.

4. Die politische Geschäftsführung der Stadtmagistrate.

Die politische Verwaltuug wird, wie bereits in dem vorstehenden Abschnitte berührt wurde, in der Landeshauptstadt Hermannstadt mit unmittelbarer Unterordnung unter die Statthalterei, dann in den Städten: Klausenburg, Kronstadt, Bistritz, Maros-Vásárhely, Schässburg, Mediasch, Mühlbach, Broos, Elisabethstadt und Szamos-Újvár mit der unmittelbaren Unterordnung unter die betreffende Kreisbehörde von den Local-Magistraten besorgt.

Es kömmt also diesen Magistraten ausser der Gemeinde-Verwaltung auch der Wirkungskreis eines Bezirksamtes, bezüglich dem Magistrate von Hermannstadt auch der eines Kreisamtes zu, in soweit nicht in dieser Beziehung durch besondere Vorschriften eine andere Bestimmung getroffen wurde.

5. Der Wirkungskreis der Gemeinde-Vorstände hei der politischen Verwaltung.

Der Wirkungskreis der Gemeindevorstände in Angelegenheiten der politischen Verwaltung erstreckt sich auf die Handhabung der Localpolizei mit allen ihren Zweigen in erster Linie, die Kundmachung der Gesetze und der zur Verlautbarung bestimmten Anordnungen der Behörden bei den Gemeindegliedern nach Massgabe der bestehenden Einrichtungen und erhaltenen Aufträge, die Verhandlungen über Ertheilung von Handels- und Gewerbebefugnissen in der Gemeinde, über die Zuständigkeit zur Gemeinde und über Ertheilung der politischen Eheconsense [*], die Besorgung der Militär-Einquartirungs- Verpflegs- und Vorspannsgeschäfte, die Verwaltung des Gemeinde-Vermögens und der Gemeinde-Anstalten für Armenpflege, Krankenpflege u. s. w., die Einhebung der landesfürstlichen Steuern und sonstigen Abgaben der Gemeinde-Angehörigen u. s. w.[**]).

---

[*] Siehe die a. h. Bestimmungen über die Einrichtungen der Bezirksämter. Reichsgesetzblatt vom J. 1853 Stück IV. Nro. 10, Beilage A. §. 29, 30 und 33.

[**] Es fehlt uns zwar noch eine im Sinne der neuesten Verfassungs- und Verwaltungs-Normen erlassene Gemeinde-Ordnung, doch wurden durch die a. h. genehmigten Grundsätze für die organischen Einrichtungen in den Kronländern von 31. December 1851 folgende Grundzüge für die künftige Gemeindeverfassung gegeben:

1. Als Ortsgemeinden werden die factisch bestandenen oder bestehenden Gemeinden angesehen, ohne deren Vereinigung da, wo sie nothwendig ist oder begründet gewünscht wird, nach Massgabe der Bedürfnisse und Interessen auszuschliessen.

2. Bei der Bestimmung der Ortsgemeinden ist der Unterschied zwi-

§. 46. Die Polizeibehörden des Landes.

Die Handhabung der Staats- und Localpolizei liegt, in soweit Letztere nicht zum Wirkungskreise der Gemeinden gehört, den politischen Behörden ob, wie wir schon bei der Darstellung ihrer Amtswirksamkeit im vorigen Paragraphen auseinandergesetzt haben *).

sehen Land- und Stadtgemeinden, besonders in Ansehung der Letztern die frühere Eigenschaft und besondere Stellung der königlichen und landesfürstlichen Städte zu berücksichtigen.

3. Bei der Bestimmung der Landgemeinden kann der vormals herrschaftliche grosse Grundbesitz unter bestimmten, in jedem Lande näher zu bezeichnenden Bedingungen von dem Verbande der Ortsgemeinden ausgeschieden und unmittelbar den Bezirksämtern untergeordnet werden. Mehrere vormals herrschaftliche, unmittelbar anstossende Gebiete können sich für diesen Zweck vereinigen.

4. Die Gemeindevorstände der Land- und Stadtgemeinden sollen der Bestättigung und nach Umständen selbst der Ernennung der Regierung vorbehalten werden. Es soll deren Beeidigung für Treue und Gehorsam gegen den Monarchen und gewissenhafte Erfüllung ihrer sonstigen Pflichten stattfinden. Auch sollen da, wo die Gemeindeverhältnisse es räthlich machen, höhere Kategorien der Gemeindebeamten der Bestättigung der Regierung unterzogen werden

5. Die Wahl der Gemeindevorstände und Gemeindeausschüsse, deren Titelnamen nach den früher bestandenen landesüblichen Gewohnheiten beizubehalten sind, wird nach zu bestimmenden Wahlordnungen den Gemeinden mit den gesetzlichen Vorbehalten zugestanden.

6. Der Wirkungskreis der Gemeinden soll sich im Allgemeinen auf ihre Gemeinde-Angelegenheiten beschränken, jedoch mit der Verbindlichkeit für die Gemeinden und deren Vorstände, der vorgesetzten landesfürstlichen Behörde in allen öffentlichen Angelegenheiten, die durch allgemeine und besondere Anordnungen bestimmte und in Anspruch genommene Mitwirkung zu leisten. — Auch in den eigenen Gemeinde-Angelegenheiten sollen wichtigere, in den Gemeinde-Ordnungen näher zu bestimmende Acte und Beschlüsse der Gemeinden der Prüfung und Bestättigung der landesfürstlichen Behörden vorbehalten werden.

7. Die Oeffentlichkeit der Gemeindeverhandlungen, mit Ausnahme besonderer feierlicher Acte, ist abzustellen, ohne für die betheiligten Gemeindeglieder die Einsichtnahme besonderer Gegenstände zu beseitigen.

8 Die Gemeinden werden in der Regel den Bezirksämtern und nur ausnahmsweise nach Verhältniss ihrer besondern Eigenthümlichkeiten den Kreisbehörden oder den Statthaltereien unmittelbar untergeordnet.

Ausserdem wurde noch als Grundsatz für die Gemeinde-Ordnungen vorgezeichnet, dass den überwiegenden Interressen auch ein überwiegender Einfluss zugestanden und sowohl bei den Activ- und Passiv-wahlen für die Bestellung der Gemeindevorstände und Ausschüsse, als in den Gemeindeangelegenheiten dem Grundbesitze nach Massgabe seiner in den Gemeindeverband einbezogenen Ausdehnung und seines Steuerwerthes, den Gewerbsbetriebe aber in dem Verhältnisse zu dem Gesammtgrundbesitze (in den Stadtgemeinden insbesondere dem Hausbesitze), dann soviel als möglich den Corporationen für geistige und materielle Zwecke das entscheidende Uebergewicht gesichert werde

*) Es ist hier noch besonders zu erwähnen, dass dem Statthalter (Militär-

In den Städten **Hermannstadt**, **Klausenburg** und **Kronstadt**, dann auch für einige andere Orte, wo die polizeilichen Geschäfte eine grössere Ausdehnung gewonnen haben oder die besondern Verhältnisse es erfordern, wurden eigene landesfürstlichen Polizeibehörden errichtet. Es sind diess die drei **Polizeidirectionen zweiter Klasse** *) in jenen Städten und die exponirten **Polizeicommissäre** in den Badeorten Borszék und Elöpatak (während der Badezeit). Sie unterstehen unmittelbar dem Statthalter (Militär- und Civil-Gouverneur), können aber nach Erforderniss des Dienstes auch in unmittelbaren Verkehr mit der obersten Polizeibehörde treten.

Diese Polizeibehörden sind dazu bestimmt, die öffentliche Ruhe, Ordnung und Sicherheit in ihrem Bezirke zu erhalten, den Gefahren, welche dieselben bedrohen, vorzubeugen und zu begegnen. — Diese Aufgabe können sie theils durch genaue Handhabung des Meldungs-, Fremden- und Passwesens, theils durch beobachtende, vorbeugende und verhütende Massregeln in der Aufrechthaltung der öffentlichen Sicherheit, Ordnung und Ruhe und in der Sorge für die Sicherheit der Person und des Eigenthums (administrative Polizei), theils endlich dadurch erreichen, dass sie bei wirklich erfolgten Rechtsverletzungen und Beschädigungen die Gesetzesübertreter ausforschen, anhalten und in soweit ihnen nicht selbst das Ahndungsrecht zusteht, den berufenen Behörden überliefern (gerichtliche Polizei). Ausserdem haben sie auch, wenn Parteien sich zur Schlichtung ihrer Streitigkeiten an sie wenden, die friedensrichterliche Funktion zu üben und dem Vertrauen der Parteien durch einen schiedsrichterlichen Spruch mit der durch die Gerichtsordnung bezeichneten Wirkung entgegenzukommen oder Vergleiche zwischen ihnen zu stiften.

Wenn auch die Verwaltung der Localpolizei in diesen Städten nach dem durch seine Statute näher bezeichneten Umfange dem Magistrate zusteht, so ist es gleichfalls Pflicht der Polizeidirektionen, auf Mängel und Gebrechen in dieser Beziehung ein wachsames Auge zu haben, sich wegen Abstellung derselben mit den dazu berufenen

---

und Civilgouverneur) zur Ausübung der ihm übertragenen obersten Leitung der Polizei im Lande höhere Polizeibeamte (ein Polizeirath und Polizei-Obercommissär) mit dem nöthigen Unterpersonale beigegeben wurden, welche eine eigene Section des Präsidial-Bureaus (Central-Polizeibureau bilden.

*) Jede dieser Polizeidirectionen wird nämlich von einem **Polizeidirector** in der VII. Diätenclasse mit 1400 fl. Gehalt, 500 fl Kanzleipauschale und freier Wohnung geleitet. Demselben sind **Commissäre** in der IX. D. Classe und zwar dem in Klausenburg einer mit 1000 fl., dem in Hermannstadt und Kronstadt zwei mit je 1000 und 800 fl. Gehalt beigegeben, von Hermannstadt hat jedoch zur Badezeit einer nach Borszék und von Kronstadt einer nach Elöpatak mit einer Functionszulage von 150 fl. abzugehen. Ferner sind bei diesen Directionen noch 1 bis 2 Concepts-Adjuncten mit 500 fl. Adjutum, 2 bis 3 Kanzlisten mit 400 oder 500 fl. Gehalt, je 1 Amtsdiener mit 250 fl. und 4 Polizeidiener mit 240 fl. Lohn angestellt.

Gemeindeorganen *) im Einvernehmen zu erhalten, insbesondere aber bei Feuersbrünsten u. s. w. mit den Gemeinde-Organen Hand in Hand zu gehen, und dieselben überhaupt in der ihnen zustehenden Handhabung der Localpolizei mit ihren Organen auf das Kräftigste zu unterstützen.

Den Polizeidirectionen ist zur Unterstützung und Handhabung des executiven Dienstes eine eigne bewaffnete Macht, die **Militär-Polizei-Wache** beigegeben. Dieselbe ist in allen Dienstesbeziehungen der Polizeibehörde untergeordnet und zur Vollziehung der von dieser ausgehenden Anordnungen verpflichtet, während das Militärische dieser Wache und deren Ausbildung ihre eignen Officiere **) mit den ihnen beigegebenen Unterofficieren leiten und eine besondere Instruction ihren Dienst regeln. Die Polizeiwache geniesst im Dienste alle in den Gesetzen gegründeten Rechte der Wache und den besondern gesetzlichen Schutz, welcher den obrigkeitlichen Personen und den Civil- und Militärwachen zukömmt; bezüglich des Gebrauches der Waffen ist sie der Gensd'armerie ***) gleichgestellt.

Ihre Bestimmung, die öffentliche Sicherheit, Ruhe und Ordnung nach jeder Richtung hin aufrecht zu erhalten, drohenden Störungen derselben und Gesetzesübertretungen jeder Art nach Möglichkeit zuvorzukommen, sie zu hindern oder, wenn sie dennoch stattfänden, die Wiederherstellung des gesetzlichen Zustandes und die Zustandebringung der Ruhestörer oder Gesetzesübertreter zu bewirken, dann die obrigkeitlichen Anordnungen in jener Richtung zu unterstützen, macht endlich auch die **Landessicherheitswache oder Gensd'armerie** theils selbst zu einer Polizeibehörde, theils auch zu einem Vollziehungsorgane der Letztern und aller mit der Aufrechthaltung der Gesetze betrauten Behörden und Aemter der politischen, Justiz- und Finanzverwaltung.

Von der Gensd'armerie hat Siebenbürgen ein eignes (das 8.) Regiment, welches in 10 Flügel und 24 Züge mit 184 Posten eingetheilt ist.

---

*) Bei jedem Stadtmagistrate besteht ein eigner Polizei-Revisor mit den nöthigen Hilfsbeamten und Dienern.

**) Bei der Polizeiwache in Hermannstadt ein Hauptmann, bei der in Kronstadt und Klausenburg ein Subalternofficier.

***) Die Gensd'armerie kann von der Waffe Gebrauch machen: a.) als Nothwehr zur Abwendung eines gegen sie gerichteten thätlichen Angriffes; b.) zur Bezwingung eines auf die Vereitlung ihrer Dienstesverrichtungen abzielenden Widerstandes, und c.) überhaupt in allen jenen Fällen, in welchen einer Schildwache gestattet ist, von der Waffe Gebrauch zu machen. Jederzeit sind aber, soweit es ohne Gefährdung des Zweckes zulässig erscheint, Ermahnungen und sonstige gelinde Mittel vorauszusenden und selbst bei Anwendung der Waffen ist die Vorsicht zu gebrauchen, dass das Leben eines Menschen nicht ohne Noth in Gefahr gesetzt werde.

Die Wirksamkeit, Obliegenheiten und die Dienstesverhältnisse der Gensd'armerie sind durch das organische Gesetz vom 18. Jänner 1850 *) und durch ihre Dienstes-Instruction näher bestimmt.

§. 47. Die Gerichtsbehörden Siebenbürgens.

Zur Besorgung der judiciellen Landesverwaltung sind berufen: das **Oberlandesgericht** in Hermannstadt als Gerichtshof zweiter Instanz, dann als Gerichtsstellen erster Instanz das **Landesgericht** zu Hermannstadt, neun **Kreisgerichte** an den Sitzen der übrigen Kreisbehörden (mit Ausnahme dessen für den Kreis Szilágy-Somlyó, welches in Zilah seinen Standort hat), sowie die **städtisch-delegirten Bezirksgerichte** und die **Bezirksämter**. Als Hilfsorgane der Gerichte bestehen die **Staatsanwaltschaften**, die **Advokaten**, die **Strafhausverwaltungen** und in gewissen Fällen gewähren ihnen auch die **Polizeibehörden** und **Gemeindevorstände** Unterstützung.

1. Das Oberlandesgericht.

Das Oberlandesgericht für Siebenbürgen zu Hermannstadt besteht aus einem Präsidenten in der III. D. Classe mit 6000 fl. Gehalt, einem Vicepräsidenten in der V. D. Classe mit 4000 fl.; 17 Räthen in der VI. D. Classe, darunter ein Oberstaatsanwalt, und zwar einer mit 3000 fl., acht mit 2500 und acht mit 2000 fl. Gehalt; drei Rathssecretären, worunter ein Oberstaatsanwalts-Stellvertreter, in der VIII. D. Classe mit 1100 und 1000 fl.; zwei Secretärs-Adjuncten in der IX. D. Classe mit 900 und 800 fl.; einem Director der Hilfsämter in der VIII. D. Classe mit 1200 fl. und zwei Adjuncten in der IX. D. Classe mit 1000 und 900 fl.; dann 7 Officialen in der X. D. Classe mit 700, 600 und 500 fl., 4 Accessisten in der XII. D. Classe mit 400 und 350 fl. Gehalt; endlich 3 Rathsdienern mit 400 fl. und 3 Kanzleidiener mit 300 und 250 fl. Lohn und Amtskleidung und ein Dienersgehilfe mit 216 fl. Lohn.

Das Oberlandesgericht übt das Richteramt sowohl im Strafverfahren, als in bürgerlichen Rechtsangelegenheiten in und ausser Streitsachen in zweiter Instanz aus, und es sind alle Recurse gegen die Erledigungen der den Bezirksämtern und Gerichtshöfen erster Instanz zugewiesenen Rechtsangelegenheiten directe, die Apellationen wider Urtheile dieser Gerichtsbehörden durch das entscheidende Gericht an das Oberlandesgericht zu leiten **).

---

*) Reichsgesetzblatt Stück XII. Nro. 19. v. J. 1850.

**) Auch von den Consulargerichten in der Walachei geht, da alle k. k. Consularämter in dem osmanischen Reiche die Civilgerichtsbarkeit über die daselbst befindlichen österreichischen Unterthanen und Schutzgenossen ausüben und in dieser Beziehung einem der nächstangrenzenden k. k. Oberlandesgerichte unterstehen, der Rechtszug in zweiter Instanz an das Oberlandesgericht zu Hermannstadt.

Ist gegen die Entscheidung des Oberlandesgerichtes in zweiter Instanz noch ein weiterer Rechtszug möglich, so ist zu einer solchen Entscheidung in dritter und letzter Instanz der oberste Gerichts- und Cassationshof in Wien berufen.

Unter der Leitung des Oberlandesgerichtes stehen die Gerichtshöfe erster Instanz (das Landesgericht in Hermannstadt und die neun Kreisgerichte), die Bezirksämter und die übrigen zur Handhabung der Rechtspflege in Siebenbürgen berufenen Organe.

2. Die Gerichtshöfe erster Instanz.

Als Gerichtshöfe erster Instanz bestehen in Siebenbürgen, wie bereits erwähnt, ein Landesgericht (Collegialgericht I. Classe) und neun Kreisgerichte (Collegialgerichte II. Classe).

Das Landesgericht in Hermannstadt ist bestellt mit einem Präsidenten in der V. D. Classe mit 4000 fl. Gehalt, einem Oberlandesgerichtsrathe mit 2500 fl., acht Landesgerichtsräthen in der VII. D. Classe (darunter ein Staatsanwalt) mit 1800, 1600 und 1400 fl., zwei Rathssecretäre in der IX. D. Classe mit 900 und 800 fl., acht Gerichtsadjuncten in der X. D. Classe mit 700, 600 und 500 fl., einem Director der Hilfsämter in der IX. D. Classe mit 1400 fl. und zwei Adjuncten in der X. D. Classe mit 800 und 700 fl., neun Officiale in der XI. D. Classe mit 600 und 500 fl., fünf Accessisten in der XII. D. Classe mit 400 und 350 fl. Gehalt, dann einem Kerkermeister in der XII. D. Classe mit 400 fl. Gehalt; fünf Amtsdienern mit 300 und 250 fl., dann acht Gefangenaufsehern mit 250 fl. Lohn und Amtskleidung, endlich drei Dienersgehilfen mit 216 fl. Lohn. Ausserdem sind noch dabei gegen eine Bestallung ein Arzt, ein Wundarzt und eine Hebamme aufgenommen und 9 Advokaten zur Ausübung der Praxis aufgestellt.

Die neun Kreisgerichte zu Kronstadt, Udvarhely, Maros-Vásárhely, Bistritz, Deés, Zilah, Klausenburg, Karlsburg und Broos sind besetzt mit einem Präses in der VI. D. Classe mit 3000 oder 2500 fl. Gehalt und einer entsprechenden Anzahl (5 bis 7) Kreisgerichtsräthen *) in der VIII. D. Classe mit 1400 und 1200 fl. Gehalt, wovon immer je einer den Dienst des Staatsanwaltes versieht; zwei bis drei Rathssecretären in gleichem Range und Gehalt, wie beim Landesgerichte, von denen je einer immer Stellvertreter des Staatsanwaltes ist; fünf bis sechs Gerichtsadjuncten ebenfalls in gleichem Range und Gehalte mit denen des Landesgerichtes; einem Director der Hilfsämter in der IX. D. Classe mit 900 oder 800 fl. und einem **) Adjuncten in der X. D. Classe mit 700 oder 600 fl. Gehalt, mit einer

---

*) Das Kreisgericht in Kronstadt und Broos ausserdem auch noch mit je einem Landesgerichtsrath, als Stellvertreter des Präses.
**) Das Kreisgericht in Kronstadt mit zwei Adjuncten.

entsprechenden Zahl von Officialen und Accessisten in gleichem Range und Gehalte mit denen des Landesgerichtes, einem Kerkermeister, 4 bis 5 Amtsdienern, 3 bis 4 Gefangenaufsehern und 2 Dienersgehilfen. Ein Gerichtsarzt, nach Umständen auch ein Wundarzt und eine Hebamme sind auch bei jedem der neun Kreisgerichte gegen Bestallung aufgenommen, und eine entsprechende Anzahl von Advocaten für die Ausübung der Praxis bestimmt.

Der **Wirkungskreis** des Landesgerichtes und der Kreisgerichte ist im Allgemeinen sich gleich, mit Ausnahme jener Angelegenheiten, welche nach den Bestimmungen der Strafprocessordnung und der Jurisdictionsnorm den Landesgerichten insbesondere vorbehalten wurden. Er umfasst auch den Geschäftskreis eines Bezirksgerichtes für deren Standort und überhaupt die Gebietstheile, die denselben für die bezirksgerichtlichen Amtshandlungen zugewiesen sind. Welche Entscheidungen und Amtshandlungen in bürgerlichen Rechtssachen in und ausser Streitsachen, dann im Strafverfahren den Gerichtshöfen erster Instanz zustehen, wird durch die Jurisdictionsnorm und besondere Bestimmungen in nachstehender Weise festgesetzt.

A. Bezüglich der **Civilgerichtsbarkeit in Streitsachen**

und zwar:

a) im **Erkenntnissverfahren** nämlich:

aa.) nach dem **persönlichen Gerichtsstande**. Alle Ehestreitigkeiten, wobei es sich um die Ungültigkeitserklärung oder Auflösung der Ehe, oder um die Scheidung von Tisch und Bett handelt, und die Ehegatten nicht einverstanden sind; — die Klagen gegen den Fiskus, gegen moralische Personen (Kirchen, Gemeinden u. s. w.), gegen Anstalten zu öffentlichen Zwecken, und gegen Besitzer adeligen Güter mit denen die Ausübung der Jurisdiction bis zum Jahre 1848 verbunden war; — ferner Klagen in Fideikommiss-Angelegenheiten — endlich Schuldforderungsklagen über mehr als 500 fl. stehen den Gerichtshöfen erster Instanz zu. Der zuständige Gerichtshof ist derjenige, in dessen Sprengel zur Zeit der Klageanbringung der geklagte Theil seinen Wohnsitz hatte, und zwar beim Fiskus der Gerichtshof, wo die Finanzprocuratur sich befindet.

bb.) nach dem **Realgerichtsstande**. Für alle adeligen Güter, mit deren Besitz bis zum Jahre 1848 die Ausübung der Gerichtsbarkeit verbunden war, und für die Realitäten im Gebiete des Standortes vom Gerichtshofe, ist dieser die Realinstanz und es kommen ihm in dieser Beziehung die Vornahme aller Realacte (die Inventur, Schätzung, Einführung des Sequesters, Feilbietung und Vertheilung des bei der executiven Feilbietung erzielten Kaufpreises unbeweglicher Güter), die Entscheidung über Klagen, welche ein dingliches Recht auf ein solches unbewegliches Gut zum Gegenstande haben, sowie die Verhandlung über die Theilung und Berichtigung der Grenzen solcher Güter zu.

cc.) **nach der Handelsgerichtsbarkeit.** Die Handelsgerichtsbarkeit wird in Siebenbürgen von jedem Gerichtshofe erster Instanz innerhalb seines Sprengels unter Beiziehung von Besitzern aus dem Handelsstande ausgeübt, und es können diesfällige Klagen nach der Wahl des Klägers entweder bei dem Handelsgerichte angebracht werden, in dessen Bezirke der Beklagte seinen Wohnsitz hat, oder wo dessen Firma protocollirt ist, oder in dessen Bezirke seine Handelsniederlassung sich befindet.

Zu dem Wirkungskreise dieser Gerichtshöfe gehören in dieser Beziehung: Ohne Rücksicht auf die Eigenschaft der streitführenden Partheien die Streitigkeiten aus Geschäften mit Staatspapieren, Actien u. s. w.; aus Bankier-, Wechsler-, Mäkler- und Commissions-Geschäften; aus Wechselgeschäften; aus Escompt-, Giro-, Leih-, Depositen- und Anweisungs-Geschäften der Banken; — dann mit Rücksicht auf die Eigenschaft der streitführenden Partheien als Handelsleute, Fabrikanten, Spediteure u. dgl. die Streitigkeiten, die aus der Betreibung ihrer Geschäfte überhaupt, aus Schadensversicherungen, Gesellschaftsverträgen, aus dem Dienstverhältnisse zwischen diesen Personen und ihren Geschäftsleitern, Gehilfen u. s. w. entstehen.

da) **nach der Berggerichtsbarkeit.** Die Berggerichtsbarkeit hat in Siebenbürgen das Kreisgericht zu Deés für den eignen, den Klausenburger, Szilágy-Somlyóer und Bistritzer Kreis; dann das Kreisgericht zu Karlsburg für den eignen, den Brooser, Hermannstädter, Kronstädter, Udvarhelyer und Maros-Vásárhelyer Kreis auszuüben, und auch das Bergbuch über die in ihrem Sprengel gelegenen Bergwerke und deren Zugehör zu führen.

Sie haben, jedes innerhalb seines Sprengels, zu entscheiden: Über alle dinglichen Rechte auf Bergwerke und deren Zugehör *) sowie über ihre Benutzung; über das Alter im Felde; über die Aufforderung zur Feldesstreckung (Lagerung des Grubenmasses mit bestimter Begrenzung); über die Begrenzung und Vermarkung der Grubenfelder; über Ausbeutung und Zubussen von Berg- und Hüttenwerken; über Retardats- und Frei-Erklärungen von Bergbauberechtigungen; über Erbstollengebühren oder sonstige Schacht- und Stollen-Abgaben; über Entschädigungen für die in fremde Grubenfelder geführten Hilfs- und Aufschlussbaue, für Mitbenützung fremder Grubengebäude, Wasserlösungs-, Wetterführungs- und Förderungs-Vorrichtungen; über die Bruderladen wegen deren Verwaltung, wegen rückständiger Beträge und wegen der Verpflichtungen derselben gegen die Bruderladgenossen; über Beschädigungen an Berg- und Hüttenwerken, welche aus einer Vernachlässigung der Vorschriften der Berggesetze entste-

---

*) Dahin sind nicht nur alle von der Bergbehörde bewilligten Schurf- oder Muthungsbaue und verliehene Bergbaue, sondern auch alle diejenigen Taggebäude, Grundstücke und Anlagen zu rechnen, welche zur Gewinnung und Aufbereitung der Mineralien bestimmt oder sonst als ein Ganzes mit dem Werke verbunden und benützt werden.

hen; über das Eigenthum oder die Benützung von Grubenwässern; über Gesellschaftsverträge rücksichtlich des Betriebes, der Benützung oder Verwerthung gemeinschaftlicher Bergbaue und Hüttenwerke, endlich über die Verwaltung und Rechnungsführung zwischen Bergwerksbesitzern und ihren Beamten oder Bevollmächtigten über den Betrieb des Werkes und dessen Zugehör.

b.) im Vollstreckungs-Verfahren.

Der Vollzug der Erkenntnisse auswärtiger Gerichtsbehörden kann, in soferne diese Erkenntnisse nach den bestehenden Gesetzen und Staatsverträgen in dem österreichischen Staate überhaupt vollstreckbar sind, nur von demjenigen Gerichtshofe erster Instanz bewilligt werden, in dessen Sprengel die Execution vollzogen werden soll.

c.) im Concursverfahren.

Der Concurs ist in der Regel bei der Personal-Instanz des Verschuldeten und zwar wider die Besitzer adeliger Güter, mit welchen die Ausübung der Gerichtsbarkeit bis zum Jahre 1848 verbunden war, und wider die Einwohner des Ortes, in welchem der Gerichtshof erster Instanz seinen Sitz hat, bei diesem Letztern zu eröffnen. Ueber Handelsleute, Fabrikanten und die ihnen gleichgestellten Gesellschaften und Vereine steht dem betreffenden, zur Ausübung der Handelsgerichtsbarkeit, — über eine Gewerkschaft als solche dem zur Ausübung der Berggerichtsbarkeit bestimmten Gerichtshofe die Concursverhandlung zu.

B. Bezüglich der Civilgerichtsbarkeit ausser Streitsachen.

Zur Abhandlung von Verlassenschaften, in welchen sich adelige Güter befinden, mit deren Besitz bis zum Jahre 1848 die Ausübung der Gerichtsbarkeit verbunden war, oder Realitäten im Gebiete der Orte sich befinden, wo die Gerichtshöfe erster Instanz ihren Sitz haben, ist derjenige Gerichtshof erster Instanz berufen, in dessen Bezirke der Verstorbene seinen Wohnsitz hatte. Ebenso ist auch als Vormundschafts- und Curatelsbehörde über die minderjährigen Kinder solcher Erblasser, in deren Nachlasse solche adelige Güter oder Realitäten sich befinden, und über Mündel und Pflegebefohlene überhaupt, welche solche Güter besitzen und erwerben, derjenige Gerichtshof erster Instanz berufen, dessen persönlicher Gerichtsbarkeit der Mündel oder Pflegebefohlene in Streitsachen untersteht.

Auch kann für andere Verlassenschaften, welche einen bedeutenden Güter- oder Vermögensbesitz in sich begreifen, und für Vormundschafts- und Curatelsangelegenheiten von grösserer Bedeutung auf Ansuchen der Parteien vom Obergerichte ein Gerichtshof erster Instanz delegirt werden.

Den Gerichtshöfen erster Instanz kommt endlich in dieser Beziehung auch noch zu: die Entscheidung über jene Verfügungen der Bezirksgerichte, durch welche wegen Wahn- oder Blödsinnes, oder wegen Verschwendung eine Curatel verhängt oder dieselbe wieder aufgehoben, die väterliche Gewalt oder Vormundschaft über die Zeit der Minderjährigkeit verlängert werden soll; dann die definitive Erledigung der Adoptationsgesuche, sowie die Genehmigung der Veräusserung unbeweglicher Sachen der Mündel und Pflegebefohlenen.

C. Bezüglich der **Strafgerichtsbarkeit**.

In dieser Beziehung ist hinsichtlich der Verbrechen des Hochverrathes, der Majestätsbeleidigung, der Beleidigung der Mitglieder des kaiserlichen Hauses und der Störung der öffentlichen Ruhe (§§. 58 bis 66 des Strafgesetzes) das Landesgericht in Hermannstadt (wo die Statthalterei ihren Sitz hat) hinsichtlich aller übrigen Verbrechen und Vergehen jedes Kreisgericht für den eigens bestimmten Umkreis zur Führung des Untersuchungsverfahrens bestimmt.

Jeder Gerichtshof erster Instanz ist hinsichtlich aller Verbrechen und Vergehen zur mündlichen Schlussverhandlung und Entscheidung berufen; nur hinsichtlich der Verbrechen, deren Untersuchung dem Landesgerichte vorbehalten ist, steht auch diesem allein die mündliche Schlussverhandlung und Entscheidung zu. Der zur mündlichen Schlussverhandlung berufene Gerichtshof hat auch in Beziehung auf das Untersuchungsverfahren, welches von den Bezirksgerichten zu pflegen ist, die Aufsicht und Leitung zu führen und insbesondere den zu seinem Sprengel gehörigen Bezirksgerichten Weisungen darüber zu ertheilen, und das Untersuchungsverfahren oder einzelne Acte desselben jederzeit an sich zu ziehen und durch einen andern Untersuchungsrichter vornehmen zu lassen, sobald es die Wichtigkeit des Falles, oder andre erhebliche Gründe nothwendig machen.

Dem zur mündlichen Schlussverhandlung berufenen Gerichtshofe stehet ferner noch zu: die Beschlussfassung über diejenigen Anzeigen wegen Verbrechen und Vergehen, welche der Untersuchungsrichter zu keinem Strafverfahren geeignet findet; die Entscheidung in erster Instanz über die im Laufe des Untersuchungsverfahrens entstehenden Meinungsverschiedenheiten zwischen dem Untersuchungsrichter und dem Staatsanwalt, sowie über alle Beschwerden gegen Verfügungen oder Verzögerungen des Untersuchungsgerichtes; endlich die Entscheidung über das abgeschlossene Untersuchungsverfahren.

Diese Gerichtshöfe verhandeln und entscheiden in Strafsachen in der Regel in Versammlungen von einem Vorsitzenden, zwei Richtern und einem Protokollführer, Schlussverhandlungen aber, wobei es sich um ein Verbrechen handelt, auf welches im Gesetze die Todesstrafe oder eine mehr als fünfjährige Kerkerstrafe verhängt ist, sowie die Entscheidung darüber haben sie in Versammlungen von einem Vorsitzenden, vier Richtern und dem Protokollführer vorzunehmen.

3. Die städtisch-delegirten Bezirksgerichte.

An allen Standorten der Gerichtshöfe erster Instanz und in den gleichnamigen Bezirken der Umgebung wird die Gerichtsbarkeit in Civil- und Strafsachen nach Massgabe der gesetzlichen Jurisdictions-Bestimmungen von dem Gerichtshofe und von dem aus Beamten des Letztern bestellten städtisch-delegirten Bezirksgerichte ausgeübt.

Demselben kommt **in Streitsachen** und zwar im **Erkenntnissverfahren** die **Personal-Gerichtsbarkeit** zu:

a.) In allen Streitsachen über bestimmte Geldsummen, welche ohne Zinsen und andre Nebengebühren 500 fl. C. M. nicht übersteigen, und in allen Streitigkeiten über andre Gegenstände, wenn der **Kläger** anstatt derselben eine Geldsumme ausdrücklich anzunehmen sich erbietet, welche den obigen Betrag nicht übersteigt.

b.) Ueber alle Klagen auf Anerkennung des Rechtes auf einen Fruchtgenuss, oder zum Bezuge wiederkehrender Leistungen, wenn eine einzelne Jahresrente, oder der Geldbetrag, welchen der Kläger anstatt denselben anzunehmen sich bereit erklärt, bei Erträgnissen oder Leistungen auf immerwährende Zeiten 25 fl., bei solchen auf Lebenszeit einer Person oder auf ungewisse Dauer 50 fl. C. M. nicht übersteigt. — Ohne Rücksicht auf den Geldbetrag:

c.) in allen Streitigkeiten zwischen dem Miether und Vermiether aus dem Miethverhältnisse über bewegliche Sachen, oder über Wohnungen und andre Räume, dann in den Streitigkeiten über die Zurückstellung verpachteter oder gegen einen Zins in Früchten (§. 1103 a. b. G. B.) überlassener Güter wegen Ablaufes der Contractszeit;

d.) in allen aus Dienst- und Lohnverträgen entstehenden Streitigkeiten;

e.) in Allen zwischen Wirthen, Schiffern und Fuhrleuten einerseits, und ihren Gästen, Reisenden und Aufgebern anderseits entstehenden Streitigkeiten über ihre gegenseitigen Verbindlichkeiten, in soweit nicht die Gerichtsbarkeit des Handelsgerichtes eintritt.

f.) Bei allen Erbschafts- und Erbtheilungsklagen, dann bei Klagen, welche die Verlassenschaftsschulden, Vermächtnisse oder eine Schenkung auf den Todesfall zum Gegenstande haben, wenn bei demselben die Erbschaftsverhandlung anhängig ist, und so lange die Einantwortung des Nachlasses noch nicht erfolgte. Nach der Einantwortung gehören solche Klagen vor den Gerichtsstand des Erben.

g.) Bei Gesuchen um Bewilligung eines gerichtlichen Verbotes, provisorischen Arrestes, einer provisorischen Sequestration oder einer andern mittlerweiligen Vorkehrung, wenn der Kläger es wünscht und das provisorische Sicherstellungsmittel im Sprengel des städtisch-delegirten Bezirksgerichtes vollzogen werden soll.

Die **Realgerichtsbarkeit** steht dem städtisch-delegirten Bezirksgerichte zu: bei Streitigkeiten über Besitzstörungen sowohl beweglicher als unbeweglicher Sachen, bei welchen es sich bloss um die Erörterung des letzten factischen Besitzstandes handelt, und über welche summarisch zu verhandeln ist, wenn die Störung in dessen Bezirke geschah, oder die beweglichen Sachen, ohne dass sie an einen Dritten übergingen, in dessen Sprengel sich befinden.

Im **Vollstreckungs-Verfahren** ist das städtisch-delegirte Bezirksgericht nur zur Vornahme der Mobilar-, nicht aber zu jener der Immobilar-Execution berechtigt.

Bezüglich der Gerichtsbarkeit in Geschäften **ausser Streitsachen** ist das städtisch-delegirte Bezirksgericht in der Regel zur Abhandlung von Verlassenschaften berufen, wenn der Verstorbene in seinem Bezirke den Wohnsitz hatte. Ebenso steht ihm auch die Bestellung des Vormundes oder Curators und die Besorgung aller Geschäfte, welche der Vormundschafts- und Curatelsbehörde nach dem Gesetze obliegen, in denjenigen Orten zu, wo noch keine Waisen-Commissionen errichtet wurden, wenn der Minderjährige oder der Pflegbefohlene seiner persönlichen Gerichtsbarkeit in Streitsachen untersteht.

Das städtisch-delegirte Bezirksgericht kann ferner ohne Beschränkung der Zuständigkeit auf Begehren die Legalisirung von Unterschriften, die Vidirung von Abschriften und die gerichtliche Aufnahme letztwilliger Anordnungen vornehmen.

Bezüglich der **Strafgerichtsbarkeit** endlich steht dem städtisch-delegirten Bezirksgerichte das gesammte Strafverfahren d. i. die Untersuchung, Entscheidung und Vollstreckung seiner Erkenntnisse hinsichtlich derjenigen Uebertretungen zu, welche in dem allgemeinen Strafgesetze als solche bezeichnet, oder durch besondere Vorschriften zur Untersuchung und Bestrafung den Gerichten zugewiesen sind.

4. Die Bezirksämter als Bezirksgerichte.

Alle gemischten Bezirksämter haben auch die Civil- und Strafgerichtsbarkeit in erster Instanz und in allen Angelegenheiten zu pflegen, welche nicht ausdrücklich den Gerichtshöfen vorbehalten wurden.

Insbesondere gehören auch die im vorigen Abschnitte näher bezeichneten, in den Wirkungskreis der städtisch-delegirten Bezirksgerichte fallenden Gegenstände der bürgerlichen Rechtspflege in und ausser Streitsachen, dann das gesammte Strafverfahren hinsichtlich derjenigen Uebertretungen zu seiner Geschäftssphäre, welche nach dem allgemeinen Strafgesetze oder besondern Vorschriften den Bezirksgerichten zur Untersuchung, Entscheidung und Vollstreckung zugewiesen wurden.

Bezüglich des Untersuchungsverfahrens über Verbrechen und Vergehen sind jedoch nicht sämmtliche gemischte Bezirksämter, sondern nur ein Theil davon nach Massgabe der Ortsverhältnisse und der für ein Untersuchungsgericht erforderlichen Gebäude, Arrestlocalitäten u. s. w. für einen eigens bestimmten Umkreis als **Untersuchungsgerichte** bestellt, und zwar:

a) Im Kreise Hermannstadt:

1. Das **Landesgericht zu Hermannstadt** für die Landeshauptstadt und die Bezirke Hermannstadt (Umgebung), Orlath, Leschkirch und Freck.

2. Das **Bezirksamt zu Mühlbach** für die Bezirke Mühlbach (Stadt- und Landbezirk) und Reussmarkt.

3. Das **Bezirksamt zu Mediasch** für die Stadt und den Bezirk gleichen Namens und den Bezirk Marktschelken.

4. Das **Bezirksamt Schässburg** für die Städte Schässburg und Elisabethstadt und die gleichnamigen Landbezirke.

5. Das **Bezirksamt Grossschenk** für die Bezirke Grossschenk und Agnethlen.

b) Im Kreise Kronstadt:

1. Das **Kreisgericht zu Kronstadt** für die Stadt gleichen Namens und die Bezirke Kronstadt (Umgebung), Törzburg, Marienburg und Hoszszufalu.

2. Das **Bezirksamt zu Reps** für den gleichnamigen Bezirk.

3. Das **Bezirksamt zu Fogaras** für den Bezirk Fogaras und Sárkány.

4. Das **Bezirksamt zu Sepsi-Szent-György** für die Bezirke Sepsi-Szent-György, Barátos und Kézdi-Vásárhely.

c) Im Kreise Udvarhely:

1. Das **Kreisgericht zu Udvarhely** für die Bezirke Udvarhely und Szitás-Keresztur.

2. Das **Bezirksamt zu Baroth** für den gleichnamigen Bezirk.

3. Das **Bezirksamt Csíkszereda** für die Bezirke Csíkszereda, Kozmás und Gyergyo-Szent-Miklós.

d) Im Kreise Maros-Vásárhely:

1. Das **Kreisgericht zu Maros-Vásárhely** für die Stadt gleichen Namens und die Bezirke Maros-Vásárhely (Umgebung), Makfalva und Mezö-Madaras.

2. Das Bezirksamt Dicsö-Szent-Márton für die Bezirke Dicsö-Szent-Márton, Záh und Radnóth.

e) Im Kreise Bistritz:

1. Das Kreisgericht zu Bistritz für die Stadt gleichen Namens und die Bezirke Bistritz (Umgebung), Gross-Schogen, Borgó-Prund, Bethlen und Lechnitz.

2. Das Bezirksamt in Sächsisch-Reen für die Bezirke Sächsisch-Reen, Görgény-Szent-Imre und Tekendorf.

3. Das Bezirksamt Naszód für die Bezirke Naszód und Rodna.

f) Im Kreise Deés.

1. Das Kreisgericht zu Deés für die Bezirke Deés, Retteg und Semesnye.

2. Das Bezirksamt Nagy-Somkut für die Bezirke Nagy-Somkut, Magyar-Lápos und Kápolnok-Monostor.

3. Das Bezirksamt Szamos-Ujvár für die Bezirke Szamos-Ujvár (Stadt- und Landbezirk) und Mócs.

g) Im Kreise Szilágy-Somlyó:

1. Das Kreisgericht zu Zilah für die Bezirke Zilah, Szilágy-Cseh und Hidalmás.

2. Das Bezirksamt zu Szilágy-Somlyó für die Bezirke Szilágy-Somlyó, Tasnád und Zovány.

h) Im Kreise Klausenburg:

1. Das Kreisgericht in Klausenburg für die Stadt gleichen Namens, dann für die Bezirke Klausenburg (Umgebung), Válaszút, Bánffi-Hunyad und Gyalu.

2. Das Bezirksamt Thorda für die Bezirke Thorda und Bágyon.

i) Im Kreise Karlsburg:

1. Das Kreisgericht zu Karlsburg für die Bezirke Karlsburg, Blasendorf und Algyógy.

2. Das Bezirksamt Nagy-Enyed für die Bezirke Nagy-Enyed und Tövis.

3. Das Bezirksamt Abrudbánya für den Bezirk gleichen Namens.

k) Im Kreise Broos:

1. Das Kreisgericht zu Broos für das Städtchen Broos und die Bezirke Broos (Umgebung), Hátzeg und Pui.

2. Das Bezirksamt in Körösbánya für die Bezirke Körösbánya und Halmágy.

3. Das Bezirksamt in Déva für die Bezirke Déva, Illye und Maros-Solymos.

4. Das Bezirksamt Vajda-Hunyad für den gleichnamigen Bezirk.

Das Untersuchungsverfahren ist bei dem Landesgerichte und den Kreisgerichten durch einen oder mehrere vom Vorsteher des Gerichtshofes aus dessen Mitte zu bestellende Untersuchungsrichter im Namen des Untersuchungsgerichtes, — bei den Bezirksämtern aber von dem Vorsteher der gerichtlichen Geschäftsführung oder einem andern, von ihm hierzu bestimmten und für das Richteramt geprüften Beamten als Untersuchungsrichter zu pflegen.

Jedes Untersuchungsgericht ist übrigens befugt, um die Vornahme einzelner Acte des Untersuchungsverfahrens, welche ausser dem Orte seines Sitzes vorzunehmen sind, das zum Untersuchungsverfahren über Verbrechen und Vergehen berufene Untersuchungsgericht des Ortes zu ersuchen, wo die gerichtliche Handlung vorzunehmen ist.

Auch haben alle Bezirksämter als Hilfsbehörden der Gerichtshöfe erster Instanz in Beziehung auf die Strafrechtspflege über Verbrechen und Vergehen jeder Afforderung der Untersuchungsgerichte zu entsprechen und Zeugenverhöre, Gegenüberstellung von Zeugen untereinander und mit den Angeklagten, Erhebungen auf Ort und Stelle u. a. Amtshandlungen in ihrem Namen vorzunehmen.

Ausserdem haben die Bezirksämter als Bezirksgerichte bezüglich der Civilgerichtsbarkeit in allen Fällen, wo in oder ausser Streitsachen die Amtshandlung des Gerichtshofes erster Instanz durch ihre Vermittelung erleichtert werden kann, es möge sich dabei um den Vollzug von Zustellungen oder gerichtlichen Entscheidungen, Sperren, Inventuren, Schätzungen und Feilbietungen, um die Vornahme von Zeugenverhören, Augenscheinen und andere Erhebungen oder sonst um was immer für Acte handeln, dem erwähnten Gerichte hilfreiche Hand zu leisten.

5. Wirksamkeit der Polizeibehörden im Gerichtsverfahren.

Der Polizeidirection in Hermannstadt wurde[*]) die Strafgerichtsbarkeit in erster Instanz für ihren Rayon nach Massgabe

---

[*]) Mit der kaiserl. Verordnung vom 11. Mai 1854 (Reichsgesetzblatt v. J. 1854 Nro. 120), wodurch zugleich die mit der Vollziehung dieser Verordnung beauftragten Minister des Innern und der Iustiz, sowie der Chef der obersten Polizeibehörde ermächtigt wurden, die Wirksam-

der Strafprocessordnung über mehrere im zweiten Theile des Strafgesetzbuches vom 27. Mai 1852 vorkommende und besonders bezeichnete Uebertretungen *) zugewiesen.

Von der Entscheidung der Polizeidirektion bezüglich jener Uebertretungen hat der Rechtszug in zweiter Instanz an das Oberlandesgericht und in dritter Instanz an den obersten Gerichtshof zu gehen.

6. Mitwirkung der Gemeindevorsteher bei der Gerichtspflege.

Um den Parteien in sehr geringfügigen Streitsachen auf die einfachste und mindest kostspielige Art Rechtshilfe zu verschaffen und die gütliche Beilegung von Streitigkeiten möglichst zu fördern, wurde bestimmt **), dass Rechtsstreitigkeiten, deren Gegenstand den Betrag von 12 fl. C. M. nicht übersteigt, von dem Kläger in den mit einem ordentlichen Magistrate versehenen Städten bei den Magistratsvorständen, in andern Orten bei den Gemeindevorständen angebracht werden können, welche die Verhandlung zu pflegen und eine schriftliche Entscheidung darüber auszufertigen haben. Gemeindevorstände, welchen es an den nöthigen Geschäftskenntnissen mangelt, können sich hiezu der bestehenden Ortsnotäre bedienen.

Dem Kläger steht indess frei, seine Klage auch unmittelbar bei dem Bezirksgerichte anzubringen, sowie auch die Partei, welche sich durch die Entscheidung des Magistrats- oder Gemeinde-Vorstandes beschwert hält, die Sache binnen acht Tagen, von Zustellung der Entscheidung an gerechnet, bei dem Bezirksgerichte anhängig machen kann. Da das Bezirksgericht aber über alle Rechtssachen, welche den Betrag von 12 fl. CM. nicht übersteigen, endgiltig zu entscheiden hat, so ist gegen seine Entscheidung kein weiterer Rechtszug gestattet.

Alle von den Magistrats-Vorständen gefällten Erkenntnisse und bei denselben über Rechtssachen bis zu 12 fl. CM. zu Stande gekommenen Vergleiche können von denselben auch selbst in Vollzug gesetzt werden. Die Execution der von den Gemeindevorständen erlassenen Entscheidungen und vor denselben geschlossenen Vergleiche muss aber bei den Bezirksgerichten angesucht werden.

---

keit dieser Verordnung ausser der Landeshauptstadt nach Massgabe der § 9 der Strafprozess-Ordnung auch noch auf andere Orte, wo landesfürstliche Polizeibehörden bestehen, auszudehnen.

*) Namentlich die in § 299, 315, 317, 319, 320 litt. a bis e, 321, 323, 324, 338, 380, 387, 388, 390, 391, 398, 422 bis 424, 426 bis 430, 496, 517, 524 und 525 des Strafgesetzbuches bezeichneten Uebertretungen, in soferne dadurch Niemand beschädigt wurde.

**) Durch die Justizministerial-Verordnung vom 10 Mai 1852, wodurch die provisorische Jurisdictionsnorm für bürgerliche Rechtssachen in Siebenbürgen eingeführt wurde, und die nachgefolgte Verordnung des Justizministeriums vom 2. October 1852 Z. 14,060.

Auch über Streitigkeiten jeder andern Art müssen Versuche gütlicher Ausgleichung und die Ausfertigung der dabei erzielten Vergleiche von den Magistrats- und Gemeinde-Vorständen vorgenommen werden; der Vollzug solcher Vergleiche kommt aber nur den Gerichtsbehörden zu.

In Betreff dieses Geschäftskreises im streitigen Richteramte hat den Magistrats- und Gemeinde-Vorständen eine eigne Instruction *) mit den nachgefolgten Ergänzungen dazu, sowie die Civilprocessordnung zur Richtschnur zu dienen.

Ausserdem kommt den Magistraten und Gemeindevorständen auch die Besorgung von Zustellungen der Gerichtsbehören sowohl in bürgerlichen Rechtsangelegenheiten als Strafsachen an Parteien zu, welche ausser dem Gerichtsorte wohnen.

Ebenso können auch die Magistrate und Gemeindevorsteher in minder schwierigen Geschäften ausser Streitsachen als Gerichtsabgeordnete insbesondere bei Todesfalls-Aufnahmen, Inventuren und Schätzungen, dann bei Feilbietungen verwendet werden.

Bezüglich der gerichtlichen Zustellungen und der Verwendung der Magistrats- und Gemeinde-Vorstände in Rechtsgeschäften ausser Streitsachen, wurde denselben ebenfalls eine besondere Instruction ertheilt **).

7. Die Staatsanwaltschaften.

Beim Oberlandesgerichte besteht, wie bereits erwähnt wurde, ein Oberstaatsanwalt, dann bei dem Landesgerichte und den Kreisgerichten Staatsanwälte jeder mit dem Range und Gehalte eines Rathes des betreffenden Gerichtes. Dem Oberstaatsanwalte sowohl, als jedem Staatsanwalte ist je ein Substitut im Range und Gehalte eines Rathssecretärs seines Gerichtshofes beigegeben. Die Kanzleigeschäfte der Staatsanwaltschaft werden von den Kanzleibeamten des bezüglichen Gerichtshofes versehen.

Die Verrichtungen der Staatsanwaltschaft sind: Von jedem bekannt gewordenen Verbrechen und Vergehen sogleich das Untersuchungsgericht in Kenntniss zu setzen, darüber das Untersuchungsverfahren zu veranlassen und hierauf Einfluss zu nehmen; — nach dem Schlusse des Untersuchungsverfahrens die geeigneten Anträge wegen Versetzung in Anklagestand, wegen Einstellung oder wegen Ablassung von dem weitern Verfahren an den Gerichtshof zu stellen; — bei allen mündlichen Schlussverhandlungen als öffentlicher Ankläger im Interesse der öffentlichen Sicherheit und des Gesetzes

---

*) Landesgesetzblatt v. J. 1852 Nro. 184.
**) Reichsgesetzblatt Stück XXIX. Nro 82 v. J. 1854.

einzuschreiten; — in den nach den Gesetzen zulässigen Fällen wider die ergangenen gerichtlichen Entscheidungen die Berufung oder Beschwerde an die höhern Gerichtsbehörden zu ergreifen, und überhaupt im ganzen Laufe des Strafverfahrens für die Handhabung des Gesetzes und die Hintanhaltung jeder Verzögerung Sorge zu tragen.

Die innere Einrichtung und Geschäftsordnung der Staatsanwaltschaften wurde durch eine besondere Vorschrift *) festgesetzt.

8. Die Advokaten.

Die Vertretung der Parteien **) im Civilrechtswege kann nur in Folge der vom Justizminister erhaltenen Ermächtigung stattfinden, welcher nicht nur die Advokaten ernennt, sondern auch die Zahl derselben und deren Vertheilung an die verschiedenen Gerichtsorte, dem jeweiligen Bedürfnisse gemäss, nach Vernehmung des Oberlandesgerichtes und des Advokaten-Ausschusses bestimmt.

Zur Erlangung der Advocatur ist neben den andern Bedingungen für eine öffentliche Anstellung vornehmlich die nach vorausgegangener Praxis in der vorgeschriebenen Art und Zeit mit Erfolg bestandene Advokaten-Prüfung, dann die Ablegung des Eides auf die Treue gegen den Monarchen, die gewissenhafte und vorschriftsmässige Besorgung des Dienstes u. s. w. erforderlich.

Jeder in der vornangedeuteten Art angestellte Advocat hat, in soferne sein Befugniss bei Ertheilung desselben nicht ausdrücklich auf einzelne Landestheile beschränkt wurde, das Recht in ganz Siebenbürgen Parteien im Civilrechtswege zu vertreten; er darf jedoch den ihm angewiesenen Wohnsitz nicht ohne Genehmigung des Justizministers verändern und nicht ohne Bewilligung des Oberlandesgerichtes aus dem Districte desselben sich entfernen.

Das Vertretungsrecht der Advocaten vor den Strafgerichten wird durch die Strafprozess-Ordnung dahin beschränkt, dass dieselben nur in der mündlichen Schlussverhandlung als Vertheidiger des Angeklagten zu interveniren haben.

Die persönlichen Verhältnisse, Rechte und Verpflichtungen der Advocaten in Siebenbürgen, sowie die Bestimmungen über die Zusammensetzung und den Wirkungskreis der Advocaten-Ausschüsse wurde durch die Advocaten-Ordnung vom 10. October 1853 ***) festgesetzt.

---

*) Reichsgesetzblatt Nro. 201 v. J. 1854.
**) Dieselben müssen sich im schriftlichen Verfahren in Streitsachen stets eines Rechtsfreundes bedienen, im Verfahren ausser Streitsachen sind sie jedoch dazu nicht verpflichtet.
***) Reichsgesetzblatt Nro. 251 v. J. 1853.

9. Die Strafhausverwaltungen.

Das Provinzial-Strafhaus zu **Szamos-Ujvár** mit einem Verwalter in der X. D. Classe mit 800 fl., einem Controllor in der XI. D. Classe mit 500 fl. und einem Amtsschreiber in der XII. D. Classe mit 300 fl. Gehalt und sämmtlich mit freier Wohnung, dann einer eignen Civilwache, obwohl unmittelbar der Statthalterei untergeordnet, muss doch in Folge seiner Bestimmung zur Aufnahme der abgeurtheilten schweren Verbrecher, ebenso wie die Filial-Strafanstalt zu **Martinsdorf** (Mediascher Bezirk), als ein Hilfsorgan der Gerichtsbehörden betrachtet werden.

Auch sind die den Gerichtshöfen erster Instanz zur Verwaltung der Gefängnisse und Beaufsichtigung der Arrestanten beigegebenen Kerkermeister und Gefangenaufseher hieher zu rechnen.

Justizgesetze.

Zum Schlusse unserer Darstellung der neuen Gerichtsverfassung Siebenbürgens müssen wir noch die vorzüglichsten Gesetze angeben, welche seit Einführung dieser Gerichtsverfassung unter gänzlicher oder theilweiser Beseitigung der frühern Gesetze in Siebenbürgen zur Geltung gelangten. Es sind diess:

1. Das **allgemeine bürgerliche Gesetzbuch** für die k. k. österreichischen Staaten vom Jahre 1811 mit einem Anhange der nachgefolgten einschlägigen Verordnungen kundgemacht in Siebenbürgen mit dem a. h. Patente vom 29. Mai 1853*).

2. Das **Strafgesetz** über Verbrechen, Vergehen und Uebertretungen nebst den **Strafgerichts-Competenz-Verordnungen** und der **Press-Ordnung** vom 27. Mai 1852**).

3. Die provisorische **Civilprocess-Ordnung** für Siebenbürgen vom 3. Mai 1852.

4. Die allgemeine **Strafprocess-Ordnung** vom 29. Juli 1853 †)

5. Das Gesetz vom 9. August 1854 ††) über das gerichtliche **Verfahren in Geschäften ausser Streitsachen.**

---

*) Reichsgesetzblatt № 99 v J. 1852. — Gleichzeitig wurde auch ein a. h. kaiserliches Patent veröffentlicht, wodurch die in Siebenbürgen bisher bestandenen gesetzlichen Anordnungen und Einrichtungen in Bezug auf die Erwerbung und Ausübung des Eigenthumsrechtes auf liegende Güter, deren Belastung und Verpfandung, der Rechtsbeziehungen aus der bisherigen Erbfolge und der in einigen Theilen des Landes bestandenen Aviticitat abgeändert wurden (Reichsgesetzblatt № 100 v. J.1853).

**) Reichsgesetzblatt № 117 v. J. 1852.

†) Reichsgesetzblatt № 151 v. J. 1853.

††) R. G. Bl. № 208 v. J. 1854.

6. Die unterm 3. Juli 1853 *) erlassene Vorschrift über den Wirkungskreis und die Zuständigkeit der Gerichtsbehörden (Jurisdictionsnorm) in bürgerlichen Rechtssachen.

7. Das Gesetz über die innere Einrichtung und die Geschäftsordnung der Gerichtsbehörden vom 3. Mai 1853**).

8. Die Instruction vom 16. Juni 1854 ***) für die innere Amtswirksamkeit und die Geschäftsordnung der Gerichtsbehörden in strafgerichtlichen Angelegenheiten.

9. Das allgemeine Berggesetz vom 23. Mai 1854 †).

10. Die Vollzugsvorschrift zum allgemeinen Berggesetze vom 25. September 1854.

11. Die allgemeine Wechselordnung vom 25. Jänner 1850 ††).

12. Das Reichsgesetzblatt für das Kaiserthum Oesterreich vom Jahre 1849 angefangen und das Landesregierungsblatt für Siebenbürgen zugleich auch Vorschriften für die politische und Finanzverwaltung enthaltend u. s. w.

§. 47. Die Finanzverwaltung Siebenbürgens.

Zur obersten Leitung der Verwaltung sämmtlicher öffentlichen Einkommenszweige †††) in Siebenbürgen ist die Finanz-Landes-Direction zu Hermannstadt bestimmt und ihr alle für die Bemessung, Einhebung und Verwaltung der directen und indirecten Steuern bestellten Behörden, Aemter und Organe untergeordnet. Zu den Erstern gehören die Kreisbehörden, Bezirksämter und Steuerämter; zu den Letztern die Finanzbezirksdirectionen, die Zoll-, Salz-, Tabak- und Mauthämter und die Verwaltungsämter der Staatsgüter. Ferner sind noch für das Cassawesen die Landeshauptkassa und die Sammlungskassen und als Vollziehungsorgan ein eigener bewaffneter Körper, die Finanzwache, sowie auch das im Lande bestehende Münzamt zu Karlsburg der Finanzlandesdirection untergeordnet, dann als Hilfsbehörden derselben die Landescommission zur Einführung des Grundsteuerprovisoriums, die Finanzprocuratur und in gewisser Beziehung die Lottoverwaltung sowie die für die Einlösung und Fabrikation des Tabaks im Lande befindlichen Organe bestellt.

---

*) Reichsgesetzblatt № 129 v. J 1855. — **) R. G Bl. № 81 v. J. 1853 —
***) R.G.Bl. № 165 v. J. 1854. — †) R. G. Bl. № 146 v J. 1854. —
††) R. G. Bl. № 51 v. J. 1850.

†††) Mit Ausnahme des Bergregales, dann des Post- und Lottogefälls, wofür eigne Landesbehörden aufgestellt sind.

Als directe Steuern bestehen gegenwärtig *) in Siebenbürgen: die Grundsteuer, Hauszins- und Hausclassensteuer, die Einkommensteuer und Personalerwerbsteuer. Indirecte Steuern sind die Verzehrungssteuer, die Stempel-, Tax- und unmittelbaren Gebühren, das Zollgefälle, die Weg-, Brücken- und Ueberfuhrsmauth. Hierher gehören die Staatsmonopole als: das Salz- und Tabakmonopol, dann die Erträgnisse der Staatsgüter, der sequestrirten Güter verurtheilter Hochverräther und der Gebäude und revindicirten Gebirge der aufgelösten siebenbürgischen Grenzregimenter.

Die Grundsteuer wird mit 16 o/o des durch die Erhebungen des Grundsteuerprovisoriums ermittelten Reinertrages sämmtlicher Grundstücke eingehoben und betrug im Verwaltungsjahre 1855 **) im Ganzen in Siebenbürgen 2.105,800 Gulden C. M.

Die Häusersteuer unterscheidet sich in die Hauszinssteuer, welche in den Städten Hermannstadt, Klausenburg, Kronstadt und Maros-Vásárhely von dem durch die Zinnsertragsbekenntnisse der Hauseigenthümer ermittelten Zinse (nach Abschlag von 30 o/o auf Rechnung der Erhaltungsauslagen) mit 12 o/o erhoben wird; — und in die Hausclassensteuer, welche in allen andern Orten Siebenbürgens in zwölf oder eigentlich vierzehn Classen zu 15, 30, 45 Kreuzer, 1, 2, 3, 4, 6, 8, 12, 16, 20 und 25 Gulden je nachdem ein ebenerdiges Haus bis 1, 2, 3, 5, 7, 9, 14, 18, 21, 24, 27, 29, 35 Wohnzimmer; — dann in neun Classen zu 3, 4, 6, 8, 12, 14, 16, 20, 25 und 30 Gulden je nachdem ein Haus mit Stockwerk bis 7, 9, 14, 18, 21, 24, 27, 29 und 35 Wohnzimmer hat, eingehoben wird. — Die gesammte Häusersteuer Siebenbürgens für das Jahr 1855 betrug 197,200 fl.

---

*) Früher und bis zum Jahre 1850 bestanden an directen Steuern: 1) Die Grundsteuer von Aeckern nach vier Classen mit 20, 16, 12 und 8 Kreuzer vom Kübel Aussaat; von Wiesen mit 4 Kreuzer von einer Fuhr Heu zu 3 Centner; von Weingärten mit 3 Kreuzer für eine Weinume zu 8 Mass; von Weiden mit 24 Kr. für einen Ochsen, ein Pferd, eine Stutte und einen Esel, — mit 20 Kr. für eine Kuh, — 13 Kr. für ein Kalb oder Füllen, — 5 xr. für ein Schwein und 3 xr. für ein Schaaf, eine Ziege oder einen Bienenstock — 2) Die Personal-Erwerbsteuer als: Schutztaxe mit 18 xr, oder (bei weiblichen Individuen) 12 xr für Vermögenslose, Kinder, Brodgesinde, Neuvermählte, Invaliden u. s. w., — Kopf und Bürgertaxe wie heutzutage, — Privatproventaxe mit 10 o/o das Einkommens von Branntweinbrennereien, Bierbrauereien, Mühlen, Ziegelbrennereien, Küchengärten und verpachtete Nutzniessungen, endlich als Taxe für das auf auswärtigen Weiden befindliche Vieh (Opilionensteuer) mit der Hälfte der Viehsteuer von innländischen Weiden. Von indirecten Steuern bestand bis 1850 nur das Zollgefälle, von Monopolen das Salzmonopol in Siebenbürgen.

**) Nach dem »Staatsvoranschlage des österreichischen Kaiserstaates für das Jahr 1855« (Wien 1854. k. k. Hof- und Staatsdruckerei), woraus auch die spätern diesfälligen Angaben entlehnt sind. Diese Angaben bezeichnen natürlich nur den erwarteten nicht den wirklichen Erfolg, und können daher die Grösse der bezüglichen Steuergattung nur beiläufig bezeichnen.

Die **Einkommensteuer** wird auf Grundlage der schriftlichen Bekenntnisse von allen Gattungen des Einkommens von Capital mit und ohne Arbeit, dann von Capitalszinsen bemessen; zu der erstern Gattung gehören alle Geschäfts- und Erwerbseinnahmen, welche persönliche Thätigkeit und baare Vorauslagen bedingen, — zu der zweiten alle stehenden Bezüge, und zu der dritten Gattung die Zinsen von Darlehen, Schuldforderungen u. s. w. Das Gesammterträgniss der Einkommensteuer des Jahres 1855 machte in Siebenbürgen 160,000 Gulden aus.

Zu der **Erwerbsteuer** gehören gegenwärtig in Siebenbürgen die Kopf- und Bürgertaxe nebst der Augmentaltaxe, dann die Schutztaxe. Die Kopftaxe unterscheidet sich in die Libertinaltaxe der männlichen Steuerträger von 4 fl. und der Wittwen von 2 fl., in die Inquilinaltaxe von 3 fl. (Wittwen 1 fl. 30 xr.), in die Taxe der Neubauern von 2 fl., der Schiffer von 30 xr., der wahren Bergleute, Köhler und Goldwäscher von 1 fl., endlich der nicht ansässigen Juden von 6 fl. Das Augment dazu (die Augmentaltaxe) wird, wenn die gleichzeitig vom betreffenden Steuerträger zu entrichtende Grundsteuer mehr als 6 fl. beträgt in gewissen Abstufungen nach der Höhe der Grundsteuer und den angeführten Beträgen der Kopftaxe erhoben. — Die Bürgertaxe wird in den Städten und mehreren Marktflecken, wo vorzugsweise Kunst- und Handelsgewerbe zu Hause sind, nach vier Classen in dem Betrage von 10, 8, 7 und 6 fl. jährlich entrichtet; in die erste Classe gehören Hermannstadt, Kronstadt, Elisabethstadt und Szamos-Ujvár; — in die zweite Klausenburg, Schässburg und Mediasch; — in die dritte Maros-Vásárhely, Bistritz und Mühlbach, und in die vierte Classe Karlsburg, Nagy-Enyed, Deés, Thorda, Zilah, Fogaras, Salzburg, Abrudbánya, Broos, Grossschenk, Sächsisch-Reen und Reps. — Die Schutztaxe oder Taxe der Vermögenslosen (Miserabiles), für Söhne, Töchter, Diener und Invaliden beträgt 18 Kreuzer für das männliche und 12 Kr. für das weibliche Geschlecht. Hierher gehört auch die Steuer von 18 Kreuzer für die Neuverehelichten, welche dafür von den andern Arten der Erwerbsteuer befreit sind, und die Sydoxialtaxe, welche jede griechisch-nichtunirte Familie mit 3 Kreuzer jährlich zur Besoldung des Bischofs zu entrichten hat. — Die gesammte Erwerbsteuer wurde im Jahre 1855 in Siebenbürgen auf 1.752,800 Gulden veranschlagt.

Die **Verzehrungssteuer** unterscheidet sich bei uns in die Steuer von der Erzeugung gebrannter geistiger Flüssigkeiten, von Bier und von Zucker aus inländischen Stoffen, dann von Wein und Fleisch in den Ortschaften über 2000 Seelen und wird nach den diesfälligen besondern gesetzlichen Bestimmungen theils im Wege der Abfindung, theils nach bestimmten Tarifsätzen eingehoben. Das Erträgniss der Verzehrungssteuer machte 1855 in Siebenbürgen vom Branntwein 708,250 fl., vom Biere 53,353 fl., von der Zuckererzeugung 900 fl., vom Wein 54,620 fl., vom Fleisch und Schlachtvieh 95,900 fl. oder zusammen 913,023 Gulden aus.

Die **Stempel-, Tax- und unmittelbaren Gebühren.**
Die Erstern werden für Rechtsgeschäfte, Urkunden, Schriften und
Amtshandlungen, dann für Kalender, Ankündigungen und Spielkarten
nach einem bestimmten Betrage theils mittelst Anheftung von Marken,
theils mittelst Aufdrücken eines Stempels entrichtet. Die Taxen sind
theils Gerichts-, Grundbuchs- und Depositentaxen, theils Taxen für
besondere Acte, welche von Sr. Majestät dem Kaiser, den Ministerien
und Behörden ausgehen (Dienstes-, Adels-, Titel- u. a. Verleihungen
u. s. w.). Die unmittelbaren Gebühren werden von Vermögensübertragungen und Amtshandlungen nach Percentualbeträgen eingehoben.
Das Gesammterträgniss dieser Gebühren belief sich im Jahre 1855 in
Siebenbürgen auf 242,400 Gulden für Stempel- und 200,000 Gulden
für Taxen und unmittelbare Gebühren.

Das **Zollgefälle** umfasst das Erträgniss der auf die Einfuhr, Ausfuhr und Durchfuhr der Waaren über die siebenbürgischen
Grenzen festgesetzten Zölle, welche auf Grundlage des Zolltarifes
eingehoben werden und im Jahre 1855 zusammen 213,988 Gulden
eintrugen.

Die **Weg-, Brücken- und Ueberfuhrsmauth** für die
aus Staatsmitteln unterhaltenen Reichsstrassen, Brücken und Ueberfuhren machte 1855 in Siebenbürgen 180,400 Gulden aus.

Das **Salzmonopol** lieferte als Erträgniss des in Siebenbürgen erzeugten und sowohl im Lande selbst, als ausserhalb desselben verschleissten Steinsalzes im Jahre 1855 den Betrag von
1.943,232 Gulden.

Das **Tabakmonopol** ergab von dem in Siebenbürgen verschleissten Rauch- und Schnupftabak in demselben Jahre 860,854 fl.

Das **Erträgniss der Staatsgüter**, dann der Gebäude,
Gebirge und Forste der aufgelösten Militärgrenze machte 1855 in Siebenbürgen 52,861 Gulden *) aus.

Das gesammte Steuererträgniss Siebenbürgens vom Jahre 1855
betrug zu Folge der angeführten Quelle an directen Steuern 4.215,800 fl.,
an indirecten Steuern und Gefällen (mit Ausnahme des Bergregals-,
Post- und Lottogefälles) 3.745,904 fl., zusammen 7.961,704 Gulden.

1. Die Finanzlandesdirection.

Die Finanzlandesdirection wird von einem Präsidenten
geleitet, welcher in der IV. Diätenclasse steht und einen Gehalt von

---

*) Es wurde dabei das Brutto-Erträgniss der confiscirten Güter
von 38,000 fl. nicht berücksichtigt, da der Stand der auf denselben
haftenden Passiv-Capitalien noch nicht ermittelt wurde und daher der
allfällige Reinertrag nicht beziffert werden konnte.

5000 fl., nebst 1000 fl. Functionszulage bezieht. Ihm zur Seite stehen ein **Ministerialrath** in der V. D. Classe mit 4000 fl. Gehalt, dann zwei **Oberfinanzräthe** in der VI. D. Classe mit 3000 und 2500 fl. Gehalt, sieben **Finanzräthe** in der VII. D. Classe mit 2000, 1800 und 1600 fl. Gehalt, neun **Secretäre** in der VIII. D. Classe mit 1400 und 1200 fl. Gehalt, ein **Finanzwach-Oberinspector** mit dem Range und Gehalte eines Secretärs, eilf **Concipisten** in der IX. D. Classe mit 800, 700 und 600 fl. Gehalt, zwölf **Conceptspracticanten** (XII. D. Classe) mit dem Adjutum von 300 fl. und sechs ohne Adjutum für das Conceptsfach. Ferner sind zur Besorgung der Kanzlei- und Manipulations-Geschäfte bei der Finanzlandesdirection ein **Hilfsämter-Director** in der VIII. D. Classe mit 1200 fl. Gehalt, zwei **Adjuncten** in der IX. D. Classe mit 900 fl., zehn **Officiale** in der XI. D. Classe mit 700, 600 und 500 fl. und zwölf **Assistenten** in der XII. D. Classe mit 400, 350 und 300 fl. Gehalt angestellt, und zehn **Kanzleidiener** mit 300 fl., dann sechs **Dienersgehilfen** mit 216 fl. Lohn und ein **Portier** mit 216 fl. Lohn, Livree und freiem Quartier besorgen die mindern Dienersgeschäfte.

Für den **Rechnungsdienst** der Finanzlandesdirection, die Verfassung und Zusammenstellung der Gebahrungsausweise und Voranschläge, die Führung der Vormerke u. s. w. ist derselben eine eigne **Rechnungskanzlei** mit einem **Oberrevidenten** in der VIII. D. Classe mit 1200 fl. Gehalt, sechs **Amtsofficialen** in der XI. D. Classe mit 700 und 600 fl. Gehalt, zwei **Assistenten** im Range und Gehalte der Assistenten der Finanzlandesdirection, dann einem **Diener** beigegeben.

Zur Hilfeleistung bei der Bemessung, Richtigstellung und Repartirung der directen Steuern ist der Finanzlandesdirection ferner auch eine **Steuerrechnungsabtheilung** mit einem Vorstand, zwei Amtsofficialen, sechs Calculanten, vier Assistenten und einem Diener unterstellt.

Die **Oeconomatsgeschäfte** d. i. die Anschaffung, Verwaltung und Verrechnung der Kanzleieinrichtungen, Amtsrequisiten, Drucksorten u. s. w. der Finanzlandesdirection besorgt das Oeconomat mit einem Verwalter, Controllor, Official und den nöthigen Dienern.

Der **Wirkungskreis** der Finanzlandesdirection umfasst *) mit unmittelbarer Unterordnung unter das Finanzministerium bezüglich der directen Steuern die Leitung der Massregeln zur Feststellung der Steueranlage und zur Steuerverwaltung, nämlich: die jährliche Repartition und Ausschreibung der directen Steuern und Einleitung der Subrepartitionen; die Ueberwachung der Steuereinhebung, Abfuhr und Verrechnung und der zwangsweisen Beitreibung der Rückstände; die

---

*) Nach dem mit der h. Finanzministerial-Verordnung vom 8. Juli 1850 Z 8785 erlassenen Amtsunterrichte.

Einleitung der Schadenermittelung bei Elementarbeschädigungen und die Bemessung der Nachlässe; die Verhandlung über Steuernachsicht, Zufristung und Herabsetzung aus andern Veranlassungen;· endlich die Evidenzhaltung des Steuer-Catasters.

Die Finanzlandesdirection leitet ferner die Bemessung und Einhebung aller indirecten Abgaben und übt dabei die der Landesbehörde durch die bestehenden Gesetze und Verordnungen eingeräumten Rechte und Befugnisse aus. Ebenso leitet sie auch die Verwaltung der Staats- und Fondsgüter, soweit solche nicht den für das Berg- und Forstwesen bestellten Behörden zugewiesen ist.

In dem Berufe der Finanzlandesdirection ist endlich auch die Leitung und Ueberwachung alles desjenigen gelegen, was die Ordnung und Sicherheit der Gebahrung bei den Staatscassen und Aemtern erheischt, welche für die derselben zugewiesenen Zweige des Staatseinkommens, für die Einsammlung und die Abfuhr der Ueberschüsse anderer Zweige des Staatseinkommens und für die Besorgung der nicht bei Cassen besonderer Dienstzweige angewiesenen Staatsausgaben innerhalb ihres Amtsgebietes bestellt sind.

Der Finanzlandesdirection liegt ob, mit aller Sorgfalt auf die Sicherung der finanziellen Zuflüsse, deren ergiebige Einbringung und die möglichste Verminderung des Staatsaufwandes einzuwirken. Sie hat darüber zu wachen, dass die in den vom Finanz-Ministerium festgesetzten Jahres-Voranschlägen angesetzten Auslagen und Dotationen nicht überschritten, vielmehr soviel als möglich daran erspart werde. Sie ist verpflichtet, sich in ununterbrochener Uebersicht der ihr unmittelbar unterstehenden Behörden, Aemter uud Individuen zu erhalten, über dieselben die Aufsicht zu führen, sie zur Erfüllung ihrer Pflichten anzuhalten und durch dieselben die erforderlichen Wahrnehmungen über die Wirkungen und den Erfolg der Gesetze und Vorschriften einzuholen, und in dem Falle, als sich die Nothwendigkeit einer Ergänzung oder nähern Bestimmung der gesetzlichen Anordnungen herausstellen sollte, die Mittel zur Abhilfe in Ueberlegung zu nehmen und der vorgesetzten Behörde die geeigneten Vorschläge zu erstatten.

Insbesondere steht der Finanzlandesdirection zu: die Besetzung der unterstehenden Beamtenstellen bis zu dem Gehalte von 800 fl. (mit Ausnahme der Finanzbezirks-Commissäre, Finanzwachbeamten und Vorsteher der Wirthschaftsämter); die Bewilligung eines Diensttausches zwischen Beamten, deren Ernennung in ihrem Wirkungskreise liegt; die Bewilligung eines Urlaubes an die unterstehenden Beamten bis zur Dauer von drei Monaten und zu Reisen im Innlande (zu Reisen ins Ausland nur wegen Besuch eines Bades, oder wegen Erhebung einer Erbschaft oder Schuldforderung); die Annahme der Dienstentsagung, die Entlassung und Versetzung in den Ruhestand von Beamten, welche sie zu ernennen berechtigt ist, dann die Anweisung der normalmässigen Bezüge und der Ruhegenüsse für Beamte und mindere

Diener, welche von den Landesbehörden ernannt werden können; die Bewilligung von Fristen zur Entrichtung der Dienstverleihungstaxen bis zu 24 Monaten, von Besoldungsvorschüssen an Beamte mit nicht mehr als 1000 fl. Gehalt, von Geldbelohnungen für ausgezeichnete, angestrengte und ausserordentliche Dienstleistungen, Aushilfen für bedürftige und würdige, durch langwierige Krankheiten oder andere Unglücksfälle in unverschuldeten Nothstand gerathene Individuen bis zu dem Betrage von 100 fl. jährlich an Beamte und 50 fl. an Diener; die Bewilligung von Heilkosten bis zu 150 fl.; — ferner kommen ihr zu alle Geldanweisungen, welche im Jahres-Voranschlage ihre Bedekkung finden, die Nachsicht von Cassa-Abgängen aus Versehen eines Beamten bis zu 50 fl., die Nachsicht und Abschreibung von buchhalterischen Rechnungsmängeln bei rücksichtswürdigen und grundhältigen Erläuterungen bis zu 1000 fl., die Abschreibung uneinbringlicher Steuerrückstände bis zur Hälfte der Jahresschuldigkeit des Steuerpflichtigen und die Bewilligung der Zufristung und ratenweisen Einbringung von Steuerrückständen bis zur Dauer eines Jahres; — dann in Beziehung auf das Baufach die Bewilligung zur Aufführung neuer ärarischer Gebäude, Umgestaltung und Vergrösserung der bestehenden und Wiederherstellung durch Elementarereignisse oder Unglücksfälle zu Grunde gegangener Gebäude, wenn die Kosten weniger als 3000 fl. betragen; die Bewilligung von Käufen und Verkäufen von Amts-Erfordernissen im vorgeschriebenen Versteigerungswege bis zu 10,000 fl.; von Verpachtungen und Miethen bis zu 5000 fl. u. s. w.

2. Die der Finanzlandesdirection in Absicht auf die directe Besteuerung unterstehenden Organe (Kreisbehörden, Bezirks- und Steuerämter).

Den Wirkungskreis der Kreisbehörden und Bezirksämter in Angelegenheiten der directen Besteuerung haben wir schon bei der Darstellung ihrer Einrichtung (Seite 321 und 330) angegeben. Es erübriget daher hier nur noch, in den Geschäftskreis der ihnen beigegebenen eigentlichen Finanzorgane, der Steuerinspectoren und Unterinspectoren, dann der Steuerämter etwas tiefer einzugehen.

Die Amtshandlungen der **Steuerinspectoren** und des ihnen beigegebenen Personales sind durch die Bestimmungen über den in dem Wirkungskreise der Kreisbehörden (Seite 321 und 322) bezeichneten, theils überwachenden, theils ausübenden Einfluss in Steuersachen, sowie durch die besondern, von der Steuer-Landesbehörde (Finanzlandesdirektion) ihnen mitgetheilten Steuervorschriften geregelt[*].

---

[*] Ihr dienstliches Verhältniss wurde durch die Verordnung der Minister des Innern und der Finanzen vom 31. August 1853, Reichsgesetzblatt Nro. 172 näher bestimmt.

Der Steuerinspector ist der Referent der Kreisbehörde in den Angelegenheiten der directen Besteuerung und dafür mit dem Kreisvorsteher verantwortlich, von welch' Letztern er in allen solchen Angelegenheiten um seine Ansicht vernommen werden muss.

Jeder der hierländigen Kreisbehörden sind ein Steuerinspector, ein Unterinspector, ein oder (der in Hermannstadt) zwei Officiale und ein bis zwei (der in Hermannstadt, Broos und Kronstadt) Assistenten zugewiesen. — Ausserdem sind noch wegen der grössern Bevölkerungszahl und bedeutendern industriellen Unternehmungen auch einigen Bezirksämtern Steuerunterinspectoren beigegeben und für dieselben eigne Geschäftsrayons bestimmt. Es sind diess der Rayon von **Mediasch** für die Bezirke Mediasch, Schässburg, Elisabethstadt, Agnethlen und Grossschenk; von **Kézdi-Vásárhely** für die Bezirke Sepsi-Szent-György, Barátos und Kézdi-Vásárhely; von **Gyergyó-Szent-Miklós** für die Bezirke Csikszereda und Gyergyó-Szent-Miklós; von **Sächsisch-Reen** für die Bezirke Görgény-Szent-Imre, S. Reen und Teckendorf; von **Szamos-Ujvár** für die Bezirke Szamos-Ujvár und Mócs und von **Körösbánya** für die Bezirke Körösbánya und Halmágy. In den übrigen Bezirken, welche nicht in diese sechs Rayons einbezogen wurden, wird die Ueberwachung der Steuergeschäfte der Bezirksämter und Steuerämter, dann der Gemeinden unmittelbar von dem Steuerinspector der betreffenden Kreisbehörde geleitet.

Diese Ueberwachung hat hauptsächlich durch periodische, jährlich auf alle Bezirke sich ausdehnende Dienstreihen der Steuerinspectoren und Unterinspectoren zu geschehen, welche sie zur Zeit der mindern Arbeiten im Gebiete der Steuerbemessung vorzunehmen haben. In jenen Fällen aber, wo ein auffallendes Zurückbleiben in den Leistungen jener untergeordneten Aemter und Organe oder überhaupt Unordnungen in der Geschäftsgebahrung derselben wahrnehmbar sind, sollen besondere Aussendungen der Steuerinspectoren und Unterinspectoren durch die Kreisbehörde veranlasst werden.

Die Berichte der Steuerinspectoren und Unterinspectoren an die Kreisvorsteher über jene Bereisungen in Steuerangelegenheiten sind von dem Kreisvorsteher mit seinen Bemerkungen und mit der Anzeige der hiernach getroffenen Verfügungen der Steuerlandesbehörde vorzulegen, welche auf die genaue Erfüllung dieser Obliegenheiten zur Herstellung und Erhaltung einer geordneten Steuerverwaltung ihre vorzügliche Aufmerksamkeit zu richten hat und durch die Einsicht der erwähnten Relationen in den Stand gesetzt wird, die Fähigkeit und Thätigkeit der mit den Steuergeschäften betrauten Organe genauer kennen zu lernen.

Nach den Bestimmungen über die Einrichtung der Bezirksämter hat bei jedem derselben auch ein **Steueramt** zu bestehen und es wurden daher auch in Siebenbürgen 79 Steuerämter aufgestellt.

Dieselben werden nach dem Gesammtumfange ihrer Wichtigkeit in drei Classen eingetheilt *) und bei jedem derselben ist ein Steuereinnehmer und ein Controllor bestellt, welchen, als den eigentlichen Oberbeamten des Amtes, die unmittelbare Haftung für das Cassa- und Rechnungsgeschäft obliegt. Nebst den Oberbeamten sind jedem Steueramte nach Massgabe des Bedarfes ein Official (dieser nur bei den wichtigern), ein bis zwei Assistenten und ein Amtsdiener beigegeben.

Die Steuereinnehmer stehen in der IX. Diätenclasse und haben bei den Steuerämtern der ersten Classe 900 fl., bei den der zweiten Classe 800 fl., und bei den der dritten Classe 700 fl. Gehalt; die in der X. D. Classe stehenden Controllore haben ebenfalls je nach der Classe des Amtes 700, 600 oder 500 fl. Gehalt. Für die Amtsofficiale in der XI. D. Classe bestehen die Gehalte von 510, 450 und 400 fl., — für die Assistenten in der XII. D. Classe die Gehalte von 400, 350 und 300 fl. Die Diener haben 200 bis 250 fl. Lohn.

Mit den Dienststellen der beiden verrechnenden Oberbeamten und der Amtsofficiale, welch Letztern die Leitung einzelner Geschäftsabtheilungen unter der Aufsicht der Oberbeamten und bei dem Abgänge oder der Abwesenheit eines derselben, dessen Vertretung anvertraut werden kann, ist die Verbindlichkeit zur Leistung einer dem Betrage ihres Gehaltes gleichkommenden Caution verbunden.

Zur Ausbildung eines entsprechenden Nachwuchses von Steueramtsbeamten und zur Hilfeleistung bei den steuerämtlichen Verrichtungen, die nicht zum Cassa- und verrechnenden Dienste gehören, können unentgeltliche Amtspraktikanten bis zum fünften Theile der Gesammtzahl aller Steuerbeamten des Landes aufgenommen werden.

Zu dem Wirkungskreise des Steueramtes gehört: die Besorgung der individuellen Vorschreibung der directen Steuern und der Zuschläge zu denselben, dann deren Bekanntgabe an die Gemeinden; die Einhebung, Verrechnung und Abfuhr dieser Steuern **)

---

*) Es gehören von den siebenbürgischen Steuerämtern in die erste Classe die zu: Hermannstadt, Mediasch, Kronstadt, Kézdi-Vásárhely. Udvarhely, Gyergyo-Szent-Miklós, Makfalva, Deés, Nagy-Somkut, Szilágy-Somlyó, Tasnád, Hidalmás, Karlsburg, Abrudbánya und Klausenburg; in die zweite Klasse die zu: Mühlbach, Reussmarkt, Marktschelken, Schässburg, Reps, Fogaras, Sepsi-Szent-György, Barátos, Záh, Dicső-Szent Márton, Sächsisch-Reen, Teckendorf, Retteg, Szamos-Ujvár, Szilágy-Cseh, Válaszut, Bánffi-Hunyad, Thorda, Bágyon, Blasendorf, Körösbánya, Déva und Hátzeg; in die Dritte alle übrigen Steuerämter des Landes mit Ausnahme der zu Broos, Maros-Vásárhely und Bistritz, welche zugleich Sammlungscassen sind und als solche eine eigenthümliche Einrichtung haben, die bei den Sammlungscassen näher erörtert werden wird.

**) Besondere Vorschriften bestimmen, in wie weit dabei und bei der Einhebung der indirecten Abgaben die Mitwirkung der Gemeindevorsteher in Anspruch genommen wird.

und Zuschläge; die Nachweisung der Rückstände an Steuern und Zuschlägen in den vorgeschriebenen Fristen an das Bezirksamt, welches bezüglich derselben nach Massgabe der bestehenden Executions-Vorschriften das Amt zu handeln hat; die Bemessung und Einhebung der Stempel- und unmittelbaren Gebühren von Rechtsgeschäften, Urkunden, Schriften und Amtshandlungen nach den besondern diesfälligen Vorschriften; die Einhebung, Verwahrung und Verrechnung der dahin zugewiesenen sonstigen Staatsgefälle, der Taxen, Domänen- und Forstrenten, sowie der nicht in Steuerzuschlägen bestehenden Concurrenzgelder; die Verwahrung und cassamässige Verrechnung des Waisenvermögens, sowie der politischen und gerichtlichen Depositen; endlich über besondere Weisungen noch andre Cassaverrichtungen, als: Leistung stehender Bezüge, Vollzug von Empfängen und Auslagen für Rechnung anderer Cassen u. dgl.

Bezüglich des dienstlichen Verhältnisses der Steuerämter zu den Bezirksämtern und Gerichten, dann zu den höhern Steuer- und Finanzbehörden wurde *) Folgendes bestimmt:

1. Das Steueramt ist in der Verwaltung der directen Steuern, insoweit sie ihm obliegt, namentlich in Angelegenheiten der individuellen Vorschreibung der Steuern und Zuschläge und ihrer Verrechnung, der Nachweisung der Rückstände und der Evidenzhaltung des Grund- und Hausclassen-Steuercatasters dem Bezirksamt unterstellt und zugleich das Hilfsamt des Letztern in jenen Cassa- und Rechnungsgeschäften, welche die Steuerzuschläge, in soweit dem Bezirksamte ein Einschluss darauf zusteht, und politischen Depositen betreffen.

Der Vorsteher des Bezirksamtes hat daher auch die Aufsicht über das Steueramt sowohl, als über das Personal desselben zu pflegen; in ersterer Beziehung durch Ueberwachung der Geschäftsbehandlung des Steueramtes in allen Zweigen und insbesondere jene der Cassaführung, dann durch Untersuchung des Cassastandes durch persönliche oder durch untergeordnete Beamte veranlasste Liquidationen, — in letzterer Beziehung durch Beaufsichtigung der Angestellten des Steueramtes hinsichtlich ihres Benehmens in und ausser dem Amte und hinsichtlich ihrer Verwendung im Dienste, dann durch Ausübung der Disciplinargewalt über Dieselben.

2. In Angelegenheiten der Verwahrung und cassamässigen Verrechnung des Waisen- und Curanden-Vermögens und der gerichtlichen Depositen ist das Steueramt dem als Bezirksgericht bestellten Bezirksamte und bezüglich Gerichtshofe erster Instanz nach Massgabe der besondern Vorschriften als Hilfsamt unterstellt.

3. Rücksichtlich der Amtshandlungen, die sich auf die Gebührenbemessung von Rechtsgeschäften oder auf Angelegenheiten der

---

*) Mit dem Erlasse der Ministerien des Innern, der Justiz und der Finanzen vom 29. December 1854, Reichsgesetzblatt Nro. 4 vom Jahre 1855.

indirecten Besteuerung, dann der Domänen- und Forstrenten, auf die
Verwaltung des cumulativen Waisen- und Curandenvermögens, auf
die Steuerabfuhren und ihre Verrechnung, dann auf das den Staatshaushalt überhaupt betreffende Cassa- und Rechnungswesen beziehen, unterstehen die Steuerämter der Leitung und Ueberwachung der Finanzbezirksdirectionen, haben mit diesen in unmittelbaren Geschäftsverkehr zu treten und deren im Wege des Bezirksvorstehers ihnen zukommenden Weisungen zu vollziehen.

4. Das Anweisungsrecht bei den Steuerämtern steht bezüglich der
politischen Depositen und der (Punkt 1.) bezeichneten Zuschläge dem
Bezirksamte, bezüglich der im zweiten Punkte bezeichneten Cassageschäfte den dort erwähnten Gerichten, bezüglich aller andern Empfänge und Ausgaben nur den Finanzbezirksdirektionen und der Finanzlandesdirection zu. Nur die Anweisung der stehenden und veränderlichen Auslagen aus dem Cameralfonde für Rechnung des Ministeriums
des Innern und der Justiz erfolgt ausserhalb des Hermannstädter Finanzbezirkes auch durch den Chef der Statthalterei und den Präsidenten des Oberlandesgerichtes im Wege der betreffenden Sammlungscassa, und rücksichtlich der Evidenzhaltung, Einhebung und Verrechnung der Grundentlastungs-Empfänge und Auslagen hat das Steueramt auch die Weisungen der Grundentlastungs-Landesbehörde zu
vollziehen.

5. Die Einflussnahme der Kreisbehörden auf die Amtirung der
Steuerämter wurde bereits früher (Seite 324 und 358) erörtert. Das
Steueramt hat die von der Kreisbehörde in Gegenständen der Steuerverwaltung ergehenden Weisungen zu vollziehen, deren Abgeordneten,
insbesondere den Steuerinspectoren und Unterinspectoren, die Einsicht
in die gesammte Gebahrung zu gewähren und ihren auf die Steuerverwaltung und die Durchführung der übrigen Geschäfte gerichteten
Anordnungen Folge zu leisten.

6. Der Vorsteher des Bezirksamtes kann Angestellte des Steueramtes zur Aushilfe bei den Geschäften des Bezirksamtes in Steuer-
und Cassasachen verwenden, wenn diess das Bedürfniss des Bezirksamtes erheischt und dadurch nach dem Erachten der Oberbeamten des
Steueramtes den eignen Geschäften des Letztern kein Abbruch geschieht.

3. Die Finanzbezirksdirectionen.

Das Verwaltungsgebiet der Finanzlandesdirection zu Hermannstadt (Siebenbürgen) wird in die sechs Finanzbezirke: Hermannstadt, Kronstadt, Maros-Vásárhely, Bistritz, Klausenburg und Broos
eingetheilt. Der Umfang der Finanzbezirke Hermannstadt und
Kronstadt fällt mit dem des gleichnamigen Kreises zusammen; das
Gebiet der Finanzbezirksdirection in Maros-Vásárhely umfasst
die Kreise Udvarhely und M. Vásárhely, das der Finanzbezirksdirection

Bistritz die Kreise Bistritz und Deés, jenes des Finanzbezirkes Klausenburg die Kreise Szilágy-Somlyó und Klausenburg und endlich der Umkreis des Bezirkes Broos die Kreise Karlsburg und Broos.

Jede dieser Finanzbezirksdirectionen wird von einem Director mit dem Titel, Range und Gehalte eines Finanzrathes geleitet. Ihm sind für das Conceptfach je vier Finanzbezirkscommissäre in der IX. Diätenclasse mit 1000, 900 oder 800 fl. Gehalt, je zwei bis drei Finanzconcipisten im Range und Gehalte von denen bei der Landesdirection und nach Erforderniss auch Conceptspraktikanten, dann als Leiter des Rechnungswesens ein Rechnungsrevident in der IX. D. Classe mit 1000 oder 900 fl. Gehalt beigegeben. Das subalterne Rechnungspersonale (vier Amtsofficiale) und Kanzleipersonale (ein Official, als Leiter der Hilfsämter, mit 700 fl. Gehalt, — acht bis zehn Assistenten und nach Umständen einige Amtspraktikanten) gehört in den Stand der diesfälligen Beamten der Finanzlandesdirection. Die Dienerschaft besteht aus einem Amtsdiener mit einem bis zwei Gehilfen.

Den Finanzbezirksdirectionen liegt innerhalb ihres Amtsgebietes ob: die Verwaltung des Zollgefälles und der damit verbundenen Abgaben, der Weg-, Brücken- und Wassermauth, der Verzehrungssteuer, des Tabak- und Stempelgefälls, der Cammeral-, Fonds- und Stiftungsgüter mit Einschluss des Forstwesens; die Aufsicht über die Vollziehung der auf das Salzgefälle Bezug nehmenden Vorschriften; die Mitwirkung in Bezug auf das Taxwesen und die übrigen der Finanzlandesdirection zugewiesenen Geschäftszweige; die Leitung der Finanzwache; die Ueberwachung der ihnen unterstehenden Aemter, Cassen und Materialniederlagen und die Ausübung des Gefällsstrafverfahrens nach Massgabe der diesfälligen Vorschriften.

Die Finanz-Bezirksdirectionen sind befugt, die systemisirten Plätze der Diener, der Finanzwach-Oberaufseher und Aufseher, der Heger und Knechte auf den Staatsgütern, der Salzwächter, Tabak- und Salzkleinverschleisser u. s. w. zu besetzen; diese Angestellten zu versetzen, zu entlassen oder ihre Dienstesheimsagung anzunehmen. Sie haben nach den besondern Vorschriften das Anweisungsrecht bei den unterstehenden Cassen bezüglich gewisser Bezüge, Vorschüsse, Aushilfen und Auslagen.

Zur Ausübung des oben bezeichneten Wirkungskreises sind den Finanzbezirksdirectionen nach den einzelnen Gefällszweigen verschiedene ausübende Aemter (Zollämter, Salzämter, Wirthschaftsämter u. s. w.), dann für mehrere dieser Geschäftszweige auch die Steuerämter unterstellt, wie wir in Nachstehendem auseinandersetzen wollen.

4. Die Zollverwaltung.

Die unmittelbare Verwaltung des Zollgefälles üben in Siebenbürgen die den Finanzbezirksdirectionen untergeordneten **Zollämter** aus und zwar das zu **Kronstadt, Hermannstadt** und **Klausenburg** im Innern des Landes, dann die Zollämter: **Vulkán, Dusch, Rothenthurm, Bráza, Tömös, Törzburg, Obertörzburg, Altschanz, Bodza, Oitoz, Csikgyimes, Almásmező, Tölgyes** und **Belbor** längs der Grenze der Moldau und Walachei.

Von diesen Zollämtern sind: eines und zwar das zu **Kronstadt** ein Hauptzollamt I. Classe oder Gefällsoberamt IV. Classe; vier Hauptzollämter II. Classe oder Gefällenhauptämter und zwar das zu **Hermannstadt** und **Klausenburg** Gefällenhauptämter erster Classe, das zu **Tömös** eines zweiter Classe und das zu **Rothenthurm** ein Gefällen-Hauptamt dritter Classe; sechs Nebenzollämter I. Classe und zwar die zu **Untertörzburg** und **Oitoz** Gefällen-Hauptämter vierter Classe, die zu **Vulkán** und **Csik-Gyimes** als solche fünfter Classe und die zu **Bodza** und **Tölgyes** als Gefällen-Unterämter erster Classe; endlich sechs Nebenzollämter II. Classe, wovon das zu **Altschanz, Bráza** und **Dusch** in die erste und das zu **Belbor, Almásmező** und **Ober-Törzburg** in die zweite Classe der Gefällen-Unterämter gehört.

Das Personale besteht bei diesen Zollämtern in der Regel aus einem Einnehmer (IX. oder X. Diätenclasse) und Controllor (X. oder XI. DClasse und nach Umständen aus einem oder mehr Officialen (XI. DClasse und Assistenten (XII. DClasse); nur die Gefällenunterämter zweiter Classe haben keine Controllore, dafür aber das Gefällenoberamt (Kronstadt) deren zwei und dieses, sowie das Gefällenhauptamt erster Classe in Klausenburg auch einen Cassier (X. DClasse). — Die Gehalte der Einnehmer steigen von je 400 fl. bei den Gefällenunterämtern zweiter Classe, bis zu 1000 fl. bei den Hauptämtern erster Classe, und ebenso die Gehalte der Controllore von 400 fl. bis 900 fl. Der Einnehmer des Gefällenoberamtes, welcher in der VIII. Diätenclasse steht, hat 1200 fl., der erste Controllor desselben (in der IX. DClasse) 1000 fl. Gehalt, die Cassiere haben 800 fl., die Officiale 700, 600, 500, 450 und 400 fl. Gehalt. Ausserdem sind jedem Zollamte nach Bedarf ein oder zwei Oberaufseher und Aufseher der Finanzwache zur Schreibaushilfe zugewiesen, und die Hauptzollämter Kronstadt, Klausenburg und Hermannstadt haben noch je zwei Amtsdiener.

Jedes dieser Aemter hat diesemnach auch die ihm nach der Zoll- und Staatsmonopols-Ordnung, dem Zolltariffe und den besondern Bestimmungen in Folge seiner Eigenschaft zukommenden Amtsbefugnisse. Dem Hauptzollamte zu Kronstadt und Hermannstadt steht aber insbesondere noch die unbeschränkte Verzollung der litterarischen und Kunstgegenstände zu, die Nebenzollämter erster Classe zu Törzburg, Oitoz und Csik-Gyimes können die Bestättigung des Austrittes von Durchfuhrwaaren ohne Beschränkung ertheilen, und die Nebenzollämter zweiter Classe Belbor und Almásmezö wurden ermächtigt, Schlacht- und Zugvieh in unbeschränkter Menge in Verzollung zu nehmen.

6. Die Einhebung der Weg-, Brücken- und Wassermauthen.

Die Einhebung der Mauth für die ärarischen Reichsstrassen, Brücken und Ueberfuhren wird grösstentheils im Versteigerungswege verpachtet und von dem Pächter nach einem vorgezeichneten Tariffe und besondern Vorschriften besorgt. Nur dort, wo ein angemessener Pachtzins nicht erreicht werden kann, werden die Mauthgebühren von eignen durch die Finanzbezirksdirectionen aufgestellten Einnehmern eingehoben, welche die eingenommenen Gelder zur weitern Verrechnung an die Gefällscassen ebenso, wie die Pächter ihre Pachtzinsraten, abzuführen haben.

Von den Reichsstrassen unsers Landes sind gegenwärtig die Seite 295 und 296 unter Zahl 1 bis 9 aufgeführtren mit einer Länge von 128 Meilen und 1360 Klaftern bemauthet, worauf 51 von der Mauth betroffene Brücken sich befinden.

7. Die Verzehrungssteuer-Einhebung und Verwaltung.

Die Verzehrungssteuer vom Biere wird nach dem Extraktgehalte der Bierwürze in Sacharometergraden über jedesmalige Anmeldung der Brauerei eingehoben. Zur Prüfung und Richtigstellung der Anmeldung und zur Ausübung der Controle beim Gebräude ist die Finanzwache berufen. Die Einzahlung der Steuergebühr hat beim nächsten Zoll- oder Steueramte stattzufinden.

Bei der Verzehrungssteuer von gebrannten geistigen Flüssigkeiten bleibt es dem Erzeuger überlassen, jedesmal vor dem Einmaischen die Anmeldung zu machen, oder für eine bestimmte (längere) Zeitdauer nach einer allgemeinen Anmeldung der Erzeugungsmenge sich abzufinden. Die nach der Anzahl von österreichischen Eimern Maische in bestimmten Beträgen für die verschiedenen Arten der geistigen Flüssigkeiten bemessene Steuer ist ebenfalls beim nächsten einhebenden Gefällsamte zu entrichten, welches auch die Anmeldung zu prüfen und richtigzustellen hat, während die Controle auch hier von der Finanzwache ausgeübt wird.

Die Verzehrungssteuer von Wein und Fleisch in den Orten von mehr als 2000 Seelen wird in Siebenbürgen in der Regel durch eine von der Finanzbezirksdirection vermittelte Abfindung der Gemeinde auf ein oder mehrere Jahre mit einem bestimmten jährlichen Ablösungsbetrage entrichtet und dann der Gemeinde selbst die Hereinbringung der Steuer von den dadurch betroffenen Gemeindegliedern und die Handhabung der Controllsmassregeln überlassen. Nur wo keine angemessene Abfindungssumme von der Gemeinde angeboten wird, wird die Einhebung der Steuer verpachtet. Die Einhebung der Verzehrungssteuer von Wein und Fleisch in ärarischer Regie hat in Siebenbürgen noch nicht Platz gegriffen.

8. Die Verwaltung des Tabakgefälls.

Die Verwaltung des Tabakgefälles zerfällt in Siebenbürgen in die **Einlösung** der im Lande erzeugten Tabakblätter, welche von dem Einlös-Inspektorate zu Maros-Vásárhely besorgt wird; in die **Verarbeitung** des eingelösten Materials zu verkäuflichem Rauch- und Schnupftabak der verschiedenen Sorten in der **Fabrik zu Klausenburg***), und in den **Verschleiss** der theils im Lande selbst, theils auswärts erzeugten ärarischen Tabakfabrikate durch die Tabakmagazine zu Klausenburg, Maros-Porto, Hermannstadt, Kronstadt, Maros-Vásárhely und Bistritz, dann durch die aufgestellten Tabak-Gross- und Kleinverschleisser.

Das **Tabakeinlös-Inspectorat zu Maros-Vásárhely**, unmittelbar der Centraldirection der Tabakfabriken und Einlösämter in Wien untergeordnet, mit einem Inspector im Range und Gehalte eines Finanzrathes (VII. Diätenclasse) an der Spitze, dem ein Official und Amtsdiener beigegeben ist, hat die Bestimmung die im Lande fürs Aerar erzeugten Tabakblätter einzulösen und den Fabriken zur Verarbeitung zuzuführen. Dem Inspectorate zur Seite steht das Tabak-Einlös-Bezirksamt zu Maros-Vásárhely mit einem Verwalter, Controllor, Assistenten, einem Nachsteher und zwei Wagdienern.

9. Die Verwaltung des Stempel- und Taxgefälls,
dann der unmittelbaren Gebühren.

Die Bemessung dieser Gebühren, soweit sie nicht nach dem Gesetze in festen Beträgen mittelst Aufkleben der Stempelmarken oder Aufdrücken des Stempelzeichens (bei Kalendern, Ankündigungen und Spielkarten) entrichtet werden, findet theils durch die Finanz-

---

*) Mit einem Verwalter, Controllor, Oekonom, Rechnungs-, Wagamts-, Kanzlei- und Fabrikations-Official, einem Kanzlei- und zwei Fabrikations-Assistenten, zwei Pracktikanten, einem Diurnisten, Kanzleidiener, Portier, fünf Nachstehern, 2 Wagdienern, einem Maschinenwärter und Schlossereiwerkführer, einem Binderei- und einem Tischlerei-Werkführer besetzt.

Bezirksdirectionen selbst, theils durch die Steuerämter statt; die Einhebung der Gebühren besorgen die Steuerämter und Sammlungscassen. Der Verschleiss der Stempelmarken geschieht, sowie früher der Verkauf des Stempelpapiers, durch die (meist mit den Tabakmagazinen vereinigten) Verschleissmagazine und die gegen Percentenbezug aufgestellten Verschleisser.

10. Die Verwaltung des Salzgefälles.

Bei der Verwaltung des Salzgefälles in Siebenbürgen muss zwischen der Erzeugung und der Verschleissung des Steinsalzes, denn nur solches wird in Siebenbürgen verbraucht, unterschieden werden. Die Erstere geschieht auf Veranlassung der k. k. Berg-, Forst- und Salinendirection und bildet also einen Zweig des siebenbürgischen Bergwesens, die Letztere geht von der Finanzverwaltung aus, — obwohl die Erzeugungsämter selbst (die Salzämter) zugleich auch Verschleissämter und als solche sowohl der Bergdirection, als Finanzlandesdirection, untergeordnet sind.

Diese Salzämter befinden sich zu Maros-Ujvár, Salzburg (Vizakna), Thorda, Deésakna und Parajd. Jedes ist mit einem Verwalter, Controllor, ein bis drei Grubenofficieren, einen oder mehreren Ober- und Unterwagmeistern, einem Amtsschreiber, Werksarzt, Pfarrer, Lehrer und Dienern, nur das in Maros-Ujvár auch mit einem Cassaofficial und einem Requisitenverwahrer besetzt. Denselben sind auch für einen gewissen Bezirk die zur Ueberwachung der Salzspuren und Quellen aufgestellten Ueberreiter, Wächter und Contraschen untergeordnet.

Ausser diesen Salzerzeugungsämtern bestehen aber auch noch am Maroschflusse mit unmittelbarer Unterordnung unter die betreffenden Finanzbezirksdirectionen (Maros-Vásárhely und Broos) das Salzlegstatt-, Transport- und Schiffbauamt in Maros-Porto *), das Salzlegstatt- und Transportsamt zu Maros-Solymos **) und das Salzschiffbauholz-Erzeugungsamt zu Gyergyó-Toplitza ***) mit dem Flossexpeditionsamte zu Maros-Vásárhely †).

---

* Mit einem Einnehmer, Controllor, zwei Wagmeistern, einen Amtsschreiber, Requisitenverwahrer, Schiffbaumeister, Werksarzt, Kaplan und Schullehrer, dann mehreren Dienern besetzt.

** Mit einem Einnehmer, controllirenden Amtsschreiber, Wagmeister und mehreren Dienern

***) Das Personale besteht aus einem Rechnungsführer, controllirenden Förster, Sagmühlenmeister, Werksschmied, Mühlknechten, Flosswächtern und einem Amtsüberreiter

†) Mit einem Expeditor.

11. Die Staatsgüter-Verwaltung.

Die Verwaltung der Staatsgüter (Domänen, sequestrirte Güter, dann Gebäude und Gebirgsweiden der aufgelösten Grenzregimenter) besorgen eigene Gutsverwaltungen, welche den betreffenden Finanzbezirksdirectionen unmitttelbar untergeordnet sind. Solche Gutsverwaltungen haben wir zu Déva, Krakkó, Deés, Márpatak, Pocstelke, Darlocz und Weisskirch *). Sie sind in der Regel mit einem Verwalter und einem controllirenden Beamten besetzt, welchen die nöthigen Diener, Knechte und Hüter zur Besorgung der Wirthschaft beigegeben sind.

Von der Finanzverwaltung ausgeschlossen sind jedoch die Forst- und Gutsverwaltungen der zum Betriebe der Staatsbergwerke gewidmeten Forste und Herrschaften, dann der Forste der aufgelösten Grenzregimenter, die der Bergdirektion unterstehen und bei den derselben untergeordneten Behörden zur Sprache kommen werden.

12. Die Finanzwache.

Die Finanzwache, ein eigener bewaffneter, ausschliesslich den Finanzbehörden untergeordneter Körper hat die Bestimmung: den Schleichhandel und die Uebertretungen der Gefällsvorschriften zu verhindern, verübte Uebertretungen dieser Vorschriften von Seite der Parteien und ordnungswidrige Vorgänge von Seite der Aemter und Angestellten zu entdecken und den ausübenden Aemtern (Zollämtern) in der Vollziehung ihrer Amtshandlungen Hilfe zu leisten; dann verdächtige ausweislose Leute von dem Eintritte in das Land abzuhalten, den Austritt der Militär-Ausreisser, der Auswanderer oder anderer dazu nicht befugter Personen in das Ausland zu hindern und in den durch die Vorschriften bestimmten Fällen auf die vorläufige Aufforderung der dazu berufenen Behörde zur Vollstreckung der Vorkehrungen für die öffentliche Sicherheit in dem ihr zugewiesenen Bezirke Hilfe zu leisten.

Die hierländige Finanzwache wird in die neun Sectionen zu Hermannstadt, Kronstadt, Kézdi-Vásárhely, Csikszereda, Maros-Vásárhely, Bistritz, Klausenburg, Broos und Hátzeg eingetheilt, welche weiters in 32 Commissariate (6 davon werden von selbstständigen Respizienten geleitet), 41 Respizientenbezirke (16 derselben unterstehen unmittelbar dem betreffenden Comissäre) und 153 Abtheilungen zerfallen. Der systemisirte Stand besteht aus 9 Obercommissären und Sectionsleitern in der IX. Diätenclasse mit 800, 900 oder 1000 fl. Gehalt, Reisepauschalien, Quartiergeld u. s. w.; 26 Commissären in der X. D. Classe mit 500 oder 600 fl. Gehalt, Reisepauschal, Quartier-

---

*) Die Gutsherrschaften zu Longodár und Héviz sind gegenwärtig verpachtet.

geld u. s. w.; 31 Respizienten mit Löhnung, Pauschalien und Zulagen; Oberaufsehern und Aufsehern mit Löhnungen, Zulagen und wie die Respizienten gemeinschaftlicher Unterbringung (in Kasernen) auf Staatskosten.

13. Die Finanz-Cassen.

Alle Staatseinnahmen, welche bei den einhebenden Aemtern (Steuerämter, Zollämter, Salzämter, Tabak- und Stempelverschleissmagazine u. s. w.) eingehen und nicht unmittelbar zu dem bei ihnen angewiesenen Verwaltungsauslagen verwendet werden, fliessen an die an den Standorten der Finanzbezirksdirectionen bestellten und diesen untergeordneten Sammlungscassen und von den Letztern die nach der Bestreitung der auf sie entfallenden Auslagen von den Abfuhren der einhebenden Aemter und den eigenen Einnahmen verbleibenden Ueberflüsse an die Landeshauptcassa in Hermannstadt ein, welche unmittelbar der Finanzlandesdirection untersteht.

Als Sammlungscassa für den Hermannstädter Finanzbezirk ist die Landeshauptcassa, für den Kronstädter und Klausenburger Bezirk das Hauptzollamt in Kronstadt und Klausenburg bestellt und aus diesem Anlasse mit dem entsprechenden Personale vermehrt. Für den Bistritzer, Maros-Vásárhelyer und Brooser Finanzbezirk wurden die Steuerämter in Bistritz Maros-Vásárhely und Broos bestimmt, die Gehalte ihrer Oberbeamten I. etwas höher, als bei den Steuerämtern erster Classe, bemessen und ihnen aus diesem Anlasse auch ein Cassier (X. D. Classe), ein bis zwei Offiziale und Assistenten und ein Dienersgehilfe beigegeben.

Das Personale der Landeshauptcassa besteht aus einem Zahlmeister in der VIII. Diätenclasse mit 1600 fl. Gehalt und 160 fl. Quartiergeld, und einem Controllor in demselben Range mit 1400 fl. Gehalt und 140 fl. Quartiergeld; drei Cassieren in der IX. D. Classe, wovon einer mit 1000 fl. Gehalt für die Filial-Bankgeschäfte, einer mit 800 und einer mit 700 fl. Gehalt; einem Liquidator mit 900 fl. und einem Cassa-Adjuncten mit 800 fl. Gehalt, beide in der IX. D. Classe; 12 Officiale in der XI. D. Classe mit 600, 500 und 450 fl. Gehalt, 5 Accessisten in der XII. D. Classe mit 350 und 300 fl. Gehalt und 3 Amtsdienern.

Die Landeshauptcassa hat die Bestimmung der Centralpunkt aller im Lande vorfallenden Staats-Einnahmen und Ausgaben zu sein, in welchem sich alle Ueberschüsse der Steuern Gefälle und sonstigen Zuflüsse, zugleich aber auch alle Auslagen für die verschiedenen Verwaltungszweige vereinigen, und von dem aus die Abfuhren an die Staatscentralcassa zu geschehen haben. Die Landeshauptcassa zerfällt in zwei Hauptabtheilungen: in die erste Abtheilung oder Einnahmscassa, welche die Abfuhren der Sammlungscassen und andrer dazu angewiesenen Cassen und Parteien, dann die Verläge der Staatscentralcassa zu übernehmen und davon die den Staatsschatz treffenden Auslagen der verschiedenen Verwaltungszweige im Grossen mittels der an die andern Cassen zu erfolgenden Verläge und Dotationen, sowie die ihr durch besondere Anordnungen (des Finanzministeriums) zugewiesenen ausserordentlichen Auslagen zu bestreiten hat; — und in die zweite Abtheilung, welche theils die dahin übertragenen Auslagen im Detail zu berichtigen bestimmt ist (Ausgabskassa), theils die Cassageschäfte der politischen und andrer vom Cammerale getrennter Fonde besorgt.

14. Das Grundsteuerprovisorium.

Zur gleichmässigen **Besteuerung der Nützungen von Grund und Boden**, dann von **Gebäuden** wurde *) bis zur Vollendung des stabilen Grundsteuer-Katasters auch in Siebenbürgen ein **Grundsteuerprovisorium** eingeführt.

Als Nützung des Grund und Bodens wurde das **reine Grunderträgniss** d. i. der Werth der auf der productiven Oberfläche des Bodens bei Anwendung des gewöhnlichen Fleisses und in Jahren gewöhnlicher Fruchtbarkeit nach der verschiedenen Culturgattung erzeugten Producte, nach Abschlag der nothwendigen und gemeindeüblichen Auslagen auf Bearbeitung des Bodens, Saat, Pflege und Ernte der Producte, der Besteuerung unterzogen.

Die Ausmittelung des reinen Grundertrages hatte durch die Erhebung des Flächenmasses und eine Schätzung des Erträgnisses zu geschehen. Zur Ausmittelung des Flächenmasses der Grundstücke wurden in jeder Gemeinde mit angemessener Prüfung die zu Gebote stehenden Behelfe benützt, welche die vorgenommenen ältern Vermessungen und die geometrischen Aufnahmen für öffentliche und Privatzwecke darboten und nur für jene Grundstücke, für welche keine Aufnahmen vorhanden waren, die Angabe der Besitzer über ihre Grösse einer ämtlichen Prüfung unterzogen und durch Vermessung richtig gestellt. Den Ertragsschätzungen wurden die Angaben der Gemeindevertreter zu Grunde gelegt, und dieselben durch eigens dazu aufgestellte Beamte (Schätzungscommissäre) mit der Aufgabe der Herstellung eines standhältigen Verhältnisses unter den Gemeinden der ihnen zugewiesenen und der angrenzenden Bezirke geprüft und festgestellt. Es wurde dabei ausgemittelt, welche verschiedenen Benützungsarten des Bodens (Cultursgattungen) in jeder Gemeinde bestehen, in welche verschiedene Ertragsabstufungen (Classen) sich jede dieser Culturgattungen nach der natürlichen Beschaffenheit des Bodens und der örtlichen Lage theilte, in welche dieser Classen jedes einzelne Grundstück einzureihen war, wieviel ein bestimmtes Flächenmass jeder Culturgattung und Classe im Durchschnitte eines Jahres nach der gemeindeüblichen Bestellungsweise an den gewöhnlichen

---
*) Mit dem kaiserlichen Patente vom 4 März 1850, Reichsgesetzblatt v. J. 1850 № 80.

Producten abwarf, welcher Geldwerth den Letztern beigelegt werden konnte und welcher Theil des Rohertrages als Ersatz des nothwendigen Culturaufwandes abzuziehen war, damit sich nach diesem Abzuge der Reinertrag herausstellte. Der für ein bestimmtes Flächenmass jeder Culturgattung und jeder Classe entworfene Tarif des Reinertrages wurde nun auf die einzelnen Grundflächen jedes Grundbesitzers im Verhältnisse des Flächenmasses angewendet.

Als **Nützungen von Gebäuden** wurde nach den besondern örtlichen Verhältnissen theils der Miethzins, welchen sie abwerfen, theils der Werth ihrer Benützung nach Massgabe der Wohnbestandtheile, die sie enthalten, angenommen *) und wo die Besteuerung der Gebäudenützungen nach dem Zinsertrage eingeführt ward, der reine Ertrag nach Abzug eines Theiles des Miethzinses für Unterhaltungskosten und für die Abminderung des Capitalswerthes ausgemittelt.

Bei der Ertragsausmittelung der Grundstücke sowohl, als der Gebäude, wurde und wird auf die persönlichen Verpflichtungen der Besitzer gegen Dritte, es mögen dieselben rein persönlich sein oder auf der Realität haften, keine Rücksicht genommen und daher Capitalsschulden, Geld- und Natural-Abstattungsverbindlichkeiten aus was immer für Titeln bei der Schätzung des reinen Grund- und Hausertrages nicht in Anschlag gebracht.

Zur Durchführung dieser Bestimmungen wurde eine eigene **Landescommission** (Grundsteuer-Landescommission) in Hermannstadt aufgestellt. Dieselbe besteht aus einem Ministerialrathe, einem Finanzrathe, vier Beisitzern, einem Secretär, einem Obergeometer, zwei Concipisten, einem Revisionsgeometer, einem Adjuncten des Obergeometers, Calculanten, Diurnisten und Dienern. Unter dieser Landescommission leiten die Ertrags-Ausmittelungen und Richtigstellungen die für bestimmte Bezirke aufgestellten Schätzungs-Inspectoren, Schätzungscommissäre für das Feld- und Waldland und Geometer mit ihren Adjuncten, welche gegen Taggelder aufgenommen wurden, nach eignen, die Ausführung der einzelnen Bestimmungen näher bezeichnenden Belehrungen.

Die entfallende Summe der Grundsteuer wurde nach den Ergebnissen der Ertragsausmittelung bereits in der Art umgelegt **), dass jeder einzelne Grundbesitzer vom Hundert des ausgemittelten reinen Ertrages die entsprechenden gleichen Antheile als Grundsteuer zu entrichten hat. Nach der ersten Umlegung der Grundsteuer auf

---

*) Siehe das weitere hierüber S 552 unter der Gebäudesteuer. Die Erhebung der Wohnbestandtheile jedes Gebäudes geschah übrigens in Siebenbürgen durch Beamte der Steuerämter im Einvernehmen mit den politischen Behörden und die Prüfung der Hauszinsertragnisse in den Städten, welche der Hauszinssteuer unterzogen wurden, wird durch die betreffenden Magistrate veranlasst.

**) Siehe S 552 bei der Grundsteuer.

Grund dieser Ausmittelung wurde jedoch den Betheiligten gestattet ihre Einwendungen und Beschwerden (Reclamationen) vorzubringen und zu diesem Behufe nach Auflösung der Schätzungs-Inspectorate für grössere Umkreise Reclamations-Inspectorate mit einem Inspector, Archivs-Adjuncten, Schreibern und Amtsdienern, dann der nöthigen Anzahl von Reclamations-Untersuchungs-Commissären für den öconomischen Theil und das Waldland, nebst Adjuncten und Geometern aufgestellt und am Sitze der Landescommission eine Staatsreclamations-Commission aus der entsprechenden Zahl von Reclamations-Commissären und Adjuncten mit einem Beisitzer der Landes-Commission an der Spitze zusammengesetzt.

Die im Laufe der Zeit vorkommenden Veränderungen in der Person des Besitzers und im Umfange des Besitzthums werden (von den Gemeindevorständen unter der Aufsicht der Steuerämter oder von den Letztern selbst) aufgenommen und dergestalt in Evidenz gehalten, dass die Steueranforderungen immer an den wirklichen Besitzer der Realität gestellt werden.

15. Die Lottoverwaltung.

Die Leitung des Lottogefälles besorgt, in unmittelbarer Unterordnung unter die Lottogefällsdirection in Wien, das Lottoamt in Hermannstadt, dessen Personale aus einem Verwalter in der VIII. Diätenclasse mit 1410 fl. Gehalt sammt Nebenbezügen, einem Controllor (IX. D. Classe) mit 900 fl., einem Archivar (X. D. Classe) mit 800 fl., zwei Amtsofficialen (XI. D. Classe) mit 600 und 500 fl., zwei Assistenten (XII. D. Classe) mit je 300 fl. Gehalt und einem Hausdiener mit 220 fl. Lohn besteht.

Unter diesem Lottoamte stehen die sämmtlichen Lottocollecturen des Landes, deren in Hermannstadt fünf, Kronstadt drei, Klausenburg zwei und je eine in Mühlbach, Mediasch, Schässburg, Elisabethstadt, Reps, Fogaras, Zeiden, Kézdi-Vásárhely, Udvarhely, Maros-Vásárhely, Sächsisch-Reen, Bistritz, Deés, Thorda, Nagy-Enyed, Abrudbánya, Karlsburg, Broos, Déva, Vajda-Hunyad und Hátzeg sich befinden.

16. Das Münzwesen.

Für das Münzwesen und die damit verbundene Uebernahme und Ausprägung des von den Aerarialbergwerken und Einlösungsämtern abgelieferten Goldes und Silbers ist das der Finanzlandesdirection untergeordnete Münzamt in Karlsburg bestellt.

Dasselbe besteht aus einem Münzmeister in der VIII. Diätenclasse mit 1200 fl., einem Münzwardein (IX. D. Classe) mit 800 fl., Cassier (IX. D. Classe) mit 650 fl., Obergoldscheider (IX. D. Classe) mit 700 fl., Cassacontrollor (X. D. Classe) mit 500 fl., Goldscheidungscontrollor (X. D. Classe) mit 500 fl., Graveur (X. D. Classe) mit 550 fl., Werkmeister (XI. D. Classe) mit 400 fl., Graveurs-Adjunct (XI. D. Classe) mit 450 fl. Gehalt, zwei Practikanten, einem Werksartzten, Diurnisten, Ueberreitern und Amtsdienern.

17. Die Finanzprocuratur.

Die Finanzprocuratur für Siebenbürgen zu Hermannstadt, welche am 1. November 1853 an die Stelle des bestandenen Fiscal-Directorates (Fiscalium et fundationalium causarum Directoratus) getreten und unmittelbar dem Präsidium der Finanzlandesdirection untergeordnet ist, besteht aus einem Finanzprocurator mit dem Range und Charakter eines Oberfinanzrathes und 3000 fl. Gehalt, zwei Finanzräthen mit 2000 und 1800 fl. Gehalt, drei Adjuncten mit dem Range und Gehalte von Finanz-Secretären, vier Conceptspracticanten (wovon zwei mit Adjutum), einem Vorsteher der Hilfsämter, den Hilfsamtsadjuncten der Finanzlandesdirection gleichgestellt, vier Kanzlei-Officialen, vier Assistenten, einem Kanzleidiener und Hausknecht. Alle diese Beamten und Angestellten gehören in die gleichen Kathegorien des Personalstandes der Finanzlandesdirection und rücken nach den bestehenden Vorschriften in die höhern Gehaltsstufen derselben Kathegorie vor.

Die Bestimmung der Finanzprocuratur bildet *) die gerichtliche Vertretung und die Führung der Rechtsstreite in jenen Angelegenheiten, welche das Staatsvermögen und die demselben gleichgehaltenen Fonde **) betreffen, ohne Unterschied der Ministerien oder Behörden, welchen die Verwaltung dieses Vermögens oder dieser Fonde zugewiesen ist; dann die Erstattung von Rechtsgutachten und die Mitwirkung bei der Zustandebringung von Rechtsgeschäften und Rechtsurkunden in Angelegenheiten des Staatsvermögens und der demselben gleichgehaltenen Fonde, wenn sie von Staatsbehörden in Anspruch genommen wird.

---

*) Nach der provisorischen Dienstes-Instruction für die k. k. Finanzprocuraturen vom 16. Februar 1855, Reichsgesetzblatt v. J. 1855 Nro. 34.

) Zu dem Staatsvermögen und den, bezüglich der Rechtsvertretung und Rechtsberathung durch die Finanzprocuratur demselben gleichgehaltenen Fonden gehören alle landesfürstlichen Steuern und Abgaben, Gefälle, Regalien, Fabriken, Domänen, die Staatslehensgerechtsamen und überhaupt alle zur Bestreitung des Staatshaushaltes bestimmten Institutionen und Anstalten; das Caducitätsrecht (Heimfallsrecht), die Territorialrechte und Landesgrenzen, alle Fonde, welche von den Staatsbehörden unmittelbar verwaltet, oder ganz oder theilweise aus dem Staatsschatze dotirt werden; die unmittelbar von landesfürstlichen Behörden verwalteten Stiftungen (bei andern Stiftungen hat die Finanzprocuratur bei der ersten Constituirung zu interveniren); das Kirchenvermögen und das Vermögen geistlicher Beneficien, wenn es von l. f. Behörden verwaltet wird überhaupt, sonst nur bezüglich der **ursprünglichen Bestiftung und der Integrität des Stammvermögens, die landesfürstlichen Patronatsrechte.

§ 48 Die Bergbehörden.

Die Bergbehörden theilen sich in solche, welchen die Verwaltung der ärarischen Montanwerke und der dazu gehörigen Besitzungen, dann in solche, denen die Handhabung des Berggesetzes und die Besorgung der Berglehens-, Bergpolizei und Bergdisciplinar-Angelegenheiten zukommt. Zu den erstern gehört in Siebenbürgen die Berg-, Forst- und Salinendirection in Klausenburg mit den untergeordneten Aemtern und Organen, — zu den Letztern die Statthalterei (als Oberbehörde) und Berghauptmannschaft in Zalathna mit den exponirten Bergcommissären.

1. Die Berg-, Forst- und Salinendirection.

Der Wirkungskreis dieser Behörde umfasst die administrative und technische Leitung über den gesammten ärarischen Metall- und Eisen- Berg- nebst Hüttenbetrieb, über die Salzerzeugung und über die Aerarial-, Montan- und frühern Grenzmilitär-Forste in Siebenbürgen.

Der systemisirte Personalstatus besteht aus einem Director mit dem Range und Charakter eines Ministerialrathes (V. Diätenclasse) und 4000 fl. Gehalt und 600 fl. Quartiergeld*), einem Oberbergrath (VII. D. Classe) mit 1800 fl., drei Bergräthen, wovon einer zugleich dirigirender Forstrath und einer Vorsteher der referirenden Rechnungs-Abtheilung ist, (VIII. D. Classe) mit 1600, 1500 und 1400 fl., drei Secretären (IX. D. Classe) mit 1000 und 900 fl., drei Ingenieuren (IX. D. Classe), davon einer für das Berg-, einer für das Forst- und der dritte für das Bauwesen jeder mit 900 fl., drei Concipisten (X. D. Classe) mit 800 und 700 fl., dann zwei Rechnungsofficialen (XI. D. Classe) mit 800 und 700 fl. und einem Ingrossisten (XI. D. Classe) mit 500 fl. Gehalt für die Rechnungs-Abtheilung; ferner für die Hilfsämter aus einem Vorsteher (Registrator und Expeditor) in der IX. D. Classe mit 900 fl. Gehalt, einem Protocollisten (X. D. Classe) mit 800 fl., einem Registranten von gleichem Range mit 600 fl, drei Kanzellisten (XI. D. Classe) mit 500 und 400 fl. und einem Accessisten (XII. D. Classe) mit 300 fl.; endlich aus vierzehn Practikanten, aus Forstcandidaten und vier Dienern.

Die der Berg-, Forst- und Salinendirection in Klausenburg unmittelbar untergeordneten Aemter sind:

1. Die Directions-Hauptcassa in Klausenburg, welche die Verrechnung sämmtlicher Montan-Aemter sowohl mit ihr selbst,

---

*) Die übrigen Beamten der Bergdirection haben sämmtlich nebstbei 10 o/o des Gehaltes als Quartiergeld.

als untereinander zu besorgen und auch die Bergdirectionskosten zu bestreiten hat, mit einem Hauptcassier, Cassagegenhändler, Official und Amtsdiener.

2. Das **Hauptprobieramt in Zalathna**, zu dessen Obliegenheiten die Probirung der bei den Aerarial-Hüttenwerken eingelösten Erzposten auf ihren Freigold-, Göldischsilber-, Kupfer-, Blei- und Lech-Halt gehört, mit einem Probierer, zwei Adjuncten, einem Anschlagsrevisor und drei Dienern.

3. Das **Bergdistricts-Physikat zu Zalathna** für die Leitung des Montan-Sanitätswesens im siebenbürgischen Bergdistricte (mit Ausschluss der Salzämter) bloss mit einem Physikus (Doctor der Medicin).

4. Die **Bergämter** (Berg-, Hütten- und Werksverwaltungen) und zwar:

a.) Die **Berg- und Reviersverwaltung zu Nagyág** mit einem Verwalter, Adjuncten, Rechnungsführer, Pochwerksschaffer, zwei Einfahrern, zwei Amtsofficialen, einem Werksarzt, einem römisch-katholischen, griechisch-katholischen und gr. orientalischen Pfarrer, einem römisch-katholischen Kaplan und zwei Normallehrern, dann 45 zum Stande der mindern Diener gehörigen Angestellten (Hutleute, Steiger u. s. w.).

b.) Das **Bergverwaltungs- und Goldeinlösungsamt**, für Abrudbánya und Verespatak zu **Abrudbánya**, mit einem Bergverwalter, Rechnungsführer, Pochwerksinspector, Probierer, Einfahrer in Verespatak, Amtsofficial; je einem Bergphysiker und Werksarzt, römisch-katholischen Pfarrer und Lehrer, griechisch-katholischen Pfarrer und Kaplan zu Abrudbánya und Verespatak, dann 15 mindern Dienern.

c.) Die **Berg- und Hüttenverwaltung zu Offenbánya** mit einem Verwalter, Adjuncten, Probierer, Hüttencontrollor, Einfahrer in Kis-Bánya, Amtsofficial, zwei Werksärzten, wovon einer in Kisbánya, und 26 mindern Dienern.

d.) Das **Hüttenverwaltungs- und Goldeinlösungsamt zu Csertes** mit einem Verwalter und Einlöser, Probierer, Hüttencontrollor, Waldschaffer, Werksarzt, römisch-katholischen Pfarrer und 15 mindern Dienern.

e.) Die **Berg- und Reviersverwaltung zu Rodna** mit einem Verwalter, Controllor, Amtsschreiber, Werksarzt, römisch-katholischen Pfarrer und 12 mindern Dienern.

f.) Die **Berg- und Hüttenverwaltung zu Oláhláposbánya** (Bajutz) mit einem Bergmeister, Hüttenmeister, Controllor, Pochwerksschreiber, Werksarzt und 9 mindern Dienern.

g.) Das **Eisenwerks-Verwesamt** zu **Poduroje** (bei Laposbánya) mit einem Verweser, einem Controllor und 6 mindern Dienern.

h.) Das **Hüttenverwaltungs-** und **Goldeinlösamt** zu **Zalathna** mit einem Verwalter, Adjuncten, Hütten-Controllor, Probierer, zwei Amtsofficialen, einem Werksarzt, einer Hebamme und 17 mindern Dienern.

Ferner im **Vajda-Hunyader** Eisenwerks-Bezirke:

i.) Die **Berg-** und **Eisenwerksverwaltung** zu **Govasdia** mit einem Verwalter, Controllor, Official, Werksarzt, r. k. Pfarrer und 10 mindern Dienern.

k.) Die **Eisenwerks-Verwaltung** für Toplicza und Telek zu **Toplicza** mit einem Verwalter, Controllor, Werksarzt, r. k. Pfarrer und 6 mindern Dienern.

l.) Die **Eisenwerks-Verwaltung** zu **Sebeshely** mit einem Verwalter, Controllor, Werksarzt, r. k. Kaplan und 3 mindern Dienern.

m.) Die **Eisenwerks-Verwaltung** zu **Kudsir** mit einem Verwalter, Controllor, Werksarzt, r. k. Pfarrer und 4 mindern Dienern *).

5. Die **Forstwesens-** und **Gutsverwaltungen** und zwar:

a.) Das **Forst-** und **Herrschaftsamt** zu **Topánfalva** mit einem Forstmeister, Amtscontrollor, zwei Oberförstern (einer zu Offenbánya), drei Revierförstern, einem Span in Topánfalva, einem Beschliesser in Offenbánya, Pfarrern, Kaplänen, Lehrern und 15 mindern Dienern.

b.) Das **Forst-** und **Herrschaftsamt** für Zalathna und Krakkó zu **Zalathna** mit einem Forstmeister, Controllor, einem Oberförster, zwei Revierförstern, einem Spanalcontrollor zu Abrudfalva, Pfarrern, Lehrern und 53 mindern Dienern.

c.) Das **Forstamt** für Vajda-Hunyad und Déva zu **Vajda-Hunyad** mit einem Forstmeister, einem Controllor, vier Revierförstern, Pfarrern, Caplänen, Lehrern und 65 mindern Dienern.

d.) Das **Forstamt** für Sebeshely zu **Kudsir** mit einem Forstmeister, einem controllirenden und einem wirthschaftsführenden Oberförster, zwei Revierförstern und 29 mindern Dienern.

e.) Das mit dem Deéser vereinigte Oláhláposer **Forstamt** zu **Strimbuly** mit einem Forstmeister, zwei Oberförstern (davon einer zu Dees), zwei Revierförstern und 44 mindern Dienern.

---

*) Ausser diesen Bergämtern untersteht auch die Berg- und Hüttenverwaltung zu Rézbánya in Ungarn der siebenbürgischen Berg-, Forstu. d Salinendirection; dagegen aber fällt die Leitung des Bergreviers von Kapnikbánya dem Bergwerksinspectorate zu Nagybánya in Ungarn zu.

f.) Das **Herrschaftsprovisorat zu Oláhlápos** mit einem Hofrichter, Span, Pfarrern, Lehrern und einem Diener.

g.) Das **Forstamt zu Naszod** mit einem Oberförster, Waldbereiter und 82 mindern Dienern.

h.) Das **Forstamt für Orlath zu Hermannstadt** mit einem Forstmeister, controllirenden Oberförster, zwei Revierförstern und 37 mindern Dienern.

i.) Das **Forstamt zu Fogaras** und

k.) Das **Forstamt zu Gyergyo-Szent-Miklós** mit je einem Oberförster, zwei Revierförstern und (31—25) mindern Dienern.

l.) Die **Herrschafts- und Forstverwaltung zu Pocstelke** mit dem Verwalter und 3 mindern Dienern.

m.) Die **Forstverwaltung zu Kolosmonostor** mit einem Förster und 18 mindern Dienern; und endlich:

n.) Die **Verwaltung** der sequestrirten Wälder zu **Görgény-Szent-Imre** mit einem Curator und 16 mindern Dienern.

6. Die **Salinenverwaltungen** (Salzgrubenämter) bezüglich der technischen Leitung und der Personalangelegenheiten der eigentlichen Bergbeamten *).

2. Die Oberbergbehörde.

Als Oberbergbehörde im Sinne des §. 225 des allgemeinen Berggesetzes wurde **) die politische Landesbehörde (Statthalterei) für den ganzen Umfang des Landes bestellt und ihrer Geschäftsbehandlung alles dasjenige zugewiesen, was das allgemeine Berggesetz und die Vollzugsvorschriften dazu der Amtshandlung einer Oberbergbehörde zuweiset.

Die diesfälligen Angelegenheiten sind in der Regel von dem Referenten der Gewerbs- und Landescultursangelegenheiten bei der Statthalterei zu besorgen, ohne dass die nothwendige sachkundige Aushilfe durch Zutheilung geeigneter Montanbeamten ausgeschlossen wäre.

Die Personal-Angelegenheiten der Berghauptmannschaft und der Bergcommissariate, sowie der der Statthalterei zugetheilten Montanbeamten wurde gleichfalls dem politischen Landeschef zugewiesen.

---

*) In andrer Beziehung unterstehen dieselben, wie bereits erwähnt, der Finanzlandesdirection.

**) Mit der Verordnung der Ministerien des Innern und der Finanzen vom 20. März 1855, Reichsgesetzblatt v. J. 1855 № 51.

3. Die Berghauptmannschaft und die Bergcommissariate.

Der Berghauptmannschaft in Zalathna liegt die Handhabung der bestehenden Berggesetze ob, soweit sich dieselben auf die Verleihung, Ueberwachung, Entziehung und Zurücklegung von Bergbaubefugnissen, auf die Ausübung der Bergpolizei und Disciplin bei Berg- und Hüttenwerken, auf die Oberaufsicht über die Berg- und Hüttenwerks-Bruderladen und auf die Bemessung und Einhebung der Bergwerksabgaben beziehen. Sie ist in dieser Beziehung in den Wirkungskreis getreten, welcher dem bisherigen Provincial-Berggerichte zustand, während die gerichtlichen Geschäfte des Letztern an die mit der Ausübung der Berggerichtsbarkeit betrauten Kreisgerichte zu Karlsburg und Deés übergingen.

Die Berghauptmannschaft ist mit einem **Berghauptmann** in der VII. Diätenclasse mit 1400 fl. Gehalt, einem **Bergcommissär** in der IX. DClasse mit 900 fl. und einem **Kanzlisten** in der XII. DClasse mit 400 fl. Gehalt und einem **Diener** mit 250 fl. Lohn bestellt. Alle diese Angestellten beziehen nebstbei auch ein 10 percentiges Quartiergeld.

Unter der Leitung der Berghauptmannschaft in Zalathna besorgen ein **reines** und sieben **gemischte Bergcommissariate** mit den Standorten zu Verespatak (das reine Bergcommissariat), Csertes, Nagyág, Boicza (für den Bergbezirk Körösbánya), Offenbánya, Kudsir (für den Bergbezirk Oláhpián), Kapnikbánya und Rodna die Berglehensgeschäfte. Als Bergcommissäre sind Oberbeamte der an genannten Orten befindlichen Bergämter aufgestellt.

§. 49. Die Baubehörden.

Die oberste Verwaltungsautorität des Landes bezüglich des öffentlichen Baudienstes, in soweit er nicht ausdrücklich dem Geschäftskreise einer andern Behörde zugewiesen wurde, ist der Statthalter und alle Baubehörden und Baubeamten des Landes sind demselben untergeordnet und haben nur durch ihn mit dem k. k. Ministerium für Handel, Gewerbe und öffentliche Bauten, zu dessen Geschäftskreis ihre Amtshandlungen gehören, in dienstlichen Verkehr zu treten.

Zu den **Baubehörden** Siebenbürgens gehören aber die Landesbaudirection in Hermannstadt mit der ihr zur Seite stehenden (nicht untergeordneten) technischen Rechnungsabtheilung und die Kreisbauämter an den Standorten der zehn Kreisbehörden.

Die **Baudirection** besteht aus einem **Baudirector** in der VII. Diätenclasse mit 2000 fl., einem **Inspector** (VIII. DClasse) mit

1800 fl., zwei Oberingenieuren (IX. DClasse) mit je 1400 fl., zwei Ingenieure erster Classe (IX. DClasse) mit je 1000 fl., vier Ingenicuren zweiter Classe (IX. DClasse) mit 900 fl., fünf Ingenieur-Assistenten (X. DClasse) und zwar zwei erster Classe mit 700 fl., und drei zweiter Classe mit 600 fl. Gehalt und sieben Baueleven (XII. DClasse) mit 400 fl. Gehalt und Taggeldern; dann für die Hilfsämter ein Secretär (X. DClasse) mit 800 fl. und ein Kanzlist (XII. DClasse) mit 500 fl. Gehalt, sowie fünf Diurnisten für die Schreib- und zwei Amtsdiener für die mindern Dienersgeschäfte.

Die technische Rechnungsabtheilung wird von einem Rechnungsrathe in der IX. Diätenclasse mit 1000 fl. Gehalt geleitet; demselben sind ein Revident (IX. DClasse) mit 800 fl. Gehalt und drei Revisionsassistenten (XI. DClasse) mit 500 oder 600 fl. Gehalt zur Dienstleistung zugewiesen.

Die Kreisbauämter endlich bestehen aus einem Ingenieur erster oder zweiter Classe als Vorstand, einem bis drei Ingenieur-Assistenten, einem bis vier Baueleven und den nöthigen Diurnisten. Den Kreisbauämtern sind auch die empirischen Baubestellten (Weg- und Brückenmeister) und die Strasseneinräumer auf den Reichsstrassen des Kreises unterstellt.

Zu den Obliegenheiten der Baubehörden gehört [*]), in Ansehung von Bauführungen aller Art (Gebäuden, Strassen, Brücken, Uferbefestigungen u. s. w.), die aus öffentlichen Fonden, Landes- oder Kreis- und Bezirks-Concurrenzmitteln bestritten und von den politischen Behörden veranlasst werden, die Mitwirkung in dem Masse zu leisten, als sie von ihnen durch die politischen Behörden gefordert wird. Die Baubehörden und ihre Organe haben daher je nach der an sie gerichteten Aufforderung, Gutachten zu erstatten, an commissionellen Verhandlungen Theil zu nehmen, Bauprojecte zu prüfen und zu verfassen, Bauausführungen zu leiten und zu überwachen, Collaudirungen vorzunehmen u. s. w. Dieselbe Mitwirkung haben aber die Baubehörden auch den Justiz-, Finanz- und Behörden anderer Dienstzweige über deren Ansuchen zu gewähren.

Auch ausser den eigentlichen Bauführungen sind die Baubehörden verpflichtet, über Aufforderung der Behörden in Angelegenheiten, wo eine technische Beurtheilung eintritt, im schriftlichen oder commissionellen Wege gutächtliche Aeusserungen abzugeben, technische Erhebungen zu pflegen, bei Verhandlungen wegen miethweiser Sicherstellnng von Amtsubicationen, bei Anschaffungen ämtlicher Einrichtungsgegenstände u. s. w. den geeigneten Beirath zu leisten. Insbesondere haben sie über Aufforderung der politischen Behörden bei Unglücksfällen, als Ueberschwemmungen, Erderschütterungen, Ein-

---

[*]) Nach den Bestimmungen über die Stellung der Baubehörden und deren Wirkungskreise in Bausachen, Reichsgesetzblatt v. J. 1853 № 27.

stürzen von Gebäuden u. dgl., sowie bei polizeilichen Vorkehrungen und zur Handhabung der Bauvorschriften bei Privatbauführungen angemessen mitzuwirken.

§. 50. Die Behörden für das Communicationswesen.

Zu den Behörden für das Communicationswesen gehören in Siebenbürgen bis nun nur die **Postdirection in Hermannstadt** mit den untergeordneten Postämtern und Expeditionen, dann den **Telegraphenämtern zu Hermannstadt und Kronstadt**.

Die Postdirection, unmittelbar dem k. k. Handelsministerium untergeordnet, ist zur Handhabung der Bestimmungen des Postgesetzes und der Postvorschriften, zur Leitung und Ueberwachung der Postanstalten und der Postbediensteten, dann des administrativen Telegraphenwesens ihres Bezirkes, sowie zur Verwaltung des Postgefälls eingesetzt. Sie hat dabei nach den für die Post-Manipulation, Verrechnung und Verwaltung bestehenden Vorschriften vorzugehen und, soweit sich ihr Wirkungskreis erstreckt, das Amt in erster Instanz zu handeln. Die Postdirection ist auch berufen, auf die Privat-Transport-Unternehmungen den nach den besondern diesfälligen Gesetzen ihr zustehenden Einfluss zu nehmen.

Die **Postdirection** in Hermannstadt besteht aus einem **Director** in der VII. Diätenclasse mit 1800 fl., einem **Adjuncten** VIII. DClasse mit 1200 fl., ein **Commissär** VIII. DClasse mit 1200 fl., einem **Secretär** IX. DClasse mit 800 fl. Gehalt, zwei Diurnisten und einem Diener.

Aerarische Postämter bestehen nur zu **Hermannstadt, Klausenburg und Kronstadt**. Jedes derselben wird von einem **Verwalter** (IX. DClasse) geleitet, dem in Hermannstadt auch ein **Controllor** (IX. DClasse) beigegeben ist, — und bestehen ausserdem noch aus vier (das in Hermannstadt eilf) **Officialen**, einem bis vier **Accessisten, Practikanten** und den nöthigen Dienern (Briefträgern, Packern, Conducteuren).

Für den Manipulations- und Expeditions-Dienst sind auf den einzelnen Poststationen, die nach dem eintretenden Bedürfnisse fortwährend vermehrt werden, **Postmeister und Postexpedienten** gegen Bestallung und Dienstvertrag angestellt.

Zur Leitung des **Telegraphendienstes** sind bei dem Telegraphenamte in Hermannstadt ein **technischer Telegraphencommissär**, zwei **Officiale** (wovon einer als Amtsleiter) und zwei Amtsboten; bei dem Telegraphenamte in Kronstadt zwei **Officiale** bestellt.

§. 51. Die Medicinal-Verwaltung.

Die oberste Leitung des öffentlichen Medicinal- und Sanitätswesens, sowie die Oberaufsicht über dasselbe, welche dem Staate vorbehalten sind, steht in Siebenbürgen, wie in der ganzen Monarchie, den politischen Behörden zu. Es wurde zu diesem Behufe der Statthalterei ein eigner Sanitäts-Referent, der Landesmedicinalrath (in der VII. Diätenclasse mit 1600 fl. Gehalt) beigegeben und demselben eine ständige Medicinalcommission zur Seite gestellt, — dann bei jeder Kreisbehörde ein Kreisarzt angestellt *).

Die ständige Medicinalcommission ist ein berathender und begutachtender Körper für die Medicinal-Angelegenheiten des Kronlandes und besteht unter dem Vorsitze des Landesmedicinalrathes aus einer bestimmten Anzahl der am Sitze der Statthalterei sich aufhaltenden Aerzte, einem Wundarzte, Apotheker und Thierarzte. Zu den Gegenständen der Berathung und Begutachtung von Seite der ständigen Medicinal-Commission gehören nicht nur alle Diejenigen, welche das Medicinalwesen des Kronlandes im Allgemeinen betreffen oder, wenn auch nur von specieller Natur, doch von besonderer meritorischer Wichtigkeit sind; — sondern auch alle wichtigern, bei der Statthalterei einlangenden, den Gesundheitszustand der Menschen oder Thiere des Landes betreffenden Berichte und die an das Ministerium des Innern einzusendenden Darstellungen des Standes des Medicinalwesens im Lande.

Als ein Zweig der siebenbürgischen Medicinalverwaltung müssen auch die dermalen noch bestehenden, wegen ihres Zusammenhanges mit dem Militärgrenzcordon der Militärlandesbehörde untergeordneten Contumazämter an den Hauptpässen gegen die Walachei und Moldau zur Verhinderung des Eindringens der orientalischen Pest und der Thierseuchen betrachtet werden. Es sind solcher Contumazämter im Ganzen acht, und zwar fünf gegen die Walachei (Vulkán, Rothenthurm, Törzburg, Tömösch und Bodza), dann drei gegen die Moldau (Oitoz, Csik-Gyimes und Tölgyes). Zwischen diesen Contumazämtern bestehen ausserdem zur Erleichterung des Grenzverkehrs und der Viehwirthschaft noch mehrere jenen untergeordnete Rastell- oder Reinigungs-Aemter.

---

*) Die Anstellung eigener Bezirksärzte findet nicht statt, sondern es werden für die Besorgung der öffentlichen Sanitatsdienste der Bezirke die bestehenden Gemeindeärzte gegen Bestallung aufgenommen.

§. 52. Die Kirchenverwaltung.

Die geistliche oder Kirchenverwaltung Siebenbürgens muss abgesondert nach den verschiedenen im Lande in Ausübung stehenden Religionsbekenntnissen betrachtet werden. Die verschiedenen Confessionen, welchen die Einwohner unsers Landes angehören wurden schon früher (S. 144—6) erwähnt. Es sind diess das römisch-katholische, griechisch-katholische oder griechisch-unirte, griechisch-nichtunirte oder griechisch-orientalische, evangelisch-lutherische und evangelisch-reformirte oder helvetische, das unitarische oder socinianische und das mosaische Glaubensbekenntniss.

1. Geistliche Verwaltung der römisch-katholischen Kirche.

Das Oberhaupt der römisch-katholischen Kirche ist der Bischof von Siebenbürgen, Suffragan des Erzbischofs von Kalocsa in Ungarn. Derselbe hat seinen Sitz zu Karlsburg und es steht ihm zur Seite das Domcapitel, zu welchem ausser dem Grossprobste (der die Würde eines Bischofs in Spiritualibus bekleidet und in Fällen der Sedisvacanz die Stelle des Bischofs vertritt), noch neun wirkliche Domherrn *) und eine unbestimmte Zahl von Ehrendomherrn gehören. Zu der höhern Geistlichkeit sind noch zu rechnen: sechs Titularäbte und zwei Titularpröbste **).

Die Dotationen des Bisthums bilden bedeutende Besitzungen, welche zum Theil aus frühern Fiscalgütern ausgeschieden wurden ***), dann erhalten die wirklichen Domherrn auch einen fixen Beitrag zu ihrer Besoldung aus dem Religionsfonde.

Zur Diöcese des Bischofs von Siebenbürgen gehört die Verwaltung der geistlichen Angelegenheiten der römisch-katholischen Glaubensgenossen des ganzen Kronlandes mit Ausnahme der Bezirke

---

*) Dieselben sind nach der Reihe ihrer Capitularwürden: der Lector, Cantor, Custos, Cathedral-Erzdechant, Theologus, Magister, Scholasticus, der Conservator des Archivs zu Kolosmonostor und der Director des Battyanischen Instituts.

**) Die Titular-Abteien heissen: B. M. V. de Kertz in terra Fogaras, B. M. V. de Kolosmonostor, B. M. V. de Egres, S. Catharinae de Brassovia, de Gyerö-Monostor und B. M. V. de Salamon; die Titularprobsteien sind: S. Ladislai de Cibinio und B. M. V. de Cibinio.

***) Ausser der Grundherrlichkeit in der Festung Karlsburg und dem früher bereits verliehenen Alvincz wurden von Kaiser Karl VI. im J. 1715 dem Bisthume noch die Güter Bálya, Strázsa, Táte, Sóspatak, Poklos, Tótfalu, Gaurán, Metesd, Felsö-Gáld, Diómál, Ponor, Remete, Drombár nebst adeligen Besitzungen in Csügöd, Maros-Váradja, Sárd, Jgen, **Benedek und Borbánd verliehen.**

Tasnád, Zovány, Szilágy-Somlyó, Szilágy-Cseh und Zilah des Szilágy-Somlyóer Kreises, dann einiger Ortschaften des Bezirkes Nagy-Somkut im Deéser Kreise (der frühern Comitate Mittel-Szolnok und Kraszna), welch' Letztere dem Sprengel des Bischofs von Grosswardein einverleibt sind. Dann ist auch das active, im Lande befindliche Militär der geistlichen Gerichtsbarkeit des apostolischen Feldvicars (Feldsuperiors) unterworfen.

Die kirchliche Oberbehörde der römisch-katholischen Glaubensgenossen ist das bischöfliche Consistorium in Karlsburg unter dem Vorsitze des Bischofs, welchem der Grossprobst als „Causarum Auditor Generalis" und als Assessoren die sämmtlichen Domherrn und Ehrendomherrn, sowie ausserdem noch eine unbestimmte Anzahl von Pfarrern beigegeben sind. Zu den Beamten des Consistoriums gehören noch ein „Matrimonii et Professionis Defensor und Fiscus Consistorii" aus der Zahl der Domherrn, ein „Notarius" und „Pauperum Advocatus" aus der mindern Capitelsgeistlichkeit, dann ein Consistorial-Cursor. Vor dieses geistliche Gericht gehören ausser den Personal-Angelegenheiten der Geistlichkeit, noch alle Gegenstände, über welche in der katholischen Kirche ihrer Natur nach kein weltlicher Richter erkennen kann und darf, — dann die Ehestreitigkeiten der Katholiken. Die Appellation geht von dem bischöflichen Consistorium an das Metropolitanconsistorium in Kalocsa, von diesem an das Consistorium des Primas in Gran und in letzter Instanz an den Pabst.

Bezüglich der Seelsorge und der geistlichen Angelegenheiten ist die Diöcese in 16 Archidiaconate eingetheilt, welche die Aufsicht über die zu ihrem Sprengel gehörigen 208 Pfarren auszuüben haben. Es sind diess: **1.** das Albenser Archidiaconat der Ebene mit 10 Pfarren, **2.** das Albenser Archidiaconat des Bergdistrictes mit 10 Pfarren, **3.** das Burzenländer Decanat sammt den Archidiaconaten Sepsi und Miklósvár mit 13 Pfarren, **4.** das Hermannstädter Decanat sammt dem Archidiaconate Fogaras mit 9 Pfarren, **5.** das Archidiaconat Unter-Csik und Kászon mit 13 Pfarren, **6.** das Ober-Csiker Archidiaconat mit 15 Pfarren, **7.** das Elisabethstädter Archidiaconat mit 7 Pfarren, **8.** das Archidiaconat Gyergyó mit 11 Pfarren, **9.** das Archidiaconat Hunyad mit 9 Pfarren, **10.** das Archidiaconat Kézdi und Orbai mit 17 Pfarren, **11.** das Archidiaconat Kolos und Doboka mit 18 Pfarren, **12.** das Archidiaconat Kockelburg mit 10 Pfarren, **13.** das Archidiaconat Maros mit 15 Pfarren, **14.** das Archidiaconat Inner-Szolnok mit 14 Pfarren, **15.** das Archidiaconat Thorda und Aranyos mit 10 Pfarren und: **16.** das Archidiaconat Udvarhely mit 27 Pfarren.

Diese Pfarren werden grösstentheils vom Bischofe frei vergeben, nur bei einigen haben die betreffenden Gemeinden oder auch einzelne adelige Familien das Patronats- und zum Theile das Präsentationsrecht. In den Berg- und Salinenorten kömmt der Finanzlandesdirection im Einvernehmen mit der Bergdirection; — bezüglich der Feld-

caplansstellen der siebenbürgischen Regimenter, dann der Contumazcapläne der Militär-Landesbehörde das Patronatrecht zu.

Der grösste Theil der Pfarreien ist von den Gemeinden (durch
eigne Pfarrgründe, Zehnten und Capetien) dotirt, und wo diese Einkünfte nicht zureichen, wird eine Aushilfe aus dem Religionsfonde
(den Erträgnissen der Güter aufgehobener geistlicher Orden) geleistet.
Die Pfarrer in den Bergorten, die Contumazcapläne und die Feldca-
pläne der Regimenter beziehen bestimmte jährliche Gehalte und zwar
die Erstern vom Cammeralärar, die Zweiten aus dem Reinigungsfon-
de *) und die Letzten vom Militärärar.

Die Kirchenbauführungen und sonstigen Auslagen für den Gottesdienst werden aus den eigens dazu gewidmeten Fonden oder, wo
solche nicht vorhanden sind, von den Gemeinden und Patronen, —
oder da, wo die Geistlichkeit vom Aerar besoldet wird, aus dem betreffenden Staatsfonde bestritten. Wo ein eigenes Kirchenvermögen
vorhanden ist, wird dasselbe vom Ortspfarrer gemeinschaftlich mit den
von der Gemeinde gewählten Kirchencuratoren verwaltet.

Zu der römisch-katholischen Geistlichkeit gehören auch die
Mitglieder der verschiedenen im Lande befindlichen geistlichen Orden,
welche theils bei der Seelsorge Aushilfe leisten, theils mit dem Jugendunterrichte sich beschäftigen. Von diesen Orden sind:

a.) **Piaristen** in den Collegien zu **Klausenburg** (ein Rector und zwölf Priester) und **Bistritz** (ein Rector und zwei Priester).

b.) **Franciscaner der Stephanitenprovinz** (unter
einem Provincial-Minister in Klausenburg) mit den **Conventen** zu:
Csiksomlyó, Mikháza, Hermannstadt, Vajda-Hunyad, Klausenburg, Mediasch, Szárhegy, Udvarhely, Deés, Kronstadt, Fogaras und Szamos-
Ujvár; dann den Residenzen zu Schässburg, Karlsburg, Broos,
Mühlbach, Maros-Vásárhely, Thorda, Szék, Reps und Hátzeg. Sie
zählt im Ganzen 100 Mitglieder.

c.) **Franciscaner der Bulgarenprovinz****) in den **Conventen** zu **Déva** und **Alvincz** und der **Residenz** zu **Körösbánya**
mit 12 Mitgliedern.

d.) **Minoriten** in den **Conventen** zu Klausenburg, Kánta
Bistritz, dann den Residenzen zu Nagy-Enyed, Maros-Vásárhely
und Szilágy-Somlyó mit 30 Mitgliedern.

---

*) Derselbe wird aus dem Ertrage der zur Erhaltung der Contumaz-
(Quarantaine-) Anstalten eingeführten, bei den Grenzzollämtern als
Zollzuschlag zu entrichtenden Taxen für die Reinigung der Waaren
und Effecten gebildet

**) Zu dieser Provinz gehören auch noch die Residenz zu Theresien-
stadt (in der Woivodina), dann die Convente zu Bukurest, Rimnik
und Kimpulung in der Walachei.

e.) **Mechitaristen** in der Residenz zu Elisabethstadt mit drei Mitgliedern.

f.) **Ursuliner Nonnen** im Kloster zu Hermannstadt mit 14 Chorfrauen und 6 Laienschwestern.

2. Verfassung und Verwaltung der griechisch-katholischen Kirche.

Der in Blasendorf residirende **Erzbischof** mit dem Titel: Archiepiscopus Fogarasensis et Albae-Juliensis *) ist das Oberhaupt sämmtlicher griechisch-katholischen Glaubensgenossen in Siebenbürgen, einigen angrenzenden Theilen von Ungarn und dem Banate.

Dem Erzbischofe stehet das Domcapitel, aus einem Archipresbyter, Archidiaconus Ecclesiarcha, Scholiarcha, Chartophilax und fünf andern Domherrn bestehend, zur Seite.

Bis zur Ausmittelung eines Fondes zur Dotirung des Erzbisthums wurde dem Erzbischof der Gehalt von 15,000 fl. und die nöthigen Gelder zur Erhaltung der Gebäude und Bestreitung der Kanzleierfordernisse aus Staatsmitteln angewiesen, und es erhalten auch die fünf ersten Domherrn 2000, 1800, 1600, 1500 und 1400, die fünf Andern je 1200 Gulden fixe Bezahlung aus der Staatscasse.

Ausser der Oberleitung der Sprengel von den dem Erzbischofe als Suffraganen unterstellten Bischöfen von Szamos-Ujvár und Lugos, steht demselben auch die unmittelbare Leitung einer eignen Diöcese von 39 Erzpriesterthümern (Archidiaconaten) mit 1278 Gemeinden und 338,944 Seelen im mittlern und südlichen Theile, dann im Osten Siebenbürgens zu.

Die griechisch-katholischen Gemeinden im nördlichen Theil von Siebenbürgen (sowie im Marmaroscher, Szathmárer und Biharer Comitate Ungarns) gehören zum Sprengel des **Bischofs von Szamos-Ujvár** **), dem ebenfalls ein Capitel von zehn Domherrn (ein Archipresbyter, Archidiaconus, Ecclesiarcha, Scholiarcha, Chartofilax und fünf Andere) zur Seite steht. Auch dieser Bischof und sein Dom-

---

*) Der Sitz des griechisch-katholischen Bischofs in Siebenbürgen, ursprünglich zu Karlsburg, wurde später nach Fogaras übertragen und es ward von Pabst Innozenz XIII. im J. 1724 dieses Bisthum mit dem Titel: Dei et Apostolicae Sedis gratia Ecclesiarum in Magno Transilvaniae Principatu et partibus eidem reapplicatis Graeci Ritus unitarum Episcopatus Fogarasiensis canonisirt. Durch die päbstliche Bulle vom 22. Febr. 1854 wurde dieses Bisthum zu einem Erzbisthume erhoben und ihm die neuerrichteten Bisthümer von Szamos-Ujvár und Lugos (im Banate) untergeordnet.

**) Wurde ebenfalls in neuester Zeit mit einer päbstlichen Bulle vom 22. Februar 1854 errichtet.

capitel beziehen bis zur Ausmittelung eines Fondes zur Dotirung des Bisthums bestimmte Jahresgehalte*) aus dem Staatsschatze, welcher auch einen Beitrag für die Erhaltung der Gebäude und Bestreitung der Kanzleierfordernisse des Bisthums leistet.

Die Archidiaconate von Hátzeg, Valjesyl, Babolna und Kudzsir im südwestlichen Theile Siebenbürgens gehören in die Diöcese des griechisch-katholischen Bischofs zu Lugos.

Die Oberbehörde in geistlichen Angelegenheiten der griechisch-katholischen Glaubensgenossen in Siebenbürgen ist nun dem Voranstehenden zu Folge je nach der Lage der Gemeinde entweder das erzbischöfliche Consistorium in Blasendorf, oder das bischöfliche Consistorium in Szamos-Ujvár und Lugos, deren jedes unter dem Vorsitze des Erzbischofs (bezüglich Bischofs) aus dem Probste, als „Causarum auditor generalis" und den übrigen Domherrn, dann nach Umständen auch andern angesehenen Geistlichen besteht. Der Geschäfts- und Wirkungskreis dieser Consistorien ist derselbe, wie bei den römisch-katholischen bischöflichen und erzbischöflichen Consistorien.

Die Pfarren werden auch in dieser Kirche grösstentheils von dem Bischofe (Erzbischofe) frei vergeben und es besteht nur bei wenigen ein Patronatsrecht. Die Pfarrer (Popen) beziehen ihren Unterhalt wesentlich von den Pfarrgründen, welche von den Gemeindegrundstücken zur Nutzniessung des Pfarrers ausgeschieden wurden (Portio canonica) und den Stolargebühren. Ausserdem tragen auch noch die Gemeinden durch unentgeltliche Arbeitsleistungen und Gaben an Naturproducten zum Unterhalt ihrer Geistlichen bei. Für die Kirchengebäude und sonstigen Kirchenauslagen sorgen die Gemeinden. An den wenigen Orten, wo ein eigenes Kirchenvermögen vorhanden ist, wird dasselbe auf gleiche Art, wie bei den römisch-katholischen Glaubensgenossen verwaltet.

Zu der griechisch-katholischen Geistlichkeit gehören noch einige wenige Mönche des Basilitenordens in Blasendorf, welche auch beim Jugendunterrichte Aushilfe leisten.

3. Die geistliche Verfassung der griechisch-orientalischen Kirche.

Das Oberhaupt sämmtlicher Glaubensgenossen dieser Kirche ist der Bischof in Hermannstadt. Derselbe ist ein Suffragan des Erzbischofs von Karlovitz und wird vom Kaiser ernannt. Er bezieht ausser einem jährlichen Gehalt von 4000 fl. aus dem Sydoxial-

---

*) Der Bischof 10,000 fl., die fünf ersten Domherrn je 1800, 1600, 1400, 1300 und 1200 fl., die fünf Letzten je 1000 Gulden.

fonde*) noch die Ordinationsgebühren der sämmtlichen griechisch-orientalischen Geistlichkeit des Landes.

Dem Bischofe kömmt die Oberaufsicht über Kirchen, Pfarren und Schulen zu, welche er durch Bereisungen seines Sprengels und Visitationen ausübt. Zur Besorgung der geistlichen Angelegenheiten steht ihm das Consistorium aus sieben geistlichen Beisitzern und sämmtlichen Erzpriestern der Diöcese zur Seite.

Vierzig Archidiaconate, welche von Erzpriestern (Protopopen) oder in deren Ermangelung von Verwesern aus der Reihe der Pfarrer geleitet werden, besorgen in den verschiedenen Districten, in welche der Sprengel des Bisthums eingetheilt ist, die Aufsicht über die Pfarrgeistlichkeit und die kirchlichen Angelegenheiten.

Die Pfarrer (Popen), deren bei den meisten Gemeinden nur einer, bei den grössern Gemeinden aber auch zwei bis drei angestellt sind, werden von den Gemeinden meistens aus geeigneten Gemeindegliedern gewählt und dem Bischofe zur Ordination vorgestellt. Nur an sehr wenigen Orten gibt es eigne Pfarrgründe und sonstige Dotationen, welche die Subsistenz der Geistlichkeit sichern. Ihre Einkünfte bestehen daher meistens nur aus den Stolargebühren, der Befreiung von öffentlichen Lasten und freiwilligen Gaben der Gemeindeglieder und sind folglich auch bei dem grössten Theile der Gemeinden so gering, dass nothwendig Individuen aus der Gemeinde selbst gewählt werden müssen, damit ihnen die Benützung ihrer Familiengründe neben den Erträgnissen des Pfarramtes die Subsistenz möglich macht. Ebenso werden auch die Kirchen und Kirchenerfordernisse durch die Beiträge der Gemeindeglieder erhalten und es führen da, wo ein eignes Kirchengut und Kirchenvermögen besteht, der Pfarrer und die von der Gemeinde gewählten Kirchenvorsteher die Aufsicht darüber und die Verrechnung.

Zur griechisch-orientalischen Geistlichkeit gehören auch die Pfarrer der griechischen Handelscompagnien in Hermannstadt und Kronstadt, welche von ihren Gemeinden aus Griechenland berufen und mit Genehmigung der politischen Landesstelle und des Bischofs angestellt werden. Diese beiden Gemeinden bedienen sich in ihren Kirchen der griechischen Liturgie, während in allen übrigen orientalischen Kirchen des Landes die romänische **) eingeführt ist. Ihre beiden Pfarrer sind hinreichend dotirt und führen zugleich die Aufsicht über die mit den Kirchen in Verbindung stehenden Schulen.

---

*) Dieser Fond wird aus der Sydoxialtaxe gebildet, welche wir schon Seite 353 erwähnten.

**) Bis zur Regierung des Fürsten Georg Rákótzi I. war in den griechisch-orientalischen Kirchen Siebenbürgens die slavische Liturgie eingeführt Dieser Fürst verordnete den durchgängigen Gebrauch der romänischen Liturgie und liess zu diesem Zwecke die erforderlichen Kirchenbücher drucken.

4. Kirchen-Verfassung und Verwaltung der evangelisch-lutherischen Glaubensgenossen.

Der höchste Schutzherr und Schiedsrichter der evangelisch-lutherischen Kirche Siebenbürgens ist der Landesfürst, welchem in der Ausübung dieses Hoheitsrechtes sein Ministerium für Cultus und Unterricht zur Seite steht. Er bestättigt die gewählten und präsentirten Pfarrer und nur er kann sie ihres Amtes entsetzen, wenn sie eines diese Strafe verdienenden Verbrechens überwiesen werden. Er ertheilt Dispensationen zur Vereheligung in verbotenen Graden und seine Bestättigung ist zur Giltigkeit der von den geistlichen Gerichten erkannten Ehescheidungen erforderlich. Ihm müssen die Protocolle der Landeskirchenversammlung (Oberconsistorium) zur Einsicht vorgelegt werden, und neue kirchliche Einrichtungen oder wesentliche Aenderungen der bereits bestehenden bedürfen seiner Sanction. Er entscheidet in höchster Instanz über die zwischen Geistlichen und Consistorien, zwischen Geistlichen und ihren Gemeinden und zwischen Geistlichen unter einander entstandenen Streitigkeiten durch die k. k. Ministerien des Cultus und Unterrichtes oder des Innern und die k. k. Statthalterei. Die letztere Landesstelle correspondirt unmittelbar mit der Landeskirchenversammlung und dem Superintendenten und durch dieselbe kommen diesen auch die höhern Entscheidungen und Verordnungen zu.

Unter der Oberaufsicht der Staatsregierung führen die Vertretung und Verwaltung *) der evangelischen Kirche Augsburger Confession in Siebenbürgen: die **Pfarrgemeinde, Bezirksgemeinde und Gesammtgemeinde der ganzen Landeskirche**.

Die Organe des Kirchenregiments sind für die Pfarrgemeinde das **Presbyterium und die grössere Gemeindevertretung**; — für die Bezirksgemeinde das **Bezirksconsistorium und die Bezirkskirchenversammlung**; — für die Gesammtgemeinde der Landeskirche das **Superintendential-Consistorium und die Landeskirchenversammlung**. Für jene Fälle kirchlicher Gerichtsbarkeit, welche nach der frühern Einrichtung von den Domestical-Consistorien und dem Oberconsistorium in erster Instanz oder im Berufungswege entschieden wurden, trat an die Stelle des Domesticalconsistoriums für jede Bezirksgemeinde das Bezirksconsistorium und an die Stelle des Oberconsistoriums das Superintendential-Consistorium.

---

*) Nach der im Wesentlichen mit der frühern Verfassung dieser Kirche im Einklange stehenden provisorischen Vorschrift, welche mit der Verordnung des k. k. Ministeriums für Cultus und Unterricht vom 27. Februar 1855 Z. 7245./1854 herausgegeben wurde und bis zu der nach weiterer Vernehmung der Landeskirche zu erfolgenden definitiven Entscheidung Sr apostolischen Majestät in Wirksamkeit trat.

a.) Die **Pfarrgemeinden, Presbyterien und grössern Gemeindevertretungen.** Jede evangelische Gemeinde bildet nach ihrer örtlichen Begrenzung eine Pfarre und kann bloss aus einer Gemeinde, oder auch aus einer oder mehreren Filialen bestehn. Jede Pfarrgemeinde hat das Recht *) ihren Pfarrer, die Pfarrgehilfen (Prediger) und Schullehrer zu wählen und wird in ihren Angelegenheiten durch ein Presbyterium vertreten, welches aus dem Pfarrer, als Vorsitzendem, aus den Aeltesten, Kirchenmeistern (Kirchenvätern) und Armenpflegern besteht. Die Mitglieder des Presbyteriums, deren Zahl nach der Grösse der Gemeinde wenigstens acht und höchstens neunundzwanzig beträgt, werden in kleinern Gemeinden von sämmtlichen stimmfähigen Gemeindegliedern, in den grössern von der grössern Gemeindevertretung auf 4 Jahre gewählt.

Der bisherige **Wirkungskreis** der Localconsistorien **) wurde auf die **Presbyterien** mit den nähern Bestimmungen übertragen, dass die Functionen, welche der grössern Gemeindevertretung zugewiesen wurden, nur von der Letztern rechtsgiltig ausgeübt werden können; dass die Pfarrgemeinde in der Bezirksversammlung durch den Pfarrer von Amtswegen vertreten und ihm als gleich stimmberechtigter Vertreter noch ein weltliches, von dem Presbyterium gewähltes Mitglied der Gemeinde beigegeben werde; dass das Presbyterium die Vorlagen an die grössere Gemeindevertretung vorbereiten und gehörig begründen, dann auch in Fragen, welche die ganze evangelische Kirche berühren, seine Wünsche und begründeten Vorschläge der Bezirksversammlung, die darüber nach ihrem Wirkungskreise die geeigneten Beschlüsse zu fassen habe, unterlegen solle.

Die Pflichten der **Aeltesten** bestehen in der Überwachung der guten Ordnung beim Gottesdienst, und in den Bruderschaften, Schwesterschaften und Nachbarschaften, sowie in der Unterstützung des Pfarrers dabei.

Die **Kirchenmeister** (Kirchenväter) haben die Obliegenheit, die Einnahmen und Ausgaben des Kirchenvermögens zu besorgen und über dessen Verwaltung Rechnung zu legen, über das bewegliche und unbewegliche Vermögen der Gemeinde die Aufsicht zu führen, über dessen Zustand und Benützung an das Presbyterium Berichte und Anträge zu erstatten, die nöthigen Bauunternehmungen vorzuschlagen u. s. w.

---

*) Die bisherige Gepflogenheit bei der Besetzung der Prediger und Schullehrerstellen in den Städten wurde jedoch vorläufig aufrecht erhalten.

**) Dahin gehören die Verhandlungen über Kirchen-, Pfarr- und Schulbaulichkeiten, über neue Einrichtungen in Bezug auf Kirchenzucht, Jugendunterricht und äussern Cultus (das eigentliche Dogma ist jedoch ausgeschlossen), überhaupt über Alles, was mit der Kirche und dem Kirchenregiment in Verbindung steht.

Die besondern Verpflichtungen der **Armenpfleger** sind: für die Waisen und Armen der Gemeinde zu sorgen, die Armenmittel der Letztern, freiwillige Beiträge für Arme und Waisen und Sammlungen der milden Gaben und freiwilligen Beiträge für die Kirche zu besorgen.

Jede evangelische Gemeinde, welche über dreihundert Seelen zählt, hat ausser dem Presbyterium noch eine **grössere Gemeindevertretung**, welche nach der Grösse der Gemeinde aus 36 bis 120 auf sechs Jahre gewählten Mitgliedern besteht und, mit dem Presbyterium in einen Körper vereinigt, die Pfarrgehilfen und Schullehrer wählt; über die Veränderungen in der Substanz des Grundeigenthums der Gemeinde, dessen Verpachtung, Erwerbung und Veräusserung (nach eingeholter Genehmigung des Superintendenten) beschliesst, Gehalte und Gehaltszulagen für Kirchenbeamte und Kirchendiener festsetzt und bei Unzulänglichkeit des Kirchenvermögens die Bedeckung der nöthigen Bedürfnisse beräth und nöthigenfalls Umlagen auf die Kirchenmitglieder beschliesst.

b.) **Von den Bezirksgemeinden (Decanaten) und ihrer Vertretung.** Die einzelnen Pfarrgemeinden eines Bezirkes bilden die Bezirks-Kirchengemeinde. Es wurden neun Bezirksgemeinden gebildet und zwar die: 1) **Mediascher** für das bisherige Mediascher und Bogeschdorfer Capitel; 2) **Hermannstädter** für das frühere Hermannstädter und Leschkircher Capitel und die Kaltwasserer Surrogatie; 3) **Kronstädter** für das Burzenländer Capitel und die Gemeinde Sárkány; 4) **Bistritzer** für das Bistritzer und Schogener Capitel nebst der Gemeinde Kusma; 5) **Mühlbächer** für das Unterwälder Capitel mit der Zekascher Surrogatie, dann das Brooser Capitel nebst den Gemeinden Karlsburg, Enyed, Thorda und Klausenburg; 6) **Schässburger** für das Kissder und Lassler Capitel und die Repser Abtheilung des Kossder Capitels; 7) **Schelker** mit dem Bezirkshauptorte Kleinschelken für das Schelker Capitel mit der Vierdörfer Surrogatie und das Bolkatscher Capitel; 8) **Schenker** mit dem Bezirkshauptorte Grossschenk für das Schenker Capitel, die Schenker Abtheilung des Kossder Capitels, die Magareier Surrogatie und die Gemeinde Fogaras; 9) **Reener** für das Reener und Teckendorfer Capitel und die Gemeinde in Maros-Vásárhely. Alle diese Kirchenbezirke sind nach der neuen politischen Landeseintheilung bestimmt abgegrenzt.

Die Bezirksgemeinde wird durch die jährlich zweimal abzuhaltende Bezirks-Kirchenversammlung vertreten, welche unter dem Vorsitze des betreffenden Dechanten (des frühern Hauptcapitels) oder in seiner Verhinderung des Pfarrers des Hauptortes, aus allen Pfarrern des Bezirks und eben sovielen, durch die Presbyterien immer nur für die bezügliche Versammlung gewählten, weltlichen Abgeordneten besteht. Der frühere Wirkungskreis des Domesticalconsistoriums wurde auf die Bezirksversammlung mit den nähern Bestimmungen übertragen, dass alle jene Fälle, welche früher von dem Domesticalconsistorium in erster Instanz oder im Berufungswege entschieden wurden, vor das Bezirksconsistorium gehören; dass das Candidationsrecht zu den erledigten Pfarren vom Bezirksconsistorium auszuüben ist; dass die von den Presbyterien über Fragen, welche die ganze evangelische Kirche berühren, an die Bezirksversammlung gerichteten Vorstellungen, sowie alle Beschwerden der Letztern mit Beifügung des vollständig begründeten Gutachtens der Landeskirchenversammlung vorzulegen und Anträge der Bezirksversammlung auf Einführung neuer Vorschriften zugleich mit detailirten Vorschlägen zu ihrer Durchführung zu unterstützen sind.

c.) **Von der Landeskirchengemeinde und ihrer Vertretung.** Die evangelische Landeskirche augsburgischen Bekenntnisses in Siebenbürgen umfasst alle diesem Bekenntnisse zugethanen Kirchengemeinden und wird in ihrer Gesammtheit durch die nach der Bestimmung des Superintendenten in Hermannstadt abzuhaltende Landeskirchenversammlung vertreten. Diese besteht aus 36 (zur Hälfte geistlichen und weltlichen) Mitgliedern und es gehören zu ihr: der Superintendent (zu dessen bleibendem Amtssitze daher Hermannstadt bestimmt ist) als Vorsitzender *) von Amtswegen und die Dechanten der neun Bezirke für die Dauer ihrer Amtsperiode, die übrigen geistlichen und weltlichen Mitglieder werden von den Bezirksversammlungen gewählt.

Der bisherige Wirkungskreis des Oberconsistoriums wurde vorläufig auch auf die Landeskirchenversammlung mit den nähern Bestimmungen übertragen, dass alle jene Fälle, welche bisher vom Oberconsistorium in erster Instanz oder im Berufungswege entschieden wurden vor das Superintendential-Consistorium gehören; dass die Landeskirchenversammlung die Bedeckung ihrer kirchlichen Bedürfnisse durch freiwillige Collecten, milde Gaben, oder Umlagen besorgen könne, im letztern Falle jedoch dafür die Genehmigung des Ministeriums einholen müsse; dass die der Wahl unterliegenden weltlichen Mitglieder des Superintendential-Consistoriums von der Landeskirchenversammlung gewählt werden. Der Schriftführer in der Landeskirchenversammlung ist der von ihr bleibend angestellte Superintendential-Secretär. Die Kanzlei- und Manipulationsgeschäfte besorgen zwei auf zwei Jahre gegen fixen Gehalt in der Regel aus der Zahl der Pfarr- und Predigtamts-Candidaten angestellte Kanzlisten.

d.) **Von dem Bezirksconsistorium.** In jeder Bezirkskirchengemeinde besteht ein Bezirksconsistorium aus drei geistlichen Beisitzern und zwar dem Dechanten des Hauptcapitels als Vorsitzenden, dann den Dechanten der Filialcapitel oder, wo nur ein Filialca-

---

*) Zu dessen Stellvertretung und Unterstützung wird von der Landeskirchenversammlung auf je zwei Jahre ein Vicepräsident aus der Zahl der weltlichen Mitglieder gewählt.

pitel neben dem Hauptcapitel in der Bezirksgemeinde sich befindet, einem andern Pfarrer und drei weltlichen Mitgliedern, welche von der Bezirksversammlung auf zwei Jahre gewählt werden.

Das Bezirksconsistorium versammelt sich in der Regel viermal im Jahre und es gehört zu seinem Wirkungskreise die Entscheidung aller jener Fälle, welche von den bisher bestandenen Domesticalconsistorien in erster oder zweiter Instanz entschieden wurden; die Candidation zu den erledigten Pfarren und die Ernennung der Wahlcommissäre nach den bestehenden Vorschriften; endlich die Vorbereitung von Vorlagen an die Bezirksversammlung in allen wichtigern Angelegenheiten.

e.) **Von dem Superintendential-Consistorium.** Das Superintendential-Consistorium ist die Obergerichtsbehörde in kirchlichen Angelegenheiten für alle Evangelischen Augsburger Bekenntnisses in Siebenbürgen. Es besteht aus dem Superintendenten, als ordentlichem Vorsitzer, dem General-Dechanten, dem Dechanten des Hermannstädter Capitels und dem Stadtpfarrer von Herrmannstadt als geistlichen Beisitzern; von weltlicher Seite gehören dazu der bereits erwähnte Vicepräsident der Landeskirchenversammlung und noch zwei von der Letztern, für zwei Jahre gewählte weltliche Mitglieder. Die Dienste des Schriftführers versieht der Superintendential-Secretär.

Das Superintendential-Consistorium versammelt sich regelmässig viermal des Jahres in Hermannstadt, als dem ordentlichen Amtssitze des Superintendenten, und es gehört zu seinem Wirkungskreise: die Entscheidung aller jener Fälle, welche vom frühern Oberconsistorium in erster Instanz oder im Berufungswege entschieden wurden (gegen diese Entscheidung kann jedoch Berufung an das k. k. Cultus-Ministerium eingelegt werden); die Entscheidung etwaiger Differenzen bei Pfarrerswahlen und Besetzungen von Pfarrgehilfen- und Schullehrer-Stellen; die Vorbereitung der Vorlagen an die Landeskirchenversammlung.

Der Superintendent, welcher gegenwärtig noch zugleich Pfarrer in Birthelm ist und die Pfarrer dieser Confession überhaupt beziehen dermalen als Besoldung noch einen Theil des Zehntens von den landwirthschaftlichen Erzeugnissen ihrer Gemeindeglieder; die im Zuge befindliche Grundentlastung wird jedoch auch in dieser Beziehung eine Ausgleichung herbeiführen. Sein Sprengel umfasst 268 Gemeinden.

5. Geistliche Verfassung der evangelisch-reformirten Glaubensgenossen.

Sowie bei der lutherischen, ist auch bei der reformirten Kirche Siebenbürgens der Landesfürst der höchste Schutzherr und Schiedsrichter und übt die nämlichen Rechte aus, nur werden ihm die Pfarrer nicht zur Bestättigung präsentirt.

Die Oberbehörde in geistlichen Angelegenheiten und in Ansehung des Kirchenregiments ist hier noch das Oberconsistorium, welches aus dem Superintendenten, den vorzüglichsten Mitgliedern des Adels und den Oberbeamten der Landesstellen reformirter Religion, den Ober- und Vicecuratoren der Districte (Diöcesen), den Professoren der höhern confessionellen Lehranstalten, den Archidiaconen, Notären und Directoren der Districte besteht. Der Wirkungs- und Geschäftskreis dieser Behörde ist ungefähr derselbe, wie jener des Superintendential Consistoriums und der Landeskirchenversammlung bei den Augsburger Confessionsverwandten, nur dass dieselbe auch die höchste Instanz in Ehestreitigkeiten ist, an welche von den Unterconsistorien der Districte, die gleichfalls aus weltlichen und geistlichen Beisitzern bestehen, appellirt wird.

Das Oberhaupt sämmtlicher reformirten Kirchen in Siebenbürgen (mit Ausnahme des grössten Theiles des Szilágy-Somlyóer und des nordwestlichen Theiles des Deéser Kreises, den frühern Gespannschaften Mittelszolnok, Kraszna und Kövár, welche zur reformirten Superintendentur von Debretzin gehören) ist der Superintendent in Klausenburg, welchem ein Generalnotär und Generaldirector zur Seite stehen. Ihm kommt die Oberaufsicht über sämmtliche Kirchen und Schulen seines Sprengels zu, er besorgt im Laufe von je drei Jahren die Visitation sämmtlicher Diöcesen (Seniorate) beruft die Provinzial- oder Generalsynode und führt den Vorsitz in derselben.

Die Provinzialsynode, welche aus zwei oder drei weltlichen Gliedern des Oberconsistoriums, den Senioren, Notären und Deputirten der verschiedenen Diöcesen besteht, versammelt sich in der Regel einmal des Jahres der Reihe nach in den verschiedenen Diöcesen und beschäftigt sich wesentlich mit den vor dieselbe gebrachten rein geistlichen Angelegenheiten, dann mit der Prüfung und Ordination der Geistlichen-Candidaten. Unter der Provinzialsynode stehen die Partialsynoden, welche aus dem Senior, Notär und sämmtlichen Pfarrern der Diöcese zusammengesetzt sind, in der Regel dreimal des Jahres auf Anordnung des Seniors sich versammeln und über die rein geistlichen Angelegenheiten der Diöcese berathschlagen. Durch die Partialsynoden werden auch die Pfarrer, welche die Gemeinden gewählt und dem Senior angezeigt haben, in ihre Kirchen eingeführt und die neu angestellten Prediger geprüft.

Der Sprengel des siebenbürgischen Superintendenten helvetischer Confession besteht aus 525 Pfarren und ist in 14 Diöcesen und 2 Capitel eingetheilt. Es sind diess die Dévaer oder Vajda-Hunyader, Karlsburger, Nagy-Enyeder, Kolos-Kalotaer, Deéser, Szeker, Görgényer, Maroser, Kockelburger, Udvarhelyer, Erdövidéker, Sepsier, Kézdier und Orbaier Diöcese, dann das Sajóer und Teckendorfer Capitel. Jede Diöcese hat einen Oberinspector-Curator und einen oder mehrere Inspectoren-Curatoren aus dem weltlichen Stande. Das geistliche Oberhaupt derselben ist jedoch der Senior oder Archidiacon, dem zur Besorgung der geistlichen Geschäfte ein Notär und Director, durch die Geistlichen der Diöcese aus ihrer Mitte gewählt, beigegeben sind. Der Senior ist verpflichtet, einmal im Jahre sämmtliche Kirchen der Diöcese in Gesellschaft einiger Pfarrer der Letztern zu visitiren.

Die Pfarrer, welche von den Gemeinden gewählt und vom Oberconsistorium eingesetzt werden, führen die Oberleitung der kirchlichen und Schulangelegenheiten. Prediger bestehen nur an wenigen Orten *) zur Aushilfe in den geistlichen Functionen und diese werden von den Pfarrern contractmässig aufgenommen.

Als Einkünfte beziehen die Pfarrer nur an wenigen Orten Zehentantheile, an andern Orten erhalten sie statt der ihnen früher von den einheimischen Fürsten verliehenen Naturalbezüge aus den Fiscalproventen ein jährliches Aversionalquantum aus dem Staatsfonde; in den meisten Pfarren bekommen sie dagegen von ihren Gemeindegliedern bestimmte jährliche Beiträge an Naturalien oder baarem Gelde zu ihrem Unterhalte.

Das Kirchengut und Kirchenvermögen steht unter der Aufsicht, Bewirthschaftung und Verrechnung der Ortspfarrer und der von den Gemeinden gewählten Kirchencuratoren, welche wieder von den Unterconsistorien überwacht werden.

6. Die geistliche Verfassung der unitarischen Glaubensgenossen.

Wie in den beiden evangelischen Landeskirchen ist auch bei den unitarischen Glaubensgenossen Siebenbürgens der Landesfürst der oberste Schutz- und Schirmherr, und es steht in dieser Beziehung die unitarische Kirche in demselben Verhältnisse zu ihm, wie die Reformirte.

Die Oberbehörde in Kirchen- und Schulsachen ist das Oberconsistorium, worin von weltlicher Seite einer der beiden Obercuratoren und von geistlicher Seite der Superintendent den Vorsitz führt. Dasselbe besteht ausserdem aus dem zweiten Obercurator, mehreren angesehenen Edelleuten und Klausenburger Bürgern dieser Confession vom weltlichen, dann dem Generalnotär und Generalorator, den Archidiaconen und Professoren des Klausenburger unitarischen Gymnasiums vom geistlichen Stande. Es tritt gewöhnlich zu Anfang des Jahres zusammen, besorgt die ganze Verwaltung der Kirchen und Schulen und besetzt ohne weitere Befragung der Gemeinden die Pfarrers- und Schullehrersstellen. Die von einer Versammlung des Oberconsistoriums bis zur andern vorkommenden dringendern Angelegenheiten besorgt das fortwährend unter dem Vorsitze des Superintendenten in Klau-

---

* Dafür sind aber in Klausenburg und Maros-Vásárhely drei, in Broos, Nagy-Enyed und Deés je zwei Pfarrer.

senburg versammelte, aus mehreren weltlichen und geistlichen Beisitzern bestehende repräsentative Consistorium.

Das Oberhaupt der sämmtlichen unitarischen Kirchen Siebenbürgens ist der Superintendent, welcher seinen Sitz in Klausenburg hat und zugleich Archidiacon der vereinigten Kolos-Doboka-Innerszolnoker Diöcese, sowie Stadtpfarrer von Klausenburg ist Er wird von der Synode gewählt und vom Landesherrn bestättigt, führt die Oberaufsicht in Kirchen- und Schulangelegenheiten, ordinirt die Geistlichen und visitirt die ihm unterstehenden Kirchen. Ihm zur Seite stehen für die Besorgung der geistlichen Angelegenheiten der Generalnotär und Generalorator. Der Superintendent beruft auch die Generalsynode, welche jährlich zweimal und zwar im Jänner in Klausenburg und im Juni wechselsweise an einem andern Orte der übrigen Kirchensprengel zusammentritt und präsidirt in derselben.

Die Generalsynode beschäftigt sich mit der Erledigung der von den Tractualsynoden an sie gelangten Ehe- und sonstigen rein geistlichen Angelegenheiten, vorzüglich aber mit der Prüfung und Ordination der Candidaten des geistlichen Amtes. Unter derselben besteht in jeder Diöcese (Tractus) eine Partialsynode, in welchem der Archidiacon den Vorsitz führt.

Der Sprengel des unitarischen Superintendenten ist in acht Diöcesen oder Tracte: die vereinigte Kolos-Doboka-Innerszolnoker, die Aranyos-Thorda-Unteralbenser, die Kockelburger, Maroser, Kereszturer, Udvarhelyer, Sepsi-Miklósvárer und Oberalbenser eingetheilt und umfasst 110 Pfarren mit 54 Filialen. Jede Diöcese hat mehrere Inspectoren-Curatoren aus dem weltlichen Stande, einen Archidiacon, Notär und Defensor matrimonii aus dem geistlichen Stande, welch' Letztere von der Geistlichkeit des Tractes gewählt werden.

Jede Kirchengemeinde mit den dazu gehörigen Filialen hat einen Pfarrer*), dessen Anstellung jedoch nicht von ihrer Wahl, sondern lediglich von der Verfügung des Oberconsistoriums abhängig ist. Die Einkünfte der Pfarrer bestehen aus den Beiträgen der Gemeindeglieder, hin und wieder auch aus den Zinsen der zu diesem Zwecke gemachten Stiftungen und den Erträgnissen von Pfarrgründen.

Das Kirchenvermögen wird durch die Pfarrer und die Inspectoren-Curatoren verwaltet.

7. Geistliche Verfassung der mosaischen Glaubensgenossen.

Da früher den Juden nur in Karlsburg landesgesetzlich der Aufenthalt gestattet war, so hatten sie auch nur dort und zwar zwei

---

*) Nur die Klausenburger Hauptkirche zählt deren zwei.

Synagogen für die deutschen und türkischen Mitglieder. Nach der in der neuesten Zeit erlangten Berechtigung haben die Juden nun an Orten, wo ihre Zahl grösser ist (Klausenburg, Fogaras, M.-Vásárhely, Tasnád, Szilágy-Somlyó) schon mehrere Synagogen erbaut, welche, wie die ursprünglichen in Karlsburg, von den Gemeinden selbst erhalten werden.

Das Oberhaupt sämmtlicher Anhänger der mosaischen Religion in Siebenbürgen ist der Landesrabbiner in Karlsburg und ihm steht daher auch die Leitung der Kirchen-, Religions- und Schulangelegenheiten seiner Glaubensgenossen zu, in soweit nicht einzelne Zweige derselben (z. B. die Ehesachen) vor die bürgerlichen Gerichte und politischen Behörden gehören. Der Landesrabbiner ist unmittelbar der Statthalterei untergeordnet.

Bei jeder Synagoge und auch an andern Orten, wo die Zahl der daselbst sich aufhaltenden Juden eine bedeutendere ist, sind eigene Rabbiner oder Religionslehrer für gewisse Bezirke aufgestellt.

§ 53. Die Verwaltung der Schul- und Unterrichtsanstalten.

Die oberste Leitung und Ueberwachung des Unterrichtswesens im ganzen Lande liegt im Wirkungskreise der Statthalterei und es wurden ihr zu diesem Zwecke drei Schulräthe in der VII. Diätenclasse mit 1600 fl. Gehalt beigegeben, welche die einschlägigen Geschäftsgegenstände zu bearbeiten und durch Bereisungen sich von dem Zustande und den Bedürfnissen des Schulwesens und der Unterrichtsanstalten zu überzeugen haben.

Der Statthalterei unterstehen: die k. k. Rechtsacademie in Hermannstadt, die medicinisch-chirurgische Lehranstalt in Klausenburg und das k. k. römisch-katholische Staatsgymnasium in Hermannstadt unmittelbar, die andern confessionellen und Gemeinde-Lehranstalten, sowie die Volksschulen mittels der betreffenden Ordinariate, Curatoren und Inspectoren, was jedoch einen unmittelbaren Verkehr der Statthalterei mit den Directionen dieser Unterrichtsanstalten (namentlich der höhern) nicht ausschliesst.

Die Einflussnahme der Kreisbehörden und Bezirksämter in Schul- und Unterrichtssachen wurde bereits oben Seite 321 und 329 erörtert.

Von der Beaufsichtigung der politischen Behörden sind die Militär-Bildungsanstalten ausgeschlossen.

§ 54. Die Landescontrollsbehörde.

Zur Leitung des Verrechnungswesens, Bearbeitung der Jahresvoranschläge und der Uebersichten der Staats- und Fondseinnahmen und Ausgaben, in soweit diese Geschäfte nicht von Hilfsabtheilungen der andern Behörden besorgt werden, dann zur Prüfung der Rechnungen und Particularien der politischen und Gerichtsbehörden und der mit ihnen im Zusammenhange stehenden Aemter, der Stiftungen, Fonde und Gemeinden, der Steuerämter und Organe für die directe Steuerverwaltung u. s. w. ist die **Landes-Staatsbuchhaltung** in Herrmannstadt berufen.

Sie ist unmittelbar der Obersten-Rechnungscontrollsbehörde untergeordnet und von den übrigen Landesbehörden, wenn sie auch deren Aufträge zu befolgen und Berichte an dieselben zu erstatten hat, in ihrer Amtsgebahrung völlig unabhängig. Nur der Statthalter oder dessen zeitlicher Stellvertreter hat persönlich und ohne Theilnahme der politischen Landesstelle, gleichsam als Delegat der Obersten-Rechnungs-Controllsbehörde auf die Staatsbuchhaltung in soweit einen Einfluss zu nehmen, dass alle organischen Verfügungen im Bereiche der Controle, sowie die auf Personalbestellung Bezug nehmenden Verhandlungen durch ihn den Weg nehmen und er auch berechtigt ist, seine gutächtlichen Bemerkungen der obersten Rechnungs-Controllsbehörde vorzulegen und in dringenden Fällen unter gleichzeitiger Anzeige an diese Behörde Disciplinarmassregeln zu treffen.

Das Personale der Staatsbuchhaltung besteht aus einem **Buchhalter** in der VII. Diätenclasse, einem **Vicebuchhalter** (VIII. Diätenclasse), sechs **Rechnungsräthen** (IX. DClasse), einem Registrator, 26 Officialen, 20 Ingrossisten, 6 Accessisten, mehreren Practicanten und mindern Dienern.

§. 55. Die Behörden für Handel und Gewerbe.

Zur Vertretung der Handels- und Gewerbsinteressen Siebenbürgens wurden die zwei **Handels- und Gewerbekammern** in **Kronstadt** und **Klausenburg** errichtet, und als die Organe bestellt, welche die Bemühungen des Handelsministeriums unterstützen sollen und durch welche der Handels- und Gewerbestand seine Anliegen dem Handelsministerium eröffnet. Die Handels- und Gewerbekammern sind daher unmittelbar dem Handelsministerium untergeordnet, haben jedoch auch den leitenden politischen Behörden auf Verlangen die gewünschten Auskünfte zu erstatten.

Der Bezirk der Handels- und Gewerbekammer in Kronstadt umfasst die Kreise Maros-Vásárhely, Udvarhely, Kronstadt, Hermannstadt und Broos; jener der Kammer in Klausenburg die Kreise Karlsburg, Klausenburg, Szilágy-Somlyó, Deés und Bistritz.

Jede Kammer besteht aus einem **Präsidenten** und **Vicepräsidenten**, welche jährlich von der Kammer aus ihrer Mitte gewählt und vom Handelsministerium bestättigt werden, dann aus einem von ihr gewählten, wissenschaftlich gebildeten und im Handels- und

Gewerbsfache vertrauten besoldeten Secretär nebst dem nöthigen Hilfspersonale; endlich aus den Mitgliedern und ihren Ersatzmännern*). Die Mitglieder werden jährlich auf drei Jahre gewählt und es sind die Austretenden wieder wählbar.

Zu den Obliegenheiten der Handels- und Gewerbekammern gehören:

a.) gegenüber dem Handelsministerium. Die Erstattung von Gutachten, Vorschlägen und Auskünften über alle zu ihrem Wirkungskreise gehörigen Angelegenheiten und der Vollzug der einschlägigen Aufträge des Handelsministeriums, die Eröffnung ihrer Wahrnehmungen über die Bedürfnisse des Handels und der Gewerbe und den Zustand der Verkehrsmittel, dann die Berichterstattung über alle jene Daten, welche zur Handels- und Gewerbestatistik gehören.

b.) gegenüber den gewerblichen Einrichtungen. Die Prüfung und Ernennung der Waaren- und Wechselmäkler, dann die Erstattung von Gutachten über die aus dem Handels- oder Gewerbsstande zu wählenden Handels- und Wechselgerichts-Beisitzer, über zu errichtende Actienunternehmungen, auszuweisende Handelsfonde und Protocollirung von Firmen und Gesellschaftsverträgen.

Sie haben dagegen die Befugniss von Handels- und Gewerbspersonen und gewerblichen Körperschaften die zur Erfüllung ihrer Obliegenheiten nöthigen Auskünfte zu verlangen und als Schiedsgericht in allen Fällen, wo die Bestellung von Schiedsrichtern gesetzlich zulässig ist und die Betheiligten sämmtlich dazu beistimmen, je nach Massgabe dieser Zustimmung endgiltig oder mit Vorbehalt der Berufung an die zuständigen Gerichte und Behörden, über Handels- und Gewerbsangelegenheiten und insbesondere auch über alle aus dem Lohn- oder Dienstverhältnisse der gewerblichen Arbeitgeber zum Arbeitnehmer entspringenden Streitigkeiten zu entscheiden.

Der Wirkungskreis der politischen Behörden in Handels- und Gewerbe-Angelegenheiten wurde bereits oben Seite 316, 320 und 329 besprochen.

§. 56 Die Militärverwaltung Siebenbürgens.

Die oberste Militärverwaltungsbehörde Siebenbürgens bildet das auch mit den Administrationsgeschäften betraute zwölfte Armeecorps-Commando, welches als Behörde die Benennung Landesgeneralcommando führt. An der Spitze derselben steht der commandirende General mit dem Titel Commandant des zwölften Armeecorps, Gouverneur und commandirender General in Siebenbürgen.

---

*) In Kronstadt je 9 Mitglieder und 5 Ersatzmänner aus dem Handels- und Gewerbsstande, in Klausenburg 6 Mitglieder aus dem Handels-, 7 aus dem Gewerbsstande und je 4 Ersatzmänner.

Dem Commandirenden ist ein **General ad latus** zugewiesen, der denselben in vorkommenden Fällen in jeder Beziehung zu vertreten berufen ist.

Das Armeecorps-Commando ist in militärischer Beziehung dem dritten Armee-Commando in Ofen untergeordnet, hat dagegen in administrativer Beziehung den selbstständigen und unmittelbaren Verkehr mit dem Armee-Obercommando zu unterhalten.

Die Geschäftseintheilung zerfällt in drei Sectionen. Die erste Section enthält in zwei Abtheilungen die Adjutantur und Präsidialkanzlei nebst den Gegenständen der frühern politischen Abtheilung, welche sich auf die Conscription, die Märsche und Exercitien der Truppen und die diesbezüglichen Verhandlungen mit den politischen Behörden, sowie auf die rein militärischen Angelegenheiten der Artillerie beziehen, — dann als zweite Abtheilung das Justitzdepartement; die zweite Section die Operationskanzlei für alle operativen und militärwissenschaftlichen Gegenstände, die Verhandlungen über Dislocation und Bequartirung der Truppen, die Ueberwachung der taktischen Ausbildung der Truppen und Bearbeitung aller dahin einschlägigen Gegenstände; die dritte Section in drei Abtheilungen für die öconomischen, Verpflegs- und Sanitätsangelegenheiten.

Der Chef der ersten Section ist ein Stabsofficier als Corps- und Generalcommando-Adjutant, dem für die erste Abtheilung die nöthige Anzahl von Officieren, und für die zweite Abtheilung ein Stabsauditor mit den erforderlichen Auditoren beigegeben sind. Der Vorstand der zweiten Section ist ein Stabsofficier des Generalstabes mit einem zugetheilten Generalstabsoffizier; der der dritten Section endlich ein Oberkriegscommissär erster Classe (VI. Diätenclasse), dem für die erste Abtheilung die nöthigen Kriegscommissäre (VIII. Diätenclasse) und Adjuncten (IX. Diätenclasse); für die zweite Abtheilung ein Ober-Verpflegsverwalter (VII. DClasse) mit zwei Verpflegsverwaltern (VIII. DClasse), mehreren Verpflegs-Adjuncten und Assistenten; endlich für die dritte Abtheilung ein Oberstabsarzt I. Classe mit seinem Hilfspersonale zugetheilt wurden.

Zur gemeinsamen Berathung der wichtigern Fragen und Verhandlungen werden Gremialsitzungen unter dem Vorsitze des commandirenden Generals oder dessen Stellvertreter in der Regel immer wöchentlich abgehalten, wobei sämmtliche Sectionschefs und Vorstände der Abtheilungen zu interveniren haben.

Zu den Hilfsabtheilungen des Generalcommando gehört noch seine **Kanzleidirection** mit der Kanzleispesenverwaltung, der Registratur und dem Expedit unter der Leitung des Generalcommando-Adjutanten mit zugetheilten Officieren, Kriegskanzlisten, Registratursofficialen und einem Expeditor; das **Militär-Rechnungsdepartement** mit einem Kriegsbuchhalter an der Spitze, zwei Rechnungsräthen, neun Officialen, fünfzehn Accessisten erster und acht zweiter Classe, dann einigen Eleven; die Kriegscassa mit einem Zahlmeister, controllirenden Cassier, Official und Accessisten; das Feldsuperiorat mit dem Feldsuperior; das Provinzial-Medicamenten-Depot mit einem Unterverwalter, Official und Accessisten und die Genie-Inspection mit einem Obersten des Geniestabes als Inspector und einem Fortifications-Rechnungsassistenten.

Als Hilfsbehörden des Generalcommandos müssen angesehen werden: das Landesmilitärgericht unter dem Vorsitze des Stellvertreters des commandirenden Generals, mit einem höhern Stabsofficier als Vicepräsidenten, zwei Stabsauditoren als Beisitzern und einem Actuar; die Geniedirection in Hermannstadt mit einem Major des Geniestabes als Director, mehreren Offizieren des Geniestabes, zwei Officialen und einem Accessisten der Fortifications-Rechnungsbranche, endlich die Militär-Mappirung mit einem Obrist des Militär-Ingenieur-Geographencorps als Unterdirector mit einem Hauptmann und mehreren Subaltern-Offizieren dieses Corps und zugetheilten Offizieren der Linien-Regimenter für die Vermessung und trigonometrische Aufnahme des Landes.

Unter dem General-Commando stehen sämmtliche Truppen und Militärbehörden des Landes in administrativer Beziehung, so wie sie in rein militärischer Hinsicht ebenfalls demselben in seiner Eigenschaft als zwölftes Armeecorps-Commando untergeordnet sind. Es gehören dazu die Divisionscommanden in Hermannstadt und Klausenburg, die Infanterie-Brigadecommanden in Hermannstadt, Kronstadt, Maros-Vásárhely und Klausenburg, dann das Cavallerie-Brigade-Commando in Hermannstadt, das Festungscommando in Karlsburg mit dem dortigen Artillerie-Districtscommando und der Montursökonomie-Commission, die Stadt- und Platzcommanden in Hermannstadt und Klausenburg, das Stadt- und Schlosscommando in Kronstadt, das Schlosscommando in Fogaras, das achte Gensdarmerie-Regiments-Commando in Hermannstadt und die Abtheilung des Militär-Polizeiwache-Corps in rein militärischer Beziehung, die Grenzcommanden und Contumazämter auf den Hauptpässen gegen die Walachei und Moldau, das Beschäl- und Remontirungsdepartement in Deés, das Militär-Obererziehungshaus in Orlat (künftig Hermannstadt) und das Untererziehungshaus in Szamos-Ujvár.

Unter den Divisions- und Brigadecommanden, stehen die Regimentscommanden der im Lande dislocirten Feldtruppen*), unter

---

*) Die bestandenen fünf siebenbürgischen Grenzregimenter wurden, wie bereits erwähnt, noch im Jahre 1851 (durch die kaiserliche Verordnung von 22. Jänner 1851, Reichsgesetzblatt № 22) aufgelöst. An ihrer Stelle wurden die Linienregimenter № 5, 6, 46 und 50 errichtet, das Szekler-Grenz-Husarenregiment behielt auch als Feldtruppe die № 11. Von dreien dieser Regimenter nämlich von № 5, 6 und 46, dann dem Husarenregiment wurde aber später der Werbbezirk auf andre Kronländer übertragen.

denen auch die Reserve- (Depot-) Abtheilungen der Regimenter sich befinden, welche im Lande ihren Werbbezirk haben. Es sind dieses die Linien-Regimenter Nro. 31, 50, 51 und 62, das 23. Jägerbataillon und das 12. Artillerie-Regiment.

Zu diesen Regimentern, dann nach Erforderniss auch zur Cavallerie und sämmtlichen Extracorps (Genie-Truppen, Pioniere u. s. w.) stellt nun Siebenbürgen nach der allgemeinen, im ganzen Reiche geltenden Recrutirungsnorm von Jahr zu Jahr die durch das Loos betroffenen Ergänzungsmänner auf achtjährige Capitulation und zwei Reservedienstjahre.

Dritter Theil.

Topographische Landeskunde.

§. 57. Eintheilung des Landes.

Siebenbürgen zerfällt nach der neuesten politisch-gerichtlichen Eintheilung *) in 10 Kreise und 79 Bezirke. Die Kreise sind, nach ihren Vororten genannt:

I. Der Kreis **Hermannstadt** mit 12 Bezirken.
II. Der Kreis **Kronstadt** mit 10 Bezirken.
III. Der Kreis **Udvarhely** mit 6 Bezirken.
IV. Der Kreis **Maros-Vásárhely** mit 6 Bezirken.
V. Der Kreis **Bistritz** mit 10 Bezirken.
VI. Der Kreis **Deés** mit 8 Bezirken.
VII. Der Kreis **Szilágy-Somlyó** mit 6 Bezirken.
VIII. Der Kreis **Klausenburg** mit 6 Bezirken.
IX. Der Kreis **Karlsburg** mit 6 Bezirken.
X. Der Kreis **Broos** mit 9 Bezirken.

I. Kreis Hermannstadt.

Der Hermannstädter Kreis liegt in der Mitte der südlichen Landesgrenze gegen die Walachei, grenzt im Süden an diese Nachbarprovinz, im Westen an den Brooser, im Norden an den Karlsburger und Maros-Vásárhelyer, endlich im Osten an den Udvarhelyer und Kronstädter Kreis.

Seine grösste Längenausdehnung (von Westen nach Osten) beträgt 17 Meilen, seine grösste Breite (von Süden nach Norden) 10 Meilen und der Flächeninhalt 131.2 österreichische **) Geviertmeilen oder 1/8 der Grösse des Landes. Er umfasst die frühern sächsischen Stühle von Mühlbach, Reussmarkt, Hermannstadt, Mediasch, Schässburg,

---

*) Veröffentlicht mit der Verordnung der Ministerien des Innern, der Justiz und Finanzen vom 4. Juni 1854, Reichsgesetzblatt № 141 vom J. 1854.
**) Die Grössenangabe wird, wie hier, auch später immer in österreichischen Geviertmeilen erfolgen. Eine österreichische Geviertmeile beträgt aber 1.045 geographische Geviertmeilen.

Grossschenk und Leschkirch; dann Theile des Unteralbenser, Oberalbenser, Kockelburger Comitats und Fogarascher Districts aus dem ehemaligen Lande der Ungarn.

Der südliche Theil des Kreises, besonders unmittelbar an der Grenze, ist mit hohen Gebirgen bedeckt, unter denen die höchsten Spitzen des Landes überhaupt (Negoi, Vunctura-Butianu) und viele andre Kuppen mit mehr als 7000 Fuss Seehöhe (Szurul, Frumoazse) hierher fallen. Er ist daher von dem Zudrange der milden Südwinde grösstentheils abgeschlossen und sein Klima etwas rauher. Der nördliche, westliche und mittlere Theil des Kreises dagegen, durch die Entfernung vom Hochgebirge und seine erweiterten Thäler dem Zutritte wärmerer Lüfte geöffnet und vor schroffem Temperaturwechsel geschützt, gehört zu den wärmern Gegenden des Landes, ist aber ebenfalls durchaus hügelig und nur das untere Mühlbachthal, das grosse Kockelthal und das Zibinsthal bei Hermannstadt bieten bedeutendere Flächen dar.

An fliessenden Gewässern ist der Kreis besonders im Süden sehr reich. Der Alt (romänisch und ungrisch Olt) durchströmt einen grossen Theil des Kreises von Osten nach Westen, nimmt zahlreiche und zum Theil ansehnliche Bäche des Fogarascher Gebirges, dann den mit dem Harbache vereinigten Zibin kurz vor seinem Austritte aus dem Lande beim Rothenthurmpasse auf. Die grosse Kockel durchströmt den Norden und der ansehnliche Mühlbach den Westen des Kreises.

Von stehenden Gewässern sind nur die klaren hochgelegenen Gebirgsseen (die beiden Zibinsjäser, der Frecker Jäser, Gemsenteich, Bulliateich) auf dem Zibins- und Fogarascher Gebirge, welche in diesen Kreis fallen, zu erwähnen.

Hinsichtlich seiner Culturfähigkeit und der davon bedingten Fruchtbarkeit steht dieser Kreis vielen andern Theilen des Landes nach; zeigt aber natürlich hierin die der Bodenbeschaffenheit entsprechenden Unterschiede. Während nämlich in den niedern nördlichen und westlichen Gegenden besonders in den Thälern der Kockel und ihren Nebenthälern, dann im Zekaschthale der Wein von ausgezeichneter Güte und Mais vorzüglich gedeiht, wird in den südlichen Gebirgsgegenden Wein fast gar nicht mehr und Mais nur spärlich angebaut, und der grösste Ertrag hier von der auf den trefflichen Waiden mit Vortheil betriebenen Vieh- (besonders Schaf-) Zucht gezogen. Getreide wird, mit Ausnahme der Gebirge, überall gebaut und der Feldbau steht überhaupt in keinem Kreise des Landes auf einer höhern Stufe.

Gewerbe und Handel blühen besonders in den zahlreichen Städten und Marktflecken, woran kein andrer Kreis des Landes so reich ist, als dieser.

Bergbau wird nur in Salzburg auf Salz und etwas Goldwäscherei im Mühlbächer Bezirke betrieben.

In 277 Gemeinden bewohnt diesen Kreis eine Bevölkerung von 320,266 Seelen, wovon 0.54 Romänen, 0.33 Deutsche, 0.07 Zigeuner, 0.03 Ungarn, dann 0.03 verschiedene andre Nationsgenossen sind. Der Religion nach gehören davon 0.17 dem griechisch-orientalischen, 0.31 dem augsburgischen, 0.15 dem griechisch-katholischen, 0.04 dem römisch-katholischen und 0.03 den andern Glaubensbekenntnissen an.

Die zwölf Bezirke des Kreises sind: der Mühlbächer, Reussmärkter, Orlather, Hermannstädter, Leschkircher, Frecker, Marktschelker, Mediascher, Elisabethstädter, Schässburger, Gross-Schenker und Agnethler Bezirk.

1. Der Bezirk Mühlbach.

Derselbe liegt an der Westgrenze des Hermannstädter Kreises und wird in westlicher und südlicher Richtung vom Brooser Kreise, im Norden vom Karlsburger Kreise und im Osten vom Reussmärkter Bezirke umgeben.

Hohe Gebirge hat der Bezirk nicht, steigt jedoch im Süden, wo auch der Berg Ivaniest mit 4445 Fuss als höchster Punkt des Bezirkes liegt, über die Hügelregion hinaus.

Der klare reissende Mühlbach ist der grösste Fluss des Bezirkes und der Pianer Bach durch seine Goldkörner führenden Ufer merkwürdig.

Wein, Mais und Weizen gedeihen von vorzüglicher Güte und in Menge im Norden, Holz hat der Süden des Bezirkes und in diesem Theile wird auch nicht unbedeutende Viehzucht betrieben.

Die Grösse des Bezirkes beträgt 11 ☐ Meilen und es fallen eine Stadt und 23 Dörfer mit 28,800 Bewohnern in denselben. Von diesen sind fast 2/3 Romänen die übrigen Deutsche und viele Zigeuner. Weinbau, Feldbau und Viehzucht bilden ihre Hauptnahrungszweige, ein bedeutender Theil der Zigeuner beschäftigt sich auch mit Goldwäscherei.

Die bemerkenswerthesten Orte des Bezirkes sind:

Mühlbach (ungrisch Szász-Sebes, romänisch Себешїѫ), deutsche Stadt am Mühlbachflusse mit 4624 Einwohnern, die ausser den gewöhnlichen Gewerben auch ausgebreiteten Weinbau treiben. Sie ist der Vorort des Bezirkes, hat aber für ihre eigne politische Verwaltung einen selbstständigen unter der Kreisbehörde stehenden Magistrat. Das hiesige gemischte Bezirksamt leitet auch die Rechtspflege in der Stadt und ist zugleich als Strafuntersuchungsgericht für den eignen und den Reissmärkter Bezirk bestellt. Das Steueramt befindet sich ebenfalls hier. Die Evangelischen A. C. haben auf dem Hauptplatze eine grosse Pfarrkirche, eines der ältesten deutschen Baudenkmale Siebenbürgens, und vorzügliche Knaben- und Mädchenschulen. Ein Resident des Franziskanerordens besorgt in der Klosterkirche den katholischen Gottesdienst. — Die Stadt wurde im Jahre 1383 auf Königs Siegmund Befehl mit Mauern und Gräben umgeben, aber schon 1438 von den Türken fast ganz zerstört und hat überhaupt in den unruhigen Zeiten des sechszehnten und siebenzehnten Jahrhunderts sehr viel gelitten.

Kelling (u. Kellnek, r. Кѫлникъ) ansehnliches deutsches Dorf mit 1115 Einwohnern, welches guten Wein erzeugt. **Petersdorf** (u. Péterfalva, r. Петрiфалъ), ein deutsches Dorf mit 1142, und **Strugar** (u. Sztrugár, r. Стръгарiъ) mit 225 Bewohnern haben Papiermühlen *). Bei **Walachisch-Pian** (u. Oláh-Pián, r. Пiанѫлъ din сѫсѫ, 1758 Einw.) und **Rekita** (u. Rekita, r. Рькiта, 754 Einw.) sind Goldseifenwerke und beim letztern Orte auch Spuren von Bernstein. **Szasztschor** (u. Szászcsor, r. Сешчiоръ, 1299 E.) mit einer sehenswerthen Burgruine und vielen Gosauversteinerungen.

Die übrigen Ortschaften des Bezirkes sind:

Dál	**Dal**	Долъ	mit	875	Einw.
Drassó	**Troschen**	Драшъ	„	644	„
Gergelyfája	**Gergersdorf**	Ѫнгърей	„	1117	„
Girbó (Oláh-)	**Birnbaum**	Гѫрбоъ	„	853	„
Kákova	**Krebsdorf(Kakova)**	Какова	„	383	„
Kápolna	**Kapolna**	Кѫпълна	„	259	„
Kútfalva	—	Кѫтъ	„	1228	„
Lámkerék	**Langendorf**	Ламкретъ	„	1239	„
Láz	**Laas**	Лазъ	„	544	„
Lomány	**Lammdorf(Loman)**	Ломанъ	„	806	„
Oláh-Dálya	**Dallendorf**	Daia	„	1577	„
Rehó	**Reichau**	Рехъъ	„	1764	„
Sebeshely	**Sebeschel**	Шiвiшелъ	„	788	„
Spring	**Gespreng**	Шпринръ	„	1221	„
Sugág	**Schugag**	Шъгагъ	„	1220	„
Szász-Pián	**Deutsch-Pian**	Пiанѫлъ din жосъ	1594	„
Vingárd	**Weingarten**	Binrapdъ	„	1681	„

2. Bezirk Reussmarkt.

Er wird im Norden vom Karlsburger Kreise, im Süden von der Walachei begrenzt und stösst im Westen an den Mühlbächer Bezirk und einen Theil des Brooser Kreises, dann im Osten an den Marktschelker, Hermannstädter und Orlather Bezirk.

Die ganze südliche Hälfte des Bezirkes nehmen hohe Mittelgebirge (Berg Gugo 4421, Strimbu 5823' hoch), Ausläufer des Zibinsgebirges ein, dessen höchste Gipfel die südöstliche Grenze des Bezirkes bilden. Dieser Theil lässt sich daher auch nur als Wald- und Weideland benützen, während im nördlichen Theile des Bezirkes, wo

---

*) Beim erstern Orte ist eine grosse Bütten- und Maschinenfabrik eben in der Errichtung begriffen.

nur niedere Hügel mit fruchtbaren Thälern dazwischen sich befinden, Weizen, Mais und Wein recht gut gedeihen. An nutzbaren Mineralien besitzt das Bezirk Gips und Salz.

Ausser dem **Mühlbachflusse**, welcher den Bezirk im Südwesten begrenzt, gehören nur einige unbedeutende Bäche (darunter der **Zekasch**) demselben noch an.

Die Ausdehnung des Bezirkes beträgt 16 ☐ Meilen, auf welchen in einem Marktflecken und 24 Dörfern mit zwei Weilern (Praedien) 31,509 Einwohner leben. Von diesen sind der grösste Theil (fasst 4/5) Romänen, die übrigen Deutsche, u. s. w.

Bemerkenswerth sind folgende Orte:

Reussmarkt (Szeredahely, Мерксреа) ein deutscher Marktflecken am Zekaschflüsschen mit 1364 Bewohnern, die durchgehends von Feldwirthschaft und Weinbau leben. Hier ist der Sitz des gemischten Bezirksamtes und des Steueramtes. In der Nähe des zu Reussmarkt gehörigen Weilers **Weisskirch** befindet sich ein ausgedehntes Salzfeld.

Grosspold (Nagy-Apold, Аполдъ маре) ein grosses deutsches Dorf von 1610 Einwohnern, die starken Weinbau treiben, und **Dobring** (Doborka, Добърка), deutsches Dorf mit 981 Bewohnern, haben beide Gipslager auf ihrem Gebiete. **Pojana** (Polyán, Поиана) eines der grössten romänischen Dörfer mit 4030 Einwohnern, die bedeutende Viehwirthschaft treiben.

In diesen Bezirk gehören ferner:

Alamor	Mackenberg	Алъморъ	mit	1198	Einw.
Buzd	Bussd	Бъздъ	„	826	„
Ecsellö	Tetscheln	Ачиліш	„	784	„
Hoszszutelke	Thorstadt	Доштатъ	„	875	„
Kerpenyes	Käppelbach	Къркеніш	„	795	„
Kis-Apold	Kleinpold	Аполдъ микъ	„	2104	„
„ Enyed	Kleinenyed	Сънгетінъ	„	716	„
„ Ludas	Giesshübel	Гъеъ	„	691	„
Koncza	Zekeschdorf	Конца	„	424	„
Nagy-Ludas	Logdes	Лъдошъ	„	2016	„
Oláh-Bogát	—	Богатъ	„	887	„
Omlás	Hamlesch	Амнашъ	„	1255	„
Örményszékes	Armenen	Армені	„	1125	„
Pokafalva	Törnen	Пъка	„	1190	„
Preszáka	Kerschdorf	Пресака	„	588	„
Récse	Rätsch	Речъ	„	575	„
Rod	Rod	Подъ	„	1541	„
Sinna*)	Schinna	Жina	„	1811	„
Szász-Orbó	Urwegen	Гірбова	„	1497	„
Toporcsa	Tschapertsch	Топържеа	„	1801	„
Veresegyháza	Rothkirch	Рошіа	„	825	„

*) Hiezu gehört die ehemals militarisirte Ansiedelung Dobra.

3. Bezirk Orlath.

Derselbe wird südlich von der Walachei begrenzt, dann westlich, nördlich und östlich vom Reussmärkter und Hermannstädter Bezirke eingeschlossen.

Der Haupstock des Zibinsgebirges (Frumoasze 7169', Besineu 6236', Geusoara 6220' hoch) fällt in diesen Bezirk und macht ihn mit seinen Ausläufern fast ganz gebirgig, so dass er nur im nördlichen Theile einigen Feldbau hat.

Der Zibin, welcher in diesem Bezirke entspringt und schon vor dem Zuflusse des Schwarzwassers (Cserna voda) eine für grössere Mühlwerke angemessene Triebkraft besitzt, ist der Hauptfluss und seine Quelle der grosse Jäser an der Frumoasze das bemerkenswertheste stehende Wasser.

Die Grösse des Bezirkes beträgt 10.; ☐ Meilen. In zwölf Dörfern mit 2 Weilern bewohnen ihn 25,486 Seelen. Die Einwohner sind fast ausschliessend Romänen und leben grösstentheils von Viehzucht, welche in diesem Bezirke (namentlich die Zucht der Schafe) in ganz besonderer Ausdehnung betrieben wird.

Von den Ortschaften des Bezirkes sind hervorzuheben:

Orlath (Orlát, Орлатъ) römänisches Dorf von 1645 Einwohnern am Zusammenflusse des Schwarzwassers mit dem Zibin. Hier ist der Sitz des gemischten Bezirksamts und des Steueramtes. Der Ort besitzt schöne Gebäude vom Stabe des bestandenen I. Romanen-Grenzregimentes, ein grosses Bräuhaus, Kalkbrennereien, eine mechanische Papierfabrik im untern und eine zweite im obern Theile des Dorfes.

Szelischt (auch Grossdorf, Szelistye, Селиште) ein grosses römänisches Gebirgsdorf mit 4937 Einwohnern, die eine ausgebreitete Schaföconomie treiben. Südlich von diesem Orte, auf dem Gebirge befindet sich das Nebenzollamt Dusch, welches in Reussmarkt sein Winterquartier hat. **Reschinar** (auch Städterdorf, Resinár, Решинарй) ebenfalls ein grosses römänisches Dorf mit Jahr- und Wochenmärkten, treibt bedeutende Schafzucht und Productenhandel und hat, sammt den dazu gehörigen Ansiedelungen Riuszatului im Zoodthale und Trainei, 5499 Bewohner. **Guraru** (Guraró, Гѫра рѫзѫй) römänisches Dorf am Zibin mit 2332 Bewohnern hat eine Wollspinnfabrik.

In diesen Bezirk fallen noch die Dörfer:

Gályis	**Galisch**	Галишъ	mit	916	Einw.
Kákova	**Krebsbach**	Какова	„	1032	„
Mág	**Schardörfel**	Маръ	„	405	„
Paplaka	**Gunzendorf**	Поплака	„	2121	„
Sibiel	**Budenbach**	Сібіелъ	„	1447	„
Szecsel	**Schwarzwasser**	Сечелъ (Черна водъ)		939	„
Teliska	**Telischen**	Тілішка	„	2626	„
Válya	**Grabendorf**	Валеа	„	1587	„

4. Bezirk Hermannstadt.

Derselbe wird westlich von den Bezirken Orlath und Reussmarkt, nördlich vom Marktschelker, östlich vom Leschkircher und Frecker Bezirke und im Süden von der Walachei begrenzt.

Das Hauptthal des Zibins mit einer ansehnlichen Fläche um die Landeshauptstadt herum durchzieht die Mitte des Bezirkes. Dasselbe begrenzen im Westen, Norden und Osten niedere Hügel und im Süden drei grössere Ausläufer des Zibinsgebirges, mit den Spitzen Götzenberg 4152' hoch auf dem einen, — Präsbe 5536' und Galbina 5650' auf dem andern, — und Voinagu 5878', Sterpu 6785' und Girku oder Vurfu mare 6571' auf dem dritten.

Durch diese südlichen Hochgebirge und das im Osten hoch emporragende Fogarascher Gebirge ist das etwas kältere Klima des Bezirkes bedingt, welches jedoch durch den häufigen Südwind vom Rothenthurmpass her (Talmescher Wind) vielfache Abwechselung erhält.

Der Zibin und dessen Zuflüsse, Zood und Lotriora, sowie der letzte Theil des Harbaches sind die bedeutendern Flüsse des Bezirkes und der Alt bespült seine östliche Grenze. Als Mineralwässer sind die Salzteiche von Salzburg und die als Schlammvulkane auftretenden Sodaquellen bei Ladamos, nächst den sogenannten Reussener Teichen zu erwähnen.

Der Bezirk umfasst 16.8 ☐ Meilen mit einer Stadt, zwei Marktflecken und 25 Dörfern von 48,323 Einwohnern. Diese sind nach ihrer Nationalität und Religion, besonders in der Hauptstadt, sehr verschieden; es machen jedoch mit Einschluss von Hermannstadt die Deutschen noch immer die Mehrzahl aus; ihnen kommen an Zahl die Romänen am nächsten, dann sind noch viele Ungarn und Zigeuner im Bezirke. Die Hauptbeschäftigung ist neben den Gewerben und dem Handel in der Stadt und einigen andern Orten vorzüglich der Ackerbau. Bergbau wird nur auf Salz betrieben.

Hermannstadt (Nagy-Szeben, Сібііѕ̈) die Hauptstadt des Landes mit 16,268 Einwohnern, an und auf einem Hügel am Zibinsflusse gelegen. Sie ist der Sitz fast sämmtlicher Landesbehörden als: der Statthalterei, des Oberlandesgerichts, der Finanzlandesdirection, der Landes-Militärbehörde mit ihren Hilfsämtern, der Post- und Baudirection, der Landes-Staatsbuchhaltung, der Lottoverwaltung; dann eines Kreisamtes, des Landesgerichtes, welches zugleich als Bezirksgericht für die Stadt und den Hermannstädter Bezirk, dann als Untersuchungsgericht für diesen und die Bezirke Orlath, Leschkirch und Freck bestellt ist, — ferner der Finanzbezirksdirection für den Hermannstädter Kreis, eines Hauptzollamtes, Steueramtes, des politischen Bezirksamtes für die Landgemeinden des Hermannstädter Bezirkes u. s. w. Die politische Verwaltung der Stadt leitet ihr Magistrat mit unmittelbarer Unterordnung unter die Statthalterei. Der griechich-orientalische

Bischof und künftig auch der Superintendent der evangelischen Landeskirche A. C. hat ebenfalls hier den Sitz. Es befinden sich hier ferner eine Rechtsacademie, ein römisch-katholisches Staats-Gymnasium und eine r. k. Normalschule, ein lutherisches Obergymnasium mit einer Realschule, einem Schullehrerseminar und einer Elementarschule, ein griechisch-orientalisches Geistlichen-Seminar, gute Mädchenschulen, das Theresianische Waisenhaus mit einer Normal-und Mädchenschule, ein Militär-Obererziehungshaus, ein Kloster der Franziskaner und ein Ursuliner-Nonnenkloster, ein Bürgerspital und ein im Bau begriffenes allgemeines Krankenhaus, eine Sparcassa und ein Leihhaus, ein deutsches Theater, drei Buchhandlungen, fünf Buchdruckereien, eine lithographische Anstalt, eine Papier- und Pulvermühle, eine Stearinkerzen-, Schwefelsäure- und Zuckerfabrick u. s. w. Lebhaft ist der Handels-, Gewerbe- und wissenschaftliche Verkehr der Stadt, in welcher sich auch die leitenden Ausschüsse eines Vereins für Landeskunde, eines für Naturwissenschaften und eines für Landwirthschaft befinden. Von den öffentlichen Gebäuden sind die grosse evangelische Pfarrkirche, das Theresianische Waisenhaus, das grosse Gebäude des Freiherrn von Bruckenthal mit werthvollen Gemälde-, Bücher-, Münzen-, Antiken- und Naturaliensammlungen, das evangelische Gymnasium ebenfalls mit werthvollen Sammlungen, das sächsische Nationalgebäude mit dem Nationalarchive und Andre zu erwähnen.

Heltau (Nagy-Disznód, Ҷicnedia) schön gebauter deutscher Marktflecken in einem reizenden Thale am Fusse des Götzenberges mit 3349 Einwohnern eines besonders grossen und kräftigen Schlages, die hauptsächlich von der Erzeugung grober Tücher leben und auch viel Obst bauen. **Michelsberg** (Kis-Disznód, Ҷicnedioapa) Gebirgsdorf von 764 sehr industriellen Deutschen bewohnt, mit sehenswerther Burgruine. **Zood** (Czoodt, Cadě) mit 1522 Einwohnern, hat eine grosse Weingeistfabrik, eine Wollspinnerei, Walkmühlen und eine Pulvermühle. **Salzburg** (Vizakna, Окна) ungrisch-romänischer Marktflecken von 3515 Bewohnern mit einem Salzbergwerke und Salzbädern. **Grossau** (Keresztényziget, Крісгіанѣ) deutsches Dorf mit 1942 Bewohnern, bei welchem im Jahre 1690 der Malkontenten-Anführer, Emerich Graf Tököly, sich in seinem Lager zum Fürsten von Siebenbürgen ausrufen liess. Hier, so wie in dem dicht an Hermannstadt liegenden Dorfe **Neppendorf** (Kis-Torony, Тѕрпішорѣ) mit 1819 Einwohnern, haben sich in der letzten Hälfte des vorigen Jahrhunderts eine bedeutende Anzahl Oberösterreichische und Baadener Auswanderer angesiedelt und zum Theil noch ihre eigenthümliche Mundart beibehalten. **Schellenberg** (Sellenberk, Шеліmѕерѣ) deutsches Dorf von 734 Bewohnern, in der Geschichte Siebenbürgens durch die entscheidende Schlacht bekannt, welche in der Nähe desselben dem Woiwoden Michael der Walachei von dem Fürsten von Siebenbürgen, Cardinal Andreas Báthori, geliefert wurde, in deren Folge der Letztere Fürstenthum und Leben verlor. **Boitza** oder Ochsendorf (Boicza, Боіцa) romänisches Dorf von 1574 Einwohnern am Ausflusse des Altflusses in die Walachei mit einem befestigten Schlosse (der rothe Thurm, woher der Pass den Namen führt) und dem Hauptzollamte.

In den Hermannstädter Bezirk fallen noch die Dörfer:

Bongárd	Baumgarten	Бънгардъ	mit 649	Einw.
Dolmány	Thalheim	Daia	„ 431	„
Fenyöfalva	Girlsau	Брадъ	„ 871	„
Hermány	Kastenholz	Кашхолцъ	„ 527	„
Kis-Csür	Kleinscheuern	Шъра микъ	„ 1097	„
„ Talmács	Klein-Talmatsch	Тълмечелъ	„ 1244	„
Kakasfalva	Hahnbach	Хатбакъ	„ 733	„
Ladamos	Ladendorf	Ламнешъ	„ 349	„
Mooh	Moichen	Мoš	„ 841	„
Mundra	—	Мъндра	„ 154	„
Nagy-Csür	Grossscheuern	Шъра маре	„ 1430	„
Rosz-Csür	Reussdörfel	Ръшиоръ	„ 508	„
Szakadát	Sackadat	Съкъдате	„ 1191	„
Szász-Ujfalu	Neudorf	Ноълъ	„ 976	„
Szelindek	Stolzenburg	Слимникъ	„ 2383	„
Sz.-Erzsébet	Hammersdorf	Гъштерица	„ 1063	„
Talmács(Nagy-)	Talmatsch(Talmesch)	Тълмачъ	„ 606	„
Veresmart	Rothberg	Рошia	„ 769	„
Vestény	Westen	Вештемъ	„ 1014	„

5. Bezirk Leschkirch.

Der Altfluss trennt diesen Bezirk im Süden vom Frecker Bezirke, während ihn im Westen der Hermannstädter, im Norden der Marktschelker und Mediascher und im Osten der Agnethler und Grossschenker Bezirk begrenzen.

Der Boden zeigt die Beschaffenheit des hügeligen Mittellandes. Der höchste Punkt, der Berg Kieserer (auch Stilbu lui Kraj oder beim hohlen Stamm genannt), östlich von Leschkirch liegt 2161 Fuss über dem Meere. Die Fruchtbarkeit ist nur mittelmässig; Weizen, Hafer und Hanf sind die vorzüglichsten Erzeugnisse des Landbaues, welcher die Hauptnahrungsquelle der Bewohner bildet.

Der Hauptfluss ist der an vielen Stellen sumpfige Harbach.

Es hat dieser Bezirk einen Flächeninhalt von 8.6 ☐ Meilen, worauf ein Marktflecken und 21 Dörfer mit 19,456 Einwohnern sich befinden. Von den Letztern sind fast drei Viertheile Romänen, etwas mehr als 0.2 Deutsche, die übrigen Zigeuner.

Von den Ortschaften sind besonders hervorzuheben:

Leschkirch (Ujegyház, Нокриъ) deutscher Marktflecken am Harbach mit 958 Einwohnern, die vorzüglich Landbau treiben. Hier ist der Sitz des gemischten Bezirksamtes und des Steueramtes. **Alzen** (Alczina, Оңина) grosses deutsches Dorf von 1709 Ein-

27

wohnern, in dessen Nähe sich Kreide findet. **Bägendorf** (Bendorf, Бendopf$) mit 794 Einwohnern, wurde in den Bedrängnissen des siebenzehnten Jahrhunderts so hart mitgenommen, dass im Jahre 1653 daselbst nur ein einziger Deutscher übrig geblieben war, nach dessen Tode der Kelch und die Glocken der evangelischen Kirche dem Leschkircher Stuhlsamte zur Aufbewahrung bis auf bessere Zeiten übergeben werden sollten.

Dem Bezirke gehören ausserdem noch an: die Dörfer,

Alsó-Gezés	**Unter-Gesäss**	Гizaшa de жосъ	mit	753 Ein.
Czikendál	**Ziegenthal**	Цикиndеалъ	„	596 „
Felsö-Gezés	**Ober-Gesäss**	Гizaшa de съсъ	„	715 „
Fofeld	**Hochfeld**	Фофелдеа	„	1070 „
Gainár (Oláh-Tyukos)	**Hünerdorf**	Гъinapъ	„	297 „
Glimboka	**Hühnerbach**	Глжмбоака	„	457 „
Holczmány	**Holzmengen**	Холцманъ	„	968 „
Hortobágyfalva	**Harbach**	Корнъцелъ	„	1111 „
Illenbák	**Eulenbach**	Елбакъ саe Иллсnбавъ	„	744 „
Kolun	**Kolun**	Колънъ	„	588 „
Kürpöd	**Kirchberg**	Кipпepъ	„	1140 „
Márpod	**Marpodt**	Mapпoдъ	„	1118 „
Oláh-Ivánfalva	**Walachisch-Eibesdorf**	Iriшдopfъ	„	783 „
„ Ujfalu	**Wal.-Neudorf**	Новлъ ромънескъ	„	838 „
Szászahuz	**Sachsenhausen**	Съсъшъ	„	1074 „
Szent-Jánoshegye	**Johannisberg**	Нъчетъ	„	641 „
Vecsérd	—	Вечердъ	„	611 „
Vurpód (Hübalom)	**Burgberg**	Върnepъ	„	1874 „
Zalakna	**Schlatten**	Злакна	„	617 „

6. Bezirk Freck.

Der Altfluss trennt diesen Bezirk im Norden vom Gross-Schenker und Leschkircher, im Westen vom Hermannstädter Bezirke, im Süden wird er durch den höchsten Kamm des Fogarascher Gebirges von der Walachei geschieden und im Osten durch den Fogarascher Bezirk des Kronstädter Kreises begrenzt.

Das Hochgebirge des Südens, mit den hervorragenden Gipfeln Szurul (7259'), Budislav (7482'), Olán (7701'), Negoi (8046') und Vunetura (7961') erstreckt seine Ausläufer nördlich bis nahe an den Altfluss und nimmt mehr als zwei Drittheile der Bodenfläche des Bezirkes ein. Es bietet daher nur das Hauptthal des Altes eine kleine Anbaufläche dar und der übrige grössere Theil des Bezirkes ist nur für Viehzucht und Holzproduction geeignet.

In den Alt, als Hauptfluss des Bezirkes, strömen vom Hochgebirge in nördlicher Richtung zahlreiche zum Theil ansehnliche Wildbäche, unter denen viele aus den über der Baumgrenze liegenden

Gebirgsseen *) ihren Ursprung ableiten und schöne Wasserfälle bilden.

Viel Wild, Holz, Kalk und Bausteine bieten die Gebirge, die Niederungen erzeugen nur Roggen von vorzüglicher Güte, dann Mais und Haidekorn mittelmässiger Qualität. Die Viehzucht ist dagegen ein Hauptnahrungszweig.

Der Bezirk ist 13.5 ☐ Meilen gross und umfasst **21 Dörfer** mit **24,830** fast durchaus romänischen Bewohnern. Von den Ortschaften sind bemerkenswerth:

Freck (Felek, Аѣрirѫ) früher deutsches gegenwärtig fast ganz romänisches Dorf auf einer Anhöhe an einem Wildbache mit 2512 Einwohnern. Es befindet sich hier der Standort des gemischten Bezirksamtes und des Steueramtes, ferner ein schöner grosser Garten mit ansehnlichen Gebäuden des Freiherrn vou Bruckenthal, dann in der Nähe des Ortes eine Papiermühle. Zwischen Freck und dem Orte Girelsau des Hermannstädter Bezirkes verbindet eine von diesen beiden Gemeinden gebaute, schöne und grosse Brücke auf der Reichsstrasse die beiden Ufer des Altflusses.

Oberhalb der romänischen Dörfer **Ober-Arpasch** (Felső-Árpás, Арпашъ de сꙋсѣ, mit 1940 Einw.), **Ober-Bornbaci.** (Felső-Porumbák, Порѫмъакъ de сꙋсѣ, mit 1669 Einw.) und **Oberkerz** (Sztrezsa-Kerczesora, Стреза-Кѫрцишоара, mit 971 Einw.) befinden sich Glashütten und beim Letztgenannten Orte auch eine mechanische Papierfabrik. **Kerz** (Kerz, Кѫрцѫ) deutsches Dorf von 951 Bewohnern, mit den schönen Ruinen einer schon zu Anfang des 14. Jahrhunderts ansehnlichen Cisterzienser Abtei, welche König Mathias I. im J. 1477 ob dissolutos conventionalium mores aufhob und ihre Besitzungen der Hermannstädter Kirche schenkte, von welcher sie später an die Stadt kamen. **Portschesc.t** (Porcsesd, Порчешдъ) romänisches Dorf mit 1806 Einwohnern, welche viel ordinäres Leder erzeugen und starken Handel mit Fellen treiben; in der Nähe dieses Ortes liegt ein Grobkalk mit merkwürdigen Versteinerungen, worin sich auch viele vorweltliche Haifischzähne befinden.

Zum Bezirke gehören ferner die Dörfer:

Alsó-Árpás	**Unter-Arpasch**	Арпашъ дъ жосѣ	mit 560	Ein.
„ Porumbák	„ **Bornbach**	Порѫмъакъ de жосѣ	„ 1509	„
„ Sebes	„ **Schebesch**	Себешъ de жосѣ	„ 1169	„
„ Utsa	„ **Utscha**	Уча de жосѣ	„ 983	„
„ Vist	„ **Wischt**	Виштеа de жосѣ	„ 720	„
Besimbák	**Beschenbach, Besenbach**	Бешимъакъ	„ 329	„

---

*) Der Frecker Jäser oder Teufelskessel am Olán (6458' hoch gelegen), der See an der Gebirgsspitze Albie östlich vom Negoi, dem der Gebirgsbach Valje doamni entströmmt (5868' hoch), der Bulliasce an der Westseite der Vunetura (6446'), der Gemsenteich (Jaesere Keprerecze) an der Südseite der ebengenannten Ge`irgsspitze (7092' hoch gelegen).

Drágus	—	Дръгъшъ	mit 1181 Ein.
Felsö-Sebes	**Ober-Schebesch**	Себешъ де съсъ	„ 966 „
„ Utsa	„ **Utscha**	Уча де съсъ	„ 1120 „
„ Vist	„ **Wischt**	Виштеа де съсъ	„ 1699 „
Korb	—	Корбъ	„ 488 „
Opra-Kerczesóra	**Klein-Kerz**	Опреа Кърцишоара	„ 921 „
Rákovitza	**Rakovitze**	Раковица	„ 1239 „
Szeráta	—	Сърата	„ 1034 „
Szkóré	—	Скореї	„ 1082 „

7. Bezirk Marktschelken.

Im Norden wird derselbe durch den Karlsburger Kreis und den Mediascher Bezirk, im Osten durch den Leschkircher, im Süden durch den Hermannstädter und im Westen durch den Reussmärkter Bezirk begrenzt.

Der Boden des Bezirkes hat nur niedere Hügel, deren Abdachungen in den Thälern seiner beiden Hauptflüsse, der **grossen Kockel** und des **Weissbaches**, zur Weincultur sich trefflich eignen. Ebenso gedeihen Weizen und Mais vortrefflich im Bezirke.

Feld- und Weinbau sind die Hauptbeschäftigungen der Bewohner, von welchen mehr als der dritte Theil Deutsche, die übrigen Romänen und auch mehrere Juden sind.

Der Bezirk hat einen Flächeninhalt von 9.8 ☐ Meilen, worauf zwei Marktflecken und 25 Dörfer mit 23,164 Einwohnern liegen. Hervorzuheben sind davon:

Marktschelken (Nagy-Selyk, Шеика маре) deutscher Marktflecken am Weissbache mit 1354 Einwohnern, der Sitz des gemischten Bezirksamtes und des Steueramtes.

Kleinschelken (Kis-Selyk, Шеика микъ) deutscher Marktflecken mit 1574 Bewohnern, die starken Weinbau treiben. **Langenthal** (Hoszszuaszó, Хъсъслъ) Dorf mit 1602 Einwohnern, unter denen viele mit Brandtweinbrennerei sich beschäftigende Juden.

Die übrigen Orte des Bezirkes sind:

Aszszonyfalva	**Frauendorf**	Фръба	mit 1643 Ein.
Bolya	**Bell**	Бъліа	„ 1103 „
Csanád (Szász-)	**Scholten**	Чинадеа	„ 1436 „
Csicsó-Holdvilág	**Apesdorf**	Цапъ	„ 804 „
Egerbegy	**Arbegen**	Агрібічъ	„ 1404 „
Hasság	**Haschagen**	Хашаръ	„ 937 „
Hidegviz	**Kaltwasser**	Къльасъръ	„ 933 „
Hoszszupatak	**Brenzendorf**	Тъпі	„ 745 „
Ingodály	**Engelthal**	Мириндалъ	„ 226 „
Isztina	**Walachisch-Stein**	Стъпа	„ 434 „
Kis-Kerék	—	Броштені	„ 533 „

Lodormány	Ledermann	Лодроманŭ	mit 530	Ein.
Lunka	Langendorf	Лɪнка	„ 489	„
Mardos	Mardisch	Мардешŭ	„ 545	„
Mihályfalva	Michelsdorf	Боарта	„ 779	„
Mikeszásza	Feigendorf	Мiкесаса	„ 1216	„
Péterfalva	Petersdorf	Петшдорфŭ	415	„
Rovás	Rosch	Ръвъшълŭ	„ 452	„
Rösz	Reussen	Рɪш	„ 966	„
Sáldorf	Schaldorf	Шоле	„ 488	„
Sálya	Schallendorf	Шалеа	„ 883	„
Salykó	Schalko	Шълкъŭ	„ 259	„
Sorostély	Schorsten	Шороштинŭ	763	„
Szász-Veszszöd	Wassid	Весеѕдŭ	„ 951	„

8. Bezirk Mediasch.

Derselbe wird nördlich vom Maros-Vásárhelyer Kreise, im Osten vom Elisabethstädter und Schässburger, im Süden vom Agnethler und Leschkircher und im Westen vom Marktschelker Bezirke sowie von einem kleinen Theile des Karlsburger Kreises begrenzt.

Den ganzen Bezirk durchziehen niedere Hügelreihen, der Berg Bidbe darunter ist 1886 Fuss hoch. Die Berge sind oft ziemlich steil und für den Anbau von Getreide beschwerlich, aber ihre sonnigen Lehnen begünstigen in hohem Grade das Gedeihen des Weinstockes.

Als Hauptfluss durchschneidet die grosse Kockel den Bezirk von Osten nach Westen, alle übrigen in dieselbe einmündenden Flüsschen sind aber höchst unbedeutend.

Die Luft ist hier milder als in allen andern Theilen des Kreises. Weizen, Mais und Wein werden überall gebaut und gedeihen vortrefflich. Vom Letztern wird in keiner andern Gegend des Landes auf gleichem Flächenraume mehr erzeugt als in diesem Bezirke.

Die Ausdehnung des Bezirkes beträgt 13.2 ☐ Meilen und es umfasst derselbe eine Stadt, 3 Marktflecken, 33 Dörfer und einen Weiler mit einer Bevölkerung von 40,282 Seelen. Die Einwohner sind fast zur Hälfte Deutsche, sehr viele Romänen, dann noch eine bedeutende Zahl von Ungarn und Zigeunern.

Von den Ortschaften sind hervorzuheben:

Mediasch (Medwisch, Megyes, Мъдiешŭ) deutsche Stadt an der grossen Kockel mit 5337 Einwohnern, deren politische Verwaltung der eigene Magistrat besorgt. Hier befindet sich das gemischte Bezirksamt, welches zugleich als Bezirksgericht für den Stadt- und Landbezirk, dann als Untersuchungsgericht für den eignen und Marktschelker Bezirk bestellt ist, — sowie das Steueramt. Die Stadt hat ferner ein evangelisches Obergymnasium und eine Residenz des Franziskaner Ordens. Die grosse evangelische Pfarrkirche mit dem Rathhause und die schöne Infanterie-Kaserne sind die bedeutendsten öffentlichen Gebäude. Hier wird auch starker Weinbau und Weinhandel getrieben.

Birthelm (Berethalom, Гіертанš) deutscher Marktflecken mit 2235 Einwohnern und seit dem Jahre 1572 der Sitz des evangelischen Superintendenten A. C. Der hiesige Wein gehört zu dem vorzüglichsten in Siebenbürgen. **Meschen** (Muzsna, Мошна) mit 1605 und **Reichersdorf** (Riomfalva, Рекішдорфš) mit 1206 Einwohnern, sind deutsche Marktflecken die ziemlich bedeutenden Weinbau treiben. **Baassen** (Felsö-Bajom, Базна) deutsches Dorf mit 1216 Bewohnern, in dessen Nähe ein besuchtes und ziemlich gut eingerichtetes Salzbad sich befindet. Es wurde die Anstalt im Jahre 1842 durch eine Actiengesellschaft begründet. Das Wasser sammelt sich in acht Bassins, von denen fünf in der nächsten Umgebung des Badehauses (Ferdinandsbad, Kirchenbad, Siegmundsquelle, Bettlerbad und ein ungenanntes), sowie der etwas mehr gegen das Dorf zu gelegene Merkelbrunnen zur Bereitung der warmen Bäder, die noch weiter gegen das Dorf zu gelegene Felsenquelle aber hauptsächlich als kaltes Bad verwendet wird. In den bei dem Badehause liegenden Bassins sowie an einigen andern Stellen in der Nähe entwickelt sich reichlich Sumpfgas, welches bei trocknem Wetter entzündet werden kann, aber in keiner nähern Beziehung zum Mineralwasser selbst steht.

Die übrigen Ortschaften des Mediascher Bezirkes sind:

Alsó-Bajom	**Bunesdorf**	Боianš	mit	1444 Ein.
Balástelke	**Klein-Blasendorf**	Блъжслš	„	1229 „
Baromlaka	**Wurmloch**	Врътлокъ	„	1209 „
Bogács	**Bogeschdorf**	Богача	„	802 „
Buzd	**Bussd**	Бъсš	„	744 „
Darlocz	**Durless**	Дърлосš	„	1340 „
Eczel	**Hetzeldorf**	Ацелš	„	1591 „
Faisz	**Füssen**	Феica	„	641 „
Jövedits	**Beleschdorf**	Idiuš	„	555 „
Karácsonfalva	—	Кръчъпелš	„	621 „
Keszlér	**Kesseln**	Кеслерš	„	841 „
Kis-Ekemező	**Klein-Probstdorf**	Проштеа мікъ	„	467 „
„ Kapus	„ **Kopisch**	Копша мікъ	„	760 „
Körös	**Kirtsch**	Кріпš	„	948 „
Mártonfalva (Szász-)	**Martinsdorf**	Метішдорфš	„	645 „
Mártontelke	**Mortesdorf**	Морісдорфš	„	734 „
Nagy-Ekemező	**Gross-Probstdorf**	Проштеа маре	„	1226 „
„ Kapus	„ **Kopiseh**	Копша маре	„	1216 „
Nemes	**Niemesch**	Немша	„	498 „
Oláh-Bükkös	**Birkendorf**	Фашелš	„	413 „
Paratély	**Pretai**	Братеі	„	1149 „
Pocstelke	**Puschendorf**	Почішора	„	414 „
Sáros	**Scharosch**	Шарошš	„	1422 „
Somogyom	**Schmiegen**	Шмігš	„	832 „

Szász-Almás	**Almen**	Алма	„ 539	„
„ (Kis-) Almás	**Almaschken**	Алмашѫ	„ 769	„
„ Ivánfalva	**Eibesdorf**	Іьішдорфѫ	„ 1099	„
Tatárlaka*)	**Taterloch**	Тътърлакѫ	„ 813	„
Tobiás	**Toppesdorf**	Дѫпѫсдорфѫ	„ 542	„
Valdhid	**Waldhütten**	Вълтітѫ	„ 926	„
Völcz	**Wölz**	Велцѫ	„ 968	„
Zsitve	**Seiden**	Жідвеїѫ	„ 1286	„

9. Bezirk Elisabethstadt.

Er wird im Norden und Osten vom Maros-Vásárhelyer und Udvarhelyer Kreise umgeben, südlich durch die grosse Kockel vom Schässburger und Mediascher Bezirke getrennt, und im Westen ebenfalls vom letztgenannten Bezirke begrenzt.

Die Bodenbeschaffenheit und das Klima sind so ziemlich denen im vorigen (Mediascher) Bezirke gleich. Auch die Erzeugnisse beider Bezirke stimmen beiläufig mit einander überein, wenngleich der Wein hier von etwas geringerer Güte ist.

Die grosse Kockel, welche diesen Bezirk im Süden begrenzt, ist sein Hauptfluss.

Die Grösse des Bezirkes beträgt 5.8 ☐ Meilen, worauf in einer Stadt und 22 Dörfern 18,402 Einwohner leben. Fast zwei Drittheile der Letztern sind Deutsche, die übrigen Romänen, Ungarn, ziemlich viele Armenier und Zigeuner. Die Armenier leben vom Handel, die übrigen Nationsgenossen meist von Feld- und Weinbau.

Unter den Ortschaften des Bezirkes sind besonders hervorzuheben:

Elisabethstadt (Erzsébetváros oder Ebesfalva, Жьашфалѫѫ) armenische Stadt an der grossen Kockel mit 2195 Bewohnern. Die politische Verwaltung der Stadt führt ihr eigner Magistrat. Das hier befindliche gemischte Bezirksamt und Steueramt sind in dem vormals fürstlich Apaffi'schen Schlosse untergebracht. Die Stadt hat zwei schöne katholische Kirchen des armenischen und lateinischen Ritus, treibt lebhaften Handel und ist in neuester Zeit sehr für die Verbreitung der Seidenzucht thätig. — Ursprünglich war Elisabethstadt sammt den dazu gehörigen Besitzungen ein Apaffi'sches Gut, kam dann nach dem Erlöschen dieser Familie an den Fiskus, der es später dem siebenbürgischen Hofkanzler, Grafen Gabriel Bethlen, verlieh. Bethlen verkaufte die ganze Herrschaft der armenischen Gemeinde, welche durch den Landesfürsten in dem dauernden Besitze bestättigt wurde. Auf dem Landtage vom Jahre 1790 ward die Stadt zur königlichen Freistadt erhoben.

---

*) Hiezu gehört die Ansiedelung Csongár.

Gross-Alisch (Nagy-Szőllős, Селезшаѕ маре) deutsches Dorf von 1136 Einwohnern, bei welchem der siebenbürgische Fürst Johann Kemény 1661 in der Schlacht gegen Michael Apaffi, seinem Mitbewerber um den Fürstenstuhl, und die mit diesem vereinigten Türken fiel.

Die übrigen Dörfer, welche noch in diesen Bezirk gehören, sind:

Czikmántor	**Zuckmantel**	Чікmандрѕ	mit	805 Ein.
Domáld	**Maldorf**	Домалдѕ	„	637 „
Fületelke	**Felldorf**	Філетелнікѕ	„	499 „
Gogány	**Gogeschdorf**	Горанѕ	„	355 „
Gogány-Váralya	**Burg**	Варолеа	„	635 „
Gyákos	**Jakobsdorf**	Гіакемѕ	„	323 „
Hétur	**Marienburg**	Хетърѕ	„	1063 „
Holdvilág	**Hallwelegen**	Холділагѕ	„	900 „
Hondorf	**Hunds(Hohen-)dorf**	Хъндорфѕ	„	742 „
Kis-Szöllős	**Klein-Alisch**	Селезшалѕмікѕ	„	701 „
Kund	**Reussdorf**	Къндѕ	„	571 „
Oláh-Sz.-László	**Walachisch-Lasslen**	Ласлеѕромън.		596 „
Pród	**Pruden**	Проѕдѕ	„	627 „
Szász-Ernye	**Ehrgang**	Іернеі	„	620 „
„ Magyarós	**Maniersch**	Мъгіеръшѕ	„	479 „
„ Nádos	**Nadesch**	Nадеша	„	1285 „
„ Örményes	**Irmesch**	Орменішѕ	„	884 „
„ Szent-Iván	**Johannisdorf**	Сънтъ-Іоане		538 „
„ „ László	**Klein-Lasslen**	Лъслъѕ	„	593 „
Szénaverős	**Zendrisch**	Сенаръшѕ	„	1129 „
Zágor	**Rodt**	Загерѕ	„	1189 „

10. Bezirk Schässburg.

Es begrenzen ihn der Elisabethstädter Bezirk, durch die grosse Kockel von demselben getrennt, dann der Maros-Vásárhelyer Kreis im Norden, der Letztere sowie der Kronstädter Kreis im Osten, der Agnethler Bezirk im Süden und der Mediascher Bezirk im Westen.

Die Bodenbeschaffenheit dieses Bezirkes ist zwar ebenfalls nur hügelig, die Berge sind aber etwas höher, indem der Steinberg südöstlich von Schässburg 2397' erreicht. Nur das Thal des Hauptflusses, der grossen Kockel, ist mehr erweitert, und erzeugt auch etwas bessern Wein, die übrigen sind enge Nebenthäler jenes Flusses, in welchen aber Weizen und Mais noch recht gut gedeihen. Starker Obstbau wird bei Schässburg betrieben.

Der Bezirk hat einen Flächeninhalt von 12.2 ☐ Meilen und begreift in sich eine Stadt, einen Marktflecken und 25 Dörfer mit 29,810 Einwohnern. Von diesen machen die Deutschen fast die Hälfte aus, die übrigen sind Romänen, Zigeuner und etliche Ungarn.

Erwähnung verdienen von den Ortschaften:

Schässburg (Segesvár, Cirimoapa) deutsche Stadt am linken Ufer der grossen Kockel mit 7962 Bewohnern, welche neben Wein- und Obstbau, bedeutende Baumwoll- und Leinwandweberei treiben. Die Stadt steht in politischer Beziehung unter ihrem eignen Magistrate. Das hier befindliche gemischte Bezirksamt ist zugleich Bezirksgericht für die Stadt und Strafuntersuchungsgericht für den eignen und den Elisabethstädter Bezirk. Die Stadt liegt sehr malerisch zum Theil auf einem Berge (die Burg) zum Theil in der Ebene der Kockel, hat ein guteingerichtetes evangelisches Obergymnasium und ein Kloster des Franziskaner-Ordens. Von den öffentlichen Gebäuden sind die drei, in gothischem Style gebauten Kirchen, das Gymnasialgebäude, das Rathhaus und das Bürgerspital am sehenswürdigsten.

Keissd (Szász-Kézd, Kicdš) schöner deutscher Marktflecken mit 1921 Bewohnern, der früher seine eigne Gerichtsbarkeit hatte. An der hohen Burg, in der die Ortsbewohner ihre Gerteidevorräthe halten, ist ein fünfsilbiges Echo. **Malmkrog** (Almakerék, Мълънкрогъ) deutsch-römanisches Dorf von 1120 Einwohnern, welches früher ein fürstlich Apaffisches Erbgut war. In einer Burgcapelle auf einer Anhöhe gegenüber der evangelischen Kirche ist ein Grabmal des Vaters vom Fürsten Michael Apaffi I., Georg Apaffi, mit einem vom Hermannstädter Bildhauer Elias Nicolai in der ersten Hälfte des 17. Jahrhunderts verfertigten Marmor-Monumente, dem schönsten und kunstreichsten in ganz Siebenbürgen.

In den Schässburger Bezirk fallen noch die Dörfer:

Bese	**Beschendorf**	Беша	mit	894 Ew.
Dálya (Szász-D.-)	**Denndorf**	Daia	„	1333 „
Dános	**Dunesdorf**	Данешъ	„	1265 „
Erked	**Erkeden**	Аркіта	„	1138 „
Fejéregyháza	**Weisskirch**	Феріхаza	„	970 „
Felek (Magyar-)	**Altflaigen**	Фелакъ	„	399 „
Földszin	**Felsdorf**	Фелса	„	308 „
Héjasfalva	**Teufelsdorf**	Хашфалъъ	„	975 „
Keresd	**Kreisch**	Кришъ	„	1289 „
Mese	**Meschendorf**	Мошна	„	721 „
Miklóstelke	**Klosdorf**	Міклоша	„	412 „
Rádos	**Radeln**	Радешъ	„	729 „
Rudaly	**Rauthal**	Ръдеїъ	„	428 „
Sárpatak	**Scharpendorf**	Шарпатокъ	„	394 „
Segesd	**Schaass**	Шаісъ	„	982 „
Szász-Buda	**Bodendorf**	Бъndopфъ	„	886 „
„ Keresztur	**Kreuz**	Кришъ	„	860 „
„ Szent-László	**Lasseln**	Ласліе	„	1134 „
Szederjes	**Neuzeckel** (Neuflaigen)	Сідіріашъ	„	482 „
Trapold	**Trappolden**	Аполдъ	„	1182 „
Ujfalu (Szász-Ujfalu)	**Neudorf**	Новлъ	„	850 „

Volkány	**Wolkendorf**	Волканѣ	mit 229	Ein.
Voszling (od. Puszta)	**Wossling**	Целина	„ 499	„
Zoltány	**Zoltendorf**	Золтанѣ	„ 448	„

11. Bezirk Gross-Schenk

Er wird im Westen vom Leschkircher, im Norden vom Agnethler Bezirke, im Osten vom Kronstädter Kreise begrenzt, und im Süden durch den Altfluss, von einem Theile des Kronstädter Kreises und des Frecker Bezirkes getrennt.

Mässige Bergzüge mit freundlichen Thälern dazwischen bezeichnen die Bodenbeschaffenheit dieses Bezirkes. Von den Bergen übersteigt keiner die Höhe von 2000 Fuss um ein Bedeutendes, der Berg Rukur südlich von Grossschenk (mit 2127.₆ Fuss) ist einer der höchsten davon.

Das Klima ist durch die Nähe des Fogarascher Gebirges etwas rauh. Weizen gedeiht aber noch überall sehr gut, auch wird viel Hafer, Roggen und Hanf gebaut. Dem Mais und Wein ist die Luft schon weniger zuträglich.

Der Alt ist der Hauptfluss des Bezirkes.

Auf 7 ☐ Meilen, welche der Bezirk einnimmt, leben in einem Marktflecken und 13 Dörfern 14,234 Bewohner. Von diesen sind zwei Fünftheile Deutsche, die übrigen Romänen und Zigeuner. Sie treiben Landwirthschaft und etwas Vieh- und Bienenzucht.

Erwähnenswerth sind unter den Ortschaften:

Gross-Schenk (Nagy-Sink, Шинкъ маре) deutscher Marktflecken mit einer Bevölkerung von 2635 Seelen. Hier ist der Sitz des gemischten, als Strafuntersuchungsgericht zugleich auch für den Agnethler Bezirk bestellten Bezirksamtes, dann des Steueramtes. Ein Obstbauverein hat hier seinen Mittelpunkt. Den katholischen Gottesdienst besorgt eine Residenz des Franziskaner-Ordens. **Rohrbach** (Nádpatak, Ротбавѣ) deutsches Dorf mit 598 Einwohnern, in dessen Nähe sich eine jodhältige Salzquelle befindet.

Weiters gehören in diesen Bezirk noch:

Báránykut	**Bekokten**	Боркътѣ	mit 1105	Ein.
Boholz	**Buchholz**	Бохолца	„ 939	„
Brullya	**Braller**	Бръiѣ	„ 1056	„
Földvár	**Marienburg**	Фелдіóра	„ 683	„
Gerdály	**Girteln**	Гірдале	„ 447	„
Kálbor	**Kaltbrunnen**	Калборѣ	„ 1053	„
Kis-Sink	**Kleinschenk**	Чінкшорѣ с. Чінкълѣ мікѣ	778	„
Mártonhegye	**Martinsberg**	Шомортінѣ	„ 1266	„
Prásmár	**Tartlen**	Прешмерѣ	„ 1045	„
Rukur	**Ruckendorf (Rukur)**	Ръкъръ	„ 774	„
Sáros (Nagy-)	**Scharosch**	Шоаршѣ	„ 1122	„
Selistadt	**Seligstadt**	Селіштат	„ 733	„

12. Der Bezirk Agnethlen.

Im Norden und Osten wird derselbe vom Schässburger, im Süden vom Grossschenker dann im Westen vom Leschkircher und Mediascher Bezirke umgrenzt.

Bodenbeschaffenheit, Klima und Produkte sind denen des vorigen Bezirkes gleich.

Der häufig sumpfige **Harbach** ist der Hauptfluss des Bezirkes.

Sein Flächeninhalt beträgt 6.8 ☐ Meilen und es wohnen darauf in einem Marktflecken und 16 Dörfern 15,960 Seelen. Fast die Hälfte der Einwohner sind Deutsche, die übrigen sind Romänen, Zigeuner und einige wenige Ungarn.

Von den Ortschaften heben wir hervor:

Agnethlen (Szent-Ágotha, Arniга), der Vorort des Bezirkes und Sitz des Bezirks- und Steueramtes. Ein schöner deutscher Marktflecken mit 2644 emsigen Bewohnern, die starken Pferdehandel, dann das Fassbinder-, Kürschner-, Lederer- und Schuhmacher-Gewerbe in bedeutender Ausdehnung betreiben. **Abtsdorf** (Apátfalva, Цanš), Dorf mit 573 Einwohnern, in dessen Nähe ein grosses Torflager sich befindet.

Es fallen in diesen Bezirk ferners noch die Dörfer:

Bürkös	**Bürgesch**	Бiprimš	mit 871	Ein.
Hégen	**Henndorf**	Хendopфš	„ 1083	„
Jakabfalva	**Jakobsdorf**	Iакъсdopфš	„ 959	„
Kövesd	**Kabisch**	Кыemdš	„ 530	„
Leses	**Schönberg**	Шьлemьерkš	„ 1196	„
Magaré	**Magarei**	Мъгipeï	„ 888	„
Morgonda	**Mergeln**	Меpгindaлš	„ 1067	„
Néthus	**Neidhausen**	Нетыmš	„ 590	„
Prépostfalva	**Probstdorf**	Прошti	„ 782	„
Réten	**Reteschdorf**	Реtиmdopфš	„ 1081	„
Rosonda	**Roseln**	Ржa	„ 889	„
Szász-Halom	**Hundertbücheln**	Хънdерьекš	„ 792	„
Ujváros	**Neustadt**	Noimtadтš	„ 740	„
Verd	**Werd**	Bopdš	„ 502	„
Vesszöd(Szász-)	**Ziedt**	Бeceъdš	„ 753	„

II. Kreis Kronstadt.

Es bildet dieser Kreis die südöstliche Ecke des Landes; seine Grenzen sind im Westen der Hermannstädter, im Norden der Udvarhelyer Kreis, dann im Osten die Moldau und im Süden die Walachei.

Seine Längenausdehnung (von Westen nach Osten) beträgt

18, seine grösste Breite (von Süden nach Norden) 11 Meilen und 128.1 ☐ Geviertmeilen macht der Flächeninhalt aus. — Der frühere sächsische Stuhl Reps, der östliche Theil des Fogarascher und der ganze Umfang des Kronstädter Districtes, der Szeklerstuhl Háromszék und die von ihnen eingeschlossenen Theile des frühern Oberalbenser Comitates bilden die Bestandtheile dieses Kreises.

Im Südwesten zieht sich der zweite Theil des Fogarascher Hochgebirges mit seinen Urfelsmassen in den Kreis herein, hat anfänglich noch eine bedeutende Höhe (Gebirgsspitze Vurfu Ourla 7850.6′), fällt aber nach Osten zu bis fast in die Mittelgebirgsregion ab. Wo sich dieser Höhenzug dann etwas nach Süden wendet, steigen plötzlich die hohen Kalkriesen des Burzenländer Gebirges (Königsstein 7101′, Bucsecs 7951.8′, Piatra mare) empor und senden mehrere bedeutende Ausläufer (Perschaner Höhenzug mit dem 4090.5′ hohen Zeidner Berge und dem Geisterwalde, — dann das Schulergebirge 5723.4′ hoch und der Kapellenberg bei Kronstadt) in das Innere des Kreises. Weiter nach Osten nimmt das südliche Grenzgebirge mit dem Beginne des Bodzaer Höhenzuges wieder einen sanftern Charakter an, und es ragen hier nur der Teszla, Csukás (6217.2′), Nagy-Tatár und einige andre Kalkspitzen bedeutender hervor. An der östlichen Grenze erhebt sich das Beretzker Gebirge mit den Kuppen Csiljános (5098.2′), Lakoczás (5641.5′), Nemere und Nagy-Sándor (5176.2′) wieder über die Vorgebirgsregion hinaus. Im Norden ziehen sich dann die Trachytmassen des Háromszéker Gebirges mit dem interessanten Berge Büdös (3578.9′), der als erloschener Vulkan eingesunkene Krater, Schwefel- und Bimsteinlager, dann zahlreiche Mineralquellen aufzuweisen hat, — in den Kreis herein; und im nordwestlichen Theile desselben erheben sich noch zahlreiche Ausläufer des Barother Gebirges.

Weitere Thalflächen bieten das Altthal bei Fogaras, das Burzenthal bei Kronstadt und das Thal beim Zusammenströmen des Feketeügyflusses mit dem Alt. Diese Ebenen liegen zwar schon sehr hoch (1350 bis 1800), die beiden Letztern gehören aber zu den fruchtbarsten Gegenden des Landes.

Der Alt, Feketeügy (Schwarzbach), die Burzen, der Weidenbach und die Bodzau sind die Hauptflüsse des Kreises, und zahlreiche bedeutende Gebirgsbäche bewässern ihn in allen Theilen. Der St. Annasee auf dem Háromszéker Gebirge in der Nähe des Büdös ist unter den stehenden Gewässern hervorzuheben. Auch an merkwürdigen Quellen ist der Kreis sehr reich; es gehören hierher die zahlreichen Sauerquellen im östlichen Theile, Schwefelquellen bei Reps und am Büdös, Salzquellen bei Torja und Soosmező, die Theerquellen in der Nähe des letztern Ortes, die intermittirende Quelle (Gespreng) bei Kronstadt, incrustirende Quellen am Bodzaer Passe, die niegefrierende Quelle bei Héviz u. s. w.

Zahlreiches Wild in den Gebirgen, Fische aller Art in den Flüssen, von den Mineralien silberhältiges Blei, Eisen, Schwefel, Braunkohlen, die schönen Bergkrystalle und der Thonschiefer von Osdola, Theer am Oitozpasse, Trachyte und Basalt zu Mühlsteinen, feine Thonerde, Kalksteine mehr als im ganzen Lande finden sich in diesem Kreise.

Weizen gedeiht vorzüglich im Burzenlande und in den niedern Theilen der Háromszék, der östlichen Gegend des Kreises. Flachs, Hanf, Heidekorn und Tabak wird in einzelnen Bezirken recht viel gebaut; auch der Mais reift noch in vielen Theilen des Kreises vollkommen; Weinbau wird aber nicht betrieben.

Der Kreis zählt in 216 Gemeinden 274,709 Einwohner, von welchen etwa 0.44 Romänen, 0.40 Ungarn und Szekler, 0.14 Deutsche, dann 0.02 Zigeuner und andere Nationalitäten sind. Der Religion nach sind hievon 0.40 Griechisch-Katholisch, 0.19 Lutheraner, 0.18 römische Katholiken, 0.11 Griechisch-Orientalische, 0.09 Reformirte, 0.03 Unitarier und Juden.

Die zehn Bezirke, in welche der Kreis eingetheilt wird, heissen nach ihren Vororten, der Bezirk: Reps, Fogaras, Sárkány, Törzburg, Marienburg, Kronstadt, Hoszszufalu, Sepsi-Szent-György, Barátos und Kézdi-Vásárhely.

1. Bezirk Reps.

Er grenzt im Westen an den Hermannstädter, im Norden und Osten an den Udvarhelyer Kreis, und wird im Süden durch den Altfluss von den Bezirken Sárkány und Fogaras des Kronstädter Kreises geschieden.

In seiner grössern Hälfte zeigt dieser Bezirk zwar auch nur die hügelige Bodenbeschaffenheit des Mittellandes, aber die Basaltkuppen bei Reps und Sommerburg mit den an sie sich anlehnenden Felsenparthien verleihen dem nordöstlichen Theile schon das Ansehen einer Gebirgsgegend und auch die Luft ist schon ziemlich kühl.

Bei Reps befinden sich Schwefelquellen, und hier wie an einigen andern Punkten auch Salzquellen, welche das Vorhandensein von Steinsalzlagern andeuten.

Der Alt im Süden des Bezirkes und der Homorod in seinem östlichen Theile sind die bedeutendsten Flüsse desselben.

Weizen, Mais, Hafer und Hanf werden am meisten gebaut.

Der Flächenraum des Bezirkes beträgt 14 ☐ Meilen und es hat derselbe in einem Marktflecken und 24 Dörfern 27,386 Einwohner. Von diesen sind etwa zwei Fünftheile Deutsche, die Uebrigen Romänen, Ungarn und Zigeuner.

Unter den Ortschaften sind erwähnenswerth:

Reps (Köhalom, Кохалмѣ) deutscher Marktflecken mit 2641 Einwohnern, der Sitz des gemischten Bezirksamtes, welches zugleich das Strafuntersuchungs-Gericht für den eigenen Sprengel bildet, dann des Steueramtes. Eine grosse Kirche und eine höhere Volksschule haben hier die Lutheraner, die Katholiken eine Residenz der Franziskaner. Auf einem kegelförmigen Basaltberge am Orte steht eine mit mehreren Ringmauern umgebene alte Burg, welche zur Aufbewahrung von Vorräthen dient; unter diesem Berge liegen die beiden Schwefelquellen, bei deren einer gute Badeeinrichtungen bestehen. Zu Reps gehört auch das Prädium Freithum (Turzon).

Stein (Garád, Стжna) Dorf von 1241 Bewohnern mit Salzquellen. **Draas** (Darócz, Drac̆) das Dorf, welches im andreanischen Privilegium als eines der Grenzpunkte des Sachsenlandes bezeichnet wird, hat 1189 Einwohner. Die übrigen Ortschaften des Bezirkes sind:

Bene	Mehburg	Беіа	mit 751	Ein.
Fejéregyház	Weisskirch	Гішкріч (Вісkір.)	„ 742	„
Felmér	Felmern	Фелтера	„ 1316	„
Halmágy	Halmagen	Хълміаrŭ	„ 1334	„
Homoród	Homrod	Хомородŭ	„ 1170	„
Katza	Katzendorf	Каца	„ 1211	„
Királyhalma	Königsberg	Кріхалта	„ 825	„
Kóbor	Kivern	Коворŭ	„ 1030	„
Lebnek	Leblang	Ловнікŭ	„ 771	„
Longodár	Langenthal	Мертіаша	„ 753	„
Mirkvásár	Streitfort	Деішора	„ 1171	„
Moha	Muckendorf	Мжкендорфŭ	„ 1297	„
Oláh-Tyukos	Walach.-Tekes	Гъіпарŭ саŭ Тікъшъ романеск	„ 789	„
Pálos	Königsdorf	Палошŭ	„ 981	„
Petek	Petsch	Петка	„ 837	„
Siberk	Seiburg	Шібертŭ	„ 1360	„
Sóna	Schönau	Шона	„ 977	„
Sövényszeg	Schweischer	Шовеніъ саŭ Чішерŭ	751	„
Szász-Tyukos	Deutsch-Tekes	Гъіпарŭ саŭ Тікъшŭ съсескŭ	„ 1265	„
Ugra (Szász-)	Galt	Ънгра	„ 1117	„
Voldorf	Wallendorf	Валендорф	„ 571	„
Zsombor	Sommerburg	Шжтборŭ	„ 1296	„

2. Bezirk Fogaras.

Es begrenzt ihn im Westen und zum Theil im Norden der Hermannstädter Kreis, weiters im Norden der Repser Bezirk, im Osten der Sárkányer Bezirk und im Süden die Walachei.

Der im Süden des Bezirkes liegende Theil des Fogarascher Gebirges, mit dem Vurfu Ourla(7850.6′) und andern Gipfeln von bedeutender Höhe, erstreckt seine Ausläufer nördlich durch den ganzen Bezirk bis nahe an den Altfluss und nur das Hauptthal dieses Flusses ist etwas eben. Das kalte Gebirgsklima des einen und der steinige Boden des andern Theiles des Bezirkes verleihen ihm im Ganzen eine nur mittelmässige Fruchtbarkeit. Roggen und Hafer, Haidekorn, Kraut und Tabak werden in den ebenern Theilen des Bezirkes in grösserer Menge gebaut, Mais gedeiht hier nur mittelmässig. Die Gebirge des südlichen Theiles haben dafür Holz und Wild; und treffliche Weiden begünstigen daselbst in hohem Grade die Viehzucht.

Der Alt, dem zahlreiche Gebirgsbäche zuströmen, ist der Hauptfluss; stehende Gewässer sind keine von Bedeutung.

Die Grösse des Bezirkes beträgt 10.4 ☐ Meilen; worauf in einem Landstädtchen und 31 Dörfern mit 2 Weilern 26,261 Einwohner leben. Diese sind der überwiegenden Mehrzahl nach Romänen; Ungarn, Deutsche und Zigeuner sind nur in geringerer Anzahl vorhanden. Ihre Hauptbeschäftigung bilden der Feldbau und die Viehzucht.

Von den Ortschaften sind zu erwähnen:

Fogarasch (Fogaras, Фъгърашӱ) ein Landstädtchen am linken Ufer des Altflusses von 4163 Einwohnern, die aus allen Nationalitäten des Landes zusammengesetzt sind. Hier ist der Sitz des gemischten Bezirksamtes, welches auch für den Sárkányer Bezirk das Untersuchungsgericht bildet, dann des Steueramtes. Das feste Schloss, welches mitten im Orte steht, wurde vom Fürsten Gabriel Bethlen in seiner dermaligen Gestalt aufgeführt und gehört jetzt noch unter die festen Plätze Siebenbürgens. Eine schöne grosse Brücke über den Altfluss verbindet Fogaras mit dem gegenüberliegenden Dorfe Galatz. Das Städtchen betreibt besonders das Lederer- und Töpfergewerbe, dann den Tabakbau in grösserm Masse.

Unter-Szombath (Alsó-Szombat, Сѫмвъта de жосӱ) romänisches Dorf mit 450 Einwohnern, in dem sich ein schönes Landhaus mit bedeutenden Gärten und Wirthschaftsgebäuden der freiherrlich Bruckenthal'schen Familie befindet. **Braza** (Bráza, Бреаза) Dorf von 974 Einwohnern mit einem Nebenzollamte an dem hier in die Walachei führenden Viehtriebwege.

Die übrigen Dörfer, welche noch diesem Bezirke angehören, sind:

Bethlen	Беклеанӱ	mit	1076	Einwoh.
Dezsán	Дежанӱ	„	646	„
Dridif	Dpidiфӱ	„	579	„
Felsö-Szombatfalva	Сѫмвъта de сȣсȣ	„	1638	„
Galacz	Гълацӱ	„	970	„
Herszény	Херсеnіȣ	„	650	„
Huréz	Хȣрезӱ	„	541	„
Jáás	Iасӱ	„	518	„
Illyén	Ілені	„	933	„
Kis-Berivoj	Берівоіȣ мікȣ	„	587	„
„ Vajdafalva	Воіводеnіі	„	361	„
Kopácsel	Копъчелӱ	„	1128	„
Lésza	Ліса	„	1270	„
Ludisor	Лȣдішорӱ	„	636	„

Lutza	Люца	mit	261	Einwoh.
Mardsina	Мърџиненĭ	„	837	„
Mundra	Мѫндра	„	1012	„
Nagy-Berivoj	Беривоĭѫ маре	„	479	„
„ Vajdafalva	Воиводениĭ мапĭ	„	551	„
Netód	Нетотъ	„	703	„
Posorita	Пожорĭта	„	401	„
Rusor	Ръшоръ	„	549	„
Sebes *)	Съвешъ	„	801	„
Szeszcsór	Сешчоръ	„	386	„
Szevesztrény	Севестренĭ	„	334	„
Teleki-Récse	Телекĭ-Рече	„	641	„
Todoritza	Тодорица	„	702	„
Vajda-Récse	Baida-Рече	„	779	„
Vojla	Воила	„	795	„

3. Bezirk Sárkány.

Er wird im Westen und Norden durch den Fogarascher und Repser, im Osten und Süden durch den Marienburger Bezirk umschlossen und grenzt nur noch mit einem kleinen Theile im Norden an den Udvarhelyer Kreis.

Der Bezirk erhält im Süden durch einige Ausläufer des Fogarascher Gebirges, im Osten durch den langen Perschaner Bergzug, einen Ausläufer des Burzenländer Gebirges, den Charakter einer Vorgebirgslandschaft. Etwas ebener ist dagegen der nordwestliche Theil des Bezirkes am Altflusse. Kalk liefert in Menge der Perschaner Bergzug, in dem sich auch einige kleinere Höhlen befinden; einiges silberhältiges Blei hat der hieher fallende Theil des Fogarascher Gebirges.

Der Hauptfluss ist der Alt, der einen grossen Theil der nordwestlichen Grenze des Bezirkes bildet und alle seine Gewässer aufnimmt.

Der Flächeninhalt des Bezirkes macht 10.4 ☐ Meilen aus und es befinden sich in demselben 21 Dörfer mit 18,693 meist romänischen Einwohnern, welche gröstentheils von Landwirthschaft leben.

Die vorzüglichsten Orte sind:

Scharkany (Schirkanjen, Sárkány, Шеркаia) deutsches Dorf mit 1447 Einwohnern, die starken Flachsbau treiben. Das hierher bestimmte gemischte Bezirksamt und Steueramt befindet sich in:

Unter-Venitze (Alsó-Venitze, Венеция de жосъ), einem romänischen Dorfe mit 1615 Bewohnern, die meist Kalkbrennerei treiben. In der Nähe des Ortes ist eine Tropfsteinhöhle. **Neu-Schinka** (Uj-Sinka, Шинка новъ) Dorf von 1358 Einwohnern mit einem Bleibergwerke. **Heviz** (Héviz, Хоричъ) Dorf von 942 Einwohnern

---

*) Mit der dazu gehörigen Ansiedelung Dolmanesd.

mit einer sehr wasserreichen, warmen Quelle, die keine hohe, aber doch eine hinreichende Temperatur hat, dass das Wasser auch im Winter nie friert. **Perschan** (Persány, Першаní) romänisches Dorf von 896 Einwohnern mit ausgebreiteten Steinbrüchen in einem eigenthümlichen meergrünen Gesteine.

In den Bezirk fallen noch die Ortschaften:

Also-Komána	Комъna de жосъ	mit 1155	Einw.
Bogát	Богата	„ 276	„
Bucsum	Бъчъмъ	„ 668	„
Datk (Dáák)	Дотка	„ 504	„
Felsö-Komána	Комъna de съсъ	„ 617	„
Venitze	Венеціа de съсъ	„ 359	„
Grid	Грідъ	„ 1078	„
Hidegkút	Фънтъna	„ 376	„
Kucsuláta	Къчълата	„ 1149	„
Lupsa	Лъпша	„ 146	„
Mátéfalva	Матеѳълъ	„ 564	„
Ohába	Охаба	„ 659	„
Ó-Sinka	Шінка векіъ	„ 1504	„
Paró	Пъръ	„ 964	„
Sárkáitza	Шаркаіца	„ 1131	„
Vááд	Bадъ	„ 1291	„

4. Bezirk Törzburg.

Derselbe grenzt im Süden an die Walachei, im Westen an den Sárkányer, im Norden an den Marienburger und im Osten an den Kronstädter Bezirk.

Ein grosses Kesselthal, welches der Hauptstock des Burzenländer Gebirges bildet und mit seinem mächtigen Kalkriesen (Bucsecs und Königstein) im Süden abschliesst, nimmt fasst den ganzen Bezirk ein. Dieses Hauptthal verzweigt sich in die zahlreichen Schluchten, deren Gewässer die Burzen und den Weidenbach, die Hauptflüsse des Bezirkes zusammensetzen.

Dieser Bezirk ist eine schöne, wahrhaft romantische Gebirgslandschaft mit einem seiner Bodenbeschaffenheit entsprechenden kältern Klima; er hat daher auch wohl ausgebreitete Weideplätze; aber wenig anbaufähigen Boden. Den Hauptnahrungszweig der Bewohner bildet die Viehzucht, der Bergbau auf silberhältiges Blei und Braunkohlen ist kaum erwähnenswerth.

Es fallen nur 6 grosse Dörfer nebst 10 Ansiedelungen mit 17,918 romänischen Einwohnern in diesen Bezirk.

Von den Ortschaften verdienen hervorgehoben zu werden:
Törzburg (Törcsvár, Бран), der Hauptort des Bezirkes, welcher mit den 10 dazu gehörigen Prädien, den Ansiedelungen *)

---

*) Diese heissen: Alsó-Mócs, Felsö-Mócs, Șunda, Mogura, Poarta, Pestere, Predial, Simon, Șimnea und Szuhodól.

der sogenannten **Kalibaschen** (Hüttenbewohner) 8932 Einwohner zählt und die Hälfte des Flächenraumes vom ganzen Bezirke einnimmt. Auf einem steilen Kalkfelsen vor dem Orte steht eine sehenswerthe Burg (Dietrichsstein), welche zuerst von den deutschen Rittern erbaut im Jahre 1377 von den Kronstädtern erneuert wurde, die dann dieses Schloss sammt dem dazu gehörigen Dominium unter der Bedingung der Grenzbewachung vom Fiskus als Eigenthum erhielten. Hier befindet sich ein Nebenzollamt I. Classe und vor diesem an der Grenze ein Nebenzollamt II. Classe, **La Krucsa** genannt. Das für Törzburg bestimmte gemischte Bezirksamt ist, sowie das Steueramt vorläufig in dem zum Kronstädter Bezirke gehörigen Marktflecken Rosenau untergebracht.

Pojana-Morului (Almásmező, Поiана Мърѫлѣї) Dorf mit 1368 Einwohnern und **Zernest** (Zernest, Zерnешті) mit 2428 Seelen haben Bleibergwerke; die Einwohner des letztern Ortes sind meist Frachtfuhrleute, welche mit ihren grossen vielgespannigen Wägen früher bis nach Pesth und Wien fuhren, nun aber durch die fortschreitende Eisenbahn viel von ihrer Bedeutung verloren. Bei diesem Dorfe wurden im Jahre 1690 die vereinigten österreichisch-siebenbürgischen Truppen von Tököly und den Türken überfallen und geschlagen, wobei der Landesgeneral Michael Teleky auf dem Platze blieb und der kaiserliche Obergeneral Heisler gefangen wurde. **Holbach** (Holbák, Хольваъб) Dorf mit 647 Einwohnern, in dessen Nähe sich ein im Abbau stehendes Braunkohlenlager befindet, welches bis jetzt bloss einigen Kronstädter Schmieden das Feuerungsmaterial lieferte.

Es fallen in diesen Bezirk ausserdem nur noch:

Ó-Tohán   **Alt-Tohan**   Toxaně-векїѕ mit 1863 Einw.
Új-Tohán   **Neutohan (Törzdorf)** Toxaně noš   „ 2680 „

5. Bezirk Marienburg.

Im Westen begrenzt ihn der Sárkányer, im Süden der Törzburger und Kronstädter, im Osten zum Theil der Sepsi-Szentgyörgyer Bezirk; den übrigen Theil der Ostgrenze und die Nordgrenze bildet der Udvarhelyer Kreis.

Der Perschaner Bergzug, der mit einer mittlern Höhe von 1900 Fuss die Westgrenze des Bezirkes bildet, macht ihn durch seine bewaldeten Ausläufer (darunter der bekannte Geister Wald) hügelig. Der Boden ist nur im östlichen Theile fruchtbar, wo aber auch alle Arten von Getreide recht gut fortkommen.

Der Alt, der die ganze Ostgrenze des Bezirkes begleitet, und der Vledényer Homoród-Bach sind die Hauptflüsse.

Auf den 6.8 ☐ Meilen, welche der Bezirk umfasst, leben in einem Marktflecken und 8 Dörfern 13,933 Einwohner. Von diesen sind etwa der vierte Theil Deutsche und ebensoviel Ungarn, die übrigen Romänen und viele Zigeuner.

Die bemerkenswerthesten Orte sind:

Marienburg (Földvár, Феldiopa) Marktflecken von 2049 Bewohnern mit den Ruinen der von deutschen Rittern erbauten Marienburg. Sitz des gemischten Bezirksamtes und des Steueramtes.

Helsdorf (Höltövény, Хелтia) deutsches Dorf mit 2004 Einwohnern, deren viele Frachtfuhrleute sind.

In diesen Bezirk gehören weiters die Ortschaften:

Apácza	Geist	Анаца	mit 1593	Einw.
Krizba	Krissbach	Кризбавъ	„ 1812	„
Magyarós	Nussbach	Мъгерѧшъ	„ 1494	„
Szunyogszeg	Schnackendorf	Цѫнцарі	„ 1577	„
Újfalu	Neudorf	Noš	„ 1104	„
Veresmart	Rothbach	Ротбавъ	„ 920	„
Vledény	Wladein	Влъdent	„ 1380	„

6 Bezirk Kronstadt.

Derselbe wird westlich vom Törzburger, nördlich vom Marienburger und Sepsi-Szentgyörgyer, östlich vom Hoszszufaluer Bezirke und südlich von der Walachei begrenzt.

Vom höchsten Gipfel des Burzenländer Gebirges, dem Bucsecs, an der südwestlichen Grenze erstrecken sich bedeutende Ausläufer darunter das 5725.4 Fuss hohe Schulergebirge, bis tief in das Innere des Bezirkes. Demungeachtet hat dieser aber an seinen Hauptflüssen, der Weidenbach und Burzen eine der grössten Ebenen des Landes, auf welcher alle Arten von Getreide in üppiger Fülle gedeihen und ausserdem auch viel Flachs und Hülsenfrüchte gebaut werden. Kalk und Bausteine liefern die Gebirge mehr als genügend.

Bei einer Ausdehnung von 9.4 ☐ Meilen hat dieser Bezirk eine Stadt mit einer dazu gehörigen Ansiedelung, drei Marktflecken und 7 meist grosse Dörfer mit einer Bevölkerung von 47,119 Seelen. Von den Einwohnern sind etwa drei Viertheile Deutsche die übrigen Romänen, viele Ungarn, dann andre Nationsgenossen.

Unter den Ortschaften müssen hervorgehoben werden:

Kronstadt (Brassó, Брашеѣ) die volksreichste Stadt und der erste Handelsplatz des Landes, welcher mit seiner Ansiedelung, Dirszte (Dipcre) 25,269 Einwohner zählt, liegt ganz von Bergen eingeschlossen am Fusse des Burzenländer Gebirges. Hier ist der Sitz eines Kreisamtes und des Kreisgerichtes, welches zugleich auch als Bezirksgericht für die in politischer Beziehung von ihrem Magistrate (mit unmittelbarer Unterordnung unter das Kreisamt) verwaltete Stadt, dann als Untersuchungsgericht für die Bezirke Törzburg, Marienburg,

Kronstadt und Hoszszufalu aufgestellt wurde. Es befindet sich hier ferner die Finanzbezirksdirection für den Kronstädter Kreis, ein politisches Bezirksamt für die Landgemeinden des Kronstädter Bezirkes, ein Hauptzollamt, die Handelskammer für den südlichen Theil Siebenbürgens, eine Filial-Escomptanstalt der österreichischen Nationalbank und das mit einer Sparcassa verbundene allgemeine Pensions-Institut. Die evangelischen A. C. haben hier ein grosses Obergymnasium mit einer höhern Realschule, einem Schullehrer-Seminar und Elementarschulen, die Katholiken sowie die griechisch-orientalischen Glaubensgenossen je ein Untergymnasium, und der Orden der Franziskaner ein Kloster. Die Stadt hat zwei Buchdruckereien und eine Buchhandlung, eine Papiermühle, einen Kupferhammer und zahlreiche andere grössere und kleinere Gewerbsunternehmungen. Von öffentlichen Gebäuden sind die alte gothische Pfarrkirche der Evangelischen A. C. mit dazu gehörigen Pfarr- und Schulgebäuden, das Rathhaus, Kaufhaus und Krankenhaus, das gr. or. Gymnasialgebäude u. a. zu erwähnen. Nördlich von der Stadt liegt auf einem Berge ein befestigtes Schloss und südlich von derselben der steile Kapellenberg mit schönen Promenaden und der herrlichsten Aussicht.

    Zeiden (Feketehalom, Котлеа) schöner deutscher Marktflecken mit 3820 Bewohnern, die starken Flachsbau und Leinweberei treiben. **Rosenau** (Rozsnyó, Ръшнъб) ebenfalls ein deutscher Marktflecken von 4114 Bewohnern mit einer alten Burg auf einem dicht am Orte sich erhebenden steilen Berge, die einen 76 Klaftern tiefen ganz in Felsen gehauenen Brunnen hat. **Tartlau** (Prázsmár, Прежмерѣ) deutscher Marktflecken von 3363 Einwohnern mit einer sehr alten befestigten Kirche. **Tömösch** (Tömös, Timiшъ) die Ansiedelung mit den ärarischen Gebäuden eines Hauptzollamtes, Contumaz-Amtes und Passcommando's von 165 Seelen im Passe gleichen Namens, durch welchen die neuangelegte Kunststrasse über den Berg Predial in die Walachei führt und den Hauptverkehr Siebenbürgens mit diesem Lande vermittelt.

Zum Bezirke gehören ferner noch:

Botfalva	**Brenndorf**	Бодѣ	mit	1943	Ein.
Hermány	**Honigberg**	Херманѣ	„	2032	„
Keresztényfalva	**Neustadt**	Крістіанѣ	„	2201	„
Szent-Péter	**Petersberg**	Сѫн-Петрѣ	„	1701	„
Vidombák	**Weidenbach**	Гімбавъ	„	1204	„
Volkány	**Wolkendorf**	Вѫлканѣ	„	1297	„

7. Bezirk Hoszszufalu.

    Westlich, nördlich und östlich wird derselbe vom Kronstädter und Sepsi-Szentgyörgyer Bezirke umschlossen, südlich begrenzt ihn die Walachei.

    Der östliche Theil des Burzenländer und der Hauptsock des

Bodzauer Gebirges*) erfüllen mit ihren Ausläufern fast den ganzen Bezirk und die reissenden Wildbäche, welche ihnen entströmen, führten soviel Schotter in die Thäler, dass auch der nördliche flachere Theil des Bezirkes wenig Fruchtbarkeit besitzt.

Die trefflichen Gebirgsweiden begünstigen hier sehr die Viehzucht. Kalksteine bieten die Berge in Menge und diese lassen sich gebrannt in der nahen Stadt gut verwerthen. Mineralquellen fehlen ebenfalls nicht.

Auf dem Flächenraume dieses Bezirkes von 11.7 Geviertmeilen leben in 11 grossen Dörfern 27,480 Einwohner, von denen die Hälfte Romänen, zwei Fünftheile Ungarn, die übrigen Zigeuner sind.

Von den Ortschaften müssen besonders hervorgehoben werden:

Hoszszufalu (Langendorf, Сатъ лѫнгъ) grosses romänisches Gebirgsdorf**) mit 8219 Bewohnern, die bedeutende Viehzucht und starken Handel mit der Walachei treiben. Es ist der Sitz des gemischten Bezirksamtes und des Steueramtes. Von hieraus führt der Weg über den **Altschanzpass**, wo ein Nebenzollamt aufgestellt ist, durch das Thal der Doftana in die Walachei.

Zaizon (Zizinŭ) Dorf von 1128 Einwohnern, in welchem mehrere eisenhältige Sauerquellen mit sehr guten Badeeinrichtungen sich befinden. **Bodsau** (Bodza, Бъзъ̆) ein Dorf von 685 Seelen, welches sich beim Zoll- und Contumazamte im Hauptpasse angesiedelt hat, welcher hier durch das Bodzauthal in die Walachei führt.

Zum Bezirke gehören noch die Dörfer:

Bácsfalu	**Batschendorf**	Бачфалъ̆	mit 2196	Einw.
Bodola	**Bodila**	Бодила	„ 1568	„
Csernatfalu	**Zernendorf**	Чернатъ	„ 3045	„
Márkos ***)	**Mackesdorf**	Маркошъ	„ 683	„
Nyén	**Kreuzburg**	Тіеі	„ 1897	„
Purkerecz	**Purchuressen**	Пъркерепі	„ 1823	„
Tatrang	**Tatrangen**	Търъ̆нцені	„ 2813	„
Türkös	**Türkesdorf**	Търкішъ	„ 3328	„

8. Bezirk Sepsi-Szentgyörgy.

Derselbe bildet einen langen Landstrich von der nördlichen Grenze des Kreises bis zu seiner Südgrenze an der Walachei, und wird westlich vom Udvarhelyer Kreise, dann den Bezirken Marienburg, Kronstadt und Hoszszufalu, östlich von den Bezirken Kézdi-Vásárhely und Barátos eingeschlossen.

---

*) Die Gipfel Teszla, Csukás, Nagy-Tatár u. a. fallen hierher.

) Es liegt mit den 6 Dörfern: Bácsfalu, Türkös, Csernatfalu, Tatrang, Zajzon und Pürkeretz sehr nahe beisammen und wird häufig mit ihnen unter dem gemeinsamen Namen der **sieben Dörfer begriffen.

***) Wozu auch die Ansiedelung Bélmező gehört.

Von Norden her läuft an der Westgrenze des Bezirkes das Barother und an der Ostgrenze desselben das Háromszeker (mit dem 3778' hohen Berge Bodoki-havas) herab und drängt seine nördliche Hälfte zu einem schmalen Gebirgsthale zusammen, welches der Altfluss durchströmt, den Süden des Bezirkes machen die Ausläufer des Bodzauer Höhenzuges gebirgig. Aber seine Mitte bildet bei der Vereinigung der Hauptflüsse Feketeügy (Schwarzbach) und Alt eine schöne Ebene, welche zu den fruchtbarsten Landesstrichen Siebenbürgens gehört, und hier gedeiht Weizen, Tabak und Mais in üppiger Fülle, während der nördliche Theil des Bezirkes zahlreiche Sauerquellen beherbergt.

Der Flächeninhalt des Bezirkes macht 16 ☐ Meilen aus und es leben darauf in zwei Marktflecken, 35 Dörfern und mehreren Ansiedelungen 29,367 Menschen, welche der Mehrzahl nach der Szekleraber in nicht unbedeutender Menge auch der romänischen Nation angehören.

Zu den bemerkenswerthesten Orten des Bezirkes gehören:

Sepsi-Szentgyörgy (Шепши-Сжn-Џіорzě) ungrischer Marktflecken mit 2354 Einwohnern, wo der Sitz des gemischten Bezirksamtes und zugleich Untersuchungsgerichtes für den eignen, dann den Baráthoscher und Kézdi-Vásárhelyer Bezirk, sowie des Steueramtes sich befindet. In der Nähe dieses Ortes viel Tabakbau und mehrere Sauerquellen.

Illyefalva (Лєфалва) Marktflecken mit 1285 Einwohnern. **Málnás** (Малнашě) ein Dorf, das mit der Bevölkerung der dazu gehörigen Glashütte 575 Einwohner zählt, hat in seiner Nähe Schwefelquellen. **Zalánypatak** (Zalány-Üvegesür, Глъшъріe) Dorf von 288 Bewohnern mit einer Glashütte. Es befinden sich hier, wie an mehreren andern Orten des Bezirkes, auch Säuerlinge, unter denen besonders jene in dem Dorfe **Elöpatak** (Елепатакě, mit 559 Einw.) durch die dabei errichteten Badeanstalten und Fremdenhäuser zu einer besondern Aufnahme gelangt sind.

Diesem Bezirke gehören weiters noch folgende Dörfer an:

Aldoboly*)	Доболї	mit	996 Einwoh.
Angyalos	Ангіалашě	„	608 „
Árapatak	Аръптакě	„	1099 „
Árkos	Аркъшě	„	1425 „
Bikfalva**)	Бікфалъě	„	2018 „
Bikszád	Біксаdě	„	811 „
Bodok	Бодокě	„	917 „
Erösd	Арішші	„	340 „
Étfalva	Етфалъě	„	355 „
Fótos	Фотошě	„	145 „
Gidófalva	Гідфалъě	„	786 „
Hidvég***)	Хірікě	„	1899 „

*) Mit der dazu gehörigen Ansiedelung Farkasvágó.
**) Dazu gehört die Ansiedelung Doboló, sowie die drei Prädien Egrespatak, Egrestö und Talpatak im Bodzauthale.
***) Dazu gehört auch das Prädium Nyáraspatak.

Kálnok	Калнокѣ	mit	625	Einwoh.
Killyén	Кілені	„	546	„
Komolló	Комлъѣ	„	419	„
Kökös	Кікіші	„	877	„
Körispatak	Крішпатакѣ	„	905	„
Laborfalva	Лаборфалъѣ	„	398	„
Liget	Лігетѣ	„	340	„
Lisznyó	Ліснъѣ	„	973	„
Magyarós	Мъгіерѕші	„	556	„
Mártonos (Sepsi-)	Мъртінѕшѣ	„	353	„
Mikó-Ujfalu (Bikszád-Ujfalu)	Міко-Ѕіфалъѣ	„	1028	„
Óltszem	Олцеміръ	„	681	„
Réty	Реті	„	716	„
Sepsi-Szent-Király	Сӕн-Краіѕ	„	538	„
Szent-Iván (Sepsi-)	Сӕн-Іоан	„	462	„
Szemerja	Сімеріа	„	598	„
Szotyor	Сотіоръ	„	411	„
Uzon	Ѕзѕнѕ	„	1425	„
Zalány	Золанѕ	„	904	„
Zoltán	Золтанѕ	„	153	„

9. Bezirk Barátos.

Im Westen bildet der vorige, nördlich der Kézdi-Vásárhelyer Bezirk, im Osten die Moldau und Walachei und im Süden die Walachei seine Begrenzung.

Der grössere Theil des Bereczker Gebirges mit den Gebirgsgipfeln Mussató (4772'), Lakóczás (5642) und Csiljános (5098') fällt an die Ostgrenze des Bezirkes und sendet seine Ausläufer weit nach Nordwesten, wo im Thale des Hauptflusses des Bezirkes, Feketeügy, der Boden dann ebener und sehr fruchtbar wird. Hier findet auch der Anbau der gewöhnlichen Cerealien statt, während die übrige grössere Hälfte des Bezirkes der Holz- und Pottasche-Gewinnung, dann der Viehweide gewidmet ist. Mehrere Säuerlinge und andere Mineralquellen.

Die Grösse des Bezirkes macht 22.8 ☐ Meilen aus und es leben in seinen 30 Dörfern mit mehreren Ansiedelungen 29,663 Seelen. Von den Einwohnern sind die meisten Szekler und nur wenige Romänen.

Erwähnung verdienen von den Ortschaften:

Barátos (Mönchsdorf, Баратъшѣ) ein Dorf von 938 Seelen, wornach der Bezirk benannt wird. Dessen eigentlicher Vorort ist:

Kovászna (Ковасна) ein Dorf, welches mit dem dazu gehörigen obern Theile, Vajnafalva, 3110 Einwohner zählt. Hier befindet sich das gemischte Bezirksamt und das Steueramt. Im Orte sind mehrere Mineralquellen, die als Heilbäder benützt werden, und bei einer derselben der sogenannte Höllenmorast (Pokolsár). Auf dem nahen Hügel Timsóhegy kommt natürlicher Eisenvitriol vor. Das Dorf **Zágon** (Zarьnĕ) zählt mit seinen vier zerstreuten Ansiedelungen im Bodzauthale (Szita-Bodza, Orbai-Bodza, Bodzaforduló und Ökröspatak) 6047 Einwohner.

In diesen Bezirk fallen ausserdem noch die Orte:

Albis	Алъішĕ	mit	851	Einw.
Bessenyő	Бешінъĕ	„	458	„
Bita	Біта	„	456	„
Czófalva	Цьфалъĕ	„	337	„
Dálnok	Далнокĕ	„	1555	„
Egerpatak	Егерпатакĕ	„	639	„
Eresztevény	Ерестевені	„	178	„
Feldoboly	Доболїь de сьсĕ	„	546	„
Gelencze	Геленце	„	2364	„
Haraly	Харалі	„	421	„
Imecsfalva	Імечфалъĕ	„	492	„
Kis-Borosnyó	Борошпъьлĕ mikĕ	„	498	„
Körös	Кірешĕ	„	610	„
Léczfalva	Леацфалъĕ	„	870	„
Maksa	Макша	„	732	„
Nagy-Borosnyó	Борошпъьлĕ маре	„	1113	„
„ Patak	Патакь маре	„	433	„
Páké	Пакеĕ	„	672	„
Papolcz	Паполцĕ	„	1318	„
Páva	Пава	„	885	„
Petőfalva	Петефалъĕ	„	323	„
Szacsva	Сачва	„	275	„
Szörcse	Сьрче	„	635	„
Tamásfalva	Тамашфалъĕ	„	328	„
Telek	Телека	„	567	„
Várhegy	Вархегїь	„	134	„
Zabola	Завола	„	1984	„

10. Bezirk Kézdi-Vásárhely.

Er wird im Norden durch den Udvarhelyer Kreis, im Westen und Süden durch den Sepsi-Szentgyörgyer und Barátoscher Bezirk und im Osten durch die Moldau begrenzt.

Ein Theil des Bereczker Gebirges nimmt die ganze Osthälfte des Bezirkes ein und das Háromszéker Gebirge begrenzt ihn im Norden und Westen. In jenem sind die Gebirgsgipfel Nagy-Sándor und Nemere [*]) mit 5176 Fuss Höhe, in diesem der vulkanische Büdös mit Schwefel-Höhlen, Schwefellagern, Sauer-, Schwefel- und Alaunquellen, Bimsstein und Torf, dann in der Nähe desselben der Berg Bálványos

---

[*]) Von diesem Gebirge hat auch ein heftiger Ostwind den Namen Nemere, dessen Wirkungen bis in die Nähe von Kronstadt verspürt werden.

mit den Ruinen eines alten Schlosses, dessen Erbauer und Schicksale aber unbekannt sind. Zwischen diesen Gebirgen bleibt dem Bezirke nur im Thale seines Hauptflusses Feketeügy und den bedeutendern Nebenthälern einiger anbaufähiger Boden übrig.

Dafür bieten aber die Berge natürlichen Schwefel, Alaun, Salinober, Thonschiefer, schöne Bergkrystalle, — und alle Theile des Bezirkes unzählige Mineralquellen, besonders Säuerlinge. Hier findet sich endlich auch allein im ganzen Lande der Bergtheer (bei Soosmezö am Oitozpasse).

Der Bezirk hat einen Umfang von 17.4 ☐ Meilen und zählt in einem Landstädtchen, einem Marktflecken und 32 Dörfern nebst 3 Ansiedelungen 36,889 Bewohner, welche meist Szekler, aber auch in nicht unbedeutender Anzahl Romänen sind.

Unter den Ortschaften verdienen eine besondere Erwähnung:

Kézdi-Vásárhely (Кezdi-Ошорхеïв) ein Szekler-Landstädtchen, welches mit der dazu gehörigen Ansiedelung Kánta 3588 Einwohner zählt, die besonders die Branntweinbrennerei stark betreiben. Hier ist der Sitz eines gemischten Bezirksamtes und eines Steueramtes; auch befindet sich hier eine katholische Normalhauptschule und ein Kloster der Franziskaner.

Bereczk (Брецкъ) Marktflecken von 2901 Bewohnern, welche früher besondere Privilegien auf die Verfrachtung der durch den Oitozpass eingehenden Waaren hatten und auch gegenwärtig hauptsächlich davon leben. **Ojtoz** (Оitszъ) die Ansiedelung im Oitozpasse von 198 Seelen, wo sich das Zoll- und Contumaz-Amt befindet. Vor demselben an der äussersten Grenze liegt der Ort **Soosmezö** (Поïана съратъ) mit 887 Einwohnern, die auch vorzüglich im Waarenverkehr des Oitozpasses ihren Erwerb finden. In der Nähe dieses Dorfes sind Salzspurien und Theerquellen. **Polyán** (Поïана mit 1474 Einw.), **Esztelnek** (Естіłнікъ mit 960 E.) und **Sàrfalva** (Шарфалъъ mit 515 E.) haben, sowie mehrere andere Orte dieses Bezirkes, Sauerquellen. **Felsö-Torja** (Topia de сесъ) Dorf mit 371 Einwohnern hat ebenfalls Sauerquellen, dann am Berge Büdös Alaunquellen und Schwefellager. Bei **Osdola** (Ошдолеа) einem Dorfe von 1950 Bewohnern finden sich die schön reinen, freien Bergkrystalle (Siebenbürger Diamanten) in einem feinen Thonschiefer, welcher sich zu Schreibtafeln, zum Dachdecken u. s. w. sehr gut eignen würde.

Es gehören ferner noch zu diesem Bezirke die Dörfer:

Almás	Алмашъ	mit	1006	Einw.
Alsó-Csernaton	Чернатъ de жосъ	„	2100	„
„ Torja	Topia de жосъ	„	1969	„
„ Volál*)	Волалъ	„	523	„
Bélafalva	Белафалъъ	„	748	„
Csomortány	Чіошортанъ	„	612	„

*) Mit der Ansiedelung Felsö-Volál

Felsö-Csernaton	Чернатъ de сѹсѹ	mit	1160	Einw.
Futásfalva	Фѹташфалъ̆	„	987	„
Hatolyka	Хатолка	„	537	„
Hilib	Хiлiбъ̆	„	597	„
Ikafalva	Iкфалъ̆	„	712	„
Karathna	Кърatna	„	443	„
Kézdi-Sz.-Lélek (Szent-Lélek *)Скн-Лелекъ̆		„	2748	„
Kurtapatak	Къртапатакъ̆	„	616	„
Lemhény	Лemniiъ̆	„	2561	„
Márkosfalva	Маркъшъ̆	„	809	„
Mártonfalva	Мартфалъ̆	„	557	„
Martonos (Kézdi-)	Мъртinъшъ̆	„	820	„
Matisfalva	Матiшфалъ̆	„	182	„
Nyujtód (Nagy- és Kis-)	Niзiтodъ̆	„	881	„
Oroszfalva	Рѹсфалъ̆	„	324	„
Peselnek	Пешелnікъ̆	„	976	„
Száraz-Patak	Сароzпатакъ̆	„	645	„
Szászfalu	Сасфалъ̆	„	365	„
Szent-Katolna	Скнт-Католna	.,	1015	„

III. Kreis Udvarhely.

Es liegt derselbe im Osten des Landes nördlich vom Kronstädter Kreise und wird westlich vom Hermannstädter, Maros-Vásárhelyer und Bistritzer Kreise, östlich von der Moldau begrenzt.

Seine grösste Längenausdehnung fällt von Norden nach Süden mit 19 Meilen, seine grösste Breite von Westen nach Osten beträgt 15 Meilen und sein Flächeninhalt macht 138.8 ☐ Meilen aus. Er umfasst die frühern Szeklerstühle Csik mit den Filialen Gyergyó und Kászon, dann Udvarhely mit Keresztur und Bardotz, endlich einzelne Ortschaften des Háromszéker Stuhles, sowie des Kockelburger und Oberalbenser Comitates.

Das Gyergyóer **) und Csiker ***) Gebirge liegen im Osten, das Görgényer †) an der Westgrenze des Kreises, das Hargitta- ††) und Barother †††) Gebirge durchziehen seine Mitte und auch Theile des Háromszéker und Bereczker Gebirges erstrecken sich von der Südgrenze aus in den Kreis herein, so dass er ein fast ununterbrochenes Gebirgsland bildet. Alle diese Höhenzüge sind meist bewaldete Mittelgebirge und schliessen fast durchgehends nur schmale hochliegende Thäler *†) ein;

---

*) Wozu auch die Ansiedelung Kis-Kászon gehört.
) Berg Kelemenhavas. *) Nagyhagymás 5681' hoch. †) Keresztheg.
††) Dessen höchster Gipfel 5573' erreicht. †††) Kakukhegy 4926' hoch.
*†) Das Thal von Udvarhely liegt 1507', das von Baroth 1670', jenes von Csikszereda 2266', das von Szent-Domokos 2477' und das von Gyergyó-Szent-Miklós 2519', dann das Dorf Oláhfalu 2713 Fuss über dem Meere

grössere Flächen sind nur im Altthale bei Csikszereda und im Marosthale bei Gyergyó-Szentmiklós.

Das Klima dieses Kreises ist so rauh und kalt, wie in keinem andern Landestheile. Bloss Roggen, Heidekorn und Hafer gedeihen in grösserer Menge in allen Thälern des Kreises; Weizen, Mais, Hanf, Flachs und Tabak werden nur im südwestlichen Theile desselben gebaut. Dafür aber liefern die grossen Wälder eine Menge Brenn- und Werkholz. Aus dem Mineralreiche gibt es Trachite und Porphyre zu Mühlsteinen, Kalk und von Metallen Kupfer, Eisen und etwas Blei. Ueberall im Kreise sind viele Mineralquellen, besonders Säuerlinge, und im südwestlichen Theile desselben mehrere Salzquellen.

Die Hauptflüsse sind der Maros, Alt, grosse Kockelfluss, Tatros, Békás und Bistricsora. Von stehenden Gewässern ist der St. Annensee zu erwähnen, welcher auf der Grenze dieses und des Kronstädter Kreises liegt.

Der Kreis nimmt einen Flächenraum von 138.8 Geviertmeilen ein. Es bewohnen ihn in 199 Gemeinden 174,127 Seelen. Von den Einwohnern sind fast neun Zehntheile Szekler, die übrigen Armenier, Romänen, Zigeuner und einige andrer Nationalität. Der Religion nach gehören die Bewohner mehr als zur Hälfte den Katholiken an, die übrigen sind reformirt, viele unitarisch und zum geringsten Theile unirte und nicht-unirte Griechen u. s. w.

Die sechs Bezirke, in welche der Kreis zerfällt, heissen der Barother, Kozmascher, Csik-Szeredaer, Gyergyó-Szent-Miklóscher, Szitás-Keresztúrer und Udvarhelyer Bezirk.

1. Bezirk Baroth.

Er wird südlich vom Kronstädter Kreise, nördlich vom Udvarhelyer und Kozmascher Bezirke umgeben.

Das Barother Gebirge im Osten und das Hargitta-Gebirge im Nordwesten des Bezirkes machen ihn mit ihren vielen Ausläufern fast ganz gebirgig; nur ein kleiner Theil im Südosten desselben ist etwas niederer und daher auch zum Feldbau besser geeignet.

Ausser dem Holz der ausgedehnten Wälder liefert der Bezirk an Naturprodukten noch Eisen an mehreren Orten (Füle, Hermány und Alsó-Rákos), und mehrere Mineralquellen entströmen seinem Boden, darunter Salzquellen bei Vargyas und Felsö-Rákos, dann Säuerlinge bei Száldobos, Bibarczfalva, Felsö-Rákos, Kis-Baczon, M. Hermány u. a. Orten.

Hauptfluss des Bezirkes ist der Alt und der demselben von Norden her zuströmende Vargyas.

Die Grösse des Bezirkes macht 16 ☐ Meilen aus und es hat derselbe in einem Marktflecken und 21 Dörfern 20,741 Bewohner, die meist Szekler sind.

Unter den Ortschaften sind zu erwähnen:

Baróth (Баротъ) ansehnliches Szeklerdorf mit 1799 Einwohnern, die stark die Branntweinbrennerei betreiben. Hier ist der Sitz des gemischten Bezirksamtes, welches zugleich als Criminal-Untersuchungsgericht für den eignen Bezirk bestellt ist, dann des Steueramtes.

In diesen Bezirk gehören ausserdem noch die Dörfer:

Agostonfalva	Агъстинъ	mit	425	Einw.
Alsó-Rákos	Ракошъ	„	907	„
Bardócz	Бардоцъ	„	649	„
Bibarczfalva	Бібарцфалъъ	„	709	„
Bodos	Бодошъ	„	445	„
Bölön	Белінъ	„	2219	„
Felsö-Rákos	Ракошъ de съсъ	„	873	„
Füle	Філе	„	828	„
Kis-Baczon	Бацонъ-микъ	„	538	„
Köpecz	Копоцъ	„	879	„
Közép-Ajta	Аітонъ de міжлокъ	„	1400	„
Magyar-Hermány	Херманъ-ънгърескъ	„	920	„
Miklósvár	Міклошвар	„	772	„
Nagy-Ajta	Аітонъ-маре	„	1262	„
Olosztelek	Олостелікъ	„	635	„
Sepsi-Baczon	Бацонъ	„	835	„
Száldobos	Салдобошъ	„	547	„
Száraz-Ajta	Сараз-аіта	„	1481	„
Telegdi-Baczon (Nagy-Baczon)	Бацонъ	„	644	„
Ürmös	Орменишъ	„	907	„
Vargyas	Варгіашъ	„	1487	„

2. Bezirk Kozmàs.

Derselbe wird südlich vom Kronstädter Kreise, westlich vom Barother, nördlich vom Csikszeredaer Bezirke und östlich von der Moldau begrenzt.

Durch Ausläufer des Csiker Gebirges im Nordosten, dann des Bereczker und Háromszéker Gebirges im Westen wird auch dieser Bezirk ganz gebirgig. Nur das Thal seines Hauptflusses, des **Altes**, liegt tiefer und ist daher auch zum Anbau geeignet. Der St. Annensee fällt an die Nordgrenze dieses Bezirkes. Von Mineralwässern besitzt der Letztere mehrere Säuerlinge und einige Schwefelquellen.

Auf einem Flächenraume von 19.8 ☐ Meilen zählt der Bezirk in 26 Dörfern 27,232 der Szekler Nation angehörige Einwohner.

Von den Ortschaften müssen wir hervorheben:

Kozmàs (Kozmашъ) ein Dorf mit 1584 Bewohnern, nach welchem der Bezirk seinen Namen führt, während die Behörden desselben, das gemischte Bezirksamt und Steueramt in:

Csik-Szent-Márton (Чikŭ-Сжn-Мъртiп) ihren Sitz haben. Dieses Dorf zählt 960 Bewohner und besitzt ein schönes grosses Schulgebäude. **Lázárfalva** (Лазарфалъŭ) Dorf von 783 Bewohnern mit Schwefelquellen und einigen mangelhaften Badeeinrichtungen dabei. **Tusnád** (Тѕшnad) ein Dorf, das mit der dazu gehörigen Ansiedelung Szeretszeg 1646 Einwohner zählt, und in dessen Nähe in dem Engpasse des Altflusses das Kaiserbad mit mehreren mehr oder minder eisenhältigen Sauerquellen sich befindet.

Es gehören ferner noch in diesen Bezirk:

Altiz (Kászon-Altiz, Nagy-Kászon) Алтіцŭ		mit 1078	Einw.
Bánkfalva	Банкфалъŭ	„ 1509	„
Csatószeg *)	Чатосегŭ	„ 1005	„
Csekefalva	Чекъŭ	„ 1116	„
Csik-Szent-György **)	Чikŭ-Cжn-Щіozŭ	„ 1775	„
„ „ Király	„ „ Краïѕ	„ 1635	„
„ „ Lélek ***)	„ „ Лелекŭ	„ 655	„
Feltiz (Kászon-)	Фелтizŭ	„ 1401	„
Hoszszuaszó	Хъсъсъŭ	„ 75	„
Impérfalva (Kászon-) †)	дтперŭ	„ 1047	„
Jakabfalva (Kászon-)	Іаковфалъŭ	„ 1298	„
Kászon-Ujfalu	δïфалъŭ	„ 1959	„
Kotormány	Которманŭ	„ 106	„
Menaság	Менешагŭ	„ 1041	„
- Ujfalu	δïфалъŭ	„ 378	„
Mindszent ††)	Минcентïѕ	„ 760	„
Potyánd	Потiандŭ	„ 384	„
Szent-Imre †††)	Сжнтŭ-Імьрŭ	„ 1910	„
„ Simon	„ Шimo	„ 1438	„
Tusnád-Ujfalu	Тѕшnadŭ-δïфалъŭ	„ 398	„
Verebes	Веревішŭ	„ 890	„
Zsögöd	Шередŭ	„ 901	„

3. Bezirk Csik-Szereda.

Seine Grenzen bildet im Süden der vorige Bezirk, im Westen der Udvarhelyer, im Norden der Gyergyó-Szentmikloscher Bezirk und im Osten die Moldau.

Dieser Bezirk ist ganz vom Csiker und Hargitta-Gebirge eingeschlossen und von ihren Ausläufern erfüllt. Nur das Thal des Altes, seines Hauptflusses bildet eine etwas grössere Ebene. Das Klima ist rauh und daher auch der Anbau gering. Viehzucht und Holz-

---

*) Mit der Ansiedelung Templom-Allya.
**) Dazu gehören die Ansiedelungen Kincsérszeg u. Poklondfalva.
***) Mit den Attinenzen Alszeg und Fitod.
†) Wozu auch die Ansiedelung Doboly gehört.
††) Nebst der Ansiedelung Boroszló.
†††) Besteht aus Bedecs, Felszeg und Pálszeg.

handel (besonders mit Brettern und Latten) sind die Hauptnahrungszweige der Bewohner. Sauerquellen gibt es auch in diesem Bezirke mehrere; derselbe hat ausserdem auch viel Kalksteine, Trachyt zu Mühlsteinen und Kupfer.

Der **Alt** und **Tátros** sind die beiden Hauptflüsse.

Der Flächeninhalt des Bezirkes beträgt 24 ☐ Meilen, worauf in einem Marktflecken und 26 Dörfern 28,110 Bewohner, Szekler und einige Armenier, leben.

Die vorzüglichsten Orte sind:

Csik-Szereda (Чікŏ-Cepeda) ein Marktflecken mit einem befestigten Schlosse, welcher mit dem dazu gehörigen Dorfe **Mártonfalva** 924 Einwohner zählt und dem Bezirke den Namen gibt. Das Schloss, welches zu den festen Plätzen des Landes gehört, wurde im Jahre 1620 durch den Csiker Obercapitän, Franz Mikó, erbaut, aber schon 1661 durch die Türken zerstört, kam darauf durch die Achtserklärung seines Besitzers an den Fiskus, wurde im Jahre 1714 auf Befehl des commandirenden Generals in Siebenbürgen, Grafen Steinville, hergestellt und neu befestigt und erhält auch jetzt von den Truppen eine Besatzung, die zur Bewachung der Ostgrenze des Landes bestimmt werden.

Vardotfalva (Вардотѳалъŏ) ein Dorf mit 631 Bewohnern, zu welchem auch das früher reich dotirte und mit besondern Vorrechten ausgestattete Franziskaner Kloster **Csik-Somlyó** gehört, wo gegenwärtig das gemischte Bezirksamt, zugleich Untersuchungsgericht für den Csik-Szeredaer, den Kozmascher und Gyergyó-Szentmiklóscher Bezirk, sowie das Steueramt untergebracht ist und auch ein römisch-katholisches Untergymnasium sich befindet. Der Bergort **Balán** (Balánbánya, Баланŏ) mit 893 Einwohnern liegt unter den malerischen Kalkgebirgen Ecsémtetei und Tarkö am Altflusse, der nicht weit davon seinen Ursprung hat, und erzeugt das meiste Kupfer im Lande. **Szépviz** (Сепвізŏ) ein Dorf von 1844 meist armenischen Einwohnern, welche bedeutenden Handel mit der Moldau treiben. Es führt von hieraus über den steilen Berg Kabalahágó der Hauptweg durch den **Gyimespass**, wo ein Nebenzollamt und das Contumazamt sich befindet, am Tátrosflusse *) hinab in die Moldau.

In diesen Bezirk fallen noch die Dörfer:

Borsova	Боршова	mit	486 Einw.
Csicsó	Чічŏ	„	1620 „
Csik-Szent-Miklós	Чікŏ-Сжпт-Мікльŏшŏ	„	906 „
Csobátfalva	Чобатѳалъŏ	„	286 „
Csomortány	Чоморталъŏ	„	423 „
Dánfalva**)	Данѳалъŏ	„	1866 „
Delne	Делне	„	649 „

*) Der Tátros (rom. Trotusu), welcher einen der Hauptflüsse der Moldau bildet, hat in diesem Bezirke seinen Ursprung.
**) Mit den dazu gehörigen Ansiedelungen Oltfalva, Város und Nagy-Boldogaszszonyfalva.

Göröcsfalva	Гїоріочфалъš	mit 429	Einw.
Gyimes*)	Гімешš	„ 742	„
Gyimeslak	Гімешлакš	„ 1341	„
Gyimes-Középlak	Лънка-Гімешълъі	„ 770	„
Jenöfalva	Іпофалъš	„ 1423	„
Karczfalva	Карцфалъš	„ 729	„
Kostelke	Костелскъ	„ 156	„
Madaras	Мадарашš	„ 1525	„
Mádéfalva	Матефалъš (Чікъ-)	„ 1248	„
Pálfalva	Палфалъš	„ 458	„
Rákos	Ракошš	„ 1170	„
Szent-Domokos (Csik-)	Сæн-Домокошš	„ 2067	„
„ Mihály (Csik-) **)	„ Міхаїš	„ 1707	„
„ Tamás (Csik-)	„ Томашš	„ 1649	„
Taplotza	Топлоца	„ 1407	„
Vacsárcsi	Вачарчі	„ 771	„

4. Bezirk Gyergyó-Szentmiklós.

Er wird im Süden vom Csikszeredaer und Udvarhelyer Bezirke, im Westen vom Maros-Vásárhelyer und Bistritzer Kreise, dann im Norden und Osten von der Moldau begrenzt.

Das Gyergyóer Gebirge im Nordosten, das Görgényer im Westen und das Csiker im Osten des Bezirkes erfüllen denselben ganz mit ihren hohen von Fichtenwaldungen bedeckten Ausläufern, zwischen welchen meist nur enge Schluchten liegen. Nur in der Mitte des Bezirkes bildet der Maros ein weites freundliches Thal, wo der Roggen noch gut gedeiht. Sonst ist hier das Klima am rauhesten im Lande.

Ausser dem Maros, welcher in diesem Bezirke südlich vom Orte Tekerőpatak am Fusse des Gebirges Feketerész entspringt, sind von den Flüssen noch die Bistricsora, die den Tölgyescher Pass und der Békás, welcher Pass den vom Almásmező in die Moldau bildet, zu erwähnen. Unter den Mineralquellen sind es die trefflichsten Säuerlinge des Landes, welche diesem Bezirke angehören.

Dem Flächeninhalte nach ist dieser Bezirk der grösste in Siebenbürgen, indem er 46.5 ☐ Meilen einnimmt. Es leben darin in einem Marktflecken und 19 Dörfern mit vielen Ansiedelungen 37,964 Menschen, wovon der grösste Theil Szekler, aber auch sehr viele Armenier sind.

Wir müssen von den Ortschaften besonders hervorheben:

Gyergyó-Szent-Miklós (Гергіо-Сæнт-Міклъзшš) ein armenischer Marktflecken, welcher nebst der dazu gehörigen Ansiedelung Várszeg 5448 Einwohner zählt, die einen lebhaften Handel mit Vieh

---
*) Die Ansiedelung beim Zoll- und Contumazamte, wozu auch das Dorf Gyimesbük gehört.
**) Mit dem dazu gehörigen Prädium Ajnád.

und Rohproducten treiben. Hier ist der Sitz des gemischten Bezirksamtes und des Steueramtes. **Borszék** (Борсекъ), der berühmteste Kurort des Landes, mit 319 Bewohnern in einem Seitenthale des Bistricsorabaches. Hier sind auf einem kleinen Plateau mehrere der vorzüglichsten Sauerquellen, von denen die meisten mit Badeeinrichtungen versehen sind und eine als Trinkquelle gefasst ist. Das Wasser der Letztern dient nicht nur den zahlreichen Badegästen zum Heilgebrauche, sondern wird auch jährlich in mehr als 100,000 cylinderförmigen Glasflaschen nach dem Inn- und Auslande als angenehmes Getränk*) versendet und zeichnet sich besonders dadurch aus, dass es bei gutem Verschlusse sich über ein Jahr unzersetzt und kräftig erhält. Die vielen Flaschen zur Aufbewahrung und Versendung dieses Sauerwassers liefert die im Orte befindliche Glashütte. **Belbor** (Білборъ) ein Dorf mit 616 Einwohnern, welches fast ebensogute Säuerlinge als Borszék hat, und wo sich auch ein Nebenzollamt befindet. **Tölgyes** (Тългіешъ) Dorf mit einem Grenzzollamte und Contumazanstalten in dem durch das Bistricsora-Thal gehenden Passe nach der Moldau, welches mit den dazu gehörigen Ansiedelungen Dándui, Márpatak, Preszekár und Baláspatak 1308 Einwohner zählt. **Békás** (Бекашъ) ein Dorf in dem durch den Bekasfluss gebildeten Passe von Almásmezö, wo ein Zoll- und Contumazamt an der moldauischen Grenze aufgestellt ist. Dasselbe hat mit seinen Ansiedelungen Almásmezö, Tikos und Küszürüköpatak 1029 Bewohner. Im Dorfe **Toplitza** (Топлица), welches 2343 Einwohner besitzt, befindet sich ein ärarisches Sägemühlenamt, das den grössten Theil des Bauholzes liefert, woraus die Schiffe zum Salztransporte auf dem Maros verfertigt werden.

Es gehören ferner noch folgende Dörfer diesem Bezirke an:

Alfalu (Gyergyó-)	Алфалъ	mit	4217 Einw.
Csomafalva	Чомафалъ	„	2050 „
Ditró**)	Дітръ	„	3988 „
Domuk***)	Домъкъ	„	1089 „
Gyergyó-Ujfalu	Гергіо-Уйфалъ	„	2415 „
Holló†)	Холо	„	718 „
Kilyénfalva	Кіліенъ	„	745 „
Remete††)	Реметеа	„	3041 „
Salomás	Шіоломошъ	„	869 „
Szárhegy	Сархеї	„	2673 „
Tekerőpatak	Текерепатакъ	„	1637 „
Várhegy-Allya†††)	Варвічъ	„	1364 „
Vasláb	Вашлавъ	„	754 „
Zsedánypataka	Жеданъ	„	1341 „

*) Besonders ist es dies, wenn es mit einem leichten Weine gemischt, noch während dem Entweichen der freien Kohlensäure getrunken wird.
**) Wozu auch die Ansiedelungen Lunka und Maroslaka gehören.
***) Mit dem Prädium Ivanyos.
†) Hieher gehört auch die Ansiedelung Baraksó.
††) Nebst den Ansiedelungen Fülpe, Kerékfenyö u. Galoczás.
†††) Wozu auch der Weiler Orotva gezählt wird.

5. Bezirk Szitás-Keresztur.

Er bildet das vorspringende südwestliche Eck des Kreises, welches zwischen den Maros-Vásárhelyer Kreis einerseits, dann den Hermannstädter Kreis und einen Theil des Kronstädter Kreises, andrerseits hineinragt und östlich vom Udvarhelyer Bezirke abgegrenzt wird.

Nur mittelmässige Hügel die äussersten Ausläufer des Görgényer Gebirges durchziehen den Bezirk und schliessen fruchtbare Thäler ein, in welchen Tabak, Mais, Weizen und andere Getreidearten vollkommen gedeihen und auch einiger Wein und Flachs gebaut wird. Salzquellen finden sich hier mehrere.

Als Hauptfluss durchströmt die grosse Kockel im Süden den Bezirk.

Der Letztere umfasst einen Flächenraum von 8.2 ☐ und hat nebst einem Marktflecken 40 Dörfer mit 23,198 Einwohnern. Unter diesen sind, ausser den grösstentheils der unitarischen Confession angehörigen Szeklern, auch viele Romänen.

Von den Ortschaften ist bemerkenswerth:

Szitás-Keresztur (Székely-Keresztur, Ситашъ-Кристър) ein Szekler-Marktflecken, welcher nebst den beiden mit ihm vereinigten Dörfern Kereszturfalva und Timafalva 2138 Einwohner zählt und seinen Beinamen (Szitás) von der hier in ausgebreitetem Masse betriebenen Erzeugung von Rosshaarsieben und Holzschachteln erhielt. Es befindet sich hier das Bezirks- und Steueramt, dann ein unitarisches Untergymnasium.

Die in den Bezirk fallenden 40 Dörfer heissen:

Agyagfalva	Агїагфалъъ	mit 728	Einw.
Alsó-Boldogaszszonyfalva	Болдогаїа	„ 536	„
„ Siményfalva	Шиминфалъъ de жосъ	„ 723	„
Bethfalva	Бетфалва	„ 342	„
Csehédfalva	Чехедфалва	„ 340	„
Csekefalva	Чекефалва	„ 435	„
Décsfalva	Дечфалва	„ 103	„
Derzs	Дершъ	„ 1139	„
Dobó (Dobófalva)	Добофалъъ	„ 568	„
Fiátfalva	Фіатфалъъ	„ 781	„
Firtos-Várallya	Фіртъшъ	„ 299	„
Gagy	Гагі	„ 443	„
Kis-Bun (Alsó-Bun)	Боіъ-мікъ	„ 282	„
„ Galambfalva	Галамфалъъ	„ 651	„
„ Kadács	Кадачъ-мікъ	„ 117	„
„ Kede	Кедъ „	„ 157	„
„ Solymos	Шоїмъшъ мікъ	„ 996	„
Kobátfalva	Къбатфалъъ	„ 361	„
Magyar-Andrásfalva	Андрашфалъъ	„ 180	„

Magyar-Hidegkut	Хідегкѫта ѫнгѹреаскъ	mit 314	Einw.
Magyarós	Магїарѫшѫ	„ 188	„
Mártonos	Мартіnѫшѫ	„ 640	„
Matisfalva	МатїшФалъѫ	„ 304	„
Medesér	Медешерѫ	„ 506	„
Muzsna	Мѫшnа	„ 805	„
Nagy-Bun (Felsö-Bun)	Боїѫ маре	„ 1169	„
„ Galambfalva	ГаламьФалъѫ маре	„ 1252	„
„ Kadács	Кадачѫ маре	„ 280	„
„ Kede	Кедѫ маре	„ 183	„
„ Solymos	Шоїмѫшѫ маре	„ 933	„
Oláh-Andrásfalva	АндрашФалъѫ ротъnеск	398	„
„ Hidegkút	Хідегкѫтѫ	„ 246	„
Rugonfalva	РѫгФалъѫ	„ 703	„
Sárd	Шардѫ	„ 499	„
Szent-Ábrahám	Сѫn-Аврамѫ	„ 581	„
„ Erzsébet*)	Ержеветѫ	„ 1156	„
„ Miklós	Сѫn-Мікл́ошѫ	„ 129	„
Tercsefalva	ТарчФалъѫ	„ 340	„
Tordátfalva	Тордатѫ	„ 482	„
Uj-Székely	Ŏї-Секелі	„ 770	„

6. Bezirk Udvarhely.

Derselbe wird im Westen vom vorigen Bezirke und Maros-Vásárhelyer Kreise, im Norden vom Gyergyó-Szentmiklóscher, im Osten vom Csik-Szeredaer und Barother Bezirke und im Süden vom Kronstädter Kreise begrenzt.

Durch den Hargittaer und Görgényer Höhenzug ist dieser Bezirk im Osten und Norden ganz gebirgig und nur zur Holzproduction und Viehzucht geeignet. Der Süden und Westen desselben hat jedoch nur mässige Hügel und bringt noch alle Arten von Getreide recht gut hervor. Auch Eisensteine, mehrere Salz- und Sauerquellen, sowie eine Schwefelquelle finden sich in diesem Bezirke.

Die grosse Kockel und der Homoród, welche beide in dem hieher gehörigen Theile des Hargittagebirges entspringen, sind die Hauptflüsse.

Der Bezirk ist 24.3 ☐ Meilen gross und hat in einem Landstädtchen, einem Marktflecken und 60 Dörfern 36,882 Einwohner, die fast durchgehends Szekler sind.

Eine besondere Erwähnung verdienen von den Ortschaften:

Udvarhely (Székely-Udvarhely, Hofmarkt, Одрхеїѫ) ein szeklerisches Landstädtchen von 3489 Bewohnern, der Vorort des Kreises und Bezirkes, mit dem Kreisamte, dem Kreisgerichte, welches

---

*) Mit dem Prädium Ujlak.

zugleich als Bezirksgericht für den Udvarhelyer und als Strafuntersuchungsgericht für diesen und den Sz. Kereszturer Bezirk bestellt ist, dann einem politischen Bezirksamte für die Stadt und den Bezirk. Die Einwohner sind sehr gewerbfleissig und trieben früher besonders viel Tabakbau und Bienenzucht. Es haben hier die Katholiken zwei Kirchen, ein Kloster der Franziskaner und ein Obergymnasium, die Reformirten eine Kirche und ein Obergymnasium. Westlich von der Stadt liegt das jetzt der gräflich Gyulai'schen Familie gehörige alte Schloss, welches Johann Sigismund Zápolya nach dem gegen ihn gerichteten Aufstand der Szekler aufführen liess, um diese Nation in Unterwürfigkeit zu erhalten. Dasselbe wurde jedoch später bei den wiederholten Belagerungen im Malkontentenkriege durch den k. k. General Baron Tige und den Malkontentenanführer Pekri, grösstentheils zerstört und der Befestigungswerke beraubt.

Oláhfalu ein grosser Marktflecken in hoher, rauher Gebirgsgegend, welcher aus den beiden Dörfern Szentegyházas-Oláhfalu (Олафалъӗ маре) mit 1665 Einwohnern und Kápolnás-Oláhfalu (Олафалъӗ микӗ) mit 1334 Bewohnern besteht, grosse Betriebsamkeit in Holzarbeiten entwickelt und ausgebreiteten Holzhandel treibt. In der Nähe befindet sich ein neuerrichtetes gewerkschaftliches Eisenwerk und ebenfalls nicht weit vom Orte liegt im Homorodthale die stark besuchte **Homoróder** Sauerquelle mit einigen Badevorrichtungen und Einkehrhäusern. **Szombatfalva** (Сӝмбетфалъӗ) ein Dorf von 613 Einwohnern in der Nähe von Udvarhely, mit einem Schwefelbade, welches zugleich als Sommerbelustigungsort der Stadtbewohner dient. **Homoród-Almás** (Алмашӗ Хомрӱдӡлӗï) Dorf mit 1703 Bewohnern, in dessen Nähe sich die grosse sehenswürdige Höhle im Kalkgebirge befindet, bei welcher der Vargyasfluss durch einen Berg strömt. **Lövete** (Лӧвете) Dorf von 1938 Einwohnern, auf dessen Gebiete ein unbedeutendes Eisenwerk und die Sauerquelle **Kéroly** (Kiruly) sich befindet, welche als Badeort und Trinkanstalt häufig benützt wird, und besonders durch ihre schöne Lage anzieht.

Die übrigen in diesen Bezirk fallenden Dörfer sind:

Abásfalva	Абашфалъӗ	mit	327	Einw.
Ábrahámfalva	Аврамфалъӗ	„	101	„
Árvátfalva	Арватфалъӗ	„	188	„
Bágy	Багï	„	514	„
Benczéd	Беицедӗ	„	193	„
Béta	Бета	„	282	„
Bethlenfalva*)	Бетленфалъӗ	„	555	„
Bikafalva	Бикафалъӗ	„	283	„
Bogárfalva	Гандаï	„	237	„
Bögöz	Бӧрӧзӗ	„	955	„
Dálya	Далïа	„	708	„
Ege	Еґекӗ	„	265	„
Fancsal	Фанчалӗ	„	182	„

*) Mit der dazu gehörigen Ansiedelung Felsö-Simenyfalva.

Farczád	Фарцадě	mit 468	Einw.
Farkaslaka	Фаркашлака	„ 1044	„
Felső-Boldogasszonyfalva	Сжнтъ-Марiоа de съсě	395	„
Fenyéd	Фенïedě	„ 444	„
Gyepes	Гепъшě	„ 390	„
Hogya	Хогïа	„ 408	„
Homoród-Karácsonfala	КръчixпФалъъ-Хотороd.	839	„
„ Keményfalva	КеmепïФалъъ-Хотороd.	300	„
„ Oklánd (Oklánd)	Окlаndъ-Хотороdълï	708	„
„ Remete	Реmетеа- „ „	223	„
„ Szent-Márton	Сжп-Мартïпъ- „ „	629	„
„ „ Pál	„ Палъ- „ „	619	„
„ „ Péter	„ Петръ- „ „	226	„
„ Ujfalu	ŏïФалъъ- „ „	384	„
„ Városfalva	ВарошФалъъ- „ „	422	„
Jánosfalva	IапошФалъě	„ 305	„
Jásfalva	IашФалъě	„ 104	„
Kadicsfalva	КадiчФалъъ	„ 405	„
Kányád*)	Канаdě	„ 442	„
Kecsed	Кiчъdě	„ 541	„
Kénos	Кепъшě	„ 327	„
Küküllő-Keményfalva	КеmепïФалъě	„ 357	„
Lengyelfalva	ЛепгелФалъě	„ 346	„
Lokod	Локоdě	„ 183	„
Malomfalva	МаломФалъě	„ 655	„
Máréfalva	МареФалъě	„ 931	„
Miklósfalva	Мiклъша	„ 187	„
Óczfalva**)	ОчФалъě	„ 211	„
Oroszhegy	Ръсě	„ 1681	„
Pálfalva	ПалФалъě	„ 374	„
Patakfalva	ПатакФалъě	„ 410	„
Recsenyed	Речепетě	„ 232	„
Sándorfalva	ШаndръФалъě	„ 117	„
Sükö	Шiкïо	„ 195	„
Szent-Király	Сжп-Краïъ	„ 718	„
„ László	„ Ласлъě	„ 140	„
„ Lélek***)	„ Лелекě	„ 560	„
„ Mihály	„ Мïхаïъ	„ 491	„
„ Tamás	„ Тоmашъ	„ 129	„
Telekfalva	ТелекФалъě	„ 356	„
Tibód	Тïбоdа	„ 122	„
Ülke	ŏïлке	„ 471	„
Vágás	Вагашъ	„ 352	„
Zetelaka	Zетелака	„ 2329	„

*) Mit dem Prädium Kisfalud.
**) Hieher gehört auch die Ansiedelung Deafalva.
***) Nebst dem dazu gehörigen Prädium Demeterfalva.

IV. Kreis Maros-Vásárhely.

Dieser Kreis nimmt die Mitte unseres Landes ein und wird von dem Hermannstädter, Udvarhelyer, Bistritzer, Deéscher, Klausenburger und Karlsburger Kreise umschlossen.

Seine bedeutendste Längenausdehnung von Westen nach Osten beträgt beiläufig 15 Meilen und seine grösste Breite 6 Meilen. Der Flächeninhalt macht dabei 67.6 Geviertmeilen oder beiläufig 1/15 der Grösse des Landes aus. Es umfasst dieser Kreis den frühern Maroscher Stuhl und einen Theil vom Udvarhelyer Stuhle des Szeklerlandes, dann Theile der ungrischen Comitate von Thorda, Unter-Weissenburg und Kockelburg.

Der Boden des Kreises gehört grösstentheils der niedern Hügelregion an, zwischen welchen die fruchtbarsten Thäler nur 850 bis 1100 Fuss hoch *) liegen. Nur im Osten steigt derselbe bis über die Vorgebirgsregion hinaus, wo das Görgényer Gebirge seine Ausläufer in den Kreis herein sendet, welches in dem Berggipfel Mezei-Havas an der östlichen Grenze die Höhe von 5637 Fuss erreicht.

Das Klima gehört durchschnittlich zum mildesten im Lande; Mais, Weizen und anderes Getreide, Wein, Tabak und Melonen werden in Menge und von vorzüglicher Güte erzeugt. Auch Salz hat der Kreis im Ueberfluss. Dagegen gebricht es dem westlichen Theile an Holz und einzelnen Gegenden an gutem Trinkwasser.

Die bedeutendsten Flüsse sind der Maros, die kleine Kokkel und der Nyárád. Auch an stehenden Gewässern ist der Nordwesten des Kreises sehr reich, zu welchen namentlich die zahlreichen und mitunter ansehnlichen Teiche auf dem hierher fallenden Theile der Mezöség gehören.

Es leben in diesem Kreise in 292 Ortschaften 194,533 Seelen. Von den Einwohnern sind mehr als die Hälfte Ungarn und Szekler, vier Zehntheile Romänen, die übrigen Zigeuner und andere Nationsgenossen. Nach der Confession gehören von denselben vier Zehntheile der Reformirten, drei Zehntheile den nicht-unirten und zwei Zehntheile den unirten Griechen, die übrigen den Katholiken, Unitariern u. s. w. an.

Der Kreis zerfällt in die sechs Bezirke von Maros-Vásárhely, Makfalva, Mezö-Madaras, Záh, Radnóth und Dicsö-Szentmárton.

---

*) Maros-Ludos ist 885', Maros-Vásárhely 924' und Kelementelke 1097' hoch gelegen.

1. Bezirk Maros-Vásárhely.

Er wird im Westen durch den Marosfluss begrenzt und von den Bezirken: Mezö-Madaras und Záh getrennt, im Norden bildet der Bistritzer Kreis, im Osten der Makfalvaer und im Süden der Dicsö-Szentmártoner Bezirk seine Grenzen.

Der hügelige Boden hat nur an dem Maros eine ziemlich grosse Fläche, ist dabei aber sehr fruchtbar und erzeugt alle Kulturpflanzen, welche im Lande überhaupt gebaut werden, darunter besonders viel Tabak und gute Melonen. Auch mehrere Salzquellen befinden sich im Bezirke.

Seine Hauptflüsse sind der **Maros** und der **Nyárád**.

Auf einem Flächenraum von 14 ☐ Meilen leben in einer Stadt und 80 Dörfern 50,551 Seelen, dort meist Ungarn und Szekler, hier sehr viele Romänen.

Die vorzüglichsten Ortschaften sind:

Maros-Vásárhely (Neumarkt, Ошорхеіѕ) ungrische Stadt mit 9127 Bewohnern am Marosflusse. Hier befindet sich das Kreisamt, das Kreisgericht, welches zugleich als Bezirksgericht, dann als Untersuchungsgericht für den dortigen, sowie den Makfalvaer und Mezö-Madarascher Bezirk bestellt ist, — die Finanzbezirksdirection für diesen und den Udvarhelyer Kreis mit dem zugleich die Sammlungscasse des Finanzbezirkes bildenden Steueramte, das Tabak-Einlös-Inspectorat für Siebenbürgen und ein politisches Bezirksamt für die Landgemeinden dieses Bezirkes. Die politische Verwaltung der Stadt leitet ihr eigner Magistrat. Sie hat ein befestigtes Schloss, in welchem sich die Militärkaserne und Magazine, dann die reformirte Hauptkirche befindet. Von öffentlichen Gebäuden sind das der frühern königl. Gerichtstafel, wo jetzt die Finanzbezirksdirection untergebracht ist, und das gräflich Teleki'sche Haus zu erwähnen, in welchem die reichhaltige und dem öffentlichen Gebrauche gewidmete Bibliothek des ehemaligen siebenbürgischen Hofkanzlers, Samuel Graf Teleki von Szék, sowie eine schöne, von dessen ältestem Sohne Dominik Teleki zusammengebrachte Mineraliensammlung aufgestellt ist. Es befindet sich hier ferner ein katholisches und reformirtes Obergymnasium, ein Minoritenkloster, eine öffentliche Heilanstalt für Augenkranke, eine Buchhandlung u. a. m.

Die in diesen Bezirk gehörigen, meist unbedeutenden Dörfer sind:

Agárd	Арардъѕ	mit	262	Einw.
Ákosfalva	Акошфалъѕ	„	831	„
Baczka-Madaras	Мъдърашъ	„	875	„
Bálintfalva	Балінта	„	131	„
Boos	Босъ	„	217	„
Böö	Беѕ	„	217	„

Buzaháza	Бѕzaxaza	mit	294	Einw.
Buzásbessenyő	Бешіnъѯ	„	1007	„
Csejd	Чъїdѯ	„	289	„
Cserefalva	ЧереФалъѯ	„	415	„
Csiba	Чіба	„	206	„
Csikfalva	ЧікФалъѯ	„	442	„
Csik-Szentmárton	Чікѯ-Сӂn-Мартіnѯ	„	330	„
Csóka	Чока	„	361	„
Deményháza	Demenїxaza	„	395	„
Ehéd	Exedѯ	„	397	„
Erdö-Csanád	Чіnadіa	„	621	„
„ Szengyel	Сіnчелѯ de Мърьшѯ	„	333	„
Fintaháza	Фіntaxaza	„	571	„
Folyfalva	ФоїФалъѯ	„	489	„
Gálfalva (Nyárád-)	ГалФалъѯ	„	700	„
Gernyeszeg, **Kerzing,**	Герnесігѯ	„	829	„
Göcs	Гочїѕ	„	248	„
Hagymás-Bodon	Бodonѯ	„	341	„
Harasztkerék	Хароскерекѯ	„	762	„
Hódos	Хоdошѯ	„	543	„
Jedd	Іedѯ	„	663	„
Iklánd	Оклаndѯ	„	306	„
Illenczfalva	ІлленцФалъѯ	„	436	„
Jobbágyfalva	ІобагіФалъѯ	„	466	„
Jobbágytelke	Іобагїтелке	„	749	„
Iszló	Ісло	„	344	„
Káál	Калѯ	„	720	„
Kakasd	Кокошѯ	„	303	„
Káposztás-Szentmiklós	Міклеѕшѯ	„	629	„
Karácsonfalva (Nyárád-)	Кръчѕnелѯ	„	391	„
Kebele	Кебла	„	222	„
Kebele-Szentiván	Сӂn-Іваnа	„	127	„
Kerellö	Кірілеѯ	„	477	„
Kerellö-Szentpál	Сӂn--Паѕлѯ	„	677	„
Kis-Cserged,**Klein-Schergid,**	Чергіdѕлѯ мікѯ	„	404	„
„ Görgény	Гöрinгѯ	„	811	„
„ Illye	Ілia-мікъ	„	286	„
„ Szederjes	Седерїшѯ-мікѯ	„	130	„
„ Teremi	Терinia-мікъ	„	98	„
Koronka	Корьnка	„	726	„
Körtvélyfája, **Birnbaum,**	КъртіФаїа	„	870	„
Köszvényes	Кїоzвеnѯ	„	924	„
Köszvényes-Remete	Ремеца	„	1163	„
Lörinczfalva	Лїорinца	„	331	„
Lukafalva	ЛѕкаФалъѯ	„	633	„
Maros-Jára	Іара	„	800	„
„ Keresztur	Крістърѯ de Мѕрешѯ	„	453	„
„ Péterlaka (Magyar-)	Пстерлака	„	806	„
„ Szentgyörgy	Сӂn-Џїоргѯ	„	1066	„

Medgyesfalva	Меґїешґфалъй	mit 544	Einw.
Mikháza	Мікаza	„ 402	„
Mosony	Мошоnъ	„ 354	„
Nagy-Ernye	Ерnіа	„ 1258	„
„ Szederjes	Сіdерішъ маре	„ 151	„
„ Teremi	Теріnіа маре	„ 1049	„
Nyárád-Szentbenedek	Сӕn-Бенедікъ	„ 562	„
„ Szentlászló	Сӕn-Ласлъй	„ 486	„
Nyáradtö	Nіраштеъ	„ 629	„
Nyomát	Nіоматъ	„ 394	„
Sárd	Шарdъ	„ 383	„
Sáromberke, **Scharberg**,	Шаротберкъ	„ 620	„
Somosd	Шотошdеъ	„ 780	„
Székes	Секешъ	„ 493	„
Szent-Gerlicze	Сӕn-Герлiце	„ 963	„
„ Háromság	Харотшата	„ 1096	„
„ Lörincz	Сӕn-Лорinцъ	„ 231	„
Telek	Телекъ	„ 364	„
Teremi-Ujfalu (Ujfalu)	Сатъ nоъ	„ 657	„
Tófalva	Тофалъй	„ 200	„
Tompa	Тӕтпа	„ 245	„
Vadad	Вadadъ	„ 377	„
Vaja	Ваіса	„ 880	„
Vecze	Вецe	„ 147	„
Vidrátszeg	Вidрасъй	„ 482	„

2. Bezirk Makfalva.

Derselbe wird im Norden, Osten und Süden vom Bistritzer, Udvarhelyer und Hermannstädter Kreise, dann im Westen vom Dicsö-Szentmártoner und Maros-Vásárhelyer Bezirke begrenzt.

Seine Lage ist die höchste des Kreises, indem viele Ausläufer des Görgényer Gebirges sich von Nordosten her in den Bezirk herein erstrecken. Wenn nun auch aus dieser Ursache hier die Fruchtbarkeit etwas geringer, der anbaufähige Boden beschränkter ist, so hat der Bezirk dafür mehr Wald, als die übrigen Theile des Kreises, und soviel Steinsalz, das es in ganzen Bergen zu Tage steht und unzählige Salzquellen mit fast gesättigter Soole bildet. Auch an andern Mineralquellen fehlt es dem Bezirke nicht.

Die kleine Kockel und der Nyárád sind die Hauptflüsse.

Auf dem Flächenraume von 18 ☐ Meilen, welche der Bezirk einnimmt, leben in einem Marktflecken und 62 Dörfern 40,798 Einwohner, meist Szekler.

Die Ortschaften, welche besonders hervorgehoben zu werden verdienen, sind:

Makfalva (Макфалъъ), Dorf an der kleinen Kockel mit 1317 Bewohnern, nach welchem der Bezirk den Namen führt. Das Bezirks- und Steueramt hat seinen Sitz dagegen in:

Erdö-Szent-György (Ердъ-Сжn-Џіорзъ), ebenfalls einem Dorfe am Kockelfluss von 1450 Seelen, in welchem sich ein grosses herrschaftliches Schloss der Grafen Rhedei mit einem schönen Garten und der Familiengruft sich befindet. **Nyárád-Szereda** (Cepeda) unbedeutender Marktflecken am Zusammenflusse des kleinen und grossen Nyárád mit 398 Einwohnern. **Parajd** (Параіdъ) Dorf an der kleinen Kockel von 1094 Einwohnern, mit einem im Abbau befindlichen Salzbergwerke. Dessen ganze Umgebung ist sehr reich an Steinsalz und es steht der Salzstock bei Alsó- und Felsö-Sófalva, dann Szováta zu Tage. Bei dem 2227 Einwohner zählenden Dorfe **Korond** (Kopondъ) sind mehrere Salzquellen und eine als Bad benützte Sauerquelle *).

In den Bezirk gehören ferner noch die Ortschaften:

Abod	Аbодъ	mit 420	Einw.
Alsó-Sófalva	Шомфалъъ de жосъ	„ 1390	„
Andrásfalva (Nyárád)	Андрашфалъъ	„ 418	„
Atosfalva	Атошфалъъ	„ 348	„
Atyha **)	Атіа	„ 1322	„
Ballavásár, **Bladenmarkt,**	Балавашаръ	„ 625	„
Bede	Беde	„ 268	„
Bere	Бере	„ 338	„
Bere-Keresztur	Бере-Крістъръ	„ 291	„
Bordos	Бордошъ	„ 560	„
Bözöd	Біозіодъ	„ 1052	„
Bözöd-Ujfalu	Біозіодъ-ъіфалъъ	„ 676	„
Csöb	Чіовъ	„ 324	„
Csókfalva	Чокфалъъ	„ 753	„
Demeterfalva	Деметерфалъъ	„ 142	„
Egrestö, **Erlenwald,**	Агрішtінъ	„ 758	„
Enlaka	Епloка	„ 564	„
Etéd	Етedъ	„ 1467	„
Felsö-Sófalva	Шомфалъъ de съcъ	„ 1394	„
Gegés	Гіегешъ	„ 531	„
Gyalakuta	Гіалакътa	„ 715	„
Havad	Хавadъ	„ 401	„
Havadtö	Хаваtо	„ 569	„
Illyésmezö	Ілієшъ	„ 146	„
Kelementelke	Келементелікъ	„ 599	„
Kendö	Kindeъ	„ 258	„
Kibéd	Ківедъ	„ 1839	„
Kis-Adorján	Адоріанъ-мікъ	„ 102	„

*) Diese befindet sich eigentlich bei der zum Dorfe Atyha gehörigen Ansiedelung A r c s ó.
**) Wozu auch die Ansiedelung A r c s ó gehört.

Kis-Kend,	**Klein-Kend**,	Кендъ-микъ	mit 275	Einw.
Körispatak		Кришъ-патакъ	„ 1011	„
Küzmöd		Къшмедъ	„ 680	„
Magyaró		Магїеръшъ	„ 869	„
Magyar-Zsákod,	**Sacken**,	Жекъдъ-ънгърескъ	„ 677	„
Maja		Мaїа	„ 350	„
Makfalva		Макфалъъ	„ 1317	„
Markód		Маркодъ	„ 567	„
Nagy-Adorján		Адорїанъ-маре	„ 239	„
Nagy-Kend,	**Gross-Kend**,	Кендъ-маре	„ 398	„
Oláh-Zsákod,	**Sacken**,	Жакъдъ-ротънескъ	„ 232	„
Bipe,	**Wepeschdorf**,	Пiпе	„ 345	„
Ráva		Рава	„ 740	„
Rigmány		Рїтманъ	„ 316	„
Selye		Шелїе	„ 707	„
Sepröd		Шеџрїодъ	„ 106	„
Siklód		Шїклодъ	„ 1110	„
Sovárd		Шовардъ	„ 1366	„
Süketfalva		Шїъкетфалъъ	„ 204	„
Székely-Szállás		Салаша	„ 213	„
Szent-Demeter		Сжн-Дъмїтръ	„ 665	„
„ Imre		„ Iмьръ	„ 388	„
„ István		„ Іштван	„ 361	„
„ Simon		„ Шїмъna	„ 205	„
Szereda-Szent-Anna		Ссреда-Сжн-Анna	„ 289	„
Szolokna		Солокта	„ 481	„
Szováta		Совата	„ 1111	„
Szövérd		Сїовердъ	„ 501	„
Torboszló		Торбослъъ	„ 267	„
Vadasd		Вавашдъ	„ 468	„
Véczke		Вецка	„ 911	„

3. Bezirk Mezö-Madaras.

Im Norden grenzt dieser Bezirk an den Bistritzer Kreis, im Westen an den Záher, im Süden und Osten an den Maros-Vásárhelyer Bezirk.

Er ist von niedern Hügeln durchzogen, welche häufig Teiche in den Zwischenthälern haben. Der Boden ist holzarm, aber sehr fruchtbar und es wird ausser den verschiedenen Getreidearten besonders viel Tabak gebaut. Auch in diesem Bezirke gibt es mehrere Salzquellen.

Ausser dem Maros, welcher den Bezirk im Südosten begrenzt, hat dieser keinen bedeutenden Fluss.

Der Flächenraum beträgt 6.7 ☐ Meilen, worauf in 37 Dörfern 23,245 Einwohner leben. Diese sind zum Theil Ungarn, zum Theil Romänen.

Der Hauptort des Bezirkes, nach welchem derselbe benannt wird, ist **Mezö-Madaras** (Мадарашъ де кътпіъ) ein Dorf von 1946 Bewohnern, merkwürdig durch den grossen Meteoritenfall, der in dessen Nähe am 4. September 1852 stattfand. Das Bezirks- und Steueramt sind vorläufig in Maros-Vásárhely untergebracht.

Es gehören weiters diesem Bezirke an die Dörfer:

Almás	Алмашъ	mit	233	Einw.
Bárdos	Бардошъ	„	349	„
Bazéd	Базідъ	„	351	„
Bergenye	Бергіа	„	899	„
Csávás (Maros- oder Mezö-)	Човашъ	„	869	„
Csik-Szent-Iván	Чік-Сжп-Іванъ	„	762	„
Egerszeg	Егерсегъ	„	136	„
Fele	Фела	„	515	„
Galambód	Гълътъодъ	„	478	„
Harczó	Харцо	„	397	„
Hidvég	Хідвегъ	„	161	„
Kisfalud	Кішфалъъ	„	307	„
Kölpény	Кіолпенъ	„	776	„
Lekencze	Лекінца	„	172	„
Majos	Моіса	„	352	„
Malomfalva	Малотфалва	„	412	„
Maros-Szent-Anna	Сжп-Anna	„	551	„
Maros-Szent-Király	Сжп-Краіъ	„	749	„
Ménes	Мінешъ	„	339	„
Mezö-Bánd	Бандъ	„	2183	„
„ Kövesd	Кіовешдъ	„	499	„
„ Rücs	Річъ	„	889	„
Náznánfalva	Насфалъъ	„	502	„
Panit (Mezö-)	Панітъ	„	1318	„
Póka	Пъка	„	757	„
Póka-Keresztur*)	Крістъръ	„	313	„
Remeteszeg	Ремеце	„	155	„
Sámsond (Mezö-)	Шамшондъ	„	1484	„
Sárpatak	Шарпатокъ	„	1159	„
Sóóspatak**)	Шъъша	„	332	„
Sóóspatak	Шоъша	„	207	„
Szabad	Сабадъ	„	654	„
Szabéd	Саведъ	„	766	„
Száltelek	Салтелекъ	„	225	„
Udvarfalva	Ъдварфалъъ	„	507	„
Várhegy	Орхеіъ	„	441	„

---

*) Mit dem Prädium Székelyfalva.
**) Wozu auch die Ansiedelung Kérellő-Szent-Miklós gehört.

4. Bezirk Zàh.

Er wird im Norden durch den Bistritzer und Dééscher, im Westen durch den Klausenburger Kreis begrenzt, und südlich durch den Maros vom Radnóther und Maros-Vásárhelyer Bezirke geschieden.

Die Bodenbeschaffenheit, Bewässerung und Fruchtbarkeit ist wie im vorigen Bezirke, beide gehören der Mezöség an. Auch in diesem Bezirke sind mehrere Salzquellen.

Der Maros an der Südgrenze und der Aranyos im Westen des Bezirkes sind seine Hauptflüsse.

Die Grösse dieses Bezirkes beträgt 14 ☐ Meilen und er hat in einem Marktflecken und in 35 Dörfern 29,975 meist romänische Einwohner.

Zàh (Zaŭ), ein Dorf der Mezöség mit 840 Einwohnern, der eigentliche Vorort des Bezirkes. Das Bezirks- und Steueramt ist in dem Dorfe **Maros-Ludos** (Лѫдошѫ) untergebracht, welches 1189 Bewohner hat. **Egerbegy** (Агѫрбігѫ) ungrischer Marktflecken am Aranyos mit 2365 Einwohnern, welche früher zum Theil den Szekler-Grenz-Husaren angehörten. **Maros-Bogàt** (Богата) ein grosses ungrisch-romänisches Dorf von 1832 Einwohnern, welches vorzüglichen Wein und gute Zuckermelonen erzeugt.

Es gehören ferner in diesen Bezirk noch die Dörfer:

Alsó-Detrchem	Трітїѫ де жосѫ	mit 859 Einw.
Czikud	Џікѫдѫ	„ 1463 „
Felsö-Detrehem	Трітїѫ де сѫсѫ	„ 645 „
Gerend-Keresztur	Грindѫ-Крістврѫ	„ 1150 „
Gerebenes*)	Гереьенішѫ	„ 955 „
Hadrév	Хѫдѫрѫ	„ 574 „
Keménytelke	Кіміteлnікѫ	„ 859 „
Kis-Iklánd	Іглѫnчелѫ	„ 499 „
Kóók	Кокѫ	„ 671 „
Magyar-Dellö	Делеѫзѫ	„ 203 „
Maros-Dátos (Dátos)	Датішѫ	„ 603 „
Maros-Lekenze	Лекinцa	„ 689 „
Maros-Kecze (Kecze)	Кеца	„ 672 „
Maros-Orbó (Orbó)**)	Орбо	„ 500 „
Mezö-Böö (Bély oder Bedets)	Бедечѫ	„ 463 „
„ Bödön	Бѫdїѫ	„ 1206 „
„ Nagy-Csán	Чanѫ маре	„ 1933 „
„ Kapus	Кѫпшѫ	„ 1032 „
„ Örke (Örke)	Ѫрка	„ 447 „
„ Pete (Pete)	Петie	„ 449 „
„ Sály	Шѫліа	„ 1131 „

*) Mit der Ansiedelung Lörintzi.
**) Wozu auch die Ansiedelung Csapó-Szent-György gehört.

Mező-Szakál	Сакалъ	mit 980	Einw.
„ Szengyel	Сіnцeръ de пe къmпie	„ 1412	„
„ Ujfalu (Oláh-Ujfalu)	бїФалъѕ	„ 352	„
„ Uraly (Uraly)	Opoїѕ	„ 327	„
Nagy-Iklánd	Ікlandъ mape	„ 879	„
Oláh-Dellő	Діlеѕ́ mape	„ 530	„
Szent-Jakab (Mező-)	Сжn-Іакoбъ	„ 627	„
Szent-Margita (Mező-)	Сжn-Марrіта	„ 258	„
Tohát (Mező-)	Тъѕ́реnї	„ 831	„
Uraly	ѕ́роїѕ	„ 454	„

5. Bezirk Radnóth.

Derselbe wird im Westen vom Karlsburger Kreise, im Süden und Osten vom Dicső-Szent-Mártoner Bezirke begrenzt, und es trennt ihn nördlich der Maros vom vorigen Bezirke und einem kleinen Theile des Klausenburger Kreises.

Die Bodenbeschaffenheit und Production ist wie im vorigen Bezirke; es fehlen aber hier den Thälern die Teiche und die Berge haben einigen Holzwuchs. Auch wird in diesem Bezirke mehr Wein angebaut.

Der Maros, welcher den Bezirk im Norden begrenzt, ist der Hauptfluss desselben.

Der Umfang des Bezirkes macht 7.4 ☐ Meilen aus und es hat derselbe in 35 Dörfern eine meist romänische Bevölkerung von 22,916 Seelen.

Die hervorragendsten Orte sind:

Radnóth (Іерnотъ́) ein Dorf am Maros von 1188 Einwohnern, Vorort des Bezirkes und Sitz des gemischten Bezirksamtes und des Steueramtes. Hier befindet sich ein fest gebautes Schloss, welches Fürst Georg Rákótzi I. durch den venetianischen Baumeister, Augustin Serena, aufführen liess. Das 793 Bewohner zählende Dorf **Ozd** (Ozdъ́) war früher durch seinen Wein berühmt; die herrschaftlichen Weingärten, welche das vorzüglichste Erzeugniss lieferten, sind aber im letzten Bürgerkriege vernichtet worden.

In diesen Bezirk fallen dann noch die Ortschaften:

Batizháza	Бoтezъ	mit 345	Einw.
Bord	Бoрдъ	„ 598	„
Csapó	Чіпъѕ́	„ 738	„
Csekelaka	Чекеlaка	„ 703	„
Csúcs	Чъчъ́	„ 430	„
Czintos	Aцinтіmъ	„ 740	„
Dégh	Diarъ́	„ 1110	„
Elekes	Аlіокъmъ	„ 484	„
Forró	Фъръѕ́	„ 1019	„

Gabud		Гъпѫдѫ	mit 561	Einw.
Gambucz		Гѫмбѫцѫ	„ 643	„
Hari		Xipia	„ 690	„
Istvánháza		Іштванхаza	„ 402	„
Káptalan (Maros-)		Къптъланѫ	„ 444	„
Kincses		Кінчешѫ	„ 495	„
Kutyfalva,	Kokt,	Кѫчѫ	„ 544	„
Lándor		Nandpa	„ 276	„
Magyar-Bükkös		Бікішѫ	„ 676	„
„ Herepe		Херепеа	„ 421	„
„ Süllye		Шіліа	„ 1005	„
Maros-Gezse		Гежа	„ 872	„
„ Koppánd		Копандѫ	„ 382	„
Medvés		ѫрсѫ	„ 340	„
Nagy-Lak		Ношлакѫ	„ 727	„
Oláh-Kocsárd		Кѫчерде	„ 1097	„
„ Péterlaka		Петерлака	„ 1140	„
„ Sályi		Шеѫліа	„ 630	„
Oroszi		Opocia	„ 213	„
Szász-Völgye, Teutschbeck,		Валеа-Сасѫлѫі	„ 347	„
Székkút		Селкѫдѫ	„ 981	„
Szent-Benedek		Сѫн-Бенедікѫ	„ 964	„
„ Jakab, Jakobsdorf,		Сѫн-Іакобѫ	„ 459	„
Ugra		Огра	„ 793	„

6. Bezirk Dicsö-Szent-Márton.

Er grenzt im Westen an den vorigen, im Norden an den Maros-Vásárhelyer und im Osten an den Makfalvaer Bezirk, dann südlich an den Hermannstädter Kreis.

Die Bodenverhältnisse und die Erzeugnisse stimmen mit denen des vorigen Bezirkes überein. Der Weinbau wird aber in noch ausgedehnterm Masse betrieben.

Als Hauptfluss durchströmt die kleine Kockel die Mitte des Bezirkes von Osten nach Westen.

Auf einem Flächenraume von 7.5 ☐ Meilen leben hier in zwei Marktfleken und 36 Dörfern 27,048 Einwohner, der Mehrzahl nach Romänen, aber auch viele Ungarn.

Unter den Ortschaften sind hervorzuheben:

Dicsö-Szent-Márton (Dічїо-Сѫн-Мѫртінѫ) ungrischer Marktflecken mit 1212 Einwohnern. Sitz des gemischten Bezirksamtes, welches zugleich als Untersuchungsgericht für den eignen Bezirk, sowie die Bezirke Záh und Radnóth bestellt ist. **Kockelburg** (Küküllövár, Четате де Балтъ) ein weitläufiger ungrisch-romänischer Marktflecken, welcher mit der dazu gehörigen Ansiedelung Májoshegye 1365 Einwohner zählt und der gräflich Bethlen'schen Familie inscribirt ist. Eine Viertel-Stunde vom Orte entfernt, liegt das grosse gräfliche Schloss, welches an der Stelle des frühern Apaffi'schen Schlosses erbaut und mit schönen Gartenanlagen umgeben ist. **Kis-Sàros** (Mayar-Sáros, Klein-Ferken, Шароші) Dorf mit 1120 Bewohnern. Auf einer Wiese in der Nähe dieses Ortes befindet sich ein grasloses, trockenes, nur bei feuchtem Wetter sumpfiges Plätzchen von etwa einer Quadratklafter, welchem so reichlich brennbares Gas entstömt, dass dieses nicht nur am Orte selbst angezündet lange Zeit fortbrennt, sondern auch in Flaschen gefüllt werden kann und hier noch längere Zeit seine Eigenschaft behält.

Die übrigen Ortschaften dieses Bezirkes sind:

Abosfalva	Абъші	mit 261	Einw.
Ádámos	Адътъші	„ 1475	„
Alsó-Kápolna, **Kapellendorf**,	Къпълпа	„ 669	„
Bábahalma	Бабахалма	„ 1097	„
Bernád	Бернаdie	„ 400	„
Boldogfalva, **Treukirch**,	Сжнтъ-Марie	„ 296	„
Bonyha, **Bachnen**,	Бакпа	„ 1103	„
Borzás	Бозїеші	„ 492	„
Csüdötelke	Кѫстелпікѫ	„ 430	„
Dányán (Szász-), **Dengel**,	Даїa	„ 550	„
Déésfalva	Деажѫ	„ 952	„
Dombó	Джмбѫѫ	„ 726	„
Erdöallya	Събпъdѫре	„ 501	„
Felsö-Kápolna	Къпълпа de схcѫ	„ 203	„
Gálfalva	Галфалъѫ	„ 1060	„
Gyulás	Жѫлѫcѫ	„ 518	„
Harangláb	Херіпглабѫ	„ 1012	„
Héderfája, **Ederholz**,	Хідріфалъѫ	„ 782	„
Királyfalva	Кraїфалъѫ	„ 1018	„
Kóród	Короï	„ 371	„
Kóród-Szent-Márton	Короï-Сжn-Мъртinѫ	„ 662	„
Laczkód	Лъцкѫdѫ	„ 699	„
Leppend	Лепіnde	„ 527	„
Mikefalva	Міка	„ 507	„
Nagy-Cserged	Черgіdѫлѫ маре	„ 908	„
Oláh-Solymos. **Salmen**,	Шоїмъші	„ 628	„
Pócsfalva	Поча	„ 318	„
Szamostelke (Somostelke)	Фѫтакѫ	„ 486	„
Szász-Csávás	Човаші	„ 546	„
Széplak	Сіплакѫ	„ 854	„
Szökefalva	Съѫка	„ 672	„
Sövényfalva	Шомфалъѫ	„ 1102	„
Vajdakúta	Ваїdакѫта	„ 471	„
Vámos-Udvarhely	Одорхеїѫ	„ 479	„
Vesszös (Mihályfalva oder Szász-Vesszös), **Michelsdorf**.	Весеѫші	„ 891	„

V. Kreis Bistritz.

Seine Grenzen bildet im Norden das Königreich Ungarn, im Osten die Bukowina, ein kleiner Theil der Moldau und der Udvarhelyer Kreis, im Süden der Maros-Vásárhelyer und im Westen der Deéscher Kreis.

Die grösste Länge dieses Kreises von Norden nach Süden beträgt 14 Meilen, seine Breite von Westen nach Osten 13 Meilen und 128.₃ ☐ Meilen macht sein Flächeninhalt aus. Er enthält den frühern sächsischen Districkt von Bistritz, dann Theile des Thordaer, Koloscher, Dobokaer und Inner-Szolnoker Comitats.

Der Norden und Osten ist von Gebirgen bedeckt; das ganze Rodnaer Gebirge mit dem 7159' hohen Kühhorn und andern bedeutenden Berggipfeln (Negriliasza, Galatz, Vurfu Omului), dann Theile des Gyergyóer und Görgényer Gebirges fallen hierher. Der südwestliche Theil des Kreises dagegen hat nur niedere Berge und es gehört auch ein Theil davon dem waldlosen Hügellande der Mezöség an. Während die nordöstlichen Gebirgsgegenden eine Menge Holz, dann mehrere Sauerquellen, Blei und Zinnober besitzen, ist der Südwesten des Kreises besonders fruchtbar, erzeugt alle Arten von Getreide, Wein und Tabak und besitzt viele Salzquellen, sowie mehrere Steinsalzlager. Aber auch in den nördlichen Hälfte gibt es einige sehr tiefliegende Thäler, so ist das Bistritzthal, wo die Stadt Bistritz liegt, nur 1080 Fuss hoch über dem Meere gelegen. Daher erklärt es sich, dass wir hier noch so nördlich recht guten Wein haben.

Die Hauptflüsse sind: der **Maros**, der **grosse Szamos**, welcher hier auch seinen Ursprung hat, der **Sajó** und die **Bistritz** *). Von stehenden Gewässern gibt es mehrere Teiche auf der Mezöség, und einige kleine Alpenseen auf dem Rodnaer Gebirge.

In 235 Ortschaften hat der Bistritzer Kreis eine Bevölkerung von 178,344 Seelen. Von dieser gehören sechs Zehntheile der romänischen, mehr als zwei Zehntheile der deutschen und ein Zehntheil der ungrischen Nation an, der übrige Theil ist aus Zigeunern, einigen Juden u. s. w. zusammengesetzt. Dem Glaubensbekenntnisse nach sind hievon die Hälfte griechisch-katholisch, drei Zehntheile lutherisch, mehr als ein Zehntheil griechisch-orientalisch, die übrigen katholisch und so weiter.

Der Kreis zerfällt in **zehn** Bezirke, welche nach ihren Vororten der Bezirk: Görgény-Szent-Imre, Sächsisch-Regen, Teckendorf, Gross-Schogen, Bistritz, Borgó-Prund, Bethlen, Lechnitz, Rodna und Naszod genannt werden.

---

*) Die **grosse** oder **goldene Bistritz**, welche eine der Hauptflüsse der Moldau ist, entspringt am nordöstlichen Abhange vom Hauptstocke des Rodnaer Gebirges, ebenfalls noch in diesem Kreise.

1. Bezirk Görgény-Szent-Imre.

Es wird derselbe im Norden und Westen vom Sächsisch-Regener Bezirke, im Süden und Osten vom Maros-Vásárhelyer und Udvarhelyer Kreise begrenzt.

Den grössern Theil des Bezirkes nimmt das Görgényer Gebirge (Berge Kereszthegy, Patus, Fontzeu u. s w.) mit seinen zahlreichen Ausläufern ein und macht sein Klima rauh und zum Feldbau ungeeignet, auch die übrigen Theile des Bezirkes haben meist steinigen, wenig anbaufähigen Boden. Dafür ist aber hier eine Menge Wald und Salz im Ueberfluss.

Der Maros und der Görgényer Bach sind die Hauptflüsse.

Auf einem Flächenraume von 15 ☐ Meilen besitzt dieser Bezirk einen Marktflecken und 28 Dörfer mit 19,310 meist romänischen Bewohnern.

Die vorzüglichsten Orte sind:

Görgény-Szent-Imre (Сӕн-Імбрѣлѣ Гѫрпіѣлѣі) der Sitz des gemischten Bezirksamtes und Steueramtes, ein in dem schönen Gebirgsthale des Görgényflusses liegender, ungrischer Marktflecken mit 1583 Einwohnern, wozu man auch die Glashütte mit der dazu gehörigen Ansiedelung Görgény-Üvegcsür rechnet. Hier befindet sich ferner auch eine Steingutfabrik und eine Papiermühle. Der Ort gehört sammt seiner Umgebung zu den Fiskalgütern und ist mit dem dazu gehörigen Dominium der freiherrlich Bornemisza'schen Familie inscribirt, welche sich am Fusse des Berges, worauf die Ruinen des alten ehemals befestigten Schlosses liegen, ein neues stattliches Gebäude als Herrschaftssitz aufführen liess. Das alte Schloss wurde vom Fürsten Johann Siegmund aus Anlass des Aufstandes der Szekler im Jahre 1561 erbaut, unter den Fürsten Gabriel Bethlen und Georg Rákótzi I. verstärkt, aber vom kaiserlichen Generalen Grafen Rabutin nach seiner Einnahme im Malkontentenkriege 1708 geschleift, weil es den Kurutzen in die Hände gefallen und von ihnen als Sammelplatz und Stützpunkt zu ihren Räubzügen benützt worden war.

Görgény-Sóakna (Salzhau, Шабеница) Dorf von 483 Einwohnern mit Steinsalz und alten Gruben. Die bei dem bloss 190 Seelen zählenden Dörfchen Soos-Szent-Márton (Martinsdorf, Сӕн-Мѫпринѫ) liegenden Salzteiche werden als Bad benützt.

Zu diesem Bezirke gehören noch die Dörfer:

Adorján	—	Adpianӑ	mit	250	Einw.
Alsó-Idécs	Unter-Eidisch	Ітішѫ din жосѫ	„	923	„
„ Köhér	Unter-Köhér	Кіхерѫ din жосѫ	„	430	„
„ Oroszi	—	Ѫрішха din жосѫ	„	369	„
Felsö-Idécs	Ober-Eidisch	Ітішѫ din съсѫ	„	758	„
„ Köhér	Ober-Köhér	Кіхерѫ din съсѫ	„	515	„

Felső-Oroszi	—	Őpiшкa din cъcĕ	mit 518	Einw.
Füleháza	—	Шiлia	„ 739	„
Görgény-Hodak	—	Xoдaкĕ	„ 1196	„
„ Oroszfalu	Reussischdorf	Coлoвъcтрз Гърiзл.	668	„
Hétbükk	Buchendorf	Хaвшiкĕ	„ 553	„
Holtmaros	—	Xoлтмърьшĕ	„ 402	„
Idécspataka	Eidischbach	Iдiчeлĕ	„ 1138	„
Kakucs	—	Къкъшĕ	„ 180	„
Kásva	—	Kaшвa	„ 671	„
Kincses	—	Kinчeшĕ	„ 419	„
Libánfalva	—	Iвaпeшtï	„ 1445	„
Magyar-Bölkény	Ungarisch-Birk	Бeкa зnгзpeacкъ	„ 718	„
Magyarós	Haseldorf	Mъïeрьĕ	„ 1523	„
Maros-Oroszfalu	Russ	Pъшiï de mъnџï	„ 799	„
Oláh-Bölkény	Wallachisch-Birk	Бeкa рoтънeacкъ	442	„
„ Nádas	—	Nariшĕ	„ 599	„
Orosz-Idécs	—	Пoтoкĕ	„ 412	„
Orsova	—	Pъшaвa	„ 596	„
Saraháza	—	Шeрвenï	„ 371	„
Szent-Mihálytelke	—	Cæn-Mixaïз-Teлiкĕ	421	„

2. Bezirk Sächsisch-Regen.

Er wird im Osten vom Udvarhelyer Kreise, im Süden vom Görgényer Bezirke und Maros-Vásárhelyer Kreise, im Westen vom Teckendorfer und Gross-Schogener Bezirke, endlich im Norden vom Borgóer Bezirke begrenzt.

Das Gyergyóer Gebirge mit den Pietrille rossi liegt im Norden, das Görgényer Gebirge im Osten des Bezirkes und beide senden ihre bewaldeten Ausläufer tief in dessen Inneres hinein, — nur die südwestlichen Theile haben einen sanft hügeligen, zum Feldbau besser geeigneten Boden. Holzproduction und Viehzucht sind daher die Hauptnahrungszweige der Bewohner.

Der Maros, welcher in einem grossen Bogen von Nordosten nach Südwesten die Mitte des Bezirkes durchströmt, ist dessen Hauptfluss.

Die Grösse des Bezirkes beträgt 20 Geviertmeilen. Er hat ein Landstädtchen, einen Marktflecken und 30 Dörfer mit mehreren Ansiedelungen, worin 28,321 Einwohner leben. Diese sind meist Romänen, aber auch in bedeutender Anzahl Deutsche und Ungarn.

Von den Ortschaften sind hervorzuheben:

Sächsisch-Regen (Sächsisch-Reen, Szász-Régen, Perinĕ) deutsches Landstädtchen am Maros mit 4771 sehr emsigen Bewohnern, die meist von Holzhandel, dann von Wein- und Feldbau leben. Das nebst einem Steueramte hier befindliche gemischte Bezirksamt ist zugleich als Strafuntersuchungsgericht für den eigenen

Bezirk, dann die Sprengel der Bezirke von Görgény und Teckendorf bestellt. **Bootsch** (Bátos, Батешъ) deutscher Marktflecken mit 2026 Einwohnern.

Die übrigen, in diesen Bezirk gehörigen Ortschaften, sind:

Abafája	**Brenndorf**	Аваѳаіеа	mit	831 Ein.
Berecztelke	**Ungersdorf**	Брецкъ	„	694 „
Déda†)	—	Deda	„	1094 „
Dedrád	**Zepling**	Дредатъ	„	1824 „
Disznájó	**Gassen**	Dicneiъ	„	973 „
Erdö-Szakál	**Bartdorf**	Съкалъ	„	648 „
Felfalu	**Hochfeld**	Фълфълъ	„	808 „
Harasztos	**Trassten**	Харастешъ	„	377 „
Körtvély-Kapus	**Birnthor**	Къртіскапъ	„	353 „
Kövesd (Maros-)	—	Къіеждъ	„	371 „
Lövér	—	Лъіеръ	„	430 „
Ludvég	**Ludwigsdorf**	Лъгігъ	„	1066 „
Magyar-Fülpös (Nagy-Fül.)	**Ungar.-Fleps**	Філпішъ-маре	„	739 „
„ Régen	**Ungarisch-Reen**	Perinъ-ънгър.	„	924 „
Maros-Hodák	—	Хъдакъ	„	277 „
Mesterháza*)	**Meisterhausen**	Местерхаzа	„	972 „
Monosfalu (Maros-)	—	Моръpcnі	„	337 „
Oláh-Ujfalu	—	Ъіфалъ	„	551 „
Palota**)	—	Пълъта	„	246 „
Petele	**Birk**	Петелеа	„	1771 „
Radnótfája	**Etschdorf**	Іернотѳаіа	„	558 „
Restolcza***)	—	Рештолца	„	340 „
Szász-Fülpes (Kis-Fülpes)	—	Філпішъ мікъ	„	488 „
Széplak	**Schöndorf**	Съплакъ	„	611 „
Szent-András	—	Сѳінтъ	„	400 „
Tancs	—	Топчъ	„	557 „
Toldalag	—	Толдале	„	474 „
Unoka	—	Ънъка	„	227 „
Vajda-Szent-Iván	**Johannisdorf**	Съп-Іъona	„	1526 „
Vécs	—	Ісчъ	„	856 „

3. Bezirk Teckendorf.

Im Westen und Süden wird er von den Kreisen Deés und Maros-Vásárhely, dann östlich und nördlich von den Bezirken Sächsisch-Regen, Gross-Schogen und Lechnitz begrenzt.

Dieser Bezirk fällt fasst ganz in die niedere, waldlose und sehr fruchtbare Hügelgegend des Mittellandes, welche wir Mezöség

---

†) Nebst dem Prädium Galonya.
*) Mit der Ansiedelung Maroslaka.
**) Hieher gehört auch das Prädium Andrenyáste.
***) Nebst denr dazu gehörigen Prädium Kóbor.

nennen, — hat an Gewässern wohl mehrere Teiche, aber keinen bedeutenden Fluss. Zahlreiche Salzquellen deuten das Vorkommen von Steinsalz an.

Der Flächeninhalt des Bezirkes beträgt 10.2 ☐ Meilen und es hat derselbe in einem Marktflecken und 32 Dörfern 26,425 meist romänische Einwohner.

Unter den Ortschaften zeichnen sich aus:

Teckendorf (Teke, Тоака) deutscher Marktflecken mit 1749 Bewohnern, die von Feldbau und Weincultur leben, — der Vorort des Bezirkes mit dem gemischten Bezirksamte und Steueramte. **Ölves** (Nagy-Ölves, Ӡлиешӗ), ein Dorf mit 1080 Einwohnern, hat eine Bittersalzquelle.

Im Uebrigen fallen in diesen Bezirk noch die Dörfer:

Balla	Бела	mit 901	Einw.
Budatelke	Бӗдателікӗ	„ 781	„
Domb	Джмбӗ	„ 752	„
Faragó	Фърыгъӗ	„ 663	„
Kecsed	Кічӗдӗ	„ 513	„
Királyfalva	Краіфалъӗ	„ 478	„
Kis-Nyúlas	Мілешелӗ	„ 483	„
Komlöd	Комлодӗ	„ 307	„
Kozmatelke	Kozma	„ 949	„
Köbölkút	Кібӗлкӗтӗ	„ 757	„
Lompért	Лӗмпердӗ	„ 428	„
Mezö-Szent-György	Сӂн-Џіорзӗ	„ 441	„
„ „ Márton	Сӂн-Мъртинӗ	„ 901	„
„ Szilvás	Сілівашӗ	„ 839	„
„ Ujlak	Ӡілакӗ	„ 785	„
Nagy-Ercse	Іърча	„ 568	„
„ Nyúlas	Мілашӗ	„ 1132	„
Oláh-Solymos	Стӗніні	„ 430	„
Oroszfája	Оросфаіеа	„ 793	„
Örményes (Mezö-Örményes)	Ортеніш̆	„ 789	„
Pogácsa	Погачеа	„ 1493	„
Septér	Шоптерӗ	„ 914	„
Szászakna	Окпіца	„ 937	„
Szász-Bányicza	Баіца	„ 779	„
„ Erked	Аркідӗ	„ 948	„
„ Péntek	Пінтікӗ	„ 1027	„
Szent-Mihálytelke	Сӂн-Міхаітелікӗ	„ 760	„
Szokoly	Съкалӗ	„ 551	„
Tuzson	Тъшінӗ	„ 725	„
Uzdi-Szent-Péter	Сӂн-Петръ	„ 1038	„
Viszolya	Жісъдса	„ 724	„

4. Bezirk Gross-Schogen.

Derselbe wird östlich vom Sächsisch-Regener, südlich vom Letztern und Teckendorfer, westlich vom Lechnitzer, nördlich vom Bistritzer und Borgó–Prunder Bezirke umgeben.

Im Osten des Bezirkes erheben sich einige waldreiche Ausläufer des Gyergyóer Gebirges bis über die Hügelregion; der übrige Theil ist bergig und nur mittelmässig fruchtbar, hat aber mehrere Salzquellen und Steinsalz.

Der Sajó ist der Hauptfluss.

Die Grösse des Bezirkes beträgt 6.5 ☐ Meilen. Er hat 24 Dörfer mit 16,055 Bewohnern, von denen die meisten Romänen aber auch mehrere Deutsche sind.

Die Ortschaften, welche besonders genannt zu werden verdienen, sind:

Gross-Schogen (Nagy-Sajó, Шіеъ mape) ein Dorf am Sajófluss mit 1541 Bewohnern, der Vorort des Bezirkes und Sitz des gemischten Bezirksamtes und Steueramtes. Bei dem Dorfe **Bilak** (Білакъ), welches 549 Einwohner zählt, findet sich Steinsalz.

Hierher gehören ferner noch die Dörfer:

Alsó-Répa	**Unter-Rübendorf**	Ржпа де жосъ	mit 865	Einw.
„ Sebes	**Unter-Schebesch**	Ръстіоръ	„ 363	„
Árdány	**Garndorf**	Арданъ	„ 666	„
Berlád	**Berlad**	Бърла	„ 338	„
Felsö-Répa	**Ober-Rübendorf**	Ржпа де съсъ	„ 903	„
„ Sebes	**Ober-Schebesch**	Шевешъ	„ 665	„
Friss	—	Фрішъ	„ 292	„
Gledény	—	Гледінъ	„ 832	„
Kis-Budak	**Klein-Bud**	Бъдакъ мікъ	„ 790	„
„ Sajó	**Klein-Schogen**	Шіеъцъ	„ 757	„
Liget	—	Дътъраба	„ 841	„
Monor	—	Моноръ	„ 1118	„
Nagyfalu	**Grossdorf**	Нъшфалъъ	„ 663	„
Oláh-Budak	—	Бъдакъ ротънескъ	726	„
Paszmos	**Passbusch**	Постъшъ	„ 710	„
Ráglya	**Radelsdorf**	Рагла	„ 378	„
Selyk	**Schelken**	Шеїка	„ 719	„
Serling	**Scherling**	Шірлінръ	„ 191 '	„
Simontelke	**Simonsdorf**	Шімонтелікъ	„ 372	„
Solymos	—	Шоїмъшъ	„ 275	„
Szent-Iván	**Johannsdorf**	Сжн-Іоана	„ 415	„
Vajola	**Wela**	Ѕїла	„ 876	„

5. Bezirk Bisztritz.

Im Norden begrenzt ihn der Rodnaer und Nassoder, im Westen der Letztere und Bethlener, im Süden der Lechnitzer und Gross-Schogener und im Osten der Borgóer Bezirk.

Er hat nur niedere Hügel, worunter der Virányer Stein (Piatra Schondu) bei Pintak 2265 Fuss erreicht. Dieselben begünstigen theilweise den Weinbau und die schöne Ebene im Hauptthale der Bistritz, sowie die niedere Lage des Bezirkes überhaupt in hohem Grade den Feldbau. Viele Salzquellen hat der Bezirk und auch anstehendes Steinsalz bei den Orten Sófalva, Pintak, Mettersdorf, Tscheppan u. s. w.

Die Hauptflüsse des Bezirkes sind die **Bistritz** und der **Sajó**.

Sein Umfang beträgt 8 ☐ Meilen, worauf eine Stadt und 21 Dörfer mit 21,466 Einwohnern sich befinden. Diese sind der überwiegenden Mehrzahl nach Deutsche.

Von den Ortschaften heben wir hervor:

Bistritz (Bestercze, Бистрица) deutsche Stadt am Flusse gleichen Namens mit 5578 Einwohnern. Sie ist der Sitz des Kreisamtes und Kreisgerichtes, welches Letztere zugleich das Bezirksgericht für die Stadt und den Bezirk, dann das Strafuntersuchungsgericht für diese und die Bezirke Gross-Schogen, Borgó-Prund, Bethlen und Lechnitz bildet. Hier befindet sich ferner die Finanzbezirksdirection für diesen und den Deéscher Kreis mit dem zugleich als Sammlungscasse bestellten Steueramte und ein politisches Bezirksamt für die Landgemeinden, während die politische Verwaltung der Stadt ihr eigner Magistrat mit unmittelbarer Unterordnung unter das Kreisamt leitet. Die Stadt hat ein evangelisches Obergymnasium, ein Kloster der Minoriten und eine Residenz der Piaristen, welch' Letztere den Unterricht der katholischen Jugend besorgen, dann eine Buchdruckerei. Die grosse evangelische, 1519 vollendete Pfarrkirche mit hohem, von einer steinernen Gallerie umgebenem Thurme, das evangelische Gymnasium und das Minoritenkloster sind die schönsten öffentlichen Gebäude. Die Bewohner leben meist vom Ertrage der Landwirthschaft und bürgerlicher Gewerbe; der Handelsverkehr, der früher sehr blühend war, indem Bistritz den Hauptstapelplatz des orientalischen Handels zwischen Polen und Danzig bildete, ist jetzt wenig bedeutend. Westlich von der Stadt liegen die Burgweingärten, ober welchen noch die Ruinen des Schlosses Flestenthurm zu sehen sind.

Heidendorf (Bessenyö, Бешинеš) deutsches Dorf mit 644 Einwohnern erzeugt vielen guten Wein.

Die übrigen Ortschaften des Bezirkes sind:

Aldorf	**Wallendorf**	Алдорфš	mit	794 Einw
Asszu-Besztercze	**Klein-Bistritz**	Дороica	„	789 „
Csepány	**Tschepan**	Чепанš	„	570 „

Jád	**Jadt**	Iadŭ	mit	1431	Einw.
Király-Németi	**Baiersdorf**	Кranimътŭ	„	464	„
Kis-Demeter	**Waltersdorf**	Dъmiтрiца	„	658	„
Kucsma	**Kuschma**	Къшма	„	551	„
Magyarós	**Ungers (Nussdorf)**	Мъгеръшŭ	„	817	„
Malomárka	**Minarken**	Монаръ	„	412	„
Nagy-Demeter	**Mettersdorf**	Dъmiтра	„	1720	„
Péntek	**Pintak**	Пiнтiкŭ	„	655	„
Petres	**Petersdorf**	Петрiшŭ	„	995	„
Sófalva	**Salz**	ШотФалъŭ	„	650	„
Szász-Budak	**Deutsch-Budak**	Бъдакъ съсескъ	„	380	„
Szépnyir	**Zippendorf**	Сiкnipŭ	„	561	„
Terpény	**Treppen**	Тернтiiŭ	„	1059	„
Ujfalu	**Neudorf**	ЪiФалъŭ	„	861	„
Várhely	**Burghallen**	Орхеiŭ	„	943	„
Vinda	**Windau**	Гinда	„	512	„
Zsolna (Solna)	**Seundorf**	Жъгna	„	585	„

6. Bezirk Borgó-Prund.

Er grenzt im Norden an den Naszóder, im Westen an den Bistritzer, im Süden an den Sächsisch-Regener Bezirk, dann östlich an die Bukowina und einen kleinen Theil der Moldau.

Ausläufer des Rodnaer Gebirges mit der 5038 Fuss hohen Gogosa und des Gyergyóer Gebirges mit dem Pietroszul und andern namhaften Berggipfeln machen den ganzen Bezirk gebirgig und zum Anbau wenig geeignet. Holzproduction und Viehzucht sind daher die Hauptnahrungszweige der Bewohner. Auch einiges Blei und Quecksilber, Letzteres im Thale des Baches Pereu Timou, findet sich im Bezirke.

Bei einer Grösse von 12.5 ☐ Meilen hat der Bezirk in 8 Dörfern 8102 fast durchgehends romänische Bewohner.

Unter den Ortschaften verdienen Erwähnung:

Borgó-Prund (Прънdъ Бърrеълзї) der Vorort des Bezirkes und Sitz des Bezirks- und Steueramtes mit 1526 Einwohnern, die viele Töpferwaaren, besonders Tabakspfeifen erzeugen. Auch eine guteingerichtete Papiermühle befindet sich hier. Zu dem 519 Seelen zählenden Dorfe **Borgó-Maroséný** (Морошенї Бъргъълзї) gehört auch die Ansiedelung **Tihutza**, bei welcher die gut erhaltene Strasse des Borgóer Passes über den Berg Mogura Kalului in die Bukowina führt.

In diesen Bezirk fallen noch die Dörfer:

Borgó-Besztercze	Бicтрiца Бъргъълзї	mit	1450	Einw.
„ Mislocsény	Мiжлоченi	„	846	„
„ Rusz	Ръсŭ	„	782	„
„ Zsoszény (Alsó-Borgó)	Жоcенiї	„	1050	„
„ Szuszény (Felső-Borgó)	Съсенi	„	542	„
„ Tiha	Боргo-Тixа	„	1387	„

7. Bezirk Bethlen.

Derselbe wird südlich, westlich und zum Theil nördlich vom Deéscher Kreise, weiters nördlich vom Naszoder und östlich vom Bistritzer und Lechnitzer Bezirke begrenzt.

Der Boden ist niederes, zum Theil steiniges, nicht sehr fruchtbares Hügelland, welches an dem den Bezirk nördlich begrenzenden grossen Szamos eine bedeutendere Fläche bildet. Auch in diesem Bezirke gibt es mehrere Salzquellen.

Der grosse Szamos und der Sajó sind die Hauptflüsse.

Die Flächenausdehnung des Bezirkes beträgt 5.2 ☐ Meilen und es besitzt derselbe in 25 Dörfern eine Bevölkerung von 14,035 Seelen, grösstentheils Romänen, die von Landwirthschaft und Viehzucht leben.

Erwähnenswerth ist von den Ortschaften bloss:

Bethlen (Беклеанъ) Dorf von 1490 Bewohnern, als Vorort des Bezirkes und Sitz des Bezirks- und Steueramtes. Hier ist auch das Stammschloss der gräflich Bethlen'schen Familie und die Umgebung hat mehrere Salzqnellen.

Die übrigen Dörfer, welche in diesen Bezirk gehören, sind:

Alsó-Balásfalva	Блажфалъ де жосъ	mit 533	Einw.
„ Egres	Агріжъ де жосъ	„ 170	„
„ Oroszfalu	Русъ де жосъ	„ 370	„
Apa-Nagyfalu	Нъшфалъ	„ 753	„
Árpástó	Арпаштіъ	„ 949	„
Bööd	Богіъ	„ 591	„
Bréte (Szász-)	Бретеа	„ 292	„
Csába	Чаваіа	„ 354	„
Csába-Ujfalu	Валеа реа	„ 236	„
Décse (Magyar-Décse)	Діча	„ 1094	„
Fel-Lak	Фелакъ	„ 462	„
Felsö-Balásfalva	Блажфалъ де сусъ	„ 429	„
„ Egres	Агріш де сусъ	„ 143	„
„ Oroszfalu	Русъ де сусъ	„ 317	„
Füge	Чіга	„ 294	„
Kajla	Каіла	„ 519	„
Kentelke, **Kindeln**,	Кінтелекъ	„ 614	„
Malom	Малина	„ 874	„
Omlás-Allya	Мълцъ	„ 351	„
Sajó-Keresztur, **Kreutz**,	Крістърь Шіѣѳ.asі	„ 560	„
„ Udvarhely	Оморхеіъ	„ 802	„
Sárvár	Шіріоара	„ 352	„
Somkerék	Шінкереаръ	„ 970	„
Szent-András (Sajó-)	С-фінтълъ	„ 516	„

8. Bezirk Lechnitz.

Westlich bildet der Deéscher Kreis, nördlich der Bethlener und Bistritzer, östlich der Gross-Schogener, und südlich der Teckendorfer Bezirk seine Umgrenzung.

Die Bodenbeschaffenheit ist der des vorigen Bezirkes gleich und auch hier finden sich mehrere Salzquellen.

Hauptfluss ist der Sajó.

Der Flächeninhalt macht 5.5 ☐ Meilen aus, und 24 Dörfer mit 15,030 theils deutschen; theils romänischen Bewohnern fallen in den Bezirk.

Unter den Ortschaften verdient hervorgehoben zu werden:

Lechnitz (Lekencze, Лекинца) deutsches Dorf mit 1677 Bewohnern, welche vielen und guten Wein erzeugen. Hier ist der Sitz des gemischten Bezirksamtes und des Steueramtes. **Kerlés** (Kirieleis, Киралешъ) Dorf von 683, aus Deutschen, Ungarn und Romänen bestehenden Einwohnern mit einem schönen Garten der gräflich Bethlen'schen Familie.

Hierher gehören ferner noch folgende Ortschaften:

Aranyos-Moritz	Moritzdorf	Моръцъ	mit 299	Einw.
Árokallya	Kalesdorf	Аркалїеа	„ 915	„
Barátfalva	—	Братфалъъ	„ 240	„
Bodorla	—	Бъдърлъъ	„ 354	„
Bongárd	—	Бънгардъ	„ 399	„
Dipse	Dürrbach	Dінша	„ 735	„
Encs (Szász-)	—	Іенчіъ	„ 287	„
Fejéregyház	Weisskirchen	Феріхазъ	„ 529	„
Füzkut	—	Фіскътъ	„ 538	„
Galatz	Heresdorf	Галацъ	„ 836	„
Harina	Münzdorf	Херіна	„ 721	„
Máté (Ssász-)	Mathesdorf	Мътеї	„ 590	„
Nagy-Ida	Eyda	Ібda mape	„ 732	„
Nécz	Netz	Нецъ	„ 204	„
Szász-Csegö	Zagendorf	Цігъъ	„ 413	„
„ Szent-Jakab	Jakobsdorf	Съп-Іаковъ	„ 590	„
„ Ujfalu	Neudorf	ъїФалъъ	„ 861	„
„ Uj-Ös	—	ъшъ	„ 904	„
Szent-György	Sankt-Georgen	Съп-Щіорзъ	„ 1032	„
Szeretfalva	Reussen	Сереџелъ	„ 273	„
Tancs	—	Тончъ	„ 463	„
Vermes	Wermesch	Вертсшъ	„ 755	„

9. Bezirk Rodna.

Er bildet die äusserste nordöstliche Landesecke Siebenbürgens gegen Ungarn und die Bukowina, und wird westlich vom Naszoder, dann südlich vom Bistritzer und Borgó-Prunder Bezirke begrenzt.

Fast zwei Drittheile der Bodenfläche nimmt das Rodnaer Gebirge mit seinem Hauptkamme und zahlreichen bedeutenden Ausläufern ein. Dazwischen befinden sich keine erweiterten Thäler, welche den Feldbau begünstigten, und selbst die Thäler der Hauptflüsse, des grossen Szamos und der Ilva, sind meist eng und felsig. Der Holzhandel bleibt daher, nebst der Viehzucht, welche ausgedehnte Weideplätze begünstigen, und einigem Bergbaue Hauptnahrungszweig der Bewohner. Der Bezirk hat von Metallen silberhältiges Blei und Zink, ferner besitzt derselbe auch mehrere Sauerquellen.

Seine Grösse beträgt 24 ☐ Meilen, worauf sich 13 Dörfer mit 12,933 Einwohnern, die meist Romänen sind, befinden.

Von den Ortschaften sind zu erwähnen:

Rodna (Alt-Rodna, Ó-Rodna, Porna веκie) Bergort von 2160 Bewohnern verschiedenen Stammes, an der Stelle einer deutschen, durch die Mongolen zerstörten Stadt (Rodenau). Hier ist der Sitz des Bezirks- und Steueramtes und einer k. k. Bergverwaltung. In der Nähe befinden sich ausgebreitete Bleibergwerke und mehrere Sauerquellen, von welch' Letztern zwei auch Badeeinrichtungen haben. **Szent-György** (Cжn-Ґіopzš) Dorf von 2183 Bewohnern mit einer Sauerquelle, welche den Badegästen von Rodna das zur Trinkkur erforderliche Wasser liefert und auch schon einige Badeeinrichtungen besitzt. **Ludwigsdorf** (Kirlibaba), der 265 Einwohner zählende siebenbürgische Theil des bukowinaer Bergortes Kirlibaba, wo auf silberhältigen Bleiglanz gearbeitet wird.

Es gehören diesem Bezirke ferner noch nachstehende Dörfer an:

Földra	Фелдра	mit 1416	Einw.
Kis-Ilva	Іва мікъ	„ 781	„
Kosna	Тодошканš	„ 193	„
Les	Лiешš	„ 620	„
Magura	Мъгъра	„ 601	„
Major, **Major,**	Маіерš	„ 1608	„
Nagy-Ilva	Іва маре	„ 1141	„
Neposz	Непосš	„ 947	„
Szent-József	Іоіана	„ 530	„
Uj-Radna, **Neu-Rodna,**	Porna ноѕл	„ 488	„

10. Bezirk Naszod.

Derselbe wird östlich vom vorigen, südlich vom Bistritzer und Bethlener Bezirke, westlich vom Deéscher Kreise und nördlich von Ungarn begrenzt.

Im Norden nehmen ein Theil des Rodnaer Gebirges, denn der Hauptstock des Láposcher Gebirges mit dem 5756 Fuss hohen Czibles sammt ihren langen bewaldeten Ausläufern den grössten Theil der Bodenfläche des Bezirkes ein, nur im Süden hat derselbe an dem grossen Szamos eine etwas niedere Lage und am rechten Ufer dieses Flusses einiges fruchtbare Hügelland. Holzproduction und Viehzucht machen daher die vorzüglichsten Erwerbsquellen der Bewohner aus.

Der Hauptfluss des Bezirkes ist der grosse Szamos, dem von Norden her mehrere ansehnliche Gebirgsbäche (Rebra, Szalautza, Czibles u. s. w.) zuströmen.

Der Flächeninhalt des Bezirkes beträgt 21.2 ☐ Meilen, worauf 26 Dörfer mit 16,667 Einwohnern sich befinden, von welch' Letztern der grösste Theil Romänen, aber auch eine beträchtliche Zahl Juden sind.

Unter den Ortschaften ist vorzüglich zu erwähnen:

Naszód (Несездѣ) regelmässig gebautes Dorf mit schönen und ansehnlichen Gebäuden des Stabes vom bestandenen II. Romänen-Grenzregimente, welche gegenwärtig als Amtslokalitäten für das hier befindliche Bezirks- und Steueramt benützt werden. Dieses Bezirksamt ist auch zugleich Strafuntersuchungsgericht für den eigenen und Rodnaer Bezirk. Aus der Zeit der Militarisirung befindet sich hier auch eine guteingerichtete deutsche Oberschule, dann eine Trivial- und Mädchenschule.

Die übrigen in dem Bezirk gehörigen Dörfer sind:

Bükkös	Бікіпѣ	mit	608	Einw.
Entradám	Ентрадамѣ	„	219	„
Gaurény	Гаѕрені	„	194	„
Hordó	Хордѣѕ	„	530	„
Kis-Rebra	Ребрішора саѕ Ребра мікъ	„	1957	„
Kócs	Кочѕ	„	559	„
Luska	Лѕшка	„	340	„
Magosmart	Могошмортѣ	„	162	„
Magyar-Nemegyus	Німіцеа ѕнгѕреаскъ	„	809	„
Makód	Мокодѣ	„	763	„
Mititei	Мітітеі	„	548	„
Nagy-Rebra	Ребра маре	„	710	„
Oláh-Nemegye	Німіцеа ромѣнéске	„	315	„
„ Némethi	Німтіѕ	„	723	„
Párva	Лѕнка вінѕлѕі	„	395	„
Pojén	Поіені	„	321	„
Priszlop	Иріслопѕ	„	298	„
Romuli	Стржмѣа	„	334	„
Runk	Рѕнкѕ	„	769	„
Szálva	Салва	„	1166	„
Szupláj	Сѕпт плаіѕ	„	240	„

Telts	Телцѕ	mit 1563	Einw.
Tohát	Тъѕрі	„ 373	„
Virágos-Berek	Шіріагѕ	„ 359	„
Zágra	Zarpa	„ 970	„

VI. Kreis Deés.

Dieser Kreis zieht sich von der nördlichen Landesgrenze zwischen den Kreisen Szilágy-Somlyó und Klausenburg einerseits, dann dem Bistritzer Kreise andrerseits bis in die Mitte des Landes an den Maros-Vásárhelyer Kreis herab.

Seine Länge von Norden nach Süden beträgt 15 Meilen, seine Breite im Norden 10, im südlichen Theile nur 4 Meilen, und sein Flächeninhalt macht 87.7 □ Meilen aus. Er besteht aus dem grössten Theile des frühern Inner-Szolnoker Comitats, dem ganzen Kővárer Districkt, dann aus Theilen des Mittelszolnoker, Dobokaer und Koloscher Comitats.

Im Norden liegt das Laposcher Gebirge (Lapul 5201.9′, Getin 4500.6′) und sendet seine vielverzweigten, grösstentheils bewaldeten Ausläufer tief in das Innere des Kreises. Die südliche Hälfte desselben gehört dem fruchtbaren Hügellande der Mezöség an. Während dort ein bedeutender Holzertrag, Metalle verschiedener Art (Silber, Blei, Eisen, Zinkblende, Antimon, Arsenik u. s. w.) und andere nutzbaren Steine den Bodenertrag ergiebig machen, gedeihen im Süden alle Arten Getreide, Wein und Tabak vortrefflich und finden sich daselbst Salzquellen und Steinsalz in Menge.

Der grosse und kleine Szamos, einer von Osten, der andre von Westen kommend vereinigen sich in diesem Kreise (bei Deés) und bilden, seine Mitte durchströmend und einen Theil der Westgrenze bildend, als vereinigter Szamos, den Hauptfluss. Ansehnliche Flüsse sind in diesem Kreise noch der Lápos und Ilosvaer Bach. Von stehenden Gewässern fallen zahlreiche, und zwar die grössten Teiche der Mezöség in diesen Kreis.

Derselbe hat in 340 Ortschaften 193,793 Bewohner, von welchen der Nationalität nach acht Zehntheile Romänen, 0.15 Ungarn, 0.04 Zigeuner, 0.01 Armenier und 0.02 verschiedener Abstammung sind. In Ansehung des Glaubensbekenntnisses gehören davon 0.50 den unirten Griechen, 0.19 den nicht-unirten Griechen, 0.10 den Reformirten, 0.04 den Katholiken und 0.01 den Juden an.

Der Kreis wird in die acht Bezirke: Magyar-Lápos, Kápolnok-Monostor, Nagy-Somkut, Retteg, Semesnye, Deés, Szamos-Ujvár und Mócs eingetheilt.

1. Bezirk Magyar-Lápos.

Im Norden wird derselbe von Ungarn, im Westen vom Kápolnok-Monostorer, im Süden und Osten vom Retteger Bezirke begrenzt.

Der Boden ist, besonders im Norden, gebirgig, und überhaupt nur mittelmässig fruchtbar, birgt aber eine Menge Eisen und einiges Silber in seinem Schoosse; auch eine Sauerquelle findet sich im Bezirke.

Der **Lápos** ist sein vorzüglichster Fluss.

Die Grösse des Bezirkes beträgt 17 ☐ Meilen, und es leben darauf in 35 Dörfern 24,655 Einwohner, Romänen und viele Ungarn.

Von den Ortschaften sind hervorzuheben:

Magyar-Lápos (Лъпѫшъ ꙁнгърескъ) Dorf mit 1556 Einwohnern, wo der Sitz der gemischten Bezirksamtes und des Steueramtes sich befindet.

Strimbuly (Стрімвъіъ) Dorf mit 704, und **Oláh-Láposbánya** (Баіѫца) Dorf mit 1310 Einwohnern haben beide Eisenwerke und im letztern Orte befindet sich eine Berg- und Hüttenverwaltung. **Batiz-Polyán** (Поіана Батіꙁълꙋі), ein Dorf mit Silbergruben zählt 210 Bewohner. Bei **Sztojkafalva** (Стоічені), welches eine Befölkerung von 360 Seelen hat, ist eine stark salzhältige Sauerquelle mit einigen Badeeinrichtungen dabei.

Es gehören ferner noch zu diesem Bezirke die Dörfer:

Alsó-Szőcs	Съчъ де жосъ	mit	741 Einw.
Bába	Баба	„	460 „
Boérfalva	Боіерені	„	792 „
Borkút	Боркътъ	„	449 „
Dalmár	Деалъ маре	„	399 „
Dánpataka	Валені	„	678 „
Disznópataka	Поіана поркъліі	„	549 „
Domokos	Домокъшені	„	643 „
Drágya	Дръгіе	„	302 „
Felső-Szőcs	Съчъ де сѫсъ	„	1057 „
Gosztilla	Гостіла	„	583 „
Hollómező	Могоча	„	879 „
Horgospataka	Стрімвълъ	„	828 „
Károlyfalva	Кърхіені	„	487 „
Kis-Debreczen	Добріцелъ	„	169 „
Kosztafalva	Костіенъ	„	505 „
Kőpataka	Къфоіе	„	313 „
Kupsafalva	Къпшені	„	841 „
Lápos-Debrek	Добріхъ Лепъшълꙋі	„	384 „
Lárga	Ларга	„	311 „
Libáton	Лібатінъ	„	815 „
Macskamező	Мачкъ	„	570 „

Oláh-Lápos	Лъпъшъ ротъпескъ	mit	2101	Einw.
Péteritye	Петеріче	„	409	„
Pecsétszeg	Тіѕіешті	„	1285	„
Rogosz	Porozŭ	„	821	„
Rohi	Poxia	„	725	„
Tőkés	Гросъ	„	835	„
Ungurfalva	Ънгърені	„	1039	„
Ünőmező	Ineš	„	545	„

2. Bezirk Kápolnok-Monostor.

Er grenzt nördlich ebenfalls an Ungarn, östlich an den vorigen, südlich an den Retteger und westlich an den Nagy-Somkuter Bezirk.

Im Norden sind noch einige bedeutende Gipfel (darunter der Berg Gutin) und ansehnlichere Ausläufer des Laposcher Gebirges mit grossem Metallreichthum. Gegen den Süden des Bezirkes verliert sich aber deren Höhe, und niedere Berge bieten hier mit ihren Zwischenthälern einen für den Feldbau ziemlich geeigneten Boden.

Die Mitte des Bezirkes durchströmt als dessen Hauptfluss der Lápos; ein ziemlich bedeutender Bach ist auch die Valje Blossa.

Der Bezirk umfasst einen Flächenraum von 7 ☐ Meilen und hat in einem Marktflecken und 34 Dörfern eine meist romänische Bevölkerung von 18,292 Seelen.

Unter den Ortschaften haben wir zu erwähnen:

Kápolnok-Monostor (Каполнак-Мънъштърѫ) Dorf mit 617 Einwohnern, der Vorort des Bezirkes mit dem Bezirks- und Steueramte. **Kapnikbánya** (Kannik Баіса) Bergflecken mit 2600 Einwohnern, hat bedeutende Gold-, Silber- und Bleibergwerke, die ausserdem noch (ohne eine Verwerthung) Antimon-, Zink- und Arsenikerze fördern. **Szurduk-Kápolnok** (Каполнікъ) Dorf von 880 Einwohnern mit einer schwachen Sauerquelle.

Zum Bezirke gehören noch die Dörfer:

Berencze	Берінца	mit	886	Einw.
Blossa (Vályе-Blossa)	Валеа Блошіі	„	39	„
Brébfalva	Бребені	„	393	„
Csernafalva	Чернешті	„	886	„
Csokotes	Чокотішъ	„	581	„
Csugásztra	Шъгестрені	„	160	„
Drága-Vilma	Тіпа мікъ	„	763	„
Fonácz	Фѫнаце	„	669	„
Frinkfalva	Фрінчені	„	232	„
Garbonács	Къръънаріъ	„	650	„
Grópa	Гроапа	„	60	„
Gyertyános	Къртенішъ	„	213	„

Ilondapataka	Долхені	mit 225	Einw.
Karullya	Къръліа	„ 647	„
Kis-Berszó	Бірсза	„ 214	„
„ Körtvélyes	Къртзіешдъ	„ 323	„
Kovács	Ковачъ	„ 1043	„
„ -Kápolnok	Фъърешті	„ 509	„
Köfrinkfalva (Frinkfalva)	Фрънчені	„ 221	„
Kötelesmezö	Трестіса	„ 415	„
Laczkonya	Лескіа	„ 406	„
Magura	Мъгърені	„ 375	„
Málján	Меліені	„ 36	„
Ploppis	Плопішъ	„ 272	„
Preluka	Предъка	„ 1089	„
Románfalva	Романешті	„ 233	„
Russor	Ръшоръ	„ 334	„
Sásza	Шасъ	„ 234	„
Szakatura	Секътъръ	„ 273	„
Szelnyitza	Селніца	„ 619	„
Torda-Vilma	Вілма маре	„ 797	„
Váád	Вадъ	„ 398	„

3. Bezirk Nagy-Somkut.

Auch von diesem Bezirke bildet im Norden das Königreich Ungarn die Grenze, während ihn östlich der vorige, südlich der Semesnyeer Bezirk und westlich der Kreis Szilágy-Somlyó umgibt.

Der Boden ist bergig und nur mittelmässig fruchtbar, hat aber ausgedehnte Waldungen. Viehzucht und Köhlerei sind die Haupterwerbszweige.

Der Szamos, welcher die ganze Westgrenze des Bezirkes bildet, der Lápos, der einen Theil seiner Ostgrenze bespült, und der Burszó, welcher die Mitte durchströmt, sind die Hauptflüsse.

Bei einer Grösse von 12.4 ☐ Meilen hat der Bezirk in 67 Dörfern 33,691 meist romänische, ausserdem auch viele jüdische Einwohner.

Es sind zu erwähnen die Ortschaften:

Nagy-Somkut (Шомкъта маре), Dorf mit 963 Bewohnern, der eigentliche Vorort des Bezirkes, nach welchem dieser seinen Namen führt. Das Bezirksamt und zugleich Strafuntersuchungsgericht für diesen Bezirk, dann die Bezirke Magyar-Lápos und Kápolnok-Monostor befindet sich im nahen, 515 Einwohner zählenden Dorfe **Berkesz** (auch Magyar-Sáros-Berkesz und romänisch Беркъшъ genannt). Unweit vom letztern Orte sind noch die Ruinen des alten Schlosses Kövár zu sehen, welches einst ein fester Grenzplatz war, später oft als Staatsgefängniss diente und auch vom launenhaften Fürsten Siegmund Báthori seiner unglücklichen Gemahlin, der Erzherzogin Marie Christierna als Verbannungsort angewiesen wurde. Beim Dorfe **Remete** (Ремете́а), welches 1085 Bewohner zählt, sind einige schwache Säuerlinge. **Nápràd** (Напрі́гъ) grosses Dorf mit 1344 Bewohnern, worunter viele von Branntweinbrennerei lebende Juden.

In diesen Bezirk fallen noch die Dörfer:

Aranymező	Бебені	mit	950	Einw.
Berkeszpataka	Бертічені	„	532	„
Butyásza	Бътеаса	„	508	„
Csokmány	Чокмані	„	885	„
Csula	Чъла	„	310	„
Csólt	Чолтъ̆	„	414	„
Dánfalva	Дънешті	„	213	„
Dióspataka	Валеа Реа	„	123	„
Durusza	Дърѫца	„	145	„
Erdö-Aranyos	Арієшъ de пъдъре	„	279	„
Fejérszék	Ферсіръ̆	„	348	„
Fericse	Феріче	„	329	„
Gaura	Гаъра	„	582	„
Gyökeres	Ромесъ̆	„	452	„
Hagymás-Lápos	Хъшпаш-Лъпъшъ̆	„	718	„
Hidegkut (Puszta-)	Хігіага	„	256	„
Hoszszufalva	Хосъ̆Фалъ̆	„	265	„
Hoszszu-Ujfalu	Хъсіа	„	283	„
Hovrilla	Ховріла	„	315	„
Jeder	Іадера	„	712	„
Katalin	Каталіна	„	112	„
Kelencze	Келінца	„	611	„
Kis-Bozonta (Uj-Bozonta)	Бозінта мікъ	„	274	„
„ Bun	Прі́слопъ̆	„	139	„
„ Debreczen	Вадъ̆релъ̆	„	312	„
„ Fentös (Alsó-Fentös)	Фі́нтешъ̆л мікъ̆	„	396	„
„ Goroszló	Трапішъ мікъ̆	„	618	„
„ Nyires	Местеакъ̆нъ̆	„	735	„
„ Solymos	Шъ̆мъ̆шені	„	195	„
Kolczér	Колціра	„	362	„
Kóltó	Колтъ̆	„	500	„
Kozlár (Kozla)	Козларъ̆	„	535	„
Köd*)	Tiodъ̆	„	1066	„
Kölcse	Къ̆лча	„	430	„
Kucsuláta	Къ̆чъ̆лата	„	296	„
Lemény	Лемніъ	„	704	„
Létka	Літкъ	„	642	„
Lukácsfalva	Лъкъ̆чешті	„	332	„
Magosfalva	Магошешті	„	388	„
Nagy-Bun	Боїъ маре	„	926	„

*) Besteht aus den beiden Theilen Ködnemesség und Ködpa- parasztság.

Nagy-Fentös (Felsö-Fentös)	Фентіешелъ маре	mit	703	Einw.
„ Goroszló	Траніш шаре	„	554	„
„ Körtvélyes	Кърталъш маре	„	640	„
„ Nyires	Міреш маре	„	1094	„
Oláh-Bozonta (Ó-Bozonta)	Бозінта маре	„	350	„
Pirossa	Пірош	„	152	„
Pojenitza	Поіеніца	„	429	„
Pribékfalva	Прівілештіса	„	500	„
Purkerecz	Пъркърецї	„	458	„
Puszta-Fentös	Пъста	„	324	„
Restolcz	Рестолцъ	„	355	„
Rév-Körtvélyes	Кърталъшелъ	„	278	„
Róna	Рогпа	„	343	„
Somkutpataka	Въленї	„	845	„
Szakállosfalva	Съкълъшенї	„	653	„
Szappanpataka	Съпъіа	„	84	„
Szaszár	Съсаръ	„	712	„
Sztezsér	Стъжеръ	„	124	„
Toplitza	Топліца	„	221	„
Tölgyes	Толдіешї	„	229	„
Törökfalva	Бъчъмї	„	725	„
Turbucza	Тървъца	„	378	„
Várallya	Варалїъ	„	631	„

4. Bezirk Retteg.

Derselbe grenzt nördlich an den vorigen und Magyar-Láposcher Bezirk, im Osten und zum Theil im Süden an den Bistritzer Kreis, dann weiters noch südlich an die Bezirke Deés und Semesnye.

Im Norden ziehen sich noch ansehnliche Ausläufer des Láposgebirges in den Bezirk herein, im Süden hat derselbe aber am grossen und vereinigten Szamos eine bedeutendere, ziemlich fruchtbare Ebene, wo auch der Mais noch gut gedeiht. Salzquellen gibt es auch einige im Bezirke.

Der grosse Szamos ist theils für sich, theils auch nach der Aufnahme des kleinen, als vereinigter Szamos, der Hauptfluss.

Auf einem Flächenraume von 15 ☐ Meilen hat dieser Bezirk in 52 Dörfern eine meist romänische Bevölkerung von **27,665** Seelen.

Erwähnenswerthe Ortschaften sind:

Retteg (Ретеаръ); der Ort, nach welchem der Bezirk den Namen führt, mit 1557 Einwohnern. Das Bezirks- und Steueramt ist aber vorläufig in **Kozárvár** (Къздріоара) einem Dorfe von 1178 Bewohnern untergebracht. Bei dem Dorfe **Csicsó-Ujfalu** (Коравіа), welches eine Bevölkerung von 535 Seelen hat, ist der berühmte, mit einer Burgruine gekrönte Trachytberg **Csicsó**, an welchem die im grössten Theile des Landes ausschliesslich im Gebrauche stehenden Mühlsteine gebrochen werden.

Es gehören in diesen Bezirk noch die Ortschaften:

Alsó-Ilosva	Іліошва	mit 610	Einw.
„ Kosály	Кошъїѕ	„ 769	„
„ Őr	Ўрішорў	„ 675	„
Batza	Бaцa	„ 504	„
Blenke-Poján	Поїана Бленкі	„ 614	„
Borlyásza	Борласа	„ 321	„
Büdöspataka	Пѣтъроаса	„ 22	„
Csicsó-Györgyfalva	Гіергіѳалъѕ	„ 942	„
„ Hagymás	Хешташѕ	„ 256	„
„ Keresztur	Кріcтърѕ	„ 615	„
„ Mihályfalva	Міхаліешті	„ 470	„
„ Polyán	Поїана	„ 417	„
Dögmezŏ	Гіѕгѕ	„ 696	„
Emberfŏ	Амbрічѕ	„ 403	„
Falkusa	Фълкша	„ 179	„
Fel-Őr	Ўрѕ de cѕcѕ	„ 692	„
Felsö-Egres*)	Агрішѕ de cѕcѕ	„ 653	„
„ Ilosva	Іліна	„ 546	„
„ Kosály	Ръгъшешті	„ 517	„
„ Körtvélyes	Къртѕїхшѕ	„ 478	„
„ Orbó	Гѫрьова de cѕcѕ	„ 628	„
Galgó	Гългъѕ	„ 565	„
Gánts	Канчѕ	„ 676	„
Guga	Гѕга	„ 199	„
Ispánmezŏ	Шпълтъзъѕ	„ 781	„
Kaczkó	Къцкъѕ	„ 1208	„
Kapjon	Копleанѕ	„ 354	„
Kápolna	Къпълна	„ 305	„
Kis-Debrek	Дъbрічеlѕ	„ 377	„
„ Doboka	Доbѕчені	„ 209	„
„ Kalyán	Kаїанѕ мікѕ	„ 587	„
Kŏfarka	Пеатра	„ 466	„
Középfalva	Тіѕza	„ 756	„
Kudu	Коlдъѕ	„ 446	„
Lábfalva (Csicsó-Lábfalva)	Леlешті	„ 345	„
Magura	Мъгъра	„ 180	„
Monostorszeg	Монoшторѕ	„ 304	„
Muncsel	Мѕнчеlѕ	„ 137	„
Nagy-Borszó	Бърcoѕ	„ 319	„
„ Debrek	Доbріка	„ 338	„
„ Ilonda	Іlонda	„ 759	„
„ Kalyán	Kаїанѕ маре	„ 466	„
„ Négerfalva (Négerfalva)	Негріlешті	„ 1089	„
Oláh-Nyires	Nіpішѕ	„ 216	„

*) Hiezu gehört auch Alsó-Egres.

Pontinásza	Понтинеаса	mit 109	Einw.
Soósmező	Глодѫ	„ 890	„
Szelecske	Селічка	„ 497	„
Szeszárma	Сесарма	„ 617	„
Szita	Сѫта	„ 177	„

5. Bezirk Semesnye.

Er wird nördlich durch den Szamos von den Bezirken Nagy-Somkut und Kápolnok-Monostor getrennt, südlich vom Bezirke Deés und dem Kreise Szilágy-Somlyó begrenzt.

Mittelhohe, oft ziemlich steile Berge erfüllen den ganzen Bezirk, dessen Boden nur eine mittelmässige Fruchtbarkeit besitzt und grösstentheils einem wenig entwickelten Ackerbaue dient.

Der vereinigte Szamos, dem alle Gewässer des Bezirkes zuströmen, ist der Hauptfluss.

Bei einem Umfange von 9.3 ☐ Meilen hat der Bezirk 40 Dörfer mit 18,218 fast durchwegs romänischen Einwohnern.

Von den Ortschaften kann erwähnt werden:

Semesnye (Шimimnea) ein Dorf von 1282 Einwohnern, welches als Vorort des Bezirkes, seinen Behörden noch keine Unterkunft bieten konnte, so dass das für diesen Bezirk bestimmte Bezirks- und Steueramt vorläufig noch in Deés amtirt. Das Dorf **Alparét** (Олпретѫ) mit 1044 Bewohnern ist durch den Bauernaufstand im Jahre 1437 bekannt, wodurch die Unterthanen ihre Freizügigkeit erhielten.

Die übrigen, diesem Bezirke angehörigen Dörfer sind:

Alsó-Csobánka	Чобънкѫцѫ	mit 430	Einw.
„ Hagymás	Хазмашѫ	„ 747	„
„ Körtvélyes	Кърtѫіsшѫ (Късѫб)	„ 404	„
Bezdéd	Безdedѫ	„ 739	„
Buzamező	Бѫzaïs	„ 277	„
Csáka	Чакаіеа	„ 568	„
Csernek	Чернѫкѫ	„ 473	„
Csömény	Чѫmenis	„ 339	„
Dobrocsina	Dоврѫчіna	„ 287	„
Felsö-Csobánka	Чованка	„ 237	„
Hoszszumező	Хѫсмеzеѫ	„ 367	„
Kabalapataka	Еапа	„ 239	„
Kálna	Калѫ	„ 315	„
Kis-Kristólcz	Крішtолчелѫ	„ 310	„
Klicz	Кліцѫ	„ 242	„
Konkolyfalva	Nerpeni	„ 275	„
Ködmönös	Коdmeniшѫ	„ 258	„
Kö-Lozna	Прелѫцѫ	„ 494	„
Közfalu	Tiѫzani	„ 105	„

Magyar-Bogáta	Богата-унгуреаскъ	mit 492	Einw.
Muncsel	Мънчелъ	„ 267	„
Nagy-Kristólcz	Криштолцъ маре	„ 725	„
„ Lozna	Лозна	„ 864	„
„ Mezö	Прънï	„ 219	„
Oláh-Bogáta	Богата ротъпеаскъ	„ 526	„
„ Fodorháza	Фодора	„ 693	„
Oroszmezö	Ръсъ	„ 913	„
Oszvály	Освайъ	„ 407	„
Pestes	Пештïешъ	„ 258	„
Rogna	Рогна	„ 233	„
Salamon	Шоломонъ	„ 304	„
Szalona	Солона	„ 364	„
Szurduk	Съpдъкъ	„ 634	„
Tormapataka	Валеа Хïреапълï	„ 172	„
Tótszállás	Бріглецъ	„ 432	„
Tökepataka	Валеа Грошïлоръ	„ 360	„
Váád	Вадъ	„ 474	„
Zálha	Залха	„ 489	„

6. Bezirk Deés.

Nördlich von den Bezirken Semesnye und Rettog, südlich vom Bezirke Szamos-Ujvár begrenzt, wird derselbe im Osten vom Bistritzer und im Westen vom Klausenburger Kreise eingeschlossen.

Berge von mittlerer Höhe, die den ganzen Bezirk einnehmen und hin und wieder felsig sind, werden in der Mitte des Bezirkes durch das weite Szamosthal geschieden und bilden hier eine schöne fruchtbare Landschaft, wo der Mais vortrefflich und auch der Wein ziemlich gut gedeiht. Steinsalz kommt in einem grossen Lager vor.

Der grosse und kleine Szamos, welche hier zusammenströmen, gehören auch nach ihrer Vereinigung noch eine Strecke diesem Bezirke an und bilden dessen Hauptgewässer.

Die Ausdehnung des Bezirkes beträgt 8.5 ☐ Meilen und es fallen ein Landstädtchen und 38 Dörfer mit einer Bevölkerung von 23,925 Seelen in Denselben. Die Einwohner sind wohl der Mehrzahl nach Romänen, es leben hier aber auch viele Ungarn und Armenier.

Unter den Ortschaften müssen wir besonders hervorheben:

Deés (Dежъ) ein ungrisches Landstädtchen mit 4335 Einwohnern, an der Vereinigung der beiden Szamosflüsse für einen ausgedehnten Handelsbetrieb sehr vortheilhaft gelegen. Hier befindet sich das Kreisamt und Kreisgericht, und das Letztere ist zugleich als Berggericht für den eigenen Sprengel, sowie für die Kreise Klausenburg, Szilágy-Somlyó und Bistritz, dann als Bezirksgericht für den Deéscher Bezirk und als Strafuntersuchungsgericht für diesen und die Bezirke Rettog und Semesnye bestellt. Das politische Bezirksamt für die Stadt und den Bezirk Deés, dann das Steueramt haben ebenfalls hier ihren Standort. Der Franziskaner-Orden besitzt hier ein Kloster. Die Einwohner leben grösstentheils von Feld- und Weinbau, dann den gewöhnlichsten Handwerken.

Deésakna (Окпа Дежѫлѕï) ungrisch-romänisches Dorf von 2017 Einwohnern mit Salzgruben, wo jährlich 40 bis 50,000 Centner Steinsalz erzeugt werden. Bei dem von 486 Romänen bevölkerten Dorfe **Kérö** (Tipeš) befindet sich eine Bittersalzquelle mit einer mangelhaften Badeanstalt. In der Nähe des Dorfes **Bálványos-Várallya** (Ȯnrѫpaшš), welches 1460 Bewohner zählt, stand einst ein altes Schloss, dessen Ruinen grösstentheils unter dem Kardinal Martinusius zur Erbauung des Castells von Szamos-Ujvár verwendet wurden.

In diesen Bezirk fallen ausserdem noch die Dörfer:

Alsó-Gyékényes	Гікіш	mit 390	Einw.
Antos	Ǎптіш	„ 177	„
Báton	Батіnš	„ 759	„
Bujdos	Бѫдѫш	„ 398	„
Csatány	Четаnš	„ 520	„
Czoptelke	Цопѕ	„ 315	„
Felsö-Gyékényes	Гікіш de сѫсѕ	„ 266	„
Girolt	Гіролтš	„ 846	„
Gyurkapataka	Гіѫрка	„ 151	„
Keménye	Креmіnѕа	„ 250	„
Kodor	Кодорš	„ 352	„
Mánya	Маіа	„ 392	„
Mikeháza	Міка	„ 393	„
Néma	Nіmа	„ 933	„
Oláh-Vásárhely	Ошорхеїѕ ротънескš	„ 234	„
Ormány	Орmаnš	„ 707	„
Péntek	Піnтеакš	„ 660	„
Péterháza	Петріхаzа	„ 292	„
Puszta-Ujfalu	Пѫстѫца	„ 107	„
Sajgó	Шіго	„ 165	„
Somkut	Шіmкѫта	„ 447	„
Szamos-Ujvár-Némethi	Nіmтіѕ Герлï	„ 1234	„
Szász-Nyires	Сас-Міреш	„ 962	„
Szekeres-Törpény	Терптіѕ	„ 214	„
Szent-Benedek	Беnедікš	„ 442	„
„ Margita	Сѫn-Мѫргіта	„ 1015	„
Széplak	Сѫплакš	„ 613	„
Szilágytö	Сѫлаціѕ	„ 239	„
Szinye	Сѕïа	„ 440	„
Szóvásár	Соварешš	„ 260	„
Szürkerék	Сіnтергš	„ 234	„
Tálosfalva	Блідерешті	„ 138	„
Tótfalu	Вале	„ 247	„
Véczk	Фецкѕ	„ 287	„
Zaprócz	Zѫпірці	„ 562	„

7. Bezirk Szamos-Ujvár.

Er liegt zwischen den Kreisen Bistritz und Klausenburg und wird nördlich vom Deéscher, südlich vom Mócser Bezirke begrenzt.

Niedere, fruchtbare, waldlose Hügel charakterisiren diesen Bezirk als einen Theil der Mezöség. Derselbe hat viele Salz- und einige andere Mineralquellen.

Von den fliessenden Gewässern gehört nur ein Theil des **kleinen Szamos** diesem Bezirke an, dafür hat derselbe aber desto mehr stehendes Wasser in den Teichen seiner Thäler.

Die Grösse des Bezirkes beträgt 9.4 ☐ Meilen und es hat derselbe in einer Stadt, einem Marktflecken und 41 Dörfern 27,140 Einwohner. Die Mehrzahl davon sind Romänen, aber auch viele Armenier und Ungarn.

Bemerkenswerthe Ortschaften sind:

Szamos-Ujvár (Armenierstadt, Герла) regelmässig gebaute armenische Stadt, welche mit der dazu gehörigen Vorstadt **Kandia** 4249 Einwohner zählt. Sie hat ein festes Schloss, welches von dem bekannten Cardinal Martinusius im Jahre 1542 erbaut und später unter Fürst Georg Rákótzi II. erweitert worden war, früher als Vertheidigungswerk einen ansehnlichen Rang im Lande behauptete und gegenwärtig als Provinzial-Strafhaus für schwere Verbrecher benützt wird. Die Stadt ist der Sitz eines griechisch-katholischen Bischofs, dann des gemischten Bezirksamtes, welches zugleich als Bezirksgericht für die Stadt, deren politische Verwaltung der eigene Magistrat leitet, dann als Untersuchungsgericht für den eigenen und den Mócser Bezirk bestellt ist. Auch das Steueramt hat hier den Standort. Die Einwohner treiben lebhaften Handel, besonders mit Vieh und Rohproducten.

Szék (Сikš) ungrischer Marktflecken mit 3206 Einwohnern, wo ein ausser Betrieb gesetztes Salzbergwerk sich befindet. **Czege** (Џarš) Dorf mit 709 Bewohnern an einem der grössten Teiche der Mezöség, welcher nach ihm der Czegeer oder auch Hodoscher Teich genannt wird.

Die übrigen, diesem Bezirke angehörigen, Ortschaften sind:

Apáthi (Dellö-Apáthi)	Апатіs	mit 261	Einw.
Bogács	Богача	„ 166	„
Boncz-Nyires	Бонџs	„ 527	„
Borzás (Magyar-Borzás)	Бозіешš	„ 573	„
Bödön	Бidiš	„ 397	„
Buza	Бsza	„ 1377	„
Császári	Чеsаpе	„ 221	„
Czente	Џенте	„ 328	„
Feketelak	Лакs	„ 584	„
Göcs	Гіолдš	„ 409	.,

Gyulatelke	Џіѫлателекӂ	mit 485	Einw.
Hesdát	Хешдате	„ 229	„
Kapor	Копрѫ	„ 255	„
Kékes	Тіотішӂ	„ 624	„
Kétely	Тетіѫ	„ 272	„
Kis-Devecser	Діѣічорѫ мікӂ	„ 251	„
Költke	Кѫтка	„ 220	„
Mányik	Манікӂ	„ 342	„
Marokháza	Морокхаzа	„ 438	„
Meleg-Földvár	Фелдіóра	„ 746	„
Mikola	Нікѫла	„ 650	„
Mohaj	Мохалӂ	„ 271	„
Nagy-Devecser	Деѣічорѫ маре	„ 461	„
Noszály	Нѫсалӂ	„ 898	„
Oláh-Vásárhely	Ошорхеіӂ	„ 222	„
Ombocz	Імѣѫцӂ	„ 315	„
Ördöngös-Füzes	Фіzешѫ Герлеі	„ 1203	„
Pujon	Пѫііенӂ	„ 422	„
Szász-Zsombor	Жітѣорӂ	„ 377	„
Száva	Саѣа	„ 426	„
Szekuláj	Секѫлаіе	„ 371	„
Szent-Egyed	Сѫn-Жѫde	„ 804	„
„ Gothárd	Сѫкѫтардӂ	„ 641	„
„ Márton	Сѫn-Мѫртінӂ	„ 188	„
„ Miklós	Сѫn-Міклеѫшӂ	„ 305	„
Szombattelke (Erdö-)	Сотѣателікӂ	„ 281	„
Vasas-Szent-Ivány	Сѫn-Іѣанӂ	„ 491	„
Veresegyház	Веріхаzа	„ 529	„
Viz-Szilvás	Сілівашӂ	„ 536	„
Vitze	Віца	„ 674	„

8. Bezirk Mócs.

Derselbe liegt südlich vom vorigen Bezirke und wird, wie dieser im Osten vom Bistritzer und im Westen vom Klausenburger Kreise begrenzt, während er im Süden an den Kreis Maros-Vásárhely stösst.

Der Boden ist Hügelland der Mezöség mit ihrem Waldmangel, neben fruchtbaren Getreidefeldern und üppigen Wiesen.

Grössere Flüsse fehlen, aber zahlreiche Teiche mit ihren Ausflüssen bewässern den Bezirk. Unter den Letztern sind hier die bei den Dörfern Gyeke und Nagy-Sármás ihrer Ausdehnung wegen zu erwähnen. Salz und Salzquellen, dann einige Bitterwässer finden sich auch in diesem Bezirke.

Auf einem Flächenraume von 9.2 ☐ hat der Bezirk in 29 Dörfern eine grösstentheils romänische Bevölkerung von 20,207 Seelen.

Unter den Ortschaften verdienen genannt zu werden:

Mócs (Мочъ) ein Dorf mit 1269 Einwohnern, der Vorort des Bezirkes mit dem gemischten Bezirksamte und dem Steueramte. Bei dem Dorfe **Kis-Czeg** (Цегшоръ), welches 503 Bewohner zählt, befinden sich mehrere Bittersalzquellen.

Dem Bezirke gehören ferner noch die Dörfer an:

Alsó-Szováth	Соватъ de жосъ	mit	790	Einw.
Aranykút	Аранкъта	„	770	„
Báld	Балда	„	472	„
Berkenyes	Беркеніш̆ъ	„	556	„
Botháza	Ботхаза	„	469	„
Csehtelke	Чітелікъ	„	599	„
Felsö-Szováth	Соватъ de съсъ	„	582	„
Gyeke	Џеака	„	672	„
Kalyán	Къліанъ	„	780	„
Katona	Кътіna	„	1284	„
Keszi	Кісеъ	„	377	„
Kis-Sármás	Шъртъшъл̆ъ	„	549	„
Légen	Легінъ	„	465	„
Magyar-Fráta	Фрата	„	1789	„
„ Palatka	Палатка	„	929	„
Méhes	Міхешъ	„	856	„
Mezö-Szombattelke	Сombателнікъ	„	646	„
Nagy-Czég	Џагъ	„	528	„
„ Sármás	Шъртмашъ	„	822	„
Novály	Nooї	„	624	„
Oláh-Gyéres	Гірішъ	„	438	„
Pete (Magyar-Pete)	Петеа	„	146	„
Puszta-Kamarás	Пъста-Къмърашъ	„	775	„
Szopor	Сопоръ	„	517	„
Tótháza	Тъътхаza	„	268	„
Vajda-Kamarás	Къмърашъ	„	681	„
Velkér	Велкіеръ	„	971	„

VII. Kreis Szilágy-Somlyó.

Es liegt dieser Kreis am nordwestlichen Ende des Landes und wird in dieser Richtung auf zwei Seiten vom Königreiche Ungarn umgeben, während ihn nach Osten zu der Deéscher, dann im Süden der Klausenburger Kreis begrenzt.

Seine Länge und Breite sind sich so ziemlich gleich und betragen aufs Höchste 10 bis 11 Meilen, wobei der Flächeninhalt desselben 70.5 ☐ Meilen ausmacht. Zu den Bestandtheilen dieses Kreises gehört der ganze frühere Krasznaer und fast der ganze Mittel-Szolnoker Comitat, ein Theil des Dobokaer und mehrere Ortschaften des Koloscher Comitates.

Das Krasznaer Mittelgebirge an der südwestlichen Grenze des Kreises verzweigt sich gegen Norden und Osten in mehrere bewaldete Ausläufer. Den übrigen Theil bedecken nach Süden zu ununterbrochene Hügelreihen, im Nordwesten dagegen verlieren sich die Berge und es verflacht sich der Boden gegen die ungarische Ebene. Der mittlere Theil und der Süden des Kreises erzeugt Holz in Menge, im Norden aber sind fruchtbare Aecker und treffliche Weingärten. Auch einige Braunkohlenflötze und Mineralquellen fehlen hier nicht.

Der Beretyó-, Kraszna-, Szilágy- und Érfluss, sowie der Almáscher Bach sind die Hauptflüsse.

Es gehören in diesen Kreis 264 Ortschaften mit einer Bevölkerung von 172,479 Seelen. Von den Einwohnern sind mehr als die Hälfte Romänen, 0.30 Ungarn, 0.02 Zigeuner und 0o2 verschiedener Abstammung. In Bezug auf die Confession sind davon 0.66 griechisch-katholische, 0.19 griechisch-orientalische Glaubensgenossen, 0.10 Reformirte, 0.04 Römisch-katholische und 0.01 Juden.

Der Kreis zerfällt in die sechs Bezirke von Tasnád, Zovány, Szilágy-Somlyó, Szilágy-Cseh, Zilah und Hidalmás.

1. Bezirk Tasnád.

Es ragt derselbe im äussersten Nordwesten des Landes tief nach Ungarn hinaus und wird südlich und östlich von den Bezirken Zovány, Szilágy-Somlyó und Szilágy-Cseh begrenzt.

Der Boden ist im Süden noch etwas hügelig, wird aber nach Norden zu fast ganz eben und ist zum Feld- und Weinbau sehr geeignet.

Die Hauptflüsse des Bezirkes sind der Kraszna und Ér.

Es beträgt seine Grösse 15 ☐ Meilen. In einem Landstädtchen und 45 Dörfern mit mehreren Prädien bewohnen ihn 32,781 Seelen, wovon die Mehrzahl Romänen, aber auch sehr viele Ungarn sind.

Unter den Ortschaften heben wir blos hervor:

Tasnád (Trestendorf, Тъшнадъ) ungarisches Landstädtchen mit 2971 Bewohnern, welche bedeutenden Weinbau treiben. Hier ist der Sitz des gemischten Bezirksamtes und des Steueramtes.

Die ausserdem in diesen Bezirk fallenden Dörfer heissen:

Árkos	Акіш	mit	1445	Einwohnern
Alsó-Szopor	Съпоръ de жоєъ	„	1299	„
Balásháza	Блашъ	„	342	„
Bogdánd	Бордан	„	748	„
Csán	Чава	„	245	„
Csekenye	Perie	„	129	„
Csög	Чіръ	„	561	„

Domoszló	Домъслъъ	mit	239	Einw.
Ér-Girolt	Гіролтъ	„	319	„
Ér-Hatvan	Хотаванъ	„	691	„
Ér-Kávás	Кавашъ	„	822	„
Ér-Körös	Крішъ	„	443	„
Ér-Mindszent	Месентіа	„	697	„
Ér-Szent-Király*)	Сжн-Кראіъ	„	1098	„
Ér-Szodoró**)	Съдърўъ	„	587	„
Felsö-Szopor***)	Съпоръ de сѫсъ	„	953	„
Girókuta	Шороквта	„	678	„
Kegye	Тіешеа	„	649	„
Kis-Derzsida	Дершіда	„	583	„
Kisfalu	Кішфалъъ	„	441	„
Kis-Paczal	Пъцелъшъ	„	261	„
Korond	Коръндъ	„	303	„
Kraszna-Czegény	Цегеа	„	358	„
„ Mihályfalva	Міхаіфалъъ	„	619	„
Magyar-Csáholy†)	Чехълъцъ	„	1023	„
Nagy-Bajom	Боіанъ	„	411	„
„ Derzsida	Бобота	„	1227	„
„ Paczal	Пецалъ	„	761	„
Nemes-Keszi	Кісеъ неmешескъ	„	265	„
Oláh-Csáholy	Чехълица	„	881	„
„ Keszi	Кісеъ ротънескъ	„	83	„
Orbó	Орбо	„	200	„
Paczalusa (Kis-Paczal)	Пъцълъша	„	441	„
Pele	Пеліе	„	524	„
Péér††)	Піеръ	„	1538	„
Pele-Szarvad	Соворелъ	„	312	„
Szakácsi	Сокачъ	„	1423	„
Szilvás	Сіліваш̌ъ	„	311	„
Szödemeter	Сока	„	702	„
Tasnád-Malomszeg	Моара-Банфі	„	178	„
„ Szántó†††)	Сантъъ	„	1609	„
„ Szarvad	Същvedia mape (Середелъ)	1151	„
Ujnémeth	Ъйnіметъ	„	927	„
Usztaló	Наgaiea	„	229	„
Zálnok	Z.ьлъка	„	939	„

2. Bezirk Zovány.

Im Westen und Süden bildet das Königreich Ungarn, im Norden der Tasnáder und im Osten der Szilágy-Somlyóer Bezirk seine Grenzen.

*) Mit der Ansiedelung Sajte (Sojra).
**) Wozu auch das Prädium Tövissesd gehört.
***) Nebst der Ansiedelung Száldobágy.
†) Hieher gehört auch der Weiler Szölczér.
††) Wozu auch die Ansiedelung Etej gezählt wird.
†††) Sammt dem Prädium Ujfalu.

Der Boden ist bergiger, als im vorigen Bezirke und zur Weincultur weniger geeignet, besitzt aber ansehnliche Waldungen und einige Mineralquellen.

Der in diesem Bezirke entspringende Beretyó, einer der bedeutendern Flüsse des östlichen Theiles von Ungarn, ist der Hauptfluss.

Auf einem Flächenraume von 11 ☐ Meilen zählt der Bezirk in einem Marktflecken und 34 Dörfern 21,220 meist romänische Bewohner.

Die Ortschaften, welche eine besondere Erwähnung verdienen, sind:

Zovány (Зованѣ) ein Dorf von 883 Einwohnern, wornach der Bezirk benannt wird, mit Mineralquellen (worunter eine stark alaunhaltige) und einem Bade. Das gemischte Bezirksamt und Steueramt befindet sich in dem 956 Bewohner zählenden Dorfe **Ipp** (Inѣ). Der Marktflecken **Nagyfalu** (Nѣшҫалъѣ) hat 1721 theils ungarische, theils romänische Einwohner.

In den Bezirk gehören ausserdem noch die Ortschaften:

Almás (Sovárhegy)*)	Алмашѣ	mit 1208	Einw.
Alsó-Kaznácz	Козницѣ de жосѣ	„ 452	„
Bagos	Баришѣ	„ 948	„
Ballaháza	Балѣ	„ 522	„
Borzás	Боziешѣ	„ 409	„
Bülgösd	Білrezdѣ	„ 438	„
Cserese**)	Черize	„ 304	„
Detrehem	Dpiriš	„ 486	„
Doh	Doxѣ	„ 455	„
Elgyis	Аліѣшѣ	„ 403	„
Felsö-Kaznács	Козницѣ de сѣсѣ	„ 348	„
Felsö-Szék	Сікѣ	„ 690	„
Füzes	Фіzешѣ	„ 533	„
Gyümölcsönös	Гімолzішѣ	„ 689	„
Halmasd	Хълмашdѣ	„ 827	„
Hármaspatak	Хармашпатакѣ	„ 240	„
Hoszszuaszó	Хѣсѣсѣѣ	„ 154	„
Jáz (Felsö- és Alsó-Jáz)	Iazѣ	„ 482	„
Kárásztelek	Керастелекѣ	„ 1276	„
Kémér	Камерѣ	„ 1788	„
Keresztelek	Крішителекѣ	„ 442	„
Lecsmér	Лешмерѣ	„ 318	„
Markaszék	Маркасікѣ	„ 773	„
Magyarpatak	Валеа ѣнгѣреаскъ	„ 477	„
Magyar-Valkó	Въλкѣ	„ 618	„

*) Hiezu gehören auch die Ansiedelungen Bajok, Dörzsök, Száldobágy und Sirmező.
**) Mit dem Weiler Bucsum

Oláh-Valkó	Вълкъй ротънескй	mit	475	Einw.
Paptelke	Превтеаса	„	362	„
Porcz	Порцъ	„	280	„
Sommály	Шъмалъ	„	503	„
Tusza	Тъсени	„	240	„
Ujvágás	Лазърі	„	207	„
Várallya	Съв Четате	„	113	„

3. Bezirk Szilágy-Somlyó.

Westlich wird er vom vorigen, nördlich vom Tasnáder, östlich vom Szilágy-Cseher, Zilaher und Hidalmáscher Bezirke, — endlich im Süden vom Klausenburger Kreise begrenzt.

Die Bodenbeschaffenheit ist bergig, die Berge erheben sich im Süden (Berg Meszes) bis in die Mittelgebirgsregion, und haben zum Theil ansehnliche Waldungen. Holzhandel und Viehzucht sind die Haupterwerbszweige der Bewohner, Feld- und Weinbau dagegen sehr geringfügig.

Hauptfluss ist die **Kraszna**.

Die Grösse beträgt 11.3 ☐ Meilen. In einem Landstätchen, einem Marktflecken und 43 Dörfern zählt der Bezirk 34,106 Einwohner. Diese sind grösstentheils Romänen, viele davon aber auch Ungarn.

Von den Ortschaften sind bemerkenswerth:

Szilágy-Somlyó (Шимлъй), Landstädtchen von 3639 Einwohnern mit einem früher der fürstlich Báthorischen, gegenwärtig der freiherrlich Bánffischen Familie gehörigen Schlosse. Hier befindet sich der Sitz des Kreisamtes und eines gemischten Bezirksamtes, welches als Strafuntersuchungsgericht nicht nur für den eignen Sprengel, sondern auch für die Bezirke Tasnád und Zovány bestellt ist. Die Franziskaner haben hier ein Kloster. In der Nähe des Städtchens ist auch eine Sauerquelle.

Kraszna (Карасна) ein Marktflecken mit 2487 Bewohnern, war früher einer der volksreichsten Ortschaften Siebenbürgens, hat aber durch die Unruhen zu Anfang des vorigen Jahrhunderts sehr viel gelitten.

Die übrigen, diesem Bezirke angehörigen, Ortschaften sind:

Alsó-Bán	Банишоръ	mit	621	Einw.
Badacson	Бадачинъ	„	679	„
Bádon	Бадокъ	„	451	„
Bagolyfalva	Хъхърезъ	„	315	„
Balla	Борла	„	855	„
Ballyom	Баліанъ	„	517	„
Bogdánháza	Стирчъ	„	1067	„
Boronamezö	Поіеница	„	320	„
Csehi (Somlyó-Csehi)	Чехіъ	„	578	„
Csiszér	Чимеръ	„	949	„

Felső-Bán	Бань де сосъ	mit 561	Einw.
Györtelek	Жъртелекъ	„ 869	„
Hidvég	Хігігъ	„ 881	„
Horváthi (Kraszna-H.)	Хорватъ	„ 688	„
Hoszszumezö	Хъсъмтцеъ	„ 291	„
Ilosva	Ілішъва	„ 775	„
Kövesd	Тіъвешдъ	„ 888	„
Lompért	Лъмпердъ	„ 757	„
Magyar-Keczel	Къцълъ ънгърескъ	„ 757	„
Maláde	Малгіе	„ 391	„
Máron	Маринъ	„ 528	„
Mocsolya	Мочіла	„ 116	„
Moják	Моіардъ	„ 696	„
Nagy-Goroszló	Гърсслъ	„ 647	„
Oláh-Baksa	Бокшіца	„ 900	„
Oláh-Keczel	Къцълъ рошъпескъ	„ 1130	„
Ököritö	Кірітеъ	„ 502	„
Paliczka	Плецка	„ 169	„
Pecsely	Печеліъ	„ 538	„
Perecsen	Перечіъ	„ 1692	„
Perje	Пріа	„ 723	„
Petenye	Петепіе	„ 298	„
Ráton	Ратінъ	„ 433	„
Récse	Рече	„ 899	„
Sámson	Шамшъндъ	„ 1071	„
Sármaság	Шърмъшагъ	„ 845	„
Szereden	Середъъ	„ 749	„
Széts	Січъ	„ 383	„
Szigeth	Сігетъ	„ 258	„
Széér	Серъ	„ 583	„
Tótfalu	Сірвоіъ	„ 278	„
Ujlak (Somlyó-Ujlak)	Ўілакъ	„ 389	„
Varsoltz	Варшолцъ	„ 846	„

4. Bezirk Szilágy-Cseh.

Er wird im Norden von Ungarn, westlich vom Tasnáder und Szilágy-Somlyóer, südlich vom Zilaher Bezirke begrenzt, dann im Osten durch den vereinigten Szamos vom Deéscher Kreise getrennt.

Der Boden ist durchaus hügelig und nur mittelmässig fruchtbar. Holzproduction, Viehzucht und Feldbau sind die Hauptbeschäftigungen der Bewohner, auch etwas mittelmässiger Wein wird am Szamos gebaut.

Als Hauptfluss durchströmt der **Szilágy** den Bezirk von Süden nach Nordosten und der **vereinigte Szamos** bildet, wie bereits erwähnt, seine östliche Grenze.

Bei einer Ausdehnung von 11.2 ☐ Meilen hat dieser Bezirk einen Marktflecken und 47 Dörfer, worin 30,251 grösstentheils romänische Bewohner leben.

Nennenswerth ist von den Ortschaften bloss:

Szilágy-Cseh (Чохѕ̆) Marktflecken mit 1845 meist ungarischen Bewohnern. Hier befindet sich das gemischte Bezirksamt und Steueramt, dann ein verfallenes Bergschloss, welches der Stammsitz von der Mutter des Königs Mathias Corvin und seines Oheims Michael Szilágyi war.

Die nachstehenden Dörfer gehören noch diesem Bezirke an:

Alsó-Berekszó	Бірсоѕ̆ de жосѕ̆	mit	755 Einw.
„ Szivágy	Ашовачѕ̆ de жосѕ̆	„	657 „
„ Várcza	Варца de жосѕ̆	„	675 „
Apácza (Várcza)	Варца	„	49 „
Ardó	Ардѕ̆шелѕ̆	„	547 „
Babcza	Бабца	„	736 „
Benedekfalva	БеніеФалъѕ̆	„	539 „
Bikácza	Бікаzѕ̆	„	613 „
Bösháza	Бінце	„	461 „
Czikó	Чікъѕ̆	„	288 „
Deésháza	Гіеша	„	693 „
Egerbegy	Таташентi	„	609 „
Egerhát	Apріехатѕ̆	„	442 „
Erked	Аркідѕ̆	„	317 „
Felsö-Berekszó	Бірсъѕ̆ de съсѕ̆	„	1317 „
„ Szivágy	Ашовашѕ̆ de съсѕ̆	„	1341 „
„ Varcza	Варца de съсѕ̆	„	550 „
Gardanfalva	Гірдані	„	625 „
Györtelek	Жърjелекъ	„	858 „
Hadad	Хододѕ̆	„	1152 „
Hadad-Nádasd (Magyar-Nádasd)	Xodod-Nariшѕ̆	„	698 „
Illyésfalva	Басештіе	„	1084 „
Inó	Inеѕ̆	„	553 „
Kecskésfalva	Селіштіе	„	248 „
Kirva	Кілвара	„	597 „
Kis-Nyires	Чѕ̆та	„	296 „
Közép-Várcza (Kis-Várcza)	Варцъца	„	322 „
Kusály	Кошеіт	„	719 „
Lele*)	Ліле	„	871 „
Mono	Мінoѕ̆	„	839 „
Mosóbánya	Бъіца	„	1078 „
Mutos	Мотішъ	„	508 „
Nagy-Szeg	Начіръ	„	832 „
Oláh-Horvát	Хорватъ	„	281 „
„ Nádasd	Nadiшѕ̆	„	553 „

*) Mit der dazu gehörigen Ansiedelung Szaklod (Siklód).

Örményes	Ормениш	mit 538	Einw.
Somfalu	Копница	„ 474	„
Sülelmed	Шилимери	„ 383	„
Szamos-Ujlak	Біlакъ	„ 697	„
Szélszeg	Сексігъ	„ 892	„
Széplak	Сѫплакъ	„ 504	„
Szilágy-Szeg	Серъ	„ 474	„
Tohát	Тъхатъ	„ 208	„
Tótfalu	Стремцъ	„ 400	„
Vádafalva	Ворieштie	„ 681	„
Vicsa	Іча	„ 182	„
Völcsök	Бѫчіѕгъ	„ 298	„

5. Bezirk Zilah.

Im Osten trennt ebenfalls der vereinigte Szamos diesen Bezirk vom Deéscher Kreise, während nördlich der vorige, westlich der Szilágy-Somlyóer und südlich der Hidalmáscher Bezirk seine Grenze bildet.

Die Bodenbeschaffenheit ist wie im vorigen Bezirke.

Ausser dem vereinigten Szamos an der Grenze gehören nur einige unbedeutende Flüsschen diesem Bezirke an.

Dessen Grösse beträgt 8 ☐ Meilen. In einem Landstädtchen und 34 Dörfern hat der Bezirk eine Bevölkerung von 22,429 Seelen, von welchen die meisten Romänen, aber auch viele Ungarn sind.

Von den Ortschaften sind hervorzuheben:

Zilah (Waltenberg oder Zillenmarkt, Зълаš) ungarisches Landstädtchen mit 4294 Bewohnern, der Sitz des Kreisgerichtes für den Szilágy-Somlyóer Kreis, welches zugleich das Bezirksgericht für die Stadt und den Bezirk, dann das Untersuchungsgericht für diesen, den Szilágy-Cseher und Hidalmáscher Bezirk bildet. Das hiesige politische Bezirksamt leitet die Verwaltung der Stadt und des Bezirkes. Hier befindet sich auch ein reformirtes Obergymnasium.

'Sibó (Жібъš), Dorf mit 1029 Einwohnern, hat Schwefelquellen und ein schönes Landgut der Grafen Wesselényi. In der Nähe finden sich viele Grobkalkversteinerungen.

In diesen Bezirk fallen noch die Dörfer:

Bréd	Бреї	mit 737	Einw.
Czigányi	Циradiї	„ 481	„
Czigleny	Чіrланъ	„ 280	„
Dabjon	Domninъ	„ 891	„
Dabjon-Ujfalu	Бѕрса	„ 311	„
Debren	Доврінъ	„ 516	„
Diosád	Діошадъ	„ 952	„

Egrespatak	Гіреш	mit 654	Eimw.
Fürményes	Фірменішъ	„ 458	„
Görcsön	Гірчинъ	„ 685	„
Gurzófalva	Фетінге	„ 181	„
Haraklyán	Херекліанъ	„ 477	„
Karika	Крака	„ 384	„
Kis-Doba	Доба мікъ	„ 501	„
Kucsó	Къчеъ	„ 836	„
Magyar-Baksa	Бокшіца	„ 316	„
Mojgrad	Могіградъ	„ 524	„
Menyö	Мінеъ	„ 954	„
Nagy-Doba	Доба маре	„ 347	„
„ Món	Монъ	„ 186	„
„ Món-Ujfalu	Чópa	„ 226	„
Nyirmón	Българъ	„ 277	„
Nyirsid	Мніршідъ	„ 338	„
Panith	Папікъ	„ 445	„
Paptelek	Поптелекъ	„ 639	„
Pródánfalva	Продаріштеа	„ 174	„
Solymos	Шолімошъ	„ 603	„
Szamos-Udvarhely	Одорхеіъ	„ 1121	„
Szilágyfö-Keresztur	Кріотъръ	„ 421	„
Szilágy-Szent-Király	Съп-Краіъ	„ 286	„
Vaja	Ваіеа	„ 75	„
Vártelek	Вартелекъ	„ 881	„
Vérvölgye*)	Вірвелгі	„ 248	„

6. Bezirk Hidalmás.

Derselbe grenzt nordwestlich an den vorigen und Szilágy-Somlyóer Bezirk, nordöstlich an den Deéscher und im Süden an den Klausenburger Kreis.

Die Bodenbeschaffenheit ist wie im vorigen Bezirke, es finden sich jedoch hier auch einige Braunkohlenlager.

Die bedeutendsten Flüsse sind der Almascher und Egregyer Bach (Valye Almásu und Valye Agrisu) und auch der vereinigte Szamos berührt eine sehr kurze Strecke die Nordgrenze des Bezirkes.

Es beträgt die Grösse desselben 14 ☐ Meilen und leben darauf in 55 Dörfern 31,692 meist dem romänischen Stamme angehörige Einwohner.

Unter den Ortschaften sind zu nennen:

Hidalmás (Xida) ein Dorf mit 904 Einwohnern, der Sitz des gemischten Bezirksamtes und des Steueramtes. Bei dem Dorfe

---

*) Nebst der Ansiedelung Szárazvölgy.

Magyar-Nagy-Zsombor (Жімворъ), das 865 Einwohner zählt, und bei **Oláh-Köblös** (Къвлешъ ротъпескъ) mit 276 Bewohnern findet man Braunkohlenlager.

In den Bezirk gehören noch die Dörfer:

Alsó-Kékes-Nyárló	Тігішеа	mit 232	Einw.
Árgyas	Аргішіз	„ 229	„
Balásháza	Блажеа	„ 1074	„
Banyika	Баїка	„ 245	„
Bercse	Берча	„ 502	„
Bugyia	Богіеа	„ 306	„
Borzova	Борза	„ 265	„
Csáki-Gorbó	Гървоъ	„ 740	„
Csömörlő	Чъterпа	„ 471	„
Dál	Долъ	„ 509	„
Drág	Драгъ	„ 1021	„
Farkasmező	Лъпаіса	„ 340	„
Fel-Egregy	Агрішъ	„ 771	„
Felső-Kékes-Nyárló	Стжпа	„ 498	„
Forgácskút	Тікъ	„ 165	„
Füzes	Фіъzешъ	„ 802	„
Galgó	Гългъъ	„ 798	„
Galponya	Гелпіса	„ 588	„
Kalocsa	Кълачеа	„ 704	„
Kecskeháza	Кечхаза	„ 263	„
Kendermező	Kendpea	„ 572	„
Kettösmező	Кътішъ	„ 1083	„
Komlós-Ujfalu (Komlós)	Тrestiea	„ 268	„
Középlak	Коzаплакъ	„ 732	„
Lapupatak	Лъпъ	„ 388	„
Magyar-Egregy	ъnгърашъ	„ 525	„
Milvány	Мілъanъ	„ 565	„
Nagy-Pétri	Петріndъ маре	„ 536	„
Nyercze	Nіерца	„ 368	„
Ördögkút	Треспіеа	„ 888	„
Örmező	Варъ	„ 296	„
Paptelke	Паптелікъ	„ 573	„
Posó	Пъша	„ 617	„
Puszta-Szent-Mihály*)	Пъста-Cжn-Міхаїв	„ 1058	„
Puszta-Rajtólcz (Rajtólcz)	Рештолцъ	„ 391	„
Rákos	Ракішъ	„ 780	„
Romlott	Роміта	„ 428	„
Szent-György	Cжn-Цїорzъ	„ 553	„
„ Maria	Cжnтъ-Мъріъ	„ 540	„
„ Péter	Cжn-Петръ	„ 930	„
„ Péterfalva	Воzna	„ 381	„
Somró-Ujfalu	Бръстъръ	„ 324	„

*) Nebst dem dazu gehörigen Prädium Kendermái.

Tamásfalva	Томаша	mit 658	Einw.
Tihó	Тихъ̆	„ 598	„
Topa-Szent-Király	Топа-Сжн-Краіš	„ 836	„
Ugrócz	Огрвцš	„ 743	„
Vajdaháza	Baidaxaza	„ 727	„
Vármezö	Бнчвтпікš	„ 1385	„
Vásártelke	Стобор	„ 260	„
Vaskapu	Вашкапъ	„ 203	„
Zsákfalva	Жакš	„ 590	„
Zúton	Zьтьрї	„ 338	„

VIII. Kreis Klausenburg.

Er liegt südlich vom vorigen Kreise, grenzt im Westen an Ungarn, im Süden an den Karlsburger und im Osten an den Maros-Vásárhelyer und Deéscher Kreis.

Er hat von Westen nach Osten eine Länge von 12 bis 13 Meilen und von Norden nach Süden die Breite von höchstens 10 Meilen, wobei der Flächenraum 91.8 Geviert-Meilen ausmacht. Seine Bestandtheile bilden Theile der frühern ungarischen Comitate von Doboka, Kolos und Thorda, dann der ganze ehemalige Aranyoscher Stuhl vom Lande der Szekler.

Den südwestlichen Theil des Kreises nehmen hohe, meist stark bewaldete Mittelgebirge, Ausläufer des Bihárgebirges, ein, unter welchen das Gebirge Muntyele mare eine Höhe von 5755 Fuss erreicht. Im Norden und Osten hat der Kreis die niedern und zum Theil sehr fruchtbaren Hügelreihen des Mittellandes und hier gedeihen auch alle Arten von Getreide vollkommen, der Weinstock liefert aber nur ein mittelmässiges Erzeugniss. Von nutzbaren Mineralien hat der Süden viel Kalk und Eisen, einiges Silber und Blei, dann einiges Waschgold in den Flüssen; der östliche Theil des Kreises dagegen Steinsalz in Menge.

Die bedeutendsten Flüsse sind der kleine Szamos, der aus dem warmen und kalten Szamos entsteht, — dann der, reichlichen Goldsand führende Aranyos. Auch der Maros bespült einen kleinen Theil der südöstlichen Grenze.

In 255 Ortschaften hat der Kreis eine Bevölkerung von 189,498 Seelen. Von dieser sind der Nationalität nach 0.60 Romänen, 0.33 Ungarn, 0.02 Zigeuner und ebensoviele Deutsche, Armenier, Juden und andere Stammesgenossen. In Bezug auf das Religionsbekenntniss gehören davon 0.47 zu den unirten Griechen, 0.22 zu den Reformirten, 0.15 zu den nichtunirten Griechen, 0.09 zu den Katholiken, 0.05 zu den Unitariern und 0.02 zu den übrigen Glaubensgenossen des Landes.

Der Kreis zerfällt in die sechs Bezirke von Válaszut, Klausenburg, Bánffi-Hunyad, Gyalu, Thorda und Bágyon.

1. Bezirk Válaszút.

Er grenzt gegen Westen an den Szilágy-Somlyóer, gegen Norden und Osten an den Deéscher Kreis, dann im Süden an den Klausenburger Bezirk.

Derselbe hat zwar keine höhern Gebirge aber viele sandige und lehmige Hügel und ist nur im südöstlichen Theile etwas fruchtbarer, wo auch mehrere Salzquellen sich finden.

Hauptfluss ist der kleine Szamos, mit dem die sämmtlichen kleinen Bäche dieses Bezirkes sich vereinigen.

Bei einem Flächenraume von 12.7 ☐ Meilen zählt dieser Bezirk in 49 Dörfern 28,980 meist romänische Einwohner.

Erwähnenswerth ist unter den Ortschaften:

Válaszut (Валасѹтѫ) ein Dorf mit 907 Bewohnern, wornach der Bezirk benannt wird. Das Bezirks- und Steueramt befindet sich in **Bonczhida** (Бонцида) einem Dorfe von 1814 Bewohnern mit einem schönen Garten und sehenswürdigen Schlosse der Grafen Bánffi. Das 1021 Einwohner zählende Dorf **Doboka** (Дъбѫка) hat ein Schloss und war früher Vorort des nach ihm benannten Comitates.

Es fallen noch nachstehende Dörfer in diesen Bezirk, als:

Adalin	Адалинѫ	mit	353 Einw.
Alsó-Súk	Жѫкѫ de жосѫ	„	613 „
„ Tök	Тїокѫ de жосѫ	„	316 „
Babucz	Бѫбѫцѫ	„	308 „
Bádok	Бадокѫ	„	474 „
Barév	Баре́	„	553 „
Borsa	Боршеа	„	1741 „
Csomafája	Чѫмѫфаіса	„	454 „
Dengeleg	Гінгелагѫ	„	545 „
Derse	Діршеа	„	676 „
Esztény	Стоїана	„	412 „
Felsö-Súk	Жѫкѫ de сѫсѫ	„	466 „
„ Tök	Тїокѫ de сѫсѫ	„	405 „
Gyula	Цѫла	„	586 „
Hoszszu-Macskás	Стрімба oder Мѫчкашѫ	„	395 „
Igricze	Ірпіціса	„	182 ..
Kecsed	Кічереа	„	639 .,
Kecsed-Szilvás	Кічера-Сілвашѫ	„	272 ,.
Kend (Szarvas-Kend) *)	Кендрѫ	„	567 „
Kendi-Lóna	Лѫна	„	763 ,.

---

*) Wozu auch das Praedium Csürfalva gehört.

Kide	Kidea	mit	718	Einw.
Kis-Esküllő	Аштілѫъ мікъ	„	730	„
„ Jenö	Інъъ	„	506	„
„ Iklód	Іклодъ мікъ	„	343	„
Kötelend	Геделіе	„	587	„
Kovácsi	Ковачъ	„	224	„
Losárd	Лъшердеа	„	646	„
Magyar-Fodorháza	Фодора ънгъréскъ	„	530	„
„ Köblös	Къвлешъ ънгърескъ	„	911	„
„ Ujfalu	Ъіфалъъ	„	672	„
Maró	Маръъ	„	285	„
Nagy-Esküllő	Аштілъъ маре	„	640	„
Nagy-Iklód	Іклодъ маре	„	966	„
Nemes-Súk	Niemniшъ	„	450	„
Onak	Бѫрлеа	„	333	„
Ördög-Keresztur	Крістърь	„	366	„
Pánczél-Csch	Пантічоъ	„	1050	„
Poklostelke	Пъксішоа	„	421	„
Récse-Keresztur	Ріуеа-Крістърь	„	669	„
Solyomkő	Сънтіеъ	„	625	„
Szent-Katolna-Dorna	Кътълina	„	203	„
Szent-Márton-Macskás	Сън-Мъртінъ-Мъчкашъ	„	701	„
Szótelke	Сотіелікъ	„	560	„
Tötör	Тіотіѫрѫ	„	537	„
Visa	Ііша	„	420	„
Völcz	Фелчъ	„	405	„

2. Bezirk Klausenburg.

Im Norden wird er vom vorigen Bezirke, im Westen vom Szilágy-Somlyóer Kreise und Bánffi-Hunyader Bezirke, im Süden vom Gyaluer und Thordaer Bezirke und im Osten vom Deéscher Kreise begrenzt.

Der Boden des Bezirkes ist bergig, hat aber an den Ufern des Szamosflusses ein schönes weites Thal. Der nordwestliche Theil besitzt eine geringere Fruchtbarkeit, während der Südosten schon in das ergiebige Hügelland der Mezöség fällt. Hier gibt es auch Steinsalz und zahlreiche Salzquellen.

Als Hauptfluss durchströmt der kleine Szamos die Mitte des Bezirkes. Der östliche Theil des Letztern hat mehrere Teiche.

Die Grösse beträgt 16 ☐ Meilen. Eine Stadt, ein Marktflecken und 41 Dörfer, welche in den Bezirk fallen, haben eine Gesammtbevölkerung von 47,841 Seelen. Diese ist in der Stadt von sehr verschiedenen Nationalitäten zusammengesetzt, im Bezirke überwiegen aber im Ganzen ihrer Zahl nach doch die Romänen, welchen hierin die Ungarn am nächsten kommen.

Die nachstehenden Ortschaften müssen besonders hervorgehoben werden:

Klausenburg (Kolozsvár, Клъиѫ) früher deutsche, jetzt mehr ungrische Stadt von 19,346 Einwohnern am Szamosflusse, welchen nördlich das befestigte Bergschloss Felekvár überragt. Die Berg-, Forst- und Salinen-Direction des Landes, ein Kreisamt und ein Kreisgericht, welch' Letzteres zugleich das Bezirksgericht für die Stadt, und den Klausenburger Bezirk, dann das Strafuntersuchungsgericht für die Bezirke Válaszút, Bánffi-Hunyad und Gyalu bildet; die Finanzbezirksdirection für diesen und den Szilágy-Somlyóer Kreis, ein politisches Bezirksamt, ein Hauptzollamt zugleich Sammlungscassa des Finanzbezirkes, ein Steueramt und die Handelskammer für den nordwestlichen Theil von Siebenbürgen befinden sich hier. Die politische Verwaltung der Stadt führt ihr eigner Magistrat. Die Superintendenten der Reformirten und Unitarier haben hier ihre Sitze. Eine chirurgische Lehranstalt, drei Obergymnasien (der Katholiken, Reformirten und Unitarier) mit ansehnlichen Bibliotheken und Sammlungen, eine Residenz der Piaristen und Klöster der Franziskaner und Minoriten befinden sich ebenfalls in Klausenburg. Es gibt hier mehrere schöne öffentliche und Privatgebäude, darunter die katholische Hauptkirche, ein Denkmal König Siegmunds, welche im Jahre 1414 vollendet wurde, — zwei Buchhandlungen und ebensoviele Buchdruckereien und lithographische Anstalten. Der wohlthätige Frauenverein hat hier ein Arbeitshaus errichtet und ein allgemeines Krankenhaus wird aus dem Landesfonde erhalten. Unter den Einwohnern lebt nur ein Theil vom Handel und bürgerlichen Gewerben, die Mehrzahl treibt Feld- und Weinbau auf dem ausgedehnten Gemeindegebiete der Stadt.

Von Klausenburg nur durch eine Brücke getrennt, liegt das Dorf **Kolozs-Monostor** (Мънъштъръ) mit 1380 Einwohnern, wo die ansehnlichen Gebäude einer aufgehobenen Benediktiner-Abtei sich befinden, welche zur Aufbewahrung eines Theiles des alten Landesarchives dienen und mit den dazu gehörigen Gütern dem Studienfonde zugewiesen wurden. **Kolozs** (Кошокпа) Marktflecken von 3380 Einwohnern mit bedeutenden, im Jahre 1853 ausser Betrieb gesetzten Salzbergwerken, die zu den ältesten des Landes gehören sollen. Beim Dorfe **Kóród** (Коръшъ), welches 439 Einwohner zählt, ist ein bedeutendes Lager von Tertiär-Conchylien *). **Jegenye** (Ierica) ein zur Herrschaft Kolozs-Monostor gehöriges Dorf mit 397 Bewohnern besitzt eine noch nicht untersuchte, besonders für Hautkrankheiten anempfohlene Mineralquelle.

Im Uebrigen fallen in den Klausenburger Bezirk noch folgende Dörfer:

---

*) Es sind namentlich die grossen Arten: Pecten solare, Cardium Kubekii und in unzähliger Menge Pectunculus pulvinatus u. s. w. in einem feinen gelben Sande eingeschlossen.

Apahida	Апахіdа	mit	820	Einw.
Bács*)	Бачѫ	„	805	„
Berend	Берендѫ	„	543	„
Bogártelke	Богара	„	441	„
Boos	Бошѫ	„	566	„
Darlócz	Дароцѫ	„	171	„
Dezmér	Десміpѫ	„	573	„
Diós	Деѫшѫ	„	316	„
Egeres	Агірешѫ	„	907	„
Fejérd	Феіѫрѫ	„	1438	„
Felek	Фелеакѫ	„	—	„
Györgyfalva	Гіерфалѫѫ	„	1153	„
Inaktelke	Інакѫ	„	426	„
Kajantó	Кѫптѫѫ	„	711	„
Kara	Кара	„	547	„
Korpád	Корпаdіса	„	452	„
Magyar-Gorbó	Гѫрбѫѫ	„	511	„
„ Macskás	Мѫчкашѫ ѫпгѫрескѫ	„	398	„
„ Nádas	Nѫdѫшdѫ	„	477	„
Makó	Мѫкѫѫ	„	538	„
Méra**)	Mnipa	„	721	„
Mezö-Ör	Iѫpѫ	„	658	„
Oláh-Buda-Burjános***)	Бѫda	„	611	„
Papfalva	Папфалѫѫ	„	478	„
Pata	Пата	„	551	„
Puszta-Szent-Miklós	Сѫп-Мікльѫшѫ	„	261	„
Sárd	Шарdѫ	„	655	„
Solyomtelke	Шотtелекѫ	„	208	„
Szamosfalva	Самошфалѫѫ	„	927	„
Szász-Fenes	Фенешѫ	„	1788	„
Szent-Mihálytelke	Сѫп-Міхаітелікѫ	„	395	„
Szent-Pál	Сѫп-Паѫлѫ	„	518	„
Szomordok	Сѫтѫрdѫкѫ	„	256	„
Szucság	Сѫчагѫ	„	831	„
Topa (Puszta)	Топа	„	388	„
Tótfalu	Тѫѫџі	„	224	„
Türe	Tіѫреа	„	686	„
Vista	Іішtіса	„	850	„

3. Bezirk Bánffi-Hunyad.

Im Norden wird er vom Kreise Szilágy-Somlyó, im Westen von Ungarn, im Süden vom Karlsburger Kreise und im Osten von den Bezirken Gyalu und Klausenburg begrenzt.

Der Boden ist ganz gebirgig und wenig fruchtbar, die Ge--

---
*) Sammt der Ausiedelung Kardosfalva.
**) Mit dem Pradium Andrásháza.
***) Wozu Ujbuda und Kolesmeze gehören.

birge steigen im Süden bis über die Fichtenregion. Das Haupterzeugniss ist Holz und der Handel damit, sowie die Viehzucht sind die vorzüglichsten Erwerbszweige der Bewohner.

Der reissende Körös (Sebes Körös), der Szekelyóer Bach und der Sebesbach sind die bedeutendsten Flüsse, und auch ein Theil des kleinen Szamos, der warme Szamos, durchzieht bald nach seinem Ursprunge (auf ungarischem Gebiete) diesen Bezirk.

Bei einer Grösse von 25.4 ☐ Meilen hat der Bezirk einen Marktflecken und 57 Dörfer mit 30,022 fast durchgehends romänischen Einwohnern.

Die bedeutendsten Orte sind:

Bánffi-Hunyad (Хсединš) Marktflecken von 2160 Einwohnern mit dem Sitze des Bezirksamtes und Steueramtes, dann einem gräflich Bánffi'schen Familienschlosse. Er war früher in einem viel blühendern Zustande, wurde aber im Jahre 1600 auf Befehl des in der siebenbürgischen Geschichte übel berüchtigten walachischen Woiwoden Michael fast ganz zerstört. In der ganzen Umgebung finden sich sehr viele Versteinerungen. **Üvegcsür** (Hutta, Глъжърiе, Плеша) ein Dörfchen von 587 Bewohnern mit einer Glashütte.

Es gehören in diesen Bezirk ferner noch die Dörfer:

Alsó-Füld	Филд de жосъ	mit	471	Einw.
Babony	Бабгiš	„	254	„
Bedecs	Бедечъ	„	501	„
Bocs	Бочъ	„	608	„
Bölkény	Бътічniea	„	516	„
Börvény	Iерештiea	„	222	„
Czold	Цолдъ	„	403	„
Csucsa	Чъчакъ	„	561	„
Dámos	Дъмъшъ	„	267	„
Dank	Джnкъ	„	320	„
Derite	Дретіea	„	367	„
Erdöfalva	Ардіова	„	263	„
Farnas	Фърашъ	„	368	„
Felsö-Füld	Филдъ de съсъ	„	603	„
Hódosfalva	Ходишъ	„	467	„
Jákótelke	Хорлочелъ	„	108	„
Incsel	Чъла	„	350	„
Kalota-Ujfalu	Финчъ	„	294	„
„ Szent-Király	Калота od. Zam-Съп-Краiš	„	342	„
Kásapatak	Бordana	„	569	„
Keleczel	Келечелъ	„	473	„
Ketesd	Кетішъ	„	347	„
Kis-Petri	Петриndъ	„	556	„
Kis-Sebes	Поiana oder Шесішъ микъ	„	306	„
Kökényes	Кътіешъ	„	188	„

Körösfő	Кріпіой	mit 334	Einw.
Közép-Füld	Філдъ de міжлонъ	„ 615	„
Magyar-Bikál	Бікелатъ	„ 474	„
„ Gyerö-Monostor	Мънъштърѫ	„ 1407	„
„ Kereke	Маіеръй	„ 379	„
„ Valkó	Вълкъй	„ 594	„
Malomszeg	Маломсігй	„ 257	„
Marótlaka	Морлака	„ 686	„
Meregyó	Мъргъй	„ 1469	„
Nagy-Almás	Алмашй	„ 1607	„
„ Kalota	Калота маре	„ 734	„
„ Sebes	Шебішъ маре	„ 723	„
Nyárszó	Ніарсова	„ 363	„
Nyires	Ніреші	„ 717	„
Oláh-Bikal	Біка	„ 499	„
„ Gyerö-Monostor	Мънеъштъръ ротънескъ	„ 838	„
„ Nádas	Nodiшй	„ 396	„
Petz	Петіъ	„ 84	„
Rajtolcz (Nagy-Rajtolcz)	Рестолцъ маре	„ 430	„
Rekiczel*)	Рекіцелъ	„ 320	„
Rogozel	Рогожълъ	„ 372	„
Sárvásár	Шъъла	„ 222	„
Sebes-Várallya	Бологa	„ 282	„
Sobok	Шобокъ	„ 419	„
Székelyó	Секъіъ	„ 621	„
Sztána	Стана	„ 448	„
Tóttelke	Тотелекъ	„ 378	„
Trányis	Траніші	„ 269	„
Valko-Keleczel**)	Вълкъ-Келецеле	„ 533	„
Viság	Вішагъ	„ 361	„
Zentelke	Zamй	„ 254	„

4. Bezirk Gyalu.

Er grenzt westlich an den vorigen, nördlich an den Klausenburger, östlich an den Thordaer Bezirk und im Süden an den Karlsburger Kreis.

Der Boden ist ebenfalls fast ganz gebirgig und gestattet nur im nördlichen Theile einigen Anbau von Feldfrüchten.

Hauptfluss ist der kleine Szamos, welcher aus den beiden Theilen, dem warmen und kalten Szamos besteht, von denen der Letztere ganz diesem Bezirke angehört.

Es beträgt der Flächeninhalt des Bezirkes 14 ☐ Meilen, worauf ein Marktflecken und 20 Dörfer liegen, die 12,991, fast sämmtlich der romänischen Nation angehörige Bewohner zählen.

*) Mit dar Attinenz Szulitza.
**) Nebst der Ansiedelung Gyurkutza.

Von den Ortschaften ist besonders zu erwähnen:

Gyalu (Џилеъ) Marktflecken mit 2168 Einwohnern. Hier befindet sich der Sitz des Bezirks- und Steueramtes und ein gräflich Bánfiisches Herrschaftsschloss.

In den Bezirk fallen noch die Dörfer:

Dongó	Джнгъъ	mit	205	Einw.
Egerbegy	Агрівічъ	„	786	„
Gesztrágy	Гестрагіеа	„	195	„
Gyerö-Vásárhely	Ошорхеіъ	„	545	„
Hesdát	Хешдатіеа	„	819	„
Hév-Szamos	Сомешъ калдъ	„	453	„
Hideg-Havas	Мънтеле рече	„	490	„
Hideg-Szamos	Сомешъ рече	„	495	„
Kis-Fenes	Фенешелъ	„	600	„
Kis-Kapus	Къпъшъ шікъ	„	724	„
Lapiska	Лапіштіеа	„	155	„
Magura	Мъгъра	„	419	„
Markczel	Марішелъ	„	813	„
Nagy-Kapus*)	Къпъшъ маре	„	560	„
Oláh-Fenes	Влаха	„	814	„
„ Rákos	Ракішъ	„	259	„
Pányik	Панікъ	„	369	„
Szász-Lóna	Лъна	„	1038	„
Szent-László	Сън-Ласлъъ	„	878	„
Sztolna	Стоіеа	„	206	„

5. Bezirk Thorda.

Westlich und nördlich bildet der vorige Bezirk, weiters noch im Norden der Klausenburger Bezirk, im Osten der Kreis Maros-Vásárhely und im Süden der Bágyoner Bezirk und Karlsburger Kreis seine Grenzen.

Der Boden ist im Westen gebirgig, im Osten fruchtbares Hügelland der Mezöség und dieser Theil des Bezirkes hat auch grosse Salzlager, während im westlichen Theile Kalksteine und einige Metalle vorkommen.

Hauptflüsse des Bezirkes sind der **Aranyos**, welcher in seinem Sande zahlreiche Goldkörner führt, und der **Peterder Bach**, der die sehenswerthe Thordaer Felsenspalte (**Thordai Hasadék**) durchströmt.

Die Grösse des Bezirkes macht 13.7 ☐ Meilen aus, und es bewohnen ihn in einem Landstädtchen und 43 Dörfern 29,254 Seelen. Die Einwohner sind zum geringern Theile Ungarn, die grössere

---

*) Wozu auch Oláh-Kapus gehört.

Mehrzahl Romänen; treiben neben Viehzucht und Feldwirthschaft auch einigen Wein- und Bergbau.

Es verdienen unter den Ortschaften eine besondere Erwähnung:

Thorda (Thorenburg, Tьpda) Landstädtchen mit 7768, aus verschiedenen Nationalitäten bestehenden, vorzüglich ungarischen Einwohnern am Aranyosflusse, über welchen eine der grössten Brücken des Landes führt. Hier ist der Sitz des gemischten Bezirksamtes, welches zugleich Untersuchungsgericht für diesen und den Bágyoner Bezirk ist, sowie des Steueramtes, eines Salzamtes und des Militärfuhrwesens-Depots. Die Stadt hat ein unitarisches Untergymnasium, ein grosses Salzbergwerk, welches jährlich bis 50,000 Centner Steinsalz erzeugt, und mehrere Salzteiche, bei welchen ziemlich gute Badeanstalten bestehen. Die westlich von der Stadt gelegenen Kalkfelsen haben mehrere Höhlen und bedeutende Querspaltungen, unter den Letztern ist die namhafteste jene, welche der Peterder Bach durchströmt (Thordaer Felsenspalte, **Tordai Hasadék**), eine zweite befindet sich nächst Koppánd. Bei **Kis-Bánya** (Банiмópa) einem Dorfe mit 576 Einwohnern und dem früher dazu gehörigen 715 Bewohner zählenden **Erczfalva** (Kis-Bánya-Havas, Бъцa) wird auf silberhältiges Blei und einiges Gold gebaut. Am nahen Berge Kohel sind die Ruinen eines alten Schlosses zu sehen.

Es fallen in diesen Bezirk noch die Dörfer:

Ajton	Аiтonš	mit	1285	Einw.
Alsó-Füle	Фiлеa de жосš	„	413	„
Aszszonyfalva	Сечелš	„	432	„
Bányabükk	Баnеавiкš	„	860	„
Berkesz	Боргinš	„	442	„
Bikalak	Бiкелaтš	„	364	„
Csürüllye	Чiрiлa	„	432	„
Érczpatak	Ерцпaтaкš	„	164	„
Felsö-Füle	Фiлеa de сšсš	„	278	„
Felsö-Peterd	Петрidš de сšсš	„	340	„
Fülei-Havas	Мšптеле Фiлiеï	„	150	„
Hagymás	Хъшпaшš	„	287	„
Jára (Alsó-Jára) *)	Iapa	„	646	„
Indál	Indaлš	„	531	„
Ivánfalva	Какова	„	986	„
Kis-Oklos	Околiшъ.lš	„	580	„
Komjátszeg	Коміцirš	„	476	„
Koppánd	Копandš	„	369	„
Közép-Peterd	Петрidš de mіжлокš	„	326	„
Magura	Мъгъра	„	203	„
Magyar-Léta	Лiтa ьnгъреaсkа	„	319	„
Magyaróság	Маrієръшš	„	273	„
Magyar-Peterd	Петрidš ьnгърескš	„	577	„

*) Mit den Ansiedelungen **Kékbükk** und **Macskakö**.

Magyar-Szilvás	Сйівашъ	mit	206	Einw.
Mészkő	Міскъ̆	„	791	„
Mikes	Мікъшъ̆	„	984	„
Nagy-Oklos	Околішъ	„	868	„
Oláh-Léta	Літа романескъ	„	385	„
Puszta-Csán	Чанъ мікъ̆	„	465	„
„ Egres	Штіопті	„	414	„
„ Szent-Király	Пъста-Съ̆п-Краіъ̆	„	162	„
„ Szent-Márton	Пъста-Съ̆п-Мъртінъ̆	„	194	„
Röd	Pendiъ	„	1123	„
Ruha-Egres	Агрішъ̆	„	407	„
Runk	Ръпкъ̆	„	567	„
Szelistye	Селістеа	„	330	„
Szelicse	Селікъца	„	371	„
Szind	Сіndъ̆	„	621	„
Szurduk	Съpдъкъ̆	„	352	„
Sütmeg	Шъtъ	„	250	„
Tür	Тъpъ̆	„	982	„

6. Bezirk Bágyon.

Er wird nördlich vom vorigen Bezirke; im Westen und Süden vom Karlsburger, im Osten vom Maros-Vásárhelyer Kreise begrenzt.

Der Westen ist gebirgig, der Osten zwar nur hügelig aber nicht besonders fruchtbar. In jenem Theile finden sich reiche Metall-Lager (besonders Eisen), im Osten Spuren von Salz.

Hauptflüsse sind: der **Maros** und **Aranyos**.

Der Bezirk hat eine Grösse von 10 ☐ Meilen und in drei Marktflecken und 37 Dörfern eine theils ungarische, theils romänische Bevölkerung von 31,410 Seelen.

Unter den Ortschaften heben wir hervor:

Bágyon (Баџинъ̆) ein Dorf von 1436 Einwohnern, wo der Sitz des gemischten Bezirksamtes und des Steueramtes sich befindet. **Toroczkó** (Тръскъ̆) ungrischer Marktflecken von 1788 Einwohnern am Fusse des steilen Kalkgebirges Székelykő mit bedeutenden Eisenwerken. In der Nähe (beim Dorfe Toroczkó-Szent-György) stehen auf einem steilen Kalkfelsen die malerischen Ruinen eines alten Bergschlosses. Der in dem letzten Bürgerkriege fast gänzlich zerstörte Marktflecken von 1150 Einwohnern, **Felvincz** (Фелвинцъ̆), war früher Vorort des Szeklerstuhles Aranyos. **Gyéres** (Гіріпъ̆) ungrischer Marktflecken am Aranyos mit 1092 Bewohnern, die früher grösstentheils dem Szeklerhusarenregimente inscribirt waren, erzeugt guten Wein.

Es fallen ferner noch in diesen Bezirk die Dörfer:

Alsó-Füged	Фѫгѫrinъ de жосъ	mit 352	Einw.
„ Szent-Mihályfalva	Cжn-Mixaiъ de жосъ	„ 1028	„
„ Alsó-Szólcsva	Сълчiва de жосъ	„ 1219	„
Aranyos-Lóna	Лъna	„ 1008	„
Bedelö*)	Беделеъ	„ 639	„
Borév	Бърѫ	„ 254	„
Csákó	Чікъѫ	„ 619	„
Csegez	Чаrzъ	„ 622	„
Dombró	Dѫмбръѫ	„ 697	„
Felsö-Füged	Шѫгѫrinъ de сѫсъ	„ 428	„
„ Szent-Mihályfalva	Cжn-Mixaiъ de сѫсъ	„ 706	„
„ Szólcsva	Солчва de сѫсъ	„ 1353	„
Gerend	Гpindъ	„ 1101	„
Gyéres-Szent-Király	Гipiш-Cжn-Kpaiъ	„ 464	„
Gyertyános	Валса	„ 371	„
Harasztos	Харастъшъ	„ 1323	„
Hidas	Xidiшъ	„ 1070	„
Inakfalva	Iпока	„ 316	„
Keresztes	Kpiштiшъ	„ 201	„
Kercsed	Kipчedea	„ 773	„
Kövend	Kiвendъ	„ 1005	„
Mohás	Mѫхашъ	„ 816	„
Örményes	ѪpminiШъ	„ 397	„
Polyán (Aranyos-Polyán)	Поїана	„ 779	„
Podsága (Alsó- und Felsö-)	Почага	„ 1291	„
Rákos	Ратiшъ	„ 742	„
Sinfalva	Шinфалъѫ	„ 697	„
Soós-Szent-Márton	Cжn-Мъртinъ	„ 370	„
Székely-Földvár	Фелdiópa	„ 604	„
Székely-Kocsárd	Koчapdъ	„ 1095	„
Toroczkó-Szent-György	Cжn-Пїорzъ Тръскъѫлѫї	„ 774	„
Ujfalu	Лѫпкa	„ 415	„
Vajdaszeg	Baidасжгъ	„ 479	„
Várfalva	Вaрфалъѫ	„ 993	„
Veresmart	Верештортъ	„ 691	„
Vidály	Шidoлnъ	„ 335	„

IX. Kreis Karlsburg.

Die Grenze bildet im Westen das Königreich Ungarn, im Norden der Klausenburger, im Osten der Maros-Vásárhelyer und im Süden der Hermannstädter und Brooser Kreis.

Seine grösste Längenausdehnung fällt von Westen nach Os-

---

*) Mit den dazu gehörigen Attinenzen Ratsesd und Cornyesd.

ten und beträgt 13 Meilen, die bedeutendste Breite von Süden nach Norden hat etwa 8 Meilen und 74 Geviertmeilen macht der Flächeninhalt aus. Fast der ganze frühere Unteralbenser Comitat, mehrere Ortschaften des Kockelburger, Thordaer und Hunyader Comitates und der Ort Bulkesch (Bolkács) des ehemaligen Hermannstädter Stuhles bilden die Bestandtheile dieses Kreises.

Die ganze westliche Hälfte desselben ist mit felsigen Mittelgebirgen bedeckt, welche zum Theil dem Bihárgebirge, grösstentheils aber dem siebenbürgischen Erzgebirge angehören. In dem Erstern fällt die Gebirgsspitze Bihár selbst mit einer Höhe von 5828.4′, — in dem Letztern gehören die Detunata, der Csetrás, Vulkán, Piatra Csáki, Dimbó, Korabia, Haitó (Halteu), Vurfele mare und zahlreiche andere bekannte Berghöhen von 3000 bis 4500 Fuss Höhe hierher. Dieser Theil des Kreises ist zum Feldbau wenig geeignet, aber dafür sind diese Berge so reich mit edlen Metallen, namentlich mit Gold, gesegnet, dass Siebenbürgen eben dem Bergbaue dieser Gegend seine metallurgische Berühmtheit zu verdanken hat. Ausser Gold findet man hier noch Tellur (und zwar nur in diesem Theile des Landes), dann Silber, Quecksilber, Arsenik, Braunstein, Spiessglanz, Blei, Zink, Eisen, viele Halbedelsteine und andere nutzbare Mineralien. — Im Süden und Osten des Kreises gibt es dafür das fruchtbarste Hügelland, wo alle Feld- und Gartenfrüchte, dann edleres Obst ausgezeichnet gedeihen und der Weinstock das vorzüglichste Erzeugniss liefert.

Als Hauptflüsse des Kreises sind: der Maros, die Kockeln und der Ompoly (Ampoly) zu erwähnen, auch der Mühlbach gehört noch kurz vor seinem Einfalle in den Maros eine kurze Strecke hindurch diesem Kreise an.

Die Einwohnerzahl beträgt 172,335 Seelen und vertheilt sich auf 189 Ortschaften. Von den verschiedenen Nationsgenossen, welche den Kreis bevölkern, gehören 0.85 dem romänischen, 0.08 dem ungarischen, 0.03 dem zigeunerischen, 0.01 dem deutschen und von den übrigen 0.03, ein grosser Theil dem mosaischen Volksstamme an. Der Religion nach vertheilt sich die Bevölkerung also, dass davon 0.51 auf die nichtunirten und 0.36 auf die unirten Griechen, 0.09 auf die Katholiken, 0.02 auf die Reformirten, 0.01 auf die Juden entfallen.

Es zerfällt der Kreis in sechs Bezirke und diese heissen nach ihren Vororten der Bezirk: Tövis, Nagy-Enyed, Blasendorf, Karlsburg, Algyógy und Abrudbánya.

1. Bezirk Tövis.

Er grenzt im Norden an den Klausenburger Kreis und Nagy-Enyeder Bezirk, östlich an den letztern und Blasendorfer Bezirk, im Süden an den Karlsburger und im Westen an den Blasendorfer Bezirk.

Im Westen sind durchgehends schroffe Kalkgebirge unter welchen der Piatra Csáki (Djalu Csetji) durch seine malerische Schönheit und beträchtliche Höhe (3835.9') besonders hervorragt. Der Osten des Bezirkes besitzt niedere, sonnige, für den Anbau geeignete Hügel, die auch einen sehr guten Wein hervorbringen, und hat am Maros eine fruchtbare Niederung.

Der Maros, dann der Gyógyer und Gálder Bach sind die Hauptflüsse.

Bei einer Grösse von 8.5 ☐ Meilen hat der Bezirk in einem Landstädtchen, drei Marktflecken und 22 Dörfern 23,761 Bewohner, von welchen die meisten Romänen, aber auch ein beträchtlicher Theil Ungarn sind.

Zu den bemerkenswerthesten Ortschaften des Bezirkes gehören:

Tövis (Тiвшš, Dreikirchen) ungarisches Landstädtchen mit 1744 Einwohnern, wo der Sitz des Bezirks- und Steueramtes sich befindet. Die drei Marktflecken **Vajasd** (Оiершdea mit 686 Einwohnern), **Magyar-Igen** (Iriš, Chrapundorf mit 1102 Einw.) und **Benedek** (Бенедикš mit 733 Einw.) treiben starken Weinbau.

Die diesem Bezirke angehörigen Dörfer sind:

Alsó-Gáld*)	Галда де жосš	mit 977	Einw.
Béld	Белгiв	„ 251	„
Csáklya	Четеа	„ 1291	„
Czelna	Цѣлма	„ 767	„
Diód (Várallya)	Стремцš	„ 1326	„
Diómál	Жомалš	„ 664	„
Felsö-Gáld	Галда де сѕсš	„ 1076	„
Fel-Gyógy	Жоажѕ де сѕсš	„ 1275	„
Gáltö**)	Галтiв	„ 361	„
Havas-Gyógy	Мѕнторiї (Жоцелš)	„ 358	„
Igenpataka	Iгiелš	„ 456	„
Intra-Gáld	Iнтре-Галде	„ 527	„
Királypataka	Краiова	„ 295	„
Koslárd	Кошларš	„ 413	„
Krakkó	Крiкѣš	„ 1128	„
Magyar-Boros-Bocsárd	Бѣчердеа ѕигѕреаскъ	„ 430	„
Mind-Szent	Месенtеа	„ 284	„
Mogos***)	Могошš	„ 2835	„
Oláh-Boros-Bocsárd	Бѣчердеа ротѣнéскъ	„ 367	„
Ponor	Попорѕ	„ 2076	„
Remete	Реметеа	„ 1732	„
Szent-Imre (Maros-Szent-Imre)	Сѫнт-Iмѣрѕ	„ 431	„
Tibor	Тiврѕ	„ 534	„

*) Nebst dem Prädium Zeries.
**) Wozu auch der Weiler Békás gehört.
***) Mit den dazu gerechneten Ansiedelungen Budest, Mikleseny, Mamaligány und Gyogyely.

2. Bezirk Nagy-Enyed.

Seine Begrenzung bildet im Norden der Klausenburger, im Osten der Maros-Vásárhelyer Kreis, — südlich der Blasendorfer und westlich der Tövischer Bezirk.

Der Boden ist nur im Nordwesten etwas gebirgig, sonst überall fruchtbares Hügelland, welches alle Arten von Getreide und guten Wein in Menge hervorbringt. Auch ein grosses Salzlager und mehrere Salzquellen liegen in diesem Bezirke.

Seine Mitte durchströmt als Hauptfluss der hier schon schiffbare Maros und bildet an seinen Ufern eine ziemlich ansehnliche Fläche.

Auf 9 ☐ Meilen, welche die Grösse des Bezirkes ausmachen, leben in einem Landstädtchen und 38 Dörfern 23,522 Einwohner, von welchen die Mehrzahl die Romänen bilden, aber auch sehr viele der ungarischen Nation angehören.

Bemerkenswerthe Orte sind:

Nagy-Enyed (Аїѕдѣ, Engeten oder Strassburg) ungarisches Landstädtchen von 3072 Bewohnern, mit dem Sitze des gemischten Bezirksamtes, welches zugleich das Untersuchungsgericht dieses und des Tövischer Bezirkes ist, dann des Steueramtes. Hier befindet sich ein reformirtes Untergymnasium mit reichen Einkünften, welches an der Stelle des frühern Collegiums, einer der blühendsten und mit den schönsten Sammlungen ausgestatteten, höhern Lehranstalten des Landes, aus dem Schutte der Revolution erstanden ist.

Maros-Ujvár (Ӗїopa) ein Dorf, welches mit der Salzwerks-Colonie Ujvár-Akna 1948 Einwohner zählt und das grösste Salzbergwerk des Landes besitzt, wo mehr als die Hälfte der ganzen Erzeugungsmenge Siebenbürgens an Steinsalz (5—700,000 Centner) gewonnen wird. **Miriszló** (Мїрїслѣѣ) Dorf mit 533 romänischen Einwohnern, bekannt in der Geschichte des Landes durch die grosse Schlacht, in welcher von dem kaiserlichen Generalen Georg Basta im Jahre 1600 der vom Sultan zum Fürsten von Siebenbürgen erklärte Woiwode der Walachei, Michael, geschlagen und zum Abzuge aus dem Lande genöthigt wurde.

Diesem Bezirke gehören noch folgende Dörfer an:

Apahida	Апахida	mit	316	Einw.
Aszszonynépe	Acininѣ	„	623	„
Becze	Беца	„	520	„
Csombord	Чімбрѣдѣ	„	595	„
Csongva	Чѕнга	„	752	„
Décse	Деча	„	597	„
Fel-Enyed	Фелсїѕдѣ	„	781	„
Felsö-Orbó	Гѫрбова де сѫѕ	„	533	„
Fugad	Чїѕгезѣѣ	„	606	„

Gombás	Гѫmбашъ	„ 337	„
Háporton	Хъпѫрта	„ 688	„
Ispánlaka	Шпънлака	„ 899	„
Kapud	Къпъдъ	„ 363	„
Kis-Akna	Окпішóра	„ 606	„
Kis-Solymos	Шоimъшъ	„ 228	„
Közép-Orbó	Гірбовіца	„ 326	„
Lörinczréve	Лерінцеа	„ 313	„
Magyar-Bagó	Бъгъъ	„ 538	„
„ Csesztve (Maros-Csesztve)	Чістеiъ	„ 524	„
„ Lapád	Лъпadiea	„ 618	„
„ Orbó (Alsó-Orbó)	Гірбова ънгърсаскъ	„ 485	„
Megykerék	Мезракъ	„ 392	„
Miklóslaka	Міклошлака	„ 556	„
Muzsina	Мъжіna	„ 609	„
Nyirmezö	Поiаnа	„ 466	„
Oláh-Lapád	Лъпаdia ротъпеаскъ	„ 659	„
„ Rákos	Ратсшdъ	„ 100	„
„ Szilvás	Сілівашъ	„ 341	„
Paczalka	Пъцълка	„ 591	„
Szabad-Erdö	Отеаnъ	„ 73	„
Szász-Ujfalu	ŏiФалъъ	„ 292	„
Szent-Király (Maros-Sz.-Király)	Сѫn-Kраiъ	„ 438	„
Tompaháza	Тѫmпахаzа	„ 352	„
Tordás (Oláh-Tordás)	Търdашъ	„ 623	„
Vadverem	Вадверемъ	„ 382	„
Vládháza	Какова	„ 847	„

3. Bezirk Blasendorf

Im Norden wird Derselbe vom vorigen Bezirke uud vom Maros-Vásárhelyer Kreise, im Westen von den Bezirken Tövis und Karlsburg, im Süden und Osten vom Kreise Hermannstadt umgrenzt.

Er bildet in den Thälern der beiden hier sich vereinigenden Kockelflüsse, dann in ihrem Seitenthale des kleinen Szekás eine offene, von niedern Hügelreihen durchzogene Gegend, vielleicht der fruchtbarste Theil des ganzen Landes, wo unstreitig dessen vorzüglichster Wein gedeiht. Aber auch Obst und Getreide sind in diesem Bezirke von ausgezeichneter Güte, und mehrere Salzquellen finden sich hier.

Auf einem Flächenraume von 11.2 ☐ Meilen zählt der Bezirk in einem Landstädtchen und 29 Dörfern 25,794 meist romänische, aber auch ziemlich viele deutsche Einwohner.

Unter den Ortschaften heben wir hervor:

Blasendorf (Balásfalva, Блажъ) romänisches Landstädtchen mit 1095 Einwohnern, der Hauptort des Bezirkes und Standort des gemischten Bezirksamtes und des Steueramtes. Hier ist der Sitz des griechisch-katholischen Erzbischofs (Metropoliten) für Siebenbürgen und das Banat, welchem die beiden Bischöfe in Szamos-Ujvár und Lugos untergeordnet sind. Das hiesige griechisch-katholische Obergymnasium, die Normalschule und Buchdruckerei verdanken ihre Errichtung hauptsächlich der Freigebigkeit des frühern Bischofs Babb.

Bulkesch (Bolkács, Бѫлкачїѫ), ansehnliches deutsches Dorf mit 1257 Einwohnern, erzeugt, wie die meisten Ortschaften dieses Bezirkes, vielen und vorzüglichen Wein. **Tür** (Tiѫрї) Dorf von 1455 Bewohnern mit Bitterwasserquellen.

Es fallen ferner noch die folgenden Dörfer in diesen Bezirk:

Berve	**Blutroth**	Бергїнѫ	mit 1324	Einw.
Besenyö	**Heidendorf**	Бешинеѫ	„ 538	„
Bethlen-Sz.-Miklós	**Klosdorf**	Сѫн-Мїклѫѫшѫ	„ 1070	„
Buzás-Bocsárd	**Botschárd**	Бѫчердеа	„ 1528	„
Csufud	—	Чѫфѫдѫ	„ 665	„
Farkastelke	—	Лѫѫлѫ	„ 812	„
Glogovicza	**Tuten**	Глеговсцї	„ 520	„
Heningfalva	**Rangeldorf**	Хенингѫ	„ 869	„
Iklód (Kis-Iklód)	**Mikluden**	Іклозѫлѫ	„ 487	„
Kis-Cserged	**Klein-Schergid**	Чергѫлѫ micѫ	„ 511	„
Magyar-Bénye	**Benden**	Біа	„ 1124	„
Mihálczfalva	—	Міхалца	„ 1569	„
Monora	**Donnersmarkt**	Мѫнѫradea	„ 1125	„
Nagy-Cserged	**Gross-Schergid**	Черgidѫ mapc	„ 922	„
Obrázsa	—	Овреажа	„ 504	„
Ohába	**Neudorf**	Охаба	„ 992	„
Oláh-Csesztve	—	Чістеїѫ	„ 564	„
„ Karácsonfalva	—	Крѫчѫпелѫ	„ 819	„
Pánád	**Panagen**	Пѫnadica	„ 803	„
Péterfalva	—	Петріфалѫѫ	„ 334	„
Szancsal	—	Сѫнчелѫ	„ 1529	„
Szász-Patak	—	Спетакѫ	„ 436	„
Székás	**Zeckeschdorf**	Колібеле	„ 287	„
Szépmezö	**Schönau**	Шона	„ 870	„
Szpin	**Spin**	Сnіnї	„ 408	„
Tohát	**Weierdorf**	Тѫѫ	„ 798	„
Véza	—	Beza	„ 479	„

4. Bezirk Karlsburg.

Derselbe grenzt im Norden an den Tövischer und Abrudbányaer, im Osten an den Blasendorfer Bezirk, im Süden an den Hermannstädter und Brooser Kreis, dann im Westen an den letztern Kreis und Algyógyer Bezirk.

Ein Theil des Erzgebirges macht den Norden und Westen des Bezirkes gebirgig und ist reich an edlen Metallen. Gold, Silber,

Quecksilber, Blei, Kupfer u. s. w. finden sich hier. Im Süden und Osten hat der Bezirk dagegen niedere, fruchtbare, zum Weinbau trefflich geeignete Hügel und am Maros eine schöne Ebene.

Der **Maros**, welcher die südöstliche Hälfte des Bezirkes durchströmt, und der **Ampoly**, welcher mit seinem ganzen Flussgebiete hierher gehört, sind die Hauptgewässer des Bezirkes.

Dieser hat eine Grösse von 11.7 ☐ und in einer Stadt, vier Marktflecken und 32 Dörfern eine theils ungrische, grösstentheils aber romänische Einwohnerschaft von 32,221 Seelen.

Es müssen von den Ortschaften besonders hervorgehoben werden:

Karlsburg, (Károly-Fejérvár, Бѣлградъ) Stadt und Festung unweit des Marosflusses mit dem Kreisamte und Kreisgerichte, welch' Letzteres zugleich als Berggericht für den eignen Sprengel, dann die Kreise Broos, Hermannstadt, Kronstadt, Udvarhely und Maros-Vásárhely, dann als Bezirksgericht für den eigenen Bezirk und als Strafuntersuchungsgericht für die Bezirke Blasendorf und Algyógy bestellt ist. Das politische Bezirksamt für die Stadt und das einzige Münzamt des Landes mit dem Zeichen „E", das Artillerie-Districts-Commando und die Montursökonomie-Commission, ein grosses Zeughaus und andere Militär-Establissements und Branchen haben in Karlsburg ihren Standort. Hier befindet sich der Sitz des römisch-katholischen Landesbischofs und seines Kapitels, unter dessen Leitung ein bischöfliches Lyceum, ein Seminarium für junge Geistliche und ein zweites für Knaben, welche sich dem geistlichen Stande widmen wollen, dann ein Gymnasial-Convict hier bestehen. Der Aufsicht des Domcapitels sind ferner unterstellt das alte Landesarchiv und das Institut des frühern Bischofs Ignatz Graf von Battyáni mit einer an Handschriften und Incunabeln reichen Bibliothek und einer Sternwarte *). Unter den öffentlichen Gebäuden in der Festung ist besonders die Domkirche zum h. Michael merkwürdig, welche der Gubernator Johann von Hunyad zum Andenken des über die Türken bei Szent-Imreh erfochtenen Sieges im Jahre 1441 zu erbauen begann und die nicht nur seine und seines enthaupteten Sohnes Ladislaus, dann seines Bru-

---

*) Diese Sternwarte liegt (nach Kreil) unter dem 41 Grade 19' und 10" östlicher Länge von der Insel Ferro und unter Grad 40, 4' 2. 5" nördlicher Breite. Von den übrigen astronomisch bestimmten Punkten Siebenbürgens ist die Lage von:

Bistritz	42° 12' 46" Ö. L.	und	47° 7' 28. 2"	N. Br.	
Maros-Vásárhely	42° 17' 46" ,, ,,	,,	46° 32' 9. 8"	,,	,,
Schässburg	42° 31' 53" ,, ,,	,,	46° 12' 38. 7"	,,	,,
Fogaras	42° 42' 35" ,, ,,	,,	45° 49' 40. 5"	,,	,,
Hermannstadt	41° 53' 14" ,, ,,	,,	45° 47' 16. 6"	,,	,,
Klausenburg	41° 19' 51" ,, ,,	,,	46° 45' 31. 9"	,,	,,
Dobra	40° 13' 20" ,, ,,	,,	45° 45' 54. 6"	,,	,,

sämmtlich nach den Bestimmungen des Herrn Director Kreil; dagegen liegt nach ältern Berechnungen:
Kronstadt unterm 43° 15' 30" Ö. L. und 45° 37' 30" N. Br.

ders Johann des Jüngern, sondern auch der Königinn Isabella und ihres Sohnes Siegmund Zápolya, dann der Fürsten Gabriel Bethlen sammt Gemahlinn und Georg Rákótzi des Ältern, des Kardinals Martinusius und mehrerer Bischöfe sterbliche Ueberreste enthält.

Nordöstlich von der auf einem Hügel erbauten Festung liegt die Stadt, welche eine aus Ungarn, Deutschen, Romänen und Juden gemischte Bevölkerung hat und den Sitz des Landes-Oberrabbiners der Juden bildet.

Karlsburg ist einer der wichtigsten Punkte in der Geschichte Siebenbürgens. Schon die Römer hatten hier nachweislich die bedeutende Colonie Apulum, aus deren Ruinen noch immer zahlreiche Denkmäler zu Tage gefördert werden. Bald nachdem Siebenbürgen unter die Krone Ungarns gelangte, wurde Karlsburg, damals Weissenburg genannt, Sitz des Landesbisthums, welches seine Dotation wesentlich dem König Ladislaus dem Heiligen verdankte. Auch nach der mongolischen Verwüstung im dreizehnten Jahrhundert, wodurch auch Weissenburg stark mitgenommen wurde, blieb es Residenz der Bischöfe, bis das Bisthum zufolge der Fortschritte der Reformation auf dem Landtage zu Klausenburg im Jahre 1556 säcularisirt und die Güter desselben für den landesfürstlichen Schatz eingezogen wurden. Die Stadt bildete nun den gewöhnlichen Wohnsitz der Fürsten, und es begann schon Johann Siegmund den Bau eines Residenzschlosses. Dieses wurde aber erst von Gabriel Bethlen vollendet und eingerichtet, welcher, eifrig bemüht für die Verbreitung wissenschaftlicher Kenntnisse im Lande, hier eine reich dotirte Academie stiftete, an welcher mehrere berühmte deutsche Gelehrte des 17. Jahrhunderts (Altstädt, Biesterfeld, Fischer und Opitz) Vorträge hielten. In den spätern unruhigen Zeiten verlor diese Academie immer mehr, bis sie bei der Verwüstung Weissenburgs durch die Türken im J. 1658 sich gänzlich auflöste und später, vom Fürsten Michael Apaffi I. neu organisirt, nach Nagy-Enyed verlegt wurde. Durch die häufigen Kriege litt Weissenburg so sehr, dass es zur Zeit, als Oesterreich in den bleibenden Besitz des Landes gelangte, fast in Schutt zerfallen war. Es wurde nun schon im Jahre 1696 das Bisthum neu errichtet und dotirt, aber erst im Jahre 1717 nahm Bischof Georg Mártonffi neuerdings seine Residenz in dem auf Staatskosten hergestellten fürstlichen Schlosse ein. Im Jahre 1715 wurde darauf der Bau der Festung Karlsburg, welche nun auch der Stadt den Namen gab, begonnen und 1735 in seiner gegenwärtigen Gestalt vollendet.

Zalathna (Goldmarkt, Klein-Schlatten, Zlarna) romänischer Bergflecken von 2847 Einwohnern *) mit dem Sitze der Berghauptmannschaft von Siebenbürgen hat reiche Gold und Silberbergwerke und die einzigen im Lande in Betriebe stehenden Quecksilberminen; auch findet sich nur hier (im Gebirge Fatzebáje) gediegenes Tellur.

Alvinez (Winz, Binyş de jioș) Marktflecken, welcher mit den dazu

---

*) Mit Einschluss der zu Zalathna gehörigen Bergwerks-Ansiedelung Vulkoj.

gehörigen Attinenzen **Valye-Vintzi** und **Vashegy** 1566 grösstentheils ungarische Einwohner zählt und früher mit dem nur durch den Maros davon getrennten und durch seinen vortrefflichen Wein berühmten Marktflecken **Borberek** (Бѫлнерѫ, Burgberg) mit 338 Bewohnern einst zum Körper der sächsischen Nation gehörte. Alvincz ist in der Geschichte Siebenbürgens noch durch die hier 1551 vollzogene Ermordung des Cardinals Martinuzzi (Martinusius) merkwürdig, welcher unter der Königinn Isabella und ihrem Sohne, Johann Siegmund, so lange das Schiksal Siebenbürgens lenkte. In Alvincz wurde unter dem Fürsten Gabriel Bethlen eine Colonie ungarischer und mährischer Wiedertäufer (Anabaptisten) angesiedelt, meist fleissige Handwerker, welche aber später zur katholischen Religion übertraten und ganz in den übrigen Einwohnern des Ortes aufgegangen sind. Unter Letztern sind noch viele Bulgaren, welche im Jahre 1690, um den türkischen Bedrückungen zu entgehen, nach Siebenbürgen einwanderten und vom Kaiser Leopold I. hier und in Déva mit besondern Privilegien Wohnsitze erhielten. — Von den Marktflecken **Borbánd** (Бърѫбанцѫ mit 742 Einw.) und **Sárd** (Шардѫ mit 1012 E.) ist Ersterer durch seinen Weinbau, Letzterer durch einen grossen Steinbruch merkwürdig. **Kisfalud** (Кишфѫлѫѫ) Dorf von 524 Einwohnern mit einer Pulvermühle und Sublimirhütte. **Maros-Porto** (Пóртошѫ) Dorf am Maros mit 527 Einwohnern, die vorzüglichste Legstätte des siebenbürgischen Steinsalzes für den Verschleiss im Lande und die Versendung nach Ungarn mit einem Salzamte bedeutenden Aerarial-Gebäuden und Magazinen und einer grossen Jochbrücke über den Maros.

Diesem Bezirke gehören ferner noch folgende Dörfer an:

Akmár	Акмарѫ	mit 732	Einw.
Alsó-Maros-Váradja	Oapda de жосѫ	„ 407	„
Ampolyicza	Амноица	„ 896	„
Borsómezö	Iнѫрï	„ 1812	„
Csüged	Чѫгѫдѫ	„ 562	„
Demeterpataka	Дѫмïтрѫ	„ 414	„
Drombár	Држмѫбарïѫ	„ 827	„
Felsö-Maros-Váradja	Oapda de сѫсѫ	„ 1308	„
Fenes	Фенешѫ	„ 1127	„
Galacz	Гълацѫ	„ 626	„
Gaurány	Гѫѫрепï	„ 149	„
Karna	Корпа	„ 785	„
Limba	Лïшьа	„ 302	„
Metesd	Барница	„ 612	„
Oláh-Herepe	Хѫпрïа	„ 803	„
Petrosán *)	Нетрïпжеï	„ 926	„
Pojána	Нòйана	„ 351	„
Poklos	Нѫклïша	„ 732	„
Preszáka	Нресака	„ 644	„
Rákató	Рѫкѫтеѫ	„ 370	„

*) Mit den Attinenzen **Valye-mare** und **Valye-mike**.

Sebesán	Шебішанъ	mit 439	Einw.
Soóspatak	Шъъша	„ 433	„
Strázsa	Стража	„ 769	„
Szarakszó	Съръксеъ	„ 323	„
Taté	Тотъіъ	„ 710	„
Tótfalu	ТотФалъъ	„ 422	„
Trimpoele	Тріипоеле	„ 1094	„
Válya-Doszuluj	Валса Досъльі	„ 951	„
Vultur	Вълтърі	„ 587	„

5. Bezirk Algyógy.

Er grenzt im Norden und Osten an den vorigen Bezirk, im Süden und Westen an den Brooser Kreis.

Der Boden ist besonders im Norden ganz gebirgig und birgt viele Metalle, namentlich vom edelsten derselben, vom Golde die Menge. Der Süden hat aber auch niedere, sonnige Hügel, die trefflichen Wein hervorbringen. Mehrere Mineralquellen sind ebenfalls hier vorhanden.

Hauptfluss ist der Maros, welcher den ganzen Bezirk im Süden begrenzt.

Dieser Bezirk hat eine Grösse von 7.6 ☐ Meilen und zählt in 31 Dörfern 18,660 Einwohner, welche fast durchgehends der romänischen Nation angehören.

Von den Ortschaften sind bemerkenswerth:

Algyógy (Alfalu, Жоажъ де жосъ) ein Dorf, welches 1173 Einwohner zählt und den Vorort des Bezirkes mit dem Sitze des gemischten Bezirksamtes und des Steueramtes bildet. Bei der zu diesem Orte gehörigen Badeansiedelung **Feredö** (Feredö-Ggógy) sind warme Mineralquellen mit einigen entsprechenden Badeeinrichtungen. **Bábolna** (Бъбълпа) Dorf mit 1024 Einwohnern erzeugt guten Wein und hat auch warme incrustirende Quellen, welche wie die bei Ggógy zum Rösten des Hanfes benützt werden. Bei **Csikmó** (Чікмъъ), welches 622 Bewohner zählt, befindet sich eine Kalkfelsenhöhle. **Bozes** (Бозешъ, 558 Einw.) und **Nyirmezö** (Мермезеъ, 695 Einw.) *) haben schwache Sauerquellen. **Nagy-Almás** (Алмашъ маре, 1266 Einw.), **Pojàna** (Поіана, 556 E.), **Tekerö** (Текеръъ, 286 E.) und **Porkura** (Поркъра, 326 E.) haben Goldgruben, und der letzte Ort auch schöne Amethyste.

Es gehören ausserdem noch diesem Bezirke an die Dörfer:

Bakonya	Бскіа	mit 278	Einw.
Balsa	Балша	„ 684	„
Bokaj	Бокаінца	„ 1217	„
Bulbuk	Бълбъкъ	„ 337	„

*) Hiezu gehört auch die Ansiedelung Valény.

Bun (Boj)	Боѣ	mit	412	Einw.
Cseb	Чіпѣ	„	611	„
Erdöfalva	Апрієѣ	„	172	„
Fel-Gyógy (Felfalu)	Жоажѣ de сѫсѣ	„	950	„
Fólt	Фолдѣ	„	354	„
Glod	Глодѣ	„	252	„
Homoród	Хомородѣ	„	1016	„
Kis-Almás	Алмѫшѣлѣ	„	309	„
Kis-Rápolt	Рѫполцелѣ	„	403	„
Közép-Almás	Алмашѣ de мижлокѣ	„	386	„
Kurpény	Кѫрпені	„	475	„
Máda	Mada	„	830	„
Nádasdja	Нѣдешdia	„	249	„
Nagy-Rápolt	Раполдѣ	„	1100	„
Rengeteg	Ринrетѣ	„	727	„
Válya-Jepi	Валеа Іепі	„	496	„
Válya-máre	Валеа Бѫлѣкѣлѣі	„	528	„
Voj	Boia	„	368	„

6. Bezirk Abrudbànya.

Derselbe wird im Norden vom Klausenburger Kreise, im Osten vom Tövischer Bezirke, im Süden vom Karlsburger Bezirke und Brooser Kreise, dann im Westen von Ungarn begrenzt.

Der Boden ist durchaus gebirgig und der Hauptstock des Bihár- und Erzgebirges fallen hierher. Was aber die Natur diesem Bezirke an anbaufähigem Grunde versagte, hat sie ihm in reichem Masse durch eine unerschöpfliche Menge edler Metalle ersetzt, und auch üppige Weiden begünstigen hier in hohem Grade die Viehzucht.

Der Hauptfluss des Bezirkes ist der Aranyos (Goldfluss), welcher, wie fast alle seine Nebenbäche, viele Goldkörner in seinem Sande führt, und durch das Auswaschen derselben vielen armen Familien, namentlich den Zigeunern, eine ergiebige Nahrungsquelle bietet.

Der Flächeninhalt beträgt 26 □ Meilen und es leben in einem Landstädtchen, drei Marktflecken und 22 Dörfern mit mehreren Ansiedelungen 48,377 beinahe ausschliesslich romänische Einwohner.

Eine besondere Erwähnung verdienen von den Ortschaften:

Abrudbànya (Абрѫдѣ, Gross-Schlatten) Landstädtchen mit 2236 Einwohnern, die meist vom Bergbaue leben. Es ist der Sitz des gemischten Bezirksamtes, welches zugleich das Untersuchungsgericht für den eignen Sprengel bildet, und des Steueramtes, dann eines Bergverwaltungs- und Goldeinlösungsamtes. Mehrere hier entdeckte Denkmale und Inschriften lassen vermuthen, das die Bergwerke dieses Ortes schon unter den Römern im Betriebe standen. In dem Dorfe **Verespatak** (Pomia), welches 3132 Einwohner hat, wird der ergiebigste Goldbergbau, freilich in sehr irrationeller Weise betrieben. Das ganze umliegende Gebirge ist nach allen Richtungen durchlöchert und bietet die lebensgefährlichsten Parthien für die Bergarbeiter dar, welche unermüdlich einzelnen Goldnestern nachspüren oder das reichhaltige Grauwackengestein zu Tage fördern und zu den zahlreichen Pochwerken, die am Bache des Ortes errichtet wurden, hinschaffen. In der Nähe von Verespatak erhebt sich auch der sehenswerthe Basaltberg **Detunata** bis in die Tannenregion. **Offenbànya** (Офенбаia, Offenburg), Marktflecken von 1464 Einwohnern mit einer k. k. Berg- und Hüttenverwaltung, hat Gold-, Silber- und Bleibergwerke und es findet sich auch hier das Siebenbürgen eigenthümliche Schrifttellur. **Lupsa** (Лѫпша), welches mit dem dazu gehörigen Prädium **Valye Vintzi** 2378 Einwohner hat, und **Topànfalva** (Къмpenï), welches 1888 Bewohner zählt, sind zwei zerstreutliegende romänische Marktflecken mit ausgebreiteter Viehzucht und einigem Bergbaubetriebe; am letzten Orte befindet sich auch ein Forst- und Herrschaftsamt. **Szkerisóra** (Скърішóра) zerstreutes romänisches Dorf mit 3485 Bewohnern, bei welchem eine merkwürdige Höhle mit nieschmelzendem Eise sich befindet. **Bisztra** (Бістра, 3133 Einw.), **Kerpenyes** (Кърпеnішъ, 1325 E.) und **Bucsum** (Бѫчѫмѫ), welch' Letzteres mit den dazu gehörigen Ansiedelungen **Cserba, Isbita, Muntány, Pojana-Igenului** und **Siasza** 3571 Einwoher besitzt, sind romänische Gebirgsdörfer, welche Bergbau auf Gold treiben. Bei dem Dorfe **Alsò-Vidra** (Kis-Aranyos, Відра de жосъ) mit 2173 Bewohnern findet man ein grosses Lager von Gosau-Versteinerungen.

Diesem Bezirke sind ferner noch die nachfolgenden Dörfer zugehörig:

Abrudfalva*)	Авръзълъ	mit 3673	Einw.
Albak (Nagy-Aranyos)	Албакъ	„ 3545	„
Brezesd	Брезешті	„ 543	„
Bunenyira	Бънанереа	„ 735	„
Csertes	Чертеша	„ 1053	„
Felsö-Csóra	Чоара	„ 355	„
Felsö-Vidra	Відра de съсъ	„ 1955	„
Karna	Корна	„ 1313	„
Muncsel	Мънчелъ	„ 426	„
Muszka	Мъска	„ 1212	„
Nyágra	Неагра	„ 1874	„
Ponor (Kis-Ponor)	Понорелъ	„ 1363	„
Szásza-Lupsa-Vincza	Саса-Винца	„ 1084	„
Szártos	Сартешъ	„ 567	„
Szckatura	Съкътъра	„ 1335	„
Szohodol	Соходолъ	„ 3284	„

---

*) Wozu die Ansiedelungen Bunyinisina, Csuruliasza, Kristea, Mccsia Szelistie und Szuhány gehören.

X. Kreis Broos.

Er grenzt im Norden an den Karlsburger, im Osten an diesen und den Hermannstädter Kreis, im Süden an die Walachei, dann im Westen an das Temescher Banat und das Königreich Ungarn. Die grösste Längenausdehnung dieses Kreises fällt in die Richtung von Süden nach Norden und macht 17 Meilen aus, seine grösste Breite von Westen nach Osten beträgt 12 Meilen, wobei der Flächeninhalt desselben 136.7 ☐ Meilen umfasst. Er ist aus dem ganzen ehemaligen Hunyader Comitate (mit Ausnahme weniger Ortschaften), aus dem Zarander Comitate, dann aus dem frühern sächsischen Stuhle von Broos und Theilen des Unter-Albenser Comitates zusammengesetzt.

Der Boden ist theilweise sehr gebirgig und nur bei Broos, bei Déva und Dobra am Maros, dann bei Hátzeg sind grössere Flächen, welche mit mehreren der weitern Thäler fruchtbares Ackerland in hinreichender Menge bieten, während die Gebirgsgegenden die Viehzucht und zum Theil den Bergbau begünstigen. — Von Gebirgen fallen hierher: im Südosten das Paringulgebirge mit der 6611.₅ Fuss hohen Paringulspitze und dem 7670' hohen Sklävoi, von welchem nördlich das Sebescheller Gebirge mit dem 6517.₇' hohen Surian und dem 5255.₄' hohen Godján ausläuft; im Süden das mittelhohe Vulkaner Gebirge an welches sich nördlich das Hatzeger Gebirge, mit dem 7854.₀' hohen Retjezat und andern Hochgebirgsspitzen anschliesst; im Westen erhebt sich an der Grenze des Banates das Csernagebirge mit dem 6937' hohen Vurfu Pietri und der 4306.₇' hohen Ruszka, welches zahlreiche Ausläufer nach Osten sendet, unter welchen der Vurfu Kuratului bei Hátzeg 2959.₉ Fuss Höhe erreicht. Nördlich vom Marosflusse ist das Erzgebirge mit dem Berge Mogura, dem Hajtó oder Halteu (3392.₂₉') und Vulkán (3999.₁₈'), woran sich an der nordwestlichen Grenze die Ausläufer des Bihárgebirges anreihen. Das Erzgebirge und Csernagebirge zeichnet sich durch grossen Metallreichthum und mehrere Mineralquellen aus; zwischen dem Vulkaner, Hatzeger und Paringul-Gebirge liegen in den beiden Schielthälern ausgebreitete Steinkohlenlager.

Der Maros mit seinen Nebenflüssen Cserna, Strell und Betzbach, der weisse Kreisch (Fejér-Körös) und die beiden Schielflüsse sind nebst zahlreichen bedeutenden Gebirgsbächen des Hatzeger Höhenzuges die vorzüglichsten fliessenden Gewässer des Kreises, welcher ausserdem auch noch mehrere Gebirgsseen auf dem Hatzeger- und Paringul-Gebirge aufzuweisen hat.

In 434 Ortschaften leben in diesem Kreise 212,776 Einwohner [*]), wovon 0.₉₀ Romänen, 0.₀₄ Ungarn, 0.₀₄ Zigeuner und 0.₀₂ verschiedener Nationalität sind, — dann 0.₇₅ dem griechisch-orientali-

---

[*]) Diese Ziffer der Einwohnerzahl, welche von der unserer Angabe, Seite 148 u. s. f. abweicht, ergibt sich, nach der im Landesregierungsblatte vom Jahre 1856, II. Abtheilung, Stück 2, Nro 5 enthaltenen Berichti-

schen, 0.18 dem griechisch-katholischen, 0.04 dem reformirten, 0.02 dem katholischen und 0.01 dem lutherischen Glaubensbekenntnisse angehören.

Der Kreis wird in die **neun** Bezirke: Nagy-Halmágy, Körösbánya, Illye, Maros-Solymos, Déva, Hátzeg, Vajda-Hunyad, Pui und Broos eingetheilt.

1. Bezirk Nagy-Halmágy.

Es bildet im Norden und Westen das Königreich Ungarn, im Süden der Bezirk Illye, dann im Osten der Bezirk Körösbánya und der Kreis Karlsburg seine Umgrenzung.

Der Boden ist gebirgig und nur im Thale des Hauptflusses, des **weissen Körös**, etwas flacher, daher zum Anbau minder geeignet. Man findet aber hier von Metallen Eisen und einiges Kupfer und auch mehrere Mineralquellen kommen im Bezirke vor. Viehzucht und Bergbau sind die Hauptbeschäftigungen der Bewohner.

Die Grösse des Bezirkes beträgt 11.2 ☐ Meilen und es leben hier in einem Marktflecken und 46 Dörfern 18,903 meist romänische Einwohner.

Von den Ortschaften sind zu erwähnen:
Nagy-Halmágy (Хълмаџїѹ) Marktflecken mit 1066 Einwohnern, der Sitz des Bezirksamtes und Steueramtes. **Alsó-Vácza** (Баџа де жócŏ) Dorf von 191 Bewohnern mit warmen Mineralquellen und Eisengruben. Beim Dorfe **Kazanyesd** (Казанешті), welches 256 Einwohner hat, sind einige Kupfergruben und bei **Baszarabasza** (Басараьаса, mit 391 Einw.) finden sich viele Holzopale.

In diesen Bezirk fallen ferner noch die Dörfer:

Acsucza	Ачіѕџа	mit	508	Einw.
Acsuva	Азъва	„	1017	„
Banyesd	Бънешті	„	426	„
Bogyesd	Богешті	„	345	„
Brotuna	Бротъна	„	185	„
Brusztur	Бръстърі	„	671	„
Bugyesd	Бъгешті	„	197	„
Csohesd	Чохешті	„	209	„
Csungány	Чънгані	„	405	„

gung, dass der Ort **Szacsal** im ämtlichen Verzeichnisse irrig zweimal (nämlich im Vajda-Hunyader und Hátzeger Bezirke, statt blos in Letzterm) aufgeführt und seine Bevölkerung von 342 Seelen doppelt gezählt erscheint, — wenn man von der Einwohnerzahl des Brooser Kreises mit 213,118 die Bevölkerung dieses Ortes in Abschlag bringt. Hiedurch ändert sich nun freilich auch die Einwohnerzahl des ganzen Landes um ebensoviel und stellt sich von 2.074,202 auf 2.073,860 Seelen heraus; sie weicht somit von der Angabe in den statistischen Mittheilungen v. J 1853 Heft I. nur um 123 Seelen ab, ein Unterschied, der ebenfalls in einem Summirungsfehler seinen Grund haben dürfte.

Csucs	Чsчs	mit	621	Einw.
Dobrotz	Добронž	„	195	„
Dumbráva	Dъмврава	„	312	„
Felsö-Vácza	Baџa de сsсž	„	392	„
Gross	Гросъ маре	„	137	„
Gura-Voj	Гъра Въй	„	322	„
Irtásfalva	Лazžpí	„	597	„
Juonesd	Ъопештї	„	310	„
Kis-Halmágy	Хълмъцелž	„	958	„
„ Ots	Окішорі	„	362	„
„ Pojána	Пoіeнapіs	„	346	„
„ Tirnáva	Търпъвіџа	„	236	„
Krisztesd	Крістештï	„	210	„
Lestyóra	Лештіóра	„	195	„
Lyántz	Ліанџž	„	238	„
Lyásza (Soványfalva)	Леаса	„	375	„
Lunksora	Лsнкшóара	„	520	„
Magulicsa	Мъгsліџа	„	508	„
Martfalva	Църтъра	„	212	„
Mermesd	Мермештï	„	175	„
Nagy-Ots	Очž	„	443	„
Nagy-Pojána	Поіана	„	283	„
Obersia	Овірші́а	„	325	„
Pleskutza	Плъшкъџа	„	500	„
Prevalény	Превъленї	„	509	„
Ráczfalva	Сжрвž	„	401	„
Rosztócs	Ръсточї	„	291	„
Sztrimba	Стржмва	„	275	„
Talács	Талачž	„	793	„
Tiszafalva	Tica	„	539	„
Tomesd	Tомешdï	„	431	„
Tyulesd	Тіъдештї	„	238	„
Vidra	Bidpa	„	641	„
Vozdócz	Bozdочž	„	116	„

2. Bezirk Körösbánya.

Er wird westlich vom vorigen, südlich vom Illyeer und Maros-Solymoser Bezirke, dann östlich und nördlich vom Karlsburger Kreise begrenzt.

Der Boden ist gebirgig und wenig zum Feldbau geeignet, aber reich an edlen Metallen (Gold, Silber, Eisen).

Auch der Hauptfluss des Bezirkes, der weisse Körös, führt viele Goldkörner in seinem Sande.

Der Bezirk ist 11.5 ☐ Meilen gross und hat in zwei Marktflecken und 40 Dörfern 28.767 fast durchgehends romänische Einwohner.

Es müssen von den Ortschaften hervorgehoben werden:

Körösbánya (Baia de Криш, Altenburg) Marktflecken mit 457 Bewohnern, welche meist Goldbergbau und Goldwäscherei treiben. Hier ist der Sitz des zugleich als Untersuchungsgericht für den eigenen und den Nagy-Halmágyer Bezirk bestellten Bezirksamtes und des Steueramtes. **Brád** (Брадѣ) Marktflecken mit 1734 Einwohnern, der mit seiner ganzen Umgebung (namentlich den Dörfern Ruda, Körösfalva oder Kristjor, Alsó- und Felsö-Bukuresd, Stanisa, Bucsum u. a.), sich vorzüglich dem Goldbergbaue widmet. **Tataresd** (Тътърешті) Dorf von 206 Einwohnern mit Eisengruben. Beim Dorfe **Ribitze** (Nagy-Ribitze, Рівіца), welches 568 Bewohner hat, finden sich wohlerhaltene Tertiärversteinerungen und es ist dieser Ort auch in der Geschichte unsers Landes durch den hier im Jahre 1784 unter den Anführern Horra und Klotska begonnenen Bauernaufstand denkwürdig.

Diesem Bezirke zugehörige Dörfer sind ferner:

Alsó- und Felsö-Grohát·	Грохотѣ	mit 262	Einw.
„ Lunkoj	Лънкоі де жосѣ	„ 574	„
Baldovény	Балдовірѣ	„ 152	„
Birtyin	Брітінѣ	„ 480	„
Blesény	Блеше	„ 2331	„
Bucsesd	Бѫчешті	„ 706	„
Bulzesd	Бѫлзешті	„ 1884	„
Bukurest (Alsó- und Felsö-)	Бѫкърешті де жосѣ ші де сѫсѣ	„ 468	„
Cserneczfalva	Церецѣлѣ	„ 386	„
Czebia (Czebe)	Цевіа	„ 1229	„
Dupa-Piatra*)	Дѫпъ-Пеатръ	„ 1747	„
Felsö-Lunkoj	Лънкоі де сѫсѣ	„ 501	„
Káposztafalva	Кърекі	„ 308	„
Karásztó	Карастѣ	„ 340	„
Karács	Керачѣ	„ 820	„
Kis-Riska	Рішкъліца	„ 848	„
Kotzafalva	Скрофа	„ 444	„
Körösfalva	Кріштіорѣ	„ 846	„
Mihályfalva	Міхъілені	„ 418	„
Nagy-Riska	Рішка	„ 482	„
„ Ternáva	Тѫрпава	„ 483	„
Nyirfalva	Местакенѣ	„ 516	„
Patakfalva	Валса маре	„ 105	„
Pogyele	Потеле	„ 424	„
Potyingán	Потінгані	„ 175	„
Prihogyesd	Пріходешті	„ 396	„

*) Besteht aus den Theilen: Valya-Groheczel, Valya-Korneczel, Valya-Porkuluj, Valya-Satuluj, Valya-Tarnitzi und Valya-Serboja.

Ribitze (Kis-Ribitze)	Рibічїopa	mit 740	Einw.
Rovina (Valye-Rovini) *)	Ровіna	„ 1319	„
Rudfalva **)	Рѫda	„ 443	„
Stanisza	Станіша	„ 1071	„
Steja	Штеіа	„ 295	„
Tehénfalva	Вака	„ 542	„
Térfalva	Лѫнка	„ 469	„
Tomnátik	Томпатікѫ	„ 1056	„
Tulokfalva	Жѫнкѫ	„ 1134	„
Uj-Barcsd	ȢіБарешті	„ 189	„
Válye-Brád	Валеа-Брадѫлѫі	„ 630	„
Zdrapcs	Zdрапџі	„ 569	„

3. Bezirk Illye.

Er grenzt westlich an Ungarn, nördlich an den Bezirk Nagy-Halmágy, östlich an den Bezirk Maros-Solymos und wird im Süden durch den Marosfluss von dem Dévaer Bezirke getrennt.

Der Boden ist im Norden gebirgig, die Gebirge verlaufen sich nach Süden zu in niedere Hügel, aber auch diese sind nur mittelmässig fruchtbar und dem Feldbau minder günstig; der Weinbau dagegen, für welchen sich diese Gegend besser eignen würde, ist von keiner besondern Bedeutung und durch den letzten Bürgerkrieg noch mehr herabgekommen.

Ausser dem Maros, welcher den Hauptfluss des Bezirkes bildet, hat dieser nur unbedeutende Bäche.

Auf einem Flächenraume von 9.2 ☐ Meilen besitzt der Bezirk in einem Marktflecken und 47 Dörfern eine fasst ganz romänische Bevölkerung von 19,408 Seelen.

Merkwürdige Ortschaften sind:

Ilye (Maros-Illye, Lia) ein ungrisch-romänischer Marktflecken am Maros mit 950 Bewohnern, ist der Sitz des Bezirks- und Steueramtes und Geburtsort des siebenbürgischen Fürsten Gabriel Bethlen.

Es gehören in diesen Bezirk ferner noch die Dörfer:

Almás-Szelistye	Селіштеа	mit 601	Einw.
Almásel	Алтѫтѫлѫ	„ 339	„
Alsó-Bój	Боі de жосѫ	„ 162	„
„ Csertés	Чертешѫ de жосѫ	„ 491	„
Bácsfalva	Бaчса	„ 381	„
Barcsd	Барешті	„ 302	„
Booz	Бозѫ	„ 455	„
Bradaczel	Брѫдѫцѫлѫ	„ 545	„

* Wozu auch die Altmenz Valye-Szeszuri gehört.
** Mit der Bergwerksansiedelung Zdraholcz.

Branyitska	Бръпічка	mit 476	Einw.
Brassó	Бръшъв̆	„ 318	„
Burzsuk	Бърѫъкъ̆	„ 429	„
Cserbia	Чербіа	„ 326	„
Danulesd	Danълешdі	„ 280	„
Dumesd	Dъmeшtі	„ 201	„
Felsö-Boj	Боі de съсъ̆	„ 390	„
Furksóra	Фъркшóра	„ 508	„
Füzes-Bogár (Füjes-Bogár)	Богара	„ 581	„
Godinesd	Годineшті	„ 638	„
Glod-Gilesd	Глод-Гілешdі	„ 841	„
Gotthátya	Готхаіа	„ 374	„
Grujeláts	Грѫелачъ̆	„ 162	„
Guraszáda	Гъраcada	„ 641	„
Gyalakuta	Жълъкъта	„ 226	„
Gyalumare	Deалъ mapе	„ 323	„
Kabesd	Кoбeшdі	„ 145	„
Kamarzinesd*)	Къmъpzіneштi	„ 576	„
Kimpeny-Szurduk	Къmпeni-Cърdъкъ̆	„ 363	„
Kimpur	Къmпърі	„ 433	„
Kósa	Кóжа	„ 246	„
Kulyes	Къліешъ̆	„ 118	„
Lunksóra	Лъпкшоара	„ 155	„
Maros-Brettye	Бретeа	„ 597	„
Mikanesd	Мікепешdі	„ 372	„
Poganesd	Погъпешdі	„ 229	„
Petresd	Петрешdі	„ 285	„
Runksór (Kis-Runk)	Ръпкшоръ̆	„ 349	„
Szirb	Cърбъ-Балса-Лъпгъ	„ 431	„
Tamasesd	Тъmъшешdі	„ 378	„
Tataresd	Тътърешdі	„ 441	„
Tirnáva	Тѫрпава	„ 298	„
Tirnavitza	Тѫрпъвіца	„ 311	„
Ullyes	Ъліешъ̆	„ 273	„
Válya-Lunge	Валеа лъпгъ	„ 252	„
Vika	Віка	„ 337	„
Viszka	Віска	„ 713	„
Vorcza	Ворца	„ 534	„
Zám (Nagy- und Kis-Zám)	Zаmъ̆	„ 632	„

4. Bezirk Maros-Solymos.

Im Westen durch den vorigen, im Norden durch den Körösbányaer Bezirk und im Osten durch den Karlsburger Kreis begrenzt, wird dieser Bezirk im Süden ebenfalls durch den Maros vom Dévaer Bezirke geschieden.

---

* Hierzu gehört auch das Prädium Bredotjesd.

Der Boden, besonders im Norden sehr gebirgig, verflächt sich im Süden, ist aber auch hier wenig fruchtbar. Die Gebirge sind Ausläufer des Erzgebirges, und, wie dieses, reich an Metallen und Erzen. Sie bilden einen von Südosten nach Westen sich hinziehenden Hauptkamm, den Csetras, dessen höchster Gipfel 4093 Fuss erreicht, und in welchem auch der 3392' hohe Berg Haito (Halteu) liegt. Der Bezirk besitzt mehrere Mineralquellen.

Der Maros ist der Hauptfluss, die übrigen Bäche sind unbedeutend.

Es beträgt die Grösse des Bezirkes nur 4.7 ☐ Meilen und Dieser ist demnach der Kleinste im Lande, besitzt aber in 36 Dörfern eine Volkszahl von 21,601 Seelen. Unter den Einwohnern machen die Romänen die Mehrzahl aus, es leben hier aber auch eine beträchtliche Anzahl von Ungarn und deutschen Bergleuten.

Wir müssen von den Ortschaften besonders hervorheben:

Maros-Solymos (Шоимъшѹ) ein romänisches Dorf, wo das gemischte Bezirksamt und Steueramt, dann ein Salztransports- und Verschleissamt sich befindet, zählt mit dem dazu gehörigen Prädium **Balata** 944 Bewohner und besitzt auch eine schwache Sauerquelle. **Nagyág** (eigentlich Ober-Nagyág, Szekeremb, Съкържмвѹ) Bergort mit 2761 deutschen, ungrischen und romänischen Einwohnern auf dem Gebiete des Dörfchens Nagyág (Noemарѹ) erbaut. Hier befindet sich der regelmässigste Bergbau des Landes auf Gold und Silber, eine kk. Berg- und Reviersverwaltung und eine sehr praktische niedere Bergschule. Es kommen hier auch das Blättertellur, als ein uns eigenthümliches Metall, dann viele Arsenik- und Manganerze vor. **Boicza** (Боица mit 1083 Einwohnern), **Füzesd** (Физешдѹ, 169 Einw), **Herczegány** (Haczegány, Хержеганѝ, 1138 Einw.), **Hondol** (Хондолѹ, 1708 E.), **Magura** (Мъгѫра, 598 E.), **Toplicza** (Топлица, 196 E.) und **Csertes** (Felsö-Csertes, Чертешѹ de cѹсѹ, 750 Einw.) sind romänische Dörfer mit Goldbergwerken. In Csertes befindet sich auch ein grosses ärarisches Hüttenwerk und ein Hüttenverwaltungs- und Gold-Einlösamt. Bei **Kéménd** (Kimindea, 381 E.), **Bánpataka** (Банпатака, 617 Einw.) und **Boholt** (Бохолтѹ, 476 E.) sind schwache Säuerlinge.

Die übrigen, diesem Bezirke angehörigen, Dörfer heissen:

Arany	Ѡроѹ	mit	428	Einw.
Barbura	Барьѫра	,,	674	,,
Barlangfalva	Пештера	,,	402	,,
Berekszó	Бірсоѹ	,,	599	,,
Bezsán	Бежанѹ	,,	325	,,
Burjánfalva	Бърѫіене	,,	371	,,
Fornádia	Фърпадіа	,,	297	,,
Gyertyános	Къргеніш҄	,,	287	,,
Haró	Хърѹѹ	,,	737	,,
Kajanel	Къшелѹ	,,	277	,,
Kalamanesd	Каламанесді	,,	153	,,

Karácsonfalva	Кречѫнешті	mit 403	Einw.
Kecskedája	Капре	„ 422	„
Kis-Kaján	Каїанелѫ	„ 331	„
Nádfalva	Трестіа	„ 450	„
Nagyág	Ноешарѫ	„ 417	„
Nyavalyásfalva	Невоїеші	„ 586	„
Ormingye (Örmingye)	Opiminria	„ 755	„
Szelistye	Съліште	„ 333	„
Szelistyóra	Селіштіора	„ 378	„
Sztojenyásza	Стоіенешті	„ 311	„
Szuligeth	Сѫлігетѫ	„ 703	„
Valisóra	Вѫлішора	„ 615	„
Vormága	Вормага	„ 646	„

5. Bezirk Déva.

Derselbe wird im Norden durch den Marosfluss von den beiden vorigen Bezirken und im Osten durch die Strell vom Brooser Bezirke getrennt, grenzt im Süden an den Vajda-Hunyader Bezirk und im Westen an das Temescher Banat.

Der Boden ist grösstentheils gebirgig, nur im Hauptthale des Maros und einigen weitern Seitenthälern zum Anbau besser geeignet und hat hier auch einige sonnige Rebenhügel, die ziemlich guten Wein liefern. Von Metallen kommt etwas Kupfer und silberhältiges Blei vor und auch zwei Mineralquellen finden sich im Bezirke.

Hauptflüsse sind der **Maros**, die **Strell** und die **Cserna**.

Der Flächeninhalt des Bezirkes beträgt 11.2 ☐ Meilen, worauf zwei Marktflecken und 59 Dörfer mit 23,399 [*]) meist romänischen Einwohnern sich befinden.

Bemerkenswerthe Ortschaften sind:

Déva (Дева, Diemrich) ungrisch-romänischer Marktflecken mit 2400 Einwohnern, worunter auch romänisirte Bulgaren, welche zugleich mit denen von Alvincz hier angesiedelt wurden. Er liegt am Fusse eines steilen Trachitberges, auf welchem die Ruinen eines i. J 1849 zerstörten befestigten Schlosses zu sehen sind. Unmittelbar unter diesem Berge befinden sich die grossen Gebäude des Herrschafts- und Domänen-Amtes, wo jetzt auch das Steueramt, dann das gemischte Bezirksamt untergebracht ist, welch' Letzteres zugleich das Strafuntersuchungsgericht für den eigenen, dann den Illyeer und Maros-Solymoscher Bezirk bildet. Hier ist auch ein Bezirksspital, ein grosses Militär-Verpflegs-Magazin, dann ein Kloster der Franziskaner

---

[*]) Früher nur 22,995 Bewohner, durch die Zuweisung der Bergwerksansiedelung Baja aus dem Vajda-Hunyader in diesen Bezirk (Landesregierungsblatt v. J. 1856, Abtheilung II., Stück 2, № 5 erfolgte diese Vermehrung.

von der Bulgaren-Provinz, welche den katholischen Gottesdienst besorgen. Bei Déva sowohl, als bei dem nahen Dorfe **Veczel** (Вицелъ), welches 335 Einwohner zählt, befinden sich einige unbedeutende Kupfergruben und am letztern Orte auch eine schwache Sauerquelle. **Kis-Muncsel** (Мънчелъ микъ) Dorf mit 140 Einwohnern, wozu auch die Bergwerksansiedelung **Baja** (Бъица) mit 404 Bewohnern gehört, besitzt Bergwerke auf silberhältiges Blei und ein grosses Lager von Gosauversteinerungen.· **Alsó-Pestes** (Пештишъ, 820 Einw.), **Felsö-Lapugy** (Лапъгіъ de състь, 1204 Einw.) und **Pánk** (Панкъ, 373 E.) romänische Dörfer, bei welchen Lager zahlreicher Arten schöner und wohlerhaltener Tertiärconchylien sich finden. **Dobra** (Добра) romänischer Marktflecken mit 718 Einwohnern, welche früher zum Szekler-Husarenregimente conscribirt waren.

Die übrigen Ortschaften dieses Bezirkes sind:

Abucsa	Абъча	mit	158	Einw.
Alsó-Lapugy	Лапъгіъ de жосъ	„	253	„
Arki	Аркіа	„	115	„
Bácsi	Бъчіа	„	626	„
Balcsesd (Gura-Dobri)	Гъра-Добрі	„	663	„
Bástya	Баштіа	„	213	„
Bojabitz	Боїа-Біцъ	„	199	„
Brettelin	Бретелінъ	„	214	„
Brusnyik	Брішнікъ	„	694	„
Dédáts	Пескъріс	„	349	„
Dsoszány	Жосені	„	456	„
Dumbrovitza	Дъмбръбіца	„	235	„
Fadsazel	Фъчезълъ	„	189	„
Fel-Pestes	Пештишъ de състь	„	248	„
Fintóág	Фінтоаръ	„	410	„
Gerend	Гріндъ	„	102	„
Herepe	Херепеъ	„	207	„
Holgya	Холіа	„	185	„
Kaun	Къънъ	„	88	„
Keresztény-Almás	Алмашъ Търгочіълъі	„	390	„
Keresztur	Крістъръ	„	170	„
Kérges	Кергешъ	„	528	„
Kerzsetz	Кіршіцъ	„	303	„
Kis-Barcsa	Nіґіґішъ	„	242	„
Kossesd	Кошешді	„	202	„
Kosolya	Кошіа	„	213	„
Lapusnyak	Лъпъшнікъ	„	518	„
Laszó	Лъсеъ	„	270	„
Lesnek	Лешнікъ	„	562	„
Maros-Németi	Мintіеа	„	322	„
Merisor	Мерішоръ	„	146	„
Mihalesd	Міхелешті	„	379	„
Nagy-Barcsa	Бърча маре	„	236	„

Nagy-Muncsel	Мынчелѫ маре	mit 265	Einw.
Nándor	Nandрѫ	„ 282	„
Nándor-Válya	Валеа Nandрѫлѫй	„ 338	„
Ohába	Охава	„ 324	„
Popesd	Попешті	„ 205	„
Radulesd	Рѫдѫлешті	„ 375	„
Roskány (Nagy- und Kis-)	Рошканѣ	„ 1005	„
Sárfalva	Мѫѧлешні	„ 302	„
Szakamás	Сѫкѫмашѣ	„ 291	„
Szántóhalma	Сѫнтохалма	„ 415	„
Száraz-Almás	Алмашѫ-Секѫ	„ 290	„
Szelistye	Панк Селіштеа	„ 145	„
Szent-András	Сѫнт-Аndрашѣ	„ 500	„
Sztancsesd-Ohába	Стѫнчешдѫ-Охава	„ 297	„
Sztregonya	Стріgонеа	„ 260	„
Sztrettye	Стретеа	„ 170	„
Tamástelke	Тамаштелскѫ	„ 41	„
Tisza	Тіса	„ 723	„
Tompa	Тѫмпа	„ 290	„
Tyej	Тіеіі	„ 451	„
Vulcsesd	Вѫлчешті	„ 216	„

6. Bezirk Vajda-Hunyad.

Im Norden grenzt er an den vorigen, im Osten an den Brooser, im Süden an den Hátzeger Bezirk und im Westen an das Temescher Banat.

Der Boden ist gebirgig, reich an Kalk und Eisensteinen, und nur im Westen hügelig und fruchtbar. Es finden sich hier auch warme Mineralquellen.

Der Bezirk ist 13.7 ☐ Meilen gross und hat in einem Landstädtchen und 58 Dörfern 19,625 *) meist romänische Einwohner.

Von den Ortschaften heben wir hervor:

Vajda-Hunyad (Хѫнедоара) Landstädtchen mit 1950 Einwohnern, wozu auch das Dorf **Unter-Telek** (Alsó-Telek) gehört. Es ist der Sitz des gemischten, zugleich als Untersuchungsgericht für den eigenen Sprengel bestellten Bezirksamtes und des Steueramtes, dann eines Forstamtes für die hiesige Montanherrschaft und einer Eisenwerks-Verschleissadministration. Die Franziskaner haben hier ein Kloster. Mitten im Orte steht auf steilem Kalkfelsen das, leider im Jahre 1854 durch Brand grösstentheils zerstörte, sehenswürdige Schloss Hunyad's, dessen vordere Fronte von diesem berühmten Gubernator Ungarns im Style des 15. Jahrhunderts erbaut wurde, während der rückwärtige Theil aus den Zeiten des Fürsten Gabriel Bethlen stammt.

---

*) Nach dem ämtlichen Ortschaftsverzeichnisse im Reichsgesetz- und Landesregierungsblatte beträgt die Bevölkerung dieses Bezirkes 20,371 Seelen, stellt sich aber nach Abschlag der Einwohnerzahl von Szecsal und Baja (Siehe Anmerkung Seite 512 und 513) auf die obige Ziffer heraus.

Govasdia (Говашdia), das mit den dazu gehörigen Ansiedelungen **Nadráb**, **Ober-** und **Unter-Limpert**, dann **Sensenhammer** (Kaszabánya, Kaszahámor) blos 159 Einwohner zählt, aber die berühmtesten ärararischen Eisenhammer- und Schmelzwerke des Landes hat und der Sitz einer Berg- und Eisenwerksverwaltung ist. **Királybánya** (Unterhammer, Баіеа de Краіѕ) mit **Ober-Telek** (Felsö-Telek, Гѕра Говашdi) und **Toplitza**, Bergort von 393 Einwohnern, wo ebenfalls eine Eisenwerksverwaltung sich befindet. In **Gyalàr** (Геларѕ), welches 939 Bewohner zählt, sind die ausgedehntesten Eisengruben des Landes in einem mächtigen Lager von Brauneisenstein. Beim Dorfe **Runk** (Nagy-Runk, Рѕнкѕ mit 408 Einwohnern) ist eine schöne Tropfsteinhöhle. **Batiz** (Бѕтizѕ) Dorf von 572 Einwohnern mit einer Steingutfabrik. **Kis-Kalàn** (Кѕланѕ), Dörfchen von 146 Bewohnern, bei welchem sich warme Mineralbäder befinden.

In diesen Bezirk gehören noch die Dörfer:

Alsó-Nádasd	Нѕдѕштіа de жосѕ mit	627	Einw.
Alun	Алѕні	„ 287	„
Aranyos	Арієшѕ	„ 91	„
Batrina	Бетрѫпа	„ 635	„
Boos-Gros	Бошіѕ	„ 673	„
Bujtur	Бѕітѕрѕ	„ 320	„
Bunyila	Бѕніла	„ 150	„
Buszdulai	Бѕшдѕларѕ	„ 52	„
Cserbel	Червелѕ	„ 477	„
Cserisor	Чѕрішорѕ	„ 391	„
Cserna	Черпа	„ 137	„
Csernyisóra	Черпішора	„ 119	„
Csolnakos	Чіпчішѕ	„ 305	„
Doboka-Lunka	Добока	„ 220	„
Erdöhát	Пѕдѕрені	„ 404	„
Erdöhát-Runk	Рѕнкѕ мікѕ	„ 97	„
Felsö-Nádasd	Нѕдѕштіа de сѕсѕ	„ 675	„
Feresd	Феречі	„ 216	„
Floresze	Флоресе	„ 159	„
Goles	Голіешѕ	„ 141	„
Gros	Гросѕ	„ 124	„
Hosdát	Хошdатеа	„ 427	„
Hosdó	Хѕшдѕѕ	„ 296	„
Kö-Boldogfalva	Сѫнтъ-Мърія de неатръ	556	„
Kurpény	Кѕрпені	„ 120	„
Lindsina	Лінжіна	„ 333	„
Lelesz	Лелегѕ	„ 454	„
Magyarósd	Мънересѕ	„ 458	„
Nagy-Oklos	Околішѕ маре	„ 678	„
Parossa	Пароша	„ 158	„
Plop	Плопѕ	„ 150	„
Pojána-Rekitzelli	Поіана-Рекіцелі	„ 172	„
Pojenitza-Tomi	Поіеніца-Томі	„ 155	„

Pojenitza-Vojnyi	Поіеница-Войні	mit 176	Einw.
Puszta-Kalán	Кришені	„ 166	„
Rákosd	Ръкъштіеа	„ 683	„
Ruda	Рѫда	„ 285	„
Szent-György-Válya	Валѣа-Сѫн-Џіорџѫлѫі	„ 624	„
Szent-Király	Сѫн-Краіѫ	„ 563	„
Szohodol	Соходолѫ	„ 232	„
Szocset	Сочетѫ	„ 212	„
Sztrigy-Ohába	Охаба-Стреіѫлѫі	„ 150	„
Sztrigy-Szacsal	Сечалѫ	„ 295	„
Sztrigy-Szent-György	Сѫн-Џіорџѫ	„ 429	„
Telek	Телекѫ	„ 444	„
Ulmi	Ѫлmi	„ 133	„
Vádu-Gura-Dobri	Вадѫлѫ-Добреі	„ 163	„
Vallár	Вѫларѫ	„ 47	„
Zalasd *)	Злашдѫ	„ 524	„
Zejkfalva	Стреіа	„ 211	„

7. Bezirk Hátzeg.

Er grenzt im Norden an den vorigen, im Osten und Süden an den Brooser und Pujer Bezirk und im Westen an die Banater Militärgrenze.

Im Süden fällt das mächtige Hátzeger Gebirge mit dem Retjezat, der Kusztura Nuksori und andern über die Baumgrenze hinausragenden Gebirgsspitzen hierher und erstreckt seine Ausläufer bis über die Mitte des Bezirkes. Den Westen desselben nimmt ein Theil des Csernagebirges ein und sendet niedere Bergreihen nach dem Osten des Bezirkes. Hier liegt nun an der Strell das weite fruchtbare Hátzeger Thal, reich an allen Erzeugnissen des Ackerbaues und vielen Denkwürdigkeiten der ältesten Geschichte unsers Landes. Beim Eisernthorpass sind Spuren von Steinkohlenlagern.

Die Strell, der zahlreiche Wildbäche zuströmen **), ist der Hauptfluss des Bezirkes und viele klare Gebirgsseen liegen auf der Höhe des Hátzeger Gebirges.

Es beträgt die Grösse dieses Bezirkes 21.2 ☐ Meilen und seine Bevölkerung macht in einem Marktflecken und 62 Dörfern 30,881 Seelen aus, welche fast ausschliesslich der romänischen Nation angehören.

Von den Ortschaften verdienen eine besondere Erwähnung:

Hátzeg (Hátszeg, Hotzing, Wallenthal, Хацерѫ) romänischer Marktflecken mit 1195 Einwohnern, welche früher zum I. Romänen-Grenzregimente inscribirt waren; Sitz des gemischten Bezirksamtes und des Steueramtes. **Várhely** (Грѫдиштеа) ein Dorf, welches

---
*) Mit der Ansiedelung Burcsény.
**) Darunter auch der Riu mare oder Valye Lapusniku, welcher hinter dem Retyezat am Tripplex-Confinium entspringt und von Einigen irrthümlich für die eigentliche Strell gehalten wird, während Letztere ihren Ursprung an der Südseite des Sebeseller Gebirges hat.

auf den Ruinen der alten dacischen Hauptstadt Zarmizegethusa (unter der Römerherrschaft Ulpia Trajana genannt) erbaut, mit der dazu gehörigen Ansiedelung **Hobitza-Várhely** 417 Bewohner zählt. **Demsus** (Димшъшъ), wozu auch die Ansiedelungen Szkej und Smelz gehören, hat 1254 Einwohner, und ist durch seine griechisch-nichtunirte Kirche merkwürdig geworden, welche aus den Trümmern eines alten Heidentempels kunstlos zusammengesetzt ist. Bei **Bukova** (Бъкова) einem Dorfe mit 1024 Bewohnern führt über die Einsattelung des Berges Marmura durch das Bisztrathal der Eisernethorpass nach der Banater Militärgrenze. **Orallya-Boldogfalva** (Orlya-Boldogfalva, Сѫнте-Мъріъ, Liebfrauen) ein Dörfchen von 272 Seelen, bei welchem die noch zum Theil erhaltene römische Heerstrasse vorbeiführt. Bei dem 289 Bewohner zählenden Dorfe **Malomviz** (Piъ de мópa), wozu auch Szuszény gehört, steht eine malerische Burgruine auf steilem Felsen, hier findet man auch viel Serpentinstein.

Es gehören in diesen Bezirk ferner noch die Dörfer:

Alsó-Bauczár (Bauczár)	Бъцарь де жосъ	mit	801	Einw.
Alsó-Farkadin	Фаркадинъ де жосъ	„	286	„
Alsó-Szilvás	Сілівашъ де цосъ	„	605	„
Baczalár	Бъцъларъ	„	336	„
Balomir	Баломіръ	„	238	„
Baresd	Бърештіъ	„	267	„
Boitza	Боица	„	305	„
Bosorod	Бошородъ	„	1181	„
Brázova	Бреазова	„	383	„
Csopéja	Чопса	„	201	„
Felsö-Bauczár	Бъцаръ де съсъ	«	671	„
„ Farkadin	Фъркъдинъ де съсъ	„	180	„
„ Nyiresfalva	Лъпка черпі де съсъ	„	858	„
„ Szilvás	Сілівашълъ де съсъ	„	502	„
Gaurény	Гъърепї	„	210	„
Gauricze	Гъърічеа	„	149	„
Gonczága	Гонцага	„	562	„
Hadsatzel	Хъцъцелъ	„	355	„
Jó-Valtsel	Вълчелеле бъпе	„	991	„
Kékesfalva	Меріа	„	237	„
Kernyesd	Кѫрпештї	„	540	„
Kis-Csula	Чъліпоара	„	182	„
Kis-Pestény	Нештеница	„	294	„
Kitid	Тітідъ	„	729	„
Klopotiva	Клопотіва	„	1462	„
Kovrágy	Ковраціъ	„	442	„
Kraguis	Кръгпішъ	„	111	„
Lunkány	Лъпканї	„	640	„
Mácsó	Мъчеъ	„	798	„
Magyar-Bretye	Бретеа	„	204	„
Malajesd	Мълъісштіа	„	262	„
Nagy-Csula	Чъла маре	„	298	„

Nagy-Pestény	Пештеапа	mit 655	Einw.
Nalätz-Vád	Налацїѫ-Вадѫ	„ 246	„
Nyiresfalva (Alsó-Nyiresfalva)	Лѫпка черпі де жосѫ	„ 525	„
Nuksóra	Nѫкшóра	„ 745	„
Ohába-Sibisel	Охаба-Шівішелѫ	„ 323	„
Oláh-Brettye	Бретса ротѫпеаскѫ	„ 439	„
Osztro (Nagy- és Kis-Osztro)	Островѫ	„ 803	„
Osztrovel	Островелѫ	„ 197	„
Paklisa	Пѫкліша	„ 282	„
Paucsinesd	Пѫѫчіпештї	„ 602	„
Pojény	Поіенї	„ 111	„
Pokol-Valcsel	Велчелеле реле	„ 550	„
Réa	Ріа	„ 195	„
Reketyefalva	Рекіторѫ	„ 1033	„
Rus	Рѫшѫ	„ 242	„
Szacsal	Сѫчелѫ	„ 368	„
Szent-Péterfalva	Сѫп-Петрѫ	„ 456	„
Sztrigy-Plop	Плопѫ	„ 307	„
Totesd	Тодешдї	„ 309	„
Tustya	Тѫштса	„ 561	„
Uncsukfalva	Ѫпчѫкѫ	„ 235	„
Valiora	Вѫлішóра	„ 323	„
Vályá-Dilsi	Валса Ділші	„ 322	„
Várallya*)	Орлса сѫв четате	„ 579	„
Zajkány	Zѫікапѫ	„ 448	„

8. Bezirk Puj.

Im Norden bilden der Hátzeger und Brooser Bezirk, im Westen das Banat, im Süden und Osten die Walachei seine Umgrenzung.

In der Mitte nimmt ein Theil des Hátzeger Gebirges, im Süden und Osten das Vulkaner- und Paringul-Gebirge mit einem Theile des Sebeseller Gebirges fast die ganze Bodenfläche des Bezirkes ein; nur im Nordwesten desselben bildet das Thal der Strell eine grössere anbaufähige Fläche, während die übrigen Theile durch gute Weideplätze die Viehzucht begünstigen. Der südliche Theil des Bezirkes (die beiden Schielthäler) ist sehr reich an Steinkohlen, welche nach ihrer Qualität die vorzüglichsten im Lande sind und von Schmieden in der Umgebung schon ziemlich häufig benützt werden.

Die bedeutendsten Flüsse sind im Norden die Strell, im Süden der walachische und im Osten der ungrische Schiel, welche, vor dem Vulkaner Pass sich vereinigend, als Hauptfluss der kleinen Walachei in dieselbe hineinströmen. Von stehenden Gewässern hat das Paringulgebirge mehrere Alpenseen.

Der Flächenraum, welchen der Bezirk einnimmt, beträgt 33 ☐ Meilen und es leben darauf in 38 Dörfern mit mehreren Prädien 19,056 romänische Einwohner.

*) Hiezu gehört auch die Ansiedelung Lunesum.

Unter den Ortschaften sind hervorzuheben:

Puj (Пѹй) dorf mit 506 Bewohnern, der Sitz des Bezirks- und Steueramtes. Bei **Nagy-Bár** (Барѹ маре), einem Dorfe, welches mit dem dazu gehörigen Kis-Bár 544 Einwohner zählt, ist an der Strasse gegen den Vulkanpass ein runder römischer Wartthurm, Csetate Zsidovilor genannt, zu sehen. In der Nähe des Dorfes **Bányitza** (Баница), welches 300 Seelen bewohnen und wozu auch Baton gehört, ist die grosse Kalkfelsenhöhle, Csetate Boli, die man, dem Laufe des sie durchströmenden Flüsschens folgend, reitend passiren kann. **Sily-Vajdej** (Жіѹ-ваідеї) Dorf am walachischen Schiel mit 494 Einwohnern, wozu das Zoll- und Contumazamt **Vulkan** an der über den Berg Vulkán nach der Walachei führenden Commercialstrasse gehört. In der Nähe von Sily-Vajdei, wie auch bei Urikány, Kimpulujnyág, Petrilla, Zsietz und andern Orten der beiden Schielthäler treten Steinkohlenflötze zu Tage.

Diesem Bezirke sind noch folgende Dörfer zugewiesen worden:

Alsó-Borbátyén*)	Бърбътені de жосѹ mit	500	Einw.
Alsó-Szálláspatak	Сълашѹ de жосѹ	„ 368	„
Bajesd	Баіештіѹ	„ 712	„
Borbátviz	Ржѹ бърбатѹ	„ 275	„
Farkaspataka	Валеа Лѹпѹлѹї	„ 365	„
Fegyer	Феіерѹ	„ 352	„
Fejérviz	Ріѹ алѹ	„ 349	„
Felsö-Borbátyén**)	Бърбатені de съсѹ	„ 257	„
Felsö-Szálláspataka	Селашѹ de съсѹ	„ 1145	„
Füzesd	Фізештї	„ 499	„
Galacz	Гълаці	„ 520	„
Hobicza-Urik,	Хобіца ѹрікѹ	„ 417	„
Hobitsény***)	Хобічені	„ 460	„
Kimpulnyák	Къмпѹлѹ лѹї Neareѹ	„ 154	„
Korojesd	Короїешдѹ	„ 282	„
Kőallya-Ohába	Охава de сѹпт пеатръ	„ 366	„
Krivadia	Кріvadia	„ 189	„
Livádia	Ліvadea	„ 582	„
Livádia-Hegyaly†)	Ліvadea de съб мѹнте	„ 301	„
Livádzel ††)	Ліvezені	„ 878	„
Lupény (Sily-Farkaspataka)	Лѹпені	„ 486	„
Macsesd	Мачешді	„ 306	„
Merisor	Мерішорѹ	„ 522	„
Ohába-Ponor	Охава Попорѹлѹї	„ 366	„
Páros-Pestere	Парошѹ Пештереї	„ 473	„
Petrilla	Петріла	„ 2075	„
Petrosz	Петросѹ	„ 698	„

---

*) Mit dem Attinenz Iszkrouy.
**) Alsó-Urikány gehört auch dazu.
***) Hiezu gehört auch das Praedium Felsö-Urikány.
†) Wozu die Ansiedelung Zsijeiz gehört.
††) Sammt Livádia mezö.

Petroséuy *)	Петрошені	mit 581	Einw.
Ponor	Понорѫ	„ 488	„
Puj	Пѫіѫ	„ 506	„
Rusor	Рѫшорѫ	„ 501	„
Serél	Шерелѫ	„ 606	„
Sily-Korojesd	Копоіешдені	„ 323	„
„ Macsesd **)	Мѫчешдені	„ 562	„
Vajdej	Baiдeї	„ 254	„

9. Bezirk Broos.

Er grenzt im Westen an den Hátzeger Bezirk, im Süden an den Pujer Bezirk und einen kleinen Theil der Walachei, im Osten an den Hermannstädter und im Norden an den Karlsburger Kreis.

Den ganzen südlichen Theil nimmt das Sebescheller Gebirge, eine nordwestliche Fortsetzung der Paringulkette, ein, worin der Godján mit 5255.4′, der Surian mit 6517.7″ Höhe und andere über die Mittelgebirgsregion hinausragende Berggipfel sich erheben. Der Norden ist hügelig und hat eine schöne, fruchtbare Ebene am Maros, welche nur 742 Fuss über dem Meere liegt. Feldfrüchte, Obst und Wein gedeihen hier vorzüglich und in Menge.

Der Orestiora- oder Brooser Bach, nach seiner Vereinigung mit dem Sebescheller Flusse Betzbach genannt, ist der Hauptfluss dieses Bezirkes und der Maros bespült seine nördliche, sowie die Strell seine östliche Grenze.

Der Bezirk ist 21 □ Meilen gross und hat in einer Stadt und 40 Dörfern 31,136 Einwohner, von welchen die Mehrzahl Romänen, aber auch ein beträchtlicher Theil Ungarn und Deutsche sind.

Besonders merkwürdig sind von den Ortschaften:

Broos (Szászváros, Орѫштіа) freundliche Stadt mit 4207 zum Theil deutschen Einwohnern, der Sitz des Kreisamtes und des Kreisgerichtes, welches zugleich das Bezirksgericht für die Stadt und den eignen Bezirk, dann das Untersuchungsgericht für beide und die Bezirke Hatzeg und Puj bildet. Es befindet sich hier ferner die Finanzbezirksdirection für den Brooser und Karlsburger Kreis und ein politisches Bezirksamt für die Landgemeinden, während die politische Verwaltung der Stadt ihr eigener Magistrat leitet. Die Reformirten haben hier ein Untergymnasium, und die Katholiken ein Kloster der Franziskaner, welche ihren Gottesdienst besorgen. **Kuzsir** (Кѫжірѫ) Dorf mit 1678, und **Neu-Sebeschel** (Uj-Sebeshely, Шівішелѫ ноѫ) mit 667 Bewohnern haben ärarische Eisenwerke, welche das bei Govasdia erzeugte Roheisen weiter verarbeiten. Bei **Alkenyér** (Жівотѫ, Unter-Brodsdorf), einem Dorfe, mit 1070 Einwohnern breitet sich am Einfalle des Kuzsirer Baches in den Maros eine ansehnliche Fläche, das sogenannte Brodfeld (Kenyérmezö) aus, auf dem die Ruinen einer Kapelle zu sehen sind, welche der sieben-

---

*) Hiezu gehören die Prädien Dílsa und Meleja.
**) Mit dem Attinenz Pároséuy.

bürgische Woiwode Stephan Báthori zum Andenken des im Jahre 1479, gemeinschaftlich mit dem Temescher Ban Paul Kinisi, gegen die Türken erfochtenen Sieges an der Stelle erbauen liess, wo er, von den in der Schlacht erhaltenen Wunden entkräftet, niedergesunken war.

In diesen Bezirk fallen noch die Dörfer:

Alsó-Városvize		Орештіа Біакълъї	mit 580	Einw.
Balomir,	**Ballendorf,**	Баломіръ	„ 781	„
Benczencz		Бінцінцъ	„ 600	„
Berény,	**Lammdorf,**	Беріъ	„ 777	„
Bucsum		Бъчъмъ	„ 381	„
Csóra (Alsó-Csóra)		Чоара	„ 1238	„
Felkenyér, **Ober-Brodsdorf,**		Вінереа	„ 1362	„
Felsö-Városvize		Орештіоара	„ 842	„
Grid		Грідъ	„ 472	„
Gyalmár		Жълмаръ	„ 258	„
Kasztó,	**Kastendorf,**	Кестеъ	„ 1001	„
Kis-Denk		Dіnкъ мікъ	„ 443	„
„ Oklos		Окоlішеlъ	„ 751	„
„ Tóti		Тотеа мікъ	„ 129	„
Kosztesd		Костешdіъ	„ 489	„
Lozsád		Жеlеdіnца	„ 1109	„
Ludesd		Lъцештіъ	„ 478	„
Magura		Мъгъра	„ 372	„
Martinesd		Мартіnештіъ	„ 411	„
Nagy-Denk		Dіnкъ маре	„ 844	„
Nagy-Tóti		Тотеа маре	„ 266	„
Pád (Báád)		Сріnъ	„ 263	„
Perkász		Пріасъ	„ 795	„
Petrény		Петріnъ	„ 394	„
Piski		Сімеріа	„ 388	„
Piskincz		Тішкіnцъ	„ 437	„
Répás		Ріпашъ	„ 159	„
Romosz,	**Romoss,**	Ромосъ	„ 2033	„
Romoszhely, **Klein-Romoss,**		Ромошеlъ	„ 1333	„
Sebeshely,	**Sebeschel,**	Шібішеlъ	„ 827	„
Szereka(Szarkafalva)**Elsterdorf,**		Сърака	„ 379	„
Tamáspataka		Темашаzа	„ 456	„
Tartaria		Тартаріа	„ 570	„
Tordás		Търdашъ	„ 652	„
Tormás		Тормашъ	„ 104	„
Vajdé,	**Wojwoden,**	Ваіdéї	„ 254	„
Várhely		Гръdіштеа	„ 886	„

Alphabetisches
Ortschafts-Verzeichniss
nach den drei Landessprachen, der deutschen, ungarischen und romänischen, geordnet.

(Die römische Ziffer zeigt die Zahl des Kreises, die arabische Ziffer die Zahl des Bezirkes an, in welchen der Ort gehört.)

I. Deutsches Ortsregister.

A.

Abtsdorf . . . . . . I.12.
Adelsdorf, siehe Bilak
Aepeschdorf s. Elisabethstadt
Agestendorf s. Agoston-falva
Agnethlen . . . . . . I.12.
Allerheiligen s. Mindszent
Almaschken . . . . . . I.8.
Almen . . . . I.8.
Altflaigen . . . . . . I.10.
Alt-Rodna . . . . . . V.9.
Altschanz s. bei Hoszszu-falu
Alt-Schinka s. Ó-Sinka
Alt-Tohan s. Ó-Tohán
Altenburg s. Körösbánya
Alzen . . . . I.5.
Andresdorf s. Oláh-András-falva und Szent-András
Apesdorf . . . . I.7.
Apfeldorf s. Almás
Arbegen . . . . I.7.
Armenen s. Örmény-Székes
Armenierstadt s. Szamos-Ujvár
Augustinsdorf s. Ágoston-falva

B.

Baassen . . . . I.8.
Bachnen . . . . IV.6.
Bägendorf . . . . . . I.5.
Baiersdorf . . . . . . V.5.
Bainden) s. Magyar-Bénye
Bangden)
Bartdorf s. Erdö-Szakál
Bassen s. Baassen
Batesch s. Bootsch
Batschendorf s. Bácsfalu
Baumgarten s. Bongárd
Beierdorf s. Baiersdorf
Bekokten . . . . . . I.11.
Belisdorf) . . . . . I.8.
Belleschdorf)
Bell . . . . I.7.
Bellendorf s. Balamir
Benden s. Magyar-Bénye
Benndorf s. Abafája
Berndorf s. Berény
Beschenbach) s. Besimbák
Besenbach)
Beschendorf s. Peschendorf
Betlinen s. Bethlen . . II.2.
Bien s. Magyar-Bénye
Binden s. Szpiny
Birk . . . . V.2.
Birkenfeld s. Nyirmezö u. Oláh-Bükkös
Birkenwald s. Nyirmezö u. Oláh-Bükkös
Birnbaum s. Girbó und Körtvélyfája.
Birnthor s. Körtvélykapu
Birthelm . . . . I.8.
Bistritz . . . . V.5.

530

Bistritz (Klein-) . . . . V. 5.
Bladenmarkt s. Balavásár
Blasendorf s. Balásfalva IX. 3.
Blasendorf (Klein-) . . . I. 8.
Bleschdorf s. Szpiny
Blutroth . . . . IX. 3.
Bodendorf . . . . . . I. 10.
Bodesdorf s. Kis-Budak
Bogeschdorf . . . . . . I. 8.
Bolkatsch s. Bulkesch
Bonesdorf . . . . . . I. 8.
Bootsch . . . . V. 2.
Bosau s. Bodza
Braller . . . . I. 11.
Breitau s. Pretai
Brenndorf . . . . . . II. 6.
s. auch Abafája
Brennsdorf s. Beretztelke
Brenzendorf s. Hoszszupatak
Bretzdorf s. Beretztelke
Brigdendorf s. Brenndorf
Broos)
Bros) . . . . X. 9.
Bruckendorf s. Hidvég
Buchholz s. Boholtz
Buchhorn s. Kóbor
Budenbach s. Kákova und Sibjel
Bulkesch . . . . IX. 3.
Bunnesdorf s. Bonesdorf
Burg s. Várallya . . . I. 9.
Burgberg . . . . I. 5.
s. auch Borberek
Burghallen s. Várhely . . V. 5.
Bürgesch s. Bürkös
Busendorf s. Buzd . . . I. 2.
Buss . . . . I. 8.
s. auch Buzd . . . . I. 2.

C.

Chrapundorf s. Magyar-Igen

D.

Daken s. Dák
Dallendorf s. Oláh-Dálya
Dengel s. Danyán
Denndorf . . . . . . I. 10.

Deutschbek siehe Szász-Völgye
Deutsch-Budak . . . . . V. 5.
Deutsch-Neudorf . . . . I. 10.
Deutsch-Pian)
Deutsch-Pien) ` · · · · · I. 1.
Deutsch-Tekes . . . . . II. 1.
Diemrich s. Déva
Diwaldsdorf s. Teufelsdorf
Dobreng)
Dobring) · · · · · · I. 2.
Donnersmarkt . . . . . IX. 3.
Dornstadt s. Tövis
Dorstadt s. Hoszszutelke
Draas . . . . II. 1.
Dunesdorf s. Dános
Durles . . . . I. 8.
Dürrbach . . . . V. 8.
Dusch s. bei Szelistye

E.

Ederholz s. Hederfája
Egidstadt s. Nagy-Enyed
Ehrgang . . . . I. 9.
Eibesdorf . . . . I. 8.
Eida . . . . V. 8.
Eidisch (Ober- und Unter-) . V. 1.
Eidischbach . . . . . . V. 1.
Eisenmarkt) siehe Vajda-Eisenstadt) Hunyad
Elisabethstadt . . . . . I. 9.
Elsterdorf s. Szereka
Engelthal)
Engenthal) s. Ingodály
Epeschdorf s. Elisabethstadt
Erkeden . . . . I. 10.
Erlberg)
Erlendorf) s. Egerbegy
Erlenwald s. Egrestő
Eschendorf s. Körös
Etschdorf s. Radnótfája
Eulenbach s. Illenbák
Eyda s. Eida
Eydisch s. Eidisch

F.

Fegendorf)
Feigendorf) s. Mikeszásza
Feldorf . . . . I. 9.

Felmern . . . . II.1.
Felzendorf s. Földszin
Fetschdorf s. Radnótfája
Fölzendorf s. Földszin
Frauenberg und Frauenvolk s. Aszszonynépe
Frauendorf . . . . . . I.7.
Frauenkirchen s. Boldogfalva
Freithum s. bei Reps
Freck . . . . I.6.
Fürstenburg s. Hidvég
Füselen)
Füsten) s. Feisza
Fützen)

G.

Galt . . . . II.1.
Garn s. Ardány
Gassen s. Disznájó
Gebissdorf s. Zabola
Gehannes s. Johannes und Johannisdorf
Geist s. Apátza
Gergendorf s. Gogány
Gergersdorf s. Algyógy
Gergersdorf)
Gergeschdorf) . . . . I.1.
Gergin s. Görgény-Szent-Imre
Gerhardsau s. Gierelsau
Gesäss s. Gezés
Gespreng s. Spring
Gierelsau . . . . I.4.
Giesshübel . . . . . . I.2.
Girtlen s. Gürteln
Gogeschburg s. Gogány-Váralya
Gogeschdorf s. Gogány
Gogisdorf s. Gyákos
Goldbach s. Oláh-Ujfalu
Goldenmarkt) s. Zalathna
Goldmarkt)
Gross-Alisch . . . . . I.9.
Grossau . . . . I.4.
Grossdorf s. Szelisje und Nagyfalu
Gross-Kend s. Nagy-Kend
Gross-Kopisch . . . . . I.8.

Gross-Lasslen . . . . . I.10.
Gross-Ludosch s. Logdes
Gross-Pold . . . . . . I.2.
Gross-Probstdorf . . . . I.8.
Gross-Scharosch . . . . I.11.
Gross-Schagen s. Gross-Schogen
Gross-Schenk . . . . . I.11.
Gross-Schergid . . . . . IX.3.
Gross-Scheuern . . . . I.4.
Gross-Schlatten s. Abrudbánya
Gross-Schogen . . . . . V.4.
Gross-Schwarzdorf s. Netot
Gross-Talmesch s. Talmesch
Grundsdorf s. Telek
Gunzendorf s. Poplaka
Gürteln . . . . I.11.
Güss s. Giesshübel

H.

Haberndorf s. Zaprotz
Hahnbach)
Hahnenbach) . . . . . I.4.
Halmajen) s. Halmágy
Halwegen)
Halwelägen . . . . . . I.9.
Hameruden . . . . . . II.1.
Hamlesch . . . . I.2.
Hannedeng siehe Vajda-Hunyad
Hammersdorf . . . . . I.4.
Harbach) s. Hortobágyfalva
Harendorf)
Haschagen . . . . . . I.7.
Haseldorf s. Magyaró
Heidendorf . . . . . . V.5.
s. auch Besenyő
Heldau s. Heltau
Heldsdorf . . . . II.5.
Heltau . . . . I.4.
Henndorf . . . . I.12.
Heresdorf s. Galatz
Hermannstadt . . . . . I.4.
Hetzeldorf . . . . . . I.8.
Heussischdorf s. Görgény-Oroszfalu
Hidrigscholln s. Hederfája

Hochfeld s. Fofeld und Felfalu
Hofmarkt s. Udvarhely
Hohendorf s. Hondorf
Hohewarte s. Sztrázsa
Holbach s. Holbák
Holzmengen . . . . . . I.5.
Honigberg . . . . . . II.6.
Honnerbach s. Glimboaka
Hotzing s. Hátzeg
Hühnerbach s. Glimboaka
Hühnerdorf s. Gainár
Hundertbücheln . . . . . I.12.

J. I.

Jaad . . . . V.5.
Jakobsdorf . . I. 9. I.12. V.8.
s. auch Szent-Jakab
Johannes . . . . I.9.
Johannisberg s. Szent-Jánoshegye
Johannisdorf . . . . . . I.9.
s. auch Johannes, Szent-Iván und Vajda-Szent-Iván
Jokeschdorf s. Jakobsdorf . I.9.
Irmesch . . . . I.9.

K.

Kabisch) s. Kövesd
Käbisch)
Kaissd s. Keissd
Kallesdorf . . . . . . V.8.
Kaltbrunn s. Kálbor
Kaltbrunnen s. Hidegkút
Kaltwasser s. Hidegviz u. Oláh-Hidegkút
Käppelbach s. Kerpenyes I.2.
Kapellendorf s. Alsó-Kápolna
Kappeln s. Kápolna
Karlsburg . . . . . . IX.4.
Kastendorf s. Kásztó
Kastenholz . . . . . . I.4.
Katzendorf . . . . . . II.1.
Keissd . . . . I.10.
Keppelsbach s. Kerpenyes I.2.
Kerschdorf s. Preszáka
Kertz)
Kerz) . . . . I.6.

Kerz (Klein-) s. Opra-Kerczesóra
Kerz (Ober-) s. Strezsa-Kerczesóra
Kerzing s. Gernyeszeg
Kessel s. Keszlér
Kindeln s. Kentelke
Kirchberg . . . . . . I.5.
Kiriales) . . . . . . V.8.
Kirieleis)
Kirtsch . . . . I.8.
Kiwern s. Kóbor
Klausdorf s. Klosdorf
Klausenburg . . . . . VIII.2.
Klein-Alisch . . . . . . I.9.
Klein-Bistritz . . . . . V.6.
Klein-Blasendorf . . . . I.8.
Klein-Budak s. Kis-Budak
Kleindörfel s. Kisfalud
Klein-Enyed s. Kis-Enyed
Klein-Ferken s. Kis-Sáros
Klein-Kend s. Kis-Kend
Klein-Kopisch . . . . . I.8.
Klein-Lasslen . . . . . I.9.
Klein-Pold s. Kis-Apold
Klein-Probstdorf . . . . I.8.
Klein-Romoss s. Romoszhely
Klein-Schelken . . . . . I.7.
Klein-Schenk . . . . . I.11.
Klein-Schergid . . . . . IX.3.
s. auch Kis-Cserged . . IV.1.
Klein-Scheuern . . . . . I.4.
Klein-Schlatten s. Zalathna
Klein-Schogen s. Kis-Sajó
Klein-Talmesch siehe Kis-Talmáts
Klosdorf . . . . I.10.
s. auch Bethlen-Szent-Miklós
Kokelburg . . . . . . IV.6.
Kokt s. Kútyfalva
Königsbach s. Királypataka
Königsberg siehe Királyhalma
Königsdorf s. Pálos
Kothbach s. Sárpatak
Kowern s. Kóbor

533

Kradendorf s. Kis-Kerék
Krebsbach s. Kákova und Krizba
Krebsdorf s. Galyis und Kákova
Kreisch . . . . I.10.
Kreutz . . . . I.10.
s. auch Sajó-Keresztur
Kreutzburg s. Nyén
Krissbach s. Krizba
Kronstadt . . . . . . II.6.
Kukelburg s. Kokelburg
Kuppendorf s. Magyar-Igen

L.

Lamdorf) s. Lomány
Lamendorf)
Lammdorf s. Berény
Langendorf s. Lámkerék, Hoszszufalu u. Lunka
Langenthal . . . . . . I.7.
s. auch Longodár
Lasslen . . . . I.10.
s. auch Gross- und Klein-Lasslen
Lasslen (Gross-) . . . I.10.
  (Klein-) . . . I.9.
Leblang . . . . II.1.
Lechnitz . . . . V.8.
Ledermann s. Lodormány
Lera s. Lövér
Leschkirch . . . . . . I.5.
Logdes . . . . I.2.
Löschkirch s. Leschkirch
Ludesdorf) s. Ludvég
Ludwigsdorf)
Ludwigsdorf . . . . V.9.

M.

Magarei . . . . . . I.12.
Makenberg s. Alamor
Makendorf s. Makód
Makesdorf s. Márkos
Malldorf . . . . I.9.
Malmkrog . . . . . . I.10.
Mangeresch) s. Maniersch
Mangertz)
Maniersch . . . . . . I.9.
Mardisch . . . . . . I.7.

Marienburg . . . . I.9. II.5.
s. auch Földvár
Marienthal s. Morgonda
Markesdorf s. Márkos
Markstuhl s. Szék
Marktschelken . . . . . I.7.
Marktstadt siehe Maros-Vásárhely
Marpodt . . . . I.5.
Martesdorf s. Martinsdorf
Martinsberg . . . . . . I.11.
Martinsdorf . . . . . . I.8.
s. auch Kóród- u. Sós-Szent-Márton
Mayer s. Major
Mayrboth) s. Marpod
Mayrpold)
Mehburg . . . . II.1.
Mechelsdorf s. Michelsdorf
Mediasch) . . . . . . I.8.
Medvisch)
Meeschendorf . . . . . I.10.
Mergeln . . . . I.12.
Mertesdorf s. Martinsdorf
Meschen . . . . I.8.
Meschendorf s. Meeschendorf
Mettersdorf . . . . . . V.5.
Michelsberg . . . . . . I.4.
Michelsdorf . . . I.7. IV.6.
Miërtesdorf s. Martinsdorf
Mikluden s. Iklód
Minarken . . . . V.5.
Mintzdorf s. Harina
Moichen s. Moh
Mönchsdorf s. Barátos
Moritzdorf s. Moritz
Mortesdorf . . . . . . I.8.
Mühlbach) . . . . . . I.1.
Mühlenbach)
Mukendorf s. Moha

N.

Nadesch . . . . I.9.
Neidhausen . . . . . . I.12.
Neppendorf . . . . . . I.4.
Neu-Rodna s. Uj-Rodna
Neu-Schinka s. Uj-Sinka
Neu-Tohan s. Uj-Tohán

Neudorf . . . . . I.4. I.10.
  s. auch Ujfalu
Neumarkt s. Maros-Vásárhely
Neu-Sebeschell . . . . X.9.
Neustadt . . . . . I.12. II.6.
Neuthhausen s. Neidhausen
Nieder-Eidisch siehe Unter-Eidisch
Nieder-Kiher siehe Alsó-Köhér
Nieder-Rependorf s. Alsó-Répa
Nieder-Schewes s. Alsó-Sebes
Niemesch) . . . . . I.8.
Nimesch)
Nösen s. Bistritz
Nussbach . . . . . . II.5.
Nussdorf s. Naszód und Magyarós
Nussschloss s. Diód

O.

Ober-Arpasch s. Felsö-Árpás
Ober-Blasendorf s. Felsö-Balásfalva
Ober-Bornbach s. Felsö-Porumbák
Ober-Brodsdorf siehe Fel-Kenyér
Oberdorf s. Felfalu
Ober-Eidisch . . . . . V.1.
Ober-Gesäss siehe Felsö-Gezés
Ober-Kiher s. Felsö-Köhér
Ober-Schebesch s. Felsö-Sebes
Ober-Sombath s. Felsö-Szombathfalva
Ober-Telek s. Felsö-Telek
Ober-Tömösch s. Tömös
Ober-Utscha s. Felsö-Utsa
Ober-Wischt s. Felsö-Vist
Ochsendorf s. Boitza . . I.4.
Oderhellen s. Udvarhely
Offenburg s. Offenbánya

P.

Peschendorf I.10
Petersberg . . . . . . II.6·
Petersdorf . . . I.1. I.7. V.5.
Petsch s. Petek
Pfaffendorf s. Papfalva
Pfauendorf s. Páva
Pien) s. Deutsch-Pien
Pian)
Pintak . . . . V.5.
Pokendorf s. Póka
Pold s. Gross-Pold, Klein-Pold und Trapold
Pormbach s. Porumbák
Prenzdorf s. Felfalu
Pretai . . . . I.8.
Probstdorf s. Gross- u. Klein-Probstdorf
Pruden . . . . I.9.
Puschendorf . . . . . I.8.

R.

Radeln . . . . I.8.
Radelsdorf s. Ragla
Rampeldorf s. Heningfalva
Rätsch . . . . I.2.
Rauthal . . . . I.10.
Reen s. Sächsisch-Regen
Reichau s. Rehó
Reichesdorf) . . . . I.8.
Reichersdorf)
Reisdorf s. Reussdorf
Rekenstdorf s. Rukur
Reps . . . . II.1.
Reteschdorf . . . . . I.12.
Reussdorf . . . . . . I.9.
Reussdörfel . . . . . I.4.
Reussen . . . . I.7.
  s. auch Szeretfalva
Reussischdorf s. Görgény-Oroszfalu
Reussmarkt . . . . . I.2.
Rhoden) . . . . . . I.9.
Rod)
Rodeldorf s. Ragla
Rohrbach . . . . . . I.11.
Romoss . . . . X.9.
Rondeln s. Rudály
Roth s. Rovás

Roseln	I. 12.
Rosenau	II. 6.
Rothbach	II. 5.
Rothberg	I. 4.
Rothenthurm s. bei Boitza	I. 4.
Rothkirch	I. 2.
Rumes s. Romoss	

S.

Sachsenhausen s. Szászahuz	
Sächsisch-Regen	V. 2.
Salmen s. Oláh-Solymos	
Salz s. Sófalva	V. 5.
Salzbach s. Sóspatak	
Salzbrunnen s. Görgény-Sóakna	
Salzburg	I. 4.
Salzgrub s. Kolos	
Salzhau siehe Görgény-Sóakna	
Salzwasser s. Görgény-Oroszfalu	
Sankt-Georgen	V. 8.
Schaal s. Sálya	
Schaas	
Schaldorf) Schalendorf)	I. 7.
Schardörfel s. Mág	
Scharesch	I. 8. I. 11.
Scharenberg s. Sáromberke	
Scharosch s. Scharesch	
Scharpendorf s. Sárpatak	
Schässburg	I. 10.
Schelken	V. 4.
s. auch Kleinschelken und Marktschelken	
Schellenberg	I. 4.
Schergid s. Gross- u. Klein-Schergid	
Schlatt) Schlatten) s. Zalakna Schlattendorf)	
Schmiegen	I. 8.
Schnakendorf s. Szunyogszeg	
Schogen s. Gross-Schogen	
Scholten	I. 7.
Schönau	II. 1.

Schönberg	I. 12.
Schöndorf s. Széplak	
Schönen s. Sóna	
Schorsten	I. 7.
Schwarzwasser s. Szetsel	
Schweischer	II. 1.
Schwendburg s. Offenbánya	
Seiburg	II. 1.
Seiden	I. 8.
Seligstadt	I. 7.
Senndorf s. Solna	
Sensenhammer s. Kaszabánya	
Sommerburg	II. 1.
Städterdorf s. Resinár	
Stehnen s. Isztina	
Stein	II. 1.
s. auch Isztina	
Stolzenburg	I. 4.
Streitfort	II. 1.

T.

Talmatsch) Talmesch)	I. 4.
Tartlau	I. II., II. 6.
Tartlen s. Tartlau	I. 11.
Tekendorf	V. 3.
Telek (Ober-) s. Felsö-Telek	
Telek (Unter-) s. bei Vajda-Hunyad	
Teufelsbrunnen s. Ördögkút	
Teufelsdorf s. Hejjásfalva	
Teutschbek siehe Szász-Völgye	
Thalheim	I. 4.
Thell s. Nyén	
Tobsdorf	I. 8.
Thorenburg s. Torda	
Thorendorf s. Tordás	
Thorstadt s. Hosszutelke	
Tömösch	II. 1.
Toppesdorf s. Tobsdorf	
Törzburg	II. 4.
Trapold	I. 10.
Trassten s. Harasztos	
Treppen s. Törpény	
Troschen s. Drassó	

Tschapertsch . . . . . I. 2.	Wallenthal s. Hátzeg
Tschepan . . . . . . V. 5.	Waltenberg s. Zilah
Tschippendorf s. Szépnyir	Waltersdorf s. Kis-Demeter
Türkesdorf s. Türkös	Warmbach s. Héviz
Tuten) s. Glogovitza	Warmwasser s. Héviz
Tutendorf)	Warthe s. Limba
U.	Wassid . . . . I. 7.
Unter-Arpasch s. Alsó-	Weidenbach . . . . . . II. 6.
Árpás	Weidendorf s. Vajdei
Unter-Blasendorf s. Alsó-	Weiersdorf s. Tohát . . IX. 3.
Balásfalva	Weilau s. Wela
Unter-Bornbach s. Alsó-	Weingarten) . . I. 1.
Porumbák	Weingartskirchen)
Unter-Brodsdorf s. Alke-	Weisskirch . I. 10. II. 1. pr. I. 2.
nyér	Weisskirchen . . . . . V. 8.
Unter-Eidisch . . . . . V. 1.	Wela . . . . V. 4.
Unter-Gesäss siehe Alsó-	Welz s. Wölz
Gezés	Wendau s. Windau
U.-Schebesch s. Alsó-Sebes	Wendenthal s. Füzes
Unter-Sombath s. Alsó-	Wengerskirch s. Weingarten
Szombathfalva	Wepeschdorf s. Pipe
Unter-Telek s. bei Vajda-	Werdt . . . . I. 12.
Hunyad	Wermesch . . . . . . V. 8.
Unter-Tömösch s. Tömösch	Westen s. Vestény
U.-Utscha s. Alsó-Utsa	Wetsch s. Véts
U.-Wischt s. Alsó-Vist	Windau . . . . V. 5.
Unterhammer s. Király-	Wladien s. Vledény
bánya	Wolchendorf s. Volkány
Urbigen s. Urwegen	Wolkendorf . . . . I. 10. II. 6.
Urmenen s. Örményszékes	Wölz . . . . I. 8.
Ürmesch s. Irmesch	Wossling . . . . I. 10.
Urwegen . . . . . . I. 2.	Wurmloch . . . . . . I. 8.
V.	**Z.**
Völldorf s. Felldorf	Zaben s. Szépnyir
W.	Zapendorf s. Szász-Csegö
Walachisch-Birk s. Oláh-	Zekeschdorf s. Székás u.
Bölkény	Koncza
Walachisch-Lasslen s. Oláh-	Zeiden . . . . II. 6.
Szent-László	Zendersch) . . . . . . I. 9.
Walachisch - Neudorf siehe	Zendrisch)
Oláh-Ujfalu	Zepling . . . . V. 2.
Wal.-Pien s. Oláh-Pián	Zernendorf s. Csernatfalu
Wal.-Tekes s. Oláh-Tyúkos	Ziedt . . . . I. 12.
Waldhütten . . . . . . I. 8.	Ziegenthal s. Czikendál
Walkmühlen s. Dirszte	Zikmantel s. Zukmantel
Wallendorf . . . . . V. 5.	Zippendorf s. Szépnyir
s. auch Voldorf	Zukmantel . . . . . . I. 9.

II. Ungarisches Ortsregister.

(Es wird ausgesprochen: a sehr kurz dem o sich nähernd, á wie aa, cs wie tsch, cz wie z oder tz, e wie e sehr kurz dem ä sich nähernd, é wie ee, gy wie dj, ly wie lj, ny wie nj, s wie sch, sz wie ss oder sz, ty wie tj, z wie s, zs wie ein sehr gelindes sch oder dsch.)

A.

Abafája, *Brenndorf*	. . . V. 2.			
Abásfalva	. . . . . III. 6.			
Abod	. . . . . . IV. 2.			
Abosfalva	. . . . . IV. 6.			
Ábrahámfalva	. . . . III. 6.			
Abrudbánya, *Gross-Schlatten*	. . . . . . IX. 6.			
Abrudfalva	. . . . . IX. 6.			
Abucsa	. . . . . . X. 5.			
Acsucza	. . . . . . X. 1.			
Acsuva	. . . . . . X. 1.			
Adalin	. . . . . . VIII. 1.			
Adamos	. . . . . . IV. 6.			
Adorján	. . . . . . V. 1.			
„ (Kis-) „ (Nagy-)	. . . IV. 2.			
Agárd	. . . . . . IV. 1.			
Agostonfalva	. . . . III. 1.			
Agotha (Szt.), *Agnethlen*	. I. 12.			
Agyagfalva	. . . . . III. 5.			
Ajnád, pr. *)	. . . . . III. 3.			
Ajta (Közép-) „ (Nagy-) „ (Száraz-)	. . . III. 1.			
Ajton	. . . . . . VIII. 5.			
Akmár	. . . . . . IX. 4.			
Akna (Kis-)	. . . . IX. 2.			
„ (Szász-)	. . . V. 3.			
Ákos (Árkos)	. . . . VII. 1.			
Ákosfalva	. . . . . IV. 1.			
Alamor	. . . . . . I. 2.			
Albák oder Nagy-Aranyos	. IX. 6.			
Albis	. . . . II. 9.			
Alczina, *Alzen*	. . . I. 5.			

Aldoboly	II. 8.
Aldorf, *Wallendorf*	. . V. 5.
Alfalu (Gyergyó-)	. . . III. 5.
Algyógy oder Alfalu	. . . IX. 5.
Alkenyér, *Unter-Brodsdorf*	X. 9.
Almakerék, *Malmkrog*	. . I. 10.
Almás	II. 10. IV. 3.
„ (Homoród-)	. . . III. 6.
„ (Keresztény-)	. . . X. 5.
„ (Kis-) „ (Közép-)	. . . . IX. 5.
„ (Nagy-)	. VIII. 3. IX. 5.
„ (Sovárhegy-)	. . . VII. 2.
„ (Száraz-)	. . . . X. 5.
„ (Szász-), *Almen*	. I. 8.
„ (Kis-Szász-), *Almaschken*	. . . . . . I. 8.
„ -Szelistye	. . . X. 3.
Almasel	. . . . . . X. 3.
Almásmezö, pr.	. . . . III. 4.
Almásmezö (Pojána merului)	II 4.
Al-Ör	. . . . . . VI. 4.
Alparét	. . . . . . VI. 5.
Al-Pestes	. . . . . X. 5.
Alsó-Árpás	. . . . . I. 6.
„ Bajom, *Bunnesdorf*	. I. 8.
„ Balásfalva	. . . . V. 7.
„ Bán	. . . . . VII. 3.
„ Bauczár	. . . . X. 7.
„ Berekszó	. . . . VII. 4.
„ Boj	. . . . . . X. 3.
„ Boldogaszszonyfalva	. III. 5.
„ Borbátyén	. . . X. 8.
„ Borgó	. . . . . V. 6.
„ Bukurest	. . . . X. 2.

*) Die Andeutung pr. (Prädium) bezeichnet, dass der Ort nicht selbstständig, sondern ein Weiler oder eine zu einem andern Orte gehörige Attinenz sei.

43

Alsó-Bun (Kis-Bun)		III 5.	Alsó-Szálláspataka		X. 8.
„	Csernáton	II 10.	„	Szent-Mihályfalva	VIII. 6.
„	Csertés	X. 3.	„	Szilvás	X. 7.
„	Csobánka	VI. 5.	„	Szivágy	VII. 4.
„	Csora	X. 9.	„	Szöcs	VI. 1.
„	Detrehem	IV. 4.	„	Szolcsva	VIII. 6.
„	Egres . . V. 7. pr.	VI. 4.	„	Szombat	II. 2.
„	Farkadin	X. 7.	„	Szopor	VII. 1.
„	Fentös (Kis-Fentös)	VI. 3.	„	Szováth	VI. 8.
„	Füged	VIII. 6.	„	Torja	II. 10.
„	Füld	VIII. 3.	„	Telek pr.	X. 6.
„	Füle	VIII. 5.	„	Töök	VIII. 1.
„	Gáld	IX. 1.	„	Tömös mit Felsö-Tömös	II. 6.
„	Gezés	I. 5.	„	Urikány pr.	X. 8.
„	Grohát mit Felsö-Grohat	X 2.	„	Ucsa	I. 6.
„	Gyékénes	VI 6.	„	Vácza	X. 1.
„	Hagymás	VI. 5.	„	Várcza	VII. 4.
„	Jára	VIII. 5.	„	Városvize	X. 9.
„	Jáz mit Felsö-Jáz	VII. 2.	„	Venicze	II. 3.
„	Idécs, *Unter-Eidisch*	V. 1.	„	Vidra	IX. 6.
„	Illosva	VI. 4.	„	Vist	I. 6.
„	Kápolna	IV. 6.	„	Volál	II. 10.
„	Kaznács	VII. 2.	Alszeg pr.		III. 2.
„	Kékes-Nyárló	VII. 6.	Altiz, Kászon (Nagy-Kászon)		III. 2.
„	Komána	II. 3.	Alun, Aluny		X. 6.
„	Kosály	VI. 4.	Alvincz, *Winzendorf*		IX. 4.
„	Köhér	V. 1.	Ampolyicza		IX. 4.
„	Körtvélyes	VI. 5.	Andrásfalva (Nyárád-)		IV. 2.
„	Lapugy	X. 5.	„ (Magyar-)		III. 5.
„	Limpert pr.	X. 6.	„ (Oláh-)		
„	Lunkoj	X. 2.	Andrásháza pr.		VIII. 2.
„	Maros-Váradja	IX. 4.	Angyalos		II. 8.
„	Mocs pr.	II. 4.	Antos		VI. 6.
„	Nádasd	X. 6.	Apácza, *Geist*		II 5.
„	Nyiresfalva	X. 7.	Apácza (Várcza)		VII. 4.
„	Orbó (Magyar-Orbó)	IX. 2.	Apahida . . . VIII. 2.		IX 2.
„	Oroszfalu	V. 7.	Apa - Nagyfalu		V. 7.
„	Oroszi	V. 1.	Apáthfalva, *Apesdorf*		V. 12.
„	Podsága	VIII. 6.	Apáthi (Dellő-)		VI. 7.
„	Pestes	X. 5.	Apold (Nagy-), *Grosspold*)		I. 2.
„	Porumbák	I. 6.	„ (Kis-), *Kleinpold*)		
„	Rákos	III. 1.	Arany		X. 4.
„	Répa	V. 4.	„ -Mező		VI. 3.
„	Sebes	I. 6.	Aranykút		VI. 8.
„	Sebes	V. 4.	Aranyos		X. 6.
„	Siményfalva	III. 5.	„ (Erdő-)		VI. 3.
„	Soófalva	IV. 2.	„ (Kis- und Nagy-)		IX. 6.
„	Suk	VIII. 1.	„ -Lóna		VIII 6.

539

Aranyós-Móricz, *Moritzdorf*	V. 8.	Bajesd	X 8.
„ -Polyán)	VIII. 6.	Bajok, pr.	VII. 2.
„ -Rákos)		Bajom (Alsó-), *Bunnesdorf*)	I. 8.
Árapataka	II. 8.	„ (Felsö-), *Baasen*)	
Arcsó, pr.	IV. 2.	„ (Nagy-)	VII. 1.
Ardány, *Garndorf*	V. 4.	Bajucz s. Oláhláposbánya	VI. 1.
Ardo	VII. 4.	Bakonya	IX. 5.
Argyas	VII. 6.	Baksa (Magyar-)	VII. 5.
Arki	X. 5.	„ (Oláh-)	VII. 3.
Árkos	II. 8.	Balánbánya	III. 3.
Árkos	VII. 1.	Balásfalva, *Blasendorf*	IX. 3.
Árokalya	V. 8.	„ (Alsó- und Felsö-)	V. 7.
Árpás, (Alsó- und Felsö-)	I. 6.	Balásháza	VII. 1., VII. 6.
Árpástó	V. 7.	Baláspatak, pr.	III. 4.
Árvátfalva	III. 6.	Balástelke, *Klein-Blasendorf*	I. 8.
Aszszonyfalva	VIII. 5.	Balata, pr.	X. 4.
„ *Frauendorf*	I. 7.	Balcsesd (Gura dobri)	X 5.
Aszszonynépe	IX. 2.	Báld	VI. 8.
Aszszu-Besztercze, *Klein-*		Báldovény	X. 2.
Bistritz	V. 5.	Bálintfalva	IV. 1.
Átosfalva	IV. 2.	Balla	V. 3. VII 3.
Atyha,	IV. 2.	Ballaháza	VII 2.
B.		Ballavására	IV. 2.
		Balyom	VII. 3.
Bába	VI. 1.	Balomir	X. 7., X. 9.
Bábahalma	IV. 6.	Balsa	IX. 5.
Babcza	VII. 4.	Bálványos-Várallya	VI. 6.
Bábolna	IX. 5.	Bán (Alsó- und Felsö-)	VII. 3.
Babony	VIII. 3.	Bánd (Mezö-)	VI. 3.
Babos	VII. 2.	Bánfi-Hunyad	VIII. 3.
Babucz	VIII. 1.	Bánkfalva	III. 2.
Bács	VIII. 2.	Bánpataka	X. 4.
Bácsfalu	II. 7.	Bányabük	VIII. 5.
Bácsfalva	X. 3.	Banyest	X. 1.
Bácsi	X. 5.	Banyika	VII. 6.
Baczalár	X. 7.	Banyicza	X. 8.
Baczka-Madaras	IV. 1.	„ (Szász-)	V. 3.
Baczon (Kis-, Nagy-, Sepsi-		Bar (Kis- und Nagy-)	X. 8.
und Telegdi-Baczon)	III. 1.	Baraksó, pr.	III. 4.
Badacson	VII. 3.	Báránykút, *Bekockten*	I. 11.
Bádok	VIII. 1.	Barátfalva	V. 8.
Badon	VII. 3.	Barátos, *Mönchsdorf*	II. 9.
Bagó (Magyar-)	IX. 2.	Barbura	X. 4.
Bagolyfalva	VII. 3.	Barbuczény, pr.	X. 8.
Bagos	VII. 2.	Barcsa (Kis- und Nagy-)	X. 5.
Bágy	III. 6.	Bárdos	IV. 3.
Bágyon	VIII. 6.	Bardocz	III. 1.
Baja	X. 6.	Báresd	X. 3., X. 7.

Báresd (Uj-)	X. 2.	Berkesz	VIII. 5.
Barév	VIII. 1.	„ (Magyar-Sáros-)	VI. 3.
Barlangfalva	X. 4.	Berkeszpataka	VI. 3.
Baromlaka, *Wurmloch*	I. 8.	Berivoj (Kis- und Nagy-)	II. 2
Baróth	III. 1.	Berlád	V. 4.
Bástya	X. 5.	Bernád	IV. 6.
Baszarábasza	X. 1.	Berve, *Bluthroth*	IX. 3.
Batiz	X. 6.	Besán	X. 4.
Batizháza	IV. 5.	Bese, *Peschendorf*	I. 10.
Batiz-Polyán	VI. 1.	Besenyő, *Heidendorf*	V. 5.
Báton	VI. 6., pr. X. 8.	„	II. 9. IX. 3.
Bátos, *Bootsch*	V. 2.	„ (Búzás-)	IV. 1.
Batrina	X. 6.	Besztercze, *Bistritz*	V. 5.
Batza	VI. 4.	„ (Aszu-), *Klein-Bistritz*	V. 5.
Bauczár (Alsó- und Felső-)	X. 7.	Béta	III. 6.
Bazéd	IV. 3.	Béthfalu	III. 5.
Becze	IX. 2.	Bethlen	II. 2. V. 7.
Bede	IV. 2.	Bethlenfalva	III. 6.
Bedecs	III. 2. VIII. 3.	Bethlen-Sz.Miklós, *Klosdorf*	IX. 3.
„ oder Mező-Böö	IV. 4.	Bezdéd	VI. 5.
Bedellő	VIII. 6.	Bezsán	X. 4.
Békás (Bekencze), pr.	IX. 1.	Bibarczfalva	III. 1.
„ (Thal und Ansiedelung)	III. 4.	Bikácza	VII. 4.
Bélafalva	II. 10.	Bikafalva	III. 6.
Belbor	III. 4.	Bikal (Magyar- und Oláh-)	VIII. 3.
Béld	IX. 1.	Bikalak	VIII. 5.
Bélmező, pr.	II. 7.	Bikfalva	II. 8.
Benczéd	III. 6.	Bikszád	II. 8.
Benczencz	X. 9.	„ -Ujfalu oder Mikó-Ujfalu	II. 8.
Bendorf, *Bägendorf*	I. 5.	Bilak	V. 4.
Benedek (Szent-)	IV. 5. VI. 6. IX. 1.	Bisztra	IX. 6.
Benedekfalva	VII. 4.	Bita	II. 9.
Bene, *Mehburg*	II. 4.	Blenke-Poján	VI. 4.
Bénye (Magyar-), *Benden*	IX. 3.	Blesény	X. 2.
Bercse	VII. 6.	Blossa-Vályé, Valye-Blossi	VI. 2.
Bere	IV. 2.	Bocs	VIII. 3.
Bereczk	II. 10.	Bocsárd (Magyar-) Boros- (Oláh-)	IX. 1.
Berecztelke, *Ungersdorf*	V. 2.		
Berek (Virágos-)	V. 10.	Bocsárd (Buzás-)	IX. 3.
Bere-Keresztur	IV. 2.	Bodok	II. 8.
Berekszó	X. 4.	Bodola	II. 7.
„ (Alsó- und Felső-)	VII. 4.	Bodon (Hagymás-)	IV. 1.
Berencze	VI. 2.	Bodorla	V. 8.
Berend	VIII. 2.	Bodos	III. 1.
Berény, *Landorf*	X. 9.	Bodza, *Bosau*	II. 7.
Berethalom, *Birthelm*	I. 8.	Boérfalva	VI. 1.
Bergenye	IV. 3.	Boj (Alsó- und Felső-)	X. 3.
Berkenyes	VI. 8.	Boicza	I. 4. X. 4. X. 7.

Bojabicz	X. 5.	Boronamező, Pojenicza	VII. 3.
Bogát	II. 3.	Boros-Bocsárd (Magy, Oláh-)	IX. 1.
„ (Maros-)	IV. 4.	Borosnyó (Kis-, Nagy-)	II. 9.
„ (Oláh-)	I. 2.	Boroszló, pr.	III. 2.
Bogáta (Magyar-, Oláh-)	VI. 5.	Borsa	VIII. 1.
Bogáts, *Bogeschdorf*	I. 8.	Borsomező	IX. 4.
Bogács	VI. 7.	Borsova	III. 3.
Bogárfalva	III. 6.	Borszék	III. 4.
Bogártelke	VIII. 2.	Borszó (Kis-)	VI. 2.
Bogdánd	VII. 1.	„ (Nagy-)	VI. 4.
Bogyesd	X. 1.	Borzás . . . IV. 6.	VII. 6.
Bogdánháza	VII. 3.	„ (Magyar-)	VI. 7.
Boholcz	I. 11.	Borzova	VII. 6.
Bokaj	IX. 5.	Bosorod	X. 7.
Bohold	X. 4.	Botfalva, *Brenndorf*	II. 6.
Boldogaszszonyfalva (Alsó-)	III. 5.	Botháza	VI. 8.
„ „ (Felső-)	III. 6.	Bozes	IX. 5.
Boldogfalva	IV. 6.	Bozonta (Kis- oder Uj-)	VI. 3.
„ (Kő-)	X. 6.	„ (Oláh- oder Ó-)	
„ (Orolya-)	X. 7.	Bőö	IV. 5.
Bolkács (Bulkesch)	IX. 3.	Bööd	V. 7.
Bolya (Bell)	I. 7.	Bödön	VI. 7.
Bongárd	I. 4. V. 8.	„ (Mező-)	IV. 4.
Bonczhida	VIII. 1.	Bögöz	III. 6.
Boncznyires	VI. 7.	Bölkény . . . V. 1.	VIII. 3.
Bonyha, *Bachnen*	IV. 6.	Bölön	III. 1.
Boos . . . IV. 1.	VIII. 2.	Böö (Mező-), Bej o. Bedecs)	IV. 1.
„ -Gros	X. 6.	Börvény	VIII. 3.
Booz	X. 3.	Bösháza	VII. 4.
Borbánd	IX. 4.	Bözöd)	IV. 2.
Borbátviz	X. 8.	„ Ujfalu)	
Borbátyén (Alsó-, Felső-)	X. 8.	Brád)	X. 2.
Borberek, *Burgberg*	IX. 4.	„ (Valye-)	
Bord	IV. 5.	Bradacsel)	X. 3.
Bordos	IV. 2.	Branyicska)	
Borév	VIII. 6.	Brázova	X. 7.
Borgó (Alsó-))		Brassó, *Kronstadt*	II. 6.
„ -Beszlercze)		„	X. 3.
„ (Felső-), Szuszény)		Bráza	II. 2.
„ -Marosény)		Brébfalva	VI. 2.
„ -Mislocsény)	V. 6.	Bréd	VII. 5.
„ -Prund)		Bredotyest, pr.	X. 3.
„ -Rusz)		Brete (Szász-)	V. 7
„ -Szuszény o. Felső-B.)		Bretelin	X. 5.
„ -Tiha)		Brettye (Magyar-, Oláh-)	X. 7.
„ -Zsoszény o. Alsó-B.)		„ (Maros-)	X. 3.
Borkút	VI. 1.	Brezesd	IX. 6.
Borlyásza	VI. 1	Briznik (Bruznik)	X. 5.

542

Brotuna	X.1.	Csáholy (Magyar-))	VII.1.
Brusnyik	X.5.	„ (Oláh-))	
Brusztur	X.1.	Csáka	VI.5.
Bucsesd	X.2.	Csáki-Gorbó	VII.6.
Bucsum II.3. IX.6.	X.9.	Csáklya	IX.1.
„ (Törökfalva)	VI.3.	Csakó	VIII.6.
„ pr. VII.2.	X.7.	Csán (Csáva)	VII.1.
Buda-Burjános (Oláh-)	VIII.2.	„ (Mezö-Nagy-)	IV.4.
Buda (Szász-), Bodendorf	I.10.	„ (Puszta-)	VIII.5.
Budak (Szász-), Deutsch-		Csanád (Szász-), Scholten	I.7.
Budak	V.5.	„ (Erdö-)	IV.1.
Budatelke	V.3.	Csapó	IV.5.
Budesd, pr.	IX.1.	„ -Szent-György pr.	IV.4.
Bugyia	VII.6.	Császári	VI.7.
Bugyest	X.1.	Csatány	VI.6.
Bujdos	VI.6.	Csatószeg	III.2.
Bujtur	X.6.	Csávás (Maros- oder Mezö-)	IV.3.
Bukova	X.7.	„ (Szász-)	IV.6.
Bukurest (Alsó-, Felsö-)	X.2.	Cseb	IX.5.
Bulbuk	IX.5.	Csegéz	VIII.6.
Bulzesd	X.2.	Cseh (Pánczél-)	VIII.1.
Bun	IX.5.	„ (Szilágy-)	VII.4.
Bun (Kis- und Nagy-)	VI.3.	Csehédfalva	III.5.
Bun (Kis- und Nagy-)	III.5.	Csehi (Somlyó-Csehi)	VII.3.
Bunenyira	IX.6.	Csehtelke	VI.8.
Buninisina, pr.	IX.6.	Csejd	IV.1.
Bunyila	X.6.	Csekefalva III.2.	III.5.
Burcsén, pr.	X.6.	Csekelaka	IV.5.
Burjánfalva,	X.4.	Csekenye	VII.1.
Burjános (Oláh-Buda-)	VIII.2.	Csekenye oder Csekefalva	III.2.
Burzuk	X.3.	Csep	IX.5.
Búza	VI.7.	Csepány	V.5.
Búzaháza	IV.1.	Cserbel	X.6.
Búzamezö	VI.5.	Cserba, pr.	IX.6.
Búzás-Bessenyő	IV.1.	Cserbia	X.3
„ Bocsárd	IX.3.	Cserefalva	IV.1.
Buzd, Busz	I.2.I.8.	Cserése, Cserize	VII.2.
Büdöspataka	VI.4.	Cserged (Kis-), Klein-	
Bükkös (Magyar-)	IV.5.	Schergid IV.1.	IX.3.
„ (Oláh-) I.8.	V.10.	Cserged (Nagy-), Gross-	
Bülgösd	VII.2.	Schergid IV.6.	IX.3.
Bürkös, Bürgesch	I.12.	Csernisor)	X.6.
		Cserna)	
C.		Csernafalva	VI.2.
		Csernátfalu	II.7.
Christea, pr.	IX.6.	Csernáton (Alsó-, Felső-)	II.10.
Csaba	V.7.	Csernek	VI.1.
„ -Ujfalu	V.7.	Cserneczfalva	X.2.

Csernisor	X.6.	Csongár, pr.	I.8.
Csertés	IX.6.	Csongva	IX.2.
„ (Alsó-)	X.3.	Csopea	X.7.
„ (Felső-)	X.4.	Csora (Alsó-)	X.9.
Csesztve (Magyar-)	IX.2.	„ (Felső-)	IX.6.
„ (Oláh-)	IX.3.	Csöbb	IV.2.
Csiba	IV.1.	Csög	VII.1.
Csicsó	III.3.	Csömény	VI.5.
„ Györgyfalva)	VI.4.	Csömörlö	VII.6.
„ Hagymás)		Csucs	IV.5.X.1.
„ Holdvilág, *Apesdorf*	I.7.	Csucsa	VIII.3.
„ Keresztur)		Csufud	IX.3.
„ Lábfalva)		Csugásztra	VI.2.
„ Mihályfalva)	VI.4.	Csugány	X.1.
„ Polyán)		Csula, Incsel VI.3, (Csula)	VIII.3.
„ Ujfalu)		„ (Kis-, Nagy-)	X.7.
Csikfalva	IV.1.	Csuruliásza, pr.	IX.6.
Csik-Madaras	III.3.	Csüdötelke	IV.6.
Csikmó	IX.5.	Csüged, Csugud	IX.4.
Csik-Somlyó)	III.3.	Csür (Kis-), *Kleinscheuern*	I.4.
„ Szent-Domokos (Kis-))		„ (Nagy-), *Grossscheuern*	I.4.
„ „ György)	III.2.	„ (Rosz-), *Reisdörfel*	I.4.
„ „ Imre)		„ (Uveg-)	VIII.3.
„ „ Iván	III.3.	Csürfalva, pr.	VIII.1.
„ „ Király)		Csürülye	VIII.5.
„ „ Lélek)	III.2.	Czebe, Czebia	X.2.
„ „ Márton)		Czég (Kis-, Nagy-)	VI.8.
„ „ „	IV.1.	Czege	VI.7.
„ „ Mihály)	III.3.	Czegény (Kraszna-)	VII.1.
„ „ Miklós)		Czegő (Szász-), *Zagendorf*	V.8.
„ „ Simon	III.2.	Czelna	IX.1.
„ „ Tamás)	III.3.	Czente	VI.7.
„ Szépviz)		Czerneczfalva	X.2.
„ Szereda	III.3.	Czigányi	VII.5.
Csiszér	VII.3.	Cziglény	VII.5.
Csobánka (Alsó-, Felső-)	VI.5.	Czikendál, *Ziegenthal*	I.5.
Csobánfalva	III.3.	Czikmántor, *Zukmantel*	I.9.
Csohesd	X.1.	Czikó	VII.4.
Csóka	IV.1.	Czikud	IV.4.
Csókfalva	IV.2.	Czintos	IV.5.
Csokmány	VI.3.	Czod	I.4.
Csokotes	VI.2.	Czófalva	II.9.
Csolnakos	X.6.	Czold	VIII.3.
Csolt	VI.3.	Czoptelke, Czopu	VI.6.
Csomafája	VIII.1.		
Csomafalva	III.4.	**D.**	
Csombord	IX.2.	Dabjon)	VII.5.
Csomortány	II.10. III.3.	„ Ujfalu)	

Dák oder Datk	II.3.	Derite	VIII.3.
Dája (Oláh-)	I.1.	Derse	VIII.1.
Dál	I.1. VI.6.	Derzsida (Kis-, Nagy-)	VII.1.
Dalmár	VI.1.	Derzs	III.5.
Dálnok	II.9.	Detrehem	VII.2.
Dálya	III.6.	„ (Alsó-, Felső-)	VI.4.
„ (Szász-), *Dendorf*	1.10.	Déva	X.5.
„ (Oláh-), *Dallendorf*	I.1.	Devecser (Kis-, Nagy-)	VI.6.
Dámos	VIII.3.	Dezmér	VIII.2.
Danduj, pr.	III.4.	Dezsán	II.2.
Dánfalva	III.3. VI.3.	Dicső-Szent-Márton	IV.6.
Dank	VIII.3.	Dilsa, pr.	X.6.
Dános, *Dunesdorf*	1.10.	Dióa-Váralya	IX.1.
Dánpataka	VI.1.	Diómál	IX.1.
Danulesd	X.3.	Diós	VIII.2.
Dányán (Szász-), *Dengel*	IV.6.	Diósad	VII.5.
Darlocz, *Durless*	I.8. VIII.2.	Dióspataka	VI.3.
Darocza, *Drass*	II.1.	Dipse, *Dürrbach*	V.8.
Dátos (Maros-)	IV.4.	Disznajó, *Gassen*	V.2.
Deafalva, pr.	III.6.	Disznód (Kis-), *Michelsberg*	I.4
Debreczen (Kis-)	VI.3. VI.1.	Disznód (Nagy-), *Heltau*	I.4
Debrek (Kis-))		Disznópataka	VI.1.
„ (Lápos-))	VI.4.	Ditró)	III.4.
„ (Nagy-))		„ Várhegy)	
Debren	VII.5.	Doba (Kis- und Nagy-)	VII.5.
Décse (Magyar-)	V.7. IX.2.	Dobó	III.5.
Décsfalva	III.5.	Dobófalva oder Fiátfalva	III.5.
Déda	V.2.	Doboka	VIII.1.
Dedács	X.5.	„ (Kis-)	VI.4.
Dedrád, *Zepling*	V.2.	„ -Lunka	X.6.
Déés	VI.6.	Doholló, pr.	II.8.
Déésakna	VI.6.	Doboly (Al-)	II.8.
Déésfalva	VI.4.	Doboly, pr.	III.2.
Déésháza	VII.4.	Doborka, *Dobring*)	1.2.
Dégh	IV.5.	Dobra, pr.)	
Dellő (Magyar-, Oláh-)	VI.4.	Dobra	X.5.
„ -Apáthi	VI.7.	Dobrocsina	VI.5.
Delne	III.3.	Dobrocz	X.1.
Deményháza	IV.1.	Doh	VII.2.
Demeter (Kis-), *Waltersdorf*	V.5.	Dolmánesd, pr.	II.2.
„ (Nagy-), *Mettersdorf*	V.5.	Dolmány, *Thalheim*	I.4
Demeterfalva	III.6. IV.2.	Domáld, *Malldorf*	1.9.
Demeterpataka	IX.4.	Domb	V.3.
Demsus	X.7.	Dombó	IV.6.
Demsus-Szkej) pr.	X.7.	Dombró	VIII.6.
„ *Smelcz*)		Domokos	VI.1.
Dengeleg	VIII.1.	Domoszló	VII.1.
Denk (Kis-, Nagy-)	X.9.	Domuk	III.4.

Dongó	VIII. 4.	Ercse (Nagy-)	V. 3.
Dorna oder Szt. Katolna.	VIII. 1.	Erczpatak	VIII. 5.
Dögmező	VI. 4.	Erdőallya	IV. 6.
Dörzsök, pr.	VII. 2.	Erdő-Aranyos	VI. 3.
Drág	VII. 6.	„ -Csanád	IV. 1.
Drága-Vilma	VI. 2.	„ -Szakáll	V. 2.
Drágus	I. 6.	„ (Szabad-)	IX. 2.
Dragya	VI. 1.	„ -Szengyel	IV. 1.
Drassó, *Troschen*	I. 1.	„ -Szent-György	IV. 2.
Dridiff	II. 2.	„ -Szombattelke	VI. 7.
Drombár	IX. 4.	Erdőfalva	VIII. 3. IX. 5.
Dsoszány	X. 5.	Erdőhát)	X. 6.
Dumbravicza	X. 5.	Erdőhát-Runk)	
Dumesd	X. 3.	Eresztevény	II. 9.
Dupapiatre	X. 2.	Érgirolt)	
Durusza	VI. 3.	Érhatvan)	
		Érkávás)	
E.		Érkörös)	VII. 1.
Ecsellő	I. 2.	Érmindszent)	
Eczel, *Hetzeldorf*	I. 8.	Ér-Szt.Király)	
Ege	III. 6.	Érszodoro)	
Egerbegy, *Arbegen*	I. 7.	Erked	VII. 4.
„ *IV*. 4. *VII*. 4. *VII*. 4.		„ *Erkeden*	I. 10.
Egeres	VIII. 2.	„ (Szász-)	V. 3.
Egerhát	VII. 4.	Ernye (Nagy-)	IV. 1.
Egerpatak	II. 9.	„ (Szász-), *Ehrgang*	I. 9.
Egerszeg	IV. 3.	Erősd	II. 8.
Egregy (Fel-),)	VII. 6.	Ersébet (Szt-) *Hammersdorf*	I. 4.
„ (Magyar-))		Ersébet (Szent-)	III. 5.
Egres (Alsó-), pr.)	VI 4.	Ersébetváros, *Elisabethstadt*	I. 9
„ (Felső-),)		Esküllő (Kis-))	VIII. 1
„ (Puszta-),)	VIII. 5.	„ (Nagy-))	
„ (Ruha-),)		Esztelnek	II. 10.
Egrespatak . VII. 5. pr.	II. 8.	Esztény	VIII. 1.
Egrestő, pr.	II. 8. IV. 2.	Etéd	IV. 2.
Ehéd	IV. 1.	Etfalva	II. 8.
Ekemező(Kis-), *Kl.Probstdf.*	I. 8.	Etej, pr.	VII. 1.
„ (Nagy-),*Gr.* „			
Elekes	IV. 5.	**F.**	
Elgyis	VII. 2.	Fadsaczel	X. 5.
Előpatak	II. 8.	Faisz, *Fässen*	I. 8.
Emberfő	VI. 4.	Falkusa	VI. 4.
Encs (Szász-)	V. 8.	Fancsal	III. 6.
Enlaka	IV. 2.	Faragó	V. 3.
Entredam	V. 10.	Farczád	III. 6.
Enyed (Fel-),)	IX. 2.	Farkadin (Alsó-)	X. 7.
„ (Nagy-),)		Farkadin (Felső-)	X. 7.
„ (Kis-)	I. 2.	Farkaslaka	III. 6.

44

Farkasmező	VII. 6.	Felső-Egres		V. 7. V. 4.
Farkaspataka)	X. 8.	„ Farkadin		X. 7.
„ (Sily-),Lupény)		„ Fentős		VI. 3.
Farkastelke	IX. 3.	„ Füged		VIII. 6.
Farkasvágó, pr.	II. 8.	„ Füld		VIII. 3.
Farnas	VIII 1.	„ Füle		VIII. 5.
Fegyer	X. 8.	„ Gáld		IX. 1.
Fejérd	VIII. 2.	„ Gezés		I. 5.
Fejéregyháza, *Weiskirch* pr.	I. 2.	„ Grohot		X. 2.
„ (Szász-)*Weiskirh*	II. 1.	„ Gyógy		IX. 1.
„	1. 10. V. 8.	„ Gyékényes		VI. 6.
Fejérszék	VI. 3.	„ Jáz		VII. 2.
Fejérvár(Károly-)*Karlsburg*	IX. 4.	„ Idécs, *Ober-Eidisch*		V. 1.
Fejérviz	X. 8.	„ Illosva		VI. 4.
Feketehalom, *Zeiden*,	II. 6.	„ Kápolna		IV. 6.
Feketalak	VI. 7.	„ Kaznács		VI. 2.
Feldoboly	II. 9.	„ Kékesnyárló		VII. 6.
Fele	IV. 3.	„ Komána		II. 3.
Fel-Egregy	VII. 6.	„ Kosály		VI. 4.
Felek	VIII. 2.	„ Köhér		V. 1.
„ *Freck*	I. 6.	„ Körtvélyes		VI. 4.
„ (Magyar-), *Altflaigen*	I. 10.	„ Lapugy		X. 5.
Fél-Enyed	IX. 2.	„ Limpert, pr.		X. 6.
Felfalu, *Hochfeld*	V. 2.	„ Lunkoj		X. 2.
Felgyógy IX. 1. — (Felfalu)	IX. 5.	„ Maros-Váradja		IX. 4.
Felkenyér	X. 9.	„ Mocs oder Mojesd, pr.		II. 4.
Fellak	V. 7.	„ Nádasd		X. 6.
Felmér, *Fellmern*	II. 1.	„ Nyiresfalva		X. 7.
Felőr	VI. 4.	„ Orbó		VI. 4. IX. 2.
Felpestes	X. 5.	„ Oroszfalva		V. 7.
Felszeg	III. 2.	„ Peterd		VIII. 5.
Felső-Árpás	I. 6.	„ Podsága		VIII. 5.
„ Bajom, *Baassen*	I. 8.	„ Porumbák		I. 6.
„ Balásfalva	V. 7.	„ Rákos		III. 1.
„ Bán	VII. 3.	„ Répa		V. 4.
„ Bauczár	X. 7.	„ Sebes		I. 4. V. 4.
„ Berekszó	VII. 4.	„ Siményfalva, pr.		III. 6.
„ Boj	X. 3.	„ Sófalva		IV. 2.
„ Boldogasszonyfalva	III. 6.	„ 'Súk		VIII. 2
„ Borbátyén	X. 8.	„ Szálláspataka		X. 8.
„ Borgó	V. 6.	„ Szék		VII. 2.
„ Bukurest	X. 2.	„ Szt-Mihályfalva		VIII. 6.
„ Bun (Nagy-Bun)	III. 5.	„ Szilvás		X. 7.
„ Csernáton	II. 10.	„ Szivágy		VII. 4.
„ Csertés	X. 4.	„ Szolcsva		VIII. 6.
„ Csonbánka	VI. 5.	„ Szombatfalva		II. 2.
„ Csora	IX. 6.	„ Szopor		VII. 1.
„ Detrehem	IV. 4.	„ Szováth		VI. 8.

547

Felső-Szőcs	VI. 1.	Földvár (Meleg-) . . VI. 7.
„ Telek, pr.	X. 6.	„ (Székely-) . . VIII. 6.
„ Torja	II. 10.	Fráta (Magyar-) . . . VI. 8.
„ Tök .	VIII. 1.	Frinkfalva . . . . VI. 2.
„ Tömös	II. 6.	„ (Kö-) . . . VI. 2.
„ Urikány, pr	X. 8.	Friss . . . . . V. 4.
„ Utsa .	I. 6.	Fugad . . . . . IX. 2.
„ Várcza	VII. 4.	Fundata, pr. . . . II. 4.
„ Városvize .	X. 9.	Furksora . . . X. 3.
„ Vácza	X. 1.	Futásfalva . . . II. 10.
„ Venicze	II. 3.	Füge . . . . . V. 7.
„ Vidra	IX. 6.	Füged (Alsó-) . . . VIII. 6.
„ Vist .	I. 6.	„ (Felső-) . . . VIII 6.
„ Volál pr.	II. 10.	Füld (Alsó-))
Felvincz	VIII. 6.	„ (Felső-)) . . VIII. 3.
Feltiz (Kászon-)	III. 2.	„ (Közép-))
Fenes	IX. 4.	Füle . . . . . III. 1.
„ (Kis-)	VIII. 4.	„ (Alsó-)) . . VIII 3.
„ (Oláh-)	VIII. 4.	„ (Felső-))
„ (Szász-)	VIII. 2.	Füleháza . . . . V. 1.
Fentös (Alsó- oder Kis-)	VI. 3.	Fülei-Havas . . . . VIII. 5.
„ (Felső- oder Nagy-)	VI. 3.	Fületelke, *Felldorf* . . I. 9.
„ (Puszta-)	VI. 3.	Fülpe pr. . . . III. 4.
Fenyéd ,	III. 6.	Fülpös (Kis- oder Szász-)) V. 2.
Fenyőfalva, *Girelsau*	I. 4.	„ (Magyar- oder Nagy-))
Feredő-Gyógy, pr.	IX. 5.	Fürményes . . . VII 5.
Feresd	X. 6.	Füzes . . . VII. 2. VII. 6.
Fericse .	VI. 3.	„ (Ördöngös-) . VI. 7.
Fiátfalva (Dobofalva)	III. 5.	Füzesbogár . . . X. 3.
Fintaháza	IV. 1	Füzesd . . . X. 4. X. 8.
Fintóág	X. 5.	Füzkút . . . . V. 8.
Firtos-Várallya	III. 5.	
Fitód .	III. 3.	**G.**
Fodorháza (Magyar-)	VIII. 1.	
„ (Oláh-)	VI. 5.	Gabud . . . . IX 5.
Fogaras	II. 2.	Gagy . . . . . III. 5.
Folt .	IX. 5.	Gainár . . . . I. 5.
Folyfalva	IV. 1.	Galacz . II. 2. V. 8. IX. 4. X. 8.
Fonácz .	VI. 2.	Galambfalva (Kis-)) III. 5.
Forgácskút	VII. 6.	„ (Nagy-))
Fornádia	X. 4.	Galambod . . . IV. 3.
Forró .	IV. 5.	Gáld (Alsó-)) IX. 1.
Fótos	II. 8.	„ (Felső-))
Fofeld, *Hochfeld*	I. 5.	Gálfalva . . . . IV. 6.
Földra .	V. 9	„ (Nyárád-) . IV 1.
Földszin, *Felsdorf* .	I. 10.	Galgó . . . VI. 4. VII. 6.
Földvár, *Marienburg*	I 11.	Galóczás pr. . . . III. 4.
„ *Marienb\<ug*	II. 5.	Galonya pr. . . . V. 2.

Galponya	VII. 6.	Gothárd (Szt-)	VI 7.
Gáltő	IX. 1	Govásdia	X. 6.
Gályis	I. 3.	Göcs	IV. 1. VI. 7.
Gambucz	IV. 5.	Görcsön	VII. 5.
Gáncs	VI 4.	Görgény-Hodak	V. 1.
Garád, *Stein*	II. 4.	„ (Kis-)	IV. 1.
Garbonács	VI 2.	„ Oroszfalu	V. 1.
Gárdánfalva	VII. 4.	„ Sóakna)	
Gaura	VI. 3.	„ Szt-'mre)	V. 1.
Gaurány, Gaurény	IX. 4.	„ Üvegcsür pr.)	
Gaurény	V. 10.	Göröcsfalva	III 3.
Gauricsa	X 7.	Grid	II 3. X. 9.
Gegés	IV. 2	Grohot (Alsó- und Felső-)	X. 2.
Gelencze	II. 9.	Gropa	VI. 2.
Gerdály, *Girteln*	I. 11	Gros	X. 6.
Gerebenes (Mező-)	IV. 4.	Grosa	X 1.
Gerend	VIII. 6. X. 5.	Grujelács	X. 3.
„ -Keresztur	IV. 4.	Guga	VI. 4.
Gergelyfája, *Gergesdorf*	I. 1.	Gura-Dobri (Balcsesd)	X. 5.
Gerlicze (Szent-)	IV. 1.	„ Govosdi (Felsőtelek) pr.	X. 6.
Gernyeszeg	IV. 1.	Guraro	I. 3.
Gesztrág	VIII. 4.	Guraszáda	X. 3.
Gezés (Alsó-)	1.5	Guravoi	X. 1.
„ (Felső-)		Gurczófalva	VII 5.
Gezse (Maros-)	IV 5.	Gyákos, *Jakobsdorf*	I. 9.
Gidófalva	II. 8.	Gyalakuta	IV. 2 X 3.
Girbó (Oláh-), *Birnbaum*	I 1.	Gyalár	X. 6.
Girókuta	VII. 1.	Gyalmár	X. 9.
Girolt	VI 6.	Gyalu	VIII 4.
„ (Ér-)	VII. 1.	Gyálu máre	X. 3.
Gledény	V. 4.	Gyekc	VI. 8.
Glimboka	I. 5.	Gyékényes (Alsó-)	VI. 6.
Glod	IX. 5.	„ (Felső-)	
Gold-Gilesd	X. 3.	Gyepes	III. 6.
Glogovicza	IX 3.	Gyéres	VIII. 6.
Godinesd	X 3.	„ (Oláh-)	VI. 8.
Gogány, *Gogeschdorf*	I 9.	„ -Szt-Király	VIII. 6.
„ Váralya, *Burg*	I. 9.	Gyergyć-Alfalu	III. 4.
Goles	X. 6.	Gyergyó-Szent-Miklós	III. 4.
Gombás	IX. 2.	„ Ujfalu	III. 4.
Gonczága	X. 7.	Gyerő-Monostor (Magyar-)	VIII. 3.
Gorbó (Csáki-)	VII. 6	„ (Oláh-)	
„ (Magyar),	VIII 2.	„ Vásárhely	VIII. 4.
Gornyesd pr	VIII 6.	Gyertyános	VI. 2. VIII. 6. X. 4.
Goroszló (Kis-)	VI 3.	Gyimes	III. 3.
„ (Nagy-)	VI. 3. VII 3.	Gyimesbükk pr.	III. 3.
Gosztilla	VI. 1.	Gyimes-Középlak	III. 3.
Gothátya	X. 3.	Gyimeslak	III. 3.

Gyógy (Al-) oder Alfalu	IX 5.	Havadtő		IV. 2.
„ (Fel-) oder Flefalu	IX. 5.	Havas (Hideg-)		VIII 4.
„ (Fel-)	IX. 1.	„ (Kisbánya-)		VIII. 5.
„ (Havas-)	IX. 1.	Havas-Gyógy		IX. 1.
Gyogyel, pr.	IX. 1.	Héderfája		IV. 6.
Gyökeres	VI. 3.	Hégen, *Henndorf*		I. 12.
Györgyfalva	VIII. 2.	Héjjasfalva, *Teufelsdorf*		I. 10.
„ (Csicsó-)	VI. 4.	Heningfalva, *Rangeldorf*		IX. 3.
Györtelek	VII. 3. VII. 4.	Herczegány (Hatzegány)		X. 4.
Gyula	VIII. 1.	Herepe		X. 5.
Gyulas	IV. 6.	„ (Oláh-)		X. 4.
Gyulatelke	VI 7.	„ (Magyar-)		IV. 5.
Gyurkapataka	VI. 6.	Hermány, *Kastenholz*		I. 4.
Gyurkutza, pr.	VIII. 3.	„ *Honigberg*		II. 6.
Gyümölcsönös	VII. 2.	„ (Magyar-)		II. 1.
		Herszény		III. 2.
H.		Hesdát	VI. 7.	VIII. 4.
Hadad	VII. 4.	Hétbükk		V. 1.
„ -Nádasd (Magyar-Nád.)	VII 4.	Hétur, *Marienburg*		I. 9.
Hadrév	IV. 4.	Héviz		II. 3.
Hadsaczel,	X 7.	Hév-Szamos		VIII. 4.
Hagymás	VIII. 5	Hidalmás		VII. 6.
„ (Alsó-)	VI. 5	Hidas		VIII. 6.
„ -Bodon	IV. 1.	Hideg-Havas		VIII. 4.
„ (Csicsó-)	VI 4	Hidegkút, *Kaltbrunn*		II. 3.
„ (Lápos-)	VI. 3.	„ (Magyar-))		III. 5.
Halmágy	II 1.	„ (Oláh-))		
„ (Kis- und Nagy-)	X 1.	„ (Puszta-)		VI. 3.
Halmasd	VII. 2.	Hideg-Szamos		VIII 4.
Hárporton	IX. 2	Hidegviz, *Kaltwasser*		I 7.
Haraj	II. 9	Hidvég	II. 8 IV. 3.	VII. 3.
Haraklyán	VII 5.	Hilib		II. 10.
Harangláb	IV. 6.	Hobiczény		X. 8.
Harasztkerék	IV. 1.	Hobicza-Ulrik		X. 8.
Harasztos, *Trasten*	V. 2.	„ -Várhely, pr.		X. 7.
„	VIII. 6.	Hodak (Görgény-)		V. 1.
Harczó,	IV. 3.	„ (Maros-)		V. 2.
Hari	IV. 5.	Hódos		IV. 1.
Harina	V. 8.	Hódosfalva		VIII. 3.
Hármaspatak	VII. 2.	Hogya		III. 6.
Haró	X. 4.	Holbák		II. 4.
Hásság	I. 1.	Holczmány, *Holzmengen*		I. 5.
Hatolyka	II. 10.	Holdvilág, *Halwelägen*		I 9.
Hatvan (Ér-)	VII. 1.	„ (Csicsó-)		I. 7.
Hátzasel	X. 7.	Holgya		X 5.
Hátzeg (Hátszeg)	X. 7.	Holló		III. 4.
Hatzegány (Herczegány)	X. 4.	Hollómező		VI 1.
Havad	IV. 2.	Holtmaros		V. 1.

Homoród, *Hamruden*		II. 1.	Jás (Jáás)		II. 2.
„	Almás	III. 6.	Jásfalva		III. 6.
„	Karácsonfalva)		Jáz (Alsó- und Felső-)		VII. 2.
„	Keményfalva)		Ida (Nagy-) *Eyda*		V. 8.
„	Okland)		Idécs (Alsó-) *Unter-Eidisch*)		
„	Remete)		„ (Felső-) *Ober-* „	) V. 1.
„	Szent-Márton)	III. 6.	„ (Orosz-)	)
„	„ -Miklós)		Idécspatak, *Eidischbach*	)
„	„ -Pál)		Jedd		IV. 1.
„	„ -Péter)		Jeder		VI. 3.
„	Újfalu)		Jegenye		VIII. 2.
„	Városfalva)		Jenő (Kis-)		VIII. 1.
Hondol		X. 4.	Jenőfalva		III. 3.
Hondorf, *Hohendorf*		1 9.	Igen (Magyar-)		IX. 1.
Hordó		V. 10.	Igenpataka		IX. 1.
Horgospataka		VI 1.	Igenuly, pr.		XI. 6.
Hortobágyfalva, *Harbach*		1 5.	Igricze		VIII. 1.
Horváthi (Kraszna-)		VII 3.	Ikafalva		II. 10.
Horváth (Oláh-)		VII. 4.	Ikland		IV. 1.
Hosdat		X 6.	„ (Kis- und Nagy-)		IV. 4.
Hosdó		X. 6.	Iklód (Kis-, Nagy-)		VIII. 1.
Hosszuaszó, *Langethal*		I. 7.	„ (Kis-), *Mikluden*		IX. 3.
„		III. 2 VII. 2.	Illenbák, *Eulenback*		I. 5.
Hosszufalva		II. 7. VI. 3.	Illenczfalva		IV. 1.
Hosszu-Macskás		VIII. 1.	Ilonda (Nagy-)		VI. 4.
Hosszumező		VI 5. VII. 3.	Ilondapataka (Kis-Ilonda)		VI. 2.
Hosszupatak		I. 6.	Ilosva		VII. 3.
Hosszutelke, *Thorstadt*		1 2.	„ (Alsó- und Felső-)		VI. 4.
Hosszu-Ujfalu		VI 3.	Illye		X. 3.
Hovrilla		VI. 3.	„ (Kis-)		IV. 1.
Höltövény, *Helsdorf*		II. 5	Illyefalva		II. 8.
Hunyad (Bánfi-)		VIII. 3.	Illyény		II. 2.
„ (Vajda-)		X. 6.	Illyésfalva		VII. 4.
Hure		II. 2.	Illyésmező		IV. 2.
Hutta oder Üvegcsűr		VIII. 3.	Ilva (Kis- und Nagy-)		V. 9.
Hühalom (Vurpod), *Burgberg*		1. 5.	Imecsfalva		II. 9.
			Impérfalva (Kászon-)		III. 2.
I.			Inakfalva		VIII. 6.
			Inaktelke		VIII. 2.
Jáás		II. 2.	Incsel		VIII. 3.
Jád		V. 5	Indal		VIII. 5.
Jakabfalva, *Jakobsdorf*		I. 12.	Ingodály, *Engelthal*		I. 7.
„ (Kászon-)		III 2.	Inő		VII. 4.
Jákótelke		VIII. 3.	Intragáld		IX. 1.
Jánosfalva		III. 6.	Jobbágyfalva)		IV. 1.
Jánoshegy(Szt-), *Johannisberg*		1.5	Jobbágytelke)		
Jára (Alsó-)		VIII. 5.	Jó-Válcsel		X. 7.
„ (Maros-)		VI. 1.	Jövedics, *Belleschdorf*		I. 8.

Ipp	VII. 2.	Kanta, pr.	II. 10.
Irtásfalva	X. 1.	Kányád	III. 6.
Ispánlaka	IX. 1.	Kapjon	VI. 4.
Ispánmező	VI. 4.	Kapnikbánya	VI. 2.
Istvánháza	IV. 5.	Kápolna	I. 1. VI. 4.
Iszbita, pr.	IX. 6.	„ (Alsó- und Felső-)	IV. 6.
Iszló	IV. 1.	Kápolnok (Kovács-)	VI. 2.
Iszkrony, pr.	X. 8.	„ (Monostor-)	VI. 2.
Isztina, *Walachisch-Stein*	I. 7.	„ (Szurduk-)	VI. 3.
Juonesd	X. 1.	Kápolnás-Oláhfalva	III. 6.
Ivánfalva	VIII. 5.	Kapor	VI. 7.
„ (Oláh-) *Eibesdorf*	I. 5.	Káposztafalva	X. 2.
„ (Szász-)	I. 8.	Káposztás-Szent-Miklós	IV. 1.
Iványos, pr.	III. 4.	Káptalan (Maros-)	IV. 5.
K.		Kapud	IX. 2.
		Kapus (Kis-) *Klein-Kopisch*	I. 8.
Káál	IV. 1.	„ (Kis-)	VIII. 4.
Kabalapataka	VI. 5.	„ (Mező-)	IV. 4.
Kabesd	X. 3.	„ (Nagy-) *Gr.-Kopisch*	I. 8.
Kaczkó	VI. 4.	„ (Oláh-), pr.	VIII. 4.
Kadács (Kis- und Nagy-)	III. 5.	Kara	VIII. 2.
Kadicsfalva	III. 6.	Karácsonfalva	I. 8.
Kaján (Kis-)	X. 4.	„ (Krecsunest)	X. 4.
Kajanel	X. 4.	„ (Oláh-)	IX. 3.
Kajántó	VIII. 2.	„ (Homorod-)	III. 6.
Kajla	V. 7.	„ (Nyárád-)	IV. 1.
Kakasd	VI. 1.	Kárásztelek	VII. 2.
Kakasfalva, *Hahnbach*	I. 4.	Kárásztó	X. 2.
Kákova, *Krebsdorf*	I. 1.	Karathna	II. 10.
„ *Krebsbach*	I. 3.	Karács	X. 2.
„ (Ivánfalva)	VIII. 5.	Karczfalva	III. 3.
„ (Vladháza)	IX. 2.	Karika	VII. 5.
Kakucs	V. 1.	Kardosfalva, pr.	VIII. 2.
Kalamanesd	X. 4.	Karna	IX. 4. IX. 6.
Kalán (Kis-))	X. 6.	Károly-Fejérvár, *Karlsburg*	IX. 4.
„ (Puszta-))		Karulya	VI. 2.
Kálbor, *Kaltbrunen*	I. 11.	Karulyfalva	VI. 1.
Kálna	VI. 5.	Kásapataka	VIII. 3.
Kálnok	II. 8.	Kásva	V. 1.
Kalocsa	VII. 6.	Kaszahámor, pr.	X. 6.
Kalota (Nagy-))		Kászon-Altiz)	
„ Szt. Király)	VIII. 3.	„ Feltiz)	III. 2.
„ „ Ujfalu)		„ Jakabfalva)	
Kalyán	VI. 8.	„ Impérfalva)	
„ (Kis- und Nagy-)	VI. 4.	„ (Kis-), pr.	II. 10.
Kamarás (Puszta-))	VI. 8.	„ (Nagy-))	III. 2.
„ (Vajda-))		„ Ujfalu)	
Kamarzinesd	X. 3.	Kasztó	X. 9.

Katalin	VI. 3.	Kentelke	V. 7.
Katona	VI. 8.	Kenyér (Al- und Fel-)	X. 9.
Katolna (Szent-)	II. 10.	Kerczesora, *Klein-Kerz*)	I. 6.
„ (Szent-), Dorna	VIII. 1.	„ *Ober* „)	
Katza, *Katzendorf*	II. 1.	Kerellő	IV. 1.
Kaun	X. 5.	„ Szent-Miklós, pr.	IV. 3.
Kávás (Ér-),	VII. 1.	„ Szent-Pál	IV. 1.
Kazanyesd	X. 1.	Kerék (Kis-)	I. 7.
Kaznács (Alsó-))	VII. 2.	„ (Fenyő-), pr.	III. 4.
„ (Felső-))		Kereke (Magyar-)	VIII. 3.
Kebele)	IV. 1.	Keresd, *Kreisch*	I. 10.
„ Szt. Iván)		Keresztelek	VII. 2.
Kecsed	III. 6. V. 3. VIII. 1.	Keresztény-Almás	X. 5.
„ -Kisfalud, pr.	III. 6.	Keresztényfalva, *Neustadt*	II. 6.
„ -Szilvás	VIII. 1.	Kereszténysziget, *Groszau*	I. 4.
Kecskedája	X. 4.	Keresztes	VIII. 6.
Kecskeháza	VII. 6.	Keresztur	X. 5.
Kecskésfalva	VII. 4.	„ (Berc-)	IV. 2.
Kecze (Maros-	IV. 4.	„ (Csicsó-)	VI. 4.
Keczel (Magyar-))	VII. 3.	„ (Gerend-)	IV. 4.
„ (Oláh-))		„ (Maros-)	IV. 1.
Kede (Kis-))	III. 5.	„ (Ördög-)	VIII. 1.
„ (Nagy-))		„ (Póka-)	IV. 3.
Kegye	VII. 1.	„ (Récze-)	VII. 1.
Kékes	VI. 7.	„ (Sajó-), *Kreutz*	V. 7.
Kőkbükk pr.	VIII. 5.	„ (Szász-) „	I. 10.
Kékesfalva	X. 7.	„ (Székely- oder Szi-	
Kékesnyárló (Alsó-))	VII. 3.	tás-)	III. 5.
„ (Felső-))		„ (Szilágyfő-	VII. 5.
Keleczel)	VIII. 6.	„ (Szitás- oder Szé-	
„ (Valkó-))		kely-)	III. 5.
Kelementelke	IV. 2.	Keresztúrfalva, pr.	III. 5.
Kelencze	VI. 3.	Kérges	X. 5.
Kelnek, *Kelling*	I. 1.	Kerlés, *Kirieleis*	V. 8.
Kéménd	X. 4.	Kernyesd	X. 7.
Kéménye	VI. 6.	Kérő	VI. 6.
Keményfalva (Homorod-))	III. 6.	Kercsed	VIII. 6.
„ (Küküllő-))		Kertz, *Kerz*	I. 6.
Keménytelke	IV. 6.	Kersetz	X. 5.
Kémér	VII. 2.	Keszi	VI. 8.
Kend (Kis-) *Klein-Kend*)	IV. 2.	„ (Nemes-))	VII. 1.
„ (Nagy-) *Gross* „)		„ (Oláh-))	
„ (Szarvas-)	VIII. 1.	Keszlér, *Kesseln*	I. 8.
Kendermál, pr.	VII. 6.	Kétely	VI. 7.
Kendermező	VII. 6.	Ketesd	VIII. 3.
Kendi-Lóna	VIII. 1.	Kettősmező	VII. 6.
Kendő	IV. 2.	Ketze (Maros-)	IV. 4.
Kénos	III. 6.	Kézdi-Mártonos	II. 10.

Kézdi-Polyán)		Kis-Doba	VII. 5.
„ -Szent-Lélek)	II. 10.	„ Doboka	VI. 4.
„ -Vásárhely)		„ Ekemező, *Klein-Probst-*	
Kibéd	IV. 2.	*dorf*	I. 8.
Kide	VIII. 1.	„ Enyed, *Klein-Enyed*	I. 2.
Kilyén	II. 8.	„ Esküllő	VIII. 1.
Kilyénfalva	III. 4.	Kisfalu	VII. 1.
Kimpény-Szurduk	X. 3.	Kisfalud	IX. 4.
Kimpulnyág	X. 3.	„ pr.	III. 6.
Kimpur	X. 3.	„ (*Kleindörfel*	IV. 3.
Kincses	IV. 5. V. 1.	„ (Kecsed-)	III. 6.
Kincsérszeg, pr.	III. 2.	Kis-Fenes	VIII. 4.
Királybánya, *Unterhammer*	X 6.	„ Fentő; (Alsó-Fentös)	VI. 3.
Királyfalva	IV. 6. V. 3.	„ Fülpös (Szász-Fülpös)	V. 2.
Királyhalma, *Königsberg*	II. 1.	„ Galambfalva	III. 5.
Király-Némethi, *Baiersdorf*	V. 5.	„ Goroszló	VI. 3.
Királypataka, *Königsbach*	IX. 1.	„ Görgény	IV. 1.
Kirlibába, *Ludwigsdorf*	V. 9.	„ Halmágy	X. 1.
Kirva	VII. 4.	„ Jenő	VIII. 5.
Kis-Adorján	IV. 2.	„ Ikland	IV. 4.
„ Akna	IX. 2.	„ Iklód	VIII. 1. IX. 3.
„ Almás	IX. 5.	„ Illye	IV. 1.
„ Apold, *Kleinpold*	I. 2.	„ Ilva	V. 9.
„ Aranyos (Alsó-Vidra)	IX. 6.	„ Kadács	III. 5.
„ Baczon	III. 1.	„ Káján	X. 4.
„ Bánya	VIII. 5.	„ Kalán	X. 6.
„ „ -Havas (Ercsfalu)	VIII. 5.	„ Kalyán	VI. 4.
„ Bár, pr.	X. 8.	„ Kapus, *Klein-Kopisch*	I. 8.
„ Barcsa	X. 5.	„ Kászon, pr.	II. 10.
„ Berivoj	II. 2.	„ Kede	III. 5.
„ Borosnyó	II. 9.	„ Kend	IV. 2.
„ Borszó	VI. 2.	„ Kerék	I. 7.
„ Bozonta (Uj-Bozonta)	VI. 4.	„ Körtvélyes	VI. 2.
„ Budak, *Klein-Budak*	V. 4.	„ Kristolcz	VI. 5.
„ Bun	III. 5.	„ Lekencze	IV. 3.
„ „ , (Priszlop)	VI. 3.	„ Ludas, *Gieszhübel*	I. 2.
„ Cserged	IV. 1.	„ Muncsel	X. 5.
„ „ *Klein-Schergid*	IX. 3.	„ Nyires (Meszteakény)	VI. 3.
„ Csula	X. 7.	„ „ (Csula)	VII. 4.
„ Csür, *Klein-Scheuern*	I. 4.	„ Nyulas	V. 3.
„ Czég	VI. 8.	„ Nyujtód	II. 10.
„ Debreczen	VI. 1. VI. 3.	„ Oklos	VIII. 5. X. 9.
„ Debrek	VI. 4.	„ Osztro und Nagy-Osztro	X. 7.
„ Demeter, *Waltersdorf*	V. 5.	„ Ocs	X. 1.
„ Denk	X. 9.	„ Oláhfalu (Kápolnàs-Oláhf.	III. 6.
„ Dersida	VII. 1.	„ Paczal	VII. 1.
„ Devecser	VI. 7.	„ „ (Paczalusa)	VII. 1.
„ Disznód, *Michelsberg*	I. 4.	„ Pestény	X. 7.

45

Kis-Petri	VIII. 3.	Komolló	II. 8.
„ Pojána	X. 1.	Koncza, *Zekesdorf*	I. 2.
„ Ponor	IX. 6.	Konkolyfalva	VI. 5.
„ Rápolt	IX. 5.	Kook	IV. 4.
„ Rebra (Rebrisóra)	V. 10.	Kopácsel	II. 2.
„ Ribicze	X. 2.	Koppánd	VIII. 5.
„ Riska	X. 2.	Koppánd (Maros-)	IV. 5.
„ Roskány (Roskány)	X. 5.	Korb	I. 6.
„ Runk	X. 3.	Korabia (Csicsó-Ujfalu)	VI. 4.
„ Sajó, *Klein-Schogen*	V. 4.	Korneczel (Hortobágyfalva)	I. 5.
„ Sármás	VI. 8.	Kornya (Somfalu)	VII. 4.
„ Sáros (Magyar-Sáros)	IV. 6.	Kóród	IV. 6. VIII. 2.
„ Sebes	VIII. 3.	„ -Szent-Márton	IV. 6.
„ Selyk, *Klein-Schelken*	I. 7.	Korojesd	X. 8.
„ Sink, *Klein-Schenk*	I. 11.	„ (Sily-)	X. 8.
„ Solymos	III. 5. VI. 3. IX. 2.	Korond	IV. 2. VII. 1.
„ Szász-Almás, *Almaschken*	I. 8.	Koronka	IV. 1.
„ Szederjes	IV. 1.	Korpád	VIII. 2.
„ Szent-Domokos	III. 3.	Kósa	X. 3.
„ Szöllős, *Klein-Alisch*	I. 9.	Kosaly (Alsó- und Felső-)	VI. 4.
„ Talmács (Talmacsel)	I. 4.	Koslárd	IX. 1.
„ Teremi	IV. 1.	Kosna	V. 9.
„ Tirnava	X. 1.	Kossesd	X. 5.
„ Torony, *Neppendorf*	I. 1.	Kostelke	III. 3.
„ Tóti	X. 9.	Koszolya	X. 5.
„ Vajdafalva	II. 2.	Kosztafalva (Szkrófa)	VI. 1.
„ Várcza (Közép-Várcza)	VII. 4.	Kosztesd	X. 9.
„ Zám und Nagy-Zám	X. 3.	Kotormány	III. 2.
Kitid	X. 7.	Kotzafalva	X. 2.
Klopotiva	X. 7.	Kovács	VI. 2.
Kobáthfalva	III. 5.	„ -Kápolnok	VI. 2.
Kobor, *Kievern*	II. 1.	Kovácsi	VIII. 1.
„ pr.	V. 2.	Kovászna	II. 9.
Kocs	V. 10.	„ -Vajnafalva	II. 9.
Kocsárd (Oláh-)	IV. 5.	Kovrágy	X. 7.
„ (Székely-)	VIII. 6.	Kozárvár	VI. 4.
Kodor	VI. 6.	Kozlár	VI. 3.
Kolczér	VI. 3.	Kozmás	III. 2.
Kolozs	VIII. 2.	Kozmatelke	V. 3.
„ -Monostor	VIII. 2.	Kozsa	X. 3.
Kolozsvár, *Klausenburg*	VIII. 2.	Kőallya-Ohába	X. 8.
Koltó	VI. 3.	Kőboldogfalva	X. 6.
Kolun	I. 5.	Köblös (Magyar-)	VIII. 1.
Komána (Alsó-))	II. 3.	„ (Oláh-)	VII. 6.
„ (Felső-))		Köbölkút	V. 3.
Komjátszeg	VIII. 5.	Köd	VI. 3.
Komlód	V. 3.	Ködmönös	VI. 5.
Komlós-Ujfalu (Tresztja)	VII. 6.	Köfarka (Piatra)	VI. 4.

Kőfrinkfalva	VI. 2.	Kraszna		VII. 3.
Kőhalom, *Reps*	II. 1.	„ Csegén		VII. 1.
Kőhér (Alsó- und Felső-)	V. 1.	„ Horváthi		VII. 3.
Kökényes	VIII. 3.	„ Mihályfalva		VII. 1.
Kökös	II. 8.	Kristea, pr.		IX. 6.
Kő-Lozna	VI. 5.	Kristjor (Körösfalva)		X. 2.
Kölesmező, pr.	VIII. 2.	Krisztesd		X. 1.
Kölpény (Mező-)	IV. 3.	Krivadia		X. 8.
Költke	VI. 7.	Krizba		II. 5.
Kölcse	VI. 3.	Kucsma		V. 5.
Kőpataka	VI. 1.	Kucsó		VII. 5.
Köpecz	III. 1.	Kucsulata	II. 3.	VI. 3.
Kőrispatak	II. 8. IV. 2.	Kudsir (Kuzsir)		X. 9.
Körös, *Kirtsch*	I. 8.	Kudu		VI. 4.
„ *Eschendorf*	H. 9.	Kulyes		X. 3.
„ (Ér-)	VIII. 1.	Kund, *Reuszdorf*		I. 9.
Körösbánya	X. 2.	Kupsafalva		VI. 1.
Körösfalva	X. 2.	Kurpény	IX. 5.	X. 6.
Körösfő	VIII. 3.	Kurtapatak		II. 10.
Köröspatak	II. 8.	Kusály		VII. 4.
Körtvélyes (Alsó-)	VI. 5.	Kusma (Kucsma)		V. 5.
„ (Felső-)	VI. 4.	Kútfalva (Kút)		I. 1.
„ (Kis-)	VI. 1.	Kutsuláta	II. 3.	VI. 3.
„ (Nagy-)	VI. 3.	Kút (Kútfalva)		I. 1.
„ (Rév-)	VI. 3.	Kutyfalva, *Kockt*		IV. 5.
Körtvélyfája	IV. 1.	Kuzsir		X. 9.
Körtvélykapus	V. 2.	Küküllő-Keményfalva		III. 6.
Köszvényes)	IV. 1.	Küküllővár, *Kokelburg*		IV. 6.
„ -Remete)		Kürpöd, *Kirchberg*		I. 5.
Kötelend	VIII. 1.	Küszürüköpatak, pr.		III. 4.
Kötelesmező (Trestja)	VI. 2.	Küzmöd		IV. 2.
Kövend	VIII. 6.			
Kövesd, *Kabisch*	I. 12.	**L.**		
„	VII. 3.			
„ (Maros-)	V. 2.	Labfalva (Csicsó-)		VI. 4.
„ (Mező-)	IV. 3.	Laborfalva		II. 8.
Közép-Ajta	III. 1.	Laczkód		IV. 6.
„ -Almás	IX. 5.	Laczkonya		VI. 2.
Középfalva	VI. 4.	Ladamos		I. 4.
Középfüld	VIII. 3.	Lámkerék		I. 1.
Középlak	VII. 6.	Lándor (Nándra)		IV. 5.
„ (Gyimes-), Lunka	III. 3.	Lapád (Magyar-))		IX. 2.
Közép-Orbó	IX. 2.	„ (Oláh-))		
„ -Peterd	VIII. 5.	Lapiska (Lapistya)		VIII. 4.
„ -Várcza (Kis-)	VII. 4.	Lápos-Debrek		VI. 1.
Közfalu	VI. 5.	„ Hagymás		VI. 3.
Kraguis	X. 7.	„ (Magyar-)		VI. 1.
Krakkó	IX. 1.	„ (Oláh-)		VI. 1.

Láposbánya (Oláh-), Bajutz	VI. 1.	Lódormány, *Ledermann*	1.7.
Lapugy (Alsó- und Felső-)	X. 5.	Lokod	III. 6.
Lapupatak	VII. 6.	Loman)	1.1.
Lapusnyak	X. 5.	Lomány)	
Lárga	VI. 1.	Lompért	V. 3. VII. 3.
László (Nagy-Szász-Szent-)		Lóna (Aranyos-)	VIII. 6.
Gross-Laszlen	I. 10.	„ (Kendi-)	VIII. 1.
„ (Oláh-Szent-) *Wa-*		„ (Szász-)	VIII. 4.
lachisch-Laszlen	I. 9.	Longodár, *Langenthal*	II. 1.
„ (Szász-Szent-) *Klein-*		Losárd	VIII. 1.
Laszlen	I. 9.	Lozna (Kő-))	VI. 5.
László	X. 5.	„ (Nagy-))	
Láz	I. 1.	Lozsárd	X. 9.
Lázárfalva	III. 1.	Lőrinczfalva	IV. 1.
Lecsmér	VII. 2.	Lőrinczi, pr.	IV. 4.
Léczfalva	II. 9.	Lőrinczréve	IX. 2.
Légen	VI. 8.	Lövér	V. 2.
Lekencze, *Lechnitz*	V. 8.	Lövete	III. 6.
„ (Kis-)	IV. 3.	Ludas (Kis-), *Gieszhübel*)	) 1.2.
„ (Maros-)	IV. 4.	„ (Nagy-), *Logdes*)	
Lele	VII. 4.	Ludesd	X. 9.
Lelesz	X. 6.	Ludisor	II. 2.
Lemény	VI. 3.	Ludos (Maros-)	IV. 4.
Lemhény	II. 10.	Ludvég, *Ludwigsdorf*	V. 2.
Lengyelfalva	III. 6.	Lukácsfalva	VI. 3.
Leppend	IV. 6.	Lukafalva	IV. 1.
Les	V. 9.	Lunka, *Langendorf*	1.7.
Leses, *Schönberg*	1.12.	„ (Gyimes-Középlak)	III. 3.
Lesnek	X. 5.	„ (Térfalva)	X. 2.
Lésza (Lisza)	II. 2.	„ pr.	III. 4.
Lestyóra	X. 1.	„ (Doboka-)	X. 6.
Léta (Magyar-))	VIII. 5.	„ Vinuluj (Párva-)	V. 10.
„ (Oláh-))		„ Cserni (Alsó- und Felső-	
Létka	VI. 3.	Nyiresfalva)	X. 7.
Libánfalva	V. 1.	Lunkány	X. L.
Libáton	VI. 1.	Lunkoj (Alsó- und Felső-)	X. 2.
Liget	II. 8.	Lunksora	X. 1. X. 3.
Ligeth	V. 4.	Lupény (Sily-Farkaspataka)	X. 8.
Limba	IX. 4.	Lupsa	II. 3. IX. 6.
Limpert (Alsó-))		Luska	V. 10.
„ (Felső-)) pr.	X. 6.	Lutza	II. 2.
„ (Ó-))		Lyántz	X. 1.
Lindzsina	X. 6.	**M.**	
Lisznyó	II. 8.		
Livadia)		Macsesd)	X. 8.
„ (Hegyály-))	X. 8,	„ (Sily-))	
„ (Mező-), pr.)		Macskamező	VII.
Livadzel (Livezény))		Macskakő, pr.	VIII. 5.

Macskás (Hosszu-)	VIII. 1.	Magyar-Nádas		VIII 2.
„ (Magyar-)	VIII. 2.	„ Nádasd oder Havad-		
„ (Szent-Márton-)	VIII. 1.	Nádasd		VII. 4.
Mácsó	X. 7.	„ Nagy-Zsombor		VII. 6.
Máda	IX. 5.	„ Nemegye		V. 10.
Madaras (Baczka-)	IV. 1.	„ Orbó oder Alsó-Orbó		IX. 2.
„ (Csik-)	III. 3.	„ Palatka		VI. 8.
„ (Mező-)	IV. 3.	„ Patak		VII. 2.
Madéfalva	III. 3.	„ Pete		VI 8.
Mág	I. 3.	„ Peterd		VIII. 5.
Magaré, *Magarei*	I. 12.	„ Régen		V. 2.
Magosfalva	VI. 3.	„ Péterlaka		IV. 1.
Magosmart	V. 10.	„ Sáros		IV. 6.
Magulitsa	X. 1.	„ Sáros-Berkesz		VI. 2.
Magura (Megura.) V.9. VI.2.VI.4.		„ Süllye		IV. 5.
VIII. 4. VIII. 5. X. 4. X. 9.		„ Szilvás		VIII. 5.
Magyar-Andrásfalva	III. 5.	„ Ujfalu		VIII. 1.
„ Bagó	IX. 2.	„ Valkó	VII. 2.	VIII. 3.
„ Baksa	VII. 5.	„ Zsákod		IV. 2.
„ Bénye	IX. 3.	Magyaró		V. 1.
„ Bikal	VIII. 3.	Magyarókereke		VIII. 3.
„ Bogáta	VI. 5.	Magyarós	III. 5.	IV. 2.
„ Boros-Bocsárd	IX. 1.	„ *Nuszbach*	II. 5.	II. 8.
„ Borzás	VI. 7.	„ *Ungers*		V. 5.
„ Bölkény	V. 1.	„ (Szász-),*Maniersch*		I. 9.
„ Brettye	X. 7.	Magyaróság		VIII. 5.
„ Bükkös	IV 5.	Magyarósd		X. 6.
„ Csáholy	VII. 1.	Magyarpatak		VII. 2.
„ Csesztve (Maros-Cs.)	IX. 2.	Maja		IV. 2.
„ Décse	V. 7.	Major		V. 9.
„ Dellö	IV. 4	Májos		IV. 3.
„ Egregy	VII. 6.	Májoshegye, pr.		IV. 6.
„ Felek	I. 10.	Makfalva		IV. 2.
„ Fodorháza	VIII. 1.	Makó		VIII 2.
„ Fráta	VI. 8.	Makód		V. 10.
„ Fülpös	V. 2.	Maksa		II. 9.
„ Gorbó	VIII. 2.	Maládé		VII. 3.
„ Gyerö-Monostor	VIII 3.	Malajesd		X 7.
„ Herepe	IV. 5.	Málnás		II. 8.
„ Hermány	III. 1	Malom		V. 7.
„ Hidegkút	III 5	Malomárka, *Minarken*		V. 5.
„ Igen	IX. 1.	Malomfalva	III. 6.	IV. 3.
„ Keczel	VII. 3.	Malomszeg		VIII. 3.
„ Kereke	VIII. 3.	„ (Tasnád-)		VII 1.
„ Köblös	VIII. 1.	Malomviz		X. 7.
„ Lapád	IX. 2.	Malomviz-Szuszény, pr.		X. 7.
„ Lápos	VI 1.	Mályán		VI. 2.
„ Léta	VIII 4.	Mamaligány, pr.		IX. 1.
„ Macskás	VIII 2.	Mánya		VI 6.

Manyik		VI. 7.	Martfalva		X. 1.
Mardos, *Mardisch*		I 7.	Martinesd		X 9.
Mardsina		II 2.	Mártonfalva,II.10. *Martinsdorf*		I 8.
Maréfalva		III. 6.	„ (Csik-), pr.		III 3.
Margineny (Mardsina)		II. 2.	Mártonhegye, *Martinsberg*		I. 11.
Marisel,		VIII. 4	Mártonos		III 5.
Markaszék		VII. 2.	„ (Kézdi-)		II. 10.
Markod		IV. 2.	„ (Sepsi-)		II. 8.
Márkos		II. 7.	Mártontelke, *Mortesdorf*		I. 8.
Márkosfalva		II 10.	Máté (Szász-), *Mathesdorf*		V. 8.
Maró		VIII. 1.	Mátéfalva, *Mathesdorf*		II 3.
Marokháza		VI. 7.	Matisfalva		II. 10. III. 5.
Máron		VII. 3.	Medeser		III. 5.
Maros-Bogát		IV. 4.	Medvés		IV. 4.
„ Brettye		X. 3.	Megyes, *Mediasch*		I. 8.
„ Csesztve (Magyar-Cs.)		IX. 2.	Megyesfalva		IV. 1.
„ Csávás (Mező-Csávás)		IV. 3.	Megykerék		IX. 2.
„ Dátos		IV. 4.	Méhes		VI. 8.
„ Gezse		IV. 5.	Meleja, pr.		X. 8.
„ Hodak		V. 2.	Meleg-Földvár		VI. 7.
„ Jára		IV. 1.	Ménes		IV. 2.
„ Káptalan		IV. 5.	Meneság . . .)		III. 2.
„ Keresztur		IV. 1.	„ Ujfalu . .)		
„ Ketze		IV. 4.	Menő		VII. 5
„ Koppánd		IV. 5.	Méra		VIII. 2.
„ Kövesd		V. 2.	Meregyó		VIII. 3.
„ Laka, pr.	III. 4.	V. 2.	Merisor		X 5. X. 8.
„ Lekencze		IV. 4.	Mermesd		X. 1.
„ Ludos		IV. 4.	Mese, *Méschenderf*		I. 10.
„ Monosfalu		V. 2.	Mesterháza		V. 2.
„ Németi		X. 5.	Mószkő		VIII. 5.
„ Orbó		IV. 4.	Mesztakény (Nyirfalva)		X. 2.
„ Oroszfalu		V. 1.	Metesd		IX. 4.
„ Péterlaka		IV. 1.	Metsia, pr.		IX 6.
„ Portó		IX 4.	Mező-Bánd		IV. 3.
„ Solymos		X. 4	„ Böö)		IV. 4.
„ Szent-Anna		IV. 3.	„ Bödön)		
„ „ György		IV. 1.	„ Csávás		IV. 3.
„ „ Imre		IX 1.	„ Gerebenes)		IV. 4.
„ „ Király	IV. 3	IX 2.	„ Kapus)		
„ Ujvár		IX. 2	„ Kölpény)		
„ Váradja (Alsó-)		IX.4.	„ Kövesd)		IV. 3.
„ „ (Felső-)			„ Madaras)		
„ Vásárhely, *Neumarkt*		IV. 1.	„ Nagy-Csán		IV. 4.
Maroseny (Borgó-)		V. 6.	„ (Nagy-)		VI. 5.
Marótlaka		VIII 3.	„ (Ör-)		VIII. 2.
Márpatak		III 4.	„ Örke		IV. 4.
Márpod, *Marpodt*		I. 5.	„ Örményes		V. 3.

Mező-Panit	IV 3.	Mohaj		VI. 7.
„ Pete	IV. 4.	Moján		VII. 3.
„ Rücs	IV. 3.	Mojgrad	)	
„ Sály	IV. 4.	Mon (Nagy-)	)	VII 5.
„ Sámsond	IV. 3.	Mon-Ujfalu (Nagy-)	)	
„ Szakál)	IV. 4.	Mono		VII. 4.
„ Szengyel)		Monor		V. 4.
„ Szent-György	V. 3.	Monora, *Donnersmarkt*		IX. 3.
„ „ Jakab)	IV. 4.	Monosfalu (Maros-)		V. 2.
„ „ Margita)		Monostor (Kápolnok-)		VI. 2.
„ „ Márton .)	V. 3.	„ (Kolos-)		VIII. 2.
„ Szilvás .)		„ (Magyar-Gyerö-)		VIII. 3.
„ Szombattelke	VI 8.	„ (Oláh- „)		VIII. 3.
„ Tóhát)	IV. 4.	Monostorszeg		VI. 4.
„ Ujfalu)		Morgonda, *Mergeln*		I. 12.
„ Ujlak	V. 3.	Móricz (Aranyos-), *Moritz-*		
„ Uraly	IV. 4.	*dorf*		V. 8.
Mihálczfalva	IX. 3.	Mogura, pr.		II. 4.
„ (Szász-Vesz.), *Michelsdrf*	IV. 6	Moh		I. 4.
Mihalesd	X. 5.	Moha, *Muckendorf*		II. 1.
Mihályfalfa, *Michelsdorf*	I 7.	Mohás		VIII. 6.
„	X. 2.	Mosna (Musna), *Meschen*		I. 8.
„ (Csicsó-)	VI 4.	Mosóbánya		VII 4.
„ (Kraszna-)	VII 1.	Mosony		IV. 1.
Mikanesd	X. 3.	Motis (Mutos)		VII. 4.
Mikefalva	IV. 6.	Muncsel (Kis- und Nagy-)		X. 5.
Mikháza	VI 6.	Siehe auch Muntsel.		
Mikes	VIII. 5.	Mundra	I 4.	II. 2.
Mikeszásza, *Feigendorf*	I. 7.	Muntány, pr.		IX. 6.
Mikháza	IV. 1.	Muntsel . VI. 4. VI. 5.		IX. 6.
Miklisény, pr	IX. 1.	Musna, *Meschen* . I. 8.		III 5.
Miklósfalva	III. 6.	Muszka		IX. 6.
Miklóslaka	IX 2.	Mutos		VII. 4.
Miklóstelke, *Kloszdorf*	I. 10.	Muzsina		IX 2.
Miklósvár	III. 1.	**N.**		
Mikó-Ujfalu (Bikszád-Ujfalu)	II. 8.			
Mikola	VI. 7.	Nádas (Magyar-)		VIII. 2.
Milvány	VII. 6.	„ (Oláh-) . V. 1.		VIII. 3.
Mindszent . . III. 2.	IX. 1.	„ (Szász-), *Nadesch*		I. 9.
„ (Ér-)	VII. 1.	„ (Alsó- und Felső-)		X. 6.
Miriszló	IX. 2.	Nádasd (Magyar- o.Havad-N.)		VII. 4.
Mirkvásár, *Streitfort*	II. 1.	„ (Oláh-)		VII. 4.
Mislocsen (Borgó-)	V 6.	Nádasdja		IX. 5.
Mititej	V 10.	Nádfalva (Tresztia)		X 4.
Mocs	VI. 8.	Nádos siehe bei Nádas.		
„ (Alsó- und Felső-), pr.	II 4	Nádpatak, *Rohrbach*		I. 11.
Mocsolya	VII. 3.	Nadráb, pr.		X. 6.
Mogos	IX. 1.	Nágyág (Nozság)		X 4.

Nagyág (Szekeremb) . *X*. 4
Nagy-Adorján . . . *IV*. 2.
„ Ajta . . . . *III*. 1.
„ Almás . *VIII*. 3. *IX*. 5.
„ Apold, *Groszpold* *I*. 2.
„ Aranyos oder Albak *IX*. 6.
„ Baczon (Telegdi-B.) *III* 1.
„ Bajom . . . *VII*. 1.
„ Bár . . . . *X*. 8.
„ Barcsa . . . *X*. 5
„ Berivoj . . . *II* 2.
„ Boldogasszonyfahva,pr *III* 3
„ Borosnyó . . . *II*. 9.
„ Borszó . . . *IV*. 4.
„ Bun . . . *VI*. 3.
„ „ (Felső-Bun) . *III*. 5.
„ Csán (Mező-) . *IV*. 4.
„ Cserged . *IV*. 6. *IX*. 3.
„ Csula . . . *X*. 7.
„ Csür, *Grosz-Scheuern* *I*. 4.
„ Czég . . . *VI*. 8.
„ Debrek . . . *VI*. 4.
„ Demeter, *Mettersdorf* *V*. 5·
„ Denk . . . *X*. 9.
„ Derzsida . . . *VII*. 1.
„ Devecser . . . *VI*. 7.
„ Disznód, *Heltau* . *I*. 4.
„ Doba . . . *VII*. 5.
„ Ekemező,*Groszprobsdf*.*I*.8.
„ Enyed . . . *IX*. 2.
„ Ernye . . . *IV*. 1.
„ Ercse . . . *V*. 3.
„ Esküllő . . . *VIII*. 1.
„ Fentős (Felső-F.) *VI*. 3.
„ Fülpös . . . *V*. 2.
„ Galambfalva . . *III*. 5.
„ Goroszló *VI*. 3. *VII*. 3.
„ Halmágy . . . *X*. 1.
„ Ida, *Eida* . . *V*. 8.
„ Iklód . . . . *VIII*. 1.
„ Ikland . . . *IV*. 4·
„ Ilonda . . . *VI*. 4.
„ Ilva . . . . *V*. 9.
„ Kadács . . . *III*. 5.
„ Kalota . . *VIII*. 3.
„ Kalyán . . . *VI*. 4.
„ Kapus, *Grosz-Kopisch* *I* 8.
„ „ . . . . *VIII* 4

Nagy-Kászon(Kászon-Altiz) *III*. 2.
„ Kede . . . *III*. 5.
„ Kend . . . . *IV*. 2.
„ Körtvélyes . . *VI*. 3.
„ Krisztolcz . . *VI*. 5.
„ Lak . . . . *IV*. 5.
„ Lozna . . . *VI*. 5.
„ Ludas, *Logdes* . *I*. 2.
„ Mező . . . *VI*. 5.
„ Món . . . . *VII*. 5.
„ Món-Ujfalu . . *VII*. 5.
„ Muncsel . . . *X*. 5.
„ Négerfalva . . *VI*. 4.
„ Nyires . . . *VI*. 3.
„ Nyulas . . . *V*. 3.
„ Nyújtód . . . *II*. 10.
„ Oklos . *VIII*. 5. *X*. 6.
„ Oláhfalu oder Szentegy-
   házas-Oláhfalu . *III*. 6.
„ Osztro und Kis-Osztro *X*. 7.
„ Öts . . . . *X*. 1.
„ Ölves . . . . *V*. 3.
„ Paczal . . . *VII*. 1.
„ Patak . . . . *II*. 9.
„ Pestény . . . *X*. 7.
„ Petri . . . . *VII*. 6.
„ Pojána . . . *X*. 1.
„ Rajtolcz . . . *VIII*. 3.
„ Rapolt . . . *IV*. 5.
„ Rebra . . . *V*. 10.
„ Ribicze (Ribicze))
„ Riska . .)   *X*. 2.
„ Roskány und Kis-Ros-
   kány . . . *X*. 5.
„ Runk . . . *X*. 6.
„ Sajó, *Grosz-Schogen* *V*. 4.
„ Sármás . . . *VI*. 8.
„ Sáros . . . *I*. 11.
„ Sebes . . . *VIII*. 3.
„ Selyk, *Marktschelken* *I*. 7.
„ Sink, *Grosz-Schenk* *I*. 11.
„ Solymos . . . *III*. 5.
„ Somkút . . . *VI*. 3.
„ Szász-Szent-László,
   Lasseln . . *I*. 9.
„ Szeben,*Hermannstadt* *I*. 4.
„ Szederjes . . *IV*. 1.
„ Szeg . . . . *VII*. 4

Nagy-Szőlős, *Gross-Alisch*	I. 9.	
„ Teremi	IV. 1.	
„ Ternáva	X. 2.	
„ Tóti	X. 9.	
„ Vajdafalva	II. 2.	
„ Zsombor (Magyar-)	VII 6.	
Nagyfalu	VII 2. V. 4.	
„ (Apa-)	V. 7.	
Nagylak	IV. 5.	
Nagypataka	II. 9.	
Nagy-Zám und Kis-Zám	X. 3.	
Nalácz-Vád	X. 7.	
Nándor . . .)	X. 5.	
Nándor-Valya .)		
Náprád	VI. 3.	
Naszód	V. 10.	
Náznánfalva	IV. 3.	
Nécz, *Netz*	V. 8.	
Négerfalva (Nagy-)	VI. 4.	
Nema	VI. 6.	
Nemegye (Magyar- u. Oláh-)	V. 10.	
Nemes, *Niemesch*	I. 8.	
„ -Keszi	VII. 1.	
„ -Suk	VIII. 1.	
Németi (Király-), *Baiersdorf*	V. 5.	
„ (Maros-)	X. 5.	
„ (Oláh-)	V. 10.	
„ (Szamos-Ujvár-)	VI. 6.	
Nepos	V. 9.	
Nethus, *Neidhausen*	I. 12.	
Netód	II 2.	
Netz, Nécz	V. 8.	
Noszály	VI. 7.	
Nována	VI. 8.	
Nozság (Nagyág)	X. 4.	
Nuksora	X. 7.	
Nyágra	IX. 6.	
Nyárád-Andrásfalva	IV. 2.	
„ Gálfalva .)		
„ Karácsonfalva)	IV. 1.	
„ Szt.-Benedek)		
„ Szent-László	IV. 1.	
„ Szereda	IV. 2.	
Nyárádtő	IV. 1.	
Nyárádpatak pr.	II. 8.	
Nyárló (Alsó-Kékes-)	VI. 6.	
„ (Felső-) „)		
Nyárszó	VIII. 3.	

Nyavalyásfalva	X. 4.	
Nyén	II. 7.	
Nyercze	VII. 6.	
Nyires	VIII. 3.	
„ (Boncz-)	VI. 7.	
„ (Kis-)	VII. 4.	
„ „ (Mesztakény)	VI. 3.	
„ (Nagy-)	VI. 3.	
„ (Oláh-)	VI. 4.	
„ (Szász-)	VI. 6.	
Nyiresfalva (Alsó-)	X. 7.	
„ (Fölső-)	X. 7.	
Nyirfalva (Mesztakény)	X. 2.	
Nyirmező	IX. 2. IX. 5.	
Nyirmon . .)	VII. 5.	
Nyirsid . . .)		
Nyomát	IV. 1.	
Nyujtód (Nagy- und Kis-)	II 10.	
Nyulas (Nagy- und Kis-)	V. 3.	

O.

Obersia	X. 1.	
O-Bozonta (Oláh-B.)	VI 3.	
O-Limpert pr.	X. 6.	
O-Rodna	V. 9.	
O-Sáncz pr.	II. 7.	
O-Sinka,	II. 3.	
O-Tohán	II. 4.	
Obrázsa	IX. 3.	
Oczfalva	III. 6.	
Offenbánya, *Offenburg*	IX. 6.	
Ohába	II. 3. IX. 3. X. 5.	
„ (Köalya-)	X. 8.	
„ (Ponor-)	X. 8.	
„ Sibisel	X 7.	
„ (Sztrigy-)	X 6.	
„ (Sztancsesd-)	X. 5.	
Ojtóz	II. 10.	
Oklánd (Homoród-),	III. 6.	
„ (Iklánd)	IV. 1.	
Oklos (Kis-)	VIII. 5 X. 9.	
„ (Nagy-)	VIII. 5. X. 6.	
Oláh-Andrásfalva	III. 5.	
„ Baksa	VII. 3.	
„ Bikal	VIII. 3.	
„ Bogát	I. 2.	
„ Bogáta	VI. 5.	
„ Boros-Bocsárd	IX.1.	

46

Oláh-Bozonta (O-Bozonta)		VI. 3.	Oláh-Zsákód		IV. 2.
„ Bölkény		V. 1.	Oláhfalu (Kápolnás- o. Kis-)		III. 6.
„ Brettye		X. 7.	„ (Szentegyházas- oder		
„ Buda-Burjános		VIII. 2.	Nagy-Oláhfalu)		III. 6.
„ Budak,		V. 4.	O-Limpert, pr.		X. 6.
„ Bükkös		I. 8.	Olosztelek		III. 1.
„ Csáholy,		VII. I.	Oltfalva, pr.		III. 3.
„ Csesztve		IX. 3.	Oltszem		II. 8.
„ Dálya		I. 1.	Ombocz		VI. 7.
„ Dellö		IV. 4.	Omlás, *Hamlesch*		I. 2.
„ Fenes		VIII. 4.	Omlásallya		V. 7.
„ Fodorháza		VI. 5.	Ompolyitza (Ampolyitza)		IX. 4.
„ Girbó		I. 1.	Onak		VIII. 1.
„ Gyéres		VI. 9.	Opra-Kerczesora		I. 6.
„ Gyerö-Monostor		VIII. 3.	Orallya-Boldogfalva		X. 7.
„ Herepe		IX. 4.	Orbó		VII. 1.
„ Hidegkút		III. 5.	Orbai (Bodza-) pr.		II. 9.
„ Horváth		VII. 4.	Orbó (Alsó- oder Magyar-)		IX 2.
„ Ivánfalva		1 5.	„ (Felső-)	VI. 4.	IX. 2.
„ Kapus pr.		VIII. 4.	„ (Közép-)		IX. 2.
„ Keczel		VII. 3.	„ (Maros-)		IV. 4.
„ Keszi		VII. I.	„ (Szász-), *Urwegen*		I. 2.
„ Karacsonfalva (Krecsu-			Orlát		I. 3.
nel)		IX. 3.	Orlya-Boldogfalva,		X. 7.
„ Kocsárd		IV. 5.	Ormány		VI. 6.
„ Köblös		VII. 6.	Oroszfája		V. 3.
„ Lapád		IX. 2.	Oroszfalu (Alsó-)		V. 7.
„ Láposbánya (Bajutza)		VIII. 5.	„ (Felső-)		V. 7.
„ Léta		VI. 1.	„ (Görgény-)		V. 1.
„ Nádas		VIII 3.	„ (Maros-)		V. 1.
„ „		V. I.	Oroszfalva,		II. 10.
„ Nádasd		VII. 4.	Oroszhegy		III. 6.
„ Nemegye		V. 10.	Oroszi		IV. 5.
„ Némethi		V. 10.	„ (Alsó-))		V. 1.
„ Nyires		VI. 4.	„ (Felső-))		
„ Péterlaka		IV. 5.	Orosz-Idécs		V. 1.
„ Pián		I. 1.	Oroszmezö		VI. 5.
„ Rákos	VIII. 4.	IX. 2.	Orotva, pr.		III 4.
„ Sály		IV. 5.	Orsova		V. 1.
„ Solymos	IV. 6.	V. 3.	Osdola		II. 10.
„ Szent-László		I. 9.	Osztro (Kis- und Nagy-)		X. 7.
„ Szilvás,		IX. 2.	Osztrovel		X. 7
„ Tordás		IX. 2.	Oszvály,		VI. 5.
„ Tyukos (Ganár)	1. 5.	II. 1.	Ots (Kis-))		X. 1.
„ Ujfalu	I. 5.	V. 2.	„ (Nagy-),)		
„ „ (Mezö-Ujfalu)		IV. 4.	Ozd		IV. 5.
„ Valkó		VII. 2.	Ököritö		VII. 3.
„ Vásárhely	VI. 6.	VI. 7.	Ökröspatak, pr.		II. 9.

563

Ölves (Nagy-)	V. 3.	Párosény pr.	X. 8.
Őr (Al- und Fel-Őr)	VI. 4.	Parva	V. 10.
„ (Mező-)	VIII. 2.	Pászmos, *Paszbusch*	V. 4.
Ördög-Kereszttir	VIII. 1.	Pata	VIII 2.
Ördögkút	VII. 6.	Patakfalva	III. 6.
Ördöngös-Füzes	VI. 7.	„ (Valya mare)	X. 2.
Őrke (Mező-),	IV. 4.	Patak (Nagy-)	II. 9.
Örményes	VII. 4. VIII. 6	Patak (Szász-)	IX. 3.
„ (Mező-)	V. 3.	Paucsinesd	X. 7.
„ (Szász-), *Irmesch*	I. 9.	Páva	II. 9.
Örményszékes	I. 2.	Pecsely	VII. 3.
Örmező	VII. 6.	Pecsétszeg	VI. 1.
Örmingye	X. 4.	Péér	VII. 1.
		Pele	VII. 1.
P.		„ -Szarvád	VII. 1.
Paczal (Kis-)	VII. 1.	Péntek, *Pintak*	V. 5.
„ (Nagy-)	VII. I.	„ (Szász-)	V. 3.
Paczalusa (Kis-Paczal)	VII. 1.	Pér	VII. 1.
Paczalka	IX 2.	Perecsen	VII. 3.
Pad (Baad)	X. 9.	Perje	VII. 3.
Paganesd oder Pogenesd	X. 3.	Perkász	X. 9.
Pagocsa	V. 3.	Persány	II. 3.
Páké	II. 9.	Peselnek	II. 10.
Paklisa	X. 7.	Pestény (Kis-))	X. 7.
Palatka (Magyar-)	VI. 8.	„ (Nagy-))	
Pálfalva	III. 3. III. 6.	Péstere pr.	II. 4.
Paliczka	\ II. 3.	Pestere (Páros-)	X. 8.
Pálos, *Königsdorf*	II. 1.	Pestes	VI. 5.
Palota	V. 2.	„ (Alsó-))	X. 5.
Pálszeg	III. 2.	„ (Felső-))	
Pánád	IX. 3.	Pete (Magyar)	VI. 8.
Pánczél-Cseh,	\ III. 1.	„ (Mező-)	IV. 4.
Panit (Mező-)	IV. 3.	Petek	II. 1.
Panith	\ II. 5.	Petele, *Birk*	V. 2.
Pánk	X. 5.	Petenye	VII 3.
Pánk-Szelistye	X 5.	Peterd (Felső-)	VIII. 5.
Panyik	VIII. 4.	Peterd (Közép-)	VIII. 5
Papfalva	VII. 2.	Peterd (Magyar-)	VIII. 5.
Paplaka (Popláka)	I. 3.	Péterfalva, *Petersdorf*	I. 1. I. 7.
Papolcz	II. 9.	Péterháza	VI 6.
Paptelek	VII. 5.	Péteritye	VI. 1.
Paptelke	VII. 2. VII. 6.	Péterlaka (Magyar-)	IV. 1.
Parajd	IV. 2.	„ (Oláh-)	IV. 5.
Paratej, *Pretai*	I. 8.	Petőfalva	II. 9.
Páró	II. 3.	Petrény	X. 9.
Páros-Pestere	X. 8.	Petres, *Petersdorf*	V. 5.
„ (Sil-)	X. 8.	Petresd	X. 3.
Parossa	X. 6.	Petri (Kis-)	V II. 3.

46*

564

Petri (Nagy-) . . . VII 6.	Poklostelke . . . VIII. 4.
Petrilla . . . . . X. 8.	Pokol-Valcsel . . . X·7.
Petrosán . . . . IX·4.	Polyán (Pojána) . . I. 2.
Petroseny . . . . X 8.	Poklondfalva, pr. . . III. 2.
Petrosz . . . . X. 8.	Poklos . . . . XI. 4.
Petsétszeg . . . . VI. 1.	Polyán (Aranyos-) . . VIII. 6.
Petz . . . . . VIII. 3.	„ (Batiz-) . . . VI. 1.
Pian (Szász-Pian), *Dtsch Pian* I. 1.	„ (Plenke-) . . . VI. 4.
„ (Oláhpián),*Walack.Pian* I. 1.	„ (Csicsó-) . . . VI. 4.
Piástra (Köfarka) . . VI. 4.	„ (Kézdi-) . . . II 10.
Pipe . . . . . IV. 2.	Ponor . . . . IX 1 X. 8.
Pirossa . . . . . VI 3.	„ (Kis-) . . . IX. 6.
Piski .) . . . X. 9.	„ (Ohába . . . X. 8.
Piskin .) . . .	Pontinásza . . . . VI. 4.
Pleskutza . . . . X. 1.	Popesd . . . . X. 5.
Plop . . . . . X 6	Popláka (Paplaka) . . I 3.
„ (Sztrigy-) . . X 7	Porcsesd . . . . I. 6.
Ploppis . . . . . VI 2.	Porcz . . . . . VII 2.
Poárta, pr . . . . II. 4.	Porkura . . . . IX 5.
Pocsfalva . . . . IV. 6	Portó (Maros-) · . IX 4.
Pocstelke, *Puschendorf* I 8.	Porumbák (Alsó-) . . I. 6.
Podsága (Alsó- nud Felsö-) VIII. 6	Porumbák (Felsö-) . . I 6.
Pogácsa · . . . V. 3.	Pósa . . . . . VII 6.
Paganesd . . . . X. 3	Posoritta . . . . II 2.
Pogyele . . . X 2	Potyáed . . . . III. 2.
Pojána . . . I 2 IX 4 IX. 5.	Potyele (Pogyele) . . X. 2.
„ (Nyirmezö-) . . IX. 2	Potyingán . . . . X 2.
„ (Blenke-) . . . VI 4	Prasmár, *7artlau* . I. 11. II 6
„ Ingenului, pr. . . IX 6	Predjál, pr. . . . . II. 4.
„ (Kis-) . . . X 1.	Preluka . . . . VI 2 VI. 5.
„ Meruluj (Almásmezö) II· 4.	Prepostfálva, *Prcbstdorf* I 12.
„ (Nagy-) . . X. 1	Preszáka . . . I. 2 IX 4.
„ Szeratá (Soósmezö) II 10.	Preszekár, pr. . . . III 4
„ (Szent-Jósef) . . V. 9	Prevalény . . . . X 1
„ Batizuluj (Batiz-Pojáu)) I. 1.	Pribékfalva . . . · VI 3.
„ Porkuluj (Disznopatak)	Prihogyesd . . . . X. 2.
„ Rekiczeli . . . X. 6	Priszlop (Kis-Bun) . . VI 3.
„ (Kis-Sebes) . . VII. 3.	Priszlop . . . . V. 10.
„ (Aranyos-Polyán. . VIII. 6.	Prodánfalva . . . VII 5.
Pojenicza . . . · . VI. 3.	Pródt, *Pruden* . . . I. 9.
„ (Boronamezö) . VII. 3.	Prund (Borgó-) . . . V. 6.
„ -Tomi) . X. 6.	Pürkerecz (Purkurecz . II. 7.
„ -Vojnyi)	Puj . . . . . X 8.
Pojeny . . . . V. 10 X 7.	Pujon . . . . . VI 7.
Póka . · .) VI. 3.	Purkerecz . . . II. 7 VI. 3.
„ -Keresztur)	Puszta *Hossling* . . I 10.
Pókafalva, *Törnen* . I 2.	„ -Csán . . . VIII. 5.
Poklisa . . . . . X 7.	„ -Egres . . . VII 5.

Puszta-Fentős	VI. 3.	Reketyefalva	X. 7.
„ Hidegkút	VI. 3.	Rekiczel	VIII. 3.
„ Kalán	X. 6.	Rekiczeli (Pojana-)	X. 6.
„ Kamarás	VI. 8.	Rekitta	I. 1.
„ Rajtolcz	VII. 6.	Rekisor (Reketyefalva)	X. 7.
„ Szent-Király	VIII. 5.	Remete	III. 4. VI. 3. IX. 1.
„ „ Márton	VIII. 5.	„ Homoród	III. 6.
„ „ Mihály	VII. 6.	„ Köszvényes	IV. 1.
„ „ Miklós	VIII. 2.	Remeteszeg	IV. 3.
„ Topa	VIII 2.	Rengeteg	IX. 5.
„ Ujfaln	VI. 6.	Répa (Alsó-))	V. 4.
Puturoasza (Büdöspataka)	VI. 4.	„ (Felsö-))	
		Répás	X. 9.
R.		Resinar	I. 3.
Rácsesd, pr.	VIII. 6.	Resztolcza	V. 2.
Ráczfalva	X. 1.	Resztolcz	VI. 3.
Radnóth	IV. 5.	„ (Puszta-Rajtolcz)	VII. 6.
Radnóthfája	V. 2.	„ (Nagy-Rajtolcz)	VIII. 3.
Rádos, *Radeln*	I. 10.	Réteny, *Reteschdorf*	I. 12.
Radulesd	X. 5.	Rétse (Teleki-))	II. 2.
Ráglya (Ragla)	V. 4.	., (Vajda-))	
Rajtolcz (Nagy-)	VIII. 3.	Retteg	VI. 4.
„ (Puszta-)	VII. 6.	Réty	II. 8.
Rákató	IX. 4.	Rév-Körtvélyes	VI 3.
Rákos	III. 3. VII. 6. VIII. 6.	Ribicze (Kis-))	X. 2.
„ (Alsó- és Felső-)	III. 1.	„ (Nagy-))	
„ (Aranyos-)	VIII. 6.	Rigmány	IV. 2.
„ (Felső-)	III. 1.	Riomfalva, *Reichersdorf*	I. 8.
„ (Oláh-)	VIII. 4. IX 2.	Riska (Kis-))	X. 2.
Rákosd	X. 6.	„ (Nagy-))	
Rákovitza	I. 6.	Riu-Szaduluj pr.	I. 4.
Rapolt (Kis-))	IX. 3.	Röd	I. 2.
„ (Nagy-))		Rodna (O-), *Alt-Rodna*	V. 9.
Ráton	VII. 3.	„ (Uj-), *Neu-Rodna*	V. 9.
Ráva	IV. 2.	Rogosz	VI. 1.
Réa	X. 7.	Rogoz I	VIII. 3.
Rébra (Kis-))	V. 10.	Rohi	VI. 1.
„ (Nagy-))		Románfalva (Romanest)	VI. 2.
Rebrisora	V. 10.	Romlott	VII. 6.
Récse	VII. 3.	Romosz	X. 9.
„ *Rätsch*	I. 2.	Romoszhely	X. 9.
„ (Teleki- és Vajda-)	II. 2.	Romuli (Satrimba)	V. 10.
Recsenyéd	III. 6.	Róna	VI. 3.
Récze-Keresztur	VIII. 1.	Rosia (Verespatak)	X. 6.
Régen (Magyar-)	V. 2.	Roskány (Nagy- und Kis-)	X. 5.
„ (Szász-) *Sächsisch-*		Rosnyó, *Rosenau*	I. 6.
Regen	V. 2.	Rosonda, *Roseln*	I. 12.
Rehó, *Reichau*	I. 1.	Rosz-Csür, *Reuszdörfel*	I. 4.

Rovás, *Rosch*.	I. 7.	Sárfalva	X. 5.
Rovina (Valye-Rovini)	X. 2.	Sárkaicza	II. 3.
Rosztócs	X. 1.	Sárkány	II. 3.
Röd	VIII. 5.	Sármás (Kis-))	VI. 8.
Rösz, *Reuszen*	I. 7.	„ (Nagy-))	
Rüs (Mező-)	IV. 3.	Sármaság	VII. 3.
Ruda	X. 6.	Sáromberke	IV. 1.
Rudály	I. 10.	Sáros, *Scharesch*	I. 8.
Rúdfalva (Ruda)	X. 2.	„ (Nagy-), *Scharesch*	I. 11.
Ruganfalva	III. 5.	„ -Berkész (Magyar-)	VI. 3.
Ruha-Egres	VIII 5.	„ (Kis- oder Magyar-)	IV. 6.
Rukur	I. 11.	Sárpatak, *Scharpendorf*	I. 10.
Rumanesty (Románfalva)	VI. 2.	„ *Kothbach*	IV. 3.
Runk . . . V. 10.	VIII. 5.	Sárár	V. 7.
„ (Nagy-)	X. 6.	Sárvásár	VIII. 3.
„ (Erdőhát-)	X. 6.	Sásza	VI. 2.
„ (Kis-), Runksor	X. 3.	Sebes	I'. 2.
Rus	X. 7.	„ (Szász-) *Muhlbach*	I. 1.
Russáva (Orsova)	V. 1.	„ (Alsó-) . . I. 6.	V. 1.
Rusor (Reusor)	II. 2.	„ (Felső-) . . I. 6.	V. 4.
Russor . . . VI. 2.	X. 8.	„ (Kis-), Pojana	VIII. 3.
Rusz (Maros-Oroszfalu)	V. 1.	„ (Nagy-)	VIII. 3.
Rusz (Borgó-)	V. 6.	„ -Váralya (Bologa)	VIII. 3.
Rücs (Mező-)	IV. 3.	Sebesán	IX. 4.
S.		Sebeshely . . . I 1.	X. 9.
		„ (Uj-), *Neu-Schebe-*	
Sabenicza (Görgény-Sóakna)	V. 1.	*schell*	X. 9.
Sajgó	VI. 6.	Sebes-Váralya (Bologa)	VIII. 3.
Sajó-Keresztur, *Kreulz*	V. 7.	Segesd, *Schaasz*	I. 10.
„ (Kis-)	V. 4.	Segesvár, *Schászburg*	I. 10.
„ (Nagy-), *Grosz-Scho-*		Sellenberk, *Schellenberg*	I. 4.
gen	V. 4.	Selye	IV. 2.
„ -Szent-András	V. 7.	Selyk, *Schelken*	V. 4.
„ -Udvarhely	V. 7.	„ (Kis-), *Klein-Schelken*)	I. 7.
Sajte (Sojra), pr.	VII. 1.	„ (Nagy-), *Marktschelken*)	
Salamon	VI. 5.	Semesnye	VI. 5.
Sáldorf	I. 7.	Sepröd	IV. 2.
Salomás	III. 4.	Sepsi-Baczon	III. 1.
Sálya, *Schallendorf*	I. 7.	„ -Bodza	II. 9.
Sályi (Mező-)	IV. 4.	„ -Mártonos	
„ (Oláh-)	IV. 5.	„ -Szent-György)	II. 8.
Sálykó	I. 7.	„ „ -Iván)	
Sámson (Sámsond)	VII. 3.	„ „ -Király	
Sámsond (Mező-)	IV. 3.	Septér	V. 3.
Sándorfalva	III. 6.	Sereden (Szereden)	VII 3.
Sarapháza	V. 1.	Serék	X. 8.
Sárd, III. 5. IV. 1. VIII. 2.	IX. 4.	Serling, *Scherling*	V. 4.
Sárfalva	II. 10.	Siásza, pr.	IX. 6.

Siberg (Sibert), *Seiburg*	ll. 1.	Somlyo (Szilágy-))	VII. 3.
Sibjel	I. 3.	„ -Újlak)	
Sibó	VII. 5.	Sommály	VII. 2.
Sibot (Alkenyér)	X. 9·	Somogyom, *Schmiegen*	I. 8.
Siklód	IV. 2.	Somosd	IV· 1.
Siklód (Szaklód), pr.	VII. 4.	Somostelke, (Szamostelke,	
Sily-Korojesd .)		Futak)	IV. 6.
„ Macsesd .)		Somró-Ujfalu (Brusztur)	VII. 6.
„ Párosény, pr.)	X. 8.	Sóna, *Schönau*	II. 1.
„ Vajdej.)		Sopter (Septér)	V. 3·
„ Farkaspataka (Lupény)		Sósmező, (Pajana szerate)	II. 10.
Siményfalva (Alsó-)	III. 5.	„ (Glodu)	VI. 4.
„ (Felső-)	III. 6.	Sóspatak . . IV. 3. IX. 4.	
Simon, pr.	II. 4.	Soós-Szt.-Márton	VIII. 6.
Simontelke	V. 4.	„ „ „ *Martinsdorf* V. I.	
Sinfalva	VIII. 0.	Sorostély, *Schorsten*	I. 7.
Sink (Kis-), *Klein-Schenk*) „ (Nagy-), *Gross-Schenk*)	I. 11.	Sovárd	IV. 2.
		Sovárhegy-Almás	VII. 2.
Sinka (O-) .)	II. 3.	Soványfalva (Lyásza)	X· 1.
„ (Uj-) .)		Sövényfalva, (Somfalu)	IV. 6.
Sinna	I. 2.	Sövényszeg, *Schweischer*	II. 1.
Sirmező, pr.	VII. 2.	Spring	I. 1.
Sirnea, pr.	II. 4.	Stána (Istina)	I. 7.
Skerisora	IX. 6.	Stanisza (Sztánisa)	X. 2.
Sóakna (Görgény-)	V. 1.	Steja	X. 2.
Sobok	VIII. 3.	Strázsa	IX. 4.
Sófalva, *Salz*	V. 5.	Strugar	I. 1.
„ (Alsó-) .)	IV. 2.	Sugág	I. 1.
„ (Felső-) .)		Sugestrény (Csugásztra)	VI. 2.
Sojra (Sajte), pr.	VII. 1.	Suk (Alsó-))	
Solna (Zsolna), *Senndorf*	V. 5.	„ (Felső-))	VIII. 1.
Solymos . V. 4. VI. 3. VII. 5. IX. 2.		„ (Nemes-))	
„ (Kis-)	III. 5.	Sükö	III. 6.
„ (Maros-)	X. 4.	Sükötfalva,	IV. 2.
„ (Nagy-)	III· 5	Sülelmed	VII. 4.
„ (Oláh-)	IV. 6.	Süllye (Magyar-)	IV. 5.
„ „ (Sztupini)	V. 3.	Szabad	IV. 3.
Solyomkö	VIII. 1·	„ -Erdö	IX. 2.
Solyomtelke	VIII. 2.	Szabéd	IV. 3.
Sombor, *Sommerburg*	II. 1.	Szacsal (Szecsel)	X. 7.
Somfalu, (Kornya)	VII. 4.	„ (Sztrigy-)	X. 6.
„ (Sövényfalva)	IV. 6·	Szacsva	II. 9.
Somkerék	V. 7.	Szakácsi	VII. I.
Somkút	VI. 6.	Szakadát	I. 4.
„ (Nagy-))	VI. 3.	Szakál (Erdö-)	V. 2.
Somkútpataka, (Valény)		„ (Mező-)	IV. 4.
Somlyó-Csehi	VII. 3·	Szakálosfalva	VI. 3.
„ (Csik-), pr.	III. 3.	Szakamás,	X. 5.

Szakatura		*VI* 2.	Szász	Csávás	*IV*. 6.
Szakéjfalva		*IV*. 1.	„	Czegö	*V*. 8.
Szaklód (Siklód), pr.		*VII*. 4.	„	Dálya, *Denndorf*	*I*. 10.
Száldobágy, pr. *VII*. 1. *VII*. 2.			„	Dányán,	*IV*. 6.
Száldobos		*III*. 1.	„	Encs	*V*. 8·
Szálláspataka (Alsó-)		*X*. 8	„	Erked	*V*. 3.
„ (Felső-)		*X*. 8.	„	-Ernye, *Ehrgang*	*I*. 9.
Szalona		*VI*. 5.	„	Falu	*II*. 10.
Széltelek		*IV*. 3.	„	Fenes	*VIII*. 2.
Szálva		*V*. 10.	„	Fejéregyháza, *Weisz-*	
Szamos (Hév-))		*VIII*. 4.		*kirch*	*II*. 1.
„ (Hideg-))			„	Fülpös	*V*. 2.
„ Udvarhely		*VII*. 5.	„	Halom, *Hundertbü-*	
„ Ujlak		*VII*. 4.		*cheln*	*I*. 12.
„ Ujvár		*VI*. 7.	„	Ivánfalva, *Eibesdorf*	1. 8·
„ Ujvár-Némethi		*VI*. 6.	„	Keresztur, *Kreutz*	1. 10.
Szamosfalva		*VIII*. 2.	„	Kis-Almás, *Almasch-*	
Szamoskornye (Somfalu)		*VII*. 4.		*ken*	1. 8.
Szamostelke (Futak)		*IV*. 6.	„	Készd, *Keiszd*	1. 10.
Szancsal		*IX*. 3.	„	Lóna	*VIII* 4.
Szántó (Tasnád-)		*VII*. 1.	„	Magyarós, *Maniersch I*. 9.	
Szántóhalma		*X*. 5.	„	Mártonfalva, *Martins-*	
Szappanpataka		*VI*. 3.		*dorf*	*I*. 8.
Szaraka, (Szeráka oder Szarka -			„	Máté, *Mathesdorf*	*V*. 8.
falva)		*X*. 9.	„	Nádas, *Nadesch*	*I*. 9.
Szarakszó		*IX*. 4.	„	Nyíres	*VI*. 6·
Száráta (Szerata)		*I*. 6.	„	Orbó, *Urwegen*	*I*. 2.
Száraz-Ajta		*III*. 1.	„	Örményes, *Irmesch*	*I*. 9.
„ Almás		*X*. 5.	„	Patak, Szpetak	*IX*. 3.
„ Völgy, pr.		*VII*. 5.	„	Péntek, *Pintak*	*V*. 3.
Száraszpatak		*II*. 10.	„	Pián, *Deutsch-Pian*	*I*. 1.
Szárhegy		*III*. 4.	„	Régen, *Sächsich-*	
Szarkafalva (Szeraka)		*X*. 9.		*Reen*	*V*. 2.
Szártos		*IX*. 6	„	Sebes, *Mühlbach*	*I*. 1.
Szarvad (Pele-)		*VII*. 1.	„	Sombor, *Sommerburg II*.1.	
„ (Tasnád-), Szere-			„	Szent-Jakab, *Jakobs-*	
czel		*VII*. 1.		*dorf*	*V*. 8.
Szarvas-Kend		*VIII* 1.	„	„ -György, *Sankt-*	
Szász-Almás, *Almen*		*I*. 8.		*Georgen*	*V*. 8.
„ „ (Kis-) Almasch-			„	„ -Iván, *Johannis-*	
ken		*I*. 8.		*dorf*	*I*. 9.
„ Akna (Oknicza)		*V*. 3.	„	„ -László, *Klein-*	
„ Panyitza, (Baicza)		*V*. 3.		*Laszlen*	*I*. 9.
„ Brete		*V*. 7.	„	„ Laszló (Nagy-)	
„ Buda, *Bodendorf*		*I*. 10.		*Laszlen*	*I*. 10.
„ Budak, *Deutsch-Bu-*			„	Tyukos, *Deutsch-*	
dak		*V*. 5.		*Tekes*	*II*· 1.
„ Csanád, *Scholten*		*I*. 7.	„	Ugra, *Galt*	*II*. 1.

569

Szász-Ujfalu, *Neudorf*	I. 4. I. 10.	Szelistye	. .	VIII. 5. X. 4.
. . . . .	V. 8. IX. 2.	„ pr.	. .	IX. 6.
„ Uj-Ös . . .	V. 8.	„ (Kecskésfalva)		VII. 4.
„ Veszöd, *Waszid*	I. 7.	„ (Almás-)	. .	X. 3.
„ Vesszös (Mihályfalva)		„ (Pank-)	. .	X. 5.
Michelsdorf .	IV. 6.	Szelistyora	. .	X. 4.
„ Völgye . .	IV. 5.	Szélkút	. . .	IV. 5.
„ Zsombor . .	. VI. 7.	Szelnyitza	. .	VI. 2.
Szásza-Lupsa-Vincza	. IX. 6.	Szélszeg	. . .	VII. 4.
Szászakna (Oknicza)	. V. 3.	Szemeria	. . .	II. 8.
Szászahuz, *Sachsenhausen*	I. 5.	Szénaverös, *Zendrisch*		I. 9.
Szászár	. VI. 3.	Szengyel (Erdő-)	. .	IV. 1.
Szasza-Vincza (Szászalupsa-		„ (Mező-)	.	IV. 4.
Vincza). .	. IX. 6.	Szent-Abrahám	. .	III 5.
Szászcsor . . .	. I. 1.	„ Agotha, *Agnethlen*		I. 12.
Szászváros, *Broos*	. X. 9.	„ András	.	V 2. X. 5.
Száva	. VI. 7.	„ „ (Sajó-)	.	V. 7.
Szeben (Nagy-), *Hermann-*		„ Anna, (Maros-)	.	IV. 3.
stadt	. I. 4.	„ „ (Szereda-)		IV. 2.
Szecsel	. I. 3.	„ Benedek	.	IV. 5. VI 6.
„ (Asszonyfalva)	. VIII. 5.	„ „ (Nyárád-)		IV. 1.
Szécs	. VII. 3.	„ Demeter		IV. 2.
Szederjes, *Neuzeckel*	. I. 10.	„ Domokos (Csik-))		III. 3.
„ (Kis-))	. IV. 1.	„ Domokos (Kis-))		
„ (Nagy-))		„ Egyed . . .		VI. 7.
Széér, Szér . .	. VII. 3.	„ Egyházas-Oláhfalu		III. 6.
Szék	. VI. 7.	„ Erzsébeth, *Hammers-*		
„ (Felső-) . .	. VII. 2.	*dorf*	.	I. 4.
Szekás	. IX. 3.	„ „ . .		III. 5.
Szekatura (Szeketura)	. IX. 6.	„ Gerlicze	. .	IV. 1.
Székelyfalva, pr.	. IV. 3.	„ Gotthárdt	. .	VI. 7.
Székely-Földvár .	. VIII. 6.	„ György, *Skt. Georgen*		V. 8.
„ Keresztur (Szitás-		„ „ . .		V. 9. VI 6.
Keresztur) .	. III. 5.	„ „ (Csapó-), pr.		IV. 4.
„ Kocsárd .	. VIII. 6.	„ „ (Csik-)	.	III. 2.
„ Szállás .	. IV. 2.	„ „ (Erdő-)	.	IV. 2.
„ Udvarhely .	. III. 6.	„ „ (Maros-)		IV. 1.
Székelyó . . .	. VIII. 3.	„ „ (Mező-)	.	V. 3.
Szekeremb . . .	. X. 4.	„ „ (Sepsi-)	.	II. 8.
„ (Nagyág)	. X. 4.	„ „ (Strigy-)	.	X. 6.
Szekeres-Törpény .	. VI. 6.	„ „ (Toroczkó-)		VIII. 6.
Székes	. IV. 1.	„ „ (Vályа-)	.	X. 6.
Szeketura (Szakatura)	. VI 2.	„ Háromság		IV. 1.
Szekulaj . . .	. VI. 7.	„ Jakab, *Jakobsdorf*		IV. 5.
Szelecske . . .	. VI. 4.	„ „ (Mező-)	.	IV. 4.
Szelicse . . .	. VIII. 5.	„ „ (Szász-), *Jakobs-*		
Szelindek, *Stolzenburg*	I. 4.	*dorf*		V. 8.
Szelistye . . .	. I. 3.	„ Jánoshegye (Nucset)		I. 5.

47

Szent-Imre . . .	IV. 2.	
„ „ (Csik-) .	III. 2.	
„ „ (Görgény-)	V. 1.	
„ „ (Maros-) .	X. 1.	
„ Jósef (Pojana) .	V. 9.	
„ István . . .	IV. 2.	
„ Iván, Johannesdorf	V. 4.	
„ „ (Csik-) . .	IV. 3.	
„ „ (Kebele-) .	IV. 1.	
„ „ (Sepsi-) . .	II. 8.	
„ „ (Szász-), Johannis- dorf	I. 9.	
„ „ (Vajda-), Johannis- dorf	V. 2.	
„ „ (Vasas-) . .	VI. 7.	
„ Katolna . . .	II. 10.	
„ „ (Dorna-) .	VIII. 1.	
„ Király . . III. 6.	X. 6.	
„ „ (Csik-) . .	III. 2.	
„ „ (Er-) . .	VII. 1.	
„ „ (Gyéres-) .	VIII. 6.	
„ „ (Kalota-) .	VIII. 3.	
„ „ (Maros-) IV, 3.	IX. 2	
„ „ (Puszta-) .	VIII. 5.	
„ „ (Sepsi-) .	II. 8.	
„ „ (Szilágy-) .	VII 5.	
„ „ (Topa-) .	VII. 6.	
„ László . . III. 6.	VIII. 4.	
„ „ (Nyárád-) .	IV. 1.	
„ „ (Oláh-), Wal- Laszlen	I. 9.	
„ „ (Szász-), Klein- Laszlen	I. 9.	
„ „ (Nagy-Szász-) Laszlen	I. 10.	
„ Lélek . . .	III. 6.	
„ „ (Csik-) . .	III. 2.	
„ „ (Kézdi-),	II. 10.	
„ Lőrincz . . .	IV. 1.	
„ Margitta . . .	VI. 6.	
„ „ (Mező-) .	IV. 4.	
„ Maria . . .	VII. 6.	
„ Márton . . .	VI. 7.	
„ „ (Csik-) III. 2.	IV. 1.	
„ „ (Dicső-) .	IV. 6.	
„ „ (Homoród-)	III. 6.	
„ „ (Koród-) .	IV. 6.	
„ „ (Macskás-)	VIII. 1.	

„ „ (Mező-) .	V. 3.	
„ „ (Puszta-) .	VIII. 5.	
„ „ (Sóós-) V. 1.	VIII. 6.	
„ „ (Szépkenyerü-)	VI. 6.	
„ Mihály . . .	III. 6.	
„ „ (Csik-) .	III. 3.	
„ „ (Puszta-)	VII. 6.	
„ Mihályfalva (Alsó-)	VIII. 6.	
„ „ (Felső-)	VIII. 6.	
„ MihálytelkeV. 1. V. 3	VIII. 2.	
„ Miklós . . III. 5.	VI. 7.	
„ „ (Bethlen-), Klosz- dorf	IX. 3.	
„ „ (Csik-) .	III. 3.	
„ „ (Gyergyó-)	III. 4	
„ „ (Káposztás-)	IV. 1.	
„ „ (Kerellö-), pr.	IV. 3.	
„ „ (Puszta-) .	VIII. 2.	
„ Pál	VIII. 2.	
„ „ (Homoród-) .	III. 6.	
„ „ (Kerellö-) .	IV. 1.	
„ Péter . . .	VII 6.	
„ „ Petersberg	II. 6.	
„ „ (Homoród-) .	III. 6.	
„ „ (Uzdi-) . .	V. 3.	
„ Péterfalva . VII 6	X 7.	
„ Simon (Csik-) III. 2.	IV. 2.	
„ Tamás . . .	III. 6.	
„ „ (Csik-) . .	III. 3.	
Széplak . IV. 6. VI. 6.	VII. 4.	
„ Schöndorf . .	V. 2.	
Szépmező, Schönau .	IX. 3.	
Szépnyir, Zippendorf .	V. 5.	
Szépviz (Csik-) . .	III. 3.	
Szeráta	I. 6.	
Szerdahely, Reuszmarkt	I. 2.	
Szereczel (Tasnád-Szarvad)	VII. 1.	
Szereda (Csik-) . .	III. 3.	
„ (Nyárád-)) -Szent-Anna)	IV. 2.	
Szereden (Sereden) .	VII. 3.	
Szereka (Szarkafalva) .	X. 9.	
Szeretfalva, Reuszen .	V. 8.	
Szeretszeg, pr. . .	III. 2.	
Szeszár (Szaszár) .	VI. 3.	
Szeszárma . . .	VI. 4.	
Szèszcsor . . .	II. 2.	
Széts	VII. 3.	

Szetsel, *Schwarzwasser*	I. 3.	„ (Alsó-))	VII. 1.
„ (Asszonyfalva)	VIII. 5.	„ (Felső-))	
Szevestrény	II. 2.	Szoptyér (Sopter, Septér)	V. 3.
Szibjel (Sibjel)	I. 3.	Szótelke	VIII. 1.
Szigeth	VII. 3.	Szotyor	II. 8.
Szilágy-Cseh	VII. 4.	Szóváros	VI 6.
„ Fö-Keresztur	VII. 5.	Szováth (Alsó-)	VI. 8.
„ Somlyó	VII. 3.	„ (Felső-)	VI. 8.
„ Szent-Király	VII. 6.	Szováta	IV. 2.
Szilágyszeg	VII. 4.	Szőcs (Alsó-))	VI. 1.
Szilágytö	VI 6.	„ (Felső-))	
Szilvás	VII. 1.	Szödemeter	VII. 1.
Szilvás (Alsó-)	X. 7.	Szökefalva	IV. 6.
„ (Felső-)	X. 7.	Szölczér, pr.	VII. 1.
„ (Kecsed-)	VIII. 1.	Szölös (Kis-), *Klein-Alisch*)	I. 9.
„ (Magyar-)	VIII. 5.	„ (Nagy-), *Grosz* »)	
„ (Mezö-)	V. 3.	Szörcse	II. 9.
„ (Oláh-)	IX 2.	Szövérd	IV. 2.
„ (Viz-)	VI. 7.	Szpin	IX 3.
Szind	VIII. 5.	„ (Pad, Báád)	X. 9.
Szinye	VI. 6.	Sztána	VIII 3.
Szita	VI. 4.	Sztancsesd-Ohába	X. 5.
„ -Bodza, pr.	II. 9.	Sztanisza	X. 2.
Szitás-Keresztur (Székely-		Szteregonya (Sztrigonya)	X. 5.
Keresztur)	III 5.	Sztezsér	VI. 3.
Szivágy (Alsó-)	VII. 4.	Sztojenyásza	X. 4.
„ (Felső-)	VII. 4.	Sztojkafalva	VI. 1.
Szkej (Demsus-)	X. 7.	Sztolna	VIII. 4.
Szkerisóra	IX. 6.	Sztregonya (Szteregonya)	X. 5.
Szkoré	I. 6.	Sztrettye	X. 5.
Szkrofa (Koczafalva)	X. 2.	Sztrezsa-Kerczesora, *Ober-*	
Szocset,	X. 6.	*Kerz*	I. 6.
Szodoró (Ér-),	VII. 1.	Sztrigonya (Steregonya, Stre-	
Szohódól,	IX. 6. X. 6.	gonya)	X. 5.
Szohodol, pr.	II. 4.	Sztrigy-Ohába	X. 6.
Szokoly	V. 3.	„ Plop	X. 7.
Szolcsva (Alsó-)	VIII. 6.	„ Szacsal	X. 6.
„ (Felső-)	VIII 6.	„ Szent-György	X. 6.
Szolokma	IV. 2	Sztrimba	X. 1.
Szombat (Alsó-)	II. 2.	Sztrimba (Romuli)	V. 10.
„ (Felső-)	II. 2.	„ (Hosszu-Macskás)	VIII. 1.
Szombatfalva	III. 6.	Sztrimbuly	VI. 1.
„ s. a. Also und		„ (Horgospataka)	VI. 1.
Felső-Szombat	II. 2.	Sztrugár, *Strugar*	I. 1.
Szombattelke (Erdö-)	VI. 7.	Szúcság	VIII. 2.
„ (Mezö-)	VI. 8.	Szuhány, pr.	IX 6.
Szomordok	VIII. 2.	Szuhodol, pr.	II. 4.
Szopor	VI 8.	Szulicza, pr.	VIII. 3.

47*

Szúligeth	. . .	X. 4	Teremi (Kis-)	)	
Szunyogszeg, *Schnackendorf*/		II.5.	„ (Nagy-)	)	IV. 1.
Szupláj	. . .	V. 10.	„ -Ujfalu	)	
Szurduk	. . VI. 5.	VIII. 5.	Tercsefalva (Tarcsafalva)		III. 5·
„ Kápolnok	. .	VI. 2.	Térfalva (Lunka)	. .	X. 2.
„ (Kimpény-)	.	X. 3.	Ternáva (Nagy-Ternava)		X. 2.
Szuszény, (Borgó-) Felső-			Ternavicza (Kis-Tirnáva)		X. 1. X.3.
Borgó	. .	V. 6.	Terpény, *Treppen*	.	V. 5.
„ (Malomviz-) pr.		X. 7.	„ s. a. Törpény		
Szükerék	. . .	VI. 6.	Thorda, *Thorenburg*		VIII. 5.
T.			Thorda-Akna, pr.	.	VIII. 5·
			Tibor . . .	.	IX. 1.
Talács	. . .	X. 1.	Tibád . . .	.	III. 6.
Talmács (Nagy-), *Talmesch*		I. 4.	Tiba, (Borgó-)	. .	V. 6.
„ (Kis-), *Talmacsel*		I. 4.	Tihó . . .	. .	VII. 6.
Tálasfalva	. . .	VI. 6.	Tihutza, pr.	. .	V. 6.
Tálpatak, pr.	. . .	II. 8.	Tikós, pr. .	. .	III. 4.
Tamasesd	. . .	X. 3.	Timafalva, pr.	. .	III. 5.
„ (Egerbegy)	.	VII. 4.	Tirnava .	.	X. 3.
Tamásfalva	. .	II. 9.VII.6.	Tirnáva (Kis-) Ternavicza)		X 1.
Tamáspataka	. . .	X. 9.	„ (Nagy-))		
Tamástelke	. .	X. 5.	Tirnavicza . . .		X. 3.
Tancs	. . V. 2.	V. 8.	Tisza . . .	.	X. 5.
Taplocza	. . .	III 3.	„ (Tiszafalva)	. .	X. 1.
Tarcsafalva	. . .	III. 5.	Tobiás, *Toppesdorf*	.	I. 8.
Tartarie	. . .	X 9.	Todoricza . .	. .	II. 2.
Tasnád	. . .	VII. 1.	Todorka-Szállás (Sikód o. Sza-		
„ -Malomszeg	. .	VII. 1.	klód), pr. . .		VII. 4.
„ -Szántó	. . .	VII. 1.	Todoskány, (Kosna)	. .	V. 9.
„ -Szarvad	. .	VII. 1.	Tófalva . . .	.	V. 1.
Tataresd	. . X. 2	X. 3.	Tohan (O-) . . .)		II. 4.
Tatárlaka, *Taterloch*	.	I. 8.	„ (Uj-) . . .)		
Táté . . .	. .	IX. 4.	Tóhát . V. 10. VII 4. IX. 3.		
Tatráng	. . .	II. 7.	„ (Mező-), . .		IV. 4.
Tehénfalva	. .	X. 2.	Toldalag . . .	.	V. 2.
Tcke, *Teckendorf*	.	V. 3.	Tomáses, (Tamásesd)	.	X. 3.
Tekerő	. . .	IX. 4.	Tomesd . . .	.	X. 1.
Tekerőpatak	. .	III. 4.	Tomnatik . .	.	X. 2.
Telegdi-Baczon	. .	III. 1.	Tompa . . X. 1. X. 5.		
Telek . .	II. 9. IV. 1.	X. 6.	Tompaháza , .	.	IX. 2.
„ (Felső-), Gura-Govosdi			Topa (Puszta-) .	.	VIII. 2.
pr.	. . .	X. 6.	„ Szenkirály	.	VII. 6.
„ (Alsó-), pr.	. .	X. 6.	Topánfalva (Kimpény)	.	IX. 6.
Telekfalva	. . .	III. 6.	Toplicza . .	VI. 3. X. 4.	
Teleki-Rétse	. .	II. 2.	„ (Gyergyó-)		III. 4.
Teliska, Tiliska	. .	I 3.	Toporcsa, *Tschappertsch*		I. 2.
Telts . . .	. VII. 6.	V. 10.	Torboszló . . .	.	IV. 2.
Templom-Állya, pr. .	.	III. 2.	Torda, *Thorenburg*	.	VIII. 5.

Torda-Vilma	VI. 2.	Tür	IX. 3.
Tordás (Oláh-)	IX. 2.	Türe	VIII. 2.
„ (Turdás)	X. 9.	Türkös	II. 7.
Tordátfalva,	III. 5.	Tyej	X. 5.
Torja (Alsó-))	II, 10.	„ (Nyén)	II. 2.
„ (Felső-))		Tyukos (Oláh-) Gainár	I. 5.
Tormapataka	VI. 5.	„ (Szász-), *Deutsch-*	
Tormás,	X. 9.	*Tekes* . .)	II. 1.
Toroczkó,	VIII. 6.	„ (Oláh-),*Wal. Tekes*)	
Toroczkó-Szent-György	VIII. 6.	Tyulesd	X. 1.
Torony (Kis-), *Neppendorf*	I. 4.	**U.**	
Totesd	X. 7.		
Tótfalu VI 6. VII. 3. 4. VIII. 2. IX. 4.		Udvarfalva	IV. 3.
Tótháza	VI. 8.	Udvarhely (Sajó-)	V. 7.
Toti (Kis-) . .)	X. 9.	„ (Szamos-)	VII. 5.
„ (Nagy-) .)		„ (Székely-), *Hof-*	
Tótszállás	VI. 5.	*markt*	III. 6.
Tóttelke,	VIII. 3.	„ (Vámos-),	IV. 6.
Tök (Alsó-) . .)	VIII. 1.	Ugra	IV. 5.
„ (Felső-) . .)		„ (Szász-). *Galt*	II. 1.
Tökepataka	VI. 5.	Ugrócz	VII. 6.
Tökés	VI. 1.	Uj-Báresd,	X. 2.
Tölgyes ·	III. 4. VI. 3.	„ Bozonta (Kis-B.)	VI. 3.
Tömös, *Tömöscher Pasz*	II. 6.	„ Buda, pr.	VIII. 2.
Törcsfalva (Ujtohán)	II. 4.	„ Ős (Szász-),	V. 8.
Törcsvár, *Tötzburg*	II. 4.	„ Rodna	V. 9.
Törökfalva	VI. 3.	„ Sinka	II. 3.
Törpény, *Treppen*	V. 5.	„ Székely ·	III. 5.
„ (Szekeres-)	VI 6.	„ Tohán	II. 4.
Tötör	VIII. 1.	Ujegyház, *Leschkirch*	I. 5.
Tövis	IX. 1.	Ujfalu, *Neudorf*	II. 5. V. 5.
Tóvissesd, pr.	VII. 1.	„ (Lunka)	VIII. 6.
Tranyis	VIII. 3.	„ pr·	VII. 1.
Trápold, *Trappolden*	I. 10.	„ (Bözöd-)	IV. 2.
Tresztya, (Kötelesmező)	VI. 2.	„ (Csaba-)	V. 7.
„ (Komlós-Ujfalu)	VII. 6.	„ (Csicso-)	VI. 4.
„ (Nádfalva)	X. 4.	„ (Dabjon-)	VII. 5.
Trimpoele	IX. 4.	„ (Gyergyó-)	III. 4.
Tulokfalva	X. 2.	„ (Homoród-)	III. 6.
Tur	VIII. 5.	„ (Hosszu-)	VI. 3·
Turbucza	VI. 3.	„ (Kalota-)	VIII. 3.
Turzon, pr.	II. 1.	„ (Kászon-)	III. 2.
Tusnád	III. 2.	„ (Komlós-)	VII. 6.
„ Ujfalu	III. 2.	„ (Magyar-)	VIII. 1.
Tuson	V. 3.	„ (Meneság-)	III. 2.
Tustya	X. 7.	„ (Mező-)	IV. 4.
Tusza	VII. 2.	„ (Bikszád- oder Mikó-)	II. 8.
Tuzsin (Tuson)	V. 3.	„ (Nagy-Món-)	VII. 5.

Ujfalu (Oláh-)	1. 5. IV. 4. V. 2.	Vadasd	. . . .		IV. 2.
„ (Puszta-)	. . VI. 6.	Vadu-Gura-Dobri		.	X. 6.
„ (Somró-)	. . VII. 6.	Vadurel (Kis-Debreczen)			VI. 3.
„ (Szász-), Neudorf	l. 4·1 10.	Vadverem	. . .		IX. 2.
„ „ „	V. 8. IX. 2.	Vágás	. . ·.		III 6.
„ (Teremi-)	. . IV. 1.	Vaja	. . .	IV. 1.	VII. 5.
Ujlak, pr.	. . . III. 5.	Vajasd	. . . .		IX. 1.
„ (Mező-)	. . . V. 3.	Vajda-Hunyad		. .	X. 6.
„ (Somlyo-)	. VII. 3.	„ Kamarás		. .	VI 8.
„ (Szamos-)	. VII. 4.	„ Rétse	. . . .		II. 2.
Ujnémeth	. . . VII. 1.	„ Szent-Iván,	Joannis-		
Ujsebeshely	. . . X. 9.	dorf	. . .		V. 2.
Ujvágás	. . . . VII. 2.	Vajdafalva (Kis-)	. .		II. 2.
Ujvár-Akna, pr.	. . IX. 2.	„ (Nagy-)	. .		II. 2.
Ujvár (Maros-)	. . IX. 2.	Vajdaháza	. . .		VII. 6.
„ (Szamos-)	. VI 7.	Vajdakúta	. . .		IV. 6.
Ujváros, Neustadt	. . I. 12.	Vajdaszeg	. . .		VIII. 6.
Ullyes	; . . . . X. 3.	Vajdej	. . .	V. 8.	X. 9.
Ulmi	. . . . . X. 6.	„ (Sily-)		. .	X. 8.
Uncsukfalva	. . . . X. 7.	Vajnafalva	. . . .		II. 9.
Ungurfalva	. . . VI. 1.	Vajola, Wela	. .		V. 4.
Unoka	. . . . V. 2.	Válaszút	. . .		VIII. 1.
Uraly	. . .) IV. 4.	Valcsel (Jó-)	. .)		X. 7.
„ (Mező-)	.)	„ (Pokol-)	)		
Urik (Hobicza-)	. . . X. 8.	Valény (Dánpataka)		.	VI. 1.
Urikány (Alsó-)	) pr. X 8.	„ pr.	. . . .		VI. 1.
„ (Felső-)	)	Vallár	. . . .		X. 6.
Usztató	. . . VII. 1.	Valdhid, Waldhütten		.	I. 8.
Utsa (Alsó-)	.) I. 6.	Valisoara	. . .		X. 4.
„ (Felső-)	.)	„ (Valióra)	. .		X. 7.
Uzdi-Szent-Péter	. . V. 3.	Valkó (Magyar-)	VII. 2		VIII. 3.
Uzon	. . . . . II. 8.	„ (Oláh-)	. . .		VII. 2.
Ülke	. . . . . III. 6.	„ -Keleczel	. .		VIII. 3.
Ünömező	. . . VI. 1.	Válya, Grabendorf		.	I. 3.
Ürmös	. . . . III. 1.	„ (Gyertyános)	.		VIII. 6.
Üvegcsür (Zalánpatak)	. II. 8.	,. Blossi	. .		VI. 2.
„ (Görgény-), pr.	V. 1.	„ Brád	. .		X. 2.
„ (Plesa)	. VIII. 3.	„ Bulbukului	.		IX. 5.
V.		„ Dilsi	. . .		X. 7.
		„ Doszuluj	. . .		IX. 4.
Vaád s. bei Vád		„ Grohetzel	.		X. 2.
Vacsárcsi	. . . III 3.	,. Grossilor (Tökepa-			
Vácza (Alsó-)	.) X. 1.	taka)	. .		VI. 5.
„ (Felső-)	.)	„ Hireanuluj, (Torma-			
Vád	. . . II. 3. VI. 2. VI 5	pataka)	. .		VI. 5.
Vád (Nalátz-)	. . . X. 7.	„ Jepi	. . .		IX. 3.
Vadad	. . . . IV. 1.	„ Kornetzel	. .		X. 2.
Vádafalva	. . . VII 4.	Válya-Lunge	. .		X. 3.

575

Vályа-Lunge (Szirb-)	.	X. 3.
» Lupuluj (Farkaspataka)		X. 8.
" mare oder Bulbuknluj		IX. 5.
" mare, pr.	. .	IX. 4.
" mare (Patakfalva)		X. 2.
" mike, pr.	. .	IX. 4.
» (Nándor-)	. .	X. 5.
» Porkuluj, pr.	. .	X. 2.
» Rea (Csába-Ujfalu)		V. 7.
" Rovini (Rovina)	)	
" Serboja, pr.	) X. 2.	
" Szatuluj, pr.	)	
" Szeszuri, pr.	)	
" Szent-György	.	X. 6.
» Tarnitzi, pr. .	.	X. 2.
" Vinczi, pr.	IX. 4.	IX. 6.
Valjóra (Valisora)	.	X. 7.
Vámos-Udvarhely	. .	IV. 6.
Váradja (Alsó-Maros-)		IX. 4.
" (Felsö-Maros-)	.	IX. 4.
Várallya	. VI. 3. VII. 2.	IX. 7.
" (Bálványos-)	.	VI. 6.
» (Diód-)	. .	IX. 1.
» (Firtos-)	. .	III. 5.
» (Gogány-)	.	I. 9.
» (Sebes-)	. .	VIII. 3.
Várcza (Alsó-)	)	
" (Felső-)	) VII. 4.	
" (Közép-oder Kis-))		
" (Apácza-)	)	
Várdotfalva	. .	III. 3.
Várfalva	. . .	VIII. 6.
Vargyas	. . .	III. 1.
Várhegy	. .	II. 9. IV. 3.
Várhegyallya (Ditró-Várhegy)		III. 4.
Várhely, Burghalle	.	V. 5.
» (Gredistye)	X. 7.	X. 9.
» (Hobitza-), pr.	.	X. 7.
Vármező	. . .	VII. 6.
Város, pr.	. . .	III. 3.
Városfalva (Homorod-)		III. 6.
Városvize (Alsó-)	. .	X. 9.
" (Felső-)	. .	X. 9.
Varsolcz	. . .	VII. 3.
Várszeg, pr.	. .	III. 4.
Vártélék	. . .	VII. 5.
Vásárhely, (Gyerö-)	.	VIII. 4.
" (Kézdi-)	. .	II 10.

Vásárhely (Maros-)	.	IV. 1.
" (Oláh-)	VI. 6.	VI. 7.
Vásártelke	. .	VII. 6.
Vasas-Szent-Iván	. .	VI. 7.
Váshegy, pr.	. . .	IX. 4.
Vaskapu	. . .	VII 6.
Vashámor, pr.	. .	X. 9.
Vasláb	. . .	III. 4.
Vécs	. . . .	V. 2.
Vecsérd	. . .	I. 5.
Véczk	. . .	VI. 6.
Vecze	. . .	IV. 1.
Veczel	. . .	X. 5.
Véczke	. . .	IV. 2.
Velkér	. . .	VI. 8.
Venicze (Alsó-)	)	II. 3.
" (Felső-)	)	
Verd, Werd.	. . .	I. 12.
Verebes	. . .	III. 2.
Veresegyház, Rothkirch		I. 2.
"	. . .	VI. 7.
Veresmart	. . .	VIII. 6.
" Rothbach	.	II. 5.
" Rothberg	.	I. 4.
Verespatak (Rosia)	.	IX. 6.
Verestorony, Rothethurmpass		I. 4.
Vermes, Wermesch	.	V. 8.
Vérvölgye	. . .	VII. 5.
Vestény, Westen	.	I. 4.
Vesződ (Szász-), Wassid		I. 7.
" " Ziedt	.	I. 12.
Veza	. . . .	IX. 3.
Vicsa	. . .	VII. 4.
Vicze (Vicza)	. .	VI. 7.
Vidály	. . .	VIII. 6.
Vidombák, Weidenbach		II. 6.
Vidra	. . . .	X. 1.
" (Alsó- v. Kis-Aranyos-)		IX. 6.
" (Felső-)	. .	IX. 6.
Vidrátszeg	. . .	IV. 1.
Vika	. . . .	X. 3.
Vilma (Drága-)	)	IV. 2.
" (Torda-)	)	
Vinda, Windau	.	V. 5.
Vingárd, Weingarten	.	I. 1.
Vincza (Szásza-Lupsa-)		IX. 6.
Virágos-Beregh	. .	V. 10.
Visa	. . . .	VIII 1.

Viság	*VIII.* 3.	Záh	*IV.* 4.
Vist (Alsó-)	*I.* 6.	Zajkány	*X.* 7.
„ (Felső-)		Zaizon	*II.* 7.
Vista	*VIII.* 2.	Zalány	*II.* 8.
Viszka	*X.* 3.	Zalánypatak (Üvegcsür)	*II.* 8.
Viszolya	*V.* 3.	Zalasd	*X.* 6.
Vitze, Vitza	*VI.* 7.	Zalakna, *Schlatten*	*I.* 5.
Viz-Szilvás	*VI.* 7.	Zalathna, *Goldmarkt*	*IX.* 4.
Vizakna, *Salzburg*	*I.* 4.	Zálha	*VI.* 5.
Vládháza	*IX.* 2.	Zálnok	*VII.* 1.
Vledény	*II.* 5.	Zám (Nagy- és Kis)	*X.* 3.
Voj	*IX.* 5.	Zaprocz	*VI.* 6.
Vojla	*II.* 2.	Zdráholcz, pr.	*X.* 2.
Vojnyi (Pojenicza-)	*X.* 6.	Zdrapts	*X.* 2.
Volál (Alsó-))	*II.* 10.	Zejkfalva	*X.* 6.
„ (Felső-), pr.)		Zentelke	*VIII.* 3.
Volkány, *Wolkendorf I.* 10. *II.* 6.		Zerics, pr.	*IX.* 1.
Voldorf	*II.* 1.	Zernest	*II.* 4.
Vormága	*X.* 4.	Zetelaka	*III.* 6.
Vorcza	*X.* 3.	Zilah, *Walthenberg*	*VII.* 5.
Vozdocz	*X.* 1.	Zoltán	*II.* 8.
Voszling (Puszta), *Wosz-*		Zoltány, *Zoltendorf*	*I.* 10.
ling	*I.* 10.	Zovány	*VII.* 2.
Völcs (Völcz)	*VIII.* 1.	Zsákfalva	*VII.* 6.
Völcsök	*VII.* 4.	Zsákod (Magyar-))	*IV.* 2.
Völcz, *Wölz* . *I.* 8.	*VIII.* 1.	„ (Oláh-))	
Völgy (Száraz-), pr.	*VII.* 5.	Zsedánypataka	*III.* 4.
Völgye (Szász-)	*IV.* 5.	Zsijecz, pr.	*X.* 8.
Vulcsesd, Vulcsesty	*X.* 5.	Zsitve, *Seiden*	*I.* 8.
Vulkány, *Vulkaner-Pass*	*X.* 8.	Zsolna (Solna), *Senndorf*	*V.* 5.
Vulkoj, pr.	*IX.* 4.	Zsombor (Magyar-Nagy-)	*VII.* 3.
Vultur	*IX.* 4.	„ (Szász-), *Sommer-*	
Vurpod oder Hühalom,		*burg*	*II.* 1.
Burgberg	*I.* 5.	Zsoszény (Borgó-)	*V.* 6.
Z.		„ (Dsoszány),	*X.* 5.
		Zzögöd	*III.* 2.
Zabola	*II.* 9.	Zsúk (Alsó-) .)	
Zágon	*II.* 9.	„ (Felső-) .)	*VIII.* 1.
Zágor, *Rodt*	*I.* 9.	„ (Nemes-))	
Zágra	*V.* 10.	Zutor	*VII.* 6.

III. Romänisches Ortsregister.

Reihenfolge und Bedeutung der Buchstaben: A. Б (*B*). B (*W*). Г (*G*). D E. Ж (*Zs oder Dsch*). Z (*S gelinde*). I. К. Л. М. N. O, П (*P*). P (*R*). Č. (*Sz oder scharf S*). T. Ъ. Ф (*F*). X (*H*). Џ (*Cz oder Tz*). Ч (*Cs oder Tsch*). Ш (*Sch*). Щ (*Scht*). Ъ (*E stumm*). Ӂ (*I stumm*) Ѫ (*I kurz*). Џ (*wie J im Französischen oder ein sehr gelindes Sch*).

A.

Aбaфaiea (Abafája, *Brenndorf*)	V. 2.	Ainadŭ (Ajnád) pr.	III. 3.
Aбaшфaлъŭ (Abásfalva)	III. 6.	Aiтonŭ (Ajton)	VIII. 5.
Aбodŭ (Abod)	IV. 2.	„ mape (Nagy-Ajta)	III. 1.
Aбрsцълŭ (Abrudfalva),	IX. 6.	„ de міжлокŭ (Közép-Ajta)	III. 1.
Aбрsdŭ (Abrudbánya, *Grosz-Schlatten*)	IX. 6.	Aisdŭ (Nagy-Enyed, *Grosz-Enyed, Strassburg*	IX. 2.
Aбъчa (Abucsa)	X. 5.	Aкiшŭ (Árkos)	VII. 1.
Aбъшŭ (Abosfalva)	IV. 6.	Aкmaрŭ (Akmár)	IX. 4.
Aврamфaлъŭ (Abrahámfalva)	III. 6.	Aкocфaлъŭ (Akosfalva)	IV. 1.
Aвpirŭ (Felek, *Freck*)	I. 6.	Aлвaкŭ (Albák, Nagy-Aranyos)	IX. 6.
Arapdъŭ (Agárd)	IV. 1.		
Aгiaгфaлъŭ (Agyágfalva)	III. 5.	Aлъiшŭ (Albis)	II. 9.
Aгiрбiчs (Egerbegy)	IV. 4. VIII 4.	Aлдopфŭ (Aldorf, *Wallendorf*)	V 5.
Aгiрeшs (Egeres)	VIII. 2.	Aлioкsшŭ (Elekes)	IV. 5.
Arniтa (Szent-Agotha, *Agnethlen*)	I. 12.	Aлiъшŭ (Elgyis)	VII. 2.
Aгрiбiчs (Egerbegy, *Arbegen*)	I. 7.	Aлмa (Szász-Almás, *Almen*)	I. 8.
Aгрiжs *siehe* Aгpiшs		Aлмaшŭmъzъs (Almás mezö)	pr III. 4.
Aгрiшmiнŭ (Egrestö)	IV. 2.	Aлмaшŭ (Almás)	II. 10. IV. 3.
Aгрiшs (Felegregy)	VII. 6.	„ (Szász-Kis-Almás, *Almaschken*)	I. 8.
„ (Ruha-Egres)	VIII. 5.		
„ de жocs (Also-Egres)	V. 7.	„ (Nagy-Almás)	VIII 3.
„ „ „ „ „ pr.	VI. 4.	„ (Sovárhegy-Almás)	VII. 2.
„ de cъcŭ (Felsö-Egres)	V. 7. VI. 4.	„ mape (Nagy-Almás)	IX. 5.
Aгsшmiнŭ (Agostonfalva)	III. 1.	„ de міжлокŭ (Közép-Almás)	IX. 5.
Aгржъiцs *siehe* Aгipбiчs			
Adaлiнŭ (Adalin)	VIII. 1.	„ -Ceкŭ (Szaraz-Almás)	X. 5.
Adopianŭ-mape (Nagy-Adorján)	IV. 2.	„ Гӂргочisлsi (Keresztény-Almás)	
„ mikŭ (Kis-Adorján)		Aлmъшълŭ (Almásel)	X. 3.
Adpianŭ (Adorján)	V. 1.	„ (Kis-Almás)	IX. 5.
Aдъmъшs (Adamos)	IV. 6.	Aлceгŭ (Alszeg) pr.	III. 2.

48

578

Алтіцъ (Altiz, Kászon-Altiz,
  Nagy-Kazon) . III. 2.
Алѫni (Alun) . . . X. 6.
АлФалъѣ (Gyergyó-Alfalu) III. 4.
Алъторъ (Alamor) . . I. 2.
Амбрічѣ (Emberfő) . VI 4.
Амnашъ (Omlás, Hamlesch) I. 2.
Амnoица (Ampolyicza) . IX. 4.
Ангіалашъ (Angyalos) . II. 8.
АндрашъФалъѣ (Magyar-
  Andrásfalva) III. 5.
  „ ромънескъ (Oláh-
  Andrásfalva) . III. 5.
  „ (Nyárád-
  Andrásfalva) . IV. 2.
Андрашхaza (Andrásháza) pr VIII. 2.
Андрeniaште (Andrenyáste)
  pr. . . . . V. 2.
Антішъ (Antos) . . VI. 6.
Аnатіъ (Dellő Apáthi,) . VI 7.
Аnaxida (Apahida) VIII. 2. IX. 2.
Аnaцa (Apácza, Geist) . II. 5.
Аnoлдъ (Trapold,
  Trappolden) . I. 10.
  „ мape (Nagy-Apold,
  Grosspold) . 1 2
  „ мікъ (Kis-Apold,
  Kleinpold . I. 2
Аранкъта (Aranykút) . VI. 8.
АрватФалъѣ (Arvátfalva) . III. 6
Аpriеъ (Erdöfalva) . IX. 5.
Аpriеxaтъ (Egerhát) . VII. 4.
Аргішіъ (Argyas) . . VII. 6.
Аpdanъ (Ardány,) . . V. 4.
Аpdioва (Erdöfalva) . VIII. 3
Аpdъчелъ (Ardó) . . VII. 4
Аpieшъ (Aranyos) . . X. 6.
  „ de nedъpe (Erdö-
  Aranyos) . . VI. 2.
Аpiъшъ (Erősd) . . II. 8.
Аpкалiea (Arokallya,
  Kalesdorf) . V. 8.
Аpкia (Arki) . . X. 4.
Аpкidъ (Erked) . . VII. 4.
Аpкiтa („ Erkeden) I. 10.
Аpкiъdъ (Szász-Erked) . V. 3.
Аpкъшъ (Arkos) . . II. 8.

Аpмenі (Orménуszékes,
  Armenen)
Арnaштіъ (Arpástó) . . V. 7.
Арnaшъ de жосъ (Alsó-
  Arpás) . . I. 6.
  „ de съcъ (Felsö-Arpas) I. 6.
Арnътaкъ (Arapatak) . . II. 8.
Арчъѣ (Arcso) pr. . . IV. 2.
Аciniпъ (Asszonynépe . IX. 2.
Атia (Atyha) . . . IV. 2.
АтoшФалъѣ (Atosfalva) . IV. 2.
Ацелъ (Eczel, Hetzeldorf) I. 8.
Ацintiшъ (Czintós) . . IV. 5.
Ачіліъ (Ecsellö, Tetscheln) I. 2.
Ачъцa (Acsucsa) . . X. 1.
Ачъва (Acsuva) . . X. 1.
Ашoвашъ de жосъ (Alsó-)
  Szivágy)) VII. 4.
  „ de съcъ (Felsö-)
  Szivágy))
Аштілёъ .маpe (Nagy-)
  Esküllö))
  „ мікъ (Kis-) VIII. 1.
  Esküllö)

Б.

Баба (Baba) . . . VI. 1.
Бабахалmа (Babahalma) IV. 6.
Бaбгіъ (Babony) . . VIII. 3.
Бaбцa (Babcza) . . VII. 4.
Бaгі (Bagy) . . . III. 6.
Бaгiшъ (Bagos) . . VII. 3.
Бaдачinъ (Badacson) . VII 3.
Бaдoкъ (Bádon) . . VII 3.
  „ (Bádok) . . VIII. 1.
Бaziдъ (Bazéd) . . IV. 3.
Бazнa (Felsö-Bajom, Baassen) I 8.
Бaia de коасъ (Kaszabánya) X. 6.
  „ de Кріпъ (Körösbánуa,
  Altenburg . X. 2.
  „ de Кpaїъ (Királybánya,
  Unterhammer) X. 6.
Бaiкa (Banyika) . . VII. 6.
Бaiокъ (Bajon) . . VII. 2.
Бaiъцa (Oláh-Láposbánya) VI. 1.
Бaицa (Szász-Bányicza) V. 3.
Бaiecтіъ (Bajesd) . . X. 8.
Бaкna (Bonyha, Bachnen) IV. 6.

Балавашарӭ (Ballavásár, *Bla-denmarkt*) . IV. 2.
Баланӭ (Balán, Balánybánya) III. 3.
Балата (Boláto) pr. . . X. 3.
Балда (Báld) . . . VI. 8.
Балдовинӭ (Baldovény) . X. 2.
Балiанӭ (Ballyom) . VII. 3.
Балintъ (Balintfalva) . IV. 1.
Баламiрӭ (Balomir) . X. 7. X. 9.
Балѫ (Balláháza) . . VII. 2.
Балша (Balsa) . . . IX. 5.
Bandъ (Mezö-Bánd) . IV. 3.
Банеавiкӭ (Bányabükk) VIII. 5.
Баница (Bányitza) . . X. 8.
Банiшóра (Kis-Bánya) VIII. 5.
Банiшорӭ (Alsó-Bán) . VII. 3.
БанкФалъӭ (Bánkfalva) . III. 2.
Банратака (Bánpataka) . X. 4.
Банӭ de съсъ (Felsö-Bán) VII. 3.
Бараксеӭ (Barakszó) pr. III. 4.
Баратъшӭ (Barátos) . . II. 9.
Барьъра (Barbura) . . X. 4.
Барьъдeni (Barbutzény), pr. X. 8.
Бардоцӭ (Bardocz) . . III. 1.
Бардошӭ (Bardos) . . IV. 3.
Баре (Barév) . . VIII. 1.
Барештï (Baresd) . . X. 3.
Баротъ (Baróth) . . III. 1.
Барѫ mape (Nagy-Bár) X. 8.
Басараваса (Baszarabásza) X. 1.
Басешtie (Ilyesfalva) . VII. 4.
Батешӭ (Batos, *Bootsch*) V. 2.
Батinӭ (Báton) . . . VI. 6.
„ „ pr. . . X. 8.
Баца (Batza) . . . VI. 4.
Бацоn (Telegdi-Baczon, III. 1.
Бацоnӭ (Sepsi-Baczon) III. 1.
„ mïкӭ (Kis-Baczon) III. 1.
Бачеа (Bacsfalva) . . X. 3.
Бачӭ (Bács) . . . VIII. 2.
БачФалъӭ (Bácsfalva) . II. 7.
Башinӭ (Bágyon) . . VIII. 6.
Башtia (Bástya) . . X. 5.
Березӭ (Bögöz) . III. 6.
Бевеnï (Aranymezö) . VI. 3.
Bede (Bede) . . . IV. 2.
Бедеᴧеӭ (Bedelö) . VIII. 6.

Бедечӭ (Mezö-Böö, Böly oder Bedets) IV. 4
Бедечъ (Bedecs) . . VIII. 4.
Bezdedӭ (Bezdéd) . . VI. 5.
Бежанӭ (Bezsán) . . X. 4
Бeia (Bene, *Mehburg*) II. 1.
Бека ромъпеаскъ (Oláh-Bölkény, *Wallach.-Birk*) V. 1.
Бека ънгъреаскъ (Magyar-Bölkény, *Ungar.-Birk*) V. 1.
Бекашъ (Békás) pr. . . IX. 1.
Бекашӭ (Békás) . . III. 4.
Бекïа (Bakonya) . . IX. 5.
Беклеанӭ (Bethlen) II. 2. V. 7.
Бела (Balla) . . . V. 3.
БелаФалъӭ (Bélafalva) . II. 10.
Белгiӭ (Béld) . . . IX. 1.
Белinӭ (Bölön) . . III. 1.
Белmezъӭ (Bélmezö), pr. II. 7.
БендорФӭ (Bendorf, *Bagendorf* . . . I. 5.
Бenedикӭ (Benedek) . IX. 1.
„ (Szent-Benedek) VI. 6.
БеniеФалъӭ (Benedekfalva VII. 4.
Беца (Becze) . . . IX. 2.
Бенцедъ (Benczéd) . III. 6.
Берria (Bergenye) . IV. 2.
Беprinӭ (Berve, *Bluthroth*) IX. 3.
Бере (Bere) . . . IV. 2.
„ Крiсtъpӭ (Berekeresztur) . . . IV. 2.
Берендӭ (Berend) . . VIII. 2.
Берïвоiъ mape (Nagy-Berivoj) . . . II. 2.
Берïвоiъ mïкъ (Kis-Berivoj) II. 2.
Бïриnца (Berencze) . VI. 2.
Берïъ (Berény, *Lammdorf*) X. 9.
Берkenишӭ (Berkenyes) VI. 8.
Беркесъ (Berkesz, Magyar-Sáros) . . VI. 1.
Бernadie (Bernád) . . IV. 6.
Берtïчеnï (Berkeszpataka) VI. 3.
Берча (Bercse) . . VII. 6
Бета (Béta) . . . III. 6.
БеtлеnФалъӭ (Bethlenfalva) III 6.
Бетрѫnа (Batrina) . . X. 6.
БетФалва (Bethfalva) . III. 5.
Беӭ (Böö) . . . IV. 1.

48*

Беша (Bese, *Peschendorf*) I. 10.
Бешїтвакѫ (Besimbák, *Beschenbach Besenbach*) I. 6
Бешинѣѫ (Bessenyő) . . II. 9.
„ „ *Heidendorf* V. 5.
„ (Buzásbessenyö) . IV. 1.
Бїа (Magyar-Bénye, *Benden*) IX. 3.
Бїварцфалѫ (Bibarczfalva) III. 1.
Бїдїѫ (Bödön) . . . VI. 7.
Бїка (Oláh-Bikal) . . VIII. 3.
Бїказѫ (Bikácza) . . VII. 4.
Бїкафалѫ (Bikafalva) . III. 6.
Бїкелатѫ (Magyar-Bikal) VIII. 3.
„ (Bikalak) . . VIII. 5.
Бїкїшѫ (Bükkös . . . V. 10.
„ (Magyar Bükkös) IV. 5
Бїкфалѫ (Bikfalva) . II 8.
Бїксадѫ (Bikszád) . . II 8
Бїлакѫ (Bilak) . . . V. 3.
Бїлворѫ (Belbór) . . III. 4.
Бїлгеzdѫ (Bülgösd) . VII. 2.
Бїнце (Bösháza) . . VII. 4.
Бїнцїнце (Benczencz) . X 9.
Бїоzїodѫ (Bözöd) . . IV. 2.
„ ѫїфалѫ (Bözöd-Ujfalu) IV 2.
Бїрїшѫ (Burkòs, *Burgisch*) I. 12.
Бїрсоѫ (Berekszó) . . X. 4.
„ de жосѫ (Alsó-Berekszó) . . VII. 4.
Бїрсоѫ de сѫсѫ (Felső-Berekszó) . . VII. 4.
Бїрсѫа (Kis-Berszó) . VI. 2.
Бїртїнѫ (Birtyin) . . . X. 2.
Бїстра (Bisztra) . . IX. 6.
Бїстрица (Besztercze, *Bistritz*) . . V. 5.
„ Бъргъѣї (Borgo-Besztercze) . V. 6.
Бїта (Bita) . . . . II. 9.
Блажеа (Balásháza) . VII. 6.
Блажѫ (Balásfalva, *Blasendorf*) . . IX. 3.
Блажфалѫ de жосѫ (Alsó-) Balásfalva) V. 7.
Блажфалѫ de сѫсѫ (Felső-) Balásfalva)
Блашѣ (Balásháza) . . VII. 1.
Блеше (Blesény) . . X. 2.

Блїдерестї (Tálosfalva) VI. 6.
Блъжелѫ (Balástelke, *Kleinblasendorf*) I. 8.
Боарта (Mihályfalva, *Michelsdorf*) . . . I. 7.
Бовота (Nagy-Derzsida) VII. 1,
Богара (Bogártelke) . VIII. 2.
„ (Füzes-Bogár, Füjes-Bogár) . . . X. 3.
Богата (Bogát) . . . II. 3.
„ (Maros-Bogát) . IV. 4.
Богата ротънеаскъ (Oláh-Bogáta) . . IV. 5.
Багата ѫнгѫреаскъ (Magyar-Bogáta) . . IV. 5.
Богатѫ (Oláh-Bogáta) . I. 2.
Богача (Bogács) . . VI. 7.
„ (Bogács (*Bogeschdorf*) . . . I. 8.
Бordana (Kásapatak) . VIII. 3.
Бordanѫ (Bogdànd) . . VII 1.
Богештї (Bogyesd) . . X. 1.
Борїеа (Bugyia) . . VII. 6.
Богїѫ (Bѫöd) . . . V. 7
Бodїла (Bodola,) . . II. 7.
Бodoкѫ (Bodok) . . II. 8.
Бodonѫ (Hagymás-Bodon) IV. 1.
Бodoшѫ (Bodos) . . III. 1.
Бodѫ (Botfalva, *Brenndorf*) II. 6.
Бozeшѫ (Bozes) . . IX. 5.
Бozieшѫ (Borzás) . IV. 6. VII. 2.
„ (Magyar-Borzás) . VI. 7.
Бozinta-маре (Oláh-Bo-) zonta, O-Bozonta) VI. 3.
Бozinta-мїкъ (Kis-Bo-) zonta, Uj-Bozonta)
Бozѫ (Booz) . . . X. 3.
Бoіавіцѫ (Bojabicz) . . X. 5.
Бoі de жосѫ (Alsó-Boj)) X 3.
„ de сѫсѫ (Felső-Boj))
Бoіанѫ (Nagy-Bajom) . VII. 1.
„ (Alsó-Bajom) *Bunesdorf*) . . . I. 8.
Бoіепеї (Boérfalva) . VI. 1.
Бoіїѫ маре (Nagy-Bun, Felső-Bun) III. 5. VI. 3.
Бoіїѫ мїкѫ (Kis-Bun, Alsó-Bun) . . . III. 5.

581

Боiš (Bun, Boj) . . . IX. 5.
Боiца (Boicza) I. 4. X. 7. X. 4.
„ *siehe auch* Баiца
Бокаinца (Bokaj) . . IX. 5.
Бокшiца (Magyar Baksa) VII. 5.
„ (Oláh „) VII 3.
Балашпатака (Baláspatak) III, 4,
Болдораia (Alsó-Boldog-
asszonyfalva) III. 5.
Болога (Sebes-Várallya) VIII. 3.
Бонцida (Bonczhida) . VIII. 1.
Бонцš (Boncz-Nyires) VI. 7.
Боргiшš (Berkesz) . VIII. 5.
Борго-Тixа (Borgó-Tiha) V. 6.
Бордошš (Bordos) . IV. 2.
Бордš (Bord) . . IV. 5.
Борzа (Borzova) . . VII. 6.
Боркɐтš(Báránykút *Bekokten*)I. 11.
„ (Borkút) . . VI. 1.
Борла (Balla) . . . VII. 3.
Борласа (Borlyásza) . VI. 4.
Борослɐš (Boroszlo) pr. III, 2.
Борошпɐлš маре (Nagy-
Borosnyo) . II 9.
Борошпɐлš мiкɐ (Kis-Bo-
rosnyó) . . II. 9.
Борсекš (Borszék) . IV. 4.
Бopшеа (Borsa) . . VIII. 1.
Боршова (Borsova) . III. 3.
Босna (Szent-Péterfalva) VII. 6.
Босš (Boos) . . . IV. 1.
Ботеzš (Batizháza) . IV. 5.
Ботxаzа (Botháza) . VI. 8.
Боxолца(Boholcz, *Buchholz*)I. 11.
Бoшiš (Boos-Gros) . X. 6.
Бoшородš (Bosorod) . X. 7.
Бoшɐ (Boos) . . . VIII. 2.
Бoчš (Bocs) . . . VIII. 3.
Брадš (Brád) . . . X. 2.
„ (Fenyöfalva, *Girelsau*) I. 4.
Бранš (Törcsvár, *Törzburg*) II. 4.
Братёi (Paratély, *Pretai*) I. 8.
БратФальš (Barátfalva) . V. 8.
Брашɐš (Brassó, *Kronstadt*) II. 6.
Бреаzа (Bráza) . . II. 2.
Бречова (Brázova) . X. 7.
Бребеni (Brébfalva) . VI. 2.
Бреri (Bréd) . . . VII 5

Бредотiештi (Bredotjesd) pr. X. 3.
Брезештi (Brezesd) . IX. 6.
Бретеа (Magyar-Brettye) X. 7.
„ (Maros-Brettye) X. 3.
Бретеа (Szász-Brettye . V. 7.
„ ромɐnеаскɐ (Ol.Brettye)X. 7.
Бретеlinš (Brettelin) . X. 5.
Брецкš (Bereczk) . . II. 10.
„ (Berecztelke, *Ungers-
dorf*) . . V. 2.
Брiглецš (Tótszállás) . VI. 5.
Брiшnіkš (Brusnyik) . X. 5.
Бротɐnа (Brotuna) . . X. 1.
Брoштеni (Kis-Kerék) . I. 7.
Брɐiš (Brullya, *Braller*) I. 10.
Брɐстɐрi (Brusztur) . . X. 1.
Брɐстɐрš (Somro-Ujfalu) VII. 6.
Брɐдɐцɐlš (Bradaczel) . X. 3.
Брɐniчка (Branyitska) . X. 3.
Брɐшɐš (Brasso) . . X. 3.
Бɐгештi (Bugyesd) . . X. 1.
Бɐда (Oláh-Buda Burjános) VIII. 2.
Бɐдакš-мiкɐ (Kis-Budak,
Klein-Budak) V. 4.
„ ромɐnɐскɐ (Oláh-Budak)V. 4.
„ сɐсескɐ (Szász-Budak,
Deutsch-Budak) V. 5.
Бɐдатеlіkš (Budatelke) . V. 3.
Бɐдештi (Budest), pr. . IX. 1.
Бɐдіš (Mezö-Bödön) . IV. 4.
Бɐдɐрлɐš (Bodorla) . V. 8.
Бɐдɐшš (Bujdos) . . VI. 6.
Бɐza (Buza) . . . VI. 7.
Бɐzаxаzа (Buzaháza) . IV. 1.
Бɐzаiа (Buzamezö) . . VI. 5.
Бɐzдš (Bězd) . . . I. 2.
Бɐzɐ (Buzd, *Busz*) . I. 8.
Бɐzеɐ (Bodza, *Bodzauer
Pass und Contumaz*) II. 7.
Бɐітɐрš (Bujtur) . . X. 6
Бɐковa (Bukova) . . X. 7.
Бɐкрештi de жосš шi de сɐсɐ
(Alsó- u. Felsö-Bukurest)X. 2.
Бɐльkš (Bulbuk) . . IX, 5.
Бɐлгарš (Nyirmón) . . VII 5.
Бɐлzештi (Bulzesd) . . X. 2.
Бɐліа (Bolya, *Bell*) . I. 7.

Бѣлперѣ (Borberek, *Burgberg*)	. . . IX. 4.		Бѣрещія (Baresd)	. . X. 7.
Бѣnanepea (Bunenyira)	IX. 6.		Бѣрѣbanцѣ (Borbánd)	. IX. 4.
Бѣnгapdѣ (Bóngárd)	. V. 8.		Бѣtіzѣ (Batiz)	. . X. 6.
Бѣnгapdѣ (Bóngárd, *Baumgarten*)	. . I. 4.		Бѣцapѣ de жосѣ (Alsó-Bauczár)	. . X. 7.
Бѣndopфѣ (Szász-Buda, *Bodendorf*)	. . I. 10.		Бѣцapѣ de cѣcѣ (Felsö-Bauczár)	. . X. 7.
Бѣnіла (Bunyila)	. . X. 6.		Бѣцѣлapѣ (Baczalár)	. X. 7.
Бѣnіnішіna (Bunyinisina)	IX. 6.		Бѣчіе (Bacsi)	. . X. 5.
Бѣржѣкѣ (Burzsuk)	. . X. 3.		Бѫрла (Berlad,)	. . V. 4.
Бѣpша (Dabjon-Ujfalu)	. VII. 5		Бѫрлеа (Onak)	. . VIII. 1.
Бѣpcoѣ (Nagy-Borszó)	. VI 4.		Бѫрча-маре (Nagy-Barcsa)	X. 5.
Бѣpѣ (Borév)	. . VIII. 6.		**B.**	
Бѣpѣіene (Burjánfalva)	. X. 4.		Bагaшѣ (Vágás)	. . III. 6.
Бѣpчéni (Burcsény) pr.	X. 6.		Badadѣ (Vadad)	. . IV. 1.
Бѣcѣ (Buzd, *Buzd*)	. I. 8.		Badaшdѣ (Vadasd)	. . IV. 2.
Бѣcceѣ (Bodza, *Bodzau*)	II. 7.		Badвepeмѣ (Vadverem)	IX. 2.
Бѣтеaca (Butyáza)	. . VI. 3.		Badѣ (Váád)	ll 3 VI. 2. VI. 5.
Бѣлічniea (Bölkény)	VIII. 3.		Badѣлѣ-Dобpeї (Vadu-Gura-Dobri)	. . X. 6.
Бѣчepdea (Buza-Bocsárd,)	IX. 3.		Badѣpeлѣ (Kis-Debreczen)	VI. 3.
Бѣчepdea ротѣнескѣ (Oláh-Boros-Bocsárd)	. IX. 1.		Baidaкѣтa (Vaidakúta)	. IV. 6.
Бѣчepdea ѫnгѫpecкѣ (Magyar Boros-Bocsárd)	IX. 1.		Baida-Péчe (Vajda-Récse)	II. 2.
			Baidacжгѣ (Vajdaszeg)	. VIII. 6.
Бѣчeштї (Bu̇csesd)	. . X. 2.		Baidaxaza (Vajdaháza)	. VII. 6.
Бѣчѣмѣ (Bucsum) II. 3. IX. 6. X. 9.			Baideї (Vajdej)	. X. 8. X. 9.
„ „ pr.	VII. 2 X. 7.		Baiea (Vája)	. . IV. 1. VII 5.
Бѣчѣмї (Törökfalva)	. VI. 3.		Baкa (Térfalva)	. . X. 2
Бѣчѣмnікѣ (Vármezö)	. VII. 6.		Bалacѣтѣ (Válaszut)	. VIII. 1.
Бѣcdѣлapѣ (Buszdulár)	. X. 6.		Bале (Tótfalu)	. . VI. 6.
Бѣбѣлna (Bábolna)	. IX. 5.		Bалеа (Gyertjános)	. VIII 6.
Бѣбѣцѣ (Babucz)	. . VIII. 1.		„ (Válya, *Grabendorf*)	I. 3.
Бѣгѣ (Magyar-Bagó)	. IX. 2.		„ Bлошії (Válye-Blossa)	VI. 2.
Бѣіцa (Baja) pr.	. . X. 5.		„ брaдѣлѣі (Válye-Brád)	X. 2.
„ (Kis-Bánya-Havas, Ercsfalu)	. . VIII. 5.		„ вѫлькѣлѣі („ -маре)	IX. 5.
„ (Mosóbánya)	. VII. 4.		„ Bincі (Válye-Vintzi), pr.	. . IX. 4 IX. 6.
„ *siehe auch* Baiцa			„ Грохоцeлѣ (Válye-Grohoczel), pr.	. X. 2.
Бѣлгpadѣ (Károljfejérvár, *Karlsburg*)	. IX. 4.		„ Грошілopѣ (Tökepatak)	VI. 5.
Бѣлкaчіѣ (Bolkács, *Bolkatch*)	. . IX. 3.		„ Dілмі (Válye-Dilsi)	X. 7.
Бѣпeштї (Banyesd)	. X. 1.		„ Docѣлѣі („ Doszulnj)	IX. 4.
Бѣpвѣтеnі de жосѣ (Alsó-Borbátyén)	. X. 8.		„ Іeпі („ Jepi)	IX. 5.
Бѣpвѣтеnі de cѣcѣ (Felsö-Borbátyén)	. X. 8.		„ Коpпецeлѣ (Válya-Korneczel) pr.	. X. 2.
			„ лѣnгe (Vályelunge)	X. 3.
			„ лѣпѣлѣі (Farkaspatak)	X. 8.

Валеа маре Вályе-mare) pr. IX. 4.
„ „ (Patakfalva) X. 2.
„ мике (Vályе mike), pr. IX. 4.
„ Nandрълзі (Nándor-
  Vályа) . . X. 5.
„ поркълзі (Vályе-por-
  kului), pr. . X. 2.
„ Pea (Diospataka) VI. 3.
„ „ (Csába-Ujfalu) V. 7.
„ Cасълзї (Szász-Völgye,
  Teutschbeck) . IV. 5.
„ сатълзі(Vályе Szatulni)prX.2.
„ Cecъpi („ Szeszuri) pr. X. 2.
„ Cin Жіорзълзі (Szent-
  György-Vályа) X. 6.
„ Тарпіції (Valya-Tar-
  niczi), pr. . X. 2.
„ зпгъреаскъ (Magyar-
  patak) . . VII. 2.
„ Хіреаnълзї (Torma-
  pataka) . . VI. 3.
„ Шервоіа (Vályа-Ser-
  boja), pr. . . X. 2.
Валени (Valény), pr. . IX. 5.
„ (Dánpataka) . VI. 1.
Валендорѳъ (Valdorf, Wal-
  lendorf) . II. 1.
Варалiз (Váralya) . VI. 3.
Варвічъ (Várhegy-Allya) III. 4
Варгіашъ (Vargyas)) . III. 1.
Вардотѳългъ (Várdotfalva) III. 3.
Варпіца (Metesd) . . IX. 4.
Варолеа (Gogány-Várallya)
  Burg) . . I 9.
Варошъ (Város) pr. . III. 3.
Варошѳалъъ-Хомородълзї
  (Homoród-Városfalva) III. 6.
Варсегъ (Várszeg) pr. . III. 4.
Вартелекъ (Vártelek) . VII. 5.
Варъ (Örmezö) . . VII. 6.
Варѳалъъ (Várfalva) . VIII. 6.
Вархеріз (Várhegy) . II. 9.
Варца (Apácza-Várcza) VII. 4
„ de жосъ (Алsó-Várcza)
„ de съсъ (Felsö „) } VII. 4.
Варцъца (Közép-Várcza,
  Kis-Várcza) . VII. 4.
Гаршолцъ (Vársoltz) . VII. 3.

Ваца de жосъ (Alsó-Vácza) X. 1.
Ваца de съсъ (Felsö-Vácza) X. 1.
Вачарчі (Vácsárcsi) . III. 3.
Башкапз (Vaskapu) . . VII. 6.
Башлабъ (Vasláb) . . III. 4.
Башхеrі (Vashegy), pr. IX. 4.
Beza (Véza) . . . IX 3.
Велкіеръ (Velkér) . . VI. 8.
Велзъ (Völz, Wölz) . I. 8.
Венеціа de жосъ (Alsó-Ve-
  nitze, Unter-Wenitze) II. 3.
Венеціа de съсъ (Felsö-Ve-
  nitze, Ober-Wenitze) II. 3.
Веревішз (Verebes) . . III. 2.
Верешмортъ (Veresmart) VIII. 6·
Веріхаza (Veresegyház) VI. 7.
Вертешъ (Vermes, Wer-
  mesch) . . V. 8.
Весеъдъ (Szász-Veszöd),
  Ziedt) . . I. 12.
Весеъдъ (Szász-Vesszöd,
  Wassid) . I. 7.
Весеъшз (Vesszös, Szász-
  Vesszös, Mihályfalva,
  Michelsdorf) . IV. 6.
Веце (Vecze) . . . IV. 1.
Вецка (Veczke) . . IV. 2.
Бечердъ (Vecsérd) . . I. 5.
Бештемъ (Vestény, Weslen)I. 4.
Bідра (Vidra) . . . X. 1.
„ de жосъ (Alsó-Vidra) IX. 6.
„ de съсъ (Felsö-Vidra) IX 6.
Bідрасъъ (Vidrátszeg) . IV. 1.
Bіка (Vika) . . . X· 3.
Bілма маре (Torda-Vilma) VI 2.
Вінгардъ (Vingárd, Weingar-
  ten. Weingartskirchen) I. 1.
Bінерьа (Felkenyér, Ober-
  Brodsdorf) . X 9.
Bінцъ de жосъ (Alvinz,
  Winzendorf) . IX. 4.
Bірвелгі (Vérvölgye) . VII. 5.
Bіска (Viszka) . . . X. 3.
Bіца (Vitze) . . . VI. 7.
Bіцелз (Vetzel) . . X. 5.
Bішагъ (Viság) . . . VIII. 3.
Bіштеа de жосъ (Alsó-Vist,
  Unter-Wischt) I. 6.

584

Біштеа de cьcě (Felső-Vist,
  Ober-Wischt)   I. 6.
Влаха (Oláh-Fenes) . VIII. 4.
Влъденї (Vledeny, Wladein)II. 5.
Воrіештіе (Vádafalva) . VII. 4
Bozdочъ (Vozdócz) . . X. 1.
Воіа (Voja) . . . IX 5.
Воівоdеnії (Kis-Vajdafalva,
  Klein-Woiwoden) II. 2.
Воівоdеnії маръ (Nagy-Vaj-
  dafalva, Gr.-Woiwoden) II. 2.
Воіла (Vojla, Woila) II. 2.
Волалě (Alsó-Volál) . II. 10.
Волканъ (Volkány, Wolken-
  dorf) . . . I. 10.
Вordě (Verd, Werd) . I 12.
Вормага (Vormága) . X· 4.
Ворца (Vorcza) . . X. 3.
Вълканї (Vulkány, Vulkaner-
  Pass . . . X. 2.
Вълканъ (Vulkány, Wolken-
  dorf) . . . II 6.
Вълкоїъ (Vulkoj) pr. . IX. 4.
Вълтърі (Vultur) . . IX. 4.
Вълчештї (Vulcsesd) . X. 5.
Въртлокъ (Voromlaka,
  Wurmloch) . . I. 8.
Въrперъ (Vurpód, Hühalom,
  Burgberg) . . I. 5.
Въларъ (Vallár) . . X. 6.
Въленї (Somkutpataka) VI. 3.
Вълішóра (Valiora) . X. 7.
  „ (Valisóra) . X. 4.
Вълкъ-Келъцъле (Valko-
  Keleczel) . VIII. 3.
Вълкъě(Magyar-Valkó)VII.2.VIII.3·
  „ ромъпескě (Oláh-
  Valkó) . . . VII. 2.
Вългитъ (Valdhid, Wald-
  hütten) . . I 8.
Вълчелеле-бъne (Jó-Valtsel) X. 7.
  „ реле (Pokol „) X. 7.

Г.

Гаrї (Gagy) . . III. 5.
Галамфалъъ (Kis-Galamb-
  falva) . . . III 5

Галамфалъě маре (Nagy-
  Galambfalva) . III. 5.
Галацě (Galacz, Heresdorf) V. 8.
Галда de жесě (Alsó-Gáld) IX. 1.
  „ de cьcě (Felső-Gáld) IX. 1.
Галтіъ (Galtö) . . . IX. 1.
Галішъ (Galyis, Galis) . I. 3.
Галonіа (Galonya), pr. V. 2.
Галоцашъ (Galoczás), pr. III. 4.
Галфалъě (Gálfalva) . IV. 1.
  „ (Nyárád-Gálfalva) IV. 6.
Гавра (Gaura) . . VI. 3.
Гавренї (Gaurény) . V. 10.
Геделіnа (Kötelend) . VIII. 1.
Гежа (Maros-Gezse) . IV. 5.
Геларъ (Gyalár) . . X· 6.
Геленце (Gelencze) . II. 9.
Гелпіеа (Galponya) . VII. 6.
Гепъшъ (Gyepes) . III. 6.
Герrіо-Сіn-Міклеъшъ(Gyergyo-
  Szent-Miklos) . IV. 4.
Герrіо-ôіфалъě (Gyergyó-
  Ujfalu) . . IV. 4.
Геревеnішъ (Gerebenes) IV. 4
Геріnrъ (Kis-Görgény) IV. 1.
Герла (Szamos-Ujvár, Ar-
  menierstadt) . VI. 7.
Герnесіръ (Gernyeszeg, Ker-
  zing) . . . IV. 1.
Гестрагіеа (Gesztrágy) . VIII. 4.
Гіакешъ (Gyákos, Jakobsdorf)I. 9.
Гіалакъта (Gyalakuta) . IV. 2.
Гідфалъě (Gidofalva) . II. 8.
Гіегешъ (Gegés) . . III. 2.
Гіерrефалъě (Csicso-György-
  falva) . . . VI. 4.
Гіертанъ (Berethalom, Birt-
  hälm) . . . I. 8.
Гіерфалъě (Györgyfalva) VIII. 2.
Гішa (Déésháza) . . VII. 4.
Гіешъ siehe Дешъ
Гізаша dъ жосъ (Alsó-Ge-
  zés, Unter-Gesäss) I. 5.
Гізаша de cьcě (Felső-Ge-
  zés, Ober-Gesäss) I. 5.
Гікішъ (Alsó-Gyékényes) VI 6.
  „ de cьcě (Felső-Gyé-
  kényes) . . VI. 6.

Гімбоѕ (Vidombák, *Wei-denbach*) . II. 6.
Гімешѕ (Gyimes) . III. 3.
Гімешбікѕ (Gyimesbük), pr. III. 5.
Гімешѕлакѕ (Gyimeslak) III 3.
Гімкріч *oder* Bішкір (Szász-Fejéregyháza. *Weisskirch*) II. 1.
Гімолзішѕ (Gyümölcsönös)VIII. 2
Гінгелагѕ (Dengeleg) . VIII. 6.
Гinda (Vinda, *Windau*) V. 5.
Гіолцѕ (Göcs) . . . VI. 7.
Гіоріочѳалѕѕ (Göröcsfalva) III. 3.
Гірбова (Szász-Orbó, *Urwegen*) . I. 2.
Гірбовіца (Közép-Orbú) IX. 2.
Гірдале (Gerdály, *Girteln*) I. 11.
Гірданї (Gurdanfalva) . VII 4.
Гірешѕ (Egrespatak) . VII 5.
Гіріш-Cin-Краіѕ (Gyeres-Szent-Király) VIII. 6.
Гірішѕ (Gyéres) . . VI I. 6.
„ (Oláh-Gyéres) . VI. 8.
Гіролтѕ (Girolt) . . VI. 6.
Гіролтѕ (Ergirolt) . VII. 1.
Гірчінѕ (Görcsön) . VII. 5.
Гіѕгѕ (Dögmezö) . VI. 4.
Гіѕрка (Gyurkapataka) VI. 6.
Глѥдінѕ (Gledény) . V. 4.
Глоговецѕ (Glogovitza, *Iuten*) . . IX. 3.
Глодѕ (Glod) . . IX. 5.
„ (Sóósmezö) . VI. 4.
„ Гілешдѕ (Glod-Ginesd)X. 3.
Глежѕріе (Üveg-Csür, Hutta)VIII.3.
Глѕшѕріе (Zalánpatak, Üveg-Csür) . . II. 8.
Глімбоака (Glimboka, *Hühnerbach*) . . I. 5.
Говашdіа (Govasdia) . X. 6.
Гоганѕ (Gogány, *Gogeschdf*.I. 9.
Гоdінешті (Godinesd) . X 3.
Голіешѕ (Goles) . . X. 6.
Гонцага (Gonczága) . X. 7.
Горпіешті (Gornyesd), pr. VIII. 6.
Гостіла (Gosztilla) . \I.1.
Готхаіа (Gollhátya) . X. 3.
Гочіѕ (Göcs) . . . IV. 1.
Гpidѕ (Grid, *Grid*) . II 3. X. 9.

Гpindѕ (Gerend) . VIII. 6. X. 5.
„ Крістѕрѕ (Gerend-Keresztur) . . IV. 4.
Гроапа (Grópa) . . VI. 2.
Гросѕ (Tökés) . . VI. 1.
„ (Gros) . . . X. 6.
„ mape (Gros) . X. 1.
Грохотѕ (Alsó-Grohát *und* Felsö-Grohát) . X. 2.
Грѕелачѕ (Grujeláts) . X 3.
Грѕdіштea (Várhely) X. 7. X. 9.
Гѕга (Guga) . . . VI. 4.
Гѕра-Вѕї (Gura-Voj) . X. 1.
„ -Говошdі (Gura-Govosdі), pŕ. . X. 6.
„ -Добрі (Gura-Dobri, Balcsesd) . . X. 5.
„ -pіѕлѕї (Guraro) . I. 3.
„ -cada (Gura-száda) X. 3.
Гѕрѕслѕѕ (Nagy-Goroszló) VII 3.
Гѕcѕ (Kis-Ludos, *Gieshübel*)I. 2.
Гѕштеріца (Szent-Erzsébet, *Hammersdorf*) I. 4.
Гѕinapѕ (Gainár, Oláh-Tyukos, *Hühnerdorf*) I. 5.
„ pomaneсk (Oláh-Tyukos, *Wallachisch-Tekes*) II. 1.
„ cececkѕ (Szász-Tyukos, *Deutsch-Tekes*) II 1.
Гѕлацѕ (Galacz) . II. 2 IX. 4
Гѕлаці („) . . X. 8.
Гѕлгѕѕ (Galgó) . VI. 4. VII. 6.
Гѕлѕтбоdѕ (Galambód) IV. 3.
Гѕпѕdѕ (Gabud) . . IV. 5.
Гѕѕpenї (Gaurány) . IX. 4.
„ (Gaurény) . . X 7.
Гѕѕpічea (Gauricze) . X. 7.
Гімбашѕ (Gombás) . IX. 2.
Гімбцѕ (Gambucz) . IV. 4.
Гindaчї (Bogárfalva) . III. 6.
Гірбѕѕ (Magyar-Gorbó) VIII. 2.
Гірбова de cѕcѕ (Felsö-Orbó) . VI. 4. IX. 2.
„ ѕнгѕpeacкѕ (Magyar-Orbó, Felsö-Orbó) IX. 2.
Гірбоѕ (Csáki-Gorbó) . VII. 6.
„ (Oláh-Girbó, *Birnbaum*) . . I. 1.

49

D.

Daia (Oláh-Dálya, *Dallendorf*) . . . . I. 1.
„ (Dolmány, *Thalheim*) I 4.
„ (Dálya, Szász-Dálya, *Denndorf*) . I. 10.
„ (Szász-Dányán, *Dengel*) . . . IV. 6.
Далia (Dálya) . . III. 6.
Далнокѣ (Dalnok) . . II. 9.
Данешѣ (Dános, *Dunesdf.*) l. 10.
Dandꙁi (Dánduj), pr. . III. 4.
Данꙋлешдї (Danulesd) X. 3.
Данфалъѣ (Dánfalva) . III 3.
Дароцѣ (Dorlócz) . VIII 2.
Датішꙋ (Maros-Dátos) IV. 4.
Деажѣ (Déésfalva) . IV. 6.
Деалꙋ-маре (Dálmár) VI. 1.
„ -маре (Gyálu-mare) X. 3.
Деафалъѣ (Deafalva), pr. III. 6.
Дева (Deva, *Diemrich*) X. 5.
Девічорꙋ-маре (Nagy-Devecser) . . VI. 7.
Девічорꙋ-мікꙋ (Kis-Devecser) . . . VI. 7
Deda (Déda) . . . V. 2.
Дежанѣ (Dezsán) . . II. 2.
Дежѫ (Déés) . . VI 6
Deiшора (Mirkvásár, *Streitfort*) . . . II. 1.
Делеѣзꙋ (Magar-Dellő) IV 4.
Делне (Delne) . . III. 3.
Demenixaza (Demenyháza) IV. 1.
Деметерфалъѣ (Demeterfalva), pr. . . III 6.
Demꙋшѣ *siehe* Dimsusu
Державіda (Kis-Derzsida) VII. 1.
Державѣ (Derzs) . . I.I. 5.
Десмірѣ (Deszmér) . VIII. 2.
Десꙋшѣ (Diós) . . VIII. 2.
Дечеа (Décse) . . IX. 2.
Дечфалва (Decsfalva) III 5.
Diarѣ (Dégh) . . IV 4
Diвічорꙋ *siehe* Девічорꙋ
Ділъѣ-маре (Oláh-Dellő) IV. 4.
Дilша (Dilsa), pr. . X. 8.
Dimꙋꙁшѣ (Demsus) . X. 7.

Dimꙋшꙋшꙋ-Скъіѣ (Demsus-Szkej), pr. . . X. 7.
Dimꙋꙁшꙋ-Смелцꙋ (Demsus Smelcz), pr. . . X, 7.
Dínкꙋ-маре (Nagy-Denk) X. 9.
„ -мікѣ (Kis- „) X. 9.
Діоржікꙋ (Dörzsök), pr. VII 2.
Diошадѣ (Diosád) . . VII. 4.
Дiпша (Dipse, *Dürrbach*) V. 8.
Dípсте (Dirszte), pr. . II. 6.
Dípшеа (Derse) . VIII. 6.
Dicneiѣ (Disznájo, *Gassen*) V. 2.
Dітрꙋ (Ditró) . . IV. 4.
Diча (Décse, Magyar-Décse) V. 7.
Dічiо-Cin-Мъртінѣ (Dicső-Szent-Márton) . IV. 6.
Доба-маре (Nagy-Doba) VII. 5.
„ -мікъ (Kis- „ VII. 5.
Добока (Doboka-Lunka) X. 6.
Доболї (Aldoboly) . . II. 8.
„ (Doboly), pr. . III. 2.
Доболіѣ de сꙋсѣ (Feldoboly) II 9.
Доболό (Dobolló), pr. . II. 8.
Добофалъѣ (Dobó) . . III. 5.
Добра (Dobra), pr. I 2. X. 5.
Добріка (Nagy-Debrek) VI 4.
Добрікꙋ-Ленꙋшꙋлъї (Lápos-Debrek) . . VI 1.
Добрінѣ (Debren) . VII. 5.
Добріцелѣ (Kis-Debreczen) VI. 1.
Доброкѣ (Dobrotz, . X. 1.
Добръчіna (Dobrocsina) VI. 5.
Добꙋченї (Kis-Doboka) VI 4.
Добърка (Doborka, *Dobring*)I. 2.
Долманешті (Dolmanesd), pr. II. 2.
Долѣ (Dá) . . . I. 1. VII. 6.
Долхенї (Ilondapataka) VI. 2.
Домалдѣ (Domáld, *Malldorf*) . . . I. 9.
Domnінѣ (Dabjon) . VII. 5.
Domoкꙋшенї (Domokos) VI. 3.
Domъкѣ (Domuk) . IV. 4.
Доролеа (Asszu-Besztercze, *Klein-Bistritz*) V. 5.
Dотка (Datk, Dáák, *Daken*) II. 3.
Dохѣ (Doh) . . . VII. 2.
Поштатѣ (Hosszutelke, *Thorstadt*) . . . I. 2.

Драгъ (Drág) . . VII. 6.
Драцъ (Darócz, *Draasz*) II. 1.
Драшъ (Drasso, *Troschen*) I. 1.
Дредатъ (Dedrád, *Zepling*) V. 2.
Дретieа (Derita) . . VIII. 3.
Дрiкiъ (Detrehem) . VII. 2.
Дрidpiфъ (Dridif) . II. 2.
Дръгіе (Drágya) . VI. 1.
Дръгшъ (Drágus) . . I. 6.
Дрimварiъ (Drombár) . IX. 4.
Дъбрiчелъ (Kis-Debrek) . VI. 4
Дътбрава (Liget) . . V. 4
„ (Dumbráva) . X. 1.
Дътбръвiца (Dumbrovitza) X. 5·
Дътбръъ (Dombró) . VI. I. 6.
Дътешті (Dumesd) . . X. 3.
Дъmітра (Nagy-Demeter,
Mettersdorf) . V. 5.
Дъmітрiца (Kis-Demeter,
Wattersdorf) . V. 5.
Дъmітръ (Demeterpataka) IX. 4.
Дъmъслъъ (Domoszló) . VII. 1.
Дъnecдopфъ (Tobiás, *Top-
pesdorf*) . . I. 8.
Дъпъ-Пeатръ (Dupa-Peatra) X. 2.
Дърsца (Durusza) . . VI. 3.
Дъбіка (Doboka) . . VIII. 1.
Дътъшъ (Dámos) . . VIII. 3.
Дънeшті (Danfalva) . VI. 3.
Дъmбъъ (Dombó) . . IV. 6.
Дъmбъ (Domb) . . V. 3.
Дъnгъъ (Dongó) . . VIII. 4.
Дъnкъ (Dank) . . VIII. 3.
Дърлосъ (Darlócz, *Durles*) I. 8.

E.

Eапа (Kabalapataka) . VI. 5.
Eгeкъ (Ege) . . . III. 6.
Eгeрnатакъ (Egerpatak) II. 9·
Eгeрcerъ (Egerszeg) . IV 3.
Eгрeшnатакъ (Egrespatak) pr. II. 8.
Eгpeшътъъ (Egrestö) pr. II. 8.
Elбакъ (Illenbák, *Eutenbach*)I. 5
Eleпатакъ (ElÖpatak) . II. 8.
Eнлока (Enlaka) . . IV. 2.
Eнтрадамъ (Entradám) . V. 10.

Eрдö-Cin-ціöрзъ (Erdö-
Szent-György) . IV. 2.
Eрecтeвeні (Eresztevény) II. 9.
Eрcebeтъ (Szent-Erzsébet) III. 5.
Eрцпатакъ (Erczpatak) VIII. 5.
Eстiлnікъ (Esztelnek) . II. 9.
Eтeдъ (Etéd) . . . IV. 2.
Eрeі (Etej), pr. . . VII. 1.
Eтфалъъ (Etfalva) . . II. 8.
Exeдъ (Ehéd) . . IV. 1.

Ж.

Жакъ (Zsákfalva) . . VII. 4.
Жакъдъ-ромъnecкъ (Oláh-
Zsákod, *Sacken*) IV. 2.
Жакъдъ-ъnгъpecкъ (Magyar-
Zsákod, *Sacken*) IV. 2.
Жeданъ (Zsedánypataka) III. 4.
Жeікa (Selyk *Schelken*) V. 4.
Жeлeдiнца, (Loszád) . X. 9.
Жiботъ (Alkenyér, *Unter-
Brodsdorf*) . . X 9.
Жiдвeіъ (Zsitve, *Seiden*) I. 8.
Жiieтz (Zsijetz), pr. . X 8.
Жiлъ-ваідeі (Sily-Vajdej) X. 8.
Жimboръ (Szász-Zsombor) VI. 7.
„ (Magyar-Nagy-
Zsombor) . . VII. 6.
Жіnа (Sina, *Schinna*) . I. 2.
Жiсълeа (Viszolya) . V. 3.
Жоасъ de жосъ (Algyógy,
Alfalu, *Unter-Gyógy*) IX. 1.
Жоасъ de сьсъ (Felgyógy,
Felfalu) . IX 1. IX. 5.
Жоіцeлъ (Hovas-Gyógy) IX 1.
„ (Gyogyely), pr. . IX. 1.
Жomалъ (Diomal) . . IX. 1.
Жoсeniъ (Dsoszány) . X. 5.
Жoсenъ-Бъргъълі (Borgo-
Soszény, Alsó-Borgo) V. 6.
Жъкъ de жосъ (Also-Suk) VIII. 1.
„ de сьсъ (Felsö- „) VIII. 1.
Жълъсъ (Gyulás) . . IV. 6.
Жъnка (Tulokfalva) . X. 2.
Жъртeлeкъ (Györtelek)VII. 3. VH. 4.
Жъкъдъ, *siehe* Жакъдъ
Жълmаръ (Gyalmár) . X. 9.

49*

Жълна (Zsolna, Solna, Senndorf)	. V. 5.	Іаск (Jáás) . .	II. 2.
		Іашфалъй (Jásfalva)	III. 6.
Жълькъта (Gyalakuta)	X. 3.	Іванештї (Libánfalva)	V. 1.

Z.

Завола (Zabola) . . II. 9.
Загеръ (Zágor, *Rodt*) I. 9
Загра (Zágra) . . . V. 10.
Загънъ (Zágon) . . II 9.
Залха (Zálha) . . VI. 5.
Zam-Cin-Країъ siehe Калота
Zamъ (Zentelke) . . \ III. 3.
„ (Nagy *und* Kis-Zám) X 3.
Záъ (Záh) , . . IV. 4.
Здрапчі (Zdrapcs) . X. 2.
Здрахолцъ (Zdraholcz), pr. X. 2.
Zepieшъ (Zeries), pr. . IX. 1.
Zepneштie (Zernest, *Zernest*) . . . II. 4.
Zeтeлaкa (Zetelaka) . III. 6.
Zizinъ (Zaizon, *Zaizon*) II. 7.
Zлarna (Zalatna, *Klein-Schlatten, Goldmarkt*) IX. 4.
Zлaкna (Zalakna, *Schlatt*) I. 5.
Zлaшдъ (Zalasd) , . X. 9.
Zobanъ (Zovány) . . VII. 2
Zoлaпъ (Zalany) , . II. 8.
Zoлтanъ (Zoltány, *Zoltendf*) I. 10
„ (Zoltán) . . II. 8.
Zътъръ (Zutor) . . . VII. 6.
Zъікanъ (Zajkány) . , X. 7.
Zълaъ (Zilah, *Walthenberg*) , . . VII. 5.
Zълпъка (Zálnok) . . VII. 4.
Zъпірцъ (Zapórcz, *Haberndorf*) . , . VI. 6.

I.

Iadepe (Jeder) , . . VI. 3.
Iadъ (Jad, *Jadt*) . . V. 5.
Iazъ (Felsö-Jáz, Alsó-Jáz) VII 2.
Iaковфaлъъ (Jakobfalva, Kászon-Jakobfalva) III. 3.
Iaкъсдорфъ (Jakobfalva, *Jakobsdorf*) . . I. 12
Iаношфaлъъ (Jánosfalva) II. 6.
Iapa (Maros-Jára) . IV. 1
„ (Alsó- „) \ III. 5.

Івашфалъъ (Erzsébetváros, *Elisabethstadt*) . I. 9.
Ібішдорфъ (Szász-Ivánfalva, *Eibesdorf*) . . I. 8.
Іваношъ (Ivanyos), pr. . III. 4.
Ігішъ din жocъ (Alsó-Idécs, *Unter-Eidisch*) V. 1.
Ігішъ din cъcъ (Felsö-Idécs, *Ober-Eidisch*) . V. 1.
Іглъпчелъ (Kis-Ikland) IV. 4.
Ігрішіеа (Igricze) . . VIII 1.
Ідічелъ (Idecspataka, *Eidischbach*) . . V. 1.
Ідіуъ (Jövedits, *Bellesthdf*.) I. 8.
Іеака (Gyekes) , . VI. 8.
Irerica (Jegenye) . VIII. 2.
Іегрештіеа (Bőrvény) VIII 3.
Ieдъ (Jedd) . . . IV 1.
Іенчїъ (Szász-Encs) . V. 8.
Іepeшa (Nagy-Ercse) . V. 3
Іepneї (Szász-Ernye, *Ehrgang*) . . . I 9.
Іepnoтъ (Radnoth, *Radnoth*) IV. 5.
Іepnoтфaia (Radnótfája, *Etschdorf*) . V. 2.
Іeca (Vicsa) . . . VII. 4.
Іecъ (Vécs) . . . VIII. 4.
Іїълaтeлeкei (Gyulatelke) VI. 7.
Ііша (Visa) . . . VIII. 1.
Ііщіeа (Vista) . . . \ III. 2.
Іклaндъ-мape (Nagy-Ikland) IV. 4.
Іклoдъ- „ („ „) VIII. 1.
„ -мікъ (Kis-Iklód) VIII. 1
Іклозълъ Kis-Iklód, *Mikluden*) . . . IX. 3.
Ікфaлъъ (Ikafalva) . . II. 10.
Іліва-мape (Nagy-Ilva) V. 9.
„ -мікъ (Kis- „) V. 9.
Іленї (Illyén) . . II. 2.
Ілефалва (Ilyefalva) . II. 8.
Іліа (Illye) . . . X. 3.
„ мікъ (Kis-Illye) . IV. 1.
Ілієшъ (Illyésmezö) . IV. 2.
Іліna de cъcъ (Felsö-Ilosva) VI. 4.
Ліошва (Alsó-Ilosva) . VI. 4.

589

Іліѹква (Ilosva)	. . VII. 3.	Калота маре (Nagy-Kalota) VIII 3.
Іллепбабѹ *siehe* Елбакѹ		Калѹ (Kaal) . . . IV. 1.
Ілленцфалѹѹ (Illenczfalva)	IV. 1.	„ (Kálna) . . . VI. 5.
Ілonda (Nagy-Ilonda)	. VI. 4.	Камерѹ (Kámár) . . VII. 2.
Імбѹцѹ (Ombocz)	. . VI. 7.	Канадѹ (Kányád) . III. 6.
Імечфалѹѹ (Imecsfalva)	II. 9.	Канчѹ (Gánts . . . VI. 4.
Інакѹ (Інактелке)	. . VIII. 2.	Капnік-Баіеа (Kapnikbánya) VI. 2.
Індалѹ (Indál)	. . VIII. 5.	Каролпак-Мѹпѹшѹрѹ (Ка-
Інѹѹ (Inó)	. . VII. 4.	polnok-Monostor) VI. 2.
„ (Kis Jenö)	. . VII!. 1.	Каполнікѹ (Szurduk-Ká-
„ (Ünömezö)	. . VI. 1.	polnok) . . VI. 2.
Інока (Inakfalva)	. . VIII 6.	Капре (Kecskedája) . X. 4.
Інoфалѹѹ (Inöfalva)	. III. 3.	Кара (Kara) . . . VIII. 2.
Інтре-Галде (Intra-Gáld)	IX. 1.	Карасna (Kraszna) . VII. 3.
Інѹрі (Borsómezö)	. IX. 4.	Карастѹѹ (Karászló) . X. 2.
Jобогіфалѹѹ (Jobágyfalva	IV. 1.	Кардошфалѹъ (Kardosfal-
Jобаітелке (Jobbágytelke)	IV. 1.	va), pr. . . VIII. 2.
Іпѹ (!pp)	. . . VII. 2.	Каруфалѹѹ (Karczfalva) III. 3.
Ісбіта (Iszbita), pr.	. IX. 6.	Каталіna (Katalin) . VI. 3.
Іскроні (Iszkrony), pr.	X. 8.	Каца (Katza, *Katzendorf*) II. 1.
Ісло (Iszló)	. . . IV. 1.	Кашва (Kásva) . . V. 1.
Jѹda маре (Nagy-Ida, *Eida*) V. 8.		Кашхолцѹ (Hermany, Ka-
Jѹла (Gyula)	. . VIII. 1.	*stenholz*) . . I. 4.
Jѹonешті (Iuonesd)	. X. 1.	Кевла (Kebele) . . IV. 1.
Jѹра (Mezö-Ör)	. . VIII. 2.	Кедѹ (Kis-Kede) . . III. 5.
Jѹркѹца (Gyurkucza), pr. VIII. 3.		„ маре (Nagy-Kede) III. 5.
Jѹшѹ (Szász-Uj-Ös)	. V. 8.	Kezdi-Ошорхеіѹ (Kézdi-
Іщванхаzа (Istvánháza)	IV. 5.	Vásárhely) . II. 10.
		Кекбікѹ (Kékbükk), pr. VIII. 5.
К.		Келементелкѹ (Kelementelke) IV. 2·
Кавашѹ (Érkávás)	. . VII. 1.	Келечелѹ (Keleczel) . VIII. 3.
Кадачѹ-маре (Nagy-Kadáts) III. 5.		Келінца (Kelencze) . VI. 3.
„ -мікъ (Kis- „) III 5.		Кеменіфалѹѹ-Хоморoдѹлѹі
Кадічфалѹѹ (Kadicsfalva)	III. 6.	(Homorod-Keményfalva) III. 6.
Казанешї (Kazanesd)	. X. 1.	Кemenфалѹѹ-(Küküllö-Kemény-
Каїапелѹ (Kis-Kajan)	. X. 4	falva) . . III 6.
Каіanѹ-маре (Nagy-Kalyán) VI. 4.		Кендермалѹ (Kendermál), pr. VII. 6.
„ -мікъ (Kis- „) VI. 4.		Кendpea (Kendermezö) VII. 6.
Каіла (Kajla)	. . . V. 7.	Кендрѹ (Kend, Szarvas-
Какова (Kakova, *Krebsdf:*)I. 1. I.3.		Kend) . . VIII. 1.
„ (Ivánfalva)	VIII. 5.	Кendѹ-маре (Nagy-Kend,
„ (Vládháza)	. IX. 2.	*Grosz-Kend*) IV. 2
Каламанcшdі (Kalamanesd)	X. 4.	„ -мікъ (Kis-Kend,
Калборѹ (Kálbor, *Kaltbrun-*		*Klein-Kend*) IV· 2.
ken) . . . I. 11.		Кenѹшѹ (Kénos) . . III. 6.
Калнокѹ (Kálnok)	. II. 8.	Керастелекѹ (Kárásztelek) VII 2.
Калота (Kalota-Szent-Ki-		Керачѹ (Karács) . X. 2.
rály) . . VIII. 3.		Кергешѹ (Kérges) . X. 5.

Керекfеmš (Kerekfenyő), pr. III. 4.
Кеслерš (Keszlér, *Kesseln*) I 8.
Кестъš (Kasztó, *Kastenáf*) X. 9.
Кеtішš (Ketesd) . . VIII. 3.
Кеţа (Maros-Kecze) . IV. 4.
Кечхáza (Kecskeháza) VIII. 6.
Кiведš (Kibéd) . . IV. 2·
Кiбълкътš (Köbölkut) V. 3.
Кiведš (Kibéd) . . IV. 2·
Кiвендš (Kövend) . VIII 6.
Кiдea (Kide) . . VIII. 1.
Кiкiші (Kökös) . . II. 8.
Кiлвара (Kirva) . . VII. 4.
Кiленi (Killyén) . . II. 8.
Кiлiенš (Kilyenfalva) III. 4.
Кimindea (Keménd) . X. 4.
Кiminтелniкš (Keménytelke) IV. 3.
Кinдъš (Kendö) . . IV. 2.
Кinтелекš (Kentelk, *Kindeln*) V 7.
Кinчерserš (Kincsérszeg) pr. III. 2.
Кinчешs (Kincses) IV. 5. V. 1.
Кiовешдš (Mezö-Kövesd) IV. 3.
Кiоɔпеnš (Kölpény) . IV. 3.
Кiохешmezö (Kölesmezö) VIII. 2.
Кiосвеnš (Köszlényes) IV. 1.
Кiохалmš (Köhalom, *Reps*) II. 1.
Кiралешš (Kerlés, *Kierieleis*) . . V. 8.
Кipешš (Körös, *Eschendorf*) II. 9.
Кipiлъš (Kerellö) . IV. 1.
„ Cin-Miклъsшš (Kerellö-Szent-Miklos), pr IV 3.
Кipiтъš (Ököritö) . VII. 3.
Кipхiвава (Kirlibába, *Ludwigsdorf*) . V. 9.
Кipперš (Kürpöd, *Kirchberg*) . . . I. 5.
Кipчedea (Kercsed) VIII. 6.
Кipшiцš (Kerzsetz) . . X. 5.
Кisipiкъšпатакš (Küszürüköpatak) pr. . III. 4.
Кiсъš (Keszi) . . VI. 8·
„ nетъшескš (Nemes-Keszi) . VII. 3.
„ ротъпескš (Oláh-Keszi) . . VII 3.
Кiхерš din cъсš (Felsö-Köhér) . . V. 1.

Кiхерš din жосš (Alsó-Köhér) . . V. 1.
Кiчега (Kecsed) . . VII. 1.
„ -Сiлвашš (Kecsed-Szilvás) . . VIII. 1.
Кiчегеа *siehe* Кiчега
Кiчidš (Kecsed) III. 6 V 3. pr. III. 6.
Кiшfалъš (Kisfalu) . VII. 1.
„ (Kisfalud, *Kleindörfel*) . . IV. 3·
„ (Kisfalud) . . IX. 4.
Клiцš (Klicz) . . VI. 5.
Клопотiва (Klopotiva) X. 7.
Клъшš (Kolosvár, *Klausenburg*) . . VIII. 2.
Ковешdi (Kabesd) . X. 3.
Коворš (Kóbor), pr. . V. 2.
Ковасnа (Kovászna) . II. 9.
Ковачš (Kovács) VI. 2 VIII. 1.
Коворš (Kóbor) . . II. 1.
Коврагiš (Kovrágy) . X. 7.
Кodmеnішš (Ködmönös) VI. 5.
Кодорš (Kodor) . . VI. 6·
Кóжа (Kósa) . . . X. 3.
Кожокnа (Kolos, *Salzgrub*) VIII. 2.
Козаплакš (Középlak) . VII. 6.
Козлáрš (Koszlár, Kozla) VI. 3.
Козmа (Kozmatelke) . V. 3.
Козmашš (Kozmás) . III. 2.
Козniцš de жосš (Alsó-Kaznács) . VII 2.
Козniцš de cъсš (Felsö-Káznács) . . VII. 2.
Кокошš (Kakasd) . . IV 1.
Кокš (Kóók) . . . IV. 4
Колдъš (Kudu) . . VI 4.
Колiвеле (Székás) . IX. 3.
Колтъš (Kólto) . . VI. 3.
Колъnš (Kolun) . . I. 5.
Колцiра (Kolczér) . VI. 3.
Комiцirš (Komjátszeg) VIII. 5.
Комлеš (Komolló) . . II. 8.
Комлодš (Komlód) . V. 3.
Комъnа de жосš (Alsó-Komána) . . II. 3.
Комъnа de cъсš (Felsö-Komána) . . II. 3.
Конца (Koncza . . I. 2.

Копandŭ (Koppánd)	VIII. 5.	
" (Maros ")	IV. 5.	
Копleanŭ (Kapjon)	VI. 4.	
Копоцŭ (Köpecz)	III. 1.	
Копрѫ (Kapor)	VI. 7.	
Копша-mape (Nagy-Kapus, Grosz-Kopisch)	I. 8.	
Копша-мікъ (Kis-Kapus, Klein-Kopisch)	I. 8	
Копъчелŭ (Kopácsel)	II 2.	
Коравіа (Csicso-Ujfaln)	VI. 4.	
Корвŭ (Korb)	I. 6.	
Корna (Karna)	IX. 4. IX. 6.	
Коpniea (Somfalu)	VII. 4.	
Корnъцелŭ (Hortobágyfalva, Harbach)	I. 5.	
Коpoi (Kóród)	IV. 6.	
Коpoieшdeni (Sily-Korojesd)	X. 8.	
Коpoieщŭ (Korojesd)	X. 8.	
Коpoi-Cin-Мъртinŭ (Koród-Szent-Márton)	IV. 6.	
Коpondŭ (Korond)	IV. 2. VII. 1.	
Коpnadiea (Korpád)	VIII. 2.	
Коръnка (Koronka)	IV. 1.	
Коръшŭ (Kóród)	VIII. 2.	
Костелекŭ (Kosztelke)	III 3.	
Костешdіъ (Kosztesd)	X. 9.	
Костіenŭ (Kosztafalva)	VI. 1.	
Котлеа (Feketchalom, Zeiden)	II.6.	
Когоpmanŭ (Kotormány)	III. 2.	
Кочŭ (Kócs)	V. 10.	
Кошеіŭ (Kusály)	VII. 4.	
Кошешdi (Kossesd)	X. 5.	
Кошіа (Kosolya)	X. 5.	
Кошларŭ (Koslárd)	IX. 1.	
Кошъіъ (Alsó-Kosály)	VI. 4.	
Кraiова (Királypataka, Königsbach)	IX 1.	
Краiфалъŭ (Királyfalva)IV 6. V. 3.		
Кpainimъtŭ (Király-Németi, Baiersdorf)	V. 5.	
Крака (Karika)	VII. 5.	
Кpeminea (Keménye)	VI. 2.	
Кpiвadia (Krivadia)	X. 8.	
Кpizвавъ (Krizba, Kriszbach)	III 5.	
Крікъŭ (Krakkó)	IX. 1.	
Кpicтещі (Krisztesd)	X 1.	
Крісtіanŭ (Keresztényfalva, Neustadt)	II. 6.	
Кpісtіanŭ (Kereszténysziget, Groszau)	I. 4.	
Крістърŭ (Ördög-Keresztur)VIII 1.		
" (Poká- ")	IV. 3.	
" (Szilágyfökeresztur)	VII. 5.	
" (Csicsó-Keresztur)	VI. 4.	
" de Мърешŭ (Maros-Keresztur)	IV. 1.	
" Шіъълъі (Sajo-Keresztur, Kreutz)	V. 7.	
" siehe auch Cіtám Крістърŭ		
Крістърфалъŭ (Kreszturfalva), pr.	III. 5.	
Кріхалma (Királyhalma, Königsberg)	II. 1.	
Кpiшeni (Puszta-Kalán)	X. 6.	
Кpiшоŭ (Körösfö)	VIII. 3.	
Кpiшпатакŭ (Körispatak)	II. 8.	
Кpiщea (Kristea) pr.	IX. 6.	
Кpiщелекŭ (Keresztelek)	VII. 2.	
Кpiщіорŭ (Körösfalva)	X. 2.	
Кpiщішŭ (Keresztes)	VIII. 6.	
Кpiщолчелŭ (Kis-Kristólcz)	VI. 5.	
Кpiщолцъ-mape (Nagy-Kristólcz)	VI. 5.	
Кpiшŭ (Érköṛös)	VII. 1.	
" (Körös, Kirtsch)	I. 8.	
" (Keresd, Kreisch)	I. 10.	
" Szász-Keresztnr, Kreutz)	I. 10.	
Кpiшпатакŭ (Körispatak)	IV. 2.	
Кръгнішŭ (Kraguis)	X. 7.	
Кръчіѕnфалъŭ-Хомородълŭi (Homorod-Karácsonfalva)	III. 6.	
Кръчънелŭ (Karácsonfalva)	I. 8.	
(Nyárad-Karácsonfalva,)	IV. 1.	
" (Oláh-Karácsanfalva)	IX. 3.	
Кречъneщі (Karácsonfalva)	X. 4.	
Къватфалъŭ (Kobáthfalva)	III. 5.	
Къълешъ-ромънъскŭ (Oláh-Köblös)	VII. 6.	
" -ънгърескŭ (Magyar-Köblös)	VIII. 1.	

Кужірӱ (Kuzsir,) . . X. 9.
Кӱzdpiopa (Kozárvár) . VI. 4.
Кӟіъждӱ (Maros-Kövesd) V. 2.
Кӟішдӱ (Kövesd, Kabisch) l. 12.
Кӟліешӟ (Kulyes) . . X. 3.
Кӟлча (Kölcse) . . VI. 3.
Кӟndӱ (Kund, Reuszdorf) l. 9.
Кӟпшаní (Kupsafalva) . VI. 1.
Кӟрекï (Káposztafalva) X. 2.
Кӟрпенï (Kurpény) IX. 5. X. 6.
Кӟртапатакӱ (Kurtapatak) ll. 10.
Кӟртіекапӟ (Körtvély-Kapus
  Birnthor) . V. 2.
Кӟртіфаіа (Kőrtvélyfája,
  Birnbaum) . IV. 1.
Кӟртӟіешдӱ (Kis-Körtvélyes) VI 2.
Кӟртӟішелӱ (Rév- „) VI. 3.
Кӟртӟішӟ (Felső- „) VI. 4.
  „ oder Кӟсъӱ (Alsó-
  Körtvélyes) . VI. 5.
Кӟртӟлішӟ маре (Nagy-
  Körtvélyes) . VI. 3.
Кӟрӟіеnï (Kárulyfalva) . VI. 1.
Кӟстелnікӱ (Csüdőtelke) IV. 6.
Кӟтка (Költke) . . VI 7.
Кӟтіешӟ (Kökényes) . VIII. 3.
Кӟтӟ (Kutfalva) . . . l. 1.
Кӟфаїе (Köpataka) . . VI 1.
Кӟчердеа (Oláh-Kocsárd) IV. 5.
Кӟчеӱ (Kucsó) . . VII. 5.
Кӟчӟ (Kutyfalva, Kokt) IV. 5.
Кӟчӟлата (Kucsuláta) ll 3. VI. 3.
Кӟшта (Kucsma) . . V. 5
Кӟшмедӱ (Küzmöd) . IV. 2.
Кѫінелӱ (Kajanel) . X. 4.
Кѫкӟшӱ (Kakucs) . V. 1.
Кѫланӱ (Kis-Kalán) . X. 6.
Кѫлачеа (Kalocsa) . VII. 6.
Кѫлвасӟрӱ (Hidegviz, Kalt-
  wasser) . . l. 7.
Кѫліанӱ (Kalyán) . VI. 8.
Кѫтпенï (Topánfalva) IX. 6.
  „ Сӟрдӟкӱ (Kimpény-
  Szuroluk) . X. 3.
Кѫтпӟлӱ лӟі Nеарӱ (Kim-
  pulynäk) . . X. 8.
Кѫтпӟрï (Kimpur) . X. 3.
Кѫтъраmӱ (Vajda-Kamarás)VI. 8.

Кѫтерzіneштï (Kamarzinest) X. 3.
Кѫптъланӱ (Maros-Káptalan)IV. 5.
Кѫпӟda (Kapud) . . IX. 2.
Кѫпӟшӱ (Mező-Kapus) IV. 4.
  „ маре (Nagy-Kapus) VIII. 4
  „ мікӱ (Kis- „) VIII. 4.
Кѫгълпа (Kápolna) l. 1. VI. 4
  „ (Alsó-Kápolna) IV. 6.
  „ de сӟсӱ (Felső-Ká-
  polna) . . IV. 6.
Кѫратна (Karathna) . ll. 10.
Кѫрбӟнарïӟ (Garbonács) VI 2.
Кѫрпенішӱ (Kerpenyes) IX. 6.
  „ („
  Käppebach) . l. 2.
  „ (Gyertyános) VI. 2. X. 4.
Кѫрӟліеа (Karullya) . VI 2.
Кѫтъліna (Szent-Katólna-
  Dorna) . . VIII. 1.
Кѫтіna (Katona) . . VI. 8.
Кѫтішӟ (Kettösmezö) . VII. 6.
Кѫӟnӟ (Kaun) . . X. 5.
Кѫцӟлӱ-ротъnескӱ (Oláh-
  Keczel) . . VII. 3.
  „ ӟnгӟрескӱ (Magyar-
  Keczel) . . VII. 3.
Кѫлnікӱ (Kellnek, Kelling) l. 1.
Кѫnтӱï (Kajántó) . . VIII. 2.
Кѫрnешї (Kernyesd) . X. 7.
Кѫрц (Kercz, Kerz) . l. 6.
Кѫжцкъӱ (Kaczkö) . . VI. 4.

Л.

Лаборфалӱ (Laborfalva) ll. 8.
Лазарфалӱ (Lázárfalva) III. 2.
Лазӱ (Láz) . . l. 1.
Лазӟрі (Ujvágás) . . VII. 2.
  „ (Irtásfalva) . . X. 1.
Лакӟ (Feketelak) . . VI. 7.
Ламкремӱ (Lámkerék, Lan-
  gendorf) . . l 1.
Лампешӱ (Ladamos, Laden-
  dorf . . . l. 4.
Лапішіеа (Lapiska) . VIII. 4.
Лапӟгіӱ de жосӱ (Alsó-La-
  pugy) . . . X. 5.
Лапӟгіӱ de сӟсӱ Felső-La-
  pugy) . . . X. 5.

Ланьшѣ *ѵіеkе* Ланѣгіѣ
Ларга (Lárga) . . . VI. 1.
Ласлѣѣ-ромѣнескѣ (Oláh-
  Szent-László, *Wal*
  Laszlen), . . . I. 9.
Ласліъ (Nagy- oder Szász-
  Szent-László, *Laszlen*) I. 10.
Леаса (Lyászo, Soványfalva) X. 1.
Леацфалѣѣ (Léczfalva) . II. 9.
Леринѣ (Legen) . . . VI 8.
Лекинца (Lekencze) . . IV. 3.
„ („ *Lechnitz*) V. 8.
„ (Maros-Lekentze) IV. 4.
Лелерѣ (Lelesz) . . X. 6.
Лелешті (Csicsó-Lábfalva) VI. 4.
Лемніѣ (Lemhény) . . II. 10.
Лемніѣ (Lemény) . . VI. 3.
Ленгелфалѣѣ (Lengyelfalva) III. 6.
Леninde (Leppend) . . IV. 6.
Леринцеа (Lörintzréve) . IX. 2.
Лескіа (Laczkonya) . . VI. 2.
Лешмерѣ (Lecsmér) . VII. 2.
Лешнікѣ (Lesnek) . . X. 5.
Лешіора (Lestyóra) . . X. 1.
Ліанцѣ (Lyántz) . . X. 1.
Лібатінѣ (Libáton) . . VI. 1.
Лівадеа (Livádia) . . X. 8.
„ (Livádia-mezö), pr X. 8.
„ de съь Мѣнте (Livádia-
  Hegyály) . . X. 8.
Лівъzeni (Livádzel) . . X 8.
Лігетѣ (Liget) . . . II. 8.
Лієшѣ (Les) . . . V. 9.
Ліле (Lele) . . . VII. 4.
Лімба (Limba) . . . IX. 4.
Лімпертѣлѣ векіѣ (O-Lim-
  pert), pr. . . X 6.
Лімпертѣлѣ de жосѣ (Alsó-
  Limpert), pr. . X. 6.
Лімпертѣлѣ de съѣсѣ (Felsö-
  Limpert), pr. . X. 6.
Ліnжina (Lindsina) . . X. 6.
Ліовете (Lövete) . III. 6.
Ліоріnтza (Lörintzfalva) IV. 1.
Ліоріnтzi (Lörintzi), pr. IV. 4.
Ліса (Lisza) . . . II. 2.
Лісnеѣ (Lisznyó) . . II. 8.

Літа-романескѣ (Oláh-
  Léta) . . . VIII. 5.
Літа-ѣнгѣреаскѣ (Magyar-
  Léta) . . . VIII 5.
Літкѣ (Letka) . : . VI. 3.
Ловнікѣ (Lebnek, *Leblang*) II. 1.
Лодроманѣ (Lodormány,
  Ledermann) . . I. 7.
Лозna (Nagy-Lozna) . VI. 5.
Локодѣ (Lokod) . . III. 6.
Ломаnѣ (Lomány, *Lammdf.*) I. 1.
Лѣгірѣ (Ludvég, *Ludwigsdf*.)V. 2.
Лѣдішорѣ (Ludisor) . II. 2.
Лѣdoшѣ (Nagy-Ludos,
  Logdes) . . I. 2.
Лѣdoшѣ (Maros-Ludos) . IV. 4.
Лѣіерѣ (Lövér) . . V. 2.
Лѣієщѣ (Ludesd) . . X. 9.
Лѣкафалѣѣ (Lekafalva) : IV. 1.
Лѣкѣчеши (Lukácsfalva) . VI. 3.
Лѣмпердѣ (Lompért) V. 3. VII. 3.
Лѣna (Aranyos-Lána) . VIII. 6.
„ (Kendi- „) . VIII. 1.
„ (Szász „) . VIII. 4.
Лѣnка (Lunka), pr. . III. 4.
„ („ *Langendorf*) I 7.
„ (Tehénfalva) . . X 2.
„ (Ujfalu) . . . VIII. 6.
„ вінѣлѣі (Párva) . V. 10.
„ Гімешѣлѣі (Gyimes-
  Középlak) . III. 3.
„ черni de жосѣ (Alsó-
  Nyiresfalva) . X. 7.
„ черni de съѣсѣ (Felsö-
  Nyiresfalva) . X. 7.
Лѣnкаnі (Lunkány) . X. 7.
Лѣnкоі de жосѣ (Alsó-
  Lunkoi) . . X. 2.
Лѣnкоі de съѣсѣ (Felsö-
  Lunkoi) . . X. 2.
Лѣnкшоара (Lunksora) X. 1. X. 3.
Лѣnaіеа (Farkasmezö) . VII. 6.
Лѣnені (Lupény, Silly-Far-
  kaspataka) . . X. 8.
Лѣnѣлѣ (Farkastelke) . IX. 3.
Лѣnшa (Lupsa) . . IX. 6.
Лѣца (Lucza) . . II. 2.

50

Лѣчердеа (Losárd) . VIII. 1.
Лѣшка (Luska) . . . V. 10.
Лѣпadia pomaneacкъ (Oláh-
 Lapád) . . . IX. 2.
Лѣпadiea (Magyar-Lapád) IX. 2.
Лѣпѣ (Lapupatak) . VII 6.
Лѣпѣшпікѣ (Lapusnyak) . X. 5.
Лѣпѣшѣ-ромѣнескѣ (Oláh-
 Lápos) . . VI. 1.
Лѣпѣшѣ-ѵнгѵрескѣ (Magyar-
 Lápos) . . . VI. 1.
Лѣпѣшѵ siehe auch Лапѵшѣ
 oder Лапѵгіѣ
Лѣсѣѣ (Laszo) . . . X. 5.
Лѣслѣѣ (Szász-Szent-László,
 Klein-Laszlen) I. 9.
Лѣсквдѣ (Laczkód) . . IV. 9.

M.

Магіерѵшѣ (Magyaró) . IV. 2.
 „ (Magyarós) . III. 5.
 „ (Magyaróság) VIII. 5.
Магошещі (Nagy-bun) . VI. 3.
Магѣ (Mág, Schärdörfel) I. 3.
Мada (Máda) . . . IX. 5
Мadарашѣ (Madaras) . III 3.
 „ de кѣтпѣ (Mezö-
 Madaras) . . IV. 3.
Маіа (Maja) . . . IV. 2.
 „ (Mánya) . . . VI. 6.
Маіерѵѣ (Magyar-Kereke) VIII. 3.
Маіерѣ (Major, Major) . V. 8.
Маіошхeria (Májoshegye), pr. IV. 6.
МакФалѣѣ (Makfalva) . IV. 2.
Макша (Maksa) . . . II. 9.
Мѵлгіе (Maláde) . . VII. 3.
Маленкрогѣ (Almakerék,
 Malmkrog) . I. 10.
Малмашѣ (Málnás) . II. 8.
Маломсіrѣ (Malomszeg) VIII. 3
МаломФалѣѣ (Malom-
 falva) . III 5. IV. 3.
Мамалігání (Mamaligány) pr IX. 1.
Мanікѣ (Mányik) . . VI. 6.
Мардешѣ (Mardos, Mardisch)I.7.
МареФалѣѣ (Máréfalva) III. 6.
Мapinѣ (Máron) . . VII. 3.
Марішелѣ (Markczel) . VIII. 4.

Маркасікѣ (Markaszék) . VII. 2.
Маркодѣ (Markód) . . IV. 2.
Маркошѣ (Markos, Maken-
 dorf) . . II. 7.
Маркѣтмѣ (Márkosfalva) II. 10.
Марошлака (Maroslaka),
 pr. . . III. 4 V. 2.
Марпатакѣ (Márpatak), pr. III. 4.
Марподѵ (Márpod, Marpodt) I. 5.
Мартинещіѵ (Martinesd) X. 9.
Мартинѵшѣ (Mártonos) . III. 5.
МáртонФалѣѣ (Mártonfalva),
 pr. . . . III. 3.
МартФалѣѣ (Martonfalva) II. 10.
Марѣѣ (Maró) . . VIII. 1.
МатеФалѣѣ (Mátéfalva, Ma-
 thesdorf) . . II 3
МатеФалѣѣ (Mátéfalva) III. 3.
МатішФалѣѣ (Matisfalva) II.10. III.5.
Мачешді (Macsesd) . . X. 8.
Мачкакеѣ (Macskakö) pr., VIII. 5.
Мачкѣ (Macskamezö) . VI. 1.
Медешерѣ (Medesér) . III. 5.
Медіемѣ (Medgyes, Medi-
 asch . . . I. 8.
Мезракѣ (Megykerék) . IX. 2.
Мелеіа (Meleja) pr., . X. 8.
Меліенѣ (Mályán) . . VI 2.
Менешагѣ (Menaság) . III. 2.
Мерінdealѣ (Morgonda,
 Mergeln) . . I. 12.
Меріа (Kékesfalva) . X. 7.
Мерішорѣ (Merisor) . X 5.
Меркѣреа (Szeredahely,
 Reuszmarkt) I. 2.
Мермезѣѣ (Nyirmezö) . IX. 5.
Мермещі (Mermesd) . X. 1.
Мертіаша (Longodár, Lan-
 genthal) . . II. 1.
Месенrеа (Mindszent, . IX. 1.
Месентіѣ (Frmindszent) VII. 1.
Местакенѣ (Nyirfaiva) . X. 2.
 „ (Kis-Nyires) . VI. 3.
Местерхаza (Mesterháza) V. 2.
Метішdорfѣ (Szász-Márton-
 falva, Martinsdorf) I. 8.
Мечіа (Mecsia) pr., . IX. 6.

Мѓrindалъ̆ (Ingodály, *Engelthal*) . . . I. 7.
Мѓжлочені-Бъргъ̆льї (Borgo-Mislocsény) . V. 6.
Мѓка (Mikefalva) . . IV. 6.
„ (Mikeháza) . . VI. 6.
Мѓкенещї (Mikanesd) . X. 3.
Мѓкесаса (Mikeszásza, *Feigendorf*) . . I. 7.
Мѓклеѕшъ̆ (Káposztás-Szent-Miklos) . . IV 1.
Мѓклъ̆шені (Miklosény) pr. IX. 1.
Мѓклоша (Miklóstelke, *Klosdorf*) . . I. 10.
Мѓклошваръ̆ (Miklosvár) III 1.
Мѓклóшлака (Miklóslaka) IX. 2.
Мѓклъ̆ша (Miklosfalva) . III. 6.
Мѓкѹ-ъ̆їФалъ̆ъ̆ (Mikó-Ujfalu, Bikszád-Ujfalu) . . II. 8.
Мѓкъ̆шъ̆ (Mikes) . . VIII. 5.
Мѓлашъ̆ (Nagy-Nyulás) . V. 3.
Мѓлванъ̆ (Milvány) . . VII. 6.
Мѓлешелъ̆ (Kis-Nyulás) . V. 3.
Мѓneš (Menyö) . . VII. 5.
Мѓnеш (Menes) . . IV. 3.
Мѓnoš (Mono) . . . VII. 4.
Мѓnсеnтї (Mindszent) . III. 2.
Мѓnтіеа (Maros-Námeti) X. 5
Мѓрешъ̆-маре (Nagy-Nyires) VI. 3.
Мѓріслъ̆ъ̆ (Miriszló) . . IX. 2.
Мѓскъ̆ъ̆ (Mészkö) . . VIII. 5.
Мѓтїтеї (Mititei) . . V. 10.
МіхаіФалъ̆ъ̆ (Kraszna-Mihályfalva) . VII 1.
Мѓхалїещї (Csicsó-Mihályfalva) . . . VI. 4.
Мѓхалца (Mihálczfalva) IX. 3.
Мѓхеілеnі (Mihályfalva) . X. 2.
Мѓхелещї (Mihalesd) . X. 5.
Мѓхешъ̆ (Méhes) . . VI. 8.
Мnipa (Méra) . . VIII. 2.
Мnipшіdъ̆ (Nyirsid) . . \ II. 5.
Мoaра-БanФї (Tasnád-Malomszeg) . . VII. 1.
Мorігradъ̆ (Mojgrád) . VII 1.
Мorочa (Hollomezö) . VI 1.
Мoгoшморт̆ъ̆ (Magosmart) V. 10.

Мoгошъ̆ (Mogos) . . IX. 1.
Мoіаpdъ̆ (Moják) . . VII. 3.
Мoіса (Majos) . . IV. 3.
Мoкodъ̆ (Makód, *Makendf*.)V. 10.
Мonaръ̆ (Malomarka, *Minarken*) . . V. 5.
Мonopъ̆ (Monor) . . V. 4.
Мonoщoръ̆ (Monostorszeg) VI. 4.
Мonъ̆ (Nagy-Món) . VII. 5.
МoрішdoрФъ̆ (Mártontelke, *Martesdor!*) I 8.
Мoрлaка (Marótlaka) . VIII. 3.
Мoрoкхaza (Marokháza) VI. 7.
Мoрoшеnі-Бъргъ̆льї (Borgó-Marosény) . V. 6.
Мoръцъ̆ (Aranyos-Moritz, *Moritzdorf*). V. 8.
Мoръ̆репі (Maros-Monošfalu) V. 2.
Мoтішъ̆ (Mutos) . . VII. 4.
Мoš (Mooh, *Moichen*) . I. 2.
Мoхaлъ̆ (Móháj) . . VI. 7.
Мoчілa (Mocsolya) . VII. 3.
Мoчъ̆ (Mócs) . . . VI. 8.
„ de жoсъ̆ (Alsó-Mócs) } pr. II. 4.
„ de съcъ̆ (Felsö- „)
Мoшna (Mese, *Meschendf*) I. 10.
„ (Muzsna, *Meschen*) I. 8.
МъкеndoрФъ̆ (Moha, *Mukendorf*) . II. 1.
Мъnтanії (Muntány), pr. IX. 6.
Мъnтеле-рече (Hideg-Havas) . . VIII. 4.
Мъnтеле-Філіеї (Fulei-Havas) . . VIII. 5.
Мъnтopії *siehe* Жоцелъ̆
Мъnчелъ̆ (Muncsel) VI. 4.VI. 5.IX.6.
„ -маре (Nagy-Muncsel) . . . . X. 5.
„ мікъ̆ (Kis-Muncsel) X. 5.
Мъръ̆шъ̆-Oшoрхсїъ̆ (Maros-Vásárhely, *Neumarkt*) IV. 1.
Мъска (Muszka) . . IX. 6.
Мъхачь (Mohács) . . VIII. 6.
Мъшіnа (Muzsina) . IX. 2.
Мъшіnъ̆ (Tuzson) . . V. 3.
Мъшna (Muzsna) . . III. 5.

50*

Мъгеръшъ (Magyarós) II. 8.
„ (:: *Ungers*) V. 5.
Мъгеръшъ (Magyarós, *Nusz-bach*) . . . II. 5.
Мъгеръшъ (Szász-Magyaros, *Maniersch*) . I. 9.
Мъгіеръшъ *siehe* Мъгеръшъ
Мъгълі́ча (Magulicsa) . X. 1.
Мъгъра (Magura) V. 9· VI. 4 VIII 4.
\ III 5. X. 4. 9. — pr. II. 4.
Мъгъреиі (Magura) . VI. 2.
Мъгърei (Magaré, *Magerei*) I. 12.
Мъдъратъ (Baczka-Madaras)IV. 1.
Мъіеръъ (Magyaró, *Haseldf.*) V. 1.
Мъкъъ (Makó) . . VIII 2.
Мълъіещіа (Majalesd) . X. 7.
Мънерсъ (Magyarósd) . X. 6.
Мънъраdea (Monora, *Donnersmarkt*) . IX. 3.
Мънъщъръ (Kolos-Monostor) . . . VIII. 2
Мънъщъръ (Magyar-Gyerō-Monostor) . \ III. 3.
Мънъщъръ ромънескъ (Oláh-Gyerö-Monostor) VIII. 8.
Мергъъ (Meregyó) . VIII. 3.
Мърщіненi (Mardsina) II 2.
Мъріщоръ (Merisor) . X. 8.
Мъртіньшъ (Kézdi-Martonos)II 10.
„ (Sepsi- „) II. 8.
Мътei (Szász-Maté, *Mathesdorf*) . . V. 8
Мъътещї (Sárfalva) . X 5.
Мъчешдені (Sily-Macsesd) X. 8
Мъ̌чсъ (Macsó) . . X. 7
Мъ̌чкашъ *siehe* Щріmъа
„ ънгъресκъ (Maygar-Macskás) . VIII. 2.
Мѫndpa (Mundra) . I. 4. II. 2

N.

Naгішъ (Oláh-Nádos) . V. 1
Nadeшa (Szász-Nádos, *Nadesch*) . . I 9.
Nadішъ (Oláh-Nádos) . \ II. 4.
Nалацїъ-Бadъ (Nálatz-Vad) X. 7.
Nandpa (Lándor) . . IV. 5.
Nandpъ (Nándor) . . X. 5.

Nenparie (Náprád) . . VI. 3.
НасФалъ̌ (Náznánfalva) IV. 3.
Naчіръ (Nagy-Szeg) . VII. 4.
Neaгpa (Nyágra) . . IX. 6.
Neвoïещі (Nyavalyásfalva) X. 4.
Nerpeni (Konkolyfalva) VI. 5.
Nerpiлещї (Nagy-Neger-falva) . . . VI 4.
Nemшa (Nemes, *Niemesch*) I. 8.
Nenocъ̌ (Neposz) . . V. 9.
Nетотъ̌ (Netód, *Groszschwarzdorf*) II. 8.
Nетъшъ̌ (Néthus, *Neidhausen*) . . . I. 12.
Neцъ̌ (Nécz, *Netz*) . V. 8.
Ніарацнатакъ̌ (Nyaraspatak, pr. . II. 8.
Ніарсова (Nyárszó) . VIII. 3.
Nирirішъ (Kis-Barcsa) . X. 5.
Nіерца (Nyercze) . . VII. 6.
Nікъла (Mikola) . . VI. 7.
Nima (Néma) . . . VI. 6.
Nimirea-ромънеаскъ (Oláh-Nemegye) . II. 10.
„ -ънгъреаскъ (Magyar-Nemegye) . . V. 10
Nimтіъ̌ (Oláh-Némethi) . V. 10.
„ Герлії (Szamos-Ujvár-Némethi) . . VI. 6.
Niомaтъ (Nyomat) . . IV. 1.
Nіращъ̌ (Nyáradtö) . IV. 1.
Nipeшъ̌ (Nyires) . \ III. 3.
„ (Oláh-Nyires) . VI. 3.
Nipiшъ̌ *siehe* Nipeшъ
Nіsітоdъ̌ (Nagy- és Kis-Nyujtód) . . II. 10.
Nodiшъ̌ (Oláh-Nádos) . VI I. 3
Noeшaръ Nagyág) . X. 4.
Noiщaтъ̌ (Ujváros, *Neustadt*) . . I. 12.
Nокpiгъ̌ (Ujegyház, *Leschkirch*) . . I. 5.
Noоï (Nováły) . . VI. 8.
Noш (Ujfalu, *Neudorf*) II. 5.
Nоълъ̌ (Szász-Ujfalu, *Neudorf*) . . I. 4. I. 10.
„ ромънескъ (Oláh-Ujfalu, *Wal.-Neudorf*) I. 5.

Ношлакӗ (Nagy-Lak) . IV. 5,
Нъкшóра (Nuksora) . X. 7.
Нъчетӗ (Szent-Jánoshegye,
    Johannisberg) I. 5.
Нъсфалъӗ (Nagyfalu) V. 4. VII. 2.
 „ (Apa-Nagyfalu) V. 7.
Нъдешdia (Nadasdja) . IX. 5.
Нъдъшdӗ (Magyar-Nádas) VIII. 2.
Нъдъшіа de жосӗ (Alsó-
    Nádasd) . . X. 6.
 „ de съсӗ (Felsö-Ná-
    dasd) . . . X. 6.
Нъдрав (Nadráb), pr. . X, 6.
Нъсалӗ (Noszály) . . VI. 7.
Нъсъдӗ (Naszod) . . V. 10.

O.

Oapda de жосӗ (Alsó-Ma-
    ros-Váradja) . IX. 4.
Oapda de съсӗ (Felsö-Ma-
    ros-Váradja) . IX. 4.
Овреажа (Obrázsa) . IX. 3.
Овіршіа (Obersia) . X. 1.
Огра (Ugra) . . . IV. 5
Огръцӗ (Ugrocz) . . VII. 6.
Одорхеіъ (Vámos-Udvar-
    hely) . . VI 6.
Одорхеіъ (Szamos-Udvar-
    hely) . . VII 5.
Одорхеіъ секъіескӗ (Szekely-
    Udvarhely, Hofmarkt) III. 6.
Ozdӗ (Ozd) . . . IV. 5.
Оіершdea (Vajasd) . IX. 1
Оітъзӗ (Ojtoz) . . II. 10.
Окішорї (Kis-Ots) . X. 1.
Окландӗ (Ikland) . . IV. 1,
 „ -Homorodului (Ho-
    moród-Okland) III 6.
Окна (Vizakna, Salzburg) I. 4.
 „ Дешъзї (Déésakna) VI. 6.
Окніца (Szászakna) . V. 3
Окнішóра (Kis-Akna) . IX 2.
Окóлішелӗ (Kis-Oklos) VIII. 5. X. 9.
Окóлішъ (Nagy- „) VIII. 5
Окóлішъ-маре (Nagy-Oklos) X. 6.
Олафалъӗ-маре Szentegyház-
    Oláhfalu, Nagy-Oláhfalu) I-I. 6.

Олафалъӗ-микӗ (Kápolnas-
    Oláhfalu, Kis-Oláhfalu) III. 6.
Олостелекӗ (Olosztelek) III. 1.
Олпретӗ (Alparét) . . VI. 5.
Олтфалъӗ (Oltfalu), pr. . III. 3.
Олцеміръ (Oltszem) . II. 8.
Олціna (Alczina, Alzen) I. 5.
Опреа-Кържішора (Opra-Ker-
    czesóra, Klein-Kerz) I. 6.
Орваі-Бъзъӗ (Orbai-Bodza)
    pr. . , . II. 9.
Орво (Orbó) . . . VII. 1.
 „ (Maros-Orbó) . IV. 4.
Орешіа (Szászváros. Broos) X. 9.
 „ Біакълї (Alsó-Város-
    vize) . . . X. 9.
Орешіора (Felsö-Városvize) X. 9.
Орлатъ (Orlát) . . . I. 3.
Орлеа съв четате (Várallya) X. 7.
Орманӗ (Ormány) . . VI. 6.
Орменішӗ (Örményes) . VII. 4.
 „ (Szász-Örményes,
    Irmesch) . . I. 9.
 „ (Örményes, Mezö-
    Örményes) . V. 3.
 „ (Ürmös) . . III. 1.
Орminria (Ormingye) . X. 4.
Ороіъ (Mezö-Uraly, Uraly) IV. 4.
Ороcia (Oroszi) . . IV. 5.
Оросфаіса (Oroszfája) . V. 3.
Оротва (Orotva), pr. . III. 4.
Орхеіъ (Várhegy) . . IV. 3.
Орхеіъ (Várhegy, Burg-)
    halle) . . . V. 5.
Освай (Oszvály) . . VI. 5.
Острова-маре (Nagy és
    Kis-Osztró) . X. 7.
Островелӗ (Osztrovel) . X. 7.
Отеанӗ (Szabad-Erdö, Frei-
    wald) . . . IX. 2.
Офенваіа (Offenbánya, Offen-
    burg) . . . IX. 6.
Охава (Ohába) . . II. 3.
 „ (Oábá), Neudorf IX 3.
 „ de сънт-пеатръ (Kö-
    allya-Oába) . X. 8.
 „ Попоръї (Ohába-
    Ponor) . . X. 8.

Охаба Стрейълӱ (Sztrigy-Ohába)		X. 6.	Петелеа (Petele, *Birk*)	V. 2.
			Петение (Petenye)	VII. 3.
„ Сівішелӱ (Ohába-Sibisel)		X. 7.	Петериче (Péteritye)	VI. 1.
			Петерлака (Péterlaka, Ma-	
Охава (Ohába)		X. 5.	gyar-Péterlaka)	IV. 1.
Очъ (Nagy-Ots)		X. 1.	„ (Oláh-Péterlaka)	IV. 5.
Очфалъӱ (Ocsfalva)		III. 6.	Петефалъъ (Petőfalva)	II. 9.
Ошдолеа (Osdola)		II. 10.	Петие (Mező-Pete, Pete)	IV. 4.
Ошорхеїъ (Gyerő-Vásárhely)		VIII. 4.	Петіъ (Petz)	VIII. 3.
			Петишдорфӱ (Péterfalva,	
» (Maros-Vásárhely)		IV. 1.	*Petersdorf*)	I. 7.
„ (Oláh-Vásárhely)		VI. 7.	Петка (Petek, *Petsch*)	II. 1.
„ ромънескӱ (Oláh-Vásárhely)		VI. 6.	Петрешді (Petresd)	X. 3.
			Петрідъ de міжлокӱ (Közép-Peterd)	VIII. 5.
П.			„ de съсъ (Felső-Peterd)	VIII. 5.
Пава (Páva)		II. 9.	„ ънгърескӱ (Magyar-Peterd)	VIII. 5.
Параіса (Usztató)		VII. 1.		
Пакеӱ (Páké)		II. 9.	Петріла (Petrilla)	X. 8.
Палатка (Magyar-Palatka)		VI. 8.	Петриндъ (Kis-Petri)	VIII. 3.
Палошъ (Pálos, *Königsdf.*)		II. 1.	„ маре (Nagy-Petri)	VII. 6.
Палфалъӱ (Pálfalva)	III. 6.	III. 3.	Петринжеі (Petrosán)	IX. 4.
Панікӱ (Panyik)	VII. 5.	VIII. 4.	Петринъ (Petrény)	X. 9.
Панк-Селіштіса (Szelistye)		X. 5.	Петріфалъӱ (Peterfalva)	IX. 3.
Панкӱ (Pánk)		X. 5.	„ („ *Petersdf.*)	I. 1.
Панітъ (Panit, Mező-Panit)		IV. 3.	Петріхáза (Peterháza)	VI. 6.
Пантічоӱ (Páncsel-Cseh)		VIII. 1.	Петришъ (Petres, *Petersdf.*)	V. 5.
Паполцъ (Papolcz)		II 9.	Петросъ (Petrosz)	X. 8.
Паптелікӱ (Paptelke)		VII. 6.	Пеъчинешї (Paucsinesd)	X. 7.
Папфалъӱ (Papfalva)		VIII. 2.	Печеліъ (Pecsely)	VII. 3.
Параідӱ (Parajd)		IV. 2.	Пешелнікӱ (Peselnek)	II. 10
Парва *siehe* Лънка-вінълъі			Пешеана (Nagy-Pestény)	X. 7.
Пароша (Parossa)		X 6.	Пешеница (Kis-Pestény)	X. 7.
Парошъ Пестереі (Paros-Pestere)		X. 8.	Пешера (Barlangfalva)	X. 4.
			„ (Pestere), pr.	I. 4.
Парошені (Parosény), pr.		X. 8.	Пешіешъ (Pestes)	VI. 5.
Партошъ (Maros-Porto)		IX. 4.	Пешішъ (Alsó-Pestes)	X. 5.
Пата (Pata)		VIII 2.	„ de съсъ (Felső-Pestes)	X. 5.
Патакӱ-маре (Nagy-Patak)		II 9.	Піанълӱ de жосъ (Szász-Pián, *Sächs.-Pián*)	I. 1.
Патакфалъӱ (Patakfalva)		III. 6.		
Пеатра (Kőfarka)		VI. 4.	» de съсъ (Oláh-Pián, *Wal.-Pián*)	I. 1.
Пеліс (Pele)		V. 1.		
Пенадіса (Pánád, *Panagen*)			Піеръ (Péer)	VII. 1.
Перечіъ (Perecsen)		VII. 3.	Пінтеакӱ (Péntek)	VI. 6.
Першані (Persány)		II. 3.	Пінтікӱ (Péntek, *Pintak*)	V. 5.
Пескърие (Dédáts)		X. 5.	„ (Szász-Péntek)	V. 3.
Петеа (Magyar-Pete)		VI. 8.	Піпе (Pipe, *Wepeschdorf*)	IV. 2.

Пірошъ (Pirossa)	. .	VI. 3.
Плецка (Paliczka)	. .	VII. 3.
Плеша siehe Глежърie		
Плопішъ (Ploppis)	. .	VI. 2.
Плопъ (Plop)	. . .	X. 6.
„ (Sztrigy-Plop)	.	X. 7.
Плъскъца (Pleskucza)	.	X 1.
Поарта (Poarta) pr.	.	II. 4.
Погачеаоа (Pogácsa)	·	V. 3.
Погънешді (Poganesd)	.	X. 3.
Пожоріта (Posorita)	.	II. 2.
Поiana (Aranyos-Polyán)		VIII. 6.
„ (Nagy-Pojána)	.	X. 1.
„ (Nyirmezö, Birken-feld)	. . .	IX 2.
„ (Pojana)	. IX. 4.	IX. 5.
„ („ , Polyán)	.	I. 2.
„ (Polyán)	. . .	II. 10.
„ (Szent-József)	.	V. 9.
„ (Csicsó-Polyán)	.	VI. 4.
„ Батiзълъі (Batiz-Polyán)	. .	VI. 1.
„ Бленкі (Blenki-Pojána)		VI. 4.
„ Iгенълi (Pojana Igenuly), pr.	. .	IX. 6.
„ mікъ (Kis-Sebes)		VIII. 3.
„ Мързлъі (Almásmezö)		II. 4.
„ поркълъі (Disznopatak)		VI. 1.
„ Рекiцелi (Poiana-Rekitzeli)	. .	X. 6.
„ съратъ (Sóósmezö)		II. 10.
Поienapîъ (Kis-Pojána)	.	X. 1.
Поieнï (Pojén)	V. 10.	X. 7.
Поieница (Boronamezö)		VII. 3.
„ (Pojenicza)	. .	VI. 3.
„ Боini (Pojenicza Vojni)	. . .	X. 6.
„ Tomi (Pojenicza Tomi)		X. 6.
Поклондfалъъ (Poklondfalva), pr.	. .	III. 2.
Попорелъ (Kis-Ponor)		IX. 6.
Понопъ (Ponor)	IX. 1.	X. 8.
Понтîneаса (Pontinásza)		VI. 4.
Понещï (Popesd)	.	X 5.
Поплака (Poplaka, Gunzendorf)	.	I. 3.
Поптелекъ (Paptelek)	.	VII 5.
Поркъра (Porkura)	.	IX. 5.

Поръмбакъ de жосъ (Alsó-Porumbák, U.-Bornbach)		I. 6.
Поръмбакъ de съсъ (Felsö-Porumbak, O.-Bornbach)		I. 6.
Порцъ (Porcz)	. . .	VII. 2.
Порчешдъ (Porcsesd)	.	I. 6.
Постъшъ (Paszmos, Paszbusch)	. .	V. 4·
Потеле (Pogyele)	. .	X. 2.
Потiандъ (Potyánd)	.	III. 2.
Потокъ (Orosz-Idécs)	.	V. 1.
Потiнганï (Potyingán)	.	X. 2.
Поча (Pócsfalva)	. .	IV. 6.
Почага (Alsó- und Felsö-Pocsága)	.	VIII. 6.
Почішópa (Pocstelke, Puschendorf)	.	I. 8.
Преа-Деалъ (Predial), pr.		II. 4.
Превълені (Prevalény)	.	X. 1.
Прежmepъ (Prázsmár, Tartlau)	. . .	II. 8.
Прелъка (Preluka)	.	VI. 2.
Прелъца (Kö-Lozna)	.	VI. 5.
Пресака (Preszaka, Kerschdorf)	. .	I. 2. IX. 4.
Пресекáр (Preszekár), pr.		III. 4.
Презтеаса (Paptelke)		VII. 2.
Прешmepъ (Prásmár Tartlen)	. . .	I. 11.
Пріа (Perje)	. .	VII. 3.
Прiбiлещiеа (Pribékfalva)		VI. 3.
Прiкасъ (Perkasz, Perkasz)		X 9.
Прiслопъ (Priszlop)	.	V. 10.
„ (Kis-Bun)	. .	VI. 3.
Пріходещi (Prihogyesd)		
Продани́щеа (Pródánfalva)		VII. 5.
Проъдъ (Pród, Pruden)		I. 9.
Прощеа-маре (Nagy-Ekemezö Grosz-Probstdorf)		I. 8
Прощеа-мікъ (Kis-Ekemezö, Klein-Probstdorf)		I. 9.
Прощi (Prepostfalva, Probstdorf)	. . .	1. 12.
Пръndъ Бъргъзлъі (Borgo-Prund)	. .	V. 6.
Пръnі (Nagy-Mezö)	.	VI. 5.
Пъііенъ (Pujon)	. .	VI. 7.
Пъіъ (Puj)	. . .	X. 8.

Пъклѣша (Poklos)	IX. 4.	Perie (Csekenye)	VII 1.
Пъклѣшеа (Poklóstelke)	VIII 1.	Perinŭ (Szász-Régen, Sächs.	
Пъркърецї (Purkurecz)	VI. 3.	Regen)	V. 2.
Пъркърепї (Purkuretz, Pur-		» ѕнгѫрескъ (Magyar-	
churessen)	II. 7.	Régen, Ungar.-Regen)	V. 2.
Пъста (Puszta-Fentös)	VI. 3.	Рекіцълŭ (Rekiczel)	VIII. 3.
„ -Кътърашŭ (Puszta-		Рекішдорфŭ (Riomfalva,	
Kamarás)	VI. 8.	Reichersdorf)	I. 8.
„ -Сѫn-Краіŭ (Puszta-		Рекішорŭ (Reketyefalva)	X. 7.
Szent-Király)	VIII. 5.	Ремеcŭ (Gyökeres)	VI. 3.
„ Сѫn-Mixai (Puszta-		Ремеtea (Remete)III. 4. VI. 3. IX 1.	
Szent-Mihály)	VII. 6.	» Xomoродълѣі (Homo-	
„ Сѫn-Mъртінŭ (Puszta-		ród-Remete)	III. 6.
Szent-Márton)	VIII. 5.	Ремеца (Köszvényes-Re-	
Пъстъца (Puszta-Ujfalu)	VI. 6.	mete)	IV. 1.
Пътъроаса (Büdöspataka)	VI. 4.	Ремеца (Remeteszeg)	IV 3.
Пъдъпенї (Erdöhát)	X. 6.	Pendiѕ (Röd)	VIII. 5.
Пъклѣша (Paklisa)	X. 7.	Рестолцŭ (Resztolcz)	VI. 3.
Пълъта (Palota)	V. 2.	» (Puszta-Rajtólcz,	
Пърѫŭ (Paró, Paró)	II. 3.	Rajtolcz)	VII. 6.
Пѣка (Póka, Pokendorf)	IV. 3.	» mape (Nagy-Rajtolcz,	
„ (Pokafalva, Törnen)	I. 2.	Rajtolcz)	VIII. 3.
Пѫшa (Posó)	VII. 6.	Ретеагŭ (Retteg)	VI. 4.
Пъцалŭ (Nagy-Paczal)	VII. 1.	Реті (Réty)	II. 8.
Пъцелка (Paczalka)	IX. 2.	Ретішдорфŭ (Réten, Retesch-	
Пъцълъша (Kis-Paczal, Pacza-		dorf)	I. 12.
lusa)	VII. 1.	Резшорŭ (Rusor)	II. 2.
Пъцълъшŭ (Kis-Paczal)	VII. 1.	Рехъŭ (Rehó, Reichau)	I. 1.
		Рече (Recse)	VII 3.
Р.		Реченеtъ (Recsenyed)	III. 6.
Рава (Ráva)	IV. 2.	Речŭ (Récse, Rätsch)	I. 2.
Рагла (Ráglya, Radelsdorf)	V. 4	Решinapіŭ (Resinár, Städter-	
Радешŭ (Rádos, Radeln)	I. 10.	dorf)	I. 2.
Ракішŭ (Rákos)	VII. 6.	Рещолца (Restolcza)	V. 2.
„ (Oláh-Rákos)	VIII. 4.	Pia (Reá)	X. 7.
Раковіца (Rákovitza, Rako-		Рібіца (Nagy-Ribitze)	X. 2.
vitza)	I. 6.	Рібічорa (Ribitze, Kis-Ri-	
Рокошŭ (Rákos)	III. 3.	bitze)	X. 2.
„ (Alsó-Rákos)	III. 1.	Pinретŭ (Rengeteg)	IX. 5.
„ de cъcŭ (Felsö-Rákos)III. 1.		Pinашŭ (Repás)	X. 9.
Раполдъ (Nagy-Rapólt)	IX. 5.	Pitmanŭ (Rigmány)	IV. 2.
Ратешдŭ (Oláh-Rákos)	IX. 2.	Ріѕ албŭ (Fejérviz)	X. 8.
Ратінŭ (Ráton)	VII 3.	Ріѕ-сатълѣі (Riu-szatulѣi),	
Ратішŭ (Rákos)	VIII 6.	pr.	I 3.
Ратшешdi (Ratsesd), pr.	VIII. 6.	Річеа-Крістърŭ (Récse-Ke-	
Ревра-маpe (Nagy-Rebra)	V. 10	resztur)	VIII. 1.
„ -mікъ siehe Ревріmopa		Річŭ (Mezö-Rücs)	IV. 3.
Ревріmopa (Kis-Rebra)	V. 10.	Ріmка (Nagy-Riska)	X. 2.

Ришкълица (Kis-Riska)	X. 2.	Ръсъ de жосъ (Alsó-Oroszfalu)		V. 7.
Ровіna (Rovina, Vályc-Rovini)	X. 2.	„ de съсъ (Felsö-Oroszfalu)		V. 7.
Рогпa (Róna)	VI. 3. VI. 5.	РъсФалъ (Oroszfalu)		II. 10.
„ nóъe (Uj Radna, Neu-Rodna)	V. 9.	Ръшава (Orsova)		V. 1.
„ векіе (Ó-Radna, Rodna, Alt-Rodna)	V. 9.	Ръшї (Rösz, Reuszen)		I. 7.
Рогожълъ (Rogozel)	VIII. 3.	Ръшії de мънії (Maros-Oroszfalu, Rus..)		V. 1.
Porozъ (Rogósz)	VI. 1.	Ръшоръ (Russor)	\I 2.	X. 8.
Podъ (Ród)	I. 2.	Ръшіоръ (Rosz-Csür, Reuszdörfel)		I 4.
Romaneщі (Románfalva)	VI. 2.	Ръшъ (Rus)		X 7.
Pomíта (Romlott)	VII. 6.	Ръвъшълъ (Rovás, Rosch)		I. 7.
Pomocъ (Romosz, Romos..)	X. 9.	Ръдълещі (Radulesd)		X. 5.
Pomoшелъ (Romoszhely, Klein-Romosz)	X. 9.	Ръкіта (Rekita)		I. 1.
Poтвавъ (Veresmart, Rothbach)	II. 5.	Ръкътеъ (Rákató)		IX. 4.
Poтъавъ (Nádpatak, Rohrbach)	I. 11.	Ръкъщіеа (Rakosd)		X. 6.
Poxia (Rohi)	VI. 1.	Ръполцълъ (Kis-Rapolt)		IX. 5.
Рошіа (Veresegyháza, Rothkirch)	I. 2.	Ръсточі (Rosztocs)		X. 1.
		Ржпа de жосъ (Alsó-Repa Unter-Rübendorf)		V. 4.
„ (Veresmart, Rothberg)	I. 4.	Ржпа de съсъ (Felsö-Repa Ober-Rübendorf)		V. 4.
„ (Verespatak)	IX. 6.	Ржъ сатълъі (Riu szatului) pr.		l. 3.
Рошканъ (Nagy, und Kis-Roskány)	X. 5.	Ржъ бърватъ (Borbátviz)		X. 8.
		Ржшпъ (Rosznyó, Rosenau)		II. 6.
РъгФалъ (Rugonfalva)	III. 5.	C.		
Ръгъшещі (Felsö-Kosály)	VI. 4.	Савадъ (Szabad)		IV. 3.
Ръda (Ruda)	X. 6.	Савedъ (Szabéd)		IV. 3.
„ (Rudfalva)	X. 2.	Сава (Száva)		VI. 7.
Ръдъіъ (Rudaly; Rauthal)	I. 10	Cads (Czód, Zoodt oder Sodenbach)		I. 4.
Ръжа (Rosonda, Roseln)	I. 12	Съклодъ (Szaklód, Siklód), pr.		VII. 4.
Ръкеръ (Rukur, Rukendorf Rukur)	I. 11.	Салаша (Székely-Szállás)		IV. 2.
Ръпкъ (Nagy-Runk)	X. 6.	Салва (Szálva)		V. 10.
„ („ - „)	VIII. 5	Салдоваrї (Száldobágy) pr.		VII. 1. 2.
„ (Runk)	V. 10.	Салдобошъ (Száldobos)		III. 1.
„ мікъ (Erdöhát-Runk)	X. 6.	Салтелекъ (Száltelek)		IV. 3.
Ръпкшоръ (Runksor, Kis-Runk)	X. 3.	СамошФалъ (Számosfalva)		VIII. 2.
		Cантъ (Tasnád-Szántó)		VII. 1.
Ръстіоръ (Alsó-Sebes; Unter-Schebesch)	V. 4.	Capaz-Aітa (Száraz-Ajta)		III. 1.
Ръсъ (Oroszhegy)	III. 6.	„ -Велгіъ (Száraz-Völgy), pr.		VII. 5.
„ (Oroszmezö)	VI. 5.	Сарозпатакъ (Szárazpatak)		II 10.
„ Бъргъзъі (Borgo-Rusz)	V. 6.	Сартешъ (Szártos,)		IX. 6.
		Сархегіъ (Szárhegy)		III. 4.

51

Саса-Винтза (Szasza-Lupsa-
    Vintza) . . IX. 6.
Саскіzdŭ (Szász-Kézd,
    Keiszd) . . I. 10.
Сас-Міреш̆ (Szász-Nyires) VI. 6.
СасФалъ̆ (Szászfalu) . II. 10.
Сатълънгъ̆ (Hosszufalu, Lan-
    gendorf) . . II. 7.
Сатъ-но̆ (Teremi-Ujfalu,
    Ujfalu) . . IV. 1.
СаᴕФа (Szacsva) . . II. 9.
Севеші‍ъ (Szász-Sebes,
    Mühlbach) . I 1.
Севсш̆ (Sebes) . . II. 2
 „ de жос̆ (Also-Sebes,
    Unter-Schebesch) I. 6.
 „ de със̆ (Felsö-Sebes,
    Ober-Schebesch) I. 6.
Севестрені (Szevesztrény) II. 2.
Ссдеріш̆ъ-маре (Nagy-Sze-
    derjes) . . IV. 1.
Седеріш̆ъ-мік̆ (Kis-Szeder-
    jes) . . IV. 1.
СексіФалъъ (Székelyfalva), pr .IV. 3.
Сексіъ (Székelyó) . VIII. 3.
Секеш̆ъ (Székes) . . IV. 1
Секълaie (Szekulaj) . VI. 7.
Секътъръ (Szakatura) VI. 2. IX 6.
Селешъл̆ маре (Nagy-
    Szöllös, Gros-Alisch) I. 9
Селешъл̆ мік̆ (Kis-Szöllös,
  - Klein-Alisch) I. 9.
Селікъца (Szelicse) VIII. 5.
Селічка (Szelecske) . VI 4.
Селіщат (Selistadt, Selig-
    stadt) . . I 11.
Селіщea (Szelistye, Groszdf.)I. 3.
 „ („) VIII. 5. X. 4.
 „ (Almás-Szelistye) X. 3.
Селіщіе (Kecskésfalva) VII. 4.
 „ (Szelistie), pr. IX. 6.
Селіщіора (Szelistyóra) X. 4.
Селкът̆ (Szélkút) . . IV. 5.
Селніца (Szelnyitza) . VI. 2
Селсір̆ (Szélszeg) . VII. 4.
Сенарı̆ш̆ (Szénaverös, Zen-
    drisch) . . I. 9.

Сенвіз̆ (Csik-Szépviz) III. 3.
Сереdа (Szereda) . IV. 2.
 „ Cᴊн-Anna (Szereda-
    Szent-Anna) . IV. 2.
Середъ̆ (Szereden) . VII. 3.
Серетсер̆ (Szeretszeg), pr. III. 2.
СеретФалъ̆ (Szeretfalva, Reus-
    sen) . . . V. 8.
Сер̆ (Széér) . . . VII. 3.
Сесарıна (Szeszárına) . VI. 4.
Сечал̆ (Sztrigy-Szatsal) X. 6.
Сечел̆ (Asszonyfalva) VIII. 4.
 „ (Szecsel, Schwarz-
    wasser) . . I. 3.
Сесчіоръ (Szászcsor, Szász-
    schor) . . I. 1.
Сесчоръ (Szeszcsor) . II. 2.
Сівіел̆ (Szibjel, Budenbach)I. 3.
Сівіїъ (Nagy-Szeben, Her-
    mannstadt) . . I. 4.
Сіретъ̆ (Szigeth) . . VII. 3.
Сidipiaш̆ (Szederjes, Neu-
    zekel, Neuflaigen) I. 10.
Сікмір̆ (Szépnyir, Zippen-
    dorf) . . V. 5.
Сік̆ (Szék) . . VI. 7.
 „ (Felsö-Szék) . VII. 2.
Сілівaш̆ (Mezö-Szilvás) V. 3.
Сіліваш̆ (Mezö-Szilvás) VII. 1.
 „ (Viz- „) VI. 7.
 „ (Magyar- „) VIII. 5.
 „ (Oláh- „) IX. 2.
Сіліваш̆л̆ de жос̆ (Alsó-
    Szilvás) . . X. 7.
 „ de със̆ (Felsö-Szil-
    vás) . . X. 7
Сімеріа (Piski) . . X. 9
 „ (Szemerja) . II. 8.
Сіnd̆ (Szind) . . VIII. 5
Сінтеpар̆ (Szűkerék) . VI 6.
Сінцеpъ de пе къмпіе (Mezö-
    Szengyel) . IV. 4.
Сïоверdъ (Szövérd) . IV. 2.
Сірвоі̆ъ (Totfalu) . . VII 3.
Сіта Въzъ̆ (Szita-Bodza),
    pr. . . . II. 9.
Сіташ-Крістъpъ̆ (Szitás-Keresz-
    tur, Székely-Keresztur) III 5.

Сичъ (Széts) . . . VII. 3.
Скореі (Szkoré) . . I. 6.
Скрóфа (Kotzafalva) . X. 2.
Скъріmópa (Szkerisora) IX. 6.
Слimnікъ (Szelindek, Stolzenburg) . . I 4.
Соварешъ (Szóváros) . VI 6.
Совата (Szováta) . . IV. 2.
Соватъ de жосъ (Alsó-Szováth) . . VI. 8.
„ de съсъ (Felsö-Szováth) . . . VI. 8.
Соворелъ (Pele-Szarvad) VII. 1.
Сока (Szödemeter) . . VII. 1.
Сокачъ (Szokácsi) . . VII. 1.
Соловестръ-Гърrізлъі (Görgény-Oroszfalu, Heussischdorf) . V. 1.
Солокma (Szolokma) . IV. 2.
Солопа (Szalona) . . VI. 5.
Солчва de жосъ (Alsó-Szólcsva) . VIII. 6.
„ de съсъ (Felsö-Szólcsva) . VIII 6.
Соmбателікъ (Szombattelke, Erdö-Szombattelke) VI 7.
Соmбателнікъ (Mezö-Szombattelke) . . VI. 8.
Соmбатфалъ (Szombatfalu), pr. . . II. 2.
Соmeшъ-калдъ (Hév-Szamos) . . . VIII 4.
„ -pече (Hideg-Szamos) . . . VIII 4.
Соnopъ (Szopor) . . VI. 8.
Соtіелікъ (Szótelke) . VIII. 1.
Сotіopъ (Szotyor) . . II. 8.
Соходолъ (Szohodol) IX. 6 X. 6.
Сочетъ (Szotcsed) . X. 6.
Спіnі (Spin, Spin) . IX. 3.
Спіnъ (Pád, Báád) . X. 9
Степа (Sztána) . . VIII. 3.
Станіша (Szanisza) . X. 2.
Стоборъ (Vásártelke) . \ II 6.
Стоіаna (Esztény) . VIII 1.
Стоіеа (Sztolna) . . VIII. 3.
Стоіenещі (Sztojenásza) X. 4.
Стоічеnі (Stoikafalva) VI. 1.

Стража (Sztrázsa, Hohenwarte) . . IX 4.
Стрежа-Кърцішора (Sztrézsa-Kerczesóra, Ober-Kerz) I 6.
Стрещъ (Diód-Várallya, Nuszschlosz) IX. 1.
„ (Tótfalu) . . VII. 4.
Стреіа (Zejkfalva) . . X 6.
Стретеа (Sztrettye) . X. 5.
Стріroniеа (Sztregonya) X. 5.
Стріmва (Hosszu-Macskács)VIII. 1.
Стріmвъіъ (Strimbuly) . VI. 1.
Стріmвълъ (Horgospataka) VI. 1.
Стръгар (Sztrugár, Strugar) I. 1.
Стржтьба (Sztrimba) . X. 1.
„ (Romuli) . . V. 10.
Стъпinъ (Oláh-Szolymos) V. 3
Стъжеръ (Sztezsér) . VI. 3
Стъпа (Isztina, Wallachisch-Stein) . I. 7.
Стъпчешдъ-Охава (Sztancsed-Ohaba) . X. 5.
Стжпа (Garád, Stein) . II 1.
„ (Felsö-Kékes-Nyárló) VII. 6.
Съв пъдъре (Erdöallya) IV. 6.
„ четате (Várallya) VII 2.
Съдъръ (Ér-Szodoró) VII. 2.
Сьіа (Szinye) . . VI. 6.
Съкътардъ (Szent-Gothárd) VI. 6.
Съліретъ (Szuligeth) . X. 4.
Сьлітца (Szulitza), pr. . VIII. 3.
Съmърдъкъ (Szomordok) VIII. 2.
Съпоръ de жосъ (Alsó-Szopor) . . VII. 1.
„ de съсъ (Felsö-Szopor) . . VII. 1.
Съпт-плаіъ (Szuplaj) . V. 10.
Сърдъкъ (Szurduk) VI. 5. VIII. 5.
Сърче (Szörcse) . . II. 9.
Съсеnі (Malómviz) . X. 7.
„ Бъргъълъі (Borgo-Szuszény, Felsö-Borgo) V. 6.
„ (Malomviz-Szuszény), pr. X. 7.
Съхány (Szuhány), pr. IX. 6.
Съходолъ (Szuhodol), pr. II. 4.
Съчагъ (Szucság) . . VIII. 2.
Съчъ de жосъ (Alsó-Szöcs) VI. 1.

51*

Съчѕ de сѫсѣ (Felsö-Szöts) VI. 1.
Сѳінтѫ (Szent-András) . V. 2.
Сѳінтѫлѣ („ - „ , Sajó-
 Szent-András) . V. 7.
Съкалѣ (Erdö-Szakál, Bart-
 dorf) . . . V. 2.
„ (Mczö-Szakál) . IV. 4.
„ (Szokoly) . . . V. 3.
Съкѫдатѣ (Szakádat) . I. 4.
Съкѫлъшені (Szakállos[alva) VI. 3.
Съкътащѣ (Szakamás) X. 5.
Съкъріmбѣ (Szekeremb) X. 4.
„ siehe Noeшагѣ
Съкътѫра siehe Секетѫръ
Сълашѕ de жосѣ (Alsó-
 Szálláspataka) . X. 8.
„ de сѫсѣ (Felsö-Szál-
 láspataka) . . X. 8.
Сълагіѕ (Szilágytő) . VI. 6.
Сълцер (Szölczér), pr. VII. 1.
Сълчова siehe Солчва
Сѫпѫіѕ (Szappanpataka) VI. 3
Сърака (Szeraka, Szarkafalva,
 Elsterdorf) . X. 9.
Сърата (Szeráta) . . I. 6.
Сърбѫ-балеа-лѫнгъ (Szirb) X 3.
Сървѫdia-mape, Серецелѣ
 (Tasnád-Szarvad) VII. 1.
Сърѫксеѣ (Szarakszó) IX. 4.
Сѫсарѣ (Szaszár) . . VI. 3.
Сѫсъѫшѣ (Szászahuz, Sach-
 senhausen) . . I. 5.
Сѫѫкѧ (Szökefalva) . IV. 6.
Сѫчелѣ (Szacsal) X. 6. X. 7.
Сѫmбъта de жосѣ (Alsó-
 Szombat, U -Szombat) II. 2.
Сѫmбъта de сѫсѣ (Felsö-
 Szombatfalva, Ober-
 Szombat) . . II. 2.
Сѫmбѫтѳалѫѣ (Szombatfalva)III. 6.
Сѫn-Бенедікѣ (Szent-Be-
 nedek) . . IV. 5.
„ -Бенеdікѣ (Nyárád-Szent-
 Benedek) . IV 1.
„ -Герліце (Szent-Gerlicze) IV 1
Сѫnгеlінѣ (Kis-Enyed,
 Klein-Enyed) I. 2.

Сѫn-Domokoшѣ (Csik-Szent-
 Domokos) . III. 3.
„ -Dѫmітрѫ (Szent-Deme-
 ter) . . IV. 2.
„ -Жѫde (Szent-Egyed) VI. 7.
„ -Катоlна (Szent-Ka-
 tolna) . . II 10.
„ -Краіѣ (Szent-Király) III. 6 X 6.
„ - „ (Maros-Szent-
 Király, Szent-Király) IV 3. IX. 2.
Сѫn-Краіѣ (Ér-Szent-Ki-
 rály) . . VII. 1.
„ -Краіѣ (Sepsi-Szent-
 Király) . . II. 8.
„ -Ласлѫѣ (Szent-Lász-
 ló) . . III. 6. VIII. 4.
„ - „ (Nyárád-Szent-
 László) . . IV. 1.
„ -Леlекѣ (Szent-Lélek) III. 6.
„ -Леlекѫ (Kézdi-Szent-
 Lélek, Szt.-Lélek) II. 10.
„ -Лорінцѣ (Szent-Lörintz)IV. 1.
„ -Мартінѫ Хомороdѫlѫі
 (Homoród Szt. Márton) III 6.
„ -Мікlошѣ (Szent-Miklós) III. 5.
„ -Мікlъѫшѣ („ - „) VI. 7.
„ - „ (Puszta-Szent-
 Miklós) . . VIII. 2.
„ - „ (Bethlen-Szent-
 Miklos, Klosdorf) IX. 3.
„ -Міхаітеlікѣ (Szent-Mi-
 hálytelke) V. 1. V 3. VIII. 2.
„ -Міхаіѣ (Csik-Szent-Mi-
 hály) . . III. 3
„ - „ de жосѣ (Alsó-
 Szent-Mihályfalva) VIII. 6.
„ - „ de сѫсѣ (Felsö-
 Szent-Mihályfalva) VIII. 6
„ -Мѫртінѣ (Sóós-Szent-
 Marton, (Martinsdorf V. 3.
 . . . VII. 7.
„ -Мъртінѣ (Mezö-Szent-
 Márton) . V. 1. VIII. 6.
„ -Мърtінѣ-Мъчкащѣ (Szent-
 Márton-Macskás) VIII. 1.
„ -Палѫ-Хоморoдѫlѫі (Ho-
 morod-Szent-Pál) III. 6.

605

Сжп-Павлъ (Kerellö-Szent-
 Pál) . . . IV. 1.
 „ - „ (Szent-Pál) VIII 2.
 „ -Петръ (Szent-Péter) VII. 6.
 „ - „ („ „ ,
 Petersberg) . II. 6.
 „ - „ (Péterfalva) . X. 7.
 „ - „ (Uzdi-Szent-
 Péter) . . . V. 3.
 „ - „ Хоmороdълsі
 (Homoród-Szent-Péter) III. 6.
Сжnt-Аврамъ (Szent-Abra-
 hám) . . . III. 5.
 „ -Аврамъ (Szent-Abra-
 hám) . . . III. 5.
 „ -Andраmъ (Szent-
 András) . . X. 5.
 „ -Jаковъ (Szász-Szt.
 Jakab, Jakobsdorf) V. 8.
 „ Jакоbъ (Szent-Jakab,
 Jakobsdorf) . IV. 5.
 „ -Jакоbъ (Szent-Jakab,
 Mező-Szent-Jakab) IV. 4.
 „ -Іванъ (Kebele-Szent-
 Iván, Johannisdorf)V. 1.
 „ - „ (Vasas-Szent-
 Iván) . . . VI. 7.
Сжntіеъ (Solyomkö) VIII. 1.
Сжnt-Imъръ (Szt.-Imre)III 2 IV. 2.
 „ - „ (Maros-Szent-
 Imre) . . . IX. 1.
 „ -Imъръlъ Гъргіълъі (Gör-
 gény Szt.-Imre, Görgeny)V 1.
 „ -Joana (Szász-Szent-
 Iván, Johannisdorf) I. 9.
 „ -Joana (Sepsi-Szent-
 Iván) . . . II. 8.
 „ -Jsona (Vajda-Szent
 Iván, Juhannisdf.) V. 2.
 „ -Iштвáн (Szent-István) IV. 2.
Сжn-Томаmъ (Szent-Tamás) III. 6.
 „ - „ (Csik-Szent-
 Tamás) . . III. 3.
Сжntохалma (Szántóhalma) X 5.
Сжnчелъ (Szancsal) . . IX. 3.
Сжn-Шimъna (Szent-Simon) IV. 2.
 -Illimonъ („ - „), III 2.

Сжntъ-Anna (Maros-Szent-
 Anna) . . . IV. 3.
 „ -Маргіта (Mező-Szent-
 Margita) IV. 4. VI. 6.
 „ -Маріе (Boldogfalva,
 Treukirch) IV, 6.
 „ -Маріе de cъcъ (Felső-
 Boldogaszonyfalva) III. 6.
 „ -Мъріе (Szent-Maria) VII. 6.
 „ - „ (Orollya-Boldog-
 falva, Liebfrauen) X. 7.
Сжntе-Мъріъ de пеатръ
 (Köboldogfalva) X. 6.
Сжn-Щіоръъ (Szent-György,
 Sankt-Georgen) V. 8.
 „ - „ (Szent-György) V. 9.
 „ - „ (Sztrigy-Szent-
 György) . . X. 6.
 „ - „ (Mező-Szent-
 György) . . . V. 3.
 „ - „ Тръскъълъі (То-
 roczko-Szent-György) VIII. 6.
Сжплакъ (Széplak) IV. 6. VI. 9. VII. 4.
 „ („ , Schöndf.) V. 2.
Сжrbъ (Ráczfalva) . . X. 1.
Сіта (Szita) . . . IV. 4.

T.

Талачъ (Tálács) . . X. 1.
Талпатакъ (Talpatak), pr. II. 8.
Таmаmеmі (Egerbegy) VII. 4.
Таmаmтелекъ (Tamástelke) X. 5.
ТаmаmФалъъ (Tamásfalva) II. 9.
Тартаріа (Tartaria, Tarta-
 ri) . . . X. 9.
ТарчФалъъ (Tercsefalva) III. 5.
Теака Теке, Tekendorf) V. 3.
Теі (Tyej) . . . V. 5.
Текерепатакъ (Tekerőpatak) III. 4.
Текеръъ (Tekerő) . . IX. 5.
Телека (Telek) . . II 9.
Телекі-Рече (Teleki-Récse) II. 2.
Телекъ (Telck) . IV. 1. X. 6.
 „ de жосъ (Alsó-Telek), prX. 6.
 „ de cъcъ (Felső-Telek), prX. 6.
ТелекФалъъ (Telekfalva) III. 6.
Телтъ (Telts) . . . V. 10.

Темашаza(Tomáspataka) . X. 9.
Темплом-Алiа (Templom-
    Allya), pr. . . III. 2.
Тепжрча (Toportsa, *Ttcha-
    pertsch*) . . I. 2.
Тepimia-мiкъ (Kis-Teremi) IV. 1.
Тepimia-маре (Nagy-Teremi)IV.1.
Терлѫнцені (Tatrang, *Tatran-
    gen*) . . . I'. 7.
Терптiѫ (Terpény, *Treppen*) V. 5.
„ (Szekeres-Törpény) VI. 6.
Тетiѫ (Kétely) . . . VI. 7.
Тешнадѫ (Tasnád) . VII. 1.
Тiкода (Tibod) . . III. 6.
Тiкрѫ (Tibor) . . . IX 1.
Тiеі (Nyén, *Kreuzburg*) II 7.
„ *siehe auch* Теі
Тiешеа (Kegye) . VII. 1.
Тiкѫ (Forgácskut . VII. 6.
Тiкѫшѫ-romanескѫ *siehe* Гѣі-
    парѫ-romanескѫ
„ сссескѫ *siehe* Геiнарѫ
    сссескѫ
Тiлiшка (Teliska, *Telischen*) I. 3.
Тima мiкъ (Drága-Vilma) VI. 2.
ТimaФалъѫ (Timafalva), pr. III. 5.
Тimiшѫ (Tömös, *Tömöscher
    Pass*) . . . II. 6.
Тiodѫ (Köd) . . . VI. 3.
Тiокѫ de жосѫ (Alsó-Tök VIII. 1.
„ „ сѫсѫ (Felsö- „) VIII. 1.
Тiотiѫрѫ (Tötör) . VIII. 1.
Тiотiшѫ (Kékés) . . VI. 7.
Тiрѫѫ (Kérö) . . . VI. 6.
Тica (Tisza) . . . X 5.
„ (Tiszafalva) . . X 1.
Тiтidѫ (Kitid) . . . X. 7.
Тiтiшеа (Alsó-Kékes-Nyárló)VII.6.
Тiѫвешдѫ (Kövesd) . VII. 3
Тiѫza (Középfalva) . . VI. 4.
Тiѫzoni (Közfalu) . . VI. 5.
Тiѫiещiе (Pecsétszeg) . VI. 1.
Тiѫлешті (Tyulesd) . . X. 1.
Тiѫрса (Türe) . . VIII 2.
Тiѫрі (Tür) . . . IX. 3.
Тiѫшѫ (Tövis, *Dreikirchen*)IX. 1.
Тiѫшешдѫ (Tövissesd), pr. VII. 1.
Тixа *siehe* Борго Тixа

Тiхѫца (Tihutza), pr. . V. 6.
Тiхъѫ (Tihó) . . VII. 6.
Тiшкinцa (Piskincz, *Pisch-
    kintz*) . . . X. 3.
Тодорiца (Todoritza) . II. 2.
Тодешді (Todesd) . . X. 7.
Тодошканѫ (Kosna) . . V. 9.
Толдале (Toldalag) . . V. 2.
Толдiеші (Tölgyes) . VI. 2.
Тоmаша (Tamásfalva) VII. 6.
Тоmешді (Tomesd) . . X. 1.
Тоmпатiкѫ (Tomnátik) . X. 2.
Тончѫ (Tancs) V. 2. V. 8.
Тоna (Topa, Puszta-Topa) VIII 2.
„ Сжп-Краiѫ (Topa-Szent-
    Király) . . VI, 6
Топлiца (Toplitza) III 4. VI 3. X. 4.
Топлоца (Toplotza) . III. 3.
Торвослъѫ (Torboszló) IV. 2.
Тордатѫ (Tordátfalva) III. 5.
Торia de жосѫ (Alsó-Tórja) II. 10.
„ „ сѫсѫ (Felsö- „) II. 10.
Тормашѫ (Tormás) . . X. 9.
Тотеа-маре (Nagy-Toti) X. 9.
„ -мiкъ (Kis- „) X. 9.
Тотелекѫ (Tóttelke) . III. 3.
Тотoiѫ (Taté) . . . IX. 4.
ТотФалъѫ (Tótfalu) . IX. 4.
ТоФалъѫ (Tófalva) . IV. 1.
Тоханѫ-векiѫ (Ó-Tohán,
    Alt-Tohán) . II. 4.
„ -ноѫ (Uj-Tohán, *Neu-
    Tohán*) . . II. 4.
Траiнеі (Trainei), pr. . I. 3.
Транiшѫ (Trányis) . VI. 3
„ -маре (Nagy-Goroszló) VI. 3
„ -мiкѫ (Kis- „) VI. 3.
Трестia (Nádfalva) . . X. 4.
Трестiеа (Kötelesmezö) VI. 2.
„ (Komlós-Ujfalu, Ujfalu)V.1 6
Трiмпосле (Trimpoele) IX. 4.
Трiгiѫ de жосѫ (Alsó-De-
    trehem) . . IV. 4.
„ „ сѫсѫ (Felsö-De-
    trehem) . . IV. 4.
Тръсніеa (Ördögkut, *Teufels-
    brunn*) . . VII. 6.
Тѫлгіешѫ (Tölgyes) . . III. 4.

Тѫрбѫца (Turbucza)	VI. 3.	Ꙋjлакꙋ (Szamos-Ujlak)	VII. 4.
Тѫрda (Torda, *Thoren-*		„ (Somlyo-Ujlak)	VII. 3.
burg)	VIII. 5.	Ꙋjлке (Ülke)	III. 6.
Тѫрdaшꙋ (Oláh-Tordás, Tor-		Ꙋjнiметꙋ (Ujnémeth)	VII. 1.
dás, *Thorendorf*)	IX. 2.	Ꙋjopa (Maros-Ujvár)	IX. 2.
„ (Tordás)	X. 9.	Ꙋj-Cекелi (Uj-Székely)	III. 5.
Тѫрzonꙋ (Turzon, *Freithum*),		Ꙋjфaлꙋꙋ (Ujfalu), pr.	VII. 1.
pr.	II. 1.	„ (Kászon-Ujfalu)	III. 2.
Тѫркiшꙋ (Türkis, *Türkesdf*)II. 7.		„ (Mezö-Ujfalu, Oláh-	
Тѫрniшoрꙋ (Kis-Torony,		Ujfalu)	IV. 4
Neppendorf)	I. 4.	„ (Oláh-Ujfalu)	V. 2.
Тѫрꙋ (Tür)	VIII. 5.	„ (Ujfalu, *Neudorf*)	V. 5.
Тꙋсenï (Tusza)	VII 2.	„ (Szász-Ujfalu, *Neu-*	
Тꙋхатꙋ (Tohát)	VII. 4.	*dorf*)	IX. 2. V. 8.
Тꙋшnad (Tusnád)	III. 2.	„ (Magyar-Ujfalu)	VIII 1.
„ Ꙋiфꙋлꙋꙋ (Tusnad-Ujfalu)III. 2.		„ (Menaság-Ujfalu)	III. 2.
Тꙋщеа (Tustya)	X. 7.	„ Хoмoрodꙋлꙋï (Homo-	
Тꙋлмачiꙋ (Talmács, *Tal-*		rod-Ujfalu)	III. 6.
mesch)	I. 4.	Ꙋлieшꙋ (Ölves, Nagy-Ölves) V. 3.	
Тꙋлмꙋчeлꙋ (Kis-Talmács,		„ (Ullyes)	X 3.
Klein-Talmesch)	I. 4.	Ꙋлmi (Ulmi)	X. 6.
Тѫтꙋшeшdï (Tamasesd)	X. 3.	Ꙋлчiꙋгꙋ (Völcsök)	VII. 4.
Тѫрnꙋвiца (Kis-Tirnava)	X. 1.	Ꙋnгpa (Ugra, Szász-Ugra,	
Тѫтѫрешdꙋ (Tataresd)	X. 3.	*Gált*)	II. 1.
Тѫтѫрeщï („)	X. 2.	Ꙋnгѫpaшꙋ (Bálványos-Va-	
Тѫтѫрлакꙋ (Tatarlaka, *Tater-*		rallya)	VI. 6.
loch)	I. 8.	„ (Magyar-Egregy)	VII. 6.
Тꙋꙋ (Tohát, *Weyerdorf*)	IX. 3.	Ꙋnгѫpeï (Gergelyfája, *Ger-*	
Тꙋꙋnï (Hosszupatak)	I. 7.	*gesdorf*)	I. 1.
Тѫѫpenï (Tohát, Mezö-Tohát)IV. 4.		Ꙋnгѫpenï (Ungurfalva)	VI. 1.
Теꙋpï (Tohát)	V. 10.	Ꙋnѫka (Unoka)	V. 2.
Тꙋѫтхáza (Tótháza)	VI. 8.	Ꙋnчѫкꙋ (Uncsukfalva)	X. 7.
Тꙋѫці (Tótfalu)	VIII. 2.	Ꙋрiкanꙋ de жocꙋ (Alsó-	
Тжмna (Tompa) IV. 1. X. 5		Urikány), pr.	X. 8.
Тжмnaхaza (Tompaháza)	IX. 2.	„ de cѫcꙋ (Felsö-	
Тжрnaвa (Tirnava	X. 3.	Urikány), pr.	X. 8.
„ (Nagy-Tirnava)	X. 2.	Ꙋрiшoрꙋ (Alsó-Or)	VI. 4.
Тжрnꙋвiца (Tirnavitza)	X 3.	Ꙋрiшѫ din жocꙋ (Alsó-	
Ꙋ.		Oroszi)	V. 1.
		„ din cѫcꙋ (Felsö-Oroszi) V. 1.	
Ꙋdвaрфaлꙋꙋ (Udvarfalva)	IV. 3.	Ꙋрка (Mezö-Örke, Örke)	IV. 4.
Ꙋzѫnꙋ (Uzon)	II. 8.	Ꙋрminiшꙋ (Örményes)	VIII. 6.
Ꙋiбарещi (Uj-Baresd)	X. 2.	Ꙋpoïꙋ (Arany)	X. 4.
Ꙋiвꙋda (Ujbuda), pr.	VIII. 2.	„ (Uraly)	IV. 4.
Ꙋiвáр-Акna (Ujvár-Akna), pr. IX. 2.		Ꙋрcꙋ (Medvés)	IV. 5.
Ꙋiлa (Vajola, *Wela*)	V. 4.	Ꙋрѫ de cѫcꙋ (Felsö-Ör)	VI. 4.
Ꙋiлакꙋ (Ujlak), pr.	III. 5.	Ꙋчea de жocꙋ (Alsó-Utsa)	I. 6.
„ (Mezö-Ujlak)	V. 3.	„ „ cѫcꙋ (Felsö-Utsa)	I. 6.

Ф.

Фанчалѣ (Fancsal) . III. 6.
Фаркадінъ de жосѣ (Alsó-
 Farkadin) . . X. 7.
 „ de сѕсъ (Felsö-
 Farkadin) . . X. 7.
Фаркашвагъѣ (Farkasvágó)pr.II. 8.
Фаркашлака (Farkaslaka) III. 6.
Фарцадѣ (Farczád) . III. 6.
Фашетѣ (Oláh-Bükkös, Bir-
 kenwald) . . I. 8.
Феіерѣ (Fegyer) . . X. 8.
Феіса (Faisz, Füszen) I. 8.
Феіѣрѣ (Fejérd) . VIII. 2.
Фела (Fele) . . IV. 3.
Фелакъ (Fel-Lak) . . V. 7.
 „ (Magyar-Felek, Alt-
 flaigen) . . I. 10.
Фелвінцѣ (Felvinz) VIII. 6.
Фелдіора (Meleg-Földvár) VI. 7.
Фелдіора (Földvár, Marien-
 burg) I. 11. II. 5.
Фелдра (Földra) . . V 9.
Фелеакѣ (Felek) . VIII. 2.
Фелеїѣдѣ (Felenyed) . IX. 2.
Фелмера (Felmér, Felmern)II. 1.
Фелса (Földszin, Felsdorf) I. 10.
Фелтізъ (Feltiz, Kászon-
 Feltiz) . . III. 2.
Фелчѣ (Völcz) . . VIII 1.
Фенешелѣ (Kis-Fenes) VIII. 4.
Фенешѣ (Fenes) . IX. 4.
 „ (Szász-Fenes) VIII. 2.
Феніедѣ (Fenyed) . . III. 6.
Фентіешелѣ-мape (Nagy-
 Fentös, Felsö-Fentös) VI. 3.
Фередъѣ-Жоасълї (Ferdö-
 Gyógy), pr. . IX. 5.
Феречі (Feresd) . . X. 6.
Феріче (Fericse) . . VI. 3.
Феріхазѣ (Fejéregyház, Weisz-
 kirchen) I. 10. V. 8 pr. I. 2.
Ферсіръ (Fejérszék) . IV. 3.
Фетінге (Gurczófalva) . VII. 5.
Феѣрешті)Kovács-Kápolnak)VI. 2.
Фескъ (Véczk) . . VI. 6.

Фіатфалъѣ (Fiatfalva, Dobo-
 falva) . . III. 5.
Фізешдѣ (Füzesd) . . X. 4.
Фізештї (Füzesd) . . X. 8.
Фізешѣ (Füzes) . . VII. 2.
Філдъ de жосѣ (Alsó-Füld)VIII. 3.
 „ „ тіжлокѣ (Közép-
 Füld) . . VIII 3.
 „ de сѕсѣ (Felsö-Füld) VIII. 3.
Філе (Füle) . . . III. 1.
Філеа de жосѣ (Alsó-Füle)VIII. 5.
 „ ѣ сѕсѣ (Felsö- ͵) VIII. 5.
Філетелнікѣ (Fületelke,
 Felldorf) . I. 9
Філпішъ-мape (Magyar-Fül-
 pes, Nagy-Fülpes, Ung.
 Fleps) . . V. 2.
Філпішъ-мікѣ (Szász-Fülpes,
 Kis-Fülpes,) V. 2.
Фінтахаза (Fintaháza) . IV. 1.
Фінтешълъ-мape (Nagy-Fen-
 tös, Felsö-Fentös) VI. 3.
 „ -мікѣ (Kis-Fentös,
 Alsó-Fentös) . VI. 3.
Фінтоарѣ (Fintoág) . X. 5.
Фінчъ (Kalota-Ujfalu, Neu-
 dorf) . . VIII. 3.
Фірменішъ (Fürményes) VII. 5.
Фіртъшѣ (Firtos-Varállya) III. 5.
Фісешъ-Герлеі (Ördöngös-
 Füzes) . . VI. 7.
Фіскътѣ (Füzkut) . . V. 8.
Фітодъ (Fitod) . . III. 3.
Фіѕzешѣ (Füzes) . . VII. 6.
Флоресе (Floresze) . X 6.
Фодора (Oláh-Fodorháza) VI. 5.
 „ ънгърeаскъ (Magyar-
 Fodorháza) . VIII. 1.
Фоіфалъѣ (Folyfalva) . IV. 1.
Фолдѣ (Fólt) . . IX. 5.
Фотошѣ (Fotos) . . II. 8.
Фофелдеа (Fofeld, Hochfeld)I. 5.
Фрата (Magyar-Frata) . IV. 7.
Фрінченї (Frinkfálva) . VI. 2.
Фрішѣ (Friss) . . V. 4.
Фрънченї (Köfrinkfalva,
 Frinkfalva) . VI. 2.

Фржза (Asszonyfalva, *Frau-*
   endorf) . . I. 7.
Фзndaта (Fundáta), pr. . II. 4.
Фзркшора (Furksora) . X· 3.
Фзтакъ (Szamostelke, So-
   mostelke) . IV. 6.
ФзташФалъъ (Futásfalva) II. 10.
Фъгърашъ (Fogaras, *Fo-*
   garasch) . . II. 2.
Фълкзша (Falkusa) . VI. 4.
ФълФълъъ (Felfalu, *Hoch-*
   felu) . . . V. 2.
Фълтъпа (Hidegkut, *Kalt-*
   brunn) . . . II. 3.
Фърnadia (Fornádia) . X. 4.
Фърпашъ (Farnas) . VIII. 5.
Фъръъ (Forró) · . IV. 5.
Фъръгъъ (Faragó) . . V. 3.
Фъсечълъ (Fadsazel) . X. 5.
Фжпаце (Fonácz) . VI. 2.

X.

Хавшiкъ (Hétbükk, *Buchen-*
   dorf) . . . V. 1.
Ховadъ (Havad) . IV. 2.
Ховадто (Havadtö) . IV. 2.
Хazташъ (Alsó-Hagymás) VI. 5.
Хаmвакъ (Kakasfalva, *Hahn-*
   bach) . . . I. 4.
Харалi (Harally) . . II. 9.
Хараcтъшъ (Harasztos) VIII. 6.
   „   „ *Traszten*) V. 2.
Хармашпатакъ (Hármaspatak)VII 2.
Хароскерекъ (Harasztkerék) IV. 1.
Харошаrа (Szent-Háromság)IV. 1.
Харцо (Harczó) . . IV. 3.
Хатолка (Hatolyka) . II. 10.
Хацегъ (Hátszeg, *Wallen-*
   thal) . . X. 7.
Хашагъ (Hasság, *Haschagen* I. 7.
ХашФалъъ (Héjasfalva, *Teu-*
   felsdorf) . . I. 10.
Хелтiа (Höltevény, *Helsdf.*) II. 5.
ХендopФъ (Hégen, *Henn-*
   dorf) . . . I. 12.
Хенинrъ (Héningfalva, *Ran-*
   geldorf) . . IX. 3.
Хереклiанъ (Haraklyán) VII. 5.

Херепеа (Magyar-Herepe) IV. 5.
Херепеъ (Herepe) . . X 5.
Хеpina (Harina, *Münzdf.*) V. 8.
Хеpinглавъ (Harangláb) IV. 6.
Хеpманъ (Hermány, *Honig-*
   berg) . . . II. 6.
   „ зnгърéскъ (Magyar-
   Hermány) . . III. 1.
Херсенiъ (Herszény) . II. 2.
Херцеranï (Haczegány) X. 4.
Хетъръ (Hétur, *Marienburg* II. 9.
Хешдате (Hesdát) . . VI. 7.
Хешдатiea (Hesdát) VII. 4.
Хешташъ (Csicsó-Hagymás) VI. 4.
Xiriara (Hidegkút, Puszta-
   Hidegkút) . . VI. 3.
Xirirъ (Hidvég) . . VII. 3.
Xiriкъ (Hidvég) . . II. 3.
Xida (Hidalmás) . . VII. 6.
Xidвеrъ (Hidveg) IV. 3. pr. II. 8.
Xideгкътъ (Oláh-Hidegkút,
   Kaltenbrunnen) II. 5.
   „ зnгъреаскъ (Magyar-
   Hidegkut,) . . III. 5.
Xidишъ (Hidas) . . VIII. 6.
XidpiФалъъ (Hederfája, *Eder-*
   holcz) . . IV. 6.
Xiлiвъ (Hilib, *Hilibsdorf*) II. 10.
Xipia (Hari) . . . IV. 5.
Xoвiтза-Вархеiъ (Hobitza-
   Várhely), pr. . X. 7.
   „ -ърiкъ (Hobitza-
   Urik) . . . X. 8.
Ховiчeнï (Hobitsény) . X. 8.
Ховрiла (Hovrilla) . . VI. 3.
Xoria (Hogya) . . III. 6.
Хогicъ (Héviz, *Warmbach*)II. 3.
Xodaкъ (Görgény-Hodak) V. 1.
Xediшъ (Hódosfalva) VIII. 3.
Xовод-Натiшъ (Havad-Ná-
   dasd, Magyar-Nádasd)VII. 4.
Xododъ (Hadad) . . VII. 4.
Xodoшъ (Hódos) . . IV. 1.
Xoлвакъ (Holbák, *Hohlbach*)II. 4.
Xoлдiлагъ (Holdvilág, *Hall-*
   welegen) . . I. 9.
Xoлia (Holgya) . . X. 5.
Xoлo (Hollo) . . IV. 4.

52

610

Холтмѫрьшŭ (Holtmaras) V. 1.
Холцманŭ (Holczmány,
    Holzmengen) I. 5.
Хомородŭ (Homoród, *Hom-*
    ród) . . II. 1. IX. 5.
Хомрѫдŭ-алмашŭ (Homoród-
    Almás) . . III 6.
Хондолŭ (Hondol) . X. 4
Хорватŭ (Kraszna-Horváthi)VII. 3.
  „ (Oláh– „) VII. 4.
Хордѣŭ (Hordó) . . V. 10.
Хорлочелѫ (Jákótelke) VIII. 3.
Хосѫфалъŭ (Hosszufalva) VI 3.
Хотванŭ (Érhatvan) . VII. 1.
Хошдатеа (Hosdát) . X. 6.
Хѫдакŭ (Maros-Hodák) V. 2.
Хѫединŭ (Bánffy-Hunyád) VIII. 3.
Хѫндербекŭ (Szász-Halom,
    Hundertbücheln) I. 12.
Хѫндорфŭ (Hondorf, *Hunds-*
    dorf, Hohendorf) I. 9.
Хѫnedopa (Vajda-Hunyad) X. 6.
Хѫрезŭ (Huréz) . . II. 2.
Хѫсia (Hosszu-Ujfalu) VI. 3.
Хѫсѫмезъŭ (Hosszumezö) VI. 5.
  „ („) VII. 3.
Хѫсѫсъŭ (Hosszuaszó) III. 2. VII. 2.
  „ (Hosszuaszó, *Lan-*
    genthal) . . I. 7.
Хѫдърѫŭ (Hadrév) . IV 4.
Хѫлмашŭ (Halmasd) VII. 2.
Хѫлмацѫ (Nagy-Halmágy,
    Grosz-Halmágy) X. 1.
Хѫлмiarŭ (Halmágy, *Hai-*
    magen . . II. 1.
Хѫлмѫцѫлŭ (Kis-Halmágy) X. 1.
Хѫпрiа (Oláh-Herepe) IX. 4.
Хѫпѫрта (Haporton) . IX. 2.
Хѫрѫŭ (Haró) . . X. 4.
Хѫцѫцелŭ (Hadsatzel) X. 7.
Хѫшташ-Лѫпьшŭ (Hagy-
    más-Lápos) . VI. 3.
Хѫшташŭ (Hagymás) VIII. 5.
Хѫшдѫŭ (Hosdó) . X. 6.

Ц.

Цагŭ (Czege) . . . VI. 7.
  „ (Nagy-Czég) VI. 6.

Цanŭ (Csicsó-Holdvilág,
    Apesdorf) . I. 7.
Цanв, Апешдорфŭ (Apátfalva,
    Abtsdorf) . I. 12.
Цебiа (Czebia, Czebe) X. 2.
Церea (Kraszna-Czegény) VII. 1.
Целiна (Puszta, Voszling,
    Woszling) . I. 10.
Центе (Czente) . . VI. 7.
Церецелŭ (Csernetzfalva) X. 2.
Цермѫра (Martfalva) . X. 1.
Цiранŭ (Czigányi) . . VII. 5.
Цiгъŭ (Szász-Csegö, *Zagen-*
    dorf) . . V. 8.
Цiкindeaлŭ (Czikendál, *Zic-*
    genthal) . . I. 5.
Цiкѫдŭ (Czikud) . . IV. 4.
Цолдŭ (Czold) . . VIII. 3.
Цопѫ (Czoptelke) . . VI. 6.
Цѫфалъŭ (Czofalva) . II. 9.
Цѫгшорŭ (Kis-Czég) . VI. 8.
Цѫлна (Czelna) . . IX. 1.
Цжнцарi (Szunyogszég,
    Schnakendorf) II. 5.

Ч.

Чабаia (Csaba) . V. 7.
Чава (Csán) . . . VII. 1.
Чаргŭ (Csegez) . . VIII. 6.
Чакаiea (Csáka) . . VI. 5.
Чано-маре (Mezö-NagyCsán)IV. 4.
  „ -мiкŭ (Puszta-Csán) VIII. 5.
Чапо́ *siehe* Чiпѫŭ
Чато-церŭ (Csatószeg) . III. 2.
Чеidŭ (Csejd) . . . IV. 1.
Чекелака (Csekelaka) . IV. 5.
Чекефалва (Csekefalva) . III 5
Чекѫŭ (Csekefalva) . III. 2.
Чепанŭ (Csepány, *Tschepan*)V. 5.
Черва (Cserba), pr. . IX. 6.
Чербелŭ (Cserbel) . . X. 6.
Чербiа (Cserbia) . . X. 3.
Черgidѫлŭ-маре (Nagy-
    Cserged) . . IV. 6.
  „ -мiкŭ (Kis-Cserged,
    Klein-Schergia) IV. 1.
Чеpridŭ-маре (Nagy-Cserged
    Grosz-Schergia) IX. 3.

611

Чергъёлё-микё (K**ts**-Cserged,
 Klein-Schergid) IX 3.
ЧерeФалъё (Cserefalva) IV 1.
Чериџе (Cserese) . . VII. 2.
Черiшорё (Cserisor) . X. 6.
Черна (Cserna) . . X. 6.
 » водъ siehe Сечелё
Чернатё (Csernátfalu, Zei-
 nendorf) . II. 7.
Чернатълъ de жосё (Alsó-
 Csernàton) II. 10.
 » de сѫсё (Felsö-
 Csernáton) II 10
Чернештi (Csernefalva) VI. 2.
Чернiшора (Csernyisora) X. 6
Чернъкё (Csernék) . VI 5.
Чертешеа (Csertes) . IX 6
Чертешъ de жосё (Alsó-
 Csertés) . . X. 3.
 „ de сѫсё (Felsö-Csertés X. 4.
Четанъ (Csatány) . VI. 6.
Четате de Балтъ (Küküllö-
 vár, Kokelburg) IV. 6.
Четеа (Csáklya) . . IX. 1.
Чесаръ (Császári) . VI. 7.
ЧехедФалва (Csehédfalva) III. 5.
Чехелъџъ (Magyar-Csáholy) VII. 1.
Чехiё (Csehi, Somlyó-Csehi)VII. 3.
Чехё (Szilágy-Cseh) VII. 4.
Чехълiџа (Oláh-Csáholy) VII 1.
Чiва (Csiba) . . IV. 1
Чiга (Füge) . . V. 7.
Чiглaнё (Czigleny) . VII. 5.
Чiгё (Csög) . . VII. 1.
Чikmandpъ (Csikmántor,
 Zuckmantel) I. 9.
Чikмъё (Csikmo) . IX. 5.
Чik-Cереda (Csik-Szereda) III. 3.
 » Cѫнт-Iванё (Szent-Iván) IV. 3.
 » » -Краiё („ -Király) III. 2.
Чik-Cѫн-Лелекё (Csik-Szent-
 Lélek) . . III. 2.
 » - » Мартinё (Csik-Szent-
 Márton) . . IV. 1.
 » - » Мiклешiё (Csik-
 Szent-Miklos) III. 3.
 » - » Мъртinё (Csik-Szent-
 Márton) . III. 2.

Чik-Cѫн-Џiорсъ (Csik-Szent-
 György) . . III. 2.
ЧikФалъё (Csikfalva) . IV. 1.
Чikъё (Csákó) . . VIII. 6.
 „ (Csiko) . . VII. 4.
Чiмъръдё (Csombord) IX. 2.
Чinadea (Erdö-Csanád) IV. 1.
 „ (Szász-Csanád, Schol-
 ten) . . I. 7.
Чinкё маре (Nagy-Sink,
 Grosschenk) I. 11.
Чinкшоръ oder Чinкълё микё
 (Kis-Sink, Kleinschenk) I 11.
Чinчimё (Csolnakos) . X. 6.
Чiобё (Csöb) . . . IV. 2.
Чiомортанё (Csomortány) II. 10.
Чiпё (Cseb) . . . IX. 5.
Чiпъё (Csapó) . . IV. 5.
 » Cѫн-Џiорсъ (Csapo-
 Szent-György) pr. IV. 4.
Чiрiла (Csürüllye) . VIII. 5.
ЧiрФалъё (Csürfalva), pr. VIII 1.
Чiспъdia (Nagy-Disznód,
 Heltau) . . . I. 4.
Чiсnедiора (Kis-Disznód).
 Michelsberg) I. 4.
Чiстеiъ (Magyar-Csesztve,
 Maros-Csesztve) IX. 2.
 » (Oláh-Csesztve) . IX. 3.
Чiтелiкъ (Csehtelke) . VI. 8.
Чiѕгъзълё (Fugad) . IX. 2.
Чiѕла маре (Nagy-Csula) X. 7.
Чiчeё (Csicsó) . . III. 3.
Чiшерё (Csiszér) . . VII. 3.
 „ siehe Шовенiъ
Чоара (Alsó-Csora) . X. 9.
 » (Felsö-Csora) . IX. 6.
Чобаnка (Felsö-Csobánka) VI. 5.
ЧобатФалъё (Csobátfalva) III. 3.
Човенкъџъ (Alsó-Csobánka) VI. 5.
Чoвашъ (Maros oder Mezö-
 Csávás) . . IV. 3.
 „ (Szász-Csávás) . IV. 6.
Чока (Csóka) . . IV. 1.
Чokmanï (Csokmány) . VI. 3.
Чokотiшё (Csokotis) . VI. 2.
ЧokФалъё (Csókfalva) IV. 2.
Чолтё (Csolt) . . VI. 3.

52*

Чошѣфалеѣ (Csomafolva)	IV. 4.	Шеьешѣ (Felsö-Sebes,	
Чоморtанѣ (Csomortany)	III. 3.	Ober-Schebesch)	V. 4.
Чоnгardѣ (Csongár), pr.	I. 8.	Шевішanѣ (Sebeşán)	IX. 4.
Чоnеа (Csopeja)	X. 7.	Шевішѣ-маре (Nagy-	
Чора (Nagy-Món-Ujfalu)	VII. 5	Sebes)	VIII. 3.
Чохешdї (Csohesd)	X. 1.	„ -микѣ siehe Поіаna мікъ	
Чѣгѣdѣ (Csüged)	IX. 4	Шередѣ (Zsögöd)	III. 2.
Чѣла (Csula)	VI. 3.	Шеіка-маре (Nagy-Selyk,	
„ (Incsel)	V II 3.	Marktschelken)	I 7.
Чѣлішоара (Kis-Csula)	X. 7.	„ -мїкъ (Kis-Selyk,	
Чѣmenіѣ (Csömény)	VI, 5.	Kleinschelken)	I. 7
Чѣmerna (Csömörlö)	\ II. 6.	Шеліе (Selye)	IV. 2.
Чѣmeфaіea (Csomafája)	VIII 1.	Шелімвер̆ѣ (Sellenberk,	
Чѣnга (Csongva)	IX. 2.	Schellenberg)	I. 4.
Чѣnгanі (Csungány)	X. 1.	Шепрїodѣ (Sepröd)	IV. 2
Чѣрѣліаса (Csuruliasza), pr.	IX. 6	Шепші-Cѫn-Ціopcѣ (Sepsi-	
Чѣта (Kis-Nyires)	VII. 4.	Szent-György)	II. 8.
Чѣфѣdѣ (Csufud)	IX 3.	Шервеnї (Saraphaza)	V. 1.
Чѣчокѣ (Csucsa)	VIII 3.	Шереліѣ (Serel)	X. 8.
Чѣчѣ (Ccucs)	X. 1.	Шіаса (Siásza) pr.	IX. 6.
Чѣчеѣ (Csúcs)	IV. 5.	Шівертѣ (Siberk, Seiburg)	II. 1.
Ш.		Шівішелѣ (Sebeshely, Sche-	
		beschel)	I. 1. X. 9.
Шавеnіца (Soakna, Görgény-		„ nоѣ (Uj-Sebeshely	
Soakna, Salzhau)	V. 1.	Neu-Schebeschel)	X. 9.
Шаісѣ (Segesd, Schaasz)	I. 10	Шівѣѣ (Sihó)	VII. 5.
Шаіре (Sajra), pr.	VII. 1.	Шігішора (Segesvár, Schäss-	
Шалеа (Sálya, Schallendf.)	I. 7.	burg)	I. 10.
Шamшondѣ (Sámsond, Me-		Шіrо (Sajgó)	VI 6.
zö-Sámsond)	IV. 3.	Шіdолмѣ (Vidály)	VIII. 6.
Шamшѣndѣ (Sámson)	VII. 3.	Шіеѣ-маре (Nagy-Sajó,	
Шandpѣфалъѣ (Sándorfalva)	III. 6.	Grosz-Schogen)	V. 4
Шanцѣ (O-Sántz, Alt-		Шіеѣцѣ (Kis-Sajó, Klein-	
schanz), pr.	H. 7.	Schogen)	V. 4.
Шарdѣ (Sárd)III.5.IV.1.VIII 2.IX 4.		Шікїо (Sukö)	III. 6.
Шаркаіца (Sárkáitza, Klein-		Шіклodѣ (Siklód)	IV. 2
Schárkány)	II 3.	Шіліа (Magyar-Süllye)	IV. 5.
Шарпатокѣ (Sárpatak, Schar-		„ (Füleháza)	V. 1.
pendorf)	I. 10.	Шіліmerї (Sülelmed)	VII. 4.
Шаромверк̆ѣ (Sáromberke,		Шіmіnфѣлѣ̆ de жосѣ (Alsó-	
Scharenberg)	IV. 1.	Siménfalva)	III. 5.
Шаромѣ (Sáros, Scharosch)	I. 8.	„ de cѣсѣ (Felsö-	
„ (Magyar-Sáros, Kis-		Siménfalva) pr.	III. 6.
Sáros, Kleinschersken)	IV. 6	Шіmішnea (Semesnye)	VI. 5.
Шарпатакѣ (Sárpatak, Koth-		Шімкѣта (Somkut)	VI. 6.
bach)	IV. 3.	Шімлѣѣ (Szilágy-Somlyo)	VII. 3.
Шарфалъѣ (Sárfalva)	II. 10.	Шіmontелмікѣ (Simontelke,	
Шасъ (Sásza)	VI 2.	Simonsdorf)	V. 4.

Шimonŭ (Simon), pr.	II. 4.	Шona (Sóna, *Schönau*)		II. 1.
Шinкa-векiъ (Ó-Sinka, *Alt-*		Шoптерŭ (Septér)	. .	V. 3.
schenk) . .	II. 3.	Шoрoкъта (Girókuta)	.	VII. 1.
„ -ноѕъ (Uj-Sinka, *Neu-*		Шoрoщинŭ (Sorostély, *Schor-*		
schenk) . .	II. 3.	*sten*) . . .		I. 7.
Шinкepеaгŭ (Somkerék)	V. 7.	Шoъшa (Soospatak)	.	IV. 3.
Шinфaлъŭ (Sinfalva) .	VIII. 6.	Шпринŭ (Spring, *Gespreng*)		I. 1.
Шinчeлъ de Мърешъ (Erdő-		Шпълмъзъŭ (Ispánmező)		VI. 4.
Szengyel) .	IV. 1	Шпъплака (Ispánlaka)		IX. 2.
Шioлoмoшŭ (Salomás) .	III. 4.	Шъгагŭ (Sugág, *Schugag*)		I. 1.
Шipiarŭ (Virágos-Berek)	V. 10.	Шъгeштpeнï (Csugásztra)		VI. 2.
Шipioapa (Sárvár) .	V. 7	Шъгъгинŭ de жоcъ (Alsó-		
Шipлinгŭ (Serling, *Scher-*		Füged) . .		VIII. 6.
ling) . .	V. 4.	„ de cъcъ (Felső-		
Шipмезъŭ (Sirmező), pr.	VII. 2	Füged) . .		VIII. 6.
Шipnea (Sirnea), pr. .	II. 4.	Шълетъеркъ (Leses, *Schön-*		
Шiъкетфалъŭ (Sükelfalva)	IV. 2.	*berg*) . .		I. 12.
Шmirŭ (Somogyom, *Schmie-*		Шъмалъ (Sommály) .		VII. 2.
gen) . . .	I. 8.	Шъмъшенï (Kis-Solymos)		VI. 3.
Шoapшъ (Nagy-Sáros, *Scha-*		Шъмфалъŭ *siehe* Шомфалъŭ		
rosch) . .	I. 11.	Шъра-маре (Nagy-Csür,		
Шoбcniъ (Sövényszeg,		*Grosscheuern*)		I. 4.
Schweischer)	II. 1.	„ -miкъ (Kis-Csür, *Klein-*		
Шoбoкъ (Sobok) . .	VIII 3	*scheuern*) .		I. 4.
Шoвapdŭ (Sovárd) .	IV. 2.	Шътъ (Sütmeg) .		VIII. 5.
Шoitъшŭ (Maros-Solymos)	X. 4.	Шълкъŭ (Salykó, *Schalko*)		I. 7.
„ (Kis-Solymos) .	IX. 2.	Шъркaia (Sárkány, *Schár-*		
„ (Oláh-Solymos, *Sal-*		*kány*) . .		II. 3.
men) . . .	IV. 6.	Шъртaшŭ (Nagy-Sarmás)		VI. 8.
„ (Oláh-Solymos)	V. 4.	Шъртъшaгъ (Sármaság)		VII. 3.
Шoitъшълъ маре (Nagy-		Шъртъшълŭ (Kis-Sármás)		VI. 8.
Solymos) . .	III. 5.	Шъъла (Sárvásár) .		VIII. 3.
„ miкŭ (Kis-Solymos)	III. 5.	Шъълia (Mező-Sályi) .		IV. 4.
Шoлe (Sáldorf, *Schadorf*)	I. 7.	„ (Oláh-Sályi) . .		IV. 5.
Шoлimomŭ (Solymos) .	VII. 5.	Шъъша (Sóóspatak. *Salz-*		
Шoлoмonŭ (Salamon) .	VI. 5.	*bach*)	IV.	3. IX. 4.
Шomкъта (Nagy-Somkut)	VI. 3.	Шжмъоpŭ Zsombor, *Sommer-*		
Шoмoptïnŭ (Mártonhegye,		*burg*) . .		II. 1.
Martinsberg)	I 11.	**Щ.**		
Шoмoшdcъ (Somosd) .	IV. 1.			
Шomтелекъ (Solyomtelke)	VIII. 2.	Щеia (Steja) . . .		X. 2
Шomфaлъŭ (Sövényfalva)	IV. 6.	Щionтi (Puszta-Egres)		VIII. 5.
„ (Sofalva, *Salz*)	V. 5.	Щiрчŭ (Bogdánháza) .		VII. 3.
„ de жоcŭ (Alsó-So-				
falva) . .	IV. 2.	**Ж.**		
„ de cъcŭ (Felső-So-				
falva) . .	IV. 2.	Жмперŭ (Impérfalva, Kászon-		
Шona (Szépmező, *Schönau*)	IX. 3.	Impérfalva) . .		III.

Berichtigungen und Ergänzungen.

Seite 3 Zeile 1 von unten lies hiess statt hiesst
„ 4 „ 4 „ „ „ blieben statt bleiben
„ 5 „ 14 von oben lies Grenzgebirgen statt Grenzbirgen.
„ 5 „ 1 „ unten „ Türkeneinfälle „ Türkeneifalle
„ 6 „ 15 „ oben „ Mittlerweile „ Mittlerwaile
„ 8 „ 9 „ unten „ an „ am
„ 8 „ 15 „ „ „ ernannte „ enannte
„ 14 „ 6 „ oben „ 190.9 „ 190 q.
„ 14 „ 7 „ „ „ Burzenlande „ Burgenlande
„ 78 „ 3 „ unten „ Paeonia „ Paconia
„ 84 „ 21 „ „ „ Hyacinthus leucophaeus Stev, statt Czekelia transilvanica Schur.
„ 93 „ 19 „ „ „ Wein-, „ Wein,
„ 160 „ 6 „ „ „ 0.01 Juden und „ 0.01 und
„ 196 „ 17 „ oben „ 0.9248 statt 0.0248.
„ 217 „ 3 „ oben „ griech.-unirten „ gr.-nicht-unirten
„ 223 ist nach Zeile 23 hinzuzusetzen : Auserdem bestehet noch in Kronstadt und Bistritz eine Handelsschule, über welche uns jedoch nähere Daten fehlen.
„ 224 Zeile 24 von oben lies lokalen Einrichtung, statt Lokalen-Einrichtung.
„ 299 „ 11 von oben lies (v. Jahre 1849) statt (v. J. 1836).
„ 299 „ 12 „ „ „ Dux Bukovinae „ Dux Carnioliae
„ 428 „ 8 „ „ „ Schullehrer-Seminar, guteingerichtete Mädchenschulen und, statt Schullehrer-Seminar und
„ 443 „ 4 „ unten lies Berezš statt Böröz
„ 520 „ 13 „ „ „ Гӕргочіѣлӕї statt Тӕргочіѣлӕї
„ 541 „ 8 „ oben links lies Bogárfalva statt Bogácsfalva
„ 579 erste Spalte nach Zeile 29 von oben ist noch zu setzen Барѕ микѕ (Kis-Bár), pr. X. 8.
„ 581 erste Spalte, nach Zeile 6 von oben ist noch zu setzen Болдоraia маpe (Nagy-Boldogasszonyfalva), pr. III. 3.

Mindere Fehler wolle der geneigte Leser gefälligst selbst berichtigen.